丽水·莲都
文化丛书

第十辑

李一波
主编

金伟明
明兴旺
编著

处州孔庙

浙江工商大学出版社
ZHEJIANG GONGSHANG UNIVERSITY PRESS

·杭州·

图书在版编目(CIP)数据

处州孔庙 / 金伟明,胡兴旺编著. —杭州:浙江
工商大学出版社,2024.1
(丽水·瓯江文化丛书. 第十辑)
ISBN 978-7-5178-5885-0

Ⅰ. ①处… Ⅱ. ①金… ②胡… Ⅲ. ①孔庙—介绍—
丽水 Ⅳ. ①K928.75

中国国家版本馆 CIP 数据核字(2024)第 021524 号

处州孔庙
CHU ZHOU KONGMIAO

金伟明　　胡兴旺　编著

责任编辑	唐　红
责任校对	胡辰怡
封面设计	朱嘉怡
责任印制	包建辉
出版发行	浙江工商大学出版社
	(杭州市教工路198号　邮政编码310012)
	(E-mail:zjgsupress@163.com)
	(网址:http://www.zjgsupress.com)
	电话:0571-88904980,88831806(传真)
排　　版	杭州朝曦图文设计有限公司
印　　刷	杭州高腾印务有限公司
开　　本	710mm×1000mm　1/16
印　　张	16.25
字　　数	242千
版 印 次	2024年1月第1版　2024年1月第1次印刷
书　　号	ISBN 978-7-5178-5885-0
定　　价	288.00元(全6册)

"丽水·瓯江文化丛书"第十辑
编纂委员会

顾　　问：胡海峰　吴舜泽

主　　编：李一波

副 主 编：李志伟　余群勇　周　平　杨贤高

编委成员：端木迅远　叶笑菲　朱海笑　余厚洪

　　　　　黄巧玲　　卢朝升　金伟明　胡兴旺

　　　　　王德洪　　张正民　杨乃静　林　琳

　　　　　孙　楠　　杨金花　季万芬

策划编审：杨贤高

总　序

中共丽水市委常委　宣传部部长　李一波

"绿水逶迤去，青山相向开。"在风景秀美的浙江丽水，有一条贯穿全境九曲蜿蜒的瓯江。川流不息的江水不仅润泽了丽水的山川土地，更孕育了丰富璀璨的瓯江文化。考古发现的缙云陇东遗址，将丽水的文明史追溯到距今9000多年前的上山文化晚期。在数千年的历史长河中，黄帝文化、畲族文化、剑瓷文化、石雕文化、廊桥文化、华侨文化、摄影文化蓬勃绽放，让丽水成为名副其实的中国地市级首个民间艺术之乡。

同时，丽水有7项世界级遗产、21项国家级非物质文化遗产，文化遗产数量占到了浙江总数的六分之一。作为"瓯江山水诗之路"的重要地区节点，谢灵运、李白、白居易、秦观、陆游、范成大、朱熹等文人雅士在此留下了脍炙人口的佳作名篇。生态与人文的珠联璧合构成了瓯江文化的独特底色，传承赓续丽水生生不息的历史文脉。

兴贤育才，文化绵延。隋开皇九年（589），丽水因象征人才的处士星明耀分野而置，故得名处州，意为"人才之州"。自古以来，丽水就是崇文重教之地，先后有1149人荣登进士，42人在二十五史中入传。以独峰、美化书院为代表的处州书院名噪东南，独峰书院被列为南宋"八大书院"之一，重学兴教之风传承至今。在先贤们的垂范带领下，丽水兴文教以开风气。改革开放尤其是撤地设市以来，历任市委、市政府秉承"强市必先强教，育人必先兴学"理念，持续加大教育投入，加快缩小区域、城乡、校际差距；一代又一代的教育工作者躬耕不辍、潜心育人，推动丽水与全省同步实现教育基本现代化，高考总录取率连续多年超过全省平均水平，

教育事业改革发展逐步实现与全省"并跑"，取得了突破性跃升。

　　盛世修史，嘉年撰志。编史修志是对弘扬中华优秀传统文化的实践总结。正是在这个意义上，丽水市委、市政府深入贯彻落实习近平总书记关于文化建设重要论述精神，以高度的文化自觉、坚定的文化自信，推进实施丽水文化研究工程，历时十七载完成"瓯江文化丛书"第一至第十辑的编撰。这次推出的第十辑，以丽水的教育文化为主题，包含《处州孔庙》《处州书院》《处州进士》《处州武术》《处州家风》《处州与四库全书》等六本专著。参与编纂的专家学者不辞劳苦、深入调研、勤奋笔耕，以极端负责的精神完成书稿编写，全面、系统、翔实地呈现了丽水教育文化渊源厚重的历史。相信这辑丛书的问世，能够开拓丽水教育文化的研究角度，给予读者启示和激励，并为加快新时代丽水教育事业高质量均衡发展，提供更加强大和更加持久的文化力量。

前 言

孔庙又称"文庙""学宫""夫子庙"，最初为祭祀孔子的家庙，后来因为古代封建政权欲借助儒家思想以及孔夫子在儒林中的名望来维护、巩固王权统治而逐渐演变为官方（包括皇家与地方官员）祭礼场所与官办学署的所在地，在古代城市营建过程中占有重要地位。

北魏时期，孝文帝于太和十三年（489）在都城不城（今山西大同）修建了历史上第一座曲阜以外的孔庙，使孔庙脱离了孔子家庙的性质，成为一种可在异地设置的庙宇，为之后各地孔庙的建设开创了先例。之后，唐贞观四年（630），太宗诏令"各州县学皆作孔子庙"成为中国历史上第一次全国范围的孔庙建设。开元二十七年（739），玄宗又追封孔子为"文宣王"，并明确规定地方官学必须设立孔庙，逐渐使孔庙成为遍及境域的国庙，"文庙"的称谓也由此应运而生。

至宋代，文风更盛，"庙学合一"的体制在民间文庙建设中得以真正形成，孔庙与正统儒学教育的结合也日趋紧密。之后，元、明、清三个王朝，中央政权出于笼络士儒、教化夷民等巩固自身统治的考量，对儒学更加重视。元大德十一年（1307），武宗玺书加封孔子为"大成至圣文宣王"；明洪武二年（1369），朱元璋下令"天下郡县皆置孔庙"，成为中国历史上又一次由帝王诏告天下的大规模文庙建设。至清代，尊孔崇文的观念更加兴盛，各地府县纷纷将祭祀孔子的家庙与书院、文昌阁等地方文化建筑结合，形成庙宇、学宫、书院相互融合，中央典制、地方特色相互交汇，古圣、今贤相互浸染的文化建筑群体，构成城市重要的文化区域。至清末，全国各地共建有文庙1560余座。

从历史进程来看，文庙建筑先后经历了由小到大、由简到繁、由一到众，由家祠到国庙、由阙里到全域、由宗庙到学宫的复杂发展演变过程，并最终在明清时期达到建设的顶峰。文庙的设立与兴盛，恰好印证了当时孔子创立的儒家思想已经在古代中国社会占据了主导地位。

明清时期，浙江省境内的孔庙分孔氏家庙、府学文庙、州学文庙、县学文庙，以及两座厅学文庙（直隶厅、玉环）。处州孔庙属于府学文庙，处州十县之孔庙均属于县学文庙。

处州孔庙，始建于唐朝。唐武德四年（621），创立了松阳县学，建成处州大地第一座文庙。唐上元元年（674）李阳冰建成处州第二座孔庙——缙云文庙。唐元和十二年（817），处州府刺史李繁在府治南一里的樨山置讲堂、创州学，建成府学文庙——处州孔庙。此后，龙泉、遂昌、青田、庆元于宋天禧二年（1018）—宋庆元三年（1197），这180年间分别创建县学文庙。景宁、宣平、云和三县也分别在明景泰三年（1452）和景泰七年（1456）建成县学文庙。自此，古处州的官办教育体系即告形成。辅以私学、书院、义学等，崇文重教之风遍及处州大地，积淀了厚重的人文文化底蕴。丽水教育的兴盛，培养出了一大批优秀的人才。据不完全统计，丽水历史上共有进士1149人，父子进士、兄弟同科层出不穷。丽水、缙云、青田、庆元等县均有一门多进士的现象，留下不朽佳话，涌现出了何执中、汤思退、何澹、赵顺孙、管师仁、章良能、刘基、卢镗、叶琛和章溢等能臣良将，以及杜光庭、叶绍翁、陈言和张玉娘等文人墨客，耀古烁今。

处州孔庙繁荣发展，培育出不少名士人才，这些人也在此后反哺，推动着孔庙的建设、儒学的繁荣，也推动着处州的发展，由此才有处州的人才辈出。

目　录

第一章

孔庙兴盛

孔子，中国春秋时期伟大的思想家、政治家、教育家，儒家学派创始人，被尊称为"大成至圣先师"。他所开创的儒学凭借其丰富的内涵、强有力的凝聚力和顽强的生命力，在漫长的历史发展过程中，渐渐成为中华民族坚定的信仰与精神寄托，奠定了中华传统文化的基础，构建了中华文明的基干。

为纪念孔子和儒学教育需要，孔庙应运而生，形成了形制严格、中正规范、主次分明、环境空间复合多样的规格体系，承载着中国传统文化中的礼仁、伦理、中庸等思想核心。处州上应"少微处士星"，特有的政治、人文和地理环境，造就处州十县重文兴教之风，孔庙（学宫）也因此兴盛发展。直至如今，孔庙仍象征着儒学及其传承，体现着儒学在中国传统文化中的主流地位。

第一节　政治环境与处州孔庙

处州，据《禹贡》记载，乃扬州之域，即夏商周时，处州属于扬州的地界。到春秋战国时则属越，后秦平百越，罢侯置守以破封建，而以郡县之名立，以处州为闽中郡。至西汉，先有东瓯国后属会稽郡，东汉时或改章安县，或分为永宁县，或置为松阳县。三国时，又为罗阳县，后又兼属临海郡，晋时为永宁郡，又改永嘉郡。时代不同，处州的称呼、归属各不相同。

直至隋朝，隋文帝开皇九年（589），废二郡为县，分松阳东乡置括苍县，始以括苍、松阳、永嘉、临海四县置处州。明代的《名胜志》记载："隋开皇九年，处士星见于分野，因置处州。"隋时的处州，兼温、台二州之地，其间多名山隐士所荟萃。如，汉、晋有道之士左元放、王方平、白道猷、任旭和谢敷等皆在其列。而处州天文属斗分野，其上空应是"少微处士星"。处士，是指有德才而隐居不愿做官的人，而少微星也正是贤士的象征。隋文帝会取处州这样的州名，应该与其对人才的重视有关。

隋开皇九年，在中国的历史上，这是一个非常重要的时间节点。隋文帝于这一年灭陈实现了统一，这是继秦、晋之后的第三次统一，而这一次的统一比晋代的更加彻底，彻底结束了魏晋南北朝三百六十余年来的风雨飘摇。这一年设立处州，以处士星见于分野而置，处士星也被称为"人才之星"，堪称隋文帝重视人才与教育的一个宣言，他以处州的州名诏告天下朝廷求贤若渴。

而在十六年后的隋大业元年（605），隋朝开启了中国的科举制度，这与设立处州的出发点是一脉相承的，一个是理念，一个是实践。

隋朝统治时间不长，但它创立的政治、经济、文化教育的制度，却为唐朝所继承和发展。唐朝发展了科考制度，奉行崇儒兴学的文化教育政策，促进了学校的发展。武德元年（618）唐朝刚建立，李渊就下令恢复国学和州学、县学。武德七年（624），颁行《兴学敕》，宣布：全国崇尚

儒学，治国以学为先。贞观朝，唐太宗李世民在"偃武修文"的治国方针指导下，积极推行崇儒兴学政策，一方面扩大中央官学，一方面要求州县兴办儒学，朝廷选用儒生为各级官吏，推动了儒学发展。

在这种社会背景下，处州从唐朝开始兴办官学和书院，学塾也有较快发展。松阳县学（孔庙）、缙云县学（孔庙）、处州府学（孔庙）均是在唐朝修建的。

在中国历史上，宋朝是一个极为重视教育、崇尚知识的时代。宋朝的教育事业发展达到了中国古代教育史上的一个巅峰，不管是在国家层面还是民间层面都达到了前所未有的高度。而宋朝教育的发展与它特殊的历史背景和它的开国皇帝更是分不开的。

公元960年，宋太祖赵匡胤陈桥兵变，黄袍加身，从此以宋代周建立了北宋。登上皇位后，武将出身的赵匡胤鉴于自己以武力取得皇位同时又吸取了五代时期武将权重骄纵横行所形成的君弱臣强的教训，采取了"兴文教，抑武事"的基本方略。国家经历庆历、熙宁、崇宁三次兴学，建成了一个从中央太学到各州县学校，覆盖面极广的官学教育体系，再加上民间士绅创立、主持的书院以及私塾、族学等教育机构，重视教育、崇尚知识蔚然成风，宋朝平民接受教育的机会毫无疑问要多于之前的任何朝代及同时期的欧洲。

宋绍兴（1131—1161）初，宋都南迁，中国政治重心开始南移。"绍兴和议"（1141）之后，形成宋金对峙局面。北方人口大量南迁，南方随之得到了大量的劳动力，加上南方天然资源本身就丰富，全国经济重心也迅速南移。

南宋时期，处州离京城杭州颇近，是经济、文化与城市飞速发展的时期。宋代的瓷业中心转移到处州；造船业再次勃兴；农业引种了占城稻，大量开垦"层起如阶"的山垄田；手工业开始发达，出现不少作坊；商业颇为兴盛，市场自然相当活跃。"宋室南渡，四方之民云集二浙，百倍常时。临安之外的处州等地，也有许多来自北方人。"（季宗希主编《丽水市交通志》）

遂昌、青田、庆元三县的孔庙就是在宋朝修建的。其中，庆元是在南宋时期置县并兴办县学。庆元是南宋为数不多的以皇帝年号命名的县。庆元原为龙泉县松源乡，南宋宁宗庆元三年（1197）置县。

据清雍正《处州府志》记载，庆元首任县令富嘉谋写的《建庆元县治记》一文，记载了建县的过程："处统县有六，龙泉距处之远，而乡之松源距龙泉甚远。"龙泉离处州府很远，而松源乡到龙泉县城也很远，松源乡作为闽浙交界之地，山高水急，岭峻道险。"有户万计，愿为邑者，益有年矣。"当时，因松源乡离县治龙泉太远，民众纳税、办事诸多不便，民众请求建县，州县奏表于朝。这时，刚好担任工部侍郎兼实录院修撰的朝中重臣胡纮是松源乡人，他对于建县这一事向皇上奏章极力争取。他的奏折说："我的家乡崇山峻岭，乡亲们去一趟龙泉县城几百里，太不方便，请皇上将龙泉县的西南部划出一块来设个新县。"宋宁宗很快批准了这一请求，并将年号"庆元"赐为县名。

宰相京镗亲自书写县额，并派了非常有才华的富嘉谋担任首任县令。富嘉谋是北宋名相富弼的后代，他到任后，立即选址建了县衙、学宫等，推动了庆元快速发展。

明景泰三年（1452），处州府增置云和、宣平、景宁三县。处州界内新设的景宁、云和与宣平，加上之前的七个县，刚好凑成处州十县。而到了1958年，宣平县被撤销，大部区域并入武义县。至此，处州十县又变为九县。孔庙也在处州界内各地兴盛起来，为处州培育了大量的人才，也推动着处州的发展。

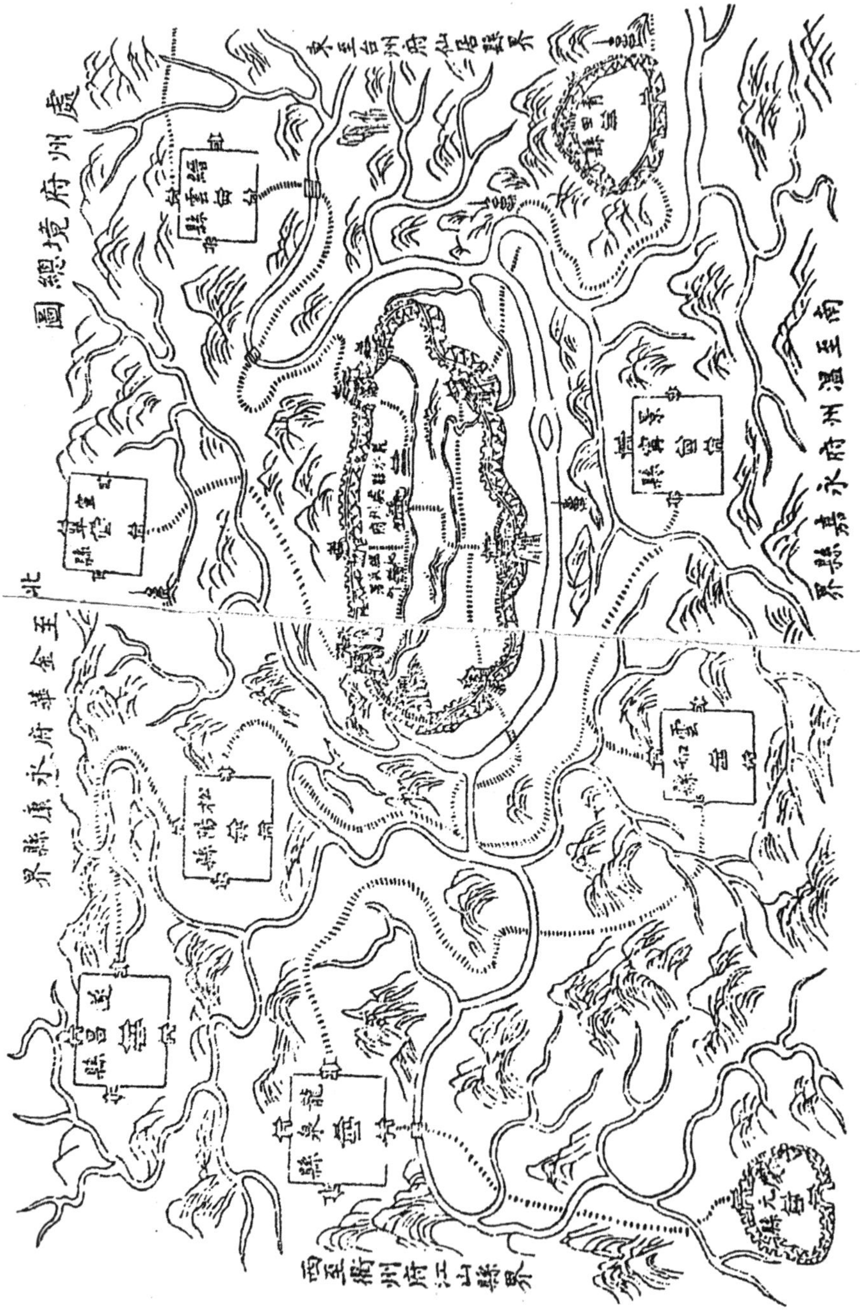

处州府境图（光绪版《处州府志》）

第二节　人文环境与处州孔庙

孔庙的创建和发展，与当地的人文环境也有着紧密的联系。孔子是中国古代伟大的思想家和教育家、儒家学派创始人。孔子的学说以及在此基础上发展起来的儒家思想体系，不仅是中国传统文化的重要内容，还影响了东方许多国家和地区。自汉武帝"罢黜百家、独尊儒术"后，孔子备受尊崇，儒家思想成为历代王朝奉行的治国思想。

处州自古崇文重教，在文化上传承了中原许多儒学风尚。处州十县，县县有孔庙。那富丽堂皇的大成殿、朱红的大成门以及精雕细刻的建筑构件、跨越历史空间的古今联对，建筑技术与艺术之精美，体现出处州大地厚重的人文文化底蕴。

说到缙云孔庙，这里就不得不提到一位书法大家——李阳冰。李阳冰是唐代文学家、书法家，他是李白的族叔，官至国子监丞、集贤院学士。他善辞章、工书法，尤精小篆，性格豪放，变化开合，自成风格。他所写的篆书"劲力豪爽，风行而集，识者谓之仓颉后身"，时人称他为"笔虎""篆圣"。当时颜真卿所书之碑，必请李阳冰用篆书题额，可见其篆书影响力之大。后人称，李阳冰为"李斯之后的千古一人"。

唐天宝四年（745），李阳冰被贬为缙云尉，第二年五月，隐居吏隐山（俗称"和尚山"）。到了乾元元年（758），他成为缙云县令。到任后，李阳冰为发展缙云教育，千方百计筹措资金，重修已经破败不堪的"孔子庙"，并且专门篆文以记。五云学宫原大多为县城官吏及乡绅子弟就读，李阳冰认为普通百姓子弟只要通过儒学教化，亦能为吏，有利兴国强邦。他把原"五云学宫"改为"缙云县学"，吸收普通百姓子女入读，并篆刻"缙云县学"四字碑立于门口。修缙云孔子庙、建"缙云县学"，充分体现了李阳冰崇尚思想教化，对缙云普通百姓子女教育的民本思想的重视。

李阳冰在缙云共待了十四年。他在缙云的十四年，留给缙云的碑刻是

弥足珍贵的文化瑰宝。据史料记载，李阳冰一生共有碑刻六十五件，其中十七件在缙云，可以说他最经典、最精髓的碑刻都在缙云造就，现存有六件，分别为《城隍庙碑》《黄帝祠宇碑》《倪翁洞碑》《初阳谷》《吏隐山记》（部分残篆）、《阮客洞碑》。

到了宋朝，丽水的文化教育水平达到了历史高峰，不仅有官办的州学、县学，还出现了不少由著名学者私人创建或主持的书院。丽水历史上比较有名的书院就有府城的南明书院、莲城书院、圭山书院，缙云的独峰书院、万松书舍，龙泉的桂山书院、金鳌书院，遂昌的妙高书院、西庵书院，青田的石门书院，松阳的明善书院，庆元的松源书院，云和的箬溪书院，景宁的鹤峰书院等，而其中不少就是在宋朝设立的。

正是丽水教育的兴盛，培养出了一大批优秀的人才。据不完全统计，丽水历史上共有进士1148人，其中宋朝就有959人。宋朝父子进士、兄弟同科层出不穷，青田赵氏三代八进士，缙云赵氏五代十八进士、田氏三世四进士，丽水蔡氏一门十四进士，庆元大济吴氏一家二十余进士，成为丽水科举佳话。其中，宋嘉定十六年（1223），丽水县蔡仲龙中榜眼，状元蒋重珍病故，蔡仲龙升为状元，是处州唯一的文状元，官至大理寺少卿、信州知府。

宋朝，丽水人才辈出，还有一大批名臣驰骋政坛，如尚书左仆射何执中、汤思退，参知政事何澹、赵顺孙，同知枢密院事管师仁、章良能，签书枢密院事叶蘦等。其中，何执中是宋徽宗的老师，汤思退两度拜相，何澹疏浚通济堰并将木筱坝改为石坝，管师仁则是诺贝尔文学奖获得者莫言（本名"管谟业"）的先祖。

丽水在两宋时期有如此多的士子，成为国家的栋梁，轰动朝野，因而南宋中期便有"括苍达官最盛""处多贵胄"的说法。

到了元末明初，被称为"浙东四先生"的刘基、宋濂、叶琛和章溢都是辅佐明太祖朱元璋成就帝业的人，除了宋濂，其他三位都是处州人。

其中，刘基（字伯温）是丽水最著名的历史人物之一，是明朝开国元勋。中国民间广泛流传着"三分天下诸葛亮，一统江山刘伯温"的说法。他以神机妙算、运筹帷幄著称于世，历来被视为像诸葛亮一样的智谋之士，也是中国历史上极少数集政治家、军事家、思想家和文学家身份于一身的大人物。

刘基自幼聪颖，天赋极高，记忆力超人，过目成诵。十四岁入处州府学，师从郑复初学习伊洛之学，十七岁在青田石门书院读书，同时还拜丽水人何清臣学习儒学。

刘基是明朝的开国谋臣，他的儒学思想对明初的学风产生了直接影响，其融会理学诸派，又以儒道互补，体现了明初思想的特征，影响了明初学术思想的走向。刘基的诗文力主讽刺，其经世致用的文学思想引领了明初的一代文风。在文学史上，刘基与宋濂、高启并称"明初诗文三大家"，有《诚意伯文集》二十卷传世，收有诗、词一千六百余首，各种文体的文章二百三十余篇。

处州孔庙繁荣发展，培育出不少名士人才，而这些人也在此后反哺，推动着孔庙的繁荣、儒学的繁荣，也推动着处州的发展，才有处州的人才辈出。

第三节　地理环境与处州孔庙

人类文化的发展必须依托于一定的自然地理环境，而且，相对而言，地理环境是影响人类文化发展各类要素中最具有持续性与恒定性的内容。

丽水，古称"括苍"，历史虽悠久，但属于"南荒"、百越之地，远离帝都京兆——咸阳、西安，相距约四千五百八十里，与太学远隔，受黄河文化与中原文明的影响也不直接；又处于浙江西南边陲山区，交通闭塞，经济以传统农业为主，教育的起步也远远晚于浙江其他地区。在长期的发展过程中，丽水保持着自身独特的文化特色，直到孔庙在处州落地生根才有了改变，与中原文化相连。

从地理环境来看，丽水位于浙西南山区，属浙闽隆起区组成部分。《括苍汇纪》中称丽水"北界台、婺，东引瓯、越，西交三衢（信安、龙游、江山），万山中一都会也"。清雍正《处州府志》卷一《山川》（以下简称《雍正志》）描述："惟处之重岭叠嶂，清流激湍，较他郡为最险，亦最奇。"浙江省的最高峰就位于丽水。它是浙江省山地面积比例最高的地区，山地占88%以上，耕地不到6%，可谓"九山半水半分田"。瓯江上游在丽水一带形成的碧湖平原，是本区最大平原，也是本区农业的发祥地。此外还有瓯江支流形成的一些小平原，如松古平原、好溪河谷平原，庆元县城关和菊水一段属闽江水系的河流，也有小片河谷平原。

"九山半水半分田"的特殊地貌、艰苦的自然环境，练就了处州百姓坚韧的毅力。各具特色的区域经济类型既规范了居民的经济生活，也影响了他们的文化心理，从而呈现出各有所长、丰富多彩的区域文化特征。据《雍正志》记载："旧志云处州山多田少，地瘠人贫，较他郡碾岁不及其中年，富家不及其中户，故俗务俭崇朴，男力于耕，女勤于绩……"又云："山稠田狭，民甘俭约而勤种，士崇礼义而尚儒雅。"从山稠田狭可以看出处州自然资源不足，这也促使处州人民形成了"俗务俭崇朴""民甘俭约而勤种，士崇礼义而尚儒雅"的风尚。《雍正志》中描述："古称山国之民，其气刚以劲，处介万山，人尚气节，盖亦禀山川之气而然者。无论城色即僻壤编氓饥寒切肤，断不肯絮其子女，里间间有富贵人诱以厚利，令其肩舆执盖亦断不屑从充，其羞恶可以端所好矣。"处州古时为越族聚居的地带，相对险峻的地理环境，加之长期生存在这样环境下的山居人民坚韧尚气的民风积淀，形成了处州地方"气刚以劲，人尚气节"的文化特征。

人们总称现在的丽水城为"莲城"，现在以莲城命名的还有莲城宾馆、莲城书院等。丽水为什么会被称作"莲城"呢？

也许会有人觉得是因为过去丽水种了莲花。实际上，丽水古称"莲城"，并非因为种了莲花，而是丽水被周围群山环抱，宛若莲花，所以被称为"莲城"。《方舆纪要》称丽水城"众山环簇，状如莲花"。丽水城四周较为有名的山有万象山、栝苍山、檡山、南明山、枣山、姜山、梅山等。

隋开皇九年（589）设置处州后，州治最先就设立在栝苍山麓。到唐朝时，中唐诗人刘长卿对处州城有过具体而形象的描述："城对寒山开画戟，路飞秋叶转朱辀。江潮淼淼连天望，旌旆悠悠岭上翻。"（《饯王相公出牧栝州》，《全唐诗》卷一百五十一）处州城的北、东、西三面，红岩峭壁，陡绝环立，可作为天然屹立的城垣。"城对寒山"，吏员"听讼白云中"，"岭上""旌旆悠悠"，正是描写括州城"依山"而建、随形就势的状貌；路"转朱辀"，正表明州治内虽有小片平衍土地，却尚无像样的市井与街巷。清朝诗人袁枚也在《登白云山望处州城》一诗中写道："山城如斗大，四面总环山。"

独特的地理环境也对处州孔庙初建的选址造成了重要影响。处州孔庙最初就建在了檡山之巅。檡山多生檡木，处州孔庙在此处建立后，被俗称为"庙山"。

在处州各县中，龙泉孔庙初建在县城金鳌峰之东，青田孔庙初建在东门外崇阜（意为"高冈""高丘"）之巅，景宁孔庙也曾迁到石印山麓；松阳、缙云、遂昌、庆元和云和等县孔庙均初建在县城内或城郊的平原地带。

处州孔庙大多处于各山之巅，居高临下，俯瞰处州各地。其远离尘世，环境清幽，但来往祭拜孔子先圣者，求学者络绎不绝。

第二章

孔庙规制

自汉武帝采纳"罢黜百家、独尊儒术"的文化政策，儒家学说成为显学，在中国古代社会开始居于正统地位，于是祭孔活动也倍受统治者的重视，成为国家不可缺少的常典，扩建孔庙之风随之兴起。到了明、清时期，州、府、县治所在都建有孔庙或文庙。其数量之多、规制之高，建筑技术与艺术之精美，在中国古代建筑类型中，堪称最为突出的一种，是中国古代文化遗产中极其重要的组成部分。

历史上的孔庙有两千多所，根据其性质或类别可以分为三种类型：一是孔氏家庙，二是国庙，三是学庙。处州大地上的孔庙均属学庙。

在漫长历史中，孔庙成为统治者尊孔崇儒、宣扬教化、主兴文脉的圣地，也成为众多志在功名的读书人顶礼膜拜的殿堂。处州孔庙浓缩了千年儒家文化精髓，凝固了一段漫漫科举之路。

第一节　孔庙沿革

孔庙，又常称"文庙"，多与学宫并置，是中国古代尊孔祭孔的重要庙宇，也是传统社会儒家思想的传播阵地，并与古代中国官学体系的建立与普及息息相关，承担着祭孔、授教、育才的多重功能。

《处州府志》中提到："古先圣王之于民也，必设学校以教之。教之既成，乃兴其贤能而后官之。是学校所以为政事之本，道德之归也，岂可缓乎？"强调统治者十分注重教育，需要学校教育培养出人才为国为民效力，也就是在强调学校的重要性。起初，庙学分离，北魏国学只有庙，南齐时开始普及到各州郡，直到唐贞观年间，才令各州县学立庙。孔庙自公元前 478 年于孔子故里山东曲阜首立于世，经历了由孔氏族人的家庙、到帝王祭祀的国庙、再到地方普及的学庙的发展过程，前后相沿近2500年，最终形成古代中国上自帝国都城、下至郡府州县无不设庙建学的普遍景象，成为古代城市几乎必备的城市职能，并大量存留至今。

史籍记载的官办学校教育始于唐朝。唐武德四年（621），创立了松阳县学。唐元和十三年（818），处州刺史李繁把俸禄捐出来办学，在府治东南山原社稷坛旧址建孔庙、置讲堂，创立州学。此后，由于政府官员的重视以及地方人士的支持，官办的府学、县学遍及处州各县市，处州地区的教育事业得以不断发展。

李繁（生卒年未详），京兆（今陕西西安）人，是典型的"官二代"，唐朝知名宰相、学者、北周太师李弼的六世孙李泌之子。时称"少聪警，有才名"，以荫袭封邺侯，曾任太常博士、大理寺少卿、弘文馆学士。因太常寺少卿权德舆奏斥其无行，被外放河南府（今河南洛阳）担任府吏。后来在他父亲李泌朋友的帮助下，才被提拔到随州（今湖北随州）当刺史。唐宪宗元和十二年（817），李繁被调到处州担任刺史。

关于李繁建处州孔庙，明朝成化版《处州府志》卷第一有明确的记

载："元和十二年（817）李繁到任之后，首先建置庙学于樨山之巅。"李繁到任后，认识到文化教育落后是当时处州发展中的最大短板，于是他捐俸办学，开州学先河，将处州的第一庠孔庙建在了樨山之巅。庙成之日，李繁亲率官吏、学官、弟子等，隆重举行以苹蘩祭奠至圣先师孔子的典礼。李繁此前虽因卖友求荣、骚扰师母等违背伦理道德之劣迹而被士林君子"叹骇"，受朝廷"积年委弃"，但他在处州任上建庙兴学和重修府城城墙、城门之举确实惠及百姓，又在促进好学风尚的形成与"保障州民"的安全等方面受到地方长老的一致赞扬和当地百姓的充分肯定，也因此被《处州府志》列入"名宦"。总体来看，李繁虽在个人私生活上有劣迹，但在任上也的确造福于人民，也是功大于过的。

而令处州孔庙声名鹊起的是大文豪韩愈。据《丽水市志》记载：现存于丽水市博物馆所藏"处州重刊孔子庙碑"为唐元和十五年（820）韩愈撰文，宋嘉定十七年（1224）朝议大夫、直龙图阁、提举建廉府崇禧观陈孔硕重书，王梦龙重立。该碑虽屡遭兵燹，因有拓本，均得以重刻，屡毁屡建。碑高170厘米，宽79厘米，现碑从碑文三四层处断裂为两段。

韩愈，世称"韩昌黎"，是唐代杰出的文学家、思想家、哲学家和政治家，晚年官至吏部侍郎，人称"韩吏部"。赋有"文章巨公"和"百代文宗"之称，被后人评为"唐宋八大家"之首。后人将其与柳宗元、欧阳修、苏轼合称为"千古文章四大家"。他一生在政治上反对藩镇割据，在文学上主张"文以载道"，倡导"古文运动"，诗力求新，有时流于险怪。宋代文学大家苏轼对韩愈有着精准的评价："文起八代之衰，道济天下之溺。忠犯人主之怒，而勇夺三军之帅。"苏轼说韩愈的文章超越了从东汉、魏、晋一直到隋代八个朝代六百四十多年时间里所有的文章。韩愈的诗文独树一帜，蔚然成风，是真正的一代文宗。韩愈高举复兴儒学的大旗，复兴孔孟之道。他希望用孔孟之道来治国，用孔孟之道来理政，使大唐重建权威。他一心为国，劝谏皇帝，敢于直言犯上，为民请命。他是一介柔弱书生，却敢单枪赴会，不惧生死，面谈利害，让谋反的节度使幡然醒悟。他与唐代的柳宗元一起开创了唐代著名的古文运动，与孟郊形成了"韩孟"诗派。他的散文和诗歌对唐宋影响颇深，在文学史上有着崇高的地位，开启了新的文学时代。韩愈卒后谥"文"，世称"韩文公"。

韩愈文学大家的身份和韩愈所撰写的《处州孔子庙碑》本身就是不可多得的佳作，更使得处州孔庙名声大噪。（韩愈《处州孔子庙碑》释文见本书第七章第一节"唐宋儒学碑"）

对韩愈《处州孔子庙碑》有深入研究的丽水学院教授赵治中先生曾撰文分析韩大文豪撰文缘由，并在文中进行了解读：元和十五年（820），韩愈正在袁州（今江西宜春）任刺史，李繁特意邀请博学高才的大文学家韩愈为孔庙作记。韩愈虽没有到过处州，然而对李繁"重其学问"，又念及以前交往"颇为拳拳"，于是就欣然提笔写下了传世名作《处州孔子庙碑》。碑记先从儒家的道统出发，比较祭勾龙（社神）、弃（谷神）与祀孔子的盛况，得出孔子"贤过于尧舜远矣"的结论，以证明郡邑兴建夫子庙的必要；次为痛斥时弊，一些地方的孔庙"不能修事""名存实亡"；末为赞扬李繁修庙盛举，是"为政知所先后"，以办学兴教为首务。这一碑文最大的亮点是将孔子与尧舜相提并论，甚至有过之而无不及，将"尊孔"提升到了一个新的高度。

《处州孔子庙碑》碑文写成后未来得及勒石，李繁就已调走。直到唐文宗太和三年（829），才由新任处州刺史敬僚立石、司马任迪书写并篆额，之后这块碑不知去向。处州孔子庙碑（1224），由书法家陈孔硕重书、王梦龙重立。

而在同一时期的另一位著名诗人杜牧也为处州孔庙写过碑文，即《书处州孔子庙韩文碑阴》，碑阴就是刻在韩愈的碑文后面的碑文，共有600多字。

天不生夫子于中国，中国当如何？曰："不夷狄如也。"荀卿祖夫子，李斯师荀卿，一日宰天下，尽诱夫子之徒与书坑而焚之，曰："徒能乱人，不若刑名狱吏治世之贤也。"彼商鞅者，能耕能战，能行其法，基秦为强，曰："彼仁义虫官也，可以置之。"自董仲舒、刘向，皆言司马迁良史也。而迁以儒分之为九，曰："博而寡要，劳而无功，不如道家者流也。"自有天地以来，

人无有不死者。海上迂怪之士，特出言曰："黄帝炼丹砂为黄金以饵之，昼日乘龙上天，诚得其药，可如黄帝？"以燕昭王之贤，破强齐，几于霸；秦始皇、汉武帝之雄才，灭六疆，辟四夷，尽非凡主也。皆甘其说，耗天下、捐骨肉而不辞，至死而不悟。莫尊于天地，莫严于宗庙社稷；梁武帝起为梁国者，以笋脯面牲为荐祀之礼，曰："佛之教，牲不可杀。"以天子之尊，舍身为其奴，散发布地，亲命其徒践之，有天地日月为之主，阴阳神鬼为之佐。夫子巍然统而辨之，复引尧、舜、禹、汤、文、武、周公为之助，则其徒不为劣，其治不为僻。彼四君二臣，不为无知，一旦不信，背而之他，仍族灭之。傥不生夫子，纷纭冥昧，百家斗起，是已所是，非已所非，夫（天）下随其时而宗之，谁敢非之？纵有非之者，欲何所依据而为其辞？是以杨、墨、骈、慎已降，百家之徒庙貌而血食，十年一变法，百年一改教。横斜高下，不知止泊。彼夷狄者，为夷狄之俗一定而不易。若不生夫子，是知其必不夷狄如也。韩吏部《夫子庙碑》曰："天下通祀，惟社稷与夫子。社稷坛而不屋，取异代而配，未若夫子巍然当庠，用王者礼，以门人为配，自天子至于庶人，亲北面而师之。夫子以德，社稷以功，固自有次第哉！"因引《孟子》曰："生人《民》以来，未有如夫子者也。"自古称夫子者多矣！称夫子之德，莫如孟子；称夫子之尊，莫如韩吏部。故书其碑阴云。

杜牧（803—约852），字牧之，号樊川居士，汉族，京兆万年（今陕西西安）人。杜牧是唐代杰出的诗人、散文家，是宰相杜佑之孙、杜从郁之子。其于唐文宗大和二年（828）26岁时中进士，被授予弘文馆校书郎。后赴江西观察使幕，转淮南节度使幕，又入观察使幕，理人国史馆修撰，膳部、比部、司勋员外郎，黄州、池州、睦州刺史等职。因晚年居长安南樊川别墅，故后世称"杜樊川"，著有《樊川文集》。杜牧的诗歌以七言绝句著称，内容以咏史抒怀为主，其诗英发俊爽，多切经世之物，在晚唐成就颇高。杜牧人称"小杜"，以别于杜甫（"大杜"）。与李商隐并称"小李杜"。

在这篇《书处州孔子庙韩文碑阴》中，杜牧提出了一个假设："天不生夫子于中国，中国当如何？"如果中国没有孔子，那将是怎样的光景？在他看来，必然是"不夷狄如也"。可见杜牧对于孔子的高度赞扬。同时作为韩愈《处州孔子庙碑》其后的碑阴，对于韩愈尊敬孔子、重视释礼的行为表达了充分的肯定。我们不清楚杜牧为何要为处州孔庙撰文，但同时有韩愈和杜牧两位重量级人物题写如此高质量的文章，在全国地方孔庙中是极为罕见的。

读书人大多读过韩愈和杜牧的文章，也就知道处州有这么一座孔庙了。起初并不起眼的处州，也就因这两篇碑文而名声大振。

处州孔庙建成之后，一直是府学所在地，宋景祐年间（1034—1038），知州孙沔因其原址地偏且狭小，将州学另建于迎秋岭西，才改为丽水县学。古时每逢孔子诞辰，丽水城的读书人都要到孔庙祭拜，处州孔庙一度保持着盛况。经历代重修，处州孔庙到解放初仍保存完好。1949年5月14日解放军进城部队进驻孔庙，接管了在孔庙内的伪专署，并成立了处属特委，各机关的办公大多数在孔庙。1952年丽水撤销专署并入温州后，丽水初级师范学校从南明山搬进孔庙。处州孔庙也在20世纪50—70年代陆续被拆除，文化遗存损失殆尽，不得不令人叹息。

处州各县孔庙，因为都是按照"庙学合一"的规制兴建或重修，具体沿革情况在本书第五章"府学县学"第三节"处州县学"中有详细介绍，此处就不再赘述。

第二节　格局形制

"凡始立学者，必释奠于先圣先师"，建立学校必设立孔庙，建立孔庙也必设学校。从北齐开始国家就令地方学校建设孔庙，历代也不断下令建设维修孔庙，但是对于孔庙的建筑形制却一直没有明文规定。而实际上，历朝历代各地建造的孔庙在形制上也大同小异。

孔庙建筑形制渗透和体现了"礼制""中庸""大同""天人合一"等儒家思想。孔子认为社会平衡于一定的等级秩序，社会和谐有序，需用礼仪制度约束人们的行为。孔庙建筑形制中，主体建筑与附属建筑的掩映相称、庙前两侧的下马碑、从祀者严格的等次排位、大量的礼器祭器陈列和大成殿建筑的不同规格等，充分体现了"礼制"思想；德配天地坊与道冠古今坊的对称、礼门和义路等的对称等，充分体现了"中者天下之正道、庸者天下之定理"、中不偏、庸不易的中庸之道和"天下大同"的思想。儒家主张"天人合一"，追求"人—建筑—自然环境"和谐统一，孔庙恰当运用了传统的庭院组合和环境烘托手法，成为表达哲理、启迪智慧的重要载体，使人置身于孔庙中触景生情，感悟"圣人"的思想境界。

从孔庙的格局来看，主要有右庙左学、左庙右学、前庙后学和庙学分离四种布局方式。这样"庙学合一"或"庙学并重"的格局也成了中国古代教育具有鲜明特色的教育格局。

右庙左学即孔庙（主体是大成殿）在西、学校在东（主体是明伦堂、明德堂），这是最早出现的布局方式，最早见于东晋国学。右庙左学是常见的布局方式之一，明代安溪县学、龙溪县学，清代岳州府学、泉州府学等都是这种布局。

左庙右学即孔庙在东、学校在西，唐代国子监最早采用这种布局形式。左庙右学也是常见的布局方式之一，至今苏州孔庙仍然保持着这种布局形式。北京国子监也是典型的左庙右学，太学在西、孔庙在东，各自设有正门，以围墙连在一起。

前庙后学即孔庙在前、学校在后的布局方式，早在宋代就是常见的布局方式。建虞府学、永嘉县学、吴兴县学等都是前庙后学的形式。孔庙在前、学校在后，人们不能从孔庙内出入，所以在庙门的一侧另设学门。

庙学分离即孔庙和学校不在一起。庙学分离是罕见的布局方式，目前仅见到甘肃凉州府学一例，孔庙位于城内东南角，前临城墙，东为文昌宫、西为贡院，而府学却在孔庙的西门，南北间隔一个街区，东西也隔着一条大街。

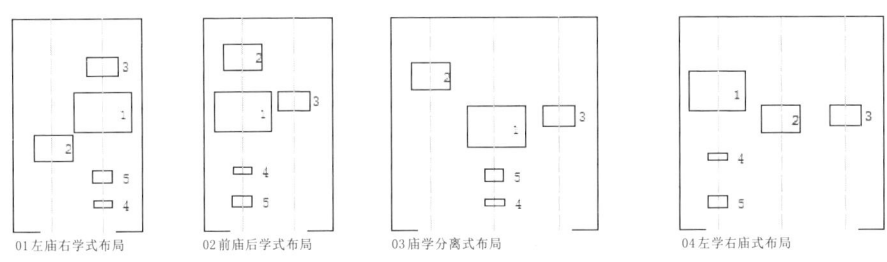

01 左庙右学式布局　　02 前庙后学式布局　　03 庙学分离式布局　　04 左学右庙式布局

1. 大成殿　2. 明伦堂　3. 崇圣祠　4. 泮池　5. 棂星门

不同格局的孔庙

处州孔庙格局为前庙后学。据《丽水府志》记载：处州孔庙依檡山山势而筑，孔庙大门朝南。大门两边各有四个厢房。从大门进去后是两口水井，再进去就是半月形的池塘，叫"泮池"，泮池中有廊桥，石砌而成，上有廊屋。再上去就是3米宽的台阶，中间还有一座牌坊。台阶两边有许多石碑，台阶的最上面就是大成殿。大成殿为庑殿式结构，三间门厅，殿内极其宽敞，白墙红柱，青石方砖铺地，气势恢宏，庄重霸气。正中门楣上方，有"万世师表"的真金字匾。匾额正下方，摆放的是"至圣先师孔子"牌位，两旁分别为颜子等十八像、六十贤人的牌位。东西两庑设有历代大儒之位，如公羊高、左丘明、范仲淹、欧阳修、司马光和扬雄等数十人。

大成殿后有明伦堂、崇圣祠，殿右有乡贤祠、名宦祠等。大成殿前有大成门、土地祠与官厅。门前有多级石阶，顺山势而砌成。殿的周围有许多房子，还有很多大樟树和松树，浓荫蔽日，风景很好。明伦堂、名宦

祠、乡贤祠等建筑外面，还有鹿、狮子、马的雕塑和绘画。

石阶前面除半圆的泮池外还有屏墙。墙上书有"万仞宫墙"四个大字。墙左为礼门，右侧为义路，都连着桂山路。"义路"门的一旁设有下马石，石上书有"文武百官军民人等至此下马"的字样。"义路"门平日里常掩，只在祭孔之日，或是状元至此祭孔才会开启。因而"礼门"，是作为进入处州孔庙的日常入口。孔庙内外墙一律以红朱粉饰，故丽水人又称孔庙为"红粉墙"。

处州孔庙经过历代多次维修与扩建，才形成后来的规模。到了清道光年间（1821—1850），其宽大的程度与宏伟的气派，就连北京、南京、杭州和烟台等地的孔庙都望尘莫及："琼宇巍峨玉笋头，满城佳丽境中游。翠峦云锁千层锦，墨沼龙蟠五夜秋。断碣余书饶古迹，高文烁斗振时流。千年多少循良吏，钟鼓长歌李邺侯。"（张治统《檡山》）

对于处州各县孔庙的布局，清道光版《处州府志》有较为详细的记载：

> 松阳孔庙，中为先师殿，翼以两庑。前为庙门，为泮池，跨以石桥。又前为棂星门、戟门，东为名宦祠，为文昌祠。西为乡贤祠，为景贤祠。棂星门之东为儒学门，门内有青云路。东为省牲所，为训导宅。庙东西有号房各四间。庙后为明伦堂，堂前东西号舍各五间，堂后为尊经阁。阁西为射圃，圃南为万仞坊。儒学门东为文昌阁。
>
> 缙云孔庙，中为先师殿，前为露台，翼以两庑。又前为庙门，门左为名宦祠，右为乡贤祠，前为泮池，跨以石桥，外为棂星门，右为大门，额曰青云路。庙后为明伦堂，左为教谕宅，西为敬一亭，亭南为训导宅。东隅为崇圣祠，傍为土地祠，为吏舍、厨房、祭器库，后为朱子祠。庙前为文昌阁，庙西为尊经阁。
>
> 龙泉孔庙，中为先师殿，前为露台，翼以两庑。又前为庙门者三，左名宦祠，右乡贤祠，外围棂星门，前为泮池。庙后为明

伦堂，东西列两斋，进德、兴贤。又东为崇圣祠。堂后为教谕宅，西为崇迪堂，后为训导宅。

　　遂昌孔庙，中为先师庙，前为露台，东西列两庑，东庑北为祭器库，前列戟门，门东为土地祠，门外东为名宦祠，西为乡贤祠。祠西有路，转北为明伦堂。东西各有室四间，即旧博文、约礼二斋。堂后殿三间，供奉阙亭，为祝厘所，旧为敬一亭址。堂西南隅为教谕宅、训导宅。

　　青田孔庙，中为先师庙，翼以两庑。后为明伦堂，又后为崇圣祠，前为庙门，又前为棂星门、名宦祠、乡贤祠、教谕、训导宅。

　　庆元孔庙，中为先师殿，前为露台，翼以两庑。前为大门者三，左列名宦、土地二祠，右列乡贤祠。前为泮池，又前为棂星门三，外为屏门。东西列德配天地、道冠古今二坊。稍东为儒学门五，内为道义门五，又内为登云桥，桥下为池。又内为明伦堂，堂下左侧为训导宅，稍西为崇圣祠。

　　景宁孔庙，中为先师殿，前为戟门，翼以两庑。又前为泮池，为棂星门。殿后为崇圣祠，殿左为明伦堂、名宦祠、乡贤祠、土地祠、祭器库、奎星阁、文昌阁、学署、学斋。

　　宣平孔庙，中为先师殿，翼以两庑，前为泮池，跨以石桥，殿后为明伦堂、崇圣祠、教谕宅、训导宅。

　　云和孔庙，中为先师殿，翼以两庑，前为戟门，外泮池，跨以石桥，前为棂星门，内为神厨，为库房，为宰牲所。尊经阁在孔庙后，明伦堂在崇圣祠前，为斋二，博文、约礼。又为学门，为仪门，为膳堂，为号房，为学仓，为厨房。泮池西为射圃，西庑后为教谕宅、训导宅。

自汉唐宋以来，文庙建筑逐渐被视为政权统治"道脉所存"的文化象征，遍及全国，并最终在明清时期形成了较为统一的规制与布局。具体而言，有以下三方面共性特征。

一、"前祀后堂"与"左庙右学"

庙学一体的空间组合至唐代奠定文庙与官学相结合的体制传统后，宋明时期地方文庙便逐渐在建设过程中形成了"庙学一体"的空间格局，形成分别以"大成殿"院落为核心的祭祀建筑群与以"明伦堂"院落为中心的学署建筑群并道的学宫建筑群体院落空间；在实际建设中，通常以"前庙后学""左庙右学"为常见组织方式。

由于儒家思想以中、以左为尊。因此，在标准的"庙学并置"体系中，建筑群在空间分布上多为前庙后学或左庙右学的格局，即在坐北朝南的布局中，学署建筑通常位于庙宇建筑的北侧或西侧。但是，在历史不断发展更迭的过程中，学宫建筑群也不断历经兴衰，在增建、迁建、毁坏、修复与重建的过程中，原有的标制格局难免有所改变，加之受地方传统、行政配属、相关建筑植入等因素的影响，逐渐形成了大江南北布局各异的"庙学组合"模式。

二、"九进高配"与"三进标配"

祭祀建筑的基本格局在庙学合一的体系中，学署建筑主要满足日常教学的功能需求，较少承担礼仪象征的职能，因而布局没有规制，较为灵活；但祭祀建筑则须承担表达儒家礼仪道统的象征职能。由于"礼"在儒家思想中为维系天地人伦、上下尊卑的自然与社会秩序的准则。因此，作为集中反映礼制文化的祭祀建筑，其组合与配置也相应具有基本的布局规制。自唐代以来，各地文庙建设均以曲阜孔庙为原型。曲阜孔庙采取院落组群的方式，坐北朝南，依纵横轴线组织空间，划分庭院。作为全国最高等级的文庙建筑，明清时期曲阜孔庙享受皇家九进院落礼制规格。但是地方文庙在礼制上必须低于曲阜孔庙，因此其祭祀建筑普遍在九进院落的基础上施行减法略去"圣时门"至"大成门"之间的多进空间，保留万仞宫墙至棂星门、棂星门至大成门、大成门至大成殿的三进院落，作为文庙礼祀区建设的标准规制。

三、"前导空间"与"祭祀空间"

礼仪中轴的功能分区即便为三进院落，礼祀建筑群仍然规模庞大。从前至后，由一系列意蕴丰富的建筑元素与空间组成。根据古代地方祭祀与空间使用情况，礼祀区大致又可分为前后两段。前尘区为由影壁、泮池、棂星门组成的前导仪礼空间。此区域的每一处建筑、景观皆出自古代典故，有"籍"可寻，具有文化上的象征功能，为体验儒家文化、感受礼制道统营造出了空间与精神上的良好氛围。而过棂星门后，中轴线后尘部分的戟门、大成殿、东西庑围合的院落则为主要祭祀空间。在门两侧设有更衣所、祭器库、礼器库，为行典者提供祭祀准备的礼器与换装空间；大成殿外设有凸字形拜台，用于祭拜；一些文庙在此院落中还建有礼乐亭、钟鼓楼等小品建筑，为祭祀舞乐之用。由此可见，此区域内的建筑与室外场地皆为祭孔仪式服务，具有肃穆的空间氛围与全方位服务于祭祀的功能特征。

第三节　官学私学

古处州的学校教育，可分为官学、私学两大类，书院则是一种特殊的教育组织。

一、官学

官学又分为府学和县学，一般就是"儒学"，是为庙学合一后的孔庙。唐武德四年（621），松阳建县学，此为处州官学之始。唐元和十二年（817），刺史李繁在府治南一里的樨山建孔子庙，置讲堂、创州学。宋景祐年间（1034—1038），知州孙沔将州学迁至丽水县邑贵恕铺（今丽水中学校址）。缙云的县学也创建于唐朝，而遂昌、龙泉、青田和庆元等地县学建立于宋朝。

在元代的学校教育中，官学是主要的形式，分为中央官学与地方官学两种。地方官学体系比较严格，以儒学为其主体。元初，处州有7县，处州建有处州儒学，丽水、龙泉、松阳、遂昌、青田、云和及庆元县都建有县儒学。景宁与云和两地县学则到明朝时才建成。

府、县学教育就其本质而言，仍然是一种贵族教育，因而其规模不大，所以生员数量不多。

处州府、县立学情况如下：

处州府学，唐元和十二年（817）刺史李繁建，学额25名。

松阳县学，唐武德四年（621）建，学额16名。

缙云县学，唐上元元年（674）县令李阳冰创建夫子庙，宋治平年间（1064—1067）县令张简翼建县学，学额23名。

龙泉县学，宋天禧二年（1018）建，学额20名。

丽水县学，宋皇祐年间（1049—1054），原建于樨山之州学，后按性质改为县学，学额26名。

遂昌县学，宋皇祐年间（1049—1054）县令何辟非建，学额15名。

青田县学，宋崇宁年间（1102—1106）建，学额19名。

庆元县学，宋庆元三年（1197）县令富嘉漠建，学额12名。

景宁县学，明景泰三年（1452）县令杨殖宗建，学额12名。

宣平县学，明景泰三年（1452）县令李叶、巡检吴则建，学额14名。

云和县学，明景泰七年（1456）知县李叶建，学额12名。

北宋崇宁元年（1102）规定，府、县学生经选考可贡入太学。府学一年一贡，县学两年一贡。元符二年（1099），"三舍法"开始实施后，府学学生每年可评上舍1人、内舍2人。明代开始，府、县学生分廪膳生、增广生、附生员三类。享受廪米待遇的叫"廪膳生"；额外加取的叫"增广生"；新进额的叫"附生员"。清代，处州府学永定进额25名，廪膳生40名，增广生40名。缙云县永定进额25名，廪膳生20名，增广生20名；青田、龙泉和松阳三县县学永定进额各16名，廪膳生各20名，增广生各20名；遂昌、庆元、云和、宣平和景宁五县县学永定进额各12名，廪膳生各20名，增广生各20名。

元、明、清时期，府、县学的教学内容分礼、射、书、数四科。礼，包括经史、律令、诏诰和礼仪等内容；射，指每月朔望在教场上的演习；书，指习字，日习500字；数，主要指数学知识的传授和计算练习。科举盛行以后，府、县学的教学内容日显空泛，但十分注重考试。明代以来，考试分月考、岁考、科考三类。月考由教师主持，成绩上报府学官。岁考由府学官主持。根据岁考成绩优劣，将学生分成六等。成绩列一等者为候补廪膳生；列二等者为候补增广生；列三等者留等照常；列四等者挞责；列五等者递降，廪膳生降为增广生，附生员降为青衣；列六等者黜革除名。科考是对岁考列入一、二等的生员进行复试，成绩合格者可应乡试。足见明、清时期的府、县学实际上是科举考试的准备机构。

府、县学在管理上均奉行朝廷颁行的学规，异常严苛。明太祖颁例八条，府、县学须刻勒卧碑，令师生遵行。清康熙三十九年（1700），颁圣谕十六条，府、县学的教官必须在每月朔望传集生员宣读，务必遵守。雍

正年间又颁"圣谕广训",以作生员的行为准则。

府、县学的经费主要来自学田地租,国拨经费所占比例极微,仅用于学官俸禄和廪膳生的伙食补贴。学田主要由地方官吏将公有族产、寺庙废田、荒地拨充及乡绅、富户捐赠献助。

宋代,府、县始设专管地方教育的行政长官,府称"教授",县称"教谕"。任期为9年。处州自南宋乾道年间(1165—1173),先以曾贵、魏邦基为教授,直至晚清的陈昌祐止,其间七百余年换教授140余人。乾隆年间,教授吴懋政为浙西名宿,文章诗赋脍炙艺林,远近闻习。

二、私学

古代官学一般不包括蒙养教学,该任务多由民间私学承担。处州学塾类出多种:有乡绅富户请教师在家教学的"坐馆",有教师在家施教的"私塾",有地方、宗族捐资兴办的"社学",有个人资助的"义塾"。学塾的教育方式,由于教材各异,水平也参差不齐,采取个别教授的形式。同时又因从事学塾教学者人数众多,且学塾办学不拘条件,教学的制度也比较灵活,所以相较于条件严苛的官学,学塾的设置在数量上远超官办的府、县学,招收的生员人数也远超官学。而学塾的经费主要来自民间各方的支持,有的来自宗祠、寺庙捐田捐资,有的来自官绅义捐乐助,有的则来自民众自己集资。

明万历年间,处州司马时可橄、丽水知县钟武瑞在城关建社学7所,选教读7人,筹学田20亩以作薪饷。此后,社学、私塾遍及郡邑山乡。据处州各县教育志记载,在元、明、清时期共设置过学塾八十余所,其中以青田、龙泉两县最多。

社学是元、明、清三代诏令在乡村设立的学校。明代浙江初等教育的主要任务虽多由民间私学承担,但朝廷出于在乡村地区推广社会教化的目的,从建国之初就曾下令在地方上兴办社学,试图建立起一套官办的初等教育体制。社学作为一种由官府兴办的地方初等学校,是从元代继承下来的。社学经费,有官府拨补的,也有民间筹集的,因校而异。据明嘉靖

《浙江通志·建置志》记载，处州府所属各县有社学27所：其中丽水县3所，均在府城；青田县1所；松阳县1所；庆元县5所，4所在县城，1所在九都；宣平县1所；景宁县9所，其中4所在县城，5所在乡村；遂昌县2所，均在县城；龙泉县5所。

义学，又称"义塾"，由官僚士绅富商或宗族出资兴建，用祠堂庙宇做校舍，延请教师教授地方清寒子弟。义塾的校舍，因宗族的经济实力或捐资人所出资金多少，而有规格大小之别、新旧简陋之异。自唐宋以来，浙江民间兴办义学的风气比较兴盛。经济落后的处州府，在明代时所属各县的著名义塾有：处州府和丽水县各一所；青田县有湖山义塾；遂昌县有盘溪义塾、项氏义塾；龙泉县有龙渊义塾（元末章益创建，宋濂曾为之撰记，一时闻名遐迩）、吴氏家塾、郑氏义塾和翁氏义塾。

明代以后，学塾的教学内容和教学用书逐步系统配套：道德教育课本有《童蒙须知》，识字课本有《千字文》《百家姓》《三字经》以及各种实用杂字，文学课本有《千家诗》《神童诗》。各类学塾主要进行读书、习字、作文三方面教学，虽无固定学制，但教学都有一定次序。读书，先进行集中识字，熟记千余字后再教读《三字经》《百家姓》《千字文》和《四书》。学生主要是跟读、朗读和背诵。在此基础上，再由教师讲解，阐述书中的封建伦理。习字，先由教师把着手写，后而描红，再行临帖、书写。作文之先必练习作。由易及难，尤重温故。清光绪二十四年（1898），云和县畲族贡生蓝宝成在杉坑岭村创立畲、汉共学之村塾。

三、书院

书院名称开始于唐朝，源于唐代私人治学的书斋和官府整理典籍的衙门，是中国古代士人围绕着书，开展包括藏书、读书、教书、讲书、著书和刻书等各种活动，进行文化积累、研究、创造与传播的文化教育组织。唐末至五代期间，社会十分动荡，战乱频繁、仕途险恶，一些学者不愿做官，便选择隐居山林或乡间闾巷，模仿佛教禅林的讲经制度进行读书讲学，吸引了一大批士子前来求学，书院开始具有了讲学授徒的功能。

唐末五代的书院数量少，规模不大，故其影响有限。北宋初期，科举取士规模日益扩大，但宋初官学却长期处于低迷不振的状态。士人求学的需求很大，却苦无其所，这时独立于官学之外的书院便派上了大用场。大量民间书院应运而生，为广大士子提供了读书求学的场所。加上当时印刷术的应用，让书籍的制作与手写本相比，变得更为便利，书院也因此拥有了丰富的藏书，并真正成为面向社会的教学研究场所。

所以，书院与一开始就作为官学而存在的"儒学"不同，书院初期属于私学，到了元代才逐渐官学化。因此，书院也成了我国古代独特的教育组织形式，能够弥补官学之不足，同时也独具特色，不仅将教学活动与学术研究结合起来，而且相较于官学更为自由，与现代的大学功能几近相同。可以说现代的教育体系受书院的影响也极大。

书院教学以学生自学为主，将听讲与教师指导相结合。书院教育在内容上不仅传授儒学知识，还重视讲明义理，更注重把所讲明的义理，在身心修养上躬行实践，较之今日更注重在德智体美劳上全面发展。可以说，书院并不是为了科举而生，从书院的发展历程来看也能得出这一结论。书院学子学习的目的，一种是为了参加科举，另一种是纯粹为了治家。虽然宋时书院的确为求取功名的学子提供读书求学之所而得以繁荣，但古代书院的初心主要是强调个人的修养和学术修行，培养传道济民的人才。当年朱熹复兴白鹿洞书院，也是为了纠正官学和科举之偏。书院教育的特点是为了培养人的学问和德性，而不是为了应试获取功名；而且朱熹他们并不是盲目地反对科举，而是主张先学好儒家义理精髓，再参加科举考试；在教者与学者之间，重视学术上的讲辩讨论。

书院有时还邀请学有成就的大学者到书院共同论辩或讲解自己的学术主张。据清代学者王懋宏所著《朱子年谱》记载：（宋）乾道三年（1167），朱熹闻张栻得胡宏之学，专程自福建崇安去长沙访问主教岳麓、城南书院的张栻，就《中庸》之义的"未发""已发"及察识持养之序等问题进行讲论，据称"三日夜而不能合"。彼时正是岳麓书院最盛时，岳麓书院由著名学者张栻主持，朱熹与张栻的这一场辩论就是学术史上著名的"朱张会讲"。朱张二人虽然同属理学正宗，但在一些具体的问题上学术思想仍有差异，两种不同观点一起讲授论辩，发生了剧烈的碰撞，所以有了"三日夜而不能合"。史书记载当时全国各地学者云集听讲者逾千人。

书院选址注重自然环境的"风水"，做到"山屏水障，藏精聚气，钟灵汇秀"，同时，书院的选址根据"天人合一""天人感应"的理论，强调人文环境与历史文化的延承，实现人与自然的和谐、天与人的和谐。书院的选址从教育意义上分析，具有极高的教育学价值，一方面为人才的培养与成长提供了一个极佳的自然环境，耳濡目染，潜移默化，可以修身养性，潜心治学促进人的全面发展；另一方面为各种教育活动的开展创造了物质条件，讲学、研究、祭祀、藏书和刻书等教育学术活动都有了自己的场所和空间，这为有规律性的教育教学和长期性的教育活动提供了保障。

在书院的设置中，一般只有一个讲堂，处在书院的最中心，讲堂前面两旁排列着成排的斋舍，是学生们住宿自修的地方。平时，学生主要时间都是自己读书研究，老师不定期地给学生们讲课。讲课时也没有固定座位，老师坐在堂上，学生们三三两两自由地围坐着听讲。讲课的内容也比较自由，而非照本宣科，是自由地讲授，相互提问论辩，这样的环境也促成了思想的自由交流和学术的广泛传播。若遇名师大家讲课，则远近学子云集听讲，每当此时讲堂常常坐不下，因此很多书院的讲堂建筑做成一面全开敞的轩廊形式，当听讲人多容不下的时候，就自然向庭院中延伸。

在管理上，书院主持人称"院长""山长"或"馆师"，既负责书院的管理又担负书院的主要教学工作。到了元代，书院逐渐官学化，书院的教授、学正等的任命、提升都得由政府批准。因此书院的主持人，大部分由当地学官充当，书院的经费来源也主要是政府的拨款。学田的田租以及绅商捐献等。

书院在宋代的极盛之后，因时局动荡而几经变革。到了明初书院曾一度衰落，其主要原因是明朝政府重视官学，提倡科举，书院也就可有可无了。得益于政府支持的官学又兴盛起来，待遇更加优厚，科举前程荣耀，一些学子便又不再热心于书院。不过在一百多年之后，一些理学家深感科举的腐朽，教育空疏，为救治时弊，多以立书院传扬伦理，书院因而又兴盛起来。清朝初期几十年间，朝廷又对书院采取抑制政策。直至雍正元年

（1723）后，各地书院又相继兴盛。但此时的书院，实际上已成为官学的一种形式。因而，清代的书院多为官立，书院与科举之间的联系也更加密切，在建筑形式上也多向儒学靠拢。

书院产生于唐代，成熟于宋代，官学化于元明清，至清末改为学堂。最初，书院为民办的学馆，原由富室、学者自行筹资，于山林名胜僻静之处建学舍。后来，许多名家为了避免战乱，隐居山林，藏书著述讲学，促使书院在不同时期有了发展。由于古代统治思想之儒学独尊，书院逐渐成为儒家大学堂。

处州兴办书院始于宋代。北宋时，缙云人胡份晚年辞官归里，隐居于上宅，设馆讲学，馆名为"尚友堂万松书舍"。南宋淳熙九年（1182），朱熹到缙云、青田、松阳等地讲学，对处州境内书院的发展起到了十分积极的影响。缙云的独峰、美化书院，松阳的明善书院，龙泉的桂山、笏洲、仙岩书院，青田的介石书院，遂昌的西庵书院等书院就是在此期间陆续建立起来的。

明嘉靖二十四年（1545），处州知府高超于府治南城隍庙旧址建立了紫阳书院。万历二十二年（1594），知府任可容建圭山书院于府治东南之圭山，院址在府城文昌阁。受此影响，处州各地书院不断兴建，较著名的书院有：青田县的鹤山、心极和混元（文明）等书院，讲授王阳明学说；缙云县的五云与铁城书院；遂昌县的双溪、凤池、练溪、相圃（汤显祖建成与命名）、鞍山和兑谷等书院；龙泉县的仁山、聚英书院；庆元县的松源（对峰）书院；景宁县的贯道、夛山、明德、鹤溪和崇正等书院。

清康熙三十三年（1694），处州知府刘廷玑在府治圭山文昌阁东首建立了南明书院。在这之后南明书院也几经变革。乾隆十七年（1752），知府赋琏利用南明书院旧址改建成莲城书院，连同原圭山书院也改为莲城书院，光绪年间，莲城书院还办得十分兴旺。

清初处州各县除继续经办前朝遗留的书院外，还创办了一些新书院，如青田县的正谊、鹏岭书院，缙云县的金莲书院、仙都书斋，松阳县的紫阳、昌山书院，遂昌县的文阁、奕山、养正书院，龙泉县的留槎、金鳌书院，庆元县的日涉、对峰书院，景宁县的博爱、指南书院。这些书院作为儒学的补充在本书之后的章节中有介绍。

第三章

孔庙建筑

　　孔庙在建筑选址、建筑布局、建筑风格以及文化教育装饰等方面展现出重要的、有价值的技术和科学知识。孔庙的建筑布局、建筑样式、建筑风格及建筑装饰等都体现着中国古典科技精华和"天人合一"的人文理念，州府文庙一般按照七间的规格,县文庙一般按照五间的规格或七间或三间，采用了主体建筑沿中轴线分布，左右对称的中国传统建筑布局。

　　20世纪五十到七十年代，由于种种原因，处州大地上的孔庙等许多最有历史文化价值的古建筑被拆除。除现存保持相对完整的只有始建于明景泰三年（1452）的景宁文庙，明崇祯三年（1630）迁建残留部分建筑的庆元文庙，以及松阳文庙三处，其余州县孔庙均已不复存在。

第一节　处州孔庙

处州孔庙始建于唐代，已有1200多年历史，是处州历史上"崇文尚学"的主阵地，对处州文化和教育的发展，有着不可磨灭的积极作用。古时，丽水因天上的处士星而得名处州，历来尊崇儒家文化，耕读传家源远流长，一直保留着到孔庙祭祀孔子的优良传统。自北宋中后期起，分立州学、县学。自此，处州大地上的孔庙犹如繁星点点，洒满各个县。

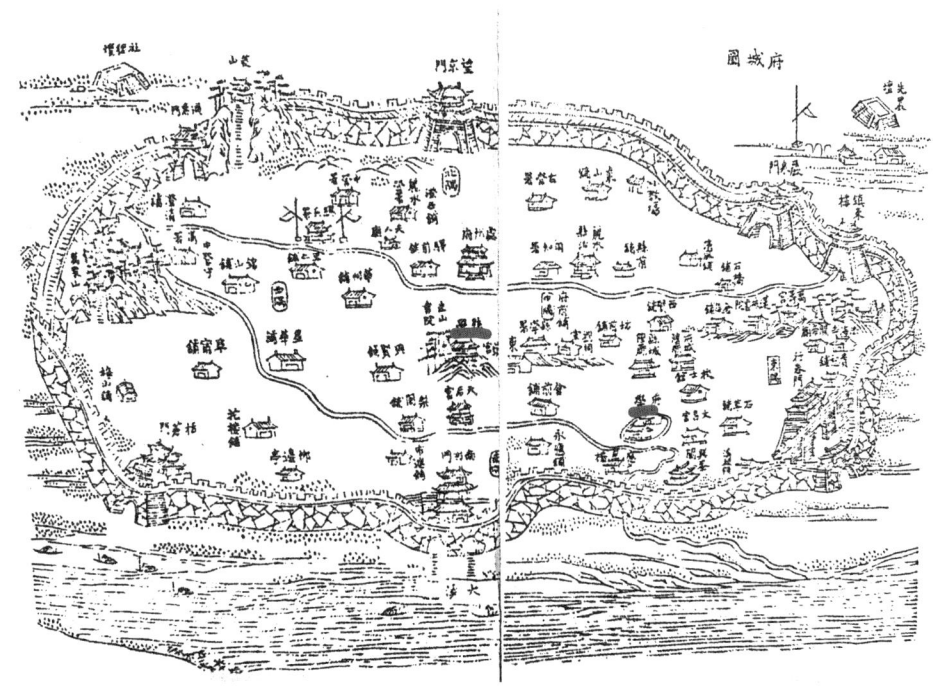

清光绪《处州府志》府城图

处州府治地孔庙曾是处州府学所在地，直到宋景祐四年（1037）才改为丽水县学（州学另建在迎秋岭，即今龙门岭西面）。孔庙经过历代多次维修与扩建，才形成后来的规模。到了清道光年间（1821—1850），其宽

35

大的程度与宏伟的气派，连北京、南京、杭州和烟台等地的孔庙都望尘莫及："琼宇巍峨玉笋头，满城佳丽境中游。翠峦云锁千层锦，墨沼龙蟠五夜秋。断碣余书饶古迹，高文烁斗振时流。千年多少循良吏，钟鼓长歌李邺侯。"（张治统《檡山》）"檡麓宫墙一再新，艰难创始缅前人。右文唐代基犹在，特笔韩碑迹久湮。规制（丹墀、宫墙、坊表之类）忻瞻今日备，增修预订后来因。能知先务争趋事，此地端由风俗淳。"（清·陈遇春《檡山重修文庙落成》）

一、建筑布局

明成化版《处州府志》记载：

李繁，元和十二年（817）到任。下车之后，首先建置庙学于檡山之巅。……选檡博士弟子员，为置讲堂教之，行礼肄习其中，廪饩供亿，虽小亦备。处之人士始知兴学，实自繁倡之。

宋康定（1040—1041）初（注：该时间应有误：孙沔任处州知州系景祐年间，即1034—1038年，州学改址时间是景祐四年，即1037年），威敏孙公沔以其褊小，谋卜宽爽，乃徙今址。檡山庙学，改为丽水县学。宣和（1119—1125）初，被寇贼。又三年，侍御黄葆光即旧基重建。绍兴壬戌（1142），维扬王禔承诏修学，因辟六斋：曰复仁，曰履道，曰益善，曰兑习，曰晋明，曰艮光。迫于基狭，郡人尚书梁公汝嘉居邻于学，又捐地以相之。毗陵徐汲，复创三门。又十三年，毗陵邹栩立欞星门，凿池架桥，以象泮宫，面势对山，前植松桂。咸淳辛未（1271），番易李雷奋为守，重建讲堂。至元二十七年（1290），总管斡勒好古大修大成殿，焕然维新，斋庐、门庑悉加完茸。

明正统七年（1442）冬，推官黎谅捐俸易瓦，鼎新大成殿。景泰四年（1453），知府张佑重建明伦堂。天顺五年（1461），知府马伟等重建大成殿。成化元年（1465），知府周祺创退省堂，增筑廊宇、号房，规模一新。十八年，参议张公敷华、金事江公孟纶奉敕按郡又大新之。

大成殿五间，宋徽宗书额。东西庑二十六间，戟门五间，棂星门三座，神库五间，神厨三间，宰牲房三间，涤牲池一口，库门一座。俱成化十九年（1483）知府郭忠重立。

孔庙四周有围墙，达数百丈，涂以红色，群众称此地为"红粉墙"。前围墙为"万仞宫墙"，墙体两端左右两门，称"礼门""义路"，义路门旁有下马石，上书"文武百官军民人等至此下马"的字样，此门平时不开，只在祭孔日及状元至此祭孔时开启，而"礼门"为进入孔庙之通道。孔庙最前端为泮池，呈半月形（泮池后应有棂星门石坊，但已不存），泮池向北有石阶百余级，直至檡山之巅，始为门厅，入门厅为广场，均以石板铺地，广场两旁，为两排直入内里的房舍，广场之北为大成殿，呈宫殿式结构，面积宽敞，正中大门上方，悬有"万世师表"的巨匾，入殿内，白墙红柱，砖铺地面，正中为至圣先师孔子之木牌位，旁为七十二贤人之木牌位，两庑为历代先儒之木牌位，如董仲舒、诸葛亮、范仲淹、欧阳修、司马光和王守仁等。

明伦堂五间，穿堂五间，养贤堂五间，膳厨一所，碑亭二座，道义门一座。儒学门一座，赵孟頫题。泮池一口，跨石为桥。前六斋废，今辟四斋，东西各十二间，曰"居仁""由义""志道""据德"。观德亭一座。射圃一所。儒学仓一座。生员号房共二十四间。成化二十年（1484），知府郭忠重新修建。东西斋下小房共四间。堂左右小祠两间：一祀少师给事郡人王公信，一祀少师尚书郡人梁公汝嘉。文昌祠一所，兴文祠一所，碑刻二十六座。教授一、训导四公廨各一所，司吏一名。杏坛一所，在学外墙南。东以学墙直出，至厚田庙为界；西至行路为界；南至厚田庙；北至学门外。墙内池一口，先俱为学邻军人占执为园。正统间，教授陈升始复之。

《栝苍汇记》明万历七年载府治地孔庙

据清光绪三年（1877）《处州府志》记载：

处州府学在府治南一里，初学在樗山之巅，唐元和李邺侯繁来守，新孔子庙，设讲堂行礼。

现存的《处州府志》还对孔子庙内的布局结构作详细的描述：

"十三年，立棂星门，凿池架桥""二十七年，修大成殿、宅庐、门庑，悉加完葺""翼以两庑，前为庙门三间，门外及两廊列树碑文，左为土地祠"等。

民国县志记载：

正中为大成殿，翼以东西两庑，后为崇圣祠，前为大成门，为棂星门，为泮池，为屏墙。崇圣树左为明伦堂，右为乡贤、名宦祠，又左为崇德斋，西为广业斋，为祭器库。大成门东为文昌庙，西为省牲所，明伦堂东为忠义祠，又东为节孝祠，祠下为土地祠，为教谕署。

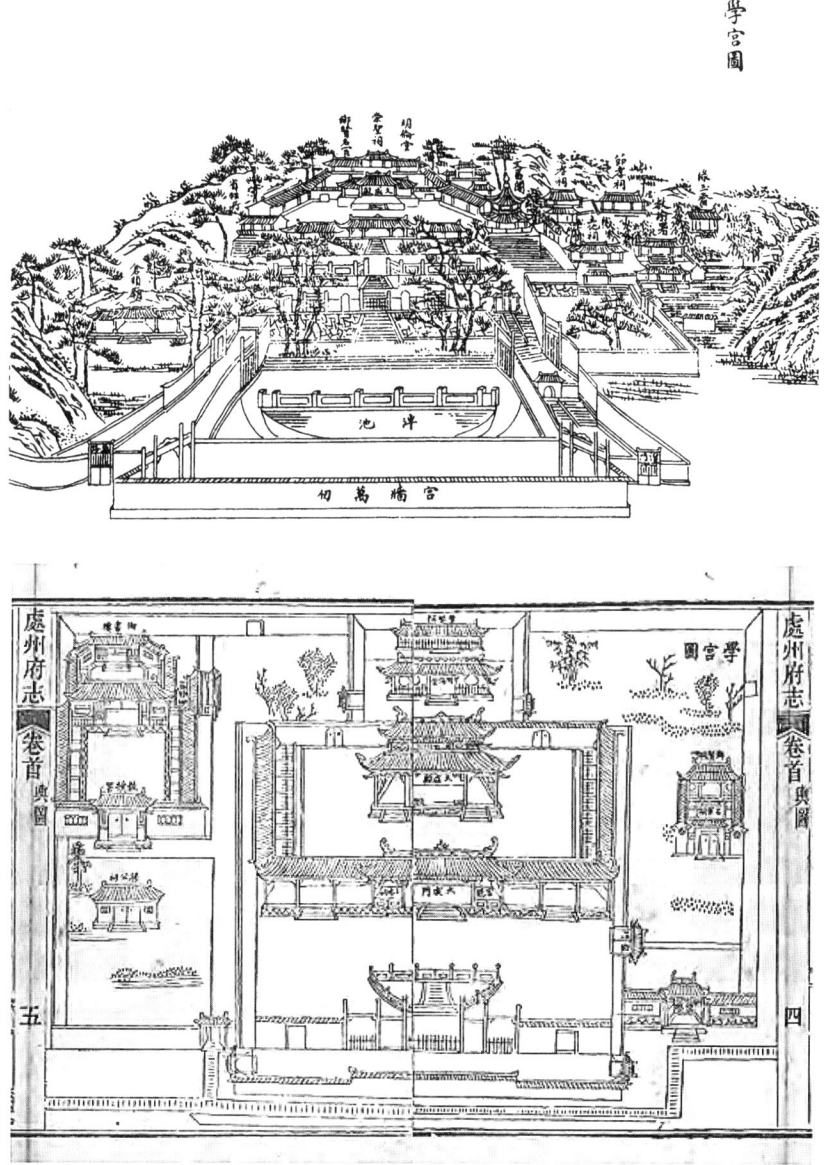

清光绪《处州府志》载处州府学宫图

处州孔庙因韩愈《处州孔子庙碑》、杜牧《书处州孔子庙韩文碑阴》等传世名作闻名，有其特殊意义和文化价值。抗战前，孔庙一度被民众教育馆、丽水县政府所占用。抗战时，尽管丽水经历日机狂轰滥炸，处州孔庙却幸免于难。解放初，主建筑大成殿等保存完好。直到20世纪五六十年代，由于各种原因，孔庙大部分被人为地拆去，部分地基被修建成机关宿舍。60年代文革后期，大成殿也被拆除，石板台阶被毁，沿山坡造了两幢三楼宿舍，致使宏伟高耸的孔庙荡然无存。现仅存遗址，以及唐代文学家韩愈撰文宋代重刊的《处州重刊孔子庙碑》，存于丽水市博物馆。这已成为丽水老百姓心中割舍不下的一处文化牵挂。

孔庙遗址位于今丽水老城的梅山背樨山，原孔庙大门在山下白塔头，桂山路原防疫站地带，梅山公园山顶广场为孔庙大成殿及附属前后厅堂和东西厢房遗址。孔庙遗址现在主要为梅山公园用地，并有多幢居民楼。

不过重建处州孔庙也不再只是一种期盼，丽水市政府已将此事正式提上议事日程。恢复祭孔、讲学等文化活动，对构建当代文明框架，提升城市文化品位，弘扬优秀传统文化，促进丽水历史文化名城建设具有重要意义。

二、附属儒学建筑

1. 附属建筑

（1）教谕署

在明伦堂西墙外，照旧址移前几步，清雍正十三年（1735），教谕丁述奇建。门内为丽泽斋，斋后为藏书楼，左右为厢房。乾隆四十二年（1777），教谕金学超于楼左增建乐育斋，故乐育斋在崇圣洞右，改为名宝乡贤粉，后移在丛竹中，改名绿玉。乾隆六十年（1795），教谕应正禄增建穿堂、耳房。嘉庆十四年（1809），教谕屠本仁重修。道光十七年（1837），教谕吴荣重修。同治九年（1870），知县刘履泰重建。

在教谕署后花园，有一棵梅花树，暗香疏影，古趣盎然。经过多次战火，而梅花树仍然存在。嘉庆年间，教授张作柚曾在此著有《梅抄笔记》，并且在教谕署后面建造一厍小屋，附名"我斋"，作为自己教学写作的场所。后来"我斋"改为训导署。

（2）名宦祠

旧在崇圣祠右，故乐育斋。清乾隆四十二年（1777），教谕金学超因乐育斋故址改建名宦祠。今在府学左大门东北，祭祀四十二人，分别是唐代刺史李邕、李繁、邢群、李仲敏；宋代郡守杨亿、张若谷、孙沔、关景晖、陈戬、黄烈、黄葆光、张属、刘大中、汪待举、叶颗、范成大、马光祖、吴势卿、吴芾，侍御谪监酒税刘琦，教授黄启；明代教授苏伯衡，知府刘仲濂、谢子襄、张祐、万安、韩斐、郭忠、谢缉，同知范天锡、胡琮、林复，通判黄聪，训导姜普、温处道胡有恒；清代总督郭世隆、朱昌祚、王隮、李之芳，巡抚范承谟，提督塞理白，按察使杨宗仁。

（3）乡贤祠

在名宦祠前，祭祀五十人，分别是宋代周明、梁汝嘉、闾邱昕、郑汝谐、何琬、王信、项安世、季陵、叶贺孙、吴安国、田渭、季洞、明志深、祝公明、姜绶、尹起莘、王梦松、杨富老；元代郑滁孙、项棣孙、祝大昌、王毅；明代刘基、章溢、叶琛、胡深、王景、王廉、叶子奇、薛希琏、金忠、卢玑、李棠、潘琴、潘辰、叶钜、郑宣、汪瑛、刘璟、陈诏、樊敬、虞瑶、何允恭、高镒、裘仁、陈遂、王莳、王敦仪、王一中；清代端木国瑚。

（4）忠孝祠

在明伦堂东。清雍正五年（1727），知县郭朝端奉文建祠于学，祠忠臣、文士、孝子、悌弟二十人：宋忠臣季洞、姜绶、祝汝秩、章云就，孝子陈茂元、周奇、赵文泽、周智；元孝子祝大昌、陈锜；明忠臣叶琛，孝子祝崑、刘廷孕、王孕昌、王孕升、章射斗、许王聘、汤天祥、陈昌荫；清孝子钱金生。并书姓名勒碑祠内。

（5）节孝祠

与忠孝祠同时奉文建，祀节孝妇女。始在行春门内，圯于水。县人钱元炆于忠孝祠东建祠，祀其母节孝王氏。乾隆四十二年（1777），教谕金学超并迁旧祠主合把之。嘉庆三年（1798），教谕应正禄重修是祠，设立

木主。道光年间，凡有节孝得旨旌表者，既殁以主入祠。

（6）文昌祠

今在庙门东。明万历二十八年（1600），知县钟武瑞始建在儒学门东。缙云郑汝璧有记。

清康熙四十七年（1708），知县蒋时敏垒石作台，约高三丈，重建阁于上，有碑；五十一年，教谕葛天鹏移此建。嘉庆三年（1798），教谕应正禄重修，有记；六年（1801），奉文春秋致祭。道光十三年（1833），署训导陈遇春重修，又建文昌先代祠于此阁后。

（7）土地祠

今在整仪门东（旧儒学正门）。清乾隆四十二年（1777），教谕金学超建。嘉庆十四年（1809），教谕屠本仁重修。道光十三年（1833），署训导陈遇春重修。

（8）训导署

旧在檡山后麓。清嘉庆九年（1804），训导沈雄飞建。门内为讲堂，堂左为住宅。嘉庆十九年（1814），训导姚樟重修。道光十六年（1836），训导潘华重修。同治九年（1870），知县刘履泰以旧址势低，大雨水注不可居，移建于教谕署西。案：《栝苍汇纪》：儒学廨舍二：一在山东麓，嘉靖四十二年，知县萧辙、训导易于澜建；一在山西麓，万历五年，知府熊子臣、训导李良衡重修。雍正《处州府志》但云久废，而不著其地，则檡山后麓署已非旧址矣。

2. 学塾

在私学方面，处州府兴建社学、义学，向成人和学童进行识字和礼仪伦常教育。明圭山书院在清康熙年间改建为县义塾。万历年间（1573—1620），知县钟武瑞在县城的望京门、通惠门、栝苍门、南明门、行春门和岩泉门6个城门和谯楼亭建社学7所。康熙五十年（1711），知县林竹在圭山文昌阁西建义学；雍正五年（1727），知县郭朝端拔东灵山废寺田五十亩为膏火资，户偏县义学田；雍正八年（1730），知县王钧捐俸重修；同治九年（1870），知府刘履泰设履端义学；同治十一年（1872），知县王绍庭改为养正义学。民国十五年（1926）建有高溪的育英义馆，碧湖的同仁义塾。

3. 书院

处州民间集资设立书院，缘于明中叶国家财政困难，官学日渐荒废，私学也再次兴起。在此期间及以后建立的紫阳书院、南明书院、圭山书院、莲城书院等都为处州府府属。

（1）紫阳书院

旧为城隍庙。明嘉靖二十四年（1545），知府高超在旧城隍庙改建书院，中祀朱子（朱熹），用帑金百两，置田岁收租息供春秋祭祀。后庙改入府学，今废。

（2）南明书院（圭山书院）

在府治主山文昌阁东首。明万历二十二年（1594），由知府任可容建立，延师裘世炎授徒其中。清康熙三十三年（1694），知府刘廷玑重建为县义学。雍正元年（1723），署总兵马璘重修。雍正十一年（1733），知府曹抡彬重建，今废。

（3）莲城书院

在府治东南主山，即南明书院旧址。自雍正年间修缮后，乾隆十七年（1752），知府赋琏改建圭山书院为莲城书院，合郡生童肄业其中。咸丰八年（1858），匪复。同治四年（1865），知府清安重建。同治十三年（1874），丽水知县彭润章及本邑人士就檞山仓圣庙右义整改建书院，名曰"圭山"。莲城书院，仍为府书院。同治四年知县陶鸿勋，九年知县刘履泰议复立书院，未果。后县令彭润章莅任后，分题课土，捐廉为膏火资。虑不能继，因筹兴复。而邑人潘绍唐、徐元秦、何韵、颜增贤依次慨捐田亩，爰拨寺田充之。贡生陈凤带以所建仓圣庙及摆山义塾助为书院，复广建廊宇，而名则系以主山，存其旧焉。

第二节　松阳文庙

一、历史沿革

松阳县是浙西南建县最早的县，有近两千年的历史。东汉建安四年（199），就设置了松阳县。隋开皇九年（589），分松阳县东乡地置栝苍县，同年，置处州，松阳隶属处州。松阳县的文化教育历史也同样悠久，耕读文化积淀深厚，"读可荣身，耕可致富"，重教重耕，成为风尚。自唐至清，有进士110人。自宋至民国，曾任知县以上官宦100多人，将军级武官20余人。

松阳孔庙位于浙江省丽水市松阳县西屏镇大井路2号（原松阳县署东南百余步），始建于唐武德四年（621）。在古市创立县学，是为丽水地区最早设置的官学。宋宣和三年（1121）时毁，建炎时（1127—1130），知县徐彭年重建，唐阅继葺。绍兴年间（1131—1162），王淑、茅崇增修。乾道（1165—1173）、绍定（1228—1233）、淳祐（1241—1252）年间，知县刘唐褒、王圭、高彭，更相修饰。元元贞年间（1295—1297），赤盏显忠撤旧更新。至大四年（1311），主簿王友加修。明正统三年（1438），教谕钱谥建奎文阁、号舍、尊经阁及奎文、青云二坊。万历十年（1582），知县张赛改建于郊外。万历三十一年（1603），知县刘斡正复徙旧址，郡守郑怀魁有记。崇祯二年（1629），署县通判许有寰重建，知县杨应华、董成之，又建启圣祠、文昌阁。崇祯十七年（1644），知县高重建尊经阁。清康熙十八年（1679），知县张景留捐俸重修。康熙三十八年（1699），义民阮尚恭捐资建训导宅。康熙四十年（1701），知县武方蔚，教谕朱锡吉，训导高重，邑人丁正乾、丁正中、丁振世、刘符升、丁兆先、叶金枝等，公捐重修明伦堂。康熙五十四年（1715），署松阳县萧山县县丞傅之谊、教谕朱锡吉、训导范邦遽等重修。乾隆十九年（1754），知县黄槐、教谕

《栝苍汇记》明何镗纂　明万历七年

王玉生、训导陈集英倡捐重修，令邑绅公捐协修。乾隆二十年（1755），邑人杨友宗、张文贤、郑日会、赖肇基、刘高高捐建教谕宅。乾隆三十二年（1767），教谕胡云昂又捐俸添造外堂三间，颜曰约礼斋。乾隆三十三年（1768），知县曹立身、教谕胡云昂、训导朱篆、典史郭尚质等倡捐重修，合邑公捐协修，自殿庑各祠宇以及明伦堂、尊经阁及左右号舍、四围墙垣，焕然有加焉。文庙正中为大成殿，东西列两庑，前为戟门，又前为泮池，跨以石桥，又前为棂星门。戟门之东为名宦祠、文昌祠，西为乡贤祠、景贤祠。棂星门之东为儒学门，门内有青云路。殿后为明伦堂，堂东号舍七间，两号舍九间，西为教谕宅。堂后为尊经阁，阁后为崇圣祠。道光十五年（1835），邑庠生叶以成独捐重建大成殿东西两庑二门、泮池、棂星门、左右土地祠、名宦、景贤、乡贤各祠及四围墙垣。道光二

十五年（1845），贡生叶文尉捐建明伦堂。同治十一年（1872），例贡生阙风诰捐修殿庑及二门、泮池、棂星门并四围墙垣。光绪三十一年（1905），创办官立毓秀两等小学堂。民国二年（1913），县知事胡耀南拨银百元，修缮部分损毁的建筑。民国六年（1917），知事钱世昌，奉祀官高焕然倡旨重修大殿、两庑、四祠及内外墙垣，加高照墙，书"宫墙万仞"。民国十五年（1926），创办了县立初级中学。

1942年8月，侵华日军窜犯松阳，实行"三光"政策，烧杀抢掠无恶不作，县衙及周边大片民居被夷为废墟，把个好端端的孔庙当成了马厩。日军溃退后，由于县衙已被焚毁，就搬到孔庙办公了。1949年祝更生起义。祝更生为国民党松阳县县长，早与中共地下党有联系。起义前晚上，他事先做好埋伏，将国民党松阳县党部的顽固分子、中统特务以开会的名义，叫到大成殿。埋伏人员到位后，当场宣布起义，实施抓捕，收缴武器，并将罪大恶极的中统特务蓝琛割舌头处决。为绝后患，起义人员将县衙的档案材料，搜罗堆放文庙，一把火烧了。文庙不少建筑也被焚毁。松阳解放后，重建了被焚的部分文庙建筑，作为松阳县人民政府办公场所，1958年，松阳、遂昌并县后为遂昌县松阳区人民政府用房，一直到20世纪80年代中期，县政府新大楼建成才搬离。此后，这里办过青少年宫、幼儿班。20世纪90年代，原来的大成殿成了县老年大学的大课堂，西庑是老年大学的办公室，东庑是老年活动室，直到2017年左右才搬离。

2003年4月18日，松阳县人民政府以松政发（2003）30号文件公布文庙为县级文物保护单位。2011年1月，浙江省人民政府以浙政发（2011）2号文件公布松阳文庙为第六批省级文物保护单位。

近年来，松阳县委县政府提出"文化名县"的发展战略，挖掘保护千年古城历史文化遗产，花巨资对文庙等文物进行了保护性修缮，如今已是旧貌换新颜。

二、建筑布局

松阳文庙始建于唐武德四年（621），原布局前庙后学，中轴线上依次为万仞宫墙、棂星门、泮池、戟门（东有名宦祠、昌文祠，西有乡贤祠、景贤祠）、大成殿（前有东西庑）、明伦堂（左右各有博文斋、约礼斋）、尊经阁与崇圣祠。庙之东有文昌宫。

明万历三十一年（1603）迁复城中，屡经修建，虽历经百年风雨，仍然壮观雄伟，气势庄重，其格局基本保存。现存建筑建于清末，位于松阳县西屏镇城中大井路2号，坐北朝南，

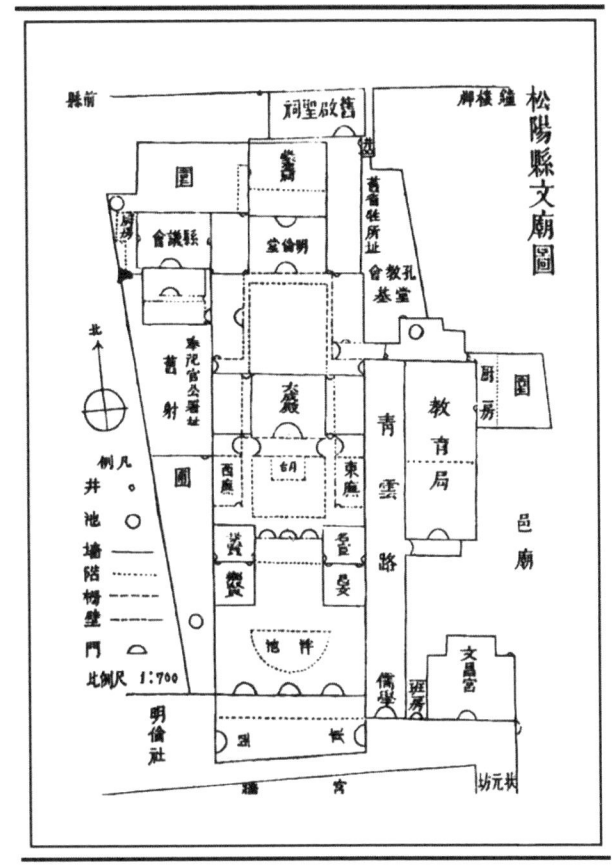

松阳文庙图（民国版《松阳县志》）

总占地面积400余平方米。建筑布局大部毁坏，至今仍保留有大成殿，东西两庑、戟门、名宦祠、景贤祠。二进二厢四合院式，当年附属儒学建筑棂星门、泮池、泮桥以及"大成至圣先师文宣王"的牌位早已无处可寻。

大成殿是文庙的建筑布局之一，泥木结构，抬梁穿式木构架，五架梁，四柱九檁前后双步廊，单檐歇山顶，阴阳合瓦，牛腿浮雕荷叶纹、曲带、插花等纹饰。面阔三开间，通面阔12.60米，进深14.70米，其中明间面阔5.30米，次间面阔3.65米。殿前有一平台称"月台"，台基高1米，左右各置一石质台阶，踏跺五级，台阶阔1.50米。月台下为占地200余平方米的方形坛，是生员拜祭孔子的场所。

东西庑各五间，硬山顶，对称布局。通面阔20.30米，进深4.50米。

其中明间面阔4.30米，次稍间面阔4米，用两柱，五架梁。

戟门面阔三间，硬山顶，通面阔12.15米，进深5米，其中明间面阔4.45米，次间面阔3.85米。穿斗式构架，三柱五檩。明间前后檐柱为石质委角方柱，柱径0.35米。硬山顶，阴阳合瓦。东侧山墙嵌有一通清康熙二十年（1681）年重刻之明崇祯二年（1629）"松阳县重建儒学记"碑。青石质，碑高2.54米，宽1米，厚0.22米。碑额篆书，字径10厘米；碑文楷书，字径2厘米，文16行，满行73字，共983字。

名宦祠面阔二间，通面阔6.10米，进深6.50米。景贤祠面阔二间，通面阔6.10米，进深6.50米。泮池、棂星门、明伦堂和尊经阁等建筑或改建或毁坏，其格局可辨。

文庙作为当地县级公共建筑，用材硕壮，造型气派雄伟，梁架结构严谨，装饰题材丰富，雕刻艺术精湛，文化内涵丰富。对研究儒家文化在松阳县的传播与发展具有重大的历史价值。

三、附属儒学建筑

1. 附属建筑

（1）名宦祠

在戟门东。祀二十五人：宋县令陈俊卿；元县令赤盏显忠、买往、方明安、孙德润；明知县石骥、刘琬、唐恩、魏良弼、张贺、万鹏、张继桂，教谕林汉恭、邓义、欧阳烈、袁埴，训导陆鏊；清知县张景留，巡抚范承谟、朱昌祚，提督塞理白，总督李之芳、郭世隆、王隲，按察使杨宗仁。乡贤祠在戟门西。祀十八人：宋沈晦、项安世、王光祖、程榆、程樟、王唐珪、萧必强，元王文焕、练鲁，明王景、叶希贤、项民彝、卢玑、詹雨、毛仲、包麟、毛文邦、王诏。

（2）教谕署

在明伦堂西。清同治十一年（1872），建复。

（3）训导署

在明伦堂东南青云路左。同治十二年（1873），建复。忠义祠在县西天后宫左。节孝祠在县西天后宫右。

2. 学塾

明朝，杨克在西溪创办杨氏义学。清乾隆十九年（1754），黄槐在城头创办蒙童义学。清同治十年（1871），创办山下阳族塾。清光绪年间（1875—1908），吴春泽在赤岸创办春泽私塾。光绪三十二年（1906），创办佳溪私立震东女子两等小学堂、古市文德初小。

3. 书院

宋淳熙九年（1182），朱熹到松阳讲学。讲学之风大兴，县内曾有名善书院、紫阳书院。

（1）明善书院

宋咸淳年间（1265—1274），乡贤叶再遇在旧市（今古市镇）建明善书院。

（2）紫阳书院

清乾隆十五年（1750），知县陈朝栋倡导捐资，在县城东门朱子祠左侧购詹姓房产，建紫阳书院（俗称"第二明善书院"）。嘉靖五年（1800），溪流泛滥致书院倒塌。嘉庆二十四年（1819），邑人劝捐重建。咸丰十一年（1861），驻松阳太平军与清军激战，书院再次被毁。同治六年（1867），知县徐葆清、山长饶庆霖捐资，购城北门叶姓民房重建，俗称"第三明善书院"。光绪三十年（1904），改为县立毓秀高等小学。光绪三十一年（1905），改为官立毓秀两等小学堂。

第三节　遂昌文庙

一、历史沿革

遂昌，史称"平昌"，东汉献帝建安二十三年（218），孙权分太末县南部地始置县。遂昌县地处钱塘江、瓯江源头，东倚武义、松阳，南邻龙泉，西接江山和福建城，北连龙游。

千百年来，遂昌人民形成了"甘俭约而勤耕种，崇礼义而尚儒雅"和"淳朴、敦厚易治"的品德风尚。重耕尚文是其传统，"一耕二读"为时尚。

北宋雍熙二年（985），主簿房从善于县城西郭建孔庙设学。皇祐年间（1049—1054）县令何辟非于县城西南隅始创学官，正式设立县学。后多次毁于兵火，多次重建。清光绪《遂昌县志》有载：

> 明成化十年（1474），推官赵巡整像。中为先师庙，前为露台，东西列两庑，东庑北为祭器库，前列戟门，门东为土地祠，门外东为名宦祠，西为乡贤祠。万历十八年（1590），知县万邦献移建于此。祠西有路，转北为明伦堂。顺治七年（1650），教谕钟天锡修。东西各有室四间，即旧博文、约礼二斋。堂后殿三间，供奉阙亭，为祝厘所。旧为敬一亭址，亭久圮。雍正十年（1732），署县许苤臣、知县陈如锡请于宪司改建，于五月落成。堂西南隅为教谕宅，有此君亭、乐有堂及内楼，共三层。训导宅，购下横街民屋为之，久废。旧学在县西郭，岁久就圮。宋皇祐（1049—1054）中，县令何辟非始迁今址。

明成化七年（1471），通判郭鼎建明伦堂，推官赵巡建大成殿，塑圣像，置祭器，未既代去。二十年，知县余黼成之。戟门两庑斋舍，悉为创

50

建。主簿文英建棂星门。弘治八年（1495），知县黄芳重修。邑人吴志记。正德十二年（1517）毁，教谕戴銮请于知府林富重建。缙云周南记。嘉靖间，知县黄养蒙开拓学前基地，凿泮池，即县志所称"半月池"。知县洪先志修葺，置石槛。武林高义记。万历六年（1578），知县钟宇淳新之。万历十六年（1588），毁于火。万历十八年（1590），知县万邦献重修，徙建启圣祠于礼门内，于棂星门内建名宦、乡贤祠及土地祠。万历七年（1579），知县钟宇淳建聚奎亭。在乡贤祠旧址。万历十二年（1584），知县王有功建文昌阁，在名宦祠旧址。万历二十二年（1594），知县汤显祖建尊经阁。在明伦堂后。

清康熙五十年（1711），知县缪之弼重修。雍正十年（1732），教谕陈世修复修大成殿两庑、土地祠、戟门、名宦祠、乡贤祠。乾隆五十九年（1794），半月池（泮地）石槛倾圮无存，教谕陆以谦重建。嘉庆十年（1805），庙已就圮，合序捐资重建。道光十四年（1834），大成殿前半倒坏，知县朱煌、教谕王椿照、训导邹宗山倡率合庠力捐资，修葺殿宇，并一切廊庑、神龛、墙垣。道光十五年（1835），崇圣祠梁柱将倾，明伦堂亦圮，复会同署教谕叶浩、署训导洪鼎元率绅士捐助修整。咸丰八年（1858）三月，粤匪陷县治，学宫焚毁殆尽，惟大成殿两庑、崇圣祠梁柱、瓦石仅存。同治四年（1865），知县方淮、教谕高鸿集资修复。同治八年（1869），教谕周荣椿、署训导程炳藻筹款建复明伦堂。逾年，重建斋舍、教谕署于堂左右，以复旧制。训导署本在东隅水亭旁，久废不居，兵燹被毁，司训多寓学左昌山义塾，因择要修理，暂作训署。同治十一年（1872），殿脊坍塌，西南层檐将倾，周教谕偕署训导曾鸿昌率同绅士捐资重修，并重建尊经阁于旧址，廊庑、梁柱、墙垣，分别更易，油漆粉饰。宫墙、棂星门、崇圣祠、礼门内外，一律修整。惟半月池石槛，工巨未复。郡守潘绍诒撰文以记，碑设明伦堂。记曰：

　　国家设立学校，所以兴育人才，振励风俗，典恭重矣。凡与斯民之责切治道之求者，先务莫此为急。遂昌故有学，在昔兴修不一，具详邑志中。咸丰戊午及辛酉，迭遭粤匪蹂躏，学宇成

51

墟。唯大成殿、崇圣祠屹然仅存。事平后：校官僦民屋而居。有司方务招徕勤征缮学舍之成坏，莫之或省。越八年，同治己巳，周君荣椿来掌教事，与司训程君炳藻清釐学山，得梓里源材木，贸其位值用建明伦堂。工甫骏，费云竭，程司训亦受代去，他工未及举也。又明年辛未，访有画烛源学山一处，失管多年，文券亡考。嗣据山佃出。乾隆间，租帖知与罗姓山毗连，历被侵斫。因属诸生就议，令罗缴价钱五百余缗，山归焉，复将谕署重造，并修昌山义塾，权作训署。自此两斋既稍完葺，讲学且得其地矣。而礼殿后有尊经阁，前有两庑，若戟门、棂星门、泮沼、宫垣，皆不容任其坠废也。欲谋更新，绌于费。又逾年壬申秋，大成殿右角坍塌，柱几倾，势危甚。急筹修整，非集捐莫措也。乃状其事来郡，余即报可。遂聚徒合估，凡木瓴甓之材，丹垩髹绘之饰，绳败制斫版筑构结之用，计费几何。经营樽节偏示邦人，惟士与民乐于趣事争出金谷佐之，于是择日授图，简材庀物自殿桷椽，题之当撤剔者，庭雷陛祀之，待陶甓者，以及廊庑，门庐，疤湢廪库，次第缮完，悉如制。又创重屋为阁，以储经史，规模壮丽，金碧辉控，士民聚观，相顾动色，叹为昔所未有。十阅月乃讫工，共糜钱一千三百，千有奇，自己巳迄癸酉，建修者三，筹捐者一。计历五年之久，一律告成，周君之心力交至矣。而余之知君，抑有深焉者。自领副贡后，以州倅出司上洋榷务，上台颇重其能，旋以不耐烦苛，自甘简泊，改就斯职，其才略迥不犹人，故莅官能急先务。一切秉公洁己，区画井然。选择坚良，唯期经久。盖欲使游其间者，瞻顾兴怀，笃学砥行，处为纯儒，出为循吏。庶几圣教昌明，而风俗人才蒸蒸日上，仰副。盛朝植学崇文之至意。是则周君之所以报国家者，而邑人士宜如何淬万，无负师儒之属望也哉！兹周君造余请言，以勒贞珉，俾后有考。余责在敦劝，奚敢以不敏辞？爰嘉其善而乐道之。是役也，采物料者，岁贡王嘉言、武生包国纯；司出纳者，生员王嘉祥。咸有劳焉，例得附书。

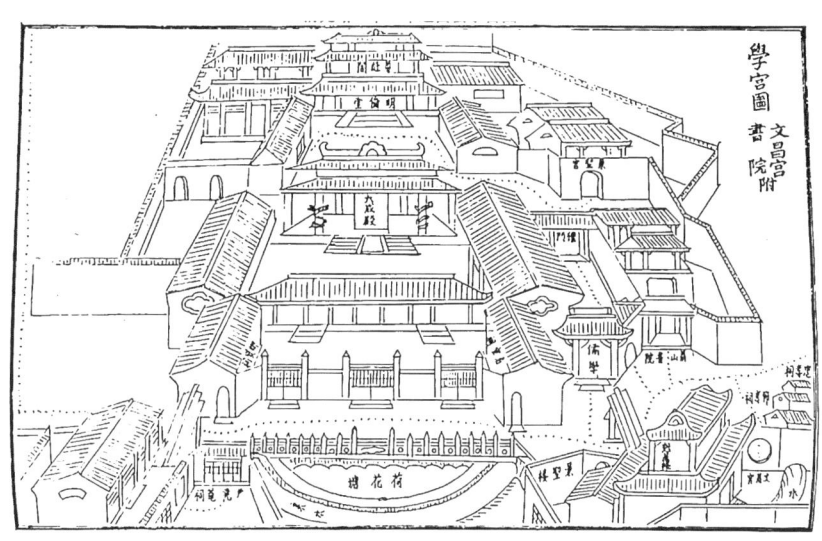

遂昌学宫图（光绪版《遂昌县志》）

20世纪50年代，庙内孔子及其弟子塑像被毁，该址被改建为县人民医院用房。1961年冬，县人武部机关搬迁至该址，占地面积3540.9平方米。后逐步拆建，现已成为遂昌香溢中心市场，一楼为中心菜市场。

二、附属儒学建筑

1. 附属建筑

（1）文昌阁

初建于儒学左侧，道光二年（1822），众庠生合资捐建于孔庙泮池左侧。咸丰十一年（1861），匪患被毁。同治四年（1865），知县方洼、教谕高鸿重新塑像。同治九年（1870），知县韦登瀛重修，增建四映楼。

（2）射圃

在东隅。

（3）名宦祠

在戟门左。祀二十二人：梁县尹江子一；宋县令张根、李大正，县丞胡涓；明知县何钺、顾岩、张钺，县丞周恂，知县段宏壁、池浴德、汤显祖、胡顺化；清知县赵如瑾、李翔，训导朱永翼，巡抚范承谟，总督李

之芳，巡抚朱昌祚，提督塞理白，总督郭世隆，总督王隰，按察使杨宗仁。

（4）乡贤祠

在戟门右。祀十四人：宋朝龚原、华岳、尹起莘、周绾、周南、元郑、元祐，明朝应槚、朱应钟、郑还、项森、项应祥、朱景和、包万有。

（5）忠孝祠

在半月池文昌宫左。旧在池左。廉正间记。道光二年（1822），合庠捐建今址。咸丰十一年（1861），屋毁。同治四年（1865），合单捐修。光绪二年（1876），训导单思得率邑绅李承训劝令各后裔捐资重修。

（6）节孝祠

在半月池文昌宫左。雍正间，建于西隅。乾隆十四年（1749），长音赵金药迁建池左，后圮。道光二年（1822），各后裔改建忠孝祠侧，咸丰十一年（1861），国复。同治四年（1865），修毕。同治十三年（1874），各后裔捐资重修。

（7）教谕署

在明伦堂西。同治九年（1870），教育周荣椿筹资重建。

（8）训导署

旧在东隅水亭弄，久圮，废为菜圃。同治九年（1870），修葺学左，久废，东义塾作为训导署。

2. 学塾

南宋景定间（1260—1264），徐都目在马鞍弄创办徐氏义塾。

元至顺间（1330—1332）黄愈之在金溪创办黄氏义塾。

明正德六年（1511），知县张创东西社学。

嘉靖二十九年（1550），知县洪先志曾置南、北社学。

明正统间（1436—1449），宋子在对正村创办盘溪塾。

明万历三十七年（1609），项应祥在文明项创办项氏义塾。

明后期，吴文炳在石创办雅南义塾。

清初，濮韬在琴淤创办深秀书塾。

清光绪十七年（1891），郑、叶两姓在独山合办笔峰书塾。

清光绪三十年（1904），王镐在判川创办王氏私塾。

3. 书院

宋嘉祐初（1056），龚原在应村妙靖院设馆讲学。宋元符年间（1098—1100），尹晖在大溪东创建环波亭，延师讲学。

宋绍兴五年（1135），在大拓黄坞拓溪尹姓创西书院，延名师讲学。

宋咸淳年间（1265—1274）王滋在湖山创办月洞书屋。

元统年间（1333—1335）尹姓曾于遂昌拓溪建书院。院名失传，据《尹氏宗谱》贡生沈维时曾在院内执掌教事。

明弘治十三年（1500），项泗在县城北郊创办双溪书院。

明嘉靖四十四年（1565），知县池浴德在湖山创办凤池书院。万历六年（1578），知县钟宇淳重修。

明隆庆年间（1567—1572），吴孔性在石练创办练溪书院。

明万历七年（1579），知县钟淳在城郊瑞山始建相圃书院。万历二十三年（1595），知县汤显祖建成并定名，是遂昌最早的官办书院。

明万历初长濂郑姓在长濂马鞍山创办鞍山书院。万历三十年（1602），甲辰殿元杨守勤获科第前在此设教。明末，处士包万有在城北创办兑谷书院，并任主讲。

清康熙中期，尹可莘在大泉湖寺创办文阁书院。

清康熙四十八年（1709），知县缪之弼在奕山村创办奕山书院。

清乾隆元年（1736），在县城东（今水亭路西侧），遂昌县署改"不息楼"为"昌山书院"。

清乾隆十五年（1750），马头村民创办养正书院。

道光二年（1822），知县郑鸿文在城郊妙高山创办妙高书院。

清同治年间（1862—1874），徐景福在石练创办清华书院。

第四节　缙云文庙

一、历史沿革

缙云县位于浙江省南部腹地，丽水市东北部。五代时，缙云为吴越国之地，是为处州属县。武周万岁登封元年（696），缙云建县。缙云县是"八山一水一分田"的山区县。城内道路和建筑多取自本地凝灰岩矿的"条石"，形成了"石街、石桥、石房"的特色风貌，因此也被称为"石城"。这样环境相对恶劣的山区县却自古就十分重视教育。唐乾元元年（758），县令李阳冰修孔庙，兴儒学。距离缙云建县只差67年左右，可以说始建孔庙于建县之初。

宋庆历四年（1044），知县王令望、县尉毛维瞻茸而新之。治平年间（1064—1067），知县张简翼始建县学。宣和三年（1121），焚于寇。宣和七年（1125），知县吴延年重建。元至元十四年（1277），复毁。至元二十七年（1290），主簿吴樟重建大成殿、讲堂。至元二十九年（1292），主簿石巍增创斋庑及棂星门、泮桥。至大二年（1309），县尹王秉仁、簿樊璲重建大成殿。元季再毁，庚子岁（1360）处州总制孙炎重建明伦堂。明洪武三年（1370），知县刘泽民建大成殿、两庑。岁久圮坏，宣德间（1426—1435），知县陈京新建明伦堂，主簿王纲复建大成殿。嘉靖二十六年（1547），知县周世远复培庙址，筑露台，凿泮池，徙棂星门，开拓鼎新。

到了清代，文庙历经毁建。清顺治五年（1648），毁于寇。顺治七年（1650），知县项始震建文庙。顺治十七年（1660），知县汪宗鲁建明伦堂。康熙十三年（1674），闽寇盘踞县治，拆毁殆尽。康熙二十年（1681），知县霍维腾捐银二百余两重修文庙，建两庑、启圣、名宦、乡贤、土地祠、朱子祠，进德修业齐敬一亭及泮池、桥，棂星门、神厨、栏杆、墙围悉复旧制。康熙二十七年（1688），教谕周万基捐俸重建尊经阁。雍正九年

（1731），知县胡琇捐俸重建。乾隆二十四年（1759），知县冯慈、教谕胡望斗重建。嘉庆八年（1803），邑人捐资重建。道光十七年（1837），教谕尹希、伊董劝邑人吕朱王三姓购地开基，捐资重建。

学宫历经毁兴，但县学一直未曾中断。缙云县学自始建以来，始终位于县衙之东的吏隐山西麓，是古县治中一座堪与县衙相媲美的恢宏建筑群。

《栝苍汇记》明何镗纂　明万历七年

二、建筑布局

缙云学宫为中庙旁学布局，即孔庙居中，其东西两侧均建儒学。据道光、光绪《缙云县志》"学宫图"载，古朴典雅、富丽堂皇的学宫，坐北朝南，以围墙分隔，月门相通，由中、东、西三组建筑群组合而成。

57

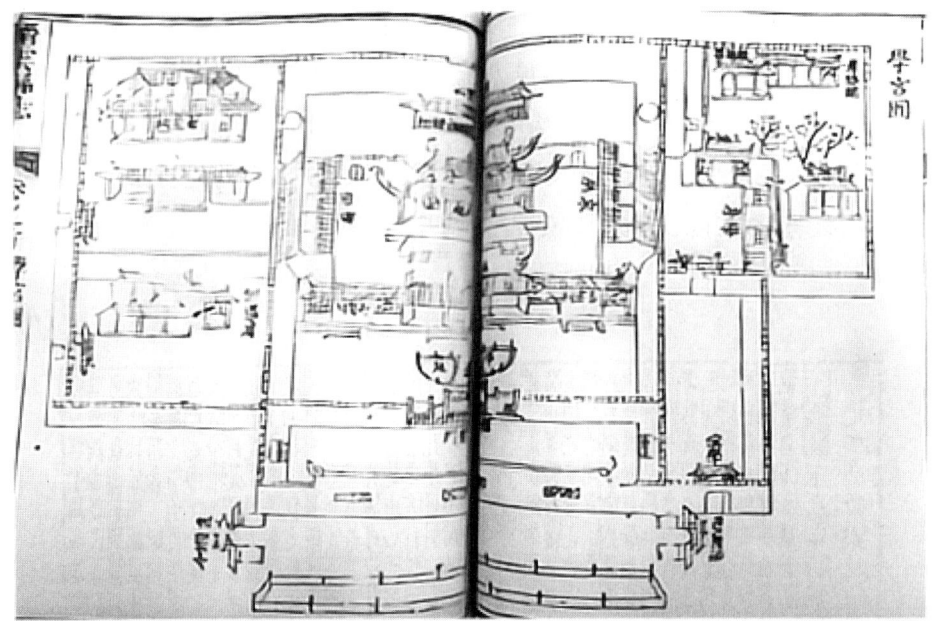

缙云学宫图（光绪版《缙云县志》）

居中的孔庙建筑群，是学宫最为壮观的核心建筑。孔庙南照壁外为大街，东西相向分立"德配天地""道贯古今"骑街牌坊各一座，坊高二丈八尺，宽一丈四尺。清营造尺一尺为0.32米（以下换算同此），故牌坊高为8.96米，宽4.48米。盛赞孔子之德（道德）可与天地匹配，孔子之道（思想）可在古今贯通。牌坊前立有"下马碑"，上刻"文武官员军民人等到此下马轿"。遇此"下马碑"，文官下轿，武官下马，步行通行。孔庙南照壁内的东西墙相向各开壁门一个，东曰"礼门"，西曰"义门"（又曰"义路"）。入孔庙须从礼门进入，义门离开，提醒人们必须遵循礼义，"进礼门，行义路"。

照壁内中轴线上，自南而北依次为棂星门、泮池和石桥、戟门、大成殿、崇圣祠。

气势恢宏的棂星门，是学宫中孔庙的主入口，门前至照墙的院落，南北长十丈有奇，东西宽七丈有奇，约合720平方米。跨入棂星门，前为戟门，之间构成孔庙内的第一进院落。院落南北长十四丈有奇，东西宽七丈有奇，约合1100平方米。中开为半月形水池，称"泮池"，池上建石桥，

58

称"泮桥"，民间亦称"状元桥"。泮池为孔庙所特有，缙云孔庙的泮池，也是当前整座学宫的唯一留存。过了泮池，即到戟门。戟门庄严凝重，肃穆大方，取自古代门外立戟之古礼。因居大成殿前，是孔庙及其大成殿的礼仪之门，故亦称"大成门"。戟门三间，内为拜厅。戟门旁左为名宦祠，右为乡贤祠。祠后左右为文武官厅各一间。整座戟门及两祠面宽九丈三尺，进深三丈九尺，平面建筑面积约合370多平方米。

过了戟门，孔庙乃至整座学宫最重要的建筑布局和祭祀孔子的中心场所——大成殿，就展现在人们面前了。大成殿唐朝时称"文宣王殿"，宋崇宁三年（1104），徽宗赵佶取《孟子》："孔子之谓集大成"语义，赞扬孔子思想集古圣贤之大成，下诏更名为"大成殿"，以后各地就沿用这一名称，是赞扬孔子思想空前绝后，完美无缺，达到了集古圣先贤之大成的至高境界。缙云孔庙的大成殿，建在高高的台基之上，殿高又有五丈六尺。大殿面宽六丈，进深五丈六尺，平面建筑面积约合250平方米。殿前月台又叫"露台""拜亭"，宽四丈，长二丈，约合80多平方米。两庑东西厢房各七楹。中间天井，宽七丈二尺，长五丈八尺，约合400多平方米，全部以石板拼砌。大成殿内主要奉祀孔子，从祀和配享孔子的先贤先儒共有162人，其中大成殿内有复圣颜回、述圣子思子孔伋、宗圣曾参、亚圣孟轲等"四配"和十二哲，东西两庑有先贤79人、先儒67人。

大成殿后院建有崇圣祠，是孔庙的最后一进院落。崇圣祠主祀孔子之父叔梁纥。清雍正元年（1723），又谕封孔子上五代祖先配享王爵尊号，并准入祀。殿内主祀孔子五代祖先外，并配祭孔鲤等十位先贤先儒。

孔庙东建筑群为全县最高级别的官办教育机构——儒学，同时也是教谕的衙门。自南至北依次为儒学大门、魁星阁、学房、明伦堂、土地祠、教谕署、尊经阁。

儒学大门，是官员进入孔庙和县学的唯一通道。进入儒学大门正面为兴文运、镇风水的魁星阁，左拐即为孔庙礼门。魁星阁内主要供奉面目狰狞，左手持斗、右手执笔，右脚独占鳌头、左脚扬起后踢，"开文运、点状元"的魁星神。相传生员一旦被魁星右手那支笔点中，就会文运、官运一起来。故在科举时代，魁星被读书人奉若神明。

魁星阁后，又有隔墙门一道，进门后右手有数楹坐东朝西，即朝向大成殿的学房（课堂）。过了学房，东有明伦堂，西有土地祠，俱坐南朝北。明伦堂取"存天时，明人伦"之意，是儒学的大讲堂。其后，依次是教谕署、尊经阁。教谕和训导都是学官名，《明史》"职官志四"："县，教谕一人，训导二人……教谕，掌教诲所属生员，训导佐之。"县学教谕是掌管全县学业的行政长官，有进士出身，但大多为举人、贡生。教谕署为楼房，上下各三间，是教谕之办公衙门和居住之所。尊经阁的功用既有藏书，亦有振兴文运之意，是文庙建筑中的固定配置。

孔庙西建筑群，自南而北，前为训导署，后为仓圣祠，也是官署与儒学合一之所。

训导是儒学的副职，教谕的助手。训导署自南而北，前为讲堂三间，中、后上下楼房各三间，是儒学训导讲学、办公和居住之所。

训导署后，明末及清乾隆年间为"敬一亭"，因明嘉靖五年（1526），"颁御制'敬一箴'于学宫"（《明史》）而建，内供"敬一箴"碑。后来，塑造掌管士人功名禄位的文昌帝君和书僮打扮的"天聋""地哑"（寓意天机不可泄露、文运人不能知、文人须谦卑少言），改称"文昌宫"（道光《缙云县志》）。后来又改奉传汉字的创造者、文字始祖——仓颉，称"仓颉祠"（光绪《缙云县志》）。

缙云县古学宫建设选址、建筑风格、殿堂配置是儒家礼制思想在建筑上的集中反映。规模宏敞而布局庄严的缙云学宫，虽也屡有兴毁，但历经1000多年，其址不变，各类建筑被逐步拆毁主要还是在解放之后。特别是孔庙的大成殿，在1964年又被拆除，建成缙云中学大会堂。时至今日，偌大的一座学宫，仅存苍老破旧的泮池及其池上拱桥一座，常常勾起人们对昔日学宫辉煌的遐想。

三、附属儒学建筑

1. 附属建筑

明朝开国皇帝朱元璋为强化思想控制，笼络人才，在大力推行科举制度的同时，下令各地孔庙设乡贤祠和名宦祠，让乡贤、名宦与孔子一块儿受到祭祀，以策后人。

（1）名宦祠

在戟门内，拜厅左。名宦祠为祭祀在当地政绩卓越、贡献突出、名扬后世的官员之场所。

祀四十三人：唐县令李阳冰、李蓓；宋县令李长乡，县尉毛维瞻、詹良臣，县令苏德秀，县尉张仲倩；元县尹石谷、王秉仁，主簿林懋祖，县尉杜伯忠，主簿樊璲、孔林、郭璞，县尹李思谦，县尉张梓明，知县杨时敏、刘泽民，县丞彭万成，知县叶景善、典史、韩荣，主簿梁维谦，知县朱成远，县丞刘干，知县李谦、黄坪，教谕高崧，知县杨盛，教谕史昱，训导郑嘉祐，知县吴璟；清总督郭世隆、朱昌祚、王隲、李之芳，巡抚范承谟，提督塞理白，按察使杨宗仁，知县项始震，总督李卫、朱轼，学政朱珪。

（2）乡贤祠

在戟门内，拜厅右。乡贤祠为祭祀在教育、道德、治学、政事上卓有成效的地方名人之场所。

祀三十八人：宋胡份、詹度、田渭、赵顺、孙梅、宽夫、李桂、李瑞、履元、范霖明、朱维嘉、赵埙、樊敬、赵曾、李棠、赵琏、徐善、周瓘、周南、李长、郑禧、范乡、李璺、李琔、郑文、樊献科、郑文茂、李珉键、郑汝璧、卢勳、李翔、李继韶、郑子寿、立鋕、丁如皋、李彦时、李洊、郑赓唐。

（3）教谕署

在崇圣祠东，旧置讲堂三间，以尊经阁为内署。道光十九年（1839），教谕尹希伊捐建内署，以旧署仍为尊经阁。咸丰年间，匪毁，教谕蔡瀛升两次捐建。

（4）训导署

在文昌宫南。康熙二十二年（1683），训导陈献御重建。道光十九年（1839），训导邵世培又建楼房于后。道光二十六年（1846），训导余伟修。咸丰十一年（1861），匪毁，训导吴大治捐修。

（5）射圃

在仙岩寺后亭，废基址尚存。

（6）忠义祠

在县北仙岩寺西。雍正四年（1726），奉文建后圮，台州鹾商李恒丰于道光十九年（1839）捐资重建。

（7）节孝祠

在县北门内。

2. 书院

南宋开始，缙云先后出现民间教育机构——独峰书院、美化书院，为当时全国著名书院之一。明朝建立五云书院、右文馆、崇正书院、正本书院、凤楼书院。

（1）五云书院

在学宫后。中为朱子祠。明嘉靖四年（1525），知县方润建。后改为按察分司行署，久废。清康熙二十二年（1683），知县霍维腾重建朱子祠，设义学。雍正四年（1726），知县戴世禄创建前厅讲堂，中奉朱子神位，邑人陈邦、衡邦鑰配东西学舍各五。乾隆九年（1744），知县阎公铣重修。乾隆二十四年（1759），知县冯慈增置讲堂。乾隆二十八年（1763），教谕胡望斗倡率绅士修茸。乾隆二十九年（1764），知县令狐亦岱于前厅增屋二楹为守院者所居，额曰"五云仍旧名也"。道光八年（1828），邑人吕锡熊购墙左隙地重建。咸丰年间，匪毁，吕锡熊子侄等重修。

清光绪二十八年（1902），朝廷颁发《钦定学堂章程》，开始向西方学习，准许开办新式学堂，缙云知县彭宗年指示全县各地筹办学堂。首先是各书院改头换面，改称"学堂"，五云书院改名为"五云小学堂"。1913年，所有书院、学堂都改名为"学校"。1925年，五云学校改名为"县立第一高等小学"（简称"县一"）。

（2）独峰书院

在县东二十里仙都独峰前。朱晦庵持常平节来憩于此，爱其山水清绝，似武夷，赋"碧涧修筇似故山"之句，又有"于此藏修为宜"之语。嘉定间（1208—1224），郡人叶嗣昌建，为讲肆之所。咸淳七年（1271），邑人潜说友即旧址广而新之。洪武间（1368—1398），为知县朱成远所毁，遂废。光绪年间（1875—1908），改称学堂。清末，改为县三小学。

（3）美化书院

在县东六十里，因乡以美化名。朱晦庵讲道于此。嘉熙间（1237—1240），县令陈大猷以俸易其地，欲创书院未就，代去。后县尉陈宸嗣成之。元至元间（1271—1294）毁，山长黄应无重建大成殿于旧址，山长周仁荣重建两庑台门。今废。

（4）金莲书院

在县治西。乾隆三十年（1765），知县令狐亦岱即关庙旧址，创建中曰"乐育堂"，东西屋四楹，为金莲书院。道光七年（1827），知县谢兴宗，兴复以院后西仓废址益之。邑人丁耀清力改建正屋七楹，中为讲堂，东西厢屋四楹，后二楹四厢五间，大门一间。道光八年（1828），知县续立人捐资二百金声息以助经费。道光二十八年（1848），始将所置田归山长经管。光绪年间，改称学堂。清末改为县二小学。

（5）仙都书斋

在二十都静岳庄。道光四年（1824），丁汝嘉等合建。

（6）右文馆

在九都新建庄。嘉庆二十四年（1819），楼步云等二十三人倡建，为西乡士人会文之所。置田收租纳粮，除祀文昌及会课开支外，余资为乡会试优拔贡路费。光绪年间，改称学堂。

到清朝末年即宣统三年（1911），全县有小学堂17所。除了书院外，明清到民国之际，有些村镇还办有规模较小的私塾。

第五节　青田文庙

一、历史沿革

青田县地处浙江省东南部，瓯江中下游。自唐睿宗景云二年（711）置县，青田县已有1300多年历史。据青田县志记载，青田因太鹤山下田产青芝，而取县名叫"芝田"，后改叫"青田"。"青田"之名，始见于南朝宋郑缉之《永嘉郡记》，"青田县有草，叶似竹，可染碧。名为竹青，此地所丰，故名青田"。相传青田县城古时候产鹤，为"鹤家乡"，所以又叫"鹤城"。现在归属浙江省丽水市的青田县以"刘基故里""华侨之乡"和"青田石雕"等名胜著称于世，惟文物古迹乏善可陈而抱憾不已，其中独一无二的古建筑——文庙在存续两百多年后消失殆尽，不能不说是最大的痛。只是当地人对孔庙知之甚少，也就无喜无悲了。

青田孔庙始建于宋庆历年间（1041—1048），宋代称"宣圣庙"，明代开始称"文庙"。因宣扬孔教、督导儒学，又称"学宫"。宋代孔庙初建于县城"东门外崇阜之巅"，即武岗山丘（今革命烈士陵园址）。因为荒废久远，何人所建，格局怎样，俱无所知。到了宋元符年间（1098—1100），县令朱戭加以修缮；崇宁年间（1102—1106），"于庙之旁，叠石垒土，添建房屋，开始兴办县学，发轫孔庙与学校的密切关系"，由是孔庙与县学成为一体。

古代建筑多为木结构，容易损毁。因为屡建屡毁所以屡毁屡建是我们的光荣传统。仅在建庙不久的宋代，青田文庙就重建了两次。"宣和（1119—1125）兵毁。"朱戭再次任青田县令，重修；不久又因遭遇盗匪被毁；"绍兴九年（1139），令艾若讷重建"。元至元年间（1271—1340），孔庙再一次遭遇劫难，再一次被毁。明洪武初（1368），知县耿亮又重建了孔庙。"宣德间（1426—1435），御史杨铎进行了重修。"正统间（1436—

1449），教谕张本捐出自己的工资不但建造了孔庙大成门，还筑起了露台，并将孔庙也就是县学大门迁到半山开辟出一条学前路。成化丙戌（1466），知县卢杰对孔庙重新加以整修。嘉靖戊午（1558），孔庙被侵入东南沿海的倭寇捣毁了，遭到第四次毁灭性打击。在此情况下，时任知县李楷一不做二不休，干脆将孔庙移到城里面西门山的福胜寺（上庵）原址上重建，因为寺基面积不够，李县长还向老百姓购买土地补足不够部分。癸亥年（1563），鉴于福胜寺址所建孔庙没有达到人才辈出等因素，知县丁一中又在城东门外原孔庙旧基上重建了孔庙，并拓展了东城门，把孔庙包了进来。"万历二十四年（1596），知县林翰英重修。二十七年（1599），洪水冲坏学后城。三十九年（1611），知县方澹然修城，改筑于旧址。"这次改建是听从了当地士绅和知识分子的合理化建议，在原来福胜寺址所建孔庙旧址上进行的。"天启元年（1621），教谕郑奎光建文昌阁。"清顺治六年（1649），孔庙第四次被强盗毁坏。不得已，只好暂且将孔子的先师牌位供奉在城内后街教谕署内（后清溪小学所在）。康熙十一年（1672），当地的退职官员和有钱人在原址上出钱出力又重建了孔庙。可不幸的是：康熙十九年（1680），多灾多难的青田孔庙在一场大火中化为灰烬。"康熙二十年（1681），知县张皇辅复行创建。"然而，康熙四十四年（1705），孔庙在经历二十四载风雨后又坍塌了，于是知县郑新命率先垂范，拿出自己的工资，倡议发起重建了孔庙，在官民的合力下，孔庙重光。自明朝以来，因遭多次战乱和火灾，青田孔庙二次建在城外，三次迁建在城内，真可以称得上可歌可泣。

　　清雍正三年（1725），知县万里又对年久失修的孔庙予以重修。乾隆三十六年（1771）冬，知县唐敬以"先师庙在龙津门外依山负郭，且东西未协厥位"，购得土地二十余丈，在城内三坊后街（今青田县实验小学西部）于乾隆三十六年（1771）冬动工重建孔庙，三十七年（1772）秋落成，庙南向，自此，孔庙得以在城内固定了下来。道光五年（1825），在知县董承熙的主持下，又对孔庙进行了更新和拓展。"首营殿宇，次及崇圣两庑，而明伦之堂，尊经之阁与夫名宦、乡贤之祠，罔不毕葺。气象为之一新外，则缭以周垣，拓以广池，平睇夷旷，非复前日之狭隘。"同治元年（1862），孔庙又一次毁于兵灾。同治二年（1863），在青田本地群众候铨和时任同知（知府的副职，正五品）的朝廷官员叶蓂敷共同主持下，孔庙又一次在原址得到了扩建，更具规模。

对青田孔庙的最后归宿，2013年出版的《古韵探索——青田县第三次全

《栝苍汇记》明何镗纂　明万历七年

国文物普查成果集》中有所交代：自民国后，孔庙先后被"果行女子小学、县卫生院、县简易师范附属小学、县民众教育馆、县参议会、县邮电局"使用。现属青田县实验小学。时过境迁，旧迹面目全非，历时两百多年终成历史。而叶耀章先生对此了解得更详尽：民国以来，青田孔庙先后作为他用。1912年特大洪水后，果行国民小学校由清溪门关帝庙迁至孔庙尊经阁。1930年，孔庙明伦堂前后两进和大成门为县卫生院使用。1945年，县卫生院迁往新舍，由县参议会驻入；同年九月，孔庙的其余部分作为简易师范附属小学校舍。1950年，将当街的戟门拆除，使后街径直贯通，庙前的万仞宫墙内本是前泮池所在，经填平作为校基。1951年，县邮电局移驻前参议会所用过的部分，不久他迁。之后，大成殿因年久欠固，恐生不测，连同其他部分一并拆去，同时又废掉原小学与孔庙相隔的小巷，连成一片翻造为教学楼房。嗣后校舍又不断改建，至此，一座有二百

66

多年历史的孔庙完全消失。

　　青田历代人才辈出，著名的有宋景献太子赵与愿，"风云三丞相"富弼、朱胜非、汤思退，明朝开国元勋刘基，"七君子"之一的章乃器，原全国人大常委会副委员长陈慕华，已故抗日名将、国民党"副总裁"陈诚。这与孔庙（县学）所在形成的尊师重教之风密不可分。

二、建筑布局

　　青田孔庙的建筑布局大抵与各地孔庙一致。中为大成殿，后为崇圣祠；翼以东西两庑，前为大成门，左斋宿所，右土地祠；又前为泮池，左名宦祠，右乡贤祠；再前为棂星门，最前另有一泮池，左右戟门，将后街切断，行人须绕道垣外通过。戟门上分别缀上"德配天地""道冠古今"题额，门旁嵌"文武百官至此下马"石刻标记，缭以周垣，号为"万仞宫墙"。殿左为尊经阁，阁上奎星楼，阁前明伦堂，堂外大门，其占地之广，屋群之多，布局之规范，气象之雄伟，是县境内独一无二的古建筑。

　　民国十三年和三十年，在保持原来的基础上，又进行了两次维修。据《青田县志》等史料记载：青田孔庙总体布局规范，总面积为旧制十亩八分，共有房屋112间，置立碑碣5座，计清顺治时《重

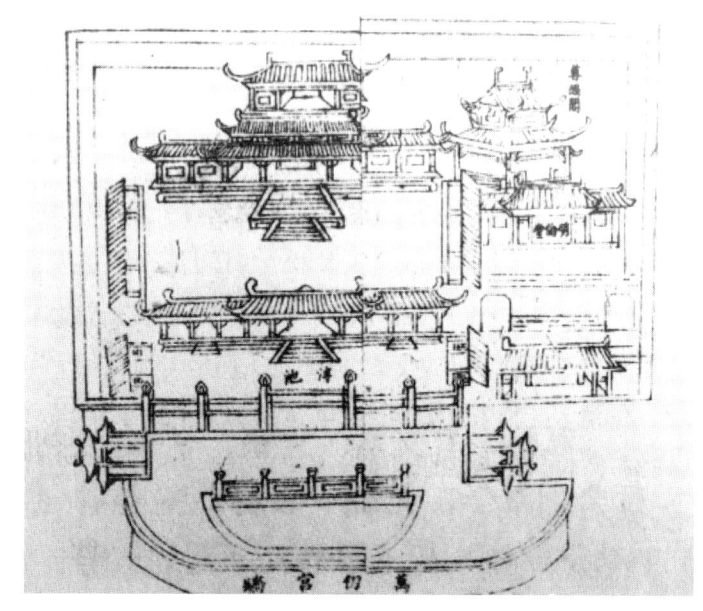

青田文庙图（原载《青田县志》）

建学宫碑记》，雍正时《重修庙学碑记》，乾隆时《移建青田学宫碑记》和《新建青田庙学碑记》，道光时《重建学宫碑记》。大成殿上悬"万世师表"金字大匾，中供"至圣先师"神位。东面配立复圣颜子、述圣子思位，西面配立宗圣曾子、亚圣孟子位。前面两庑：东列闵子骞、端木子赐、卜子商、冉子雍、仲子由、有子若晳位；西列冉子耕、宰子予、冉子求、言子偃、颛孙子师、朱子熹晳位。崇圣祠，祀孔子祖五代。尊经阁，象征学子尊重经书之意。明伦堂主旨明人之五伦。泮池，泮宫之池，中架泮水桥（纯青石制）。前泮池，中有亭，有桥贯通，花林掩映，坐此顿觉生春。

三、附属儒学建筑

1. 附属建筑

（1）名宦祠

在戟门左。列县内历代官宦有德政者二十七人牌位：唐朱匡；宋刘芹、艾若讷、谢深甫、赵时永；元何明成；明耿亮、孙公谦、谢子襄、单瑛、张本、钟礼、梅植宗、徐牧、张时叙、陈世显、殷云霄、项志德、蔡日宣、陈文晖、赵允、熊震；清总督范承谟、朱昌祚，提督塞理白，总督李卫，提学雷鋐。

（2）乡贤祠

在戟门右。列县内历代学行兼优者十七人牌位：宋陈汝锡、蒋存诚、蒋继周、郑汝谐、陈葵、王梦松；明刘基、留季安、王润孙、刘璟、陈诏、包愉、陈中州、陈偕、王敦仪、王一中；清端木国瑚。

（3）忠孝祠

在清溪门内。雍正五年（1727），知县万里奉文建。道光三年（1823），教谕史致霖捐俸修。同治元年（1862），毁于兵。

（4）节孝祠

在锦屏门内。雍正五年（1727），知县万里奉文建。道光三年（1823），教谕史致霖捐俸修。同治元年（1862），毁于兵。同治六年

（1867），知县张兆基重建。

（5）射圃

在孔庙即县学西面。

2. 学塾

崇祯年间（1628—1644），元朝梅以荣在十三都（今文成）创办芝溪义塾。

元至正十年（1350），季谦在高湖创办湖山义塾。明林伯光在山口创办谷田义塾。

清乾隆二十三年（1758），张日盟在章村创办步云义塾。清代主要学塾有：蒋世泽在九都（今文成）创办南田义塾；叶孟寺在八都（今文成）创办屏山义塾；季蕴璧在季宅创办雁山义塾；叶迁观在东源创办富川义塾；富雅敬在八都（今文成）创办浯溪义塾；章叔昆在海口创办松谷义塾；叶斯在八都（今文成）创办囿里义塾；朱维恩在八都（今文成）创办让川义塾；厉教先在鹤城创办厉氏义塾。

3. 书院

（1）介石书院

宋庆元年间（1195—1200），郑汝谐在县城东门外创建。

（2）石门书院

元至元三十一年（1294），县尹王麟孙发动筹资在县西七十里石门洞谢客堂旧址建。初，洞自谢康乐筑馆。历唐迄宋，名公胜士经游赋咏，为"东吴第一盛事"。淳熙九年（1182），朱文公持常平部循行，尝有汶上之兴。元至元三十一年（1294），廉访分司副使王俣按节至洞前，太学进士刘若济因请建书院。王委路学教授吴梦炎、县尹王麟孙集邑里耆儒，建于诗堂故址。今废。明代开国元勋刘基曾在此就读。

（3）习坎书院

在县东半里。至元二十四年（1287），集贤学士郑滁孙建中堂三间，奉宣圣燕居像。旁立学馆未就，院没遗址尚存。

（4）易斋讲舍

洪武年间（1368—1398），刘仲璟在武阳尖东五公坪建。

（5）鹤山书院

明正德年间（1506—1521），主簿李微在十四都海西庄创建。

（6）心极书院

明嘉靖十二年（1533），提学阮鹗作心极图，系以《心问》一篇颁发浙江所属各县，知县李楷因此改造太鹤山旧府馆建书院，镌文堂壁，移王文成公之主于此，即宣讲王阳明学说。置田二十亩供春秋二祭。

（7）混元书院

嘉靖年间（1522—1566）生员厉九思、叶嘉漠、留萃等就太鹤山混元峰上的点易亭旧址改建，讲授王阳明学说。崇祯三年（1630），知县韩晃重建，改名为"文明书院"。

（8）瑞龙书院

嘉靖年间（1522—1566），知县徐瑛在太鹤山混元峰下创建。

（9）新建书院

万历五年（1577），知县梅时雨就府馆改建创立。

（10）正谊书院

清乾隆二十三年（1758），知县张日盥在太鹤山麓刘公祠旁创建。道光五年（1825），知县董承熙将其移建于赵山。

（11）振文书院

道光三年（1823），叶廷建在十七都叶村创建。

（12）鹏岭书院

咸丰十年（1860），叶应选募捐创建，院址在六上都鹏岭。

（13）鹤皋书院

光绪二年（1876），由县城詹诚、石溪郭肖礼出资在今鹤城镇泥湾屿创立兀突书院，后更名为"鹤皋书院"。

第六节　龙泉文庙

一、历史沿革

龙泉县位于浙江西南部，浙闽边境。唐乾元二年（759）置县，隶属栝州。龙泉的教育事业自宋代以来便兴起，旧志有"元丰时，县令黄发修学讲经，自是邑多闻人"之记载。实则早在北宋元丰之前龙泉县即重视教育。宋天圣至宣和一百零二年间，龙泉得中进士者90余名，建炎至咸淳一百四十七年间，进士及第者亦有150余名。至清初，经济凋敝，田荒民疲，统治者亦轻视教育，士人疲于生计，多废学。

龙泉孔庙创于北宋天禧二年（1018），早衢县"南孔"庙二百余年，且其规制、建筑，历代士子皆以为可与南孔庙媲美。建炎四年（1130）毁，绍兴初（1130—1162）由知县汪汝则重建。

《栝苍汇记》明何镗纂　明万历七年

明洪武（1368—1398）初原址重建，嘉靖乙未年（1535）知县瞿继志重建明伦堂，隆庆二年（1568）知县李枳引活水入泮池。后来兴废不一，清乾隆二十六年（1761），知县苏遇龙重建，次年冬落成。

二、建筑布局

龙泉孔庙在城区东首，大溪之滨，为宋元明清四代祭孔圣地。历经四代兴废程度不一，历代知县为之修建。庙内有清康熙至光绪八代皇帝题词（宸翰）。庙由三组建筑组合而成，中轴为正殿，左为聚英讲堂、乡贤祠，右为忠孝祠。庙前照壁嵌围垣。庙内四进院落。泮池、棂星门、戟门、大成殿、明伦堂、崇圣祠、尊经阁，均列中轴线上。庭院两侧，或庑廊或围垣，布局严谨，层次分明，左右对称，富丽堂皇。大成殿为正殿，重檐歇山式，面阔进深，月台宽敞，石栏围护。殿内当心屋顶，为如意斗拱交错重叠而成穹窿形藻井，悬空倒挂，负荷梁架，别致不凡。整座庙宇的石雕、木雕与彩绘，艺术造诣世所公认。

人文之盛，"莫不源于学校"。龙泉文庙，虽屡毁，亦屡新之，故自宋迄明，名儒相望。其先有叶水心、叶

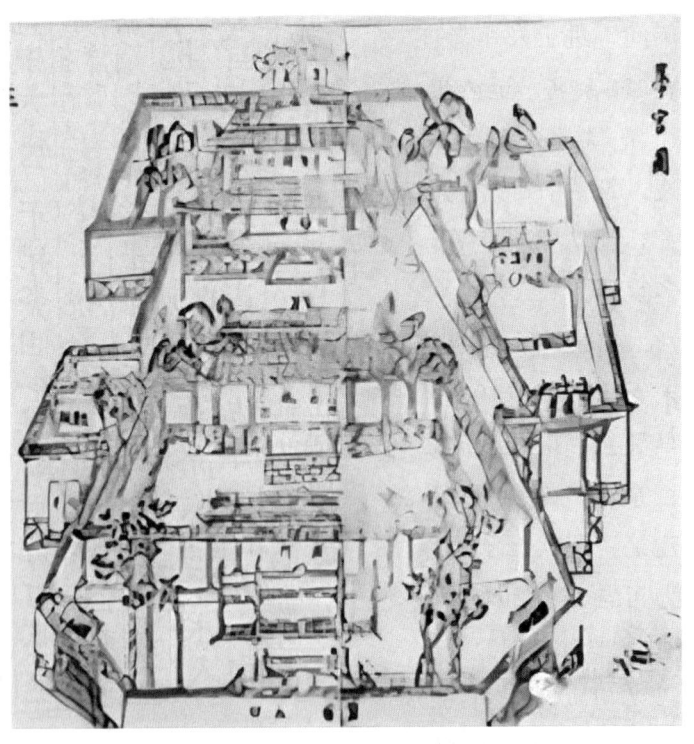

学宫图（光绪版《龙泉县志》）

味道，其后有王毅、叶子奇、章溢、胡深，烺烺史册越数百余年，边陲小邑龙泉，竟有二百五十四人中进士第。人文炳蔚，能不忆远逝的孔庙？

民国时期，孔庙殿宇规制尚存。抗日战争时杭州私立树范中学迁龙泉，在孔庙办学至抗战胜利。在80多年前龙泉就有师范讲习所也曾办在孔庙，之后停办，转办为文庙小学。中华人民共和国成立后殿宇改为龙泉初级师范及龙泉一中校址，逐年拆旧建新，以致消亡。（选自《龙渊古迹寻踪》一书）

三、附属儒学建筑

1. 附属建筑

（1）训导署

在明伦堂西。其前为崇迪堂，久圮。训导王元别建于文昌阁前。咸丰间，渐圮，僦居民舍。同治十三年（1874），改建文昌阁，遂废。

教谕无署，今尊经阁基即教谕署旧址，现以阁为住宅增建旁舍。

（2）名宦祠

在大成门东。道光二十七年（1847），蔡士彬重修。祀八人：宋县尹傅楫、沈希稷、叶绾，县尉杨大异；明知县张羽、李肃、吴文度，教谕江辉。

2. 学塾

义塾，义学，大多为地方富户或宗族出资兴办，也有本地或本族人在外发迹后出资在家乡创办，招收本族或同乡邻里子弟入学，请本族或当地有名望文人为师，讲述《四书》《五经》。家塾，一户或几户合聘教师，规模较小。

社学，为儒学的补充。龙泉社学始于明洪武八年（1375）。清初，诏令各县置社学，每乡一所，选择名师，招收15岁以下民间幼童入学，作为普教之法，城内有两处，一处在县东登仕坊，一处在县西显德坊。

民国之前，龙泉主要学塾有：龙渊义塾、培文义塾、郑氏义学、翁氏义学、剑川义学、籍桂社学、显德社学、槎北社学、桥南社学、桥心社

学、吴氏家塾等。

3. 书院

（1）桂山书院

位于县西五十里严垟。宋端平间（1234—1236），里人张奉仪建，丞相吴潜书额。元代太学释褐张宏孙任山长。

（2）笏洲书院

位于县南三十里渎田。宋端平三年（1236），太学生赵宗瑶请于朝，建城郭溪南，祀朱熹先生。以其地面沙洲，形如笏，故名。元至元十五年（1278），毁于兵；至元十六年（1279），邑人季正徙今址。

（3）仙岩书院

位于县西五十里浆安村。宋咸淳间，邑人章公权建。元至元中，并入桂山书院。

（4）仁山书院

位于县东二十二都安仁。明正德十五年（1520），知县叶竦倡建。嘉靖三年（1524），知县朱世忠捐俸置田二十亩为延聘教师之资，并指示项楞入田建造校舍，会同项尚达、刘尚诚等出钱建立，郡太守张元电题额。明末清初战乱，书院废。乾隆二十五年（1760），知县苏遇龙改建。光绪三十一年（1905），知县陈海梅将书院迁同仁山义塾改设为安仁仁山初等小学堂（现安仁小学前身）。

（5）留槎书院

位于县城留槎洲，清乾隆二十七年（1762）建，勘出百念丘荒田为学田，并将渎田笏洲书院遗址地二亩五分供师食用。

（6）金鳌书院

位于县署东（东大寺）。乾隆三十二年（1767），县绅刘献、季文藻等呈请创建。道光七年（1827），知县姚肇仁劝捐重修。光绪二年（1876），学宪胡颁购置书籍634册藏储书院，供贫寒子弟借阅。光绪三十一年（1905），改为官立剑川高等小学堂。

第七节　庆元文庙

一、历史沿革

庆元孔庙，同样为"文庙"，还有"学宫"和"先师庙"之谓，但民间大多是以"大成殿""圣人殿"来俗称之。庆元孔庙，奉祀着孔子及四配和十二哲等先贤牌位，是作为祭祀先儒先贤的庙宇。它的旁边，犹附建着松源书院和文昌庙之类的教育设施的建筑物，俨然已成为一处独具特色和教育功能的建筑群体。可以说昔日这孔庙，便是庆元县的教育中心。庆元孔庙，历史渊源颇久：在众多地区级别的地方志中，除了已经遗失了的，现存最古老的是一部明成化丙午年版《处州府志》，此书中有对其以《学校》一门作"宋庆元三年（1197），知县富嘉谋建于县北浸田上村。元至元十五年（1278）遭遇火灾，二十七年知县冯义重建"之载。此说虽然没有直接说是对孔庙的营建，然毕竟提到它的早期建筑时，对其有"明洪武……，迁学于'就日门'之东"之说。其中，就其构建中就有"'大成殿'三间……'棂星门'三间……'明伦堂'三间……'泮池'一口"之类之说。即以学校代称孔庙，从这些具体的建筑名也可看出，此处为孔庙的典型建筑群。此说也自然是对于孔庙的缘起作解说。

明万历《栝苍汇纪》中载：

> "儒学"（孔庙）在县治东。中为"先师庙"，翼以"两庑"。前为"大成门"者三，左右列"先贤""名宦"二祠。门外为"泮池"，又为"棂星门"。

对于其历史变迁，乃是大同于《处州府志》之说。入清之后的第一版清雍正癸丑年版《处州府志》则对其所载较详，说是：

在县东"丰山门"外。中为"先师庙"，前为"露台"，翼以"两庑"。前为"大门"者三，左列"名宦""土地"二祠，右列"先贤祠"。前为"泮池"，又前为"櫺星门"三。外为"屏门"，东西列"德配天地""道贯古今"二坊之说云云。

至于清末最后一版清光绪丁丑版《处州府志》与诸版《庆元县志》对其事之记载也是大同小异。姑且不再引文以言。兹且参考上述的一些地方史料来对庆元孔庙的历史做一番梳理。

《栝苍汇记》明何镗纂　明万历七年

在历史上，庆元县是于南宋庆元三年（1197）十一月得到宋宁宗皇帝"诏可"后所建的县份，首任知县富嘉谋第二年三月既望（三月十六日）才初来上任办公的。也就是说，对于这学宫在内的儒学之类的建筑，至少不会早至庆元四年之前，此"宋庆元三年"建之说有误。至于这处建筑物的最先所建之地，乃是在松源河北岸，时称"渎田上村"，今日俗称"学后"的新建路一片地段上。宋代建在渎田上村的儒学之类建筑，在经历了80个年头之后，在受到一场残酷的兵灾之患后湮灭，也就是经历了宋末元初到元至元十五年（1278）的黄华之乱时被烧毁。这场寇乱是黄华在占据了县城之后，大肆烧杀，劫掠一方。其间，他不仅焚烧了县衙，就连这与城邑有着一水之隔的孔庙也遭到了彻底破坏。对于这场黄华之乱，清版《庆元县志》有记"毁县剽掠而去"云云。事后，于至元二十七年（1290），知县冯义在原址上做了重建。但此次复建，料当是一次草草之行，并不足以使庆元孔庙恢复以往神采。

大约是原复建在渎田上村的孔庙建筑群过于简陋，于是，在明朝建立初，知县董大本于明洪武十四年（1381）再次对其做了迁址改建。当时县治四周没有筑城墙，但在治之四周也已经建起了"就日门""迎恩门""宣化门"和"承流门"四座城门。董大本便将迁址定在治东的就日门之外。但又由于当时董大本所迁建的孔庙建筑群规模不大，之后在明洪武三十一年（1398），又有知县罗仕勉，以及继之的教谕宋观在明宣德年间分别做了增加结构的大改建。则其所建者，乃是新建了"戟门""两庑"和"櫺星门"之类，自此安定了60年左右。

县治东的就日门外，是临溪的一大片水汪汪的稻田，那里的湿度非常高。因而人们认为"地临溪涧，斋舍下湿"，经年累月之下，对于孔庙的木质结构损害极大。于是，于明天顺二年（1458），知县张宣又将它做了迁址重建。迁建的地址居然恢复在今人称为"学后"的渎田上村。到了明成化十年（1474），福建莆田人、知县余廪还在那里建起了一庠尊经阁。明嘉靖十年（1531），福建闽县人、知县郑举奉了上峰之命又建起了一庠启圣祠在明伦堂的后面，之外又建了一庠敬一箴亭在启圣祠的东面。这样一来，该片时称学校的建筑区域和规模顿时扩大了不少。

明嘉靖二十五年（1546），广东南海县人、知县陈泽给庆元县治筑起了城墙。这样一来，庆元孔庙被城墙隔绝于庆元县之外，成了县城之外的建筑。如此一来，人们又有了"学在城外，阻二涧水，师生登谒称艰"之

叹。将作为有着祭拜孔子之用和重要教育作用的儒学安置在城门之外，于民不便，的确是不应该。于是，在明隆庆二年（1568），知县彭适（gua）、教谕顾翼高及生员吴述等人一起，提出了迁址重新营建的申请，此事得到了上级政府的批准，但直到下一任知县、重庆黔江人朱蒂的任期，这些建筑才得以整体迁建，被迁移至县城之内的县治之东。选址在原总铺之地，然而此处的土地面积不够宽敞，于是把已经裁减了的邑丞的住宅也包纳进去，对孔庙整体进行了扩建。

明万历二十一年（1593），这块新建的学校区域，得到了知县周道长的重修。明万历四十二年（1614），知县郭际美又对明伦堂地基做了扩建。这样一来，这片学区也就有了一定的规模。

然而，这片学区毕竟处于市井之中，道是"明堂狭隘。屏墙外，排列店房，殊不壮观"。甚至附近古墓丛林遮蔽。这样的地理位置显然是不符合儒学作为读书人圣地的地方的。因而，人们对于此处的地点抱有不良之嫌。明崇祯三年（1630），知县陈国璧、教谕胡若宏、训导贾应忠等人发起议迁，遂得到了分守姚允济、分巡王庭梅、巡抚陆完学、提督学政黄鸣俊等人许可。在此批复下，做了迁建，迁建工程以"庚午仲秋建议，辛未孟冬经营，壬申孟夏告竣"共计三年的时间里完成。迁建的地点选用当时县城命名为"丰山门"的一块地，这地东邻万寿庵，距后田仅百余米远，西邻城隍庙，南面是田垄，北面是溪流。此役"幸阖邑士民协心矢力，聚毛成裘"得以完成。

这次迁址所建的圣宫的规模比旧建筑扩大了许多：圣宫后面建起了祀启圣公的崇圣祠，建乡贤祠和名宦祠于仪门两旁，宫前是号称两庑的斋舍，竖建起了棂星门，门外设有门屏，还建起了腾蛟和起凤两庠牌坊。这两庠牌坊，之后一直延续至民国十八年的县城街道改造时，才被拆除。

清代，人们对这迁址所建的孔庙又做了多次扩建、维修。清初顺治十二年（1655），浙江诸暨人、教谕骆起明在正殿前建起了露台；清康熙二年（1663），陕西宝鸡人、知县高嶙在戟门之外凿开了泮池，且筑了围墙九十多丈；清康熙四年（1665），湖北蕲水人、知县程维伊捐资维修了正殿；清康熙九年（1670），重建了腾蛟和起凤东、西两庠牌坊；清康熙十一年（1672），浙江金华人、训导戚光朝修理了櫺星门；清康熙五十六年（1717），又有湖广人、知县王开泰对其做了一番大修；清雍正五年（1727），又有正白旗人、知县徐羲麟和杭州仁和人、教谕孙之騄重建了明伦堂；清乾隆三十七年（1772），又有陕西三原人、知县唐若瀛捐俸对其做过大修；清嘉庆十三年（1808），由于发大水，围墙倒塌，殿宇有倾欹之势，于是，清嘉庆十七年（1812），在正白旗人、知县鸣山的倡议之下，对其做了焕然一新的内外大修。

二、建筑布局

庆元孔庙先师殿的大成殿，是坐北朝南之立，正上方设有神龛，龛之正中，是立孔子的牌位，两边分别是立着颜子、子思子、曾子、孟子这四配和闵子损、冉子雍等十二哲及其他先贤的牌位。大殿的梁上，分各个方位悬挂着"万世师表""生民未有"等由清代各位皇帝所题写的匾额。其中，由康熙皇帝题写的"万世师表"四字匾额挂在正中央，其他的分挂左右。殿上立有一只铸于明隆庆四年（1570）冬日的铁鼎，鼎上铸有"隆庆庚午冬知县朱蒂制"十字铭文，字迹瘦劲苍古。此物显然是在营建时由学后的渎田上村迁移至城底后所铸的文物，之后搬移至此，故弥足珍贵。

大成殿的台阶之下，铺就的是显得空旷的露台，其左、右的两庑，各有五间，皆是专作供奉先贤先儒的场所。

孔庙大成殿的后面，是一座崇圣祠。祠中所奉祀的是被追封成所谓"肇圣王""裕圣王""贻圣王""昌圣王""启圣王"的包括孔子父亲在内的前五代先祖。据民国稿本《庆元县志》记载，这崇圣祠于清光绪三十一年（1905）六月的大洪水中湮没，消失在世间。在历史上，庆元孔庙经历过多次易址迁建，是一处没有固定场地，一度东搬西移的古建筑，然而到了明崇祯三年（1630）的那次迁建之后，这历经了近四百年而形成的明代古建筑群，就一直屹立在今新市区的中心地带。

近代以来，庆元孔庙结束了其有史以来的祭祀使命之后，就转为教育工作服务。自晚清起，这么一大片的古建筑群都改建成了学校，且一直延

续到今天。其间，起先是清廷在这里筹办了"庆元县两等小学堂"。到了民国后，则筹建了"庆元县立第一高等小学"和"庆元县简易师范学校"，以及"庆元县简师附属国民实验小学"等。而附建的文昌庙，知事江宗濂于民国八年（1919）也将它做了改建，且另建一阁来供奉文昌牌位，将其主体用来创办庆元县立国民模范学校。江知事更是将其上层的楼房建成庆元县立图书馆，在图书馆楼之窗外，还悬挂着一块1918年5月由清道人李瑞清（著名画家张大千的老师）书写的魏体"藏书楼"三字的匾额。民国稿本《庆元县志》中记载，匾上的字"有鹤飞鸿舞之妙"。中华人民共和国成立后，这整体一片的建筑群，犹包括附近的城隍庙在内，则建办了庆元县实验小学、庆元中学、庆元二中等。

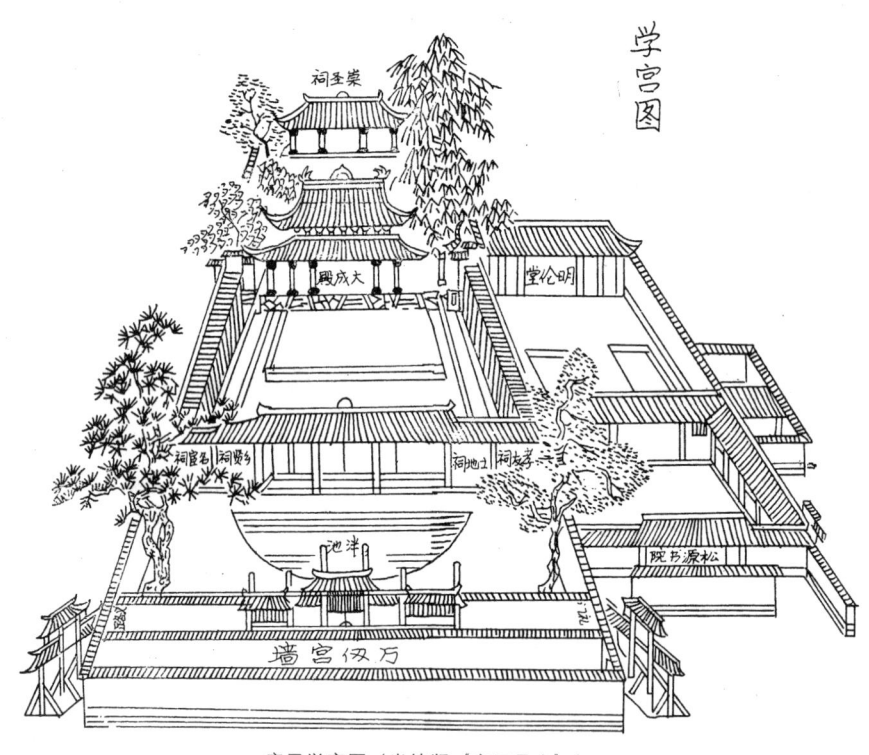

庆元学宫图（光绪版《庆元县志》）

岁月沧桑，世事变迁。今日坐落在闹市区中的庆元孔庙，在经历过了近四百年岁月的磨砺之后，随着现时代的新建设之变迁，目前仅残存一座明代古迹的大成殿了，之外犹残存有几间松源书院的旧房舍，而其余的古建筑则已经荡然无存了。可喜的是，庆元县政府于2021年底开始实施孔庙修缮及孔庙广场建设工程。

三、附属儒学建筑

1. 附属建筑

（1）射圃

在演武场东。

（2）忠孝祠

在明伦堂左。

（3）节孝祠

在学宫右，嘉庆十年（1805），移建衙后。

（4）名宦祠

在戟门左。祀九人：宋县令富嘉谋；明知县曾寿、杨芝瑞、沈维龙；清巡抚范承谟、朱昌祚，大学士徐本，总督郭世隆、李卫。

（5）乡贤祠

在戟门右。祀二人：宋吴竞、吴枢。

（6）教谕署

初在明伦堂左，后废。隆庆元年（1567），迁建县治东。中为大堂，为奎星楼。乾隆四十八年（1783），重建。

（7）训导署

在教谕署西。乾隆五十九年（1794），训导徐藻；道光八年（1828），训导沈锡畴，先后重修。

2. 学塾

社学有四处：其一桂香社学，在县东上仓，知县沈维龙建；其二济川社学，在下管，知县劳铭彝建；其三登俊社学，在城东坑墩，知县朱芾建；其四神童社学，在九都竹口旧址。

3. 书院

（1）松源书院（对峰书院）

据《庆元县志》（清光绪三年版）所考载，庆元县最早的书院是明万历初年创办的松源书院。当时知县沈维龙认为府馆旧址（今张歌坊附近）地僻幽静，最宜办学，命义民吴诏修建成松源书院。

清乾隆七年（1742），知县邹儒热心于地方教育事业，筹款在学宫明伦堂建造房屋8座，共86间作为书院，因中门正对藏山，故命名为"对峰书院"。除上报郡守批准拨出天宁寺（当时已废）租田1顷80亩外，复又购买民田计租165把（每把约8公斤），作为书院的膏火之资，曾兴盛一时。至乾隆五十年（1785），因经费竭蹶，渐渐衰落。是年，知县王恒见书院荒颓几废，遂移建学后滨田上村，并买民屋8直，塘围1所，仍额为松源书院。至嘉庆初年废圮。嘉庆十七年（1812），知县鸣山带头捐俸银二百两倡兴文教事业，并以明伦堂屋前道义门旧屋加造两廊，恢复松源书院。嘉庆二十三年（1818），知县谭正坤拨款置买民田计租七十把，充实书院资金；道光四年（1824），义民吴通金等又捐田记租20把于书院，以补膏火之资。直至光绪三十一年（1905），清政府下令废科举兴学堂，松源书院才停办，并于三十三年（1907）改设为官立两等小学堂。

（2）日涉书院

清康熙年间，大济贡生吴王卷在大济村中建日涉书院，又名"日涉园"，占地数亩。康熙六年（1667），本县名儒吴运光曾在此设帐讲学。是年，与陆世仪并称"二陆"的清初著名理学家陆陇其应知县程维伊之邀曾到此讲学，据《庆元县志》，曾使当时庆元教育"风为丕变"，可见影响之大。陆陇其于翌年离开庆元，不久吴运光也转任别处，日涉书院则名存实亡。

（3）逢源书院

建于清末逢源镇（今举水），与同时期的松源书院两相媲美，于宣统三年（1911）改建为逢源镇高等小学堂。

另外，清康熙初年，知县程维伊还筹捐兴田创办了育英、储英和储贤三个学庄，专门负责组织生童和生员参加乡试和会试的补习。

第八节 景宁文庙

一、历史沿革

景宁鹤溪孔庙作为学庙性质的孔庙，它的发展可谓历经坎坷，在历史上经历了多次的坍塌、重建与修葺，并几度易址，民国之后亦曾多次被挪作他用。

按其所处地点来划分，可将鹤溪孔庙的历史分为四个时期，即城西北时期、城北时期、城东时期及上桥头时期。城西北时期为明景泰三年（1452）至崇祯十四年（1641），城北时期为明崇祯十四年至清乾隆二十一年（1756），城东时期为清乾隆二十一年至道光二十七年（1847），上桥头时期为道光二十七年至今。

据史料记载，畲乡景宁设县缘于明朝兵部尚书孙原贞。明景泰三年（1452），孙原贞巡抚浙江时，发现景宁"山谷险远，矿徒聚啸"，便奏请朝廷，包括把当时青田县鸣鹤乡和柔远乡仙上里、仙下里等地统归为景宁，取"景泰缉宁"之义。景宁设县以后，符合"汉以后历代帝王多崇奉孔子创立的儒学，敕令在京城和各州县建造孔庙"之说，孔庙应运而生。时年，知县杨殖宗改道贯书院为县学，是为孔庙前身。道贯书院位于县城西北里余，为潘氏在明景泰年间（1450—1457）所创的私立书院，其遗址为今鹤溪镇潘氏宗祠。由于创立时准备仓促，当时的县学较为简陋，之后，成化六年（1470），知县林埕略加修葺大成殿，并建了东斋石泮桥。成化二十年（1484），知县高政、县丞曾涛、何全增建西斋后堂一间。然而地势偏僻，周围都是故冢，文庙前后欹背不合，戟门两间皆逼近民居，廊宇、号房、馔堂距今未能备齐，且向背不正，观瞻莅止，皆所未安。科目未兴，文风未振，讨论择地改迁的事情也久久未能实现。之后在知府潘琴所撰写的碑文中也详细地记录了这件事，表达兴学校重视教育的期望。

后来的弘治年间（1488—1505），历任知县也对其进行了多次修缮与增饰。至正德年间（1506—1521），知县陈杰、单钰改称景宁县学为"儒学"，直至嘉靖年间（1522—1566），孔庙人才宛若星辰，孔庙也一直繁荣昌盛。隆庆年间至万历年间（1567—1619），因人才逐渐寥落，孔庙亦逐渐冷清，但对孔庙的修缮却并未停止，始终有人在维护着这块读书人的圣地。隆庆年间（1567—1572），时任知县的陈严之见孔庙破损希望改建孔庙，但苦于无地可建，只能对整座孔庙进行修葺，之后的几任知县也对其进行了多次增饰。

明崇祯十年（1637），知县孙国楠再次对孔庙进行了修缮，但在崇祯十四年（1641），即孙国楠修缮孔庙的四年之后，鹤溪孔庙还是因为柱毁而倾覆，同年，知县徐日隆慷慨度地，迁建孔庙于县城北承恩门外（今学田附近）距承恩门"五十余步，前临大路，后枕石印山麓"，并自为文以记之，但并未能扭转人才寥落的局面。至清代初期，徐日隆所建孔庙尚存，先师殿、两庑、戟门等主要建筑都经历了多次的装修与重建。清乾隆二十一年（1756），知县曾一贯再迁孔庙于"城东春华门外，敬山宫左，原陇之间"，但是由于此处地势低洼，较为潮湿，易导致木质结构腐朽溃烂，对木结构的建筑尤为不利，极易在经年累月的腐蚀中致使整栋建筑坍塌。嘉庆二十五年（1820），正殿坍塌。至道光二年（1822），知县吴裕中、训导闵思端重修之。道光二十五年（1845），正殿及东庑坍塌殆尽，时任知县瑞龄、教谕朱葵之、训导何光锷重建之。道光二十七年（1847），知县程文范改建孔庙于城内上桥头，即今孔庙所在之处。上桥头位于县治东隅二十步，有木桥名曰"上桥"（已废），地以桥为名称作"上桥头"，因此，今鹤溪孔庙亦被称为"上桥孔庙"。至咸丰元年（1851），知县曹建春在任时竣工。咸丰四年（1854），知县李作幹造三十丈石筧引后坑水注入泮池。同治元年（1862），太平军两次进犯，孔庙在战争中损坏。至同治二年（1863），由知县饶兴遗、教谕戴星主持修复。至民国时期，孔庙改作县民众教育馆馆舍，民国三年（1914）重启祭孔大典，恢复"孔庙"地位。后又在解放战争中成为国民党军弹药库。中华人民共和国成立初期改为县委大院及马戏团、戏班的演出场所，1964年改云寿公路建设营地。

1967年"文化大革命"爆发，鹤溪孔庙成为民兵连指挥所，之后遭到严重破坏。1979年大成殿被拆除，仅留局部残址，后在残址上修建景宁文化馆。1984年改为鹤溪镇文化中心。2009年，景宁畲族自治县委、县政府决定重修鹤溪孔庙，建筑工程于2010年10月28日开工，竣工于2011年10月28日，历时一年，依历史文献记载，按旧时风貌复原了鹤溪孔庙建筑。2014年4月2日，孔庙落成典礼举行，孔庙修复正式完成并开放。2017年1月13日，浙江省人民政府公布其为第七批浙江省文物保护单位。

二、建筑布局

经过明清两朝政府官员的接力维修、改建、扩建、迁建，景宁"孔庙"终于在该县城东上桥头这个地方正式"安营扎寨"，因此景宁孔庙被当地老百姓俗称为"上桥孔庙"。现存孔庙占地面积1400平方米（原占地面积1148.25平方米），始建于清道光二十七年（1847），整体建筑坐北朝南，朝向遵从传统孔庙布置，为三进院落，南北中轴线两侧建筑布局完全对称，依次为万仞宫墙、棂星门、泮桥、泮池、戟门、东西两庑、露台及大成殿。红墙黑瓦，雕梁画栋，气势非凡。1987年，孔庙被公布为景宁县重点文物保护单位。2009年，景宁畲族自治县县委、县政府决定全面修缮孔庙。遵循历史文化记载，按照原来孔庙风貌，精心设计与施工。自2010年10月28日开工，筹建修复了万仞宫墙、义路、礼门、棂星门、泮池、

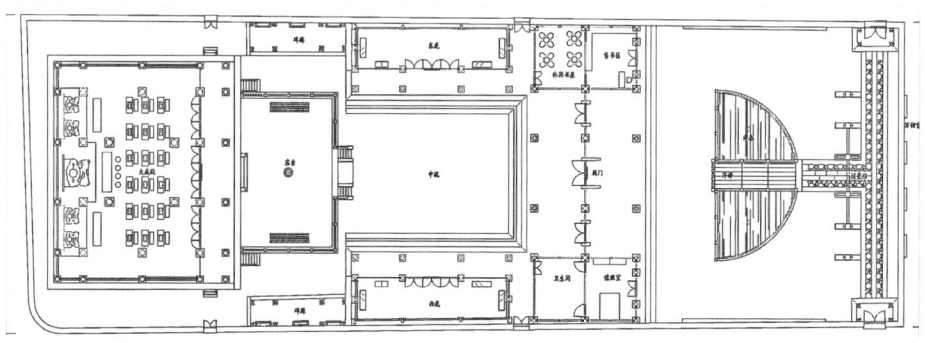

景宁文庙平面图

泮桥、东西庑、大成门（戟门）和大成殿等建筑；并将发掘出土或者保存的文物归位安置。工程历时一年，至2011年10月28日竣工。现在的孔庙已经大致恢复了原有规制。

（1）万仞宫墙

"万仞宫墙"四个字石刻，取自乾隆皇帝的御笔题写。

（2）礼门、义路

在宫墙东西两侧有两扇小门，西门上写着"礼门"，东门上写着"义路"。礼门旁，还有一块下马碑，上面石头上刻着"文武官员至此下马"。

（3）棂星门

根据《景宁县志》载，石碑坊"德配天地"和"道贯古今"置于义路两侧礼门。棂星门，在形式上为"三间四柱冲天式"。柱头作火焰状石刻，柱身上部贯云板，石柱前后作抱鼓石，圆柱上下两节，两节相交，加石戗柱斜支撑，额枋雕有石刻，额坊上不加屋顶并作宝刹，下设栏杆门，左右接有石墙。

棂星门

（4）泮桥、泮池

位于戟门之前。古时新学员入学登泮桥、跨泮池，礼拜先师孔子的入学仪式被称为"入泮"，意即进入孔学大门。

泮桥

泮池

（5）七十二贤壁画

位于泮池两侧的是石刻的孔门七十二贤。孔子的身通六艺（诗、书、礼、乐、易、春秋）、才德全尽的弟子七十二人。故称"孔门七十二贤"，是孔子思想和学说的坚定追随者和实践者，也是儒学的积极传播者。

（6）戟门

进入孔庙的最后一道门为大成门，也即孔庙的正门，根据《景宁县志》载，此处称"戟门"。戟门两侧悬挂"先知先觉为万古伦常立极，至诚至圣与两间功化同流"的楹联，戟门东边为书屋，有关孔庙及儒家思想的书籍可在此借阅。

（7）东西庑

原配享的贤儒如董仲舒、韩愈、王阳明等。修缮后，在东西两庑中展示了景宁自唐宋以来的文人雅士和历朝对教育的重视和发展的状况介绍。

（8）月台

在大成殿前。两侧放置祈愿墙，中间放置铜制香炉，供游客参观，祈求美好心愿。

（9）大成殿

内设有五尊塑像，是孔子及其四配，采用的是大漆脱胎贴金彩绘工艺。至圣孔子，位于中央。两侧则为四配：东边是复圣颜子，述圣子思；

大成殿

87

西边是宗圣曾子，亚圣孟子。内悬"万世师表""生民未有""斯文在兹"匾。大殿入口两侧是磨漆画"孔子讲学图"和"孔子修诗图"。

三、附属儒学建筑

1. 附属建筑

（1）教谕署、训导署

在明伦堂后。

（2）祭器庠

在乡贤祠右。

（3）名宦祠

在戟门左。祀十一人：明朝知县杨殖宗、陈杰、胡景，主簿马銮，教谕郑陆；清朝巡抚范承谟、朱昌祚，提督塞理白，总督李之芳、王隲、郭世隆。

（4）先贤祠

在戟门右。祀六人：刘基、梁以孜、潘琴、潘辰、叶广、叶凤。

2. 学塾

清至民国，乡村私塾多以宗祠、家族拨"书灯租"或邻里集资开办，通称"书堂"。在畲族居住的包凤、东弄、惠明寺、金岱祥、吴大头、大张坑、金丘、四格、季庄、山前、驮戥、黄山头和石门楼等村，也都设有由汉族教师执教的书堂（私塾）。据记载，明成化年间（1465—1487），社学共有六处：其一，张村（今张春），在县东五里，知县瞿奎建；其二，渤海，在县北六十里；其三，仙妙，在县西七十里；其四，卢山，在县西一百里；其五，庠村，在县西南一百二十里；其六，漈峰，在县南六十里。据民国三十七年（1948）统计，全县受私塾教育者共有9420人，占总人口的9.92%。

3. 书院

（1）贯道书院

明景泰年间（1450—1457），鹤溪潘氏创建，位于鹤溪潘氏宗祠。

（2）明德书院

明嘉靖年间（1522—1566），贡生李鉴堂创建，位于大均村。

（3）继志书院

又称"六吉山房讲堂"，明嘉靖年间（1522—1566），由贡生吴九皋创建，位于英川村。

（4）卢山书院

明嘉靖年间（1522—1566），庠生吴学明等人共建，位于鸬鹚村。

（5）豸山书院

明嘉靖三十二年（1553），知县钟夏崇建立，位于县城西南一里开外。清乾隆十九年（1754），建文昌阁于前堂，题额为"豸山书院"。

（6）鹤溪书院

明万历年间（1573—1620），由知县姜师闵创建，位于县城承恩门外府馆旧址。清雍正五年（1727），知县陈诚迁地重建。

（7）三胜书院

明万历四十七年（1619），由知县角韶创建，位于县城行春门外。

（8）崇正书院

明万历年间（1573—1620），知县林乔松将经商社学改建为崇正书院。

（9）博爱书院

清康熙五十年（1711）创建，位于县北半里，后改建高公祠。

（10）鹤溪讲堂

清雍正七年（1729），知县汪士璜捐建，位于石印山旧学之右，面对鸦峰，故又称为"鸦峰讲舍"。

（11）指南书院

清乾隆三十八年（1773），知县张九华改建。同治三年（1864），知县徐炽烈及士人张鸿修建被毁书院。

（12）鸦峰书院

清光绪二十三年（1897），知县汪元龙将指南书院改建为鸦峰书院。光绪二十八年（1902）十月，改名为"官立务本学堂"。

第九节　云和文庙

一、历史沿革

云和建县于明景泰三年（1452），从丽水县分出浮云乡、元和乡置云和县，经历代的撤、并、分、建几次变更，都隶属处州。古县志称云和为"洞宫福地"。

县学立自明景泰六年（1455），在县治西黄溪北岸建儒学学宫，学宫自明至清屡遭兵燹，宫墙颓废，历经多次修造。至弘治十八年（1505），知县刘灿渐次修建，创尊经阁，暂以阁下为明伦堂。嘉靖八年（1529），知县陈思顺拓旧址，更新之嘉靖十六年（1537）夏四月，风雨暴作，宫殿倾圮，知县邹伯贞重建。又相度庙左隙地，建明伦堂。清康熙二十八年（1689）正月，知县林汪远捐俸重建。时庙庭之前有枯栝柏重生之瑞，嗣后接续修建。乾隆年间知县李怀瑾、知县王栾，嘉庆年间知县蔡应霖，道光年间知县阮应奎、署知县高毓岱，十九年知县伍承吉，增建学署，改建尊经阁。记曰：

咸丰五年，岁次乙卯冬十有一月，承吉奉檄权篆斯邑，恭谒，至圣庙，见规模宏敞，楹桷焕然，心甚嘉之。询知为前邑令粤西阮君应奎与绅士梅榕等集议倡建。增高大成殿基址，两庑及戟门、棂星门，均改建高大。营石坊，置木栅，又遵《会典》图式，移崇圣祠于殿后，徙明伦堂于祠左，添奎文阁于庙前，复建昌黎伯忠孝两相。工既竣矣，因教谕自复设以来，未有衙署，训导虽有署，亦只破屋数楹。遂以庙工之余，增建两署，为师生讲肄之所，并改奎星阁为尊经阁。始于道光己亥初夏，至癸卯季夏，而落成焉。是役也，通计实用钱七千四百缗有奇。前邑令阮君捐钱三百缗，后署令元和高君毓岱捐廉五百两，职员梅榕经理其事，先后捐钱二千三百余缗，为数最巨。其捐赀首倡者，林禹臣也。相继乐输者，陈钟梓、郭华芝、梅敦幹、季甘棠、吴德言、郑以诚、陈凤鸣诸人也。捐钱自二百缗以上，均得如例议叙，各给八、九品顶戴。惟职员魏文瑶捐钱二百缗，辞不邀奖。夫振兴学校，为一邑文运之所关。隆庙貌而肃观瞻，典至重也。前政之率作兴事，梅榕等之好义急公，皆不可以不书。是即韩子所云：后之君子，无废成美之意。于是乎记。

咸丰八年戊午春正月。

同治六年（1867），知县黄敬熙集捐重修，邑人王士纷记，勒碑明伦堂。

《栝苍汇记》明何镗纂　明万历七年

清处州府核定县学廪膳生20人、增广生20人，核定进额各12人，学科设礼、射、书、数，以四书五经、八股文为主。设岁科两试，每岁额取附生12人，岁试又额试生8人，考试则分月考、岁考、科考三类。

二、建筑布局

云和县儒学，景泰六年（1455）始建于县西百步许，弘治十八年（1505）知县刘灿重修，嘉靖十五年（1536）知县邹伯贞改迁县西三十步许。中为先师殿，翼以两庑，前为戟门，外泮池，跨以石桥，前为棂星门，内为神厨，为库房，为宰牲所。尊经阁在文庙后，明伦堂在崇圣祠前，为二斋：博文、约礼。又为学门，为仪门，为膳堂，为号房，为学仓，为厨房。泮池西为射圃，西底后为教谕署、训导署。

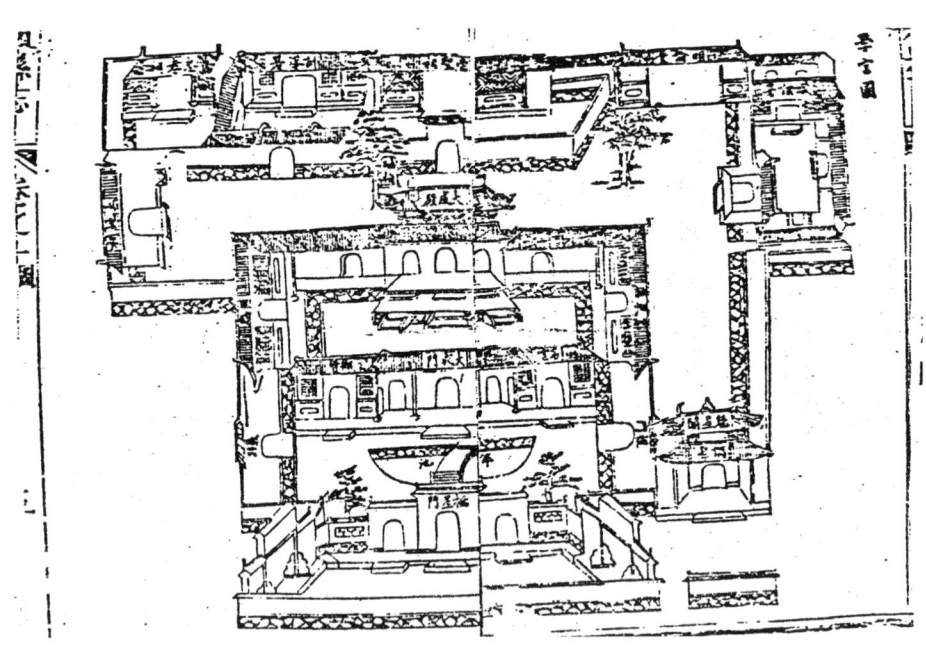

云和学宫图（同治三年版《云和县志》）

三、附属儒学建筑

1. 儒学建筑

（1）奎星阁

在学门，旧在隔溪南岸。清乾隆十八年（1753），知县彭元玮捐俸改建，后为尊经阁。

（2）尊经阁

在隔溪南岸，旧在学后。久废。清道光二十一年（1841），于奎星阁故址改建。

（3）名宦祠

在大成门左。祀十四人：明知县顾立、黄芳、陈思顺、刘灿，教谕郑汝爵，知县杨兆鲲；清总督郭世隆、朱昌祚、王隲、李之芳，训导谢廷谟，巡抚范承谟、朱轼、阮元。

（4）乡贤祠

在大成门右。祀三人：明金忠、沈陕、王一卿。

（5）忠孝祠

在土地祠后。

（6）节孝祠

在黄溪北偶东岳宫东。嘉庆十二年（1807），知县陈治策重建。

（7）教谕署

在明伦堂东。旧在戟门左。久废。乾隆十八年（1753），教谕平圣台就尊经阁修重建。乾隆三十年（1765），教谕方宏谈增建。嘉庆十五年（1810），教谕来升佑新之。道光二十一年（1841），教谕叶敬改建今署，门内为讲堂，堂后为内宅。

（8）训导署

在崇圣堂西。旧在西庑，后废。乾隆二十八年（1763），训导候麟重建明伦堂西。嘉庆十年（1805），训导钟山重修。道光元年（1821），训导王武锡于后圃重修。

2. 学塾

云和社学始于明朝，有三所，教读3人。清康熙二十八年（1689）有四所，俱在坊郭。同治二年（1863）有两所，署知县涂冠署，教谕孙有义设置，教读2人。专收贫寒子弟免费入学，开通知识，为今后入学及谋生打基础，课程分修身、国文、珠算三纲。

元至元三十一年（1294），浮云人王挺在黄溪北岩建桂一楼（今云和印刷厂）藏书处，并拨良田附设桂林义塾，以教育子孙及乡里子弟，为云和开设私立义塾之始。

明代有义塾四所，分别在浮云、东塍、石塘、泉溪。

清嘉庆二十一年（1816），魏精在居室（水碓港大夫第）对面建筑"观我园"内设家塾。

清嘉庆二十四年（1819），小徐人捐资设立生成义塾。义塾经费来自祠堂、寺庙地租和个人捐资。

同治九年（1870），城内贡生梅有辉，在梅家设家塾，至1935年停办。城内诸葛鸿（字狄舟），创办狄舟家塾。

大姓望族为教育子弟在村内延师设馆。清光绪四年（1878），沙溪、后山两村景德寺内创办村塾，至1941年停办。

光绪二十四年（1898），畲族贡生蓝宝成，在杉坑岭村创办畲汉共读村塾。

民国时期有桑岭根村江聘三、对家斜村卢绍唐、城内陈甸臣三名中医师各创中医私塾，传授中医知识及临床经验，以培养中医师为目的。

据民国二十五年（1936）统计，全县共有私塾二十二所，此后逐渐被新学取代。

3. 书院

（1）鳌峰书院

清乾隆四十年（1775）创办。

（2）箬溪书院

清道光七年（1827），知县郑锦声率绅士魏文瀛、梅佳模、王廷宝等筹建箬溪义学。至道光二十三年（1843）建成，知县高毓岱改名"箬溪书院"。

（3）先志学堂

清光绪三十年（1904）正月，光复会行总部执行员魏兰偕陶成章利用箬溪书院创办先志学堂，作为革命党人联络会党，发动武装革命据点。是年2月开学，为处州县办学校之始。课程设国文、历史、地理、数学、化学、日语、图画和体操等科。次年停办，光绪三十二年（1906）改为官立两等小学堂。

第十节　宣平文庙

一、历史沿革

宣平县，是原处州府辖县，县治位于柳城镇。1958年，宣平县被撤销，所属地域分别划归毗邻的莲都、松阳、武义三县。

明朝景泰三年（1452），宣平县首任知县李叶，从丽水来到县衙任所，这是战乱后新建的县域，百废待兴，万机待理。经过多次堪舆后，地址遴选在县衙不远（柳城）东面。起初资金使用捉襟见肘，草创的文庙不成规模，连上级官员来巡查了也无能为力。"游宦者或以民力疲瘁，或因掣肘悾惚，因循倾废，不暇及焉。"只能集腋成裘，且行且珍惜。到成化戊戌年（1478），情况好转，政通人和。地方官员"即以兴学校为己任，计功度材，设法措置"。并在庙内，以丹青彩色装饰孔子像位，以文石筑架水泮池、棂星门等，并制作添加笾豆盘盏等祭器，安排祀事庄严，分库庖庾，馔设有礼，庙貌一新。此后，历代政绩有为的官吏、当地绅士贤达，都不失时机地拨公款、筹民资，对文庙进行拓建重修。次数多得无法统计。《宣平县志》所载比较大的如：嘉靖十二年（1533），县令邬瑞、教谕苏民望主持重修。天启年间，于文庙东侧建设崇圣祠，并建设文昌阁。康熙五十五（1716），知县张廷祐商议改建，还捐俸倡募，绘图购木，可惜未终其事。三年后，知县于树范在任时才落成之。嘉庆二十年（1815），知县萧彦创建名宦、乡贤二祠。咸丰十一年（1861），太平军攻占柳城，文庙被毁败，仅存基址。同治年间才陆续募捐重建。宣统三年（1911），重修正殿。民国初期，除了偶像拜祭，仪式疏剪之外，更多的是在文庙及园地创办教育。1914年知事王亮熙等商议，在县文庙东面建筑县立高等学堂（小学）新校舍。次年县立师范讲习所也附设庙内。1932年，县立师范讲习所修文昌阁、文庙为校舍，部分外围墙被拆除。1942年，抗日战争期间文庙遭日机轰炸。此后逐渐失管荒落，或另被晒谷、堆物等私用。

中华人民共和国成立后，大成殿被改用为县管粮食仓库。1954年建立粮管所和粮站，实行仓站合一。"文化大革命"期间，原来文庙棂星门前面的泮池（俗称"状元塘"），被填平后扩建为武义二中操场。20世纪70年代后期，原"棂星门"西面新建三层高的柳城粮油门市部。北面原有的"文明山"小山包（山上有树），所剩下的最后山基，又被裂石清土，用于建筑民房。东面用于二中校园新建教学楼两幢。80年代中期，二中拆除泥木结构、西式门面的大四合院的南向楼房。90年代初，二中征购粮油门市部及新明仓库，所有场所及地基全用于二中校园建设。

因社会环境影响，五四运动以后，宣平文庙与儒家文化受外界儒家思想不断遭受批判的影响，变为"守成"。只以"中国哲学"的方式，实施

《栝苍汇记》明何镗纂　明万历七年

"形而上学"的保存，只把儒家文化当成学问或知识对象保留。加上社会动乱，连文庙的官方祭祀经费也锐减了，甚至同一祭品要在两三个地方使用，仪式合并，细节剪冗。第一次国内土地革命战争爆发后，文庙失管落荒，庙内数百件珍贵文物、祭器、乐器等不知其终。至抗日战争时期，遭日本军队飞机投弹炸毁后，文庙几乎荡然无存。中华人民共和国成立后，"破四旧""文化大革命"，儒家思想再次痛遭批判。改革开放以来，随着社会经济的发展，地方文化不断繁荣，有识之士也曾提到重建宣平文庙一事，但又觉得范围不大的柳城一带，道教、佛教、基督教等设施，已经相隔二三里，肃穆密布，再建文庙，绝非易事。近来，武义县城已重建文庙，得到社会民众的认可和赞许。

二、建筑布局

宣平县儒学，县治东百步。景泰三年（1452），知县李叶、巡检吴则始建。后几经兴废，同治年间（1862—1874），才陆续募捐重建。

据《宣平县志》相关记载：

> 宣平文庙，正中为大成殿，翼以两庑，前为仪门，又前为黉宫门。左为名宦祠，右为乡贤祠。前为泮池（有石桥），又前为棂星门。庙的左边为儒学，门内东侧是教谕宅，有文明门。又十步往西为礼门，入门向北，中为明伦堂。左右两斋号房十间，东为"正心"，西为"诚意"。有卧碑、仓廒、馔堂、射圃、省牲所、致斋所、敬一亭。前为训导宅，南为崇圣祠。

整个建筑群的布局，包括重修，历来都十分重视、谨慎。至光绪《宣平县志》尚有一幅精制的文庙图，至民国所编《宣平县志》，庙图已无存。

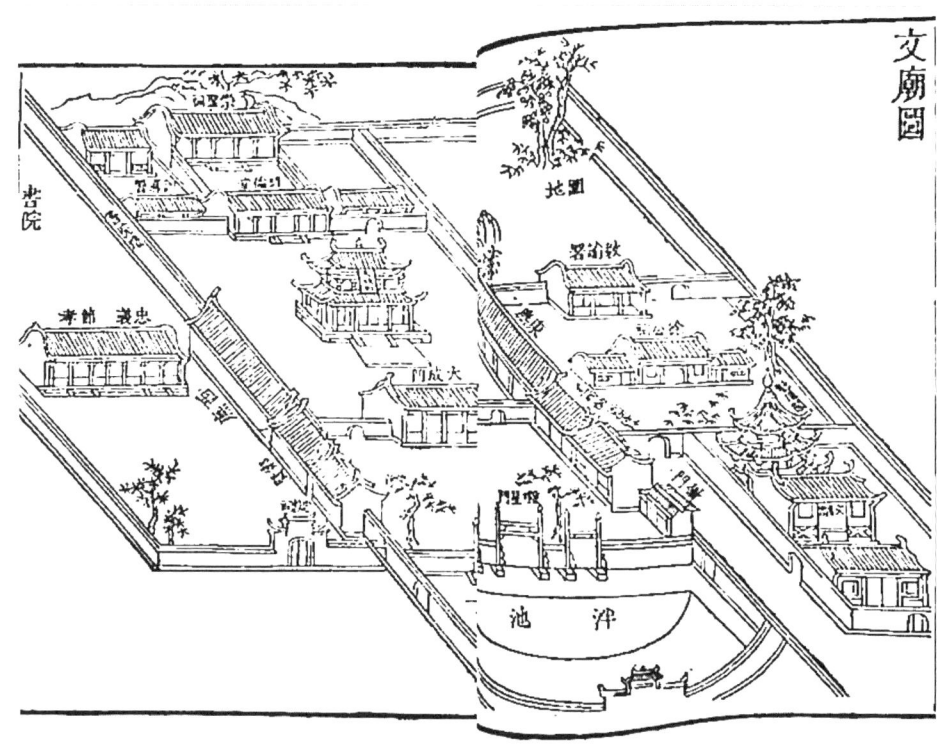

宣平文庙图（光绪《宣平县志》）

三、附属儒学建筑

1. 附属建筑

（1）名宦祠

在土地祠侧。祀十六人：明尚书孙元贞，知县李叶、杨中立、洪云翼，县丞徐黼、宋镐，教谕徐润、翟宗鲁，训导朱万里；清知县韩宗纲，巡抚范承谟、朱昌祚，提督塞理白，总督李之芳、郭世隆、王隲。

（2）乡贤祠

祀一人：明吴仕伟。

（3）忠孝祠

在县东。

99

（4）节孝祠

在县西。

2. 学塾

义塾在县东南五里。雍正十年（1732），学院李清、知府曹抡彬捐建。

午溪义塾在县西曹门祠堂前。明嘉靖间，郑氏建，毁于兵燹。乾隆十一年（1746），郑氏后裔营造。

潘氏义塾于明初由潘轼建，以训族子弟，后毁。民国初，裔孙重修。

鳌峰书院在县东学宫右。乾隆四十年（1775），知县赵某创建。

第四章

祭孔礼制

　　孔庙祭祀是中国古代最重要的祭祀礼仪之一，对社会各方面都产生了深远影响。孔子之祀长达两千余年，在实践中逐渐形成了完整的祭祀体系。在这一发展过程中，逐渐形成了一套独特的享祀从祀模式，积累了一套非常程式化的礼仪程序，并且保持着大致匹配的品物对应关系和乐舞表演形式。宏大的场面、庄严的仪式，严格的程序，在预设好的气氛中，达到"德化天地、礼仪四邦"的教育作用。

　　为庙以祀，虽以享祭先师为主，但也兼有敦促后学之谊。各地孔庙既是祭祀场所，也是儒学传播的载体；既是文物古迹，也是建筑范本。孔庙本身所基于的这些多方面、多层次的文化特征，也为相关研究带来了丰富多彩的切入视角。

第一节　享祭与献祭者

一、享祭者

孔庙中的享祭者数量并不是一开始就固定的，而是逐步增加的。这也意味着，受供奉的先贤这一群体的壮大，儒学影响力和孔庙影响力的增强。

最早享祭者是孔子，也有附加一二弟子的。祢衡《颜子碑》中所言，"配圣馈，图辟雍"，即祀孔子和颜回；《水经注·泗水》中"庙有夫子像，列二弟子执卷立侍，穆穆有询仰之容"，指孔子与颜回、子路二弟子。唐开元八年（720），在国子司业李元瓘的建议下，将颜子等十哲的立像改为坐像。除此之外，又增进了曾参的塑像，坐于十哲之次。七十子及二十二贤则图画于庙壁上。至此，共塑师生十二人。宋度宗咸淳三年（1267），孔庙配享定制为颜回、曾参、孔伋、孟轲四人。此后，孔庙中的塑像基本稳定在孔子、四配、十哲等人身上，共十五位。其他从祀，或塑像，或图画，形式并不一样。

对于这些圣贤的祭祀、供奉也是极具教育意义的，对人的发展以及社会的发展产生道德教化、思想教化、环境教化，同时在"庙学合一"的形式下也有引领社会教育风尚和劝学的作用。

正祀——孔子

孔庙中的祭位以孔子为正，坐北朝南。四配、十哲均东西列侍于殿中，先贤先儒则分列于东西两庑。这是历经修订而最终形成的排列模式。

历代尊奉孔子，其隆重程度最直接地反映在孔子的谥号封爵上。

"尼父"是孔子死后最先获得的官方敬称。《左传·哀公十六年》载："旻天不吊，不愁遗一老。俾屏余一人以在位，茕茕余在疚。呜呼哀哉，尼父！无自律。"至于这一称呼是否算得上谥号，历来解说不同。汉代经学家大多持肯定态度。

"葆成宣尼公"是孔子获得的最早的一个确定无疑的谥号。《汉书》记载，汉平帝时王莽秉政，封孔子及子孙均为葆成侯，追谥孔子为"葆成宣尼公"。北魏孝文帝定孔子谥号为"文圣尼父"。唐太宗贞观十一年（637）尊为"宣父"，唐中宗又谥"文宣"，唐玄宗追谥"文宣王"，此为孔子"王"爵之始。宋真宗加谥孔子为"玄圣文宣王"，后避国讳改为"至圣文宣王"。元武宗时，加孔子号为

孔子像

"大成至圣文宣王"。明嘉靖九年（1530），孔子谥号被夺去"王"爵，更定祀典，改称"至圣先师"。此后，历经岁月，一直沿用。

孔庙中设像而祭兴于汉代，其最初所用为画像，魏晋时过渡到雕塑形态。后来，唐玄宗尊孔子为"文宣王"，开始对孔子塑像进行盛饰，定"内出王者衮冕之服以衣之"，孔子形象大变，成为孔像冠服制度史上的一次突破。北宋前期，孔像用冕九旒、服九章。金世宗大定十四年（1174）定孔像冕十二旒、服十二章。

与冕服相配的是执圭制度。《周礼·春官·典瑞》有明确规定：王执镇圭，公执恒圭，侯执信圭，伯执躬圭。唐时为木圭；宋真宗大中祥符二年（1009）执用恒圭，至公礼；宋徽宗、高宗时孔像执镇圭，至王礼。从木圭到玉圭，从恒圭到镇圭，后世推崇孔子，到了无礼不加的地步。夫子之位最初为东向，而非南向。到了唐开元二十七年（739）更为南向。以

后基本稳定。

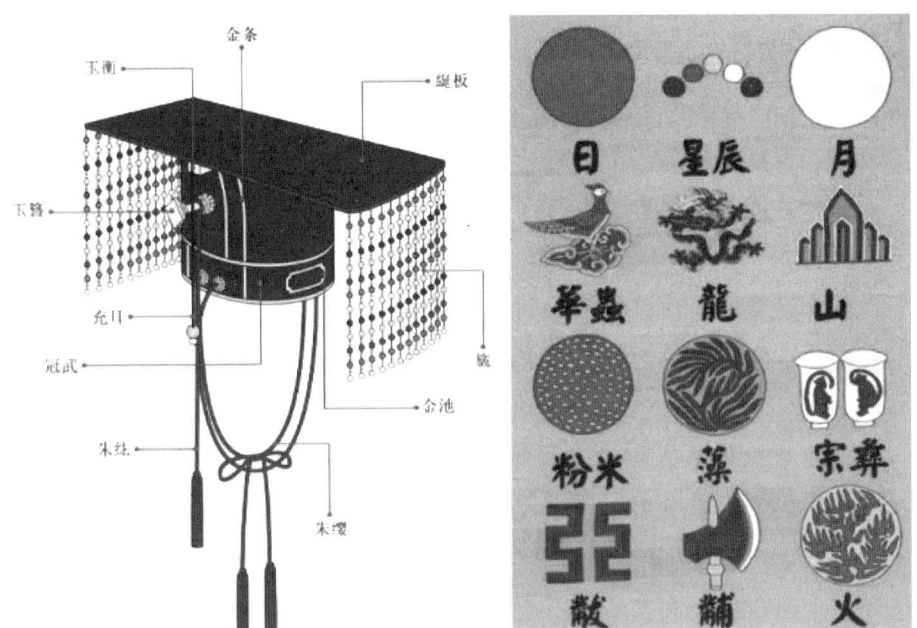

十二旒冕、十二章纹示意图

明嘉靖九年（1530），明世宗承祖之业，将"废像设主"之令行于天下，即将神像改为木主（木牌位）。孔子神位改用木主后，木主的大小尺寸都有定式。木主为朱地金书，上题"至圣先师孔子神位"。嘉靖九年孔庙改制可称得上孔庙发展史上最不寻常的事件，改制所涉内容除了削王号、毁塑像、换木主、去章服外，还包括减杀祭品、进退诸儒、改称大成殿为"孔子庙"、增设启圣祠等。清代，孔庙塑像再度流行。

从祀——四配、十哲、贤儒

孔庙中除了主祀孔子外，还有一个强大阵容的随祀团体彰显了孔庙威仪，这个随祀团体可以通言"从祀"。从祀有尊卑之分，尊者为配享，卑者为从祀。排列秩序是按照从祀者与孔子的关系远近及对儒学贡献大小来安排的，且配享和十哲是尊列在大成殿，伴孔子左右，而先贤先儒等从祀者则列两庑之中。

配享之礼自古有之，必须是文与行兼、名与实符，有功于圣门而无违

于公议，才配入祀，其目的在于报功劝忠。配享人选与配享人数都不能随意安排。元代郝经《续后汉书》中对孔庙从祀体系的形成轨迹作了简单梳理：

> 初，汉世祠孔子无配享者，其后以七十二弟子配，又其后特以颜子配，又以孔子所称颜子以下十人者为十哲，庙貌坐配。后又升孟子与颜子左右并配，皆南向，号称入室。升曾子以备十哲，东西向，号称升堂。七十子配于东西序，后又以左丘明等二十二人配食七十子之列。于是，典礼之盛轶古帝王名臣矣。

孔庙从祀体系人数众多，规制森严，形成轨迹大致如此：开始于东汉，在唐代大规模发展，在宋代基本定形，明清继续扩充。从祀人数，历朝递加。明初据王袆统计为一百一十九人，包括四配、十哲、七十一弟子、三十四贤儒。到了清末，从祀人数增加到一百七十位，包括四配、十二哲、七十八位先贤、七十六位先儒。民国八年，又增先儒颜元、李塨二人，共一百七十二位。在从祀制度建立的过程中，从祀队伍并不稳定，除了增祀以外，还常有罢祀、改祀、复祀等现象发生。

四配按配享地位排列，依次是颜子、曾子、子思、孟子；按配享时间排列，依次是颜子、孟子、曾子、子思。四人的崛起轨迹是不一样的。

对于配享四人的成型原因，（元）刘埙《隐居通议》卷《礼乐》载：

> 议者以本朝崇尚《四书》，宜并祀曾、思配享。于是以郕国公、沂国公升配文宣王，与颜、孟为四。其意盖以颜主《论语》，孟主《孟子》，而《大学》则曾之所述，《中庸》则思之所作，是因《四书》而尊四贤，可谓备一代之盛典。

四配置出现后，再无任何变动。宋咸淳三年（1267）四配制初立，其设位为"衮国公（颜子）、郕国公（曾子）、沂国公（子思）、邹国公（孟子），居正位之东面，西向北上"，即颜、曾、思、孟四人成一排列于孔子左边，右边为虚，不设位。明代以后至今四配设位，都是东西两两相对，即颜子东一，曾子西一，子思东二，孟子西二。

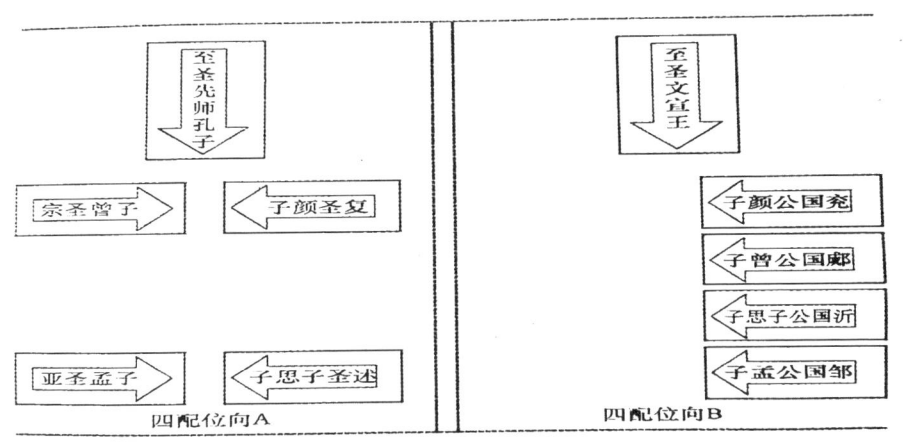

明代以后四配设位图　　　　　　咸淳三年四配设位图

十哲脱胎于"孔门四科之子"，其人员产生以《论语》为依据。《论语·先进》载：

> 子曰："从我于陈、蔡者，皆不及门也"。
> 德行：颜渊，闵子骞，冉伯牛，仲弓。言语：宰我，子贡。
> 政事：冉有，季路。文学：子游，子夏。

德行高尚者四人，口才出众者二人，处事优秀者二人，学术造诣高者二人。在康熙五十一年（1712）时，增朱熹成十一哲；乾隆三年（1738），又增有若成十二哲。此后，孔庙配享者中十哲有之，十二哲有之。

先贤主要指孔门高弟，先儒主要指汉唐以来的诸儒。先贤源于东汉的"七十二弟子"，明嘉靖孔庙改制，确立"孔门七十子"改称"先贤"，"二十二贤"改称"先儒"。在森严的孔庙从祀等级中，先贤、先儒居于四配、十哲之后，位列第三等和第四等。四配、十哲自定型后就一直比较稳定，贤儒之中则无论孔门弟子还是历朝诸儒，受政治环境、学术背景、个人见识等因素的影响，要么数议不成，要么忽进忽黜，经常有进退变化。到了

清末，孔庙两庑先贤共为七十九人。先儒从最早的二十二贤至民国八年
（1919），最终达到七十七人。

二、献祭者

由于孔庙分布的特殊性，曲阜孔庙与各级学庙都有一套自成体系的执
事模式与人员班子。曲阜孔庙及浙江省孔氏家庙（孔氏南宗家庙、榉溪孔
氏家庙、平阳孔氏家庙）沿袭的是衍圣公系统，各地孔庙（文庙）实施的
是政教系统祭孔模式。

1. 衍圣公系统

祭孔之衍圣公系统是指以孔子嫡裔为中心的由孔氏家族所组成的孔庙
祭祀体系。孔氏子孙祭孔表达的主要是孝子顺孙对于祖先的缅怀思念之
情。孔府以操办孔庙中大大小小各类祭祀为主要职责，围绕着此一职责，
形成了一个庞大的人员圈子，上至衍圣公，下至各色供役户等。在一场隆
重的祭祀典礼上，出席者大致有这样几类人：正献官、摄献官、分献官、
执事官、执事生、礼生、乐舞生、陪祭官生、陪祭宗族等。

献官与执事官都有品级在身，负责执行祭祀中的核心礼仪事项。其中
崇圣祠摄献官以世袭六品官担任，掌宰官以林庙守卫司百户担任，司膳官
以管勾担任，典仪官以典籍担任，典乐官以司乐担任，司伞官、巡绰官以
随朝班官担任。其余分献官与执事官也都从圣庙执事官及四氏学教职中选
任。执事生主要由各圣贤儒后裔奉祀生担任。礼生由典籍负责召集并分派
执事。乐舞生由司乐负责召集并分派执事。孔庙祭祀前的扫洒陈设由守卫
司百户负责安排完成，庖厨制作由管勾负责安排完成。至此，所有执事服
役人员基本各有差事在身，其他无具体负责事宜的官员、学生、宗族等人
都参加陪祭观礼。

2. 政教系统

祭孔之政教系统是指以皇室成员、朝廷官员及地方守令为中心的孔庙
献祭体系，它是自上而下、层层推进的。国学及各地学校共同祭孔体现着
一个全国性的对至圣先师的崇德报功之举，属于国家政教政策的范畴。其

中又有皇室祭孔和地方祭孔之别。

（1）皇室祭孔

皇室祭孔含皇帝亲祭、遣官致祭和太子祭孔三类。帝王为了维护自己的统治，强调君权神授，君权的至高无上，祭祀天地与先祖，在祭孔之前从未有祭祀他人的情况存在。大多数帝王采用的是"崇礼先师，增辉圣德"这样一条至理。皇帝祭孔不在于空托盛况，而体现出一种权力的谦卑。帝王礼敬孔子更大程度上是一种治政表态，或者说是树立一个风向标，诚所谓"其崇与否，于圣人无所损益，但以此见时君崇儒重道之意何如耳"。

（2）地方祭孔

地方官员祭祀孔子从汉初就开始了。《史记·孔子世家》有云："高皇帝过鲁，以太牢祠焉。诸侯卿相至，常先谒然后从政。"这也是新官莅任谒庙的开始。在东汉，鲁相莅政及任职期间都会到孔庙祭孔。郡县学校行乡饮酒礼，也以犬祀周公及孔子，同时还负责庙宅的修整工作，诸如修饬旧宅、制作礼乐器、修补墙垣大沟、治理渎井、种梓守冢等。

北齐、隋时，祭孔范围开始扩大并逐渐规制化。扩大的表现是郡学也立孔颜庙并定期行礼。规制在北齐定为：新立学必释奠，每岁春秋二仲常行其礼。每月旦，学官及诸学生拜孔揖颜。日出行事，不至者记之为一负，雨沾服则止。郡学中的孔颜庙，博士以下也要每月一朝。隋朝的祀规为：国子寺每年以四仲月上丁释奠于至圣先师，州郡学则以春秋仲月释奠。此一时期的主祭者主要是各学学官，参加者主要是学生。

唐代开始将释奠行礼正式纳入国家政教行为范畴，献事全部由品官担任。国学释奠以皇帝谨遣为名，国子祭酒、司业、博士任献官；州学以刺史、上佐、博士为献官；县学则以县令、丞、主簿及尉为献官。此后历朝国学的常遣官屡有变化，或以三公，或以翰林院官，或以内阁大臣，或以大学士，其间采择不一而足。

国学释奠有专官统领专员安排，不致流于荒迫。地方州县却要草率得多，行礼不谨、祭品不备、仪注错谬、纪律不严的情况比比皆是。唐代孔子庙已兴于天下，地方学庙成为行礼的普遍场地。每逢春秋上丁，全国各地都要殷殷敬拜。以行礼规模论，这当是一场盛大的典礼。然而盛势之下

也有着衰弛的一面，郡邑纵有孔子庙，却并不能完全备礼。守令人庙行礼，往往只是春秋丁日方才一至，略陈简馔以应朝文，全无立教兴学之意。甚至于有长官并不亲至，仅派吏人代替行礼来虚应故事。上行下效，官员弛教荒礼，生员便有借词逃避的现象发生。为此当局经常下颁一些禁令来进行儆戒："岁时朔望，行礼唯谨。各处承流宣化之官，及合庙谒人员，或有慢怠不至者，官吏罚俸，人士罚直。"

在清代，上层礼敬孔子极盛，郡县释奠却大都难尽如人意，几近于废。对此，清代学者、文学家毛奇龄（1623—1716）发过一番感慨：

庙学之设创自朝廷，而其仰承之以延其制，则实州县所有事也。第居官递代，等之传舍，典礼十废，难于一举。况三征九赋，惟正不足，必欲统会计以戒功事，则秦瘠而越视之矣。（清·毛奇龄撰《西河文集》卷七十）

礼事不兴，也是官制、财政等多方面原因挤兑的结果。

（3）祭孔人员组成

一场祭事的组织工作非常琐碎，其中的关键是，是否所有的人员都能遣派到位。由于参与人员较多，涉及各个部门各个行业，所以协调与落实非常重要。柳宗元曾担任监祭使，他对整场祀事的人员统筹进行了描述：

故将有事焉，则祠部上其日，吏部上其官，奉制书以来告，然后颁于有司，以谨百事。太常修其礼，光禄合其物，百工之役，先一日咸至于祠而考阅焉。御史会公卿有司，执简而临之。故粢盛、牲牢、酒醴、菜果之馔，必实于庖厨；钟鼓、笙竽、琴瑟、戛击之乐，虡、缀兆之数，必具于庭内；樽彝、罍洗、俎豆、酸罍之器，必洁于坛堂之上。奉奠之士，赞礼之童，乐工、舞师洎执役而卫者，咸引数其实。（《柳河东集》卷二六《监祭使壁记》，第433页）

足见其中的分工配合之效。

国学及各地学庙释奠的参与人员及执事名单，唐、宋礼文并无详细记载，现在能够看到的，只是明、清两朝留下的记录。

明代释奠供事并执事人员包括：正献官、分献官、乐舞生、省牲引赞、监宰煮并造羹醢官、监馔、提调瘗坎、司香烛锁钥、监礼官、引班官、太学用序班、通赞、司执灯笼、罍洗、彻馔捧馔诣瘗坎、进胙受胙、进爵受爵、司乐器、祭器洗涤官等。（《景印文渊阁四库全书》第651册，第89—90页）国学共计六十六人，外郡共计六十人。

清代释奠供事并执事人员包括：正献官、分献官、司香帛爵官、奉福生、接福生、奉胙生、接胙生、司香帛爵生、司鳟生等。祭日，都察院派官员监礼，鸿胪寺派官员导引陪祀各官。（清《钦定国子监志》卷二六《礼志二》）

公共祀典大都有陪祀观礼者，他们也是祭礼流程安排的一部分。孔庙陪祀在早期主要由学官、学生组成，各地学庙、书院也有以儒生士绅充之。朱熹在沧州精舍建成后，率领诸生行释菜礼，即有"邻曲长幼并来陪礼"。（《朱子语录》）

明代相继出台了一系列陪祀条例。洪武四年（1371），定陪祀准入条件，太常寺参考《周礼》及唐制，定武官四品、文官五品以上得入陪，但其人若有老疾、疮疥、刑余、丧过、体气（俗称狐臭），则不得参加。嘉靖十二年（1533），再定陪祭之制，六品以下官员先期一日赴学庙瞻拜行礼以伸尊师之意，礼毕即回，不再于祭日陪祀。文官五品以上、六科都给事则照例具服陪祀。

康熙二十五年（1686），规定国学春秋释奠，武官二品以上并入陪祭。直省遇圣庙祭祀，武官协领副将以上陪祀行礼。文武官员设位，文官在东，武官在西。康熙四十九年（1710），又令直省府州县春秋致祭先师，凡同城大小武官均照文官例入庙行礼。

明清之时，每逢皇帝视学，陪祀群体中还有一部分特殊人员，这便是提前奉旨进京的衍圣公及贤儒后裔。清代又将观礼子孙扩充至孔、颜、曾、孟、仲等各氏。

第二节　释奠品物乐舞

一、孔庙祭祀礼仪

　　孔庙祭孔典礼是集乐、歌、舞、礼为一体的综合性艺术表演形式，体现了艺术形式与教育内容的高度统一，形象直观地阐释了孔子学说中"礼""仁"，表达了"以礼立人""仁者爱人"的教育理念，具有较强的思想亲和力和艺术感染力，对于培养人才、熏陶弟子、提升读书人的精神追求、引领社会崇文重教的风尚具有重要的社会教育作用。

　　"礼"与"乐"是两个既独立又可并举的概念。礼主要包括礼仪、礼节、礼容、礼物、礼典等内容；乐主要包括歌、乐、舞及相关编制等。从社会层面来讲，礼表现为一种规范，乐则表现为一门艺术。礼修外，乐治内。

　　礼与乐的关系错综复杂。当二者相提并论时，在很多语境下，它们是并列而又互补的，"达于礼而不达于乐，谓之素。达于乐而不达于礼，谓之偏"（《礼记注疏》卷五〇《仲尼燕居》）。"礼乐二者而已，若通于礼而不通于乐，非所以淑人心而出治道；达于乐而不达于礼，非所以振纪纲而立大中。必礼乐并行，然后教化醇一"（《礼部志稿》卷一《仪礼之训》）。礼乐在细微处与个人的修身立德紧紧相连，礼乐兼得，才能称为"有德"。礼乐教育在其本质上就是一场启发身心的素质教育，但礼乐教化的终极目标并不仅仅在于培养一个个情感丰富又克制理性的个体，而是要造就一个既稳定又有序的社会秩序，它在宏观上是与国家治理联系在一起的。礼乐涵盖了天地万事万物，统筹着世间的所有条理与秩序，所以构成了中国传统文化的核心内容。

　　祭孔活动根据设祭目的、设祭时间、礼仪繁简程度的不同而被分为各种名目，释焚、释菜、释褐、朔望祭、进告、进条、行香等。释奠与释菜是最早出现的也是后世最为通行的两种祭孔形式。

释奠与释菜是学礼的两个重要组成部分。《礼记·文王世子》云："凡学，春，官释奠于其先师，秋、冬亦如之。"又云："凡始立学者，必释奠于至圣先师，及行事必以币。"（《礼记注疏》卷二〇《文王世子》）

释奠礼的设祭时间，基本上固定于每年春秋仲月（二月、八月）的上丁日，所以也称"丁祭"。释菜礼，行事常用丁日。

释奠与释菜的区别在于——释奠礼重，释菜礼轻。孔颖达很早就对两者的差别做过说明："释菜惟释苹藻而已，无牲牢，无币帛。"（《礼记注疏》卷一二《王制》）即释奠是设荐俎馈酌而祭，有音乐而没有尸；释菜是以菜蔬设祭，为始立学堂或学子入学的仪节。释菜礼是以苹藻之类祭祀先师，不用牲牢币帛，相较释奠礼更为简约。可见，释奠与释菜的不同，除了表现在祭品的隆盛程度上，也表现在礼仪过程中是否用乐上。

释奠礼在后世逐渐形成迎神—初献—亚献—终献—送神这样一种高度程式化的模式，历经数代而没有发生大的改动，只是在一些仪注细节上加以修补。民国以来，受西方思想冲击，移风易俗，这套相对固定的程序及跪拜礼节也被大加改革，转变为以敬献花篮、鞠躬为主。

释奠礼是中国土生土长的一项礼仪活动，在两千多年的发展过程中它不仅已由一项相对简略的礼事逐渐演变成全国上下共同遵行的最隆重的礼仪之一，而且深刻影响了国内其他礼事的创建，甚至还远播到韩国、日本、新加坡等多个国家。

二、祭品与祭器

祭品主要包括币帛、酒醴、牲牢、案盛及其他水土庶品，基本上涵盖了天地间的各式物产。释奠本无上香礼，宋代始行之，到了清代则将上香礼正式纳为释奠礼仪的一部分。清代上香仪分两步：一是上炷香，即将三支香点燃，一支一支地插到香炉里；二是上瓣香，即将檀香、沉香或其他香料块拈起送入香炉，共拈三次。

祭器是相对于日用之器而言的。祭器以古朴为贵，后世制造也往往以

工于仿古为佳。祭器是一套组合器皿，大都数十数、成百数。常规祭器为实用礼器，其数量、品类、等级等都有统一规定。通常有盛酒器、饮酒器、盛物器、盥洗器、帨巾、焚器、燎器和曲柄黄盖等。

祭品与祭器有相对固定的搭配关系，什么祭品放在什么祭器中，是有讲究的。祭品与祭器间的这种相对固定的搭配关系，自古以来没有多少改变。祭器分设于各处，有馔品处、祝板处、香烛处、酒尊处、酌尊处和盥洗处等。

三、祭祀中的乐与舞

史上有关孔庙祭祀用乐情况的最早记载出现于《后汉书·孔僖传》："(后汉章帝)元和二年（85）春，帝巡狩鲁里，太牢祠孔子及七十二弟子，作六代之乐。"后世大都将祭孔用乐始时定于此时。

1. 礼乐的规格

礼乐的规格是通过品数表现出来的，主要体现在乐县和舞佾的数量上。

乐县，"县"指悬挂乐器的架子。架子上悬挂钟的称"钟县"，悬挂磬的称"磬县"。乐县规格可通过钟架、磬架的数量来判断。古人将乐县架子两头的立柱名为"虡"，中间的横杆名为"簨"，有时候也以簨或虡代指乐架。在乐制中，悬钟一虡、悬磬一虡，称为"肆"；若只悬钟一虡或只悬磬一虡，则称为"堵"。按照古礼，王用宫县，即四肆；诸侯轩县，即三肆；卿大夫判县，即二肆；士特县，即一肆。乐县设位，各有取义。宫县是在东、西、南、北四面都布置上乐架，其制如宫室，象征着王以四方为家的意象；轩县是布置东、西、北而阙其南面，以此回避王南面独尊之象；判县是在东、西列架，以比拟卿大夫左右辅佐之象；士特县列一肆，取士人特立独行之义。

舞佾，"佾"指乐舞的队列。舞佾的规格可通过参加舞蹈的人员数量来判断。按照古礼，天子用八佾，八八共六十四人；诸侯用六佾，六六共三十六人；大夫用四佾，四四共十六人；士用二佾，二二共四人。舞队取方形，每佾的人数与品数相同。

品数之中蕴含着等级含义，不能随意使用、随意安排。所谓"名位不同，礼亦异数"（《春秋左传注疏》卷九）。品数多寡有定制，仪式先后也有定制，如若视此定制为末节而不加遵守，乱用品数，违逆程序，往往会遭到舆论谴责甚至有犯上作乱之嫌。所以统治者重礼，也是利用礼制维护阶级秩序，以此来巩固统治。

唐代是孔庙乐舞的大发展时期，主要表现在：（1）乐制规格由轩县升至宫县；（2）乐章增多，贯穿于行礼的各道程序；（3）乐舞并用文舞、武舞。玄宗追谥孔子"文宣王"，随之而来的便是以"王"礼代替"上公"礼。乐制也就随着孔子在唐代身份地位的提升而升格。需要注意的是，唐代释奠，州、县学不设乐，只有两京国学才设宫县之乐。宋景祐间，仁宗命臣下制作祭祀乐章，祭孔乐章得以确定。后来，在历代统治者的关注和推动之下，释奠礼乐也得以日臻完善。

释奠乐章的章名、内容及章数，是随着朝代的更迭及历史的变迁而发展的。

历代释奠乐章表

朝代	释奠乐章类别	释奠程序	所奏曲目	所用歌辞
隋		登歌	《诚夏》	经国立训，学重教先。三坟策册，五典留篇。开凿离著，离铸功徽。东胶西序，春通夏弦。芳尘载仰。祀典无骞
唐	皇太子释奠乐章	迎神	《承和》亦名《宣和》	圣道日用，神几不测。金石以陈，弦歌载陟。爰释其菜，匪馨于稷。来顾来飨，是宗是极
		皇太子行	《承和》	万国以贞光上嗣，三善茂德表重轮。视膳寝门尊要道，高辟崇贤引正人
		登歌奠币	《肃和》	粤惟上圣，有纵自天。傍周万物，俯应千年。旧章允著，嘉赞孔虔。王化兹首，儒风是宣
		迎俎	《雍和》	堂献瑶篚，庭敷璆县。礼备其容，乐和其变。肃肃亲享，雍雍执奠。明德惟馨，苹蘩可荐

朝代	释奠乐章 类别	释奠程序	所奏曲目	所用歌辞
唐	皇太子释 奠乐章	送文舞出 迎武舞入	《舒和》	隼集龟开昭圣烈，龙蹲凤跱肃神仪。尊儒敬业宏图阐，纬武经文盛德施
		武舞	《凯安》	昔在炎运终，中华乱无象。酆郊赤乌见，邙山黑云上。大赉下周车，禁暴开殷网。幽明何叶赞，鼎祚齐天壤。（词与冬至圜丘同）
		送神	《承和》	词与迎神同
宋	景祐祭文 宣王庙乐 章（六首）	迎神	《凝安》	大哉至圣，文教之宗。纪纲王化，丕变民风。常祀有秩，备物有容。神其格思，是仰是崇
		初献升降	《同安》	右文兴化，宪古师今。明祀有典，吉日惟丁。丰牺在俎，雅奏来庭。周旋陟降，福祉是膺
		奠币	《明安》	一王垂法，千古作程。有仪可仰，无德而名。齐以涤志，币以达诚。礼容合度，黍稷非馨
		酌献	《成安》	自天生圣，垂范百王。恪恭明祀，陟降上庠。酌彼醇旨，荐此令芳。三献成礼，率由旧章
		饮福	《绥安》	牺象在前，豆笾在列。以享以荐，既芬既洁。礼成乐备，人和神悦。祭则受福，率遵无越
		兖国公配 位酌献	《成安》	无疆之祀，配侑可宗。事举以类，与享其从。嘉栗旨酒，登荐惟恭。降此遐福，令仪肃雍
		送神	《凝安》	肃肃庠序，祀事惟明。大哉宣父，将圣多能。歆馨肸蠁，回驭凌兢。祭容斯毕，百福是膺
	大观三年 释奠乐章 （六首）	迎神	《凝安》	仰之弥高，钻之弥坚。于昭斯文，被于万年。峨峨胶庠，神其来止。思欵无穷，敢忘于始
		升降	《同安》	生民以来，道莫与京。温良恭俭，惟神惟明。我洁尊罍，陈兹芹藻。言升言旋，式崇斯教

续表

朝代	释奠乐章类别	释奠程序	所奏曲目	所用歌辞
宋	大观三年释奠乐章（六首）	奠币	《明安》	于论鼓钟，于兹西雍。粢盛肥硕，有显其容。其容洋洋，咸瞻像设。币以达诚，歆我明洁
		酌献	《成安》	道德渊源，斯文之宗。功名糠粃，素王之风。硕兮斯牲，芬兮斯酒。绥我无疆，与天为久
		配位酌献	《成安》	俨然冠缨，崇然庙庭。百王承祀，涓辰惟丁。於牲於醴，其从予享。与圣为徒，其德不爽
		送神	《凝安》	肃庄绅绶，吉蠲牲牷。於皇明祀，荐登惟时。神之来兮，肸蠁之随。神之去兮，休嘉之贻
	大晟府拟撰释奠乐章（十四首）	迎神	《凝安》	（黄钟为宫）大哉宣圣，道德尊崇。维持王化，斯民是宗。典祀有常，精纯并隆。神其来格，於昭盛容。（大吕为角）生而知之，有教无私。成均之祀，威仪孔时。维兹初丁，洁我盛粢。永适斯道，万世之师。（太簇为徵）巍巍堂堂，其道如天。清明之象，应物而然。时维上丁，备物荐诚。维新礼典，乐谐中声。（应钟为羽）圣王生知，阐乃儒规。诗书文教，万世昭垂。良日惟丁，灵承不爽。揭此精虔，神其来飨
		初献盥洗	《同安》	右文兴化，宪古师经。明祀有典，吉日惟丁。丰牲在俎，雅奏在庭。周旋陟降，福祉是膺
		升殿	《同安》	诞兴斯文，经天纬地。功加于民，实千万世。笙镛和鸣，粢盛丰备。肃肃降登，歆兹秩祀
		奠币	《明安》	自生民来，谁底其盛。惟王神明，度越前圣。粢币具成，礼容斯称。黍稷非馨，惟神之听
		奉俎	《丰安》	道同乎天，人伦之至。有飨无穷，其兴万世。既洁斯牲，粢明醴旨。不懈以忱，神之来暨

朝代	释奠乐章类别	释奠程序	所奏曲目	所用歌辞
宋	大晟府拟撰释奠乐章（十四首）	文宣王位酌献	《成安》	大哉圣王，实天生德。作乐以崇，时祀无数。清酌惟馨，嘉牲孔硕。荐羞神明，庶几昭格
		兖国公位酌献	《成安》	庶几屡空，渊源深矣。亚圣宣献，百世宜祀。吉蠲斯辰，昭陈尊簋。旨酒欣欣，神其来止
		邹国公位酌献	《成安》	道之由兴，於皇宜圣。惟公之传，人知趋正。与飨在堂，情文实称。万年承休，假哉天命
		亚终献	《文安》	百王宗师，生民物轨。瞻之洋洋，神其宁止。酌彼金罍，惟清且旨。登献惟三，于嘻成礼
		彻豆	《娱安》	牺象在前，豆笾在列。以飨以荐，既芬既洁。礼成乐备，人和神悦。祭则受福，率遵无越
		送神	《凝安》	有严学宫，四方来宗。恪恭祀事，威仪雍雍。歆兹惟馨，飚驭旋复。明禋斯毕，咸膺百福
元	释奠乐章（实际行用者）	元代所用释奠乐章全部袭自宋代，即大晟府拟撰释奠乐章。因为宋、元乐章在歌词上只有个别字偶有更动，是以不再别录		
明	洪武六年定释奠乐章	迎神	《咸和》	大哉宣圣，道德尊崇。维持王化，斯民是宗。典祀有常，精纯并隆。神其来格，於昭圣容
		奠帛	《宁和》	自生民来，谁底其盛。惟王神明，度越前圣。粢帛具陈，礼容斯称。黍稷惟馨，惟神之听
		初献	《安和》	大哉圣王，实天生德。作乐以崇，时祀无斁。清酌惟馨，嘉牲孔硕。荐羞神明，庶几昭格
		亚终章	《景和》	百王宗师，生民物轨。瞻之洋洋，神其宁止。酌彼金罍，惟清且旨。登献惟三，於戏成礼

朝代	释奠乐章类别	释奠程序	所奏曲目	所用歌辞
明	洪武六年定释奠乐章	彻馔	《咸和》	牺象在前，豆笾在列。以享以荐，既芬既洁。礼成乐修，人和神悦。祭则受福，率遵无越
		送神	《咸和》	有严学宫，四方来宗。恪恭祀事，威仪雍雍。歆格惟馨，飚驭旋复。明禋斯毕，咸膺百福
清	顺治间释奠乐章	迎神	《咸平》	大哉至圣，峻德宏功。敷文衍化，百王是崇。典则有常，昭兹辟雍。有虔簠簋，有严鼓钟
		奠帛初献	《宁平》	觉我生民，陶铸贤圣。巍巍泰山，实予景行。礼备乐和，豆笾惟静。既述六经，爰斠三正
		亚献	《安平》	至哉圣师，天授明德。木铎万世，式是群辟。清酒惟醑，言观秉翟。太和常流，英材斯植
		终献	《景平》	猗与素王，示予物轨。瞻之在前，神其宁止。酌彼金罍，惟清且旨。登献虽终，弗遽有喜
		彻馔	《咸平》	璧水渊渊，崇牙业业。既歆宜圣，亦仪十哲。金声玉振，告兹将彻。禋假有成，羹墙靡愒
		送神	《咸平》	煌煌学宫，四方来宗。甄陶胄子，暨予微躬。思皇多士，肤奏厥功。佐予永清，三五是隆
	乾隆间释奠乐章	迎神	《昭平》	大哉至圣，德盛道隆。生民未有，百王是崇。典则昭垂，式兹辟雍。载虔簠簋，载严鼓钟
		奠帛初献	《宣平》	觉我生民，陶铸贤圣。巍巍泰山，实予景行。礼备乐和，豆笾嘉静。既述六经，爰斠三正
		亚献	《秩平》	至哉圣师，克明明德。木铎万年，惟民之则。清酒既醑，言观秉翟。太和常流，英材斯植

续表

朝代	释奠乐章类别	释奠程序	所奏曲目	所用歌辞
清	乾隆间释奠乐章	终献	《秩平》	猗欤素王，示予物轨。瞻之在前，师表万祀。酌彼金罍，我酒惟旨。登献虽终，弗遑有喜
		彻馔	《懿平》	璧水渊渊，芹芳藻洁。既歆宜圣，亦仪十哲。声金振玉，告兹将彻。馥假有成，日月昭揭
		送神	《德平》	煌煌辟雍，四方来宗。甄陶乐育，多士景从。如土斯埴，如金在熔。佐予敷治，俗美时雍

2. 孔庙祭祀中的歌与舞

乐不仅是指与钟鼓这些乐器相关的乐声，也包括歌与舞，即器乐、声乐和舞蹈三个方面。歌为人之声，乐为器之声，舞为乐之容。祭祀过程中，歌、乐、舞齐施，礼仪方称完备。

歌与乐皆发自内心，感物而动，舞蹈则因受声音感染，不自觉地手舞足蹈。声乐和舞蹈在表演艺术上各有特点，声乐能诉诸人的听觉，舞蹈能诉诸人的视觉，它们通过不同的形式去触及人的内心世界。

祭祀雅乐中的歌生，除了要掌握基本的歌唱技巧外，还有一个极其重要的工作要做，就是深入领会和体悟祭祀乐章的内容。只有对乐章中的每一个字每一句话都有深刻的了解和认识，才能从容地将其倾诉于歌唱之中、契会于管弦之间，从而达到"合乐"的目的。所以祭祀的每一位歌生都是既通晓音律又精通祭祀乐章之人，综合素质极高。

歌笏是歌生演唱时，手中所奉持的一种笏板。笏本来是朝廷官员所使用的一种手板，也叫"朝笏"，其作用是在上面简单记事，以防备朝对时有所遗忘。不知从什么时候开始，歌生在演唱时，也以手中执笏为饰。清朝太常寺制定仪制，要求所有歌生都要执笏。阙里更定冠服，也循用此制。歌笏的作用类似朝笏，笏上书写乐章歌词，以备歌生忘词时看一眼。在观礼时，也有身临朝堂的肃穆之感。

歌笏以木制成，形状为上窄下宽的长条形。清朝歌笏的规制：长一尺三寸五分，下宽二寸五分，上杀三分，厚三分，粉饰。歌生歌唱时端笏直立，两手平执，以示敬慎。

而祭祀舞蹈分两类：一为文舞，一为武舞，它们都是宫廷雅乐舞蹈。在艺术表达上，文舞象征文事表德，武舞象征武事表功，文舞歌颂帝王的文德，武舞歌颂统治者的武功。在表演上二者的区别在于两点。第一，舞具不同，文舞的道具为羽和箫，武舞的道具为干和戚。文舞又称"羽舞"，所用舞具为箫与翟；武舞又称"干舞"，所用舞具为干与戚。箫本是一种古乐器，截竹而成，外形像笛子，后来被用作舞具。箫上有孔，初时用三孔，后来也用六孔。舞蹈时，舞者以左手执持。翟又称羽。历朝翟的形制不太一样。宋制，木杆，杆端龙首，龙首下悬挂长穗；明制，木杆，杆首植雉羽三茎；清制，木杆，杆首植雉羽茎。舞蹈时，舞者以右手执持。干的形状如同盾牌。干的背面中间有梁，梁的上半部有钮，可以用手执持以舞。戚的形状则如同斧子。传说中的刑天便是手执干戚的形象。如果称乐器为"声音之器"，舞器则为"形容之器"。形容之器以尚象为主，干、戚，武舞用之，主表武功，发扬蹈厉以示其勇。箫、翟，文舞用之，主昭其德，谦恭揖让以著其仁。舞器持取的姿势，文舞、武舞各有二定之式。凡是执干持戚，皆左手干、右手戚。未开舞时，干在外、戚在内，干纵而戚横。第二，二者的舞容也是不一样的，文舞要展示谦恭揖让的文德之容，武舞要展示发扬蹈厉的勇猛之势。因为二舞隶属雅乐，是以表演都带有程式化的特征，动作舒张有度，节奏平缓从容。秦汉以来，历代宫廷都制作不同名目的文舞、武舞，以标榜各自统治的文治武功。

礼仪活动中，文舞、武舞不是同时起舞，而有先后次序。至于何舞在先何舞在后，并没有一定之论，历朝安排也不一样。在礼仪实践中，隋、唐、宋、元各朝，基本上都是文舞在先武舞在后，明、清则是武舞先于文舞。

文舞和武舞，一者偏重德化，一者偏重功业，孰轻孰重，统治者心中自有定夺。在各朝各代，重文轻武还是重武轻文在孔庙祭祀舞蹈中都有所体现。

第三节　府县祭孔礼制

　　处州府学祭孔遵循的也是上述礼制，也有稍许不同，一般情况是每年仲春、仲秋两上丁日为祭孔日，旧以庙学相连，由学官主祭。清光绪三十一年（1905），兴学校、废科举，县学遂废。至宣统二年（1910），学宫亦废，主祭无人。民国元年（1912），置奉祀官以主祀事。处州孔庙建筑因櫸山地势而建，从山脚向上层层分布，气势恢宏，这种建筑形制在国内也不多见，非常具有浙西南山区特色。民国前，每逢孔子诞辰，处州学子都要到庙参加典礼，顶礼膜拜至圣先师，遵文崇孔的风气盛行。处州历代人才辈出，据统计，自处州建郡以来，处州中进士者共有1241人。

　　古时每逢孔子诞辰日，城里秀才以上的读书人都要到孔庙顶礼膜拜，非常热闹。据已故的朱鸿墀老先生在九十高龄时回忆，当年祭孔盛典极为隆重，民国元年他在崇实两等小学堂念书（时年八岁），当年二月十八日（仲春上丁日），崇实两等（初等、高等）小学校与九龙小学的师生参加祭孔大典，是日"礼门""义路"两门洞开，庙内张灯结彩，县知事及各局负责官员云集孔庙，大成殿内置有各类祭器，祭品有全牛（牛的头部不剥皮，牛身、牛脚的皮均剥去，去掉内脏）、全猪、全羊、茶食、水果等，祭品中还有一碗盐，以"盐""贤"近音，含有"贤能"之意，红烛高烧、香烟袅绕，人山人海极为热闹。祭孔开始，放礼炮三响，鞭炮锣鼓齐鸣，县知事只向孔子牌位及七十二贤人牌位叩首礼拜，其他各局官员只叩拜两庑牌位，不叩拜孔子牌位，祭孔还有一定的礼仪和仪式，十分繁琐，但很肃穆。祭孔毕，茶食和水果被小孩抢食，参加祭孔的学生可到厨房吃面食（馄饨），并发给一张肉票，到指定的店铺领取，县知事可得牛肉六斤，其他参加祭孔的官员可得牛肉一斤，全县秀才、贡生等也可得肉票一斤，是由祭孔管事人员送往其家的。秋祭如上，至于处州府学祭孔盛典何时停顿，那就不得而知了。

其祀事

凡祭先师用币一、羊一、豕一，爵三，登一，铏二，簠二，簋二，豆二、笾八、豆八各十二，旧制进豆四配共用羊一、豕一各币一。十哲共用羊一、豕一，两庑每庑共豕二、谷爵一、铜二、簠一、簋一、笾一、豆四、笾二。爵三登一铜二簠一簋二。川币一、豕一、铜二、笾一、簋一。尢祭必大合乐，庵一笏、四坛共用爵四、簋二、笾二、豆四。豉如之项二笾如之笏。磬如之颂二、麾、鼓如之，乐生三十八人工。鼓二、应鼓如之乐生三十八人工。歌六人。

十六羁如之舞生三十八人，六十佾人八佾用。祭圣祠宫在学，祀启圣孔公以四氏配，颜路、曾皙、孔鲤、孟孙从食，则先期行事祭物。孔子尚仍旧称，四配以下亦无所改。嘉靖庚寅。初国朝肇定祀典，山川城隍等神，已悉正其封号惟。祝十哲以下属邑并同。四配曰复圣颜子、宗圣曾子、述圣子思子、亚圣孟子。上川辅臣言乃考正礼制，称孔子曰至圣先师孔子。十哲以下曰先贤其子遂。别祀权梁纥、颜路、曾点、孔鲤、孟孙氏、程珦、朱松、蔡元。

处州祭孔（《栝苍汇记》明何镗纂　明万历七年）

处州十县祭孔礼制亦是遵循礼制，但其他县的文史资料记载很少，难以窥视，唯有青田县学祭孔，尚有些许记录，尤其是民国期间。

据史料记载，青田县官及所属人员于每月朔望日先谒孔子，每年春秋上丁日举行祭祀典礼，称为"丁祭"，仪式非常典雅庄重。据民国三年（1914）政府颁发的祀孔典礼规定："初献奏祝辞乐、章乐，舞近神乐，奏昭和之章；亚献奏熙和之章；终献奏渊和之章，彻馔奏昌和之章。"县由县官主祭，地方士绅和教育界人士陪祭。参加观典者赐以祭品猪肉或牛肉，叫作"胙肉"。民国十六年（1927），国民党浙江省党部决定将此种祀孔典礼废去。民国二十三年（1934），尊孔风气再度兴起，国民党在中央全会上通过了尊孔祭礼的决议，要求全国各地普遍纪念孔子，颁布"先师诞辰纪念办法"，规定每年八月二十七日为纪念日开纪念会，学校放假一天。民国二十八年（1939），政府又规定以孔子诞辰纪念日为教师节，倡导尊师重教。

据史料记载，宣平县文庙祭孔依照主次，各设祭皿祭物。正位笾豆案

上设：爵垫一、其前镫一（盛太羹）、铏二（盛和羹）、簠二（盛稻粱）、簋二（盛黍稷）、笾十二（盛稾鱼枣栗榛菱芡鹿脯白饼黑饼糗饵粉糍）、豆十二（盛韭菹蚔醢菁菹鹿脯醢芹菹兔醢笋菹鱼醢脾析豚拍酏食糁食）、俎（盛牛一羊一豕一）；香案上设炉一（焚降香）、烛台二（燃绛烛）。祭祀仪式也十分隆重，官吏绅士列队，主官主祭。迎神乐奏《昭和之章》，初献乐奏《雝和之章》，亚献乐奏《熙和之章》，终献乐奏《渊和之章》，彻馔乐奏《昌和之章》，送神乐奏《德和之章》。民国改元，国体更弦。奏乐沿旧，但陈设祭器的行数、礼节已大有增减变化。每年春、秋两祭。奉部令，核定每期开支祭费银洋六十元。以知县主祀，以其属官或公立学校校长、在县城的文武委任以上官员，均得陪同。

2018年庆元第六届祭孔典礼

　　2013年9月28日，在孔子2564周年诞辰之际，庆元县在屏都街道白马山举行首届祭孔大典，盛大的祭孔活动进行了两个多小时，有敬献贡品、恭读祭文、朗诵《弟子规》等内容。参礼人员身着汉服，庄严肃穆，弦歌阵阵、雅乐齐鸣，有礼有乐，参礼人员感受了中华民族的至圣先师孔子穿越时空的精神光芒。该活动持续多年，整个祭孔典礼延续了白马山的祭孔传统，简单而庄严，旨在缅怀文化先祖的思想精髓，共同秉承圣贤所倡导的"仁义礼智信"的中华民族传统美德，尽孝道、敬祖先，与人为善，克己复礼，让中华优秀传统文化生生不息、薪火相传，将社会主义核心价值观内容很好地融入生活。

第五章

府学县学

科举制度是中国历史上用考试选拔官员的一种基本制度，源于汉朝，始于隋朝，确立于唐朝，完备于宋朝，兴盛于明、清两朝，废除于清朝末年。为了取得参加正式科举考试的资格，先要参加童试，参加童试的人称为"儒生"或"童生"，录取"入学"后称为"生员"。

"庙学合一"是古代社会的一项重大教育制度，孔庙与国学、府学和县学等官学结合，与科举结合，呈现出"学在庙中，庙中有学"的格局。孔庙祭祀与学校育人、书院研读、科举取士成为中国古代教育的原生态。府、州、县学不仅是教育和管理生员的机构，还是祭祀孔子的重要场所，在王朝的教化体系中具有重要的象征意义，承担着教化、教育、礼仪和科举等多方面的职能。

第一节　庙学合一

"庙学合一"是中国古代重要的教育规制。"庙学合一"中的"庙"，是指文庙（孔庙），是古代祭祀孔子（包括四配、十二哲、历代先贤先儒）的重要场所；"学"在古代是指国、府、州、县学，属于官学，由皇帝及各级行政长官直辖，是古代教化的重要场所。

汉武帝刘彻称帝以后，他采纳董仲舒的建议，"罢黜百家，独尊儒术"，这样孔子创立的儒家学说正式占据了统治思想。孔子殁后的第二年（公元前478年），他当年的居室即被弟子们奉为"庙"，他们将孔子生前的"衣、冠、琴、车、书"奉于其中，岁岁奉祀，孔子故居成为世界上第一所名人纪念馆和博物馆。孔子的子孙"世以家学相承，自为师友"，在孔庙里学习礼乐文化。学在庙中，庙中有学，"庙学合一"初显端倪。

东晋太元九年（384），尚书谢石建议修建学校，孝武帝采纳了他的建议，"其年，选公卿二千石子弟为生，增造庙屋一百五十五间（《宋书卷一四·志第四·礼一》）"，在太学（国学）设立祭祀至圣先师的庙宇，可以称得上中国第一所建造在国家最高学府的孔庙，是"庙学合一"规制的雏形。

国家明令地方国立学校建造孔庙始于北齐。"后齐制：新立学，必释奠，礼至圣先师。……郡学则于坊内立孔颜，庙一庬。"（《隋书·礼仪志》）由此将孔庙推向国立地方郡一级的学校。

唐高宗李渊在武德二年（619）诏令地方政府开办的官学各立周公和孔庙各一庬，"令国子学立周公、孔子庙，四时致祭，仍博求其后"（《旧唐书卷一·本纪第一·高祖》），是古代皇帝命令国子学立周公、孔子庙并四时祭祀之开始。唐太宗李世民在贞观四年（630），"诏州县学皆作孔子庙"（《新唐书卷一五·志第五·礼乐五》），历史上第一次将"所有州县学皆作孔子庙"定为规制。如《唐六典》载国子监"庙干"职责为"掌

洒扫学庙"，刘禹锡《许州文宣王新庙碑》载"洒扫有庙干"，韩愈《处州孔子庙碑》载"惟此庙学"等，均将庙、学相提并论。自此，从中央到地方，有学必有庙，庙学一体，成为定制，并且相沿至清末。"此后，各朝代不断扩建孔子庙，到清代时，中国有国子监、府学、州学、县学、厅学、乡学等各级学校孔子庙1740多所，成为分布最广的国家祀典庙宇。"（《陈晓霞：孔庙与儒学，影响东西文明几何?》）

　　为什么要把祭祀孔子的庙宇设在学校内呢？宋代举人杜德机说得非常好："先圣者，道之所自出，而道非学校不行，故世之州县因先圣有庙所以重道也，即庙有学，所以传道也。"（宋·杜德机《泾阳县重修孔子庙记》）孔子的思想必须依靠学校来推行，即庙设学，就是为了更好地传播孔子思想。"庙学合一"，以儒家学说安邦立国，为历代王朝所倡导，成为古代社会的一项重大教育制度。

　　从"庙学并重"的发展史实来看，孔庙逐渐与学校结合、与科举结合，逐渐成为古代教育体系的一部分。孔庙与学校的结合，诸如"左庙右学""前庙后学"等，实现了培养人的作用；与书院的结合，诸如"书院孔庙"的出现，实现了对儒家经典的研读；与科举的结合，诸如走状元桥、拜见孔子等，实现了"学而优则仕""光宗耀祖""尊师重道"等作用。孔庙祭祀与学校育人、书院研读、科举取士的逐渐结合，成为中国古代教育的原生态。

　　孔庙位于学校内，后人多称之为"因学设庙"，其实孔庙的建筑等级远高于学校，位置也比学校更重要、更突出，就实际情况来看，还不如说是"因庙设学"更确切一点。所以在唐代时，刘禹锡就直接将学校称为文宣王庙，宋人记述也常常称之为"即庙设学"，依托孔庙设立学校。国立学校奉祀孔子庙宇的名称，明代以前名称与孔子本庙相同，从明代开始学校孔子庙一律被称作"文庙"，"文庙"就成为国立学校孔子庙的正式名称。

　　处州"庙学合一"规制之始为唐元和十二年（817）："唐处州刺史李繁作庙，选博士弟子设置讲堂，教之行礼肄习其中。详载韩碑，是即有庙有学之证。"（《丽水志稿》）其后，无论是府学还是县学，都按照"庙学合一"的规制兴建或重修。

第二节 处州府学

唐、宋时称孔庙为"州学",元末改称"府学"。处州府学之始源于唐代处州刺史李繁建孔庙置讲堂。前文孔庙沿革部分已详细提及李繁创办处州孔庙的情况,此处就不再重复。

北宋景祐年间(1034—1038),因州学(处州孔庙)位于樗山,知州孙沔感到山难以拓展,就在城东贵恕铺迎秋岭(今处州中学礼堂旧址)另建州学,原州学改为丽水县学。宣和三年(1121),州学毁于方腊起义军洪载部与官兵的战火中。宣和五年(1123),知州黄葆光重建。南宋咸淳七年(1271),知州李雷奋重建讲堂。元至元三年(1337),处州路总管卢景修建学宫。明正统七年(1442),推官黎谅鼎修建大成殿。景泰四年(1453),知府张佑重建明伦堂。天顺五年(1461),知府马伟重建大成殿。万历四十二年(1614),知府邓士昌重修明伦堂。清康熙四十九年(1710),府学被大风摧毁。雍正三年(1725),督学彭维新重建。咸丰八年(1858),毁于太平天国战火。同治四年(1865),知府清安委任丽水知县陶鸿勋、经历郑国士、教授金镛、训导程炳藻负责重建,同治四年九月动工,次年十一月落成。

到了清光绪二十七年(1901),康有为、梁启超发起维新变法运动,清廷颁布了《兴学诏》,通令全国改书院为学堂——省城改为大学堂,府城改为中学堂。光绪二十八年(1902),知府赵亮熙将圭山的莲城书院(明万历知府任可容兴建,清康熙知府刘廷玑重建为县义塾,乾隆知府赋珽改为莲城书院)改为崇正学堂,招收"十邑附生研究时务"。这是千余年府学的大改制,设立的课程有修身、读经、外语、史地和数理化等。光绪三十一年(1905),清廷颁诏:"废科举以广学校。"知府刘瀚改崇正学堂为处州中学堂,自此为府立时期,故老百姓称中学堂为"府学堂"。光绪三十三年(1907),再改建校士馆之西文场为教室。翌年,迁中学堂于

校士馆（今处州中学），简称"南部斋"；以旧圭山上书院之中学堂改设师范学堂，简称北部斋。宣统三年（1911），省谘议局决议：将府中学改为省立，经费由省费开支。处州中学堂，因此更名为"省立第十一中学"。1911年，随着辛亥革命的胜利和清王朝的灭亡，处州府学的历史也至此画上句号。

关于府学的生员情况，北宋崇宁元年（1102）规定，府学生经选考可贡入太学。府学一年一贡。元符二年（1099），"三舍法"开始实施后，府学学生每年可评上舍1人、内舍2人。明代开始，府、县学生分廪膳生、增广生、附生员三类。享受廪米待遇的叫"廪膳生"；额外加取的叫"增广生"；新进额的叫"附生员"。清代，处州府学永定进额25名，廪膳生40名，增广生40名。

元、明、清时期，府学的教学内容分礼、射、书、数四科。礼，包括经史、律令、诏诰和礼仪等内容；射，指每月朔望在教场上的演习；书，指习字，日习500字；数，主要指数学知识的传授和计算练习。科举盛行以后，府学的教学内容日显空泛，但十分注重考试。明代以来，考试分月考、岁考、科考三类。月考由教师主持，成绩上报府学官。岁考由府学官主持。根据岁考成绩优劣，将学生分成六等。成绩列一等者为候补廪膳生；列二等者为候补增广生；列三等者留等照常；列四等者挞责；列五等者递降，廪膳生降为增广生，附生员降为青衣；列六等者黜革除名。科考是对岁考列入一、二等的生员进行复试，成绩合格者可应乡试。足见，明、清时期的府学实际上是科举考试的准备机构。

府学在管理上均奉行朝廷颁行的学规。明太祖颁例八条，府学须刻勒卧碑，令学生遵行。清康熙三十九年（1700），颁圣谕十六条，府学的教官必须在每月朔望传集生员宣读，务必遵守。雍正年间又颁"圣谕广训"，以作生员的行为准则。

第三节　处州县学

处州最早的官学是创建于唐武德四年（621）的松阳县学。地址在县治（治所今古市镇）东南百步，最初学额16人。唐永贞元年（805），县治迁到紫荆村（今西屏镇），县学随迁（址今县文化馆、青少年宫）。宋代学额增至30人。北宋宣和三年（1121），学宫毁于火，南宋建炎三年（1129）重建，绍兴年间设射圃。元元贞年间（1295—1297）拆旧更新。明万历十年（1582），知县张赛改建于郊外。万历三十一年（1603），知县刘干正复徙旧址。清康熙、乾隆间曾四次重修，已具规模，有大成殿、名宦祠、昌义祠、乡贤祠、明伦堂、尊经阁、崇圣祠、文昌阁及教谕宅、训导宅等建筑。清代学额有廪膳生20人，增广生20人，附生员16人，武生12人。现存建筑戟门、大成殿和两庑，为清代重建。松阳县历代共有92人考取进士，其中唐朝1人，宋朝78人（榜眼1人），元朝2人，明朝7人，清朝4人。

较松阳县学稍后建立的是缙云县学，唐乾元年间（758—760），县令李阳冰创建，址在旧县城东门。宋庆历四年（1044）、元至正廿七年（1367）、明宣德二年（1427），均进行较大的重修。清顺治五年（1648），毁于战乱；七年（1650）重建文庙；十七年（1660）建明伦堂。康熙十三年（1674），又被"三藩之乱"耿精忠叛军焚毁；二十年（1681），知县霍维腾捐银重建。乾隆、嘉庆、道光各朝均曾重修。缙云历代共有210人考取进士，其中隋朝的梅护，官至户部员外郎；唐朝时有9人考取进士，而当时的处州，除松阳县有1人外，其他各县均无人中进士；五代6人，而处州其他各县均无；宋代145人（其中榜眼1人）；元代8人，列处州各县之首；明代35人；清代4人，另有武进士2人。

丽水县学于宋廪定年间（1040—1041）由州学（处州孔庙）改为。宣和间（1119—1125），经历过兵火。三年后得以重建。南宋绍兴壬戌年

（1142），由知县王钧重建。景定四年（1263），知州军事钱煮修两庑四斋。元贞丙申年（1296），县尹韩国宝增建明德堂。明成化间（1465—1487），改明德堂为明伦堂。知县吴梓于嘉靖年间（1522—1566），辟民居凿为泮池。教谕辛汉于万历（1573—1620）初，建了土地祠。天启初年（1621），知县姚元胤建衙斋。清康熙十八年（1679），知府李率祖重修。康熙二十四年（1685）至道光二十六年（1846）近二百年间，曾重修九次。咸丰八年（1858），大成殿等处毁于兵，咸丰九年（1859）修复，咸丰十一年（1861）又毁于兵。同治九年（1870），知府冯誉骢、知县刘履泰各捐奉并率士绅集资重建。处州历代进士人数中，丽水县占首位，计364名。

遂昌县学始建于北宋雍熙二年（985），县主簿房从善建孔庙，设学其间，址在县城西郭。皇祐年间（1049—1054），县令何辟非在县城东南隅建学宫，设县学。明正德十二年（1517），学宫毁于火，后重建。万历十六年（1588），再次毁于火；十八年，知县万邦献重修。万历二十一年（1593），县令汤显祖建学舍、射堂；二十二年建尊经阁；二十三年建聚德堂。清康熙五十年（1711）重修，咸丰八年（1858）毁于太平天国战火，同治四年（1865）修复。

龙泉县学创建于北宋天禧二年（1018），址县城金鳌峰之东（原龙泉中学旧址）。南宋建炎间（1127—1130），学宫被毁。绍兴（1131—1162）初，知县汪汝则重建。明嘉靖三十八年（1559），知县翟继志重建明伦堂。万历十一年（1583）至二十九年的近二十年间，重修三次。清乾隆二十六年（1761），知县苏遇龙重建。道光二十七年（1847），重修大成殿、大成门、崇圣祠、明伦堂、尊经阁。民国时，孔庙殿宇规制尚存。抗日战争时杭州私立树范中学迁龙泉，在孔庙办学至抗战胜利。1949年后，殿宇改为龙泉初级师范及龙泉一中校址，逐年拆旧建新，以致消亡。龙泉县历代共有230人中进士，人数比丽水县略少，居处州第二，主要集中在宋朝，有225人。

青田县学创建于北宋庆历年间（1041—1048），旧址在东门外崇阜之巅。宣和年间（1119—1125）重修。不久，毁于兵。南宋绍兴元年（1131），重建。元至元三十一年（1294），又被毁。明洪武（1368—1398）

初，重建。嘉靖三十七年（1558），毁于兵，知县李楷移置城中福胜寺址；四十二年（1563），知县丁一中复建于县东之旧基。清顺治六年（1649），再次毁于兵。康熙十一年（1672），士绅捐资重建；十九年（1680），毁于火。雍正三年（1725），知县万里重修。乾隆三十七年（1772），知县廪敬始改建于城内三坊。同治元年（1862）毁于兵；同治二年（1863），重修。

庆元县学于南宋庆元四年（1198），由首任县令富嘉谋建，址在城北渎田上村（今学后），几经迁徙，于崇祯三年（1630）迁城隍庙左（今庆元第二中学址），清乾隆三十七年（1772）重建，大成殿至今保存完好，为县重点文物保护单位。1940年10月，在日寇侵华的严峻形势下，孔子南宗第74代奉祀官孔繁豪奉国民政府电令，恭护孔子夫妇圣像向浙西南山区转移，来到了闽浙边境的庆元，在大济村隐居避难，并在四年后抱病身亡，葬在大济。而庆元孔庙也因缘际会成为除衢州孔庙外有孔子夫妇圣像和奉祀官孔繁豪亲临主祭的唯一孔庙而声名远播。

景宁县学于明景泰三年（1452），由知县杨殖宗将贯道书院改建而成，地址在县西北城外里许。崇祯十四年（1641），知县徐日隆改建县学于石印山麓。清乾隆二十一年（1756），知县曾一贯再迁城东春华门外敬山宫左原陇之间。道光二十五年（1845），正殿及东庑塌毁殆尽。道光二十七年（1847），重建于城内上桥头。民国时为县民众教育馆馆舍。1949年后，曾为县文化馆、图书馆、老年协会驻地。"文化大革命"期间遭受较大破坏，20世纪70年代末其建筑布局大成殿被拆，仅留局部残址。1987年，被公布为县级文物保护单位。2011年县政府安排300多万元资金，对孔庙大成殿进行了复建。房舍几经改建，围墙完整。

宣平县学建于明朝景泰三年（1452），由宣平县首任知县李叶遴选在县衙不远（柳城）东面兴建。成化戊戌年（1478）"即以兴学校为己任，计功度材，设法措置"。以文庙为中心，设立县学，后几经废兴。民国初期，在文庙及园地创办教育，在县文庙东面建县立高等学堂（小学），后又在文庙内建县立师范讲习所。乾隆《宣平县志·人物》"德义"部分，列为第一位的人物是：潘八元，原杭州人。因黄巢战乱时，避居宣平南乡丁川，"慷慨好义，施恩乡里"，显现儒家的"仁义道德"思想。又有被称

为"宿德名儒"的朱子仁、进士出身的梁椅这样的人物。梁椅不仅信仰上"恭程朱之学",还编辑言论集《论语翼》。明清时期的孝、友、忠、义的方志人物则更多。县志在其《人物》记前,也写道:"十室忠信,三人我师,忠孝学行,方隅不遗,余俗流风,高山仰止。"

云和县学建于明景泰七年（1456），当时金事冯靖命县丞倪恭建县学于县治西。清康熙二十八年（1689），知县林汪远捐俸重建。后来，乾隆、嘉庆、道光年间又接续修建。同治六年（1867），知县黄敬熙集捐重建。

处州各县学的教学内容、管理规定和经费来源等均与府学相同。

第四节 处州教授

府、县学均设有教官掌教，其名称各朝不尽相同。唐代称"文学""博士""助教"；宋代府学教官称"教授"，县学教官称"教谕"，任期为9年；明清时期，府学教官称"教授""训导"，县学教官称"教谕""训导"。

明代府学设教授1人，训导4人；县学设教谕1人，训导2人。清代府学设教授1人，训导1人；县学设教谕1人，训导1人。教授主持府学学务，掌管训诲生徒，检查课业，评勤惰，定品行优劣等，训导佐之；教谕主持县学学务，训导佐之。宋代对地方学校教官要求较严，须经经义、诗赋考试符合才能充任。明代洪武二十六年（1393），曾颁发《学官考课法》，专以学生科举成绩评定学官成绩之优劣。规定府州县学学官九年任满，在任期间，府学中式举人9人，州学6人，县学3人，则为优等，再经考试，通经者给予调升。中式举人少于上列名额，即使经考试通经，亦不予升迁。学生中式举人极少或全无者，则为劣等，经考试又不通经，则给予开除或降职处分。（《丽水地区教育志·第一章 府县学、书院、学塾·第一节 府县学》）

处州府自南宋乾道年间（1165—1173）的曾贵、魏邦基始，至晚清的陈昌祜止，其间700余年，有教授139人。其中，在明朝成化版《处州府志》和清朝道光版《处州府志》中较为详细记载的处州教授有以下几位。

陈戬，字仲休，松溪县人，宋徽宗时，为处州教授。后来因在任期间表现良好，以朝奉大夫充宝文阁待制知处州，也就是由处州教授升任处州知州。当时处州干旱严重，而他赴任到处州，一下车雨就下来了，把脚都打湿了，人们都以为这雨是随着他的车一起来的。

吴梦炎，字文英，号南窗，歙县人，宋景定五年（1264）举于乡，始自休宁教谕为书院山长，任上新文公祠，兴小学，勤于化导，迁本路教

授。到元朝至元年间，转任处州路教授，复学田四百亩，建石门书院，教治士和，讲行乡饮酒礼。他为人率履惇慎，居官处室，严正不阿，著有《周易集义》《补周易集义》《朱文公传》。石门书院就是刘伯温少时读书求学的地方。刘伯温辅助朱元璋开创大明三百年基业，其所具备的智慧能力，就是在石门书院学就养成的。

苏伯衡，字平仲，眉山人，居金华。明洪武年间，以翰林国史院编修为处州府学教授。他的文学器量和见识被认为与处州先辈诚意伯刘伯温、学士金华宋景濂不相伯仲。他多有著述，现有《平仲文集》留存于世。

吴宏密，字慎夫，莆田人，明天顺八年（1464）进士。他进士及第后，自己要求担任教职，所以由进士任处州府学教授。他任教授期间，处州士林中受他教泽用功读书的都颇有成就。当时的人们都称赞他训导有方。

高宏量，望江人，明万历年间任处州府学教授。他为人温文尔雅，平易近人，他每年都会接济家贫的学生，逢年过节也不会计较学生送的学资多少。他与当时的临海教谕陈用俊、江都的盛时英、平乐的张学仁、宜山的高愈让定期聚会，一起以名节相砥、诗文相订。他们的文人之会被称为当时的一件盛事。

周日新，西安人，明万历年间由丽水县学教谕提任处州府学教授。他博览群书，力行古道，不计较学资的多少，无论是谈吐还是写的书都古雅不群。他因年老辞官时，当时的知府极力挽留，但他还是拂衣而去。当地的士绅专门立碑来表彰他的教泽。

吴懋政，字兰陔，海盐人，清乾隆年间进士，是浙西的名宿。进士及第后，先任广东博罗县知县，后改任处州府学教授。他学识渊博，见多识广。他教导学生有一套自己独特的方法，形成了固定的程式，并被选入铭塾钞课本，远近传习。他把自己的经验总结为《八铭塾钞》，这本书也是当时学习八股文的一种范本。

张骏，字荔园，海宁人，清乾隆年间进士，进士及第后任处州府学教授。他性格严谨，不苟言笑，但博览群书，诸子百家无不通晓。他跟学生讲解诗文的时候，可以把其中的妙处讲解得十分透彻，令后世钦佩。

　　张作楠，字丹邨，金华人，清嘉庆年间进士，进士及第后任处州府学教授。他对算学和天文都十分精通。平日教导学生，先教导德行再教导学识。他著有《梅簃随笔》《翠微山房稿》。

　　另，任处州府学教授的处州本地人士有丽水人俞杰、吴仲元、吴昌，缙云人蒋秤、潜彪、王则之、练连，青田人杜熙、吴昌期、余希声、董端，遂昌人尹廷高等，但在两个版本的府志中均未有详细记载。

第六章

儒学学田

所谓"学田"，是指书院和州县官办学校所用的田地，是我国封建社会学校教育的经济支柱。在中国封建社会教育发展史上，自汉代以来，教育经费问题始终没有得到根本解决。宋乾兴元年（1022年）十一月，国子监孙奭奏请朝廷赐给兖州州学学田10顷，"以为学粮"，得到朝廷允准。自此，逐步形成了一种以学田制为核心的多种形式、多种来源的教育经费筹措制度，为宋代教育及其以后各朝各代教育经费问题的解决提供了范例。此后各地府县纷纷效仿。

宋康定（1040—1041）初，知府孙沔迁建儒学，设置处州府学学田，下辖十县的县学学田多于明代设置，且均设会计员管理田租以及经费等事宜。设学田以赡学的制度，从根本上解决了处州府县两级儒学长期以来阻碍教育发展的经费问题。

第一节　府学学田

府学的经费主要来自学田地租，国拨经费所占比例极微，仅用于学官俸禄和廪膳生的伙食补贴。学田主要由地方官吏将公有族产、寺庙废田、荒地拨充及乡绅、富户捐赠献助。

清光绪年间，处州尚有学田 34 顷 1.9 亩又 958.45 石。其中，府学学田 1035.9 亩，丽水县学田 698 亩又 40 石，缙云县学田 67 亩，青田县学田 40 亩，松阳县学田 228 亩，遂昌县学田 490 亩又 882 石，庆元县学田 169.35 亩又 36.45 石，龙泉县学田 262 亩，景宁县学田 132 亩，云和县学田 280 亩，府、县学均设会计员管理田租以及经费等事宜。

宋康定（1040—1041）初，处州知府孙沔（996—1066）迁建儒学，置学田，以赡生徒。后没于奸僧。元至元（1264—1294）年中，始复于学。田在青田县黄肚、黄里两源。有田、山、园、圃，共计拾叁顷捌拾陆亩肆拾步（约 25.74 公顷）。至元二十七年（1290），惜官杨总统筒法横行，延庆寺僧师晟因构诬词陈之统所利两源之田便已，夺去。宋宣和五年（1123），知府黄葆光复归入儒学。后，田复为两源人侵没。

至明隆庆五年（1571），同知汪应昴丈量青田田地，两源人王敏九等具首改正，时知府陈烈因邑令蔡日宣以田隶所治，求析叁百亩为邑生资，报可。议以拾顷归府学，余析与青田县学。又嘉靖四十五年（1566），知府张大韶捐置学田壹百余亩，后为奸民易置址段，乾没租课，胥徒阴为之庇。

合计府学田坐黄里源陆百叁拾贰亩、黄肚源坐田叁百柒拾亩。张公大韶置田壹百壹亩，在丽水东乡；刘世惠输田壹拾贰亩，在青田石帆乡；宣平人入官田贰亩伍分，在陈温乡。通得壹千壹百壹拾柒亩有奇。丘段征则，具列碑阴。在青田者，两为奸僧所没，一为两源高民所侵。前得吴李二公极力清厘，后得陈、张二公严行雀核，归学者再。所以有前后归田两记。张公大锯，不特清出两源之田，又捐丽水各处壹百余亩田增入府学。前后不及百年，田之经理敛散，志已无考查。清以来，青邑之田，皆归青

田县管收，相田之人，转相顶卖，每年除完租饷银每亩壹钱，所有余剩，皆经管胥差分肥饱壑。至雍正十年（1732），奉两院清查，行据青田县册送，通共学田壹拾壹顷叁拾伍亩玖分叁厘陆毫陆丝玖忽三微。每亩征租银陆分、饷银肆分，通共额征租银陆拾捌两肆钱肆厘、饷银肆拾陆两捌钱肆厘。雍正十一年（1733）六月，内详奉督宪程批饬府学管收征解学田，在青田县者，乃得复归于学（有知府曹抡彬《三归田记》，载入《艺文》）。

守道周继昌捐置学田，别有碑树府学明伦堂左，录附于后：

万历四十四年正月十五日，分守温处道周捐银柒拾叁两零，置买罪犯叶正华入官腴田肆拾肆亩壹分贰厘玖毫、地玖亩叁厘陆毫。每年除完扒平，共实余租银贰拾肆两捌钱玖分贰厘伍毫，征贮丽水县。每月初二、十六日，两学月考，赴领充文卷供给之资，每次一两，著为定式。恐久废，识此永照。

崇祯三年（1630），通判许有寰捐置学田，分入府、丽二学（有郡人王一中记，载《艺文》）。查记内尚有郡守海阳陈公捐置学田若干，旧志失载无考。

按：以上三项学田，俱在丽水，历委栝苍驿驿丞管征田柒拾壹亩肆分叁厘陆毫伍丝叁忽，坐落二十六、二十八、三十、三十一、三十三各都，共收租银拾壹两壹钱壹分。丽水县典史管征田柒拾玖亩柒分捌厘陆毫玖丝陆忽、地贰拾亩玖分陆里柒毫玖丝玖忽、塘伍亩玖分玖厘，坐落一、二、三、六、七、九、十四、十五、十七、二十三各都，收租银贰拾陆两壹线玖分：俱解存府庠给宾兴之用。

第二节　县学学田

一、丽水县学田

宋时置田赡学，后夺于僧寺。元至正中，复归学。有刘基《归田记》。明初无考。至嘉靖间，知县王近思置田三百余亩，刻之戟门碑阴。每亩岁征银壹钱壹分，岁计银叁拾壹两伍钱。南山淤尽周遭环水为界，道堂淤亩其可耕者耳。旧志。清康熙五十年（1711），知县林竹拨废寺田叁拾壹亩伍分零，内除荒田外，实在熟田贰拾陆亩，坐二十一都窑坂庄。年收谷贰拾肆石，内完粮叁两贰钱壹分叁厘，秋米肆斗捌升柒合，余存易价，为翻盖补葺之用。又本县原设官沙学地壹顷伍拾玖亩零，坐十六都溪次。年征银捌两贰分肆厘，除解藩庠银肆两贰分肆厘外，余肆两存县公用。雍正七年（1729），知县王钧见丽学诸生月课无资，将此项给发儒学充用。

岁修田：清康熙五十年（1711），知县林竹详拨废寺田三十一亩五分，由学征租，以资岁修。屡荒于水。乾隆四十二年（1777），教谕金学超查存田二十六亩四分，坐二十都客畈庄。每年征粗谷二十石，完粮银三两二钱一分三厘，秋米四斗八升七合。按年造册，申府报销。

赡士田：宋时置田赡学，后夺于僧寺。元至正中，复归学（《栝苍汇纪》谓刘基有《归田记》），明复失之。嘉靖三十三年（1554），知县王近思复置田三百余亩。清雍正七年（1729），知县王钧查存南乡十六都溪次学地一百五十九亩，每岁租银捌两贰分四厘，由县征解布政司转解学院，于岁科试赈给贫士。以余银四百交学，为诸生月课卷资。乾隆初，教渝吴涞仍以余银归县报销。

宾兴田：明万历间，分巡道周继昌、知府陈见龙，天启间通判许有寰，前后置田地一百八十六亩零。清嘉庆十六年（1811），知府涂以辀以典商捐银增置田六十七亩零，并委员征租。除完钱粮、秋米以外，解余银

于府庠。乡试年，给诸生为路费（有教谕屠本仁记，勒石县学庙门外。其田亩土名，悉载碑阴）。道光八年（1828），邑人颜学贤捐竹洲、青湾二处田一百二十五亩六分。有知县黎应南记。又贡生何云鳌等以北乡捐资置田五十一亩四分，续得捐田二十二亩七分（田亩细数，俱载《北乡宾兴录》，知县李象吕为之序）。道光九年（1829），举人徐望璋等，以在城及东、西、南三乡捐资置田地八十一亩一分四厘九毫三丝八忽。又无额有租田三十六石八斗。又四都周叶氏捐田三亩、十五都林赵氏捐租七石一斗（田亩细数，俱载《崇文义举录》，知县黎应南为之序）。

二、松阳县学田

明嘉靖三十六年（1557），知县黄美中置田三亩。隆庆六年（1572），知县杨维新置田二百亩。案：旧志，隆庆六年（1572），知县杨维新置田二百亩，令学中收租，除两学师饭米若干外，为诸生季考月课资若干，为诸生给贫费若干。岁以为常。闽变以后，人逃田荒，岁收不敷，完粮更有胥役同佃人日渐侵渔，田址皆去其籍，年远世湮，无从查考。迄今完粮四十亩，租收三十石。

宾兴田七十五亩，经管绅士收租，充乡试会试路费，名文运开义田。

文德田一百十三亩零，经管绅士收租，充岁科试文武童生头场卷资。

三、遂昌县学田

明万历七年（1579），知县钟宇淳申请拨寺租二百石充入县学，立碑明伦堂，纪其亩数土名就号舍，立学仓一所，每年金选殷实公正人户三名并德行生员二名，眼同征收存贮，以给本学月课及资助贫生之费。至万历八年（1580），将租折价，县自追收，不复由学。半为县役占耕侵匿，月课、堂馔无所出，贫生不以时给，有名无实。万历三十七年（1609），邑人项应祥置养士田三百石，浙江布政司洪启睿记。旧额征银三十七两六分二厘五毫，县解布政司，转解学院，赈给贫生。雍正癸丑，重修郡志，催据遂昌县册，开学田共三百零三丘，不注土名、亩分。共该学租银三十七两六分二厘五毫。内有收熟田租银二十八两五钱九分七厘五毫，无收荒田租银八两四钱六分五厘，又学册开造义学田一百二十亩八分六厘八毫一忽七微，每年完粮银一十二两八钱九分一厘，逢闰在外。

养士田。明万历三十七年（1609），邑人项应祥置养士田三百石。万历四十七年（1619），邑人徐志雄置养士田一百石。清嘉庆五年（1800），被水，仅存实租六十八石。自嘉庆二十三年（1818）至道光年间，徐氏后裔徐梦熊、徐濬明、徐馨、徐受泰经管，王廷楷积有盈余续增田二十石四斗。乾隆三十二年（1767），邑人王日谟捐置田二百五十石五斗，立王养士户，为合邑生童考试卷资。道光三年（1823），合庠会议将府试童卷归入三良士户下，以此项田租专办院试生童卷并县试童卷资，余充乡试生员路费。乾隆五十六年（1791），邑人叶勋、吴秉权、朱陵焕各出银生息，积累置田，得租一百三十四石五斗，立三良士户，以充考试公用。秀升户田共计租八十石，被水漂没一石五斗。租作生员乡试路费。贡田十八石，历系恩拔、副优、岁贡，于是年轮收一次。

四、缙云县学田

宋嘉定时，知县赵崇绚置田四百亩、山四原。元季年间，为豪家及僧寺所据。至正间，部使核实，复归于学，亩数土名，具列碑阴。明洪武初，置地十四亩，亦附碑中。岁久，莫稽矣。清乾隆二十五年（1760），邑人陈元升助学田二十九亩五分九厘、水塘二亩六分七厘。丁大常等陆续助学田二十四亩二分三厘。历年租息为修理文庙、学署费。

宾兴田，缙邑向无宾兴公项。嘉庆十六年（1811），平粜项下余资八百千有奇。贡生丁国麟等禀请置田收租，为文武生员乡试路费。同治五年（1866），知县谭明经捐置田十二亩有奇。

五、青田县学田

明隆庆五年（1571），知县蔡日宣请于府，析两源学田三百亩，以资养士费。先是，宋以来，置田赡学。自洪武十六年（1383）始，岁拨米六百石于学仓收贮，给师生俸廪、朔望香烛之费。田则浸没于民间久矣。至是，奉例丈量，青田人俱以府学田首于府。时知府陈烈议以十顷归府学，而知县蔡日宣因请留前田三百亩入青田学。语具何镗《府学归田记》。又万历十六年（1588），知县俞指南增置学田二十亩，田在二都、六都。

案：旧志载学田三顷，因大水淹没，现存三十余亩，在慈善寺大洋等处，每年完粮银一十三两。又城外沙地一片，岁收麦数十石。又东门内蔡塘头池一口系社圃，隔岸有社台地三间，俱学管收。今催据学册查造土名丹山门外学田共二十八号，合计共八亩六分一厘三毫二丝五忽，慈善寺廪坂大洋等十土名共学田三十二亩四分。

六、龙泉县学田

元至顺间，置田赡学。明代废，久莫稽。万历二年（1574），知县刘一德重置学田。先是，桂林刘宰龙泉，谋所以养士者，得中丞章公溢田二顷六十二亩，久为寺僧及邻里所占没。乃上御史府，以其田归之学。详核邱亩及受田农人姓氏，每岁县收租钱，为诸会课及不时之需。并刊之贞石，俾世世有考焉。

宾兴：嘉庆二十三年（1818），邑绅蔡士豪、王致中、蔡士庭等劝捐钱二千五百串，存典生息，为诸生省试路费。通详立案，刊有《宾兴义举录》。咸丰八年（1858），匪扰，典商歇业负欠，嗣经知县张致高断追，减去五百千，实缴钱二千串，仍存典生息，每科提息分给。

七、庆元县学田

明隆庆元年（1567），邑人吴安庆捐买寺田，输之学，计租三十六石四斗五升。每岁纳租银二两二钱七厘五毫，贮学庠。明隆庆三年（1569），迁学，邑人吴道揆督建，仍入所买吴往八、七都桃坑田，计税三十六亩三厘一毫，每年输粮外，除银四两六钱三分贮县庠，以备修葺。又，隆庆四年（1570），邑人吴安庆买寺田二十八石三斗、己田八石一斗五升，俱属九都陈龙溪，计税一十亩，递年输纳本学，以供月课等费。又，万历五年（1577），邑人周时冕入所买十一都三图槐源寺田，计税一顷八亩三分九厘，实租二百二十七石六斗，贮竹口公馆，为本学济贫月课等费。又，万历三十六年（1608），邑人王继滔以所买吴实上涤民田一十五亩，租三十七石，每年除输粮外，余入本学，以备修葺。

八、景宁县学田

学田：景邑学田，自明嘉靖三十五年（1556），知县钟夏嵩没民隐亩入官，渐积一顷有奇，后渐荒芜。隆庆五年（1571），知县陈岩之核其实，得田七十亩，皆远在百里外，收租不便，因白监司，请以金仙油田寺附郭田抵易学田，又增腴田二顷，仍轻其租，亩定一石，价二钱，不与耕夫，较期可久也。知县林乔松又申请拨五都上漂废寺田四十亩，以为课士之费。当时行之，甚为盛典。后因迁建学宫，易卖充费，或荒芜，或为各寺侵占。至清康熙三年（1664）清丈，仅得五都各处田五十二亩零。训导方游龙牒请知县王文煌，复详，拨金仙、惠明、清修三寺硗田共八十亩，并原丈田亩，每岁完地丁银一十两八钱九分四厘，逢闰加五钱三分三厘六毫二丝九忽，又解学租银一十一两三钱六分。丰年所入，仅敷其值。歉则反为教员之累将奚所藉为养士之资。

学山：三十七亩四分。原官山一处，坐县北，名北岸坑底，与刘、梁二家民山接壤。后因节目争讼，告院批审，各愿以山输学申充，并拨为学

山。会同勘界，立碑刻石，东至洪岭，南至官路，西至云和温溪界，北至岭头宫对向山横过一带，送学岁收，为师生年终柴炭之资。雍正癸丑（1733），重修郡志，催据景宁学册，开现在学田一百一十八亩五分，每年完地丁银一十二两零五分，解学租银一十一两三钱六分。

义学田：始自乾隆五年（1740），知县黄钰归废寺田租一百十余石，为诸生膏脯之资。乾隆十八年（1753），知县郭迈又拨置田五十余石，俱系入官管理。后因经费不敷，至乾隆五十九年（1794），知县成履观更议章程，核得实田租一百八十三石零十升五合，粮立景义学，坐额一顷零六分一厘四毫二丝八忽，并地山岁征银七两九钱五分二厘。又立小义学户，后改雅峰义学，坐额四十二亩一分八毫四丝六忽，岁征银三两二钱四分三厘。后因经理疏忽，或被水冲坍，或被佃侵没，每岁止收租一百四十五石。浮费日出，生童膏火、奖赏，渐形短绌。续各董经理得宜，增置学租十四石五斗。至同治五年（1866），知县陈德渐拨金仙寺田水租二百六十石，立雅峰树人户，坐额六十八亩。又立聚奎户，坐额六十二亩。又拨豸山书院、文昌阁并修文二户田租六十石一斗三升，照原文昌祭户坐额二十亩九分，修文户坐额五亩零三厘。议定章程，详请各宪奉准，勒碑为文以记之，碑竖讲堂。今于同治十一年（1872），合邑绅士公请，原拨出豸山书院租，分拨文昌户田二十亩九分入宾兴户，又拨归余备户田一亩九分、修文户田五亩零三厘，为文昌宫岁修祭祀之资。同治十二年（1873）二月间，学又具禀公请，酌拨义学新碑田三十亩，以充宾兴。

义学山：景邑义学户额坐官山三亩五分、民山一顷五十八亩九分有零。而山则无片壤，经理者循旧纳税而已。今惟咸丰七年（1857），知县孙杰案结三都刘姓争山，愿充入书院内。其山土名坐葛山后坳大坪横路，并赤岩入门边，并牛鼻头等处，岁收山租钱一千文。又同治三年（1864），知县徐炽烈案结在城梁姓争山，愿充入书院内。其山土名，在石狮，上至李姓田，下至坳门横路梁姓山左右，俱至田，岁收山租钱二千四百文，俱与上同治五年知县陈德渐拨租，同勒新碑内。

义学宾兴田：景邑向无宾兴。道光五年（1825），知县李文熊于义学书院租内提钱四十千，交科试前列生员带省，以首场后照人数分给。后因书院经费不敷，道光十一年（1831），合庠任观萃、陈谦、陈树槐、叶凌云、林蕃等，以乾隆十四年前任知县李升阶拨惠明寺田租一百石，入郡莲城书院，为邑诸生肄业之资。自拨田后，无有赴郡肄业，禀恳前任知县赵懋勋暨署任李汝霖，节次详请核复府宪刘俯如所禀，准拨回租五十石作为宾兴，立义学宾兴户坐额田二十一亩七分七厘。道光三十年（1850），知县曹建春据邑绅士公请议定章程，按照学额，以文生三成、武生一成，照旧章带省分给，著为定式。同治五年（1866），知县陈德渐又以豸山书院并修文户田租六十石一斗三升易为宾兴，而以前款为书院膏火，并勒诸碑。邑士子咸以前文昌阁租仍归诸阁，而宾兴遂以前拨回惠明寺之五十石为定。清同治十一年（1872），合学公请将拨归豸山文昌宫租分拨出租三十八石，又西院租乡秤六箩二十斤为士子乡试宾兴额，立牙山宾兴户二十亩九分。同治十二年（1873）二月，又请酌拨雅峰书院新碑租六十石以裕宾兴额，收聚奎户入义学宾兴户三十亩，汇共坐实租一百五十石。

义学崇文田：乾隆四十二年（1777），知县张九华拨高公祠盈余租田六亩四分，东岳宫香灯租田七亩，二处田共十三亩四分，立崇文户。原议为修葺文庙之需，适邑人毛启元初膺乡荐，合邑议请，以此租作会试路费。约三年后，仍归通学公储。续启元分立文庙预备户，而后起者仍循旧统收，未免相沿成习。今查征册载，预备户坐田八亩三分五厘，崇文户止留田三亩三分，合计又减去田一亩七分五厘矣。然此租既以崇文而设，后之人当必顾名思义，以求克自振拔者。

九、宣平县学田

明崇祯三年（1630），知县郑龙光捐置田三十亩。雍正癸丑（1733），重修郡志，催据宣平县学开造，原额田一顷三十六亩零，除三元桥水推并抛荒外，今丈实熟田一顷一十九亩四分七厘，新基田零五厘，此系朱万里、郑龙光户田与资衡荒田，又徐祠田七十亩零。从前经管不一，自康熙十三年（1674）闽变后，田荒粮通。康熙十九年（1680），始拨入儒学。每年征解学租银一十二两一钱八分四厘，解费六钱外，仍照民田输粮，每

年计十一两七钱一分零、米七斗七升二合。

十、云和县学田

明万历六年（1578），知县萧润捐田一百二十六亩八分，用价银一百两一钱八分。何铠有记。天启乙丑（1625），知县广东保昌叶逢焜捐置学田四十亩，有碑记。雍正癸丑（1733），重修郡志，据云和县开造，每年解学租银一十二两六钱外，仍照民田输粮。旧志。清康熙六年（1667），生员项克昌捐田一百十余亩，由学征租，每年解银一十二两六钱，解学院岁科试，赈给贫生。

赡士田。乾隆六十年（1795），知县张修议析田复义学，未果。嘉庆九年（1804）知县蔡应霖、十四年（1809）知县陈治策，先后申请，始析赡田七十八亩零为宾兴田，由董事征租。纳粮外，乡试年分，给诸生路费。

第七章

孔庙勒碑

　　碑石具有记事、纪功、颂德、褒奖、警策、训谕、惩戒、昭示、纪念、禁约、抒怀、寄情及标识等多种多样的作用和独特的价值。

　　孔庙见证了中国两千多年的文化发展历程，具有极高的史学价值。随着时间的推移和朝代的更替，处州孔庙在不断修缮、祭祀的过程中留下了许多碑刻和匾额，这些碑刻和匾额都具有极高的艺术价值，是研究丽水古代历史的宝库。通过研究处州孔庙的相关历史和碑刻记事，可以了解处州孔庙建设及教育活动的兴衰发展过程；透过这些研究可以看出封建社会丽水政治、经济的发展情况及其发展脉络，从而能够对儒家以及中国古代思想文化的演变进行深入的探讨。

第一节　唐宋儒学碑

唐朝不仅是我国历史上强大统一的封建国家，也是文化光辉灿烂、书法艺术大放异彩的时期。故这一时期的碑刻书法艺术有着很高的成就，可与书法昌盛的晋代相媲美。这时期书家辈出，流派众多，名碑、墨迹尚多。处州孔庙恰有举世公认的文学、书法艺术遗珍，即韩愈的《处州孔子庙碑》和杜牧的《书处州孔子庙韩文碑阴》。可惜的是原碑已轶。

宋代碑刻，体制、字体、形式都沿袭前代已定的规模，基本上没有大的变化。尤其与隋唐的碑志形式无多大区别，没有任何突破，可以说只不过是隋唐的余风而已。

处州重刊孔子庙碑

宋嘉定十七年（1224）

处州重刊孔子庙碑（额篆书）

自天子至郡邑守长通得祀而偏天下者，惟社稷与孔子焉。然而，社祭土，稷祭谷，勾龙与弃乃其佐享，非其专主。又其位所，不屋而坛；岂如孔子用王者事，巍然当坐，以门人为配。自天子而下，北面跪祭，进退诚敬礼如亲弟子者？勾龙、弃以功，孔子以德，固自有次弟哉！自古多有以功德得其位者，不得常祀；勾龙、弃、孔子皆不得位而得常祀。然其祀事，皆无如孔子之盛。所谓生人以来，未有如孔子。其贤过于尧舜远者，此其效欤！

郡邑皆有孔子庙，或不能修事；虽设博士弟子，或役于有司，名存实亡，失其所业。独处州刺史邺侯李繁至官，能以为先。既新作孔子庙，又命工改为颜回至子夏十人象，其余六十子，及后大儒公羊高、左丘明、孟轲、荀况、伏生、毛公、韩生、董生、高堂生、扬雄、郑玄等数十人，皆图之壁。选博士弟子必皆其人，设

讲堂,教之行礼,肄习其中。又为置本钱廪米,令可继处以守。庙成,躬率吏及博士弟子,入学行释菜礼,耆老叹嗟其子弟皆兴于学。邺侯尚文,于古记无不贯达,故其为政知所先后。可歌也已！乃作诗曰:

惟此庙学,邺侯所作。厥初庳下,神不以宇。先师所处,亦窘寒暑。乃新斯宫,神降其献,讲读有常,不诚用劝。揭揭先哲,有师之尊。群圣严严,大法以存。象图孔肖,成在斯堂。以瞻以仪,俾不惑忘。后

处州重刊孔子庙碑拓本

之君子,无废成美。琢辞碑石,以赞攸始。

朝散大夫、守国子祭酒、赐紫金鱼袋韩愈撰。

旧碑题:

元和十三年(818)李使君繁,经始碑文及置石。

大和三年(829)岁次己酉六月朔廿五日癸酉敬使君僚建立。

朝议郎、权知处州司马上柱国任迪书兼篆额。皇宋嘉定十七年（1224）闰八月初吉。朝议大夫、直龙图阁提举建康府崇禧观、赐紫金鱼袋陈孔硕重书并题额。朝奉郎、权发遣处州」军州兼管内劝农事借绯王梦龙重立。

皇明嘉靖癸未（1523）春三月吉旦，奉政大夫、浙江处州府同知、长洲王俸校补。陈一新摹刊。

【按】碑原立处州府学，现藏于丽水市博物馆。现碑从碑文三四层处断裂为两段，为唐元和十五年（820）韩愈撰文，宋嘉定十七年（1224）陈孔硕重书，王梦龙重立。碑高1.62米，宽0.76米，碑额篆书，碑文篆书，分四段，第一、二段各18行，第三段17行，每行9字，第四段17行，每行8字。末尾加注明嘉靖二年（1523）王俸校补、陈一新摹刻2行，碑文蚀去73字。

韩愈（768—824），字退之，自称"郡望昌黎"，世称"韩昌黎""昌黎先生"，河南河阳（今河南孟州）人，唐代杰出的文学家、政治家，其是唐代古文运动的倡导者，被后人尊为"唐宋八大家"之首，谥号"文"。代表著作有《韩昌黎集》等。

任迪，唐懿宗时人，生卒年不详。善行书。

陈孔硕（1151—1228），字肤仲，号北山，福建侯官（今福建福州）人。学者称他为"北山先生"。早年从张栻、吕祖谦游，后师事朱熹于武夷，以辞章翰墨有声于当世。宋淳熙二年进士，调婺州司户参军。历处州教授，知邵武县，移瑞金。召为吏部架阁，迁礼部郎中。出知赣州，作《望江南》数阕，脍炙人口。改提举淮东、广西常平。嘉定二年（1209），监行在登闻检院。忤史弥远，出为福建安抚司参议官。嘉定五年，为广西转运判官。杨长孺安抚福建，陈孔硕尝作《玉壶冰》《朱丝弦》二诗送之。以秘阁修撰致仕，宋绍定元年卒，年七十八。著有《中庸大学解》《北山集》等，已佚。《全宋诗》录其诗7首。文收入《全宋文》。事迹见刘克庄《忠肃陈观文神道碑》《淳熙三山志》卷三〇、道光《福建通志》卷一八六。

王梦龙，生卒年不详。台州临海人。宋嘉定元年（1208）进士，宋嘉

定间任处州军州兼管内劝农事。

王俸，长洲人，为明嘉靖二年（1523）处州府同知。陈一新，刻工，处州人。

处州学宫残碑

宋景定四年（1263）

……序饮，公从容曰：……越小大邦，曷敢不承。矧栝学名天下……间，修学有记。翠珉耸峙，辉润绚烂。乃公之……夫观而况于学，公即命户曹李钥董其事……

（宋）处州残碑碑文拓本

【按】碑原在丽水市区大猷街一民户家，2009 年江滨旧城改造时被丽水市博物馆收藏。该残碑高 50 厘米，宽 32 厘米，厚约 10 厘米。碑阳文字残存4行，行16字，正书，字径2.2厘米。

稽宋梁椅《重修县学记》："今守秘阁钱公焘下车之明年，既大修泮宫……户曹李君钥、庆元丞赵君崇耕先后摄令，各捐资以相起，景定四年之孟夏迄秋七月成……"又考清光绪《处州府志》钱焘为景定间处州知州，因此，该残碑或为钱焘委李钥修学后所撰立。

修文宣王庙记（碑阴）

宋庆历四年（1044）

修文宣王庙记（额篆书）

处州缙云县新修文宣王庙记（题）

缙云丽<隶>栝苍郡，户八千，生齿见于版者九千。多工技杂学，不根儒术；士其服者才五六人。俗犷而纵，近惑巫鬼，争为高祠广宇，张大其徒，勤勤拳拳，求福寿与利益，迁染成性，虽善教者不能移。

县有孔夫子庙，建于唐之上元（674—676），历本朝，尝载新之。岁久复坏，斋庐明宫颓仆无人修。雨冠露裳，神被寒燠之苦。每春秋释奠，外无廊垣障庇，羊豕之迹交于庭。意夫子之道之教，所以衣被广大，纤悉何<可>举，而微使乾坤灭息，尚得载造。民与吏胡心慢而自安？夫聪明正直者，岂私纵祸福幻惑，惊动其民，以逞其灵哉？君子曰："已而，就令三纲倒错，礼崩乐坏，人其名禽兽其为，彼将恬而不怪，况圣人之堂陛乎？"

先是，邑中诸佞尝密购善伺者，讽执政徙吾夫子庙于山谷间，因藉遗址以侈其居。尉毛维瞻至，亟建议于令，请治之。秋八月十四日始其事，遂增东西两庑，迁其门南向，视王居也。又僦工塑夫子之容貌，及十哲之像于左右，冠冕服章，咸有秩数。其余六十二子，皆图于壁。工既讫，令及佐执简肃以进，北面再拜，行释菜之礼。祝以成告，更与民无小大咸预目焉。过之者使趋，瞻之者使恭。稍稍稔其观，正其心，俾识吾夫子衣冠礼乐之盛。人夷狄身仁义，自一县以广于天下，共诣圣人之域为<焉>。

后世有作者曰："使孝悌达于乡党，风教行于邦国，自庙成之日始云。"时寔（实）庆历之四年（1044）也。

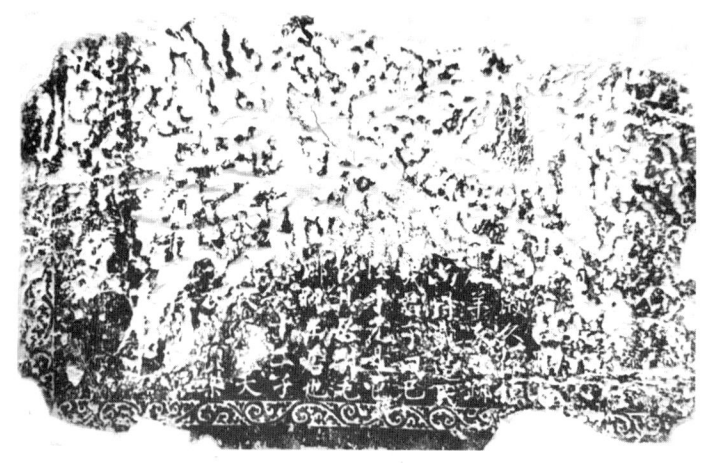

修文宣王庙记拓本

【按】原在缙云县学（老缙云中学），今存缙云县城城隍山观音阁内。碑文刻于李阳冰《黄帝祠宇》碑阴。

碑额"修文宣王庙记"，篆书，横书6字，字径"六寸四分"（清《栝苍金石志》）。碑文正书，18行，满行34字，字径3厘米。残碑高60厘米，宽100厘米。

松阳县进士题名弎碑

宋淳祐八年（1248）

松阳县进士题名式（额篆书）

松阳介于栝苍之南，群山森秀，如列障，如倚屏，清淑之英，造化磅礴。父子世科，勋著方面，持橐论思，兄弟蝉联，迭将使指，以儒饰吏者，皆邑人之杰也。文擅当时，绅书东观，好古博雅，耆艾不衰，又今之巨擘焉。十数年来，气数尤盛，春官得隽，举不乏人。

淳祐七年秋，叶君茂洪繇县太学擢第归，同里荣之。令长会稽高君彭盉朋簪于乡校，举觞相属，为志其荣而题名之石。适无遗刻，乃耆坚珉以续前纪，谓余尝假守是邦，移书来谂，俾记其颠。余复书曰："牙签汗青，励志研精，词场撷英，龙梭震霆，划然形胜，父老欢迎，喜溢谢庭。世以为荣者，其不在兹乎？余观先正钜公，袁然为举，首人语以吃着不尽，则曰志不在温饱，惟其抱负者远大，故所植立光明俊伟，至今望之若神人。然士生天地间，任重道远，岂独荣其身而已？昆仑滥觞，益浚其源；豫章拱把，益培其根。淳深蓄茂，日肆以宏，用之则行，发为事业，使天下诵其人而纪其州邑。夫岂一时荣乎哉！余外氏家古松，故于松士拳拳焉。山川炳灵，人物秀发，当有名斯世而光前哲者矣。贤令君试以余言质之，曰：然。则勒诸石。

淳祐戊申仲春，朝议大夫、直徽猷阁、主管建康府崇禧观、东阳马光祖记。"

（以上第一层）

叶茂洪□□□曾伯祖循、祖□□□

宝裕改元

项汝明□□

赋魁，癸丑姚榜。曾叔祖得一。

潘凤　元名大方，入太学，癸丑姚榜。高祖宗回，伯祖克和、景宪、景愈，伯自厚、叔自牧。

沈旼　宝祐四年丙辰文榜。六世祖文通，皇祐榜眼；高祖晦，宣和状元。

松阳县进士题名式碑拓本

161

潘仕林 景定二年壬戌科方山京榜。

潘梦午 景定二年壬戌科方山京榜。

叶野 咸淳元年乙丑科阮登炳榜。

叶霆发 咸淳七年辛未科张镇孙榜。

叶桂锡 咸淳七年辛未科张镇孙榜。

皇明进士

周月华 洪武十八年乙丑科丁显榜。族孙同伦、辂,翔俱举举人。

卢玑 天顺八年甲申科彭教榜。《大明一统赋》曰:僧道巫祝尼媪之类为异端,经有明训,律有明条。进士卢玑建言:申明之榜示天下。此我朝之韩愈也。

詹雨 成化二年丙戌科罗伦榜。父景威,举人。弟宝,进士。

(以上第二层)

詹宝 弘治□年丙辰科□□□父□□□□□□□□□

【按】碑原在松阳明伦堂,今在延庆寺塔院内。清《栝苍金石志续》卷二著录,为《松阳县进士题名》碑,载:碑高八尺五寸,阔四尺,行书文二十五行,行十六字,正书径一寸。篆额八字,长四寸,阳文。今高215厘米,宽95厘米。碑额篆书阳刻"松阳县进士题名式",字径7.5厘米。碑文分上下两区,上区为马光祖记,24行,行16字,字径2.3厘米,处州知州马光祖记并书;下区为进士题名,已漫漶不清。

马光祖(约1201—1270),字华父,号裕斋,婺州东阳马宅镇(一说城西)人。宋宝庆二年(1226)进士,授新喻主簿。历知余干县、差知处州,监登闻鼓院,进太府寺丞兼庄文府教授、右曹郎官。出知处州,乞降僧道牒振济,诏从之。加直秘阁,浙东提举常平。移浙西提点刑狱,时暂兼权浙西提举常平。起复军器监、总领淮东军马钱粮兼知镇江。开庆元年(1259)再任建康知府。宋咸淳三年(1267)六月,拜参知政事;咸淳五年(1269)进枢密使兼参知政事,以金紫光禄大夫致仕。

第二节　元明儒学碑

处州学宫残碑

元至元二十七年（1290）

……叫呶弄兵……□间在……刘而渠魁，宥而协从……栝，

栝人有言，公功宜纪。……日。……勒好古立石。

（元）处州学宫残碑拓本

【按】碑文刻于"景定处州学宫残碑"碑阴，正书，6行，字径1.5厘米。撰文书丹者不详，斡勒好古立石。考明成化《处州府志》："至元二十七年，总管斡勒好古大修大成殿，焕然维新，斋庐门庑悉加完葺。"

斡勒好古，生卒年不详。蒙古人，元至元间（1271—1294）处州路总管，任上组织修建处州城墙。

163

处州儒学教授厅记碑

元大德五年（1301）

处州路重修儒学教授厅之记（额篆书）

处州儒学教授厅记（题）

翰林侍讲学士、奉议大夫知制诰同修国史张伯淳记；

奉直大夫、处州路总管府治中李谦书；

资善大夫、处州路总管兼管内劝农事孟淳篆额；

前直学叶全之等立石。

鲁泮宫既修，继以复周公之宇，颂之作所以著其能也。颂何人哉？余友天台童君，教处学三年，废必兴，弊必革，凡皆职分之所当为。于是庙学严整，养士田久不得有，其有者，多赖以复。厅事故有地，侵为戍垒，亦二十载而赢。昉于我乎？归郡人范君，授江浙学事，适在郡，有力焉。然屋立无壁，仅见楹楹相对，乃收拾官物，所余栋梁柱楠靡或遗，又市材于所产，以足其用，经营涂，治之如家，厅若堂咸有序，外作门为间者五，中庭构轩，宾以燕好，藏修游息于斯，有心目轩豁之适。而无欠伸打头之叹。迨更衣膳食各得所，不陋不盈。工与夫之直，论定而责成焉，弗以日会，他人处此，鲜不乘之为米察蠹其口储禀以共缮修，职教者已足为贤。是役也，盖撙冗费以给，一不以病□计，栝人士谓尔来所未有，且翕然同辞，不远贻书，属余为记。呜呼！士之于学，孰不归而求之有余，彼放心不求，则将失其在我。宇寀间事，已分内事，能尽吾己分所当，在我者固自有余用，无待乎其外也。不尔之思，何在而非牵补架漏其仕也，亦直计口需进而已，传舍有无，何与我事。然则君之能复旧宇，亦求其所固有者为学之道，非与以立善，榜其厅事于轩曰朋来。圣人观为善之君子，既审其所以所由，而又加详于其所安。先儒有言，以善及人，信从者众。夫以校官品秩虽卑位，貌较余官则清而高。其或失其所以为高，则系乎人焉。君能使郡府知所敬，廉

访使者致其扶持扶挽之力，非有善足以信从，能尔耶？自昔公论
自学校出，待久乃定，视垂去如始至者，为何如？君去矣，此意
续续是在来者。君名应椿。大德五年秋八月十五日。

处州儒学教授厅碑记照片

【按】碑现藏于丽水市博物馆。《栝苍金石志》卷九著录为"处州路教
授厅碑"。碑额大篆"处州路重修儒学教授厅之记"12字，由资善大夫、
处州路总管兼管内劝农事孟淳篆写，株院博讲学士、奉议大夫、知制话同
修国史张伯淳撰文，奉直大夫、处州路总管府治中李谦书丹，前直学叶全
之等立石。碑通高234厘米，宽98厘米，厚8.5厘米。正书20行，行34
字，字径约3厘米。碑阴为元延祐元年《郡学圣像碑》及书赞。

童应椿，生卒年不详，浙江天台人，元成宗大德二年（1298）任处州
路教授。

张伯淳（1242—1302），字师道，号养蒙，崇德（今浙江桐乡）人。
宋咸淳七年（1271）进士。曾监临安府都税院，升观察推官，授太学录。
元至元二十三年（1286），荐授杭州路儒学教授，历浙东道按察司知事、
福建廉访司知事。至元二十九年（1292），授翰林院直学士，同修国史。
进阶奉训大夫，改任庆元路总管府治中。大德四年（1300），拜翰林侍讲
学士。卒后谥"文穆"。伯淳幼喜书法，著有《养蒙斋集》。事迹收录于

《元史本传》中《养蒙先生集》。

孟淳，生卒年不详，字君复，号能静，随州（今湖北随县）人，寓居湖州（今浙江吴兴）。孟之缙子，以父荫入仕。元贞年间累官平江路总管，历太平、婺州、处州、信州、徽州诸路总管，以常州路总管致仕。卒，谥"康靖"。有诗文名。清《元诗选补遗》编录其诗十一首。生平事迹见《吴兴备志》卷五、方回《孟衡湖诗集序》（《桐江续集》卷三一）、《元诗选补遗》。

皇帝诏旨碑

元至大三年（1310）

皇帝诏旨（额篆书）

大德十一年九月钦奉。盖闻先孔子而圣者，非孔子无以明；后孔子而圣者，非孔子无以法：所谓祖述尧舜，宪章文武，仪范百王，师表万世者也。朕纂承丕绪，敬仰休风，循治古之良规，举追封之盛典，加号大成至圣文宣王，遣使阙里，祀以太牢。於戏！父子之亲，君臣之义，永惟圣教之尊；天地之大，日月之明，奚罄名言之教。尚资神化，祚我皇元！主者施行。

天朝统壹区宇，列圣相承尊崇孔道。皇帝

皇帝诏旨碑拓本

嗣登宝位，首加徽号，曰大成至圣文宣王。盖夫子之道，与天地并，四时行焉，百物生焉。此其所以为大成，褒谥之典，汉唐以来，于斯为备。邑尹臣卢柔克钦承明诏，谨刻坚珉，昭示万世。

至大三年十月　日　处州路龙泉县儒学教谕臣　施伯成拜手稽首谨书。

进义校尉、处州路龙泉县达鲁花赤兼劝农事臣马合麻；

承事郎、处州路龙泉县尹兼劝农事臣卢柔克；

保义副尉、处州路龙泉县主簿臣张瑛；

处州路龙泉县尉臣董彦钰；

处州路龙泉县典史臣史从政。

栝苍李君起刊。

【按】碑原在龙泉县学内，今藏于龙泉市博物馆。该碑高190厘米，宽78厘米。碑额"皇帝诏旨"，2行，每行2字，字径10厘米。碑文正书，共28行，满行17字，字径3厘米。施伯成书丹，马合麻立石。

马合麻，生卒年不详，不花刺（今乌兹别克布哈拉）人。成吉思汗西征时，以佃巧手艺入附，徙置和林（今蒙古乌兰巴托附近）。后以天文之学获知于朝。至元十七年（1280），国家建洪城中卫，授洪城公及百夫长。元至大初任龙泉县达鲁花赤。

郡学圣像碑（碑阴）
元延祐元年（1314）

曲阜祖庙真影

敬惟夫子，圣人之表，天下庙学皆像而事之。然人貌而天，难于模写，清湘赵公揆世儒，来领郡幕，出家藏"曲阜真影"，盛德之容，俨如亲炙，不敢私秘，白之邦侯，敬传诸石。

赞曰：

大哉孔子，万世所尊，

河目隆颡，貌恭色温，

瞻之仰之，圣道以存，

写诸琬琰，爰寿期文。

处州路儒学学录摄学事蔡升敬书

将仕佐郎处州路总管府提控案牍兼照磨承发架阁赵□

□

承务郎处州路总管府经历 　　　　　　……

承务郎处州路总管府推官 　　　　　　天禄

承务郎处州路总管府推官刘 　　　　　……

承直郎处州路总管府 　　　　　　　　孛罗

朝列大夫处州路总管治中 　　　　　　尚

明威将军同知处州路总管府事 　　　　忻都察

大中大夫处州路总管

兼管内劝农事周克敬

　　延祐元年五月 日，耆
宿职员郭良知等立石。直
学赵若樀、俞继宗、卢宗
之、俞厔职役

【按】碑现藏于丽水市博物
馆。《郡学圣像碑》及书赞在元
大德五年（1301）《处州儒学教
授厅记》碑阴，系元延祐元年
（1314）根据清湘赵揆所藏的山
东曲阜孔庙孔子像拓片刊刻，
上列刻孔子半身线条画像，画
像线条简练，技法极工，高约
128厘米，宽98厘米。像旁有
"曲阜祖庙真影"6字隶书，下
列刻记、赞及处州路总管府职

郡学圣像碑及书赞拓本

官衔名，共24行，行字数不等，字径约2.5厘米，正书。蔡升书丹。清《栝苍金石志》卷十著录，为《郡学圣像碑》。

忻都察，元朝官员。回回人。元至元二十二年（1285）至二十六年（1289），以通议大夫代镇江府路总管府达鲁花赤。元皇庆元年（1312）任处州路总管同知。

郭良知，丽水人，世称"稼圃先生"，宋淳熙八年（1181）进士郭泰亨之孙。元延祐元年（1314）五月，立孔庙圣像碑。

松阳县重建儒学记碑
明崇祯二年（1629）

松阳县重建儒学记（额篆书）

松阳县重建儒学记（题）

赐进士第、通议大夫、礼部右侍郎兼翰林院侍读学士教习庶吉士、经筵讲官集修实录副总裁、勾余姜逢元撰文。

自古帝王肇兴，必首建庠序，以长毓人才，而侈赖其用，盖禁重也。而国家之脉络，营卫恒相与关通。故凡郡邑庠序之创建，鸠屠或与一代明圣兴起之期巧造，则凭籍宠灵志气蒸动效有可睹者。昔吾姚于宪庙改元，鼎建簧官，而成化乙未谢公迁状元，辛丑王公华状元，章公询榜眼。方肃皇嗣统载茸殿庞，而嘉靖乙未，韩公应龙状元，孙公升榜眼，同登者，二十有八人。遂神祖纪元之初，又复善理。明季甲戌，孙公皱会元。异哉！其应历如谷答响。兹松之改创，始图也。逢会今天子龙飞，御寰赫然剥逆涣群，威惰恩洽，中外快心之。侯实新令君甫至，征尘未濯。毅然自任其事，是其所凭籍视姚有加焉。而蒸勤之应，倘尤有异焉者耶！

按：松古属会稽郡，王龟龄金判绍兴，著赋于松，山川人物，盖侈言之比，人国朝南台。御史叶公希贤辈，忠英特起，即科名代未尝乏也。顾自嘉靖迄今，登贤书者寥寥，辄后他邑。邑之荐绅暨诸青矜，聚而谋曰：地脉有流移，而衰旺乘焉。盖蚕为

变计乎？则从内徙而外之，未几又从外徙而内之，若弈棋然，而卒未有振也。且岁久港梯陀妃。而前宰邑者，籍□公私匮乏，率□□眠可奈何。天不弃松，界之陈侯莅任，诣谒说仰徘徊，顾诸生曰："学之兴替，唯令是视。且令职有孰大于是者。而松务有孰急于是者？顾度所经费甚钜，或者从旁难之。"侯曰："勿虑。"

于是，署捐借如干，随呕发所得，请赎缓如干，又亲为疏作温肯语，劝谕三老子弟，毗庶咸乐助。又或皋有可原者，姑资贷之，令输其金，矢于工而又多方设厝，未尝顷曙置诸怀。已乃相厥址，端厥向纠工庀材，简厥贤而办者，属纪纲之役，盖逾年而考，囊之倾妃。可指柱者，一旦有阅有施，焕然改观，伟哉！侯之烈乎！

维时予姻友，翁君日襄，以春官之偶，署事松库，走书征文以记之，予谊不容则辞擎不律纪其事，而复有论于松之诸士夫。学以养士，

松阳县重建儒学记拓本

170

匪估估焉，乞灵枯管取科名之谓也。科名以士重，非士以科名重也。即予所称吾姚数公者，或历相三朝，铁勋炳烈，斑斑珑琐。或位跻铨宰，诞启哲嗣，阐明正学，或接武忠烈，文章节行，奕叶歇休。暨其余莫不存有显号，殁有嫩谥，后先雪煜，称昭代钜公，是其所重，独科名已耶！夫斯学之创图也。业丁明圣兴起昌期，亦唯是胥励胥馍，以无负此显兆，以无负国家储养至意，抑于侯之盛为无负也虚！盖翁君之诵侯曰：侯一代伟人，寒冰为其操，暖日为其胸，迅霆闪电为其才而粹养穆如，人罕窥其际。莅松以来，循刷别，妙中紫瘵。季进诸生，而督课之，所当甲，丝发不爽。公或与讲解疑义，挖扬今古，略无倦容。盖萧善政种种，肺列不翅详也于未暇悉数，会有别记在内召之日。

侯讳钟鼎，字仲调，别号九石，闽之福清人，登天启辛酉科乡进士。

崇被贰年岁次己巳三月望日吉。

署儒学事、教谕、举人翁日襄，训导胡光岳督工；主簿王元科，典史陈崇章督理。

（以下名单12行，略）

生员叶元华书篆。

闽人张德福梓。

【按】碑在松阳县城孔庙内。该碑高245厘米，宽98厘米。碑额篆书"松阳县重建儒学记"，字径约11厘米。碑文正书，27行，满行73字，字径约2.5厘米。姜逢元撰文，叶元条书丹并篆额。

姜逢元，生卒年不详，字仲切，号业肃斋。浙江余姚人。万历四十一年（1613）癸丑进士，呈迁国子司业，曾任太子太保，充日讲官，官至礼部尚书。逢元善于书法，博采众长自出己意，尤擅于行、草书，世人多宝重。著有《禹贡详节》和《宗伯公集选》。

第三节　清代儒学碑

御制至圣先师孔子赞并序碑

清康熙年间（1662—1722）

御制（额篆书）

至圣先师孔子赞并序（题）

益自三才建而天地不居其功，一中传而圣人代宜其殖。有行道之圣得位以绥袟，有明道之圣立言以垂宪，此正学所以常明，人心之所以不泯也。粤稽往绪，仰湖前徽。尧舜、禹、汤、文、武达而在上，兼君师之寄，行道之圣人也；孔子不得位，穷而在下，秉述删之权，明道之圣人也。行道者，敷业炳于一朝：明道者，教思周于百世。尧、舜、文、武之后不有孔子，则学术纷淆，仁义湮塞，斯道之失传也久矣。后之人而欲探二帝三王之心法，一人也审矣。朕巡省东国，谒以为治国平天下之准，其奚所取衷焉？然则，孔子之为万古一祀阙里，景企滋深，敬擒笔而为之。赞曰：清浊有气，刚柔有质。圣人参之，人极以立。行著习察，舍道莫由。惟皇建极，惟后绥猷。作君作师，垂统万古。曰惟尧舜，禹汤文武。五百余裁，至圣挺生。声金振玉，集厥大成。序书删诗，定礼正乐。既穷象系，亦严笔削。上绍往绪，下示来型。道不终晦，秩然大经。百家纷纭；殊途异趣。日月无逾，奠墙可晤。孔子之道，惟中与府。此心此理，千圣所同。孔子之德，仁义中正。秉彝之好，根本天性。庶几夙夜，易哉令图。溯源沬泗，景蹈唐虞。载历庭除，式观礼乐。搞毫仰赞，心焉退企。百世而上，以圣为归。百世而下，以圣为师。非师夫子，惟师于道。统天御世，惟道为宝。泰山岩岩，东海浃浃墙高万仞，夫子之堂。孰窥其藩，孰窥其径。道不远人，克念作圣。

康熙二十五年七月初四日。

户部尚书、文华殿大学士臣张玉书奉敕敬书。

圣道早闻，天资独粹。约礼博文，不迁不贰。一善服膺，万德来萃。能一而齐，其乐一致一礼乐四代，治法兼备。用行舍藏，王佐之器。曾子赞：

颜子赞：

洙泗之传，鲁以得之。一贯曰唯，圣学在兹。明德新民，止善为期。格致诚正，均平以推。至德要道，百行所基。纂承统绪，修明训辞。

于穆天命，道大之原。静养动察，庸德庸言。以育万物，

至圣先师孔子赞并序拓本

以赞乾坤。九经三重，大法子思子赞：是存。笃恭慎独，成德之门。卷之藏密，扩之无垠。孟子赞：哲人既萎，杨墨昌炽。子舆辟之，曰仁曰义。惟善独阐，知言养气。道称尧舜，学展功利。煌煌七篇，并垂六艺。孔学攸传，禹功作配。康熙二十八年三月十六日。

户部尚书、文华殿大学士臣张玉书奉敕敬书。

【按】碑原立于松阳孔庙，现藏于松阳县博物馆。碑高251厘米，宽104厘米，厚16厘米。额"御制"，篆书，直题，字径6厘米；文23行，满行50字，正书，字径3厘米。

该碑文分《至圣先师孔子赞并序》《四子赞》两部分，康熙皇帝分别撰于康熙二十五年（1686）七月初四日和二十八年（1689）三月十六日，户部尚书文华殿大学士张玉书奉敕书，立于京师国子监，并颁于各文庙。因此，全国各地孔庙均立此碑，全文刊刻，署"张玉书奉敕敬书"款。

张玉书（1642—1711）字素存，号润甫，江苏丹徒（今江苏镇江）人。清顺治十八年（1661）进士。官至文华殿大学士兼户部尚书。康熙五十年（1711），以七十岁高龄随康熙至热河，病卒塞外，谥"文贞"。著有《文贞集》《清史列传》行于世。

重修龙泉儒学碑记

清康熙四十二年（1703）

邑侯金公重修龙泉儒学碑记（额篆书）

剑川建邑设学，由唐宋以来，人文炳蔚，如西山之理学，章溢之功名，娘娘于史册间。邑侯金公重修龙泉儒学碑记（颠书）数百余年，科名相继，岂山川毓秀使然，抑学校之裁培者素矣。囊自甲寅兵赛水潦频仍，胶庠之士往往分营于衣食，而弦诵寝衰，学庠荒芜，盖匪朝伊夕已己卯之冬，邑侯金公恃膺简命，来菠斯土，下车之始，悉心厘别，绝苞苴，竭繁苛，克勤克慎，循卓为两浙冠。今年春天子南巡，茂嘉御书，以昭宠锡，实异数已。绣司铎栝苍，于兹三载，闻公治行，其详迹者，摄篆龙库，适当旱，亲见公步□拜祷，朝暮罔息，更念宫溪旧堰久废，重行兴筑，导水通渠，已资灌溉近邑田禾数百余顷，岁赖丰收。当是时，公躬率工役奔走劳惫于荒郊，烈日中弗顾也。兹更以学宫黄门，自去秋为烈风所倒，而殿宇建置年远，亦且梁摧栋折，渐即倾颓，复毅然为修建之举。时有以工费浩烦之说进者。公慨然曰："是役也，取之百姓则烦民，捐之库则病士。若夫输奉以落成之，其奚不可有之？且城隍□□诸祠宇，凡有关地方者，皆余次第捐资重建，而何独于学宫不然？"即于是经营相度，定厥规模，并挥库□之贤且能者董理其役。先是，学宫无魁星阁，泮池漱□，旁无咫尺之地，学署久圮，司教者居民舍□□祠在仪门之间，为舆马所经由，神弗妥也。公即鸠工尼材，□□圣殿建棂星之门外，复扩地若干丈，

邑侯金公重修龙泉儒学碑记拓本

东为魁星阁，旁树栅门。移建启圣祠于明伦堂之左，即其旧址为土地祠。东西复建若干□为两斋，学署周次 墙垣，加以丹，香煌轮负实前此所未有者。夫□自鸣琴剑水，阅今四稔，凡嘉惠斯民替同已靡所不至，兹举数百年未举之旷典，而行之于一人，成

之于不日，都人士自此（弦）诵其中，薰陶涵青，文学科名之盛，必有应运而起□。我公之泽，其易可量耶，又易可忘耶？爰执笔而为之记。邑侯金公，讳辉，号伯蕴，历官潞城、南漳、石门，所至有声，扬之江都人也。二□康公讳惠，号月峰，滑县人；县尉虞讳大来，号牧巷，乐亭人；训导余讳夔徽，号嗣美，遂安人。时诱以本府训导摄龙库教谕事。其董理斯务为吴生□甲，叶生□其，吴生作梅，章生天绍，皆优于文行之士。无泰厥任斯文，我公知人之哲也。及督工则项□伦、朱敬泉，咸能实□任事，例得附书。时康熙肆拾贰年岁在癸未，一阳月之吉，处州府儒学训导兼摄龙泉县学教谕事，嘉兴钱绣顿首撰文。

本县府学座生吴文曾敬书。

（以下公立名单，略）

【按】清康熙四十二年（1703）《邑侯金公重修龙泉儒学碑记》，原立于龙泉县学内，现为龙泉博物馆收藏。该碑高178厘米，宽74厘米。碑额"邑侯金公重修龙泉儒学碑记"篆书，字径5厘米；碑文18行，满行56字，字径2厘米。该碑钱绣撰文、吴文曾书丹。

钱绣即李痨，生卒年不详，字补山，为钱坊赘婿，因名钱绣。嘉兴人。李明敖子。岁贡生，处州教谕。诗多杰构，著有《道南草堂诗集》。侄李之械，贡生，著有《崖关集》。

圣祖钦颁训饬士子文碑
清乾隆五年（1740）

御制训士子文（额篆书）

乾隆五年，奉上谕：

士为四民之首，而太学者教化所先，四方于是觑型焉。比者聚生徒而教育之，董以师儒，举古人之成法规条，亦既详备矣。独是科名声利之习，深入人心，积重难返，士子所为汲汲遑遑者，惟是之求，而未尝有志于圣贤之道。不知国家以经义取士使多士由圣贤之言，体圣贤之心，正欲使之为圣贤之徒，而岂沾沾焉文艺之末哉朱子同安县谕学者云："学以为己，今之世，父所以诏其子，兄所以勉其弟，师所以教其弟子，弟子之所以学，舍科举之业则无为也。使古人之学，止于如此，则凡可以得.志于科举斯已。尔所以孜孜焉爱日不倦，以至于死而后已者，果何为而然哉？今之士惟不知此，以为苟足以应有司之求矣，则无事于汲汲为也。是以至于惰游而不知反，终身不能有志于学，而君子以为非士之罪也。使教素明于上，而学素讲于下，则士子固将有以用其力，而岂有不勉之患哉？诸君苟能致思于科举之外，而知古人之所以为学，则将有欲罢不能者矣。"观朱子此言，淘古今通患。夫为己二字，乃人圣之一有益于身心，而日用事物之间，存养省察，阎然自修，世门，知为己，则所读之书，一俗之纷华靡丽，无足动念，何患词章声誉之能夺志哉？况即为科举，亦无碍于圣贤之学。朱子云："非是科举累人，人累科举。若高见远识之士，读圣贤之书，据吾所见，为文以应之，得失置之度外，虽日日应举亦不累也。居今之世，虽孔子复生，也不免应举，然岂能累孔子也？"朱子此言，即是科举中为己之学。诚能为己，则"四书""五经"，皆圣贤之精蕴，体而行之，为圣贤而有余；不能为己，则虽举经义、治事而督课之，亦糟粕陈言，无神实用，浮伪与时文等耳！故学者莫先于辨志，志于为己者，圣贤之徒也；志于科名者，世俗之陋也。国家养育人才，将用以致君、泽

御制训士子文碑照片

民、治国、平天下，而囿于积习，不能奋然求至于圣贤，岂不谬哉？朕膺君师之任，有厚望于诸生，适读朱子书，见其言切中士习流弊，故亲切为诸生言之，俾司教者知所以教，而学者知所以学。

乾隆十三年月 日。

【按】碑原在丽水县学，后被附近居民移至丽水城西南圭山路原丽水卫生防疫站院子内。现藏于丽水市博物馆。该碑高190厘米，宽85厘米。正书，分4区，83行，满行8字，字径约3厘米。

景宁孔庙释菜礼祝文碑

清康熙九年（1670）

仪典释菜礼如之祝文贰仲同（额篆书）

乾隆九年颁文曰：惟先师德隆千圣，道冠百王，揭日月以常行，自生民所未有。属文教昌明之会，正礼和乐节之时，辟雍钟鼓，咸恪荐于馨香；泮水胶庠，益致严于笾豆。兹当春仲，祗率彝章，肃展微忱，幸将祀典，典章乾隆八年颁凡六章大哉孔子，先觉先知，与天地参，万世之师。祥微麟，韵答金丝，日月即揭，乾坤清夷。右迎神奏昭平之章。予怀明德，玉振金声。生民未有，展也大成。俎豆千古，春秋上丁。清酒既载，其香始升。右初献奏宣平之章。式礼莫愆，升堂再献。响协鐰镛，诚乎献。肃肃雍雍，誉髦斯彦。礼陶乐淑，相观而善。右亚献奏秩平之章。自古在昔，先民有作，皮升祭菜，于论思乐。惟天崩民，惟圣时若，彝伦攸叙，至今木铎。右终献奏叙平之章。先师有言，祭则受福。四海簧宫，畴敢不肃。礼成告撤，毋疏毋渎。乐所自生，中原有救。右撤馔奏懿平之章。兔绎峨理冠一之查。保收泰宣平之收子所文峨，洙泗洋洋。景行行止，流泽无疆。幸程聿昭祀事，祀（懿）事孔明。化我蒸民，育我胶庠。送神奏德平之章。

仪典释菜礼如之祝文拓本

【按】碑在景宁畲族自治县城孔庙内。该碑高156厘米，宽70厘米。碑额"仪典释菜礼如之祝文贰仲同"，篆书，字径6厘米；碑文14行，满行25字，字径3厘米，正书。碑面平整，字迹清晰。

景宁孔庙为丽水地区保存最为完整的孔庙，现已列入省级文物保护单位。释菜礼为古时县学、府学等祭孔场所重要的仪典。每月朔旦，府县官员均要带领学子祭拜孔子，行释菜礼。

179

第四节　义学书院碑

一、元代书院

季氏湖山义塾之记

元至正十年（1350）

季氏湖山义塾之记（额篆书）

季氏湖山义塾之记（题）

文林郎、江浙等处行中书省儒学副提举刘基撰；

承务郎、温州路永嘉县丞林彬祖书；

承事郎、处州路青田县尹叶伯颜篆额。

青田之山，其上四十里有泉，汇而不潭。缘潭入谷十有五里，是为高湖之源，其上多奇峰绝巘，大木之所盘蔚，献奇纳秀，故士多俊彦，室常殷阜，季氏其一也。有名谦字伯益者，好学尚义，故其家日裕，乃谓乡人曰："人孰不爱其子孙？而不知所以爱之者。今有良田美宅，绵亘阡陌，堆金积帛，充斥梁栋，自以为用之不竭，享之无穷也。一旦光销影烁，而无纤芥之留者，何耶？骄淫生于富溢，而纵欲败度之子，常由不窥前人成败之际，而自视侈然大也。及其颠连困厄于垂老之际，彷徨无所容其身，虽欲效织蒲补履，以食其馀年，且不可得。若是者，虽其人之不肖，抑亦其父兄处之不得其道也。今予幸藉先人馀业以自免于冻馁，未尝不惴惴于吾身，况能保于其子孙？故愿制产以建读书之所，延名儒为师，以训子弟以及族姻之人，咸知所学。大则修身齐家以用于时，小亦不失为乡里之善士，不亦可乎？"乃筑于其居之侧，以为堂，中设孔子像，旁列斋舍，翼以廊庑，缭以周垣，买田若干亩，以给师弟子之食，萃其族之子弟悉入学。于是襟佩衣裳，肃肃有容；弦诵之音，蔼蔼旁达，入其乡者，莫不感叹而慕悦也。呜呼！若季氏者，真知爱其子孙哉！由是达于一乡一邑，以播于天下，使人人闻而效其所为，则将见比屋皆为贤士大夫，而愚不肖者寡矣。邑人洪应求道其事于余，且请为之记，予既乐乡里之有善人，而又嘉洪生之乐道人善也，故善而书之。

时至正十年龙集庚寅夏五月既望记。

季氏湖山义塾之记拓本

【按】《季氏湖山义塾之记》现存青田县高湖镇高湖村季氏祠堂内。该碑高175厘米，宽90厘米。碑额"季氏湖山义塾之记"，篆书，字径6.5厘米。碑文正书，20行，满行32字，字径2.5厘米。刘基撰文，叶琛篆额，林彬祖书丹。

季谦（1306—1372），字伯益，号东隐，青田县高湖人。曾任恩州学正。

刘基（1311—1375），字伯温，青田县南田人，故时人称他"刘青田"。明洪武三年（1370）封"诚意伯"，人们又称他"刘诚意"。武宗正德九年被追赠太师，谥"文成"，后人又称他"刘文成""文成公"。元末明初军事家、政治家及诗人，通经史、晓天文、精兵法。他以辅佐朱元璋完成大业、开创明朝并尽力保持国家的安定，因而驰名天下，被后人比作诸葛武侯。朱元璋多次称刘基为"吾之子房也"。在文学史上，刘基与宋濂、高启并称"明初诗文三大家"。

叶琛（1314—1362），一名伯颜，字景渊，丽水县高溪人。元至正四年（1344），任歙县县丞；九年，任青田县尹；十二年升任处州路总管府判官；十八年，官至行省元帅；二十年，叶琛与刘基、章溢、宋濂同时被朱元璋征聘至应天府，初授营田司佥事，不久调任洪都（今南昌）知府；二十二年，降将祝宗、康泰叛乱，叶琛被俘，宁死不屈，大骂叛贼，为叛军所杀。明洪武元年（1368），追封"南阳郡侯"。

林彬祖，生卒年不详，字彦文，丽水县城人。于至正五年（1345）张士坚榜登进士第，至正十四年为永嘉县丞，至正十九年迁青田县令，后转缙云县尹。后又任浙江行省枢密院都事，改福建行省检校官。死于战乱。

龙渊义塾记
元至正十七年（1357）

至正十三年九月某甲子，括苍章君溢，新建龙渊义塾成。

龙渊即龙泉，避唐讳更以今名。相传其地即欧冶子铸剑处，至今有水号剑溪焉。山深而川阻，与通都大邑相去远或二三百里，虽至近亦且半之，乡闾之子弟无所于学。章君之先世尝以为病，谋创桂山、仙岩两书院，以无恒产，未几而皆废。章君深忧之，与诸子计曰："无田是无塾也，其奚可哉？"遂樽节凡费而用其余斥田至一百五十亩。其妻党陈京兄弟闻之，以曾大父适斋先生所遗二百三十亩有畸来为之助。章君曰："吾事济矣！"乃卜地官山之阴，创燕居以奉先圣，而先师为之配，春与秋行舍菜之礼。旁列四斋：曰逊敏，曰知通，曰敬乐，曰博约，以居弟子员。后敞正义堂，月旦、十五日鸣鼓，集多士，以申伤五伦之教。前建大门，榜之曰"龙渊义塾"，劈其修途，以达于东西。灌木嘉箕，前后蔽荫，盖郁然云。

岁聘行经修明之士以为讲师，诸生业进者，月有赏；才颖家单不能裹粮者，资之使成；其不帅教者，罚及之。田赋之出人，主塾事者司焉。日用有籍，月考朒赢，岁二会其数，有余则他贮，益斥田以广其业。石华、象溪二所复设别塾，以教陈氏族子之幼者，俟其长，乃赴龙渊受业。此其大凡也。

江浙行省参知政事石抹公闻而嘉之，檄本郡免其科繇，俾无有所与。章君既列条教，序而刻诸石，复惧来者不能保其终也，伻来，请濂记之。

惟古者之建学也，虽其为制有小大之殊，而所以导民衷、扶世防者则一也。龙泉旧为浙水东文献之邦，水心叶氏正则、西山真氏希元，后先以学鸣，声感气求，籁鸣机动，掇巍科而典雄藩者声华相望，一时文物，固尝盛矣。距今未及百年，而继之者鲜也，岂俗尚不同，遽有古今之异哉？亦系乎学之兴衰为何如尔？章君有见于斯，不效于时俗封殖吝固以为肥家之计，乃辟塾聘师，以嘉惠乡邦之俊彦，俾其弃陋习而为君子之归，其立志甚弘，而为功甚薄。陈京兄弟乐善好义，以助其成，自非适斋涵濡之泽，亦岂能至于是哉？章君子之若孙，当夙夜以继志为事，毋丰己以自私，毋蠹蘖其间以启争端，毋狎非类而斁厥彝训，毋植朋党而互相低昂，庶几不负章君之意。脱有违于是，陈氏之中有端亮者宜匡正之。陈氏或不我屑也，则乡尹里师岂无勇于为义

者，咸得纠之。乡尹里师又不我屑也，则县大夫之贤者，宜抚树而振发之。是则章君之塾可相传于无穷。虽然，无以远虑为也，夫具人之形体者，孰无人心哉！苟读濂文，宜战兢保守之弗暇，矧敢坏。是岁十月金华宋濂记。

陈源何清刻。

龙渊义塾记拓本

【按】碑原在龙泉县西七都玉峰寺内，现为龙泉市博物馆藏。该碑高190厘米，宽95厘米。碑额部分残缺。碑文隶书，共22行，满行42字，字径2.5厘米。宋濂撰文并书丹。

宋濂（1310—1381），字景濂，号潜溪，别号玄真子、玄真道士、玄真遁叟。清江人，居金华。与刘基、高启并称"明初诗文三大家"。朱元璋称他为"开国文臣之首"，著有《宋学文集》。《明史》有传。

创建崇正书院记

清咸丰元年（1851）

创建崇正□□□（额篆书）今上登极之元年，岁在辛亥十月朔，余捧檄来莅兹土。甫人境，万山筝翠，拱揖同迎。东望括苍，横亘天半，烟霞缭绕，遥与天台相勾连；南望桃花洞，高峙云际，峰峦殿建，林木荟翳，又与南北雁荡争奇峭。山川灵淑之气，氤孕育，必有人才屈起于其间，以应国家中兴之运焉。及与都人士游，而知于宋有詹惠安之文章如泰山北斗，赵顺孙之议论如富强、苏轼；于明则有周文化之南赣军务，敕赐奖劳，樊斗山之德清方略，诣阙乞留。名臣硕彦，后先辉映，指不胜屈。其学问经济，皆赫赫在人耳目。何风地犹是，人文犹是，至于今而怀才抱屈者，比比焉？岂风气之使然欤！盖主持风化之责，有在于守土者矣。昔李少温祷于城隍神，旱能致雨，精诚所感，非人力所能为。若毛镇国之兴建学校，养育贤士余敢以不敏辞！恭逢圣天子邹治昌隆，崇儒重道，御制四言韵文，颁示学官。特旨令各州县建立义学，以崇正黜邪，使人心共明于性理，又岂区区科第遂可尽其事哉！余既观风，月课以为之倡，而邑绅士吕刺史载希复捐宅田为诸生诵读游息之所视范文正公捐吉地为学官，何以异焉！而吕明经佐周□君子尤乐襄厥事，以劝捐胶火为汲汲。得田共若干亩，其用心何正，而有造于士林何大耶！爰题其额曰"崇正□□"将见师听夕讲贯，经明行修，掇鬼科，拾青紫，宏猷大烈，远绍宋、明，为我□□□□之用，岂不伟哉！是为序。

　　□林郎云县知县梁元撰；

　　癸卯科举人候选县正堂东阳卢燮书丹；

　　□□直隶州知州吕载希勒石。

　　□□□□敦样仲春中浣之吉。

创建崇正书院记拓本

【按】《创建崇正书院记》在原崇正书院，今缙云县壶镇镇九进厅前壶镇小学内。该碑高216厘米，宽94厘米。碑题"创建崇正□□□□"，字径8厘米，篆书。碑左上角缺。碑文8行，行46字，字径4厘米，正书，字迹清晰。另有吕载希捐田宅及其他人乐助钱文碑二，大小与前碑无二，均夹砌在砖墙中。1989年，壶镇小学危房拆建，由文物办出资，转移安置。梁元撰文，卢爕书丹。

据《缙云县志》，崇正书院于"咸丰间毁于寇，同治癸亥重建"。现见碑上多裂痕，曾遭火焚。

鸦峰书院残碑

清同治五年（1866）

……爰，书院随举随废，指南即今鸦峰，创于雍正七年，汪公士重建于乾隆于辰，张公九华初名鹤溪，次名指南，今名……钱二百，向以四十，延请学官主讲，虚副其名于士林，鲜有神益。矛山本鸦峰对峙，上建文昌阁，为明钟公夏嵩所……鸦峰空留其名。

余于同治乙丑冬末奉檄摄篆是邑，披览志载，自国初至今举于乡者仅一人，窃叹文教之不兴，莫……□鸠工，其堂之后，添设左右厢房各三四间，以为诸生肄业之所。又虑其资斧不给，并牙山、鸦峰合而为一，凡岁人田……不足。适有境内金仙寺田租四百馀石，被奸民包姓侵□□年争讼，思得□□两美之法，详请大宪分拨寺产四分之……将五百石矣。俾使延请名师驻院主讲，而生童贫□不给□皆各萆上于学资不受而志益奋。庶几励士习而振文风□……诸久远。然知人之明，古帝其难，所望诸君子洁己自矣。泯私而□公，毋有一毫侵蚀，乃无□余所举也。爰将奉准课士章程饼……□恪守余承乏已有年馀，恐应调往他邑，谨志数语，以俟异日之长民者睹斯记而知所以善□云……管顾院内出人支锁事务，年终报销，准给每人工钱五千文；又在院轮值，共给饭食钱二十千文，以示体恤。如有事故禀退，由……收谷乙年销用，丙年开篆时，即□清册送县核明，转报详销，毋许□意迟□□斥未便……主讲。益学优可以振文风，行优可以端士习，其修□□仪等项约计钱贰□□□千文。俾教率有方，□致虚应故事……自宜稍厚，以示鼓励。酌定生童第一名各给钱壹千文，第二名各给钱柒百文，第三名各给钱伍百文，第四名各给钱叁百文，第五……月朔望两课，除正腊不课外，计给拾个月，共需钱壹佰壹拾陆千文，其馀膏人、生童自备，俟书院经费盈余，再为添设，……该董核明课卷□目照给，并仓房造报之费，亦于年终给□肆石，一并报销。……□肆□今有山长□院添设一人，以资驱使，年终给饭食谷□□□一冬夏收租耀谷，只须随时暂□，不准长年坐食，以节靡费。……如仓□不，其□□添造庶积储在公，自无侵蚀之弊。……壹斗三升，归书院董事经收，另仓存储，逾年夏耀提存，俟乡试年□□□□路费，其从前之□□院请回土名惠明寺，田租伍拾石，并人书……院田租有所归着儿多士其沾实惠也。……□给路费钱叁拾千文，今仍其旧，以示奖励。……多册存□备查。

……□月吉日　知景宁县事皖江陈德建　立。

后学张学渠书；邑庠生邓昆；叶笃谦镌刻。

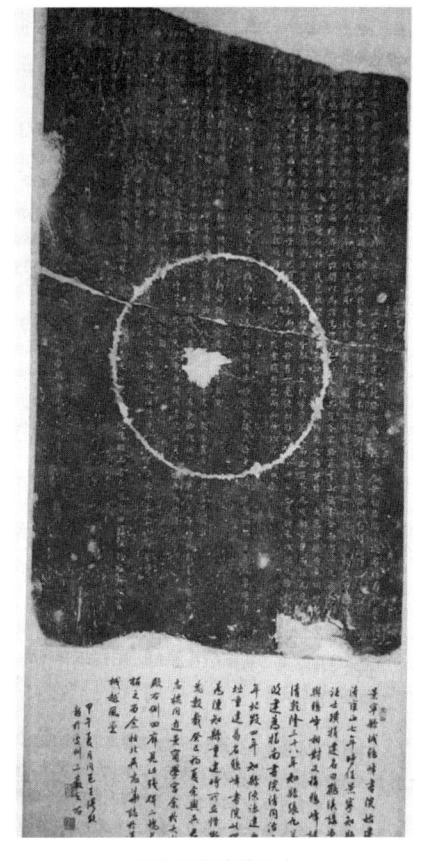

雅峰书院残碑拓本

【按】鸦峰书院残碑现藏于景宁县城文庙内。残碑高123厘米，宽73厘米。碑文正书，共22行，字径1.8厘米。陈德建撰文，张学渠书丹。

景宁县城鸦峰书院，始建于清雍正七年（1729），时任景宁知县汪士璜捐建，名曰"鹤溪讲堂"。因与鸦峰相对，又称"鸦峰讲堂"。清乾隆三十八年（1773），知县张九华改建为指南书院。清同治元年（1862）毁。同治四年（1865），知县陈德建原址重建，易名"鸦峰书院"。此碑为陈知县重建时所立，惜断为数截。

陈德建，清光绪《处州府志》作"陈德渐"，字子木，怀宁人。监生。清同治四年（1865）冬任景宁县丞，五年署任知县。

第五节　处州文昌碑

文昌阁置田碑记

清乾隆二十四年（1759）

文昌阁置田碑记（额篆书）

文林郎、知处州府丽水县事、加五级纪录等次陈地谕。

廪膳生员叶凌云奉谕撰文并书。

增广生员叶凤嘉题额。

县之西有村名三峰者，其□□文昌阁耸立通衢，名士朝拜之所，亦四方辐辏之地也。招僧无产幽阳荒，□过□既焉。乾隆十三年，□令重修西堰，详拨清修庵田一十五亩归公，□价尚未获售。余莅兹土，丁丑夏，梁子壬振、汤子□祥等捐资请售。□间计也，余嘉而许之，给之印券制额输课。而清修庵之田□□□□□己卯□□□阁下，下车登焉。但见帝坐之上，香烟不□□□□□以□世之□□书，而争世佛老者，其相去不大有。迳□□□□□□□□□□□□□□祀之。固正况设僧之后，行人络绎，并□□□□□□□□门荒□□今则□不然矣。谓非诸子之力，□□□□□□功于兹阁，非钱亩也，将来并受其报距或爽哉！余顾之，乐□□□□远，又欲置田，本末具诸石弓记于余。余适有海盐之命，不暇为此。而诸子之美举，实有替于文教，又不可以不著也。爰狗其请属叶生，为余志之。原请生员梁壬振、叶凤嘉、叶□□、梁隆、汤观封、洪贤祥、叶日升、宋仁侯、叶凤伯、梁□、顾敬修、顾文彬、张□中、叶瑞棠等捐建。庄内八十八岁生员梁□□，卿得梁道千、梁□祥。石匠莲城何贵如。大清乾隆二十四年岁次己卯八月望后三日。

（以下为田亩名录，略）

189

文昌阁置田碑记拓本

【按】《文昌阁置田碑记》刻于清乾隆二十四年（1759）八月，现存莲都区碧湖镇三峰村关帝庙内。该碑高200厘米，宽92厘米，厚约15厘米。碑额九叠篆书"文昌阁置田碑记"，字径10厘米。碑面中部为碑文，正书，21行，满行27字，字径约3.2厘米。该碑由碧湖生员叶凌云撰文并书丹，叶凤嘉篆额。

190

柘溪文昌阁记

清乾隆四十五年（1780）

柘溪新建文昌阁记（额篆书）

柘溪新建文昌阁记（题）

文林郎、知钱塘县事、原任遂昌知县、西蜀张翯撰并书。

《史记·天官书》：斗魁戴匡六星曰文昌官，曾主科名士进，折登通籍者，咸祠祀焉。稽诸记载，一则曰朱□县头，再则曰红□□眼，盖实有阴□文衡，匡主司高不□者，非成神道设教也。庚子岁，余宰遂，值邑西拓溪议建文阁，以基址未协，共质于余。余为相阴阳，规原阳探□论而定今所焉。泊余调任钱塘，距今年久，而□□国学王生朝，率士张生仕朝等，不远千里，竭魇会城，叩署而请曰："自明府相此定址，里人咸踊跃赴功，□金粟，庀材料，鸠工协作，□雨无间，下为文昌宫，上起奎楼，皆装星象正南面，宝光普烛，华彩宣昭，始今年六月四□□朔而告竣。是役也，实里人黄氏文经、文纬兄弟暨犹子维垣等，身董其事，即所募不给，亦黄氏

柘溪文昌阁记碑

191

独捐重金以达其成。更□沃产若干亩，为久远牲醒需，计费逾六千缪，某等众输犹未及十之一耳。初明府勉成斯举，今既卒事，用乞一言以勒贞珉。夫宰官牧民，养之教之，良有司事也。余向在遂时，□牍劳形，弗遑他及，不谓黄氏乐善好施，譬叠不□，几有以助我矣。由是，人怀振奋，士□神□，文光约□，上接□垣，科名之盛，骚乎不可量，实□乎此。盖黄氏之勤，可以不朽；而众人之请，亦非阿厥好也。爰□其词而作记，并书以□之。"

乾隆四十六年岁次辛丑冬十一月己亥朔旦建。

【按】柘溪文昌阁记碑位于遂昌县大柘镇卫生院南围墙沿，碑体面东朝向大街，所立位置为原文昌阁遗址边缘，系街弄整修时地下出土，基座不存，村委组织群众立于现址。碑刻为清乾隆四十六年（1781）镌刻。

碑刻奎首，下部置樟，花岗石制，碑额自右向左横镌"拓溪文昌阁记"，字体为小篆，碑文竖排，楷书阴刻，12行，行42字，上款题"柘溪新建文昌阁记"，落款"乾隆四十六年岁次辛丑冬十一月己亥朔旦建"。该碑高213厘米，宽68厘米，厚13厘米。碑文字迹清晰，是修建文昌阁的铭文，为原遂昌县知县，时任钱塘知县张焘撰并书。清光绪《遂昌县志》载：张焘，生卒年不详，四川举人，清乾隆四十二年（1777）、四十六年（1781）任遂昌知县。

景宁魁星阁碑记

清光绪七年（1881）

景宁魁星阁记（额篆书）

粤稽《学校纪》，魁星肇于南宋，浙省府、州、县学，多建魁星阁。□家言吉主□名由来尚矣。景邑自宋迄明，科第蝉联，载□邑志。国朝则□寥寥而多土绩学励士，不乏□才。则中每荐不达，又有门学既刊而复落有时微命欤！抑地使然欤！光绪五年，教谕吴君日华，训导张君维翰□诸邑人士议于文庙巽方建造魁星阁，以参与文□，相地得汤氏明代仪门旧址，计纵壹丈余，横贰丈余，汤氏后裔□□则□基地□造高阁供奉□□□-□□麦□□□□门遗址□□又阁之东北隅□地贰尺五寸，系锦衣叶□族众□叶天芳支下情愿□□准于春秋于祭，时给汤裔□肉叁，叶裔□肉壹，以示奖励。其鸠工经费出自邑中诸君子捐助，□于五年夏季落成，

景宁魁星阁碑记拓本

惟碑记尚未刊立。余于今夏来宰是邦，每瞻斯阁巍峨，察吾邑之人士有志，奋□□成登□尤□□张一方之乐为首倡，将见奎壁腾飞文明丕焕，科名之盛可于是乎，□之□其事者，邑绅严君用光、陈君钧、叶君笃□洪君乃薄、林君□棠、汤君藩、汤君金□，例得附书。

是为记。

光绪七年辛巳嘉平月谷旦，知景宁县事，藩阳程钟瑞撰并书。邑庠生潘文藻篆额。

【按】该碑现藏于丽水市博物馆。碑高 135厘米，宽71厘米。保存完整，碑面风化严重，字迹不易识读。碑额"景宁魁星阁记"，篆书，字径18厘米。碑文正书，15行，满行29字，字径2.3厘米。该碑由程钟瑞撰文并书丹，潘文藻篆额。

程钟瑞，生卒年不详，字步庭。江苏溧阳人。清同治十一年（1872），任钱塘县县丞，补用余杭知县。清光绪七年（1881），任景宁知县。光绪十一年（1885），任瑞安知县。

重修文昌阁碑

清宣统元年（1909）

重修文昌阁碑（额篆书）

松川之□，为由括赴松之孔道。文昌阁盘立通衢，□一所式凭亦□所□□□□□□□□□氏□□岁久失修，□于倾献哉。有栋折楼崩之虑，过者感慨系之。光□□□丽水碧湖县丞朱公大修通济堰，晨夕过□□□之而未果。戊申春，堰工告成。曰："此举不容后矣。"遂捐廉首倡，劝叶氏后裔暂提族祖，又谋□碧之绅士为之筹捐。自夏任时始至冬岁，事凡费钱二百余缉，规模依旧，墙宇之坚固，过之而□□，光景一新焉！于是，父老相聚而言曰："吾民难于图，始可□□□诚哉。是言也。方公之议修，是□也。吾民岁有难色，及公提倡，多方数月之□□者以举。"公曰："是尔民之□公好义也。"吾民则曰："非公之力不至此也，虽然尤有说焉。"方是□创建之时，□□之请书成名者，若而人席丰屡群者，若而人夫固□不胜也。乃曾几何时，古今□□不□及是阁之□与可以□地方之盛襄矣。今公力焉倡修，盖欲吾民□□课读□人文敦风俗，进化文明，以复前日之盛。此则观公之作，可以知公之意也。吾民勉乎哉！阁既成，嘱余□之余不获辞，遂为之记朱公名炳庆，大兴人，历署景宁、云和、青田、庆元，所至有政声。董其事者，碧湖则沈君国琛、叶君大勋、曾君占鳌、王君景义、吕君景菜、阚君康清、王君赞尧、吕君调阳、叶君熙春，堰头则叶君维桢、栋年、福星、向仁、兴余、必聪、必耀，例得必书。大清宣统元年岁次已酉仲冬月谷旦。丽水县优廪膳生高鹏并书。捐资姓名（略）

重修文昌阁碑拓本

【按】《重修文昌阁碑》现立于莲都区碧湖镇堰头村文昌阁前。该碑高 145 厘米，宽 70 厘米，厚约 10 厘米。碑额篆体"重修文昌阁碑"，字径约 7.5 厘米。碑文正书，18 行，每行 30 字，字径约 2 厘米。碑体基本完整，有碑座，碑面有风化现象，大部分文字可识读。高鹏撰文并书丹。

高鹏（1874—1931），乳名荣才，又名蓬仙，号拙园，碧湖镇保定人。12 岁郡试夺魁，为优贡廪生。因父母病丧丁忧，未进省赶考。废科举后，入浙江省法政专门学堂校外班。光绪三十三年（1907），与吕调阳等筹措学田，在悟空寺创办"植基两等小学堂"。高鹏任校长兼教席，主讲文史，毕业生参加县会考连续 5 年第一。培育高小毕业生 24 届。民国十三年至二十年，在家办中学复习班 7 期。不但工于文史诗书，且谙熟法律，常替人书写诉状。拥护孙中山领导国民革命，带头剪去长辫，女儿带头解足，并对学生极力宣传。率先在自家出租田亩执行"二五减租"规约，被推为西乡佃业理事会理事长。平时乐善好施，筹集资金在大港头、保定、石牛等渡口添设日夜渡、修建凉亭，为过往的村民提供便利。高鹏倡议对孤独无依者施舍、对无力求学者提供助学金，以及提出禁止溺婴等。著有《虞美人集》《拙园文集》《拙园偶存》《括括商榷书》《哭佛》等。参与编纂《丽水县志》和《通济堰志》。

第八章

艺文轶事

　　孔庙是中国儒家文化的重要象征之一。儒家思想已经在中国历史上占有了长达数千年的时间。儒家思想主张"仁"的概念，是传统中国文化的核心，人们将它与中国文化的长存不衰联系在一起。其内容丰富，涵盖了哲学、伦理和政治等多个领域，为中国文化的发展做出了巨大的贡献。

　　处州孔庙大成殿内悬挂有众多匾额，这些匾额蕴含着博大精深的中华文化。作为儒家思想的核心地，孔庙集中了中国儒家文化的精华。处州大地历史上曾经出现过许多儒家大师，他们在孔庙中互相探讨儒家思想，促进了文化的交流与传承，留下了众多诗文。一千多年的处州孔庙发展史上，也同样流传着许许多多相关的故事传说和艺文轶事。

第一节 处州孔庙艺文

一、匾额楹联

孔庙的匾额楹联是中国古代建筑中最为规范的。由于各朝代统治者关注祭孔活动，从而减少了匾额楹联的随意性。一般来说，在如此庄严的地方，楹联是极少的，除各朝统一规范的匾额外，统治者较少专门为文庙御赐楹联。自清康熙帝始，历代皇帝即位，必亲临北京国子监"辟雍"讲学一次，称为"临雍"，随后到孔庙大成殿悬匾一方，并要求各地文庙效仿摹制。

1. 德配（音：móu）天地，道冠古今

早在《庄子》中即盛赞孔子德配天地——《庄子·田子方》："夫子德配天地，而犹假至言以修心。"译为"夫子的道德与天地匹配，还要借至理之言来修心养性"。而"德配天地，道冠古今"这两句则取自明陈凤梧《孔子赞》，其文为"德侔天地，道冠古今，删述六经，垂宪万世，统承义皇，源启洙泗，报功报德，百王崇祀"，意思就是说：他的德行与天地齐同，与日月同辉，即"德侔天地"；他的"道"（学说或儒教的意思）泽被万世，古今不二，即"道冠古今"，他最早整理六经，作为他教学所用的教科书，立下的经典成为万世人的楷模。

而这两句盛赞孔子的话也被刻在了文庙建筑的牌匾之上。文庙东西两侧各有一座二柱一楼单檐式木牌坊。建筑为木构，三间四柱五楼，黄色琉璃瓦，如意斗拱，明间十三踩，稍间九踩，中夹小屋顶五踩。坊下各饰有8只石雕怪兽。居中的4只天禄，披麟甩尾，颈长爪利；两旁的4个辟邪，怒目扭颈，形象怪异。两座牌坊匾额题字分别为"道冠古今"与"德配天地"，盛赞孔子的学说、思想与品德。

牌坊是与殿堂、屋宇相配套的一种装饰性建筑物。一般为门式，横跨

在通道之上，行人通过时可以感受到宏伟的气势，引发出崇敬、仰慕的联想。牌坊上悬挂（或镶嵌）有牌匾，故又称为"牌楼"。它的功用有三点：一是壮大庙宇、殿堂的气势；二是彰显某人的功德（文庙门侧的牌坊就属此类）；三是街巷的名称标志。

文庙东西两个牌匾从"道"与"德"两个方面高度概括了以孔子为代表的儒家学说的深刻内涵和孔子的崇高品德及在历史上的地位。孔子是生民未有的圣人，其德与天地齐同，与日月同辉，即"德侔天地"；其道泽被万世，古今不二，即"道冠古今"。

2. 万世师表

"万世师表"语出《论语·为政》："温故而知新，可以为师矣。"士人有云："教之以才，道之以德，可以为师矣，学而不厌，诲人不倦，堪作表焉。"又有《三国志·魏志·文帝纪》赞誉孔子："昔仲尼大圣之才，怀帝王之器，可谓命世之大圣，亿载之师表者也。"意思是说：孔子是万世千秋的老师和表率。

"万世师表"匾是清代康熙皇帝于康熙二十三年（1684）十一月到曲阜孔庙祭孔时的御赐。当时康熙皇帝在"诗礼堂"听完监生孔尚任讲完《大学》首章后，对大学生王熙等人宣谕之中讲到"欲加赞颂，莫能名言"特书"万世师表"四字悬额殿（大成殿）中，并将所带的曲柄黄盖留下，用于孔庙庙廷缮祀之用。随后，又将这块匾额内容颁发给全国各地的孔庙，刻匾恭悬。

清代建立初期社会矛盾和民族矛盾都十分尖锐，康熙在位期间极力维护同汉族士大夫阶层的关系，笼络中原儒家知识分子，以加强其统治根基，稳固其统治秩序，故有此匾。

1985年，康熙题"万世师表"匾，改悬北京孔庙大成殿前檐下。此处前文有详细介绍，故不做赘述。

3. 生民未有

"生民未有"最早见于《诗经·大雅·生民》："厥初生民，时维姜嫄。生民如何，克禋克祀，以弗无子。"又在《孟子·公孙卫》中："出乎其类，拔乎其萃，自生民以来，未有夫子也。"意思是说：自有生民以来，从来没有像孔子一样至高无上的圣贤，世上只出现了这一位圣人。

而"生民未有"匾由雍正皇帝御笔题写，颁定阙里孔庙及天下文庙大成殿予以悬挂，用于昭示后人铭记孔子在创立儒家文化中的至尊地位。现存于曲阜孔庙。

4. 与天地参

"与天地参"的关键字是"参"。《周易·说卦》称："参天两地而倚数。"《中庸章句》称："为天下至诚……则可以赞天地之化育，则可以赞天地之参矣。"朱熹注曰："与天地参，谓以天地并而立三也。"意为孔子地位与天地并列，所以"参"是为并列之意。"参"也可理解为参拜，所以"与天地参"之寓意是赞誉孔子德行与天地并列，而为后人参拜。

"与天地参"匾是乾隆皇帝于乾隆二年（1737）的御笔题书，时乾隆皇帝"临雍"释奠行三礼，书"与天地参"，匾额悬挂阙里及天下学宫。

5. 圣集大成

"圣集大成"之典故出自《孟子·万章》中："孔子之谓集大成也者，金声而玉振之也。金声也者，始条理也，玉振之也者，终条理也：始条理也，智之事也，终条理者，圣之事也。"这里用音乐作比喻：孔子善于把单个的音符，按音乐规律组成美妙的乐章，意即孔子能把古圣先贤的美德集于一身，形成自己的学术思想。这是孟子专对孔子的盛赞。因此，后世君主皆以"大成至圣先师""大成至圣文宣王"来命名孔子尊号。孔庙主殿也称"大成殿"。

"圣集大成"匾是嘉庆皇帝于嘉庆四年（1799）的御笔题书。《清史稿》记载：嘉庆四年，嘉庆皇帝"释奠先师孔子"，但没有题匾的记载。登基大典过后，嘉庆就到孔庙祭拜，可以说嘉庆是"即位亲临"的一位皇帝。

6. 圣协时中

"圣协时中"匾是道光皇帝在道光元年（1821）的御笔题书。"圣协时中"出自《中庸》："君子之中庸也，君子而时中。"朱熹作注曰："以其有君子之德，而又能随时以处中也。"又"喜怒哀乐之未发，谓之中，发而皆中节，谓之和。中也者，天下之大本也，和也者，天下之达道也。致中

和，天地位焉，万物育焉”。这段话的意思是：一个人的喜怒哀乐能够节制，就叫作中；在表达情感时能恰到好处，能为众人接受，就叫作"和谐"。中是治理天下的根本；和谐才能达到天下大治。做到了中和，就可立于天地之间。其深刻的寓意是在赞扬孔子的中庸之道。

7. 德齐帱载

"德齐帱载"匾是咸丰皇帝于咸丰元年（1851）的御笔题书。"德齐帱载"语出《中庸》："仲尼祖述尧舜，宪章文武，上律天时，下袭水土，譬如天地无不持载，无不覆帱。"帱，多音字，这里读"道"，覆盖的意思，言孔子之学术思想和个人品德，可以经纬天地，无所不包，完美无缺。

8. 圣神天纵

"圣神天纵"匾是同治皇帝于同治元年（1862）的御笔题书。"圣神天纵"的渊源分为两部分，一是"圣神"语出《孟子·尽心下》："充实之谓美，充实而有光辉之谓大，大而化之之谓圣，圣而不可知之谓神。"程子注："圣不可知，谓圣之至妙，人所不能测。非圣人之上，又有一等神人也。"另是"天纵"语出《论语·子罕》："太宰问于子贡曰：'夫子圣者与？何其多能也？'子贡曰：'固天纵之将圣，又多能也。'"这里的意思是说：孔子是顺应天时应运而生的圣人。颂扬孔夫子为上天赋予人间的品德学识和高超的神灵。

二、诗文杂记

儒家有"三不朽"之说，即"立功、立德、立言"。古人写诗文是"立言"的一种。因此凡是有作为的士人都有诗文流传于后世，成为他们的精神地标。这些诗文蕴藏了无穷的正能量，滋养了一代又一代人的精神。

1. 府学诗文

处州重修文庙记

（宋　陈礼硕）

处故有孔子庙，唐李邺侯繁所创。昌黎伯韩愈为之文者，在樨山之巅，今为县学校。《图经》及郡记，清康定（1040—1041）中，孙威敏公沔始徙学建庙于今址。然考之郡守题名〈碑〉，及苏舜钦他记，则威敏之来，实景祐四年（1037）。迨宝元二年（1039）而席侯已至，则庙学经始当在景祐、宝元之间。盖遭宣和三年（1121）盗火，而旧刻荡然。"图经"舛矣。又二年，而侍御黄公葆光复建焉，天子书殿榜以赐。阅岁六十有六，中更洪水，基制颓陷，材植蠹败，间经葺治，率以意迁就，楹础凿枘，各不相合。太守柳侯谒而叹曰："今不修且压，顾事无急于此者。然郡方贫，奈何？"乃损他费聚材，逾年始克兴役，遂具礼祝告，徙神像于讲堂。倾危既正，圮陷斯筑，变朽以良，代挠用壮，百废具〈俱〉兴，丹垩如制。复念像设之漫漶，采章之舛讹，乃订礼经，更施绘事。凡庙之事，悉变而新之。孟秋初吉，侯率宾佐、生徒释菜告备，退即学饮酒观瞻，咸喜有作而言曰："吾邦素贫，异时长民者穷力钱谷，会期间且不给，设置是勿问，宁复吏责。非侯裕于政理，而识所后先，谁暇及此？"又曰："若郇侯之为庙，实己酉岁。今岁适巳〈己〉酉，岂事废兴，亦有数乎？宜有纪也。"愚窃惟古者释菜，乃即学宫，不为像宇肖形而庙食殆起于唐乎？夫礼固不以像祀也。今使拜而谒者，目瞻睟容，心宪圣则，仪想先哲，而起思齐之念不在兹乎？夫民有常性，后绥厥猷。若昔盛于因其有君臣、父子、夫妇、昆弟、朋友之则而为之教，故曰：学所以明人伦也。然非文不行，故又有诗、书、礼、乐、射、御、书、数之习，而谓之艺。本末盖相因也。先圣先师之训，述此而已。今欲宪而慕焉。《论语》《中庸》《大学》与七篇之书，万世而下，所以心见圣贤者也，于此焉求之，亦惟曰：博学、审问、慎思、明辨、笃行之耳。苟为置本而事末，后德而先艺，背道而营利，又何庸先圣先师之为宪哉？嗟夫，世之为学，有不利焉者寡矣。舜、之所由分，可不畏哉！孔硕幸得尸教事而相斯役，故乐书其本末，因窃推古昔圣贤之所以教者，将为吾徒勉焉。且俾知侯所有事之，意不在此而在彼也。绍兴元年（1131）四月既望记。

处州教授黄公学政记

（宋　盛熹）

学校遍天下，独处与湖之学在二浙为称首。以湖学兴于胡安定，处学

建于李邨侯,其有名吾教久矣!近世,教官自眎(视)为冷曹,计日来去,能究心帅职者盖鲜。开禧乙丑(1205),永嘉黄公典教是邦,乃能以礼义帅诸生,以行艺选职员,耳提面命,课试加谨。学有书数千卷,藏久颇放逸,公首为整葺,编帙照目。诸斋又列置经、史、文集,以便览观。且核廪饩,节冗费,增置学产房赁,岁入缗钱几千计,饶于市场,非复有曩时楮募折阅之患,饮膳为之丰裕。殿堂圮坏,百日新之。自门庑达于垣,嶻嶭殆遍斋宇,缺漏并加修饰,甚至几榻、器皿,百尔具备,其加惠于学者不少。吾郡旧无小学以蒙养之功,公为复于郡。值太守进野赵公以圣天子近属,崇学礼士出于天成,毅然助其费,度地于学之东偏,市材鸠工,兼力而办。乃令郡之幼子弟,试以记诵文艺,择久于学校,明礼仪者训导之。童稚皆踊跃志学,甚盛举也。公盖廉于处己,敏于立事,设施酬应无一毫私。然犹笃意乐育,故学校小大井井,儒绅秩秩,有自来矣!今秩满受代,犹搜访阙事,有维日不足之叹!昔人谓:一日必葺者,几近欤!诸生因欲捽其实,寿诸坚珉,请于公。公牢弗之许,曰:"前是钱公谦光尝崇致诸斋,一新两庑,犹弗之志。"顾自以志为诸生欢,曰:"士非为之难而成之难,以今视昔则今有加焉。倘弗之记,来者何所考?"公颔之。诸生退而属麐志之。麐乡教旧人,不敢辞。公名启,字子遴,由舍选登乙未(1175)进士第。嘉定改元(1208)十月五日记。

处州儒学教授题名记

(元 吴梦炎)

教授,古诸侯客也。《周典》:"诸侯以下,各立教学官为师氏。其殆昉(始)于此欤!"汉兴六、七十年间,庠序未皇,诏天下郡国皆立学官。自孝武始,魏晋而降,为文学,为博士、助教、教授之名未立也。至唐,始置府郡"五经"教授。宋因唐旧,疑若以文胜,而诸州教授,诏委中书门下选差,则自熙宁始。皇元宅天命,一区宇,急贤首教,凡版在职方者,靡不立学诸路。教授阶八品,重其选也。如散府诸州,秩虽稍卑,亦必闻授省部弗得专。其不轻而重,较然矣!至元癸巳(1293)三月,梦炎领教于栝。至则典章格弛,无所于考。日惟不称塞(尽责)是惧。逮暇,延问耆老，稍契纲维，废学必修，课讲必饰，规小学、丹文庙，请建立石门书院。凡泉谷之积弊者，急上之廉台，下其文经理，会所增视元额，殆将半之，学以粗给既复哀（聚）。至元（1335—1340）以来，官于是者若干人，名氏将志而刻诸石旁。有让者曰："昔濂溪先生以名胜为耻，名非所尚也。"噫！予岂是好名为是哉？天下盈虚消息之理，难以预详，而名誉奚庸过计？是举也，亦姑叙一代建置之始，著岁月以遗将来耳。他日或有由学官论事知名，下次大用，流光兹碣，未可知也。其或岁迁月移，尘昏苔蚀，委是为碪石，亦未可知也！予又何心哉？乃第其次序，由赵君必实始。盖至元除授栝教之第一选，仍虚其左，俟后至续焉。前是者，以隶异代，既具栝苍学志，故不书。元贞元年（1295）吉月日记。

处州路新修庙学碑铭

（元　柳贯）

处州路新修庙学成，总管卢侯景、经历王君文彪以书抵贯，请识牲石。书云：昔韩昌黎韩子为邠侯李繁作《处州孔子庙碑》文，叹其至官能以为先，既新庙改像，又置讲堂，选博士弟子肄业其中，而本钱廪米皆可继处以守则固庙学，具与宋制无异矣。及孙威敏公沔徙建今学时，则庆历诏下，以公之贤兴此不难也。其后，宣和盗起学毁，黄公葆光为州，复崇新构，视旧加宏。入清垂六十年，虽或革或因，屡勤工役而枅塈（涂刷）未竟，摧剥随之。景之始至，祗谒庙庭，退即堂席，顾瞻栋甍，危实将压，乃与长贰合谋，属经历王君句校出入之赢，得通租余以百石。戒有司毋缓输，命计吏别储峙（通"待"，储备），伤材征工，毕于是乎取，方授图练（通"拣"）日。会浙东海右道肃政廉访副使李公按部苍郡，景白事及之。旦日庙见，公周旋庭陛，计陈器设县之位殊隘！宜增辟东西各一楹，以广其度。隆栋厚础，既蠹既安；修筵丰藉，不偪不逾；河目海口，翼翼在上；陟降拜舞，舒舒有容。自棂星门泮池，重闶列庑，至于会讲之堂，稽古之阁，弦诵之馆，乐宿之庐，下逮廪庾（谷仓）庖湢（浴室），凡榱桷倾阤（塌），而瓴甓摧落者，咸易弊为良。外隅内奥，垩（白土涂刷）黀相辉。又度地正阳作新亭，具刻诏书以奉休（吉庆）庑。役未半，

教授林堂寔（此）来，尤相与荐力，复临殿庭筑台，以登乐歌台之下，易新氅以严礼事，斥浮就实，以臻厥成，始终协赞，学录薛元德与有劳焉。今鸠儒告备，余惟守土之臣，职司教典，属时补敝，岂有劳烈可名金石，而使韬至止。嘉惠斯文，劝奖作兴，以致新美，将使千里之民均露丰芑之泽，仁渐义渍，贻训远矣。倘幸假辞纪载，明李氏仍世有人，使吾处之民视仪始终，乐学之成，以嗟叹咏歌于无巳〈已〉，其亦可乎？昔贯备官成均（官学），从公为僚。今退休田间，在公容察之下，维显诗之，则其职也。公名端，字彦芳。由艺文太监检校书籍事予闽节改今任。有学规十一条，布之列郡，示下学上达之方，著明善诚身之本。有学有政，知先后哉！诗曰：

　　若古范民，有庠有序。间塾所升，进旅退旅。饮射读法，于焉庐语。还从父师，讲肄道德。事亲信友，动言维则。及夫与贤，自乡而国。致用于时，为大夫士。亦祗六德，亦和三事。由仁义行，非行仁义。庠以养贤，序以序射。士出于农，学湏其暇。越乡而游，则众所舍。凡学之成，民用丕变。少能代老，耕则让畔。明君谊辟，视为胜算。鲁尝修泮，郑不毁校。来歌来仪，肯训肯诘。二国之政，卒以无暴。巍巍圣师，宜有庙乐。唐始洁祠，宋因建学。笾豆孔嘉，笙镛间作。夫是秩礼，亦举于古。瞽宗之制，殷荐乐檟。周公于周，孔子于鲁，矧兹国中，圣维教父。首善自京，刑于郡邑。教行祀举，泮泮秩秩。元运重光，赫汝天日。率土有街，向用儒术。明诏屡领，申严甲令。宪臣宣风，良牧莅政。告蠲荔芬，式时诵咏。育彼菁莪，洽于休盛。山区海陬，凡有官守。挈是夷风，化为礼圈。栝为东藩，千里而凑。俗鲜淫昏，民重孝秀。建学立师，系教之始。孰为新宫，邺侯妣（通"氏"）李。在宋孙黄，亦济其美。支倾柱败，间关五纪。挠栋樑櫋，日就污下。爰起新功，以俟贤者。卢侯至止，有喷悲咤。征匠以備，抡材于埜。有奕使华，翙其来届。嘉侯是举，勉以弗懈。介尔高明，廓尔湫隘。凡厥礼容，有隆有杀。问材焉出，遹租是辑。资尔元僚，制其张翁。广庭闲闲，穹挟炭炭。自门徂堂，尔营尔茸。无侈前人，无废旧贯。业有息游，祭有荐盥。谨尔遹思，合尔泮涣。经训昭垂，星文炳焕。挟策而趋，重席而坐。勉勉师生，矫轻警惰。如彼执御，逐左而左。如彼稽田，是菑是播。惟二李公，前承后引。异世相望，肆不陨问。惠我梧民，知远知近。式训程之，视公绳准。显允卢侯，职是南伯。起孝起敬，民用饮食。僚友王均，宛若诺画。载新泮宫，崇崇仡仡。神道设教，天维显用。民罔敢知，惟日廪共。春则侯相，舆则成诵。矢诗飏之，声于有众。

至元丁丑（1337）良月日。

处州路儒学归田记
（元　柳贯）

凡学田始皆官给，岁籍赋租以供春秋时祀。师生饩廪，其疆理步亩，载之户曹之版，明且悉也。然自五十年来，缁白殊流，统属角立，挟邪饰伪之徒骋其私智，谓学田无适主，吾可以冒没而攫取之。或钻石埋土中，或述赂窜乡籍，藉为口实，从其所司移文州县，往往符牒未及下，而敚〈夺〉攘已蜂起。讼理虽勤，卒以危言蔓辞淆乱，舛错莫能正定，迨其久也。是非得失系乎法，理欲消长存乎人，彼为是狡狯狙诈之谋者，举无以自匿于鉴空衡平之下，校官去来捷如邮传，固莫知所适主。而仁人君子执法持宪以临乎民上，斯主之矣！处州路学田之在青田县黄肚、黄里两源者，宋廪定（1040—1041）初郡守孙威敏公买之民间，以隶于学。有田，有山，有园地，总之为十三顷八十六亩四十步。砧基在学，图牒在有司，焉可诬也？至元二十七年（1290），僧官杨总统倚法始横。延庆寺僧师晟因构诬词陈之，统所利两源之便已。豪据显攘，饰其言曰：卢史〈使〉君约建寺，于唐乾元（758—760）中施田二十顷，四至内无官民田土。宋宣和元年（1119）改寺为观，三年而复，五年知州黄葆光遂夺之入学盖自廪定有田，迨至元三十年（1293），历岁二百五十，寺未尝无僧，独无一言及之何也？

且约起群盗，据州以叛，自称刺史，吴越遣将讨平之。即其所施，亦得之乱贼之手，君子尚羞称之。固明是田，为廪定始得有之田矣。归之于学，理则宜，然郡府方上其议。明年，诏旨诞颁，凡赡学地土，贡士庄田，禁毋侵夺。于是，郡符首下契其田，还界路学。无几，寺僧素礼如京师诉宣政院，院臣纳其偏词，不以达之省部，直奏言，宜如师晟所陈画田三顷七十二亩付之寺僧。而寺僧复沿是启倖心，不尽夺不餍。郡府酌情论法，檄青田主簿紫瓘、教授杜熙躬即其地，量计田、山、地凡十四顷二十二亩，其以田三顷四十二亩予寺僧，余十顷五十亩令〈予〉路学，依验砧基帐籍，入其赋租。自皇庆元年（1312）以始，郡具上帅、宪二府，报下如章。越五年，延祐三年（1316），僧元清再诉之宣政，大变其词，谓所余十顷五十亩皆在卢施四至之内，学非所当有。复奏回付。寺近而学远，僧犷而儒柔。犷者怙势，柔者执理，盖久而莫能自明。乃皇帝御极之明年，元统二年（1334），载锡玺书申严侵夺学校地土之禁，学录薛元德历陈其事，职事赵良乘若干人汇词白郡府，府檄缙云主簿郑怕达儿与青田县官重行捡括。其冬，金宪吴公按部至郡，府备成案上之，得报，宜奉诏行事。吴公去，而宪副李公实来，薛元德复白寺僧慢令之状。公取案阅之，悉知其奸，乃具移总管卢公责之所属，且俾经历王君视书牍，除原标两源田五百三段合三顷七十二亩入之寺僧外，余田、地、山十顷五十亩尽还路学。其见佃汤文等十二甲征至钞米，就给养士。是岁六月，李公复来，虑囚重属。卢公其以归田本末，具竿镻诸石，俾后有考。卢公谓：余尝执笔隶奉常，其言宜传信。方来乃使来请辞。予学于孟氏者也，知息邪距波，所以正人心而闲圣道者，其趋甚正，至比之禹治洪水，周公膺戎狄，孔子作《春秋》。究而论之，君子以为知言。今去程子又数百年，所云近理，而非朱翟之比者，果安如哉？归田一政耳，可以试二公正人闲圣之用矣！春秋重归，侵疆而书，法各异然，则谨而著之，不亦可乎？李公，名端，字彦方，保定人。历任馆阁，入御史府，出节南闽，再转而涖东浙，摧奸击暴，不挠不矜，而尤尊其所自。振扬风教，本于儒学者，称静斋先生。吴公，名焘，字承禧，广平人。再迁御史，自汴至浙，今为广东宪副。廉靖有为，渊然儒者。卢君，名景，字彦远，大名人。世传政谱，守江阴，守三衢，皆有惠政。是三公，乃所谓仁人君子，临乎民上而为之适主者也。若宪橼冯君迪、杜君士谦、武君瑛、门君国宝，之佐其筹划。经历王君文彪，之宣其猷为法，宜牵连并书。凡署牍官僚，亦列名氏左方，重劳烈也。教授林堂，后至不与，与于树碑记绩之后，故末系之。予既为文以复命于候，学录薛元德又致其耆硕之言，谓备始终成案。照磨任君宜力维多，而奔走吁告，则薛君尤为有劳，皆不可以不书也。然则闲邪存诚，人有是心，春秋之义，重纪其实，虽屡书不一，书之何慊。元统五年（1217）岁次乙亥九月望日记。

处州学卫道碑记

（元　林彬祖）

治道先文而后武，古之圣人教民有弗从，不得已而用辟，又不得已而用兵。兵戎所加，必先之告辞，反复启迪以冀其并生，此尤见文教之重也。

栝州环万山，人俗雅淳。曩时学校，兴儒风为盛。自群盗入闽关，侵轶吾境，蛮社扇惑，转相攻剽，兵戈日寻，俗用嚣悍，教授失职去，学田没入盗区，虞庾空乏，游歌之士几于削迹。

至正乙未（1355）秋，今行枢密院判官石抹公，以浙东副节分府来治。公自为万户侯，有德于民，士民大悦。时守御单弱，公一按营垒，旌旗改色，乃去苛剔蠹，均赋程役，立城墉峙，储备训士，卒申造令。有贼犯近郊，先锋破之。恶党远遁，良民安业。

明年春，前江浙儒学副提举刘君伯温，奉相之命宣谕郡邑，开自新之路，严怙恶之诛。君以桑梓习知人情，公倾心听任，军政益治。于是，浮云倡顺，三都服业，西定松阳，北平缙云，遂昌请命而息争，青田献俘以自效。会丞相兼领行枢密知院，以便宜进公判枢。刘君以都事升经历，分治如初。乃下令曰：诸邑之人，敢树党违拒，由教道不明也。大憝克清，人思自新，郡邑长吏其务，饰教事，学产所在各输租如期，山谷小民趋风恐后，陆负舟运，学廪充溢，士皆有养。遂聘前进士齐君志冲为经师，又选乡士之有学者，分教秀子弟。暇日，公辄与刘君礼其髦士，考论德业，

人知奋励，俗化复改。学正祝宝、学录柳韶造彬祖，请曰：公卫吾道，以牗斯民，不弃昏迷，又加惠吾徒，使之有造，是乌可忘？愿述明德，勒之贞石。呜呼！三纲五常，所以植立人世，不可使一日不明。《书》云："伯夷降典，折民惟刑。"治道之隆也，仁涵义洽，礼俗靡间，刑寝而不施，武备固虚器耳！不幸反道悖德，冠攘奸宄，纵法不得贷，又可不教而尽诛之乎？圣有祖征，逆命而诞，敷文德贤，有下马投戈而讲道论艺，诚以用武非得已，修文不宜暂缺也。公勋庸世德，兼资文武，忠信明果，动合事机。刘君名进士，练达政务，出谋发虑，侃侃相得，故指麾闲暇而有安定之功，简书从委不废讨论之益，将使礼让之习胜，强暴之意自消；忠信之道惇，祸乱之源自灭。古称止戈为武，去杀为政者，必由此其道也欤！公名宜孙，字申之，辽东柳城人。刘君名基。彬祖既述其事，复系以诗曰：

> 维文与武，王政大端。嘉靖有民，除其凶残。载戢我戈，维迪彝教。有教克从，孰为狂暴？猗石抹公，文武为宪。开府栝邦，辑宁七县。刘君既归，克左右之。鉏强立柔，以德以威。恶化为善，威莫非德。教育乾乾，忠义为则。穆穆宥府，揆政孔宜。翼翼儒宫，维教之基。政教并修，闻于上国。作此歌诗，以示来式。

至正十有八年（1348）二月朔记。

处州路重修儒学记
（元　石抹继祖）

古者良二千石发政，率以兴学为先，盖示民所尚也。所尚在是，则所趋亦在是，其化民之要道欤！栝有学，兴于唐李邺侯，韩文公嘉而记之，民知所趋旧矣！厥后，增广润饰，代不乏人。粤自陵谷迁而奎璧晦，先哲良规寝就湮泯，大成庙貌弊陋殊极，矧藏修游息之所乎？甚而释氏侵疆，几奄其半者，逾二十年。钦惟皇元，尊崇孔道，度越前古累朝，龙飞首降优恤之诏，释老不与焉！圣天子肇兴科举绝续之会，学校翕然，崇闱相望，独此积废不举，过者讶之。延祐丁巳（1317）孟春，安固先生林德载来任教事，所至兴举，成作养效，能以身教者也。学者慕之久，故期之深，席未暖，择所当先者营之。乃开壅涂广而平，累坏垣崇而坚。拓棂星门距泮桥寻丈，易腐以壮，增卑以高，见者襟抱豁然也。然出内制（缺两字）而以便宜从事，若无掣其肘者，然尝以旁无寸助为叹，会天惠斯文。是岁冬，普化大中公负柱石之材，出守兹土，师生惊喜迓（迎接）于郊。翌日，舍馆定，衿佩复进。公曰："若黉宇（校舍）有未完者欤？疆土有未复者欤？暇日可殚言之。"咸再拜曰："知公所尚矣！"越三日，条陈其故。公谓郡博士曰："子将奚先？"对曰："元气复则精神完。"公曰："然。"遂详述侵疆颠末，且明斥其诳，达于省台，缁流惶惧，委曲求谒。公毅然麾之门外，人以是知公所守之正。继肃章，逢而广之曰："士无恒产而有恒心，若等固穷，其于仰事俯育，必完尔室而治尔生。至若泮宫，乃作圣希贤之地。恒心由是而有，其忍视同传舍耶？幸无贰尔心，士翕翕以应。不期月间，殿庭宏敞，门庑崇丽，金碧丹垩，焕如也；斋庐明净，几席完整，檠榻椸庋，秩如也。分东西序于六馆，等级截然：列大小学于两庑，弦诵蔼然。抱琴挟册，至者如归，咸以为浙左冠。是举也，经画区置，惟师命是共，以后为耻。有司纤力不假，焉士之勇为也。若是夫可嘉也已。"迨落成，有窃议者曰："精神苟完矣，如元气未复何？"先生闻之曰："不远复矣！"未几，中书命下，俾（使）方伯檄廉吏剖侵疆事。众谓吏之廉者，合七郡未有逾于公焉。檄至，果公也。士私喜曰："元气亦复矣！"世岂有曲笔之廉吏乎？异趋奋进，钜赀通神，卒不得入。人以是信公所守之坚。居无何，公以成案白于众，辞严义正，靡不耸服。虽使瞿昙复生，亦当服公之明，而恶其徒之贪痴，信矣哉！天道之好还也。诸生图公像祠之，匾曰"卫道"，以彰公德。而征记于余，作而曰："不直则道不见直，彼所以卫此也。"向使弼教者，咸若是卫之。以公职教者咸若是卫之，以正斯道至见也久矣！今而后，二三子闲邪存诚，以四维为金汤，墨守可坐而隳也。继祖寓邻仞墙，核其事孔实，故乐为之书。汶阳之田，指日归鲁，又当不一书。公蒙古人氏，居真定，以德斋自号。恺悌明敏，为政知所先，其今之良二千石与！时延祐己未（1319）仲冬望日记。

处州路儒学小学记

（元　陈大明）

养禾在养苗，栋梁之材成于拱把。是故，修齐平治之道，不离于洒扫应对进退之间，而诵诗、读书、咏歌、舞蹈，即致知、格物、诚意、正心之基本也。大学之书，见于礼经，而小学缺焉。紫阳朱夫子悯之，遂抚前言往行之宜于今者，辑成一编，其教详且密矣！鹤山魏文靖公既为之序，其子克愚守徽，因命刊之紫阳书院。今广文吴公梦炎实携是书以来，一日出示诸生，曰："圣朝柴重学校，正欲作养人才为国家用。然壮者日以老，少者日以壮，大学之教固所当急，而小学尤不可缓。"乃易旧址（明伦堂之西），构室三楹，简儒子弟与民之后秀者于兹而授业焉。命乡之宿学叶宗桂、郭良知并任训导之职，日课虽不出于诵诗读书，而立教明伦，敬身稽古，一仿小学书之遗意，熏陶涵养，日渐月磨，遇朔望则进之于堂，覆说论语，言辞通畅，进退有度，周旋揖逊，气象露如。夫岂一朝一夕、苟且鲁养之教所能致哉？是以四方之士，闻风而兴党庠家塾，父训其子，兄诏其弟，皆取法于斯。异时，乡有善俗，世有良材，伊谁之力？诗云："成人有德，小子有造。"吴公之赐大矣！大明闻之：邹鲁之士守礼仪，西河学者咸有子夏之风，其居使之然也。公生于紫阳夫子之乡，又尝为紫阳书院山长，小学之书讲明，益有素矣！及其教授徽学，既已见之设施，今之所以淑吾栝苍者，源流顾不深且远与！虽然在乡童子洁己以进，夫子与其进，而不保其往阙党之将命者与？先生并行，故知其非求益者也！于（吁）戏！崇术立教，其责固系于上，下学而上达，二三子宜自勉之。元贞元年（1295）乙未八月吉日记。

处州府学登科题名记

（明　钱溥）

清详定科举之制，盖三年一试于乡，会试于礼部，进而试于天子之廷，赐以甲第而登庸之，即成周以乡（先前）三物诏万民，而宾兴（设宴招待）其贤者能者于朝也，即汉命郡守身为劝驾而令与计偕者也，即隋唐以来策进士而有锡宴曲江题名雁塔之举也。呜呼，盛矣哉！然三试有录，释菜有碑，纪一时恩荣之盛，以风励天下士之意也，至矣。使司民牧者非题名于学，以炫耀于永久，又何以风励一郡士之意乎？栝，浙之名郡也。监察御史燕山韩侯斐守栝之三年，以清直自处，不激不阿，民安吏戢，郡遂称治。其属县旧有七，间又益以三，今合郡县十。有一学之士，自洪武甲子（1384）抵今成化壬辰（1472），盖三十科矣！计其举于乡者，百七十又六人；得隽礼部而飏言于廷者，五十有二人，亦可谓盛矣！顾题名未续，使游歌于学者无所于考。适浙金宪湖南刘公余庆至栝闻之，谓侯曰："宜亟成焉！"侯乃奉书来请记。予闻栝之士，致位六卿、出入三省，而怀牒以仕于四方者，固已炳著于时。然夷考其宅心制行，而见诸行事之迹，又岂无可议乎？夫议于其前政，所以劝于其后也。初秀于民而得为士难矣！况自拔于乡而登俊造之列乎？得齿俊造亦难矣！况一举而进天子之廷，而与之共天位、食天禄乎？思其难而勉之，则彼应宾兴而维周干长王国者何人？受劝驾而策天人、号纯儒者何人？称龙虎榜得人，奏五色云于阙下又何人？自友一郡以至友天下，士为未足尚进友于古人，则世亦跻隆于古矣！若钓名而自画，受且而怠事，犹将有议于今，犹今之议于前也，可不慎乎？敢以此复侯，以达金宪之请，併致悃于栝之士云。成化八年（1472）岁次壬辰仲冬吉旦记。

樨山讲堂讲《孟子·良知章》

（明　樊良枢）

樨山启贤关，肇自唐刺史。美哉韩子文，金石相经纬。予生百世下，山斗勤仰止。在昔宰丽阳，顾此宫墙址。欲辟丽泽堂，旧贯事仍已。今也宣教铎．重来谒夫子。采藻荐明馨，鸾旗亦庥止。师尹集俊髦，桥门观听伟。森森玉算班，侍立殊可喜。色笑既相亲，威仪亦有斐。贲鼓一以鸣，台席说经旨。爱敬揭孩提，仁义昭本始。吁嗟姚江子，致知标月〈目〉指。江门亦致虚，万古群蒙启。予非先觉人，淑艾窃涯关。挥尘振元风，微言发妙理。千秋夜气功，雨露滋根柢。至哉务本言，孝弟〈悌〉洵可美。

樗山重修文庙落成

（清　陈遇春）

惸麓宫墙一再新，艰难创始缅前人。右文唐代基犹在，特笔韩碎迹久湮。（韩碑久泐，传者系后重摩石）

规制忻瞻今日备（庙制如丹墀，万仞宫墙，左右坊表，前俱未有），增修预订后来因。能知先务争趋事，此地端由风俗淳。（北乡陈上舍棠，慨然乐捐白金三百两）

【按】韩碑，指处州孔子庙碑，韩愈撰文，任迪书篆，唐大和三年（829）立石。重摩石，指宋嘉定十七年（1224）陈孔硕重书、王梦龙重立。

又

鸠集群工用物宏，朝朝暮暮费经营。资如僧钵沿门叩，劳任山舆冒雪行。

堪笑年衰忘自量，最难岁歉有同情。（栝苍连年被水旱灾）芙蓉开遍花重叠，恰与诸生赋《鹿鸣》。

【按】连年灾，指清道光十二至一十五年（1832—1835）遭霜、雪、水、旱、疫等大灾。

2. 县学诗文

缙云县文宣王庙记

（唐　李阳冰）

有唐新上元（674－676）七月甲辰，缙云令李阳冰修文宣王庙。焕夫子之容貌，增侍立之九人，其余六十二子图画屋壁。

【按】欧阳《集古录》跋尾云：《缙云孔子庙记》，李阳冰撰并书。孔子庙像之制，前史不载。开元八年（720），国子司业郭瓘奏云："先圣孔宣父，以先师颜子配，其像为立侍，配享宜坐。弟子十哲，虽得列像，而不在祀享之位。"

遂昌县儒学双峰阁记

（宋　张贵谟）

余少读书，年十五游乡校；又十年，入太学，升舍选，登乾道五年（1169）第。既归，典邑李侯大正〈正大〉下车修学，建登瀛阁东南隅。余为作《修学记》，及今凡一百八十甲子矣！庆元戊午（1198）春，余以左史奉祠还里，首谒庙学，见新塔崇成，与西山相直，气象甚伟。或谓重门内盍（何不）筑垣居水，迁登瀛阁于讲堂后，增壮主势，于阴阳家为宜。阖邑士子闻之，忻踊合谋，溥（齐）力率钱。经始倚邑官以迄于成。时尉摄县事，慨然任责，拓地凿池立桥，如泮宫之制。撤讲堂后直舍，增卑培薄，移阁其上，名曰"双峰"，以增文笔之秀。阁东西，翼以两厦及步櫩（檐），连宇垂阿，与讲堂相属。登瀛故址，创轩屋六十楹，坐挹南山以还旧观。立庑于轩屋之偏。援例邻邑就学，输租蓄给以便养士。阁高深为尺，各三十有四；广倍之，又为尺十有八。升高望远，挟于两旁，更双小峰南向而并峙。绵谷跨溪，有层峦叠嶂，林麓荟蔚。四顾环列，如连舰帆墙，随波上下。晨光暮霭，与云气变化，四时之间，模状不一。诸生讲学说读，涵泳其中，餐和染教，浸润以诗书，奋发乎文章。当有俊才魁士，举甲乙，历科第，结轨天朝，为世显用。回观此阁，为昔时蜕迹之地；又当观崇垂鸿，而接武于凌烟之上矣！阁成，费工役三千五百有奇，金钱六十余万。稽诹规度，儆督庸役，取赢于逋租匿役之余，民不劳而事集。皆尉身亲而力图之，其居官自苦如此。尉吴郡朱姓，名正大，盖乐圃先生之四世孙云。

【按】张贵谟(生卒年不详)，字子智，号兑谷，县城北隅(今北街)人。宋乾道五年(1169)中进士。封遂昌县开国男，奉祠归，食邑300户。著有《九经图述》《韵略补遗》《石棋子赋》等。

丽水县庙学碑阴记

（元　王度）

丽水县庙学碑阴记（题）

古者立学，凡养老，教子弟学礼、合乐、射饮、受成、入告之事皆在焉，不颛主於诵读也。舍奠六，祭菜三，各于其国之先圣先师为位行事。逮鲁祠孔子，汉文翁兴学成都，作石像，图七十子於壁。开元（713—741）追尊素王之道，宇象编〈遍〉天下。今庙学据檡山，其昉〈始〉于此。□令尹韩君既作明德堂，百里秀民闻风兴起。前邑尉沈清孙、邑士林宗高、刘〈缺，起岩〉诸生，服训尚志相励，具材助创两序四斋。廉访金事秋公闻而嘉之，合同禄在官者，聿新礼殿。尹莅事惟谨，克用有成，板輠砥础、瓴瓦甃砖称事适用。丹漆黝垩之饰，咸底于法。载考祠制，率列门惟三门〈间〉，各通道兹顾阙焉。垣荒级夷，非所以严王祀、崇圣法也。乃筑庙门外之西偏，辟户浚〈峻〉阶，完旧益新。中列二十四棘，翼以仞墙。又大治棂星门，中〈申〉严外卫，循山环堵，千有余丈〈尺〉。既勤瓦塓，不岁用苦，筑宏规远，图无小大，无不殚智毕力。斋各置器用、几榻，外施栏槛，导挹清旷。烟雨云山，空蒙出没，天地四时之变，古往今来之迹，俯仰在望，令人乐以忘忧，悠然浮云富贵之想。皆为学之助，岂驰骛于外物也哉！庙立之明年，承事郎曲吕不出，由西域为邑长官，知尊先圣，作貌位神。尹复新坐祀一十四人象，图绘贤庑，冕舄裳衣，革去讹谬，率由《周礼》。丹青彰施，仪瞻孔肃。簿樵川胡〈吴〉君友〈有〉中，捐资傲工，制献象、爵坫、簠簋、筐、俎、豆、笾，以共祀事，俾邑人知礼识古。由唐而来，上下五百年间，兴废凡三，未有盛于今日者也。惟尹英毅精敏，刚断勇为，人正〈能振〉纪纲，以整齐其邑。夷刈寇攘、画固郊封，脱人于兵。居十年，战〈职〉功治行，卓为诸邑最。虽临之大府，征需丛剧，尹处之优游有裕。征赋先集，狱讼以简，盖天才也。而于是举，知所以为先，故能行之无倦，终始唯一，用集成美。在上以为能，同列相叶，不以为忌。邑人就事服劳，以后为羞，不以为病。苟推此以往，则礼乐之化，岂惟百里之民哉！诸生既请刻石，立于庙门之右，余复（旧碑无"复"字）即其阴以书。元贞丙申（元元贞二年，1296）七月既望，前文学椽王度书。公谋及路府复命施栗、何南一至职，工始讫。功自兴役以来，凡七年。典史周琪、王益友。

【按】《丽水县庙学碑阴记》原立于丽水县庙学，刻于元成宗元贞二年（1296）七月十六日，碑阳面于清康熙年间磨去。该碑高134厘米，宽95.5厘米。无碑额。碑文正书，23行，满行35字，字径约3.2厘米。该碑由王度撰文并书丹。此碑于20世纪50年代移至温州市博物馆，据说原碑已佚，拓片现藏台湾"傅斯年图书馆"，拓片编目号04323。

该碑录入清《寰宇访碑录》、清《潜研堂金石文字目录》、清《两浙金石志》、清《栝苍金石志》、当代《蒙古学会石文编题录》，碑文载入《全元文》。

王度，生卒年不详。字宪仲，丽水人，元至元二十五年（1288）任丽水教谕。余事不详。

丽水县儒学归田记

（元　刘基）

处州治丽水，唐李邺侯建郡学，昌黎韩公愈为之记。宋太守孙公沔新郡学于城东隅，而以故学为丽水县学。嘉定十七年（1224），太守王公梦龙始买民潘圭双源之田百亩以养士。绍定（1228—1233）经界，及咸淳（1265—1274）推排，咸著石为学田。至元十二年（1275）钞数之籍，有婺州僧显忠者，妄以其田为己废圣寿寺故物。诉于僧司，僧司左僧弗顾。官籍有司莫较，而因遂入于僧。牒诉数十年，弗能复。至正元年（1341），山阴县教谕徐导宁摄学事，力言于监侯。僧家奴分田十之六与僧，而与以学十之四。居无何，监侯得罪去位，府判李公琰、经历高君翼询于府吏孟栻、儒职姜德秀、商愆（演）乃檄录事高君明、县令陈君敬祖稽考。至元二十七年，籍则圣寿寺，仅有屋一间，僧一人，实无毫厘之田。于是争者杜口，而学田始尽归于学。呜呼！圣人之道，亘万古而不息。我国家师表，尊崇之如日星之明、天地之大也。为士子者，系文明世，读圣人之书，虽疏食饮水，当不改其乐，又何待有司之廪给？则田之有无固不足

计，然而国家养士，廪师之田承前代之旧，载在文籍，吾徒不能守而为他夺，则不可也。况作养人才之责，望于郡守者匪轻乎！今之居于是者，不能俯仰无愧怍。故闻异端福祸之说，未尝不惴惕，而于义有不暇顾，则其能锐然伸此而抑彼者，岂不可尚也哉！于是乎为之记。至正六年（1346）夏六月记。

【按】刘基（1311年7月1日—1375年5月16日），字伯温，浙江青田九都人（今文成南田），元末明初军事家、政治家、文学家，明朝开国元勋。逝世后，追赠太师，谥号"文成"。与宋濂、高启并称"明初诗文三大家"。

樗山学宫四箴
（明 萧辙）

惠迪必吉，是谓降祥。从逆必凶，是谓降殃。一念之正，和风庆云。一念之乖，迅雷风烈。祥与殃也，孰甚？（其一）

嗜欲无穷，时命有限。妄得适以侈过，厚遇适以蓄忧。惟知施，则富不溢。惟知俭，则贫不绌。（其二）

欲威下，先反身。欲保族，先尽伦。情不可径，恩千可狎。无居赢利，无视私好，则家治而教行矣！（其三）

祝年莫如惜时，爱身莫如务学。故知道者，不以事役形，不以形役心。其视顷刻，亦若万古。（其四）

新建学门上梁六向歌
（明 王皎）

东　平挹鞍山水一弓，沂泗源流分派远，正堪歌咏舞春风。

西　锦绣山屏映鹤溪，从此秋闱登俊彦，青衿接踵上云梯。

南　崒崒龙岩峙碧潭，指日泮池鱼变化，商书霖雨可相参。

北　丹井峰头峨柱石，孕毓忠肝义胆入，擎天镇地昭明德。

上　景星列宿皆明亮，五云深处听传胪，台阁文章尽官样。

下　四面山川如列画，吾尹声里总儒学，远播文风满华夏。

新建学门上梁六向歌

（明　王皎）

伏以稽古唐虞，学校乃高明之地。宗师孔孟儒门，实礼法之场际。治世之降平，正斯文之康泰，革诸故也，鼎此新焉。恭惟掌教张先生，出自旴江，来游芝邑，作范模而严条约，振教铎而善提撕。爰称师资，端由圣训，常念六经之辞旨，实昭万世之日星，配天地而贯古今，我孔子之贤远矣！祖唐虞而宪文武，岂伊吕若是班乎？典守门墙，克遵其道，仰瞻庙貌，莫妥厥灵。于是经之营之，要必悠也久也。规模广阔，事业崇高，赖夫子之在天。回邑人而向道，不戒用劝，弗亟子来，芟夷繁翳显王宫，开辟巉岩通圣辙。殿堂廊庑，云绚霞辉。泮水桥梁，月明虹跨。正法庭，急先务也；新门户，孰后倦焉？召匠选邓林之良公输运斧，赁工采牛山之美。离娄督绳，屹兴轮奂以晕飞。作起贤才，而鱼化藏于内，修于内。礼乐三千入于斯，出于斯。鲲鹏九万，务希颜而学孔，习孝亲以忠君，三鳣入讲堂，先生自此升矣！五星聚奎璧，后进皆愿学焉！高接宫廷，百官富贵；秀连川岳，多士英雄。为歌六向之音，庸庆两梁之举。

伏愿上梁之后，家家邹鲁，处处唐虞。鸢戾天，鱼跃渊，皇极敛九畴之五福。云从龙，风从虎，仕途荣，一岁而九迁。齐建勋，阶共光，州里谨语。

重修庙学记

（明　宋濂）

孔子之道大如天地，明如日月，高深如山川。然而天地之运，有乖有戾；日月之行，有晦有蚀；山川之流峙，有摧有竭。而斯道之所寄，则亘万古而弗可易。虽于世故抢攘之时，而人心所歆艳而兴起者，汲汲恐后。是何也？世有变而道无变也。青田为县，居处之万山间，而跨山为孔子庙学，其地在县东一百步。初建于崇宁（1102—1106）中，迄于元至正（1342—1368）之末，余二百载而毁于寇。金台耿君亮来为县，欲展谒焉，

则断础荒榛，交错于颓牖之间，因慨然叹曰："生民得以自宁者，以孔子之道在也。政孰有先于此者乎？宜亟图之。"适部使者黄公持节行县，亦以庙学为属〈嘱〉。于是，耿君捐俸为倡，县人士欢然和之，输粟荐货，各视其力为差。耿君亲自将劝，至废寝食。厥材孔嘉，厥石维坚，礼殿崇雄，伦堂清邃，戟门有严，斋庑翼如。庋书之楼，贮粟之庾，湢房爨室，以次而就。缭以周垣，甓以修涂。栋宇鸾骞，丹腹炳耀。始则旧基〈居〉迫山，斜迤而倾，恒病狭隘；今则巩石为级，拓而弘之；环学之地，皆编珉所业，今则悉购入之；西有方塘若干，岁久湮塞，几废为陆，今则浚而沼之。经始于庚子（1300）之岁冬十一月乙亥，讫工于辛丑（1301）岁正月辛未。耿君乃率诸生，具醴齐〈斋〉菹醢，以告厥成功。盛服就位，降升俨格，穆然无声。圣师巍巍如临其上，精诚洽乎充然而退。耿君尤以为未也，复聘名师，广招弟子员，日申五伦之教。蒋子先闻而乐之，相率割田为养士之助，而学之制大备矣。儒士厉光等八人，相与谋曰："县大夫不我鄙夷，而以斯道牖我，其绥我特厚，岂可使无闻于方来？"乃请于左司郎中胡公深，不远数百里，征予文于金华山中。于戏，予见为县者多矣。当甲兵未靖之日，往往剿心于征输、诛赏之末以取能声，孰能措志于诗书俎豆之事哉？今吾耿君，乃能敦化原，以兴多士，以新斯民，则其才识优良出乎群类，断可知矣。青田素称文华之邦。近代以来，由科目而跻膴仕者，声猷相望。其俗尚亦因之而浸淳，奈何为今令者不能久安之？脱使昔之挽铜章者咸如耿君，尚何蚁聚蜂屯之有？自时厥后，将见家孝弟〈悌〉而人忠信，陶镕泰和，不异邹鲁之俗，未必不自耿君始也。如予不敏，文采衰落，曷足以记其盛美？而胡公方以文武全才见用于世，其嘉惠青田之学者将日新而未已也。予曷敢不成公之志哉？因序孔子之道，亘万古而不可易者。庸以纪事之成，复系之以诗曰：

　　惟栝建州，万山郁环。赋家定县，割于青田。莪莪学宫，跨山为址。伊谁搆莘，一夕而毁。弦歌之区，鞠为草莱。白烟凉飔，凄其四徕。耿君之临，惕焉是惧。曰此教原，可使沦坠？乃划其翳，乃拓其基。乃攻乃治，树功以时。作之魄魄，修之落落。施之靁靁，成之若若。载观其内，丹碧相鲜。载瞻其外，飞桐高骞。有殿有堂，有斋有庑，有庖有庾，其列楚楚。士之来游，既叹且言。昔也荆棒，今也豆笾。发政之机，实在兴学。警云菱荇，应乎苹篇。积之已深，泽被教施。尽销刀戟，化为耰锄。彼昏不知，日事征责。孰识诗书？迟而有获。风雨潇潇，鸡鸣嘤嘤（志大而言夸），不随世迁，唯道之操。泮宫之修，诗人颂鲁。爰勒贞珉，以诏千古。

置学田记

（明 王一中）

揭阳凤石许公【有寰。明天启间（1621—1627），处州府通判】，少负公辅望，屡上公车，来监栝郡。越三年，政通人和，将上绩天官，超擢有日。会滇南剑川〈简用〉之命下，公犹嘉惠吾栝无已，乃衷俸资百余金，增置学田，以业诸士之宾兴与力学而不能给者，甚盛典也。诸士谢不敢受，公进而语[之曰：“吾非藉此区区以博身后名也。自莅栝以来，见其邑里萧条，民鲜盖藏（藏储）。古人云：‘人富而礼义附焉。’况士为四民首，所称潜裕敏给，以一其情于《诗》《书》《礼》《乐》之具，而资之成以仕，不则师世表俗，以延先王〈生〉之德，教为后生模范，而顾令其兴北门之叹，增煮字之戚。司收〈牧〉者视等秦越，而一切弗问，其谓之何？予家世南海，以《诗》《书》《礼》《乐》起家，虽闲曹禄人无几，不以分惠于士而顾家于官聊〈耶〉？予观栝士多恢奇秀好之资，率苦不给。且距省视他郡为远，一遇大比、乏资斧，虞跋涉，何以预登吁之典而自致青云？此予目击心维，而欲为计久远者也。惟是不腆之俸，用置附郭上腴之田，岁积所入以佐其费，或涓埃有济。此则区区之心而已。”]遂召耆民里老，授金贸田，得膏美者若干亩，岁入若干石，分入郡、丽二庠。其课不报于监司，不耗于他用，寄籍县帑，经费出入有程。于是，栝士之宾兴者，力学而不能给者，可以均拜公之赐于久远矣！籍成，因命纪于不佞。窃惟公之是举也，上以辅先王作人之化，下以启多士登吁之心。广厉学宫，兴起来哲，不亦垂裕宏远无穷哉！日者分藩毗陵周公继昌、郡守海阳陈公见龙，

各置田若干亩，寄藉丽帑，以为诸士宾兴赈恤之费。而公复以别驾清曹，分廉吏之俸，贸田以赡其不足。此其惠则埒矣。而作人雅意，为一时盛典，视先猷尤耿耿焉。是不足以记烈贞珉，以垂不朽也哉！因镌予言于石，而籍若田于左。

儒学提名记

（明　马愈）

宣平邑，旧丽水之地也。正统间（1436—1449），闽寇流毒于兹，朝廷命大司马孙公剿平之。民罹兵燹，疏逖难治。视鲍村在万山中，高亢夷衍，冈阜环抱，风气聚结，割为宣平。时明府李叶巡宰，吴则为之经营，区划为县治，为儒学择俊秀为士子，乐平徐润来领教事，学校始兴，而民性狃于故习，教化未大行也。

成化戊戌（1478），何侯昌宰是邑，崇尚文学，教民礼义，尤加意学宫，废者举之，倾者葺之，制祭器，备庖庾，跨泮池以梁，门棂星以石。公余辄游泮水，与诸生讲论质疑，辨惑者虚来饱还，无不造就。于是，儒风日振，士有成效。庠生吴士伟以苏经登浙省庚子乡贡进士第，为宣平县开科第一人。侯为题名于石，树之黉宫，以励来者，金（皆）谓不可无记。少尹徐君中具事实，伻（使）来于吴，征余记之。余惟宣平割于凋瘵之后，学校成于草创之余，教化行于狂习之故，欲成其才可谓难矣！微何侯其孰成之，士伟攘臂先登，实惟豪俊之士，亦侯化导之力也。由是而联翩，布翩于士伟之后者固有其人，荣亦大矣！辄又有告焉：夫士君子以通经学古为业，必以济时行道为心。苟惟图科目以出身，谋利禄取富贵，沽名钓誉于一时，斯不足道矣！必当推吾修齐治平之学，建功立业，上以辅君成，化下以膏泽生民，使后之人指其名而目之曰：某良臣也，某孝弟（悌）于家，有功于世者也。垂休声于不朽，启后进于将来，不其伟欤！此余深有望于诸君子，诸君子其勉诸。

士伟，字世美，即巡宰公之子。公历仕云间簿，有惠政，民迄今思仰之。耕之征，不逮于公，必在士伟，并书之以为世劝。成化二十年（1484）三月既望旦记。

重修丽水县学圣庙记

（清　陈遇春）

忆清道光丁亥（1827），分摄寿昌司训，兴修圣庙并建造文昌先代祠，越七月乃成。是年卸篆回里，徐峨峰明府复以永嘉圣庙属余葺理，分司其事，竭蹶二载工竣。猥（卑贱，谦词）蒙上宪题奖，余滋愧焉。癸巳（1833）春，来摄丽邑训，谒圣之下，见栋宇倾起，墙垣颓坏，若不及时修之，后将大费。因选择司事殷实之有才干者，生员王尚忠、王尚赓、吴简言、黄津，监生陈棠、张麟等赞襄其事．余捐俸百金为倡。是时，教谕为鲍君绳武，告余曰："余之所以迟之未举者，恐事难猝办耳。山城僻壤，值此连岁涝灾，即饶裕之家自顾不遑，亦难责以急公慕义。且功用浩繁，计日弥长，君其慎之。"余曰："无庸虑，此中盖有天焉！君但能佐我为之，则有志者事竟成。"遂毅然为之而无疑。自兴工以来，躬临监视，不避寒暑。从此邑人观感，踊跃捐助得三千两有奇。不支公帑一钱，而庙门内外胥臻整肃，如大成殿、棂星门、文昌阁、明伦堂、土地祠、忠孝节义祠，仍前所有而重修者；如大成门、泮池，仍前所有而改为者；如崇圣祠、名宦乡贤祠、青云梯，仍前所有而重新者；如丹墀左右坊表、万仞宫墙、文昌先代祠，皆前所未有而添设者。而规制于是乎一新，若门、若路、若垣塘、若阶级，较前靡不完固，丹漆辉煌又无论也。经始于癸巳（1833）夏五月，落成于甲午（1834）冬十一月，共捐数适与用数相合。鲍君果从余言，佐我为之；而尚忠、尚赓两茂才，尤为尽心任事。此中盖有天焉，岂人力所能为哉！至助姓氏勒诸石。按庙建于唐之李邺侯，其碑文则韩昌黎撰也。居樱山之巅，大溪如带，众山若屏，实为一郡胜概。寿昌、永嘉两学，规模弗如也。但地属幽僻，不叙巅末，此间清淑之气鲜有知者，而人文兴起亦即于是卜之。

丽泽铭

（清　费家玙）

兑之取象，名曰丽斋。君子则之，朋友讲习。所讲维何？天人性命；

精义微言，穷理居敬。所习维何？忠信礼义；农田兵律，五伦六艺。讲而不习，空言何益；习而不讲，不学无术。知为克迪，行则允蹈；知行交懋，兼收齐到。或以独学，志甘自弃；或以比匪，业荒于嬉。惟文会友，惟友辅仁；切劘砥砺，明善诚身。如泽斯丽，沦浃清润。交资互益，道明德进。不为虚无，浸淫佛老；不为权谋，谲诈机巧。记诵词章，口耳无实。百家众技，仁义充塞。一切屏弃，卫道是力。闲邪存诚，整齐严翼。孔曰讲学，又云时习。服膺圣训，靡间朝夕。眷兹丽水，忝司教事。爰命予斋，义取相似。聊作斯铭，敢告同志。勉勉循循，圣贤可至。

【按】教谕署，清雍正十三年（1735），教谕丁述奇建，门内为丽泽斋。

224

第二节　处州孔庙轶事

一、李繁建孔庙

唐元和十二年（817），一个名叫李繁的人来到处州。他的到来，改变了处州的命运。

他五官清丽，肤色白皙，一身素衣长袍，没有半点傲气，多有几分平静和沉稳。他行走在处州府城之中，身边跟着两名带刀随从。他支开随从，独自一人游走在处州城内。他走遍处州府城，深入街头巷尾，与百姓交谈。他来到处州城中的樨山，登至山顶，眺望整庠府城，陷入沉思。他望着城南面那湍流不息的大溪和云雾缠绕、浓淡相宜的青山，略有所思。他在樨山之巅的社稷坛遗址上来回地走着。他时不时俯瞰着处州城，看着城中的百姓，他决心作一番事业。他是唐朝知名宰相李泌之子，北周太师李弼的七世孙李繁，京兆府（今陕西西安）人。自少聪警，赋有才名，以荫袭封邺侯，贞元中入仕为太常博士。因年少轻狂，纨绔任性，得罪了不少人，做错了事，又因酒醉迷糊吟咏了《冬柳》一诗，被贬随州。在随州建立南岳书院后调任处州，任处州刺史。

在出任处州刺史的三年里，李繁一心为民，勤苦节俭，除了日常开支，他捐献了自己所有的俸禄，为处州百姓做实事。他在处州樨山之巅建造孔庙，传教儒学，育化百姓，精选儒学博士、携众弟子开设讲堂，传教孔孟之道。庙成当日，李繁亲率处州众官吏、学官、弟子等，举办了隆重而盛大的祭奠至圣先师孔子的典礼。兴办教学后，处州学子日渐增多，李繁寻思要为处州孔庙设立庙碑。当今世上，唯有一人的才华和学识令他钦佩，那就是韩愈。韩愈论学识、论散文可谓当世第一。他觉得只有韩愈才有资历，配得上为处州孔庙做记。

唐元和十五年（820），李繁写下至诚书信，附上处州学宫的布局图和

建造前后的详尽介绍，和随从日夜兼程赶赴袁州，亲自拜访韩愈。当时韩愈正任职袁州（今江西宜春）刺史。韩愈见到李繁，并不怎么待见。他对李繁早年的事有所耳闻。李繁知道自己在朝廷的名声并不是很好，之前的行事有失君子之风，他早料到会有现在这样的情况，因而早做了准备。他将自己的书信、处州学宫的布局图和建造前后的详尽介绍，一并交于韩愈，恭敬离开。韩愈将李繁给的东西冷漠地丢在书案上，置之不理。夜晚，韩愈突然想起白日里李繁说的请他为孔庙作记。他表情一惊，穿上外衣，跑进书房，找到李繁给的东西。他打开信件，看见处州学宫绘图，甚是惊讶。他打开李繁的书信，被李繁在处州所做的事所感动，决心作记。韩愈虽未到过处州，但见到李繁送来的处州学宫图和建造详情，心中思绪澎湃，写下了《处州孔子庙碑》。韩愈在文中开头阐述了自古以来的儒家道统，对比祭勾龙（社神）、弃与祀孔子的盛况。他指出，"然其祀事，无孔子之盛"，表明孔子的贤能远远过于尧舜，以此强调郡邑建孔庙的必要性。他指斥各地建造孔庙却名存实亡、不修事同如虚设的现象。在文中充分肯定和赞扬了李繁在处州自费出资建造孔庙、兴教办学、提倡孔孟之道、重视教育、以儒学治郡为百姓谋福祉的事迹。最后，韩愈以诗词形式，描述了处州孔庙先后的概况，以及孔庙对处州，乃至整个大唐未来、后世之人的重要意义和深远影响。这篇《处州孔子庙碑》成为传世之作。关于《处州孔子庙碑》的文记和故事，在后来的《韩昌黎集》《处州府志》《金石萃编》《两浙金石志》《栝苍金石志》等均有著录。

李繁拿着韩愈的《处州孔子庙碑》，回到处州后不久便调任他郡。因而韩愈的这篇《处州孔子庙碑》，未来得及勒石。直至唐文宗太和三年（829），新任刺史敬僚才将其勒石立碑。

晚唐诗人杜牧见韩愈的《处州孔子庙碑》，写下《处州孔子庙韩文碑阴》并刻其于碑铭背面。

处州孔庙本就规模宏伟，又因韩愈和杜牧的碑记，遂成为当世最负盛名的儒学之地。

二、徽宗御匾

宋建中靖国元年（1101），年少就读于处州孔庙的何执中，担任宰相。在一日，宋徽宗和米芾两人写字兴致时，他恳请二人为自己的家乡处州题字。米芾笑道："处州，我早有耳闻，之前吾弟刘泾也曾来找我，让我为处州名山南明山赐字。说那里山水云境极佳，且是葛仙翁炼丹之地，那晚我还梦游了那南明山。听说前朝大文豪秦观在处州任职监酒税时，留下不少佳作。那《千秋岁》《好事近》篇篇都是传世之作。都说处州是少微处士星相映，而建立州治，至此人才辈出。我今日就要为州治中的'少微阁'题字。"宋徽宗听后，陷入沉思。何执中上前在徽宗的耳边言道："皇上，您难道忘了？《周易》中有言：'观乎天文，以察时变，观乎人文，以化成天下。'在我们处州有一座极负盛名的孔庙，一代文宗韩愈就为它写过庙碑。庙内有一座大成殿，在下恳请皇上赐字。"宋徽宗立即笑道，挥笔写下"大成殿"三字，搁笔言道："哈哈！米芾少微处士大夫也。朕乃大成天下也！哈哈哈……"两幅字一出，令宫中匠人制成牌匾，派专人送至处州府中。处州府接迎御匾，择日悬挂于处州学宫内的大成殿和处州府州治中的少微阁。

至此，处州学风更加兴盛。宋代处州考中文科进士多达948人。单单在南宋这短短的一百五十年间，处州考中文科进士人数多达709人。处州孔庙可谓文人士大夫辈出，成为当世最负盛名的儒学圣地，到达儒学巅峰。

三、汤显祖与遂昌教育

万历二十一年（1593），与英国莎士比亚"同出其时"的东方戏剧大师汤显祖，在其漫长而曲折的流放生涯中，辗转来到浙西南崇山峻岭间的小城遂昌，开始了他人生中唯一一段独立主政的仕宦生涯。

在遂昌这座斗大小县，汤显祖不仅完成了《紫钗记》的定稿和《牡丹

亭》的构思，更在中国文学版图甚至是世界戏曲史上留下了浓墨重彩的一笔。

更为重要的是，他在遂昌推行了劝课农桑、重教兴学和轻刑宽狱三大惠民仁政。汤显祖也因政绩卓越"一时醇吏声为两浙冠"。

民以教化为本。缔造"民朝于田而暮于学"的耕读社会，就成为贯穿汤显祖整个仕宦生涯的理想图景。而此前，在千里之外的位于海南雷州半岛的徐闻县，他就创办了旨在教化民众的贵生书院。

到遂昌上任三天后，他就率众拜谒孔庙。有感于教育设施荒芜殆尽，他带领学官亲自勘察，选定眠牛山麓的一块旷地，营建文武合一的相圃书院。

上任遂昌的第二年，汤显祖又创建了藏书楼"尊经阁"；次年，又为书院加建大堂，名曰"聚德堂"。从此，千年古城遂昌，有了历史上的第一座书院和第一个公立图书馆。为此，他拿出了例归知县所有的讼费及相关款项，用于设施的修缮和对清寒学生的补贴。

政务闲暇之时，他还以县令之身份兼学长之职，与众学子一道讲课问学，并亲手为生员批改文章，师友交游，乐此不疲。

俗话说"穷山恶水出刁民"，此言虽失之偏颇，但也有一定的道理。贫困地区的群众由于受到文化贫困的影响，价值理念存在一定的扭曲，这才造就了穷凶极恶、愚昧无知、目光短浅、急功近利、自私自利、为非作歹、无恶不作的"刁民"群体。归根到底还是教育的问题。所以要格外注重培养贫困地区群众正确的文化价值，加强自强、诚信、知耻、好学、求新、务实等中华民族美德教育，树立良好的社会风气，培养贫困地区群众正确的文化价值观。

幸而遂昌有像汤显祖这样重视地方教育的官员存在，一个矛盾丛生、看似积重难返的小城，居然呈现出"市上无喧少斗鸡""琴歌积雪讼庭闲"的升平景象。在汤显祖的引领下，遂昌习礼尚文的传统日益浓厚，士气民风为之大振："士相师友而游。至夜分，莫不英英然、言言然，讲于《诗》《书》六艺之文。相与为文，机力日以奇畅，大变陈常。"

他走后，遂昌百姓感恩他为遂昌所做的贡献，自发为汤公立生祠、建遗爱祠以祀。在从隋到清有姓名可考的遂昌县官315人中，仅此一例。对一个建置近两千年的县邑，万历时期的五年时间，短得几乎可以忽略不计。但在今天，以大历史的眼光来看，汤显祖主政遂昌的五年，其意义和影响，则须从在此后四百余年甚至更长的岁月长河中去探寻。

四、孔子圣像庆元避难记

日本帝国主义的铁蹄，曾两度殃及坐落在衢州的南孔家庙。中华民族伟大历史文化名人孔子楷木像的安全，受到严重威胁。

1939年，日寇步步内逼，为了确保南孔家庙的镇庙瑰宝——孔子夫妇圣像的安全，当时的国民党政府内政部特令南孔第七十四代奉祀官孔繁豪恭护圣像向浙南山区龙泉转移。1940年，战事加剧，内政部再次电令孔繁豪护送圣像到更偏僻的山区庆元县避乱。

这年10月，孔繁豪携着带仆，恭护圣像辗转抵达浙闽边陲的庆元县。庆元县城有文庙，也不乏典型宁静的民居，但出于安全因素的考虑，孔繁豪没在县城设奉祀官府，却到离城1.5公里的大济村择地而居。大济村山川秀美，是庆元县名闻遐迩的书香地，这个当时不足千人的小村，历史上却曾出过20多名进士，村内名胜古迹星罗棋布，尊师重教崇文尚礼的传统代代相承。也许正是这凝聚着深厚文化底蕴的独特环境召唤着孔子灵魂的栖息，孔繁豪一踏上大济的土地，就再也没有离开。经过选择，他决定在该村古迹鸿胪坊后侧的"慎修堂"设立奉祀官府。"慎修堂"墙高院深，布局考究，工艺精细，是当地一富户的私宅。孔繁豪在此租了4间房子作府第，特辟安全幽静的右厢房为圣像陈列室。圣像置于一个四面透明的特制玻璃柜内，陈列室门不离锁，只有征得奉祀官的同意，外人方可入室瞻仰圣像。

圣像长年保藏于陈列室，从不外示，只有一次破例：1941年孔子诞辰纪念日，庆元县文庙举行"秋祭大典"，孔繁豪从大济护送圣像到县城，置之于大成殿上，并亲自主祭。这次祭典，虽因古器难求，礼节从简，但因有圣像的光临和奉祀官的参与，场面显得十分庄严隆重，祭后，一班地

方官员和绅士名流偕奉祀官恭护圣像在县城主街游行，观者如潮，盛况空前。

颠沛流离的生活，使孔繁豪积劳成疾，久病难愈；战争阴云和背井离乡的愁绪又令他时刻牵挂着家庙和族人的安全。1942年和1944年，衢州两次沦陷。孔氏家庙及大批珍贵文物惨遭焚毁，孔氏族属被迫流落四方，孔繁豪闻讯忧愤万分，病情恶化，不幸于1944年10月咯血暴亡，终年54岁。

孔繁豪逝世后，当时的庆元县县长曾亲率县机关、学校的公职人员和地方绅士到大济奉祀官府，为其举行隆重的公祭仪式。孔繁豪无子，遗命以母弟孔繁英长子孔祥楷承嗣。当时，曾急电在闽浙监察使署供职的孔繁英，请他来料理丧事。或许是战乱时期的原因，孔繁英到大济后并未尽责料理孔繁豪的后事，只是在当地乡公所的协助下，租赁了村民的一间泥庵停厝亡兄的灵柩，就携嫂并带了圣像及其他文物匆匆离去。

奉祀官系孔子的一代传人，对其安魂入土之事，当地政府和群众都不敢擅作主张。人们年复一年地期待着孔氏家族会有人来料理孔繁豪的安葬事宜，遗憾的是一直杳无音讯。

停厝孔繁豪灵柩的泥庵因年久失修，雨漏成灾，又两次遭受雷击，终致墙塌瓦崩，棺木日渐风化腐烂，骸骨也慢慢遗落，在孔繁豪逝世35年后的1978年，大济村某村民因建屋傍及泥庵，才按当地礼俗将孔繁豪之残骨收集于陶罐，葬之于本村的仙宫山麓。孔繁豪的陶罐葬墓形状浅陋，规模甚小，加之未立碑志，祭扫无常，不久便成荒冢而湮没。（庆元吴复泽口述）

按：另据调查求证——1979年，大济村村民吴小青从他人处购得村郊3处灰房用于盖新房。而紧挨着的是一座占地约10平方米、已倒塌的矮墙灰房，内有腐烂的棺木和散落一地的遗骨，其四周长满齐人高的杂草。得知是"奉祀官"孔繁豪的遗骨，吴小青没有多想，便和村民置换了该灰房，并雇村民叶正贤按家乡风俗将该遗骨选择离祖坟不远处建孔繁豪墓地安葬入土。此后每逢清明，吴小青和妻子都先祭扫完两座祖坟，再祭扫孔繁豪墓地。对这位异姓陌生人的墓地，一家人始终同祭拜自己的长辈一

般，无差别对待。10年，20年，40年……每年祭扫"孔繁豪墓地"便成
为一家人的习惯。2011年，孔繁豪墓地被列为县级文物保护单位。

五、孔庙祭文

处州祭孔之祭文，笔者未能查到一二，甚憾！今录山东曲阜阙里孔庙
明清时期的部分祭文，以及杭州孔庙2020年祭孔祭文一篇，聊补缺憾。

明洪武元年（1368）钦颁春秋二丁通用祝文：

> 惟王德配天地，道贯古今，删述六经，垂宪万世。惟兹仲
> 春/秋，谨以牲帛醴齐，粢盛庶品，式陈明荐，以复圣颜子、宗
> 圣曾子、述圣思子、亚圣孟配。尚飨。

明嘉靖九年（1530）十二月，世宗朱厚熜以厘正祀典事亲"安先师孔
子祭告文"，祭文：

> 自昔混沌之初，天命羲农轩圣创世开物。至尧舜禹汤文武周
> 公以及先师，列圣相继。奉天行道，立教诲人。肆我圣祖，再造
> 区宇，化行天下。我圣祖崇礼于先师者，御制有文，典册具在。
> 予惟寡昧之人，仰遵祖宪，去前元亵慢之偶像如祖制，尊崇之圣
> 谟号称核实。俎豆宪本以遵礼典，兼体先师至意。予实不聪，赖
> 先师默鉴及良辅洪儒所赞之也。爰择令辰，特命大臣奉安先师神
> 位，以及配从之人于此。惟先师鉴知，永依陟降，大运神化，教
> 我君民。俾予性理早开，而无负皇天付托之眷命。暨士庶学业咸
> 正，而无违先师传道之至情，予实有望焉。先师觉之。

清康熙二十三年（1684）清圣祖玄烨亲谒阙里祭告孔子，御制祭文：

> 仰惟先师，德侔元化，圣集大成。开万世之文明，树王公之

仪范。永言光烈，罔不钦崇。朕丕御鸿图，缅怀至道。宪章往哲，矩矱前模。夕惕朝乾，覃精思于六籍；居今稽古，期雅化于万方。驛惟典训之功，实覩乂安之效。兹者巡省方国，至于岱宗，瞻望鲁郊，爰来阙里。空堂至止，恍闻丝竹之声；旧寝徘徊，喜动宫墙之色。车服礼器，宛然三代遗风；几杖册书，复矣千秋盛迹。忾明灵之俨在，文治遐昌；肃禋祀以惟虔，精忱庶格。

清乾隆十三年（1748）二月，清高宗弘历亲诣阙里祭告孔子，祭文：

仰惟先师，道备中和，德兼圣智。赞修删定，敷教化于六经；祖述宪章，绍心传于群圣。树百王之轨范，开万世之太平。为今古所尊崇，与天地无终极。昔圣祖驾临曲阜，既肃将于庙貌，复祇谒于茔林，穹碑圣制之文，御盖天章之赐，辉煌阙里，照耀杏坛。展慕道之隆情，迥逾往代备崇儒之极则，度越前规。朕丕缵鸿图，敬承祖烈。诵遗言于典籍，夙怀向往之心；验至道于敷施，式冀治平之效。兹者巡行东国，涖止圣居。欣瞻万仞之宫墙，喜睹千秋之礼器。陟堂阶而景仰，恍亲道范于琴书；依殿壁以徘徊，似听元音于金石。谨齐心而上格，期灵爽之来歆。鉴此微忱，赖予雅化。

乾隆二十一年（1756）三月，清高宗弘历再诣阙里行释奠礼，祭文：

朕惟治统道统理本同源，作君作师义归一致。先师功高尧舜，德炳乾坤。集群圣之大成，金声玉振；开六经之正学，观海登山。百代奉为楷模，万年光于俎豆。缅皇祖亲临岱岳，特隆北面之文；洎朕躬祇谒尼山，即在东巡之岁。式观车服，时已阅乎七年；景仰宫墙，心弥殷于再至。惟尊师之典与法祖俱长，亦望道之诚共省方益切。幸文治兴崇之会，正远人率服之年。稽典礼于王猷，聿修时迈；本治平于圣训，上印心传。载荐明禋，敬申昭报。聆金丝而向往，謦欬非遥；溯诗礼以趋跄，仪型若接。鉴兹诚意，尚克来歆。翊我鸿图，庶几受福。

宣统元年（1909）清末帝溥仪即位，七月二十一日遣青州副都统英瑞诣阙里祭告孔子，其文曰：

> 治统缘道统而益隆，作师与作君而并重。维先师孔子德建儒宗，道垂帝范。开斯民之先觉，集群圣之大成。朕以藐躬，入承大统。当践阼之伊始，宜彝典之祗遵。特遣专官，用申祭告。所翼永垂神佑，默启沃于无形；庶几克绍丕基，肃苾芬而有恪。尚其歆格，鉴此精诚。

杭州孔庙祭文（2020）：

> 维年月日，杭城各界以清酌庶羞之奠，致祭于大成至圣先师之位前：
>
> 呜呼先师！大道不行，乐坏礼崩。陪臣奸命，篡弑相仍。三归反坫，八佾陈庭。微我夫子，长夜难明。呜呼先师，道参化育。君子固穷，直而多黜。自卫反鲁，志存删述。天假以年，周道乃复。四配十哲，翼我圣门。箪瓢不改，易箦见仁。诚明中道，博物洽闻。圣圣相继，吾道以尊。炎宋中兴，百废待理。缃帙流离，萑苻蜂起。躬行酌献，缉熙敬止。穆穆辟雍，济济多士。春秋释奠，执礼先师。奎章辉映，云汉昭回。弦歌不替，仪型可追。千载风雅，造极于斯。东都梦华，西湖繁胜。今我来思，形于舞咏。载陈金石，载洁粢盛。典型不远，式昭其敬。明良胥会，庶物咸康。配天垂则，奄有万方。礼乐斯备，德音孔章。亿万其年，吾道永昌。尚飨。

第九章

传承教育

孔庙是儒学教育的物化设施，是儒家经典的载体，是中国教育产生与发展的重要源头。它包含着丰富的教育遗产内涵，中国教育思想史、制度史、活动史都离不开庙学教育的支持，离不开孔庙教育的存在。它以其厚重的历史文化内涵，展现了学校教育的演变过程，承载着学校教育的成绩与贡献，记录着前人教育改革的功与过，中国教育发展承前启后、继往开来的重要课题。

孔庙的建筑风格、建筑装饰和文化设施等具有直接的社会教育意义。"祭教合一"的教育性质，以及"庙学合一"的教育学样态，为我们留下了一个重要的传统——教育礼仪。孔庙应该如何传承与复兴，各地孔庙、文庙复建应当如何抉择，都是值得思考的问题。

第一节　处州孔学传承

过往皆成历史，其借鉴、教育和资政才是目的。文庙的创建，主要有两方面的原因：一是一般县治（城）都建有文庙学宫，属官方事务；二是在历史进程中，一些民间暴动及其引发的战争，被弹压之后，因民众深受战乱之灾，或流离失所，或怨恨未消，人心惶惶，亟须慰抚治理。统治者除了政治上的"经营区画为县治"之外，实施教化并重，以儒家思想安抚人心。文庙"为儒学子俊秀者属焉"；管事者"鼓舞作兴，有功后学"。学校始兴，教化逐渐展开。由于儒家思想是一种人类社会道德伦理规范的学说，理论基础是"性善论"。他们认为人的本性是好的，恶习只是后来影响的，治理社会应该从道德教育入手，以道德和礼制来教导百姓。这不仅使当时宣平地区战后的社会秩序、百姓生活渐渐安定下来，同时还培育出大批儒生。儒家思想的博大精深，传承不衰，儒家经典文献精辟、义理，使他们自尊、自爱、自重，心悦诚服。可惜大多数孔庙、文庙在漫长的历史长河中已不复存在或只存留部分残破的建筑。浙江省辖区内有原来的府、州、厅、县四级学校文庙89所，现在大约还遗存22所文庙。

处州孔庙（府治地孔庙）在20世纪50—70年代陆续被人为拆除，现仅存遗址。不过，近年来，恢复处州孔庙成为社会各界热议话题。2018年7月，处州孔庙重建项目正式由丽水市政府提上议事日程。市文广出版局（文保所）迅速启动项目前期工作，查阅大量文献史料，多次进行现场勘查，听取文保、城建和地方文化人士意见，会同有关部门分析规划方案。处州孔庙复建项目已进入概念性比较方案设计阶段，这也意味着处州孔庙复建项目已启动实质性工作。

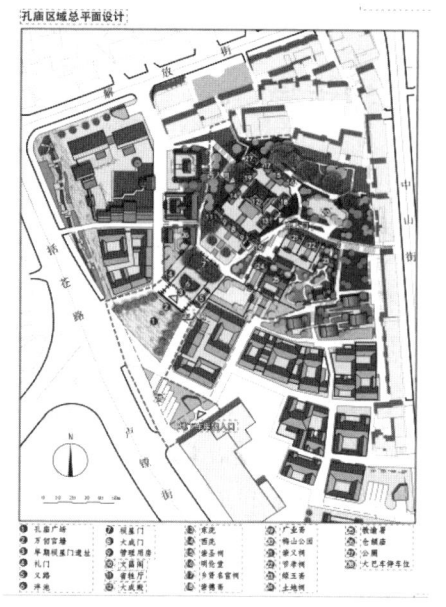

处州孔庙复建平面图和意向图

丽水市域内景宁孔庙是唯一一座保存较为完整的孔庙。在500多年的历史进程中，守护着古老的畲乡文脉，成为景宁文物的重要组成部分和主要标识。全国第三次文物普查认为：景宁孔庙建筑规模宏大，构件精美，对研究封建社会官宦建筑及儒家文化传承均有很高的研究价值。在近现代史中，景宁孔庙曾灾难重重、几经风雨。2009年，景宁畲族自治县县委、县政府决定全面修缮孔庙。遵循历史文化记载，结合原来孔庙风貌，精心设计与施工。2010年10月28日开工，筹建修复了义路、礼门、棂星门（照壁）、泮池、状元桥、东西庑（厢房）、大成门和大成殿等建筑，并将发掘出土或者保存的古代文物归位安置。工程历时一年，至2011年底竣工。景宁孔庙修葺一新，矗立在鹤溪街头，朝晖夕照，红墙青瓦，雕栏画栋，气宇轩昂。背负石印青山，胸怀沐鹤之溪，与鹤溪古城、小街楼肆等浑然一体，熠熠生辉，再现古鹤溪之物泽天华。

其他县学孔庙，例如规模宏敞而布局庄严的缙云学宫，在过去便屡有兴毁，历经一千多年，其址不变，各类建筑被逐步拆毁，主要还是在1949年之后。特别是孔庙的大成殿，到1964年又被拆除，建成缙云中学大会堂。时至今日，偌大的一座学宫，仅存苍老破旧的泮池及其池上拱桥一座，时常勾起人们对昔日学宫辉煌的遐想。

又如坐落在闹市区的庆元孔庙，在经历了近四百年岁月的磨砺之后，随着现代化城市建设之变迁，目前则仅仅残存下一座明代古迹的大成殿了。但在2002年，孔子第七十五代奉祀官孔祥楷先生（曾任衢州市政协副主席、统战部部长）前来庆元"寻根"，曾承诺帮助庆元重建孔庙，并赠送孔子夫妇木雕像及其他仿制品一套，以供祭祀。后因种种原因没有落实。值得欣慰的是，政府对庆元孔庙的关注没有停歇。1984年12月17日，孔庙被列为县级文保单位。2021年12月29日，庆元孔庙修缮及孔庙广场建设工程完成招标，确定浙江省临海市古建筑工程有限公司为中标单位。这也让不少对孔庙命运牵肠挂肚的山城人心里的一块石头落了地。

除了孔庙建筑还在延续它们的故事之外，各地的儒学附属书院也在延续。甲午战争后新式学校在浙江兴起。清光绪二十八年（1902），莲城书院改名为"崇正学堂"；清光绪三十一年（1905），改名为"处州中学堂"，后多次易名，1957年改名为"浙江省丽水中学"；当年七月，在新意山麓旧文昌宫，创办崇实初等高等小学堂，是现在囿山小学的前身。

清光绪三十一年（1905），龙泉县废书院、兴学堂，金鳌书院改名为"剑川学堂"。其他书院社学也陆续改名。同时，县城先后创办官立培文初等小学堂、私立毓英初等女学堂等。光绪三十四年（1908），基督教会在城东创办第一所教会学校——养真初等小学堂。宣统三年（1911），安仁、八都、小梅、剑湖、屏南、青地先后创办小学堂，全县共18所（含女子小学堂3所）。民国初，改学堂为学校。民国3年（1914），全县有高、初等小学34所（含私立15所）。

各地书院在近代被改为新式学校，换了一种身份继续延存，但大多数书院也在这一期间历经教育改革，改变了教育模式，原有的传承也在这一期间渐渐磨灭。

第二节 特色德育思考

一、教育文物

任何一种教育都有其产生的源头和最初的形式，为教育历史寻根，主要是依据教育史现场，依据教育文物史料，依据教育文化遗产史料去寻找中国教育产生与发展的历史源头以及最初的形式，以便了解教育的历史真相，把握教育的发展走向。

走进孔庙遗址，我们发现，孔庙原来是中国教育产生与发展的一个重要源头，而"庙学合一"或"庙学并重"则是中国古代教育的基本形式。中国教育历史的根源，应该是庙学史，中国教育思想史的根源应该是"祭教合一"，中国教育制度史以及中国教育活动史的根源应该是"祭祀"与"教化"相结合。

"祭教合一"的教育根源，影响着中国古代各类教育的走向，制约着古代各类教育的发展，制约着教育的内容以及教育方法。古代书院也受"祭教合一"的影响，书院的建筑布局以及日常教育教学活动都体现着"祭祀"与"教学"相结合。走进书院旧址，我们感受到，已经成为文物的书院教学建筑和祭祀建筑都是这种"祭教合一"的历史见证和传承载体。

所以孔庙遗址和书院遗址都是珍贵文化遗产。孔庙遗址是古代"庙学合一"的见证，是儒家经典的载体，正因为孔庙的存在，使得"祭教合一"的教化传统代代相传。书院遗址是古代"大学"教育的重要见证和儒家文化大讲堂，传承着祭祀、教学、育才、争辩的教育优良传统。

而孔庙和书院以及学塾都能归类于学校教育文物。学校教育文物是学校教育历史发展过程中遗留下来的具有历史价值、科学价值和艺术价值的物质文化遗产。学校教育文物是学校教育发展的历史物证，它见证着学校的发展变迁；学校教育文物是学校教育发展的信息载体，它记录着学校教育过去的历史；学校教育文物是学校重大教育事件的见证者，是教育家和重要教育人物活动的见证者。它以其厚重的历史文化背景，经历着学校教育的演变过程，承载着学校教育的成绩与贡献，记录着前人教育改革的功与过，保护与传承教育文物，成为中国教育发展承前启后、继往开来的重要课题。

孔庙建筑及其附属的儒学建筑、古代书院旧址、学塾等都是学校教育文物的典型。它们直接和学校教育历史发展相连，构成了中国教育历史的长河，见证着学校教育的发展，承载着学校教育的变迁，透露着学校教育历史的信息，增加着学校教育记忆的广度与厚度，其教育价值对学校发展极为重要，它的教育意义更直接、更具体、更有说服力和感染力。与此同时，通过学校教育文物，可以证实学校史料的记载，也可以纠正史料的错误和补充教育文献记载的不足。通过教育文物可以了解教育史的发展真相，研究教育发展的经验，预见教育发展的未来。通过教育文物可以丰富教师与学生的教育史知识，提高教育发展的认识，形成科学教育史观，为科学教育决策、不犯历史错误提供借鉴。

学校教育文物是人类在历史各个时期各种学校教育活动中遗留下来的具有科学价值的教育物质遗产。这种教育文物能够保留和传承说明了它有一定的科学知识含量和科技因素，它体现着文物所处时代的生产力发展水平以及科学发展的程度，体现着当时人们的认识水平和创造能力，为我们今天了解先人发展教育的思想、理念提供直接的证据。

孔庙旧址、书院旧址及各种私学旧址处处体现着科学知识和科学技术的内涵。诸如孔庙建筑与书院建筑的布局、风格、选址，孔庙建筑与书院建筑的质量、样式、色彩等，无不体现着古人遵循自然、天人合一的思想理念，以及巧夺天工的科技因素。教育实物类文物包括与教育有关的碑文、石刻和壁画等。从教育史来看，古代主要指教育制度、书院制度、科举制度和私学等代表性的教育实物，如科举题名碑、举人匾等；近代主要指与重大教育事件或者著名教育家以及名人教育活动有关的具有重要纪念意义、教育意义或者教育史料价值的教育实物，代表性、标志性物品等。

这类教育文物反映着当时教育的科技含量，诸如古代重要教育碑文、石刻和牌匾等，通过这些教育文物可以研究文物所处时代科技因素在教育上的应用水平与程度。

同时，学校教育文物又极具艺术价值，具有审美、愉悦、观赏和激励等功能，为学校师生提供休闲、享受和借鉴、创新，珍贵教育文物就是一道风景，可以提供美的享受，为人们提供学习、工作的场所。从我国目前保存的重要教育文物来看，其教育文物极高的艺术价值仍有借鉴意义。孔庙是中国古代重要的教育场所，"庙学合一""庙学并重"是古代教育的真正格局。从孔庙的建筑选址、布局和风格可以看出，古代"祭祀"与"教化"并重的教育理念。孔庙教育的艺术价值是极为丰富的，作为一种文化教育景观其建筑设计、景观布局和艺术风格等方面为我们带来了积极、丰沛的艺术情感，提供审美、欣赏、学习和借鉴等美学品质的熏陶。如孔庙建筑群的中贯轴线，左右对称，布局严谨，以及主从分明、层次井然、严谨有序的完整的建筑群，同时配以门、坊、殿、堂、阁、亭等古典元素，体现了透选交错、气势雄浑的布局美，孔庙内浓厚的雕塑、书法和园艺等方面的艺术气息，使孔庙场面宏大，古朴典雅，气氛庄严肃穆，形成了一个完美的艺术景观。

书院教育文物的艺术价值体现得更为完美。书院选址环境优美，自然风光与社会人伦相和谐，书院的建筑布局优雅，规则的院落式，轴线明确左右对称，规则方正，给人以和谐、宁静之美。自由式的建筑风格，则巧妙利用天然地势和环境，把人工之美和自然之美融为一体，书院的建筑能够启发人的美感，促成鉴赏美、追求美的情感。书院的选景、建筑布局以及建筑风格对后人办学有着重要的启示意义。此外书院建筑艺术价值与教育价值相连，一般都包括几个核心建筑，诸如讲堂、藏书楼、大成殿、学舍、大门、碑亭或碑廊等，这些建筑都有教育学意义。记载着书院教育的形式、风格以及印记着名家讲学的风采，书院的教育精神激励着后人对真理的追求，对探索历史真相的向往。通过书院教育文物可以缅怀先人的教育业绩，汲取前人的教育理念，发扬书院教育的优良传统。

总之，学校教育文物具有重要的历史价值、科学价值、艺术价值和教育价值。我国广泛而丰富的学校教育文物资源是教育发展中的无价之宝，是记录教育发展、承载教育变迁、见证教育贡献的重要载体，教育是百年大业，教育的成果是代代累积的结果，学校教育的发展离不开学校教育文物的见证，也离不开教育文物的传承。教育改革要增加历史责任感，尊重前人的办学成果，让教育文物见证教育的发展，让教育文物承载教育的未来。在对于孔庙和书院、学塾等旧址的继承、修复上，同样要保持这样一份历史责任感，尊重前人的成果，做好承前启后的职责。

二、教育礼仪

孔庙"祭教合一"的教育性质，以及"庙学合一"的教育学样态，为我们留下了一个重要的传统就是教育礼仪，我们如何批判地继承，是中国教育发展过程中一个不能回避的问题。孔子曾言"礼可以安国家，定社稷"，他明确提出"不学礼，无以立"，认为教育过程是"兴于诗，立于礼，成于乐"。所以，孔庙以"教育礼仪"而定位，逐渐成为历代教育的"教之天伦"。教育礼仪指的是教育方面的礼仪制度与形式。

中国古代教育的"礼"和"仪"，各有不同的教育文化内涵。"礼"是制度、规则，"仪"是"礼"的具体表现形式，它是依据"礼"的规定和内容，形成的一套系统而完整的程序。中国古代的教育礼仪，是与学校、孔庙的出现同步的，学校、孔庙在逐渐发展中，教育礼仪也逐渐形成与完善。《学记》曰："大学始教，皮弁祭菜，示敬道也。宵雅肄三，官其始也。入学鼓箧，孙其业也。夏楚二物，收其威也。未卜禘，不视学，游其志也。"所以，在"庙学合一"、祭祀与教学并重的过程中，出现了影响巨大的各种教育礼仪，其中以孔庙祭祀礼仪为典型。

从现代教育理论分析，教育礼仪具有极高的教育学价值。良好的教育礼仪能够促进人的身心发展，促进社会的进步、促进教育的发展，有助于学校教育目的的实现和良好师生关系的形成，如开学典礼、毕业典礼和教师节庆祝活动等。

现代教育礼仪也可以通过一定的仪式来展现，有一定的礼仪表现形式，比如尊师的理念要通过一定的仪式来展现，而且这种仪式要坚持长久，有固定时间、固定地点、固定仪式来完成，才能够具有积极的教育效能和教育价值。这对于现如今学校教育有重要的借鉴价值。

参考引用书目

1. 熊子臣修，何铠纂，明·万历七年（1579）刻本《栝苍汇纪》（影印本）。

2. 赵治中点校，明·成化二十二年（1486） 刻本版《处州府志》（点校本），方志出版社2020年版。

3. 曹抡彬修，朱肇济等纂，清·雍正十一年（1733）刻本《处州府志》（影印本）。

4. 潘绍诒修，周荣椿等纂，清·光绪三年（1877）刻本《处州府志》（影印本）。

5. 丽水地方志编纂委员会整理，光绪版《处州府志》（标点本），方志出版社2006年版。

6. 清·道光二十六年刻本《丽水县志》。

7. 清·光绪元年刻本《松阳县志》。

8. 清·光绪元年修民國二十四年重印本《青田县志》。

9. 清·光绪二年刊本《缙云县志》。

10. 清·光绪三年刻本《庆元县志》。

11. 清·光绪四年刊本《龙泉县志》。

12. 清·光绪四年刻本《宣平县志》。

13. 清·光绪二十二年刊本《遂昌县志》。

14. 清·光绪廿五年刊本《云和县志》。

15. 清·同治十二年刻本《景宁县志》。

16. 孙寿芝总纂，赵治中点校，民国十五年（1926）铅印版《丽水县

志（民国版）》，方志出版社2017年版。

17. 赵治中点校，《清·（道光）〈丽水县志〉和〈丽水志稿〉合刊点校本》，方志出版社2010年版。

18. 吴志华、吴志标编著《处州金石》，浙江古籍出版社2017年版。

19. 董喜宁著《孔庙祭祀研究》，中国社会科学出版社2014年版。

20. 王雷著《教育文物——书写在大地上的教育史》，中国社会科学出版社2018年版。

21. 丽水市文化广电新闻出版局编《丽水第三次全国文物普查丛书》，浙江古籍出版社2011年版。

后　记

　　明·何镗总纂《栝苍汇记》卷之一有云："处州 ……于天文属扬州，斗分为牛女之次，上直少微处士星，故以名郡。"丽水，上古至中古称"栝苍"；隋朝先称"处州"，后改"括州"；唐代一度称"缙云郡"；中唐大历十四年（779）至民国，几乎一直沿用"处州"，前后达1200余年。名虽有变，然江山胜境，人文渊薮，有栝苍瓯水山川之饶、鱼稻果隋赢蛤之富，此得天地之独厚者也。

　　秀山丽水，文润处州。本书对处州各地孔庙的资料进行收录编写，从史学专业的角度梳理研究处州儒学和孔庙建筑，解析孔子、孔庙、儒学的教育内涵和传承意义。2022年8月，丽水市委文化工作会议强调实施"文兴丽水、挺进共富"工程，必须推进中华优秀传统文化创造性转化和创造性发展，要整合资源力量实施处州历史文脉研究等"五大工程"，加快形成一批具有鲜明特质和人文神韵的标志性成果。孔庙是中华民族重要的历史文化遗产，是传承中国儒家文化的重要载体。历经岁月沧桑变化，到如今，孔庙在历史、社会、文化、艺术和科学方面仍具有不可磨灭的价值。处州各地孔庙对于如今的丽水而言，同样具有非凡的意义。

　　本书旨在使读者了解孔庙、走近孔庙，弘扬传统文化，倡导崇学向善民风，满足人民的期望，为处州孔庙的传承与发展献上一份绵薄之力。

　　出于对家乡文化遗产和文脉传承的满腔热忱，编著期间，笔者查阅了包括明清各版本《处州府志》《栝苍汇纪》《丽水志稿》和"处州十县"县志等在内的大量文献，还查阅了《处州金石》《处州文化与地方文献》《处州文化史》《丽水第三次全国文物普查丛书》等资料，探访了各地孔庙遗

址，走访当地文史专家。

历时一年有余，《处州孔庙》一书终得完结，全书共分九章，从孔庙的历史沿革、格局规制，祭孔仪式、规制，到探寻孔学的教育意义，以及儒学传承的必要性分析。章节内容为方便读者了解，兼顾阅读习惯，大体以"处州十县"置县时间前后排序。

我和胡兴旺系丽水市博物馆同事，这也为共同编写此书提供了便利。在书稿付梓之际，心中如释重负，涌现出完成一桩使命般的欣慰感，感激之情亦油然而生！在此，对所有为本书得以付梓给予支持帮助的领导、文化界同仁和各界朋友致以诚挚的谢意。感谢丽水市社科联原专职副主席、一级调研员、市政协文史专员杨贤高同志的悉心指导；感谢丽水市博物馆吴志标研究员为本书架构提出宝贵意见，并为本书"处州孔庙勒碑"提供释文；感谢丽水学院季光耀、李利平老师的倾力帮助；感谢我爱人在工作及繁冗的家务之余，为我整理文稿和图片。特别感谢丽水学院2019级汉语言文学专业本科在读的龙思宇同学，在临近毕业之际仍然花费大量的时间和精力为本书进行校正梳理。

由于相关文献资料体量较大，考证难度较大，加之作者水平有限，书中难免存在不足或谬误，还望广大读者及有识之士批评指正。不甚感谢！

金伟明

癸卯年榴月书于南明湖畔

丽水·文化丛书

第十辑

李一波 主编

卢朝升 编著

处州书院

浙江工商大学 出版社

ZHEJIANG GONGSHANG UNIVERSITY PRESS

·杭州·

图书在版编目(CIP)数据

处州书院 / 卢朝升编著. —杭州:浙江工商大学
出版社,2024.1
(丽水·瓯江文化丛书. 第十辑)
ISBN 978-7-5178-5885-0

Ⅰ. ①处… Ⅱ. ①卢… Ⅲ. ①书院—介绍—丽水—古
代 Ⅳ. ①G649.299.553

中国国家版本馆 CIP 数据核字(2024)第021526号

处州书院

CHU ZHOU SHUYUAN

卢朝升 编著

责任编辑	熊静文
责任校对	林莉燕
封面设计	朱嘉怡
责任印制	包建辉
出版发行	浙江工商大学出版社
	(杭州市教工路198号　邮政编码310012)
	(E-mail:zjgsupress@163.com)
	(网址:http://www.zjgsupress.com)
	电话:0571-88904980,88831806 (传真)
排　　版	杭州朝曦图文设计有限公司
印　　刷	杭州高腾印务有限公司
开　　本	710 mm×1000 mm　1/16
印　　张	15.5
字　　数	230千
版 印 次	2024年1月第1版　2024年1月第1次印刷
书　　号	ISBN 978-7-5178-5885-0
定　　价	288.00元(全6册)

"丽水·瓯江文化丛书"第十辑
编纂委员会

总 序

中共丽水市委常委　宣传部部长　李一波

"绿水逶迤去，青山相向开。"在风景秀美的浙江丽水，有一条贯穿全境九曲蜿蜒的瓯江。川流不息的江水不仅润泽了丽水的山川土地，更孕育了丰富璀璨的瓯江文化。考古发现的缙云陇东遗址，将丽水的文明史追溯到距今9000多年前的上山文化晚期。在数千年的历史长河中，黄帝文化、畲族文化、剑瓷文化、石雕文化、廊桥文化、华侨文化、摄影文化蓬勃绽放，让丽水成为名副其实的中国地市级首个民间艺术之乡。

同时，丽水有7项世界级遗产、21项国家级非物质文化遗产，文化遗产数量占到了浙江总数的六分之一。作为"瓯江山水诗之路"的重要地区节点，谢灵运、李白、白居易、秦观、陆游、范成大、朱熹等文人雅士在此留下了脍炙人口的佳作名篇。生态与人文的珠联璧合构成了瓯江文化的独特底色，传承赓续丽水生生不息的历史文脉。

兴贤育才，文化绵延。隋开皇九年（589），丽水因象征人才的处士星明耀分野而置，故得名处州，意为"人才之州"。自古以来，丽水就是崇文重教之地，先后有1149人荣登进士，42人在二十五史中入传。以独峰、美化书院为代表的处州书院名噪东南，独峰书院被列为南宋"八大书院"之一，重学兴教之风传承至今。在先贤们的垂范带领下，丽水兴文教以开风气。改革开放尤其是撤地设市以来，历任市委、市政府秉承"强市必先强教，育人必先兴学"理念，持续加大教育投入，加快缩小区域、城乡、校际差距；一代又一代的教育工作者躬耕不辍、潜心育人，推动丽水与全省同步实现教育基本现代化，高考总录取率连续多年超过全省平均水平，

教育事业改革发展逐步实现与全省"并跑",取得了突破性跃升。

　　盛世修史,嘉年撰志。编史修志是对弘扬中华优秀传统文化的实践总结。正是在这个意义上,丽水市委、市政府深入贯彻落实习近平总书记关于文化建设重要论述精神,以高度的文化自觉、坚定的文化自信,推进实施丽水文化研究工程,历时十七载完成"瓯江文化丛书"第一至第十辑的编撰。这次推出的第十辑,以丽水的教育文化为主题,包含《处州孔庙》《处州书院》《处州进士》《处州武术》《处州家风》《处州与四库全书》等六本专著。参与编纂的专家学者不辞劳苦、深入调研、勤奋笔耕,以极端负责的精神完成书稿编写,全面、系统、翔实地呈现了丽水教育文化渊源厚重的历史。相信这辑丛书的问世,能够开拓丽水教育文化的研究角度,给予读者启示和激励,并为加快新时代丽水教育事业高质量均衡发展,提供更加强大和更加持久的文化力量。

前　言

　　书院，作为一种教育机构，发端于晚唐，兴盛于两宋，元明清时期屡废屡兴，成为中华大地上的一道独特风景。

　　书院制度是中国传统教育制度的一大发明，是发源于中国、在中国土生土长的教育制度，是儒家教育体系中最为典型、最为完善的一种形态。

　　"书院"这个名称最早出现在唐玄宗时期。清代袁枚在《随园随笔》中说："书院之名起于唐玄宗时，丽正书院、集贤书院皆建于朝省，为修书之地，非士子肄业之所也。"由此可知，书院最早是官方修书的地方。

　　作为民间读书场所，江西庐山脚下的白鹿洞书院属于早期的书院。有记载表明早在唐贞元间（785—805），李渤和他的哥哥李涉已在白鹿洞书院读书。南唐时白鹿洞书院一度成为官办的"庐山国学"讲学之所，俨然已成为一所国家的高等学府。北宋太平兴国三年（978），宋太宗应江州知州周述的要求，赐给白鹿洞书院《九经》；咸平五年（1002），朝廷下令重修书院，并塑造了孔子和"十哲"的像。到此，具备祭祀、讲学、藏书三大功能的书院，正式登上历史舞台。

　　真正以"书院"冠名的民间讲学场所，最早还数湖南衡阳的石鼓书院，其前身为李宽中创办的"秀才书院"。唐元和年间（806—820），宪宗皇帝李纯广揽人才，李宽中无意仕途，就来到衡阳隐居在石鼓山上，除了自己读书，还招收徒弟。元和五年（810），任衡州刺史的吕温，写了一首《同恭夏日题寻真观李宽中秀才书院》，说明李宽中已将自己的讲学之所命

名为"秀才书院"。①

如果仅是民间的讲学机构，不以书院为名的，当然早就存在于民间。春秋时期孔子的杏坛也许才是最早的民办书院。孔子打破了贵族对教育的垄断，提倡"有教无类"，教以"六艺"（礼、乐、射、御、书、数）和"六经"（《诗》《书》《礼》《易》《乐》《春秋》）。弟子有三千之多，其中大贤七十二人。此外，孔子在周游列国期间，都有学生跟随，开创了"游学"教学方法。后来，齐国的稷下学宫就是大型的讲学场所，虽为齐桓公创办，但其管理和讲学带有浓重的民间色彩，前来交流辩论或听讲的一般都是一位老师带领一群学生，少则数十，多则上百，在那里不同的思想可以自由交流。

两宋时期，重文轻武，科举考试成为百姓改变命运的重要途径，官办州学县学因名额限制已远不能满足需要，民间的书院应运而生。北宋初，掀起了儒学复兴运动，涌现出一批儒家学者、思想家，如胡瑗、范仲淹、孙复、石介等，他们以儒家经典教授于各地，随之便出现了很多书院。

尤其是到了南宋，出了集理学之大成的朱熹，他不仅到处倡办书院，而且编成了《四书章句集注》等科举考试教材。以讲学为主要功能的书院，如雨后春笋，出现于大江南北。这一时期是第一次书院兴盛期。朱熹还制定了《白鹿洞书院教条》，从此各地书院争相效仿，使书院的教学管理有章可循。

到了元朝，朝廷一方面崇尚儒家文化的教化作用，另一方面又加强对文化教育机构的控制，将具有一定规模的书院收为国有，最典型的标志就是书院的山长均由官方任命，或由教谕兼任。

进入明朝以后，因战火兵燹而毁的书院又重新得到了修复，只要科举制度存在，书院就必然春风吹又生。

王守仁及其弟子们对心学的传播，掀起了历史上第二次创办书院的热潮。王阳明提倡的"心即理""致良知"和"知行合一"，打破了程朱理学数百年的沉闷空气，带来了人性的觉醒，也激发了人们求变的愿望。而缺

---

① 郭建衡、郭幸君：《石鼓书院》，湖南人民出版社2014年版，第2页。

乏自信的统治者，终于对书院下手。万历年间，张居正下令禁毁天下书院，给书院带来沉重的打击。

有清一朝，统治者担心明末讲学议政之风复活，在顺治九年（1652）下了一道《不许别创书院诏》，正式下颁禁止令。诏曰："各提学官督率教官、生儒，务将平日所习经书义理，着实讲求，躬行实践。不许别创书院，群聚徒党，及号召他方游食无行之徒，空谈废业。"

后来虽然迎来了所谓"康乾盛世"，然而统治者对文化的禁锢从未放松，文字狱时有发生。书院可以办但必须得到批准，平时还得在官府的严密监视之下，其可以成为科举入仕的摇篮，但不能成为学术争鸣的场所。事实上，各地上规模的书院基本上承担了官学的职能，并被纳入官学一并管理。咸丰元年（1851）至同治三年（1864），洪秀全、杨秀清发动太平天国运动，所到之处，烧书院、焚典籍，对书院又是一次毁灭性的打击，而江浙是重灾区。中华文化难逃厄运，多少精美的建筑、珍贵的古书，从此消失无存。

中日甲午战争终于惊醒了梦中人，然后是"百日维新"，光绪皇帝下诏将书院改为学堂。"百日维新"失败，慈禧又宣布"各省书院照旧办理，停罢学堂"。经过八国联军一役，慈禧于1901年9月下令将全国各地书院分别改为大、中、小学堂。但此时科举制度还在，因此对书院改与不改的问题，人们依然在观望与摇摆。1905年9月，清廷正式宣布："自丙午科为始，所有乡会试一律停止，各省岁、科考试亦即停止。"至此，书院再也没有存在下去的理由，所以中国绝大多数书院均终止于光绪三十一年（1905）。唯一的例外是，清末经学大师、时任衡阳船山书院山长的王闿运顽强抵抗，对书院教育情有独钟，拒不将书院改为新式学堂，一直坚持到1915年才改为学堂，但取名"存古学堂"。

官办的教育机构在夏朝就有了，到周朝已经有了完备的"六艺"课程。《孟子》载："夏曰校，殷曰序，周曰庠，学则三代共之，皆所以明人伦也。"与官办的教育机构相对，贵族和大户人家相应创设私塾或义塾以教乡人弟子。

唐末出现的"书院"，到底与官学有什么不同？

一是创办的主体不同。书院一般为民间人士创办，属私立而非公立，尽管政府会给予一定资助或参与管理，但其属于民间教育机构的性质是明确的。

二是招生对象不同。私立书院的招生名额及籍贯不受官方控制，而官办的府学县学名额一般只有十几二十人，且几百年不变，因此远远满足不了需要。书院招生对象更具有自主性和灵活性，这就为许多出身不好、家境贫寒的学子提供了一条改变命运的通道。所以，书院也可以视作官办学校的重要补充。

三是教学方法不同。书院的主课当然是"四书五经"，但书院还有一大特色就是"会讲"制度，不同门派的学者可以登坛讲学。私立的书院很大程度上是民间学术的交流阵地，各种学说在此碰撞，或者有自己明确的学术宗旨，有学术领袖或核心人物，一些重要书院有明确的师承关系，这就为思想市场、学术多元提供了可能。

因此，书院有自己独特的魅力，是官学所不能替代的。

至于后来一些官学取名为书院，那是另外一回事，不排除是赶热门。久而久之，书院之名称几乎成为学校的代名词。

一所建制健全的书院，一般具有三大基本功能：收徒讲学培养人才，祭祀孔子和先儒乡贤，收藏典籍供士子阅览。

当然有的小型书院功能没这么全，或者只是收徒教学，或者只有祭祀，或者只有藏书。

现在还存在同时具有三大功能的书院，岳麓书院应该是一个代表。这所创办于北宋开宝九年（976）的书院，正如门口的对联"惟楚有材，于斯为盛"所言，是湘学的重镇，张栻、罗洪先、车万育等大儒先后担任山长，千年时间培养了无数人才。岳麓书院1903年改为湖南高等学堂，1926年成立省立湖南大学，1937年改为国立湖南大学，现在为湖南大学下属的独立机构。其不仅是一个文化旅游胜地，而且是湖南大学人文科学的教育基地，为国家级文物保护单位。其规制完整、保存良好，非常值得一看。

讲学当然是书院的第一功能，因此书院的山长或主讲就十分重要，一位博学而德高的大儒坐镇书院，远近的学子就会慕名而来，否则门庭冷清难以为继。例如孔林担任独峰书院山长，王毅主持木讷斋，严用光主持鸦峰书院，端木国瑚任正谊书院和莲城书院山长，他们都使其所在书院盛极一时。

官学通常与孔庙办在一起，祭祀是最重要的仪式，所以国子监的最高长官叫"祭酒"。书院仿效官学，也须举行祭祀。通常有春秋两季的"释菜礼"，相当于开学典礼，主祭孔子、"四配"（指颜渊、子思、曾参、孟轲）及与书院密切相关的先师乡贤，用一些常见的蔬菜果品如芹、藻、栗、枣等作为供品，有规定的程式，仪式相当隆重。另外还有"释奠礼"，主要是针对特定人物和重要节日举行的祭祀仪式。有的书院立了专祠作为祭祀的地方；而有的书院只为祭祀而建，连城冠豸山上的多所书院，如雁门书院、修竹书院、丘氏书院等都是专祠。

另外，书院还偶尔举行"乡饮礼"，一般由地方官员主持，邀请乡绅和士子参加，以养成尊师重教之风。《论语》里就有"乡人饮酒，杖者出，斯出焉"一句，说明乡饮之礼由来已久。能被邀请为"乡饮宾"，那是非常光荣的。

藏书，也是书院的重要功能。古代图书稀缺，丰富的藏书不仅是吸引学子前来求学的重要因素，还是书院特别引以为豪的地方。例如在朱熹的软磨硬泡下，皇帝给白鹿洞书院赐书题字，从此书院的地位就不一样了。

书院的选址也很讲究，一般都远离市廛，在风景清幽的地方。传统文化的"风水"在书院选址上体现得尤其明显，因为儒家讲究"天人合一"，读书讲学需要聚天地之灵气，也希望人才辈出。所以，一般书院总是后有青山倚靠，前有绿水潆洄，左右龙脉环绕，前方最好还有笔架山。正如朱熹所题白鹿洞书院名联："泉清堪洗砚，山秀可藏书。"选择一个幽静的地方，对读书修身是大有裨益的。如处州尚存的独峰书院、石门书院、鞍山书院，都是环境特别好的地方。

书院的建筑也有自己独特的布局。上规模的书院一般参照孔庙，左礼门，右义路，中间是棂星门，门内有泮池以及泮池上的状元桥，再依次是仪门、明伦堂、大成殿，两庑则是办公室和学舍，还有藏书楼、山长室，

也许还有乡贤祠等。

书院的办学经费也由民间筹措，其形式就是"学田"，也称"膏火田"，一般由创办者和富人乡绅捐出田亩，用其田租作为办学经费。有时地方政府也会划拨一部分，或者将一些已经荒废的寺庙的田产归入书院。由于书院和寺庙均是屡有兴废，书院与寺庙的田产之争也时有发生，因此，许多书院都将学田勒碑刻石，以示永久。一些书院同时还有"宾兴田"，专门用作经济困难学生赴考时的补贴，让优秀的穷人孩子不会因为筹不到路费而错过考试机会。一些书院专门设有"祀田"，将田租用于祭祀开支。

书院的各种收支基本上都是专款专用，公开透明，且定期向主办者报告或张榜公布。例如景宁鸦峰书院就存有一本记录书院收支明细的账本，书院财务管理由此可见一斑。

处州地处浙闽赣接壤的山区，山多地少，交通阻塞，人类活动比较少，文明开化时间自然比较晚。

隋开皇九年（589）置处州，从此丽水有了州的建制。

北宋景德三年（1006），松源的吴崇煦在竹坑溪北建了豹隐洞书屋，是处州最早的民办书院。北宋嘉祐七年（1062），遂昌龚原在妙靖院设馆讲学，这应该是处州有记载的最早的民间讲学场所。北宋绍圣年间（1094—1098），缙云胡份在古方山下建了尚友堂万松书舍，是处州最早具有规模的民间书院。

从"安史之乱"一直到五代十国时期，在第二次"衣冠南渡"、人口大迁徙中，中原地区和环太湖地区许多家族迁到浙南闽北山区。所以，北宋时期，处州虽然有记载的书院不多，但培养的人才却不少。

到了南宋，朝廷南迁临安（今杭州），浙江成为政治、经济和文化的中心，受其辐射，处州大地掀起办书院的热潮。青田介石书院，缙云的美化书院、独峰书院，松阳的明善书院，龙泉的桂山书院、笏洲书院等均创办于南宋晚期。

元明清三朝，政治文化重心北移，处州有被边缘化的倾向，这个时期虽然也办了不少书院，但科考的成绩每况愈下。清代对民间书院管控增强，几乎全部将其纳入官府管理，因此书院的特色也越来越少。

至迟到1905年，处州所有书院改为新式学堂，书院遂成为历史。

《丽水教育志》中有对处州历代中进士人数的统计（不含武进士）：隋朝1名，唐朝10名，五代6名，宋代959名，元代19名，明代129名，清代13名，总共1137名。

处州历史上有记载的书院有100多所，其中：遂昌16所，缙云15所，青田15所，景宁13所，龙泉12所，松阳12所，庆元8所，宣平6所，丽水1所，云和1所，府属3所。

当然，这个统计是难以精确的。有的有书院之名，却未必有书院之实，就是私塾、义塾，或者只是一个祭祀场所；有的有书院之实，却未必有书院之名；有的书院只有一个名称，却多次搬迁兴废；有的本是一所书院，名称却多次更换。

处州现存的古代书院有名称且有建筑的已寥寥无几。保存完整的只有缙云仙都景区的独峰书院和遂昌长濂村的鞍山书院。另外，庆元对峰书院在孔庙旁还有半栋房子，龙泉仁山书院在安仁还有一个门楼，景宁明德书斋在大均还有半个门楼。

目　录

第一章

处州的历史地理与书院创建

　　一个区域文化以及传统特色的形成，既与人口的迁徙流动密切相关，又受一个地方的地理环境所约束，也与时代的思潮相呼应。近年的考古发现，从良渚遗址、河姆渡遗址，上溯至跨湖桥、上山文化遗址，已经证明浙江史前文明存在且辉煌，并非如史书所载"僻陋在夷"。丽水虽地处浙西南山区，但秦汉之前也非蛮荒之地。遂昌好川文化的发现，证明距今4000多年前瓯江的上游已有较为发达的文明存在；云和显圣湾遗址以及狮子山的春秋墓葬群的发掘，证明夏商周时代瓯江中游已有较为先进的生产力和社会组织分化；缙云陇东遗址的发现，则将丽水的文明历史上推到万年之前，作为上山文化的组成部分，陇东遗址给浙江中南部的人口迁徙与繁衍提供了直接证据。秦汉时期东瓯国建立，东汉末年松阳置县，隋开皇九年（589）设置处州，唐宋元明逐渐形成"处州十县"，行政区域的调整对区域文化的形成以及内部特色文化的传承都起到了重要的作用。书院作为文化教育的重要载体，它的创办与兴废自然深受文化的影响。

第一节　处州的历史沿革对书院的影响

处州建置始于隋开皇九年（589），始辖松阳、括苍、临海、永嘉4县，后改括州，辖区也有调整，唐大历十四年（779）改为处州。明景泰三年（1452）起，处州府辖丽水、松阳、缙云、青田、遂昌、龙泉、庆元、云和、景宁、宣平10县。2000年设置地级丽水市，现下辖莲都区、缙云县、青田县、云和县、庆元县、松阳县、遂昌县、景宁畲族自治县，代管龙泉市。丽水市区域面积17298平方千米，是浙江省辖陆地面积最大的市。截至2019年末，全市户籍人口2707654人。

2018年3—5月，浙江省文物考古研究所、丽水市缙云县博物馆对缙云壶镇陇东遗址进行抢救性发掘，发现了丽水市迄今为止最早的史前人类聚落，也是我国目前发现的第19处上山文化遗址，距今约9000年。陇东遗址是一处包含了上山文化、良渚文化、钱山漾文化、好川文化，延伸至

陇东遗址出土的文物

商周、西晋和宋代堆积的古遗址，遗址主体以良渚和好川堆积为主，共发现灰坑65座、灰沟8条、柱洞23处。缙云陇东遗址作为上山文化的一部分，其发现说明壶镇盆地在距今约9000年前已经有人类活动。

1997年夏季，考古工作者发掘好川古文化遗址面积4000平方米，清理墓葬80处，随葬品1028件（组）。该遗址位于距遂昌县城西12千米的三仁畲族乡好川村，专家鉴定为良渚文化晚期，距今4000年左右，在浙西南地区是首次发现，为1997年全国重大考古新发现。好川文化遗址的发现填补了浙西南浙闽赣三省交界地区新石器时代考古的空白。好川文化遗址古文化元素多元、特点明显，2013年被国务院核定为第七批全国重点文物保护单位。

2022年10月8日，云和县显圣湾遗址抢救性考古发掘工作顺利完成并取得重要收获。该遗址位于云和县工业园区东部，勘探面积近10万平方米，是云和地区目前发现的面积最大、地层最丰富的新石器时代至夏商时期遗址。云和县文物保护中心联合浙江省文物考古研究所经过5个月的抢救性发掘，发现好川文化墓葬6座，出土陶豆、玉纺轮、绿松石嵌片等器物标本百余件，其中的矮胖型双鼻壶，大概可追溯到良渚文化早期。特别是在试掘区域还发现属肩头弄文化且排列规则的柱洞、洞坑13处。此次发掘把云和历史延伸至肩头弄文化及好川文化时期，填补了云和地域新石器晚期至夏商考古的历史空白。2023年云和独山遗址考古发掘了38座西周墓葬，出土100多件陶瓷和青铜器，初步断定系高等级的贵族家族墓地，说明在西周时期，瓯江中上游已有较发达的社会组织。

近年来，缙云一带还发现了多处古代岩画，这些岩画的年代初步断定为先秦时期，并且与祭祀有关。

这些遗址和遗迹的发掘和发现，证明瓯江流域一带在史前并非蛮荒之地，而与钱塘江流域一样为人类文明的发祥地。传说中的黄帝在缙云一带活动并且在鼎湖升天，给缙云一带增添了一层神秘色彩。

浙西南一带，古为百越之地。《汉书·地理志》记载，百越的分布"自交趾至会稽七八千里，百越杂处，各有种姓"。春秋时期，属越国；秦时，属闽中郡；西汉时，属会稽郡。汉惠帝三年（前192），汉朝廷封欧阳摇（即驺摇）为东海王，都东瓯，世称"东瓯王"，丽水与台州、温州这一带同属东瓯国。汉武帝建元三年（前138），"闽越发兵围东瓯"，在汉朝廷的授意下"举国迁中国"，瓯王欧望率领宗族及部众4万余人迁移于庐江郡（今安徽巢湖周围）。丽水瓯江流域为迁徙大通道，部分不愿远走的人就留了下来，成为处州的先民。

西晋时期，瓯江流域的松古盆地、碧湖盆地、壶镇盆地，都有比较先进的农耕文明。在缙云陇东和松阳卯山附近，均出土了西晋太康时期的铭文砖。

东汉建安四年（199），析章安南乡建松阳县，处州大地有了县级的行政建制。

隋开皇九年（589），隋文帝杨坚统一了中国，并对全国的行政区域进行了调整。置处州，辖括苍、松阳、永嘉、临海4县，不久增设安固（瑞安）、乐成（乐清），共辖6县，从此丽水有了州的建制。

唐武德四年（621），松阳在古市县治东南建县学，这就是处州最早的官办儒学。上元二年（761），缙云县令李阳冰创建了缙云县学。元和十二年（817），李繁任处州刺史，在樨山之巅创建孔庙——韩愈为此作《处州孔子庙碑》，同时在孔庙创建州学。

从"安史之乱"一直到五代十国时期，中国再次进入战乱分裂时期，中原地区兵荒马乱，浙东地区也发生了"董昌之乱"，在第二次"衣冠南渡"、人口大迁徙中，中原地区和环太湖地区许多家族迁到浙南闽北山区。迁徙队伍中许多人家原为世家望族，他们不仅带来先进的生产方式，也带来耕读传家的传统家风。所以，在北宋时期，处州虽然书院不多，但人才辈出。著名的如缙云朱氏、詹氏，龙泉鲍氏、管氏、季氏、何氏，庆元吴氏等，他们均成为科考的大户，自然也成为处州的显赫人家，如龙泉何执中、管师仁官至宰相。

五代十国时期，浙江有了钱氏地方政权，叫"吴越国"。从钱镠称王到钱俶纳土归宋，以杭州为都的80多年间，文治武功，保境安民，使苏杭一带成为人间天堂。处州的经济文化也有了新的发展，曾在遂昌唐山翠峰院修行14年的贯休和尚，为钱王写下了"满堂花醉三千客，一剑霜寒

十四州"的名句。

北宋景德三年（1006），松源的吴崇煦在竹坑溪北（今机关幼儿园处）建了豹隐洞书屋，后来大济成了进士村。景祐四年（1037），知州孙沔于州治南迎秋岭建州学，原州学改为丽水县学。嘉祐七年（1062），曾任太常博士的遂昌县龚原回乡，在妙靖院设馆讲学。北宋绍圣年间（1094—1098），曾任国子监司业、文华殿大学士的缙云县胡份告老还乡，在古方山下即今上宕自然村建了尚友堂万松书舍，建屋百余间，是为处州最早具有规模的民间书院。

到了南宋，朝廷南迁临安（今杭州），浙江成为政治、经济和文化的中心，受其辐射，处州文风丕变。淳熙九年（1182），朱熹任提举两浙东路常平茶盐公事，秋天从台州经处州回福建五夫里，沿途在缙云美化乡金竹村、仙都独峰下、松阳象溪、古市均开坛讲学，后来就有了缙云的美化书院、独峰书院和松阳明善书院，处州大地掀起了第一次办书院热潮。青田介石书院，龙泉桂山书院、笏洲书院等均创办于南宋晚期。一时文风大盛，涌现出汤思退、叶翥、何澹、章良能、赵顺孙等宰相级官员及项安世、胡纮、蔡仲龙、潜说友等重要人物。

元代由于官方重视，像美化书院、独峰书院等均成为当时浙江省的著名书院。元朝至元三十一年（1294），浙西廉访副使王俣路过石门洞，在乡绅的提请下，委托路学教授吴梦炎、县尹王麟孙负责，建起了石门书院。泰定四年（1327），郑原善任处州录事，修复了石门书院并讲学，培养了一个高才生叫刘基。龙泉王毅在盖竹村办木讷斋，门人章溢、胡深、叶子奇等，均为一代人杰。

明朝，政治文化重心北移，处州有被边缘化的倾向。不甘落后的处州人，继续奋斗在科考战场上。景泰三年（1452），增设了云和、景宁、宣平3县，从此处州有了10县，各县均设了县学。嘉靖二十四年（1545），处州知府高超在城隍庙建紫阳书院，为府城书院之始。万历二十二年（1594），知府任可容建圭山书院。在这个时期创办的书院还有青田的鹤山书院和混元书院、遂昌的相圃书院和鞍山书院、龙泉的仁山书院、庆元的松源书院、景宁的豸山书院等，各县基本都有了自己的书院。

满族统治者入主中原后，很快控制了局面，接着进入了"康乾盛世"，国家版图扩大并稳定下来，北方再次成为政治、经济和文化中心，处州再次成为被遗忘的角落。清朝政府对书院的态度是必须在官府的管理之下，而且只能为科举服务。书院与官学的界限越来越模糊，许多书院干脆与官办的州学县学合二为一。其时，处州的著名书院有府属莲城书院、青田正谊书院、缙云五云书院、遂昌妙高书院、龙泉金鳌书院、庆元对峰书院、云和箬溪书院、景宁鸦峰书院、松阳明善书院等。这些书院基本上就是官学或承担着官学的职能。但是，处州培养的人才与前朝相比却每况愈下，近300年只出了13名进士。

太平天国运动期间（1851—1864），因战乱，处州境内的书院幸存很少，之后大多进行了复建。

光绪二十七年（1901），清廷下《兴学诏》，令各府将书院改为学堂。光绪二十八年（1902）正月，莲城书院改为崇正学堂，为丽水中学前身。光绪三十一年（1905），清廷颁诏"废科举以广学校"，至此，各州县的书院或改为新式学堂，或关闭歇业。传承了1000多年的书院退出历史舞台。

第二节　处州的地理环境对书院的影响

丽水市位于浙江省西南浙闽两省接合部，市境介于北纬27°25′至28°57′和东经118°41′至120°26′之间；东南与温州市接壤，西南与福建省南平市毗邻，南部与福建省宁德市相接，西北与衢州市相接，北部与金华市交界，东北与台州市相连；距省会杭州292千米，距上海512千米、温州126千米、金华122千米，是典型的山区。

开皇九年（589），因处士星见于分野而设置处州。处士星为少微星座最南面一颗，少微星座由南往北依次为议士星、博士星、大夫星。古代称德才兼备而隐居不仕的人为处士。处州确实是适合隐居和修炼的地方。

处州多山，山脉属武夷山系，主要有仙霞岭、洞宫山、括苍山，呈西南—东北走向，分别延伸西北部、西南部和东北部。海拔1000米以上的山峰3573座，1500米以上的山峰244座。其中，龙泉市凤阳山黄茅尖海拔1929米，庆元县百山祖海拔1856.7米，分别为江浙第一、第二高峰。括苍山（古代为栝苍山）地处浙东南部，南呼雁荡，北应天台，西邻仙都，东瞰大海，位于丽水、青田、缙云、仙居、永嘉、临海、黄岩诸县（市、区）之间，为灵江水系与瓯江水系的分水岭，主峰米筛浪海拔1382.4米，系浙东南最高峰之一。因为山高路险、水急林密，一直以来是方士隐逸和躲避兵燹的理想之地，为道教十大洞天之一。

缙云是唯一以黄帝名号命名的县级行政区域，传说仙都的鼎湖峰是黄帝铸鼎炼丹、驭龙升天的地方。

《史记·封禅书》记载：

> 黄帝采首山铜，铸鼎于荆山下。鼎既成，有龙垂胡髯下迎黄帝。黄帝上骑，群臣后宫从上者七十余人，龙乃上去。余小臣不得上，乃悉持龙髯，龙髯拔，堕，堕黄帝之弓。百姓仰望，黄帝

既上天，乃抱其弓与胡髯号。故后世因名其处日鼎湖，其弓日
乌号。

早在夏商周时期，当地百姓就将鼎湖峰作为人文始祖轩辕黄帝升天之
所祭拜。而陇东遗址的发掘，证明约9000年前的上山文化时期，缙云仙
都一带就有人类聚居，遗址的文物堆积层，一直延续到三国两晋。缙云县
境内近年还发现多处古代岩画，可能也与黄帝祭祀相关。建在缙云山下作
为祭祀轩辕黄帝专门场所的"缙云堂"至今已有1600多年的历史。缙云
的官方和民间历代均有黄帝祭祀活动。从2021年开始，中国仙都祭祀轩
辕黄帝大典主办单位由丽水市人民政府、缙云县人民政府变更为浙江省人
民政府，一年一次。黄帝文化形成"北陵南祠"格局。如今，黄帝文化已
成为华夏儿女共同的精神家园。

仙都鼎湖峰

道家代表人物老子，自从写了五千言的《道德经》后，骑着青牛出了
函谷关后就不知所终。据说，他是来到了丽水境内现莲都区太平乡的天师
楼。缙云山上不仅有栩栩如生的老子像，还有老子坐骑青牛化的五色石
龙、龙口里的猕猴、石壁上的婴儿等景点。光绪《处州府志》记载："篆
符岩，县东七十里。俗传叶法善埋符篆于此（俗名天师楼，又名大螺坛）。

顶有石龙五色，水自龙口出。"山顶上还有道观遗址，据传叶法善的符箓就埋在此处，山脚下也出土了莲花墩等古代道观的石构件。明代崇祯年间宣平知县王在镐的诗《曳岭》第一句就写道："如何老聃过，何不挽其牛？"老子为什么不远千里来到越国南部山区？估计是听说黄帝在仙都鼎湖峰升天，他也要来此朝拜，完成最大心愿后就留了下来。正因为老子在此，所以传说张道陵、叶法善、刘基等到过此地也就顺理成章了。由此，处州一带，黄老之学特别发达，可以说是构成了瓯江文化的底色。

莲都区天师楼的老子像

春秋战国时期，传说范蠡的老师计倪就隐居在缙云的仙都，唐代李阳冰所书的"倪翁洞"摩崖石刻至今尚存。

据传汉初浮丘伯曾携双鹤隐居于鹤溪，为鹤溪文明之有历史记载之始。

道家著作《云笈七签》记载，括苍山为道家第十大洞天，而在括苍山周围还有三十六小洞天中的五个，分别是：第十八华盖山，在温州永嘉县；第十九盖竹山，在台州黄岩区；第二十九缙云山，在处州缙云县；第三十青田山，在处州青田县；第三十六金华山，在金华婺城区。因此，处州一带常有方士出入，隐逸文化颇为发达。而缙云古方山周围，有方溪、方川、方坑等地名，尤其是建于三国东吴赤乌二年（239）的古方塘，是浙西南最早的大型水利工程。在海拔千米的山巅建造如此规模的水利工程，既不是民间力量所为，更不是为了农业灌溉，其目的和用途还是一个谜。很可能是孙权听了葛玄的建议，想在此建一个避暑养生的行宫，同时带有战略防御功能。后来葛玄去世，行宫未建成，就在山顶留下了一个人工湖。

古方塘石碑

葛玄在括苍山修炼是有迹可寻的。葛玄（164—244），字孝先，丹阳句容人。三国著名高道，道教灵宝派祖师。据《高道传》和《嘉定赤城志》：葛玄，字孝先，洪之从祖。初在赤城，后入括苍、盖竹等处，遇三真人，授以秘诀，符箓、戏幻之术无不通晓。括苍山腰有地名葛园，柘西东面有山名葛公岩，岩侧白岩洞，相传为葛玄的隐居之地。葛玄的侄孙葛洪（约281—341）相传曾在南明山炼丹，如今南明山还有隶书"灵崇"的摩崖石刻。

南明山灵崇石刻

南朝宋齐时东阳永康人孙游岳（399—489），字玄达（一作颖达），师事陆修静于缙云山，居山四十七年，不与世接。南朝齐梁时道教学者、炼丹家、医药学家陶弘景（456—536），字通明，自号华阳隐居，丹阳秣陵人，曾在括苍山的灯坛架隐居，在大楼旗结庐炼丹、采药著书，如今遗址犹存。

唐代，处州出了叶法善和杜光庭两位道门重要人物。叶法善（616—722），字道元，号太素、罗浮真人，处州松阳县人，唐朝道教符箓派茅山宗天师。杜光庭（850—933），字圣宾，号东瀛子，处州缙云县人，唐末五代时期高道。一生著作颇多，有《道德真经广圣义》《道门科范大全集》《广成集》《洞天福地岳渎名山记》《青城山记》《武夷山记》《西湖古迹事实》等。陈性定《仙都志》记载，刘处静曾在仙都金龙洞侧修真，徒弟上百人，他墓冢在仙都至今尚有遗迹可寻。

唐末战乱和靖康之变后，大量中原士族迁居处州，和当地百姓相互融合，耕读传家渐成风气。如莲都区的梁氏、林氏、叶氏，缙云的詹氏、郑氏、潜氏、朱氏、卢氏，青田的刘氏、郑氏、林氏、汤氏，松阳的叶氏、项氏、潘氏，遂昌的龚氏、郑氏，龙泉的鲍氏、何氏、管氏、季氏、叶氏，庆元的吴氏、胡氏等均为一时望族。

元明之际，处州山区成为兵家争夺的重要场所。因为读书人奉行"用之则行，舍之则藏"的人生哲学，一时涌现出刘基、章溢、胡深、叶琛等著名人物。明万历年间，缙云县李键等人因不满朝政，在仙都芙蓉峡内紫芝坞建屋隐居读书讲学，后人称之为"铁城书院"。

清代政治、经济、文化中心北移，处州文化走向衰落。康熙年间的"三藩之乱"中，处州大地遭到重创，人口损失惨重。接着福建汀州的客家人大量进入处州，也带来客家文化，松阳、云和、遂昌有的地方一直到现在还保留汀州方言和习俗。清代嘉庆年间，青田端木国瑚三次拒做知县而心甘情愿当一个教书匠，曾在太鹤山麓执掌正谊书院，后又执掌处州府属的莲城书院。

第三节 瓯江文化对处州书院的影响

处州为六江之源，域内有瓯江、钱塘江、飞云江、椒江、闽江、赛江，主要属瓯江流域。瓯江发源于庆元与龙泉交界的洞宫山锅帽尖西北麓，自西向东蜿蜒过境，干流长388千米，境内长316千米，流域面积约12985平方千米，占全市总面积的78%。由于山水相隔、交通阻塞，瓯江流域有自己鲜明的文化特色。例如处州十县，每个县都有自己的方言，两县山水相连，县治相距不过30—50千米，相互之间却不能用方言进行对话交流。缙云方言、庆元方言，都保留了大量的唐音宋韵，可以说是语言的活化石。

丽水的9个县（市、区）及原属处州的宣平县，每个县（市、区）都有自己的特色文化。

东汉建安四年（199），分章安县南乡置松阳县（被称为"田园松阳"），这是处州最早建置的县级行政区域。松古盆地一直是处州的粮仓，被誉为"浙南桃源"，至今仍保留着大量的古村落。得益于肥沃的土地，这里农耕文化尤为发达，有"处州大米出松阳"的民谚。大米以及后来的桑叶、茶叶、烟叶，给农民带来了相对富足的生活。松阳县重农轻商，民风淳厚。历史上书院不多，著名的有明善书院，三迁其址却一脉相承。

东汉建安二十三年（218），分太末县南置遂昌县（被称为"仙县遂昌"）。遂昌虽与松阳近邻，其风俗却受乌溪江流域影响甚深。20世纪末发现的好川文化遗址，证明4000年前此地已有人类活动。其"仙县"的名称，与明末任遂昌知县的汤显祖有关。汤显祖在遂昌修书院、建射圃、饬吏治、整乡风，民风为之一变。以长濂村为代表，明代的遂昌培养了一大批人才。该村至今还有始建于明代的鞍山书院。

莲都区被称为"画乡莲都"，始建于隋开皇九年（589），当时称为括苍县，唐大历十四年（779）改为丽水县，一直是处州的州治所在地。作为州治所在，因处于瓯江的中游和瓯江流域的地理中心，其文化上以融合为主，缺少自己的特色。书院文化也不发达，到清代才有一所县属圭山书院。至今保存完好的大港头古码头，是海上丝绸之路的重要节点，是宋韵的实物见证。

武周万岁登丰元年（696），析括苍县北部及永康南部置缙云县。缙云因是中华民族人文始祖轩辕黄帝的名号，所以被称为"黄帝缙云"。缙云县以黄帝文化为核心，成了黄老之学的滥觞。从陇东遗址的发掘、黄帝在鼎湖升天的传说、计倪隐居仙都、葛玄葛洪在括苍山一带活动，到唐代道门领袖杜光庭，缙云黄老文化源远流长，以至于民间四合院的天井都被称为"道坛"。而书香传家最被称道，北宋绍圣年间就有胡份创建的尚友堂万松书舍，历史上曾建了美化书院、独峰书院、五云书院等著名书院，人才辈出。

缙云仙都倪翁洞内倪翁像

唐景云二年（711），刺史孔琮奏请分括苍县东部置青田县。青田县被称为"石雕之乡"，山多田少，且山上多石，不宜树木生长的石山蕴藏着被称为"四大国石"之一的青田石。青田石细腻柔软，适合雕刻山水花鸟，尤其适合治印。青田人凭着一块石头远走异国他乡，青田县成为远近闻名的华侨之乡。青田靠近温州，受永嘉学派影响颇深，提倡学以致用，

历史上著名的书院有介石书院、石门书院、心极书院、正谊书院等，也涌现出如郑汝谐、刘基、韩锡胙、端木国瑚等著名人物。

唐乾元二年（759），析松阳南乡建立龙泉县。因龙泉宝剑、龙泉青瓷均驰誉中外，龙泉县被誉为"剑瓷龙泉"。龙泉山好、水好，泥石也好，传说春秋时欧冶子在此铸剑，由此"龙泉"成为宝剑的代名词。到宋代，青瓷业异军突起，以大窑为中心，瓯江两岸窑场林立，龙泉成为海上陶瓷之路的重要起点。鲍氏、何氏、管氏等望族迁居龙泉，在此繁衍生息、耕读传家，两宋时期出现了鲍彪、何澹、管师仁等书香世家。遗憾的是，关于青瓷宝剑的工匠及制作工艺的记载甚少。

南宋庆元三年（1197），析龙泉之松源乡及延庆乡部分地置庆元县。万山丛中的庆元县是世界人工培植香菇的发源地，因此被称为"菇乡庆元"。庆元山高林密，乡人只能靠山吃山。南宋时庆元县百山祖乡龙岩村吴昱（1130—1208），在采野生香菇的过程中，发明了"砍花法"和"惊蕈"等人工栽培香菇技术，被后人敬称为"吴三公"，奉为菇神。庆元的木制廊桥也是一绝。庆元的文明开化与吴氏的重视教育有密切关系，从创办豹隐洞书屋开始，吴氏发祥地大济成为名副其实的进士村，而且留下了双门桥、卢福庙、吴氏宗祠、古地道等文物。

明景泰三年（1452），分丽水县之浮云、元和乡之半建县，取名云和县。如今云和因木制玩具而被称为"童话云和"。云和建县时却没有任何童话的浪漫色彩。其时，境内有多处银矿，为了管理矿工而建县。如今位于崇头镇的梅源梯田就是因开矿而开垦的，因夏日云雾、冬日雪景而吸引全国各地的摄影爱好者到此打卡。

明景泰三年（1452），在云和建县的同时，划青田县西南的鸣鹤乡、柔远乡建景宁县。景宁县因畲族人口比例较高，而被称为"畲乡景宁"，是全国唯一的畲族自治县，也是华东地区唯一的少数民族自治县。该县虽建县晚、人口少，但对文化的追求异常执着。从南宋末期潘复以家舍创办贯道书院开始，到清末创办鸦峰书院，先后办过十多所书院。其中，李氏创办于明代的大均明德书院，曾出过一门三进士。

"处州十县"的说法从明清一直延续到民国时期。与云和县、景宁县同年设置的还有析丽水县的宣慈乡、应和乡及懿德乡北部而置的宣平县。1958年，宣平县一分为三，现在分别属莲都区、松阳县和武义县。宣平溪流域也是瓯江文化的组成部分，至今"竹（莲都区老竹镇）柳（武义县柳城镇）新（莲都区丽新乡）桥（松阳县板桥乡）" 4个相邻的畲族乡镇每年"三月三"均举行隆重的歌会。宣平县清代除了县城的鳌峰书院外，老竹镇的梁村也曾办有远堂书院、三阳书院、学易书院等。

第二章

处州书院的选址与建筑特色

中国传统文化非常重视"风水"，无论是迁徙卜居，还是造墓安葬，都必须选择一个"风水宝地"，宗祠书院等公共建筑亦是如此。这虽有"迷信"的成分，但也是古人在长期的生产生活中，对自然环境认识的总结与深化，是劳动人民智慧的结晶，有其科学成分。《大学》有云："《诗》云：'邦畿千里，维民所止。'《诗》云：'缗蛮黄鸟，止于丘隅。'子曰：'于止，知其所止，可以人而不如鸟乎？'"意思是鸟都知道选择一个好地方筑巢，难道人还不如鸟吗？《道德经》也说："居善地，心善渊，与善人。"这说明良好的居住环境对人们的身心健康有重要影响。书院作为弘道修身之所，对环境的要求比一般建筑更高，其建筑的考究程度也通常超越一般的民用建筑。而位于瓯江中游的丽水山区，溪水潆洄、峰峦叠翠，又为书院选址提供了更多的可能性。

第一节　处州书院的选址

　　古代书院的选址十分讲究，也受道释二教的影响，一般选择在风水宝地建书院。所谓"风水学"其实就是环境地理学，人们利用良好的地理环境找一个安居之所。风水学鼻祖郭璞曾说："气乘风则散，界水则止。古人聚之使不散，行之使有止，故谓之风水。"

　　书院一般选择在远离市廛的地方，能让学生心无旁骛、安心读书而少受俗事干扰。书院选择在风景优美的地方，既能让师生喜欢书院的环境，又能吸引名家前来游玩，顺便讲学，便于开展学术交流。书院一般选择在依山傍水的地方，既是生活的需要，也有"仁者乐山，智者乐水"的含义，如朱熹写在白鹿洞书院藏书阁的对联"泉清堪洗砚，山秀可藏书"就高度概括了书院的地理环境。书院选择一个好的地方，寓意地灵人杰，书院最大的愿望是人才辈出。所谓"择胜地，立精舍，以为群居读书之处"。同时，书院选址最好还有人文底蕴。许多书院如美化书院、独峰书院、明善书院等也是因为名人曾经驻留讲学而兴建的，以示大儒的过化存神之功。

　　例如岳麓书院建于湘江边的岳麓山下，石鼓书院修建在两水相汇的衡阳石鼓山，白鹿洞书院建在鄱阳湖边庐山五老峰下。其他如鹅湖书院、问津书院、象山书院、茅山书院等一大批古代著名书院都是建立在风景秀丽而文化底蕴深厚的地方。

湖南衡阳石鼓书院

　　处州的书院也不例外，尚友堂万松书舍、美化书院、独峰书院、石门书院、正谊书院、鞍山书院等，都建在风景独特的风水宝地。总之，书院选址要体现"远尘俗之嚣，聆清幽之胜，踵名贤之迹，兴尚友之思"的意境。

　　缙云县尚友堂万松书舍，坐落在古方山脚下上坪村上宕自然村，距县城30多千米，如今开车尚要一个多小时，古代步行需要一整天时间。古方山为括苍山脉的重要山峰，主峰海拔1216米，上有修建于三国赤乌二年（239）的古方塘。附近有蛟龙大峡谷，有叠箱岩、将军岩、黑龙潭等景点。相传葛玄等道士曾在括苍山修炼，很有可能到过此处。

　　美化书院在距县城约40千米的金竹村，遗址已不存，根据金竹村朱氏宗谱上的地图，可以断定在距村约2千米的雁门山下雁门塘边。如今在左库村外的溪滩地上立着一块"美化书院遗址"的石碑。这个地方从风水学上看是不宜建书院的，因此，断定这里为美化书院遗址尚缺乏根据。雁门山，靠近好溪，临溪一座石山，当地人称小赤壁，南宋龙泉人何澹曾留"小赤壁"三字在悬崖上。

好溪边的雁门山

独峰书院在距县城约15千米的仙都风景区，原址在石笋脚村，如今坐落在月镜岩下的好山旁。鼎湖峰高170.8米，拔地而起，直刺云天，号称"天下第一石笋"，传说是黄帝铸鼎炼丹、驭龙升天的地方，兼有"桂林之秀、黄山之奇、华山之险"，为道家三十六洞天之一。历代文人骚客留下大量诗篇，现存摩崖石刻125处，最为珍贵的当数唐代著名书法家李阳冰用小篆题写的"倪翁洞"。

石门书院在距县城30多千米的石门洞风景区。瓯江南岸临江旗、鼓两峰矗立，对峙如门，故称"石门"，是一处具有清、幽、灵、古、奇、险、野、趣之特色的"洞天仙境"，为道家三十六洞天之一。李白曾写下"缙云山水难，石门最可观"的名句。有石门飞瀑、谢客堂、刘基读书处等景点，留有摩崖石刻100多处。

混元书院、心极书院、正谊书院等均在青田太鹤山麓。太鹤山为青田县城边上的一座小山，原名青田山。山上古松参天，挺拔苍翠；奇石突兀，形态各异。主峰混元峰——试剑石，一分为四，宛如剑劈。相传叶法善在此炼丹试剑，丹成得道，跨鹤升天而去。

当然，也有书院因条件所限设置在县城、集镇或村庄内的，有的因陋就简借用家宅舍第、宗祠家庙、佛庙道观等建筑，就无法专门进行选址，

这完全取决于创办者的条件和价值取向，没有统一的标准。

还有，因历史变迁，有的书院几易其址而名称不变，也有书院在同一地址上却几易其名。

例如松阳的明善书院就三易其址：最早创建于古市，为第一明善书院；再搬迁到县城城东，为第二明善书院；又迁移到县城城北，为第三明善书院。又如独峰书院，最早建于石笋前村的伏虎岩下，后又复为仙都草堂，如今的独峰书院是清同治十二年（1873），异地复建于好山旁的月镜岩下。再如庆元县建在孔庙旁的松源书院，在同一地址上曾经办过对峰书院。又如景宁的鸦峰书院，其址原为指南书院，后为鸦峰书院，再改为雅峰书院。

第二节　处州书院的建筑特色

　　书院的建筑有明显的特色。一所完整的书院承载着讲学、藏书、祭祀三大功能，其建筑一般有讲学的讲堂、藏书楼、祭祀的孔庙、专祠或乡贤祠，配套的有山长楼、学生住宿的斋舍、管理用房等。书院的建筑还体现了出资人的经济实力以及审美趣味，在各方面体现出儒家理想的教育方式和教育思想。

　　在唐朝以及之前的500多年，佛道流行，儒家学说几近式微。书院是传承儒家文化的场所，与宋明理学的兴起密切相关。上规模的书院建筑布局受孔庙的影响很大，有的几乎就复制了孔庙的布局。宋代之前的书院几经兴废，已难以看到建筑原貌，如今看到的基本是明清时期的建筑。例如，根据光绪《处州府志》上处州孔庙和莲城书院的图例，可以看到两者比较相似，如今保存比较完好的白鹿洞书院的主体建筑也与孔庙相近。下面以清代处州的孔庙和莲城书院为例分别进行介绍。

一、处州孔庙的建筑特色

　　处州孔庙为时任处州刺史李繁在唐朝元和十二年（817）所建，距今已有1200多年的历史。它规模宏大、气派宏伟，连京城、省城的孔庙也难以望其项背。同时它有唐代大文豪韩愈所撰、司马任迪书的"处州孔子庙碑"，后杜牧又写下《书处州孔子庙韩文碑阴》并将其刻于碑铭背面。现存于丽水博物馆的"处州重刊孔子庙碑"碑刻为南宋嘉定十七年（1224）陈孔硕所书，王梦龙重立。

　　孔庙的正大门朝南，但平时此门一般不开，只有皇帝或状元可以从正门进入。大门两侧是高耸的红色围墙，上有"宫墙万仞"四字，意思是孔子的学问之高深一般人看不到，典出《论语》——"叔孙武叔语大夫于朝

曰：'子贡贤于仲尼。'子服景伯以告子贡。子贡曰：'譬之宫墙，赐之墙也及肩，窥见室家之好。夫子之墙数仞，不得其门而入，不见宗庙之美，百官之富，得其门者或寡矣。夫子之云，不亦宜乎！'"东西两个侧门分别为"礼门""义路"，语出《孟子·万章下》——"夫义，路也；礼，门也。惟君子能由是路，出入是门也"。"义路"门边上立有"下马碑"，上面刻有"文武官员军民人等至此驻轿下马"字样。

　　进门后是半圆形的水池，叫"泮池"，依古礼，天子太学中央有一座学宫，称为"辟雍"，四周环水，而诸侯之学只能南面泮水，故又称"泮宫"。又因孔子曾受封为文宣王，所以"泮池"为其基本规制。《诗经·泮水》篇有"思乐泮水，薄采其芹"之句，意指古时士子在太学，可采摘泮池中的水芹，插在帽缘上，以示文才。古代规模较大的建筑群内，一般都必须开凿水塘，既有风水的考虑，又有防火的功能。泮池建在南边，南方为火，有以水克火之意。泮池上有木桥，称为泮桥，一般称"状元桥"。士子在参加科举考试前，都要过桥去大成殿祭拜孔子，称为"入泮"。

　　处州孔庙建于樨山南麓，依山而建。泮池后就是七十二级台阶，寓意孔门七十二贤人。

　　走上台阶，首先是一座牌坊式的建筑，为"棂星门"。根据清代袁枚《随园随笔·棂星门之讹》，该建筑因为"门形如窗棂，遂改为棂星门"。

　　"大成殿"是孔庙或书院的主体建筑，居于正中，是祭拜孔子的地方，是孔庙的核心。唐代时称孔子为"文宣王"，所以"大成殿"曾被称为"文宣王殿"。宋崇宁三年（1104），徽宗赵佶取《孟子》中"孔子之谓集大成。集大成也者，金声而玉振之也"之义，下诏更名为"大成殿"，因此南宋之后祭拜孔子的殿堂一般都被称为"大成殿"。大殿正中还挂着"万世师表"的巨匾，供奉着"大成至圣先师文宣王"孔子的像，两旁则立着颜回等十位孔子的弟子像，两边为七十二贤人的牌位。东西两庑为历代先儒之木牌位，如董仲舒、诸葛亮、范仲淹、欧阳修、王守仁等。

　　大成殿后为崇圣祠，左为明伦堂，右为乡贤、名宦祠，西为广业斋，为祭器库。大成门东为文昌庙，西为省牲所，明伦堂东为忠义祠，又东为节孝祠，祠下为土地祠，为教谕署。

1968年，处州孔庙被丽水地区革命委员会拆除，造成不可估量的损失。

自唐代以来，各地孔庙均以山东曲阜孔庙建筑群为基本模式，所有建筑格局都不能超过其建筑式样，且礼制必须低于曲阜孔庙。目前浙江保存完好的孔庙有衢州的孔氏南宗家庙，素称"南宗"，该庙占地面积约14000平方米，建筑面积7490平方米。宋绍兴六年（1136），宋高宗诏命以府学为孔氏家庙，历代均有修建，遂成今日模样。还有宁波慈城古镇的孔庙，建于北宋庆历八年（1048），历经战乱与沧桑，屡有兴废，毁圮、复建和增扩，逐渐形成了现在的规模，占地面积17565平方米（含孔庙公园），建筑面积3800平方米，建筑格局按中、东、西三轴线布局，规范工整，气势宏大，现为浙东地区唯一保存完整的孔庙。处州尚有景宁县的孔庙保存较为完好，可以看到其建筑的布局，但比处州府的孔庙规模要小得多。

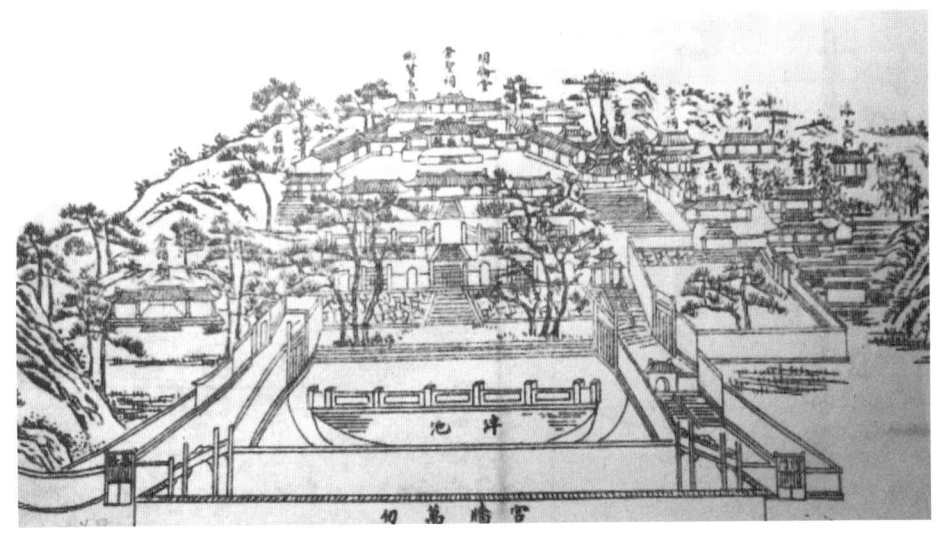

《处州府志》上的孔庙图

二、莲城书院的建筑特色

宋景祐四年（1037），知州军事孙沔在一个叫"贵恕铺"的地方，即现处州中学处新建了一所府学。原李繁在樱山所建的孔庙遂改为丽水县县学。"贵恕铺"建了府学后，边上有一条小岭叫"迎秋岭"，因"迎秋岭"在丽水方言中容易讹为"泥鳅岭"，清嘉庆年间遂改为"龙门岭"，寓意考生能鱼跃龙门。

乾隆十七年（1752），知府赋琏合并圭山书院和南明书院为莲城书院。同治四年（1865），知府清安又重建了书院。光绪《处州府志》上所载的莲城书院图基本上保持了原貌。

书院的围墙东侧为"文昌阁"，东边角的围墙上有一小门与文昌阁相通，围墙大门的西侧，应为书院的主要出入口。

书院正大门朝南，门额"莲城书院"。

书院的第一进为"树人堂"，三间建筑，相当于仪门。

进入"树人堂"后，有连廊通向后面的主体建筑。左侧为"明伦堂"，是举行祭祀、庆典或重大活动的地方；右侧为讲堂，是日常讲课的地方。

左右两庑，一侧为山长、教授办公或休息的地方，另一侧为学生自修、居住的地方。东边靠文昌阁一侧东庑后面还有一排厢房，应该是厨

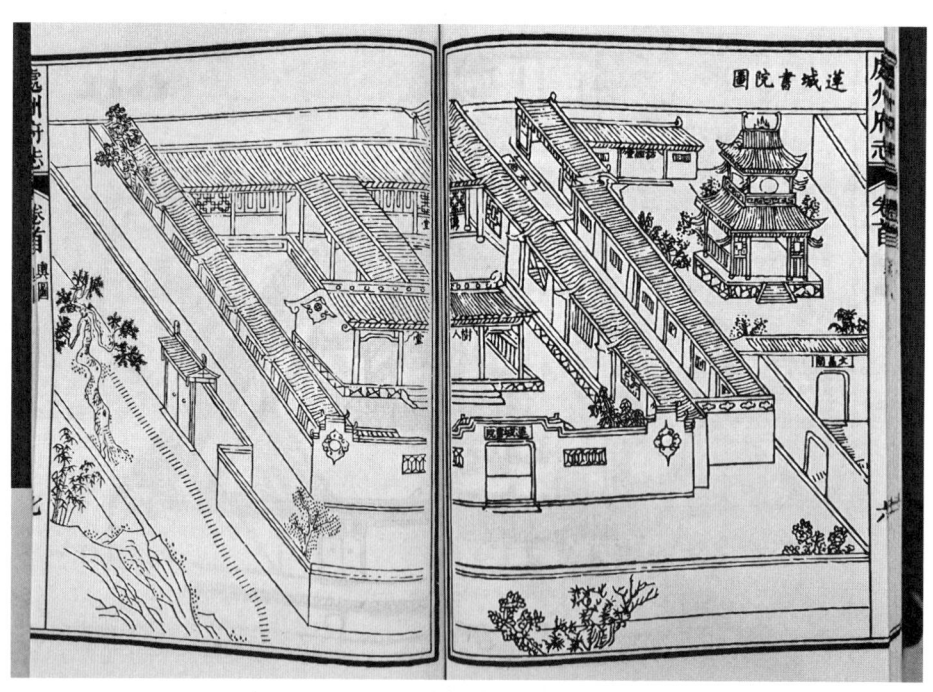

《处州府志》上的莲城书院图

房、餐厅等辅助用房。

现存缙云独峰书院的建筑布局也与此相近。建筑风格属晚清，占地约1200平方米，核心部分为三间三进：头进为门厅及左右厢房；二进原立有朱熹像，现为接待大厅；三进为大讲堂，楼上为书房。左右厢房二十间，为山长、教授的办公地和居住处以及学子居舍。南北对称，由卷洞圆门和小门相连。其间花园、天井、围廊浑然一体。院内有椤木石楠、银杏、桂树、山茶、金钱松、芭蕉等名花名木。

建于明万历年间的鞍山书院，为三进三间两塔厢穿斗结构院落式建筑，占地面积近700平方米，为明代风格的江南民居建筑。屋顶曲面、中间微凸、檐角挑起，梁作月梁，柱有卷刹，柱基为元代始有之鼓形素面。

第三章

处州书院的功能与管理模式

　　书院是一种民办教育机构。受"重文轻武"思潮影响，在官府的支持和奖励下，北宋时期掀起了创办书院的热潮。随着书院教育的兴起，尤其是以应天书院、石鼓书院、岳麓书院、嵩阳书院等为代表的著名书院的发展，书院规制日趋完善，并拥有了自己的独特功能以及不同于官学的管理模式。到南宋时期，朱熹修复了白鹿洞书院并立下了书院教条，为各地书院所仿照遵从。元明清时期，官府加强对书院的管理，书院的功能与管理逐渐走向趋同。处州的书院也不例外。北宋绍圣年间胡份创办尚友堂万松书舍，虽然其管理方式已无文献可考，但从其上百间建筑的规模来看，自是有一整套完备的管理制度。南宋末期因朱熹路过处州而创办的美化书院、独峰书院和明善书院，其管理肯定受朱熹的影响而更为完善。元明以降至清代，书院被纳入官府管辖，几乎与官学平行发展，或有严格条规，或上行下效，自主创新的空间受到挤压，特色也就越来越不明显了。

第一节 处州书院的主要功能

传统的书院有三大功能：讲学、藏书、祭祀。而最主要的功能是承载文脉。钱穆先生在《中国近三百年学术史》中讲道："故言宋学精神，厥有两端：一曰革新政令，二曰创通经义，而精神之所寄则在书院。"

讲学当然是一所书院的主要功能。围绕讲学又派生出教育培养士子、会讲交流学术、编书出版教材等内容。

虽然书院不同于官学，但培养士子仍为其第一要务。各地书院均以培养出几名进士为骄傲，当然，使人获得功名不是设立科举制度的主要目标，使人成为君子、贤人才是其主要目标。为了培养人才，书院有一套教育理念和组织机构。书院教育不分科系，是一种通才教育，但以人文教育为根本理念。其方法则自由灵活而又多样，读书、问答、讲论、辩论等都是主要方法，最后则归结为实践。

古代有小学、大学之分，小学是启蒙教育（又称蒙学），主要由私塾或义塾承担，除了读书识字，还包括"洒扫应对"等实践内容。大学主要是"格物致知"以及《大学》里开宗明义的"明明德，亲民，止于至善"之学，以正心诚意、修身齐家、治国平天下为目的，即儒家的"三纲领""八条目"教育是书院担负的重要使命。而考上进士，进入仕途，是实现修齐治平的重要途径。因而书院教育与科举考试不但不矛盾，而且是相互促进的。两宋期间，处州出了900余名进士，在浙江各州名列第三，这与发达的书院教育有密切关系。

与此相联系的是，书院还是发展学术思想、开展学术交流、进行学术创造的重要园地。"讲会"制度是书院一大特色。许多思想家和学者，如朱熹、吕祖谦、陆九渊等，都通过书院的教学与交流活动，形成自己的思想体系，建立不同学派，开展论辩争鸣，这推动了思想学术的发展。例如朱熹每到一处，都要开展讲学活动，以传播他的理学思想。王阳明被贬贵

州龙场时，仍然不忘讲学，终于"龙场悟道"。他的后学王艮父子等，到处都讲他的"致良知"学说，促使阳明心学在大江南北广泛传播。

以书院为阵地，围绕学术思想开展论辩是书院教育最吸引人的地方。除了如"鹅湖之会"的当面论辩，以书信往来进行争论也是重要形式，例如朱熹与吕祖谦、陆九渊、陆九龄、陈亮等人的书信，大多是围绕不同学术观点而展开讨论的。

著名书院的山长和教授一般由大儒担任，他们在讲学的同时，在书院著书立说，并不断完善自己的学说，或自编讲义，或撰写专著，创造出许多有价值的精神财富。如朱熹的《近思录》、王守仁的《传习录》等语录体著作是学者们在书院讲授过程中以问答形式记录下来的思想成果，具有重要的思想价值。很多思想家正是在书院完成了他们的专门著作。如曾任青田正谊书院、处州莲城书院山长的端木国瑚，在教学之余，专心钻研易学，撰写了《周易指》一书。

书院还有一个重要功能，即它是议论时事、批评时弊、发表政治主张的重要场所。士子直接参与政治、实施儒家主张的机会很少，主要是通过献上著作、上书、讲座等方式发表自己的主张，以影响时政。著名的如东林书院，核心人物如高攀龙、顾宪成等积极参与当时的政治活动，致力于

无锡东林书院旧址

搜集信息讽议朝政，这引起后来朝廷的关注和打压。顾宪成在明代万历年间曾被贬为处州推官。

书院的第二大功能就是藏书。古代印刷业并不发达，书籍尤为珍贵。士子科举读书，不能无书。五代两宋，书院及书院藏书有巨大发展，书院藏书体系也迅速构建起来。例如白鹿洞书院，太平兴国三年（978），宋太宗应知江州周述的要求，赐给白鹿洞书院《九经》。淳熙八年（1181），朝廷任命朱熹为提举浙东常平茶盐公事，上任前孝宗皇帝亲自接见了朱熹，朱熹就请皇上给白鹿洞书院赐书题字。有了皇上的赐书，书院的档次立马提高。

各地书院各自设法搜集藏书，藏书的数量和质量也是一所书院是否著名的重要标志。书籍有的是皇帝赐予、官员所赠，也有的是士人捐献及书院自购自刻。稍具规模的书院都辟有"尊经阁"或"藏书楼"。有的书院的创办者或山长本身就是藏书家。如胡份在缙云建尚友堂万松书舍，"经史子集，无所不收，藏书甚富"，而胡份本人的介绍也被收录于郑丽军、何槐昌的《浙江宋代藏书家小传》中。明清两朝，新建和复兴书院6327所，书院藏书事业也随之走向全盛，藏书对外开放，颇具后来公共图书馆的性质，为提高全社会文化水平发挥了很好的作用。步入近代，书院及其藏书被新兴学堂和图书馆所取代。处州的官员有为书院捐书的优良传统。道光年间，四川巴县人田瑞庭任丽水知县，购了一套经史子集四部丛书陈列于莲城书院。光绪二年（1876），学宪胡颁给金鳌书院捐书634册。宣统二年（1910），萧文昭再度出任处州知府，将变卖田产所得的1485两"湘平银"，全部捐出用于充实图书馆藏书。

除讲学和藏书之外，主办供奉先圣、先师、先贤的祀典，举行乡饮酒礼，也是书院的重要职能。在中国传统文化中，"礼"是一个内涵丰富的概念，包括"礼制""礼仪"和"礼貌"三个层次。《隋书卷六　志第一礼仪一》："唐、虞之时，祭天之属为天礼，祭地之属为地礼，祭宗庙之属为人礼。"礼仪在古代中国社会发挥着重要的教化功能。祭祀作为书院的三大功能之一，在书院教育中占有举足轻重的地位。因此国子监的最高长官为"祭酒"。一般正规的书院祭祀对象有孔子等先秦先师、宋明理学名

儒、书院功臣名贤三大类，仪节有释奠礼、释菜礼与行香三种。宋代学者郭若虚认为：学校奉祖先圣、先师、先贤，并为其绘像表赞，目的在于"指鉴贤愚，发明治乱"，并具有"敦劝生徒，鹠兹大化""与六籍同功"的作用。宋代以来，书院的祀典，除祀孔子之外，多祀本院的初创者，比如：江西白鹿洞书院供祖李渤，湖南石鼓书院供祀李宽，河南睢阳书院供奉戚同文，等等。南宋书院由于多由理学家创办，故其祀典也多奉北宋周、张、二程诸子，以彰显尊崇道统的含义。某一学派创办的书院也往往供祀本学派的宗师，比如：江西象山书院祀陆九渊，慈溪杜洲书院祀杨简。由此可见，书院祀典的供设，既表明对先圣先师先贤或先辈的尊敬之意，又有表示本院教育宗旨的象征性作用，同时也是为了彰显本书院的办学特色及其师门承传的系谱。

乡饮酒礼一般由当地主政官员主持，有一套严格的程序，被请去出席是很高的荣誉，除了官员都是德高望重的乡绅士子。如缙云美化书院分别于元大德十年（1306）和至大二年（1309）举行了两次隆重乡饮。据载，当时被召为乡饮大宾的士子有一百五十多人。《处州府志》载：大德十年，

白鹿洞书院棂星门

王秉仁任缙云知县，"每亲诣美化书院，讲明理学，举行乡饮，士子至者百五十余人，邑之文风自此益盛"。《元史》列传第七十七条记载了周仁荣任美化书院山长并举行乡饮的事："用荐者署美化书院山长。美化在处州万山中，人鲜知学，仁荣举行乡饮酒礼，士俗为变。"

第二节　处州书院的管理模式

书院的日常管理一般设置理事会，由德高望重的乡绅或出资人以及生童代表组成，主要负责书院的经费筹措、山长的聘任及薪酬标准和财务监督管理等。

为了使书院能正常运行，一般设有学田。学田由地方乡绅捐赠，或由官员资助；也有官府将一些废弃寺庙的田产划归书院作为学田。学田的租金作为书院的办学经费，一般都刻碑勒石以示永久。

景宁陈建东曾藏有一册《历年鸦峰书院销用清册》，为咸丰二年（1852）陈坚的手抄本，是难得的书院实物证据，可反映书院经费管理的概况。

清册记录从道光三十年（1850）书院复建开始，由书院里的新老生员各2名（城乡各2名）组成董事，如咸丰元年（1851）的董事为陈德昭、吴慕澄、陈坚、任履平，咸丰二年（1852）的董事为洪震鳌、任履平、陈坚、鲍一诗。书院实行民主管理。每年向知县报告费用收支情况，知县批签后存档。如咸丰元年有"曹主批：据禀既有旧章准饬会同接理"，查县志可知其时知县为曹建

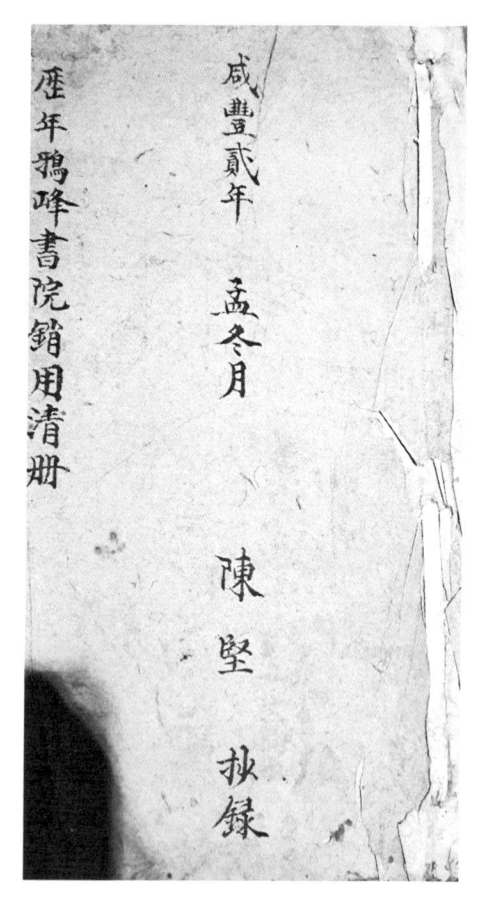

鸦峰书院清册

春。咸丰三年（1853）有"宋主批：据禀已悉清册存档备查"，其时知县为宋纯修。凭此清册可证明道光到咸丰年间鸦峰书院属官府直管并承担了县学的功能。

根据清册的记录，书院每年收租金稻谷150担左右，折合价款110千文左右，主要开销包括学师2人，束脩各20千文，3个节日礼钱3500文，考课生童饭食16800文，还有赏钱、考课点心、茶叶炭火、考卷等，财务公开透明。对于那些受水旱灾害的佃户，分别给予减免及拖欠的决定，数目不同，但每笔详尽记录。

书院的教学管理由山长负责。朱熹为白鹿洞书院所写的"揭示"是书院最早的学规，它说明了书院的性质、宗旨和教学方针、方法及目的。此后，岳麓书院等许多书院仿照此以为学规。此学规只有5条：一、父子有亲，君臣有义，夫妇有别，长幼有序，朋友有信；二、博学之，审问之，谨思之，明辨之，笃行之；三、言忠信行笃敬，惩忿窒欲迁善改过；四、正其义不谋其利，明其道不计其功；五、己所不欲勿施于人，行有不得反求诸己。短短几十字，却将书院的性质、宗旨、方针、目的、内容、方法

鹅湖书院明代牌坊

39

讲得十分清楚。朱子还特别指出，书院的根本目的是"讲明义理以修其身，然后推己及人，非徒欲其务记览、为词章，以钓声名、取利禄而已也"。陆九渊曾应朱子之请在白鹿洞书院讲了一课"君子喻于义，小人喻于利"，对学子们以求取功名利禄为目的的思想进行了批评。

处州书院的学规，有龙泉金鳌书院学规。严用光于光绪己卯年（1879）开始主持鸦峰书院，其间曾参照龙泉金鳌书院做法制定管理规定。

当然也有例外。如陆九渊在象山精舍的教学就有两个特点：一是不用学规，提倡言传身教、相互感化，全靠学生自觉自悟；二是不建学生居住的斋舍，要学生自己结庐而居，自带粮食蔬菜，也即学校不负责一切后勤事务，老师只负责讲学。这种模式非常接近现在的讲座，学习全凭听众自愿自觉。

第四章

两宋时期的处州著名书院

唐末宋初，兵荒马乱，大量中原士族举家南迁。而处州大地山水阻隔、地广人稀、远离兵燹，是避乱隐居的理想之地，更何况处州因处士星而命名，善于审时度势的读书人都涌入处州。"邦有道则仕，邦无道则可卷而怀之。""君子居易以俟命，小人行险以侥幸。"绍圣元年（1094），缙云县胡份主动告老还乡，创办了尚友堂万松书舍，标志着处州大地有了上规模的书院。而后，处州的书院迅速发展，处州文风大盛。两宋期间处州出了959名进士，在浙江各州仅次于温州、绍兴而居第三。

第一节　缙云尚友堂万松书舍

光绪《缙云县志》"书院"条记载：

> 尚友堂万松书舍：北宋绍圣年间，邑人胡份任国子监司业，告老还乡，在古方山旁建屋百余间，设馆讲学，名曰"尚友堂万松书舍"，图书充盈，早晚授课。

绍圣元年（1094）春，17岁的赵煦亲政后急忙起用新党人物章惇、曾布等人，正是一朝天子一朝臣，新的党争在所难免。才55岁的胡份向皇帝打了辞职报告，要求退休回乡。胡份本是缙云遇明里（现新碧）人，退休后却来到上宕办起了尚友堂万松书舍，这是处州最早像书院的上规模的民间教育机构。

成化《处州府志》"缙云"卷有传：

> 胡份，字子文，元丰八年（1085）进士。文章节气，为学者宗。官至国子司业，后守鄱阳。有诗行于江西，浮溪汪藻为之序。

大宋开国一百余年，重文轻武、党争不断、奸臣当道，胡份也许看到了国家即将进入动荡危险期。胡份也算是一个先知先觉者，在危险来临之前，就退隐括苍山做人才储备的工作。凡先知者的行为均为凡人所不解，好好的朝廷命官不当，要回到家乡买地造屋、收徒教学，图什么呢？他是未雨绸缪，为以后文脉延续做准备啊！

同在绍圣元年的秋天，因党争，苏轼"蜀党"门生全部被发配外放。秦观自然无法幸免，起初外派任杭州通判。秦观带着愉快的心情南下，因

写了一首诗,有"平生逋欠僧房睡,准拟如今处处还"之句,道贬处州任监酒税。

秦观作为贬谪官员,到处州后,由于主政的官员不待见,一家人只得暂住寺庙。他就想到了曾在国子监任职的胡份,于是写信向他求援,在胡份的帮助下,终于租到了房子。

明代陶宗仪《说郛》中收有宋佚名《真率记事》,内有少游与胡子文帖:

> 然括苍士大夫渊薮,其父兄必多贤闻。仆无居,宜有轵居,以见赁债者,幸前期闻之。不然,使迁客有暴露之忧,亦郡豪杰之深耻也。[1]

编《秦少游年谱长编》的徐培均先生,以为胡子文是胡少汲,但是不敢下定论,他说:"若非此人,则为处州之豪杰,附此待考。"

这里的"处州豪杰"胡子文就是胡份。

胡份为什么要找古方山脚这么一个偏僻的地方建书院?当时从此地走到县城至少要6小时,基本就是一天的路程。

上宅自然村

---

[1] 徐培均:《秦少游年谱长编》,中华书局2002年版,第526—529页。

"上宕"原来叫"上堂"，在坐北朝南的山坡上，面朝古方山，就像一把椅子，风水好，并且还有古方塘一池清泉。除此之外，胡份在此建书院的更深层次的原因是躲避战乱吧。而且，胡份的祖上是著名的武将，在这里建书院可以文武双修。

明朝永乐年间的《五云胡氏宗谱》载：缙云胡氏始迁祖胡森（958—1030），为宋朝时东南第一正将，因路过缙云而迁居遇明里；第三代胡渊为武节大夫，镇守河南，被皇帝敕封为"护国功臣"；第五代胡份在上堂办尚友堂万松书舍；第十一代胡孟善（1177—1253）因"淹贯经史，弱冠游庠，连不得志"，就在万松书舍的旧址隐居，成为上宕胡姓的始迁祖。如今上宕胡氏已繁衍至500多人。

如今上宕自然村还有胡氏宗祠，里面有"理学正宗""彝伦攸叙"等牌匾，透露出浓厚的人文气息。书院的旧址在"大明堂"，虽然房子早已不存，却还有几个柱础，据说是宋代的遗物。

村子通往山下的古道还有一座小石桥，四块石板，中间一个天然巨石垒起的桥墩。石板的一侧依稀可辨有刻字："万松桥，光绪庚寅年上宕胡火常建造。"石桥虽然只有130年的历史，却已饱经岁月的风霜。重要的是"万松"已成为村人引以为豪的符号。

上宕自然村万松桥

胡份也是藏书家。郑丽军、何槐昌《浙江宋代藏书家小传》有记载：

　　胡份（1040—1104），字子文，号嵩山，缙云遇明里人。年二十补弟子员。元丰八年（1085）进士，任国子司业，调礼部员外郎。后出知鄱阳，任上勤政爱民，究治不法，百姓呼为胡青天。任满辞归上堂，开设学馆，名"尚友堂万松书舍"，经史子集，无所不收，藏书甚富。

　　胡份除了是教育家、藏书家外，还是书法家，现留的字迹有《詹交墓志铭》《黄龙山摩崖题记》和松阳西屏山的"凌霄台"摩崖石刻。

松阳西屏山的"凌霄台"摩崖石刻

俞建华所编《中国美术家人名辞典》也有收录：

　　胡份，宋，缙云人，工书，与林彦祥同时，卢鸿草堂图十志书，其六为其所书。

　　另外，据曹宝麟先生考证，《三希堂法帖》中的《钦止帖》，一直被误为是王份的作品，其实是胡份的作品。因为帖上只有单名自称"份"而不署姓，就引起了错讹。其实从帖所写的对象"钦止"也可以得出是胡份所写的结论。"钦止"就是龙泉鲍由，原名叫鲍慎由，字钦止，因避孝宗赵眘（为"慎"的古字）之讳而改为鲍由，比胡份晚两科中元祐六年（1091）辛未科进士，皇上对钦止另眼相看，授予尚书郎，后出为郡守。去世后他的儿子编了二十卷的《鲍吏部集》，由汪藻作序。

胡份和鲍由为处州同乡，又都是秉直刚正之人，他们应该有很深的交情。

因为历史久远，由汪藻作序的《胡份诗集》已失传，《全宋诗》里收有两首。《缙云文征》有他写缙云仙都风景的山水诗：

> 鸟道盘空上，松根抱石生。
> 羽人分两舍，鸡犬自闻声。

这表面是对古方山风景的描摹，其实是其内心的自白。

老子《道德经》有云："不失其所者久，死而不亡者寿。"所谓得道真人，并非肉身不老，而是精神永存。

第二节　庆元豹隐洞书屋

《大济吴氏族谱》中有一篇肇基始祖吴崇煦的孙子吴畀为吴崇煦写的"行状"，其中有载：

> 公力学之余，仍治家事，散敛之际，未尝欺抑，随所多寡，必有所予。年三十，慨然叹曰："与其因于末俗，曷若自休于山林，与其溺于货利，曷若存心于为善。"遂于竹坑庄名其地曰"豹隐洞"，构亭阁凿池沼，道衣杖履，逍遥其间，今亭沼故迹、竹林松径依然，尚存侄格，非所居是也。公四子皆俾就学，时温、处间，居人不尚文教，惟乡与建安迩，闽中数号多士，凡游学之人，有学优望重堪为师友者，则延于此楼，俾子弟相从，今此楼尚在妙观之左，先妣每道其详，谓其为妇时所亲见，尝执宾客馐膳事。

从"行状"可知，吴崇煦在30岁时，便想隐居山林，潜心修身，以笔墨自娱，于是把山中精舍"竹坑庄"改名"豹隐洞书屋"，构亭阁凿池沼，道衣杖履，逍遥其间，并且让他的4个儿子和吴家子弟在此读书。这应该是松源区域（当时尚属龙泉县）最早的书院。而书院的创建确实开启了松源一带的文风。

在庆元县，吴姓人口几乎占全县人口的1/3，而他们绝大部分有一个共同的祖先——吴祎，他不仅是松源山区的拓荒者，更是庆元文化的播种人。庆元历代32名进士中，吴氏一家就占了3/4以上。而作为主导产业的庆元香菇，其始祖也是吴氏中人——吴昱，其被人们尊为"吴三公"。

吴氏的先祖最早可追溯到吴泰伯。吴泰伯是周太王古公亶父的长子，为了让小弟季历接班，他几次让位，最终与弟弟仲雍一起逃到荆蛮之地，在苏州一带建立了吴国，成为江南文明的开创者。后来到吴季札这一代定居延陵（今常州、江阴、丹阳一带），遂以延陵为郡望。到了唐朝肃宗代宗时期，吴翥（719—784）迁居到会稽，且继承了"让"的传统，因"累征不仕，朝廷高其风节，赐号'文简'先生"。现在庆元县月山村的吴文简祠前面就有"延陵望族，三让世家"。吴翥被尊为庆元吴氏第一代世祖。

月山吴文简祠

吴翥有两个儿子吴似和吴佋，他们各有一子吴祎和吴袿。吴祎（768—836），以明经登咸通进士，官拜都巡、宫中大夫。元和六年（811）奉父吴似先从会稽山阴迁到括苍芝田白岩村（今青田白岩村），因"群盗蜂起"，次年又迁至永嘉郡安固县之库村（今泰顺县库村）。元和十年（815）吴祎双亲去世，吴祎便到龙泉松源一带寻找卜居之所，见此地"一片松林畅茂，两河溪水长流"，于是在长庆二年（822），来到松源上仓（今庆元县城）定居。而吴袿和他的父亲吴佋依旧留在库村。为方便后人追本溯源，吴祎自撰《吴氏肇基松源记》，其中有云："虽分两地，如同一家；传家诗礼，世世相承。"如今泰顺库村有一个吴宅村，应是吴袿的

后人。

吴祎生自阀阅世家，为何要离开绍兴这么一个繁华之地，来到偏僻的青田白岩，后来又来到更为偏远的泰顺和庆元？其中有什么隐情不得而知。也许血液里流淌的就有祖上"让"与"隐"的基因吧，他们懂得在繁华处转身。吴家来到庆元时已是一个官宦世家，在带来较为雄厚的资金以及较为先进的生产方式的同时，也带来了诗礼传家的文化火种。孔子说"邦有道则仕，邦无道则可卷而怀之""危邦不入，乱邦不居"。及至后来连续发生黄巢起义、刘汉宏叛唐、董昌之乱，江浙一带战火连绵、杀戮不断，人们才发现吴祎确有先见之明。

北宋景德三年（1006），原住在松源的吴崇煦经高人指点，在离县城2.5千米的天马山南麓，找到了一个叫"椤垟源"的地方，也就是传说中的风水宝地。吴崇煦于是从闹市迁到一山之隔的山坳定居，将此处改名为"大济"，意思是通过崇学明德，实现经世济民。

新居落成后，就在附近竹坑溪北（据说就是今机关幼儿园处）建了豹隐洞书屋，供族人学子研习儒学，并从京城延请名师教四子学习科考文章。

"豹隐"比喻隐居伏处，爱惜其身。《列女传》有"豹隐南山"的典故：南山有一种黑色的豹，为了使自己的身上长出花纹，可以在连续7天的雾雨天气里不吃东西，躲避天敌。而"君子豹变"，就是通过隐居修身成为文质彬彬的君子的过程。

庆元处于大山深处，其时受温州、处州的影响较小，而与闽北联系更多。据传闽派理学的开山鼻祖龟山先生杨时曾到豹隐洞书屋讲学。杨时，字中立，号龟山，学者称龟山先生。祖籍弘农华阴（今陕西华阴东），南剑西镛州龙池团（今福建省三明市）人，他学于程颢、程颐，与游酢"程门立雪"的故事成为尊师重道的佳话，他同游酢、吕大临、谢良佐并称程门四大弟子。杨时一生精研理学，特别是他"倡道东南"，对闽中理学的兴起，有筚路蓝缕之功，被后人尊为"闽学鼻祖"。杨时与邵武的李夔（李纲的父亲）有特殊交情，而李夔的夫人就是大济的吴氏。有这层关系，杨时到庆元讲学就顺理成章了。政和二年（1112），49岁的吴彦申与29岁的外甥李纲同登壬辰科进士，也许是杨时在豹隐洞书屋亲炙的结果。靖康之变后，李纲被罢官，陈东等太学生到宣德门前上书请愿。杨时挺身而出，为陈东等辩护。杨时晚年在故里仍笔耕不辍，著书立说，先后写成《三经义辨》《日录辨》《字说辨》等书。

大济村双门桥

功夫不负有心人，经过十几年的努力，吴崇煦的长子吴毂中了天圣二年甲子科（1024）进士，这也是松源境内的第一个进士。10年后，次子吴毂又登景祐元年甲戌科（1034）进士。大济村现在尚有"双门桥"，就是当时为他们兄弟立的廊桥式牌坊。

之后，吴桓、吴庸、吴淇、吴椅……大济村吴氏仅在两宋时期就出了20多名进士，成为远近闻名的"进士村"，官宦如过江之鲫，门庭簪缨攒动。

今天我们走入已处县城一隅的大济村，还可以看到气势恢宏、保存完好的两座吴氏宗祠，砖石铺就的金銮街、卢福神庙和数十幢明清古民居……它们宣示着曾经的辉煌。

第三节　青田介石书院

青田最早的书院，就是南宋绍兴丁丑科（1157）进士郑汝谐所建的介石书院。介石，语出《周易》豫卦："六二，介于石，不终日，贞吉。"《象》曰："'不终日，贞吉'，以中正也。"意思是操守坚贞，耿介如石，不待终日，坚持正道以获吉祥。

太鹤山上混元峰西南面石壁，有一摩崖石刻"长松介石，天启三年九月，三山郑奎光书"，附近还有"闽弟子郑奎光书"3.8米高的线刻画"杨枝观世音像"。郑奎光当时任青田县教谕，后调任龙泉知县和处州知府，以此石刻纪念介石书院也是合理的。志书说他在青田期间，"以兴起斯文为己任。与诸生课艺论文，不间寒暑"。

郑汝谐（1126—1205），字舜举，号东谷居士，是与朱熹同时代的人。他对朱熹的《四书章句集注》提出了不同的观点。例如对"攻乎异端，斯害也已"一句，朱子引范氏和程子的解释，把杨、墨、释都当作异端，确实有党同伐异之嫌。而郑汝谐则说："后世好与老释辩者，盖未识圣人之心也。"真德秀在序言中对他评价甚高："其言虽若异于先儒，而未尝不合于义理之正，有显微阐幽之益，而无厌常求异之过。盖信乎其自得也。前辈学问之不苟如此，可以为法矣。"

郑汝谐世居青田，在县城城东一村花园降30弄旁，还留有"先圣坛"的石刻，这就是郑汝谐的故居。当时，他就是以自己的府宅开办了介石书院。

清光绪《处州府志》"古迹志"里有载："郑汝谐故居，在县东百步花园冈。最高处为'宓戏台'，西为'中天岩'。下数十步稍西曰'先圣坛'，东为'先师坛'，稍下为'介石泉'。摩崖五处，纵横篆文。"而现在仅留"先圣坛"一处，实为可惜。

"先圣坛"摩崖石刻

　　郑汝谐中进士后，先后担任两浙转运判官，时逢浙东连年旱灾，他带领群众赈灾济贫，颇得政声。随后升任江西转运副使，见袁州知府黄劭丁母忧期间不肯离任，还动用公款大办丧事，就上奏弹劾。他这种秉直为公的脾性得到朝廷的嘉许，他再升为大理事少卿，相当于现在的最高法院副院长，官至正六品。

　　"永康学派"的代表人物陈亮，宴请乡贤时在羹里放了胡椒粉，同坐一人宴会结束后回家就暴病身亡，别人怀疑他是受人谋害，陈亮含冤入狱。官司到了大理寺，郑汝谐发现陈亮是一个人才，而且此案明显证据不足，就向孝宗皇帝据理力争，终于使陈亮逃过一大劫。

　　淳熙十二年（1185），郑汝谐出任信州（今江西上饶）知州，当时著名诗人辛弃疾被贬赋闲在家。两人气味相投，终成莫逆之交。辛弃疾常到郑汝谐的居所蔗庵喝酒唱和，他们相互赠诗。如辛弃疾《水调歌头·和信守郑舜举蔗庵韵》：

　　　　万事到白发，日月几西东。羊肠九折歧路，老我惯经从。竹树前溪风月，鸡酒东家父老，一笑偶相逢。此乐竟谁觉，天外有

冥鸿。

味平生，公与我，定无同。玉堂金马，自有佳处着诗翁。"好锁云烟窗户，怕入丹青图画，飞去了无踪。"此语更痴绝，真有虎头风。

郑汝谐在信州任上只待了一年多时间，次年底就被皇上召回。辛弃疾又写词《满江红·送信守郑舜举被召》相送：

湖海平生，算不负苍髯如戟。闻道是、君王着意，太平长策。此老自当兵十万，长安正在天西北。便凤凰、飞诏下天来，催归急。

车马路，儿童泣。风雨暗，旌旗湿。看野梅官柳，东风消息。莫向蔗庵追语笑，只今松竹无颜色。问人间、谁管别离愁，杯中物。

词作者希望郑汝谐能施展自己的远大抱负，这也是完成自己的未竟事业。词下阕写信州父老乡亲送别郑太守离任的感人场面，说明他为官清廉、深得民心。两人依依不舍的感情更是跃然纸上。

郑汝谐在京任职期间，曾和儿子如冈一起出使金国，面对强势的金国，他不卑不亢，据理力争，圆满地完成了使命。回来后升任徽猷阁待制，这是宋朝设立的一个虚职，官阶为从四品。

郑汝谐长期在外地为官，心里却装着家乡的百姓，在忙于政务的同时，不忘读书著述，保持文人的本色。著述除了《论语意原》，还有《东谷易翼传》2卷、诗文《东谷集》10卷。

郑汝谐告老还乡后，热心家乡的公益事业。他创办的介石书院，是青田第一所民间书院。他将自己的府宅建成书院，既使当地的士人有一个学习、交流的场所，也使好学的家风能一代代相传。

第四节　缙云美化书院

光绪《处州府志》"美化书院"条目记载：

> 在县东六十里，今乡以美化名，朱晦翁尝讲道其地，嘉熙年
> 间（1237—1240）县令陈大猷以俸易其地，欲创书院未就，代去
> 后，尉陈实嗣成之，元至元间毁。山长黄应元重建大成殿于旧
> 址，山长周仁荣重建两庑、殿门，今废。

苍岭古道

陈大猷建书院还得到时任丞相乔行简的支持。乔行简，东阳人，绍熙
四年（1193）进士，当过缙云的县令，理宗时任过左、右丞相。当时，西
岩村施鹏升一人就助田30亩，作为学田之用。

美化书院建成之初，由丽水的叶一鸣任山长。叶一鸣，丽水高溪人，出身于书香门第，他的父亲叶宏，乾道八年（1172）壬辰科进士，曾任福建转运副使。叶一鸣的儿子叶应咸，精通史学，擅论治乱大事，尤善五言诗，著有《楼间集》。他的孙子叶琛名气更大，至正二十年（1360）与刘基、章溢、宋濂同时被朱元璋征聘至应天府，为元末明初"浙东四先生"之一。

元初缙云县的潜尚友担任过山长。潜尚友，字君敬，潜溪（今下潜村）人，咸淳四年（1268）戊辰科进士，曾任湖州儒学教授，后为承直郎侍班，入元后为美化书院山长。他的胞兄潜说友是淳祐元年（1241）辛丑科进士，官至临安知府、户部尚书，以修《咸淳临安志》闻名于世，封缙云县开国男，两次出钱修建独峰书院。他们两兄弟的事迹在《荼川潜氏宗谱》中有记载。

另有吕德言，丽水保定人，就是吕祖谦的七世孙吕忠四，曾任美化书院山长多年，《宝溪吕氏宗谱》有载。

在元代，书院纳入官府管理，山长均由官方任命。美化书院规模不断扩大，元初已有田产55亩。美化书院进入鼎盛时期，成为浙江省三大书院之一。

书院分别于元大德十年（1306）和至大二年（1309）举行了两次隆重的乡饮。当时乡饮有一套严格的程序，被邀请出席是很高的荣誉，除了官员，被邀请的都是德高望重的乡绅。据载，当时被召为乡饮大宾的士子有150多人。

《处州府志》载：大德十年，王秉仁任缙云知县，"每亲诣美化书院，讲明理学，举行乡饮，士子至者百五十余人，邑之文风自此益盛"。

《元史》列传第七十七条记载了周仁荣任美化书院山长并举行乡饮的事："用荐者署美化书院山长。美化在处州万山中，人鲜知学，仁荣举行乡饮酒礼，士俗为变。"

经考证，在元代曾任美化书院山长的有：至元年间黄应元（缙云县人，字伯善）、范光（缙云县人）；大德年间周仁荣（临海人，字本心）；至大年间叶天与（丽水人，字子贤）；至元年间吴世德（丽水人）；至正年间李德大（缙云县人）、朱良纯（缙云县人，字一善）、李懋（缙云县人，字元德）等。

得益于书院的教化，美化乡一带文风大盛，宋元以降，直至明清，金竹、左库、潜溪、白竹等村文人辈出、官宦不断。朱氏、卢氏、潜氏、陈氏等均为望族。

明嘉靖以后，美化书院日渐败落荒废。此后，有多任地方官员，也有多名乡绅，试图恢复书院。但均因因缘不具足，没有结果。

第五节 缙云独峰书院

光绪《处州府志》九卷有"独峰书院"条目：

县东二十三里仙都独峰前，朱晦翁持常平节来憩于此，爱其山水清绝有似武夷，常赋"碧涧修筠似故山"之句，又有"于此藏修为宜"之语。嘉定间郡人叶嗣昌始创礼殿，为讲肄之所。咸淳七年邑人潜说友即旧址广而新之。洪武间为知县朱成远所毁。国朝同治十二年西南乡士绅建复。

1995年新编《缙云县志》在"教育"篇里也有"独峰书院"一条：

原址在仙都独峰前（今笋川村东北隅）。宋淳熙九年（1182）朱熹一度讲学于此。嘉定年间（1208—1224）叶嗣昌创礼殿，为讲肄之所，称为独峰书院。咸淳七年（1271）潜说友扩建。后毁。明嘉靖三十二年（1553）樊献科就其址建仙都草堂。清同治十二年（1873）重建，迁址于好山之麓。书院三进三开间，东西两厢各十间，并有附属建筑。光绪三十二年（1906）废科举，改名鼎湖学堂。

关于原址的记载，另有康熙《缙云县志》载："独峰书院在县东二十五里，仙都山独峰前。"《仙都志》载："独峰书院在练金溪西、正对独峰。"就大致位置来说，在石笋前村的东边山脚下，应该是没什么疑问的。

关于书院的原址，只要找到"伏虎岩"和樊献科为母守孝的"大坟"这两个地标，就能准确定位。询问村里的老人得知，"大坟"就在正对石笋前村的通往朱潭山公路右侧山坡上，据说在"文革"期间被拆除了。

"伏虎岩"也称"狮子岩"，立在石笋前村西北面几座房子后，而"狮子头"已在民房内，这个狮子头原来栩栩如生，可惜现在破了一部分。石壁下有几个天然的洞穴，以前叫"晦翁洞"，现在则变成了猪圈。《仙都志》载："伏虎岩：在独峰之西，书院之右，有小石山如虎踅伏，一名驻狮岩。"

淳熙九年（1182），中秋节过后，朱熹弹劾唐仲友未果就动身经仙居、处州，回福建五夫里。八月二十二日到缙云，先到金竹朱格家中，开坛讲学。次日再来到仙都，住徐子远"徐氏山居"，即徐凝故居，又开坛讲学，陈邦衡、陈邦钥兄弟和邻近多名学子前来听讲。朱熹在仙都大概驻留了五六天，等待皇帝对唐仲友案的批复，白天游山玩水，晚上登坛讲学。光绪版《缙云县志》卷九载："朱熹为台州提举，以弹劾忤旨，尝寄居仙都徐凝故宅。"在徐凝的故居，朱熹欣然作《和李士举〈过徐氏山庄〉韵》七绝一首：

> 出岫孤云意自闲，不妨王事任连环。
> 解鞍盘磅忘归去，碧涧修筠似故山。

淳熙十年（1183）正月，朱熹再次路过缙云，此事在《朱熹年谱长编》里并没有记载，只有"正月，差主管台州崇道观。经始武夷精舍于武夷山五曲大隐屏下，作《感春赋》以寄不忘忧世之意"。很有可能朱熹在正月去了一趟台州。陈邦钥曾写诗一首相赠："羸马踏残月，荷策登泮宫。入门见先生，先生何从容。循循善诱能启下，青蒿因得附长松。短檠相对三百六十夜，高谈雄辩磊落沃胸中。吾王求士苦匆匆，未许先生久卧龙。乘骢直上天台路，只缘此去何由从。呜唏吁，小斋从此冷如水，蔍盐朝暮快快尔。空留绛帐照孤灯，窗外西风寒起苇。"可见师生情深！

宋嘉定元年（1208），陈邦衡在仙都岩建了座读书堂。这一年朱熹"伪学"得到平反，朱熹被宁宗皇帝赐谥号为"文"，朱熹讲学过的地方建读书堂是顺理成章的事。

关于陈邦衡，《缙云县志》有载：

陈邦衡（1144—1214），字伯明，遇明里（今新碧）人。朱熹任浙东常平茶盐公事，道经缙云仙都，留居讲学。与弟邦钥同师事之，闻理性之学。在仙都建读书堂。叶适作《仙都行》以坚其成。

绍定元年（1228），郡人叶嗣昌在读书堂基础上创建礼殿，以祀朱熹。《宋史·朱熹传》载："理宗宝庆三年，赠太师，追封信国公，改徽国公。"宝庆三年（1227），朱熹得到皇上的嘉奖，名气越来越大。叶嗣昌是青田籍进士，时任衢州县令，后在缙云定居。

淳祐元年（1241），邑人潜说友拨款扩建了礼殿，使之修葺一新，定名为"独峰书院"。这年正月，理宗皇帝视察国子监，并下诏周敦颐、张载、程颐、程颢和朱熹从祀孔子。这一年，潜说友中进士，他是朱熹的四传弟子，因此修建独峰书院。三十年后的咸淳七年（1271），潜说友已任代理户部尚书、临安知府，再次出钱修葺了独峰书院。

有元一朝，独峰书院显赫一时。元至元间，孔子第54世孙孔林，由县主簿兼任独峰书院山长，以善本刻孔子像，立于仙都独峰书院内，独峰书院一时名动江浙。元代有案可查的山长和训导有：陈曾祐（永康人）、孔林（曲阜人）、俞希鲁（镇江人）、郑谨之（字常有，丽水人）、吴明义（字仲阳，缙云人）、胡平仲（缙云人）、王仲成（丽水人）、季祥（丽水人）、詹同道（字希颜，缙云人）、樊道福（字顺卿，缙云人）、胡绍叔（缙云人）。

明洪武间，独峰书院被毁。成化《处州府志》"古迹志"明确载："独峰书院……洪武间，为知县朱成远所毁，遂废。"在同一书的"名宦"中，有朱成远一条："朱成远，宜春人。洪武间知本县，操持干济，复出人表。善词翰，接礼贤士，以询民瘼，好植花草。人以潘安仁拟之。"而"仕宦"中又有季祥一条："季祥，洪武初，为独峰书院山长，升本县儒学教谕，改安福县学。所著有《耕耘集》。子公震，字子泽，登洪武中进士，终吴江簿。"说明洪武初期，独峰书院还在。

书院不是毁于兵燹水火，而是毁于人为且还是县令之手，而且是政声良好名望甚高的县令，让人百思不得其解。合理的解释是，朱县令看到书院破败不堪又无力修复，就把孔子像移到县城学宫内供奉，并拆去独峰书院。

明嘉靖三十二年（1553），缙云进士、时任江西道监察御史的樊献科（1517—1578），因其母王氏亡故葬于石笋前，他在独峰书院遗址上建"天然泉石"一院，称"仙都草堂"，在为母守孝的同时，会聚文人朋友论道讲学。樊献科，《缙云县志》有传，字叔文，号斗山，嘉靖二十六年（1547）进士，后任御史，为官清正，抗倭有功。后因得罪了严嵩党羽辞归。晚年隐居于仙都倪翁洞，那里有许多摩崖石刻与他有关，如"斗山洞天"等，著有《读史补遗》等。皇甫访、夏浚、何镗、郑文茂、李键、吴善言、张懋修、李樾、顾大典、高超、汤显祖、徐霞客、郑汝璧等一大批文人陆续来拜访樊献科，并留下了大量的诗文和摩崖石刻。

万历庚寅年（1590）五月，郑汝璧（1546—1607）陪朋友游仙都，写下了一篇《游仙都山记》，里面有"归而憩仙都草堂，谒外王母墓，即朱晦翁独峰书院址也"，说明樊献科建仙都草堂就在独峰书院原址上，且过去半个世纪仍完好。郑汝璧是隆庆二年（1568）的进士，深得张居正器重，因被朝中奸佞嫉妒排挤，请辞在家赋闲12年，终日徜徉于仙都山水之间。在仙都铁城（即芙蓉峡）建有紫芝山房，与几位文人高士在此处隐居唱和，后人称紫芝山房为"铁城书院"。他著作甚丰，有《由庚堂诗文集》等传世。

现存的独峰书院，为清同治十二年（1873）异地复建。同治九年（1870），缙云知县朱廷梁倡议在好山之麓复建独峰书院，不久离任。后任何乃容接手工程，花了3年时间终于竣工。《仙都志》载："好山：在仙都山西，初旸谷左。宋绍兴间转运使李士举尝游仙都，过徐氏山居，赋诗有'华屋重重对好山'之句，由是得名。后晦庵朱先生莅节于此，其名益著。"

独峰书院

清代重建书院后，山长主要有赵保滋、陈文、蒋望三等。

赵保滋（1845—1914），字月樵，缙云壶镇大路街人，同治九年
（1870）中举人，曾任国史馆眷录签掣、余姚县教谕等职，重建书院时出
任山长，现门额"独峰书院"即为他的手迹。

一直到光绪三十二年（1906），全国各地同时废科举、兴学堂，独峰
书院遂改名为鼎湖学堂。

第六节　松阳明善书院

松阳明善书院自南宋末期创建，到清末改为县立毓秀高等小学，七百多年间三易其址，分别称为第一、第二、第三明善书院。

高焕然修民国《松阳县志》载"第一明善书院"条：

> 故址在旧市，宋淳熙九年，朱文公为浙东常平使者行部至此讲道，咸淳间邑人叶再遇请建书院以祀文公，元至元二十一年，前太学进士萧子登复兴之，元末废弛，惟存大成殿，旧有御书楼、择礼馆、万青亭，今并废。

淳熙九年（1182）农历九月初二，朱熹从台州经处州返回福建五夫里，经缙云、丽水到了松阳县象溪的沙溪村（今为南州村）。晚上住福安寺，与王光祖论学。

《括苍汇记》有载：

福安寺遗址

朱文公提举时，邂逅邑之福安僧舍。文季拱立，规掌如太极
状，公异之，曰："王子胸中自有太极。"间以传注质之，文季
曰："公注《中庸》，不使滋长于隐微之中，愚意当加'潜暗'二
字。"公深然之。后寄孙烛湖书曰："吾到括，止得士友王文季一
人而已。"

朱熹于次日傍晚就到了古市。晚上，面对慕名而来的众学子，又是开
坛讲学。听众中有个叫叶宸的，互动环节时能讲述《论语》《孟子》大义，
朱熹深为惊异。古市的叶家，是江南叶姓的发源地，人丁兴旺、人才辈
出，是为松阳第一姓。

咸淳三年（1267），古市叶再遇捐出自己的舍宅用以开办书院，既行
教育乡人弟子之实，也表纪念朱子过化之功，取名"明善书院"，源于
《大学》的第一句："大学之道，在明明德，在亲民，在止于至善。"叶再
遇生平难考，叶世钧《松阳卯山·叶姓发祥地》载，再遇为俭公第41代
孙："必达公系下，少从军，江淮立功，升淮东安抚使、殿中步帅。居
镇江。"

时逢改朝换代，书院在元初已经荒废。

元至元二十一年（1284），松阳五木人萧子登倡议复兴明善书院，同时
开始招徒讲学，并亲自担任山长。他边讲学边建设，建造了礼殿及大门。

萧子登，大德庚子科（1300）中举人，后官至承务郎，为朝廷内六品
文官。到延祐五年（1318），山长汪希旦又添建两庑。泰定元年（1324），
萧子登回到松阳负责县里的教事，要求上级重视书院建设。次年，延请郑
继来为山长，书院得以完善。

萧子登致力于恢复明善书院前后达半个世纪。他在《明善书院志》中
阐明了心迹：

以学相赀，丽泽之益，而使吾心之全体常明，大用不昧，脱
然无物欲之累也。

特是为记，所以昭示当时，垂裕后世，俾若子若孙，因吾言而明其善，因吾志以复其初，则吾欲明善之心，垂于永而不替也。遂书以为志。[①]

元代著名学者、婺州兰溪人吴师道（1283—1344）曾作一篇《明善书院记》，详细地记录了明善书院的创建过程，原文收录于《四库全书》。吴师道与许谦都是金华学者金履祥的学生，元至治年间（1321—1323）登进士第，著作甚丰。

元末明初学者王祎（1322—1374）也写了一篇《明善书院记》，当时邑人薛益（字子谦）为明善书院山长，可见明善书院在当时有很大的影响力。王祎，义乌人，师事柳贯、黄溍，与宋濂并称"浙东二儒"，一起编《元史》，著有《王忠文公文集》24卷，继吕祖谦之后修《大事记续编》77卷。

洪武十四年（1381）的《重兴普圆寺碑》载，元至正十三年（1353），新安人、甲申科（1344）进士齐志冲担任松阳县教谕和明善书院山长，由此可见在元末，书院还是存在的。

关于第一明善书院的地址，目前已是遗迹无存。叶再遇的裔孙、清代拔贡叶葆彝著的《古市志略》"朱子祠"一条载：

宋淳熙间（1174—1189），朱文公为常平使，曾行部至市讲道，咸淳时（1265—1274），吾家再遇公请建祠以祀，即邑所载"第一明善书院"是也。据邑记载，是院有大成殿、御书楼、择礼馆、万寿亭等。至元末，仅存大成殿，比及明清，非惟殿宇无存，并殿址亦为水所冲，变为河身矣！故老相传，院址在观口埠头外一二十丈，桑田沧海不其然欤。是院废后，我家曾祖际春公与里人醵金重建于塘岸，易其名曰朱子祠。市之士人，每于九月望日文公诞辰，举行释奠礼。吾市文化虽不发达，而先辈重儒尊

① 汤光新：《松阳历代文选》，中国文史出版社2016年版，第122页。

道之意，殊可于此相见焉。

可见，书院原址在观口埠头外的松阴溪河床里，后在塘岸复建了朱子祠。今天在镇东南还有"塘岸角"和"朱子祠路"。

民国《松阳县志》载"第二明善书院"条：

> 故址在城东朱子祠左，乾隆十五年，知县陈朝栋买詹姓房屋改建，咸丰六年改作考栅，今又改为魏公祠，附设模范学校。

乾隆十二年（1747），福州举人陈朝栋任松阳知县，他带头捐出自己的一份薪水办书院，在城东购买了詹姓房产作为明善书院的院舍。为了书院办学经费有保障，陈朝栋将原存学田及废寺田拨入书院，逐户清理造册，将其租金用于书院开支。并立"创建义学碑"，将"田亩之额数，条分缕析，镌刻于碑，以垂永久"。接着又聘请松阳周安村人吴国玟为山长。吴国玟（1701—1781），又名得生，字文石，号逸山，邑廪生，是乾隆庚午年（1750）恩贡候选教谕。吴国玟掌教十余年，人们评价他"性廉介，贫而能守""笃志好学，年虽老，手不释卷"。周安村地处玉岩的高山之巅，交通十分不便，是松阳高腔的发源地。

吴国玟去世后，天台人胡云昂任教谕，先后修缮了县学、文庙、各祠宇、明伦堂等，并亲自到明善书院讲课。胡云昂是雍正乙卯（1735）举人，光绪《处州府志》载，他"博雅和厚，学问优长……训士出于至诚。主明善书院讲席，训课必严，朝夕讲论不辍，略无倦容，士亦乐得亲炙焉"。

嘉庆五年（1800），书院和朱子祠等建筑被山洪冲毁，到嘉庆末期原址才得以恢复。《重建朱子祠碑记》载："书院，朱文公祠旧址，为前邑侯黄公槐所建。嘉庆庚申（1800），溪流泛滥，祠宇倾圮，迨至戊寅（1818），邑人士慨然有志重建，并欲于祠后余址另建义学。……祠于己卯（1819）涓吉营建，越庚辰（1820）落成。"

道光十七年（1837），41岁的饶庆霖受县令汤竹筠聘请，担任明善书院山长。

道光二十七年（1847），饶庆霖的学生叶维藩考中丁未科进士，而上一位松阳籍进士为顺治十二年（1655）的王汝棐，再前一位松阳籍进士为嘉靖二十九年（1550）的毛文邦。

在咸丰年间，发生了太平天国运动，经咸丰戊午年（1858）、咸丰辛酉年（1861）两次兵燹，书院夷为废墟。

民国《松阳县志》载"第三明善书院"条：

> 第三明善书院，在城北天妃宫侧，因旧书院于咸丰辛酉被寇焚毁，同治六年（1867），知县徐葆清捐置城北叶姓房屋改建，光绪三十年改为县立毓秀高等小学校，揭去内外明善书院匾额，易今名曰县立第一小学校，遵新制也，而故址虽存，已物是人非矣。

同治三年（1864），徐葆清任松阳知县。他上任的第一件事就是恢复社仓、祀庙、衙署，解决民众的吃饭、祭祀和政府的办公问题。接着就开始与时任山长饶庆霖商议复建明善书院，为了加快进度，再次购进现成房屋，捐资购置天妃宫之东叶姓民屋，计价三百二十六千文，加以修理，需钱一百六十千有奇，终于让乡人诸生有肄业之所。

徐葆清重视文教可谓不遗余力。他下乡调研随身都带上《孝经》《文昌阴骘文》等书，看到村人童子，就教他们读，如果读得好、能背诵，当场发奖品，以此带动整个县形成好学重教的风气。他为官清廉，工资大半用于买书籍和奖品，所以离任时，只有简单的行李。

《松阳县志》"人物"篇有详细记载：

> 徐葆清，字励庵，汉军人。同治三年（1864）任松阳知县。是时，发匪甫退，百废待举，乃先建衙署以为听政之所，次筹仓谷以为御荒之备，次购书院以为造士之基。自余要政，无不毕举。其为治，简而能要，严而不苛，专务以德化民。在任六年，讼庭花落，敲扑不闻。……

山长饶庆霖（1797—1876），字若汀，原名秀斌，生于东乡净居包（现为靖居包），后居于城北。7岁到县城住四伯父家入学，师从潘岳夫子，16岁至23岁师从叶馨庭夫子。19岁考入邑庠，23岁入廪。25岁就"设帐城北徐花园，从游日盛，春风化雨，培植多才"。38岁考中举人，后来却"六试春官，屡荐不第"。饶庆霖担任明善书院山长后，其间除了赴京赶考、为御寇办团勇、避寇乱于三都及书院被毁这几年，一直到80岁那年正月初六去世，前后执掌明善书院长达30多年，尤其是在迁建第三明善书院的过程中，"殚精竭虑，日无暇暑"。

光绪三十年（1904），明善书院改为县立毓秀高等小学校，揭去内外明善书院匾额，后又改名为县立第一小学校。1991年，松阳县实验小学为了扩建教学楼，拆去了天妃宫和明善书院的全部建筑，天妃宫主殿移至延庆寺塔，其余片瓦不留，现在原址上明善书院的一点痕迹都找不到了。

2022年，松阳县政协利用原第三明善书院对面的潘氏宗祠，进行装修改造，决定复建明善书院。2023年4月23日"世界读书日"，复建的明善书院举行揭牌仪式，在明善讲堂笔者做了第一讲——"明善书院的前世今生"。现在，修葺一新的明善书院已成为松阳县城的又一文化地标。

明善书院

第七节　龙泉金斗书堂

　　金斗书堂，宋末鲍氏建于龙泉南乡黄南，志书未载，为鲍氏义塾性质的书院。

　　袁甫写了一篇《金斗书堂记》：

　　　　吾友张伯常，龙泉人。书来为乡人鲍君求金斗书堂區，且曰书堂之建成，将聚乡族之弟子而教之。每叹世降道微，谁复以讲学为急务。鲍君独能捐己财，诲后学，此意良可嘉尚……

　　这个鲍君很有可能是与袁甫同榜的进士、龙泉黄南人鲍坡。

　　袁甫，号蒙斋，庆元府鄞县（今宁波市鄞州区）人，袁燮之子，杨简的高足，宋嘉定七年（1214）甲戌科状元，龙泉与他同榜的有鲍坡、叶一烈、季偶、何处久4人。天祖（高祖的父亲）袁毂，北宋熙宁间（1068—1077）曾任龙泉知县，其女嫁给何志同为妻。光绪《处州府志》"职官"志中"龙泉县"条有：

　　　　袁毂，字容直，鄞县人。嘉祐进士。熙宁初出知县事。清介廉洁。尝有诗云：沧浪不须濯，缨上本无尘。后升知邵武军。累阶朝奉大夫。所著有《韵类》百卷。

　　袁毂与苏轼有很深的缘分，他们于嘉祐六年（1061）同科中进士，元祐五年（1090）袁毂任杭州通判，苏轼时为杭州知府，两人相得甚欢，唱酬颇多。袁毂后来又到处州任知府。万历《处州府志》收录有袁毂《南明山仁寿寺》一首：

东南自古佳山水，一到仙都地颇灵。

俗眼何须强分别，南明此处是屏南。

袁甫的父亲袁燮（1144—1224），字和叔，学者称絜斋先生。南宋乾道初入太学，师事陆九龄、陆九渊兄弟。淳熙八年（1181）进士，官秩十年七迁，终为显谟阁学士、通奉大夫。与杨简、舒璘、沈焕并称为"浙东四先生"，黄宗羲《宋元学案》中有"絜斋学案"。

袁甫中状元后，授秘书省正字。先后到青田、湖州、徽州、衢州、江州、婺州等地任职，所到之处均尽心尽责，身体力行，重视教育，为民请命。

所以，袁甫与龙泉有着千丝万缕的联系，应邀写《金斗书堂记》完全在情理之中。

绍定四年（1231），袁甫任江西提刑，其间重建了象山书院，修缮了白鹿洞书院，曾想聘请张伯常执教象山书院，因路远张伯常未能赴任。袁甫说现在乡里有了金斗书堂，张伯常是执掌书堂的最佳人选。因此金斗书堂可能建于端平或嘉熙年间。

龙泉黄南鲍氏自唐末五代鲍琳从余姚迁居于此，非常重视耕读传家，一时仕宦如鲤、文人辈出，两宋期间已成为龙泉望族。诸如祖孙三代同进士、父子三进士、叔侄三进士等均不以为奇。鲍袛、鲍由、鲍彪、鲍度等均为一时名士，时人惊叹鲍氏"犹比晋王谢、唐崔卢"。如鲍彪，登建炎二年（1128）戊申科甲榜进士，平生志于史学，县志评价他"其文辨博，焕而明，婉而微，约而深"，《宋史·艺文志》有鲍彪注《国策》10卷，被收录于《四库全书》中。

元朝兵乱，鲍氏家族四散逃避，部分迁到庆元府鄞县光溪乡（今宁波市海曙区鄞江镇），有的迁往温州和福建，部分就近迁到庆元县双井、生水塘、上济等村。如今，龙泉的鲍氏已是人口寥落，黄南只留下叶王两大族，鲍氏古村早已不存。

笔者在世居双井、从庆元一中退休的鲍世东老师处，看到了鲍彪绍兴四年（1134）为《鲍氏宗谱》写的序，他自称琳公八世孙，文中提到龙泉鲍氏士子多的原因：

> 盖琳公自余姚迁居龙泉者，支分派别毋虑数十百家，力田事养外无他业，犹相劝开儒馆延师友，以教子弟为务。……而东南推为士族不在他姓后者，务本力学之由也。

鲍氏家族与陶瓷产业也有着千丝万缕的联系。先是在余姚，家族在上林湖一带制作越窑。后来迁居龙泉，黄南附近大窑一带窑场林立，有不少是鲍氏的产业，可惜这方面的记载甚少。龙泉窑的没落，也许与鲍氏的外迁有一定的关系。据说现在宜兴做紫砂壶的，也有不少鲍氏的后人。

第五章

元明时期的处州著名书院

元代蒙古人入主中原后，对儒家文化是既怕又爱。虽然他们的铁蹄可以涉足西亚东欧，但他们对自身的文化缺乏自信，因此对华夏文明心怀敬意。延祐元年（1314），中断了若干年的科举制度恢复以后，人们对书院的需求再次上升。如美化书院、独峰书院再次焕发光彩。青田创办了石门书院。龙泉王毅的木讷斋，培养了如胡深、叶琛、叶子奇等人才。遂昌鞍山书院、缙云五云书院、庆元松源书院、龙泉仁山书院、丽水圭山书院，尤其是汤显祖创办的遂昌相圃书院均为一时著名书院。虽然书院有新的发展，但元明之际处州的科考成绩却不理想，两朝加起来中进士者仅为148人，只有宋代的15%左右。也许是处州学人看透了官场的黑暗，宁愿在乡野独善其身，而不愿去挤科举的独木桥。

第一节　青田石门书院

光绪《处州府志》"古迹志"中有载：

> 石门洞书院在县西七十里。初洞自谢康乐筑馆，历唐迄宋，
> 名公胜士经游题咏，为东吴第一盛事。淳熙九年，宋朱文公持常
> 平节按行，尝有汶上之兴。元至元三十一年，廉访分司副使王俣
> 按节至洞，前太学进士刘若济因请建书院，王委路学教授吴梦
> 炎、县尹王麟孙，集邑里耆儒建讲堂。遗址尚在。

青田石门洞自古就与雁荡山、天台山、缙云仙都并称为括苍四大名
胜，又处于瓯江边，所以历代文人墨客在这里留下了大量的诗作和摩崖石
刻。李白有诗句云：

> 缙云川谷难，石门最可观。
> 瀑布挂北斗，莫穷此水端。

元至元三十一年（1294），浙西廉访副使王俣路过石门洞，遂驻足考
察游玩，当地官员乡绅作陪，青田的前太学进士刘若济，就趁机提请在此
兴建书院。王俣就委托路学教授吴梦炎、县尹王麟孙负责，倡议乡绅耆儒
修建石门书院。

王俣，山东东平人，字朋益。世祖至元二十年（1283）任燕南宪金，
后任提刑按察司副使，至元二十九年（1292）迁浙西廉访副使。在王俣的
倡议下，萧山县学建了一座大成殿，于是就有了号称"江南第一碑"的赵
孟頫书的《萧山县学重建大成殿记》碑刻，里面有载："当至元壬辰岁，
廉访副使东平王俣既宏辟郡学，行有余力，重建斯学。"而两年前，任提

刑按察司副使的王俣重修了浦江的月泉书院。可见他对抓教育、建书院是一贯重视的。

刘若济是咸淳元年（1265）乙丑科进士，这一榜处州共有28人登进士第，其中青田县就有7人，其他生平事迹无考。

《处州府志》载，元朝石门书院的山长有丽水人刘宗保，"博学能文，笃守儒行"，洪武初任处州府儒学训导。

根据王祎撰的《故石门书院山长吴君墓志铭》，元初还有吴益懋曾任石门书院山长。吴益懋，字仲谦，龙泉人。墓志铭说他"性闻敏，自幼力学，工辞章"。当时科举考试停止，所以求学完全是为了完善自己。有人推荐他去松江府任"文学"，他不愿去。后来有人推荐他署石门书院山长。"石门在青田，去君家为近，且山水最奇胜，则欣然就之。"他终日和朋友陶醉于林泉之乐，沉湎于诗酒，过着神仙般的生活，可惜在延祐元年（1314）去世，时年三十有七。

泰定四年（1327），时任处州录事的名儒郑复初奉命修缮石门书院。17岁的刘基已经基本掌握了府学所授的课程，但科举考试还遥遥无期，元朝规定25岁才能参加会试，他就离开府学，在石门书院读书，并拜郑复初为师。

黄伯生《诚意伯刘公行状》云：

（刘基）讲理性于复初郑先生，闻濂洛心法，即得其旨归。先生大器之，乃谓公父曰："吾将以天道无报于善人，此子必高公之门矣。"

在石门洞石床悬崖上，还有郑复初修缮石门书院摩崖石刻：

泰定丁卯秋七月，县尹曹用子成于本路所委录事郑原善复初奉檄修理石门书院，增复学田，竣事而还，勒此以记岁月。相是役者，司吏季事叶文炳也。

石门洞与郑复初相关的摩崖石刻共有5处，其中3处有日期，均为泰定四年（1327），可见他多次往返石门书院。

郑复初是刚直不阿之人，潜心于教书育人。他毫无保留地向刘基传授周敦颐的《太极图说》和程颢、程颐的理学思想。刘基有了名师指点，学业精进，打下了扎实的理学功底。

同治《玉山县志》卷八上"人物·儒林"载：

> 郑原善，字复初。性颖悟不群。弱冠慕伊洛之学，慨然以古人自期。一时学者多宗师之。登延祐戊午进士，授德兴县丞。为取强直自遂，不苟诡随。郡守叹曰：儒教之见于此如是夫。

石门书院因远离市廛，700多年来基本是瀑布声日夜相伴。后来石门书院改为诚意读书堂，后来又成为灵佑寺，一直到清代乾隆年间还存在。

乾隆年间邑人韩锡胙曾写了一篇《修石门洞刘诚意伯读书堂引》，收录于光绪《处州府志》。他说：

> 吾乡轩辕丘，又名石门洞，相传谢康乐守永嘉郡时所辟……刘诚意伯读书处，在洞西岗之麓，今为灵佑寺……乾隆癸亥，大司马长洲彭芝庭先生视学两浙，浮舟登览，又手望瀑布，以匡庐、雁宕皆不及。又览诚意书堂已倾侧将废。因赋诗凭吊，命寺僧实光肩其事……

21世纪初，青田县又在石门山庄（也称"亦桃源"）上方，新建了一座四合院风格的"石门书院"。中间是大成殿，内塑孔子像；左侧为"日新堂"，里面还原了刘基听郑复初讲学的场景，还有他的两篇应试文章；右边为"诚明斋"，里面也是一些介绍刘基作品的陈设。

石门书院

第二节　龙泉木讷斋

王毅（1303—1354），字刚叔，生于龙泉西乡盖竹村一个普通农家。从小沉迷于读书，据说六岁时就能过目成诵。一次在水碓舂米，因看书入迷，米被舂为粉末而不知。他怕父亲骂就不敢回家，好心的叔父同情这个好学的孩子，就把好米换给他，并对他父亲说：他这么喜欢读书，不是块种田的料，不如开个私塾让他带孩子们读书。王毅父亲觉得这是件好事，一个小小的学馆就在家中开了起来。

王毅读完了家里的藏书，越发觉得自己知识浅薄。一日读到周敦颐的《太极图说》，感叹说："此非圣贤阶梯耶！人心与上堪下舆同大，局于一艺，可乎？"于是跑到处州府，找时任录事的郑原善请教，郑原善对这位年轻人刮目相看。接着王毅又到金华，拜许谦为师。许谦（1270—1337），字益之，人称"白云先生"，曾受业于金履祥，后专事讲学，投入他门下的学生前后千余人。许谦当时与许衡齐名，并称"南北二许"。王毅受到了许谦的点拨，得"理一分殊"的要旨。

之后，王毅又到北方游学，到大都（现北京）拜访黄溍、揭傒斯、欧阳玄、危素等大儒高士，两次到孔孟之乡齐鲁大地拜谒圣人。学识既深、游历既广之后，王毅回到家乡龙泉，正式办起了自己的书院，名叫"木讷斋"，取"君子欲讷于言而敏于行"之意。虽然没有冠以书院之名，却有书院之实。

王毅所教，皆是实用之学。他曾说：

> 古人之所谓文者，治具也。六籍之所载此而已，非若后世侈靡之文也。侈靡之文吾不欲观焉。吾所谓文，达吾胸中之所欲言耳，初不知有他。

他学问渊博，却不愿意著书立说，文章不留底稿。他常对人说："人患德不立尔，不患言之不立也。古之立言者几千万人，传世能几何哉？"

王毅深得孟子所说的君子之乐——得天下英才而教育之，向往着孔子"春服既成，咏而归"的场景。他在《宿深省》一诗中说："讲学高楼上，挟朋友来生……吾与二三子，炉熏对遗经……独怜寰区内，连年久不宁……黎元一何苦，四野多哭声。"

王毅培育了如胡深、章溢、徐操、季汶、叶子奇等一批高足，在兵荒马乱之世还以一己之力组织弟子们保乡护民，最后竟杀身以成仁，用行动诠释了"刚毅木讷，近仁"。

王毅被害后，弟子将其文章辑为《木讷斋文集》，宋濂既为王毅作传，又为文集作序，对王毅给予了很高的评价。

刘基写了《义忠祠祭文》，曰：

> 维公祖述河汾，阐教括苍。育材善俗，道德弥光。烈烈萧君，同植纲常。遐在人心，没世不忘。聿崇其祠，遗像堂堂。隶将诚意，祀事孔彰。牲醪丰洁，粢盛芯芳。来格来歆，降福无疆。

萧申之（石抹宜孙）、胡深、章溢、叶琛等47名弟子一起写了一篇情真意切的《从学祭文》。文中说：

> 天之所以为人者，惟道而已。人之所以得乎天者，惟心耳。惟吾先生，学贯天人，道备一己，诚后学之仰止也。

这批学生不仅这么说，也是这么做的，用自己的言行为老师添彩。

龙泉市竹垟畲族乡盖竹村，尚有一座王氏宗祠，虽然经过多次修缮，但墙上依稀可见旧时文字。正厅的几尊雕塑重现了王毅与章溢、胡深等弟子讲学的场景。照壁上录有一首王毅的《书楼》：

危楼高倚五云边，会聚群英究简编。

理探仲尼心上事，灯吹太乙杖头烟。

声音朗朗惊闾阖，光焰腾腾逼斗躔。

此处广寒宫咫尺，分明有路去朝天。

　　王毅的墓地在村西头二里外的山脚，墓前尚立有半堵断垣。坟墓总体保护良好，墓碑上记载为民国二十一年（1932）重修。坟面石上刻有章溢和胡深等的题诗。

王毅墓

第三节　遂昌鞍山书院

遂昌县云峰街道长濂村，至今保存着一座始建于明朝成化二十年（1484）的"郑氏宗祠"。宗祠建成20多年后，就遭火灾焚毁，正德九年（1514）重建，不到30年，再次遭遇火灾被烧。嘉靖三十年（1551）再次重建，2年后落成，现在宗祠里还保存着2块落款"嘉靖三十二年岁次癸丑正月吉旦高林十六世孙郑一初立石"的石碑。

《郑氏族谱》记载，唐僖宗广明元年（880）为避黄巢兵乱，台州刺史郑苏辅的5个儿子如凤、如鸾、如山、如岳、如海自杭"挈家渡江而南，散居衢、括之间"。一部分迁至遂昌航头（今渡船头），南宋时，宾公这一支徙居长濂，至明代嘉靖年间成为本乡兴盛一族。

家族兴旺，实现由富而贵的转变，读书入仕是唯一的正途。于是，大家选择在村东南的马鞍山麓建了鞍山书院。

鞍山书院

　　书院建好不久村里就出了一个进士，叫郑秉厚。郑秉厚的故宅现今保存完好。郑秉厚生于1535年，号苍濂，嘉靖辛酉年（1561）乡试第二，明隆庆五年（1571）中进士。初任南丰知县，后擢吏科给事中、闽滇副宪、江西左参伯等职。他在地方为官则清廉爱民、办事果敢，在朝为官则不阿贵权、仗义执言。曾因直接批评首辅张居正、内监冯保，被外放云南，授闽滇副宪一职。他在边疆依然尽心尽职，因做出了卓著的业绩，又被提拔为江西左参伯。万历十五年（1587），在督运途中因病去世，年仅53岁，为一代循吏。《括苍丛书》里有他的《苍濂奏疏文集》，收录其奏议6篇，忠君爱国之心溢于言表。

　　万历三十年（1602），杨守勤游学到遂昌，留在鞍山书院代课一年，最后中了状元。杨守勤（1559—1620），字克之，号昆阜。家居慈溪城察院巷，是陆九渊高足杨简的同乡后辈。他到鞍山书院游玩，见先生不在，一群学生在自修作文，他就帮他们改起了作文。先生回来，一看此人谈吐不俗，改的作业更是精妙，一交谈，知道这位就是四明才子杨守勤，就和杨守勤商量，希望他能在这里边讲学，边复习应考。杨守勤也被这小巧却幽静的书院吸引，而长濂村又是一个很有文化底蕴的山村，杨守勤就欣然答应了。

　　万历三十二年（1604）的早春，杨守勤前往京城赴考。这一次，幸运女神特别眷顾杨守勤。杨守勤在会试中考了第一，成为"会元"，在廷试中又夺得第一，成为甲辰科的"状元"，加上之前乡试已获得"经元"，算是"连中三元"。在明代近三百年的科举史上，他是继黄观、商辂后的第三人。

　　得益于鞍山书院和重学兴教之风，长濂村在明代后期人才辈出。继郑秉厚之后，有记载的就有：郑一举，明万历年间任四川南充知县；郑一点，万历二十五年（1597）选贡莒州同知；郑一第，万历四十四年（1616）任宁波教谕；郑一豹，天启二年（1622）任重庆府通判；郑九炯，万历年间任江苏东宁知县，崇祯初任绩溪知县，后升刑部山西司主事、工部员外郎……

　　鞍山书院因为小，又隐于山间一隅，官方志书上都没有记载，所以明

代的几次毁书院运动没有伤及它，太平军进犯烧书院时它又躲过一劫。一直到科举废除，所有书院停办改为学堂，鞍山书院才悄悄地退出了历史舞台。

第四节　缙云五云书院

光绪《处州府志》载：

> 五云书院，在学宫后，中为朱子祠。明嘉靖四年（1525），知县方润建。后改为按察分司行署。久废。国朝康熙二十二年（1683），知县霍维腾重建朱子祠，设义学。雍正四年（1726），知县戴世禄创建前厅讲堂，中奉朱子神位，以及门邑人陈邦衡、邦钥配，东西学舍各五。乾隆九年（1744），知县阎公铣重修。二十四年，知县冯慈增置讲堂。二十八年，教谕胡望斗介率绅士修葺。二十九年，知县令狐亦岱于前厅增屋二楹，为守院者所居，额五云，仍旧名。道光八年（1828），邑人吕锡熊购墙左隙地重建。咸丰间，匪毁。吕锡熊子伫等重修。

缙云县因朱熹驻留讲学，在宋末建了美化书院和独峰书院。缙邑地方百里，连山濒溪，地瘠民贫，邑人为生计所累，无暇他顾，然自朱子入缙讲学授徒，文教始振，邑人朝耕夜读，向学之风日盛，此诚如光绪《缙云县志》所云："自宋朱晦翁先生过化之后，士尚廉介，家习儒业，弦诵之声接于四境。"由此观之，缙邑文教之兴，乃得朱子过化。

到明嘉靖初年，因年久失修，两书院均已屋舍倒塌，成为废墟。嘉靖三年（1524），浙江右参政方时举视察缙云，欲图修复，但因调任而未进行。在嘉靖年间，知县方时雨建立五云书院，在书院中专门建立了朱子祠，正中供祀朱熹神像，旁祀高足黄直卿和蔡元定，缙云的弟子陈邦衡、陈邦钥也在陪祀之列。

其实早在明初，美化、独峰两书院已现破败景象。明洪武三年（1370），缙云知县朱成远在县城新建了官办的五云书院，而独峰书院的孔

子像和朱子像也被移至五云书院内。这就是成化《处州府志》"古迹志"中"独峰书院……洪武间为知县朱成远所毁遂废"一句的由来。

嘉靖四年（1525），知县方润在吏隐山下选定学宫后隙地城隍庙旧址，倡议创建书院，费用取于官府。次年夏天竣工，且"以美化、独峰恐不欲并立，考旧号五云，更名曰'五云书院'"。正堂的左边有学舍供生员住宿，左边朝南为讲堂，还有退轩两舍，外边为仪门，正门书额"五云书院"。浙江提学副使万潮和右都御史、南赣巡抚周南作记。

在清代康熙二十二年（1683），知县霍维腾重建朱子祠，设立义学。雍正四年（1726），知县戴世禄创建前厅三间，讲堂三间，中央如旧供奉朱熹等神位，讲堂的东西侧，各有学舍六间。乾隆九年（1744），知县阎公铣加以重修；乾隆二十四年（1759），知县冯慈增置讲堂一间；乾隆二十八年（1763），教谕胡望斗倡导，率众绅士重修，旁边又添建斗室二间；乾隆二十九年（1764），知县令狐亦岱，于前厅再添小房两间，作为"守馆者"所居。

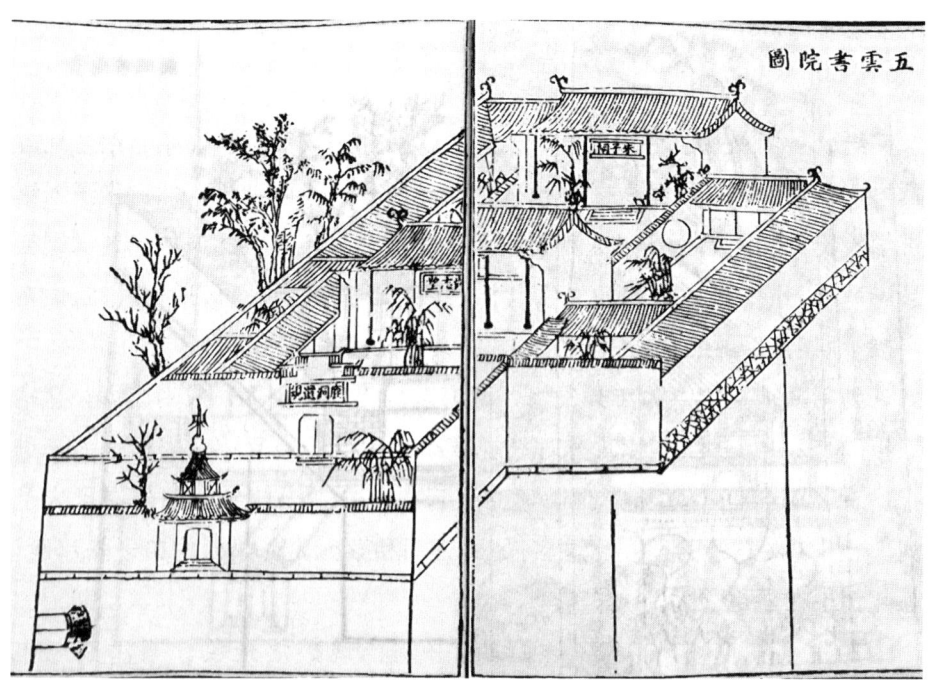

《缙云县志》上的五云书院图

　　道光八年（1828），候选复设训导吕锡熊，买书院墙东空地进行扩建，费银3000多两。教谕程文淦写有《重建五云书院碑记》，详细记载了修复工程的过程及规模，而且对缙云科举考试落后与书院教育不足进行了分析。咸丰年间，几经兵火，吕锡熊子侄吕球、吕琼等重修两次，费银数百。

　　道光至咸丰年间，有缙云拔贡丁汝廉任五云书院山长，他学宗朱子，以主敬存诚为本。从青田端木国瑚游，端木甚器之，赠以《苦读吟》。担任五云书院山长前后达四十年，课徒有条，门下士先后蜚声者二百有奇。太平军进犯缙云，听说丁汝廉的名声，想胁迫他为太平军办事，他"正色拒之，贼不能屈"，保持了一个读书人的气节。

　　清光绪三十二年（1906），废科举，兴学堂，五云书院改为"五云两等小学堂"，后改为五云小学。

第五节　庆元松源书院

光绪《处州府志》载：

> 松源书院，在西隅兴贤坊。旧为府馆。明知县沈维龙令邑人
> 吴诏修理，额曰："松源书院。"久废。

庆元自设县后在松源渎田（今松源镇学后路）创建了县学，一直到明成化年间，县志上关于书院和义塾的记载均无。

到明代万历年间，县学十余名生员的名额显然无法满足乡人求学的需要，于是知县沈维龙就动员乡绅吴诏捐款，在县城西隅兴贤坊，即现在的弦歌坊巷建起了松源书院。房屋修葺一新，沈维龙亲自书额"松源书院"，结果到明末就已废圯。沈维龙还写了一篇《济川图赋》赞美松源：

> 瓯闽分土，松源志乡。汉魏兮鸿蒙，唐宋兮启疆。宁帝赐
> 寓，氏族方张。人繁物移，大济发祥。济曷称大，山回泽藏。地
> 钟其瑞，氤氲莽仓。人赫厥灵，豹隐鸢翔。司马授简，爽鸠敷
> 章……

乾隆六年（1741），江西乐平拔贡邹儒到庆元任知县，闻知庆元近些年来"激昂青云者颇少"，有人认为这是风水出了问题，他不信邪，说人才全靠培养，如今全县没有一所像样的书院，这才是文风不振的原因，他说："欲文弱子立风露中，烹字充腹以精其业也，甚难！"于是次年就召集邑之乡绅富人商议重建书院，并带头捐俸，得到了大家的响应，于是就在孔庙的左边建屋宇8座，共计86间，其中仪门和前大门各3间，讲堂5间，文昌楼3间，左右各厢房24间，规模宏大、设施齐全。因中门正对萧山，

书额"对峰书院"。又报请郡守郑东里批准，将原天宁寺田产划归书院作为治学经费。但他在任只半年就因母亲去世回家。新任知县蒋溥接力完成。书院建成后，邹儒写下了《对峰书院记》，感慨："松源山水灵蕴百年未泄者，其在斯欤！其在斯欤！……亦由松源气运将兴，故得群贤交赞，事克有济也。"

乾隆五十年（1785），知县王恒又在渎田县学旧址，购买民屋8间，塘围1所，作为课士之所，仍题"松源书院"。

时有邑人吴元栋受聘为松源书院山长。吴元栋（1727—1802），字得梁，号厦峰，自幼聪慧，弱冠即通五经子史，取功名如拾芥，凡岁科两试7次冠军，但是"入战棘闱，屡不获售"，考进士却屡次榜上无名。于是专心从教，"掌松源书院，及其门者，皆莫不爱之敬之"。又喜著书，遗有《厦峰文集》6卷、《山辉堂诗草》4卷，主编《庆元县志》。嘉庆四年至七年（1799—1802）任庆元知县，关学优曾撰《厦峰先生传》评价他："有真学问必有真人品，有真人品然后可以卓立于儒林。"

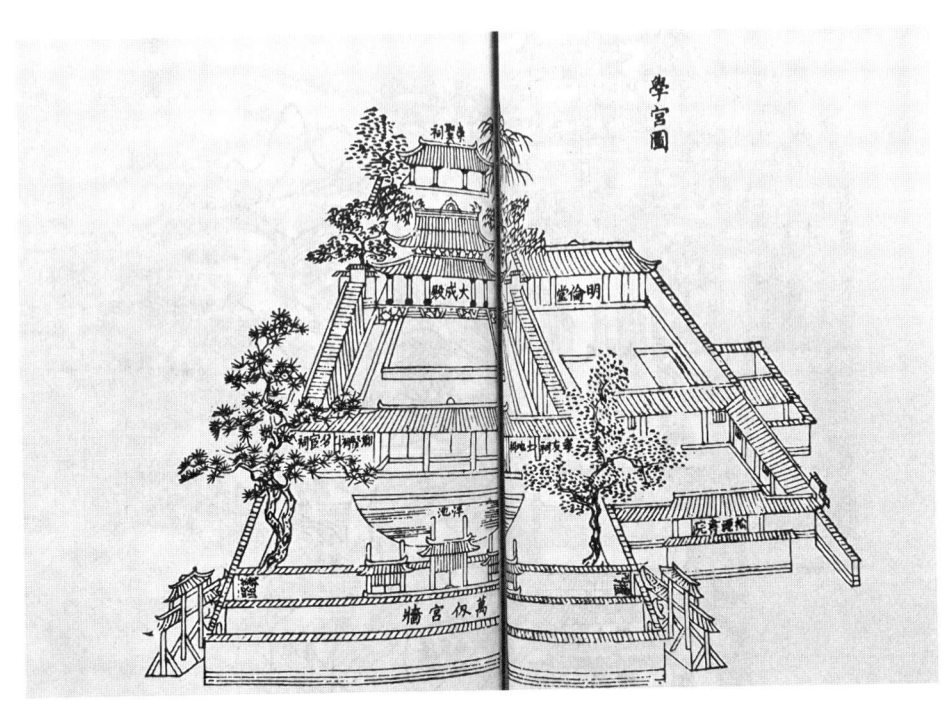

《庆元县志》上的孔庙及松源书院

嘉庆十三年（1808），庆元发了一场特大洪水，孔庙和对峰书院的围墙和部分房屋被冲毁，损失惨重。

嘉庆十七年（1812），知县鸣山捐俸二百余金，倡议对孔庙边的书院进行全面修缮，加造两廊，又改回"松源书院"。直到光绪三十三年（1907）改为县立高初两等小学堂。

如今这坐落在闹市中心的庆元县"孔庙"，只留下一座明代古迹"大成殿"，以及边上残存的几间"松源书院"旧房舍。尤其珍贵的是孔庙边上幸存有四五株梓树，在本地已十分少见。据说梓树本是古代印书雕版的上好材料，所以新书付印叫"付梓"，因梓树质地优良，所以人们又把书院培养的人才叫"梓材"。希望孔庙及书院遗址前的几棵梓树能得到妥善保护。

第六节 龙泉仁山书院

龙泉东部有一个叫安仁的地方，不仅有始建于明成化元年（1465）的省级文物保护单位永和桥，还有明代嘉靖年间建造的仁山书院。

1994年版《龙泉县志》记有"仁山书院"：

> 在安仁，明正德十五年（1520），知县叶竦倡建仁山书院。后因叶竦调任慈溪未果。嘉靖三年（1524），知县朱世忠捐俸，买田二十亩为延聘教师之资，并指示项楞入田建造校舍，会同项尚达、刘尚诚、项珪等出钱建立，郡太守张元电题额。明末清初战乱，书院废。乾隆二十五年（1760），知县苏遇龙改建。光绪三十一年（1905），知县陈海梅将书院迁同仁山义塾合并，改设为安仁仁山初等小学堂（即现安仁镇小学前身）。

明正德十五年（1520），知县叶竦令安仁村刘、项两姓创建仁山书院，因叶知县调离未果。4年后，嘉靖三年（1524），知县朱世忠带头捐俸，由项尚达、刘尚诚等两族富户出资及捐田20亩始成，书院建成时处州知府张元电题了书院匾额。当时的仁山书院很是气派，内有8景，分别是：奎阁凌云、讲堂化雨、古樟翻风、老梅欺雪、石桥鸣鸟、曲沼观鱼、一勾春水、半堵秋山。书院于明末清初毁于战火。

清乾隆二十五年（1760），知县苏遇龙重建仁山书院。直到光绪三十一年（1905）书院与仁山义塾合并为仁山初等小学堂（安仁镇小学的前身）。如今，书院只留一座门楼。这也许是龙泉古代书院仅存的实物建筑。

仁山书院门楼

清代，仁山书院与金鳌书院是龙泉县两所著名的书院，光绪年间由大舍村连正钊兼任两所书院山长。

大舍村的连氏是安仁一带的书香之家。

北宋元丰年间（1078—1085），有连姓人家从福建迁徙到安仁的大舍村，定居繁衍至今将近千年。连氏恪守耕读传家祖训，经过数代人的努力，终于成了"钟鸣鼎食之家，诗书簪缨之族"。其中南宋开禧元年（1205）进士连元，就是连氏世代引以为豪的楷模。

连元任衢州知府时，正逢衢州灾荒。连元奏请开常平仓赈民，教民掘蕨根制山粉代粮，终于渡过难关。朝廷闻知，赐紫金鱼袋。离任后，衢州民众立生祠以纪念。去世后，追封宁邦侯。现在安仁镇大舍村还有元公祠。

连正钊（1862—1918），字灼然，生于书香门第。父亲连桢，邑庠生，在乡设馆教学，龙泉、景宁两地投入其门下的学子甚多。连正钊15岁入县学，岁科屡试皆一等，为廪庠生。光绪二十年（1894）赴省试中举，该年处州十县赴试者仅他一人得中，知府荐其为知县，他坚辞不就，宁愿回乡教书育人，远近慕名求学者日众，某年童子试，全县录取20名，他的学生就占了8名。他教学生重在如何修身做人，而不在升官发财。晚年在养真小学任教，创办作人完全小学。

第七节　丽水圭山书院

光绪《处州府志》载：

　　圭山书院，在圭山。明万历二十二年，知府任可容建。国朝康熙三十三年，知府刘廷玑重建，为县义学。五十年，知县林竹重修。雍正元年，署总兵马璘重修。五年，知县郭朝端拨寺田为膏火资。八年，知县王钧重修。乾隆十七年，知府赋琏改为莲城书院，令合郡生童肄业其中，故丽邑无专属之书院。同治四年，知县陶鸿勋，九年，知县刘履泰议复立书院，未果。今县令彭润章莅任后，分题课士，损廉为膏火资。虑不能继，因筹兴复。而邑人潘绍唐、徐元泰、何韵、颜增贤以次慨捐田亩，爰拨寺田充之。贡生陈凤铿以所建仓圣庙及㰍山义塾助为书院，复广建廨宇，而名则系以圭山，相聚其旧焉。

　　万历二十二年（1594），处州府来了一位安徽怀宁人任可容，字子贤，号养弘，万历五年（1577）丁丑科进士，由驾部郎调任处州知府。任知府时为官清廉，曾有下属送他香菇，里面藏着黄金，他发现后不仅拒贿，而且严惩了行贿者，其他人自然不敢再轻举妄动了。

　　任可容对处州最大的贡献是在圭山，也就是在吉祥弄（今文昌路）一带办了圭山书院，使处州士风日盛。

　　几年后，处州又来了一位福建龙溪进士郑怀魁任知府，他是一位学者型官员，志书记载他"博综闳深，明爽恺悌。淹贯经史百家，驱策古文选体，矢口成文，古雅藻丽"。他每月到书院讲学2次，学子大开眼界。万历三十四年（1606）丙午科乡试，丽水学生王一中、胡廷宾、金大仁3人同时中举。王一中更是在次年（1607）丁未科殿试登第进士。郑知府还是一位很有雅兴的文人，公务之余喜欢游玩处州山水，与同僚时有吟唱。光绪《处州府志》收有他的一篇《括苍山雷雨赋》。后来，处州百姓专门建了三芝祠祭祀他。

在明清改朝换代之际，圭山书院荒废了。

到清代康熙年间，刘廷玑任处州知府，先后修建了孔庙、文昌阁和圭山书院，以及南明书院。

康熙三十一年（1692），刘廷玑捐俸启动了重修孔庙工程。将樗山之巅的孔庙，自正殿到棂星门下，以及乡贤、名宦祠大修了一遍。次年癸酉夏，在维修工程竣工之时，举行了隆重的祭孔仪式，从此孔庙主要承担祭祀功能，其过程在《重建府学碑记》中有详录。

康熙三十三年（1694），刘廷玑又捐资重建了在圭山的文昌阁和圭山书院，以及南明书院，且将圭山书院改为县属义塾，以南明书院为府学。

他在《重建圭山文昌阁记》中开篇写道：

> 括城樗山，长冈秀陇，唐守李繁建州学于上，州人始知向学。左有圭山兀峙，形家言为一郡之龙护。昔人建文昌阁于此，与学宫掩映。由是文运遂振，科名接迹。嗣后数遭兵燹，鞠为茂草。莅斯土者，率皆置而不问，以故科目既淹，久为天荒。余奉简命，来守是邦，兢兢以兴文教为己任……

刘廷玑在重修文昌阁的同时，在其东面构屋三楹，重建南明书院，每逢朔望次日，亲登讲堂给学子们授课，同时进行考试考核。

康熙五十年（1711），知县林竹对圭山书院进行了重修；雍正五年（1727），知县郭朝端拨寺田为膏火费；雍正八年（1730），知县王钧再次重修。

雍正七年（1729），贵州黄平人曹抡彬出任处州知府。曹抡彬，字文明，号炳庵，康熙四十八年（1709）己丑科进士，本是翰林出身，因刚直不阿，冲撞上司，调任湖州知府，后来再到处州，同为知府，处州在万山丛中，应该是有贬谪之意。

曹抡彬上任伊始，就关注教育和民生，在处州任上为民办了许多好事，最重要的有以下三件。

雍正九年（1731），重修了济川浮桥。

雍正十年（1732），重修了南明书院。同时聘任教师主讲，自己也亲自授课，每逢甲子批改作业，同时归集了学田，解决了办学经费，制定了《课士拟程》和《训士八条格言》，书院管理走上正轨。每逢大考之前，组织学子进行模拟考试，并点评文章。对那些家庭贫困的学生，赴考时给予路费补贴，赴考之前设宴为考生饯行，厚待学子如此。

雍正十一年（1733），主持修编了《处州府志》，凡20卷16册。

乾隆十七年（1752），知府赋琏将圭山书院并入莲城书院，从此丽水很长时间只有府学而无县学。

知县陶鸿勋在同治四年（1865）、知县刘履泰在同治九年（1870）均动议复建县属书院，但都没有结果。同治十三年（1874），丽水知县彭润章牵头动议，同时将部分寺田拨入书院，邑人潘绍唐、徐元泰、何韵、颜增贤等分别捐出田亩，贡生陈凤铿以所建的仓圣庙及檡山义塾助为书院，同时进行了扩建，书院在檡山北侧落成，却仍用旧名"圭山书院"。并延请本地人郑以德担任书院讲席，授徒长达17年。

圭山书院

郑以德为同治时贡生，13次赴考，但均"屡荐不售"。参与彭润章主持的《丽水县志》和潘绍诒主持的《处州府志》修编工作，著有《息轩诗文》等。

郑以德之后，丽水城内人谭献接着在圭山书院讲学，教授生徒十余年。谭献为清末岁贡，后创办崇实初等高等小学堂，也就是囿山小学的前身，是处州最早的近代小学。

现在桂山路东边新建了一座门楼，这里是同治十三年（1874）异地重建的圭山书院遗址，与原文昌阁边的圭山书院同名，但不是同一个地方。后人不明就里，看到这个门额，就误以为是历史上圭山书院的遗址，甚至以为后面这个小山就是圭山。

第八节　遂昌相圃书院

遂昌县相圃书院，明万历七年（1579），知县钟宇淳初建于城郊瑞山。万历二十三年（1595），知县汤显祖建成，正式定名为"相圃书院"。"相圃"是"矍相之圃"的简称，指孔子习射处。《礼记·射义》曰："孔子射于矍相之圃。"建这所书院意在文武兼修。

汤显祖（1550—1616），江西临川人，字义仍，号海若、若士、清远道人，明代戏曲家、文学家，被誉为"东方莎士比亚"。汤显祖出身书香门第，万历十一年（1583）中进士，在南京先后任太常寺博士、詹事府主簿和礼部祠祭司主事。万历十九年（1591）目睹当时官僚腐败愤而上《论辅臣科臣疏》，触怒了皇帝而被贬为徐闻典史，两年后即明万历二十一年（1593）移遂昌县知县。

相比徐闻，处州遂昌县的条件好得多，这里虽然文化落后，但民风淳朴，官司不多。他的《初至平昌与苏生说耕读事》记录了当时的心境："杏花轻浅讼庭闲，零雨疏风一往还。新岁班春向谁手？许卿耕破瑞牛山。青云坊下老明经，河畔桥边处士星。不为峨眉风骨远，书声那得醉余听。"

汤显祖在上任第三天就去拜谒孔庙，发现孔庙讲堂破旧不堪、无人诵读，于是把建造书院列上重要议事日程。地方乡绅告诉他，万历七年（1579），知县钟宇淳曾在城东瑞牛山建过三间书屋，现已尘封倒闭。经过现场勘察，汤显祖认为此地环境幽雅，是适宜办学的地方。为了解决经费问题，汤显祖先从学租中拿出三千钱，再从诉讼所收的经费中调剂一点，自己再献出部分官俸。在他亲自督导下，两个月就建起了射堂，四个月就建起了三十间学舍。射堂与学舍合称"相圃书院"。

汤显祖在《遂昌相圃射堂记》中针对"何以令士射"的问题做了解释：首先，士大夫射箭本就是礼仪活动的一种；其次，天子祭祀时也需要射箭；再次，射箭也是身为男子的必备技能。因此，他修建射圃，为的是传授圣贤之学，实行文武双修，而非独为科举之业。

　　书院建成后，汤显祖还亲自执教，和诸生一起习射。他在《相圃新成十韵示诸生》中写道："礼乐在平昌，诸生立射堂。山形君子似，地脉圣人傍……有鹄求臣子，为侯应帝王。同科非尔力，得隽乃吾祥。"似乎不仅仅限于礼乐之道，还有"为侯应帝王"之意。

　　遂昌又名平昌，这里风光秀丽，"山形君子似，地脉圣人傍"，在汤显祖眼里，犹如仙境。在他的教化下，遂昌的各方面治理都大有起色。他在任职期间劝耕、办学、灭虎患、纵囚观灯等，一时"山也清，水也清，人在山阴道上行。春云处处生……官也清，吏也清，村民无事到公庭。农歌三两声"。《丙申平昌迎春，晓云如金，有喜》一诗中也写了这种神仙般的日子，诗曰："仙县春来士女前，插花堂上领春鞭。青郊一出同人笑，黄气三书大有年。"他把自己比喻为"仙令"。可是他虽然政绩斐然，却因压制豪强、触怒权贵而招致上司的非议和地方势力的反对，终于在万历二十六年（1598）愤而弃官归里。

临川汤显祖纪念馆

万历三十六年（1608），汤显祖写了《十年后，平昌士民赍发徐画师来画像以祠，遣之四首》，诗中记述了一件十分感人的事情，即汤显祖离开遂昌10年后，遂昌的父老乡亲在他60岁寿辰之际，委派代表，聘请画师徐侣云，不远千里，来到临川玉茗堂，特地为他画像，挂在相圃书院内供人瞻仰。

300年后，光绪二十三年（1897），又一位临川人任遂昌知县，他叫乐桂荣，有感于汤显祖的政绩，在相圃书院写了一副对联：

先后两临川，我惭时政疏薄，难比昔贤褒众口；
古今同邑宰，公独名祠巍焕，尚留遗爱结民心。

乐桂荣是一位谦谦君子，他对汤显祖的评价是恰如其分的，这也许是对一位正直官员最高的奖赏。

第六章

清代的处州著名书院

有清一朝，文字狱悬在每个读书人的头上，学界风气丕变，思想创新日渐枯萎，士人把大量的精力花在训诂考据上。处州因文献资料不足、家学渊源不深等因素，在科考上明显处于不利位置。有识之士希望通过创办书院以振处州文风，但收效甚微。这个时期每个县均有了自己的书院，且几乎与官学合办。著名的书院有庆元日涉书院、处州莲城书院、龙泉金鳌书院、云和箬溪书院、庆元对峰书院、缙云金莲书院、青田正谊书院、景宁鸦峰书院等。但是近300年的科场，处州中进士者仅有13名，个中原因有待深究。

第一节　庆元日涉书院

庆元县大济村历代均办有书院义塾，其浓厚文风一直延续到清末民初，如建于明万历元年（1573）的济川社学，明代吴俸公创建的文昌阁及文昌书院等，而最负盛名的当数日涉书院。

日涉书院原名日涉园，本是族人吴王眷为了"娱老"而建的一处庭院式建筑。吴王眷（1606—1671），字斯孚，号天玉，17岁时入庠序，次年即为廪生，是个风流少年，杭州知府稽宗孟撰的《外翰吴天玉先生传》形容他"年弱冠，丰神俊美，多惜玉怜香感……负钟情名于倚玉偎香中"。祖父吴俸曾任琼州通判，吴家为官宦世家。

崇祯庚辰年（1640），吴王眷父亲吴南明任湖北黄冈县丞，次年流寇作乱被俘，因不屈服而被削左耳砍右手。吴王眷得到消息后，冒着生命危险赴湖北千里寻亲，费尽周折找到因伤致残的父亲，将其接回家后就在大济建了日涉园，侍奉老父亲安享晚年以尽孝。遗憾的是，此园建成2年父亲即亡故。于是日涉园就成了他自己待客的场所。顺治丁酉年（1657），他主动请缨平定了九台山匪患，然后重修日涉园作为课子弟场所。康熙丙午年（1666），吴王眷任乐清司训。康熙戊申年（1668），退休回乡养老。

"日涉园"名称取自陶渊明的《归去来兮辞》：

> 园日涉以成趣，门虽设而常关。策扶老以流憩，时矫首而遐观。

这应该是当时庆邑最精致的建筑，所以文人雅士、达官显贵到庆元，都乐于到此一游。这里就成了"集故旧"的场所，同时作为课徒讲学的所在，成为一所事实上的书院。

顺治十四年（1657）夏，处州知府周茂源"五马双旌，单骑来庆"，

经友人张康明推荐而游日涉园。其时日涉园修葺一新，周知府惊叹园中布局之精妙、建筑之雅致，秉烛写了一篇《日涉园记》。通过此文我们能窥见当时的盛景：

> 是园也：经宵（yǎo）水边，门无喧市。唯是溪光树色相引而入。中开"森玉堂"，堂丽而华。面方池，枕长河。架插牙签，壁挂丝桐。读书室蠹如蜂房。

文中还分别描述了屧影阁、评泉处、懒是堂、问天楼、听兰轩、与稽、呼月等建筑和景点。

康熙六年（1667）的夏天，日涉园来了一位学术大咖，叫陆陇其。这年春天京城会试，志在必得的陆陇其却榜上无名，应庆元知县程维伊之邀到浙南闽北一带游学。康熙五年（1666）秋，37岁的陆陇其参加乡试，榜发中第9名，庆元知县程维伊恰为考官，对陆陇其大为赞赏，有知遇之恩。陆陇其"逾仙霞岭、历浦城、至清河"，辗转来到庆元，拜访了程维伊后就憩宿于日涉园。

其时，族人吴运光在日涉园中设帐讲学，两人一见如故，深为对方的学识而折服，诗文唱和，成了学友，陆陇其自然少不了登坛讲学，直到九

新修葺的日涉园

月才依依不舍离庆北归。

　　陆陇其（1630—1692），原名龙其，因避讳改名陇其，字稼书，浙江平湖人，康熙九年（1670）进士，学者称其为"当湖先生"、清代"醇儒第一"。他历任江南嘉定知县、直隶灵寿知县、四川道监察御史等，离任时只带几卷图书及妻子的一架织机，被誉为"天下第一清官"。乾隆元年（1736），追谥为清献，从祀孔庙。陆陇其在灵寿公务之余热心讲学，因为灵寿有一条松阳河，因而著有《松阳讲义》等。

　　据说早年，大济村民尚藏有陆先生为学生评改文章的墨迹。大济村"中宅吴氏宗祠"大厅两壁上，挂的是陆陇其书写的方孝孺所创《父子箴》《兄弟箴》《夫妇箴》《朋友箴》四箴，直至"文革"时毁于火。

大济的吴氏先祠

第二节　处州莲城书院

光绪《处州府志》载：

莲城书院，在府治东南圭山，即南明书院旧址。自雍正间修葺后，乾隆十七年，知府赋琏改为莲城书院。咸丰八年，匪毁。同治四年，知府清安重建。十三年，丽水知县彭润章就樟山仓圣庙右义塾改建书院，名曰圭山，隶县。莲城，仍为府书院。知府潘绍诒延师主讲，于月课诗文外，增设字课，讲明楷法，并令生童抄录各经，随时默写，无甚脱误，即捐廉加奖。名邑负笈者踵相接。

乾隆十七年（1752），来了一位旗人叫赋琏，任处州知府。赋琏把州府和县属的书院合并了，在原来南明书院和圭山书院的基础上，建立了莲城书院，由于有规模效应，又能资源共享，这对提高办学质量大有好处。后来知府潘绍诒聘请老师主讲，并且增设了书法课，对字写得好的、默写经典没差错的，当场予以奖励。由于教学质量明显提高，一时各县生童接踵而来。

当时执掌莲城书院的是丽水人王宗训，字式之，乾隆年间廪贡生，他掌教莲城书院期间，奖掖后进，口讲指画，学生们对他很是尊敬。后来调余姚、平湖等地任训导，课士有方，颇得好评。

接着来了一位重要人物任书院山长，他就是青田才子端木国瑚。端木国瑚早年肄业于杭州"敷文书院"，对易学研究尤其用功，阮元称他为"青田一鹤"。端木国瑚晚年自号"太鹤山人"，声播国内外，有朝鲜学者来，指名要见他，与他切磋研究易学心得。

嘉庆三年（1798），26岁的端木国瑚中本省乡试第15名举人。次年进京会试却铩羽而归，但名气已经不小。后掌教青田的正谊书院。嘉庆八年（1803），31岁的端木国瑚受邀掌教处州莲城书院。在任莲城书院山长期间，处州十县慕名而来的学生甚多。后来，端木国瑚屡试不中，但名气越来越大，3次要被授予知县，他均推辞。他中道光十三年（1833）癸巳科进士后依然乐意做一个教书先生，在湖州任教谕14年。道光十七年（1837），65岁的端木国瑚告老还乡，九月应吴世涵的邀请到松阳遂昌游玩，病逝于遂昌。

嘉庆年间，丽水峰源人徐望璋担任莲城书院山长10余年，大有作为。徐望璋（1776—1858），字达珍，出身贫苦，却聪敏好学。年轻时在碧湖汤家设馆授课，汤家藏书甚丰，他就每日抄写，学业长进很快。嘉庆六年（1801），他26岁时举拔贡。嘉庆二十一年（1816）丙子科乡试中举。后会试不第，安心从教。主持莲城书院期间，捐资在城东南置田81亩，作为书院膏火田，另无额有租田36石，作为宾兴田。以身示范，其门下的生徒均有其风范。后被授武义县教谕，直到70岁告老还乡。享年82岁，著有《芸亭书抄》。

道光年间，四川巴县人田瑞庭任丽水知县，见莲城书院缺少藏书，就购了一套经史子集四部丛书陈列于莲城书院，供士子学习。

咸丰年间太平天国运动烽火燃到江浙一带，莲城书院也没有逃过兵燹。同治四年（1865），知府清安重建了书院，文脉得以延续。

光绪二十一年（1895），莲城书院来了一位新生叫刘耀东（1877—1951），字祝群，别号疚庼居士，是刘基第20世裔孙，青田县（后为文成县）南田人。由于在莲城书院学习刻苦、成绩优异，他很快补为郡廪生。后就学于杭州求是书院，随后东渡日本，入东京私立政法大学学习，加入"光复会"积极参加革命。辛亥革命后，历任松阳、鄞县、宜兴等县知事等职，民国八年（1919）秋，弃官隐归南田故里，为家乡的文化事业做出重大贡献。

光绪二十八年（1902），在孙诒让先生的筹划倡导下，处州知府赵亮熙将原府属"莲城书院"改为"崇正学堂"，3年后知府刘瀚又将其改为"府立处州中学堂"，聘汤鼎熹、赵濂、谭献为中学堂总理，是为丽水中学

前身。因此，2022年是丽水中学建校120周年。

　　光绪三十二年（1906）八月十三日，萧文昭任处州知府，宣统二年（1910）再度出任处州知府。萧文昭虽被派到偏远的处州任职，却毫无怨言，面对风雨飘摇的江山社稷，他恪守读书人的良知，守土有责、勤政为民。他巡视处州中学，见校舍简陋，就捐出250块银圆扩建校舍。见图书馆藏书不多，最后给老家亲属写信，变卖田产得1485两"湘平银"，全部捐出，用于办学和充实图书馆。他还创办了处州种植学堂，为处州近代中等专业教育之始，也就是丽水职业技术学院的前身。

第三节　龙泉金鳌书院

光绪《处州府志》载：

> 金鳌书院，在县署东偏。乾隆三十二年（1767），邑人刘献、
> 季文藻等呈请详建。道光七年（1827），知县姚肇仁劝捐重修。

书院因在县署东金鳌山下（即东大寺），所以叫"金鳌书院"。书院建成后，县府置田租以资膏火，同时清查万寿宫、栖真寺院被侵占的田产，将其拨给书院作为学田。

时有邑人李建功任金鳌书院山长。

《处州府志·文苑》有传：

> 李建功，字兰野，龙泉岁贡。博览经史，作文自出机杼，不
> 趋时尚。馆金鳌书院，栽培后进，类多隽才。

道光七年（1827），知县姚肇仁劝捐重修，并捐助田亩，由董事会经营管理。金鳌书院相当于承担了县学的功能。光绪二年（1876），学宪胡颁捐赠图书634册。光绪十九年（1893），金鳌书院制定了《金鳌书院条规》。由于管理有序，景宁鸦峰书院山长严用光曾参照金鳌书院的条规制定了管理办法。光绪三十一年（1905），金鳌书院被改为官立剑川高等小学堂，就是现在实验学校的前身。

笔者寻访金鳌书院和东大寺的旧址，希望能找到那块像金鳌的石头。对龙泉乡土文化颇有研究的叶金军先生告知，此地现在已被房地产开发商建成住宅楼盘，怕是一砖半瓦也找不到了。

第四节　云和箬溪书院

光绪《处州府志》载：

箬溪书院，在朝阳坊。道光七年（1827），知县郑锦声偕绅士魏文瀛、梅佳模、王延宝等，集资创建为义塾，右为社仓，左为朱子祠。二十三年（1843），知县高毓岱改为书院。同治二年（1863），重修。光绪元年（1875），知县洪承栋率合邑绅士重修，增建东、西文场。

魏氏是云和县城的望族。《箬溪钜鹿魏氏宗谱》载：魏氏家族云和始祖为魏扬孙，自明万历年间从浙江杭州桐庐县迁至云和县，在这里"率妻子披荆辟草，以艺麻为业"。传至三世才有了些家业积蓄，始入庠习儒，到魏精一代实现从农耕之户到书礼传家的重大转折。

魏精生于乾隆二十四年（1759），生三子文淮、文瑶、文瀛，乾隆己酉年（1789）中拔贡，曾任天台教谕。在职五个月，就要求致仕归乡。他的三个儿子都通过读书走上了仕途：长子文淮，字蕙圃，增贡生例赠奉直大夫；次子文瑶，字韫山，钦加二品衔，候选运同任衍圣公奏赏官；三子文瀛，字海三，道光元年（1821）辛巳科中试第五十八名举人，历署上海金山、华亭县事，钦加知州衔。

嘉庆二十五年（1820），直隶大兴人陈三立调任云和知县，道光四年（1824）离开一年，道光五年（1825）又复任，两次在云和知县任上为官计七年之久。陈知县为云和百姓做了两件好事：一是面对旱灾饥荒，设立社仓，劝谕城乡捐置社谷，在荒年时解决了许多人的基本生存问题；二是重视教育，"勤于造士，捐俸考课"，之前云和两百年间"无登乡荐者，逾岁得一人"。这位两百年得一人的登乡荐者，就是魏文瀛。道光辛巳年

（1821），刚好三十而立的文瀛中了举人，震动山乡。

在父亲的影响下，魏文瀛中举后继续进德修业，在上海金山、华亭等地任职时成为林则徐的部下，深得林公赏识，百姓评价他"善识大体，所至咸得民"。在金山任职期间，魏文瀛发现自己所管理的辖区内有河道淤塞，他便拿出俸禄带领当地百姓疏浚河道。他非常重视教育，扩建了柘湖书院的院舍。

道光七年（1827），在知县郑锦声的倡议下，魏文瀛与众乡绅一起办了箬溪义学，就是箬溪书院的前身。道光二十三年（1843），知县高毓岱将其改为箬溪书院，倡绅士梅榕等捐置租田以裕膏火。

郑锦声是福建闽县的举人，道光六年（1826）到云和任县令，任期很短，只有一年多，但因为他在当地建了一所书院，虽未完工，乡人仍纪念他。

在光绪《处州府志》"职官志下"里有传：

> 郑锦声，字稼轩，福建闽县人。六年，由举人署县事。始至，询民利弊，多所修举。浚云浮街前渠，民赖其利。尝捐俸供士子膏火，创箬溪义学，为校士计。惜未葳（chǎn）事，调任去。邑人思之，祀之三公祠。

高毓岱也是一个重视教育的县令，在任两年，对书院采取以奖代补的方式，为诸生解决粮草问题，动员乡绅捐献学田，为书院的可持续发展奠定基础。后来娶了魏文瀛与侧室丁氏所生的女儿为妻，成为魏文瀛的女婿。

《处州府志》"职官志下"里有记载：

> 高毓岱，字鲁峰，江苏元和举人。二十一年署任。待士抚民宽严有体。先是箬溪书院未有膏火，毓岱至，每月集诸生试以文艺，第其高下而奖诱之。复劝谕绅士捐输得田亩，经资书院经费。

道光十七年（1837），云和来了一位教谕叫濮矿，桐乡人，是海盐吴懋政的学生，对经学相当有研究，著有《经学述》一书。做人为学率先垂范，对学生非常和蔼，而且淡泊名利，生活俭朴，"在职二年不名一钱。士有贫者，分俸赡之"。年逾古稀还为教学不辞辛劳，结果猝死于工作岗位上，"邑人咸为流涕"。

吴懋政（1717—1793），字维风，号兰陔，海盐县澉浦人。乾隆十七年（1752）壬申科进士，曾任广东博罗县知县，后调任处州府学教授。辞官后，于乾隆五十七年（1792），在嘉兴东门外曹氏畅园任塾师授徒，门生达数千人。

《处州府志》有载："为浙西名宿。学识渊邃，殚见洽闻。训士有程式，选入铭塾钞课本，脍炙艺林，远近传习。"

过了五六年，云和又来了一位海盐人叫陈其泰，号琴斋，任云和训导。他在道光二十六年（1846）八月作了一篇《箬溪书院捐田记》，详细地记录了书院创办的艰难过程。其中有载：

> 梅君（梅榕）频至紫阳讲舍，谈辄移晷。余因问："云和有书院乎？"君避席曰："微子问，固将有所请也。邑无书院，旧志所载，义学亦久废。道光七年（1827），榕与邑绅士魏文瀛、王廷宝等倡建箬溪义学，因经费不充，未能启课。今年，元和高明府毓岱权篆吾邑，欲举其事，捐廉为倡。榕乃先捐租田五十石，复与各绅士筹课士之资。请明府通详立案，改名箬溪书院，而以社仓附焉。规模初具，踵事待增，子其为文记之。"

1996年版《云和县志》有载：

> 箬溪书院，位于朝阳坊（今县粮食局），清道光七年（1827）筹建箬溪义学，至道光二十三年（1843）建成，改名箬溪书院，主管书院者谓之山长。开课三年后，邑内好义者相率集资，以期经久，共捐钱4335缗（成串铜钱，千文为缗）。购田200亩，岁

得租谷570石。

1904年2月，魏文瀛的孙子魏兰回到云和，利用箬溪书院创办了云和先志学堂，这是处州最早的新式中学堂。

《云和县志》记载：

> 光绪三十年（1904）正月，光复会总部执行员魏兰偕陶成章，利用箬溪书院创办先志学堂，作为革命党人联络会党、发动武装革命的据点。是年二月开学，是处州有学校之始。课程设国文、历史、地理、化学、日语、图画、体操等科。次年停办。光绪三十二年（1906）改为官立二等小学堂。

箬溪书院的旧址在云和县解放街与新建路交叉口的东北角，也就是现在浮云街道办事处所在地。现在临街面有段砖砌旧墙体，还有两个砖砌圆门，右边门洞里面还留有一口古井。

现在的云和小学内，还存有三块与书院有关的碑刻——《箬溪书院复田碑》《兴学有责碑》和《亦政堂捐置祭田碑》，记录了书院开办的艰辛与乡绅的义举。拓片及释文收录于无为编的《椤林金石志》。

第五节　缙云金莲书院

光绪《处州县志》载：

> 金莲书院，在县治西。乾隆三十年（1765），知县令狐亦岱即关帝庙旧址创建。中曰"乐育堂"，东西屋四楹，为金莲书院。道光七年（1827），知县谢兴宗光复，以院后西仓废址益之，邑人丁耀清独力改建正屋七楹，中为讲堂，东西厢屋四楹，后二楹，四厢五间，大门一间。道光八年（1828），知县续立人捐资二百金生息以助经费。道光二十八年（1848），始将所置田归山长经管。

令狐亦岱是一位很有作为的县令。他不仅创建了金莲书院，而且亲自主编教材，到书院讲课。他为学子编了一本《诸儒检身录》。

《四库全书》总目提要有载：

> 《诸儒检身录》一卷（鸿胪寺少卿曹学闵家藏本），国朝令狐亦岱撰。亦岱，字太峰，猗氏人。由左翼宗学教习，官缙云县知县。是编即其官缙云时所刻。杂采诸儒格言，分为八门，曰读书，曰讲学，曰治心，曰持躬，曰处事，曰接物，曰理家，曰居官，共一百六十二条，各以己意发明之。词旨浅近，盖为初学设也。

《诸儒检身录》为令狐亦岱在任缙云县令期间编印发给学生的课本，所以"词旨浅近，盖为初学设也"。此书于乾隆三十一年（1766）印行，宣统元年（1909）在令狐亦岱的家乡重刊，线装石印，长24厘米，宽

14.3厘米，正文共62页，每页12行。孔夫子旧书网上有售，要价4000元，如县图书馆能买下收藏则是相当有意义的。根据目录可知有8篇：读书16则、讲学16则、治心23则、持躬18则、处事12则、接物22则、理家33则、居官22则，共计162则。

道光七年（1827），谢兴宗任缙云县令时以院后西仓废址进行扩建，邑人丁耀清独力捐助2100多两白银。道光二十八年（1848），汤成烈任缙云县令时，对书院的田亩进行归整并刻碑以示永久。汤成烈作《重建金莲书院记》。

道光年间，金莲书院有一位著名的山长叫赵维英，光绪《缙云县志》"文苑"有传：

　　赵维英，邑明经，主金莲讲席二十余年，学者称"云樵先生"。质鲁好学，强识博闻，工骈体，尤长于诗，著友鹤山房试帖并杂咏，尹余二广文叙而授梓。与人不立崖岸，训士宽严兼

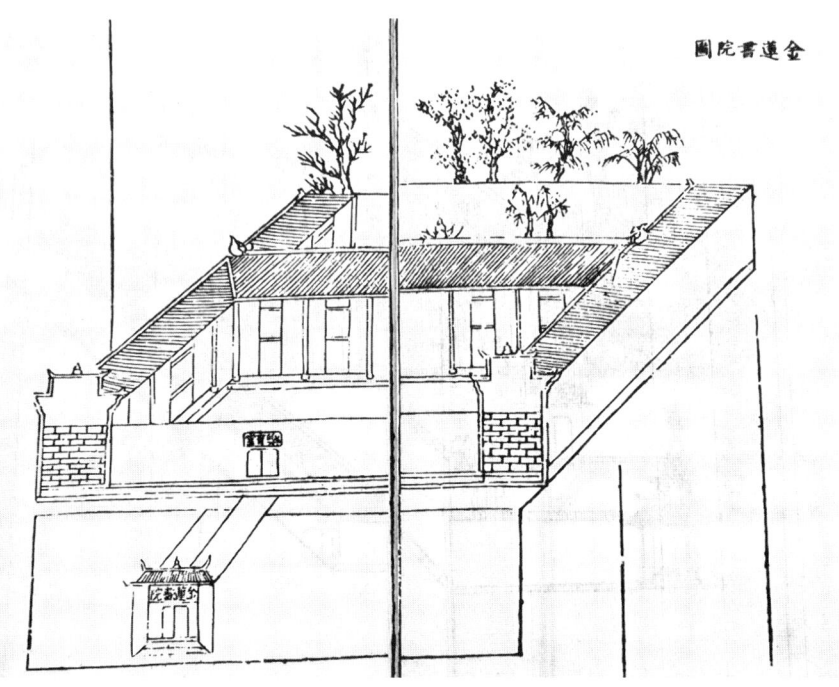

《缙云县志》上的金莲书院图

115

济，育以成材者百余。越己未年八旬，疾亟犹口占韵语，示子孙

作家训焉。

这里己未年应该是咸丰九年（1859），当时赵维英80岁。他大概生于乾隆四十五年（1780），道光二十八年（1848）已经是年近古稀，他在金莲书院主讲20多年，为缙云培养了大批人才。

第六节　青田正谊书院

光绪《处州府志》载：

> 正谊书院，旧在刘公祠侧。乾隆二十三年（1758），知县张
> 日盥建。

青田的正谊书院历任山长中有两位本地卓越的人：韩锡胙和端木国瑚。

笔者在查阅韩锡胙有关资料时，发现他24岁时已经担任正谊书院山长。韩锡胙生于1716年，24岁时应该是1739年（古人都讲虚岁），所以，正谊书院建于康熙末期或雍正年间的可能性比较大，府志载"乾隆二十三年"可能有误。

书院名出自西汉大儒董仲舒的《春秋繁露》："夫仁者，正其谊不谋其利，明其道不计其功。"康熙四十四年（1705）皇帝第五次南巡，到扬州时，写了"正谊明道"的匾额，叫人悬挂在董仲舒祠堂。一时间全国涌现出许多家"正谊书院"，著名的如福州的正谊书院。

光绪《处州府志》的"职官志"中，张日盥只注"商丘举人"4字，未提到有建书院之事。建书院是盛事，县志里通常都会记一笔。倒是雍正年间的万里，有2行说明："字图南，癸卯进士，贵定人。三年，知县事。秉性慈祥，爱民如子。兴义学，亲课生童。寻升主事。"这里的"义学"很可能就是正谊书院，因为明朝万历之后，青田已经没有书院义学了。康熙帝在董子祠题"正谊明道"后，趁势在刘公祠边建一个"正谊书院"也是正当其时。

韩锡胙，字介屏、介圭，号湘岩子，康熙五十五年（1716）生于青田县城太鹤山麓清溪庙右山下的官宦世家。据说他自幼勤奋好学，通晓经

117

史、天文、乐律、算学、道书等，19岁在芝溪多福山寺读书，第二年就到杭州西湖就读。24岁回乡就被聘任为正谊书院山长。乾隆六年（1741）中拔贡，乾隆十二年（1747）中顺天科举人，先后出任山东平阳、禹城、齐河、溧阳等地知县。后任德州书院山长、江苏金匮（今无锡）县令、安庆知府、功州知府等，61岁因病去世。

韩锡胙被称为刘基之后的"青田第二异人"，除了为官公正清廉、受到朝野的褒奖外，学术上也独树一帜。在46岁任江南乡试考官时，发现了戴震等人才。他有一本传世著作叫《滑疑集》，取自《庄子·齐物论》"滑疑之耀，圣人之所图也"之意，里面有许多道听途说、貌似荒诞却富含哲理的故事，收录在刘耀东的《括苍丛书》第一集里。他在绘画上也有很高的造诣，市场上时有作品流传。

若干年后，正谊书院迎来了"青田第三异人"端木国瑚担任山长。

乾隆三十八年（1773）三月初十，端木国瑚出生在太鹤山下青田县城。他的爷爷是个精通易学的庠生，见孩子右胛有一颗红痣，左掌有大方井纹，高兴地说："这个孙子有异相，我的易学有传人了。"于是给这孩子取了个字叫鹤田，来自《易经》中孚卦九二"鸣鹤在阴"和乾卦九二"见龙在田"。而他的大名则叫端木国瑚，意为国之瑚琏，因为先祖正是孔子的学生端木赐——子贡先生。

南宋时端木赐后人的一支随迁到江苏溧水。至第67代端木润，时在明朝，又迁居到青田太鹤山乾乙峰（也称混元峰）下。鹤田自幼聪慧，读书过目不忘。在爷爷的影响下，7岁就开始读《易经》。24岁的时候，浙江学政阮元见其作的《画虎赋》《桃花赋》，大为赞赏，就推荐他到杭州敷文书院就读。阮元非常喜欢他的文才，经常带他到各地以文会友、纵情山水，称他为"青田一鹤"。

嘉庆三年（1798），26岁的端木国瑚中本省乡试第15名举人。27岁时会试铩羽而归，然后开始在青田正谊书院执教。2年多时间，边教学生边复习备考，到30岁时再次北上赶考，结果还是榜上无名。

嘉庆八年（1803），31岁的端木国瑚掌教处州莲城书院。虽未中进士，但名气已经不小。在莲城书院任山长期间，处州十县慕名而来的学生甚多。

　　端木国瑚对《易经》很精通，但科考不顺利。从27岁开始，考了6次，均榜上无名，一直到道光十三年（1833），才中了第13名进士，其时已经61岁。

　　端木国瑚自嘉庆十五年（1810）开始在湖州归安（今吴兴）县任教谕长达14年。道光十年（1830）被皇帝召到京城为皇家看陵园的风水。陵址选定后，皇帝为了表示感谢，任他为县令，结果他又奏请任教官。道光十三年（1833），好不容易考取进士，被提拔为知县，结果他还是不愿意，只好改任内阁中书。先后3次请辞县令，一心只爱教书育人。他去世后，后人根据他的遗愿，将他的易学手稿埋于太鹤山，如今保留有易冢。

太鹤山上的易冢

　　道光五年（1825），知县董承熙将正谊书院移建到赵山。董承熙，字核光，号椒园，蜀中垫江（今重庆垫江县）人，嘉庆二十二年（1817）中进士，授翰林院庶吉士，嘉庆二十四年（1819）始任青田知县，道光元年（1821）言尚熙代理过短暂的一段时间，到道光六年（1826）离任，董承熙在青田长达7年，后调任嘉定府教授。

咸丰七年（1857），江西新建县人曹和澍任青田县知县，他主持修复了正谊书院。太平天国运动期间，正谊书院自然难逃厄运。

同治六年（1867），知县罗子森重修正谊书院。罗子森，字雨樵，广东南海县（今佛山南海区）举人，同治五年（1866）到任，短短2年不到，为青田老百姓做了许多好事、实事。《处州府志》载："去之日，士民送者千余人。"

青田二中边的刘府祠

太鹤山脚，青田二中的边上重修了一座刘府祠，正谊书院旧址应该就在这里。

第七节　景宁鸦峰书院

光绪《处州府志》载：

> 雅峰书院，在石印山后旧学右，即雅峰讲舍。雍正间，知县汪士璜建，后圮。乾隆三十八年（1773），知县张九华改建指南书院，复拓旧学余地于古桂旁，建亭曰"桂芳"。道光三十年（1850），知县邢吉甫重建。同治元年（1862），匪毁。三年，知县徐炽烈、张鸿修葺，改建。八年，知县周杰朔望课士，捐廉奖励。

雅峰书院原名"鸦峰书院"，因正对鸦峰而名。县城西北金仙寺后的鸦峰，据说峰顶终年白云缭绕，"鸦顶晴云"为"鹤溪八景"之一。自从李锌之后，景宁县科考中进士者并无一人，有喜欢风水堪舆的人说是鸦峰及金仙寺塔之故，于是将鸦峰书院改名为雅峰书院。书院所在地最早为鹤溪讲堂，后改为指南书院。道光三十年（1850），知县邢吉甫在指南书院旧址重建书院，名为鸦峰书院。同治元年（1862）毁于兵燹。同治三年（1864）至四年（1865），知县徐炽烈和张鸿重建。光绪二十三年（1897），知县汪元龙再次改建。光绪二十八年（1902），改为"官立务本学堂"。

民国《景宁县志》收有邑人王锡藩的《本邑何利当兴何弊当革论》，第一个问题谈的就是书院教育，直陈鸦峰豸山二书院缺少藏书，经费欠缺，形制不宜，基址逼塞，"对鸦峰又少塔尖耸秀，形家每谓不利科名，以故士赴棘闱屡荐不售"。王文最后说："景固蕞尔邑哉，而旧尹陈严之之句云'此邦近似唐朝古属'，在桑梓固不无闻，见之较近也。然则必如何而利无不兴、弊无不革，曰：制治必先于立法，而行法惟在于得人。"是啊，没有人才，何以兴邦？

王锡藩，字问屏，廪生，石埠坑人，家境贫寒，通过苦读成为博学之人，通经史诗文，时有萧姓郡守称之为"岩穴奇士"。州试选拔第一，被推荐到敷文书院深造，可惜客死杭州。

民国《景宁县志》还收录严用光的《鸦峰书院录序》：

> 从来有治法尤贵有治人。治法未立，不足以集事；治人未得，亦难与图功。兼二者则事举与功成。凡事类然，而书院宾兴特其一端耳。景邑书院之建由来已久，初名鹤溪讲堂，继曰指南书院，嗣以讲堂朝向鸦峰，改名为鸦峰书院，迄今因之……

严用光（1826—1909），字国华，号月舫，大漈乡小佐村人，22岁时县试府试均列第一，次年杭州乡试又一举夺魁，道光二十九年（1849）选为拔贡，之后几次会试却是铩羽而归，怀才不遇，只好退而隐于乡间潜心著书育人。同治十一年（1872）总纂《景宁县志》。

根据《鸦峰书院录序》，他于光绪己卯年（1879）开始主持鸦峰书院，写此文时已历15年，所以应该是光绪二十年（1894）。严用光主持书院期间，亲督教席，参照龙泉金鳌书院做法制定管理规定，为续膏火而费尽心思，想通过教育强国。他感叹景邑"宋明以来人才辈出代有其人，近则今不若古"，想通过微薄之力，改变"士遇多艰，文风不振"的状况。

民国《景宁县志》所列"儒修"人物曰："孔子曰才难，不其然乎？清季以还，于儒修得四人焉，曰严曰王曰吴曰叶。""严"就是前面介绍的严用光；"王"为王锡藩；"吴"为吴钟镐，字子京，增广生，桃源人，曾参与同治县志编修，秋闱未荐，英年早逝；"叶"为叶笃勋，字邦辅，岁贡，绩学好修，潜心考据之学，结果也是乡荐未遇。

景宁孔庙棂星门

有清一朝，文化随政治中心一起北移，江南一带科考上榜人数锐减，身居处州山区的景宁，科考更是难上加难。

光绪《处州府志》载，曾掌教鸦峰书院的还有龙泉的叶楷：

> 叶楷，字式莽，龙泉岁贡。性旷达，工诗文。为景宁鸦峰书院掌教，至老嗜学不倦。年八十有二，无疾而终。

根据咸丰二年（1852）陈坚手抄的《历年鸦峰书院销用清册》，清代道光年间，书院照常运转，并纳入官方管理，其功能相当于县学。

清册记录，从道光三十年（1850）书院复建开始，由书院里的新老生员各2名（城乡各2名）组成董事，每年向知县报告费用收支情况，知县批签后存档。

根据清册记录，书院每年收租金稻谷150担左右，折合价款110千文左右，主要开销包括教师束脩、节日礼钱、考课生童饭食，还有赏钱、考课点心、茶叶炭火、考卷等，财务公开透明。

雅峰书院终于迎来了最后的时光，与全国各地的书院一样改为新式学堂。先是改为官立务本学堂，几年后改为官立两等小学堂，民国后又改为县立第一小学，即景宁县实验小学的前身。景宁县实验小学搬迁后，雅峰书院旧址现为景宁职业高中。

第七章

书院人物

　　一所书院的创办与兴旺，离不开几位德高望重的主事者，或名宦，或乡贤，或大儒，或才俊，书院就是因为有了他们才有了生命和灵魂。从北宋浙学开山鼻祖胡瑗、南宋集理学之大成的朱熹，到处州末代知府萧文昭，他们成为处州过化存神的代表；从遂昌龚原讲学妙净寺、胡份办学上友堂，到丽水掌管莲城书院的谭献，他们为家乡的文教事业呕心沥血；从缙云潜说友，到青田刘基家族，他们作为处州书院的优秀学子，为山乡增光添彩。处州文脉或草蛇灰线，隐现于其中。兹将处州历史上与书院相关的名人、著名山长、优秀学子列小传于后。

第一节　历代名人与处州书院

一、胡瑗

胡瑗（993—1059），字翼之，泰州如皋（今江苏如皋）人。北宋理学先驱、思想家和教育家。生于淮南东路泰州如皋县宁海乡胡家庄，后迁居如城严家湾。因祖籍在陕西省子长县安定堡，世称"安定先生"。和孙复、石介并称"宋初三先生"。

胡瑗出身于官宦世家，少有抱负，20岁游学于山东泰山栖真观，结识孙复、石介等人，10年不归，潜心研习圣贤经典。天圣二年（1024）南归准备赴考，却7次应考不中。于是放弃科举意念，返回泰州城，办了一所私塾性质的书院，取名"安定书院"。景祐元年（1034），应范仲淹之邀担任苏州州学首任教席。

庆历元年（1041），胡瑗应湖州太守滕宗谅之邀，到当地的州学任主讲教授，以致"四方之士云集有受业"。其间提出了"致天下之治者在人才，成天下之才者在教化，教化之所本者在学校"的至理名言，并创立了卓有成效的"湖学"。

庆历四年（1044），范仲淹推行新政，取胡瑗教学法撰为《学政条约》颁行于全国，并效法湖州的办学经验兴办了一所中央太学。

胡瑗开宋代理学之先声，先后主持苏、湖两州州学，所创"经义""治事"两斋，为高等学校分系分科的开端。

皇祐四年（1052），胡瑗升国子监直讲，主持太学，晋光禄寺丞。被征为太子中舍，后以殿中丞致仕。任教期间因学识渊博且教学得法，备受学生的欢迎和敬重，当时朝中半数官员出自其门下。处州龙泉有管师常、管师复兄弟从学于胡瑗。

胡瑗墓神道

　　管氏兄弟先追随"古灵先生"陈襄。古灵先生从浦城调到仙居当县令，管氏兄弟也从浦城跟到仙居求学，深受古灵先生器重。陈襄离开仙居后，由管师复担任主讲。后来，两兄弟又投到胡瑗的门下继续求学，名气越来越大。

　　消息传到神宗皇帝那里，皇帝召见管师复，问管师复："卿诗所得如何？"管师复答："满坞白云耕不破，一潭明月钓无痕。"神宗爱惜人才，想留他在朝做个文官，管师复婉言谢绝，回到龙泉，过着闲云野鹤的生活。大家称他为"白云先生"，他著有《白云集》行世。

　　弟弟管师常，开始和哥哥一起住在白云岩，读书写作课徒讲学。在神宗期间又受到举荐，熙宁三年（1070）召试舍人院，赐进士及第，授校书郎，后调为江宁府上元知县，因对青苗法不满，与察访使抗争辩论，得罪上司，仕途危险，就辞官回家，途经安州应城（今孝感应城）一寺庙休息，写了一首诗："吾年四十九，四大不相守，寄语同道人，日轮射牛斗。"放下纸笔，溘然长逝。

　　黄宗羲的《宋元学案》中第一个学案就是"安定学案"，而管氏兄弟则在"古灵学案"中有传。

嘉祐四年（1059），胡瑗病故，谥文昭，葬于浙江乌程。如今已经重修的墓地保留良好。

二、朱熹

朱熹（1130—1200），字元晦，又字仲晦，号晦庵，晚称晦翁。祖籍徽州府婺源县（今江西省婺源），生于南剑州尤溪（今福建省尤溪县）。绍兴十三年（1143），父亲朱松病逝于建瓯，临终前把朱熹托付给崇安（今武夷山市）五夫里好友刘子羽，刘子羽视朱熹如己出，在其舍旁筑室安置朱熹一家，名曰紫阳楼。朱熹19岁时考中进士，曾任泉州同安县主簿、江西南康知军等职，官拜焕章阁侍制兼侍讲，为宋宁宗讲学。朱熹热心于书院建设，一生大部分时间从事教育和著述活动。晚年遭遇庆元党禁，被列为"伪学魁首"，削官奉祠。庆元六年（1200）逝世，享年71岁。后被追赠为太师、徽国公，赐谥号"文"，故世称朱文公，也称"紫阳先生""考亭先生"等。

朱熹是"二程"（程颢、程颐）的三传弟子李侗的学生，与二程合称"程朱学派"。他是唯一非孔子亲传弟子而享祀孔庙，位列大成殿十二哲者之列。朱熹是理学集大成者，闽学代表人物，被后世尊称为朱子。朱熹著述甚多，有《四书章句集注》《太极图说解》《通书解说》《周易读本》《楚辞集注》等，后人辑有《朱子大全》《朱子集语象》等。其中《四书章句集注》成为钦定的教科书和科举考试的标准。

淳熙九年（1182），53岁的朱熹从台州经处州回福建崇安五夫里，一路拜访朋友，一路登坛讲学，后来在处州境内就留下了三座著名的书院：缙云美化书院、仙都独峰书院、松阳明善书院。

淳熙八年（1181）底，朱熹出任提举两浙东路常平茶盐公事，巡视浙东，指导抗旱救灾。次年秋天沿途巡视浙东，八月中秋节刚过，朱熹向皇上寄去第五封弹劾唐仲友的报告后，就从台州经处州回福建五夫里。八月二十二日，朱熹翻过苍岭古道，来到雁门山边金竹村，住在当地的大户人

南州福安寺遗址

家朱格家里。朱格有6个儿子：庆弼、庆国、庆辅、庆朝、庆佐、庆邦。六兄弟一起拜朱熹为师，然后朱熹设坛讲学，后来就有了美化书院。

二十三日，朱熹就来到仙都，住徐凝的故居"徐氏山庄"，看到仙都幽美的风光，欣然作《和李士举〈过徐氏山庄〉韵》七绝一首："出岫孤云意自闲，不妨王事任连环。解鞍盘礴忘归去，碧涧修筠似故山。"在仙都住了五六天，其间又是讲学，后来就有了独峰书院。

朱熹接着路过松阳，在南州福安寺与王光祖探讨《四书章句集注》，在古市叶家再次讲学，后来就有了明善书院。

朱熹一生有3次途经处州。

早在绍兴二十一年（1151）春三月，22岁的朱熹金榜题名后，在浙北玩了一圈，七月份再绕道台州，也是途经缙云回福建崇安。在翻越苍岭时朱熹写下了《吴山高》一诗："行尽吴山过越山，白云犹是几重关。若寻汗漫相期处，更在孤鸿灭没间。"

淳熙十年（1183）正月，朱熹从福建去台州崇道观，再次路过缙云。陈邦钥写诗一首相赠：

> 羸马踏残月，荷策登泮宫。入门见先生，先生何从容。循循善诱能启下，青蒿因得附长松。短檠相对三百六十夜，高谈雄辩磊落沃胸中。吾王求士苦匆匆，未许先生久卧龙。乘骢直上天台路，只缘此去何由从。呜唏吁，小斋从此冷如水，斋盐朝暮快快尔。空留绛帐照孤灯，窗外西风寒起苇。

正如孟子所说"君子所过者化，所存者神"，路过讲学一次就能开风气之先，留下3所书院，也证明朱熹当时具有多么强大的影响力。

三、叶适

叶适（1150—1223），字正则，号水心。南宋绍兴二十年（1150）五月初九出生在温州永嘉（今浙江温州）。叶适童年时，家境贫寒，母亲杜氏嫁到叶家的那一年，正逢水灾，家中器物被大水冲尽，一家人居无定所，先后迁过21处。根据叶适为母亲作的《母杜氏墓志铭》，"穷居如是二十余年"，他的母亲勤劳贤惠，善于教子，对叶适的成长产生很大影响。

根据龙泉黄南《叶氏宗谱》的世系考，沈诸梁叶公之后，22世叶望徙居松阳卯山，为江南叶氏发源地。54世叶仁训，北宋天圣元年（1023）因观地理天象自松阳迁寓龙泉县黄南，为龙泉黄南叶氏肇基之始祖。叶适的曾祖父59世叶公济，自龙泉黄南携妻鲍氏与独子振端居温州瑞安。祖父叶振端娶戴氏，生独子光祖。父亲叶光祖，字显之，娶瑞安女杜氏为妻，生四子——逮、适、过、还。叶适为沈诸梁叶公62世裔孙。

绍兴三十年（1160），11岁的叶适师从只比他大13岁的陈傅良，据他自己的回忆，此后受恩师教诲长达40年之久。

陈傅良（1137—1203），字君举，号止斋，青年时期执教于瑞安的家塾，乾道八年（1172）中进士，官至宝谟阁待制、中书舍人兼集英殿修撰，与永康陈亮被世人称为"二陈"，是永嘉学派的中坚人物。

淳熙五年（1178）春，叶适高中榜眼。在廷对中，对孝宗和宰执提出了批评。他提出不可因循守旧，要革去弊政，收复失地。同年，授文林郎、平江府（今苏州）观察推官。

淳熙十四年（1187），叶适上殿轮对，进《上殿札子》，论说国事之中有"四难""五不可"。"四难"指国是、议论、人才与法度；"五不可"指兵以多而至于弱，财以多而至于乏，不信官而信吏，不任人而任法，不用贤能而用资格。

淳熙十五年（1188），林栗攻击朱熹，叶适上书《辩兵部郎官朱元晦

状》，为朱熹伸张。次年二月，孝宗禅位，太子赵惇即位，是为光宗。叶适先为太常博士，后任秘书郎，仍兼实录院检讨官。作《上光宗皇帝札子》，言国家有"六不善"：今日之国势未善，今日之士未善，今日之民未善，今日之兵未善，今日之财未善，今日之法度未善。面对叶适的忠言逆耳，皇上无动于衷。叶适就自求外调，由秘书郎出知湖北蕲州（今蕲春）。

庆元三年（1197），叶适为御史胡纮所劾，降两官后，主管冲佑观，差知衢州。叶适推辞不就，由镇江归永嘉。十二月，朝廷立《伪学逆党籍》，名单上共有59人，叶适也在其中。

嘉泰二年（1202），党禁有所缓和，叶适改知福建泉州。

开禧二年（1206），叶适守制期满，召至临安，对韩侂胄的北伐提出异议。次年十月，礼部侍郎史弥远及杨皇后谋杀韩侂胄，取其首级，向金人求和。之前谄事韩侂胄的许及之及御史中丞雷孝友恶人先告状，弹劾叶适，说他"附韩侂胄用兵"，叶适因此被夺职奉祠，回到永嘉，从此定居水心，杜门谢客，悉心讲学16年。南宋时期，温州文风大盛、文人辈出，其进士人数列浙江各州之首，陈傅良、叶适等功不可没。

黄南村的叶氏宗祠

　　嘉定十六年（1223）农历正月二十日，叶适于永嘉辞世，终年74岁，获赠光禄大夫，谥号"文定"。

　　如今龙泉市黄南村尚留有叶氏宗祠，祠内曾办过"八保书院"。

四、袁甫

　　袁甫，字广微，号蒙斋，庆元府鄞县（今宁波市鄞州区）人。生卒年不详，约宋宁宗嘉定前后在世。少承家学，又从学于杨简。宋嘉定七年（1214）高中状元。

　　袁甫是个大才子，他与处州的渊源，首先要说到他的天祖（高祖的父亲）袁毂，北宋熙宁间（1068—1077）他曾任龙泉知县。光绪《处州府志》"职官志"云：

> 　　袁毂，字容直，鄞县人。嘉祐进士。熙宁初出知县事。清介廉洁。尝有诗云："沧浪不须濯，缨上本无尘。"后升知邵武军。累阶朝奉大夫。所著有《韵类》百卷。

　　袁毂与苏轼属同科进士，元祐五年（1090），袁毂任杭州通判时，苏轼时为杭州知府，两人成为至交。袁毂后来又到处州任知府。万历《处州府志》录有袁毂《南明山仁寿寺》一首：

> 　　东南自古佳山水，一到仙都地颇灵。
> 　　俗眼何须强分别，南明此处是屏南。

　　袁甫的祖父袁文，字质甫，号逸叟。自幼聪颖，极喜读书，勇于为善。不汲汲于科名，平居博览经史，考订古籍，著有《瓮牖闲评》8卷，收录于《四库全书》子部。

　　袁甫的父亲袁燮（1144—1224），字和叔，学者称絜斋先生。南宋乾道初入太学，师事陆九龄、陆九渊兄弟。淳熙八年（1181）进士，与杨

简、舒璘、沈焕并称为"浙东四先生"。《四库全书》经部中收有他的《絜斋家塾书钞》12卷、《絜斋毛诗经筵讲义》4卷，集部中收有他的《絜斋集》24卷。

袁甫，出身于真正的世家和书香门第。大哥袁乔，为宣义郎，知绍兴府新昌县，曾编辑《絜斋家塾书钞》10卷。二哥袁肃，号晋斋，师事舒璘，庆元五年（1199）进士，官至少卿，尝知江州。由于受家庭的影响，袁甫从小接受父亲的教育熏陶，稍长后又从学于著名学者、陆九渊的高足杨简，因此考中状元绝非偶然。考中状元后，授秘书省正字。先后到青田、湖州、徽州、衢州、江州、婺州等地任职，所到之处政声甚佳。

绍定三年（1230）兼任江东提点刑狱，在贵溪三峰山一处叫"徐岩"的地方迁建了象山书院，并设祠祭陆九渊、陆九韶、陆九龄三先生。袁甫还给书院撰了一副对联："尽其心，知其性，见先生存养之在天；在则人，亡则天，岂后学讲明之无地。"同时聘任自己的同门师兄、杨简的学生钱时为书院的首任山长。次年，得到皇帝诏赐"象山书院"匾额。在重建象山书院的同时，还修葺了庐山白鹿洞书院。后升起居郎兼中书舍人，兼国子祭酒，官终兵部侍郎，兼吏部尚书。去世后赠通奉大夫，谥正肃。

南宋期间，龙泉鲍氏在黄南建了一所"金斗书堂"，地方志书没有记载，袁甫写了一篇《金斗书堂记》：

> 吾友张伯常，龙泉人。书来为乡人鲍君求金斗书堂匾，且曰书堂之建成，将聚乡族之弟子而教之。每叹世降道微，谁复以讲学为急务。鲍君独能捐己财，诲后学，此意良可嘉尚……

这个鲍君很可能就是与袁甫同榜的进士鲍坡。两宋时，龙泉黄南的鲍氏是官宦士人辈出的望族。

五、郑原善

郑原善（？—1333），字复初，江西玉山人，延祐五年戊午（1318）

霍希贤榜进士，曾任德兴县丞，后任处州录事，修复了青田石门书院，并亲授刘基濂洛心法，即周敦颐、程颐、程颢的北宋理学。

无论是黄伯生的《诚意伯刘公行状》、张时彻所撰的《明开国翊运守正文臣资善大夫赠太师谥文成护军诚意伯刘公神道碑铭》及《明史·刘基传》皆言刘基曾师事郑复初。

如黄伯生《诚意伯刘公行状》云："（刘基）讲理性于复初郑先生，闻濂洛心法，即得其旨归。先生大器之，乃谓公父曰：'吾将以天道无报于善人，此子必高公之门矣。'"吕立汉先生的《千古人豪——刘基传》提到他们之间的师生关系时，描述也大致相同。

宋濂《宋文宪公全集》卷四八《悲海东辞》有载：

> 玉山郑先生原善，字复初。延祐名进士，起家德兴丞，转处州录事，有异政。为众所忌，遭诬构去官。寻以疾卒。临川危君太朴病执法者不得其平，为著《悲海东辞》。濂亦继作。时元统癸酉冬十月丁亥也。

既然是进士，方志应有记载。雍正《江西通志》卷五一《选举三》有："延祐五年戊午（1318）霍希贤榜，郑元善，玉山人，德兴丞。"

同治《玉山县志》卷八上《人物·儒林》载：

> 郑元善，字复初。性颖悟不群。弱冠慕伊洛之学，慨然以古人自期。一时学者多宗师之。登延祐戊午进士，授德兴县丞。为取强直自遂，不苟诡随。郡守叹曰：儒教之见于此如是夫。

"原善"与"元善"，"元"与"原"音同意近，经常混淆，根据字复初，含有"一元复始"的意思，应该"元善"是对的。今天我们所能看到的元明时期的作家诗文集中写作"郑原善"，应该是为了避太祖朱元璋讳而改的。

据光绪《处州府志》卷十三《文职一》，可知郑复初任处州录事是在

元泰定年间。而刘基正是在泰定元年（1324）进入处州路治所在地的学校读书的。因此，刘基师事郑复初也应当在泰定年间。

接着，郑复初又奉命修复了青田石门书院，而刘基又在石门书院研修功课。关于郑复初修缮石门书院，石门洞石床悬崖上还留存摩崖石刻为证：

> 泰定丁卯（1327）秋七月，县尹曹用子成于本路所委录事郑原善复初奉檄修理石门书院，增复学田，竣事而还，勒此以记岁月。相是役者，司吏季事叶文炳也。

新修石门书院

郑复初是刚直不阿之人，不会看风使舵、曲意逢迎，所以更适合教书育人，而不擅长于官场。

录事一职，晋代始设，主要掌管文书，以后历代都有。元代于各路总管府治所在地均设有录事司，录事司设有录事一职，《元史》卷九一《百官七》载："录事司，秩正八品。凡路府所治，置一司，以掌城中户民之事。"可知在元代，录事作为录事司之官员，职守除了掌管文书，还管理路治所在地一城中户民之事即民政性事务。

郑复初是在处州录事的任上遭人诬陷而去官的。他在去官后不久即病逝了。据宋濂《悲海东辞》所撰时间为"元统癸酉冬十月丁亥"推测，郑复初可能卒于元统元年（1333）。

六、汤显祖

汤显祖（1550—1616），江西临川人，字义仍，号海若、若士、清远道人，为明代著名戏曲家、文学家，如今被尊为"东方莎士比亚"。

汤显祖出身书香门第，其祖上四代均有文名，原居临川文昌里（今江西临川文昌桥东太平街汤家山），后移居沙井巷，建"玉茗堂"，内有清远楼等，故又自号清远道人。

汤显祖 5 岁时进家塾读书，12 岁能诗，13 岁从徐良傅学古文词，14 岁便补了县诸生。21 岁中了举人。万历五年（1577）、万历八年（1580）2次参加会试，当朝首辅张居正要安排他的几个儿子考中，想找几个有真才实学的人做陪衬，听说汤显祖和沈懋学等人的才名，就派了自己的叔父去笼络他们，声言只要肯同宰相合作，就许汤显祖等高中。后来沈懋学等出卖了自己，果然中了高科，但汤显祖洁身自好，不为所动，因此名落孙山。

张居正死后，到万历十一年（1583），34 岁的汤显祖才中了癸未科三甲第 221 名进士，从此开始了并不顺畅的仕途，在南京先后任太常寺博士、詹事府主簿和礼部祠祭司主事。

汤显祖是一个特立独行而不愿随波逐流的人。其时，李梦阳、李攀龙、王世贞在文坛如日中天，汤显祖却把他们的诗文拿来解剖，画出他们诗文中模拟、剽窃汉史唐诗的字句，涂涂抹抹，一一作俎上之论。汤显祖曾是罗汝芳的学生，自小跟他学道，读"非圣之书"。罗汝芳是泰州学派王艮的三传弟子，这一学派承继了王守仁哲学思想中有积极意义的部分，并加以发展，又称"左派王学"。这个学派抨击程朱理学，怀疑封建教条，反对束缚个性。汤显祖后来又对激进的思想家李贽深为仰慕，读其《焚

书》后说："如明德先生者（汝芳），时在吾心眼中矣，见以可上人（紫柏）之雄，听以李百泉（贽）之杰，寻其吐属，如获美剑。"

明万历十九年（1591），汤显祖目睹当时官僚腐败愤而上书《论辅臣科臣疏》，对权臣及神宗登基以来的政治都做了抨击。疏文一出，神宗大怒，一道圣旨就把汤显祖放逐到大陆最南端雷州半岛的徐闻县为典史。

徐闻县民风好斗，人皆轻生，汤显祖为了推广中原文明，化土著之俗，和知县熊敏一起捐俸银在徐闻县城西门塘畔创办了贵生书院，教民知书识礼，认识生命的重要性，而化其轻生之俗。将书院的12间教室，分别命名为审问、博学、慎思、明辨、笃行、格物、致知、诚意、正心、修身、齐家、治国。汤显祖在教学上对弟子一视同仁，因材施教，扶理谈修，每日津津不厌。

一年后遇赦，汤显祖内调任浙江遂昌知县。在5年任中，政绩斐然，深受遂昌百姓爱戴。他重视文教，建起了相圃书院，希望文武双修，并亲自讲学，教学生射箭。他也喜欢遂昌，把这里称为"仙县"，而称自己是"仙令"。万历二十六年（1598），49岁的汤显祖因性格耿直而招致上司非议，于是愤而弃官回归故里。家居期间，他不再与达官显贵酬酢，潜心于戏剧及诗词创作。

汤显祖有多方面的成就，而以戏曲创作为最。其戏剧作品《还魂记》《紫钗记》《南柯记》和《邯郸记》合称"临川四梦"，其中《还魂记》（即《牡丹亭》）是他的代表作。这些剧作不但为中国人民所喜爱，而且已传播到英、日、德、俄等很多国家，被视为世界戏剧艺术的珍品。

如今遂昌县城还有一座汤显祖纪念馆，详细介绍了汤显祖的生平事迹。经常采取馆际交流、馆校交流、馆企交流等形式，在馆内外举办多次展览活动，宣传汤显祖的杰出成就。

七、杨守勤

杨守勤（1559—1620），字克之，号昆阜，宁波慈溪人（如今保留着慈城古镇），是陆九渊高足杨简的同乡后辈。杨简致仕后在家乡建了谈妙书屋（后改为慈湖书院），开启一带文风，古老的县城相继建起了德润书院、石坡书院、西溪书院、石峰书院、阚峰书院等。杨守勤就是在这个充满书卷气的地方读书、成长起来。

杨守勤的父亲叫杨世思，是一位小有名气的教师，家里虽然算不上富裕，但还是千方百计供儿子读书，并为儿子取名"守勤"，希望他勤奋学习，以后能达则兼济天下，穷则独善其身。

杨守勤不负期望，在万历丁酉年（1597）的乡试中，名列五经魁之列，夺得经元。但接下来2次参加会试都发挥不好，榜上无名。他不气馁，希望出去游学一番，增长见识，"纸上得来终觉浅，绝知此事要躬行"。

万历三十年（1602）春节一过，他就离开家乡，沿着当年谢灵运的足迹，溯剡溪，过天台，游雁荡，访石门，再经丽水、松阳到遂昌。

到了遂昌县长濂村，已是暮春之时，在游过郑秉厚故居后，杨守勤就沿着石子铺就的小径，信步来到鞍山书院。杨守勤仰头看了看"鞍山书院"的牌匾，登上五级条石铺就的台阶，悄悄地走进讲堂。先生不在，一群学生在自修作文，他就和学生们聊起来。学生们倒不怕生，把自己的作业拿出来，他便拿了一支朱笔在作业本上圈画起来……

先生回来，一交谈，知道这位就是四明才子杨守勤，于是邀请他为学生们上一课。

晚上，杨守勤歇宿在书院，和先生彻夜长谈。先生希望他能在这里边教学生边复习应考。杨守勤被这小巧却幽静的书院所吸引，见长濂村文风蔚然，就欣然答应了。

很快已是一年有余，杨守勤又要回家备考了。临别时，杨守勤给学生们写了一首诗："碧水浮新沼，儿童芥作舟。有帆常不卷，无棹任漂流。去去沙为梗，行行石为留。遥知蔽日舰，须向尾闾游。"他借此诗既说出了自己的抱负，也希望学生们能学有所成，走出大山，走向更广阔的天地。

万历三十二年（1604）的早春，杨守勤水陆兼程，上京赴考。

路过扬州时，知道一位老同学已在当地当上县令，杨守勤就叫门子递

上名片，不料那同学在名片上写上"查名"两字退回。这对杨守勤是莫大的打击，人一当官怎么就变了呢？

杨守勤科考顺意，在会试、廷试中均考了第一，成为会元和状元，加上之前乡试已获得经元，可谓"连中三元"。在明代近300年的科举史上，他是继黄观、商辂后的第三人。

杨守勤看到榜上有名，抑不住兴奋之情挥毫写下了《归第夜作》一诗，最后一句是："明朝入视承明草，敢谓荣华足此生。"

家乡的父老为了分享这份荣耀，就在慈溪县衙的丽泽桥上建起了高大雄伟的"三元坊"。

消息传到扬州那位县令同学的耳里，其深为自己当初没有接待杨守勤而懊恼不已，连忙备下厚礼欲登门致歉。杨守勤客气地退回了礼物，并附上一首诗，算是回礼："萧萧行李上长安，此际谁怜范叔寒？寄语江南贤令尹，查名须向榜头看。"

所以，做人不要太势利，与其锦上添花，不如雪中送炭。

后来，杨守勤升为左谕德，成为太子朱常洛的专任教师，朱常洛成为皇帝后，对杨守勤还是以师相待。遗憾的是，新皇帝一个月后就驾崩了。而杨守勤也身患疾病，只好辞职回家。崇祯三年（1630），杨守勤在家中病逝，享年61岁。崇祯皇帝朱由检感念杨守勤是先帝的旧臣，就给他加赠了少詹事这个头衔。

杨守勤像

八、令狐亦岱

令狐亦岱，山西猗氏人，号太峰，生卒不详。乾隆二十九年（1764）由左翼宗学教习，官缙云知县。

光绪《处州府志》"职官志"中有传：

> 令狐亦岱，字子端，号太峰，山西蒲州府猗氏县人。雍正乙酉选贡，乾隆庚辰顺天举人。由教习授缙云知县。性慷爽，衣冠朴素。下车，延绅士询利病，慨科目久衰，建金莲书院以课士。刊《近思录》《检身录》分给之。邑故好讼，编劝民、戒民二歌，揭通衢以喻之。未几，士知自爱，民重犯法。又加意振饬废坠，如万寿宫、关帝庙、卫生堂及谯楼、官廨，次第兴举。感暑疾，卒于任。合城痛哭，为之罢市。祀其主于关帝庙之东偏。

令狐亦岱是一位勤政爱民且很有作为的好官。府志和县志记载，令狐亦岱于乾隆二十九年（1764）到任，而他的继任者洪玥于乾隆三十三年（1768）到任，由此可以推出令狐县令在缙云主政了4年左右。其间他创办了金莲书院，修缮了万寿宫、关帝庙等建筑，尤其是在改善民风民俗方面不遗余力、身体力行，可惜因中暑而殉职。噩耗传开，全县百姓为之痛哭，并罢市以示哀悼，之后又在关帝庙设主祭祀。一个官员能如此受民众爱戴确实是罕见的。

令狐亦岱在缙云还做了一件大事，就是主持修编乾隆版《缙云县志》，他在序中说：

> 邑之有志，所以备一邑之文献。甲申夏，余视缙纂览邑旧志漫漶不可识，每思广为采辑勒成一编，而邑中废坠待举恒多，顾莫之遂。丙戌春，绅士以修志请，不揣固陋，为定体例，委邑人士稽访而嘱沈君虚谷辑其成，阅八月告竣。遵奉廷议新例，上诸

抚宪学宪往返裁定，丁亥秋授之梓。夫邑志之修，自前令霍公后，距今八十余年矣！户口之登耗，人才之兴废，地土之改辟，规制之沿革，以及流宦事迹、闾里节孝之属，当必有历历可纪者。迄今考之，已什不得一二，若复数年则湮没无几矣。夫事贵创厥始，尤贵善厥终。同一志耳，前之人修之，后之人修之，又后之人复修之，虽垂诸万年可也。若以为是，非吾任不必为，后之人复委为不必为，又后之人亦复委为不必为，虽渐以磨灭可也。然则余之为此，不敢云为朝廷赝外史之职，而以体大宪核实之意用，俟后之莅斯土者，或不无小补云。书凡为卷八，志为十二，工既成，是为序。

乾隆甲申夏即乾隆二十九年（1764）夏天，应该是令狐亦岱到任后不久，令狐亦岱翻看康熙二十三年（1684）霍维腾重修的4卷本《缙云县志》，看到字迹已经漫漶不清，再加上时间已经过去80年，就想到新修一部县志。

2年后的丙戌年春，素材已经搜集得差不多了，令狐亦岱亲自敲定体例，并请沈鹿鸣（虚谷）任总编辑，8个月后书稿即成。同时根据当时规定送抚宪学宪审定，在扉页上印着"抚部院熊、学部院李两大人鉴定"。丁亥年即乾隆三十二年（1767）年秋天付印刊行。令狐亦岱生卒不详，网上也找不到更多的资料，他中暑而卒，很可能是在酷夏，如果是那样，那么他没能看到自己修的《缙云县志》成书就离开了人世。

正如令狐亦岱在序言中所说，方志为一县之文献集成，一代一代的人接着修编就能传之万世。反之，如果一代一代的官员都不重视这项工作，那么许多历史资料就磨灭于时间的长河中。他说自己只是做了分内的事，或许对后来者"不无小补"。

九、陆陇其

陆陇其（1630—1692），字稼书，浙江平湖人，学者称其为"当湖先生"，是清初一位颇具传奇色彩的人物。康熙六年（1667）夏天在庆元日涉园讲学3个月。

陆陇其原名龙其，这个名太大了，龙一般为帝王所用，因避讳就改名陇其。康熙五年（1666）秋，37岁的陆陇其参加乡试，中了第9名举人。次年春天陆陇其到京城参加会试，志在必得的他却榜上无名。为了排遣心中郁闷，就应庆元知县程维伊之邀到浙南闽北一带游学。

陆陇其经福建辗转来到庆元，在拜访了程维伊后就憩宿于日涉园。其时，大济村吴运光在日涉园中设帐讲学。两人一见如故，深为对方的学识而折服，诗文唱和，成了学友，陆陇其自然少不了登坛讲学，日涉书院顿时蓬荜生辉。直到九月份，陆陇其才依依不舍离开庆元北归。

康熙九年（1670），陆陇其第二次参加科考，这次顺利中了进士，历任江南嘉定知县、直隶灵寿知县、四川道监察御史等，其守贫力行比朱熹有过之而无不及，被称为清代"醇儒第一"。离任时他只带几卷图书及妻子的一架织机，被誉为"天下第一清官"。

陆陇其做人做事都太过认真，对自己的观点总是据理力争，不理解他的人都认为他是一个不懂权变的书呆子。

康熙三十年（1691），62岁的陆陇其告老还家，次年就去世了。

康熙三十三年（1694），江南学政缺员，康熙皇帝打算用陆陇其，左右侍臣奏报陆陇其已去世，于是康熙用了邵嗣尧。邵嗣尧与陆陇其都是由于为官清廉而由外官调到京城的。

雍正二年（1724），雍正帝亲临学宫，讨论增加随从祭祀的儒者，陆陇其在其中。乾隆元年（1736），追谥为"清献"。

陆陇其在长期的为官生涯中不忘收徒授课、著书立说，著作甚丰。收录于《四库全书》的就有：经部，《松阳讲义》12卷、《古文尚书考》1卷、《读礼志疑》2卷、《四书讲义困勉录》37卷、《三鱼堂四书大全》40卷、《续困勉录》6卷；史部，《战国策去毒》2卷（存目）；子部，《读朱随笔》4卷、《三鱼堂賸（音义同"剩"）言》12卷、《松阳钞存》2卷、《学术辨》1卷、《问学录》4卷；集部，《三鱼堂文集》12卷，其中《外集》6卷、《附录》1卷。

"三鱼堂"是陆陇其的书斋号。笔者以为"三鱼"是"三余"的谐音，典出"学足三余：夜者日之余，冬者岁之余，雨者晴之余"。陆陇其为官多年，家中没什么像样的家具，也没什么财产，却有藏书500余种，其有不少旧本和抄本等珍贵版本。他是一个嗜书如命的人。钱伟强老师告知了"三鱼堂"的来历。《平湖县志》载：(陇其曾祖)溥，以资授上海县丞，调丰城督运，夜过采石矶，舟漏，溥跪祷曰：舟中一钱非法，愿葬身鱼腹。祷毕漏止，天明视之，有三鱼裹水草塞漏。因以三鱼名其堂。

十、周茂源

周茂源（1613—1672），字宿来，号釜山，华亭（华亭县为松江府治所，主体在今上海市松江区）人。顺治六年（1649）己丑科刘子壮榜二甲第23名进士。顺治十四年（1657）出任处州知府。"在任，有山路险仄，募兵开凿二百余里，招集流亡，给牛种垦田1800余顷。十八年（1661），江南奏销案起，被罢官。归里家居，著述以终。"遗憾的是，这么一位有作为的好官，在处州志书上留下的记载却不多。

松江老城区岳阳街道景德路40号有一个素园琴馆，前身为钱以同老宅，而老宅的前任主人就是周茂源，因此那里也是周茂源的故宅。素园原为明代四川龙安知府、画家林有麟所建。清初，宅与园归顺治年间进士、松江几社著名人物周茂源所有。道光年间再成为钱以同宅。

松江几社为明末崇祯元年（1628）成立的文学社团。周茂源在年轻时就加入松江几社，并与陈子龙、夏允彝、施闰章等成为好友。

顺治十四年（1657）夏，刚到处州不久的周茂源，轻车简从来到处州最偏远的庆元，他说是"予御五马双旛，单骑来庆"。在庆元经友人张康明推荐而游大济村日涉园。知府周茂源对日涉园的建筑深为赞叹，连夜就写了一篇《日涉园记》。通过此文我们能窥见当时的盛景：

　　一郡一邑之名胜，园林领之；名园之胜，池台、花木、泉石领之。所以，郡邑名园，足供文人骚士之游者，所在都有。丁酉夏杪，予御五马双旛，单骑来庆。万山之中，伏热正毒。……
是园也：经官（yǎo）水边，门无喧市。唯是溪光树色相引而入。
中开"森玉堂"，堂丽而华。面方池，枕长河。架插牙签，壁挂
丝桐。读书室矗如蜂房……是日，归署中只剩梦思，夜起，呼笔
为作是记……云间周茂源宿来氏撰。

周茂源的庆元之行，让我们现在可以通过文字还原其时日涉园的盛
况。他也因此与庆元的吴王眷（号天玉）、吴运光等结下深情厚谊。3年后
在他要离开处州前，他再次来到庆元和他们道别。他们依依难舍，吴天玉
送至竹口，并在酒馆中饯别，周茂源写下《奉别吴天玉》：

> 松源陌上三年别，竹口桥西万里行。
> 自愧游筇真汗漫，何当馆毂再逢迎。
> 长堤积雨看新柳，小阁微风听早莺。
> 惆怅一樽还别袂，滩声不尽故人情。

周茂源的儿子周纶，字鹰垂，康熙初以贡生官国子监学正，受业王士
祯之门，被称为"才士不偶者"。《四库全书》收有他的《石楼臆编》5卷，
主要记载自汉唐到清代六曹政事，为子部类书类存目；《不碍云山楼稿》，
主要是他的诗文集，为集部别集类存目。

十一、徐葆清

民国《松阳县志》人物传对徐葆清有详细的记载：

徐葆清，字励庵，汉军人。同治三年（1864）任松阳知县。
是时，发匪甫退，百废待举，乃先建衙署以为听政之所，次筹仓
谷以为御荒之备，次购书院以为造士之基。自余要政，无不毕
举。其为治，简而能要，严而不苟，专务以德化民。在任六年，

讼庭花落，敲扑不闻……

同治三年（1864），徐葆清任松阳知县。面对太平军过后的满目疮痍，他着手带领乡民开始疗伤弥痕，恢复元气。他上任后的第一件事就是恢复社仓、祀庙、衙署，接着就开始与时任山长饶庆霖商议复建明善书院，为了加快进度，再次购进现成房屋，让乡人诸生有肄业之所。

徐葆清写的《迁设松阳县明善书院记》详细记录了此事经过：自乾隆十五年（1750），前令陈朝栋倡设置院宇于城东，购腴田于四乡，至今已百余年。咸丰年间戊午（1858）及辛酉（1861）两次因匪寇（太平军）经过，而书院竟成荒墟。本人出任松阳知县，在兵燹之后，下车伊始，地方凋敝情形，目击心惨，因思立教必先兴养，所幸那几年年景还不错，百姓得以休养生息。第一年复设了社仓，次年复修了孔庙，三年重建了县衙署。关于书院，和山长饶庆霖商量，捐资购置天妃宫之东叶姓民屋，用了三百二十六千文，加以修理，花了一百六十千文多。

徐葆清重视文教可谓不遗余力。他下乡调研随身都带上《孝经》《文昌阴骘文》等书籍以及各种文具用品，抽空就教村人童子读书，对表现好的当场发奖品，很快，松阳县就形成了好学重教的风气。他为官清廉，据说后来他基本的温饱都成了问题。都说"三年清知府，十万雪花银"，这样清廉的官员真是少有。任何没落的时代，哪怕贪腐成风，也总有一些牢记圣人训的人，这些人"达则兼济天下，穷则独善其身"，成为黑夜里微弱的烛光，照亮人们前行。

十二、萧文昭

萧文昭（1862—?），字叔蘅，号同甫，湖南善化县（今属长沙）人。光绪二十年（1894）进士。授刑部代递主事。思想开明，支持改革，深受维新改良思想影响，与康有为等人交往甚密，并于光绪二十三年（1897）加入康有为发起的保国会，曾多次上书建言希望实行新政。光绪三十四年（1908），杭州文汇书局曾印过一本萧文昭撰的《治枭善后刍议内外篇》。

"百日维新"失败后，革新派的人物被边缘化，萧文昭遂被外派至地方为官。

光绪三十二年（1906）四月初四，萧文昭先被派往杭州任候补知府，不久被委任为衢州知府，同年八月十三日，赴丽水接任处州知府。宣统二年（1910）再度出任处州知府。

萧文昭是一个传统的士大夫，不管国家怎么变化，一心为民的情怀没有变化。他先是带头捐俸维修通济堰，解决民众生计问题。他巡视处州中学，见校舍简陋，就捐出250块银圆扩建校舍。还变卖田产得1485两"湘平银"，用于办学和充实图书馆。他还创办了处州种植学堂，也就是今丽水职业技术学院的前身。

光绪三十三年（1907）初，萧文昭与地方士绅商议，以货厘串捐作为办学经费，创办初级师范学校，并得到了省府的批准。地方士绅谭献、严品端分别在丽水、景宁创办劝学分所，颇有成效。

光绪三十三年（1907）下半年，萧文昭离开处州，转赴任绍兴知府，由常觐宸（直隶人）接任处州知府。

宣统二年（1910）八月，时任处州知府常觐宸因旧疾复发，上书要求委派他人接任。此时，萧文昭已离任绍兴知府，在候补待任。当年九月，萧文昭再次被委任为处州知府。

宣统三年（1911）七月，萧文昭兼任丽水县知县。同年十月，武昌起义成功，随即浙江宣布独立。十月初五，吕逢樵带领光复军300多人进驻丽水城，光复了处州。驻守丽水的巡防营帮统李茂青在地方乡绅的劝说下交出武器，处州府同知范传衣不知所踪，只有知府萧文昭孤零零地留守府衙，光复军进来时，他冷静地交出了印信文牍。

萧文昭悄悄地离开了他先后任职两年多的处州，回到故乡湖南长沙。在家乡已没了田产，失去了职位，今后将如何度日，不得而知。

2020年，是丽水职业技术学院建院110周年。8000多名师生饮水思源，通过互联网发起了寻找萧文昭后人的活动。互联网果然强大，据说萧文昭的后人闻讯来到丽水，并带来了萧文昭墓的照片，100多年后处州与远在湖南的萧氏后代再续前缘……

第二节　处州书院的山长与教授

一、龚原

龚原（约1043—1110），字深之，一作深父，号武陵，人称"括苍先生"，处州遂昌马头庄（今云峰镇）人。从小生长在京师，宋嘉祐七年（1062），龚原回到遂昌，在应村妙靖院（寺庙）设馆讲学。次年中嘉祐进士。元丰年间（1078—1085）任国子直讲，被虞蕃诬控失官。哲宗即位后官复国子监丞，迁太常博士。绍圣（1094—1098）初，召拜国子司业，旋兼侍讲，迁秘书少监、起居舍人，擢工部侍郎。御史中丞安惇论其直讲时事，委以集贤殿修撰，知润州（今江苏镇江）。徽宗时任秘书监、给事中。因对哲宗丧服事持异议遭贬，出知南康军，改寿州。3年后复任修撰、知扬州，历兵、工二部侍郎，授宝文阁待制，知庐州（今安徽合肥）。后又因谏官陈瓘抨击蔡京事牵累，落职和州（今安徽和县）。后起任亳州，卒于任，终年67岁。

龚原少时师从王安石。王安石实行变法时，他积极参与，并将王安石父子所撰的《字说》《洪范传》等刊印传送，宣传变法维新。著作颇多，有《易讲义》《读解易义》《周易图》《春秋解》《论语解》《孟子解》《文集》《颍川唱和集》等。

《四库全书》总目附录，《周易新讲义》提要云：

> 宋龚原撰。原，字深甫，遂昌人。少与陆佃同师王安石。进士高第。元丰中，为国子直讲，官至宝文阁待制。事迹详《宋史·本传》。宋《艺文志》称，原著《易传》十卷，《续解易义》十七卷。朱彝尊《经义考》则云未见。《东都事略》称，原著有《易传春秋解》《论语孟子解》各十卷，并载有邹浩一序。按所云

《易传》，疑即是书。晁氏《读书志》云，宋王安石三经义，当时俱颁学宫，独《易解》以为少作未善，不专以取士，故绍圣后又有龚原、耿南仲注《易》并行场屋。考之宋杨时之说曰："龚原本王学一派，其人其书似无足取。"惟宋时古笺传世绝少，而此书完善犹存。李衡《义海撮要》、李简《学易记》、赵汝梅《筮宗》多取其说，且耿南仲书已收，四库兹编续出，亦未可偏废矣。

原来是因为耿南仲已有《周易新讲义》收录于《四库全书》，所以不重复收录。

黄宗羲《宋元学案·荆公新学略》中，将龚原列为王安石众多弟子中第一位。

龚原的儿子龚澈，曾任江宁府通判；孙子龚相，曾任华亭知县；曾孙龚颐正（1140—1201），本名敦颐，字养正，号芥隐，著有《芥隐笔记》，收录于《四库全书》。

二、胡份

胡份（bīn），字子文，本是缙云遇明里（现新碧）人，元丰八年（1085）进士，绍圣元年（1094）春，才55岁的胡份向皇帝打了辞职报告，要求退休回乡，然后来到上宕办起了"尚友堂万松书舍"，这是处州最早像书院的民间教育机构。

光绪《缙云县志》载：

> 尚友堂万松书舍：北宋绍圣年间，邑人胡份任国子监司业，告老还乡，在古方山旁建屋百余间，设馆讲学，名曰"尚友堂万松书舍"，图书充盈，早晚授课。

成化《处州府志》缙云卷有胡份传：

胡份,字子文,元丰八年(1085)进士。文章节气,为学者宗,官至国子司业,后守鄱阳。有诗行于江西,浮溪汪藻为之序。

同在绍圣元年的秋天,胡份的同年秦观也因党争而外放,起初任杭州通判,再道贬处州任监酒税。秦观到处州后一家人暂住寺庙安身,想到曾在国子监任职的胡份,于是写信向他求援,在胡份的帮助下,秦观终于租到了房子。

明代陶宗仪《说郛》中宋佚名《真率记事》内有少游与胡子文帖:

然括苍士大夫渊薮,其父兄必多贤闻。仆无居,宜有辄居,以见赁债者,幸前期闻之。不然,使迁客有暴露之忧,亦郡豪杰之深耻也。

上宕自然村的胡氏宗祠

"上宕"原来叫"上堂",应该是"尚友堂"的简称,在坐北朝南的山坡上,面朝古方山,就像一把椅子,风水很好,并且还有古方塘一池清泉。而且,胡份的祖上是著名的武将,在这里建书院可以文武双修。

明朝永乐年间的《五云胡氏宗谱》载:缙云胡氏始迁祖胡森(958—1030),为宋朝时东南第一正将,因路过缙云而迁居遇明里;第三代胡渊为武节大夫，镇守河南，被皇帝敕封为"护国功臣"；第五代胡份在上堂办"尚友堂万松书舍"；第十一代胡孟善（1177—1253）因"淹贯经史，弱冠游庠，连不得志"，就在万松书舍的旧址隐居，成为上宕胡姓的始迁祖。

胡份既是教育家、藏书家，也是一个书法家，现留的字迹有《詹交墓志铭》《黄龙山摩崖题记》和松阳西屏山的"凌霄台"摩崖石刻。

《三希堂法帖》中的《钦止帖》，作者一直被人误为王份，其实是胡份。"钦止"就是龙泉鲍由，原名叫鲍慎由，字钦止，元祐六年（1091）辛未科进士。去世后他的儿子编了20卷的《鲍吏部集》，由汪藻作序。

由汪藻作序的《胡份诗集》已失传，《全宋诗》里收有胡份的2首诗作。《缙云文征》有他写缙云仙都风景的山水诗："鸟道盘空上，松根抱石生。羽人分两舍，鸡犬自闻声。"

这简直就是对古方山风景的描摹，其实也是其内心的自白。

三、郑汝谐

郑汝谐（1126—1205），字舜举，号东谷居士，处州青田县城东人。如今在县城城东一村花园降30弄旁，还留有"先圣坛"的石刻，这就是郑汝谐的故居。当时，他就是以自己的府宅开办了介石书院。清光绪《处州府志》"古迹志"载："郑汝谐故居，在县东百步花园冈。最高处为'宓戏台'，西为'中天岩'。下数十步稍西曰'先圣坛'，东为'先师坛'，稍下为'介石泉'。摩崖五处，纵横篆文。"而现在仅留"先圣坛"一处了。

郑汝谐中进士后，先后担任两浙转运判官，后升任江西转运副使，再升为大理寺少卿，官至正六品。在担任大理寺少卿时，恰遇陈亮含冤入狱。郑汝谐调查后发现此案属宿冤案，终于使陈亮逃过一大劫。

郑汝谐出任信州（今江西上饶）太守时，与时著名诗人辛弃疾结成莫逆之交，两人经常在一起喝酒唱和，相互赠诗。郑汝谐在信州任上只待了一年多时间，次年底就被皇上召回。辛弃疾写词《满江红·送信守郑舜举郎中赴召》相送。

郑汝谐在京任职期间，曾和儿子如冈一起出使金国，圆满地完成了使命，回来后升任徽猷阁待制，官阶为从四品。

郑汝谐长期在外地为官，在忙于政务的同时，不忘读书著述，著有《论语意原》、《东谷易翼传》2卷、诗文《东谷集》10卷等。

郑汝谐告老还乡后，热心家乡的公益事业。他用自己的老宅创办了介石书院，为青田第一所民间书院。

当时，青田县城经济落后，房子都是茅草房，容易发生火灾。有时一年就有几起，每起火灾一烧一大片，使无数百姓无家可归。他就发起茅草房改瓦房工程。先是于乾道四年（1168）担任两浙转运判官时，请求时任处州知府范成大支持，由于范成大很快离任，未能完成工程。直到郑汝谐晚年回乡，再通过处州太守赵善坚支持，工程从庆元二年（1196）六月开始，至次年九月全部竣工。《青田县志》载："蕞尔井邑，崭然一新，甍宇相属，栉比鳞合。沿流上下，明洁可观。东西行者叹：'昔未有此役也。'"

郑汝谐还带头捐资倡议改造永济桥，在城东龙津门外创建义亭，为当地百姓做了许许多多实事。死后被尊为"乡贤"，敕葬青田海口山，追封开国伯。

四、王毅

王毅（1303—1354），字刚叔，生于龙泉西乡盖竹村一个普通农家。从小沉迷于读书，据说6岁时就能过目成诵。一次在水碓舂米，因看书入迷，米被舂为粉末而不知。他怕父亲骂就不敢回家，好心的叔父同情这个好学的孩子，就把好米换给他，并对他父亲说：他这么喜欢读书，不是块种田的料，不如开个私塾让他带孩子们读书。王毅父亲觉得这是件好事，一个小小的学馆就在家中开了起来。

王毅读完了家里的藏书，越发觉得自己知识浅薄。一日读到周敦颐的《太极图说》，感叹说："此非圣贤阶梯耶！人心与上堪下舆同大，局于一艺，可乎？"于是到处州府，找时任录事的郑原善请教，郑原善对这位年轻人刮目相看。接着王毅又到金华，拜许谦为师。许谦（1270—1337），字益之，人称"白云先生"，曾受业于金履祥，后专事讲学，投入他门下的学生前后千余人。当时与许衡齐名，并称"南北二许"。那时读书人如果没听过许谦的课是会不好意思的。王毅受到了许谦的点拨，得"理一分殊"的要旨。

之后，王毅又到北方游学，到当时的大都（现北京），两次到孔孟之乡齐鲁大地拜谒圣人，拜访黄溍、揭傒斯、欧阳玄、危素等大儒高士。慕于王毅之才德，有大臣欲荐他入经筵，他坚决推辞。学识既深、游历既广之后，他回到家乡龙泉，正式办起了自己的书院，名叫"木讷斋"，取"君子欲讷于言而敏于行"之意。虽然没有冠以书院之名，却有书院之实。

王毅教育有方，门人中有胡深、章溢、徐操、季汶、叶子奇等一批高足。

王毅所教，皆是实用之学。他曾说：

> 古人之所谓文者，治具也。六籍之所载此而已，非若后世侈靡之文也。侈靡之文吾不欲观焉。吾所谓文，达吾胸中之所欲言耳，初不知有他。

他学问渊博，却不愿意著书立说，文章不留底稿。他常对人说：

> 人患德不立尔，不患言之不立也。古之立言者几千万人，传世能几何哉？

兵荒马乱，他不得不走出书斋，投入平定匪寇的斗争中。扼险要守护民众，善克敌屡建奇功，却死于地方官台宝忽丁的暗算，最后竟杀身以成仁，用行动诠释了"刚毅木讷，近仁"。

王毅牺牲后，弟子集其文章辑为《木讷斋文集》，宋濂作传、作序，对王毅给予了很高的评价。

刘基写了《义忠祠祭文》，萧申之（石抹宜孙）、胡深、章溢、叶琛等47名弟子一起写了一篇情真意切的《从学祭文》。文中说：

天之所以为人者，惟道而已。人之所以得乎天者，惟心耳。惟吾先生，学贯天人，道备一己，诚后学之仰止也。

五、萧子登

萧子登，处州松阳五木人。元至元二十一年（1284），倡议复兴明善书院，同时开始招徒讲学，并亲自担任山长。他边讲学边建设，建造了礼殿及大门。

后考中大德庚子科（1300）举人（《处州府志》误为至正庚子科），官至承务郎，为朝廷内六品文官。

泰定元年（1324），萧子登回到松阳，负责县里的教事，要求上级重视书院建设。次年，延请郑继来为山长，书院得以完善。萧子登为明善书院的建设奔走呼号前后长达50年，可谓呕心沥血，不遗余力。

萧子登为什么对书院建设情有独钟？他在《明善书院志》中阐明了心迹：

以学相赀，丽泽之益，而使吾心之全体常明，大用不昧，脱然无物欲之累也。

特是为记，所以昭示当时，垂裕后世，俾若子若孙，因吾言而明其善，因吾志以复其初，则吾欲明善之心，垂于永而不替也。遂书以为志。

六、吴国玫

吴国玫（1701—1781），又名得生，字文石，号逸山，邑廪生，松阳玉岩高安村人，是乾隆庚午年（1750）恩贡候选教谕。清代乾隆年间，吴国玫掌教明善书院10余年，不仅水平高而且非常敬业。人们评价他"性廉介，贫而能守""笃志好学，年虽老，手不释卷"。

高安村是距县城40多千米、海拔800多米的小山村，通往外界全靠陡峭的山路，古时路上几乎要花一整天时间。一次他收到老家周安带来的口信，说哥哥得了重病，他赶紧回家探望，但因书院事务繁杂放心不下，哥哥就催他快回书院，不料竟是永别。吴国玫内心愧疚而悲伤，写了2首感人至深的诗作《松川书院闻哥病重》和《哭兄瑞》，收录于《周安吴氏宗谱》。

周安村

七、饶庆霖

饶庆霖（1797—1876），字若汀，原名秀斌，生于松阳东乡净居包（现为靖居包），后居于城北。他天生聪颖，孝友尊长。7岁到县城住四伯父家，然后师从潘岳夫子学四书五经，16岁至23岁师从叶馨庭夫子。19岁考入邑庠，23岁入廪。25岁就"设帐城北徐花园，从游日盛，春风化雨，培植多才"。30多岁就成为城北叶豹岩及县令汤竹筠等名流的西席——他们的私教与座上宾。

道光十四年（1834），38岁的饶庆霖考中举人，后来却"六试春官，屡荐不第"，但他并不因此变得消沉，写了一首诗《答乡试屡荐不中者》：

科第根阴骘，行为检点加。埋蛇名相出，救蚁状元夸。

漫说梨无主，当思杏有花。但期心术正，计日享荣华。

道光十七年（1837），41岁的饶庆霖担任明善书院山长。饶庆霖与青田文士，曾担任过青田正谊书院、处州莲城书院山长的端木国瑚是忘年交，咸丰十一年（1861）三月，65岁的端木国瑚告老还乡，八月赴松阳、遂昌游玩会友。八月二十五日，游松阳云岩山，留下了"青田端木国瑚、遂昌吴世涵偕饶庆霖、叶维藩来游。道光丁酉仲秋廿五日题"的摩崖石刻。

饶庆霖一直到80岁那年正月初六去世，前后执掌明善书院长达30多年。尤其是在迁建第三明善书院过程中，"殚精竭虑，日无暇晷"。

《饶庆霖自撰年谱》云：

（同治）七年（1868）七十二岁，戊辰劝捐，迁设城北明善书院。

八年（1869）七十三岁，修理明善书院。

九年（1870）七十四岁，修理书院。

十年（1871）七十五岁，掌教明善书院。公议修造学署，分发捐单。

十一年（1872）七十六岁，掌教书院，二月建造书院楼房，三月汇订《纪事吟草》。

十二年（1873）七十七岁，掌教明善书院，五六月集《五经要旨》五本，汇订以六月二十四日成帙，名《消夏录》。五月汇订《分韵式贴》二百余首。闰六月初旬录"程贞女事实"，为之汇报。又录《五经经义》附经旨，分易、书、诗为一本，《礼春秋》为一本。

十三年（1874）七十八岁，掌教明善书院，八月至十一月在局，商修县志。

光绪元年（1875）七十九岁，掌教书院，批改来文颇多。春夏捡《试帖旧稿》，令丰清出。

古稀之后，饶庆霖在与时间赛跑，既苦心经营书院，又不废整理学术著作，为后人留下了丰厚的精神遗产。

八、周仁荣

周仁荣（生卒年不详），字本心，台州临海人，因荐任美化书院山长。美化在处州万山中，人不知学，仁荣举行乡饮酒礼，士俗为之一变。泰定初，召拜国子博士，迁翰林修撰，升集贤院待制。奉旨代祀岳渎，至会稽，因疾作，不复还朝，卒年61岁。《元史》有传。

周仁荣的父亲周敬孙，为宋太学生，因不满朝政腐败，归乡隐居读书，从此远离仕途。金华王柏以朱熹之学主上蔡书院，敬孙师事之，受性理之旨。仁荣承其家学，又师杨珏、陈天瑞。治《易》《礼》《春秋》，而工为文章。

周仁荣作为地方优秀人才被推荐，元朝廷任命他为美化书院山长。美化书院在处州缙云的万山丛中，地方偏僻，生活困难，很少有人读书。周仁荣就和当地读书人一起，推广乡饮酒礼，逐步提倡文明礼仪，以此熏陶和改变当地的习俗。

后来，朝廷任命周仁荣为江浙行省掾史，因为他的文章大名鼎鼎，官员们也不把他当下属看待，上下都敬称他为先生。元泰定元年（1324），朝廷任命周仁荣为国子监博士，后又升为翰林院修撰、集贤院待制，常常奉皇帝之命，起草祭祀皇天后土、山岳河神的祭文。在奉命到绍兴公差的时候，因为生病，无法回首都。去世时，享年61岁。其所教弟子多为名人，如泰不华曾中进士第一。

九、端木国瑚

端木国瑚（1773—1837），字子彝、鹤田、井伯，晚号太鹤山人，处州青田县城人。祖父是个精通易学的庠生，见孩子右胛有一颗红痣，左掌有大方井纹，高兴地说："这个孙子有异相，我的易学有传人了。"于是给这孩子取字叫鹤田，来自《易经》中孚九二"鸣鹤在阴"和乾卦九二"见龙在田"。而他的大名则叫端木国瑚，意为国之瑚琏，因为先祖正是孔子的学生端木赐、子贡先生。端木国瑚7岁开始学《易经》。

嘉庆元年（1796），浙江学政阮元见端木国瑚的《画虎赋》，大加赞赏，邀赴杭州，就读于敷文书院。所作《定香亭赋》，清思古藻，似齐梁人手笔，一时艺林相与传诵，阮元赞不绝口，以诗相赠："谁是齐梁作赋才，定香亭上碧莲开。括苍酒监秦淮海，招得青田白鹤来。"由此，端木国瑚被誉为"青田一鹤"。

嘉庆三年（1798），26岁的端木中本省乡试第15名举人。27岁时会试铩羽而归，然后开始执教青田正谊书院。嘉庆八年（1803），31岁的端木国瑚掌教处州莲城书院。他虽未中进士，但名气已经不小。在任莲城书院山长期间，处州十县慕名而来的学生甚多。嘉庆十三年（1808），赴京会试不第，授为知县，呈请改任教职。道光十年（1830），宣宗皇帝改

青田太鹤山混元峰试剑石

卜寿陵，选定陵址后，国瑚任为县令，又奏请任教官。道光十三年（1833），考取进士，仍以知县任用，再呈请注销，改任内阁中书，凡先后三辞县令。自嘉庆十五年（1810）开始在湖州归安（今吴兴）县任教谕长达14年。

道光十七年（1837）春，端木国瑚的《周易指》脱稿付梓。那年有朝鲜使臣入贡，久仰端木大名，请求讲《易经》，听了后非常佩服，认为大有收获。65岁的端木国瑚已经功成名就，三月份获准告老还乡，五月回，经青田后到瑞安。八月，应同榜进士、同是敷文书院同学的吴世涵邀请，到处州松阳、遂昌游玩。在松阳期间明善书院山长饶庆霖和进士叶维藩陪同游云岩山，并留下石刻。在遂昌游了含晖洞又题了字，不料九月二十二日突然发病客死遂昌。

十、韩锡胙

韩锡胙，字介屏、介圭，号湘岩子，别署少微山人、妙有山人。康熙五十五年（1716），出生于青田县城太鹤山麓清溪庙右山下的官宦世家。他自幼勤奋好学，通晓经史、天文、乐律、算学、道书等，19岁在芝溪多福山寺读书，第二年就到杭州西湖就读。24岁回乡就被聘任为正谊书院山长。乾隆六年（1741）中拔贡，乾隆十二年（1747）中顺天科举人，先后出任平阳、禹城、齐河、溧阳等地知县。后任德州书院山长、江苏金匮（今无锡）县令、安庆知府、功州（今贵州开阳县西北）知府等，61岁因病去世。

韩锡胙被称为刘基之后的"青田第二异人"，除了为官公正清廉受到朝野的褒奖外，学术上也独树一帜。在46岁任江南乡试考官时，发现了戴震等人才。

韩锡胙出身贫寒，深知民间疾苦。所以，他到禹城赴任之后，首先注重农业生产，关心人民生活。他看到县城一带，尤其是城东，低洼易涝、谷物歉收，百姓衣食无着，便亲自带领百姓兴修水利、疏通河道。自乾隆庚午（1750）到乾隆癸酉（1753），在禹城县境内共疏通6条河渠，并亲

自为这6条河撰写了纪念碑文。

韩锡胙非常注重文教建设，在十里望建立具丘书院。书院整日上课，文风日上，生机勃勃。不久，韩锡胙家中传来噩耗，母亲亡故。随即卸任服孝。但韩锡胙因离家太远，为官清正、贫不能归，就客居在城东祝庄李姓家，为母亲服孝。待服孝期满，又需赴京另谋官职。因家境贫困，连赴京的路费也没有，便向本县乡绅借贷。可能是韩锡胙任县令时，只顾关心百姓，不善结交权贵之故吧，那些有钱的乡绅看他这副穷样子，都不肯借钱给他。这时，监生张柏公出于义愤，毅然卖掉50亩地，将卖得的200两银子全部给韩锡胙当作路费。

韩锡胙写有一首诗《陶祠》，借陶渊明自喻：

> 层叠山难画，渊明却赋归。
> 兴因新秫酒，家有旧柴扉。
> 祠瓦藤穿漏，碑书斧砺稀。
> 滔滔江水阔，谁觉折腰非。

韩锡胙有一本传世著作叫《滑疑集》，取自《庄子·齐物论》中"滑疑之耀，圣人之所图也"之意，里面有许多道听途说、貌似荒诞却富含哲理的故事，收录在刘耀东的《括苍丛书》第一集里。他在绘画上也有很高的造诣，市场上时有作品流传。

十一、徐望璋

徐望璋（1776—1858），字达珍，丽水峰源人。如今峰源乡的西坑村，在喷泉直泻的村口，还能见到建于乾隆七年（1742）的徐氏宗祠，这里就是徐望璋的家乡。徐望璋出身贫苦，却聪敏好学，曾担任莲城书院山长10余年，大有作为。

虽西坑处山区偏僻之处，但徐氏一族秉承"忠厚传家远，诗书继世长"的精神倡导族人读书。每逢徐氏宗祠祭祖之后，村中有文化的人，如秀才、贡生、西池二等学堂的毕业生都能分到一份祭过祖的肉，宴请时可以坐上座。西坑先祖还留下"学堂田"，徐姓子孙读书的所有费用，都由"学堂田"提供。

徐望璋就是这个村的佼佼者。他年轻时在碧湖汤家设馆授课，边教生徒边自修学业。嘉庆六年（1801），他26岁时举拔贡。嘉庆二十一年（1816）丙子科乡试中举人，这是丽水60年来乡试最好的成绩。后来在京城会试时，因病未进考场。回乡后，他不戚戚于贫贱，不汲汲于富贵，以教书育人为乐。每逢春秋年节，就到西坑宗祠大仓学馆给村人学子讲学。在主持莲城书院期间，捐资在城东南置田81亩，作为书院膏火田，另无额有租田36石，作为宾兴田。以身示范，其门下的生徒均有其风范。后被授武义县教谕，直到70岁告老还乡，享年82岁，著有《芸亭书抄》。

1840年，道光庚子年正月二十六日，65岁的徐望璋和时任处州训导的李遇孙等同游南明山，诗兴大发。至今南明山仁寿寺山门边的墙壁上，还留有他们酬唱的石刻诗碑。徐望璋诗曰：

> 自嗟骨相太寒酸，白首犹难博一官。
> 于世何须夸舌在，寻幽只要看心安。
> 宿缘漫证三生约，游迹还余半日欢。
> 妙解可能酬马祖，石头路滑踏千盘。

徐望璋自嘲头发都白了还没混到一官半职，却能安贫乐道、怡然自得。

十二、谭献

谭献（1847—1912），字文卿，丽水城关人。曾任莲城书院山长，后为处州中学第一任校长。

从大众街的酱园弄向东走，没几步就可看到一幢青砖高檐的老宅，这就是著名的谭宅，门额正中高悬着阳刻楷书"德星映瑞"4个大字，院落高深、气势恢宏的谭宅已经历了180年的风雨。谭宅占地面积约1648平方

米，总建筑面积3092平方米，通面宽30米，通进深55米。上下2层楼，7开间，门厅、正厅、后寝、下房4进，天井轩廊连接，是一座布局合理、构造考究、工艺精美的砖木结构合院式民居。

谭氏一家，原籍江西南丰。清朝乾隆年间，第一代谭氏太祖来丽水贩卖夏布，拓开市场后便定居丽水。第二代、第三代仍以经商为业。当时的高井弄长约30米，谭家在巷里开了2家当铺：上当店和下当店。因此高井弄又叫当店弄。

谭家以"仁"为家训，富泽一方，从第五代谭献开始由经商转为教育。以商入儒，谭家自此成了书香传世的名门望族。

光绪年间，谭献先讲学于圭山书院，教授生徒10余年，后任教于莲城书院。光绪二十八年（1902），莲城书院改为崇正学堂。光绪三十一年（1905），处州知府萧文昭将崇正学堂改为府立处州中学堂，经费由府库支付，聘任谭献为中学堂总理（即校长），他便是"百年老校"丽水中学的第一任校长。光绪三十三年（1907），中学堂总理改称监督，聘任制改为公推制，处州十县劝学所公推谭献长子谭云黼为处州中学堂监督，他便是"百年老校"丽水中学的第二任校长，至宣统元年（1909）因病辞职。

丽水城最早的小学圄山小学也是谭献创办的。光绪三十一年（1905），谭献任处州中学堂总理前，提请拨出圭山书院田租和颜氏宾兴田租，在圭山书院创办崇实初等高等小学堂，自任校长，崇实两等小学堂就是圄山小学的前身。

宣统元年（1909），谭献与毛管封、刘廷煊等又创办了处州第一女子学堂，就设在谭宅楼上，这是处州最早的女校。

十三、严用光

严用光（1826—1909），字国华，号月舫，笔名炳璋，大漈乡小佐村人。严用光出身于一个以"读书为主、兼务农耕"的乡绅家庭。父亲严克己，虽然没有像祖父严延望那样桅杆顶天，但酷爱诗文，藏书百卷，教子有方。严家的祖先应追溯到汉代名士严子陵。当地现存的清末版《严氏家谱》里记载：北宋名臣范仲淹出任睦州知府时，因崇尚严子陵的高风亮节，建造了子陵钓台和子陵亭，并写下了《严先生祠堂记》，从此，严子陵闻名遐迩。到了第八代严家子孙，为避战乱，纷纷南移，其中一支逃到今大际乡小佐这个莽源的山沟里安顿下来，休养生息。

严用光 7 岁入塾，开始从四书五经中吮吸营养。17 岁那年正好是大考之年，匆匆赶到 80 多里远的县城应试，可是，县试已经在他赶到的前一天结束了。18 岁那年，父亲重病卧床不起，又遇"割地赔银"的时代，家境每况愈下，以至于每日为三餐发愁。22 岁那年又逢大考，过了春节，他索性携带衣物书卷，在书童的陪伴下来到县城，从容应试，秋季开考获全县第一。接着又参加处州府试，又荣膺第一。次年即道光二十八年（1848）赴杭州参加省试，竟得全省桂冠，以拔贡入"候选教谕"。后两次入京会考，虽"文风犀利""力陈要务"，却未能入考官的法眼，结果未能及第，于是愤然拒绝京城友人的举荐，浪迹天涯 20 多年，寄情于山水，写下大量的诗篇。50 岁受景宁县衙邀请，回归故里，主持鸦峰书院（景宁当时的县学），过起教书育人的生活。其间，总纂《景宁县志》，并着手编辑整理出自己的诗集《述古斋古今体诗》8 卷、《诒谷堂诗稿》2 卷。1909 年 3 月病逝于小佐，享年 73 岁。严用光生育二子，长子严思正，同治八年贡生，次子严思异也学有所成。

十四、连正钊

连正钊（1862—1918），字灼然，龙泉安仁大舍村人。连正钊出身于书香门第。父亲连桢，邑庠生，在乡设馆教学，龙泉、景宁两县投入其门下的学子甚多。

北宋元丰年间（1078—1085），有连姓人家从福建迁徙到安仁的大舍村，定居繁衍至今将近千年。连氏恪守耕读传家祖训，经过数代人的努力，终于成了"钟鸣鼎食之家，诗书簪缨之族"。其中南宋开禧元年（1205）进士连元，就是连氏世代引以为豪的楷模。

连元任衢州知府时，正逢衢州灾荒。连元奏请开常平仓赈民，教民掘蕨根制山粉代粮，终于渡过难关。朝廷闻知，赐紫金鱼袋。离任后，衢州民众立生祠以纪念。去世后，追封宁邦侯。现在大舍村还有"元公祠"。

明正德十五年（1520），知县叶竦令安仁村刘、项两姓创建仁山书院，因叶知县调离未果。4年后，嘉靖三年（1524），知县朱世忠带头捐俸，由项尚达、刘尚诚等两族富户出资及捐田20亩始成，书院建成时处州知府张元电题了书院匾额。当时的仁山书院很是气派，内有八景，分别是：奎阁凌云、讲堂化雨、古樟翻风、老梅欺雪、石桥鸣鸟、曲沼观鱼、一勾春水、半堵秋山。书院于明末清初毁于战火。清乾隆二十五年（1760）知县苏遇龙重建。直到光绪三十二年（1906），书院与仁山义塾合并为仁山初等小学堂（现在安仁镇小学的前身）。如今，书院只留一座门楼。这也许是龙泉古代书院仅存的实物建筑。

清代，仁山书院与龙泉县城的金鳌书院是龙泉县两所著名的书院，光绪年间由大舍村连正钊兼任两所书院山长。

连正钊15岁入县学，岁科屡试皆一等，为廪庠生。光绪二十年（1894）赴省试中举，该年处州十县赴试者仅他一人得中，知府荐其为知县，他坚辞不就，宁愿回乡教书育人，远近慕名求学者日众。某年童子试，全县录取20名，他的学生就占了8名。他教学生重在如何修身做人，而不在升官发财。晚年在养真小学任教，创办作人完全小学。

大舍村的连氏宗祠

十五、赵保滋

赵保滋（1845—1914），字月樵，谱名幅度，号荷生，笔名月樵，缙云壶镇大路街人。同治九年（1870），赵保滋中举，打破了200年缙云科坛的沉寂。他曾任仙都独峰书院山长，现存"独峰书院"门额，就是他手书的杰作。

赵保滋出身书香之家，父亲赵国楷，字以简，号约甫，是清代贡生，性格洒脱，生平不善置产，而能文善诗，家里悬有"贡元"匾额，以昭明后代子孙勤学为人之楷范。

赵保滋自幼好学，生性勤读，钻研四书五经、孔孟学说、诸子典籍，博核经典，口不辍读。20岁考取秀才，26岁时，即清同治庚午年（1870）参加省城考试及格，敕授"庚午科人"。次年进京会试，未得如愿，进士落榜。43岁（丁亥年）考取国史录誊录，在职3年，因抄写《文武臣工奏议》一书有功，特授绍兴府余姚县议叙知县，即用教谕，掌理儒学正堂。

任满归里，受聘县城五云小学、仙都独峰书院任教，县城名绅、前县参议会长樊仲明先生昆仲，以及在台乡长周化南、叶子植两位先生都是其门生。

赵保滋生性谦恭益友，处事公正，更不善阿附，自树文人风范为其一。虽然终生不得志，穷其一生，两袖清风，是为仕途落泊人。惟其文风炽盛，称得上翰林之士，当为人处世立业之楷范。

第三节　处州书院的优秀学子

一、潜说友

潜说友（1216—1288），字君高，号赤壁子，缙云塘头（今舒洪姓王村）人，祖籍为美化下潜。名字中的"说"，音和义都同"悦"。潜说友为宋淳祐元年（1241）辛丑科进士，历知南康军、浙东安抚使、两浙转运使。咸淳六年（1270），任中奉大夫、代理户部尚书，兼任临安知府。

潜说友非常有才干，能秉公断案、主持公道，能维持市场秩序、保持物价平稳，重视疏浚西湖，修葺名胜，整修道路，为百姓做了许多好事，主持修编了《咸淳临安志》。如果不是生在乱世，也许能成为一名治国名臣。遗憾的是，遇上亡国之恨。潜说友死于非命还被后人诟病，成了一个悲剧性的人物。

光绪《缙云县志》"宦绩"中潜说友传，几乎照录了《括苍汇纪》：

> 潜说友，字君高。淳祐甲辰进士，历官知南康军、浙东安抚使、两浙转运使，知临安府，才器宏大，善治繁剧。时建都临安，凡宫壸财用、庙堂意向、民讼之曲直、物价之低昂，皆圉于审度之内，先任是官者多以旷职去，说友处之裕如，以户部侍郎权尚书，至端明殿学士，封缙云郡开国男，出知平江府。

后来的事就省略不说了。后人指责潜说友主要有三点：一是趋附贾似道以进，跋扈专横；二是元军将至，弃城逃遁；三是宋亡降元，受宣抚使之命。这些都有正史记载。在元至元二十五年（1288），因筹措军粮不力，为元将李雄剖腹所杀。三房妻室及儿女亲戚共计18口，全被灭门，惨不忍睹。

潜说友还为家乡做了一件好事，就是修复了独峰书院。淳祐元年（1241）正月，理宗皇帝"上视学，手诏以周、张、二程及熹从祀孔子庙"，也在这一年，潜说友考上了进士。他是朱熹的四传弟子，也许是出于感恩先师之教化，也许是为了呼应皇恩之浩荡，就在鼎湖峰对面的伏虎岩下扩建了礼殿，使之修葺一新，定名为"独峰书院"。咸淳七年（1271），潜说友再次出钱修葺了独峰书院。

关于《咸淳临安志》，新编的《浙江通史》有个客观的评价：

> 它是"临安三志"中现存最全的一部。也是宋人方志中内容最详的一部，在宋代所修的方志之中，能够传至今日者，无论体例之完，史料价值之高，皆以此志为佳，它不仅为研究南宋时期临安的政治、经济、文化和社会风俗提供了大量的资料，而且即使研究宋代的历史亦具有很大的史料价值。

如果抛开你方唱罢我登场的政治斗争，潜说友对文化领域的贡献是巨大的。无论如何，我们要记住孔子的话："君子不以言举人，不以人废言。"

二、刘基

刘基（1311—1375），字伯温，元末明初处州青田人。他的老家在南田镇武阳村，这是一个坐落于海拔600多米的山间湿地的小村庄，因为终年云雾缭绕，本名"雾洋"，后改名为"武阳"。南田山在青田县城南150里处。南田山的形势，乃是"万山之巅，独开平壤数十里，号南田福地"。《洞天福地记》中记载："古称七十二福地，南田居其一。"

刘基的五世祖刘集，本居于丽水县竹洲村，到丽阳殿拜佛回去，当晚做了一个梦：在一片田野里看见一位老人举着羊头挥舞着。不久刘集来到南田山武阳水口，看见有一群山羊在田野里嬉戏斗闹。问当地人地名，说这里是"武阳"。刘集一听"武阳"，心想：不就是"舞羊"吗？认为这里就是上天恩赐的风水宝地。于是刘集举家迁到这里繁衍生息，后来便有了刘基。

武阳的刘基故居

刘基12岁考中秀才，乡间父老皆称他为"神童"。泰定元年（1324），14岁的刘基入郡庠（即府学）读书。他从师习春秋经。泰定四年（1327），刘基17岁，离开府学，回到青田石门书院师从处州名士郑复初学程朱理学。元统元年（1333），23岁的刘基赴元朝京城大都（今北京）参加会试，一举考中进士。至元二年（1336），被元朝廷授为江西高安县丞。不久辞官，到处游学或过着半隐居的生活。

至正二十年（1360），刘基与宋濂、章溢、叶琛被朱元璋看中请至应天府成为谋臣，世人称为"浙东四先生"。

天下平定以后，在洪武三年（1370），朱元璋对各功臣论功行赏，对刘伯温的赏赐为：开国翊运守正文臣、资善大夫、上护军，封"诚意伯"，食禄240石。按当时爵位高低，公爵、侯爵、伯爵、子爵、男爵5个档次，只排在第三档。

但是朱元璋登上帝位后，在确定处州税粮时，对青田县又是特别开恩不加税，并说："要让刘伯温家乡世代把此事传为美谈。"这似乎又是对刘基的另眼相看。

正德八年（1513），朝廷赠他为太师，谥号文成，此时距他去世已将近140年。

明嘉靖七年（1528），处州知府潘润等奏请朝廷，在括州城内的富山顶上，利用三皇庙的废址建了"开国元勋祠"。如今的"刘祠堂背"地名就源于此。

嘉靖十年（1531），朝廷再度讨论刘基的功绩，并决议刘基应该和徐达等开国功臣一样，配享太庙。

刘基有《诚意伯文集》20卷传世，收有赋、骚、诗、词1600余首，各种文体文230余篇，主要作品有《郁离子》《复瓿集》《写情集》《犁眉公集》《春秋明经》《卖柑者言》《活水源记》《百战奇略》《时务十八策》及诗词《春蚕》《五月十九日大雨》《旅兴》《薤露歌》《美人烧香图》《蜀国弦》《梁甫吟》等。

三、胡深

胡深（1315—1367），字仲渊，处州龙泉人，元末明初著名将领。师从木讷斋王毅。聪颖而有智谋，精通经史百家之学。

元朝末年，各地义军四起，胡深叹息道："浙东地气尽白，是有大祸将要来临。"于是聚集里中弟子结寨自保。

至正十八年（1358），胡深与章溢讨伐龙泉之乱，收捕附近各县的盗贼，并依次将其平定。此时石抹宜孙已晋升为行省参政，胡深被任命为元帅。至正十九年（1359）冬，朱元璋命胡大海部取处州，胡深以龙泉、庆元、松阳、遂昌四县投朱元璋。朱元璋改中书分省为浙东行中书省，任命胡深为行省左右司郎中，总制处州军民事务。后胡深镇守处州，多次击败张士诚等势力的进犯，被朱元璋称为"浙东的屏障"。

吴元年（1367），朱元璋称吴王，任命胡深为王府参军，仍镇守处州。同年，陈友定率军攻打处州，胡深将其击败，陈友定率部逃走，胡深乘胜追击，又将其击败，进而攻占浦城、松溪，擒获陈友定部将张子玉。朱元璋命令广信指挥朱亮祖由铅山、建昌出发，左丞王溥由杉关出发，会合胡

深一起进军。

不久，朱亮祖等人攻克崇安，进攻建宁。陈友定将领阮德柔固守。胡深感觉到敌人有点不对劲，想暂缓攻击，但朱亮祖说："军队已到达这里，怎么能暂缓呢？况且天道幽远，山泽之气变化无常，哪里是什么不祥的征兆呢？"此时阮德柔屯兵在锦江，逼近胡深部队后方，朱亮祖急于作战。胡深率兵还击，击破敌二栅。阮德柔率军力战，与陈友定前后夹击。战到天黑，胡深率军突围，因战马失蹄而被俘，随后被杀，终年52岁。朱元璋追封胡深为缙云郡伯。

王毅评价他："雅善书，谨而不拘，逸而不肆；又善诗，洁而无疵，淡而有味；明地理，明葬法；好神仙之学，喜观释氏之典……君之能事不可胜举，其何以能尔邪？持心甚正，寓物不流，淡然无声色之好，所谓嗜欲浅而天机深者，于君见唉！"

四、章溢

章溢（1314—1369），字三益，处州龙泉人，号匡山居士，别号损斋，元末明初著名政治家、文学家。与刘基、宋濂、叶琛并称为"浙东四先生"。

20岁时，章溢拜王毅为师。王毅教授经义，听者多感悟。章溢跟随王毅到处游历，有志于圣贤之学，天性孝顺、友爱。

章溢曾经游历金华，宪使秃坚不花对章溢以礼相待。

至正十三年（1353），章溢于八都玉峰山麓建"龙渊义塾"。拨私田150亩，八都陈京慷慨捐田230亩相助。书院建成后，岁聘行经修明之士以为讲师，春与秋行释菜之礼，月旦、十五日鸣鼓集多士以申饬五伦之教。对学生奖罚分明，对学习优异而家庭困难的学生予以补助，使之顺利完成学业。

至正十八年（1358），蕲、黄地区的贼寇侵犯龙泉，章溢的侄子章存仁被捉。章溢挺身而出，主动代替他。贼寇都听说过章溢的名声，想招降他。章溢正色拒绝说：你们都有父母妻子，顾为此灭族事耶！贼怒，系之柱，用刀磨其胁曰：不降者且死。章溢说：死即死，何畏乎！贼壮之，不敢加害。章溢毫不屈服，到夜间哄骗贼人且脱身逃走，召集同乡百姓组成义兵，击败贼寇。府官随即率军而来，要杀尽有牵连者。章溢劝说石抹宜孙说：贫苦百姓是迫于饥寒，为什么要处死他们呢？石抹宜孙觉得章溢的话有理，便下令止兵，并将章溢留在幕下。章溢随军平定庆元、浦城盗贼。江浙行省丞相康里承制授章溢将仕郎、龙泉县主簿，章溢推辞不接受。

至正十九年（1359），朱元璋率军攻克处州，章溢避居浦城。不久受朱元璋礼聘，官至御史中丞、赞善大臣、太子赞善大夫。

洪武二年（1369），章溢去世，年五十六。弘光时追谥"庄敏"。著有《龙渊集》。

后人为纪念章溢，将他出生的山村取名"章府会"，该村今有乡人建了一间章溢纪念馆。

五、叶子奇

叶子奇（约1327—1390），字世杰，一名琦，号静斋，处州龙泉人。尝师王毅，明"理一分殊"之论旨，悟圣贤之学以静为主，故号"静斋"。自幼专心于学习，天文、历史、医学、音律无所不通，元至正二十二年（1362）参加州试取得第四名的成绩，有《草木子》4卷传世。

元至正十年（1350）署县事。元至正二十二年（1362），府判叶渊荐试方州，中第四名，退隐不仕。

明洪武八年（1375），浙江行中书省以学行荐廷试，授岳州巴陵县（今湖南岳阳市）主簿。洪武十年（1377）春，有司祭城隍神，祭前，群吏窃饮猪脑酒，为县学生所揭发，叶子奇正好在场，受株连而入狱。他想起昔时虞卿以穷愁而著书、左丘明以失明而著《国语》、司马迁受腐刑而著《史记》，不正是人生的磨难成就了大作，使其名垂青史吗？于是他找到了囚室一角的一堆烂碎的纸笺，用破瓦片磨墨，开始他的写作，把平时自己的阅历、见闻、思考、感悟一一记下，"遇有所得，即书之，日积月

累，忽然满卷"。终于等到出狱，回到龙泉老家，从此发誓远官场，专心读书著述，着手整理这些破纸片，编成了《草木子》一书。

叶子奇在《草木子·自序》中说："予适至学，亦以株连而就逮，幽忧于狱，恐一旦身先朝露，与草木同腐，实切悲之。"人生一世，草木一秋。也许是感叹人生如草木般短暂、脆弱，所以就取名《草木子》。又说："万一后之览者牺尊而青黄以文之，未可知也；弃而为沟中物，亦未可知也。容讵必之乎？故语才识之高下，理义之浅深，虽不敢比伦于数子，出于穷愁疾痛而用心则一也。千虑一得，尚期穷理者择焉。"落款为"洪武十一年岁次戊午冬十一月二十又七日，括苍龙泉静斋叶子奇世杰自序"。

当年事释归里，续成《草木子》，并有《太玄本旨》《范通元理》《本草节要》《地理节要》《诗宗选玉》《静斋诗集》《静斋文集》等行世。《草木子》收录于《括苍丛书》第一集 。

六、王一中

王一中（1568—1639），字元枢，号石门，处州丽水县城人。曾祖王巽从青田迁居处州城。祖顺度，选入成均，不营仕进，开设义塾。父敦仁，字寿崖，以明经授平阳县训导，后历官邵武县教谕、沂州学正等职。又升常州府判，署无锡篆。后因中伤高攀龙被排斥回乡，九十高龄而卒。

丽水城北有白云山，白云山上的白云寺左有"借闲堂"，是明代进士、光禄卿王一中读书之处。王一中曾祖王巽，字德制，是宋代理学家、青田浮弋人王梦松的后裔。王一中出生在丽水县城，王家故宅在三坊口（今大众街与囿山路交接处），1958年毁于火灾。

万历年间，福建龙溪进士郑怀魁任处州知府。郑怀魁"博综闳深，明爽恺悌。淹贯经史百家，驱策古文选体，矢口成文，古雅藻丽"。他每月到书院讲学2次，学子进步很快。万历三十四年（1606）乡试，王一中名列第31名，丽水同时中举的还有胡廷宾、金大仁。次年（1607）丁未科大考殿试，王一中考中黄士俊榜三甲第77名进士。

登进士第后，王一中初授福建古田县令，后历任河南新蔡、杞县知县，皆以廉著，因此升为广西道监察御史，官至光禄卿，成为一名谏官。

崇祯八年（1635）主编《处州府志》。他撰有《东岳行宫碑记》，云："松阳县一里许，云岩之阳，有逍遥观。创自梁大同间，旧名洞阳。至宋宣和，始改今名。前有太保殿，中有东岳宫，后有观音殿。历年既久，芜秽不修……而大士金身、罗汉诸天宝相装塑一新，为长松一邑之胜焉。"

王一中写了一首《白云山》，颇有禅意：

> 本来无一物，白云犹较多。
> 浮游皆幻相，真趣在岩阿。
> 日暮忘归路，春游是处窝。
> 呼卢浮大白，酩酊欲如何。

王一中还在县城东南建了一座"观音阁"，位于原厦河村，现丽水市区江滨公园，大洋路南端，称"四果庵"。始建于明天启四年（1624），有王一中《四果庵建观音阁记》存史。

七、叶维藩

叶维藩（1805—1861），字价人，号辰生，松阳城西人。名字取自诗经"价人维藩，大师维垣"，意思是善良的人是国家的篱笆，军队才是国家的城墙。他有个弟弟就叫叶维垣。叶维藩是饶庆霖的学生，明善书院的优秀学子。

叶氏是松阳的大族，松阳也是江南叶氏的发源地。松阳叶氏尊叶俭为处州始迁祖。塔寺下始迁祖为松阳耐性桥叶氏第四世叶循祖，其为宋崇宁五年（1106）丙戌科进士，任国子学录、秦州司法参军，致仕后迁居城西塔寺下。城西叶氏至叶维藩，已是24世。

叶维藩的一生，可以分为4个阶段：清嘉庆十年（1805）出生到清道光十二年（1832）中举人；中举后到道光二十七年（1847）中进士；中进士后至道光三十年（1850）年底，在湖南桂阳、黔阳任知县；清咸丰元年

（1851）至咸丰十一年（1861），在家守制、督办团练和抗击太平军。

叶维藩前3个阶段的人生履痕，显得平淡无奇，家境优渥、悬梁苦读，青年中举，中年及第入仕。中了进士后，本在湖南黔阳县（今洪江市）任知县，后为父守孝回乡，刚好遇上战乱，于是组织民团抵御，希望能保一方平安，留存一点斯文。最后在堰头与寇奋战，因寡不敌众，与处州知府李希郊同时遇害——就如他的名字一样，以价人之身作护民之藩篱。

为此饶庆霖含泪作《松阳叶辰生传》，最后叹曰："余始为之哭，旋为之幸。哭其才不尽施，幸其死曰不朽！"

叶维藩为一介文人，本想在有"浙南桃源"之称的松古盆地诗意栖居。他陪朋友游玩延庆寺塔时写了一首《桃源锦浪》：

> 烟景春浓带雨幽，小桃濯锦塔溪游。
> 寻源放棹时行乐，载酒看花莫替愁。
> 境辟当年曾志晋，客来前度合思刘。
> 化龙已识恩波暖，仁到凤池最上头。

一语成谶，他当时不会知道后来居然是以这种方式化为龙凤而仁到最上头的。

八、魏兰

魏兰（1866—1928），字石生，号浮云，清末民初革命家，处州云和人。祖父就是道光辛巳年（1821）举人、曾任上海知县、创办云和箬溪书院的魏文瀛。魏兰是光复会领导人之一，辛亥革命先行者，辛亥革命时期浙江军政府咨议、都督府参谋长。

魏兰年少时有叛逆之气，厌四书五经，喜读军事史籍。1884年，因父命难违，赴府考，他不做命考之题，却在卷上信笔画了一幅"云和县全图"交差，不料被破格录取为秀才。父亲却因此而大怒，责骂不已，魏兰因感而作，"挥毫尽痛快"，表明自己无意于仕途，志在寻找报国之门。

1902年，魏兰参加了蔡元培在上海组织的中国教育会，并以教育的名义网罗社会各界革命义士。此时魏兰也开始积极撰稿宣传革命思想，从这年开始，魏兰真正走上革命道路。次年，魏兰东渡日本留学，入振武学堂学习陆军，并与陶成章秘密商议创会。

1904年，魏兰和陶成章从日本东京留学归来后，在上海会见蔡元培，共商江浙反清计划。11月，与蔡元培、陶成章一起在上海创立光复会，之后又筹建了东京分会。1910年光复会重建，他担任南洋总部执行员。魏兰还创办"利用实业织布学堂"和"云和习艺所"，开展实业救国。为推翻专制建立共和，两次东渡日本，六载常驻南洋，西走长江，北上燕京，荡尽祖业，历尽艰险，开创实业，为振兴中华而鞠躬尽瘁。

革命之余，不忘读书著作，魏兰著有《再生宝吟草》《浮云集》《畲客风俗》《魏氏诗集》等20余卷。

九、刘耀东

刘耀东（1877—1951），字祝群，别号疚庼居士，处州青田南田镇武阳村（今属文成）人，刘基第20世裔孙。曾担任浙江省资政院议员，松阳、鄞县、宜兴知县（县长），《浙江省通志稿》副总编纂。近代著名藏书家、书法家，南田宿儒。文学成就名噪一时，被誉为"青田三才子"和"括苍四皓"之一。

刘耀东自幼勤奋好学，11岁便能细研经史，19岁举邑庠，随之赴处州莲城书院就读，获郡廪生资格。光绪二十三年（1897），刘耀东从学于晚清经学大师、瑞安玉海楼孙诒让门下，后又游学杭城，学业大进。

清光绪二十八年（1902），受选留学日本，进入东京私立法政大学速成科，与陈叔通、胡汉民等是同学。时任浙江留日学生会总干事，负责接待浙江赴日留学之士。光绪三十一年（1905），刘耀东参加以蔡元培为会长的革命团体光复会，次年，拜见孙中山先生，加入同盟会。

光绪三十二年（1906），刘耀东毕业归国，受聘为温州府学校讲习。

以学识渊博闻名遐迩，金华府学慕名与温州府学堂孙诒让商量，借聘为金华府学堂总讲习。宣统三年（1911），刘耀东被选为浙江省咨议局第八部议员。辛亥革命后，刘耀东任松阳、鄞县、宜兴等县知事。1919年，调任江苏镇江海关道，任统捐局局长。同年秋，刘耀东辞归故里。

刘耀东一生笃志于学，治学严谨，学识渊博，尤精于经史，著作甚丰。

1934年，刘耀东收集了石门洞的摩崖石刻，编成了4卷本的《石门题咏录》，由伏生书店印行。

1937年夏，刘耀东编成了《括苍丛书》第一集，1948年又完成了第二集。全书分2集，计20种，90卷，共30册。于是，该书得以刊刻200部面世，为处州留下了珍贵的文献资料。2014年丽水市社科联请浙江古籍出版社给予点校，出版了简体横排版本。

此外，刘耀东还著有《刘文成公年谱》3卷、《南田山志》14卷、《南田山谈》2卷、《韩湘岩年谱》2卷、《疢顽日记》《遂昌杂录》等。

十、阙麟书

阙麟书（1879—1915），字玉麟，乳名志仁，丽水碧湖人。16岁入丽水圭山书院，19岁参加处州府试名列第一。

清光绪二十九年（1903），入处州双龙会，被举为丽水分会会首。光绪三十年（1904）初，革命党人陶成章、魏兰等赴处州，联络金华、衢州、严州会党，策划协同起义。其与双龙会会首王金宝商议，改双龙会宗旨仇洋为反清灭洋。五月，赴金华会见龙华会会主沈荣卿，策动双龙会与龙华会协同响应湖南华兴会长沙起义。九月，因叛徒出卖，王金宝在桐庐被捕牺牲，后由阙麟书等领导双龙会。

光绪三十一年（1905）初，阙麟书入浙江武备学堂。同年夏，联络青田孙靖夫、丽水何子华等组织处州拒约会，反对美国续订限制华工苛约，发动群众抵制美货。光绪三十二年（1906），东渡日本宏文学院习日语，结识秋瑾、宋教仁，面晤孙中山，加入同盟会、光复会。光绪三十三年

（1907）初转明治大学攻政法。三月，应秋瑾之约回国，与徐锡麟、秋瑾等多次密谋浙皖起义。徐锡麟、秋瑾殉难后，被迫出走。

光绪三十四年（1908）春，赴上海，先后会见陶成章、陈英士等人，策划浙江起义。

宣统元年（1909）春，与张伟文、徐仰山在杭州密谋起义，因叛徒告密，在杭州被捕入狱，经多方营救，于宣统二年（1910）冬出狱，回丽水兴办学堂，宣扬革命，伺机起义。

宣统三年（1911）武昌起义后，奔走于松阳、缙云、丽水等地，共谋光复处州事宜。11月25日，处州城光复。1912年春，赴上海、南京，受宋教仁推荐为同盟会浙江支部代表，5月成立同盟会浙江支部，8月改为国民党浙江支部，任参议，筹办《平民日报》。

1913年3月，宋教仁被刺死，阙麟书联络褚辅成、沈钧儒、屈映光等反对袁世凯，引起拥袁派的忌恨。1915年4月2日，在上海霞飞路遭袁世凯党徒暗杀。

附　录

处州书院名录

　　根据光绪《处州府志》、各县的县志、《丽水教育志》以及村志、家乘等历史资料，处州历史上曾有过100多所书院。当然，这个统计数据是无法精确的，有的有书院之名，未必有书院之实，就是私塾义塾或者只是一个祭祀场所，如青田之振文书院、鹏岭书院等；有的有书院之实的讲学之所，却未必有书院之名，如龙泉木讷斋、缙云右文馆等；有的书院只有一个名称，却多次搬迁兴废，如松阳明善书院等；有的本是一所书院却多次更换名称，如庆元松源书院等。另外，因行政区域调整，一些书院如今已不属丽水市域范围，但历史上曾属处州，以书院存续期间的行政区域进行统计，如今属磐安县境内的青云书院、凤楼书院清代属缙云县，今属莲都区老竹镇的梁村清代属宣平县，因而其下属几所书院计入宣平县，等等。根据上述范围进行统计，处州历史上曾有记载的书院按书院数计：遂昌16所、缙云15所、青田15所、景宁13所、龙泉12所、松阳12所、庆元8所、宣平6所、丽水1所、云和1所、府属3所。现按处州十县分县列于后。

一、府属和丽水县

1. 紫阳书院

在府治南一里，旧为城隍庙。明嘉靖期间，知府高超改创书院，用帑金百两，置田供春秋祭祀。后庙改入府学，今废。（光绪《处州府志》）

2. 南明书院

在府治圭山文昌阁东首。康熙三十三年（1694），知府刘廷玑重建。雍正十一年（1733），知府曹抡彬重修。（光绪《处州府志》）

3. 莲城书院

在府治东南圭山，即南明书院旧址。自雍正间修葺后，乾隆十七年（1752），知府赋琏改为莲城书院。咸丰八年（1858），匪毁。同治四年（1865），知府清安重建。（光绪《处州府志》）

4. 圭山书院

在圭山。明万历二十二年（1594），知府任可容建。康熙三十三年（1694），知府刘廷玑重建，为县义学。康熙五十年（1711），知县林竹重修。雍正元年（1723），署总兵马璘重修。雍正五年（1727），知县郭朝端拨寺田为膏火资。雍正八年（1730），知县王钧重修。乾隆十七年（1752），知府赋琏将圭山书院和南明书院合并改为莲城书院。同治十三年（1874），丽水知县彭润章倡议重建县属书院，贡生陈凤铿以所建仓圣庙及檡山义塾助为书院，复广建廊宇，同时仍用旧名"圭山书院"。（光绪《处州府志》）

二、青田县

1. 介石书院

南宋庆元二年（1196），邑人郑汝谐在县城东门外介石泉（今东门花园冈）创建。（《丽水市教育志》）

2. 石门书院

在县西七十里石门洞。元至元三十一年（1294），廉访副使王俣巡视

石门洞，前太学进士刘若济请求在此建书院。王俣命路学教授吴梦炎、县尹王麟孙，召集县中耆儒筹资创建石门书院，址在谢客堂旧址。元末刘基曾在此读书。(《丽水市教育志》)

3. 易斋讲舍

明洪武年间（1368—1398），邑人刘仲璟（刘基次子）在九都武阳尖东十五公坪建。(《丽水市教育志》)

4. 鹤山书院

明正德年间（1506—1521），主簿李微在十四都海西庄（今海溪）建。清同治九年（1870），知县魏明拨正教寺租38石。(《丽水市教育志》)

5. 混元书院

在混元峰之麓。明嘉靖年间（1522—1566），因点易亭遗址建书院，祀余姚王文成公，后圮。崇祯三年（1630），知县韩晃重建，额曰文明。王一中记。(光绪《处州府志》)

6. 心极书院

明嘉靖癸丑（1553），提学阮鄂作《心极图系以心问》一篇，颁示浙学，知县李楷即旧府馆改建书院，镌文堂壁，移王文成公之主于此。置田20亩，供春秋二祭。以山阴王畿记。(光绪《处州府志》)

7. 瑞龙书院

明嘉靖年间（1522—1566），知县徐瑛在太鹤山混元峰下建。(《丽水市教育志》)

8. 新建书院

明万历五年（1577），知县梅时雨改建。(《丽水市教育志》)

9. 正谊书院

旧在刘公祠侧（今青田县第二中学址）。乾隆戊寅（1758），知县张日盥建。道光五年（1825），知县董承熙移建赵山。咸丰七年（1857）知县曹和澍修。同治六年（1867），知县罗子森重修。(光绪《处州府志》)

10. 振文书院

清道光三年（1823），邑人叶廷建创立于十七都叶村，并捐租80石。(《丽水市教育志》)

11. 鹏岭书院

清咸丰十年（1860），叶应选募捐在六上都鹏岭（今船寮镇）建，并捐租 67 石。同治元年（1862），太平军过境，毁于兵火。同治二年（1863），贡生干树道重修。（《丽水市教育志》）

12. 鹤皋书院

在县南二里泥湾屿。光绪二年（1876），士绅捐建，初名兀突。（光绪《处州府志》）

13. 养正书院

创立时间不详。（《丽水市教育志》）

14. 泷源书院

清乾隆年间建于城东乡，乾隆十九年（1754），韩锡胙曾讲学于此。（《丽水教育志》）

15. 繁露书院

清乾隆年间建于城东乡，乾隆十九年（1754），韩锡胙曾讲学于此。（《丽水教育志》）

三、缙云县

1. 尚友堂万松书舍

北宋绍圣年间（1094—1098），邑人胡份任国子监司业，告老还乡，在古方山下（今胡源上宕自然村）建屋百余间，设馆讲学，名曰"尚友堂万松书舍"，图书充盈，早晚授课。（《丽水市教育志》）

2. 独峰书院

在县东二十三里仙都独峰前，朱晦翁持常平节来憩于此，爱其山水清绝有似武夷，尝赋"碧涧修筠似故山"之句，又有"于此藏修为宜"之语。嘉定间（1208—1224），郡人叶嗣昌创礼殿，为讲肄之所。咸淳七年（1271），邑人潜说友即旧址广而新之。洪武间，为知县朱成远所毁。清同治十二年（1873），西南乡绅士复建。（光绪《处州府志》）

3. 美化书院

在县东六十里，今乡以美化名，朱晦翁尝讲道其地。嘉熙年间（1237—1240），县令陈大猷以俸易其地，欲创书院未就，代去后，尉陈实嗣成之。元至元间（1264—1294）毁。山长黄应元重建大成殿于旧址，山长周仁荣重建两庑、殿门，今废。（光绪《处州府志》）

4. 五云书院

在学宫后，中为朱子祠。明嘉靖四年（1525），知县方润建。后改为按察分司行署。久废。国朝康熙二十二年（1683），知县霍维腾重建朱子祠，设义学。雍正四年（1726），知县戴世禄创建前厅讲堂，中奉朱子神位，以及门邑人陈邦衡、邦钥配，东西学舍各五。乾隆九年（1744），知县阎公铣重修。乾隆二十四年（1759），知县冯慈增置讲堂。乾隆二十八年（1763），教谕胡望斗介率绅士修葺。乾隆二十九年（1764），知县令狐亦岱于前厅增屋二楹，为守院者所居，额五云，仍旧名。道光八年（1828），邑人吕锡熊购墙左隙地重建。咸丰间，匪毁。吕锡熊子侄等重修。（光绪《处州府志》）

5. 仙都草堂

明嘉靖三十二年（1553），樊献科在独峰书院旧址建。（《丽水市教育志》）

6. 铁城书院

明万历十八年（1590），李健等四人不满朝政，隐居于仙都芙蓉峡紫芝坞内读书讲学，乡人称之为铁城书院。现留有县令郝敬书"铁城"摩崖石刻。（《丽水市教育志》）

7. 金莲书院

在县治西，乾隆三十年（1765），知县令狐亦岱即关帝庙旧址创建。中曰"乐育堂"，东西屋四楹，为金莲书院。道光七年（1827），知县谢兴宗复，以院后西仓废址益之，邑人丁耀清独力改建正屋七楹，中为讲堂，东西厢屋四楹，后二楹，四厢五间，大门一间。道光八年（1828），知县续立人捐资二百金生息以助经费。道光二十八年（1848），始将所置田归山长经管。（光绪《处州府志》）

8. 仙都书斋

在二十都静岳（今东方镇靖岳）。道光四年（1824），丁汝嘉等合建。（光绪《处州府志》）

9. 右文馆

在九都新建庄（今新建中学址）。嘉庆二十四年（1819），楼步云等23人倡建，为四乡士人会文之所，置田收租，除纳粮、祀文昌及会课开支外，余资为乡会试优拔贡路费。（光绪《处州府志》）

10. 崇正书院

清咸丰元年（1851），壶镇人吕载希建。咸丰十一年（1861），毁于兵火。同治二年（1863），朱铭钦等重建（今第二实验小学内）。（《丽水市教育志》）

11. 凤楼书院

清同治八年（1869），绅士吕维成、卢辉煌等建，在冷水凤凰山（今属磐安）。（《丽水市教育志》）

12. 正本书院

清同治十三年（1874），朱品洪等捐资，在澄川庄（今郑坑口）建。（《丽水市教育志》）

13. 青云书院

清同治年间（1862—1874），绅士曹郑全等建，在冷水正因寺侧（今属磐安）。（《丽水市教育志》）

14. 普化书院

清同治年间（1862—1874），在南乡普化寺建（今普化水库内）。（《丽水市教育志》）

15. 学道书院

《中国书院辞典》有其名，无介绍。

四、松阳县

1. 第一明善书院

故址在旧市（今古市镇），宋淳熙九年（1182），朱文公为浙东常平使

者行部至此讲道，咸淳间邑人叶再遇请建书院以祀文公。元至元二十一年（1284），前太学进士萧子登复兴之，元末废弛，惟存大成殿，旧有御书楼、择礼馆、万青亭，今并废。（民国《松阳县志》）

2. 第二明善书院

故址在城东朱子祠左，乾隆十五年（1750），知县陈朝栋买詹姓房屋改建，咸丰六年（1856）改作考栅，今又改为魏公祠，附设模范学校。（民国《松阳县志》）

3. 第三明善书院

在城北天妃宫侧（今实验学校城北校区内），因旧书院于咸丰辛酉（1861）被寇焚毁，同治六年（1867），知县徐葆清捐置城北叶姓房屋改建，光绪三十年（1904）改为县立毓秀高等小学校，揭去内外明善书院匾额，易今名曰县立第一小学校，遵新制也，而故址虽存，已物是人非矣。（民国《松阳县志》）

4. 南州书院

创办于宋淳熙年间（1174—1189），址设南州村，由王光祖主讲。（2020年版《松阳县志》）

5. 城西书院

址设县城西屏山之侧，由叶八主讲。（2020年版《松阳县志》）

6. 太极阳明书院

创办于元，址设县邑景福观，由程榆主讲。（2020年版《松阳县志》）

7. 蓉川书院

建于净居包（今象溪镇靖居村），元至正二年（1342），包氏家族建立了家塾，初名"西山书馆"，延请邑人王文焕设坛讲学。据传练鲁、王景曾在书院就读，后改称"蓉川书院"。（民国《松阳县志》）

8. 济川书院

明成化年间（1465—1487），邑人潘氏创建于城南济川（今县城），中更兵火，书院失而犹存。卢玑曾作《荥阳潘氏济川书院志》。清雍正十二年（1734），潘日灿又记并刻诸宗谱。（汤光新《松阳历代文选》）

9. 云岩书屋

明崇祯年间（1628—1644）吴学博创办，址设城北云岩山。（2020年版《松阳县志》）

10. 城东紫阳书院

创办于清嘉庆二十四年（1819），址设城东第二明善书院之西，清光绪三十一年（1905），城东朱子祠及紫阳书院改建为"育英模范小学校"。（2020年版《松阳县志》）

11. 象溪紫阳书院

清嘉庆年间（1796—1820），里人高永绣等捐资在象溪村头建紫阳书院，并拨田亩作院资。（《丽水市教育志》）

12. 天香书院

松阳城南人潘益涛在官塘家宅创建书院。（2020年版《松阳县志》）

五、遂昌县

1. 妙靖院

宋嘉祐七年（1062），龚原在应村妙靖院（寺庙）设馆讲学。（《丽水市教育志》）

2. 环波亭

宋元符年间（1098—1100），尹晖在大柘溪东建环波亭，亲自讲学。（《丽水市教育志》）

3. 西庵书院

南宋绍兴五年（1135），大柘尹姓在黄坞柘溪创办。（《丽水市教育志》）

4. 月洞书屋

南宋咸淳年间（1265—1274），王滋在湖山创办，朴固精巧。（《丽水市教育志》）

5. 双溪书院

明弘治十三年（1500），项泗在县城北郊创办。（《丽水市教育志》）

6. 凤池书院

在湖山，有明作堂、归咏桥。明嘉靖四十四年（1565），知县池裕德建，何镗记。万历六年（1578），知县钟宇淳建光霁亭于归咏桥前，桥易木以石。（光绪《处州府志》）

7. 练溪书院

明隆庆年间（1567—1572），吴孔性在石练创办。（《丽水市教育志》）

8. 相圃书院

明万历七年（1579），知县钟宇淳始建。万历二十三年（1595），知县汤显祖建成并定名。（《丽水市教育志》）

9. 鞍山书院

在长濂马鞍山。明万历初，长濂郑姓创办。万历三十至三十一年（1602—1603），鄞县人杨守勤在此设教，万历三十二年（1604）考取状元。（《丽水市教育志》）

遂昌长濂村郑氏宗祠

10. 兑谷书院

明后期，邑人包万有在县城北隅郊外建，亲自主讲，四方人士闻风来

者甚众。（《丽水市教育志》）

11. 文阁书院

在大柘湖泉寺。清康熙中，邑人尹可亭创办。（《丽水市教育志》）

12. 奕山书院

在奕山村。清康熙四十八年（1709），知县缪之弼创建，并拨田19亩，作为书院膳田。后经朱姓扩建。（《丽水市教育志》）

13. 昌山书院

在县城东（今水亭路西侧）。清乾隆元年（1736），县衙"不息楼"改建而成。邑人毛桓曾执教于此。（《丽水市教育志》）

14. 养正书院

在上马头村。清乾隆十五年（1750），马头村民集资创办。（《丽水市教育志》）

15. 妙高书院

在县北五里妙高山文昌阁。清道光元年（1821），知县郑鸿文率董劝捐，于两旁空基建造讲堂、斋舍，未竣解组。八年（1828），知县朱煌踵成之。咸丰十一年（1861）匪毁。同治九年（1870），知县韦澄瀛筹款复建。规制视昔有加焉。（光绪《处州府志》）

16. 清华书院

在石练。清同治年间，邑人徐景福创办。（《丽水市教育志》）

六、龙泉县

1. 桂山书院

在县西五十里（严垟）。宋端平年间（1234—1236），里人张奉议建，以训导乡子弟，右丞相吴潜书额。元以太学释褐进士张宏孙领其事。今废。（成化《处州府志》）

2. 笏洲书院

在县南三十里（剑湖渎田）。宋端平三年（1236），太学生赵宗瑶请于朝，建县郭河南（现蒋秦圩）祀朱晦庵先生，以其地面沙洲形如笏，故

名。元至元十五年（1278）毁于兵。至元十六年（1279），邑人季正徙今
址，亦废。（成化《处州府志》）

3. 仙岩书院

在县西五十里（浆安村）。宋咸淳年间（1265—1274），邑人章公权
建。后废。儒人附于桂山书院。（成化《处州府志》）

4. 金斗书堂

在县南乡黄南村，宋端平或嘉熙年间邑人鲍氏建。宋嘉定甲戌科
（1214）状元袁甫有《金斗书堂记》。（周作仁《龙泉古文献选编》）

5. 木讷斋

在西乡盖竹村。邑人王毅于元至正年间（1340年前后）建，有胡深、
章溢、徐操、季汶、叶子奇等高足。（刘耀东《括苍丛书》）

6. 龙渊义塾

至正十三年（1353），章溢于八都玉峰山麓建"龙渊义塾"。章溢拨私
田150亩，八都陈京慷慨捐田230亩相助。江浙行省参知政事石抹宜孙对
其义行做了嘉奖。宋濂作《龙渊义塾记》刻于碑，后义塾废，碑埋于地
下，清嘉庆八年（1803）被当地农民挖出，现存龙泉市博物馆旁。（刘耀
东《括苍丛书》）

7. 五柏书院

明朝正德三年（1508），邑人吴禄（字端禧）在县治北隅建了一所
"五柏书院"，龙泉市博物馆存有由龙泉知县朱世忠撰文、景宁潘援书篆的
《五柏书院记》碑。（周率、吴志华《处州树文化》）

8. 仁山书院

明正德十五年（1520），知县叶竦令安仁村刘、项两姓率众创建仁山
书院。后因叶竦调任慈溪未果。嘉靖三年（1524），知县朱世忠捐俸，项
尚达、刘尚诚、项堮、项珪等出田、出资建成，知府张元电题额。明末清
初毁于战乱。乾隆二十五年（1760），知县苏遇龙重建。光绪三十二年
（1906），知县陈海梅将书院与仁山义塾合并，改为安仁仁山初等小学堂
（现安仁镇小学前身）。（《丽水市教育志》）

9. 八保书院

在县南六十里黄南村，叶氏在宗祠建八保书院，以课乡人弟子。（据黄南村介绍资料）

10. 聚英书院

在县学明伦堂东。始建于明，有进德、兴贤二斋，岁久废。乾隆间，教谕林敷紫在旧址改建。离任后，士人感德，绘像祀之，称为林祠。清道光二十七年（1847），西乡人士捐资重建。光绪二年（1876），乡人徐必超重修。（《丽水市教育志》）

11. 留槎书院

清乾隆二十七年（1762），知县苏遇龙将育婴堂与留槎阁房屋改建为留槎书院。（《丽水市教育志》）

12. 金鳌书院

乾隆三十二年（1767），县乡绅刘献在县署东金鳌山下（即东大寺）建金鳌书院。清查万寿宫、栖真寺院被侵占的田产，拨入书院。道光七年（1827），知县姚肇仁劝捐重修，并捐助田亩，由董事会经管。光绪二年（1876），学宪胡颁捐赠图书634册。光绪十九年（1893），制定《金鳌书院条规》。光绪三十一年（1905），改为剑川高等小学（现龙泉市实验小学前身）。（《丽水市教育志》）

七、庆元县

1. 豹隐洞书屋

在松源竹坑溪北（今机关幼儿园处）。北宋景德年间（1004—1007），里人吴崇煦建。（《乡土庆元》）

2. 日涉书院

在大济村。原名"日涉园"，明崇祯年间（1628—1644），邑人吴王眷为了"娱老"而构建的一处庭院式建筑。康熙六年（1667）的夏天，陆陇其曾到书院讲学。（《丽水市教育志》等）

3. 松源书院

县城西隅兴贤坊（即今之弦歌坊巷）。明代万历年间（1573—1620），知县沈维龙动员乡绅吴诏捐款建，并亲自书额"松源书院"，明末废圮。乾隆五十年（1785），知县王恒在淡田县学旧址，购买民屋8间，塘围1所，作为课士之所，仍题"松源书院"。（《丽水市教育志》等）

4. 对峰书院

乾隆七年（1742），知县邹儒带头捐俸，召集邑之乡绅富人商议重建书院，在孔庙的左边建屋宇8座，共计86间，因中门正对萧山，书额"对峰书院"。次年新任知县蒋溥接力完成。邹儒有《对峰书院记》。（《丽水市教育志》等）

5. 育英庄

在县城城隍庙右。清康熙三年（1664），知县程维伊建。（《丽水市教育志》等）

6. 储英庄

在城北程公桥首。清康熙九年（1670），知县程维伊建。（《丽水市教育志》等）

7. 储贤庄

在竹口。清康熙九年（1670），知县程维伊建。（《丽水市教育志》等）

8. 逢源书院

在举水月山村。清康熙年间吴氏族人建于如龙桥头。（吴德生《月山毓秀》）

八、云和县

箬溪书院

在朝阳坊。道光七年（1827），知县郑锦声偕绅士魏文瀛、梅佳模、王延宝等，集资创建为义塾，右为社仓，左为朱子祠。道光二十三年（1843），知县高毓岱改为书院。同治二年（1863），重修。光绪元年

（1875），知县洪承栋率合邑绅士重修，增建东、西文场。（光绪《处州府志》）

九、景宁县

1. 贯道书院

南宋末年，建于青田柔远乡鹤沐溪（今景宁鹤溪镇）。嘉定四年（1211），进士潘复致仕后以府宅建私塾，曰贯道书院。后废而入僧寺，业复归之以祠，潘氏之尝主其地者，既立学，乃饬故屋为讲堂，左右为两斋，曰博文、曰约礼。（成化《处州府志》）

2. 凤山书院

明正德至嘉靖年间（1506—1566），渤海村的富户陈汤建在村里。（《丽水市教育志》等）

3. 豸山书院

县西南一里。明嘉靖三十二年（1553），钟夏嵩建，后渐圮。乾隆七年（1742），知县黄钰于堂后建华公祠。乾隆十九年（1754），知县郭迈建文昌阁。道光三十年（1850），知县曹建春重建。咸丰十一年（1861），知县管书勋重建文昌阁。同治元年（1862），匪毁。同治十一年（1872），知县周杰次第兴修。（光绪《处州府志》）

4. 明德书院

在二都大均里。嘉靖年间贡生李鉴堂建。（光绪《处州府志》）

5. 继志书院

在三都英村里，嘉靖年间庠生吴九皋建。（光绪《处州府志》）

6. 庐山书院

嘉靖年间，庠生吴学明建于三都鸬鹚村。（《丽水市教育志》）

7. 崇正书院

在县东一里。旧为敬山社学，知县陈连建。明万历六年（1578），知县林乔松改为书院。（光绪《处州府志》）

8. 鹤溪书院

府馆旧址。知县姜师闵创为书院，久废。雍正五年（1727），知县陈诚建节烈祠于原万寿宫马仙园地书院基址，易为马仙供奉香火处院。（光绪《处州府志》）

9. 三胜书院

在行春门外。明万历四十七年（1619），知县角韶建，即文昌阁。（光绪《处州府志》）

10. 鹤溪讲堂

在学宫右。雍正四年（1726），知县汪士璜购民地捐建左右精舍二十间、厨房一间。（光绪《处州府志》）

11. 博爱书院

在县北半里。后改高公祠。（光绪《处州府志》）

12. 指南书院

乾隆三十八年（1773），知县张九华于鹤溪讲堂旧址重建，后来又改为鸦峰书院。（光绪《处州府志》）

13. 鸦峰书院

在石印山后旧学右，即雅峰讲舍。雍正间，知县汪士璜建，后圮。乾隆三十八年（1773），知县张九华改建指南书院，复拓旧学余地于古桂旁，建亭曰"桂芳"。道光三十年（1850），知县邢吉甫重建。同治元年（1862），匪毁。同治三年（1864），知县徐炽烈、张鸿修茸，改建。同治八年（1869），知县周杰朔望课士，捐廉奖励。（光绪《处州府志》）

十、宣平县

1. 鳌峰书院

县旧无书院。乾隆庚午（1750），邑令雷仁育始课士于普照寺中，每月举行者再，雷解任去事又寝。乙亥（1775），邑令赵详请拨冲真观田亩，建立书院，俾士子肄业其中，膏伙有资。邑令张士彦就县东街文庙右侧，创造讲堂五间。中曰敬业，高二丈七尺，深二丈余，中广一丈六尺，左右各一丈四尺。前二门三间，外大门一间。讲堂后山长住房五间，住房后天井两旁小厢屋各两间。二门内暨讲堂后左右厢房各三间，共十二间，为生童肄业所。院四围有墙。

肄业生童初定十八名，嘉庆十二年（1807），邑令耿维祜增取二十名，道光三年（1823），署令黄焕增取二十四名，道光十四年，邑令黄维同增取二十六名，道光十九年，邑令汤金策增取二十八名。每名每月朔望两课，每课生员优赏纹银三钱，童生优赏二钱，甄别日暨每月朔课县给饭食。

田亩略。

县收租息，每岁除山长修金、赀节仪暨生童膏伙优赏饭食外，给院水火夫纹银十二两，岁修纹银十二两，检字纸四两。（道光《宣平县志》）

2. 远堂书院

在梁村（今属莲都区老竹镇）远堂山。清光绪十七年（1891），《渥溪梁氏宗谱》载：远堂书院，宋绍兴甲戌进士、运使公安世公建。（叶庆武《梁村古韵》）

3. 三阳书院

在梁村（今属莲都区老竹镇），建于元末明初。清光绪十七年（1891），《渥溪梁氏宗谱》载：三阳书院，在龟山之西，元浡澜公（字可观，号三阳居士）建。（叶庆武《梁村古韵》）

4. 学易书院

在梁村（今属莲都区老竹镇）水口。清光绪十七年（1891），《渥溪梁氏宗谱》载有梁毓俊《学易书院》、梁毓恺《学易堂即景》、梁毓祥《学易堂梨花》等诗文。（叶庆武《梁村古韵》）

5. 留墨庄书院

在梁村（今属莲都区老竹镇）水口，龟山之麓，梁溪之阴，清梁大观在学易书院旧址建。清光绪十七年（1891），《渥溪梁氏宗谱》载："大观公，字学秦，号少亭，骏公次子，十九岁入庠……晚年……于庙前水口建书院，额曰'留墨庄'。"（叶庆武《梁村古韵》）

6. 屏山书屋

原为潘氏义塾，明初潘轼创建，以训族之子弟，后毁于火。国初嗣孙正经四美重修，旧址规模略备，康熙年间生员文谅、元韬、士经、士璿益恢廓之，建书屋十五间，乾隆年间族人延本族贡生潘士珍振铎训课，潘氏子弟有文行者多出其门。（道光《宣平县志》）

处州书院诗文选

"国家菁莪造士，木或朴作人，自京畿首善之地，至直省通都及偏隅小邑，无不于庠序之外更设书院。"（徐葆清《迁设松阳县明善书院记》）书院的创办和修复，对昌文教、化风俗功不可没，为一乡一邑文化之大事。历代名宦文士或作记勒碑，以纪庀工鸠材之难，或吟歌作赋，以咏文化昌明之盛。近千年来，与书院相关的诗文，可谓汗牛充栋，散见于史书文集。现将有代表性的作品搜集于后，以飨读者。

一、处州府属及丽水县

1. 韩愈：《处州孔子庙碑》

自天子至郡邑守长，通得祀而遍天下者，惟社稷与孔子为然。而社祭土、稷祭谷，句龙与弃乃其佐享，非其专主，又其位所不屋而坛，岂如孔子用王者事，巍然当座，以门人为配，自天子而下，北面跪祭，进退诚敬，礼如亲弟子者！句龙、弃以功，孔子以德，固自有次第哉！自古多有以功德得其位者，不得常祀；句龙、弃、孔子皆不得位而得常祀。然其祀事皆不如孔子之盛，所谓生人以来，未有如孔子者。其贤过于尧舜远者，此其效欤？

郡邑皆有孔子庙，或不能修事，虽设博士弟子，或役于有司，名存实亡，失其所业。独处州刺史邺侯李繁至官，能以为先。既新作孔子庙，又令工改为颜子至子夏十人像，其余六十子，及后大儒公羊高、左丘明、孟轲、荀况、伏生、毛公、韩生、董生、高堂生、扬雄、郑玄等数十人，皆图之壁。选博士弟子，必皆其人，又为置讲堂，教之行礼，肄习其中。置本钱廪米，令可继处以守。庙成，躬率吏及博士弟子，入学行释菜礼。耆老叹嗟，其子弟皆兴于学。邺侯尚文，其于古记无不贯达，故其为政，知所先后，可歌也已。乃作诗曰：

惟此庙学，邺侯所作。厥初庳下，神不以宇。

先师所处，亦窘寒暑。乃新斯宫，神降其献。

讲读有常，不诫用劝。揭揭元哲，有师之尊。

群圣严严，大法以存。像图孔肖，咸在斯堂。

以瞻以仪，俾不或忘。后之君子，无废成美。

琢词碑石，以赞攸始。

朝散大夫、守国子祭酒、赐紫金鱼袋韩愈撰。

（吴志华、吴志标《处州金石》上册）

韩愈（768—824），字退之，河南河阳（今河南省孟州市）人，世称"韩昌黎""昌黎先生"。唐代杰出的文学家、思想家、哲学家、政治家。

2.林景熙：《潘山长入栝》

为官转多事，行役到寒毡。

落日邻州树，西风逆水船。

饭牛怀白石，访鹤入青田。

我欲看行卷，仙峰雪瀑边。

（李蒙惠《处州历代诗词选》）

林景熙（1242—1310），字德旸，号霁山，浙江平阳人。南宋咸淳七

年（1271）自上舍生授泉州教授。历礼部架阁转从政郎，人称林架阁，宋亡不仕。有《白日樵唱》《霅山集》等。

3.张应高：《乡饮酒记》

吾夫子言，二代礼庀于杞宋文献之不足。栝处士邦顷，虽武事孔竞，一二耆老，犹整遗家秉礼经，厥子亦严父训，文献视他邦独岿然。

元贞乙未（1295）秋，总管李侯镇栝之三月，讼理政平，我民继康。人乃议以古乡饮酒礼，尝行于东瓯者而行于栝，属郡博士吴君梦炎，与老于其乡洽闻卓识者讨论之。

明年正月之吉礼成。侯盛服莅学宫，肃宾于大门外，再拜以入。将事文武群僚，恪谨以从。大宾赵君俊九十三，价叶君士驹八十有九，须发皓白，貌泽体强，衣冠伟甚。登降献酢，济济与与。下迨在泮之耆老，偕弟子员暨里大夫，若郡邑岩穴之秀士，罔不骏奔来相。尊让洁敬，动中仪式，郁乎其文，温乎其和，有古之遗风焉。旁观者几千人，讫无一语欢噪。退，切切嗟叹，胥告语曰：曩宋淳祐（1241—1252）间，太守王君克让，尝于试士闱举是礼矣，其仪绵蕝三千三百，若有待焉。不图后五六十年而有兹遇，以今较昔展也。

大成教化，诞敷习俗滋厚，侯可谓贤也已。虽然折扬皇荂，里耳笑之，引商刻羽，和者或寡。微吾邦不能遂贤侯之志，微贤侯岂能昭吾邦文献之懿哉！昌黎有言，先一州而后天下，侯之巨业于此乎觇？

又明年，学正胡君王仲摄教事，追惟斯举，与吾邦人士谋曰："盍记诸？"乃伐石琢词俾勿坠，且以志侯之贤。

侯名尕儿赤，大名人，廉敏明毅，子庶民，薄夏赋之入。凡便否事，悉罢行之。无遗策名，庸日赫著，他将有寿其实者，此不书。大德丁酉（1297）长至节日记。

（成化《处州府志》）

张应高，生卒不详。

二、青田县

1. 王冕：《题刘基青田山房》

> 青田刘处士，潇洒好山房。
> 夜月移花凳，暮云动石床。
> 书声通远谷，琴响应清窗。
> 我欲相依住，临流筑草堂。

（李蒙惠《处州历代诗词选》）

王冕（1287—1359），字元章（一作元肃），号竹斋、煮石山农、饭牛翁、会稽外史、梅花屋主等。元代著名画家、诗人，兼能刻印，相传以青田石作印材由其创始。所著有《竹斋集》。

南田刘基故居

2. 韩锡胙：《修石门洞刘诚意伯读书堂引》

　　吾乡轩辕丘，又名石门洞，相传谢康乐守永嘉时所辟。然道书称为第十二洞天。双峰如门，百仞峃溪上，舟过，十里之外即见之。天造地设，非人力所锥凿也。或以石门新营，见自谢集，遂指为辟自康乐，殆非然欤。洞内广里许，平畴开朗，青枫乌柏，翳蔽塍畔。西南峭壁插半天，有飞泉如千匹练，自空而下。下有深潭，涵泓三亩。仰承瀑水，大声喷虹霓，小影跳珠玉。冬雷夏雪，飘散万状。唐李白、丘为，宋秦观、楼钥辈，题诗刻石，笏立藤蔓之中，雄词丽句，惜其徒流连景光，与石门奇山水颇不似。非惟诸人不似，即康乐先不似也。

　　刘诚意伯读书处，在洞西岗之麓，今为灵佑寺。寺左三楹，范土貌诚意葛巾麈尾，甚英雄。诚意，吾乡人。其曾栖止是间无疑。顾《覆瓿集》《犁眉公集》，于青田仅《弋溪》一诗。其余石帆、白岸、砺石诸名胜，俱未尝留题片语。岂其文稿散逸者多欤？诚意为石末公从事，郡城唱和，其诗盈百余首。而大溪，舟楫所必经，石门尤岿然耳目之前，且其啸歌之所也，而无诗不可稽矣。

　　乾隆癸亥，大司马长洲彭芝庭先生视学两浙，浮舟登览，又手望瀑布，以匡庐、雁宕皆不及。又览诚意书堂，已倾侧将废。因赋诗凭吊，命寺僧实光肩其事。而实光老病，呼之无应者，工遂寝。今实光没二十余年，其传法孙宝殊，芒鞋瓦钵，礼地藏九华，璨祖灊岳，访余皖江郡署，出大司马题册，倡复前议。谓兹山肇自康乐，宜增祝谢公兄弟及后世游赏诸名人于书堂后室。此怀古探奇之士所共惬心之举也，余因解俸作祠宇。虑无石门，多宰官往来，必有相佽而速其成者。余他日老朽，归田访宝殊，得宿山青水碧中，依古德之昙花，以续乡先生之觞咏，与宝殊作物外游，非又一小事因缘欤？爰书之，以赞其行。

（光绪《处州府志》）

韩锡胙，字介屏，号湘岩，别署少微山人，处州青田人，乾隆六年（1741）中拔贡，十二年（1747）中举人，历任山东平阳、禹城、平原等知县，迁安庆、松江、苏州知府，著有《滑疑集》8 卷行世。

三、缙云县

1. 朱熹：《和李士举〈过徐氏山庄〉韵》

出岫孤云意自闲，不妨王事任连环。

解鞍盘礴忘归去，碧涧修筠似故山。

（李蒙惠《处州历代诗词选》）

朱熹（1130—1200），字元晦，号晦翁，徽州婺源人。南宋诗人，宋代理学的集大成者。著有《四书章句集注》《近思录》等。

2. 戴表元：《美化书院记》

美化书院，以处之缙云美化乡而得名旧矣。当江南初创时，宗正寺主簿陈公大猷以名，大夫、太傅乔公行简以材，宰相相与极力鼓动，绚饰穹碑巨榜，隆栋宏壤美化，虽在缙云穷山中，一日而名字闻于天下，脍炙于缙绅韦布之口。然书院立未百年，兵毁及之，悉化而为蒿莱烬砾。问其本末，则已无有道之者。

元贞二年（1296）秋九月，四明陈君天益，始披绂绶来为山长，于是事属平定。前莅是官者，薄其地迁廪瘠，往往托故不至。礼殿六楹，孤立风雨中，肖象弗建，莫谒靡寄，饔粮祭器、若其他共养、居止之须，种种匮乏。君曰："是欲谁诿耶！"即易瓦补塞，修覽室漏，设素王之容，倡先贤祠，屹门阙翼庙，廉秩豆笾。诸事既以略备，乃率先置养士田十五亩，继而询荒核耗，经理而得田及诸儒所助，通一顷六十四亩。由是春秋之祭费取

焉，朔望之膳具备焉，师长职员之稍给取焉。月有书，季有考，雍雍于于，云兴谷应，岩居之叟，涂行之子，嗟呼叹诧，以为不图荒凉契阔矣。而有歌舞雩观、鹱相之圄之感也。惟讲书之堂，以役重未就。

大德元年（1297）冬十二月，廉副使贝降公，金事完颜公临其地，嘉前事之有绪，而欲雄其成也，以嘱邑主淮安瞿侯。瞿起望族，年方壮，有材识，尤致意学校。事人劝趋之，遂增台门、新宫垣。至明年十月，而堂竟成。完颜实始大书"美化书院"额，亦书其堂曰"美化堂"。

於戏！美化之于缙云，缙云之于处，视秦汉郡县乡遂之所隶，属地不加大也。处有学，缙云有学，美化复有书院。视周人之序，而庠庠、而塾学，不加多也。而君子论古常若有余，验今常若不足，要非皆人事之咎，势或有所待焉。周法取人用乡举、里选，秦汉以兵、以赀、以吏，至择经术生犹多本齐鲁。法之益衰，始有科举。今此事且止士，庶几返本趋实。而令宰如瞿侯，师儒如陈君，适皆能效职于下。知体要、急名教如两使者，能大宣其道于上，将见：人人闲散，党正不眼书；家家毛伏，儒林不胜传。礼俗匝于寰区，王风荡乎无垠，而美化为之兆矣！遂相率砻石聘文，愿著兴作之始，以贻永久。余不得辞，因次第而为之记。

（《剡源戴先生文集》）

戴表元（1244—1310），字师初，奉化人，从王应麟、舒岳祥等名儒学。宋咸淳五年（1269）入太学，七年中进士，授建康府教授，后迁临安府教授。宋亡，寓居鄞县，以教学卖字为生。

3. 周南：《五云书院记》

道在天地而寓于人，无一息息也。可息，则人之类灭，而斯道无所寄。贤者出，特为此惧。尊师重傅，敦典庸礼。性失者反之，欲炽者过之。故父子亲，君臣义，夫妇别，长幼序，朋友信。而学校庠序之立于三代者，无非匡直辅翼，沾染熏陶，消人心以复道心，而其学之建，岂徒然哉！缙云有邑，肇自李唐，水抱山环，蔚为形胜之区。钟灵毓秀，人士固彬彬也。至赵宋，朱先生抱圣贤之学，衍孔孟之传，偶持常平之节。履缙地，目击独峰、美化二乡山水尤清绝，愿留授徒。士人若陈邦衡、邦钥辈，师尊之，得穷理尽性之学。用是则士尚廉介，事弦诵，俗用丕变，于以见斯道固在人心，赖翁有以明之也。翁既去，缙士德翁慕翁，各立书院，而岁时祀翁。顾书院之设，所以萃英秀而道问学，于斯道之助，非细细也。历岁久就圮，二地鞠为灌莽，故老间能谈之，而后生小子茫然不知其颠末，能谈者亦鲜矣！是非吾缙教化之一大缺典欤？

乃嘉靖乙酉（1525），南畿古歙双州方公莅吾邑，公业礼经，得其精要，遂以是魁天下，抱负属望于人者，积非一日。今乃操屠龙之器，而住诸鸡肋之区，废坠起作，而发蒙振槁，无难为者。因慨然曰："朝家置令，为民劝农桑，足衣食，谨簿书，巫摩抚，靖贼盗，虽生息以遂吾之事也。而教化有缺，谓之知务则未闻。考邑志，共晦翁先生寓吾所治，当时人士咸师尊之，而风俗益趋于正。兹书院废而祀典缺，如前者所云者。今欲复其旧观，以收人心之已涣，责不在我乎？"乃以状达诸当道，若兵备宪使黄公、郡侯张公，咸曰："尔智者也。其知所当务乎？"公率士民相地于邑治东北隅，背北向离，厥土亢爽，景更清绝。材市于山，甓瓦范于陶，工匠一以募，费出人帑而不为扰。士民闻之曰："是举也，关教化，变习俗，真所谓侠道也。吾辈奚为不鼓舞，有众以从役，使是役之速成耶？"

其规制，以址则横倍于纵，东为堂三间，中肖翁像，以高弟黄直卿、蔡元定二先生配之，缙陈邦衡、邦钥二公亦在陪祀之列。左右栖士之舍，以间计各十。曰前门，曰通道，西退息厅事曰正门，以间计者各三。墙墉庖厨，镝钥咸备，以美化、独峰，

恐不欲并立。考旧号"五云",更名曰"五云书院"。

经始于是年七月朔,告成于来年四月朔。阖邑士民谒公曰:"公下车,凡有举动,拂人心、妨政理者不为。是营于舆论允协,况有营不记,于理未宜。惟我公图之。"公曰:"然事之颠末,作之裨益。若知白周先生,缙产,知之悉而论之素,将于彼是托。"时择吉率僚属踵于门,道创建之意,余治下目兹盛举,虽老朽不文,亦不敢多让。

嗟夫!天下事有道存焉,但其中有缓急先后。缓者先之,急者后之,则施为失序,不可谓之知务也。公之作宰,以廉介自守,济通敏之术,缓急先后,余固无以疵公也。余于公是举,窃有征焉。公徽人,属考徽邑婺源,邑大夫创周、程三先生祠堂,丐晦翁先生记其事。翁曰:"三先生于婺源,非其乡,非其寓,非其尝宦游之邦,执不可。"邑人又谓三先生之学,性诸天而成诸己,授受流传,遍及宇内,而宇内靡然向之,奚以是泥焉。且翁实井里,先贤素所私淑,非乡非寓,非尝宦游之地,而书院之建也允宜。余也老钝,仰追晦翁过化于数百年之前,今又喜公宰邑于数百年之后,慨古思今,不胜恋慕,如之何而不记也。愿公例古司徒,提撕警觉。如工之有肆,专习业而精会文,俾道散于五伦者,萃于一身。浮靡是濯,敦恳是成,公将为斯文宗主,区区宰绩之最,足以尽公哉。士众曰:"若然,则人能宏道而斯道永传矣!"余敢以是复之公。公曰:"有是哉!"遂书以为书院记。黄公质名,张公元电名,方公润名,皆时名臣云。

(光绪《处州府志》)

周南(1448—1529),字文化,号知白、天和老人,缙云县城龙津坊人。明成化十四年(1478)进士,初授六合县知县,升监察御史。

4. 万潮:《五云书院记》

缙云县东二十里许有独峰。山水清绝,略似武夷。宋徽国朱文公持常平节过此，谓宜藏修其间，为赋"碧涧修筑似故山"之句。嘉定间，邑人叶嗣昌始建独峰书院。又东六十里，为美化乡，朱文公尝讲学其地。嘉熙间，县令陈大献、尉陈实相继建化书院。旧各设山长一人领教事。如范光、李德大辈皆有学行，训授生徒，文教于斯为盛。岁久漫为莽区。

嘉靖甲申（1524）夏，少参方君时举行部至境，访求故迹，仅存遗址，石碑路立字划剥落不可读。方君欲图修复，会迁官弗果。县君方子时雨，一日率师生步学宫后隙地，得城隍庙旧址，欣然相谓于此藏修为宜。用是定议，白之巡按监司，佥曰可。盖此虽非故地，而宫墙密迩，所以景前修迪后学者尤为亲切。遂鸠工庀材，创建书院。左南向为庙，祀徽国公，以黄直卿、蔡元定配。外为方塘，为正门，题曰"宋晦翁先生祠"，凡旧址之碑刻，咸在焉。右亦南向为讲堂、为退轩、为两舍，聚邑英才而教育之。外为仪门，为正门，总题曰"五云书院"，盖以独峰、美化不能并举，而五云又缙之旧名也。创始于乙酉之秋，告成于丙戌之夏。厥费皆取之官。

该县以状白予。予惟书院之设，所以广学校之不及，简拔才俊，亦鼓舞作兴之一机。方子为是役，既足特书；而崇祀文公，又所以昭示趋向。诸士子旦夕瞻仰有余师矣。昔人谓尧舜之道至孔子而大明，孔子之道至文公而复明，诚非阿所好者。其徒勉斋诸子称其所以为学曰："主敬以立其本，穷理以致其知，反躬以践其实。"公之所以绍道统，立人极，卓然为万世宗师，端在是矣。方子是举，志在作人，诚非俗吏所能办。而诸士子藏修其间，未皆能自树立如昔贤否？此则予之所深忧也。呜呼，文公之所以为文，在心术不在事功，在躬行不在著述。诸士果愿学焉，岂可以他求者哉！

（缙云地方志办公室《缙云文献》，原载乾隆《缙云县志》）

万潮，字汝信，进贤人。正德六年（1511）进士，由宁国府推官入为

仪制司主事。世宗时，历浙江提学副使，迁参政，仵督贵调广西，屡迁至陕西左布政使、右副都御史，巡抚延绥。所至著声。

5. 程文浍：《重建五云书院碑记》

    书院之兴，始于唐李渤，迨宋而白鹿、鹅湖最著，务以明圣学而已。元明以来书院日益多，乃所讲求者日益卑。问其志，曰科目；问其业，曰帖括，则已异于古所云矣。

    然周子谓文以载道，帖括也文之一也；卜子称学优则仕，科目固仕之阶也。斯二者亦非前贤之所弃，而今书院之月课士以制义者，非无说也。缙邑故有书院，去孔子庙仅咫尺许，旧建朱紫阳祠即其旁，筑室数椽，供士人肆业处，规制卑狭，不足容生徒。岁久缮葺不时，风雨暴至，屋兀兀动摇，有剥庐恐。岁丁亥，楚南谢侯、山右续侯相继令兹邑，皆首以劝学为务，将图书院新之。

    而壶溪吕生起而请任其事，患故址之隘也规，墙东隙地方广且十丈，购而拓焉。芟秽夷涂，尽撤旧屋，树楼三楹间，奉朱子位于中，而以乡先贤二陈氏配，仍其旧也。其上增设梓潼帝像均南向。左厢立学舍九，右厢如之，其外为讲堂三，左右厢学舍各二，左厢后得舍，视右厢之数而益一，右厢后又视左南明倍其三。堂下树门以蔽，制如门，又其外为大门三楹间，少西不正，与讲堂直，迕于地致然形家以为宜。门之上起阁，塑魁星像北向，左右架披各一，备守馆者之所栖息。汲有井，瀚有池，庖湢有所，疏以广庭，缭以周垣，学者始庆安宅焉。经始于道光八年八月，又明年而落成。费金钱三千缗有奇，生之施可谓大矣！壶溪之距此也远，生族之子弟负笈所不便也，乃未尝顾籍而毅然为之，心于是乎公矣！土木之兴百务，猥杂音繁于耳、尘眯于目，生不避寒暑风日，躬程督之者匝岁，他人无有过而相焉者，力于是乎勤矣！

    邑之人既乐其施，而又嘉其勤，且公也谓不可不文诸石以垂示来兹。丐余为其辞且言曰："书院之设所以课士人，于帖括而取科目也。今吾邑书院不异于他郡邑，顾百十年来无登甲第者，果地气使然欤？抑山之长所以陶冶而成之者有未善欤？愿先生教之。"

余曰："不然。今他郡邑之书院，名人文之薮而多，以资大人先生，退老之躯、能文之士月再趋焉，徒以侈结纳耀声誉博膏火，而教之实无闻焉。缙之书院则异是，膳薄无几何，不为四方宾客所艳注，得以推泽乡邑之望，而主讲焉来游者，皆其亲串童冠，错至而无以却，授书削稿，手口兼营，师之劳且苦，较里塾尤甚，有教之实矣！岂不愈于他郡县乎？乃科目之学未逮焉者，失不在书院，而在里塾也。余来此习知里塾之病矣，子弟自童蒙时已苟且于学，及长而漫为文，茫然不知门径，从师者皆薄其修脯，师无以资粥，不得不罗而取赢焉。一师之塾，其徒数十；一期之课，其艺数十。虽有敏于才健于文者，欲人人为之斟句酌字，裁成斐然，亦力尽气索而不暇给，则卤莽灭裂、苟且涂饰以塞学者之望，而学者不知其卤莽灭裂、苟且涂饰而守为圭臬，则其文宜不如师矣！未几而学者，又俨然为人师，其卤莽灭裂、苟且涂饰又加甚焉，则师其文者益下，辗转迁流，而邑之子弟智慧日以汩，痼疾日以深，终身为其业而不得其门，无惑乎科目之绝少也。吾以为，欲盛科目当工帖括，欲工帖括当慎里塾，凡子弟六岁以上求老成者，教之是曰蒙童。师徒不得逾十人，日令其习熟经书，通晓训诂，则心源日渐以浚，至十三四时而学已培其基矣。由是而有志于科目更求专工帖括者，教之曰时文。师徒不得逾五人，皆厚其，用力少而讲项专则有以尽其赏奇，析疑之致，一切卤莽灭裂、苟且涂饰之遗制，毁勿留置，惟专以前辈名家，文为模楷，务求其理法，长其才气。塾之徒互相切磋焉，则心源遂浸以深，而书院之课官，于朔望集里塾之所成就者试其文，甲乙之优者奖励有加，而学者愈知所奋。加数十年则帖括之工犹他郡县也。何患科目之不如乎？且夫山川灵淑之气散而播焉，不如

其萃而毓焉。今他郡县之日泄，其奇以联翩乎？科目者其人物亦略可睹已。缙邑冈峦之盘互，溪流之奔放，浑沦磅礴郁积数百年而未有所发，是必将钟数人焉。光明俊伟，广博渊涵，由吾之言以深造之，学而大其用，且进而明圣学不难矣！又何区区科目之足虑哉。”

邑人唯唯而退。爰即所以言者记之书，贻吕先生勒诸碑。生名锡熊，敦行人也，事亲孝友于兄弟，从余学以廪贡生候选复训。

（光绪《缙云县志》）

程文淦，生卒不详。

6. 汤成烈：《重建金莲书院记》

县之有书院旧矣。自宋朱文公持常平节到此讲学明道，从游者众。嘉定中建独峰，嘉熙中建美化，为士子藏修之地。明嘉靖中，知县方润始建五云书院，于学宫之后，俾邑之士肄业焉。国朝乾隆三十年，山右令狐君来治县事，慨此邦科目之衰，推一己乐育之志，即关帝庙旧址，创为书院，名曰“金莲”。捐俸延掌教、给膏火，意良善也。乃岁久剥落，日就倾圮。

道光七年，江右谢君兴宗来，倡议兴修，明经丁耀清独任其事，顾旧址狭隘，爰请院后西仓废址官地，纵二丈许，横七丈有奇，以展拓之。建正屋七楹，中为讲堂，两横厢屋四楹，后厢屋二楹，其前回廊五间，大门一间，庖湢咸具。经始于戊子，越己丑岁工竣，凡费银二千一百两有奇。

会谢君迁去越二十年，余来署县事，山长赵云樵请余文之。余谓古之教者，家有塾，党有庠，术有序，造士备俊，造之选列大成之林，是以幼学壮行，循名核实，不愧纯儒。降至汉宋，大儒代出，类皆修身以求志，讲学以明其道，服圣贤之经训，固非咕哔章句毕乃事。

缙邑山川萦抱，旧为人文荟萃之薮，其制科文艺虽盛于昔衰于今，然有志向学之士，皆能负笈从游，执经问难，朝夕淬厉，孜孜不倦，顾学贵实践，功由循序，肄业诸生傥能优游乎六经之囿讽咏乎？先圣之言，析理既明，行文自当，而巍科高第操胜券可偿。所谓修其天爵而人爵从之也。遂书而泐之石，其捐置膏火田亩姓氏并列之碑阴。道光二十八年九月。

捐置书院田亩字号土名（略）。

（光绪《缙云县志》）

汤成烈（1805—1880），字果卿，晚号确园，常州人，道光十一年（1831）举人，官永康、缙云知县，主编《缙云县志》《缙云文征》等。

7. 朱怀衮：《美化书院怀古》

其一
鹿洞源流未有穷，至今犹觉坐春风。
一堂问答知何尽，留取千年雨化功。

其二
绝学从来岂易传，青山绿树自依然。
东风昨夜窗前过，似把新机映旧毡。

（《金竹朱氏宗谱》）

朱怀衮（1615—1680），字惟补，号新庵，缙云金竹人。清初历官肇庆府通判、大理寺右寺副、长芦运佐、凤阳钞关。著有《时习录》《平斋集》。

8. 朱焕：《拟复美化书院》

南国瞻星地，文公旧讲堂。朱陈一世业，周李两朝光。
列祖亲承训，胡沈远继芳。闾阎名赫赫，国史笔皇皇。

虽经数鼎革，典礼自昭章。迨明及天启，移祀废东方。
门墙云已圮，人心不可忘。碧涧修筠处，凭吊自彷徨。
顾得私夫子，心中久自藏。风流蒋外史，潇洒谷霖苍。
揽胜穷山泽，搜珠遍海沧。机关应感动，名德复宜香。
又有阳明教，京都欲再扬。此中相一客，十二载缥湘。
遂使无弦琴，得调宫与商。归来询故物，故物婉相将。
石室犹烟晕，遗碑尚莓僵。百年非欲远，万里未为长。
吾心无缺陷，至道宁沧桑。顾言兴百室，与我共周行。

（《缙云文征续编》）

朱焕（1624—1707），字曰旦，又字元简，号静仙，原居缙云金竹，避乱迁后吴。康熙岁贡。

9. 朱焕：《独峰书院》

鹿洞流风自昔年，冠裳楚楚腹便便。
问奇有客因耽酒，采药无人更学仙。
可叹泽宫成茂草，惟余危石势参天。
孔颜乐处依然在，弦诵庶几属后贤。

（《缙云文征》）

10. 赵舒：《游仙都怀先斗山侍御仙都草堂》

游倦江湖赋遂初，身闲每欲访仙居。
忽来元后飞升地，顿忆先臣隐遁庐。
野竹幽花今寂寂，断桥流水故如如。
最怜弄月嘲风处，有否山居吟稿余。

（《缙云文征续编》）

赵舒（1884—1948），字澄志，号明止，又名元熙，缙云壶镇后塘人，同盟会会员，辛亥革命元老。曾任国会议员、省参议员。

11. 楼步云：《右文馆记》

五云山川之秀，甲浙东诸邑。在宋明时，科名阀阅载志乘者烂如，可以证钟毓之灵也。迄今百数十年，科甲寥寥，前贤之悯是者深矣！

至云辈敢有奢愿乎？抑余闻之，士之争名犹贾之争利，不以失利废经营，士可以失名忘校艺？乃三年大比不旷宾兴，而余缙之赴科者，合邑不过三四十人，岂燃糠映雪仅博一衿，遂甘牖下老乎？亦由山乡贫瘠，士多舌耕，不能以有限之脯修，费于不可必得之求，纵平日研经炼史，志切观光，而临期未有不裹足也。

予因是久欲纠合同志，以集腋之谋，为办装之计，特未敢遽发耳。忆嘉庆癸酉（1813）科偕陶柳川、陶渭川二君，赴场旅次中，谈及是事，二君即欣然有同愿。斯时，予心犹怯也。旋里后，复执以商诸同志，佥曰："此美举也，某等愿赞襄焉，曷速为之。"予志乃决。越日，即立簿集诸友定议，自乡一都至十都，属于乡之西者，酌量劝捐。陶柳川、陈绍舜二人即各助田数百秩以为倡。又幸乡内好义者，皆土不吝割、囊不吝倾，总计捐田六千有余秩，钱千有余缙。

嘉庆二十年（1815）冬，即鸠工庀材，营建文昌宫于新建庄内，为公所且即为诸生课塾，颜曰"右文馆"。宫内奉文昌帝君圣像，越三稔告成。所收助钱已为营造工费，岁入之租，除祀事输粮外，悉以助乡试资斧，及诸生会课之需。曾立清册，将助田亩号及助主姓氏，并公议条约，呈县府存案，编辑成帙，以垂永久。兹幸事各就绪矣，其为赴科计者，数虽未足，而稍润行囊，向抱穷途之憾者，庶几其少释焉。第余之为是事倡也，实短于才，赖诸友同心欣助，以成斯举，殆亦文运之先征乎？今余耄矣，惟冀妙龄英士，励志芸窗，厚其培植，则浚然灵奇，上应圣世抡才之巨典。人文蔚起，安不见如宋明时耶！而予与劝捐乐助

诸君子，愿亦有以尝矣！自兹以往，更从而恢廓之，以厚益其资助，则有望于后之来者。

（《缙云文征》）

楼步云，字有仁，处州缙云人，廪生。

四、龙泉县

1. 袁甫：《金斗书堂记》

吾友张伯常，龙泉人。书来为乡人鲍君求金斗书堂匾，且曰书堂之建成，将聚乡族之弟子而教之。每叹世降道微，谁复以讲学为急务。鲍君独能捐己财，诲后学，此意良可嘉尚。虽然其本在择师，师不必他求，伯常学醇行方，气充识明，可以为师矣。余屡欲屈伯常于象山书院，以地远故未果。今里闬近也，金斗专也，近则无往来之劳，专则无暴寒之患。行于乡，然后推于他郡，岂惟伯常之学推而淑诸人，将见金斗书堂之泽自是浩乎不可量矣！伯常试以是语鲍君，鲍君倘从吾言，甚善。不然，书堂之匾，不可以私藏于家，其盍归我乎！

（周作仁《龙泉古文献选编》）

袁甫，字广微，号蒙斋，庆元府鄞县人。袁燮子。少承家学，又从学于杨简。宋嘉定七年（1214）状元，授秘书省正字，青田知县。

2. 宋濂：《龙渊义塾记》

龙渊即龙泉，避唐讳更以今名。相传其地即欧冶子铸剑处，至今有水号剑溪焉。山深而川阻，与通都大邑相去远或二三百里，虽至近亦且半之，乡闾之子弟无所于学。

章君之先世尝以为病，谋创桂山、仙岩两书院，以无恒产，未几而皆废。章君深忧之，与诸子计曰："无田是无塾也，其奚可哉？"遂樽节凡费，而用其余斥田至一百五十亩。其妻党陈京兄弟闻之，以曾大父适斋先生所遗二百三十亩有奇来为之助。章君曰："吾事济矣！"乃卜地官山之阴，创燕居以奉先圣，而先师为之配，春与秋行舍菜之礼。旁列四斋：曰逊敏，曰知通，曰敬乐，曰博约，以居弟子员。后敞正义堂，月旦、十五日鸣鼓，集多士，以申饬五伦之教。前建大门，榜之曰"龙渊义塾"，劈其修途，以达于东西。灌木嘉篁，前后蔽荫，盖郁然云。

岁聘行经修明之士以为讲师，诸生业进者，月有赏；才颖家单不能裹粮者，资之使成；其不帅教者，罚及之。田赋之出入，主塾事者司焉。日用有籍，月考朒赢，岁二会其数，有余则他贮，益斥田以广其业。石华、象溪二所复设别塾，以教陈氏族子之幼者，俟其长，乃赴龙渊受业。此其大凡也。

江浙行省参知政事石抹公闻而嘉之，檄本郡免其科繇，俾无有所与。章君既列条教，序而刻诸石，复惧来者不能保其终也，伻来，请濂记之。

惟古者之建学也，虽其为制有小大之殊，而所以导民衷、扶世防者则一也。龙泉旧为浙水东文献之邦，水心叶氏正则、西山真氏希元，后先以学鸣，声感气求，籁鸣机动，掇巍科而典雄藩者声华相望，一时文物，固尝盛矣。距今未及百年，而继之者鲜也，岂俗尚不同，遽有古今之异哉？亦系乎学之兴衰为何如尔？

章君有见于斯，不效于时俗封殖吝固以为肥家之计，乃辟塾聘师，以克绍先世之徽猷，其立志甚弘，而为功甚溥。陈京兄弟乐善好义，以助其成，自非适斋涵濡之泽，亦岂能至于是哉？

章君之子若孙，当夙夜以继志为事，毋丰己以自私，毋蠹蠹其间以启争端，毋狎非类而斁厥彝训，毋植朋党而互相低昂，庶几不负章君之意。脱有违于是，陈氏之中有端亮者宜匡正之。陈氏或不我屑也，则乡尹里师岂无勇于为义者，咸得纠之。乡尹里师又不我屑也，则县大夫之贤者，宜抚树而振发之。是则章君之

塾可相传于无穷。虽然，无以远虑为也，夫具人之形体者，孰无人心哉！苟读濂文，宜战兢保守之，弗眠纫敢坏。因书之以为记。

（《龙泉县志》）

宋濂（1310—1381），字景濂，号潜溪，别号玄真子、玄真道士、玄真遁叟，浦江（今浙江义乌）人，元末明初文学家，曾被明太祖朱元璋誉为"开国文臣之首"。

五、松阳县

1. 王光祖：《答朱晦庵》

尺纸书来训诲深，孔门希瑟孰知音。
一经题品便佳士，万有感荣铭此心。
善利几当严界限，日新功在惜光阴。
个中受用为真实，敢把功夫向外寻。

（汤光新《松阳历代诗词》）

王光祖，字文季，处州松阳人，官大理评事，精于理学。

2. 吴师道：《明善书院记》

帝王群圣人之道，至夫子而明；群圣贤之言，至朱子而明。朱子之功异世之夫子也。厥今尊右表章，声教四达，荒陬遐徼，犹知诵其书，思其人，严事惟恐后，纫过化之地、祠祝之旧者哉！

处州松阳县旧市者，古治所也，唐叶法善宅焉，距今县一舍许。宋时，里塾甚盛，朱子提举浙东常平，按行至，则为诸生讲说。有叶震者，能述《论语》《孟子》大义，朱子异之，俾主塾焉。咸淳季年，叶再遇者请建书院，曰"明善"。

入国朝，名存实废，前太学生里萧君子登，慨然志兴复，因他宇奉祠事，在法善故墟之阳，时至元二十一年（1284）也！事方萌芽，聚田以致学徒，后四年子登白其事，行省即命为山长。又六年，丽水王君淮来代，斥其址，首建礼殿及大门。延祐五年（1318），山长汪希旦构两庑，而朱子祠宇犹阙，论堂陋制未改。泰定元年（1324），萧君复摄教事，请于部使者，即下府县，而主簿常君礼董建焉。明年，山长郑继来，嗣而完之。起甲中（1284）迄今，余四十年，萧君实始终，是其力为多；而先立其大者，俾易为继，则王君之烈，而至是交惬其志也。王君时佐吾州，语予以起废之不易，且致萧君请，愿有纪。

予谓道在天地间，秉彝好德在人心，靡一日泯灭，固无用赞为。窃于是有感焉。法善以幻贵于唐，显于乡，志怪者孰不歆艳？一旦化为俎豆绛诵之区，淑其人而致力者，往往出于遗裔，独何欤？宋伪学禁兴，倡其说者，郡人也。当时朱子几不能免，讵知易世后，车辙马迹之所经咸慕，为执鞭不可得。彼诋诬捃击者，至今羞称之，是孰使然哉？善不可以终穷，晦于一时者，必著白于万世，诸君子扶植之功，岂非有得于"明善"之旨欤？

縻士之居，游者不怠，其承辟异端、距邪说，惟圣谟是祗，俾夫天命人心之本，昭晰而无迷。然后践之于躬，以底于诚，以返于初，是为无负兴复之意，则所立将与天壤俱敝，尚何废坠之忧哉？

（原文据《全元文》卷一〇八二著录）

吴师道（1283—1344），字正传，婺州兰溪（今属浙江兰溪）人。至治元年（1321）进士，授高邮县巫，再调宁国路录事。迁池州建德县尹。召为国子助教，寻升博士。

3. 萧子登：《明善书院志》

善者，天地人心之固有，本无不明。气拘物蔽，则明者昏

矣，善者恶矣。人当因其固有之心，去其物欲之累，使本明之体常明，不昧之理恒在。

庶几，天之付于我者，无不全我之得。于天者无或昧，苟明之无其地则役于他，岐而心不专矣。明之无其所，则夺于外诱而志不笃矣，将何以受天之命，全天之付哉！

吾祖元载公知其然，遂构屋于斯，名曰"萧院"，以为明善之所。淳熙间（1174—1189），朱文公为浙东常平使者，行部至此，讲经论道，当时人多感慕。厥后，年月久欲彰其贤以崇其德。吾继祖之迹，述祖之事，重加修整，复建是院，灿然鲜明，聿然其举，改曰"明善书院"。以学相赀，丽泽之益，而使吾心之全体常明，大用不昧，脱然无物欲之累也。

特为是记，所以昭示当时，垂裕后世，俾若子若孙，因吾言而明其善，因吾志以复其初，则吾欲明善之心，垂于永而不替也。遂书以为志。至元十一年（1274）冬十月，前太学进士裔孙萧子登书。

（原文据《丁岱萧氏宗谱》卷一著录）

萧子登，讳遇富，字子登，松阳五木人，元末任兰溪主簿，因世异，辞官归，复建"明善书院"。

4. 王祎：《明善书院记》

宋淳熙壬寅（1182），文公朱子以提举浙东常平行郡县修举振荒事，至处之松阳。松冈，先生叶君震者，县人也，时隐居教授于家塾，执所业见焉。朱子与语而有契，为讲《论语》《孟子》，留旬日乃去。后因即其家而拓充之，建礼殿讲堂及门庑斋庐之属，以为书院，而额曰"明善"，用为乡人之所肄业。去今县治二十五里，其地盖县旧治也。

岁更世易，屋既尽废。有元至元丁亥（1287），县人萧子登实重建之，行中书因署子登山长，而明善书院有山长，自子登

214

始。然松阳地左僻，又书院所有田仅六十亩，租入薄甚。故凡嗣来职教事者，不久辄引去，而书院恒以废不振。至正己亥（1359），薛君益为山长，君亦其县人，遂以起废举坠为己任，首捐私财，市木石、募匠佣，士之好义者，咸乐伙助之。乃卜吉庀事，缺者使之完，仆者使之植。丹垩涂墍，内外焕然，更置祭器及凡百需之物，其规制昔所未备者，至是毕备。虽因旧以为新，而功则几于作矣。经营缔构，四阅月而讫工。爰率诸生行舍菜礼，弦诵之声日以滋多。先是，士之隶籍者四十有五，而户绝者众。君访其族能业儒者，即俾继勿绝。士有割田为助，则言于有司，复其役。其为力勤而为虑远，所宜纪述以示后来。于是耆儒萧损等以文为请。

若昔宋初郡县未有学，天下惟四书院。厥后郡县无大小，学既立，而书院亦比比而是。大抵前贤之仕国及其过化之地，后人因夫教思之所被，故建立学官，使学者有所观感而兴起。虽为制非古，而教学之意则犹古耳。何也？圣贤之为教，亦惟使人尽仁义礼智之性，明君臣父子兄弟夫妇长幼之伦，因其所固有而开牖振节之，非有他术也。故凡学者，非四端之充，五典之惇，则无所为学矣。惟朱子绍道统之重，而以圣贤之所以教人者教人，外而蛮貊人面之域，孰不知所尊慕。况兹地其所尝临莅，流风遗泽被于无穷，士之游斯息斯，景行之至，其必目改心化，惕焉奋厉，以肆其求端用力之功，充而致之，圣贤何远之有！此固薛君之所望于来学而汲汲焉者也。薛君，字子谦，通经，善文辞，有驯行。佐其劳者，司吏刘润德也。

（原文据王祎《王忠文公集·卷七》著录）

王祎（1322—1373），字子充，义乌人。师柳贯、黄溍，遂以文章名世，与宋濂为总裁修《元史》。

5. 卢玑:《荥阳潘氏济川书院志》

客有摄斋升堂,主人命席曰:"举吾爵者,成吾志焉。"予寻为上宾,敢虚举爵。书者何?荥阳之载籍也;院者何?荥阳之斋室也。自居济川,再隆其栋,分堵过数雉,去室越数步,因飞甍而欲休,辄走廊以相属。南北广其庭城,东西翼其虚室。实室以书,实庭以山,山少于淮南,书多于曹子。中间虚敞拓地,迎宾至于重檐。复庭表里掩映,南通其廧,则驱温致湿者,忽诸北引其滂,则开帘入隙者盈矣。既而虚前后庭,级植朱华灵草,光风转蕙交荫,庇木言树之背,讵独于忘忧。仁者乐山,因资于筑,拟加以云虹写彩石闰于文碨,绮疏生白辉绚于止祥。既资之以货力,又竭之以智虑非,夫荥阳其谁以堪之?且夫堂之所以容宾,室之所以容书,庭之所以容山者,是为三不逮也。所为宾者,摄威仪,讲俎豆,看步爵,终于侧。弁人之情,务在俭啬,贵在多藏。而荥阳之宾,宴无虚日。书者,崇化基,明治本,权舆六籍,波澜百家,人之情醉,其诵言伸其咕哗,而荥阳之学,手不释卷。山者,资安静,贵峥嵘,有滓时兴鸣泉间,落人之情,畏其藏疾,忌其謇崩。而荥阳之山,不逢不若,三不逮者,其此之谓乎美。夫贲于丘园,取诸大庄孟献,予尝尤其室,无复聚书;晏平仲,独卑其居。惟闻近市用轮奂而不僭居,丹刻而不华与,夫陈旅树以贻讥,饰藻节而累智,讵得同年而语也。

荥阳奕叶儒服,五世同居,庭无间言,室无异爨,郡县尚阙其敷奏旌表,未加门闾。予早辱轩墀,深笃情好,因以师生设教于书斋,故以为志。明成化五年(1469)首夏先望十有一日,赐进士同里品森卢玑书于济川书屋。

始祖徙居松阳,今逾数百年矣!若近祖成化年间即所居济川,创建书院,聚书延宾以示乐教,贤良实志之。中更兵火,书院失而记犹存。灿暇日敛衽拜观,窃惟先世奕叶,以儒业相传,偶籍遗芳,敬以卢公所记,刊诸宗谱,使后之子孙,获知先世乐教之意，起敬起畏，而不敢忽焉。清雍正十二年（1734）仲冬月，二十五世孙潘日灿顿首拜撰。

（原文据《骥湖潘氏宗谱》卷二著录）

卢玑，字舜用，松阳人。家贫力学，怀抱甚高。登天顺甲申（1464）进士。廷策近万言，皆切中时弊。

6. 徐葆清：《迁设松阳县明善书院记》

国家菁莪造士，木或朴作人，自京畿首善之地，至直省通都及偏隅小邑，无不于庠序之外更设书院，备储膏火，按月课试，所以鼓励人才者立意至周。

我朝教泽优渥，人文蔚起，轶于前古"松邑书院"，自乾隆十五年（1750），前令陈朝栋倡设置院宇于城东，购腴田于四乡，详请立案，阅今百余年矣。戊午（1858）及辛酉（1861）两次被寇，院宇竟成荒墟。余于己丑（1865）初秋莅任，适当兵燹之后，下车伊始，地方凋敝情形，目击心惨，因思立教必先兴养，所幸连岁告稔，民困渐苏。初年而社仓复设，次年祀庙复修，三年衙署再建。噫嘻！资富能训此其时已。乃于课士时，筹诸生肄业之所，商之山长饶若汀孝廉，捐资购置天后宫之东叶姓民屋，计价三百二十六千文，加以修理，需钱一百六十千有奇。是屋由大墙门而入，为堂两进，左右多房，四围垣界，契载详明，发徐礼房存案勒碑，并载捐资姓名以示后之来者，知迁设之所自云。

（民国《松阳县志》）

徐葆清，字励庵，汉军人，同治三年（1864）任松阳知县，同治八年兼任云和知县。

7. 佚名：《重建朱子祠碑记》

我国家重熙累洽，文教昌明，作人之化，上轶成周。士生其

际，涵濡圣化，沐浴休风，宣如何砥砺濯磨，以自成为远大之器。顾其乐育则端自朝廷，其栽培则任诸学校，而或有虚心求益，修脯无储，奋志观光，资斧难措，未始不足以馁其力学之心，而阻其进取之念也。

吾松向有"明善书院"为合邑义学，牧斯土者敦请宿儒，造就后进，甚盛举也。第其事自侯主之，往往由于上宪之推荐，而主讲者坐受修金，终岁曾不一至焉，此紫阳书院之所由续建也。

书院，朱文公祠旧址，为前邑侯黄公槐所建。嘉庆庚申（1800），溪流泛滥，祠宇倾圮，迨至戊寅（1818），邑人士概然有志重建，并欲于祠后余址另建义学。除山长修金杂费外，余蓄分给乡会两闱举子路费，维时酌举董事议向合邑劝捐。而老成远见者，以为银钱恐难积储，计可敷鸠工庀材外，殷实者毕竟捐助腴田，可垂久远，四乡闻之皆以为然。或银或田，无不踊跃捐输，约得银贰千两零，得田五百陆拾余亩，祠于己卯（1819）涓吉营建，越庚辰（1820）落成。祠后建三楹以置仓次，后又建楼屋五楹，以作书院。告竣后，即将各捐户芳名勒石，外复公条约并租石土名亩额，及一切费用章程，付诸梨枣，昭公举也，慎远图也。然吾于是举而窃叹，夫"有志则竟成，为善无不报"之语为不虚也。

夫吾松在万山中，风气醇厚，崇尚实学，彬彬乎质有其文。宋、元以来，如叶石林、项平甫、王文季、潘叔度诸先生，出则为名臣，处则为醇儒者，代不乏人。至国朝王汝辈、叶天彩两先生，后掇巍科以去者，不数数觏。今此祠一建，科第相继而翘材复辈出，咸兴起于重熙累治，文教昌明之会，以歌咏我国家作人之化于无穷者，孰非是举之有以振兴也哉！清嘉庆二十四年（1819）己卯岁冬月，董事杨开甲、许景铭等二十四人立。

（民国《松阳县志》）

六、遂昌县

王承勋：《遂昌兑谷书院记》

明兴，儒术发事功接武兴者，吾浙两文成家。文成倡学东南，良知一灯炯如也。维时，平昌后山包子生，栝文成之乡及家。文成之门，有声浙东西，道义往还，垂今犹昔。平昌，盖有君子山焉，岂其地多君子名耶？厥孙似之，克绍家学，辑辑遗书，绳筏当代，倘传良知，一炬君子人与？建院讲学，问记与予，世称兑谷书院是矣。

兑于位西行金，于时秋，于德礼。尝读《易》，至兑而感焉。兑者，说也。其象曰："丽泽，兑。"似之集乡之人讲此谷也，以其习伏众，人集五方之巧者，过其门，朱同陆异，疑义微析，五典笙簧，三坟玉帛，在兑之和。此鹄彼鷇，聚神于一殿，虎相下，心轨胶漆，在兑之浮，循委测澜，因表揆景，独帚众敝，分芟另稊，在兑之商。

登斯堂也，如辟孔壁，咀百子之华而弃其秕，食众书之古而吸其髓。盖似之以正学为之主盟，举一切狐禅鼠圣，不必铸金刻木，画重明之鸟，断无有引之厉者。似之真跫谷足音，虚其心，实其腹，为天下谷者哉！谷静而虚，惟静能应，惟虚能受，时习朋来，说取说兑。四方人士，闻风来者，如万物于秋，而川鸣谷应者。夫芝兰生于幽谷，无人自芳，而其芬通天下。

平昌，以君子名山也。兑之谷有以风之，四子六经，零星散为万花之春，似之铎以振之，如天阊钟声，流入中土，应有汉武皇午夜听之。夫目上于天，耳下于谷，世儒以循行数墨笑似之，真海中鳖咳，未有不为雷所嗤者也。况有两文成之木主在，一以道脉，一以地灵，从中呵护，此院将媲鹿洞、鹅湖与家九华、天真诸院，相与千古。予芜言奚足记兑谷，聊记似之能世其家，我

两人能世其交。一灯炯炯，平昌能世有君子也。

（光绪《处州府志》）

王承勋，字叔元，号瑞楼，浙江余姚人，为王守仁之孙，曾总督漕运长达20年。

七、庆元县

1. 周茂源：《日涉园记》

一郡一邑之名胜，园林领之；名园之胜，池台、花木、泉石领之。所以，郡邑名园，足供文人骚客之游者，所在都有。丁酉夏杪，予御五马双旛，单骑来庆。万山之中，伏热正毒。方欲探竹视泉，稍憩疲心，适广文张康明告曰："城以南，济川里在两水间，吴天玉先生有'日涉园'可以理茗解薰溽。"遂命巾车过之。

是园也：经宵水边，门无喧市。唯是溪光树色相引而入。中开"森玉堂"，堂丽而华。面方池，枕长河。架插牙签，壁挂丝桐。读书室矗如蜂房。池水从河入，可澄须眉。池中"蜃影阁"巍然浮立，牖窗通达。凭栏观鱼，队出鲭鲤。呼僮饷之，夺食势如斗龙。池南植老槐，槐牵松柏，如扑绿云。槐阴有"评泉处"。桑、苎、玉川之侣与焉。西数武，蔷薇满架，名"香露台"。背阁西岸木樨二株，四时发花，八月尤甚，香送里许。树下桌青石几，可拨琴，可对弈，且可作书画雅事。短墙外为"嫩是堂"。堂北池边，梧桐亭亭然，叶迎风响，大有画意。后隙地三十笏，修竹数百竿，翠郁气冷。坐其下，衣袂俱作云香。左侧崛然起者为"问天楼"，远望东峰如髻，俯听流水如琴。烟水霞气，通为一席。楼对峙为"听兰轩"。其径隐曲，另划一天。轩前溉建兰数本，俨有九畹云乳之气。轩可摊书泼渖，开樽飞□，悉快事也。轩之脊新构数楹，署曰"与稽"。结作雅特：前列芳砌怪石，如老僧趺坐，如渴奔饮，如卧虎伏而受射者，皆可袍笏拜之。"与稽"之南，有楼百楹，高可连汉，名为"呼月"。四望苍苍，足快胸背。楼下盘花数种，仿梓泽布置。

凡园有花便佳，不必似园丁作红紫月旦也。盖天之精，妙在风月；地之精，妙在花木；人之精，妙在吟咏。眺览"日涉园"多花木，苟婆娑其中者，无以鉴赏，则花木之寂寞与在幽壑何异？深林何殊？先生为梧白眉，具骚雅力，风流且□千古，岂有负于花木乎？

一郡一邑之名园，余以一日之役得慰所私，盖有游福是哉！是日，归署中只剩梦思。夜起，呼笔为作是记。异年，此纸当悬之吴门，不可添减一字。噫！千古镜湖，谁云不足寄太白梦也？云间周茂源宿来氏撰。

（原文据乾隆版《中宅吴氏宗谱》著录）

周茂源，字宿来，江南华亭人。顺治六年（1649）进士。官处州知府，募民开凿山路三百五十余里，行人称便。罢官后潜心著述，有《鹤静堂集》等。

2. 邹儒：《对峰书院记》

松源为龙泉旧壤，自宋南渡后始割置今治。山水灵秀，代有文章，道德勋名之事显于时。近年来，激昂青云者颇少，说者皆为山水咎，予独以为不然。人才在乎培植，今邑中并无一椽肄业地，若文弱子立风露中，烹字充腹以精其业也，甚难。予莅任之明年，有兴建书院之意，因大集邑士民合谋之，咸踊跃喜曰：邑父母，为邑人设教泽畴，敢自鄙负明德。又请曰：胜国初，邑富民曾舍田一顷八十亩，入郡天宁寺，今寺毁僧散田无主，曷请归为诸生膏火资。予念众志坚定事克济，爰卜基于文庙之左，建屋八座，其计八十六间。前大门三间，仪门三间，中讲堂五间，后

文昌楼三间，上祀帝君像，下作掌院住宅。左右各厢房二十四间，分为诸生肄业号舍，极偏五间，则为爨室，周围垣墙高一丈，共八百四十步有奇。中门正对薰山，因颜曰"对峰书院"。又以公牍上郡太守郑东里先生请拨天宁寺原田归。乃正需告竣，而先太孺人讣音以十月十七日猝至。仓皇解组，每念事类九仞一篑，倘不克终，前功尽废，且大负士民望。偶一念及，辄涕潸潸下而不能止。越两月，长洲蒋沛苍先生来署篆，至即毅然任曰："此我事也。"立责诸工刻期告成。会郑公判牍亦下，允将原田尽归书院为膏火资，且立需册案以垂久远。予又以所买江叶氏姚官第民田一百六十五把附入，而学舍膏火胥备矣！予间乘交代之暇，登文昌楼，见龙山弄爪挐云，势欲凌空飞去，而石龟拱立，俨若浮水而献书者然。他如霞帔、仙桃、锦屏诸峰。紫气红光，尽著文明景象，乃恍然神悟曰：松源山水灵蕴百年未泄者，其在斯欤！其在斯欤！然斯举也，予虽首其事，非得郡宪曲成之仁，署公善后之力，邑士民勷助之功，断不能完美至此。亦由松源气运将兴，故得群贤交赞，事克有济也。因纪其事于此，以传永久焉。乾隆癸亥元宵日。

（《庆元县志》）

邹儒，乐平人，拔贡，乾隆八年（1743）任庆元知县，捐俸建对峰书院，在任半年，以丁忧归。

八、云和县

1. 涂冠：《箬溪书院复田记》

今上登极之元年，余奉檄权云和篆。维时，哀鸿甫集，休养倍艰，施教尚未遑也。越岁，司谕孙君有议，以邑子弟多贫，屡失学，议设义塾二所，选拔教读二人。余与孙君各捐俸为修补，然犹未敢为教也。及秋与都人士筹补社谷，询知旧有箬溪书院与社仓同时并建，昔闽中郑君锦声创此，以示教养兼施之意。厥后元和高君毓岱宰邑，倡绅士梅榕等二十人捐资置田，为书院膏火。并请捐钱二百以上者，如例议叙八九品顶戴。嗣因部议未下，捐田弗获迄事。每岁仅征梅榕、张起熊、江学鲲、周廷兰、周金锡、张日照、刘克绍等，租谷一百余石。书院文遭寇摧毁，兹事将废，弗惬于怀，思有以振作之，爰进邑之群彦与旧时经事诸君，谋归其田亩以及修建之资，诸君佥以文教攸关，弗容少缓也。仍令原捐刘立乔等十有二人补购租田。惟刘邦彦、姚华以贫故弗与。通计得田四百六十石有奇。复核其储存，以为修葺费。遂于今冬鸠工庀材，先修社仓，次及讲堂。先养而后教也。明年春，改建朱子祠，以其上为魁星阁，建复四公祠于堂东，增祀乡先贤于祠后。工将竣，王明经士盼以田亩之复写缘才诸石也，乞余为其辞。余惟书院之兴，肇于唐，盛于宋，衍于元、明，凡以广其教化而已。云虽蕞尔邑，肄业有所，考课有资，使得经明行修者为之师，教之有本，而后有文。行成而后名立，上之克成为吉士，次亦不失为端人，教化之行，将于是举卜之。抑余尤有望者，义学自国初温陵林君汪远而后，岁久未行，今余又以丁内艰去职，弗竟其志，设有踵事增华，为之筹经费而计经久，则书院经作成人，义学以造小子。教之事，庶乎其备矣！愿以俟夫后之贤而莅斯土者。

时同治三年（1864）岁在甲子孟夏月，署云和县事江右涂冠冕周谨撰。

经事：吴若谷、梅敦复、王猷定、张宝慈、梅榕、王士粉、魏钦兰、王芳桂、阙溢章、叶维扬合立石。

王树兰书，柳庆祥镌。

田亩细数：（略）

（云和县政协文史委《椤林金石志》）

涂冠，字周冕，江西新城人，监生，同治元年（1862）八月任云和知县。

注：原碑现存云和小学内。

九、景宁县

1. 严用光：《鸦峰书院录序》

从来有治法尤贵有治人。治法未立，不足以集事；治人未得，亦难与图功。兼二者则事举而功成。凡事类然，而书院宾兴特其一端耳。

景邑书院之建由来已久。初名鹤溪讲堂，继曰指南书院，嗣以讲堂朝向鸦峰，改为鸦峰书院，迄今因之。院中征租无多，不足以继膏火。同治乙丑，皖江陈子木大令来宰斯土，拨金仙寺田租充入书院，而膏火宾兴稍裕。但规条未立，变更复多，整顿未能，振兴无自，识者虑焉。

光自光绪己卯承杭府龚幼安同年、本府潘芸台太守荐主书院讲席，于今十有五年。窃谓吾邑士遇多艰，文风不振。由于有书院之名，无书院之实，章程未善，经纪失宜，常思采议规条，加增膏火，俾向学之士肄业其中。今龙泉蔡则轩明经寄《金鳌书院录》见视，详为披阅，先得我心。爰与书院宾兴、经董商酌，将新旧田产按籍清厘，通筹出入，议定规条录。既成，请邑尊侯蓉江大令裁夺，禀明立案，付之手民，以垂久远。今而后书院之膏火备，寒儒之艰于境者得以尽力于学，宾兴之资斧给志士之涩于费者得以专心为文。庶几名实相副，经理得人，士习文风蒸蒸日上，可拭目观矣！

夫吾景为栝苍下邑，芝田分域，溪山清淑，钟毓有灵。宋明来，人才辈出，代有其人。近则今不古若，虽由运会使然，抑亦培植未至耳。圣朝文治昌明，超越前代，愿诸生争自濯磨，鼓舞奋兴，仰答作人之雅化，借副历任仁侯栽培之美意，则书院宾兴之设岂徒然哉！

　　襄其事者叶君乙照，柳君景星，潘君文藻，潘生维深，马生献图，鲍生则衡、则康，叶生福年之胄儿子思正等。若夫扩充经费、振作人文，尚有俟后起之君子。

（民国《景宁县志》）

严用光（1826—1909），字国华，号月舫，大漈乡小佐村人。清道光己酉（1849）拔贡，全省第一。50岁时受景宁县衙邀请，回归故里，主持鸦峰书院，总纂《景宁县志》。

2. 陈麟瑞：《指南书院落成呈张公莲洲明府》

　　花封重构读书堂，好示群英向道方。
　　有路不须愁献雉，无歧何用叹亡羊。
　　当年未解窥颜巷，此日须知入孔墙。
　　一自迷途经指点，云衢取次看翱翔。

（同治《景宁县志》）

陈麟瑞，景宁人，生卒不详。

十、宣平县

1. 赵扩：《赐升状元蔡仲龙敕》

　　朕惟选贤辅国，经纬之业崇；列职莅官，治安之功懋。实关气运，在简帝心。今殿试榜开而状元蒋重珍已故，尔蔡仲龙者，掇名第二，朕阅试策文章，精蕴学术渊源，进升尔为状元，荷非常之荣，承不次之宠。词臣冠冕秘馆，琬炎靖志，以效敷陈，虚怀而备，顾问已抢。择得隽宜，录用称才。赐绿袍靴笏，琼林宴

御。制诗一章，迹迈凡流褒逾异等，兹特进尔阶承事郎国史院编修之职，锡之敕命。呜呼！玉札辉煌，宇宙睹文明之雅化；金门高邃，英贤掳显赫之精忠；克守官箴，聿成治体，以副朕望，尔其钦哉！

（道光《宣平县志》）

赵扩（1168—1224），宋朝的第十三位皇帝，称为宁宗，绍熙五年（1194）被立为太子，不久，光宗被逼退位，赵扩在韩侂胄、赵汝愚等大臣的拥戴下继位，第二年改年号为"庆元"。

2. 周芬佩：《屏山书屋记》

予乙丑（1745）冬署篆宣邑，列诸士季考，之得一卷甚佳，遂拔以冠，其俦偶则潘君士仁也。士仁，字邦友，贡于太学，后予卸宣篆，将之任龙，邱来谒予，恂恂粥粥，诗书之气浸满大宅间，盖文行兼优者也。予益器重之，询其肄业之所，因得知邦友昆季互相师友，皆能操觚染翰，英英露爽，于胶庠中得屏山书屋肄业之功居多。闻之《礼》曰："家有塾，党有庠。"则家塾之功与庠序等，莅宣甫下车，见夫学宫倾废，按其图志求所，为深柳书堂诸旧址，皆荡为冷烟，鞠为茂草矣。欲为缔造而丹艧焉，非旦夕功。因为唏嘘不能已，而邦友乃能建屏山书屋，对古贤而课家彦，庶能助庠序所不逮欤！抑闻之古曰：藏焉、修焉、息焉、游焉。今潘君书屋，远对笔峰，蔚然而深秀；右傍清泉，潏然而仰出。且赤山荫以虬松鳞甲，而墨池跃以金鱼拨剌，当夫苦吟初辍，脱颖稍暇，与二三友人仰而望山，俯而听泉，睹鸢飞而鱼跃，有不眉宇顿开也哉。所谓游息藏修者在此。况夫东风拂槛，浓露天香，夏雨迎窗，淡笼芍药，蕉舒绿影展转，文心竹报青轩。玲珑诗思，为过客所流连。韵士所赠答者，又足增闻见、广交游，较之索处孤陋者，大相径庭矣！行见书屋中，芝兰馥郁，雏凤联翩，以撷秀于芹池，而联飞于蟾殿。匪异人

事，予固为邦友幸，且为其弟子最而并为兴。修宣邑学宫者，
拭目望之。爰为记。

（道光《宣平县志》）

周芬佩，桐城人，进士，乾隆十年（1745）冬任宣平知县。

3.陈加儒：《屏山书屋》

空谷伊人兴不孤，悠然精舍结书橱。
墨池染翰澄青壁，翠竹摇风掩画图。
雨宿檐端云黯淡，月穿帘际影虚无。
长吟抱膝临轩坐，疑是南阳旧草庐。

（道光《宣平县志》）

陈加儒，四川邻水人，举人，乾隆十六年（1751）任宣平知县。

主要参考书目

1. 季啸风：《中国书院辞典》，浙江教育出版社1996年版。

2. 柳诒徵：《中国文化史》，中华书局2015年版。

3. 沈善洪：《浙江文化史》，浙江大学出版社2009年版。

4. 束景南：《朱熹年谱长编》，华东师范大学出版社2001年版。

5. 徐培均：《秦少游年谱长编》，中华书局2002年版。

6. 湖南省书院研究会、衡阳市博物馆：《书院研究》，湖南大学出版社1988年版。

7. 邓洪波、彭爱学：《中国书院揽胜》，湖南大学出版社2000年版。

8. 杜华伟：《涵养德性：中国古代书院教育研究》，中国社会科学出版社2021年版。

9. 程维：《书院春秋》，江西人民出版社2007年版。

10. 王立斌：《书院纵横（第一辑）》，湖南大学出版社2016年版。

11. 王立斌：《书院纵横（第二辑）》，湖南大学出版社2016年版。

12. 王立斌：《书院纵横（第三辑）》，湖南大学出版社2017年版。

13. 韦力：《书院寻踪》，上海人民出版社2020年版。

14. 王日根、李弘祺：《闽南书院与教育》，福建人民出版社2007年版。

15. 福建省图书馆：《福建书院概览》，鹭江出版社2017年版。

16. 徐心希：《闽都书院》，福建美术出版社2009年版。

17. 孙先英：《广西书院文化研究》，广西师范大学出版社2016年版。

18. 刘振茂：《朱子文化与古田书院》，福建人民出版社2017年版。

19. 朱汉民：《岳麓书院》，湖南大学出版社2011年版。

20. 王立斌、刘东昌：《鹅湖书院》，湖南大学出版社2013年版。

21. 吴国富、黎华：《白鹿洞书院》，湖南大学出版社2013年版。

22. 郭建衡、郭幸君：《石鼓书院》，湖南人民出版社2014年版。

23. 宫嵩涛：《嵩阳书院》，湖南大学出版社2014年版。

24. 邵群：《万松书院》，湖南大学出版社2014年版。

25. 吴富国、王立斌、金来恩：《象山书院》，江西人民出版社2017年版。

26. 高立人：《白鹭洲书院志》，江西人民出版社2008年版。

27. 黄年凤：《白鹭洲书院史话》，江西人民出版社2008年版。

28. 王立斌：《鹅湖书院研究》，江西高校出版社2019年版。

29. 刘宣：《明成化〈处州府志〉（点校本）》，方志出版社2020年版。

30. 周荣椿：《中国地方志集成·光绪处州府志》，上海书店1993年版。

31. 刘耀东：《括苍丛书》，浙江古籍出版社2014年版。

32. 《丽水市教育志》编纂委员会：《丽水市教育志》，浙江人民出版社2015年版。

33. 《庆元县志》编纂委员会：《庆元县志》，浙江人民出版社1996年版。

34. 《缙云县志》编纂委员会：《缙云县志》，浙江人民出版社1996年版。

35. 汤成烈：《缙云文征》影印民国重印版。

36. 中国人民政治协商会议、缙云县文史工作委员会：《缙云文征续编》，1991年。

37. 陈性定编：《仙都志》影印本，2022年。

38. 松阳县地方志编纂委员会：《松阳县志》，方志出版社2020年版。

39. 汤光新：《松阳历代文选》，中国文史出版社2016年版。

40. 周作仁：《龙泉历史人物》，中国文史出版社2016年版。

41. 卢朝升：《处州文脉》，中国文史出版社2021年版。

后　记

　　2015年提前退休后，我把主要精力放在对中华优秀传统文化的学习与传播上，而且我对自己的定位是立足"当地""当下"，为丽水的文史做一些深耕挖掘，为解决当下的社会问题寻找先贤智慧。书院作为中华文脉传承的重要载体，自然是我关注的重点。书院作为最具中国特色的教育机构，居然被韩国申报了世界非物质文化遗产，这让我喜忧参半——喜的是书院成了人类文明的共同遗产，忧的是我们自己却不珍惜这份宝贵遗产。我曾计划用3—5年时间，走访全国近百所书院，后因疫情等因素，半途中止，尚未完成。我便想从本地处州的书院开始。在田野调查和查阅资料的基础上，我以考古散文的形式，于2021年完成了《处州文脉》一书，并由中国文史出版社出版。查考"处州书院"，市面上虽有一些研究，但还没有专门的学术著作。在杨贤高老师等的支持鼓励下，我在原有资料的基础上，对处州古代书院文化进行了重新梳理，形成此书稿。该书被纳入"丽水·瓯江文化丛书"系列。

　　在此，我对关心和支持我的各位师长、朋友致以诚挚的感谢！

卢朝升

2023年10月于日益书院

慧光·顺社 余阴丛惠

第十辑
李一波
主编

黄巧玲 编著

处州进士

浙江工商大学 出版社
ZHEJIANG GONGSHANG UNIVERSITY PRESS
·杭州·

图书在版编目(CIP)数据

处州进士 / 黄巧玲编著. —杭州:浙江工商大学
出版社,2024.1

(丽水·瓯江文化丛书. 第十辑)

ISBN 978-7-5178-5885-0

Ⅰ. ①处… Ⅱ. ①黄… Ⅲ. ①进士—列传—丽水
Ⅳ. ①K827=2

中国国家版本馆 CIP 数据核字(2024)第 021522 号

处州进士

CHU ZHOU JINSHI

黄巧玲 编著

责任编辑	唐　红	
责任校对	韩新严	
封面设计	朱嘉怡	
责任印制	包建辉	
出版发行	浙江工商大学出版社	
	(杭州市教工路198号　邮政编码310012)	
	(E-mail:zjgsupress@163.com)	
	(网址:http://www.zjgsupress.com)	
	电话:0571-88904980,88831806(传真)	
排　版	杭州朝曦图文设计有限公司	
印　刷	杭州高腾印务有限公司	
开　本	710 mm×1000 mm　1/16	
印　张	18.25	
字　数	273千	
版印次	2024年1月第1版　2024年1月第1次印刷	
书　号	ISBN 978-7-5178-5885-0	
定　价	288.00元(全6册)	

"丽水·瓯江文化丛书"第十辑
编纂委员会

顾　　问：胡海峰　吴舜泽

主　　编：李一波

副 主 编：李志伟　余群勇　周　平　杨贤高

编委成员：端木迅远　叶笑菲　朱海笑　余厚洪

　　　　　黄巧玲　　卢朝升　金伟明　胡兴旺

　　　　　王德洪　　张正民　杨乃静　林　琳

　　　　　孙　楠　　杨金花　季万芬

策划编审：杨贤高

总　序

中共丽水市委常委　宣传部部长　李一波

"绿水逶迤去，青山相向开。"在风景秀美的浙江丽水，有一条贯穿全境九曲蜿蜒的瓯江。川流不息的江水不仅润泽了丽水的山川土地，更孕育了丰富璀璨的瓯江文化。考古发现的缙云陇东遗址，将丽水的文明史追溯到距今9000多年前的上山文化晚期。在数千年的历史长河中，黄帝文化、畲族文化、剑瓷文化、石雕文化、廊桥文化、华侨文化、摄影文化蓬勃绽放，让丽水成为名副其实的中国地市级首个民间艺术之乡。

同时，丽水有7项世界级遗产、21项国家级非物质文化遗产，文化遗产数量占到了浙江总数的六分之一。作为"瓯江山水诗之路"的重要地区节点，谢灵运、李白、白居易、秦观、陆游、范成大、朱熹等文人雅士在此留下了脍炙人口的佳作名篇。生态与人文的珠联璧合构成了瓯江文化的独特底色，传承赓续丽水生生不息的历史文脉。

兴贤育才，文化绵延。隋开皇九年（589），丽水因象征人才的处士星明耀分野而置，故得名处州，意为"人才之州"。自古以来，丽水就是崇文重教之地，先后有1149人荣登进士，42人在二十五史中入传。以独峰、美化书院为代表的处州书院名噪东南，独峰书院被列为南宋"八大书院"之一，重学兴教之风传承至今。在先贤们的垂范带领下，丽水兴文教以开风气。改革开放尤其是撤地设市以来，历任市委、市政府秉承"强市必先强教，育人必先兴学"理念，持续加大教育投入，加快缩小区域、城乡、校际差距；一代又一代的教育工作者躬耕不辍、潜心育人，推动丽水与全省同步实现教育基本现代化，高考总录取率连续多年超过全省平均水平，

教育事业改革发展逐步实现与全省"并跑",取得了突破性跃升。

　　盛世修史,嘉年撰志。编史修志是对弘扬中华优秀传统文化的实践总结。正是在这个意义上,丽水市委、市政府深入贯彻落实习近平总书记关于文化建设重要论述精神,以高度的文化自觉、坚定的文化自信,推进实施丽水文化研究工程,历时十七载完成"瓯江文化丛书"第一至第十辑的编撰。这次推出的第十辑,以丽水的教育文化为主题,包含《处州孔庙》《处州书院》《处州进士》《处州武术》《处州家风》《处州与四库全书》等六本专著。参与编纂的专家学者不辞劳苦、深入调研、勤奋笔耕,以极端负责的精神完成书稿编写,全面、系统、翔实地呈现了丽水教育文化渊源厚重的历史。相信这辑丛书的问世,能够开拓丽水教育文化的研究角度,给予读者启示和激励,并为加快新时代丽水教育事业高质量均衡发展,提供更加强大和更加持久的文化力量。

前　言

　　"进士"一词虽然在《礼记·王制》中就已出现，但将其作为考试取士的科目则始于隋朝，终结于清末。隋炀帝时设立进士科，标志着严格意义的科举制度正式创立。科举制度的设置打破了九品中正制的门第观念，确立了"以文取士"的原则，成为人才铨选和官员选拔的重要制度，被认为开创了一个科举时代。唐代，科举制度得到发展，考试内容逐渐丰富，考试条规趋于繁密。宋代通过改革，提升了考试的公平性，增加了录取名额，科举制得到了发展和完善，并走向了制度化和规范化。明代，通过对科举制度的改革创新，确立了号称"永制"的科举考试程式，科举制度进入鼎盛时期。"中外文臣皆由科举而进，非科举者勿得于官"的规定，更使科举成为最重要的官员选拔制度。尤其"非进士不入翰林，非翰林不入内阁"的规制，使进士成为高级官僚体系的主体。进入清代，科举制度更加完备，但到了晚清时期，封建统治日益腐朽，又遭遇列强入侵，清朝统治者面临内忧外患的局面，危机重重。时局动荡，社会政治、经济、文化、思想都在发生急剧变化，科举制度已不适应时代发展的需要。科举以八股文取士，虽选拔出一批精英人才，却无法挽救国家于危难之中。改科举、兴学堂的呼声日隆，最终科举考试被废除，旧的教育制度被新式教育所取代。1905年9月2日，清政府发布"上谕"，宣布自丙午（1906）科开始，所有乡试会试一律停止。各省岁科考试亦即停止。这样，实际上光绪三十年（1904）的甲辰科会试，就成了最后一次的科举考试。进士科从此退出了历史舞台。

　　从隋炀帝分科取士，历经隋、唐、宋、元、明、清政权变革的多个历

史阶段，一直到清末废除科举制，经历了1300年。其间，随着时代的发展，为适应社会政治需要，科举考试也进行过一些调整而发生变化，如考试科目、考试内容、考试方法、考试管理等都随着社会的发展进行过一些调整、改进、更新和变换，但其作为封建社会"抡才大典"的科举制度本质没有变。

虽然科举制度最终被废除，但它在历史上是曾经发挥过重要作用的。科举制度的产生适应了当时社会政治发展的需要，统治阶级通过科举制度进行人才选拔，以充实官员队伍，提高官员整体素质，对维护和巩固封建统治发挥了重要作用。科举制度通过吸引社会不同阶层的人参加考试，从中选拔人才任用官员，意味着政权向大多数人开放，个人不论门第出身，不论贫富贵贱，只要有文化、有才学，即使寒门庶族，也有机会通过科举考试入仕，有利于打破阶层的固化，促进社会阶层的流动，从而扩大政权的社会基础。科举制度也与广大知识分子的命运息息相关，他们可以自由报名，参加科举竞争，获得从政机会，提高社会地位，从而改变命运。而进士作为最高层次的考试——殿试选拔出来的人才，更是受到了社会的青睐和推崇。进士登科不仅给本人，也给其家族带来荣耀，并为本人获得进入官场从政的机会，激发了广大士子通过读书和参加科举考试改变命运的积极性，通过科举考试入仕从政也成为当时中国无数读书人梦寐以求的理想。这一定程度上又促进了社会上求知向学、尊重人才的风气的形成。所以，尽管科举制度存在局限和弊端，但我们也应该看到它在产生和发展过程中的积极作用。

隋朝创设进士科成为科举制形成的标志。后来，进士科成为科举主要的甚至唯一的科目。进士作为科举制度选拔出来的人才，其数量的多少和品秩的高低，在历史上既受到各地政治、经济、文化、教育状况的制约，同时，也是衡量各地文化教育水平的最重要指标。

丽水地处浙西南，古称处州。处州设州前，其归属沿革多变。隋文帝开皇九年（589）设处州后，其辖属也有变更，但主体大致是今丽水市所辖区域。明景泰三年（1452）设置云和、景宁、宣平三县后，处州管辖有10个县，即目前丽水市所辖的莲都区（历史上的丽水县）、龙泉市（历史上的龙泉县）和青田、云和、庆元、缙云、遂昌、松阳、景宁县及1958年撤销的宣平县。

处州文化底蕴深厚，历代人才辈出。根据相关志书的数据汇总，处州历代共有文进士1138名、武进士11名，合计1149名。其中，隋朝1人，唐朝10人，五代6人，宋朝953人，元朝20人，明朝134人（包括武进士2人），清朝25人（包括武进士9人）。宋朝有榜眼4人，分别是遂昌的郑克宽、丽水的蔡仲龙、缙云的蒋世珍、松阳的沈佺；探花1人，为龙泉的陈存。明朝有探花吴公达和武状元周整。

处州历史上耕读文化氛围浓厚，耕读传家、诗书传家，使处州历史上出现了多个进士家族，涌现了许多祖孙进士、父子进士、兄弟进士等数代多名进士，形成了进士文化村。

处州进士大多能够清正廉洁，刚直不阿，关注民生，为民请命，造福一方。他们饱读诗书，著书立说，创造思想，传播文化，在政治、经济、教育、文化等方面都做出了积极贡献。

挖掘和研究处州进士文化，可以为当代人才选拔、人才教育和人才培养提供借鉴，可以丰富丽水作为历史文化名城的内涵，促进丽水优秀传统文化的传承和发展，促进传统文化的创造性转化和创新性发展，对进士村的打造、区域文旅融合发展、促进共同富裕都具有积极意义。

目　录

第一章

隋唐五代时期处州进士

我国科举制度从创立到废除，绵延了1300年，对社会的政治、经济、文化、教育等方面都产生了重大影响。进士是科举制度的产物，是中国科举制度选拔出来的人才，是科举时代读书人的代表。进士及第也是古代知识分子入仕的重要途径。

中国古代的人才选拔制度经历了长期的发展演变过程。我国的科举取士制度始于隋朝，在此之前，人才选拔经历了春秋战国时的军功与养士制、汉代的察举征辟制、魏晋南北朝的九品中正制。隋炀帝始设进士科，开创了科举时代。唐朝国力强盛，科举制度得到较快发展。五代十国时期，虽然社会动荡，但科举仍然得以传承。

隋唐五代时期是科举制度的初创期和生长期，处州地处偏远，进士人数很少。

第一节　隋朝科举制度的创立

一、隋朝科举制度产生的背景

中国历史上的人才选拔制度，经历了长期的发展演变过程。

原始社会，部落首领民主选举产生。但进入奴隶社会的夏商周三代，开始了父子相承、世代相袭的世袭制，任官是"世禄世官制"。不过西周时期已有通过教育培养和层层考核选拔人才的制度。《礼记·王制》记载："命乡论秀士，升之司徒，曰选士。司徒论选士之秀者而升之学，曰俊士。升于司徒者不征于乡，升于学者不征于司徒，曰造士。……大乐正论造士之秀者以告于王，而升诸司马，曰进士。司马辩论官材，论进士之贤者以告于王而定其论。论定然后官之，任官然后爵之，位定然后禄之。"由乡大夫考核选拔乡学中的优秀人才，推荐给司徒，称为"选士"。司徒再从中选拔优秀者荐举升入国学，使之学有所成，即为"俊士""造士"。"选士"可免去本人在乡中的赋役，"造士"可免去本人对国家的赋役。经过在国学中的深造，由大乐正主持考试，选拔出优秀者推荐给司马，称为"进士"。司马辩论官材，选出贤能者报告君王，由君王任以官职，给予爵位和俸禄。西周这种逐级向上推举选拔人才的做法，似可视为后世科举制度的萌芽。

春秋战国时期，时局动荡，政治斗争、经济斗争和军事斗争异常激烈，地主阶级为了摧毁奴隶制，建立和巩固封建制度，需要笼络人才为其出谋划策和处理国事，除了以军功论赏封官加爵外，还兴起养士之风，尊才尚贤成为各诸侯国人才竞争的重要策略。军功和养士为下层人士进入封建统治阶级提供了通道，也成为封建政权网罗人才和选任官吏的两条主要途径。

秦始皇统一中国后，为了加强中央集权，削弱了军功和养士制度。因

其实行严刑酷法，秦朝二世而亡。

汉王朝建立后，吸取秦灭亡的教训，认识到马上得天下不能马上治天下，文治与武功有所不同，需要选拔贤能之士管理政务。在人才选拔和官员任用上，构建了察举和征辟制度。汉代的察举，也称为荐举，是自下而上荐举人才的制度，分为诏举和常举。诏举是皇帝直接下诏，命中央和地方各级官吏征取人才，因其不定期举行，故又称为特举。汉高祖刘邦开诏举之先河，据《汉书·高帝纪》载，汉高祖十一年（前196）曾发布求贤诏书："贤士大夫有肯从我游者，吾能尊显之。"（［汉］班固：《汉书》卷1《高帝纪》下）并诏令各相国、诸侯王、郡守等地方长官向朝廷推荐具有治国才能的贤士。若有贤士而不举荐，地方长官将被罢免职务。这是中国历史上第一次正式以朝廷诏令的形式向全国求贤。汉文帝时下诏"举贤良方正能直言极谏者"，由皇帝"亲策之"。（《汉书》卷4《文帝纪》）文帝不仅亲自出策问题目，还"亲览"应举者对策答卷确定等第，开了后代殿试之先河。建元元年（前140），汉武帝即位，当年便下令诏举贤良方正直言极谏之士，此次诏举有数百人应举，其中，最突出的是董仲舒，他在对策中提出的"罢黜百家，独尊儒术"的建议被采纳，儒学在诏举取士中占据了正统地位。诏举的科目最常见、地位最高的是贤良方正科，选拔和考试方式一般是由皇帝下诏指定策试科目、官员举荐人选、皇帝亲自命题策问、举子作答对策，然后评阅对策评定等次。此外，还有明经、明法、勇猛知兵法、明阴阳灾异等选拔某一方面专门人才的科目。察举的另一种方式是常举，即经常性地按具体人数定期举荐人才。常举的科目有孝廉、秀才。举孝廉制度的确立是在汉武帝时，元光元年（前134），汉武帝初次下令郡国举孝、廉各一人。到西汉后期走上正轨，每郡岁举孝廉两人。由于每个郡国地域大小、人口多寡不同，按郡分配名额存在不公平，东汉汉和帝永元五年（93）左右改为按每郡人口多少确定岁举孝廉的名额，永和十三年（101）又进一步改为按户口多寡比例确定举额，举孝廉制度名额分配趋向均衡。为了安定边疆和提高边疆的人文发展水平，又对人口较少的边疆州郡予以倾斜。举孝廉开始只需举荐，东汉时增加了考试环节。秀才是才之秀美者，汉武帝后成为举荐人才的科目之一，但西汉时秀才科还是诏举特科,东汉初年才演变为常科。为避东汉光武帝刘秀之名,改称茂才。《续汉书·百官志》注引《汉官目录》:"建武十二年(36)八月乙未诏书:三公举茂才各一人,廉吏各二人;光禄岁举茂才四行各一人,察廉吏三人……监察御史、司隶、州牧岁举茂才各一人。"一般把东汉光武帝建武十二年(36)诏书作为岁举秀才之始。与孝廉侧重德行不同,茂才注重才能。在任用上也有不同,孝廉多数任用为郎,秀才多数任用为县令或相当于县令一级的官职。

汉代察举制是人才选拔制度的进步,察举贤才的办法具有制度化的规章措施,一定程度上为中下层人士提供了一些参政机会,使得一些贤能人才能参与到国家治理中。察举制以举荐为主,考试为辅,一方面体现了对所举人才一定程度上的把关,保证了官员的起码素质;另一方面,举荐者考察时是否客观,被举者是否存在弄虚作假、欺世盗名的行为,则很大程度上影响着举荐的质量。由于举荐的作用举足轻重,所以也滋生了贿赂请托、沽名钓誉之风。一个典型的例子是《后汉书·陈蕃传》中记载的赵宣伪装孝子之事,赵宣母亲去世,在母亲墓道中守丧20年,博得乡人称赞,被认为是大孝子,州郡官数次以礼请之,都被推托。州郡将其向太守陈蕃举荐,太守登门才知其有五个孩子,都是在守墓期间所生,太守大怒,因其违背了服丧期间必须禁欲的礼法,以"诳时惑众,诬污鬼神"为由将其治罪。若未被发现,则可能会被视为至孝而察举入仕。

汉代察举之外,还有征辟、任子和纳赀。征辟是自上而下选任官员的制度。征,是皇帝征聘社会知名人士到朝廷充任要职;辟,是朝廷公卿和地方郡守以上官吏任用属吏,再向朝廷推荐。官员有权任用属吏制度容易出现结党营私的弊端。任子是一定级别的官吏可保其子孙为官,即荫官制度。纳赀则是以缴纳财物和金钱的办法取得官爵,属于捐官制度。荫官捐官加快了社会的腐败之势。

东汉末年,封建割据形势严重,混战经年,社会生产受到空前的大破坏,天下分崩离析,察举制和征辟制已无法正常进行,基本丧失了选举人才的功能。曹操统一中原后,提出"治平尚德行,有事赏功能"的选官准则,建安十五年(210),曹操发布"唯才是举"的教令,后又多次重申,

将那些有"治国用兵之术"的人以及"高才异质"文吏加以重用，从而招揽了一批人才，壮大了自己的力量，对于制止大族地主垄断政权，对于重建统一的统治，都起到了积极的作用。建安二十五年（220）春，曹操死，曹丕继为魏王，他建立了九品官人之法，也就是九品中正制。

九品中正制创立后就成为魏晋南北朝时期居于主导地位的选士任官的选举制度。中正是品评人才的官职名称。各州郡分别推选在京任官的德高望重的本籍人士任中正，并由司徒任命。中正负责品评与他们同籍的士人，包括本州郡以及分散到各地的士人。品评的内容包括三方面：一是簿世，即家世，父祖辈的资历仕宦情况和爵位高低等；二是状，是对被举者道德与才能的评价评语，称为行状；三是品，中正根据家世和行状确定品级。中正评定的品第又称"乡品"，乡品分为上上、上中、上下、中上、中中、中下、下上、下中、下下九个等级。乡品是吏部授官的依据，故和被评者的仕途及其发展前景密切相关。乡品高者，做官的起点（又称"起家官"）往往为"清官"，升迁也较快，受人尊重；乡品卑者，做官的起点往往为"浊官"，升迁也慢，受人轻视。

九品中正制在实行初期，各方认真执行。中正评定品第时，虽然要看家世，但更重视人才的优劣和舆论的褒贬，选拔了不少人才，也扭转了由名士清议操纵选举的局面，强化了中央权威。但九品中正制在其发展过程中，在世家大族势力的影响下，发生了显著变化，中正官位由世家大族把持，家世在品第中所起的作用越来越大，逐渐远离了"唯才是举"的标准。到晋朝，出现了经中正评定的九品人士中，"上品无寒门，下品无势族"（《晋书·刘毅传》）的恶果。此时，九品中正制已转化为豪门世族巩固其门阀势力的工具了。南北朝时期，著名的士族从家世源流来看，绝大多数是在魏晋时期形成，士庶间的界限区别清晰化。在中正的评议中，所重视的只是魏晋间远祖的名位，而辨别血统和族世只需查谱牒，九品中正制成为例行公事。

随着豪门世族的腐朽、寒门庶族地主势力的逐渐强大，社会上破除旧的选官制度、推行唯才是举的选官制度的呼声日益强烈。

二、隋朝科举制度的创立

以进士科设立为标志的严格意义的科举始于隋炀帝时期。

开皇元年（581），隋国公杨坚废北周静帝自立为帝，建立隋王朝，是为隋文帝，年号开皇。经历了南北朝分裂割据时代的隋文帝，为了加强中央集权，不能容忍豪门世族分割占据选举权，便废除了九品中正制，把选才任官的权力收归中央吏部，"大小之官，悉由吏部，纤介之迹，皆属考功"（［唐］杜佑《通典》卷14《选举》2《历代制》）。

开皇三年（583），隋文帝诏令停止州郡中正官评定士人乡品之权。开皇十五年（595），隋文帝又下令裁革"乡官"，正式废除了九品中正制，取消了官员任用的门第限制，将选官权力收归中央。在人才选拔上，隋文帝采用诏举特科和开设常科的方式进行。据《隋书·高祖纪》载，隋文帝曾数次下诏举行选举官员的活动，且与汉代以来各朝皇帝诏举人才的方式大同小异。值得注意的是开皇十八年（598）七月，"诏京官五品以上、总管、刺史，以志行修谨、清平干济二科举人"。刘海峰先生认为这虽然不是将"科举"二字单独使用，却是中国历史上第一次使用"二科举人"的提法，此前各代的诏举一般也是分科举人，但采用的是察举或贡举等其他名称，隋文帝"以……二科举人"的表述，从语言文字学角度看有一定意义。在诏举特科的同时，隋文帝还沿用以前各代岁举常科的做法。开皇七年（587），隋文帝命诸州每年举送三人到中央参加常科考试。当时的岁贡常科包括秀才、孝廉和明经科。隋文帝的举措改变了魏晋以来注重门第出身的陈腐局面。

隋炀帝时继续变更魏晋以来的选举法，正式设立进士科。隋炀帝在位十四年，从大业元年（605）至大业十四年（618），进士科具体创设于哪一年，史书中缺乏明确的记载。朱熹《资治通鉴纲目》认为是在大业二年（606）七月太子杨昭卒之后、司徒杨素卒之前。但《隋书·炀帝纪》中，大业二年从年初至年末均无任何与取士有关的记载。范文澜先生主张大业三年（607）说，认为该年的"文才美秀科"即进士科，但不少学者又提

出了疑义。刘海峰、李兵在《中国科举史》一书中经过查考推论，判断始建进士科在大业元年闰七月，同时，又指出：由于史书中缺乏直接详明的记载，因而隋炀帝时始建进士科和考试的具体情况已很难了解。

进士科后来成为科举的主要甚至唯一科目，它的创设成为科举制度形成的标志。狭义的科举是指进士科举，即从进士科设立以后以考试来选拔人才、任用官员的制度。科举制度的产生，有利于中央政府从士族和豪强手中夺回选拔官员的权力，巩固封建中央集权，同时，为读书人开通了一条通过应试从政的新渠道，也提高了封建社会官员的整体素质。因此，科举制度为以后各朝代所沿用。

第二节　唐及五代时期科举制度概述

一、唐代科举制度的发展

唐代，科举制度进入迅速发展时期，考试内容逐渐丰富，考试条规趋于繁密，科举在社会上真正占有了重要地位。

(一) 唐代科举制度的发展

初唐时期，科举逐渐规范化，奠定了唐代科举制度的基本格局。

李渊建唐后不久，便参照隋朝做法开科取士。武德四年（621），唐高祖发布诏令，"敕诸州学士及白丁，有明经及秀才、俊士、进士，明于理体，为乡曲所称者，委本县考试，州长重覆，取其合格，每年十月随物入贡"（《唐摭言》卷1《统序科第》）。无论是在学校中就读的士子还是不在学校中就读的平民（白丁），都有机会参加州县考试，通过县考州试，合格者可以随各州进贡物品一同送入京城，参加朝廷考试。"每年十月"入贡，说明已经规定了每年的考试时间，并明确了州、县地方预试，即相当于后世"乡试"的办法。武德五年（622），又诏令士人可以"投牒自应"（牒是指应试者的家状，包括家世和本人的状况），下层寒士得不到举荐者"亦听自举"，读书人可以自行举荐，自行报名，不必像隋代那样必须经过官府举荐。至武德五年十月，诸州经考试入贡明经143人、秀才6人、俊士39人、进士30人。经朝廷组织考试，取中秀才1人、进士4人。至武德九年高祖退位前，每年都开科录取秀才和进士。唐高祖立下每年定期开科，而且读书人可以自由报名考试、无须举荐的制度，在科举史上具有重要意义，使科举与察举有了显著区别。

唐太宗和唐高宗在位期间，进士科日渐崛起。唐太宗李世民即位后，励精图治，深知人才的重要性，非常重视科举考试对选拔人才的作用，进一步巩固了唐高祖立下的每年开科的成法，并增加了进士录取人数，平均

每科进士由唐高祖时的4名增加到10名。高宗即位次年，即永徽二年（651），沿袭了数百年的秀才科在这一年退出了历史舞台，被进士科所包容取代。究其原因，在于秀才科地位高，考试要求严，录取标准苛刻，每年录取人数少，如唐太宗时21科榜共取秀才22人，平均每科仅取1人。及第机会的渺茫，使秀才应举者逐渐稀少。永徽年录取了1名秀才后，秀才科实际上就停止了，从此在中国科举史上消失了。此后，秀才成为对一般读书应举者的通称。在进士科上，在原来考时务策的基础上加试帖经（类似于现在的填空题）和杂文（指箴、铭、论、表和诗赋之类的文体），增加了考试难度，但进士录取人数也增加了，高宗在位期间举行的22科共取进士578人，平均每科26人多。

武则天登基后，创设了武举制度，这在中国历史上是首创。武则天于长安二年（702）正月，开设"武举"，通过比武考试，选拔有武艺的人，考试合格者授予武职。此后，武举考试为大多数封建王朝所承袭，成为封建国家网罗武备人才的重要制度。相对于文举，武举选拔范围较小，录取人数较少，在社会上影响力远不如文举，且武举出身的进士的地位亦低于文举出身的进士。

唐玄宗在位的开元和天宝年间（713—756）是盛唐时期，国力强盛，文化繁荣，社会稳定，许多人专注于学习和应考，朝野上下重视文化教育，科举考试日益重要，进士科名尤其被人们看重。唐玄宗时期，还对科举进行了影响深远的改革，主要包括：一是科举管理权限的改革。科举考试原为考功员外郎掌管，但由于考功员外郎职位较轻，不足以镇住考生，一些落第考生常常聚集闹事，诋毁考官。于是，开元二十四年（736）唐玄宗下诏，将科举由吏部考功员外郎移为礼部侍郎掌管。从此以后，直到科举制度废除的1000多年间，科举都是由礼部主管。礼部掌管科举之后，中央一级的省试便有了"礼部试""礼闱"之称。二是建立科举专用考场贡院。此前，科举没有专用的考试场所，一般在尚书省都堂举行。科举移由礼部主管后，就在礼部设立了贡院作为科举考场，从此历代科举考试通常都在贡院中进行。贡院的设立使科举有了专用场所，彰显了考试的严肃性和严密性，增强了考试的规范性。三是改革考试内容。明经、进士科的考试内容互相调和，明经科增加进士科的传统项目时务策，进士科也要与明经科一样帖大经，达到要求后才准试杂文及策文，实现了两科互补为用。

从唐肃宗到唐敬宗在位（757—826）的中唐时期，出现过大规模的科举存废之争，一些大臣列举科举的弊端，主张将其废除，恢复乡举里选以取代考试取士，以推荐代替自荐，然而主张坚持进士科举的一方终究还是占了上风。科举仍以其自身发展的强大动力继续存在和发展。明经与进士是唐代贡举常科中最重要的两个科目，在中唐时期，进士科的地位已大大超过明经科。进士科考试内容不是靠记忆背诵就能获得的知识，而回答好是需要创造性思维的，不仅需要洞明时事，而且需要富有文学才华；在录取人数上，"进士大抵千人得第者百一二，明经倍之，得第者十一二"（《通典》卷15《选举》3《历代制》下），进士录取率低，难度大；由于进士竞争激烈，选拔出来的大多才学出众，仕途较顺畅，有的甚至进士及第后青云直上。因而随着进士科声望的不断提高，科举也吸引了更多士人热衷于进士科。孟郊是唐代著名诗人，在其应举再次落第之后写了一首《再下第》："一夕九起嗟，梦短不到家。两度长安陌，空将泪见花。"表达了落第后的失落和悲苦。在贞元十二年（796），四十五岁的孟郊终于得中进士，其兴高采烈的心情与前述落第的愁苦形成鲜明对比，这从他的《登科后》诗中得到反映："昔日龌龊不足夸，今朝放荡思无涯。春风得意马蹄疾，一日看尽长安花。"

唐文宗大和元年至唐哀帝天祐四年（827—907）是晚唐时期。这个时期战乱不断，宦官专权，国力衰弱，唐王朝逐渐没落。科场上已没有盛唐中唐时的繁荣，各种关于科举的争论和争斗不断。文宗时期出现了进士科存废之争，开成元年（836），宰相郑覃屡次上书要求取消进士科，他认为，进士科考的内容，没有什么实际用处，浮华而不实际，并举例说，南北朝人诗文崇尚文华，但是朝代都不长远；还说："此科率多轻薄，不必尽用。"但文宗回答："轻薄敦厚，色色有之，未必独在进士。此科置已二百年，亦不可遽改。"（《旧唐书》卷173《郑覃传》）进士科最终未被罢废。唐宣宗在位时国家相对安定繁荣，历史上把这一时期称为"大中之

治"。唐宣宗也是一位酷爱科名、重视科举的皇帝，大中十年（856），科举放榜后，宣宗向任知贡举的礼部侍郎郑颢索要《科名录》，郑颢称所传前代登科者姓名，都是私家记录，未写入史册，因此委托礼部员外郎采访各种《科目记》，编成13卷《诸家科目记》，记载从武德至宣宗朝进士诸科的及第情况，进呈宣宗。宣宗令付翰林院保存，并规定此后放榜后，将及第者姓名及所试诗赋题目记载下来，逐年编次。这是中国科举史上第一次官方编纂的登科录，此后，官方正式编纂登科名录成为历代惯例。

（二）唐代科举制度的基本内容

唐代科举制度主要包括以下内容：

1. 常举

常举又称贡举。常举，是常年按制度举行的科举，每年分科。唐代科举考试每年在京师长安的尚书省举行，简称"省试"。唐前期，科举由尚书省吏部掌管，由吏部考功司的考功员外郎担任主考官。开元二十四年（736），因考功员外郎资历浅，镇不住科考举子，改由礼部负责，由礼部侍郎任主考。礼部下设贡院，考试、阅卷、放榜等均在贡院。此后礼部掌管科考的制度历朝相沿不变。

应试者有生徒和乡贡。生徒是在国子监、弘文馆、崇文馆和地方州学、县学等各级官学里学习的学生。乡贡是未入上述学校学习的学生，他们可以投牒自荐，经州县考试合格后送尚书省参加省试。

常举科目时有增减，主要有秀才、明经、进士、明法、明书、明算等六科，明法、明书、明算都是专门的考试，是选拔学习法令、文字、数学等方面的专门人才的科目，其中除明法出身者有可能做到高官外，明书、明算都不能高升，因此士子一般都不愿参加这几科的考试。科举参与人数较多的是秀才、进士、明经科。唐初秀才科等第最高，唐高宗永徽二年（651）秀才科被废止后，明经、进士二科成为最主要的常科科目。初唐盛唐时明经地位高于进士，开元天宝之后，进士科地位超过明经科，成为最受重视的常举科目。由于进士科考中率低，考试难度大，竞争激烈，故有"三十老明经，五十少进士"的说法，意即30岁考中明经已算年纪大了，50岁考中进士还算年少。

　　进士科的考试内容，在唐初主要考时务策，针对时务命题提出看法及处理对策，评判优劣的标准除对策内容外，还非常重视文章的辞采。永隆二年（681），进士科除试时务策五道外，增加了帖经、杂文。帖经又称帖文，是选取一段儒家经典，用纸遮盖几个字或几句话，考生根据前后经文默写出被遮盖的文字，主要考察对经文的熟悉程度，类似于今天的填空题。杂文主要检验考生的文学修养和素质。尤其在开元天宝年间，杂文二首定为诗、赋各一首，此后，诗赋在考试中的地位愈加突出。明代胡震亨《唐音癸签》云："唐试士重诗赋者，以策论惟剿旧文，帖经只抄义条，不若诗赋可以尽才。"唐人认为帖经、策论不如诗赋尽才。帖经主要是考记诵之功，不需才情；策论也有规律可循；而诗赋，则是富有才华者才能作。就才情而言，试诗赋更能选拔真正的人才，于是逐渐形成科举重诗赋的取士现象。另外，天宝年间改变进士科目考试的顺序，由原来的先帖经、次杂文、最后试时务策，变为先试杂文、次帖经、最后试时务策的考试顺序。到唐德宗贞元年间，进士考试中诗赋取士重新为文章取士所代替，以策文好坏作为录取标准被确定下来。而衡量文章好坏的标准，与开元、天宝以来不同，主要是看内容，而不是看词华。

　　唐代科举考试一般在京师长安的尚书省举行，简称"省试"。但特殊情况也有例外，如安史之乱时，京师内外一片混乱，考试就分几处举行。科举考试的考官称为"知贡举"。唐代各州送举子入京考试，称为"解"，解送名单上第一名称为"解头"，即后世的解元。考中进士称及第，或称登科、登第、擢第等等。第一名被称为状元。宋以后，第二、三名分别被称为榜眼、探花。

　　与其他科目及第不同，进士科及第后会有一系列的参见活动和游宴庆祝活动，非常荣耀，犹如鲤鱼跃龙门。李白《与韩荆州书》中就有"一登龙门，则身份十倍"的说法。

　　不过，唐代进士及第，只是获得了做官的资格，能否做官，还要参加吏部的铨选考试，合格后，吏部才授予官职。

　　2. 制举

　　制举也称为诏举，是皇帝亲自下诏临时设置的考试取士制度。根据皇

帝的诏令不定期举行。考试科目和考试时间由皇帝决定，按照统治形势的需要，设计考试内容以选拔特殊人才，有直言极谏、贤良方正、拔萃、超拔群类、绝伦、才应经邦、英才杰出等各种科目。士人和现任官员都可以参考。制科及第即可授官，原来已有职位的可获得升迁。

唐代制举始设于唐太宗贞观年间，起初开科少，应试者和录取者人数都很少。唐高宗永徽之后，制举获得了长足发展，开科增多，应试者和录取者也大为增加。唐宣宗大中以后，由于统治力量的式微，政局混乱，制举逐步停废。

3. 武举

武举产生于武则天时代，由兵部主考，主要以选拔武将为主。唐代武举考试主要考察两个方面：一是武艺技能，包括骑射、马枪、步射、平射等；二是考察身体条件和身体素质，包括负重、才貌、言语等。开设武科主要是选拔军事人才。武举选拔范围较小，录取人数也较少，在当时和后世，都不如常举和制举受重视。

三、五代十国时期的科举

五代是指907年唐朝灭亡后依次定都于中原地区的五个政权，即后梁、后唐、后晋、后汉与后周。在唐末五代宋初，中原地区之外存在过许多割据政权，其中前蜀、后蜀、南吴、南唐、吴越、闽国、南楚、南汉、荆南、北汉等十个割据政权被称为十国。

五代十国时期，战争频发，社会动荡，朝代更迭频繁，但科举考试却基本没有停止。

五代除了后梁有3年以举子学业未精、后晋有2年因"员阙少而选人多"而停举之外，其余的年份都未曾停止过科举考试。不过，每年所取的进士人数大为减少，最多也仅及唐朝兴盛时的一半。但科举制度还是有所发展，规则更加严格。如后唐明宗时，明令禁止请托，若有违反禁令导致人才被屈抑，主考官、请托者、被荐托者都要受到处分；还规定，应举者入考场要严格搜身，如搜出非法携带的书籍和文章，不仅要被逐出考场，还要被取消今后2次应举的资格。后周时期，规定若发现科场中有请人代为述作应举之事，则押送回原籍，永远不许再应举仕进。

十国中，除了北汉、荆南、南楚外，其他七国都或多或少实行过科举。其中，科举最为盛行的是南唐，共开17榜，进士及第者93人。即使是在北宋开宝八年（975），南唐都城金陵陷于宋兵重围之中，南唐政权岌岌可危之际，后主李煜仍然开科考试。也许国之将亡，其情可哀，此榜录取了38名进士。只是这些进士还来不及入仕为官，南唐就被北宋所灭。

第三节　隋唐五代时期的处州进士

一、概况

处州，其区划在历史上多有沿革。处州设州后所辖主体大致是今丽水市所辖区域。丽水位于浙江省西南部，其东南与温州市接壤，西南与福建省宁德市、南平市毗邻，西北与衢州市相接，北部与金华市交界，东北与台州市相连。地貌以中山、丘陵为主，处于群山怀抱中，山脉属武夷山系，主要有仙霞岭、洞宫山、括苍山三大山脉，呈西南向东北走向，分别延伸到西北部、西南部和东北部。境内有瓯江、钱塘江、飞云江、灵江、闽江、福安江等六大水系。丽水河流纵横，主干流呈脉状分布。

隋朝建立初期，为了巩固统治，缓和阶级矛盾，统治者采取了一系列措施，减轻刑罚和徭赋，安定社会。到隋文帝末年，出现了政治、经济和社会生活的繁荣景象。但隋炀帝杨广即位后，大兴土木，连年征战，横征暴敛，农民负担极其繁重，人民不堪其苦，各地终于爆发农民大起义。唐初，面对社会经济凋敝，唐王朝采取措施恢复生产。武德七年（624）四月，颁布了均田令和租庸调法，规定了各色人等受田数量，使那些无地或少地的农民可以依令向国家请授荒田，进行耕种。均田制的实行，有力地促进了唐初农业生产的恢复和发展。唐太宗时，轻徭薄赋，选用廉吏，不夺农时，出现了贞观之治。唐后期，轻徭薄赋政策被抛弃，战争和徭役又频繁起来，百姓负担大大加重。

隋唐五代时期，处州经济文化较为落后。处州由于地处偏远，山高岭峻，地广人稀，交通不便，百姓生活艰苦。到唐晚期，沉重的苛捐杂税使百姓不堪重负，生活更加困苦。唐大和年间（827—835），括州刺史韦纾说，括州"地险而瘠，民贫而穷，茧丝之税，重于他郡，故逢穰年亦未若他郡之平年"。

文化教育的发展与经济有关。严格意义的科举始于隋朝，科举的发展为人们提供了一条读书从政的道路，也促进了文化教育的发展。隋文帝建立政权后重视学校教育，为管理各级各类学校，特设国子寺及国子寺祭酒，这是我国历史上第一次设立专门管理教育的行政机构和官员，国子寺下设六学：国子学、太学、四门学、律学、书学和算学，前三者以儒学为主要教学内容，后三者以学科专业知识为主要教学内容。后来，改国子寺为国子学。大业三年（607）又改为国子监，此后，国子监为后世所沿用。隋朝在国子监控制下，建立了以国子学为首的中央官学体系。隋朝在地方实行州县二级制，规定这两级行政区划要设立官学，但其时，州县官学设立并不普遍。唐代学校的教育不断发展，逐渐走向完备。到唐高宗时期，唐代的中央官学体系已经形成，主要包括国子学、太学、四门学、律学、书学、算学和弘文馆、崇文馆，即"六学二馆"。"六学"直接由国子监管辖，长官为国子寺祭酒。"六学"中的前三学属于大学性质，后三学属于专科学校性质。弘文馆归门下省管辖，武德九年（626）设立，招收文武百官子弟，起初主要教授书法，贞观时期改为教授儒家经书的学校。崇文馆为高宗显庆元年（656）始设，当时名崇贤馆，后改名崇文馆，主要招收皇族、外戚及高级官员子弟，归太子的东宫管辖。按唐前期的定制，"六学"的入学资格有严格的限制：国子学招收三品以上文武官员及国公子孙、从二品以上官员曾孙；太学招收四品、五品及郡县公子孙及从三品之曾孙；四门学招收六品、七品及侯、伯、子、男之子，及"庶人之为俊造者"；律学招录八品、九品子孙及庶人中学习法律知识者；书学录取学习书法者；算学录取学习数学者。中央官学的老师都是官员，中央官学的办学目标就是培养科举人才。天宝九年（750）七月，又设广文馆，隶属于国子监，培养应进士科考试的读书人。唐代的中央官学国子学、太学都是录取高品级官员子弟，但四门学已有部分招收"庶人之为俊造者"，为普通士人接受高等教育提供了一条途径。

统治者认识到崇儒兴学对巩固中央集权、稳定社会秩序可以发挥重要作用，便多次诏令州县兴学。唐武德七年（624），统一天下不久的唐高祖李渊就下诏设立州县学校，以发展地方教育。但学校的建立和地方教育的

发展需要有一个过程。各州县由于经济基础、历史条件等多方面原因，发展不可能完全同步。浙江境内的州县官学也没有全覆盖。从设立州学时间看，衢州在唐高祖武德四年（621），越州（今绍兴）在武德七年（624），湖州在唐太宗贞观四年（630），明州（今宁波）在开元二十六年（738）建学。唐宪宗元和十二年（817），处州刺史李繁在府治西南一里处建孔庙，置讲堂，创立州学，学额25人。而县学，处州唐代只有松阳建了县学。唐武德四年（621）所建的松阳县学，是处州最早的县学，也是处州最早的官学，比州学创立的时间要早近200年。松阳县学地址在县治（治所今古市镇）东南百步，最初学额16人。唐永贞元年（805），县治迁到紫荆村（今西屏镇），县学随迁到西屏镇。州学、县学招收的是低品级官吏和普通百姓的子弟。

唐代以后的官学基本没有承担启蒙教育的功能。启蒙教育一般由专门的乡村学校、家族或家庭承担，主要包括乡学与里学、社学与义学、私塾。唐代的教育制度规定，品官子弟14岁才能入州学、县学或中央官学，14岁以前的教育基本由乡学、里学、社学、私塾等承担。

唐代县以下有乡，乡以下有里、村，城区设坊，城郊设村。唐开元时期，朝廷下令在州县之下，每个乡都要设置学校，由官府配备师资。村学的规模比乡学小，条件也更简陋。乡学、村学、里学的主要教学内容是一些启蒙识字和儒家五经等，属于普及性初等教育。隋唐五代时期处州的乡学、村学教育情况，目前没有查到有关记载。社学此时还未出现。

私塾是由私人创办的提供启蒙教育的收费机构。一般有：塾师在家里或借用、租用场地设馆招收学童就读的"门馆""家塾"；由一村一族聘请老师教授的"村塾""族塾"；富裕人家自己聘请老师在家设馆教授自家子弟及亲友子弟的"坐馆""教馆"等。私塾在汉代已存在，隋唐五代时期得到发展，成为启蒙教育的重要组成部分。

处州位于浙西南，处于崇山峻岭之中，赴京路途遥远，普通百姓比其他地方穷苦，没有钱无法赴京应试。隋唐五代的每个朝代后期农民起义不断，战争比较频繁。中央官学入学门槛高，州学学额少，除了松阳，其他县还没有县学。不过唐代科举考试对参加考试者的身份没有严格限制，为庶民出身的学生的科考升迁创造了一定机会，然而，没有接受过教育的人要登第其实是不太可能的。在这380年间，处州进士人数不多。

清朝处州知府潘绍诒修的《处州府志》在卷16《选举志》进士部分写道："隋设进士科，后世因之。名公巨卿，悉以此为阶梯焉。括苍各邑赝是选者，宋、明为盛，今则远弗逮矣。乾、嘉之间，几同绝响；同治甲子，全浙肃清。后辛未、壬子六年中，通籍者二人。"其所列的名录中处州进士从唐开始，且唐代仅录毛云龙1人，五代未列。1995年版《丽水地区人物志》记录的是处州进士共17人：隋代1人，为缙云梅护，年科无考，主要官职为户部员外郎；唐朝和五代16人，其中只有毛云龙是松阳人，其他15人均为缙云籍。

二、名录

据《丽水地区人物志》和《丽水地区教育志》记载，隋唐五代时期进士名录如下：

朝代	科 名	公元纪年	籍贯	进士名录及主要官职
隋	年科无考		缙云	梅护(户部员外郎)
唐	大中二年戊辰科	848	缙云	沈师直(沙县县令)
	咸通元年庚辰科	860	缙云	沈斐(台州学录)
	乾符二年乙未科	875	缙云	沈诏(刑部主事)
	天复二年壬戌科	902	缙云	沈晃(都御史)
	年科无考		松阳	毛云龙
			缙云	梅良(湖州刺史)，梅琦(县令)，梅美(常州太守)，梅仁(御史中丞)，羊憎
五代	开运元年甲辰科	944	缙云	沈戬(荆州金判)
	年科无考		缙云	潜颖(太保)，潜进(兵部尚书)，蔡敏(户部尚书)，田宁(处州户曹)，潜佶

查20世纪90年代出版的丽水九县（市）志，隋唐五代时期进士只有《松阳县志》和《缙云县志》有记载。《松阳县志》著录唐代进士1人：毛云龙，年代科别不详。1996年出版的《缙云县志》，所录的隋唐五代进士共5人，其中唐代4人：沈师直、沈斐、沈诏、沈晃，五代1人：沈戬，且沈师直中科时间为大中元年。并注：除沈师直为旧志有载，其他4人为编委会根据宗谱补录。据清光绪《缙云县志》记载，蔡敏是五代间永嘉孤溪人，当过尚书，卒敕葬缙云官政乡。

因年代久远，查考困难，今一并存录于此，供以后研究者进一步研究参考。

第四节 隋唐五代处州进士人物介绍

隋唐五代属于科举制度的初创时期和生长时期，处州进士人数少。

一、松阳毛云龙

毛云龙，生卒年不详，年科无考。松阳人。毛云龙考取进士后，无意仕途，一心只想学道修炼成仙。《钦定四库全书·浙江通志·卷二十一·山川》记载，毛云龙在上方山炼丹，泉出岩中，大旱不竭，传为"炼丹井"。民国版《松阳县志》记载，云龙继续修炼于留名山，所记载的是其学道修仙之事。

二、缙云东冈下村沈氏六代五进士

缙云县东冈下村沈氏，在唐和五代时期，从沈师直开始，六代出了五名进士。沈师直，唐大中二年（848）进士，曾任沙县县令。其子沈斐咸通元年庚辰科（860）进士，任台州学录。其孙沈诏，乾符二年乙未科（875）进士，任刑部主事。三世孙沈晃，天复二年壬戌科（902）进士，任都御史。四世孙沈戬，开运元年甲辰科（944）进士，任荆州金判。

第二章

宋代处州进士

　　宋代，开展了一系列的科举改革，科举制度得到了发展和完善，走向了制度化和规范化，并呈现出生机和活力，激发了广大士子投身读书科考的积极性，也选拔了更多的文人学士进入官僚机构。宋代科举制度的许多规定为明清两代所效仿。

　　宋代处州经济文化获得较快发展，加上宋代增加了科举录取名额，提升了科考的公平性，处州的进士人数达到了历代的最高峰，并形成了一批进士家族和进士村。

第一节 宋代科举制度概述

一、宋代科举制度的完善

宋代科举考试，沿袭了唐代，但又进行了系列改革，使科举制度得到完善，并为明清两代所效仿。

北宋时，为加强中央集权，吸取五代时藩镇割据、武将跋扈犯上的教训，以重文抑武作为基本的用人之策，对科举考试进行一系列改革，完善了科举制度。南宋偏安江南，实行较为宽容的科举政策，以笼络士人，并对科举制度做了进一步的修补完善，提升了考试的公平性，增加了录取名额，使读书应举成为社会风尚。

（一）科举考试在程序上严密化、规范化，提升了公平性

宋太祖赵匡胤于乾德元年（963）废除了通榜公荐法。通榜公荐法是唐朝允许的推荐考生方法，即知贡举官赴贡院前，中央台阁大臣可以向其推荐自己所了解的有才能的举子，原本是想结合举子的才学声望来选拔出有真才实学者，但在实际操作中，这种公荐法却为请托留下了可乘之机，一些朝中权贵纷纷宴请主考官——知贡举，以获取照顾，让自己推荐的进士人选入选，以致出现还未开考已定名次的现象。为了杜绝制度漏洞，乾德元年宋太祖下诏："礼部贡举人，自今朝臣不得更发公荐，违者重置其罪。"宋真宗景德元年（1004）以后，又多次重申了这一禁令，排除荐举因素。

为进一步严格程序，宋朝在科举考试中推行"锁院制"，即主持考试的知贡举确定之后，马上要进入贡院居住，不得出外，不得与外界接触，食宿都得在贡院之内。这既是为了防止考题泄漏，也是为了防止有人走后门请托。宋太宗时，首先在殿试中创设了"封弥制"，即将考生答卷卷首的考生姓名、年甲、乡贯等个人信息密封，代之以字号，又叫"糊名制"。

25

这样做是为了在评卷的时候按答卷优劣客观区分等级，防止看人评等第的弊端。后来"糊名制"在各级常科考试中得到了推广。但是，糊名并不能完全杜绝考官徇私舞弊，因为考官还可以通过辨认笔迹或暗记，认出答卷是不是出自自己熟悉的考生之手。因此，宋真宗于大中祥符八年（1015），又设置了誊录院。科举考试结束后，将举子的试卷一律重新誊录，然后将誊录的副本送至主考官手里，这样主考官在阅卷时，就无法辨认出笔迹了，从而在评卷环节杜绝考官的主观因素和人情因素。

据《续资治通鉴长编》卷93载，宋真宗天禧三年（1019）规定了双重定等第法，试卷在经过封弥与誊录后，送第一位考官评卷，然后将第一位考官打出的等第封弥后，再交给复评官评阅打等第，最后交详定官拆开等第的封条，看前两位阅卷者所给等第的差别，进行平衡，确定等级名次。由于初评和复评考官彼此不知对方所定等次，减少了评卷的主观随意性，有效地防止了试题评阅的误差。一个典型事例是：宋神宗时期，著名文学家苏轼有一次任省试主考官时，因赏识一位叫李廌的士人，欲予以录用，在评卷时，认定某份卷子必是李廌的，便在上面写了许多赞赏的话语，并设法录取为第一名，没想到试卷拆封后，此卷是另一位考生的，李廌却落选了。

锁院制、封弥制、誊录制、双重定等第法的推行，提升了宋代科举考试程序的公平性和客观性，使寒门士子与官宦子弟打破了在科举上的等级界限，"一切以呈文任去留"，标志着宋朝科举制走向完善。这些制度的合理性因素还被现代考试借鉴采用，如命题者在开考前要与外界隔绝，大型重要考试试卷装订要将考生姓名等个人信息遮盖，阅卷评分要经多人评阅等。

（二）常科增加殿试，实行三级考试制度

宋太祖赵匡胤从建隆元年（960）登基开始，便开科考试，科目有进士、九经、五经、开元礼、三史、三礼、三传、学究、明经、明法等。开宝六年（973），翰林学士李昉知贡举，主持省试，录取进士11名，但太祖亲自策问时，却发现进士武济川资质低劣，对答语无伦次，将其黜去。因武济川与李昉是同乡，太祖怀疑其间有私。此时，又有落第者徐士廉等击登闻鼓，上告李昉录取进士时徇私情，并向太祖进言，建议由皇帝重新进行考试。太祖闻言大怒，下令取消武济川的进士及第资格，并将已录取和未录取的195人召至殿上，重新考试，亲自阅卷，最终录取了127人，其中进士26人，而李昉录取的人中共有10人落选。李昉因此受到责罚。这是殿试的开始。赵匡胤创设殿试，既是为了科考的公平性，也是君主集权的需要。此后，殿试成了科举制度中最高一级的考试，并被沿袭下来。

自从宋太祖开了殿试先例后，科举考试就出现了一个重要变化，由原来的两级考试演变成三级考试：州试、省试、殿试。

州发解试第一名自唐以来即称"解元"，省试第一名宋代改称"省元"，北宋殿试前三名均称"状元"；南宋殿试前三名分别称"状元""榜眼""探花"，并为后代所沿用。"连中三元"遂成为科举时代读书人的最高愿望。

（三）限制官僚的科举特权

为了防止官僚垄断士权，宋代对官员及其家属参加科举考试的特权进行限制。除了增加殿试，皇帝将最高等级科举考试的权力直接掌握在自己手中，防止礼部营私舞弊外，还实行别头试和锁厅试。

别头试始于唐代，是为避嫌而采取的措施，专门为主考官及与科举考试有关人员的子弟亲属举办考试，但并未形成制度。宋代自宋太宗雍熙二年（985）省试令考官亲戚别头试以后，宋代的别头试逐渐固定下来。主考官的子弟、亲戚参加考试应另设考场，另派考官，即"别头试"。经宋真宗、宋仁宗时期的发展，别头试的范围进一步扩大，省试主考官、州郡发解官和地方长官的子弟、亲戚在应省试和发解试时，都要实行别头试。

锁厅试是现任官或有爵禄者应进士试的举措。在宋代，现任官员也可参加科举考试，因其赴试时要锁其官厅，故称锁厅试。锁厅人另设考场单独考试。宋初，锁厅人考试合格，只迁官不赐科第，不合格即停现职。淳化三年（992），应试合格始赐进士及第。宋真宗时规定，锁厅试应试者先由其长官考试，合格方取解赴礼部考试。如礼部考试不合格即停现职，而且前后考试官、举送长吏，都要追责治罪。真宗天禧三年（1019）又规定，凡锁厅试不合格者，定为私罪，罚铜10斤，并永远不准再应举。

（四）进士区分甲第并授官

宋初进士录用人数不多，并不分等。宋太祖一朝15举，因取士人数少，沿袭了唐朝和五代做法，不分甲，并赐及第。自宋太宗即位后，随着录取人数的增多，开始分等，即按成绩进行先后排名。有分甲乙两科（等），后又分三等、四等、五等、六等，变化不定。宋真宗大中祥符四年（1011）制定《亲试进士条制》："其考第之制凡五等，学识优长、词理精绝为第一等；才思贯通、文理周密为第二等；文理俱通为第三等；文理中评为第四等；文理疏浅为第五等。……上二等曰及第，三等曰出身，四等、五等曰同出身。"然而并未真正实行。这一规定直到宋神宗元丰五年（1082）才开始正式执行，进士科分为五等：第一、二等赐进士及第；第三等赐进士出身；第四、五等赐同进士出身。此后，北宋的甲第均按此实行。

南宋的科举制度基本沿袭了北宋，每举也分五甲或五等，分赐进士及第、赐进士出身、赐同进士出身。赐第情况与北宋略有不同，何忠礼《宋代进士甲第考》考证，南宋时，一甲、二甲赐进士及第，三甲、四甲赐进士出身，五甲赐同进士出身。

唐代进士及第后还须参加吏部铨选，铨选考试合格才能授官。而宋代进士登科后即可入仕，但甲第的高低会影响仕途的发展前景。

（五）扩大进士录取名额

宋以前，每举录取的进士人数不多，唐代每榜录取进士30人左右，五代时每榜进士一般10余名，宋太祖时开科15次，平均每科13人。宋太宗开始则扩大了进士录取名额，他在即位的次年，即太平兴国二年（977）举行了第一次科举，一科就录取了进士109人、诸科207人。宋太宗在位时，每科录取都保持了较多的人数，淳化三年（992），创纪录地录取了进士353人、诸科964人。宋太宗在位共开科8次，共录取进士1487人，平均每榜进士达186人，是五代和宋太祖时每榜进士人数的10多倍。宋太宗增加进士录取人数的做法，被宋后世视为祖宗成法而遵循。真宗咸平三年（1000），取进士409人，进士以外诸科1100余人。北宋中期由科举入仕者人数更多，南宋时每科进士及第者一般在500人左右。宋代成为中国科举史上录取进士最多的一个朝代。

宋初，省试通过后参加殿试会有一定比例的落榜者。一些省试合格的举子，离及第仅一步之遥，殿试时却名落孙山，多年的辛苦顿时化为泡影，心生怨恨之下，便做出聚众鼓噪或自杀抗议的行为。仁宗宝元元年（1038），西夏元昊正式称帝，与宋朝对峙，一些殿试屡次落第举子投奔西夏为其攻宋出谋划策，尤其是一名叫张元的落第举人成为谋主。群臣将此归咎于殿试。为了平息落第举子的不满情绪和稳定社会秩序，嘉祐二年（1057），仁宗将殿试的差额录取改为等额录取，下诏"凡与殿试者始免黜落"，该年参加殿试者全部录取及第。宋仁宗开了殿试不黜落的先例后，殿试不淘汰只排出名次，就成为中国科举考试的定制。

宋代不仅扩大了进士名额，而且一改唐代进士等常科及第后还须等候参加吏部铨选考试才能授官的做法，实行殿试登科后即可入仕，并且仕进之途越走越宽，许多人没几年即成为朝廷重臣。这大大激发了举子应试的热情。

（六）贡举周期规律化

宋代开科频次有变化。太祖时大多每年开科一次。宋太宗时延长了开科周期，多间隔一至两年开科，最长一次间隔了五年。宋真宗时开科较频繁，但到仁宗朝开科间隔又变为两年至三年。仁宗嘉祐二年（1057），著名文学家欧阳修任知贡举，采取了严格的科场纪律，严禁携带书籍资料入场，同时，他推崇平易自然的文风，因此对运用险怪之语炫奇之风的文章加以裁抑，被黜落的举子对欧阳修大为不满。于是，他们聚集闹事，围堵诋毁欧阳修，甚至写祭文投到他家中。此事闹得沸沸扬扬。原因之一是相当长时间以来都是四年一开科，四方士子客居京师以待省试者常有数千人，一有喧噪，众人聚集，其势难控。于是，仁宗听取大臣的奏请，下诏改为每隔一年举行一次科举，即两年一科，并将进士和诸科的录取人数减半，这样总的录取人数还是与四年一开科保持平衡。开科时间的固定化、规律化对科举制度的改进具有积极意义，并为最终的"三年大比"制奠定了基础。宋英宗治平三年（1066），鉴于两年一开科，虽然开科频繁但录取机会并未增加，为便于各地举子应考，将科举周期改为三年一开科。这

种改革既符合周礼"三年大比"之制，又给考试的参加者和组织者带来方便。从此，三年一个周期的"三年大比"成为科举定制，并一直延续到清末科举制度终结。

（七）传胪赐宴，荣耀加身

科举制度中，殿试以后由皇帝宣布登第进士名次的典礼，叫作传胪。传胪唱名之制始于宋代。据史书记载，唱名日，皇帝登集英殿，宰相呈上前三名的卷子，皇帝读毕，拆视姓名，即呼某人上殿，大臣将皇帝旨意传到阶下，再由六七名卫士齐声高呼某人姓名，称为传胪。此外，新科进士还可获得朝廷赐宴。宋代太平兴国八年（983），进士赐宴于琼林苑，称为琼林宴。徽宗政和二年（1112），改称闻喜宴。如果中了状元，得赐紫裘、金带、靴笏，回归故里时，州县设宴迎接，状元额牌立于所居之侧，更是无比荣耀。

考中进士不仅获得荣耀，还能加官晋爵，获得各种实际利益。宋真宗有一首广为流传的《劝学诗》，劝诱士子读书应举："富家不用买良田，书中自有千钟粟。安房不用架高堂，书中自有黄金屋。出门莫恨无人随，书中车马多如簇。娶妻莫恨无良媒，书中有女颜如玉。男儿若遂平生志，勤向窗前读六经。"这首诗以科举及第后能获得的利益和特权，激励着读书人寒窗苦读。司马光《劝学歌》也曾描写过士子金榜题名后能够获得的好处："一朝云路果然登，姓名高等呼先辈。室中若未结姻亲，自有佳人求匹配。"宋朝的"榜下择婿"现象，也从侧面反映了科举及第后能获得的前途和未来发展，因而使得新科及第的新贵成为权贵豪门争抢的女婿人选。

总之，宋代的科举制度得以强化，完善了科举管理和考试制度。

二、宋代科举制度的内容

宋代科举考试制度从内容上看，可分为常举、制举、词举和武举。

1. 常举

常举也称贡举。宋代增加殿试，实行三级考试制度，贡举周期规律化。具体内容如前所述，在此不再赘述。

2. 制举

制举也称制科，是为预防进士诸科遗漏贤才，由皇帝特诏设置的取士科目，是对常举的一种补充。宋代制举屡兴屡废。宋太祖乾德二年（964），下诏设置制科，设贤良方正能直言极谏、经学优深可为师法、详娴吏理达于教化三科，当年只有1人中贤良方正能直言极谏科。乾德四年（966）和开宝八年（975）举荐应考者众，但无人合格录取。真宗景德二年（1005），将原来的制举三科扩充到六科，并于景德三、四年间接连试制举，仅4人及第。大中祥符六年（1013）废止制科。仁宗天圣七年（1029），在范仲淹等人的建议下复开制举，科目增加到十科，史称"天圣十科"。仁宗时录取的制科人数最多，前后各科录取了富弼、苏轼、苏辙等15人。神宗时，宰相王安石实行变法，反映在科举考试中，罢试诗赋，改考经义、策论，因而被认为进士科考试与制举无异。宋朝于熙宁七年（1074）第二次诏罢制举。宋哲宗即位后，高太后当政，废除王安石变法措施，又恢复了制举，但仅开设贤良茂才科。哲宗亲政后，改元绍圣，更改或废除高太后当政时的政令，对于制举，哲宗认为进士策亦可言，于是又诏罢制举，这是宋代第三次诏罢制举。直到北宋灭亡，制举未再恢复。

南宋高宗绍兴元年（1131）重新恢复制举。此后，直至南宋结束，制举未再被废除，但有名无实。南宋时期，仅于孝宗乾道七年（1171）录取1人。

宋代统治者希望通过制举考试获奇才异能之士，考试难度大，要求高。宋仁宗时，将制举考试由直接御试改为阁试、殿试两场。阁试一般是论六篇，每篇500字以上，一天内完成。六篇论中，通四篇以上为合格，才能参加殿试。殿试策一道，要求3000字以上，殿试结果分为五等，一二等其实是虚设，从不授人，所以第三等实际上就是最高等，相当于进士第一名。宋代制举中，获得第三等者仅有4人。

两宋制举共开科22次，北宋共选41人次（其中张方平两次中选，故实际应为40人），南宋中选1人。无论是开科次数还是录取人数都比唐代少得多，统治者的重视程度也不如唐代。但是宋代的制科还是选拔了一些

著名人才，如苏轼、苏辙、富弼、张方平等。

3. 词举

词举也称词科，是选拔为朝廷起草诏诰文书官吏的科目，是宏词、词学兼茂和博学宏词三科的通称，目的是为朝廷选拔公牍骈文的应用写作人才。

词科考试产生于北宋哲宗时期，哲宗绍圣元年（1094），因王安石科举改革罢诗赋、试经义，导致朝廷辞章之士缺乏，诏立宏词科取士。徽宗大观四年（1110）改立词学兼茂科，考试内容主要有诗赋、制、诰及历代政事，每年一次。绍兴三年（1133），高宗设立博学宏词科，考试内容是从制、诰、诏、表、檄、露布、箴、铭、记、赞、颂、序十二种文体中选取六种文体命题，每种文体古今各一篇。考试结果分为三等，对于无出身人中选之后的待遇十分优渥，一等赐进士及第并免召试除馆职，二等赐进士出身并择其优者召试馆职，三等赐同进士出身并遇馆职有阙许审察召试。到宁宗嘉定以后，博学宏词科因要求高，久未取人，开始走向衰落。于是，去宏、博二字，降低要求设词学科，只试文辞。

据徐红、郭应彪《宋代词科中选者考论》，两宋时期留下姓名的词科中选者为121人，其中107人有确切的中词科时间。

4. 武举

宋代推行"崇文抑武"的治理理念，武举制度几经废立。

宋初，宋太祖杯酒释兵权后，对武将有防范之心，武举受到冷落。宋仁宗天圣三年（1025），鉴于武备松弛的现实，范仲淹上奏提出复设武举的主张；天圣七年（1029），仁宗诏令恢复武举。天圣八年（1030），宋仁宗亲试武举12人，对应举者进行骑射弓马考试和策问，标志着宋代武举正式开科。但宋代武举往往由国家外部安全的现实需要决定存废状态，在边防形势紧张急需用兵、将帅乏人时恢复武举，而在边境稳定时又将其废止。

宋代武举考试分为比试（引试）、解试、省试和殿试四级。比试（引试）属于资格考试，合格者才有资格参加解试。解试是各地武举人的考试，录取名额无明确规定。省试由兵部主持，省试的录取名额一般不超过

40人，南宋时经常在20人到40人之间浮动。殿试是由皇帝亲自主持的最高级别的考试，至嘉祐二年（1057），参加殿试者均不会落第，只是决定御榜上的不同名次而已。

与唐代武举相比，宋代武举为了选拔出懂谋略的将帅之才，在考试内容上，包括武艺和程文两方面，武艺考骑马射箭、刀枪器械，难度比唐代要低。程文考试分墨义和策论两部分，墨义是指释义兵法，策论是对时务边防和经史书籍中所涉军务论述自己的看法。而唐代作为考察内容的身材、言语等基本素质在宋代则被列为推荐条件。总体而言，宋代武举考试重视兵法谋略的考察，对武艺方面的才能则没有那么看重。

宋代武举录取人数和规模比文举要小得多。

南宋孝宗乾道八年（1172），对中武举者依文举之例，分别赐进士及第、进士出身和同进士出身。

第二节　宋代的处州进士

一、概况

宋朝时，处州经济、教育都获得了较快发展。

在经济上，宋代的社会生产力获得了巨大发展。北宋王朝在完成统一南北割据政权之后，采取措施恢复经济，促进生产。农业技术更新，生产工具改善，提高了劳动生产力。江浙地区水稻的种植面积扩大，产量大大增加。北宋农民对国家负担的课税比晚唐要稍微轻些。佃户庄客对地主阶级的人身依附关系相应有所减弱，一定程度上提高了他们的生产积极性。手工业也获得了显著发展。采矿业、制瓷业、丝织业和造纸业都有了较快发展。瓷器已远销日本、朝鲜、南洋诸国以及阿拉伯等地。处州的龙泉青瓷始于唐代，北宋时已初具规模。造纸业和刻版印刷业在技术上有了很大提高，在数量上也有较大增长，这为书籍的印刷和流通提供了很大便利。印刷成本的降低意味着购书成本的降低，为文化教育的发展奠定了基础。当时，北宋中央政府和一些地方政府都刻印了很多书籍，私人刻印书籍的也很多。在农业和手工业发展基础上，北宋的商业也获得了繁荣发展。各地农村中已出现了定期集市，用于产品交换。城市的市场交易和店铺经济繁盛。航海业、造船业发达，取道于海洋的对外贸易比盛唐时还要繁荣，从中南半岛到南洋群岛再到阿拉伯半岛上的一些国家，都和北宋有贸易往来。也正是由于商品交易的发展需要，北宋发行了世界上最早的纸币——交子。

南宋以杭州为都城，经济重心南移，南方地区得到进一步开发。南宋境内，水利灌溉事业进一步发展，成熟较快较早的"占城稻"普遍种植，有的地方可以每年收获两季，粮食产量有了较大提高。手工业方面，制瓷业占有突出地位。制瓷技术提高，瓷器产量激增，瓷窑数量和规模快速增长。处州的龙泉、庆元和瓯江、闽江沿岸，是青瓷的产地。龙泉青瓷在南宋时期达到鼎盛，产品种类齐全，式样富于变化，器物装饰简洁明了，釉层丰厚滋润，釉色青绿，晶莹剔透如同翡翠，形成了一个以龙泉为中心向四面八方辐射、窑场众多的青瓷生产体系。当时，瓯江两岸瓷窑林立，江上运瓷船舶往来如梭。产品不仅能满足百姓的日常生活需要，也提供给皇宫和达官贵人使用。20世纪90年代在杭州南宋皇宫遗址就出土了大量龙泉窑青瓷残片。南宋的造纸业进一步发展，印书所用纸张一般都已达到薄、软、轻、细、韧的水平。纸张的种类和颜色多样，质量上有薄厚与粗细之分。造纸业的发展促进了雕版印刷业的发达。当时刻印图书数量之多，技艺之高，流传范围之广，是空前的。造船业发达，一方面为航海业和海外贸易奠定了基础，另一方面也为南宋境内的水路交通提供了便利。处州处于群山环抱中，但水系发达，瓯江的航运为货物运输和商品贸易提供了交通便利。龙泉青瓷就通过瓯江源源不断地运往海内外。日本、朝鲜、越南、缅甸、马来亚等都曾有许多地方发现过南宋龙泉青瓷瓷片。南宋高宗时发行纸币——会子，会子是宋朝发行量最大的货币。南宋时南方商品经济的发展已超过北方。

南宋时，处州的一些官员为地方争取到部分宽松免税政策。如处州知府范成大、叶武子，深谙苛捐杂税给民众造成的疾苦，为民请命，减轻农民负担，促进了农业经济的发展。范成大任处州知府时向朝廷上奏《论不举子疏》，奏报处州百姓贫困，无力养育后代，以致生子弃养现象严重，请求朝廷救济并减免捐税。最终，朝廷免除了处州的盐捐和丁口税。叶武子到任处州时，见"栝苍为郡，地狭而瘠，民劳而贫，浙东七郡，栝为最下"，因此写了《奏免浮财物力札》上奏朝廷，促使朝廷免征了丽水的浮财物力税。

教育上，宋代朝廷"重文抑武"，改革和完善科举制度，提升了考试的公平性，增加了录取名额，读书应举成为社会风尚，社会上出现了庞大的读书求学队伍。北宋出现3次兴学运动，即北宋仁宗庆历四年（1044）三月到五年（1045）三月范仲淹主持的庆历兴学、神宗熙宁四年（1071）到元丰八年（1085）王安石主持的熙丰兴学和徽宗崇宁元年（1102）到宣

和三年（1121）蔡京主持的崇宁兴学，这三次兴学运动对改革科举、振兴官学起到了积极作用。经过兴学运动，宋代建立起了较完备的官学体系。国子监（有时又称国子学，名称反复变化），与唐代一样，既是官学的最高管理机关，也是中央的最高学府，招收七品以上官员子弟入学。太学是宋代中央官学的主体和重点，在中央官学中最发达也最有效，招收八品以下官员子弟和有才能的平民。四门学和广文馆都是为读书人设立的科举预备学校，四门学招收八品以下及庶人子弟，广文馆入学资格没有严格限制，进京应试的读书人和落第举人都可以入馆学习。此外，中央官学体系还包括武学、律学、书学、算学、画学和医学等。

宋代地方官学也获得了较大发展，进入了新的发展阶段。无论是地方官学的普及程度还是学校规模、办学情况都超过了前代。宋代的地方行政分为三级：第一级为路，第二级为州、府，第三级为县。各路不直接设学，只设置学官管辖所属各学。所以，宋代地方官学只有两级：由州、府设立的州学、府学，由县设立的县学。在浙江境内，基本达到了官学的普遍设立。原先已设州学的则大多进行了迁移和重修。处州州学在唐宪宗元和十二年（817）已建立，宋景祐年间（1034—1038），知州孙沔将其迁至府治南贵恕铺（今处州中学处），原址改为丽水县学。唐朝时，浙江的县学寥寥无几，处州仅松阳县建有县学。到了宋代，浙江县学普遍建立。处州各县都建有县学。北宋天禧二年（1018）建龙泉县学，学额20人；北宋皇祐年间（1049—1054）建遂昌县学，学额15人；北宋治平年间（1064—1067）建缙云县学，学额23人；北宋崇宁年间（1102—1106）建青田县学，学额19人；南宋庆元三年（1197）建庆元县学，学额12人。松阳县学，宋代学额增至30人。官学作为官办教育机构，受到政府和有识之士的重视。官学在建立后，大多经历过自然或人为的毁坏，但往往都能获得重建、重修。如处州州学，北宋宣和三年（1121）毁于战乱；五年（1123），知州黄葆光进行了重建。南宋咸淳七年（1271），知州李雷奋重建讲堂。松阳县学，北宋宣和三年（1121）学宫被焚，南宋建炎年间（1127—1130）重建，绍兴年间增设射圃。龙泉县学，创建于北宋，南宋建炎四年（1130）毁于大火，南宋绍兴初年（约1131—1134）县令汪汝则重建，南宋乾道年间（1165—1173）县令徐诩修复，学宫内建尊道堂和进德、学古、兴贤、升俊等斋。宋代开始建立学田制度，以保证地方官学的办学经费充足。学田的田地有的由官府拨给，有的则是由官员、乡绅富户捐资购置。如孙沔在任处州知州时，不仅将州学迁址，而且自己捐资兴学，购买黄肚、黄里两源田地山林园圃13顷86亩40步作为州学学田。学田以地租收入作为祭孔、教官薪俸和生徒癛膳等费用。州学、县学的教学内容主要是儒家经典和诗赋写作。宋庆历时规定读书人必须在学校学习300至500天才能参加科举考试，把学校教育和科举考试结合了起来。官学的发展，为人们提供了读书求学及参加科举的路径。不过，州学、县学教育学额数量少，规模有限，无法满足人们读书求学的广泛需求。

书院是我国独特的教育组织形式，它将教学活动与学术研究相结合，有的还出版书籍。书院的出现和发展弥补了官学的不足，扩大了人们读书求学的需求，也促进了社会文化水平的提高。我国书院萌芽于唐代，正式形成于宋代。唐代时，书院原是藏书和修书之地，唐末五代后，才发展成为讲学之所。浙江的书院宋代以前只建有龙游九峰书院、越州丽正书院等少数几所。至宋代，特别是南宋，创办书院成风，书院教育兴盛，全省各地建有书院191所。一般而言，书院的活动内容主要是三项：一是藏书刻书；二是供祀，供祀对象是孔孟等先圣先师、本学派创始人或与本书院有密切关系的重要人物；三是讲学和学术活动。这三项事业是逐步发展起来的。书院主持人通常称为山长，负责书院的管理并承担教学工作。宋代，书院主持人多为地方名师宿儒。书院的运行经费主要来自院田地租。书院的教学以学生自学为主、教师辅导和讲学相结合。讲学的内容主要是儒家的思想和知识，阐明义理，讲学方式是教师自讲，有时也由有研究心得的学生讲，还会约请大学者来讲自己的学术见解或到书院共同论辩。从南宋开始，书院因有著名的学术大师讲学，且藏有丰富的图书资料和建立完备的管理制度，逐渐成为当地的文化教育中心，培养了大批人才。处州的书院始于宋代。北宋时，缙云人胡份，晚年辞归故里，回乡后定居上宕（今胡村乡），在古方山附近建屋百余间，开设学馆，取名"尚友堂万松书舍"。宋真宗咸平元年（998），吴崇煦在庆元县（时属龙泉）竹坑庄建造

豹隐洞书院，延请名师教学，书院成为大济进士的摇篮。南宋淳熙九年（1182），朱熹到缙云、松阳、青田等地讲学，对处州各县书院的发展起到了积极的推动作用。南宋嘉定（1208—1224）时，缙云县人叶昌嗣在仙都建独峰书院，咸淳七年（1271），任代理户部尚书的缙云人潜说友对书院进行了扩建。嘉熙年间（1237—1240），缙云县令陈大猷于县东六十里创办美化书院，未建成离去，县尉陈实继续建成。宋端平年间（1234—1236），龙泉县里人张奉议在县西五十里严垟建桂山书院。南宋端平三年（1236）太学生赵宗瑶于县郭溪南（现蒋秦圩）建笏洲书院，因书院所在地点的沙洲形状像笏，故名。宋咸淳年间（1265—1274），龙泉人章公权在浆安建仙岩书院。遂昌县，北宋嘉祐七年（1062）龚原在应村设馆讲学；元符年间（1098—1100），尹晖在溪东创建环波亭，主讲程朱理学；南宋绍兴五年（1135）尹姓邑人在大柘黄坞柘溪创西庵书院；咸淳年间（1265—1274），王镃在湖山创办月洞书屋。松阳县在咸淳年间（1265—1274），为纪念朱熹曾到松阳讲学，邑人叶再遇在朱熹讲学处创建明善书院（称第一明善书院）。

宋代的启蒙教育也主要由乡学、里学、私塾等承担。私塾的学生入学年龄没有严格规定，一般是七八岁到十四五岁之间，也有二十岁左右的青年。主要以《百家姓》《千字文》《蒙求》和儒家经典为教材，教学生识字、吟诗作对、书法等，为以后参加科考打基础、做准备。

宋代完善科举制度，提升考试公平性，大大增加了录取名额，不少下层人士通过科举考试改变了地位，步入上层社会，中国社会逐渐从门第社会演变为科举社会，出身和血统不再是区分社会地位和身份的唯一标准，是否考中科名和科第的高低成为重要的区分标志，社会阶层流动性得到较大增强。社会上的读书热情大大增加，参加科举考试的人数也随之增加。宋代处州经济和教育的发展，为处州士子通过读书参加科举改变地位和身份创造了条件。尤其南宋定都临安后，浙江成为文化教育的中心，局势相对比较稳定，更有利于处州士子刻苦攻读和科举仕进。随着全国政治、经济、教育文化中心的南移，河南、湖南、江西、安徽、福建等地的一些士子迁居处州，进一步促进了处州经济、文化的发展。这批人大都是名门望族，带来了文化教育的繁荣。

宋代是处州历代考取进士最多的时期，共有953人，占历代文进士总数的83.74%。其中，北宋应试37科，有进士242人，平均每科6.54人；南宋应试49科，有进士711人，平均每科14.51人。并涌现出一批进士世家和进士村。

二、名录

宋代，处州的建置有所变化。南宋庆元三年（1197）分龙泉县松源乡等地建庆元县。

根据《丽水地区教育志》《丽水地区人物志》和各县县志，宋代处州进士著录如下：

（一）北宋时期

北宋时，处州共有进士242人。

科名	公元纪年	籍贯	进士名录及主要官职
太平兴国二年丁丑科	977	缙云	陈宗达（虞部郎中）
至道元年乙未科	995	缙云	蒋诰（枢密副使），陶德周（同知枢密平章事、金紫光禄大夫），林熙
咸平元年戊戌科	998	缙云	施睬（监察御史）
大中祥符二年己酉科	1009	缙云	詹骙（翰林学士），施奭（少保、金紫光禄大夫），吴禹，周启明
大中祥符五年壬子科	1012	丽水	葛源，徐陟
天圣二年甲子科	1024	龙泉	周文象，吴珏
		庆元（时属龙泉）	吴毅（大理寺评事）
天圣五年丁卯科	1027	龙泉	鲍大易
景祐元年甲戌科	1034	龙泉	叶仲舒，鲍安上
		庆元（时属龙泉）	吴毅（濠州知州），吴戴

续表

科名	公元纪年	籍贯	进士名录及主要官职
庆历二年壬午科	1042	缙云	吕应辰
庆历六年丙戌科	1046	缙云	詹迥（观文殿大学士、礼部尚书）
皇祐五年癸巳科	1053	丽水	蔡景祐，应敢，葛良嗣
		龙泉	周镛（扬州知州），何琬（龙图阁学士）
嘉祐四年己亥科	1059	丽水	朱师雄
		缙云	陶恒（大理评事），詹适（龙图阁学士）
		龙泉	鲍安平
嘉祐六年辛丑科	1061	丽水	刘牖
		松阳	叶仲询（知沣州），叶伸
嘉祐八年癸卯科	1063	遂昌	龚原（兵部、工部侍郎，知庐州）
		龙泉	管滂
治平二年乙巳科	1065	云和（时属丽水）	梅南仲（齐州通判）
		遂昌	周沃
		龙泉	鲍柢，鲍粹，季褒（翰林侍讲），鲍朝孺
治平四年丁未科	1067	龙泉	季褒（长溪县令），吴深，鲍康尧，鲍强
		庆元（时属龙泉）	吴克（同门下平章事兼判枢密院）
		缙云	陈良善
熙宁三年庚戌科	1070	遂昌	孟闳，周池，叶之恕
		龙泉	何景先，管师常
		庆元（时属龙泉）	吴桓（长兴令）
		缙云	陈虚中（御史），陈良敬

续表

科名	公元纪年	籍贯	进士名录及主要官职
熙宁六年癸丑科	1073	丽水	应适，朱定
		缙云	詹文（国子司业、赠开府仪同三司）
		松阳	叶景文
		遂昌	叶遵（楚州推官、知真州），周述（太常寺丞）
		龙泉	叶膺（算学博士、鸿胪寺丞），何执中（吏部尚书、左仆射），叶涛（龙图阁待制、知光州），吴嘉遘（池州通判），管师仁（吏部尚书、同知枢密院事），管师渐，吴璋，姚鼎臣，全旦，胡赟，周革
		庆元（时属龙泉）	吴畀（萧山县尉），吴翊（池州通判）
熙宁九年丙辰科	1076	丽水	蔡惟稽，祝矶
		松阳	蔡锷
		遂昌	郑乂（玉山尉），吴宝
		龙泉	叶之表，管师厚，吴遇，鲍贻庆，周有，鲍安昌，叶锷
		庆元（时属龙泉）	吴庸（中书舍人、龙图阁待制学士），吴行可（建阳县教谕）
元丰二年己未科	1079	丽水	孙夙，应皓，应通
		云和（时属丽水）	梅源
		青田	叶艾
		遂昌	刘贲
		龙泉	张时敏
元丰五年壬戌科	1082	松阳	叶承（兵部郎中），叶珪
元丰八年乙丑科	1085	丽水	祝亚（太常卿、中大夫），郭仪
		缙云	施贵（分司副使），胡份（文华殿大学士、鄱阳知州）
		松阳	叶仲堪（知衢州）

续表

科名	公元纪年	籍贯	进士名录及主要官职
元祐三年戊辰科	1088	丽水	祝粹（分水知县），叶蕡，朱师回，许宸卿，王伟
		龙泉	吴材（工部侍郎），鲍坚，吴嘉成
		缙云	周厨（平江府教授）
元祐六年辛未科	1091	龙泉	鲍由（广西淮南转运判官、知明州），何志同（知颍昌），鲍辉，张时宪
		缙云	蒋寅（经筵待制）
绍圣元年甲戌科	1094	缙云	杨光祖（知黟县），赵资道（知台州），朱绂（嘉议大夫、知侯官县），朱绶（中书舍人）
		松阳	叶萃（知兰州）
		遂昌	赵颢
		龙泉	季夔（提举）
绍圣四年丁丑科	1097	丽水	祝廷（卫尉少卿），刘介，余浩己，祝敞
		青田	陈汝锡（浙东安抚使、中奉大夫）
		缙云	詹义（徽猷阁直学士、兵部尚书）
		松阳	叶梦得（节度使）
		龙泉	鲍贻度，鲍提，鲍耀卿
元符三年庚辰科	1100	丽水	李国富，朱琳，叶秉圭，蔡翊
		遂昌	尹晖（安仁县丞）
		龙泉	叶彦谋，沈贤佐
崇宁二年癸未科	1103	丽水	吴作德，叶视
		缙云	陶师道（大中大夫），郭颐（开封府兵曹），沈经
		龙泉	张著（知筠州），张仁及（太子侍读），季守经，鲍汝询，叶焕

续表

科名	公元纪年	籍贯	进士名录及主要官职
崇宁五年丙戌科	1106	丽水	包大有，吴祥
		青田	蒋存诚（国子祭酒、知饶州）
		缙云	叶逢辰（邵州通判），周茂（江东转运司判官）
		遂昌	周绾（吏部侍郎、敷文阁待制）
		松阳	叶循祖（国子学录）
		龙泉	张端礼（朝散郎、封紫金光禄大夫），周辟中（大理寺评事）
		庆元（时属龙泉）	吴适
大观元年丁亥科	1107	庆元（时属龙泉）	刘知新（知绵州）
大观三年己丑科	1109	丽水	吴迪，朱璞，郑集，祝颜
		景宁（时属青田）	潘特竦（大理寺少卿、尚书右司员外郎），潘谥（陕州推官）
		青田	刘翰（朝散郎）
		缙云	周瑨（淳安尉）
		遂昌	周焕
		龙泉	张端彦，吴瓛，何晦，姚辉
		庆元（时属龙泉）	吴惇夫
政和二年壬辰科	1112	丽水	刘亘，祝卞，周公才
		云和（时属丽水）	梅文（太常博士）
		青田	汤举（御药院提举、朝散郎），刘倚友（知开封府），刘宪，叶份
		缙云	沈造（潮州通判），朱晞（亚中大夫）
		松阳	潘宗回（知福州）
		遂昌	刘伯宪（卫州学职），郑辽

续表

科名	公元纪年	籍贯	进士名录及主要官职
政和二年壬辰科	1112	龙泉	季质（龙图阁右史），季陵（右文殿修撰、知广州），季隋（高丽国学博士），季路（宣教郎），何志宻，张蕴
		庆元（时属龙泉）	吴枢（嘉兴令），吴逸（东平知州），吴兢（处州通判、朝散大夫），吴彦申（南昌县丞）
政和五年乙未科	1115	丽水	陈允扬
		龙泉	蔡倚，叶汝平，张光国，胡廉夫
重和元年戊戌科	1118	丽水	季洞（奉州通判），吴作谋，叶宏中
		缙云	陈作肃（蕲州教授）
		松阳	杨跻，叶询武
		龙泉	练大明，鲍开先，潘天隐
宣和二年庚子科	1120	丽水	吴安国（太常寺少卿）
宣和三年辛丑科	1121	丽水	林觉
		青田	朱定国
		缙云	陶耕（杭州教授），胡价（知饶州），周备，叶籍，鬻析，詹宗益
		遂昌	周赞（大理寺丞），毛世显
		龙泉	张从，季棣
		庆元（时属龙泉）	吴惇常
宣和六年甲辰科	1124	丽水	闾丘昕（吏部侍郎、敷文阁待制、知温州），叶珏，祝陶，陈昪，胡升
		缙云	周毅（常熟知县）
		龙泉	吴申美，林通，季祐之，吴亘
		庆元（时属龙泉）	吴遵路
年科无考		缙云	胡彦明（工部尚书），胡惟新（中书舍人），谢景渊（知永兴军），沈立（谏议大夫）
		青田	富岩（刑部郎中、知苏州）

（二）南宋时期

南宋时期，处州有进士711人。

科名	公元纪年	籍贯	进士名录及主要官职
建炎二年戊申科	1128	丽水	王如，陈穆，叶熙
		云和（时属丽水）	梅守卓（常州通判）
		缙云	朱涛（新昌令、浦江令），鲍彪（司封员外郎）
		遂昌	吴芑
		龙泉	鲍闳中
绍兴二年壬子科	1132	丽水	叶莳（徽州通判），叶粹，王义朝，陈端
		遂昌	周綷
		龙泉	张洙（国子祭酒）
绍兴五年乙卯科	1135	丽水	林庇（洪州教授），郑锐夫，祝文达
		龙泉	季南寿（显谟阁待制、知简州），郑汝楫，沈同
		缙云	周智祥（礼部尚书）
绍兴八年戊午科	1138	丽水	陈端行，吴弼
		青田	朱安国
		松阳	叶实
		遂昌	周炤，郑荣年
		龙泉	鲍同
绍兴十二年壬戌科	1142	丽水	叶汝士
		松阳	叶黯
		遂昌	王汝翼，毕宰
		龙泉	何俌（工部侍郎、知衢州、朝请大夫），叶实（州判），鲍纪，潘允

科名	公元纪年	籍贯	进士名录及主要官职
绍兴十五年乙丑科	1145	丽水	王大方（江西安抚），吴祗若（奉议郎），刘衮，林并，胡渐
		青田	汤思退（签书枢密院事、尚书左仆射），季大老（婺州录事参军），叶端行（荆州主簿），韩武补
		缙云	赵琥（迪功郎），沈粉（福建按察司佥事）
		龙泉	吴翱
		庆元（时属龙泉）	陈嘉猷（礼部尚书）
绍兴十八年戊辰科	1148	丽水	章驹（上虞知县），章谧，胡鋐，叶谦享
		云和（时属丽水）	王东里，王桷
		缙云	朱熙载（太常博士），胡权（太常寺主簿），胡榕（礼部尚书）
		龙泉	张溥（知岳州），鲍慎履，鲍乔
绍兴二十一年辛未科	1151	丽水	林昌朝，吴振
		青田	吴三锡，林钺
		缙云	田材（诸暨县尉），赵雄飞（起居舍人），赵渡（集庆军节度使），朱璋（漳州知州），赵济（赠太子太保），朱垓，王敦礼
		龙泉	季颖（安陵知县）
绍兴二十四年甲戌科	1154	丽水	梁安世（桂林转运使），卢彦德，蔡明发
		青田	蒋继周（谏议大夫、御史中丞、礼部尚书），朱孝闻，潘宪叔，刘溥
		景宁（时属青田）	叶岙（同知枢密院事、观文殿学士）
		缙云	陈昌世（广东经略使），周信企（饶州判官），曾光，周智正
		松阳	徐朝弼（瑞安县丞），高嵩
		遂昌	郑俅（茶陵主簿），周仲昌
		龙泉	鲍文，管澜，杨公长，季棠

续表

科名	公元纪年	籍贯	进士名录及主要官职
绍兴二十七年丁丑科	1157	丽水	阎邱明，胡尹朋，朱君，吴汤辅，章谦，章谏，李伸
		青田	郑汝谐（徽猷阁待制、吏部侍郎）
		缙云	王佐（提举台州崇道观），陈尧明（太常寺丞），周懋（江东转运司判官）
		松阳	项宋嘉（嘉陵令、兵部侍郎），陈夔
		龙泉	何俌（福建提举），张仲迈（西安主簿），吴飞英，鲍纶，叶子强，季翔，鲍祖文
绍兴三十年庚辰科	1160	丽水	梁汝永（著作郎），王信（太常少卿兼中书舍人）
		青田	赵师善（福建路提举），林永弼
		缙云	田渭（提举浙东常平公事），朱藻（焕章阁待制、浦城令），宋仁礼，宋振
		遂昌	翁方中（将作监主簿）
		龙泉	张商卿（转运判官、知滁州），梅梁，张安国，张仲远，叶延寿，管镈
隆兴元年癸未科	1163	丽水	叶伟（朝散郎），潘梦得（婺州教授），叶岩叟，胡大方，祝兴宗，胡恭，郑澄，蔡戬
		青田	陈葵（平阳知县），叶谦亨（中书舍人、浙西提点刑狱公事）
		缙云	项鹗（青阳主簿）
		松阳	潘景宪
		遂昌	美大昌
		龙泉	季吁（知东普军、知开州），林颛，季文蔚，章子获，何伸，叶开，林大明，林大和
		庆元（时属龙泉）	胡纮（吏部侍郎、监察御史）

续表

科名	公元纪年	籍贯	进士名录及主要官职
乾道二年丙戌科	1166	丽水	江涛（福建通判），毛嘉会（安抚使），吴荐（仙居县丞），应策（宣教郎），蔡伯尹（宁国司录），郑略（福州教授），林复（知惠州），闾邱仲忱，张特夫，王长世，章堪
		青田	陈隆礼
		松阳	张如晦（福州教授、左承奉郎），潘克和，张如砥
		遂昌	王政
		龙泉	何澹（同知枢密院事兼参知政事），吴伯凯
乾道五年己丑科	1169	丽水	王铸，梁叔括，林豫
		青田	陈斯光
		遂昌	张贵谟（朝议大夫），刘鼎（东阳教谕）
		龙泉	何淇
乾道八年壬辰科	1172	丽水	叶宏（太府少卿），叶挺（知岳州），郑鉴夫，吴敦仪，林筠，孙大同，梁铦
		缙云	宋景谦（翰林学士），田及
		松阳	高宗商
		遂昌	叶先（知江州）
		龙泉	罗克开（知袁州），陈柄
淳熙二年乙未科	1175	丽水	常建（知台州），叶宗鲁（河南提举），何晦，叶英，林牧，李浃，洪朝卿，项预，叶衢孙，季子拱，朱良茂，叶初
		青田	汤硕（吏部尚书），刘允迪（桐城县丞）
		松阳	项安世（直龙图阁、知鄂州），林思聪
淳熙五年戊戌科	1178	丽水	章良能（起居舍人），盛庶（福建提举），汤致
		青田	留骏（国子监丞、尚书郎），刘允济，郑克己，蒋必端
		松阳	项谌
		龙泉	张仲纲（古田令），叶可行，鲍仕良，吴季衡

续表

科名	公元纪年	籍贯	进士名录及主要官职
淳熙八年辛丑科	1181	丽水	郭泰亨(清流县令)，潘叔豹(知万州)，郑褒然
		青田	陈希点(中书舍人、通议大夫)，刘陟
		缙云	周仁翊(高州教授)，宋邦宪(刑部尚书)，赵善濂(兵部员外郎)
		松阳	叶作民(高凉郡文学)，张再兴(朝散郎)
		遂昌	华延年(闽县县丞)，翁伯贵(集英殿修撰)
		龙泉	吴季真(广东提举)，鲍粹然，何润，鲍树
淳熙十一年甲辰科	1184	丽水	周梦祥(知湖州)，章良肱，曾益，季裕，郑叔皋
		青田	陈丕显
		缙云	章徕(宗正少卿兼侍讲)
		松阳	叶重开，叶峻，郑瓒，何清卿，叶时
		遂昌	周若思，郑师尹
		龙泉	张沂(郾县令)，何衮，刘元士，张声道
淳熙十四年丁未科	1187	丽水	林寅，王仍，蔡浩，陈沂，陈之雅
		青田	赵希怿(知信州、江西节度使、端明殿学士)，朱文
		景宁（时属青田）	潘恩（贺州判官）
		缙云	赵善涟（大中大夫），田慈龙（知温州），朱庆弼（天台知县），沈枽（临安府学录），赵霖
		松阳	刘鹗（承议郎），林公愚
		龙泉	鲍华，季梦符，何湛，沈彦质，吴补之，叶起
绍熙元年庚戌科	1190	丽水	王仁（知衡州），周汝明（知韶州），朱朋孙，盛㷦，梁锴，林琦，蔡硕
		青田	蒋晖
		松阳	宋叔曦，毛子申，潘自厚，郑洙
		遂昌	王文，郑企
		龙泉	林大章，练朝英，季升

科名	公元纪年	籍贯	进士名录及主要官职
绍熙四年癸丑科	1193	丽水	朱庆，周起，蔡潮
		青田	留祺（峡州守），毛当时（知雷州），刘千之
		松阳	程榆（中奉大夫），叶南叔（朝散郎），项延英（朝散郎）
		龙泉	季子清，鲍子玉，沈实，张逢辰
庆元二年丙辰科	1196	丽水	祝士奇，郑范
		青田	张模（莆田令）
		松阳	郑仲龙，潘自牧
		龙泉	何洋，何涓，沈迪，叶若，何汶，鲍璋
庆元五年己未科	1199	丽水	叶洪
		青田	陈希黯（泉州佥判）
		缙云	潜清（婺州推官）
		遂昌	叶椊
		龙泉	沈达，何沄，何洪
嘉泰二年壬戌科	1202	丽水	陈思点，余次舒，林辂
		景宁（时属青田）	叶嗣昌（朝散大夫），潘宗昭（国子教谕）
		缙云	赵元鱼（闽州制置使）
		松阳	项得一（信州通判），刘澹然（秘书省著作郎），叶琇，程樟
		龙泉	季衍（户部侍郎），鲍介然
		庆元	吴懿德（新会县令）
嘉泰三年癸亥科	1203	庆元	宣缯（观文殿大学士）
开禧元年乙丑科	1205	丽水	叶容，姜惟一，梁致恭，赵汝辟
		青田	叶迪，刘龚
		松阳	何琼（福建转运副使、户部侍郎），潘昌尹（沣州太守），林观，包绍，叶诚卿
		遂昌	郑克宽（朝议大夫）
		龙泉	叶大庆（建州教授），连元（知衢州），刘冲，陈瑢，陈垓

续表

科名	公元纪年	籍贯	进士名录及主要官职
嘉定元年戊辰科	1208	丽水	潘杞（太府寺丞），阎邱榛
		缙云	赵汝域（兴化、越州通判），王贯夫
		松阳	项安礼，程林
		龙泉	张恂（户部侍郎、江东安抚使），张璹
嘉定四年辛未科	1211	丽水	叶汝明，朱汝孙，王师说，赵镐夫，赵汝扛
		青田	刘宗之，赵与悆，蒋政，富皞
		景宁（时属青田）	潘复（秘书郎）
		松阳	项庚
		缙云	朱庆朝（鄂州通判、朝散大夫）
		龙泉	赵时诩（承务郎），管容成，叶商岩，林鉴
嘉定七年甲戌科	1214	丽水	吴藻，吴希点，徐应辰，贺巽，朱清孙
		青田	程頔
		缙云	胡味道（长乐知县），周戎
		松阳	项容孙
		遂昌	叶克（起居舍人），叶贲（监察御史）
		龙泉	叶一烈（司户参军），鲍坡，季偶，何处久
		庆元	吴淇（知南剑州、户部侍郎）
嘉定十年丁丑科	1217	丽水	郑环，张洙，郑宗玉，连嵘，吴异
		云和（时属丽水）	梅杞（侍御史）
		青田	富伟
		景宁（时属青田）	潘蕃孙（信州判官）
		缙云	李桂（临安教授）
		松阳	杨遂，项实
		遂昌	叶宗大
		龙泉	张枢，何处智，练先胜，鲍澹如

科名	公元纪年	籍贯	进士名录及主要官职
嘉定十三年庚辰科	1220	丽水	蔡源，冯豹变，蔡士从
		青田	赵与愿（知临安），陈坡
		缙云	潜起（太常博士），赵汝皓（太常寺丞），蒋则（南陵县尉）
		松阳	林嘉会
		遂昌	潘材（光禄大夫）
		龙泉	周英（刑部员外郎、江西廉访使），何处恬
		庆元	吴人可
嘉定十六年癸未科	1223	丽水	蔡仲龙（太理寺少卿、知信州），叶德新，卢子尚，林琯，李鸿，季易，陈瑄，张敏子
		青田	章从孙，刘应申
		缙云	黄邦彦（朝散大夫），赵元蛟（都大六路坑冶铸钱使）
宝庆二年丙戌科	1226	丽水	章大醇（太府卿），赵汝华，赵若景，赵汝谌，赵汝岩，余信，梅世建，林尧章，吴宗夫，赵汝禄，杨遂，王显文，陈铸，赵彦淼，郑必大
		青田	王唯元（大理评事），留宗传
		景宁（时属青田）	潘康子（衢州判官），潘应沛（长安主簿）
		龙泉	何处任
		庆元	吴已之（知临安）
绍定二年己丑科	1229	丽水	朱光（襄阳尉），童伯厚，赵若泉，冯梦兰，吴立之，赵汝燮，赵时暄，赵云夫，郑龛
		缙云	赵崇埴（两浙转运使司干官），陈璇（国子学录），周善恭（两淮盐运司司买）
绍定五年壬辰科	1232	丽水	江时举，李浚，季端叟，蔡登
		青田	刘汝渊
		景宁（时属青田）	汤骥（国子学录）
		龙泉	沈说，鲍成祖，鲍莞

科名	公元纪年	籍贯	进士名录及主要官职
端平二年乙未科	1235	丽水	朱时，何伯英，陈垌，季方，赵汝堞
		云和（时属丽水）	叶惟佑
		缙云	赵崇洁（福建安抚使）
		龙泉	张实甫
嘉熙二年戊戌科	1238	丽水	赵汝泽，赵时横，吴蘧，赵汝益，吴士兴，吴就，梁椅
		青田	赵与勴（知婺州），姜子复，刘梦符，赵孟譓，洪光大
		龙泉	赵时奇，赵汝澜
		庆元	吴椅（知韶州）
淳祐元年辛丑科	1241	丽水	王日新（朝散郎），闾邱成，梅汝说，姜文龙，郑应开，赵时瑳，俞来，潘桧
		缙云	潜说友（端明殿学士、户部尚书），卢应西
		松阳	王唐珪（监察御史），程机
		遂昌	潘起岩
		龙泉	章公权，鲍雷
淳祐四年甲辰科	1244	丽水	赵时焕，赵时瓒，吴骥，孙廷玉，章春，赵嗣琪，陈初
		青田	梅汝嘉
		缙云	吴天泽（国子学正），赵瑞（给事中）
		松阳	毛兰
		遂昌	叶实
		龙泉	张景元，张焯，卢梦岩

续表

科名	公元纪年	籍贯	进士名录及主要官职
淳祐七年丁未科	1247	丽水	徐仲南，陈坡，朱焕，卢士申，叶士驹，徐旦，胡民望，赵若释
		青田	包雷轨
		缙云	吕应梦（宜兴知县），孙友益（乐清教授），赵霖（临安府教授）
		松阳	叶茂洪（玉山县尉），叶隆礼
		遂昌	刘瑄，董榆
		龙泉	陈存（探花；兵部尚书、端明殿学士），陈梓，鲍度
淳祐十年庚戌科	1250	丽水	赵汝与，周明之，赵时仔，赵时壑，周景祖，杨少愚
		青田	富宗礼
		缙云	赵顺孙（参知政事兼同知枢密院事），陶传
		龙泉	陈垲（户部尚书），季庚（浙西提刑）张元孙，张樵翁，张师望，周荣相
宝祐元年癸丑科	1253	丽水	尹栋（绍兴府参军），周景励，陈厚
		缙云	陶宗海，周权
		松阳	项汝明，潘凤
		龙泉	张志立，周子原
宝祐四年丙辰科	1256	丽水	赵汝濠，吴灿，赵若播，赵时，叶梦登，郑应雷
		青田	陈景行（礼部侍郎、浙东安抚使），俞学古（太平州教授、奉议大夫、国子学正），陈墅（国子司业、奉议大夫），罗林，赵孟奎
		松阳	沈畋（龙游知县）
		龙泉	季可（兵部尚书），鲍同孙
		庆元	吴松龙（松溪县尉）
		云和（时属丽水）	梅一飞（黄岩县丞）

54

续表

科名	公元纪年	籍贯	进士名录及主要官职
开庆元年已末科	1259	丽水	赵必钌，赵若授，赵若抚，胡锜，陈必庆
		缙云	蒋世珍(榜眼；温州教授)，周璋（镇江县丞）
		龙泉	项士明，项子合，鲍遬，鲍志及
景定三年壬戌科	1262	丽水	朱天民（平江节度判官），赵嗣通，赵若抡，赵时潏，吴澄，叶裎
		青田	郑滁孙（礼部郎官、侍讲学士），洪梦斗
		缙云	赵崇镳（知瑞州），赵兰孙，朱孝恣，陶铭
		松阳	潘梦午（丽州司法），潘仕林
		龙泉	张默，何崇斗，鲍志大，鲍顺老
咸淳元年乙丑科	1265	丽水	华登云（钱塘尉），蔡梦龙（无锡主簿），周彬，赵元凯，张应高，常维之，赵崇节，赵崇运，赵嗣琮，赵堞夫，赵必镆，赵若涌，吴梅，赵若灏，郑嘉遒
		青田	赵孟屋，赵孟至，毛梦发，赵希坏，赵时爝，赵孟圻，刘若济
		缙云	赵必瞻（中书舍人），周璧（吏部给事）
		松阳	叶垫（饶州司法），萧必强
		龙泉	张光孙，赵时谚，鲍福卿
咸淳四年戊辰科	1268	丽水	周浩，李文豹，陈庚孙
		青田	洪梦牛，留应奎，赵时饰
		缙云	潜尚友（承直郎侍班）
		龙泉	季立道
咸淳七年辛未科	1271	丽水	梁彦国，赵崇籍，鲍尧，章佺，郑澥
		缙云	梅宽夫（慈溪县尉），朱有泰（监察御史），蒋诰（枢密副使），陶宏道（权知泉州）
		松阳	沈佺(榜眼)，叶霆发（温州司法），叶桂锡（玉山县丞）
		龙泉	张立智，张思基，何宗炎

科名	公元纪年	籍贯	进士名录及主要官职
咸淳十年甲戌科	1274	丽水	赵若槃，俞奇，梁泰来，叶采，胡褒然，王楫之，朱逢泰
		青田	郑陶孙（国史院编修官、江西儒学提举），赵若涯，朱舜臣，留文奎
		缙云	潜祖昌（瑞安主簿），田桂发（遂安县尉），陈桧
		龙泉	张可
		云和（时属丽水）	叶继春（淮安府尹）
年科无考		丽水	郑睿，郑通，林遂，叶弥邵，祝颐，陈库
		缙云	谢永年（职方郎中），陈敏（淮西提举司干官），陈汝渊（淮东观察处置使），田文龙（知四会县），羊永德（徽州通判），梅伯安（户部给事），梅仲良（枣强知县），陈禋（新干知县），胡荣（祁门知县），胡焱（大理评事），叶季韶（临安教授），周思明（常熟知县），周戣（乌程知县），周思恭（知建州），周大成（太平州通判），周仁辅（松溪县丞），陶登
		松阳	刘成象，李瑛
		龙泉	鲍康济
		云和（时属丽水）	柳栖（南丰主簿），王孔愚
		遂昌	周景庆

第三节　宋代处州进士人物介绍

宋代，处州进士人数是历朝历代中最多的，也是出高官最多的时期，有7人位居宰相、副宰相。进士中出了不少名人，他们有的位居高官，有的宦迹卓著，有的两袖清风，有的文才出众。由于人物众多，下面分县选取部分人物进行介绍。

一、丽水县（今莲都区）

（一）葛源、葛良嗣父子

葛源（933—1054），字宗圣，丽水人，后迁明州鄞县。大中祥符五年（1012）进士，历任洪州左司理参军、太和县主簿、德化县令、著作佐郎、太常博士等多个职位。善于断狱，秉公处理，刚直不阿。在雍丘知县任上，一太监恃宠跋扈，肆意殴打驿吏，告到知府，知府不敢上奏弹劾，葛源上书奏论其事，该太监被贬黜。至和元年（1054）逝。葬于丹徒县。

葛良嗣（1013—1065），字兴祖，葛源最小的儿子。博知多能，胸怀大志，慨然欲有所为，然科考不利，直到北宋皇祐五年（1053）四十岁得中进士，出仕州县直到终老，未获提拔。治平二年（1065）卒于许州长社县主簿任上。良嗣为官处事从不马虎，处理公事必定仔细了解清楚，如果听闻百姓有痛，"欲去之如在己"。许多人议论："兴祖老矣，弊于州县，而服勤如此。"但良嗣则认为："大仕之则奋，小仕之则殆忽以不治，非知德者也。"

（二）阎丘昕

阎丘昕（？—1156），字逢辰，丽水人。一生为官清廉，是历史上有名的廉吏，官至代理尚书、吏部侍郎。宣和六年（1124）中进士。绍兴初，授义乌县令，因政绩卓著，升监察御史。后任给事中。绍兴九年

（1139）五月，授中书门下省检正诸房事，权尚书、吏部侍郎。绍兴十年（1140），以集英殿修撰知建州（今福建建瓯）。绍兴十二年（1142），任温州知州，时温州郡丞薛某，为秦桧亲党。薛某奉秦桧旨意制作漆器，闾丘昕不从，遭到排斥。后任敷文阁待制。绍兴二十五年（1155），知洪州（今南昌市）。次年卒于任上。闾丘昕愤权臣专政，作《周易二五君臣论》。他平生从不积累财产，卸任后竟至无房舍居住的地步。缙云赵崇洁时任太常寺卿，为闾丘昕奏请谥号"清简"，意为"临官洁正曰清，壹德不懈曰简"。时任处州知州马光祖在丽水县治南建"清风祠"专门祭祀他。闾丘昕的清廉广为后人传颂。入祀乡贤祠。

（三）林觉

林觉（？—1161），字大任。丽水联城官桥人。宣和三年（1121）进士。绍兴八年（1138）任连江知县，重视教育，扩建了县学。后升户部侍郎。他关心民间疾苦，奏请减免民间夏税、丁盐、绸绢。绍兴二十七年（1157），主持新铸钱币，奏请高宗皇帝御书"绍兴通宝"。敢于进谏，曾就铸钱事务向朝廷进言，坦承铸钱事务归并转运史的弊端，提议将其委任各州通判主管。绍兴二十七年（1157）又进谏朝廷赈济钱财应平均发放给贫民，对冒领赈济者必须严惩。后曾代理户部尚书一职。建炎初，因病辞去户部侍郎，改任敷文阁待制，提举江州太平兴国宫。绍兴三十一年（1161）去世。

林觉的孙子林复，生卒年不详。学问过人，是宋代乾道二年（1166）进士。曾任广东提举，知惠州。

（四）王信

王信（1135—1194），字诚之，丽水县城人，家住城内圭山。为官耿直刚正，扶危济困，兴修水利，减免赋税，做了大量好事，很受百姓爱戴。

宋绍兴三十年（1160）进士，初任建康府学教授。所著《唐太宗论赞》及《负薪论》，孝宗览后赞叹不已，按年资特升两级，授予太学博士，按例外派，任温州教授。当时温州饥荒，瘟疫蔓延，州府正商议派遣官员赈灾救济，王信欣然受命前往灾区，遍访病家，救活许多人。

王信在淳熙初任考功郎。其时风气不正，荐官考选时虚构事迹，冒充籍贯等行为已成积弊。王信在考察荐拔官员时，秉公办事，不徇私情，不阿权贵。工部尚书赵雄，四川人，为四川三名考核不合格者说情，王信不予理睬；一些武臣磨勘升转，肆意欺奸，王信上告宰相，将其付诸大理狱，众官惧服。孝宗曰："考功得王信，铨（量才选官）曹遂清。"后升任太常少卿兼权中书舍人。

王信曾以礼部尚书名义出使金国，不辱使命，维护了宋朝尊严。在金人都亭射箭，连续射中靶心，金人叹服其箭术精湛。又因其深得米芾书艺，金人求其书法，视之为宝。出使回宋后，向孝宗献言，提出对金国国势的判断和宋朝的应对之策，得到皇上首肯。又拜给事中。孝宗询问治国之策时，王信积极建言献策，提出十条建议："法戒轻变，令责必行，宽州郡以养民力，修军政以待机会，郡当分其缓急，县当别其剧易，严铜钱之禁，广积聚之备，处归附之人，收逃亡之卒。"这些建议都是关系抗金复国、国计民生的大事。

绍熙元年（1190），起知湖州，升集英殿修撰，知绍兴府兼浙东安抚使。在地方官任上，积极为百姓造福。曾奏准减免百姓积欠的官钱十四万、绢七万匹、绵十万五千两、米二十万斛。山阴县有湖，四周环田，多水患，王信创启斗门，开渠筑坝，引水入海，化泽地成良田。百姓感恩，为其绘像立祠，并将湖改名为"王公湖"。在绍兴，他买学田，立义冢，以帮助百姓。绍熙三年（1192），王信加职焕章阁待制，徙知鄂州，在任上，主修《武昌志》30卷。后来改任池州时，因寒湿病复发请辞，以通议大夫致仕。绍熙五年（1194）病故。著有《是斋集》行世。入祀丽水乡贤祠。

（五）梁安世

梁安世（1131—1195），字次张，号远堂，丽水老竹梁村人。南宋知名士大夫、文学家。从小天资聪颖，酷爱诗书，过目成诵。绍兴二十四年（1154）与范成大同举进士，初授衡山知县。淳熙四年（1177）自大农丞出任韶州（今韶关）知州，建"整观亭"纪念韩愈。淳熙六年（1179）为广南西路转运司判官，留下大量如《弹子岩》《七星岩》等题咏和摩崖石

59

刻，写下传世名篇《乳床赋》，这是世界上最早研究钟乳石形成的珍贵科学文献。后改任提点刑狱公事。著有《远堂集》，已佚。

（六）章良肱、章良能兄弟

章良肱，生卒年不详。丽水县城人。宋淳熙十一年（1184）进士。开禧二年（1206）授校书郎，次年除秘书郎。嘉定元年（1208）知衢州，嘉定六年（1213）授承议郎、江南东路转运判官。后又任金部郎官。嘉定十年（1217），以转运副使出任杭州知州。嘉定十一年（1218），除宗正少卿。良肱为官关注民生，任上颇有政声。

章良能（？—1214），字达之，章良肱弟弟。丽水县城人，后迁居湖州吴兴。章良能历任多职，官至参知政事。参知政事在宋代是副宰相。淳熙五年（1178）进士。宋庆元元年（1195）任枢密院编修官兼实录院检讨官。庆元六年（1200）迁著作佐郎，嘉泰元年（1201）为起居舍人。在起居舍人任上，章良能看到科场中弊端，上奏直陈"主司三弊"，并提出建议："一曰沮抑词赋太甚，既暗削分数，又多置下陈。二曰假借《春秋》太过，诸处解榜，多置首选。三曰国史、实录等书禁民私藏，惟公卿子弟因父兄得以窃窥，冒禁传写，而有司乃取本朝故事，藏匿本末，发为策问，寒士无由尽知。命自今诗赋纯正者置之前例，《春秋》唯卓异者置高等，余当杂定，策题则必明白指问"（《宋史·选举志二》卷156）。嘉泰四年（1204），因被司谏宇文绍节指为宰相谢深甫同党，被外放泉州任知州。开禧二年（1206），任宗正少卿。开禧三年（1207）三月，以权兵部侍郎兼同修国史、实录院同修撰。同年十二月，迁礼部侍郎，兼侍讲和修玉牒官。嘉定元年（1208）迁吏部侍郎，不久擢升御史中丞兼侍读。次年，迁同知枢密院事，委任诏书上称其"直方而刚大，肃括而宏深。代言之文有倚马之立成，应务之材无全牛之可见。获于上而有道，施于下而必随"。嘉定六年（1213），除参知政事，诏书赞其"学博而守约，才大而用周。"嘉定七年（1214）卒于任上，谥文庄。章良能工辞章，闲暇时所写小词极有情致。著有《嘉林集》百卷，可惜未有传世。现仅存《小重山》一首词，收录于《全宋词》第280卷。

章良肱、章良能兄弟俩都是进士，其父亲章驹，也是进士，绍兴十八年（1148）登进士第，授上虞知事。所以章家是两代出了三位进士。

（七）蔡仲龙

蔡仲龙，生卒年不详，字子奇，丽水老竹曳岭脚人。宋宁宗嘉定十六年（1223），蔡仲龙奔赴南宋都城临安参加科举考试，进士及第，高中榜眼。据民国《宣平县志》载，时逢状元蒋重珍因病故去，宁宗下诏，擢升蔡仲龙为状元。宋宁宗御笔题诗："联魁金玉龙头选，诏下今朝遇己知。上国风光初晓日，御阶恩渥暮春时。内庭考最称文异，胪唱宣名奖意奇。故里仙才若相问，一年攀折两重枝。"为报皇恩，蔡仲龙兴奋之余，赋谢恩诗："圣朝兴运自天开，又直临轩策草莱。廷对自惭无宿构，胪传何意冠群魁。幸瞻北阙承殊宠，忍负南山咏有台。稽首君恩难报称，誓殚忠赤赞规恢。"

蔡仲龙敢进言，有识见。郡守打算迁移州治，蔡仲龙劝说郡守："苟无大故，不必变置。"（民国十五年《丽水县志》）郡守非常佩服他，认为他有见识。理宗端平二年（1235），授秘书丞，屯田郎官，迁著作郎。嘉熙年间（1237—1240），以大理少卿的身份出知信州，后升授端明殿学士。理宗淳祐三年（1243）六月，蔡仲龙进言：创建小学，须早为权宜之计，以系天下之心。蔡仲龙平时为人做事非常平实，不喜欢高谈阔论。至于蔡仲龙是不是状元，尚待进一步考证研究。

（八）梅文

梅文，生卒年不详，字仲达，丽水县坊郭人（1452年后属云和县）。北宋政和二年（1112）进士，初任和州（今安徽和县）司理，为官清廉，库里有余钱，不取分文。后来任郓城考试官，太宰徐处仁之子、梁尚书之子应试，派人说情，晓以利害，欲让梅文徇私情，梅文不予理睬。提任为太常博士，丞相何执中生日，朝中大臣纷纷献上金银祝寿，梅文却不趋炎附势，只奉上薄礼，风采岸然。注重家教，其子郭礼，任建阳知县；子梅琦，福州通判；子梅瑛，建康教授，有政声。

（九）梅杞

梅杞，生卒年不详，字材之，丽水县坊郭人（1452年后属云和县）。由太学登嘉定十年（1217）进士。起初在江西新兴县任教授。新兴县风俗

粗犷，梅杞善于做教化工作。有人诬告其嫂冒得封典，梅杞用昌黎奉嫂的故事进行教育，诬告者惭愧而退。历任审计博士、监丞、景献府教授、秘书郎、著作佐郎、左曹郎中等多个职位，工作勤勉，有政绩。淳祐初年，升侍御史。上疏论台谏制度、弹劾宦官、议节用、救荒等，都能切中时弊。

二、龙泉县（今龙泉市）

（一）管师仁

管师仁（1045—1109），字元善，龙泉城东后甸村人。在北宋历任多职，有勇有谋，能文能武，官至同知枢密院事，正二品，职同副相。在任上，政绩卓著，《两浙名贤录》称其为"名宦"。

宋熙宁六年（1073）中进士。与同邑的何执中、叶涛同榜。进士登第后，管师仁以其品行和才能出众被召为广亲宅、睦亲宅教授。广亲宅是宋太祖胞弟延美后代所居，睦亲宅是宋太祖、宋太宗裔胄所居，都属朝廷宗学。后来在沧州担任府学教授，深受学子爱戴，任教期满学子们极力挽留。后出知邵武县，征收赋税名列户部第一。绍圣年间（1094—1098）任澧州通判，升任知建昌军，多有善政。

任右正言、左司谏等谏官职位时，他从维护封建统治的角度出发，支持王安石变法，但把主张先富民、后强国的苏轼兄弟弹劾为"深毁熙宁之政"，将苏门四学士之一的晁补之弹劾为"不宜在朝廷"，实属偏激之论。不过，他在谏官任上也提出了一系列有益的进谏措施。如河北水患，灾民流落外地，管师仁奏请减免租赋，安定流民生活，得到朝廷采纳。灾民返乡，当地经济得到恢复。《宋史·管师仁传》对他此举评价"一方赖其赐"。他还提出精兵简政、裁减冗员的主张，裁减下来的冗员保留原来待遇，这样保证了改革措施的顺利实施，提高了朝廷的办事效率。他的进谏"言职务存大体，论事必援经据法"，从大局出发，有理有据。宋徽宗知其贤能，多次提拔，任命他为中书舍人，迁吏部侍郎、刑部尚书，以枢密直学士知邓州兼西南路安抚使。还未成行，又改任扬州知州兼淮南东路兵马钤辖。管师仁辞行时，宋徽宗问询边境事务，他"条奏详悉"，呈上所著《定边策》。不久，调任定州安抚使，致力于精兵储粮，整饬军纪，鼓舞士气，筑高城墙，疏浚护城河，巩固边防。他还预先进行军事演习，一日集兵十万。当时北方辽国原本打算为西夏请求割地，见宋军防备严密，于是打消了此意图，日后也不敢再贸然侵扰。徽宗得知后，下诏嘉奖管师仁："有臣如此，朕复何忧！"提升管师仁为吏部尚书、同知枢密院事。朝廷授职文书中褒奖他是"智周事物，学洞古今。有猷有为，允文允武。甲兵不试，边境以宁。入为天官，益隆时誉"，对管师仁的学识与才干进行了高度赞扬。

不久染病，力辞同知枢密院事。以资政殿大学士、佑神观使身份退养。大观三年（1109）病逝，赐葬于汴京，赠谥正奉大夫，封南阳郡侯。

（二）叶涛

叶涛（1050—1110），字致远，龙泉人。自幼聪敏好学，博览群书，博古通今，其文章、诗歌、书法等均有很深的造诣，然而在仕途上却成为封建社会党争的牺牲品，宦海浮沉，抱负难以实现。

北宋熙宁六年（1073）中进士。廷试时，宋神宗赞叹其才思过人，在屏风上书"政事何琬，文章叶涛"。授予国子直讲。国子直讲是以德行与道艺训导生员的职位，官位不高，但位置重要。叶涛是王安石弟弟王安国的女婿，加上才学出众，受到宰相王安石的器重，王安石在《用前韵戏赠叶致远直讲》一诗对他有很高的评价，诗中写道，"心大有所潜，肩高未尝胁。飘飘凌云意，强御莫能慑……开胸出妙义，可发蒙起魇。词如太阿锋，谁敢触其铁"。

熙宁九年（1076），建州虞蕃因会试进士落第，迁怒于太学学官，向朝廷告状学官贪赃枉法，次年太学考试录取上舍生时有行贿现象。朝廷派员审理时，历任学官受到牵连，元丰元年（1078）结案时，叶涛、龚原等人也因收受乡人的茶、纸、笔而被罢官。叶涛被罢官后，赴金陵向罢相闲居的王安石学习文辞。其间，与苏轼也多有唱和之作，结下深厚友谊。哲宗继位后，叶涛、龚原等人申诉冤情，诏令复核"太学案"后得到平反，叶涛复职学官，不久升为太学博士。绍圣元年（1094）任秘书省正字，编

修《神宗实录》，进校书郎。

其时，知枢密院的曾布权势显赫，因与叶涛有亲戚关系（外甥女为叶妻），举荐叶涛为起居舍人，后其又升中书舍人。当安焘被蔡京等弹劾受贬为观文殿学士时，叶涛为安辩护，触怒了当权的蔡京，遭蔡京诋毁，出知光州（今属河南）。元符元年（1098）改知明州（今宁波）。其时，叶涛据理申诉，被朝官范镗诬陷，诏改知兴国军，又罢为提举江宁府崇禧观。

曾布再掌朝政时，力荐叶涛，叶涛复为中书舍人。宋徽宗崇宁元年（1102）元祐档案中，浙籍有10人被蔡京列入元祐党籍，其中处州籍2人，遂昌龚原和龙泉叶涛都上了元祐党人碑。名在元祐党籍者皆锢其子孙，不能官京师及近甸。叶涛上元祐党人碑后，写有《望旧庐有感》："重来旧屋谁为主，江令萧条叹独存。已愧问人才知路，更悲无柳可知门。舟车到处成家宅，岁月唯惊长子孙。孤客滥巾非得己，故交零落与谁论"，抒发了复杂的心境和感情。

大观二年（1108）正月，徽宗大赦天下，叶涛才从党禁中解脱，曾布再荐其为给事中，然而数月后，叶涛就病倒了。最后，以龙图阁待制提举江宁崇禧观。大观四年（1110）卒。《宋史》有传。

（三）何执中

何执中（1044—1118），字伯通，龙泉县南上河村人。出身于书香门第，是官至龙图阁学士的何琬后裔。进入仕途后左右逢源，仕途亨通，官至宰相。

宋神宗熙宁六年（1073）中进士甲科第五名。起初为台州通判，元丰三年（1080），调任亳州观察判官。

时曾巩任亳州太守，对执中"一见合意""委以剸决"。执中不负重托，亳州大治。御史蒋之奇到淮甸巡按吏治，对执中的政绩极为赞赏，盛赞执中："一州六邑，赖有君尔。"

元祐二年（1087）任海盐知县，处事分清先后缓急，为政清明。绍圣四年（1097），奉诏上殿觐见哲宗，以论对得到哲宗欣赏，改承孝郎，迁诸王府记室参军。元符元年（1098），改诸王府侍讲，授太学博士。

哲宗病逝后，端王即位，是为徽宗。执中因做过端王侍讲，受到徽宗重用。越级提任，拜宝文阁待制，迁中书舍人、兵部侍郎、工部吏部尚书兼侍读，成为朝廷的重臣。执中奏请建立吏部库架阁，设架阁官负责管理账册与案卷，规范了档案管理，防止了"舞文取贿"的弊端，又方便了查阅，为当年的一大创举，后来六曹皆仿效其法。

崇宁元年（1102），徽宗任用蔡京为左相，蔡京再次大兴党禁，将应诏而论列时政的官员诬为"小元祐"，要求朝廷在觐见和入都方面制定禁令。执中追随蔡京，进一步提出将论列时政的在京任职者统统外贬。执中如此行事遭到官员们的反对。

辟雍（太学）建成后，他主张开放大学，"请开学殿，使都人士女纵观"，属于善举。

崇宁四年（1105），拜尚书右丞。大观元年（1107），进中书省侍郎、门下省侍郎，一意追随蔡京。大观三年（1109），代为尚书左丞。徽宗在授职《制》中赞誉执中："高明而守正，纯厚而履常。才兼文武之优，学贯天人之颐。被遇于先朝，为世名儒。"《制》下后，引起朝臣们的普遍不满和反对，但徽宗听不进反对意见，反而对其更加恩宠。

张商英接替蔡京出任右相兼中书省侍郎，执中因与张政见不和，勾结大臣排挤张，罗织张商英罪名，加以诋毁，致使张商英被罢相。给事中陈瓘因抨击蔡京，并撰《尊尧集》，被执中奏请治罪，致使其被羁押台州，执中起用心腹石悈知台州，意欲害死陈瓘，因陈瓘未死，执中怒罢石悈。

政和二年（1112），蔡京再度为右相，执中为左相。因提举修《哲宗帝纪》有功，加封司空，任少傅、太宰兼门下侍郎，入宴太清楼，赐白玉带。后又迁少师，封荣国公。

政和七年（1117），以太傅致仕。次年病故，葬仪隆重，汪藻有"千官祖奠城东陌，十里春风鼓吹忧"之说。徽宗临幸其家，辍视朝三日表示悼念，追封清源郡王，并亲书墓碑"弼亮元儒潜藩旧德太宰正献何公之墓"，并派人专程从京都运来石人、石马、石狮竖在何氏祠堂前。

何执中在位时，谨小慎微，明哲保身，迎顺帝意，赞饰太平，深得徽宗宠信，为了权位，又嫉贤妒能，陷害忠良。但"尝戒边吏勿生事，重改作，惜人才，宽民力。……斥缗钱万置义庄，以赡宗族"则属善举善政。

可见，何执中一生有功有过，有善有恶，较为复杂，评价时需具体分析，实事求是。

（四）鲍由

鲍由，生卒年不详，又名鲍慎由，字钦止，龙泉县南廓人，出身于书香门第。年少时跟随父亲在外，见多识广，具有文才。一日，何琬在长沙设宴招待文士，鲍由跟着父亲出席，席间，宾主让鲍由以画舫为题即席赋诗，鲍由立即赋就，且有警句，在座的人惊叹其才气，抚着他的背说："此郎他日必以艺文显。"鲍由曾经跟从王安石学文词，又受到苏轼的亲自教导，故文才出众。宋代文学家汪藻在《鲍吏部集》中说："钦止少从王氏学，又尝见眉山苏公，故其文汪洋闳肆，粹然一本于经，而笔力豪放。"元祐六年（1091）中进士。徽宗召对，授工部员外郎。过了不久，因元祐党禁案，被贬监泗州转般仓。历任河东、福建路常平，广西、淮南转运判官，复召为员外郎。后又因言事被罢官。再被起用知明州，又知海州。56岁去世。

鲍由曾注杜甫诗，其注后世多有引用；著有文集《夷白堂集》五十卷，汪藻作序。在序中，汪藻对鲍由的诗文有很高的评价："自黄鲁直、张文潜没，钦止之诗文独行于世，而诗尤高妙清新。每一篇出，士大夫之口相传以熟……钦止于斯文，可谓毫发无遗憾矣！"《宋史》有传。

（五）季陵

季陵（1081—1135），字延仲，龙泉宏山人。从小成了孤儿，却勤奋好学。宋政和二年（1112）进士，先后任庐州教授、颖州府学教授，深得两郡之士钦佩。选为辟雍直学，转太学学正，迁国学博士。因论学术邪正异同而被挟私愤的官长谗毁，谪知舒城县。未上任时，执政悟其冤枉，改任太常主簿。靖康元年（1126）任秘书郎。建炎元年（1127）随高宗至扬州，任右司员外郎，迁太常少卿。建炎三年（1129）春，金人南侵，季陵负九庙神主随高宗至杭州，任中书舍人，力主抗金。时张浚为川陕等路宣抚使，陵上疏弹劾其专权，因忤旨，遭罢官。数月后，复职，授知温州，又改中书舍人，季陵皆力辞，未赴任。建炎四年（1130）三月，经范宗尹荐其才，高宗又想起他的才能，命知临安府，六月，迁尚书户部侍郎，然不久又被罢官，提举杭州洞霄宫。绍兴元年（1131），授右文殿修撰，次年任徽猷阁待制。绍兴三年（1133），知广州，兼广南东路经略安抚使。绍兴五年（1135）秋，提举江州太平观，因病未及赴任，就在所住的僧舍中去世了。赠中大夫。

季陵天资开敏，智虑过人。处事从容，应对裕如，才能出众。在朝做官，"善言事，奏疏可观"，所上奏疏富有民本思想，如关于治政，他说："民之倍费已莫能堪，又况重役暴敛有不可胜言者，故民之流亡终莫能救，甚可痛也。……三代之得天下者，得其民也，得其民者，得其心也。"建议高宗"薄敛以裕民财，轻徭以舒民力……所望中兴惟此一事耳"。

著有文集10卷。文辞简洁俊健，文如其人。

（六）何澹

何澹（1146—1219），字自然，南宋龙泉县南上河村人，出身于官宦之家。

生父何伫，字德献，据称"学通经史""有戡乱才"。绍兴年间曾任於潜县令，何澹即出生在县治衙署中。伫妻姚氏去世后，即将幼子何澹过继给四弟何偶。

养父何偶，字德扬，绍兴二十七年（1157）中进士甲科第四人。清光绪《龙泉县志》称他"风度清雅，有晋人气象。群书过目辄记，博古多艺，尤精笔法，为世所宝"。历任吏部郎官、福建提举。淳熙五年（1178）卒于官下，赠太师楚国公。著有《玉雪堂集》，因而又被称为玉雪先生。

何澹自幼聪明，又有良好的家庭条件，故十八岁即入太学。宋乾道二年（1166），何澹年方二十即登进士第。起初担任过校书郎、秘书郎、秘书丞、著作郎，三十一岁转为秘书省正字。宋孝宗赵眘还是皇太子时，何澹曾担任过其小学教授。四十二岁为将作少监，次年为国子监司业。仕途顺利。

何澹急于荣进，排击名士。因在任学官时有两年未得升迁，迁怒于右相周必大，伺机报复。左相留正与周必大不和，升何澹为国子监祭酒以壮大自己势力。淳熙十五年（1188）何澹代兵部侍郎，淳熙十六年（1189）升为右谏议大夫后，就迫不及待地弹劾周必大，说周引荐朱熹等是"倡导

伪学"，周必大被罢相，授观文殿学士通判潭州，何澹认为处罚太轻，又告周有"不公、不平、不正"之罪，周再被降职。同年冬，礼部郎中陆游等亦因何澹弹劾而放罢。次年末，迁任御史中丞的何澹，受命于留正，再攻原先举荐过他的枢密使王蔺，生性耿直的王蔺旋即被罢。

何澹还依附权臣韩侂胄，排除异己为伪党，立"庆元党禁"。绍熙四年（1193），何澹知泉州，移明州。时韩侂胄为外相，拉拢何澹，授予太中大夫。宁宗即位后，赵汝愚出身皇族，韩侂胄是外戚，二人不和。赵汝愚为相，收揽名士，朱熹是当时著名学者，被召入经筵，为皇帝讲书。韩因宰相赵汝愚反对其担任节度使，怀恨在心，先伺机罢黜赵汝愚门下的朱熹等道学家，再弹劾打击赵，赵汝愚罢相位后，何澹跟着落井下石，赵汝愚再被贬。韩侂胄当权，凡与他意见不合者都被称为"道学之人"，后又斥道学为"伪学"，何澹上书请禁道学，并指赵为伪学之首，监察御史胡纮也诬陷赵汝愚"唱引伪徒，谋为不轨。"于是，赵汝愚被贬永州（今湖南零陵）安置。贬谪路上，赵汝愚暴毙身亡。在朱熹和赵汝愚被罢黜时，有一批官员出来为他们辩护，都被罢官远斥。后来，这些人被以"道学"的罪名打成了"逆党"。

庆元二年（1196）何澹自御史中丞任同知枢密院事，四月任参知政事，官至副相。自此，何澹与韩侂胄更加密切地相勾结，排斥政敌，专断朝政。庆元六年（1200）二月，何澹迁知枢密院事兼参知政事，如愿以偿达到他仕宦之途的巅峰。

何澹在中央任职的高峰期结束于嘉泰元年（1201）。由于在任命吴曦为蜀帅一事上与韩侂胄意见不合，他被韩罢两府即知枢密院事兼参知政事，出知福州。在福州时，何澹写信向韩示好乞怜。改任观文殿学士，开禧元年（1205）九月移知隆兴府，辞不行，以观文殿学士提举临安洞霄宫，奉祠家居。嘉定元年（1208），此时韩侂胄已因兵败被诛，他应权相史弥远之召，以观文殿学士知建康府兼江淮制置使，执行宋王朝向金国妥协求和政策，遣散民兵两万余人。嘉定二年（1209），何澹因母丧离职，再度奉祠家居。嘉定十二年（1219）十二月初病卒，终年七十四岁。何澹墓在大港头对面平地村北面的凤凰山之东，其墓仪石刻雕件石将军和石马已迁至今万象山公园烟雨楼左侧。

万象山烟雨楼前的石马

《宋史》评价何澹："阿附权奸，斥逐善类，主伪党之禁，贤士为之一空。其后更化，凶党俱逐，澹以早退幸免，优游散地凡二十年。"

何澹晚年有韬晦之意，奉祠居家期间为家乡做了一些事情。应星楼建造庆典时，何澹书写了《应星楼记碑》；开禧元年（1205）奏请朝廷调兵，疏浚处州通济堰，将木坝改为石坝；修筑保定村洪塘，蓄水灌溉2000余亩；在知县潘桧、知县林应辰先后主持修撰《龙泉县志》基础上修撰完成《龙泉县志》，开龙泉地方志之先河，志书中对香菇砍花栽培法的记载，证明了处州香菇的悠久历史，对中国香菇产业的发展起到了重要作用。

何澹也留有文学作品，著有《小山集》。

（七）叶大庆

叶大庆，约生于南宋淳熙元年（1174），卒年不详，字荣甫。南宋开禧元年（1205）进士。少时入县学，弱冠之年入京师国子学。大庆知识渊

博，治学严谨。上至六经诸史，下至当朝名家著述，无不通晓。当时以词赋知名。授建州（今福建南平市）州学教授，为诸生授业，释疑解惑，辨伪纠谬，议论精辟，说理透彻，深受学子爱戴。晚年，因身患疾病辞去教职，潜心读书著述，将数十年诗书札记整理成《考古质疑》一书，对历朝史实、典章制度、文字训诂、诗词文章、名物钱币等详加考证，提出自己的见解。《考古质疑》被视为宋代考据学的代表性作品，历代多次出版，对后世产生了较为深远的影响。

（八）陈存

陈存，生卒年不详，字体仁，号本斋。南宋淳祐七年（1247）中进士第三名，是龙泉历史上唯一的一名探花。初授地方官。宝祐五年（1257）召为史馆校勘。后历秘书省正字、著作郎兼诸王府教授等职。后知循州（今广东省龙川县）。官至兵部尚书、端明殿大学士知庆元府兼沿海制置使。咸淳六年（1270）官侍郎。陈存敢于上疏直言，为官有政绩。清光绪《龙泉县志》称其"文章政事皆有闻誉"。陈存与文天祥交厚，时文天祥因忤逆权臣贾似道被罢职，经陈存力荐，咸淳九年（1273）被起用为湖南提刑。文天祥撰《谢陈侍郎存》感谢陈存"荐贤不遗气类，遂令起废，复忝司平（提刑），敢不激厉新知"。南宋灭亡后，陈存隐居湖州，教授生徒。元统治者曾多次派人征召其入朝为官，却之不就。不久染病，拒绝就医，绝食而死。

（九）陈垲

陈垲，生卒年不详，字子爽，龙泉人。南宋淳祐十年（1250）进士。后得到宗室户部侍郎赵必愿的荐举，诏特转一官，迁太府卿、司农卿，后任集英殿修撰、知婺州，改知太平州兼江东转运副使。复知龙兴府、江西安抚使，官至户部尚书。陈垲关心百姓，益、蜀诸郡灾荒发生时，陈垲上奏灾情，以布帛（钱币）代三县输折丝帛五十余万。他还在两淮地区开设淮书堂，与民教化。陈垲乐于荐士，多次指挥作战并取得胜利，从而受到军民爱戴，晚年以端明殿学士提举太平兴国宫。著有《可斋瓴稿》，定居嘉兴。元朝脱脱等著《宋史》有传，但称其为嘉兴人。《龙泉学前李氏家乘》陈垲作序，自称龙泉人。

三、青田县

（一）陈汝锡

陈汝锡，生卒年不详，约生活在北宋熙宁至南宋绍兴年间，字师予（一作师禹），青田县城人。从小聪颖，悟性高，喜欢写诗作文。北宋绍圣四年（1097）考中进士，初任通山县尉，后调任雍州录事、太学博士、福建提举、江南提举。政和二年（1112），任虢州通判，后又历任南京敦崇寺主管、临江军丞、夔州路通判、建州武夷山通判、湖南路通判、直秘阁副使、江南团练使等职。南宋建炎四年（1130），临安陷落，浙东一带局势危急，陈汝锡任浙东安抚使，临危不惧，积极防御，安定时局，护送宋高宗从明州（今宁波）到会稽（今绍兴）。因政绩显著，刚正不阿，遭奸相秦桧嫉恨，贬任单州团练副使。卒后追封为中奉大夫。著有《鹤溪集》12卷。

（二）汤思退

汤思退（1117—1164），字进之，号湘水。1990年版《青田县志》称其为县城人。1995年版《景宁畲族自治县志》称其为景宁汤氏第七世祖，鹤溪人。《丽水地区人物志》和《丽水地区教育志》均将其认作青田人。

南宋绍兴十五年（1145）考中进士。任建州（今属福建）政和县令，后又应殿试，考取博学宏词科第一名，授秘书省正字。自此开始了其平步青云的官宦仕途，直至宰相。

绍兴二十五年（1155年），由礼部侍郎升任端明殿学士，授签书枢密院（总管全国军事的最高行政机构）事，成为掌管军机的大臣，后又兼任参知政事。汤思退一贯追随秦桧，推行妥协投降的卖国政策。绍兴二十六年（1156）升为知枢密院事。

绍兴二十六年（1156年）三月，汤思退唆使御史中丞汤朋诬告力主抗金的爱国将领张浚。宋高宗听信谗言，下旨将张浚革除，谪居永州（今属湖南省）。

绍兴二十七年（1157），汤思退升任尚书右仆射，这是右相之职，两

年后升为左仆射，即左相。继续奉行秦桧的投降政策。绍兴三十年（1160），金兵30余万大举南侵，长驱直入。同年冬，侍御史陈俊卿谴责他"挟巧诈之心，济倾邪之术，观其所为，多效秦桧。盖思退致身，皆桧父子恩也"，由于朝野的一致声讨，高宗被迫罢去思退相位，以观文殿大学士奉祠，封岐国公。

孝宗即位后，改元"隆兴"，起用主战派。隆兴元年（1163）宋派张浚出兵北伐抗金，当军队在符离战斗中失利后，孝宗抗金决心动摇，起用主和派，再任汤思退为右相。金元帅纥石烈志宁投书宋廷，索取海、泗、唐、邓等四郡，思退主张割弃四郡议和。同年十二月，孝宗任命思退为左仆射，张浚为右仆射。隆兴二年（1164），右仆射张浚上奏反对议和，请求迁都建康，以图进兵，孝宗准奏，传谕制止议和，思退深为不安，上疏力辩，并令王之望、龙大渊拆除水陆防御工事，撤退海、泗两州守军。同时，乘张浚视察边关时，唆使党羽诬告张浚，致使张浚再次被罢官，死于谪途。汤思退又把反对撤兵割地的官员逮捕入狱。孝宗则命思退修书，答应将四郡割让给金。不久金又挑起战事，大举南侵，毫无防备的宋军节节败退，楚、濠、滁等州也被金兵占领。孝宗命思退督江淮军抵抗，思退借口推辞。朝野激愤，强烈谴责其议和撤备之罪，思退被罢官，贬谪永州。太学生张观等72人联名上书，以"奸邪误国"罪名声讨汤思退等人，要求将其斩首示众。隆兴二年（1164）十一月，汤思退被贬往永州，在途经信州时，闻此消息，忧悸而死。

汤思退自幼聪明好学，博学多才。仕途上，历高宗、孝宗两朝，官至知枢密院事、尚书右仆射、尚书左仆射。执政后，主张"金宋议和"，极力排挤主战派，是南宋最具争议的宰相。

（三）蒋继周

蒋继周（1134—1194），字世修，青田县垟心村人。年少时就已精于辞赋，7岁作《牧童诗》，其"回首一声笛，斜阳遮半山"之句，至今脍炙人口。南宋绍兴二十四年（1154）考取进士，初任衢州常军节度判官厅公使。后入朝任校书郎、秘书郎兼国史院编修官等，再升吏部郎官、直谏议大夫、御史中丞。在任谏官的五年间，敢于犯颜直谏，规劝孝宗要警惕一人专权之弊，勿信佛书，禁绝僧尼入朝。并主张削减俸禄，"通融赈民"，施行善政，减轻人民负担。孝宗称赞他"文大似陆贽""尽公无私"。后任礼部尚书，晚年寓居严州。去世后，孝宗闻讯震悼罢朝，赠少师、光禄大夫、开国男，谥文恭。墓葬青田大路石头村福延山。著有《中丞奏书》10卷、《礼记大义》7卷、《经筵讲义》5卷等。

（四）陈葵

陈葵（1139—1194），字叔向，青田石盖人。一生好学。曾任莆田主簿，按旧例，主簿掌管僧租，囊山寺僧为讨好他，一次运来60石米送他，陈葵大怒，命人将其扫地出门。后任婺州教授，他把学田中取得的钱米拿出一部分给学生买书，学校办出一定规模后，他改任淮南运干，负责运输金银帛绢纳贡金朝。宋绍兴三十一年（1161），金主完颜亮去世，金人逼他穿丧服戴孝帽，参加吊唁，他断然拒绝，不肯屈服。孝宗隆兴元年（1163）中进士，后任平阳知县。平阳当时政事繁杂，较难管理，陈葵到任后，以"至诚"之心对待百姓，处理政务区分轻重缓急，有条不紊。居官廉洁，富有谦让精神，终于获得吏民的敬畏和心悦诚服。

陈葵在家对父亲恭敬孝顺，对兄弟友爱，从不疾言厉色，一家人和和乐乐。在宗族内，团结族人，引导大家讲道义，重德行，文雅有礼，和睦相处。

陈葵治学注重实际，与叶适相似，认为吕祖谦"诵书徒多"，朱熹"修方不疗时政"，今人所谓悟者，大多是空谈性命、于事无补的空谈家。他说："仁必有方，道必有等，未有一造而尽获也；一造而尽获，佛氏之妄也。"朱熹虽然与陈葵有学术分歧，但对其严谨的治学态度也极为推崇，曾写信告诉儿子："过青田不可不见陈叔向。"陈葵的学识受人敬仰，求学者纷至沓来。

绍熙五年（1194）陈葵卒于平阳知县任上。卒后20年，叶适追念往事，寄托哀思，作《陈叔向墓志铭》，称其"励志勇猛"，具有"吉人良士之实"。清代思想家黄宗羲在《宋元学案》中将他归入南宋哲学家陆九渊的学派，又认为"有异于其师者"。以上可见其学术地位和影响力。可惜其著作散佚，没能流传下来。

（五）郑汝谐

郑汝谐（1126—约1205），字舜举，号东谷居士，青田县城人。自幼聪颖好学，通晓五经和各种史书。南宋绍兴二十七年（1157）进士。

入仕后，郑汝谐勤政为民，清正奉公，政绩卓著。乾道四年（1168）任两浙转运判官，时浙东一带连年干旱、饥荒，汝谐体察民情，一方面带领百姓抗旱自救，一方面赈灾扶贫，经过努力，终于使百姓渡过难关，百业得到恢复。继任江西转运副使，遇袁州知州黄劭母丧，黄劭不肯离职，并用公款为母大办丧事，肆意挥霍，汝谐不徇私情，上奏朝廷予以弹劾揭露，黄劭受到降级处理。

汝谐升任大理寺少卿后，掌刑狱案件审理，他审理案件明辨是非，刚正不阿。在处理陈亮案件上就充分体现了这一点。陈亮是中国思想史和中国文学史上的著名人物，倡导经世济民的"事功之学"，创立永康学派。陈亮反对和议，力主抗金。遭人嫉恨，两度入狱。出狱后志气益励。宋光宗绍熙二年（1191），被人诬告，第三次下狱，有满门抄斩之危。汝谐受理此案后，查明事实，力排众议，驳斥诬告，认为陈亮是"天下奇才"，"国家若无罪而杀士，上干天和，下伤国脉矣"。向光宗据理力争，使冤案得以平反。不久汝谐升任吏部侍郎。

淳熙十二年（1185）知信州（今江西上饶），与著名的爱国词人辛弃疾结为知交。辛弃疾是南宋豪放派词人，力主抗金，恢复国家统一，却命运多舛、备受排挤、壮志难酬，当时被削职退居信州。郑汝谐与辛弃疾志同道合，两人经常诗词唱和，互相鼓励。次年郑汝谐奉诏赴临安任考功员外郎，辛弃疾写《满江红·送信守郑舜举被召》送别："湖海平生，算不负苍髯如戟。闻道是，君王着意，太平长策。此老自当兵十万，长安正在天西北。便凤凰，飞诏下天来，催归急。　　车马路，儿童泣。风雨暗，旌旗湿。看野梅官柳，东风消息。莫向蔗庵追语笑，只今松竹无颜色。问人间，谁管别离愁，杯中物。"表达了深情厚谊，也写到了信州父老儿童依依不舍冒雨为郑送行的感人场景，从侧面反映出汝谐在信州任上深得民心。

后来郑汝谐任宗正少卿兼右文殿修撰。绍熙三年（1192）九月，受朝廷派遣，郑汝谐偕子如冈出使金国，面折强敌，不辱使命。升徽猷阁待制。过后，诏许其回乡颐养天年。

郑汝谐告老返乡后，对于家乡多有善举，造福百姓。当时青田居民多以茅草盖屋，容易发生火灾。他在《易瓦记》中写道："三十年间，无一岁不火，或一岁而再火，民力日瘁，民俗日陋，茅茨之居，至是十几八九火之。……居者懔懔，苟幸朝夕之安，殆不知有生之乐也。"为改善百姓居住条件，乾道四年（1168）郑汝谐写信给处州知州范成大，请拨款造瓦易茅，范成大慨然应允，后因范成大离任，未能完成。直到庆元元年（1195）郑汝谐告老回乡后，又重议此事，在他的奔走之下，处州知府赵善坚拨款拨物，县令黄由已主持，上下一心，共同努力，自庆元二年（1196）六月动工，到三年（1197）九月完工，历时十五个月，设窑造瓦，以瓦易茅，青田居民房屋焕然一新，火灾之患锐减。庆元二年（1196），他又带头捐资，倡议改城西水碓坑木桥为石桥，名永济桥。他还非常关心家乡教育，在城东创建介石书院，为家乡士子提供读书学习场所。由于郑汝谐造福家乡百姓，深得百姓爱戴，在世时，青田人民就造生祠感念他。

去世后，敕葬青田海口山，追封开国伯。著有《东谷易翼传》《论语意原》《东谷集》等。

（六）郑滁孙、郑陶孙兄弟

郑滁孙，字景欧，生卒年不详，青田县城人。滁孙为名儒郑汝谐之曾孙。宋理宗景定三年（1262）中进士，初授温州乐清知县，后任宗正承、礼部郎官。宋朝灭亡后，元世祖至元三十年（1293），有人因为郑滁孙很有名气，就向朝廷推荐，得到元世祖忽必烈的召见，授集贤殿直学士。不久升侍讲学士，又升学士。年老请求辞官归田里。郑滁孙著有《大易法象通赞》《周易记玩》等书。

郑陶孙，字景潜，生卒年不详，青田县城人，为郑滁孙之胞弟。南宋咸淳十年（1274）登进士第，起初监西岳祠。陶孙原为南宋官员，宋灭亡后，以名士被世祖征召入朝，授翰林国史院编修。当纂修国史写到宋德祐末年行将灭亡之事时，陶孙说自己曾经仕宋，宋这年亡，"义不忍书，书之非义矣"，终不肯写。元世祖却称赞他的忠义，升应奉翰林文字，后出

任江西儒学提举。郑陶孙与其兄滁孙在当时是学问渊博之人，获得儒学之士一致推崇。陶孙死后有《文集》多卷遗世。

（七）潘特竦

潘特竦，生卒年不详，大致在北宋元丰至元祐年间出生，字廷立，青田县鹤溪人（1452年后属景宁县）。清光绪编《青田县志》和清同治编《景宁县志》都有对潘特竦的介绍，都评价其为人"质实端重"。

北宋大观三年（1109）中进士。宣和年间（1119—1125）授国子学正，并负训导之责，终日端坐读书，著《辟雍赋》显名。时秦桧同为学官，对潘特竦敬而怀嫉，尊之为兄。秦桧居权后，为其下属，常进匡益之言。后来升大理寺少卿，主管复审奏劾并疑狱大案，赏罚分明，不徇私情，宥恕刑狱，甚得民心。后任尚书右司员外郎，为朝廷草制诰命，钦赐三品绯服，褒以"言顾其行"。县人曾为潘特竦建三世科名坊。

（八）叶蘙

叶蘙，南宋建炎年间出生，字叔羽，青田鹤溪人（1452年后属景宁县）。高宗绍兴二十四年（1154）进士。任户部长贰，前后共八年，时会稽郡赋税奇重，民不聊生。叶蘙上奏减免会稽郡绢三万余匹，获准，民得稍宽，受到百姓称颂。庆元二年（1196），自吏部尚书授端明殿学士，签书枢密院事。后来，以观文殿学士辞官，赐爵卫国公。

据说叶蘙去世后，奉旨扶柩回籍，至缙云县时，停柩于黄龙寺，有精于堪舆者，相中此地有吉穴，即请御旨获准葬于缙云县黄龙寺后山。

四、缙云县

（一）胡份

胡份（1040—1104），字子文，号嵩山，北宋遇明里（今缙云县新碧）人。北宋元丰二年（1079）举人，元丰八年（1085）中进士。始授国子司业，继任礼部员外郎，再升文华殿大学士。后调任鄱阳知州，治政严明，对骄纵贪虐不法之徒，一经勘察属实，严厉惩处，属员受到震慑。他善待百姓，任上酌情减轻徭役赋税，兴利惠民，人称"胡青天"。他还积极倡办教育，亲自为生员讲学考课。任满返京后，以年迈请求回归故里。回乡后定居上宕（今胡源乡），在古方山附近建屋百余间，开设学馆，取名"尚友堂万松书舍"。他广搜经籍图书，并选聘名儒讲学，远近各地纷纷送子弟前来求学，学馆书声琅琅，弦歌不断。

胡份诗文书法兼长。书法遗墨有松阳西屏山摩崖石刻"凌霄台"，缙云黄龙山北海洞摩崖题记等。著有《胡份诗集》。

（二）鲍彪

鲍彪（1091—?），字文虎。著名的史学家和古籍注释学家。

关于鲍彪的籍贯，有缙云人和龙泉人的不同说法。《丽水地区教育志》《丽水地区人物志》《缙云县志》都作缙云人，1994年《龙泉县志》历代进士列表将其作为龙泉人收入，并注明："鲍彪，一说缙云人。"《浙江通志》作龙泉人。清朝潘绍诒修、周荣椿等纂《处州府志》的人物志中将其作缙云人，并在"案"中说明旧志作龙泉人，"今为订正"，按语中纠正旧志将他当作龙泉人的失误。鲍彪的《战国策注》自序以及宋代杜诗集注本中鲍彪都说自己是缙云人。故本书采信缙云人一说。

南宋建炎二年（1128）鲍彪中进士，历任严州、郴州、潮州教授。绍兴二十五年（1155），以太学博士改宣教郎。后又调任尚书司封员外郎。绍兴三十年（1160），以年老辞官，同僚虞允文、洪迈等劝留，但他去意坚决。赐五品服归。

鲍彪一生好学，长于史学，治学严谨。他的生平事迹历史上记载非常有限，难以详考，但他的学术成果却是公认的。鲍彪著有《杜诗注》《战国策注》《书解》。《书解》已失传。清代修《四库全书》将《鲍氏战国策注》10卷作为《战国策》的重要注本收入"史部杂史类"，历代的公私书目如《直斋书录解题》《宋史·艺文志》《文献通考》《国史经籍志》《续文献通考》等均有著录。鲍彪的《杜诗注》对当时乃至后世也都具有重要影响，南宋后期出现的、今天保存相对完整的杜诗集注本都引用了 不少鲍彪作的注，且以"鲍彪"加以标明，后代方志中也保存了鲍彪注杜诗之记载。可见，鲍彪的注本对于研究杜甫诗及《战国策》有重要的意义，其贡献和价值不容忽视。

（三）田渭

田渭（1125—1192），字伯清，缙云庐膛人。宋高宗绍兴三十年（1160）中进士，任辰州教授。当时那里愚昧落后，田渭下决心加以改变，于是动手创建学宫，刊发书籍，推诚训育，促进了社会风俗的改变。后迁司封郎。在朝做官八年，始终保持廉洁，一丝不苟。他的很多故旧都身居要职，但他耻于为私事前去攀附。他关心国事，前后上奏十余疏，提出许多"甚切世务"建议，如：固国本、正风俗、审机会、变役法等。受命浙东提举常平公事，遇当地因灾歉收，田渭把全部精力用在抗灾救灾上。又任台、婺、处三州户科茶税，奏请减免赋税徭役，于是百姓得以较安定的生活。田渭著有《玺斋集》《辰州风土记》等。

（四）赵渡

赵渡（1128—1192），字宏功，缙云云塘人。南宋绍兴二十一年（1151）进士。授太常博士，调任礼部员外郎。后任四川防御使，复任资政殿学士、集庆军节度使，经常率兵将进行演练，军风大振。绍兴三十一年（1161）八月，佐四川宣抚使吴璘伐金，冒着危险，亲自率兵英勇奋战，九个月连续夺回了被金人占据的商、虢、陕、华、秦、陇等13州，阻退了西路金兵。随后，又辅佐吴璘镇守和尚原（陕西宝鸡西南），抵御金兵，以图恢复。绍兴三十二年（1162）十二月，因汤思退当政，主张和议，吴璘不得已奉诏班师。宋孝宗即位后，赵渡因高宗时曾上《建储奏议》有功，被授予皇家玉牒，赐予同宗并斧钺。又因抗金有功，进爵虢国公。然而13州复陷让赵渡深感遗憾，加上主和派占据上风，北伐之志难以实现，赵渡次年求退。去世后，谥忠襄。著有《攻守玄机》《恢复奏议》。

（五）朱藻

朱藻（1131—1200），字元章，号西斋，缙云河阳人。宋高宗绍兴三十年（1160）登进士第，调中簿兼尉。自南渡以来，夷陵之士中登第者很少。朱藻当考官时，录取的都是知名的好学人士，因此立志于学习的人渐渐地多起来。朱藻任浦城知县时，有一股狡黠的盗贼经常出没，前任县令不敢奈何他们，朱藻一到则把他们全部抓获，依法处置，民心大快。浦城因遭灾，拖欠了税款十余万缗，郡吏限期追讨。朱藻愤然说，与其向百姓横征暴敛，倒宁可得罪于郡吏。因不肯向百姓逼税，结果即日就被罢官，但百姓却为他立祠。朱藻终任焕章阁待制。著有《西斋集》10卷。

（六）赵顺孙

赵顺孙（1215—1277），字和仲，号格庵，缙云县云塘人，官至参知政事（副宰相）。

赵顺孙为宋朝开国元勋赵普的第十一世孙，父亲赵雷是一位名儒。出身于儒学世家的赵顺孙，八岁能诵说九经，南宋嘉定十五年（1222）赐童子出身。宋理宗淳祐十年（1250）赐进士出身，任太平州（今属于安徽）儒学教授，秩满改临安府学教授。后任秘书省正字，升校书郎，添差婺州通判。宋度宗咸淳元年（1265），入为秘书郎兼崇正殿说书（侍读）。度宗称赞他"卿老儒，议论似富弼、苏轼"。即擢监察御史仍兼说书。咸淳二年（1266），针对当时物价上涨的局势，他上《平籴疏》，"课官吏""劝富民"以稳定币值，平稳了物价，避免了动乱。历右正言、左司谏、殿中侍御史兼侍讲，进侍御史兼侍读。在此期间，凡遇地震、雷电、水火等灾害，赵顺孙必援据经传及累朝故实，向皇帝上书，提出抗灾救灾的办法。对于国库空虚、宫廷挥霍奢侈，他敢于直言不讳上奏。光疏奏就有八件，还面奏三次，可见其忧国忧民之心。他还举才荐能，弹劾庸官。时贾似道凭借姊妹为理宗贵妃的裙带关系，权倾当朝，赵顺孙不畏强权，力陈贾似道买田变楮（币）之罪。贾的侄子负势贪虐，顺孙又上章奏黜。因此得罪了贾似道，为贾所记恨。咸淳四年（1268），遂以显文阁待制知平江府（今苏州）兼淮浙发运使。第二年复以吏部侍郎召迁尚书，兼职如故。时蒙古军南侵，襄阳危急，但贾似道却讳言边事，不准援襄。赵顺孙与之力争，他痛陈社稷之危亡，建言卫国御敌之良策，却因贾的独断专行不被采纳，顺孙愤然出朝。咸淳六年（1270），赵顺孙拜端明殿学士同签书枢密院事，兼权参知政事。咸淳八年（1272），升参知政事，兼同知枢密院事。丞相马廷鸾去位，度宗想由赵顺孙接替相位。但此时赵顺孙身患中风症，结果没有拜相。病不多久，除资政殿大学士，提举洞霄宫。度宗赐给他御书扇等物回归故里养病。咸淳十年（1274），起知福州兼福建安抚使，不久辞归。赵顺孙知道时事已不可为，南宋王朝覆灭已不可避免，忧愤成

疾，他拒绝医药，捶胸痛哭。宋端宗景炎二年（1277）四月悲愤离世。阶大中大夫，封缙云郡开国公。

赵顺孙有奏草可见者29篇，著有《四书纂疏》《近思录精义》《孝宗系年录》《中兴名臣言行录》及《文集》各若干卷。

（七）潜说友

潜说友（1216—1277），字君高，号赤壁子。缙云县贞溪塘头（今属舒洪镇）人。他从小好学，南宋淳祐元年（1241）进士。官至代理户部尚书，封缙云县开国男。

潜说友入朝后，依附权贵，官运亨通。初授知南康军，后改浙东安抚使。咸淳二年（1266）任两浙转运司判官，四年升两浙转运副使，又任司农卿、知临安府。五年升户部侍郎，咸淳六年（1270），官至中奉大夫、代理户部尚书。

潜说友善于阿谀奉承。贾似道权倾当朝，潜说友曲意附和、卖身投靠。在编写《咸淳临安志》时，也不放过讨好贾似道的机会，遇志中涉及贾似道名字的地方，皆提行或空格，配予同皇帝一样的最高规格待遇。可是好景也不长，潜说友当上户部尚书之后四年（1274），因误捕贾似道家中的管家被罢官。次年起守平江（今苏州）。德祐元年（1275），元兵伯颜军攻打平江，平江太守潜说友弃城当了逃兵。被贬南安军。德祐二年（1276），宋室向元军投降。潜说友在福州降元，受封为福州安抚使。景炎二年（1277），因筹措军粮不力，不满身居副职的副使王积翁乘机以言激众，潜说友被元将李雄剖腹而死。

不过潜说友虽然人品不好，却有才能和学问。他知临安府（今杭州）时，"才器宏大，善剸繁治剧。时建都临安，凡宫壶才用，庙堂意向，民讼之曲直，物价之低昂，皆囿于审度之内。先任是官者，多以旷职去就。说友处之裕如"（清·乾隆版《缙云县志》卷6）。说明他具有出色的管理才能，处理政事，游刃有余。在任内，他也曾组织疏浚西湖，修葺名胜，整修街道桥梁，开地凿井，建造府署，修建仓储等，为临安的建设和发展做出了贡献，也为百姓做了一些好事。潜说友善书法，工篆籀。他还编纂了《咸淳临安志》，全志原为100卷，今存96卷。《咸淳临安志》被收入

《四库全书》史部地理类，被称为志书中的上乘之作，是研究宋史和杭州地方史的重要资料。

潜说友有才能有学问，也办过实事，但其人品不足道，其结局也是可悲的。

五、庆元县（1197年建县前属龙泉县）

（一）吴庸

吴庸（1046—1106），字邦献，原名彦明，庆元县松源镇大济村人（时未设庆元县，属龙泉县）。少时颖慧，博览经史，学以道统为任。宋神宗熙宁九年（1076）中进士，且为甲科，赐名伯举。中进士后，初任江州右司理，累迁中书舍人，知制诰（掌起草诏令的官），龙图阁待制学士。

吴庸为人耿直、知识广博，有名望。辞官回乡后，重视家教，储藏书籍以留给后代，且"以诗书教子孙"，因此子孙多有出息，入仕为官的不可胜数。

去世后，赠少师。著有《明性集》《发微正论》等传世。

（二）吴枢

吴枢（约1080—1138），字时发，庆元县松源镇大济村人（时未设庆元县，属龙泉县）。从小好学，性格刚强。北宋政和二年（1112）中进士，任嘉兴县令。

吴枢耿直忠勇，为人光明磊落。宋靖康元年（1126），金兵入侵，京师汴梁（开封）危急。钦宗下诏征召有胆识者出使金国。吴枢应召，在金营他只行作揖礼，不跪拜，正色厉词，痛斥金人侵略行径。金人大怒，欲用鼎烹之。吴枢面无惧色，竭力抗争，令其不敢轻妄下手。金人佩服他的英勇气概，扣留一年后放回。吴枢不辱使命，为时人敬重。

建炎二年（1128），福建叶侬作乱，兵据福州，朝廷命吴枢前往招抚。叶侬平素倾慕吴枢气节，甘受招抚，此事使吴枢名声更响。不久病故。邑人祀为乡贤。

（三）陈嘉猷

陈嘉猷（约1126—1181），字君谟，号献可，出生于庆元县周家铺（时未设庆元县，属龙泉县），稍长随父徙迁平岭岗村。聪敏早慧，南宋绍兴间入神童科应试，人称"神童"。绍兴十五年（1145）登进士第，为翰林左春坊，累官至礼部尚书。

康熙《庆元县志》对陈嘉猷有"公忠耿介，有经济大略，朝绅重之"和"街谈夸幼慧，春官就日崇"的记载。为官公正，忠于职事，正直不阿，廉洁自持，有经世济国的才能，所以得到了朝廷大臣们的重视和尊重，也获得了百姓的赞颂。

陈嘉猷死后墓葬在竹口伏石岭。平岭岗村有"神童井"遗迹。

（四）胡纮

胡纮（约1139—1204），字应期（清光绪《龙泉县志》记载：字幼度），庆元县坑西村（今属松源镇）人。庆元三年（1197）建县前，该村属龙泉县。

胡纮自幼聪颖好学。南宋宋孝宗隆兴元年（1163）登进士第，得到朝廷大臣京镗欣赏举荐，监都进奏院，迁司农寺主簿、秘书郎等职。

庆元元年（1195），宁宗即位，外戚韩侂胄自恃拥立宁宗有功，与何澹等联手，排斥丞相赵汝愚和侍讲朱熹，诬蔑其"唱引伪徒，谋为不轨"，是"伪学罪首"。胡纮追随韩侂胄，也上疏弹劾赵汝愚和朱熹。宁宗决心"禁用伪学之党"，兴起了南宋历史上大规模禁锢学术的"庆元党禁"，致使当时正直贤士被斥逐一空。"庆元党禁"实质是借学术之名打击异己的政治事件。胡纮因此升任太常寺少卿、起居舍人，工部、礼部及吏部侍郎等要职。

胡纮参与"庆元党禁"，炮轰朱熹，打击"伪学"，遭人诟病，人格上有污点，但我们不能因此将其一笔抹杀。胡纮当官后治理地方有声望，任监察御史时，只要百姓有状纸递上来，他都立即办理，并且剖析裁决得合理恰当，颇有能声。

特别值得一提的是胡纮是庆元置县功臣。宋宁宗庆元三年（1197），胡纮应家乡人民的要求，奏请以龙泉县的松源一乡加上延庆半乡建置为县。经过他的奔走努力，此奏终于得到皇帝的批准并赐名"庆元"。现在的庆元县就是从这时开始从龙泉分出，独立建县的。因此，胡纮受到庆元人民的尊敬。

嘉泰元年（1201），胡纮因坐"同知贡举考，宏词不当"，罢职回乡，不久病故。

（五）吴巳之

吴巳之（约1196—1257），庆元县大济村人。庆元三年（1197）建县前，该村属龙泉县。登宋理宗宝庆二年（1226）进士，初任洪州进贤县尉、宣州知录，后任奉化、宜兴县令，颇有政绩。升任江西提刑、临安知府。吴巳之颇有管理才能，"治理优裕"。他"性敏慧，倜傥宏博"，并且酷爱山水，擅长诗文辞赋。每当闲暇登临吴山、天竺等名胜，常常流连忘返，"吟咏竟日，风流不减乐天"。

六、遂昌县

（一）龚原

龚原（约1043—1110），字深之，号武陵，遂昌马头庄人。一生忠贤，却仕途坎坷。龚原从小好学，曾师从王安石，宋嘉祐八年（1063）中进士。神宗元丰中（约1082年前后），龚原任国子直讲，"王安石改学校法，引原自助，原亦为尽力"。他尽力协助王安石变法，改组太学。后来，因为虞蕃状告太学学官贪赃枉法、录取不公，龚原因曾收受过同乡的纸笔而被降职。哲宗即位后，经上诉得以平反，复国子监丞，迁太常博士。接着又加秘阁校理，充徐王府记室，而后出为两浙转运判官。绍圣初（1094），龚原被召回京师，拜国子司业，他对太学教育进行改革，并积极传播王安石新学，以王安石父子所撰经义刻板刊印传于学者，故一时"学校举子之文，靡然从之"，对王安石新学的推行和传播起了很大的推动作用。不久龚原又兼侍讲，迁秘书少监、起居舍人，权中书舍人，擢工部侍郎。当时龚原为知枢密院事的曾布所看重。但因佞臣安惇翻出其任国子直讲时的旧事，龚原再次被外放，以集贤殿修撰知润州（今属江苏）。

徽宗初（1101），龚原又入为秘书监，升给事中。"时除郎官五人，皆执政姻戚"，他对这种官场的"裙带风"不满，"悉举驳之"。同时，龚原性又耿直，只认事理与礼制，不顾情面，他对徽宗为哲宗服丧一事持有异议，被贬知南康军（今属于江西），又改寿州（今属安徽）知州。三年之后，复任修撰，知扬州。后来又回到朝廷，历兵部侍郎、工部侍郎，又任宝文阁待制，知庐州（今属安徽）。时蔡京把持朝政，陈瓘当谏官时，极言蔡京不可用，蔡京深恨他。因龚原与陈瓘友善，且两人曾一同师从陆佃（陆游祖父），当陈瓘抨击蔡京时，蔡京一伙武断地认为是龚原指使陈瓘这样做的，龚原因此被列入"元祐党籍"，再次被夺职，闲居和州（今属安徽）。后来朝廷又起用龚原为亳州知府，遗憾的是任命下来尚未赴任，他就病死了，享年六十七岁。

龚原"以经学为世表倡"，曾致力于学校教育。自己"笃志明经，致身通显"，对永嘉学派产生了重要影响。他还勤于著述，撰有《周易新讲义》10卷、《文集》70卷、《周礼图》《春秋解》《论语解》《孟子解》各10卷、《颍川唱和集》3卷等。四库全书总目著录了他的《周易新讲义》10卷，提要中说"惟宋时古籍传世绝少而此书完善犹存"。

（二）周绾

周绾，生卒年不详，字彦约，号莲峰，遂昌大柘人。周绾天资聪颖，十七岁时就入太学，宋徽宗崇宁五年（1106）中进士甲科。受朝廷信任，五剖符持节，再任大藩令，后为国子祭酒，调任吏部侍郎，权衡官吏选授、勋封、考课等政令。在敷文阁待制职位上退休。

周绾的一生，大部分过的是外交官的日子。他"剖符持节"，"出藩入从六十余年"。在这样漫长的岁月里，周绾始终保持自己廉洁的品格，并以此知名于当时，获得龙图阁学士王十朋"见慕"。入乡贤祠。

（三）张贵谟

张贵谟，生卒年不详，字子智，号兑谷，遂昌县城北隅（今北街）人。为官关心民间疾苦，敢于为民请命。

宋乾道五年（1169）中进士。初任吴县主簿，接着任抚州教授。张贵谟就任江山县令时，正值江山大旱，他因天不下雨为百姓的生计而忧虑，竟然两鬓突然变白，遂吟了一首诗，其中有两句是："不见片云头上黑，顿添一夜鬓边霜。"为了帮百姓渡过难关，他冒着丢官的危险，下令减免赋税十分之八，结果触怒了郡守。当郡守斥责他越权时，他"力陈其害"，最后，郡守被说服。绍熙元年（1190）光宗即位后，张贵谟上万言书，"极言民力已穷，邦本不固，凡科敛之杂繁，宜一切罢去，以广维新之泽"，后来转为朝奉郎之后，又趁上殿论对之机"敷陈三札，及民间疾苦十八条"（清光绪版《遂昌县志》卷8）。这些都被光宗采纳了。

绍熙三年（1192），任太常主簿；绍熙五年（1194）又除司农寺丞转朝散郎。这一年西浙（今江苏常州一带）旱灾严重，百姓骚动，张贵谟再次奉命赈济，出知州事，到任后措施得当，救济饥民五十多万，百姓感恩戴德。庆元元年（1195）宁宗即位，张贵谟转朝奉大夫。又授吏部员外郎，升郎中、枢密院检详诸房文字等官职。他还曾出使金国，回来后又上疏札，主张朝廷应内修政事外攘强敌。以后又转朝散大夫，因遭到奸佞小人的攻击，"奉祠归里"。经过朝廷考核实绩，张贵谟最后又转朝议大夫，特封遂昌县开国男，食邑三百户。死后"太史陈希烈状其行"，为时人所敬重。

张贵谟著有《九经图述》和《韵略补遗》。清光绪版《遂昌县志》卷2"艺文辑存"里收有他的《石棋子赋·并序》。

（四）郑克宽

郑克宽（1160—1235），字伯厚，遂昌县航头人，是遂昌县历史上仅有的一个榜眼。因其在松阳县学读书，研读朱熹理学，后隶籍松阳，故亦作松阳人。20世纪90年代《遂昌县志》和《松阳县志》都将其收录本县进士名录。

郑克宽从小聪颖好学。南宋庆元元年（1195），以治《春秋》考中两浙之魁。宋开禧元年（1205）考中进士，名列榜眼，选授严陵郡博士，后调任绍兴府三江盐官、澧阳县丞等职。宋宝庆年间，擢义乌知县。不久又擢升通判均州司。因檄赈房州饥，朝廷录功，就命知州军。积阶至朝议大夫。后因病辞官归里，宋端平二年（1235）三月卒。

南宋太常少卿高梦月为其撰《墓志铭》云："公有舒向之学而不一造经纬，有迁固之才而不一入史馆，有燕许之笔而不一践宫掖。顾使辍函牛之鼎以烹鲜，执刟犀之利以刺蓬。官不称其能，位不酬其德，甚矣！"对其才学赞许有加，也对其未获重用深感惋惜。

七、松阳县

（一）叶梦得

叶梦得（1077—1148），字少蕴，号石林居士，出生于吴县（今江苏苏州）。祖籍松阳叶氏，其曾祖叶纲始迁居苏州。叶梦得是松阳县桐溪叶姓第四代先祖。叶梦得善断狱，勤于政务，累官中书舍人、翰林学士、户部尚书、龙图阁直学士，平生所历职位皆有能声。他才思敏捷，精熟掌故，能诗善文，尤长于词，词风近似东坡，豪放浑厚。著述丰厚，著有文集、词集多部，在文学史上具有重要地位。

松阳桐溪叶氏宗祠

叶梦得出身文人世家，绍圣四年（1097）二十岁即登进士第，调丹徒尉。后任婺州教授。喜爱书法、绘画、艺术的宋徽宗赵佶继位后，写得一手好词的叶梦得受到垂青，调入京师，这期间，因与当权丞相蔡京交往密切而受人诟病。蔡京是主和派，对金主张求和苟安，政治上排斥异己，持续大规模打击以元祐党人为主的不同政见者，最终致使朝廷几无可用之人。但叶梦得实际上并没有卖身投靠蔡京，他没有参与元祐党籍碑的制定，在对金问题上，他也是坚定的主战派。在一些重大问题上，叶梦得都没有一味附和，而是提出不同看法，甚至公开反对。他因进言对徽宗和蔡京政策进行批评，引起他们的不满，特迁祠部郎官，累迁翰林学士。靖康二年（1127）四月，金军攻破开封府，俘虏了宋徽宗、宋钦宗父子，宋室被迫南渡。此时的叶梦得已官拜尚书左丞、江东安抚制置大使等要职，依旧主战。宋高宗绍兴五年（1135），对朝廷彻底失望的叶梦得选择辞官，隐居湖州弁山玲珑山石林，读书吟咏，故号石林居士，后又曾回松阳桐溪村隐居。晚年所著诗文多以石林为名，如《石林燕语》《石林词》《石林诗话》《石林家训》等。他还是博学的经学家，著有《金石类考》《易传》《书传》《春秋传》《春秋谳》《春秋考》等。绍兴十八年（1148年）卒于桐溪村宰相府，葬于松阳青蒙豹坞山，死后追赠检校少保。

叶梦得是宋代著名的文学家，工诗词，善属文，文学造诣很高，在文学史上具有重要地位。在北宋末年到南宋前半期的词风变异过程中，叶梦得是起到先导和枢纽作用的重要词人。他开拓了南宋前半期以"气"入词的词坛新路，其词中的气主要表现在英雄气、狂气、逸气三方面。

（二）项安世

项安世（？—1208），字平甫、平父，号平庵，松阳西屏镇大路口村人，是南宋名臣、诗人。

项安世自幼聪颖，七岁即能赋诗。登宋孝宗淳熙二年（1175）进士，历仕孝宗、光宗、宁宗三朝，经历了"庆元党禁"与"开禧北伐"两大政治事件，是南宋初期政治风云的见证者。进士及第后初授绍兴教授。后经朱熹推荐，升任谏官。光宗时召试，除秘书省正字，不久迁校书郎。《宋史·项安世传》记载，宋宁宗即位后，下诏求治国良策，项安世应诏上疏，提出许多建议，要求朝廷用度要量入为出，改变侈滥之风，养成简朴之习。除了裁军之外，宫中的嫔嫱、宦寺、器械、工役等，都应能省则省。只要宫里带头节省，那么上下内外，就会"从风而省"，于是就可以实现"民志坚定，民生日厚"、"国力日壮"，"复祖宗之业，雪人神之愤"

指日可待。庆元党禁起，道学被斥为伪学，赵汝愚、朱熹等都被贬逐。项安世上书要求挽留朱熹，书中说"人主患不知贤尔，明知其贤而明去之，是示天下以不复用贤也。人主患不闻公议尔，明知公议之不可而明犯之，是示天下以不复顾公议也。……臣愿陛下谨守纪纲，毋忽公议，复留朱熹，使辅圣学，则人主无失，公议尚存"（《宋史》卷397）。但奏疏被扣留了。不久，因言辞激烈，被人弹劾，通判重庆府。庆元三年（1197），韩侂胄将赵汝愚、朱熹一派定为"逆党"，开列伪学党籍，项安世被列入"庆元党籍"，以伪党罢职，谪居江陵十年。嘉泰二年（1202），党禁逐渐松弛。开禧二年（1206），安世被起用，知鄂州。当时朝廷任命一些将领统兵北伐，安世主动请缨，升任户部员外郎、湖广总领。在金兵围攻德安、众将惊慌失措时，安世不等朝廷命令，果断领兵解了德安之围。因抗金有功，朝廷命安世权宣抚使，又升太府卿。这期间，安世私自招兵买马，命名为项家军。军中有少数士兵外出掳掠。安世的好友吴猎斩其为首者，安世却怀恨报复，斩了吴猎的幕僚王度。吴猎将此事告到朝廷，安世被罢免。后以龙图阁直学士为湖南转运判官，未及上任，又被谏官上奏弹劾而夺职。几经宦海浮沉，安世对官场已是心灰意冷，于是隐居家中，潜心治学。嘉定元年（1208）卒。理宗淳祐四年（1244）十月，安世被追认为"正学直节、先朝名儒"，并"特赠集英殿修撰"。

安世能诗善文，著有《周易玩辞》《项氏家说》及《平庵悔稿》等。

松阳博物馆的项安世图片

（三）程榆

程榆（1171—1238），字森之，松阳县城东门人。自幼聪颖，九岁就能赋诗作文。宋绍熙四年（1193）中进士。为人刚正不阿，乐善好施。曾经建义仓、义学，并置办学田为老师提供膳食和经费。担任玉山知县时，治理有方，多有政绩。大学士真西山上疏赞扬他天资靖重，心术端良，慈祥恺悌，有古循吏之风。当时，权相史弥远倚势挟其归附自己，程榆却之。等到任广左宪节时，史弥远记恨他不归附，压制他，程榆仍坚持自己的原则，坚决不改志向。后来官至中奉大夫，赐爵"松阳开国男"，令邑五百户。去世后，谥号"安节"。

（四）何琮

何琮（约1174—约1246），字宗玉，松阳县人。南宋开禧元年（1205）中进士，待阙数年后，授吉州安福主簿。一到任，他就在门屏上书写："簿俸俭自足，官廉贫亦安。"这成为他一生的座右铭，宣示了他的为官为人原则，提醒自己的同时，更是告知想通过贿赂等手段托他办事的人"此门"不通。因有政绩入朝升任左正言，转殿中侍御史。为官清正廉洁，忠于职责，不畏权贵，敢于斥贪逐佞。他拒绝权相史弥远的拉拢利诱，对时政或政治人物的批评议论都出于公心。何琮富有才干，所进谏言，多次被朝廷采纳。宋端平年间，何琮除直徽猷阁福建路转运副使、知福州兼福建路安抚使，后又升为户部侍郎。

（五）沈佺

沈佺（1250—1271），又名杰，字超凡，松阳人。宋咸淳七年（1271）榜眼。其与南宋著名女词人张玉娘的爱情悲剧催人泪下。

沈佺是宋徽宗时状元沈晦的第七代孙，沈晦是钱塘（今杭州）人，建炎三年（1129）知处州，因酷爱松阳山水名胜而迁居松阳。

沈佺父亲沈元与张玉娘父亲张懋为中表亲戚，沈佺与玉娘都出生于宋淳祐十年（1250）农历七月初四，因沈佺早出生3个时辰，故玉娘称其为表哥。

15岁时，沈佺与玉娘订婚。两人青梅竹马，常常一起读书作文，吟诗作画，相互倾慕对方的人品和才学。然而，这对才子佳人却因沈家家道中落而面临被拆散的境地。沈佺知道"欲为佳婿，必待乘龙"，为了不辜负

玉娘的一片深情，他发愤攻读，于南宋咸淳辛未年（1271）高中榜眼，时年22岁。然而，造化弄人，沈佺登科不久就因感染伤寒不治，含恨而亡。

沈佺的死让张玉娘陷入了无边的痛苦，她在郁郁寡欢中挨过了6年时光，于宋景炎二年（1277）悲绝而亡，时年28岁。父母知她是为沈佺而死，于是征求沈家同意，把两人合葬在县城西郭枫林之野。玉娘死后1个月，其侍女紫娥、霜娥为她悲伤相继而亡，玉娘平时养的鹦鹉也悲鸣而死。家人惊泣，将2个侍女葬在张玉娘和沈佺合墓的左边，将鹦鹉葬在右边。时人称此墓群为鹦鹉冢。

（六）王唐珪

王唐珪（1208—1282），字廷玉，出生于松阳县城西。父亲王允卿，宣义郎；祖父王松年，从敬郎。王家家教甚严。王唐珪从小聪慧善良，有志向。淳祐元年（1241）中进士。初授两浙路严州建德县主簿。但他因奉养亲老之故，归故里不仕，后母亲和父亲先后去世，他为母亲和父亲各守孝3年。景定元年（1260），服丧期满，任两浙西路安抚司干办公事，协助长官处理有关事务。景定三年（1262），升任嘉兴府崇德县（今属桐乡）知县。在崇德任上，他将政务处理得井井有条，恪守廉介，"令政平惠，争民服其德"得到百姓拥护，在他即将离任时，崇德县民数十人赶赴杭州向宋理宗上奏要求留任王唐珪，朝廷准奏。直到咸淳二年（1266），经刑部考核政绩，朝廷改授王唐珪宣教郎，主管官告院。此次，百姓不再留任，而是为他立生祠。咸淳四年（1268），升任尚书省，提领管田分司嘉兴府。后任尚书省检阅官，出守平江。不久，迁监察御史，任户部、刑部侍郎。在历任职务上，王唐珪始终清正廉洁，为官有操守。在平江，有人向他行贿，在一筐白银上用水果遮盖以掩人耳目，他不动声色换了水果，将白银退回。咸淳七年（1271），面对权臣贾似道操控台官谏官，打击异己，王唐珪不畏强权，上奏："平天下之道，以正心诚意为本，今郡守县令多非其人，实由宰辅奸邪，罔上害下。"得罪了贾似道，被罢官，改授建昌军仙都观的祠官。贾似道倒台后，朝廷起用王唐珪为户部侍郎，但他没有赴任。宋朝灭亡后，他以遗民在家隐居，写作咏史题材文章，编辑成《爱山杂咏》，可惜已失传。元至元十九年（1282），卒。

第三章

元代处州进士

元代倚重蒙古贵族和军功吏才，初期并不重视科举取士。建立科举制度后，也曾因采行争议而停罢。同时，科举程式上的民族歧视色彩也成为元代科举制度的突出特点。在科举考试内容上，元代以经义为先，尊崇程朱理学。

元代科举上的民族歧视政策使汉人、南人科举考试难度大为增加。元代，处州进士只有20名。

第一节　元代科举制度概述

一、元代科举制度发展概况

元世祖忽必烈至元八年（1271）定国号为元，建立了元朝。元朝建立后，忽必烈又在至元十三年（1276）攻占临安，至元十六年（1279）灭南宋，统一了全中国。

元朝早期统治者倚重蒙古贵族和军功吏才，对文化教育和科举并不重视。是否恢复科举制度，统治阶级内部没有达成一致意见。一直到元仁宗皇庆二年（1313），元朝才设立科举制度。科举制度建立后，仍然遭到一些蒙古和色目贵族的反对而被停罢。终元一朝，共举行了16次科举考试，简称"元十六考"，录取进士共计1139人。

元太宗窝阔台灭金，向中原地区进发时，逐渐认识到笼络士人的重要性，采用中书令耶律楚材"请用儒术选士"的建议，于蒙古太宗九年（1237）八月，诏中原诸路考试，以论、经义、辞赋三科考试儒生，中选者可在本地担任"议事官"，免其家赋役。考试于次年进行，由于1238年为戊戌年，史称这次考试为"戊戌选试"，这是元朝正式建立前第一次仿照科举办法选拔士人。但科举考试对象是"儒人被俘为奴者"，考试中选者享有免除徭役、赋税，与长官同署公事的权利，并未真正受到重用。被录取的人中只有小部分被授予了官职，而且主要还是在地方任职，很少有人进入蒙古汗廷中枢。所以，这次考试不算严格意义上的科举考试。

元世祖忽必烈即位后，逐渐认识到选拔更多士人进入统治阶层的重要性，认为它不仅可为统治阶层选拔和笼络人才，而且有助于消除士人与蒙古族政权的对立，曾多次酝酿实行科举制度。一些儒臣也多次上疏力陈科举取士的必要性，如至元四年（1267）翰林学士承旨王鹗等请行选举法，"远述周制，次及汉、隋、唐取士科目，近举辽、金选举用人，与本朝太

宗得人之效。以为贡举法废，士无入仕之阶，或习刀笔以为吏胥，或执仆役以事官僚，或作技巧贩鬻以为工匠商贾，以今论之，惟科举取士最为切务"（《元史》卷81《选举志》），力陈科举取士的必要性，元世祖认为："此良法也，其行之。"但由于蒙古贵族担心科举取士会危及自身的利益，危及本民族的专制统治，明里暗里反对和阻挠，终世祖一朝，科举取士始终没有实行。

元朝前期科举停废达半个多世纪，直到元仁宗皇帝才正式实行科举取士。元仁宗皇庆二年（1313）十一月发布诏书，对考试细则进行了详细说明，规定"举人宜以德行为首，试艺则以经术为先，词章次之。浮华过实，朕所不取"。定下了以经义取士的标准，并命中书省制定条例。延祐元年（1314）八月，各郡县举行乡试，中选者次年二月在京师举行会试，会试中选者再由皇帝御试。延祐二年（1315），经过皇帝亲自御试，正式录取进士56人，标志着元代科举制度的正式建立。科举制度建立后，一些蒙古贵族和色目贵族还是力图罢止，围绕着科举取士制度产生激烈争议，参知政事、延祐二年进士许有壬认为科举可以广揽人才，有利治国。以丞相伯颜为首的顽固派认为，科举只是对汉族知识分子有利，让汉人中举做官，不利于元朝统治。当时伯颜势力强大，至元元年（1335），他以元顺帝名义"诏罢科举"。至元六年（1340）伯颜倒台，顺帝亲政，在名相脱脱的辅佐下，恢复了已停罢两科的科举考试。此后，元代举行科举考试一直延续到元朝灭亡。

二、元代科举制度特点

（一）元代科举考试内容

元代科举考试从元仁宗皇庆二年开始正式实施，规定举人首重德行，考试要以经义为先，其次才是词章之学；并把科举考试定为三年一次，实行乡试、会试、御试三级考试。乡试一般在当年八月举行，会试在次年二月举行，御试在第三年三月举行。

对于科举考试内容，元世祖憎恶辞赋取士，认为"士不治经学之道，日以赋诗空文"，会导致士人萎靡。同时，他又尊崇儒学，并以程朱理学作为官方的统治思想。这种观念影响和制约着元仁宗恢复科举后的考试内容的确定。皇庆二年（1313）中书省奏行科举时就说："自隋唐以来取人专尚辞赋，故士习浮华"，"拟将律赋省题诗小义皆不用，专立德行明经科，以此取士，庶可得人"。元代科举考试无论是蒙古人、色目人、汉人、南人，最重要的第一场考试都是考经义，以程朱理学注释为标准。经问都从"四书"（即《大学》《论语》《孟子》《中庸》）中出题，并用朱熹的四书章句集注。经义规定的《诗》《尚书》《周易》等，以朱熹、程颢、程颐及其他理学家注解作为评判答卷的标准。以经义取士，而经义又要以程朱理学家的注解为标准的规定，也影响了后世，明清两代的科举考试也以经义取士。

科举考试的内容是指挥棒，很大程度上影响着士人们对知识的追求方向。

（二）元代科举考试中的民族歧视政策

元朝统治者在全国确立统治地位后，为维护对汉族和其他少数民族的统治，实行民族歧视政策，把人分为四等：第一等是蒙古人，包括原来蒙古各部的人，属于元朝的"国族"，享有各种特权。第二等为色目人，包括西夏、回族等西北各少数民族。第三等是汉人，包括北方汉人和契丹、女真等族。第四等是南人，包括原南宋统治下的汉人和西南少数民族。虽然元朝政府并没为四等人的划分颁布过专门的法令，但四等人在政治待遇、法律地位和权利义务上都有许多不平等的规定，在科举考试中也有显著差别。

在考试难度上，蒙古人、色目人要比汉人和南人容易得多。在乡试、会试中，蒙古人、色目人只考两场：第一场"经问"五条，从《大学》《论语》《孟子》《中庸》中出题，用朱氏章句集注。第二场策一道，以时务出题。汉人、南人则须考三场："汉人、南人第一场明经经疑二问，《大学》《论语》《孟子》《中庸》内出题，并用朱氏章句集注，复以己意结之，限三百字以上；经义一道，各治一经，《诗》以朱氏为主，《尚书》以蔡氏为主，《周易》以程氏、朱氏为主。已（以）上三经，兼用古注疏，《春

秋》许用三传及胡氏传，《礼记》用古注疏，限五百字以上，不拘格律。第二场，古赋诏诰章表内科一道，古赋诏诰用古体，章表四六，参用古体。第三场策一道，经史、时务内出题，不矜浮藻，惟务直述，限一千字以上。"（《元史》卷81《选举志》）御试时，四等人虽都考策问一道，但字数要求并不相同，蒙古人、色目人只需500字以上，汉人、南人则要1000字以上。可见，蒙古人、色目人在试题难度和答题要求上都比汉人、南人要低得多。

在录取人数上，也体现出不平等。元代规定，乡试录用300名，会试录用100名。乡试、会试录取总数中，蒙古人、色目人、汉人、南人各占四分之一，乡试名额分配具体到各考区。表面上看，四等人录取人数平均分配，但实际上，由于汉人、南人的人口总数要比蒙古人、色目人多出许多倍，因此，汉人、南人考试的竞争激烈程度远高于蒙古人、色目人。御试时，四等人的录取人数不一定完全平均，但由于乡试、会试奠定的录取人数比例基础，汉人、南人考取进士的录取比例自然也比蒙古人、色目人低很多。

在及第后的发榜和待遇上，也体现出不平等。御试后发榜，蒙古人、色目人为一榜，称为"右榜"；汉人、南人为一榜，称为"左榜"。以右榜为尊。"第一名赐进士及第，从六品，第二名及以下及第为二甲，皆正七品，三甲及以下，皆正八品，两榜并同。"如蒙古人、色目人愿试汉人、南人科目，取中后加一等授官。

虽然元朝科举民族歧视明显，但科举考试内容以儒学为标准，却又体现出对汉文化的认同趋势。

（三）元代科举制度存废之争不断

元代科举的存废之争不断，赞成科举者以汉儒为主，反对科举者以蒙古贵族为代表，由于双方势力相差悬殊，在元代的社会地位、对朝堂的影响力等方面都无法相互抗衡，故处于弱势方的赞成科举的建议往往难以付诸实施。处于强势方的反对者千方百计地阻挠，导致元代科举的中落。元代前期科举停废达半个多世纪，从元仁宗皇庆二年（1313）正式实行科举取士开始，到顺帝时元朝灭亡（1368），科举制度共实行了50多年，开科

16次，仅录取进士1139名，平均每科的录取人数仅71人。一个统一的王朝科举录取人数之少，为隋唐以来所罕见。

在宋代，科举已成为最重要的文官选拔制度，这一方面保证了文官队伍的整体素质，另一方面也给广大文士提供了通过科举考试这一较为公平的机制进入仕途的机会。但元代，统治者长期忽视科举制度的积极作用，导致科举停废中断多年，实行科举之后，不仅录取人数少，由进士入官者人数也少。元代官员大都由吏员提拔而来，由吏入官是元代官僚体制的主体。《元史·韩镛传》记载："由进士入官者仅百之一，由吏致位显要者常十之九。"

元代科举考试不被重视，再加上民族歧视政策，使得许多汉族士人深感前途渺茫，无心读书。

不过，元代虽然轻视科举，但还是出了不少人才，明初著名政治家、军事家、文学家刘伯温，就是元朝进士之一。

第二节　元代的处州进士

一、概况

元朝是蒙古族所建立的政权，元朝建立后，在政治组织上大都"遵用汉法"。在中央设中书省统领全国行政，枢密院管理军事，御史台负责监察。中书省上承天子，下总百司，领六部，为最高行政机关。中书省长官中书令以下，设右、左丞相为实任的宰相。下设平章政事、右左丞、参知政事为副相。中书省下设吏、户、礼、工、刑、兵六部，设尚书、侍郎分理政务。枢密院设枢密使、枢密副使。御史台设御史大夫等官职。在地方设行中书省，简称行省，或只称省，管理地方军政大事。行中书省下为路，路下为州（府），州（府）下为县。

元代社会经济发展的总趋势是：前期由恢复到发展，中后期由发展到停滞、衰敝。元朝经济大致上以农业为主，元朝统一前后，蒙古统治者在中原和江南地区高度发展的农业经济影响下，开始放弃落后的游牧经济方式，重视农业，采取了一些恢复农业生产的措施。元世祖在中统二年（1261）设立劝农司，至元二十六年（1289）又在江南设行大司农司及营田司，大力提倡垦殖。元朝政府还设立都水监和河渠司掌管水利。垦田面积、粮食产量、水利兴修等方面有了一定的恢复和发展。随着农业生产的恢复和发展，元朝的手工业也有了一定的发展，江南地区广泛种植棉花，棉织业、丝织业在江南地区普遍推广。在大都及一些城市设置了管理手工业和官营手工作坊的机构。元代官营手工业特别发达，对民间手工业则有较多的限制。元朝的商业繁荣，与全国的统一，农业和手工业的恢复发展，海运和漕运的沟通，纸币交钞的发行，以及受儒家轻商思想影响较少有着密切的关系。元世祖时，交钞已通行全国各地，当时的大都、杭州、泉州都是闻名于世的大商业都市。对外贸易也得到了较大发展。但到了元朝后期，土地高度集中，蒙古贵族已完全成为封建大地主，汉族地主兼并之风也与日俱增。地主阶级不断加重对农民的剥削和压迫，不仅向佃户征租，还征收附加粮，甚至迫使佃户代服差徭。统治集团奢侈腐化成风，官吏贪污腐败，他们为了弥补亏空，不断加重税收，滥发纸币，人民所受的剥削不断加重。此外，又连续出现天灾，元统二年（1334），江浙受灾，饥民多至五十九万；至元三年（1337），江浙又灾，饥民四十余万。在天灾人祸下，农民被迫成群结队地离开土地，武装起义相继而起，元朝统治走上了崩溃的道路。

元朝民族矛盾错综复杂，为了把政权牢牢地控制在手中，防止被其他民族夺取，元朝统治者进一步强化了所谓的民族差别，用法律和政策的形式公开地确立和实行民族等级制度，以维护统治阶级的根本利益。元世祖至元时，把居住在当时中国境内的人分为四等：第一等是蒙古人，第二等是色目人，第三等是汉人，第四等是南人。元统治者采取各种方法来维护这种民族等级。

在统治机构中，在任用官吏时，从中央的丞相到行省的行政长官，掌权的官吏都是蒙古人和色目人，其次才是汉人，而南人在宋亡后很长时期都得不到重用，几乎很少有人在中央做官。在军事上，元朝统治者马上得天下，深知武装力量的重要性。元朝建立后，以蒙古军队为核心镇守全国腹心重地，监视汉人、南人，对其进行严密的军事防控，防止他们造反。元朝法律规定汉人、南人不准集体打猎，不准举行宗教活动，不准执持弓箭等武器。汉人、南人畜鹰犬为猎也被禁止。军事方面的限制杜绝了蒙古族之外其他民族持有武装力量的可能，从而消除了对政权的威胁。

在科举上，元代的科举不是人才选拔的主要途径。元代近百年间只举行过16次廷试，所录取的进士总共也不过1139名，并且录取的进士也不像宋代那么受重视。如前所述，元代的科举在录取程序和人数上等级分明，汉人、南人中士难度远高于蒙古人和色目人，以此避免过多的汉人、南人进入权力中心。因此，汉人、南人的读书积极性受到很大影响。

在法律地位上也不平等。不同民族的人同罪异罚比比皆是。蒙古人、色目人和汉人分属不同的机关审理。元朝法律规定，蒙古人因争执殴打汉

人，汉人不得还手，只许向官府申诉，违者治罪。蒙古人打死汉人，只需仗刑，并赔付烧埋银子即可，而汉人打死蒙古人，则除赔付银子外，还要处死刑。

在教育体制上，元代的中央官学是国子学。元太宗六年（1234）设国子学，令侍臣子弟18人入学。至元二十四年（1287）设国子监。过了2年，又设回国子学。国子学的学生经过选拔，可以直接出任官职。元武宗至大四年（1311），国子学生员增加到100人，并确立国子学试贡法，考试合格者中的蒙古生员授六品官职，色目生员授正七品，汉族生员授从七品官职。

在行政区划上，元至元十三年（1276）改处州为处州路，隶属江淮行省。至元二十一年（1284），处州隶属江浙行中书省。至正十九年（1359），改处州路为安南府，不久改为处州府，辖丽水、龙泉、松阳、遂昌、青田、缙云、庆元7个县，隶属江浙行中书省。

元代，处州路的7个县都有县学。宋代县学教学内容包括礼、射、书、数等四科，但元代规定，汉人、南人不得执弓矢，所以射圃废除。丽水县学在元至元二十九年（1292）县尹韩国宣组织重修，因原址地势受限无法扩展，前太学释褐进士吴海捐山下地，筑土与原址平，得以扩建，改申义堂为明德堂。龙泉县学元至元十五年（1278）在大火中烧毁，至元二十三年（1286）重建。庆元的县学毁于战火后，元至正二年（1342）进行了重建。书院是封建社会出现的新型教育组织，萌芽于唐代，正式形成于宋代。在宋代，特别是南宋，书院教育兴盛。浙江省境内有书院191所。但到元代，书院的数量锐减，仅有90所。而丽水县境内元代还没有书院，最早见于记载的书院是明代才建的。松阳宋代所建的明善书院在元末被焚毁。遂昌元统年间（1333—1335），尹姓在柘溪建有书院，至正年间（1341—1368）沈维时曾在该院执掌教事。青田元至元三十一年（1294），由县内名儒集资筹建了石门书院，院址在石门洞谢客堂。缙云的美化书院是宋代建成的，到元代前期已成为全省著名书院之一，但至元年间（1271—1340）被毁，主管书院的山长黄应元、周仁荣先后重建大成殿、两庑、台门。元代，处州民办的学塾（私塾）有所发展。有乡绅富户请教师到家坐馆的家塾，有同姓同族用族产办学供同族子弟就读的族塾，有教师在家或借用祠堂、庙宇招收学童就读的学馆。元末明初，为贫寒子弟设立的社学、义塾有所增加。社学的设置始于元代，社学设在农村地区，利用农闲空隙时间，以农家子弟为对象开展教育。至元二十三年（1286），朝廷下令全国各地农村每50家组成一社，每社设学校一所，选通晓经书者为学师，农闲空隙时使子弟入学。义塾最早出现在宋代。义塾是由私人集资或官府拨款资助的免费学塾，主要是为家境贫寒的儿童所办的蒙学。但在处州，有记载的义塾、社学在元代还较少。元至元十二年（1275），遂昌县尹石谷兴办社学。元至正十九年（1359），遂昌县令李讷劝乡社设立社学百余处。遂昌在处州是义塾办得较早的，南宋景定年间（1260—1264），徐都目在遂昌县城东马鞍弄创办徐氏义塾。元至顺年间（1330—1333），黄愈之在遂昌金溪（今坑西）创办黄氏义塾。龙泉元末章溢在八都玉峰寺创建了龙渊义塾。青田元代高湖人季谦在十二都高湖创立湖山义塾，刘基至正十年（1350）作《季氏湖山义塾碑记》；元代梅以荣在青田十三都芝溪创办芝溪义塾，县里拨多福寺租谷30石作经费。云和义塾始于元代，元至元三十一年（1294），浮云人王挺在黄溪北岸建桂一楼藏书处，并拨良田附设桂林义塾，教育子孙及乡里子弟，是云和最早的私立义塾。

元代的经济在前期有所恢复和发展，但元代在政治统治上的等级制，使处州人在元代属于等级最低的南人，在科举考试上和社会地位上备受歧视。而马上得天下的元统治者对科举考试也不重视，开考科数和录取人数都很少，即使科举考上进士也得不到重用，因而处州人的读书积极性受到影响。对教育的重视程度减弱，书院的数量减少，新办的书院也寥寥无几，而处州的社学、义塾在元代又很少。因此，元朝时，处州进士人数只有20人。

二、名录

据《丽水教育志》《丽水地区人物志》和各县县志，元代处州进士著

录如下：

科名	公元纪年	籍贯	进士名录及主要官职
至元二十二年乙酉科	1285	遂昌	翁道久（江山教谕）
延祐二年乙卯科	1315	缙云	叶丑（湖州总管）
		龙泉	杨载
延祐五年戊午科	1318	丽水	林定老（知新州）
至治元年辛酉科	1321	缙云	赵显，赵拱辰
致和元年戊辰科	1328	缙云	赵俊祖（鄂州学录）
至顺元年庚午科	1330	丽水	项棣孙（延平路总管、奉议大夫）
元统元年癸酉科	1333	青田	刘基（御史中丞兼太史令），徐祖德（中书省管局），叶岘（南安尹）
至正三年癸未科	1343	缙云	朱填
至正五年乙酉科	1345	丽水	林彬祖（青阳尹）
		松阳	练鲁，周梓
		遂昌	郑元祐（江浙提举）
年科无考		丽水	吴倡（国子博学）
		缙云	蔡文龙（上高县尹），孙天祐（潮州路总管），孙天锡

第三节　元代处州进士人物介绍

在元代的科举制度背景下，处州人的读书赴考积极性也受到影响，元代处州进士人数只有20人。

一、杨载

杨载（1271—1323），字仲弘，龙泉县南琉田村人。后徙居浦城，晚年定居杭州。元代中期著名诗人。

杨载幼年丧父，博览群书。年四十未仕，经户部贾国英多次向朝廷举荐，以布衣召为国史院编修，参与编纂《武宗实录》。翰林学士赵孟頫读了他的文章，极为推重。于是，文名倾动京师。元延祐二年（1315）登进士第。授饶州路同知浮梁州事，后任宁国路总管府推官。英宗至治三年（1323）卒。

杨载在诗学方面造诣高，与虞集、范梈、揭傒斯齐名，并称为"元诗四大家"。杨载的诗歌创作，被虞集称为"百战健儿"。叶子奇《静斋文集》称："琉田杨仲弘，诗学之宗。"著有《杨仲弘集》。

二、林定老、林彬祖父子

林定老（1276—1334），字君则，丽水县城人。延祐元年（1314）江浙乡试第七，荐授松阳教谕。礼部以恩授处州路学正，转儒学教授，未上任。延祐五年（1318）中进士，授承事郎、庆元路同知。至治二年（1322），任奉化同知。泰定五年（1328），除奉训大夫，兴化路通判。元统元年（1333），除中顺大夫，新州知州兼劝农事。林定老严于律己，在其所任各职位上，以公平佐政，干事勤勉，颇有政声，上下皆称其明。次

年十月，卒于任上。《全元文》载林定老文《重建协应庙记》《乐善堂铭》二篇。

林定老重视家庭教育，育有三个儿子：诚祖、彬祖、似祖，都以文辞名于世。

次子林彬祖，生卒年不详，字彦文。于至正五年（1345）登进士第，至正十四年（1354）任永嘉县丞，至正十九年（1359）迁青田县令，后转缙云县尹。元将石抹宜孙守处州时，以其为参谋，屯兵葛渡。葛渡兵溃，处州失守，林彬祖逃到温州。又任浙江行省枢密院都事，改福建行省检校官。不久死于战乱。精于书法，其书法《季氏湖山义塾之记》《重建灵应庙记》等真迹留存于世。

三、赵俊祖

赵俊祖，生卒年不详。缙云县城北门人。致和元年（1328）进士。曾任职平江州学、鄂州学录。俊祖教学中注意启发激励，受到学生喜爱。文章注重道德教化，离开教职时，学生们画《丹崖翔凤图》并赋诗送给他。

四、项棣孙

项棣孙（1296—1366），字子华，丽水瀑泉人。从小勤奋笃学，因精儒业被荐为青田教谕。至顺元年（1330）中进士，起初授同知奉化州事，后调任福州路总管府推官。改任兴化路莆田县尹，转知福清州事，因母丧未能赴任。服丧期满，提举泉州市舶司事。任期满后，回处州任贰守。累阶奉直大夫、知福建延平路总管府事。后提升为处州路总管兼防御事。一年多后辞官，隐居青田万藏山。至正二十六年（1366）去世。丽水人将其奉祀于乡贤祠。

项棣孙为政简易，以爱民为本，不求个人功名，全力坚守忠义大节。其所任职，均有政绩。在福州任职时，有海上商船列旗帜金鼓伪装成兵船，以防备海盗袭击，被仇家诬告为叛乱，已登记入案，项棣孙查明事实，为其平反，使数百人免遭冤狱之灾。周某以点金迷惑众人，被认为是仙人，出入公府，没人敢问，项棣孙将其抓捕治罪。在莆田任上，整顿民风民俗。在泉州，遇灾荒歉收之年，他请郡守发放粮食赈济灾民，稳定社会。至正十三年（1353），他召集义兵援助廉访使郭兴祖，击退了围殴福州的林君祥部。在处州任职时，青田农民吴德祥起兵反抗官府，占据险要之地，官兵多次失利，青田县尹叶琛等被吴德祥劫持。项棣孙积极辅佐石抹宜孙元帅守城，并派女婿前往山寨劝说吴德祥，叶琛等终于被放回。

文昌路项棣孙介绍

五、郑元祐

郑元祐（1292—1364），字明德，号尚左生，遂昌航川人。元至正五年（1345）元祐中进士。

郑元祐出身于书香门第，世代业儒。郑元祐幼年随父迁居钱塘（今杭州）。因儿时乳母提携右臂不慎受伤，留下终身残疾，他便发奋用左手学书法，练就一手好楷书，世称一绝，后来他自号为"尚左生"。四十岁左右侨居平江（今苏州），尽管郑元祐的一生基本是在杭州和吴中度过，但他对故乡遂昌一直怀有浓厚的感情，以遂昌人自居，世人称他为"遂昌先生"。他的《遂昌杂录》就是以祖籍地为其书名，表明了他对故乡的怀念。

故乡人民也没有忘记他，嘉靖三十四年（1555年），郑元祐被乡人入祀遂昌乡贤祠。

郑元祐晚年自编有诗文集12卷，因大多是在苏州所作，取名为《侨吴集》，《四库全书》1216册在《侨吴集》提要中高度评价"其文颇疏宕有气，诗亦清俊苍古"。另有《遂昌杂录》1卷，多记宋末轶闻及元代高士名臣逸事，间有忧世之言，内容跟遂昌没什么关系，元祐"题曰遂昌，不忘本也"。

六、刘基

刘基（1311—1375），字伯温，南田武阳村人，当年武阳村属于青田，1948年，青田、瑞安、泰顺析置文成县，武阳才归属文成，故时人称他刘青田。明洪武三年（1370）封诚意伯，人们又称他刘诚意。明武宗正德九年（1514），在刘基去世139年后，朝廷追赠他为太师，谥文成，后人又称他刘文成、文成公。刘基是元末明初杰出的政治家、军事家及文学家，博学多才，通经史、晓天文、精兵法。为人正直刚毅，善察人才。一生历仕两朝，他辅佐朱元璋完成帝业、开创明朝并尽力保持国家的安定，因而驰名天下。朱元璋多次称刘基为："吾之子房也。"将其比作张良。在中国民间，也流传着"三分天下诸葛亮，一统江山刘伯温；前朝军师诸葛亮，后朝军师刘伯温"的说法。在文学史上，刘基与宋濂、高启并称"明初诗文三大家"。但他的仕途生涯是坎坷曲折、跌宕起伏的。

泰定元年（1324年），14岁的刘基随父亲来到处州府治栝州城，入郡庠（即府学）读书。在府学读书时，不仅学习内容极广泛，包括《春秋经》、程朱理学、天文、兵法等，而且聪慧过人，悟力极强。泰定四年（1327年），刘基17岁，离开府学，来到石门书院读书。师从江南名师郑复初学程朱理学，接受儒家通经致用的教育，深得老师的赏识。

石门书院

元至顺四年（1333），刘基与青田同乡叶岘、徐祖德三人一同赴元朝京城大都（今北京）参加会试，一举考中进士。后至元二年（1336），刘基任江西高安县丞。

高安五年，刘基清正为官，却因当地官场环境有志难酬。后至元六年（1340）调任江西行省职官掾史，"因与幕官议事不合"，干了两年即辞职。元至正八年（1348）刘基任江浙儒学副提举。在任上，他重视教育，鼓励兴办义学。至正十一年秋，因身体不适辞官返回故里。时方国珍兄弟造反，朝廷集结兵力征讨。至正十二年，刘基奉命到台州，任浙东元帅府都事，后转任江浙行省都事，直接参与了平定方国珍的军事谋划，因建言捕斩方国珍，遭受谗言被罢免，羁管于绍兴。这是刘基仕元时在政治上受到的最为严重的一次打击。不过，在绍兴期间，刘基留下了大量诗文，抒发自己的雄心壮志，文学创作达到了新的高峰，也奠定了他在文坛的文学地位。

至正十三年（1353），全国各地反元斗争风起云涌，浙南山区也出现

了农民起义，其中影响较大的就有吴成七起义，元统治者数次派人前去招安，均被拒。至正十六年（1356），起用刘基，恢复其行省都事一职，回处州协助元帅石抹宜孙平定"山寇"。至正十八年（1358）冬，朝廷论功行赏时，刘基却遭执政者排挤，降回原职，以儒学副提举授处州路总管府判，且被夺去兵权。刘基对自己尽忠的元王朝彻底失去了信心。他弃官归隐，回到故里南田，赋诗著述，写作了寓言体散文集《郁离子》，以文言志。

至正二十年（1360），朱元璋率起义军南下，攻克了婺州、处州，素知刘基才能，再三邀请刘基出山。刘基思虑再三，决定归顺朱元璋。三月，"浙东四先生"青田刘基、龙泉章溢、丽水叶琛、浦江宋濂应召一起行至金陵。此后刘基全力辅佐朱元璋。刘基针对当时形势，向朱元璋提出避免两线作战、集中优势兵力各个击破的策略，被采纳。他辅佐朱元璋先灭陈友谅，再攻取张士诚，北伐中原，天下归一，创立明王朝。刘基共参与军机八年，筹划全局，参与制定朱元璋的灭元方略，辅佐朱元璋成就帝业。

至正二十四年（1364），朱元璋自立为吴王，任命刘基为太史令。吴元年（1367）设置御史台，刘基任御史中丞兼太史令，明洪武元年（1368）朱元璋称帝，三月，朝廷发布《御史中丞诰》，相当于新王朝成立后的一个正式任命。刘基在任御史中丞和太史令时，负责明朝历法的制定、军卫制度的建立、金陵皇城的工程设计、朝廷体制的整顿。他还和李善长一起制定了《吴元年律》《大明令》。《大明令》是唯一一部保存至今的古代令典，也是中国法制史上最后一部以"令"为名的法典，它为后来的《大明律》奠定了基础。

刘基为人正直，据《明史》卷13记载，丞相李善长曾多次在朱元璋面前诋毁他，太祖因事要责罚丞相李善长，将其撤换时，刘基却说李善长虽有过失，但功劳很大，威望颇高，能调和诸将，并说更换丞相必须要慎重。李善长被罢官后，太祖想任命刘基好友杨宪为丞相，刘基仍极力反对，说杨宪具备当丞相的才能，却没有做丞相的气量。太祖又问汪广洋、胡惟庸如何，刘基据实回答，这几个人确实不适合担任丞相之职。后来，杨宪、汪广洋、胡惟庸都因事获罪。

明洪武三年（1370），刘基被任命为弘文馆学士。在此任上，刘基辅佐朱元璋恢复了科举制度。《明史》卷七十"选举二"载："科目者，沿唐宋之旧而稍变其试士之法，专取四书及《易》《诗》《书》《春秋》《礼记》五经命题试士，盖太祖与刘基所定。"十一月，朱元璋大封功臣，刘基被授予开国翊运守正文臣、资善大夫、护军，并封为诚意伯。洪武四年（1371），刘基回到故里。在家乡，为避免惹上是非，刘基隐居山乡，饮酒下棋，不谈政事，杜绝与地方官吏往来。其间，朱元璋也曾派人征求他对军事大国的意见，刘基详细作答。

刘基在家乡欲安度晚年，不料，却仍遭到心胸狭窄的胡惟庸的诬陷。刘基在朝时，曾在朱元璋面前议论过胡不宜为相，胡惟庸记恨在心。洪武六年（1373），胡惟庸以左丞相身份主持中书省事务，就伺机报复。时值处州、温州交界的谈洋（今文成县朱阳乡）盐枭聚集，治安混乱，刘基令长子刘琏驰奏，请朝廷在谈洋设巡检司查守，朱元璋准奏。胡惟庸却乘机唆使官员上奏，诡称谈洋有王气，刘基想占为己有，作为墓地，因百姓反对，便以设巡检司之法驱逐百姓。朱元璋下旨剥夺了刘基的俸禄，却没加罪，仍保留了诚意伯的爵位。但刘基诚惶诚恐，虽为构陷，刘基还是即刻启程，入朝请罪，留居京城，不敢再回青田。被软禁京城期间，刘基忧愤成疾，洪武八年（1375年）正月下旬，朱元璋派胡惟庸带了御医去探望。御医开了药方，他照单抓药回来煎服后，病情反而加重。三月下旬，刘基病情加重，已经无法自由活动，朱元璋派特使护送刘基返乡。回家后，与家人团聚一月有余，阴历四月十六卒于故里，享年65岁。

明正德九年（1514），即刘基去世后139年，朝廷加赠他为太师，谥文成。

刘基一生著作甚多，有《郁离子》《覆瓿集》《写情集》《春秋明经》《犁眉公集》等传世，为文"气昌而奇，与宋濂并为一代之宗"。

刘基与处州府城也颇有渊源，他的祖先从府城迁到青田。泰定元年（1324年）至泰定四年（1327），刘基在处州府城府学读书，之后赴石门书院学习。至正十六年（1356），他奉命以行省都事身份到处州平定"山寇"

正在改造提升中的刘祠堂背历史街区

（吴成七领导的农民起义军），次年改任行枢密院经历。至正十八年
（1358），刘基受当权者排挤压制，降职，以儒学副提举授处州路总管府
判，且被夺去兵权。刘基对元王朝彻底失望。他弃官归隐，回到南田故
里，潜心写作《郁离子》。刘基在处州府城期间，创作了许多诗文，他还
主持在丽水县城厦河门至大水门之间修建用石块砌坝、用铁汁灌缝的堤
坝，以保护府城和抵御洪水。为纪念明代开国元勋刘基，明嘉靖七年
（1528），处州知府潘润在府城三皇岭建开国元勋祠，祀诚意伯。三皇岭因
此改名为刘祠堂背。现在开国元勋祠虽已不存，但刘祠堂背历史街区却还

110

能看到古街的风采。

七、练鲁

练鲁，生卒年不详，字希鲁，号倥侗子，松阳县人。少博学，经史子集，靡不精究，文章宏达旷远，诗词超逸清丽。他的父亲练进是京官，元至正五年（1345），他进京省亲就试，考中进士。但练鲁专心治学、无意仕途，回家隐居事亲。其母去世，他尽心守孝，在墓旁搭盖小屋居住，守墓6年。明洪武初，明太祖下诏征辟，练鲁学识才气出众，有司荐举他，他再三辞谢，勉强赴征，至武林（今杭州），著《辞病诗》九律，声调悲壮，佯狂而回。回乡后，吟诗作文，并教授学生。当时松阳名士王景、项民彝等皆出于其门下。著有《倥侗子文集》。

第四章

明代处州进士

明朝建立后，在总结历代尤其是前朝统治的经验教训基础上，经过实践反复比较，将科举考试作为选拔人才的主要途径，并对科举制度进行了改革创新，订立了号称"永制"的科举考试程式，将八股文作为一种固定的考试文体。科举制度在明代得到进一步完善，进入鼎盛时期。

明代处州经济和文化教育事业获得了新的发展，处州进士考录也迎来了第二个高峰期，进士人数在历代进士人数中排第二位。

第一节　明代科举制度概述

一、明代科举取士制度的确立

洪武元年（1368），朱元璋建立明朝，是为明太祖。朱元璋出身贫贱，经历了元末社会大动乱的全过程，在长期征战建立明朝的过程中，深谙举贤任才对国家治理的重要性。他说："为天下者，譬如作大厦，非一木所成，必聚材而后成。天下非一人独理，必选贤而后治。故为国得宝，不如荐贤。"（《明太祖宝训》卷5）在刚刚号称吴王时，他就下令各地举荐贤才，并尝试设文武二科取士，但由于战乱原因未能实施。于是，荐举成为当时解决人才匮乏的主要选拔方式。朱元璋多次下令要求各地举荐贤能之士，并经常派员赴各地寻访人才。如"浙东四先生"：刘基、宋濂、章溢、叶琛等，就是通过荐举，聚集到朱元璋麾下，为其建立明朝立下汗马功劳的。

朱元璋重视荐举的同时，一直也在为科举考试制度进行谋划。吴元年（1367）三月，他在下令设文武科取士时，对考核标准提出了明确要求："其应文举者，察其言行，以观其德；考之经术，以观其业；试之书算、骑射，以观其能；策之经史时务，以观其政事。应武举者，先之以谋略，次之以武艺。俱求实效，不尚虚文。"（《明太祖实录》卷22）要求取士讲求实效，不追求虚浮的文辞。但他又认为，开科取士，须有一个准备阶段，应举者要先勤勉学习。洪武二年（1369）要求所有郡县一级都要建立学校，用来培养人才。经过三年的准备，朱元璋于洪武三年（1370）五月正式下诏实行科举制度，诏令自八月开始，"特设科举，以取怀材报德之士，务在经明行修，博古通今，文质得中，名实相称。其中选者，朕将亲策于廷，观其学识，品其高下，而任之以官，果有才学出众者，待以显擢"。并强调："使中外文武，皆由科举而选，非科举，毋得与官。"

（［明］王世贞：《弇山堂别集》卷81《科试考》1）朝廷内外文武官员都要经过科举选拔，未经科举者不得授官，可见朱元璋对科举寄予厚望。洪武三年开始连续实施三年开科，但三年间的取士状况并没有达到朱元璋的期望。他发现，通过这一制度选拔的人才多是后生少年，虽然饱读诗书，但是缺乏实际经验，处理实际事务的能力不足。这让朱元璋大失所望。于是他在洪武六年（1373）下诏停止实行科举，恢复荐举制，并提出荐举的标准是"以德行为本，而文艺次之"。所设荐举名目有聪明正直、贤良方正、孝悌力田、儒士、孝廉、秀才、人才、耆民等，凡被选中者，均送到京师，予以任用。此次重行荐举，延续了十年之久，选拔了大量人才。但荐举主观性强，缺乏可以衡量的客观标准，极易出现任人唯亲、徇私滥荐现象，难以保证人才选拔的质量，导致被荐举者名不符实，荐举弊端逐渐显现。朱元璋经过反复比较科举与荐举的利弊之后，认识到通过科举选拔人才还是优于荐举制的，于是，洪武十五年（1382），朱元璋宣布恢复科举考试，不过荐举并未被取消，而是采用科举、荐举并行的人才选拔制度。洪武十七年（1384），朝廷制定了科举程式，由礼部颁行全国，从此科举制走上了正常发展的轨道。随着科举制度地位的不断提高，荐举制退居次要地位，到明英宗正统年间（1436—1449），荐举制基本退出了历史舞台，科举取士制度占据了主导地位。

二、明代科举考试程式化，成为"永制"

明代科举考试最终取代荐举，确立了科举取士制度，并对科举制度进行改革，制定了科举程式，标志着明代科举体制各项内容更加完备，程序更加固定，文体格式更加定型化，为以后直到清末500多年的科举考试设立了一个基本不变的框架，成为名副其实的"永制"。

（一）明代科举考试等级

明代科举考试有严格的阶梯式等级规定，在预备性的考试童生试合格后，才能进入正式的科举考试，正式的科考又分为三级：乡试、会试和殿试（廷试），每三年考试一次。

1. 童试

童试，又称童生试。考生在未取得功名之前，不论年龄大小，统称为"童生"。此处"童"不是指年龄上的儿童，而是科举资格等级上还是相当于孩童阶段的初级，所以哪怕八九十岁，如果参加童试考不中，那也只能称童生。

童生，要通过童生试，才能进入朝廷正式的科举考试。童生试，是府、州、县学的入学考试，相当于是科举考试的预备考试。童试包括县试、府试、岁试和科试四个阶段。县试由知县主持，取中的考生参加由知府主持的府试，府试取中的考生再参加由朝廷委派的提学官主持的岁试，考取以后就成为府州县学的生员，俗称秀才、相公。岁试成绩分为六等，成绩优异的才能进入科试。

在明代，考中秀才才算是进学了。秀才已经可以享有一些政治、经济上的特权：政治上，如见知县可以不用下跪，官府不能随便对他们动刑，一般人见了秀才要称老爷；经济上，秀才人家可以免除部分地丁钱粮，甚至徭役。秀才也成为功名的起点。

秀才参加正式的科举考试，还要经过科试的选拔。科试是提学官于每逢三年大比之前举行的考试，岁试成绩列为一、二等的生员才有资格参加科试。科试成绩也分为六等，成绩列一、二等的生员有资格参加正式的科举考试的第一级——乡试，这样的生员称为科举生员。所以，科试相当于乡试前举行的乡试资格考试。

2. 乡试

乡试是省一级的考试，也叫"大比"。考试时间在子、午、卯、酉年的八月，因八月是秋天，故乡试又称"秋闱"，闱即考场。乡试分三场进行，三场考试时间分别在八月初九、十二日、十五日三天举行。明代只有个别年份因遇到特殊事件而变更过日期。考试地点在两京府（南京为应天府，北京为顺天府）和各省省会城市。明代还习惯性地称应天府的乡试为南闱，顺天府的乡试为北闱。

乡试的考试内容，洪武十七年（1384）规定：第一场试《四书》义三道，每道200字以上，经义四道，每道300字以上，要求依据程朱理学作

答，以八股文形式写作；第二场试论一道，300字以上，判语五条，诏诰章表内科一道；第三场试经史策五道，均300字以上。每场考试时间都是一天。

乡试采取解额制。乡试录取名额有定额，又称解额。因举人皆由地方解送京师参加会试，故名。不同时期解额有不同规定。洪武三年（1370）规定录取500名，并对各省录取名额进行分配，一般省份包括浙江省的名额是四十名，广西少一些，为二十名，最多的是在京直隶府州一百名。洪武十七年（1384）至洪熙元年（1425），对乡试不限定录取名额，录取人数渐有增加。洪熙元年（1425），仁宗命礼部确定乡试录取名额，规定南京国子监及南直隶八十人，北京国子监及北直隶五十人，江西布政司五十人，浙江、福建各四十五人，其他省份人数略少些。英宗正统元年（1436），下诏增加乡试录取名额，"顺天至八十人，应天满百人，浙江、福建六十人，江西六十五人，河南、广东五十人，湖广五十五人，山东、四川四十五人，陕西、山西四十人，广西三十人，云南二十人，自后科始"（查继佐《罪惟录》志卷18《科举志》）。以后，随着应试者的逐渐增加，乡试的录取名额有所增加。配额制具体规定直、省乡试的录取名额，考试时依额录取。通过解额制，朝廷实现了对直、省乡试举人数量的控制。

乡试中榜称乙榜，乡试又称乙科。乡试取中者称为举人，第一名举人叫解元。举人比起秀才，社会政治经济地位都有了质的飞跃，举人见知县称为会见，而秀才见知县称为拜见。举人犯罪不能直接治罪，必须先向学政报告，革去功名之后，才能按平民进行审理。《儒林外史》中范进中了举人之后，很多人来拜"新中的范老爷"，巴结送礼，"到两三个月，范进家奴仆、丫鬟都有了，钱、米是不消说了"。可见，举人在明代很受尊重。

举人已具备做官的资格，即使会试未能考中进士，也可能通过吏部铨选担任官职。不过，明代举人一般担任的是地位较低的地方官和地方官学的教官。

3. 会试

会试是举人会聚京城，参加中央一级的考试。又称甲科。明代会试始于洪武四年（1371），连续举行了2年后停罢，直到洪武十八年（1385）恢复。此后，每隔3年一科，不再间断。

会试由礼部主持，在乡试的次年举行，即丑、辰、未、戌年的春季二月举行，故又称"礼闱""春闱"或"春榜"。会试的考试时间是二月初九、十二日、十五日3天，考试地点在京城礼部贡院。各省举人包括前一年乡试的中试者和以前历届会试的下第者都有资格参加会试，只有正统元年（1436）和弘治二年（1489）规定举人参加3次会试仍没有及第就不能再参加会试。

会试考试内容，洪武十七年程式规定，与乡试相同。

明代会试起初没有录取定额，录取人数最多的是洪武十八年乙丑科，录取了472名进士，是此后明清两代200余科人数最多的。

会试取士，起初也没有南北地域之分。但洪武三十年（1397）的科场案改变了这种状况。洪武三十年（1397）春会试，名儒湖南籍的刘三吾担任主考官，录取52人，全是南方人。发榜后，落榜的北方籍士人强烈不满，指责录取不公。明太祖以考官有意偏袒南士为由，下令将主考官和有关士人充军或处死。是年六月，明太祖重行会试，录取61人，全部是北方籍人。由于一年之中春夏两季发了两榜，被称为"春夏榜之争"，又由于纠纷起因是录取南士和北士之争，且春榜所取皆南士、夏榜所取皆北士，故又被称为"南北榜之争"。

明朝初年，朱元璋统一全国，定都为南京，全国的政治、经济、文化中心转移到了南方。加上明朝科举采取八股取士，考试内容限制在"四书五经"范围之内，而北方自靖康之乱后，受金朝、元朝统治影响极大，战乱不止，导致理学兴盛的南方在科举考试方面优势巨大。

由于当时南方的文化水平总体高于北方，如果会试实行南北统一的评才高下的自由竞争，会试所取必然多为南人，洪武、建文和永乐三朝共取中进士2792名，其中来自南方的有2228人，占总数的80%。为了实现区域取士平衡，缓和南方与北方儒士间的矛盾，至仁宗时期，推出了科举分卷配额制。洪熙元年（1425），仁宗命内阁大学士杨士奇等定议取士之额，杨士奇建议会试实行南北卷取士，即会试试卷分为南卷和北卷，按举人的

籍贯分别采用南卷和北卷考试，并分配录取名额百分比：南人占60%，北人占40%。仁宗赞同，但因其在位仅一年去世，未及实施。继立为帝的明宣宗在宣德年间着手实施南北分卷制度，并进一步将试卷分为南卷、中卷、北卷，分地而取，以百人为率，南取55名，北取35名，中取10名。当具体会试科次录取总数确定后，录取总数与卷区比例的乘积，便是该卷区在科次中应录取的人数。浙江属南卷区域。南、中、北的划分基本上是根据当时全国各地实际的文化程度而进行的，考虑到了区域间的文化差异，比较合理。明英宗正统年间承继了这一分卷配额制度。配额事实上决定或影响了地区的科名数量。

分卷配额制度实现了会试录取在地区分布上的相对均衡，从文化上看，对边疆和文化相对落后地区实行政策倾斜和照顾，调动了这些地区士人的学习积极性，也激发了北部和中部儒士科考的积极性，有利于促进当地文化教育水平的提升，从而维护中华民族的统一。从政治上看，它平衡了南北方的政治势力，一定程度上缓和了矛盾，有利于平衡统治集团内部势力、稳固明朝统治者的统治。不过，该制度在保护科举竞争力弱的地区的同时，一定程度上又损害了竞争力强的南卷区儒士的利益。

此后，分卷配额制基本上被沿用。其间也曾经出现过暂停和比例调整的波动：一是景泰年间的暂停，景泰元年（1450），代宗"诏遵永乐间例"，次年的会试取消了南北分卷制。但此举也招致了一些大臣的反对，认为北人文词逊于南人，取消分卷定额，会使北人录取人数大为减少，不利于文官队伍的结构。于是景泰五年（1454）会试，朝廷恢复了南、北、中分卷定额取中办法，三卷录取比例与宣德、正统年间相同。二是出现2次因主管官员徇私而调整录取比例的事件。成化二十二年（1486），四川左布政使潘稹等提出，配额制度中的南、北、中卷比例"未免不均"。明宪宗将此事交给礼部讨论。周洪谟时任礼部尚书，万安时任内阁首辅，均为四川人，而左布政使潘稹家乡所在的庐州府与四川同属中卷区。他们共同推动了中卷加额，并得到宪宗允准，配额调整为：仍以百名为率，南数取53名，北数取33名，中数取14名。也就是中卷比例提高了4个百分点，南、北卷的比例则各降低了2个百分点，这无疑损害了南卷区和北卷区的利益，被指责是利用手中权力为家乡捞取好处。调整后的政策仅在成化二十三年（1487）会试中实行了一次。弘治二年（1489年）三月，南京礼部尚书黎淳奏言，成化二十二年（1486）对卷区比例的调整是对祖宗成法的"妄加损益"，应该恢复宣德朝所定比例。此时，政治环境已发生变化，新君孝宗即位，万安和周洪谟均已致仕，首辅和礼部尚书皆已易人。黎淳所奏被允准，卷区比例恢复宣德旧例。正德二年（1507），兵科都给事中赵铎奏请为河南、山东、山西、陕西四省增加乡试解额。武宗命礼部会同翰林院议处，最后决定为北方四省增加额度不等的解额。同时，赵铎与身为陕西人的宦官刘瑾和身为河南人的内阁首辅大臣焦芳勾结，共同推动了偏向北人的全面调整，以会试分南、北、中卷额数不均为由，增加四川额10名并入南卷，其余并入北卷，南、北均取150名。汪维真在《明代科举配额制度变动中的地域利益之争》中认为，把四川调整到南卷，参与南卷区的竞争，"对四川来说，这一调整意味着将与江西、浙江、福建等科举大省在同一卷区竞争，自然不如在中卷区作为龙头老大那样能够得到更多好处。对于南卷来说也不是好消息，因为调整后的卷区配额将由原先的55％下降为50％，而参与竞争的省份却因四川的加入而增多。但对北卷来说是一大利好，虽然广西、云南、贵州以及南直之三府三州的加入，北卷的省区增多了，但是所加入的省区科举竞争力较弱，不足以对北卷原有省区士子的利益构成太大威胁，而且还带来了15％的配额比例。显然，此次调整结果有利于北方士子"。此次调整因刘瑾在正德五年（1510）八月倒台，调整政策随之罢废。南、北、中三卷按比例取士制度恢复，并一直沿用到明末。清代在承袭这一制度的基础上，进行完善，建立了分省定额取中制度。

明代，会试中式者称为贡士，有资格参加殿试。殿试后称为进士。会试第一名称为会元。由于明代的殿试在洪武朝以后没有黜落，因而贡士就相当于已是未来的进士。会试结果基本决定了士子的命运，于是会试就成了决定进入官僚体系的关键性考试。

会试落第者一般有3种出路：担任官学教授、入国子监读书、返回原籍进学。

4. 殿试

明代，会试中式者还要参加殿试。殿试是由皇帝亲自主持的考试，"天子亲策于廷"，所以又称"廷试"。参加殿试者是当届会试的中式者。

殿试一般在会试结束不久举行。宪宗成化八年（1472）以前，殿试在三月初一。成化八年，宪宗接受悼恭太子建议，改在三月十五进行，并成为定制，一直延续到明末，只有个别年份因特殊情况而改期。

殿试内容自洪武三年（1370）开始，仅考时务策一道，考试文章形式不用八股文，要求"惟务直述"，一千字以上，体现了皇帝希望考察士人处理政务的能力。考试时间为一整天，殿试的读卷官和其他考务官员都由中央政府级别较高的官员担任。

明代殿试录取者通称为进士。殿试没有黜落，只有名次等第的不同。名次等第分为一二三甲。一甲只有三名，依次分别为状元、榜眼、探花，赐进士及第，称为三鼎甲；二甲若干名，赐进士出身，第一名称为传胪；三甲若干名，赐同进士出身。一二三甲都称进士。因是"天子亲策"，所以称为"天子门生"。殿试取为进士者也称甲科、甲榜，考取举人的榜为乙榜。凡是通过乙榜考中举人，再通过甲榜考中进士者，称为两榜出身，是一件非常荣耀的事。如果一人兼有解元（乡试第一名）、会元（会试第一名）、状元（殿试第一名），那更是荣耀非凡之事，称为"三元及第"，但这也是非常稀罕的事。明代共开科91次，录取进士24363名，平均每科267名。

明代，获得进士功名不仅荣耀，可以在社会上获得很高的社会地位，成为名士，更是为其走向仕途奠定了基础。明代进士是高级官僚体系的主体。洪武十八年（1385）后，殿试一甲三人立即授官，状元授翰林院修撰（六品官），榜眼、探花授翰林院编修（七品官），其后的仕途前程辉煌，不少人能官至宰辅。二三甲进士不能立即授官，可参加翰林院的庶吉士考试，称为"馆选"，中选者入翰林院学习，学习期限一般为三年，时间长的也有八九年的。学习期满，优秀者留翰林院任编修、检讨，其余的出任给事、御史，称为"散馆"。庶吉士升迁比其他进士快，能在较短时间进入中央政权担任重要职务，如礼部尚书、侍郎等职。天顺二年（1458），英宗规定"非进士不入翰林，非翰林不入内阁"，南北两京的礼部尚书和侍郎、吏部右侍郎也须翰林出身，以致"庶吉士始进之时，已群目为储相"（《明史》卷70，《选举志》2）。明朝170多名宰相中，由翰林出身的占十分之九，所以翰林是朝廷储才之地，进入翰林就有可能平步青云。二三甲进士，如果没能考进翰林院，一般授予给事中、御史、主事、中书、国子博士以及府、州、县的一些官职。直到崇祯皇帝明思宗朱由检继位后，励精图治，起用既有才学又有办事经验和能力者为官，打破了内阁专用翰林的旧例，任用非翰林出身的官吏入内阁，并从府、州、县官中挑选才学兼优之士进入翰林院。然而终因大明王朝内忧外患，衰微的明王朝已无法挽救，终至覆亡。崇祯帝在北京景山歪脖树上自缢身亡，宣告一个朝代的终结。

明代还实行"观政进士"制度。宋元时期，士子中进士后会直接授予官职。明代，中进士后并不立即实授官职，而是将其分派到六部、都察院、大理寺、通政司等"九卿衙门"观政，熟悉情况，历练行政能力，之后方实授官职，即"观政进士"制度。观政进士制度始于洪武十八年（1385），殿试后，朱元璋颁令"其诸进士，上以其未更事，欲优待之，俾之观政于诸司，给以所出身禄米，俟其谙练政体，然后擢任之。其在翰林院、承敕监等近侍衙门者，采《书经》'庶常吉士'之义，俱称为庶吉士；其在六部及诸司观政者，仍称进士"。观政的具体内容主要是：学习律令条例，熟悉政务；学习处理官员的日常行政事务；充任临时的乡试同考官，熟悉科举事务等。进士观政给予所出身俸禄，观政时间长短不一。观政进士虽不算是正式官员，但已取得了做官的资格，具有议论朝政的权利。该项制度推出后，中间偶有中断，但基本沿用到明末。明代观政是一甲三名、庶吉士以外的新科进士都须经历的，相当于任官前的职前实习阶段。它解决了新科进士们由平时只读儒家经典的书生到骤然转变为行政官员所产生的矛盾，缩短了从书斋、科场到衙门的差距，促使其加快完成角色转变，提高任职后的实际行政能力。

明代用人对进士出身的高度重视，使明代"科举视前代为盛"，也加剧了世人对进士科名的追逐。

（二）考试文章体例——八股文

明代，八股文是科举考试的一种专门文体。八股文也称制义、制艺、时文、八比文。而所谓的股，有对偶的意思。八股文有一套相对固定的写作格式，其题目取自《四书》《五经》，又分别称《四书》文、《五经》文。八股文在明代中期形成，自此以后，一直为明清两代科举考试所沿用。

八股文起源于宋代的经义。北宋王安石改革科举时废诗赋，改试经义，将命题范围限制在儒家经典的狭窄范围内，并亲自撰写《里仁为美》等经义文章作为应试的标准范文。王安石在范文中大量运用对偶句式，其命题方式与句式构造和八股文相类似。不过，此时考试的文体没有严格的格律要求，也没要求对仗排偶。元代也以经义取士，出题范围限制在《四书》《五经》和程朱集注的范围内，且文章字数限制在300至500字以内，被认为是八股文雏形。

八股文的真正形成是在明代。《明史·选举制》中有"专取四子书及《易》《书》《诗》《春秋》《礼记》五经命题试士。盖太祖与刘基所定。其文略仿宋经义，然代古人语气为之，体用排偶，谓之八股，通谓之制义"的记载。由此可知，八股文被规定为科考文体是在明太祖时期。但在明朝前期，虽然有所规定，八股文格式并未完全固定。直到明成化年间，经多名大臣提倡，逐渐形成定型化的八股文固定格式，讲究格律、步骤，有比较严格的程式。

八股文在内容上有固定格式，属于"命题作文"，出题有大小题之分。小题以《四书》中的一个字到一句话来命题，往往不用现成的句子或章节，而是用截上题、截下题、截上下题、承上题、冒下题等等方式，还有截搭题，即把两个句子，截掉一句或几个词，然后搭在一起成为题目。这些出题方法是为了让考生无法抄袭现成的文章，一般用于童试。大题从《四书》《五经》中出题，用其中一句或数句、一节或数节、一章或连章（两章或三四章合题）命题，题义较为完整明白。答题议论的内容必须以程朱理学家的注释为准，不能自由发挥。大题用于乡试、会试。

八股文在结构上也有固定的程式，分为破题、承题、起讲、入手、起股、中股、后股、束股等八个部分。每个部分则按规定完成特有的任务。

一是破题，这是文章的开头，要理解题目，规定用两句来点明题义。破题的两句话要能够概括题义、解释题义，又不能直说题义。如果直接写出来就是"骂题"；如果解释不周全，就是"漏题"；如果将题目中的字眼写出来了，就是"侵上"或者"犯下"。由于科考人数多，阅卷工作量大，破题的水平往往决定了考官有无兴趣读下去。二是承题，要承接破题意旨，加以补充说明，使意旨更加明了圆满。承题只用三句左右的文字。三是起讲，又称小讲、原起，要求模仿古人语气，代圣人立言。即答题者模仿孔子、孟子等圣贤的语气，用圣贤的口吻说话。起讲一般用"若曰"开头，也可用"意谓""以为""且夫""尝思"等词开头，后面跟一段话，句数没有限定，要求简明扼要地总括全题。四是入手，又称入题，用三四句引入本题。入手之后八股四比，这是文章正式议论，为全文的主要部分，包括起股、中股、后股和束股，这四股每部分又有两股排比对偶的文字，每两股的文字简繁、声调缓急都要对仗工整，合为八股，这也是八股文名称的由来。其中，起股，也称起比，要提起全篇的气势；中股，又称中比，要充分展开议论，阐明主旨；后股，又称后比，再做进一步阐发，中股和后股是全文最重要的部分，也是评价文章优劣的主要依据。清代曾把中股和后股合称为大股。束股，又称束比，呼应前文揭示主旨。八股文注重文章布局，要求前后呼应，思想连贯，结构严密。

八股文自诞生以来，受到的评价差异很大。赞赏者大有人在，批评者也不乏其人。清代对八股文的功过存废就发生过争议，清康熙二年（1663）曾下诏废除八股文，但康熙七年（1668）后又仍然采用了八股取士制度。1901年废八股后，数度批判八股，对八股贬抑者居多。20世纪80年代，少数研究者写作八股文研究文章，对八股文予以肯定，对八股文的特点、地位及其作用进行肯定，其影响范围逐渐扩大。

八股文严格规定考试文章写作的程式，题目、内容、格式都有严格限制，不能随便发挥。只有长期学习、训练、模拟，掌握其写作技巧，才能写出合乎要求的文章，不合八股程式则被淘汰。由于是官方规定的科举考试文体，士人只能被迫接受。为了获取科名，许多士人把时间和心思全部投入到学习和钻研八股文上，而置其他一切于不顾。八股文考试从《四

书》《五经》中命题，划定考试内容及考试范围，且要代圣人立言，一定程度上禁锢了人们的思想。在固定的思维和固定模式的束缚下，有的考生为了凑字数，达到对偶的效果，文字表面上十分整齐，实际内容却很空洞，废话连篇，思想僵化。并且，由于出题范围的限制，时间长了，重题的概率会增加。为了防止重题出现，命题者挖空心思，割裂文句，或者把一句话掐头去尾，只用中间的几个字拿来出题考试，偏题、怪题时常出现，令考生无所适从。明代中期著名思想家丘濬在《大学衍义补》（卷9）中说，"近年以来典文者，设以欲窘举子，以所不知用显己能，初场出经书题，往往深求隐僻，强截句读，破碎经文，于所不当连而连，不当断而断，以此科场题目，数倍于前，学者竭精神，穷目力，有所不能给"，而提学宪臣之"小试""其所至出题，尤为琐碎"。这使得八股文自诞生以来，就不断遭受诟病，甚至不少人将大明江山的覆灭归罪于八股取士制度的实施。此外，八股文考试有利于文科人才的选拔，不利于自然科学人才的脱颖而出，导致了教育的不平衡发展。清初顾炎武在《日知录·拟题》中说："八股之害，等于焚书，败坏人才有甚于咸阳之郊所坑者。"顾炎武从八股文造成的社会后果的严重性对八股取士制度进行了严厉的批判。

然而，另一方面也要看到，八股文发明以后沿用了500多年，有它在历史上存在的合理性。八股文的主要文义在于诠释经书的义理，并要求据题立论，所以作者自由阐发的空间很小。但是，明代为了全面考察士子对经义的掌握程度，以及对文辞的提炼能力，结合经义与文学，设计出八股文作为科举考试专用的文体，使科举考试有了一种标准化的考试文体，考官可以对照标准化格式较快地评判试卷的优劣，提高了阅卷效率，也在一定程度上防范了主观性因素而导致的评判不公正问题，其规范化、格式化促进了科举考试的公平性和可操作性，有利于客观公正地选拔所需要的人才。同时，八股文从义理和文章两方面进行评判，这就要求考生既要熟读经义，又要有深厚的写作功底，还要巧妙地利用既有规则，在标准化的格式中有一定新意，这样才可能脱颖而出，因此八股文还是有利于士人们在追求科名的过程中提高文学素养的。吴敬梓在《儒林外史》中曾经写道"八股文若做的好，随你做什么东西，要诗就诗，要赋就赋，都是一鞭一条痕，一捆一掌血"。这在某种程度上也反映了八股文对其他文体写作的基础性作用。八股文能熟练写作了，再去写其他文体就容易了。进士出身的蔡元培先生谈及自己在教育界的经历时曾说，八股文的作法"由简而繁，确是一种学文的方法"。八股文也为后世提供了言简意赅写作的借鉴。在明清两代，都严格限制了八股文的字数，这就迫使人们不得不在有限的字数里，表达尽量多的内容，既字斟句酌又文约而事丰。

三、明代的武科

关于明代武举开科时间，学界存在争议，提出了吴元年（1367）说、洪武二十年（1387）说、天顺八年（1464）说、成化十四年（1478）说、弘治六年（1493）说、弘治十四年（1501）说、正德三年（1508）说等不同的观点。多数学者观点集中在天顺八年说、弘治六年、弘治十四年等意见。经查阅相关文献，笔者赞同明代武举始于天顺八年。

朱元璋在建立明朝的前一年即吴元年（1367）三月曾宣布3年后分设文、武科取士，但3年后，也即洪武三年（1370），文科举如期开设，武科举并未与之同时开科。而且，洪武年间，明太祖多次强调武官的功名利禄、世袭特权来自军功。武官选拔遵循的是功绩制、世袭制原则，一直都未实行武科举。为了广罗将才，宣宗宣德五年（1430），明廷首次"令天下都司卫所于所属官及行伍内，每岁选智勇廉能者一人，送京试用"，并把这一新的选拔武职方式称为"举用将才"。明英宗在位期间，在举荐之外，又加上了考试环节。

天顺八年（1464）十月，明宪宗即位后"立武举法"，"天顺八年，令天下文武衙门，各询访所属官员、军民人等，有通晓兵法、谋勇出众者，从公保举，从巡抚、巡按会同三司官考试，直隶从巡按御史考试。中者礼送兵部，会同总兵官于帅府内试策略，教场内试弓马。答策二问、骑中四矢、步中二矢以上者为中式，官量加署职二级，旗舍、余丁授所镇抚，民授各卫试经历，俱月支米三石。若答策二问、骑中二矢、步中一矢以上者次之，官量加署职一级，旗舍、余丁授冠带总旗，民授各卫试知事，俱月

支米二石。并送京营,量用把总管队听调,有功照例升赏"([万历]《明会典》卷135《武举》)。这是明朝建立后首次制定的武举条例,包含省级、部级两级考试,相当于乡试、会试两级考试,兵部部级考试内容为策略和弓马,并规定了中式标准,部级考试中式者分一、二等,不同等次分别给予不同的职级和待遇。这可视为明代武举的起始。宪宗成化十四年(1478)五月,兵部尚书余子俊等人上疏,奏请武举设科,亦设乡试、会试、殿试,"悉如进士恩例",欲把武举置于和文举完全并列的地位。此奏议虽未获批准,但仿照文举设武举的思路成为明清武举制度发展的基本方向。

明代武举制度的正式设立是在明孝宗弘治年间。弘治六年(1493)定武举每六年九月一次考试,使武举考试时间固定化,有了"科次"的依据,并规定"又令先策略、后弓马,如策不佳,即不许骑射;或答策虽佳,不能骑射者,亦黜"([万历]《明会典》卷135《武举》),标志武举初步形成了自身的考试规范,要求兵法与武艺并重。弘治十七年(1504),武举考试内容与弘治六年相仿,是答策和射箭,但考试周期改为三年一次,频次已与文举一样,并且中试者的礼遇规格提高了,即仿文举之例,引见、赐宴并令兵部尚书主宴席。不过武举的制度还是不如文举完备,也没有乡试的具体规范。

正德年间,武举有了乡试制度,武举制度也有了发展。武宗正德三年(1508),制定《武举条格》,规定每遇文举乡试之年举行武举乡试。会试一般在乡试的次年夏四月开科,武艺与兵法综合考察。会试分三场:初场试骑射,每人射9箭,射中3箭以上为合格;二场试步射,9箭中1箭以上为合格;三场试策2道、论1道。正德十三年(1518),进一步明确武举乡试时间是每遇子、午、卯、酉年十月,每遇辰、戌、丑、未年四月举行武举会试,规定第三场仅"试策一道",会试每科取中选武官、舍人共60名。

明世宗嘉靖初年,武乡试十月进行,武会试次年四月举行,乡试、会试场期都是3天,均定于该月的初九、十二、十五日。嘉靖二十二年(1543),仿照文举会试南北卷的做法,将武举分为"边方"(边疆)和

"腹里"（内地）定额录取，并规定每录取10个名额，则边方占6名、腹里占4名，这个规定一直沿用到明末。

崇祯时期，关内爆发农民起义，关外清军节节进逼，明朝已处于内忧外患的境地。为挽救明朝，崇祯皇帝对武举十分重视。崇祯四年（1631），武科会试出现取士不公的事件，舆论哗然，思宗另派朝臣重试，录取了120人，并准大臣所奏，殿试传胪，分赐进士及第和进士出身。自此，武举有了殿试，并成为一级考试。故，武举乡试、会试、殿试三级考试制度始于崇祯四年。崇祯十四年（1641），在清军和农民起义军的进攻下，明王朝已处于风雨飘摇之中，明思宗诏谕各部臣开"奇谋异勇科"，以网罗军事人才，但无人应试。至此，明武举已名存实亡。

总体而言，明代武举的地位和影响都低于文举。

第二节　明代的处州进士

一、概况

明朝，社会经济的发展让更多的人想要读书，教育机构的普及发展也让更多人可以有读书的机会，科举制度的完善提高了中举机会，处州明代进士数量比元代有了明显的增加。

明朝建立初期，由于之前长时间受到战争的危害，生产力遭到破坏，国家处于百废待兴的局面，明初统治者采取了一些休养生息的政策，促进了社会生产的恢复和发展。据《明太祖实录》记载，朱元璋曾说："居上之道，正当用宽"，否则"弦急则断，民急则乱"。又认识到"农为国本，百需皆其所出"。因此，重视农业发展，鼓励垦荒、屯田、兴修水利，重新丈量土地、减轻赋税、取消民族等级歧视等政策的实施，促进了经济发展。《明史·食货志》记载："是时宇内富庶，赋入盈羡，米粟自输京师数百万石外，府县仓廪蓄积甚丰，至红腐不可食。"虽然夸张，但也反映了当时粮食储备比较充足。推行屯田制，军粮供应由屯田户负担，以及减轻赋税等在一定程度上减轻了民众的负担。处州官员还为处州百姓争取了赋税减轻的政策。一般的赋税额是官田五升三合，民田三升三合，但各地征收实额差异较大，如浙西每亩要征至二三石。洪武初年，章溢主政处州初，处州税额是宋时的十倍，章溢奏请朝廷减轻处州税赋获准，处州七县按宋税每亩五升，加征五合，这样减轻了许多。刘基又向朱元璋奏报青田县特别贫穷，青田得以减赋，每亩只征五升，不另加征五合。明朝大力提倡种植经济作物，也促进了丝织业和棉织业的发展。

在政治上实行专制主义中央集权的统治。明太祖即位后，就采取措施加强中央集权。在明代以前，历朝大体上沿用秦始皇所创立的君主之下设宰相辅政的政治体制框架，只是相权的形式和职权的大小略有不同。洪武年间，朱元璋废除丞相一职，分相权于吏、户、礼、兵、刑、工六部，六部直接向皇帝负责。其中以兵部和五军都督府分掌兵事，刑部、大理寺、都察院分典刑狱，使其互相牵制，一切兵刑大权总揽于皇帝。在地方机构中，废除了元代的行中书省，在全国设十三布政使司（俗称省）。各省权力由"三司"的"三使"分掌：布政使掌民政，按察使掌刑，都指挥使掌兵。为了加强监察机构职能，在都察院下设监察御史。监察御史为巡按御史，代皇帝巡视地方，弹劾官员，监察民情。还设立通政司处理臣民的奏章。明成祖朱棣在巩固专制主义中央集权方面进行了重大改革，对中央行政机构进行调整，正式设立内阁。内阁成员由皇帝亲自选拔，只做皇帝的顾问，在皇帝指挥下协理政事。内阁臣僚多至五到七人。明成祖又重用司礼监宦官，授予大权，以牵制内阁权力。这样，内阁与宦官权势相抗衡，重大政务由皇帝决定，进一步巩固了皇权。为加强对全国臣民的监视，明太祖还设立了保卫皇帝并从事侦缉活动的特务机构锦衣卫，明成祖又设立东厂，明宪宗再设西厂（后来取消），合称"厂卫"。它是极端专制主义中央集权统治的产物。

但到了仁宣二帝之后，明朝文官治国的思想开始逐渐浓厚，具体的行政权向内阁和六部转移。文官集团，逐渐成为左右朝廷政策的强大力量，皇权受到一定程度的制约。以都察院御史和六科给事中组成的言官队伍，虽然官位品级不高，但政治地位却很高，他们上则规谏皇帝，左右言路，下则弹劾、纠察百司、百官，巡视、按察地方吏治等。从中央到地方各级衙门，从皇帝到百官，从国家大事到社会生活，都在言官的监察范围之内，既威慑百官安分守道、各司其职，也要求皇帝本人的所作所为应该符合天道本身。除了言官之外，翰林院、六部、内阁等官员也多次成为诤谏刺劾的主力军，皇权有所削弱。

明中后期，明朝统治开始走向衰败，而皇帝又大多昏聩平庸，不理政事，出现了诸如刘瑾、严嵩、魏忠贤这样的宦官专权、内阁擅政、党派纷争的局面。土地兼并愈演愈烈，皇帝大量设置庄田，王公、勋戚、宦官与地主豪绅勾结，大肆掠夺农民产业，许多农民相继失去土地，被逼背井离乡。一般官僚地主豪绅占地也很严重，其中南方的江浙、福建、江西等地

最为突出。在江浙，地主豪绅土地"阡陌连亘"，或"一家而兼十家之产"，农民租富人田地，每亩所得不过数斗，却要交一石二三斗的地租。赋税和徭役也加重了，正统元年（1436），明政府把江南诸省的田赋大部分折征银两，叫"金花银"，并提高折价，加强盘剥。役作也是放富差贫。正德以后，明政府又把各项力差，相继改为银差，银差之外，又征力差。明末，除正租外，还有脚米、斛面、鸡牛酒肉等附加税额，还有从地主那里转嫁来的差役、赋税和高利贷的剥削。在土地日益集中、赋税徭役日益加重的过程中，农民衣不蔽体、食不果腹，苦不堪言，甚至被迫卖儿鬻女，许多农民沦为地主的佃农、雇工、奴婢，或成为流民。处州也无法幸免。当时，处州农民租税高达收成的三分之二，小农纷纷破产，加上水利失修，自然灾害频繁，水、旱、虫灾、瘟疫连年不断，农民难以维持生计，人口大量减少，社会一派萧条衰败。

在文化教育和科举制度上，明代大力提倡科举，将科举与学校教育相联系。规定科举必由学校，学校则储才以应科目。明朝的学校制度和科举制度比唐宋更完备。

明朝的科举制度进入鼎盛时期。明太祖认为，治国要以教化为先，而教化要以学校为本。所以，明朝建国初期，重视教育，大力兴办学校，培养人才。明代的官学分为中央官学和地方官学。中央官学是国子监。明朝的国子监有许多新的发展。明代将唐宋时的国子学、太学、四门学等机构的教育职能都统归到国子监。与唐宋时期一样，国子监既是教育管理机构，又是培养官员的最高学府。朱元璋统一全国前，已在应天（今南京）设国子监，永乐元年（1403）又设北京国子监，永乐十八年（1420）迁都北京后，北京国子监改为京师北京国子监。于是明代的国子监有了南北两监之分，又称南雍和北雍。在国子监肄业的学生，通称监生。因入学资格不同，监生也有不同类别：会试下第举人入监学习的称为"举监"，地方府州县学学生被选拔进入的称为"贡监"，三品以上子弟或勋戚入监学习的称为"荫监"，庶民通过捐赠入监的称为"例监"。国子监生的生活待遇优厚。国子监生学习到一定年限经考试获得规定积分后，还要分派到六部实习，学习政务管理知识，称监生历事。历练政事期满合格，就可以报请吏部候选，根据需要可以被选拔为正式官员。除了积分毕业入仕外，国子监生更重要的入仕途径是通过科举考试入仕。明朝的地方官学获得空前发展。地方的官学是府州县学。明代在全国普遍设立官学，并对官学的在校生数做了规定，府学40名，州学30名，县学20名。不久后，在校生的数量增加，宣德三年（1428），规定县学增加为30名。官学学生照例免除差役和徭役。此后，各府、州、县、卫所都建有学校。府州县学的学生通称"生员"，亦称秀才。明代开始府、县学生员分3种类型：廪膳生、增广生和附学生。廪膳生享受国家给予的廪膳（生活津贴）；增广生是府州县学在录取廪膳生之外增加名额录取的生员；附学生是刚刚通过童试进入府州县学的秀才。后两者都不能享受国家津贴。为督促学生学习，官学教师和上级主管部门要对学生进行"考课"，考课成绩与学生的奖惩挂钩。对生员的处罚有"青衣""发社"和降等级几种，秀才的法定服装颜色为蓝色，被处罚而改穿青色服装的称为"青衣"，被遣送到本是童生读书的社学去的称为"发社"。成绩不好，廪膳生会停发津贴，成绩优秀且名额允许，增广生、附学生也可以晋级为廪膳生。学习成绩及品行优秀，还可以被选拔到国子监学习。地方官学学生的主要出路是参加科举考试和进入国子监学习，然后入仕做官。不过进入国子监的人数很少，大部分还是要参加科举考试。官学的学习内容除了经史书籍，还要学习八股文的写作，目的就是通过科举考试获得功名。明代浙江的府学大多以元代的路学为基础加以修缮、扩建，也有因原路学毁于兵火而重建的。处州府学在明代也进行过修缮重建。如景泰四年（1453）知府张佑重建明伦堂，天顺五年（1461）知府马伟重建大成殿，万历四十二年（1614）知府邓士昌重建明伦堂。明代处州新建三县：云和县、景宁县和宣平县。与此相应，在丽水、龙泉、松阳、遂昌、青田、缙云、庆元等7个县已有县学的基础上，又新增了3所县学：云和县学、景宁县学和宣平县学。明景泰三年（1452）景宁始建县学，正德年间（1506—1521）改称儒学。宣平县学也始建于景泰三年（1452），由宣平知县李叶在县治东百步创建，以后多任知县又进行过更新修缮。景泰六年（1455），云和在县治西黄溪北岸始建儒学学宫，景泰七年（1456）秋建成云和县学，设教谕1人、训导2人（后减为1人）。其他

县的县学若有毁损的在明代也进行了修葺。丽水县学在成化十九年（1483）进行修治，改明德堂为明伦堂。成化年间（1465—1487），学官有教谕1名、训导2名、司吏1名。龙泉县学在明洪武七年（1374）建大成殿，成化四年（1468）创御书阁，并建明伦堂。弘治七年（1494）塑孔子像。正德八年（1513）至崇祯十六年（1643）进行了几次重建、扩建或修建。后又被兵火所毁。庆元县学曾于明洪武三年（1370）停办，洪武十四年（1381）恢复并迁就日门外，天顺二年（1458）迁回渎田，隆庆三年（1569）又迁就日门旧址，崇祯三年（1630）改迁城隍庙左侧。

由于国子监和府州县学的学生名额很少，所以社学作为基层教育机构，就成为学校教育的重要补充。明代的社学设立更普遍，数量更多，教学上也更趋成熟，主要招收8至15岁之间的儿童。洪武八年（1375）朱元璋下诏，府州县每50家设立1所社学，但没有得到严格执行。明初社学主要由各级官吏兴办，后来，民间自办的社学逐渐增加。社师一般挑选地方上学行兼优的长者担任，教儿童读书、作文、礼仪，并培养学生的学习习惯和生活习惯。明万历年间（1573—1620），丽水知县钟武瑞在丽水县城六门及府学谯楼旁建社学7所，选教读7人，各授学田20亩作为薪饷。龙泉社学多为明代所建，主要社学有：明嘉靖三年（1524），知县朱世忠捐俸并拨公款买田10石在龙泉县城东登仕坊建籍桂社学，又捐俸买田10石赡师，在龙泉城内西街显德坊撤崇善佛堂改为显德社学；明万历二十五年（1597）处州府通判蔡存仁在龙泉城内灯山建槎北社学，县绅周文明置田100石赡师；明万历二十五年（1597），处州府通判蔡存仁在龙泉县南隅建桥南社学，拨兴善寺田和邑人王子坚捐田创建；明万历二十五年（1597），知县夏舜臣捐俸，邑人陈尚诚捐田租建桥心社学，地址在蒋秦圩。遂昌在明正德六年（1511），知县张钺创东、西社学；嘉靖二十九年（1550），知县洪先志置南、北社学，但到明末，4所社学都被废。庆元县在明万历元年（1573），县人吴钟等在县东上仓（今松源镇南门）捐建桂香社学，县人吴尚敏在下管（今大济村）捐建济川社学；嘉靖年间（1522—1566），县人叶楷在庆元县东隅（今松源镇东门）捐建儒效社学。云和的社学始于明朝，有3所，教读3人。景宁县明成化年间（1465—1487），在张村（今张春）、渤海、仙姑、卢山（今鸬鹚）、漈峰（今大漈）等地设有社学。

明代学塾在民间广泛设立，成为启蒙教育的主要机构之一。学塾教材和修学年限没有严格限制，视学童需要而定，教学内容由易而难，对于想在未来求取功名的学生，教授识字、写字，课文先授《三字经》《百家姓》《千字文》《幼学琼林》等，再授《四书》《五经》等儒学经典；如只想认得粗浅文字，就教读生产生活上常用的文字。处州明代学塾较著名的，如龙泉县，明代隆庆元年（1567）义民郑佳捐助田100石在县西隅建郑氏义学，万历元年（1573）翁景暖捐助田60石在县东隅建翁氏义学。松阳县，在明崇祯八年（1635）官创义学，有教读1人；杨克尧捐资在西溪创办杨氏义学。遂昌县，在明正统年间（1436—1449）朱子尧创办磐溪义塾；万历三十七年（1609），项应祥在城北文明巷创办项氏义塾；明代叶以萃在独山创办育英楼，教授族姓子弟；明末，吴文炳在石练创办雅南义塾。云和县，明代有义塾4所，分别在浮云、东塍、石塘、泉溪。青田县，明代林伯光在二都山口（今山口镇）创建谷口义塾，山口人林人杰曾作《谷口义塾赋》。宣平县明初潘轼建潘氏义塾，嘉靖年间郑氏在县西曹门祠堂前建午溪义塾。

由于明代前期教育的重点在兴办官学和提倡科举方面，书院的建设没有得到重视，讲学之风衰落。从洪武到成化近百年时间，书院一直处于沉寂状态，原有的书院破败了也无人过问，一方面，士人为了功名，趋向官学；另一方面，统治者通过科举和官学满足了对人才的需要，无意再办书院。到了明宪宗成化之后，由于出现了宦官专权，政治腐败，社会矛盾激化，官学教育和科举考试弊端显现，加上理学大师王阳明、湛若水的倡导，书院开始兴盛起来。各地纷纷修复原来的书院，又创建新的书院。至嘉靖年间（1522—1566）书院发展达到极盛，书院数量大大超过了以前各代。明代书院有讲会式和考课式两种类型。讲会式书院更注重研习真实学问，鼓励自由讲学，开展辩论。考课式重视组织学生应试，教学和考试内容向官学靠拢。明朝中后期，政治日益腐败，思想控制不断强化，为了加强君主专制统治，嘉靖十六年（1537）、嘉靖十七年（1538）、万历七年（1579）、天启五年（1625）朝廷先后4次下令关闭或拆毁书院。不过书院

还是表现出了旺盛的生命力，每次禁毁之后不久都有所恢复。处州知府高超在明嘉靖三十四年（1555）建紫阳书院，是丽水县城东府城隍庙改建的，是丽水县境内最早的书院。万历二十二年（1594）知府任可容在丽水县城圭山文昌阁西建圭山书院。龙泉、青田、缙云、遂昌、庆元、景宁县先后建20多所书院。龙泉县，明正德十五年（1520）知县叶竦在安仁倡建仁山书院，嘉靖三年（1524）知县朱世忠捐俸作为延聘教师的资费，并会同他人共同出资建立校舍，郡太守张元电题写"仁山书院"匾额，可惜明末清初战乱，书院被废。遂昌县，明代创建了多所书院：弘治十三年（1500），项泗在遂昌县城北创办双溪书院；嘉靖四十四年（1565），知县池浴德在湖山创办凤池书院。隆庆年间（1567—1572），吴孔性在石练创办练溪书院；万历初（1573—1577），长濂郑姓创办鞍山书院；万历七年（1579），知县钟宇淳在城南瑞山麓倡建书院，万历二十三年（1595），汤显祖任遂昌知县时，捐俸对该书院进行修葺，建成学舍和射圃，并定名相圃书院；明后期，包万有在城北创办兑谷书院，并亲自主讲，吸引了众多人士。缙云县，洪武年间，知县朱成远毁独峰书院；嘉靖初年，美化书院也成废墟；嘉靖四年（1525）知县方时雨倡议办五云书院，费用由官府支出，书院东为朱子祠3间，左右书舍各10间，西有退轩6间，围墙、庖厨咸备；万历十六年（1588），李键、郑汝璧、李逢雷、樊问辨4人在仙都芙蓉峡紫芝坞建房隐居读书数年，乡人称为"铁城书院"。庆元县，明万历初（1574—1579）在府馆旧址（今松源镇弦歌坊巷）首创松源书院，明末废。景宁县，在明景泰年间（1450—1457），鹤溪潘氏在潘氏祠堂创办贯道书院；嘉靖年间（1522—1566），贡生李鉴堂在大均村创建明德书院，贡生吴九皋在英川村创建继志书院（又称六吉山房讲堂），庠生吴学明等在鸬鹚村同建卢山书院；嘉靖三十二年（1553）知县钟夏嵩在县城西南一里许建豸山书院；万历年间（1573—1620），知县姜师闵在县城承恩门外府馆旧址建鹤溪书院，知县林乔松将敬山社学改建为崇正书院；万历四十七年（1619）知县角韶在县城行春门外创建三胜书院。青田县，在明正德年间（1506—1521），主簿李征在十四都海西庄（今海溪乡）创建鹤山书院；嘉靖三十二年（1553）知县李楷在太鹤山创立心极书院，学田20亩；

嘉靖年间（1522—1566），生员厉九思、叶嘉谟、张云电、留萃等在太鹤山混元峰下创建混元书院，主讲王阳明学说，知县徐瑛在混元峰下创建瑞龙书院；万历五年（1577），知县梅时雨创建新建书院。

遂昌鞍山书院

社学、学塾在促进教育和文化的普及，以及儿童的启蒙方面发挥了积极的作用，也使得民间子弟、普通百姓获得接受教育的学习机会，使得普通家庭子女有了科举入仕的一线希望。

明代，科名是决定官员升迁的重要因素，因此进士及第成为许多人读书学习的目标。官学的发展，书院、学塾的增加，科举制度渐趋完善，开科次数增加，处州明代的进士登第人数比元朝有了较大程度的增长。明朝276年间，处州考中文进士132人。

明代处州有武进士2人，其中，周骜是嘉靖三十五年的武状元。

二、名录

明代，处州辖县发生了变化。景泰三年（1452），析丽水县浮云乡、元和乡之半建云和县；析青田县鸣鹤乡和柔远乡上里等地建景宁县；析丽水县的宣慈乡、应和乡及懿德乡北部置宣平县。三县均隶属处州府。至此，处州所辖县变成了10个县。

根据《丽水地区教育志》《丽水地区人物志》及各县县志，明代处州进士著录如下：

科名	公元纪年	籍贯	进士名录及主要官职
洪武四年辛亥科	1371	丽水	吴公达（探花；刑部尚书）
		缙云	季公震（吴江县主簿）
		松阳	王文龙
洪武十八年乙丑科	1385	丽水	吴原（南京监察御史），戴成，陈善生
		景宁（时属青田）	梁以孜（永城县丞）
		缙云	朱隆（龙泉县丞）
		松阳	周月华（灵宝知县）
洪武二十一年戊辰科	1388	青田	周思政（监察御史）
		缙云	杨熺（监察御史），章荣（湖广道监察御史）
洪武二十四年辛未科	1391	丽水	李维齐（容县知县、监察御史）
洪武三十年丁丑科	1397	丽水	李文巽（监察御史），刘道福（河南金事）
建文二年庚辰科	1400	松阳	王遂
		缙云	陈昂（工部郎中）

续表

科名	公元纪年	籍贯	进士名录及主要官职
永乐二年甲申科	1404	丽水	徐善庆
		青田	周永源（宁府伴读），叶仕宁（仪制郎、陕西参政）
		缙云	赵曾（周府伴读、预修《永乐大典》），周远（河南道监察御史），田埧（楚府审理、长阳知县）
永乐四年丙戌科	1406	丽水	刘性同（河南参政），陈骥
		青田	蔡子宜
		龙泉	赵圭（工部主事）
永乐九年辛卯科	1411	丽水	陈仪
		青田	周宗保
永乐十年壬辰科	1412	丽水	章睿（广东按察金事）
永乐十三年乙未科	1415	丽水	周贵（翰林编修），吴善才（礼部侍郎）
		遂昌	吴绍生（礼部员外郎）
		庆元	鲍毕（礼部主事）
永乐十六年戊戌科	1418	丽水	吴琛（庆府长史）
		缙云	陈祚（福建市舶司提举），叶道庆
		遂昌	周德琳（云南布政司参议）
		庆元	吴琰
永乐十九年辛丑科	1421	丽水	陈炎（河南道御史），陈爱（庆府长史）
		青田	项昱
		遂昌	吴文庆（汉中知府）
宣德五年庚戌科	1430	丽水	薛希琏（刑部尚书、资德大夫）
		青田	陈诏（四川按察副使、金都御史），叶遄
		缙云	李棠（刑部右侍郎、广西巡抚）
正统元年丙辰科	1436	缙云	蒋希性（陕西参议、工部主事）

续表

科名	公元纪年	籍贯	进士名录及主要官职
正统七年壬戌科	1442	青田	洪绳
		缙云	徐善（陕西按察司金事）
景泰二年辛未科	1451	丽水	金文（开封知府）
天顺元年丁丑科	1457	景宁	潘琴（福建兴化知府）
天顺八年甲申科	1464	云和	金忠（贵州道御史）
		缙云	虞瑶（兵部右侍郎），樊贵（兵部观政）
		松阳	卢玑
		龙泉	王琮
		景宁	李琼（福建布政使）
成化二年丙戌科	1466	丽水	吴世荣
		松阳	詹雨
		遂昌	吴志（惠州知府）
成化五年己丑科	1469	丽水	张璁（按察副使）
成化八年壬辰科	1472	丽水	俞俊（工部尚书），达毅
		遂昌	朱仲忻（太仆寺丞）
成化十四年戊戌科	1478	缙云	周南（右都御史、两广总督）
成化十七年辛丑科	1481	遂昌	王玘（刑部郎中）
成化二十年甲辰科	1484	丽水	刘芳（山东监察御史），金祺
		缙云	陶嵩（工部郎中）
弘治三年庚戌科	1490	宣平	吴仕伟（都给事中）
弘治六年癸丑科	1493	丽水	郑宣，李瑾
弘治九年丙辰科	1496	丽水	叶德（翰林编修）
		松阳	詹宝（江西新昌知县）
弘治十二年己未科	1499	缙云	虞岳（刑部员外郎）

续表

科名	公元纪年	籍贯	进士名录及主要官职
弘治十五年壬戌科	1502	丽水	叶良（给事中）
		景宁	李璋（山西副都御史）
弘治十八年乙丑科	1505	缙云	李寅（广西左布政），李玠
		遂昌	苏民（刑部尚书）
		龙泉	叶溥（江西左布政）
		云和	沈睐（山东按察副使、武昌知府）
正德三年戊辰科	1508	丽水	汪瑛
		宣平	潘湘（太常博士、两广监察御史）
正德六年辛未科	1511	缙云	李长（给事中）
正德十二年丁丑科	1517	丽水	桑阡
		缙云	李瑜（刑部郎中、凤阳知府）
正德十六年辛巳科	1521	缙云	施山（广西金宪、御史）
		遂昌	应茉（余干知县），周綡（仪封知县）
嘉靖二年癸未科	1523	丽水	吴荣（乐平知县），陈府
		青田	郑琬（知府），王准（都给事中）
		遂昌	应果（汀州知府）
		龙泉	季镐
		景宁	李锌（按察使）
嘉靖五年丙戌科	1526	遂昌	应㮋（两广总督、兵部侍郎）
		宣平	俞大有（礼部观政）
嘉靖八年己丑科	1529	庆元	胡俸
嘉靖十一年壬辰科	1532	缙云	卢勋（南刑部尚书）
		遂昌	翁学渊（贵州参议）

续表

科名	公元纪年	籍贯	进士名录及主要官职
嘉靖十七年戊戌科	1538	丽水	张敦仁（行太仆卿），沈錬（锦衣卫经历）
嘉靖二十年辛丑科	1541	丽水	吴守贞
嘉靖二十六年丁未科	1547	丽水	何镗（广东按察使），张敦复（刑部主事）
		缙云	樊献科（广西参政）
嘉靖二十九年庚戌科	1550	松阳	毛文邦（刑部主事）
嘉靖三十二年癸丑科	1553	缙云	郑文茂（四川按察副使）
嘉靖三十五年丙辰科	1556	缙云	李键（光禄少卿、四川参政）
		云和	叶应春
嘉靖三十八年己未科	1559	丽水	吕鸣珂（工部侍郎、太常少卿），王葑（刑部观政）
嘉靖四十一年壬戌科	1562	丽水	戴濂（浔州知府）
		遂昌	叶以蕃（工部员外郎），吴孔性（云南参政）
隆庆二年戊辰科	1568	缙云	郑汝璧（兵部右侍郎、太常少卿）
隆庆五年辛未科	1571	遂昌	郑秉厚（给事中、江西布政使参政）
万历二年甲戌科	1574	缙云	李铖（刑部尚书、左都御史）
万历八年庚辰科	1580	缙云	李正蒙（礼部主事）
		遂昌	项应祥（金都御史、应天巡抚）
		云和	叶云祁（饶州知府）
万历二十九年辛丑科	1601	丽水	吕邦耀（太常寺少卿、翰林院庶吉士）
万历三十五年丁未科	1607	丽水	王一中（光禄寺正卿、江都御史）
		青田	项应誉（固安知县）
万历四十七年己未科	1619	缙云	李灿然（太仆寺卿、福建道御史）
天启五年乙丑科	1625	缙云	郑子寿（合肥知县）

续表

科名	公元纪年	籍贯	进士名录及主要官职
崇祯七年甲戌科	1634	缙云	田正春（刑部郎中）
崇祯十五年壬午科	1642	缙云	周士多（卫辉兵备副使、辉县知县）
年科无考		缙云	王希璧

明代有武进士2人，名录如下：

科名	公元纪年	籍贯	进士名录及主要官职
嘉靖三十五年丙辰科	1556	遂昌	周螯（武状元；锦衣卫校尉）
万历十四年丙戌科	1586	遂昌	尹思忠

第三节 明代处州进士人物介绍

一、丽水县（今莲都区）

（一）吴公达

吴公达（1347—?），字致中，丽水县城人。明洪武三年（1370），年仅23岁的吴公达赴杭州参加浙江乡试，考中第二十九名举人。洪武四年（1371），通过礼部会试，考中贡士。在后来的殿试中表现突出，高中进士一甲第三名，是明代处州唯一的一名探花。初授吏部主事，后任广平府（今属河北省）知府，累官至刑部尚书，后因事被免职后，归隐故乡。卒于故乡，墓在丽水三岩寺边。

（二）薛希琏

薛希琏（1399—1458），字廷器，别号缶庵，丽水县城人。一生政绩卓著，声望甚高，仕途通达。

明宣德五年（1430）进士，诏入太学。三年后，即宣德八年（1433），奉诏赴兵部观政，任贵州道监察御史。正统五年（1440），按抚治理河南，享有盛誉。不久，奉命巡视京市蹋坊。蹋坊是百货汇集之地，当时强权者操控市场，欺行霸市，牲畜交易的牙商互相勾结，商贾屡受欺压坑害。巡视不到1个月，经整治，豪强和奸商敛迹，蹋坊得以公平交易。后调任江西巡抚，铲除赋役积弊，劝民出储义仓，倡导修筑堤塘，懂得变通以尽利于民，政声越发卓著，升任为刑部侍郎。正统六年（1441），京畿内广平等府发生旱灾和蝗灾，薛希琏前往巡视，体恤民情，免除积欠的赋税，缓征租税。天降大雨，蝗虫很快被消灭。没过多久，又奉命处理凤阳等地屯田事务，肃清了多年的弊病，军民都从中获益，一时被誉为"理财能臣"。

正统十年（1445），薛希琏巡视直隶、保定、淮安等十一府，办事不力者立即罢免，表现出处事的果断与干练。正统十三年（1448），佃农邓茂七因不满被剥削和压迫，聚集饥民在福建起义，义军所向披靡，全闽震动。1年后，起义军被残酷镇压。战后，郡县凋敝，正统十四年（1449），希琏奉诏往镇闽中，妥善处理善后事宜。没过多久，茂七余党罗丕再次起来造反，希琏派遣使者前去宣谕，宽恕和赦免胁从者，使数万人归降。希琏因功升任刑部尚书，继续留在闽中镇守。在闽中镇守期间，他创置了福宁之烽火门、福州之小埕澳、兴化之南丘山、泉州之浯屿、漳州之西门澳等五水寨，对后来守扼外洋、抵御倭寇发挥了作用。景泰三年（1452），受命至山东考察吏政，罢免贪官污吏250多人，适逢天旱和蝗灾，希琏筹粮赈济借贷，百数十万灾民得以存活。因功进阶为资德大夫、正治上卿。天顺元年（1457），改任南刑部尚书，次年七月在任上病逝。入祀丽水乡贤祠。

（三）吴政

吴政（1382—1463），先名吴善才，后改名吴政，字正之，丽水县北乡洪川（今莲都区雅溪镇洪渡村）人。天资聪颖，勤奋好学，工于书法。中举进入仕途后，为官刚正，体恤民情，治水赈灾，弹劾奸佞，多有政绩。

永乐十二年（1414）吴政中举人，永乐十三年（1415）中进士，起初授礼部主事。因处事谦谨自持，恪尽职守，提升为礼部员外郎。宣德五年（1430）九月，越级提升为礼部右侍郎，前往湖广，总督税粮。宣德六年（1431）八月，吴政上奏宣宗：湖广浏阳、广济等县，堰塘堤岸损坏，不能蓄水，乞敕工部移文诸县，发民修筑。宣宗准奏。宣德八年（1433）九月，特赠为嘉议大夫。宣德九年（1434）八月，吴政到湖广灾区视察灾情，奏请减免征收秋粮。正统元年（1436），他向朝廷奏请湖广与江西交界地区的浏阳县设罾家寨巡检司，以保境安民。

正统三年（1438），吴政与湖广巡按陈祚向朝廷奏劾辽简王朱植庶子远安王贵燮对兄弟不友好，虐待简王的小妾，捶死长史杜述，居藩国多有过失。次年四月贵燮被朝廷废为庶人，守护简王陵园。后转任南京工部右侍郎。正统五年（1440）十月，奉旨与太监刘宁组织民夫疏浚南京江中沙洲，减杀水势，遏制没溺之害。景泰元年（1450）三月，升工部左侍郎。

景泰三年（1452），吴政因年老辞官归隐家乡。明英宗天顺七年

（1463）去世，朝廷赐葬。

（四）郑宣

郑宣，生卒年不详，字士达，水阁黄村人。明弘治六年（1493）进士，初授行人，后选为御史。执行风纪法令严明，不徇私情，办事练达刚正。其时，司礼监太监刘瑾专权，郑宣不愿阿谀奉承，以平等的礼节相待，得罪刘瑾，被贬谪到兴化（今莆田）任推官。在兴化任上多善政，百姓感念之，立生祠祀奉他。不久升任江西佥事，因御寇有功，升任参议。后辞官回乡。著有《守元纲目》《纲目愚管》《郡志补遗》《古栝遗芳》等。去世后葬于丽水城东望城岭。入祀丽水乡贤祠。

（五）何镗

何镗（1507—1585），字振卿，号宾岩，丽水县城人。何宅在城区梅山，有翠微阁、悠然堂、归云亭。其为官不畏权贵，公正用法，抚恤孱弱，文韬武略俱佳。辞官回乡奉亲之余，潜心著述，著作颇丰。

明嘉靖二十六年（1547）进士。初授进贤知县。为人刚直，不畏权贵，有政声。当时，有人依仗太宰（宫廷总管）权势，欺压百姓，何镗依法予以严惩，太宰得知后耿耿于怀。不久，何镗"量移"到开封任府丞，他"剖剧如流"，平反冤狱，惩治奸佞，铲除弊政，使得豪强不敢妄为。不久升为刑部员外郎。

后来，何镗任潮阳知县，正逢粤地游民张琏为首作乱，多次攻陷潮州属县，何镗奉命平乱，用计谋擒拿魁首，却不殃及胁从，岭东一带治安大为改观，展示了其用武韬略，受到朝廷奖赏。后任江西提学佥事。他崇尚理学，勉励生员发奋读书，早日成才。嘉靖十一年（1532），临川岁试，何镗任主考官，时汤显祖13岁参加应试，何镗举书案作理学破题，汤显祖即席应对道："形而上者谓之道，形而下者谓之器。"他的出色表现受到何镗赏识。次年即荐补汤显祖为府学生员。此后，汤显祖一直感激何镗奖掖荐拔之恩，尊称他为"先师"，汤显祖后来任遂昌知县时，还特意到梅山的悠然堂和归云亭瞻仰先师何镗的遗址，并作诗《悠然堂栝苍宾岩归隐处》《归云亭怀何宾岩先师丽水》。

何镗在任云南参政期间，以亲老乞归养，获朝廷恩准，回乡侍亲。在家乡时，朝廷准备任命他为广东按察使、河南布政使，他都因侍亲且淡泊功名未赴任。在家乡，在其居所梅山的悠然堂赋闲，教子弄孙，在翠微阁读书著述。

何镗平生著作甚多，采集《史记》和一些文集的游览之文，编成《古今游名山记》17卷，被录入《续修四库全书》。编校《诚意伯刘文成公文集》并作序，后收入《四部丛刊初编》。此外还撰有《修攘通考》《翠微阁集》《历代舆图》等。万历七年（1579），总纂府志《栝苍汇纪》15卷，被赞为"简而文，核而当，详而有体"，为处州留下了宝贵的历史文化资料。何镗去世后入祀丽水乡贤祠。

（六）戴濂

戴濂（1530—1591），字希茂，号洛原，丽水县城人。父亲戴镗以贡举授湖南华容县训导，后任湖北大治县教谕和福建漳州府教授。受父亲教诲，戴濂从小聪颖好学，20岁入国子监。明嘉靖四十一年（1562）中进士。授行人司行人。后擢升饶州（今江西上饶）知府，到任后，秉公执法，严惩不法豪强，使社会安定有序。万历元年（1573）调江西考察官员，但因触犯了一些人的利益，被调到浔州（今广西桂平）任知州。在浔州任上，他实行休养生息政策，惠泽于民，如取消牛捐，减轻盐税，严禁盗墓、勒索钱财等恶行，使浔州社会风气发生了很大改变。之后因母亲去世回家守孝，服孝期满，补袁州（今江西宜春）知州，清正廉洁。后因病告老还乡。

（七）吕鸣珂

吕鸣珂（1528—1598），字声甫，号苍南，碧湖保定村人，明代画家。历官多地，以廉能著称。其祖父吕文英是著名画家，擅长人物画，兼画山水。鸣珂从小学画，画技精湛，人称"置之米王两君子间不多让"。

明嘉靖三十八年（1559）吕鸣珂中进士。历任平阳府、庐州府知府，合肥百姓感其恩德，建吕公祠祀之。隆庆四年（1570）六月，升陕西按察司副使，整饬洮岷兵备。隆庆六年（1572）地震，主持修复东、南、北倒塌城楼。万历六年（1578）七月，升陕西右布政使。万历八年（1580），任江西左布政使。六月，因"违例驰驿案"被弹劾受罚，降二级，降为山

东副使。万历十三年（1585）十一月，升福建参政。转山西按察使。万历十六年（1588）十二月，升山西右布政使。万历二十年（1592）四月，以陕西左布政使升南京太仆寺少卿。七月，升光禄寺卿。十月转太常寺卿。万历二十二年（1594）四月，由通政使擢升兵部右侍郎兼右佥都御史，巡抚陕西。为防御西海蒙古部侵扰，增修捏贡川八角城。万历二十三年（1595）五月，改工部右侍郎，回京。万历二十四年（1596）七月，提督大行仁圣皇太后祔葬昭陵宫。以尽瘁卒于官，赠尚书祭葬。

吕鸣珂重情义，虽入顺天（今北京市）籍，但遇丽水故旧，情谊笃厚。著有《太常记》22卷。

（八）吕邦耀

吕邦耀，生卒年不详，字元韬，一作玄韬，碧湖保定人。明万历二十九年（1601）中进士，入选庶吉士，不久，升兵科给事中。耿介刚直，不畏强权。万历三十一年（1603），明神宗向全国矿区派遣矿监税使，宦官高淮通过贿赂宫中权臣，获得辽东矿税使一职。在辽东，高淮越权插手军权，任意猖狂，飞扬跋扈，肆意勒索，蔑视法律。吕邦耀上疏弹劾谴责。万历三十三年（1605），吕邦耀与一些官员联名上奏，敷陈计事，坚决反对朝廷点用宠臣萧大亨为吏部尚书。万历三十四年（1606），彝族土司、贵州宣慰使安疆臣派人进京行贿，公报私仇，加害五司官员。吕邦耀弹劾贵州巡抚郭子章收受安疆臣贿赂、纵容其奸恶之事，升河南副使。万历四十一年（1613），改河南儒学提举。他选拔了一大批博学能干的人才，颇有宦迹。擢任通政司右参议、封奉政大夫，转奉常卿。天启二年（1622），又转大理寺卿。生平精研宋史，在刻录宋代徐自明《宋宰辅编年录》之后，又仿照原书体例续编，著《续宋宰辅编年录》。另有《国语髓析》《资治通鉴日抄》，还写下了许多诗作。

（九）王一中

王一中（1568—1639），字元枢，号石门，其乡贯，《浙江通志》《处州府志》《丽水县志》《莲都区志》都称其为丽水人。而《丽水地区人物志》《丽水地区教育志》历代进士名录中称其为青田人，《青田县志》历代进士表也将其收入。本书采用道光版《丽水县志》的说法，"曾祖自青田迁居郡城，遂占籍丽水"。是明代进士、光禄卿。

王一中早年在白云山上白云寺左侧的借闲堂读书。万历三十五年（1607），考中进士。初授福建古田县令，后历任河南新蔡、杞县知县，皆以清正廉洁著称。在古田县令任上，他平反了陈宏德冤案，把他从监狱中解救出来，陈宏德后来成为德才兼具的官员，去世后入当地名宦祠。此事在福建民间传为美谈。在任广西道监察御史时，上疏建议罢黜宫廷内市，法办官库作奸等弊政。天启二年（1622）五月，山东白莲教首领徐鸿儒在郓城聚众起义。时王一中任山东道监察御史，上疏直言熹宗乳母客氏与魏忠贤阉党勾结，引起"民乱"。不久，升迁太仆寺少卿，封中宪大夫。再次与京官联名上疏弹劾魏忠贤阉党的罪行。因屡次与魏忠贤意见相忤，魏忠贤对他恨之入骨。天启五年（1625），魏忠贤借口王一中与副都御史杨涟、左佥都御史左光斗是同榜进士，以"依附门户"罪削职，放归故里。天启七年（1627），熹宗薨逝，朱由检继位，是为崇祯皇帝。客氏、魏忠贤被崇祯帝诛灭。崇祯二年（1629）十二月，王一中被起用，被任命为光禄卿。因其不附权要，后调任南京光禄卿。卒于任上。

王一中生平广泛涉猎经史、稗官野史等，学识渊博，尤其对道德性命之学很有研究。著有《瑞芝堂集》《经书疏解》《东巡疏草》《禄勋疏草》《灯下焚余》《靖匪录》等。崇祯八年（1635），编纂《处州府志》18卷。

二、龙泉县（今龙泉市）

叶溥

叶溥，生卒年不详，字时用，因居住在留槎洲溪边，号槎溪，龙泉城镇宫头村人。明代著名清官学儒，为官清正刚直，不避权要，慈爱得民，而且才学横溢。是元末明初浙西著名学者叶子奇后裔子孙。

明弘治十八年（1505）中进士。初任湖广广济县知县，升南京兵部给事中。正德间任福建福州知府。《福建通志·名宦》载："正德间任福州知府，溥少从师于闽，熟知人情土俗，及为郡守，片言折狱，无敢欺者。又以儒术饰吏治，政暇搜举祀典，崇奖节义，以兴教化。入觐无以为资，过

家其父为称贷，乃克治行装。操守严正，刚介廉白，僚佐惮之。"正德十四年（1519）四月，刻印叶子奇《草木子》，这时距《草木子》写成已过去138年，时云南、湖广巡抚，兵部右侍郎黄衷读后欣然为之作序，赞赏有加。因父丧，解宦守孝，服孝满，补建昌知府。明嘉靖元年（1522）升江西左布政，致仕。

叶溥为政清廉，生活简朴，为官上任时随任两童子、琴书一囊而已，离任亦如此。时称"叶青天"。叶溥才学横溢，文采照人，著有诗集《槎溪集》。在福州任上，主持接续完成了明正德《福州府志》的编纂，正德十五年（1520）刊刻成书。嘉靖四年（1525）与里人贡生李溥合纂《龙泉县志》20卷。终年64岁。现龙泉市西街街道宫头村还有叶溥故宅。

三、青田县

（一）陈诏

陈诏（1392—1451），字廷询，青田县城司下街人。

陈诏自小英敏，记忆力超群。跟从本县进士蔡子宜游学。明永乐十八年（1420）陈诏以书经夺魁中举。此后，他立志苦学，才识大进，宣德五年（1430）赴京会试，登甲科第一名进士，人称"陈会元"。目前查到的资料都只说他是会元，未说殿试情况。但按明代的科举制度，会试中式者称为贡士，有资格参加殿试。殿试后称为进士。会试第一名称为会元。由于明代的殿试在洪武朝以后没有黜落，因而贡士就相当于未来的进士。中进士后初任福建礼典乡试考官，宣德八年（1433），任云南道监察御史。正统元年（1436），奉命巡按辽阳，次年又巡按山东。陈诏以身作则，清正廉明，处事果断，整治不法分子，获得朝野的一致好评。

正统四年（1439）和正统七年（1442），分别奉命清理陕西和广西军籍、军卒事务，清理有方。正统六年（1441）乞归省母，次年返京。正统九年（1444年）任四川按察副使，1年后，其母病逝，回乡办丧事守孝。服丧期满，时闽浙一带盗寇叛乱，盗寇在温州、处州等地屠杀抢掠，朝廷素知陈诏是有才之士，并且熟悉民情土俗，任命他为金都御史，巡抚浙江，剿抚山寇。陈诏赴任后，宣传国法，以宽民不忍诛戮之意，晓谕利害，不费兵力，收服寇徒。

陈诏为官清廉，在其任上，各地为犒劳官兵曾送来金帛巨万，陈诏除照例分配外，剩余的钱物全部封还府藏，秋毫无所私，麾下叹服。

明景泰二年（1451），陈诏因病去世，时年60岁，归葬青田县东面的朱山。卒后，被后世列于"勋烈""名臣"之列，祀为府、县乡贤。

（二）洪绳

洪绳，生卒年不详，字文纲，明宣德年间青田县城人。从小聪慧，学识广博，正统七年（1442）中进士。在比部任官，清廉、谨慎、勤勉，审理诉讼案件清楚明白。因注误被贬戍守辽阳，8年后调到龙门。天顺改元时被赦免，将要重新任用时，洪绳却上疏请求南归，回乡务农。

四、缙云县

（一）李棠

李棠（1400—1460），字宗楷，号蒙斋，缙云县宫前人。明宣德五年（1430）中进士，授刑部主事。因耿直廉明，为尚书鲍源所器重。后来接任尚书的金镰，说李棠"以刚严慑下"，部属感到畏惧。李棠与他议事，往往据理不让，与之辩论是非，虽遭苛责，也不避让。金镰因此折服，器重他，提升他为员外郎。

李棠对关在南畿的囚犯，进行重新审理，平反了许多冤案。任满，因不愿趋附权臣王振，遭受压制。有人劝他去拜谒王振，他说官可不做，名节不可丢。王振死后，才得升刑部郎中。景帝嗣位（1450），李棠被破格提拔为刑部侍郎。不久，巡抚广西，提督军务，他正己帅下，令行政举，奖励文士，劝赏农桑，清简刑律，革弊布新，以招抚与征讨相结合的方式平息了祸患，功绩卓著。景泰三年（1452），因浔州守备黄纮杀思明土官知府父子夺其位一案受皇帝袒护，是非莫白，黄纮非但不被惩处，反而被提拔为都督同知，帝命难违，李棠无力查办杀人凶手，终日郁郁于怀，乃屡疏以病辞归。李棠进广西时曾发誓"不携岭表一物"，以示清节。所以

将出广西地界时，他检查行李，见行装中有香草一束，笑曰：我平生不妄取官府一文，此草岂非广中物耶？于是取出投掷水中。回归故里后，李棠过着清贫的农家生活，以至于女儿出嫁竟无资置备嫁妆，陪嫁只有竹箱一只、布衣数件和一首《送女诗》。诗曰：

> 汝嫁筐奁事事无，清官门户亦宜乎？竹皮箱箧何曾满，麻苎衣衫莫嫌粗。从此适人为家妇，便须移孝奉公姑。肃雍勤俭宜家法，莫遣旁人笑老夫。

明英宗天顺四年（1460），李棠卒于家。追谥恭悫。《明史》本传载"以清节显"。著有《蒙斋文集》《诸庆集》《蒙斋奏议》及《将鉴节要》等。

宫前村文化长廊中的李棠介绍

（二）周南

周南（1446—1525），字文化，号知白，晚号天和老人，缙云县城龙津坊人。周南于明宪宗成化十四年（1478）中进士，初授六合（今属安徽）知县，再擢监察御史，出巡京畿。弘治元年（1488），巡按广东时，揭发总兵官柳景的罪行，有功。任江西右布政使，又升任右副都御史，巡抚大同。明武宗正德元年（1506），鞑靼入侵宣府，转掠大同，周南命参将陈雄将其击败。因讨寇有功，增俸一秩。却逢母丧，回家守制。正德三年（1508），刘瑾擅政，周南因大同仓粟受潮霉烂之名被逮捕下狱，并罚加倍赔偿。遇大赦，赔偿减为如数赔偿，由大同总兵官叶椿等为请，获释为民。正德五年（1510），刘瑾因图谋不轨被诛后，朝廷恢复周南原来的官职巡抚宣府，周南没有就任，"引病归"。正德六年（1511），周南重新被起用，提督南赣军务。时汀州大帽山张时旺等人称王作乱，数年不靖，官军征讨均告失败，周南到任后召集各路兵马击之，获胜。朝廷"闻捷，赐敕奖劳"。周南于是移师与总督陈金会合，共同镇压了姚源洞起义军。正德九年（1514）春，升为右都御史，总督两广军务。过了1年，辞职归乡。卒赠太子少保。周南有《白斋稿》《盘错集》《和许郢州诗》等著作遗世。

（三）李寅

李寅（1469—1576），字敬之，缙云人。为政清廉，性耿直，任职期间多政绩。明孝宗弘治十八年（1505）得中进士。任工部都水司主事，升工部营缮司郎中，后调兵部车驾司、武选司。历四川布政司左参议、右参政，后又升任广西左布政使。他一到广西任上，即立石自誓："洋洋大海，岳岳名山，一介若取，誓不生还。"他践行了自己的誓言。他精打细算，节约下财政库银十三万两，一文不留，全部上交朝廷。当他告老还乡时，行囊萧然，两袖清风。他曾在自己的衣带上写下"身曾许国生无补，恨不除奸死不休"等诗句，可见其志节。李寅得享长寿，活到了108岁。

李寅有《旸谷空音》《钓台集》等遗世。

（四）樊献科

樊献科（1517—1578），字文叔，号斗山，缙云县城北门人。父亲樊守，有志节，不同凡俗，勉励他努力读书，故献科得以"少通经史百家言"。于明世宗嘉靖二十五年（1546）中举人，又登嘉靖二十六年（1547）进士。初授行人，转南台御史。在巡视各地后，他上奏了10余件事，每件事都是关乎国家民生之计。其间遭逢母丧，他辞官回家守孝。服丧期

满，他复为御史，巡按治京畿南诸郡。这是三辅之地，权贵豪族多，极难治理。献科不避权贵，按照皇帝颁发的6条饬令办事，严格执法，诸吏豪贵如果犯法，则按律追究制裁，绝无例外。因此很快就使官吏谨慎奉法，豪强权贵亦大为收敛，不敢胡作非为，郡内也秩序井然。这时皇帝下诏要征收第二年的赋税以扩充军备，结果百姓不堪重负，饥民起而造反。献科上疏反映民间疾苦，争取蠲免预征赋税，获得朝廷批准，京畿遂得以免预征，平息了事态，救活了万千百姓。改按福建，第一件事就是查劾文武大吏若干人的罪行，于是地方上的贪官污吏望风解印，纷纷逃走。献科把他们侵吞的财物全部赎卖，用来充实军中储备，并将官府中的"蛀虫"统统淘汰出去。倭寇入犯沿海地区，入侵泉州。巡抚与诸将商议欲闭城固守，献科慨然道：作为臣子，奉诏守卫边境，只要是有利于国家之事，专断也是允许的。现在山海正受侵略，主政者闭城自守，老百姓该当如何？他亲自带领军队与倭寇决战并把他们赶走。倭寇又分兵占领了福清，他又带兵支援福清。每次传授作战战略，将士们都很佩服并遵从，倭寇被一批批消灭。当献科调任别处要离开福建时，吏、民赶到衙门挽留。时严嵩当政，其同乡人为延平、邵武知府，仗势虐民，献科将其弹劾罢免。父亲生病，献科告归尽孝。嘉靖四十三年（1564），父亲去世服丧期满，献科再度被起用，为南畿刷卷（稽察簿书）。擢山东副使，迁广西参政。

隆庆元年（1567），献科辞官归故乡后，修茸初旸谷、白云诸洞，与友人游玩，吟诗赋文，心性恬淡，超脱尘世之外，自称"仙都下士"。明万历六年（1578），献科因病去世。

樊献科勤于著述，著有《读史补遗》《诗韵音释》《樊公疏议》《旅游吟稿》《山居吟稿》等，他还汇集其父翰墨，编为《樊山摘集》。

（五）郑汝璧

郑汝璧（1546—1607），字邦章，号昆岩，缙云县城东郭人。明穆宗隆庆元年（1567），汝璧中举人，第二年（1568）即登进士。授刑部江西司主事，遇事明断，迁云南司郎中。时锦衣卫目无法纪，滥用酷刑，制造了不少冤案，汝璧秉公执法，一一平反了冤案。因政绩突出，受到刑部尚书王之诰的称赞，谓"可大受"（清光绪版《缙云县志》卷8）。宰相张居正当国，锐于求才，闻汝璧名，欲调之铨部（吏部），而选司忌其能，刚好仪制司缺员，遂急将其调之。仪制司诸椽役分曹，纳贿习以为常，汝璧采取各种措施肃清积弊。明神宗万历三年（1575）调验封郎中。万历五年（1577）大计外吏（考察地方官），汝璧罢黜不称职者，杜绝走后门者。转文选，汝璧当机立断，所推举者皆合舆论。万历六年（1578）迁太常少卿，出为福建右参议。1年后，迁广东副使，辖琼州。时汝璧受到权贵排挤，远麾海外，郁郁不乐，遂上疏乞归，奉养双亲，家居12年。万历十九年（1591）起井陉（今属河北）兵备副使，迁赤城（今属河北）参政。赤城毗连塞外，汝璧上任后整肃军容，自己经常全身披挂与将士奔走郊原，检阅武技，讲解战略。遇北虏劫掠，汝璧就派骑兵斩其首领，北虏慑服逃跑。给事中钟羽正视察边关，见此，上疏曰"臣遍历诸边，明目张胆敢战守者，惟郑汝璧一人而已"（清光绪版《缙云县志》卷8），并得赐金绮。转河南左参政，迁榆林（今属陕西）中路按察使，汝璧风励诸将勤训练，使戎务改观。

万历二十一年（1593）又迁山东右布政使，不久擢都察院右金都御史，巡抚山东。这年山东河南大饥，汝璧命山东诸郡邑采取权宜之计，互通有无，给钱给米，命各市集准备稠粥以待饥者。由于赈灾有方，救活饥民600多万。汝璧又拨钱币遣使帮助河南赈灾，平定了河南局势。倭寇侵朝鲜，驻釜山，与山东登州、莱州只一水相隔，汝璧招募标兵，调来浙兵，严阵以待，使倭寇不敢进犯。他还让士兵开垦岛上田地，岁得谷麦17000余石，大大缓解了粮荒。后来，因受政敌中伤，汝璧改西京别用。遇父丧，归葬守孝。万历二十七年（1599）起南京太常寺少卿，万历二十九年（1601）仍以右金都御史巡抚延绥（今陕西榆林）。这是以前汝璧管辖过的地方，故熟悉其形势要害，诸将领大多还是旧部下，驱敌歼贼，指挥如意。万历三十三年（1605）迁兵部右侍郎兼金都御史，总督宣（今河北宣化）、大（今山西大同）、山西等地军务。修城堡、练士卒、治器械，不时召集将领商议用奇兵出剿的战略。最后积劳成疾，病重乞归，万历三十五年（1607）卒于山东荆门驿途中。荫二子，世袭恤赠如例。

郑汝璧文武双全。在政务繁忙、戎马倥偬之际，还不时抽时间做学问，编撰文稿，著述颇丰。撰有《皇明帝后纪略》《皇明功臣封爵考》《皇明同姓诸王表》《明臣谥类钞》《封司典故》《延绥镇志》《大明律解》《五经旁训》等，还有《由庚堂集》18卷。

（六）李鋕

李鋕（1534—1624），字廷新，缙云县城东门人。其少年时自号“旭山”，是游初阳谷时感受到早上旭日东升时的光明和舒爽而取的，也表明了对光明的追求。现缙云仙都初阳山石壁上还有李鋕的“旭山”题刻。清光绪版本《缙云县志·碑碣》记载：“‘旭山’二字，李鋕书，在初阳谷。”

李鋕的“旭山”题刻

明神宗万历二年（1574）进士。授刑部主事，执法平允，颇受好评。历兵部车驾员外郎、武选司员外郎、武选司郎中。遇父丧归家守孝，服满，补职方司郎中。万历十七年（1589），任会试同考官、广西提学副使，督学广西，朝廷评价其很称职。升广东布政司左参议，再任山东按察使。万历二十一年（1593），任淮阳巡抚一职，时国库入不敷出，神宗派宦官四出充当矿监、税监，这些宦官趁机横征暴敛、敲诈勒索。官逼民反，百姓聚众抗税，李鋕多次上疏，直言劝谏，却因忤逆皇帝旨意被去职。居家数年，万历四十年（1612）起用为南京刑部右侍郎。万历四十二年（1614）九月以兵部侍郎署本部尚书，万历四十三年（1615）八月改吏部右侍郎署都御史。万历四十四年（1616）正月升刑部尚书兼署都察院事。万历四十五年（1617）考察京官，李鋕与吏部尚书郑继之负责，给事中徐绍吉等人辅助。但官员的升迁去留全都出自绍吉等人的主意，李鋕与继之被架空，考察之事被搞得乌烟瘴气，"一时与党人异趣者，贬黜殆尽"。李鋕时年84岁，自感年老，屡次上书请求辞官，都因廉洁清正有威望被挽留。直到万历四十七年（1619）八月才得以退休。李鋕90多岁时，明熹宗还"遣使存问"。去世后，熹宗赐祭葬，赠太子太保，谥贞肃。祀郡邑乡贤。

李鋕著有《三朝奏疏》《三游诗稿》《乐泌堂文集》等。

（七）周士多

周士多，生卒年不详，字思皇，缙云人。士多天性孝顺友爱，才识超群。明思宗崇祯十二年（1639）拔贡，崇祯十五年（1642）赐进士出身。任辉县知县。据清光绪《缙云县志》记载，士多在辉县任上，遇流寇聚集太行山，大肆烧杀抢掠，士多亲率官兵乡勇围剿，擒获其头目，对其部下进行招抚，辉县百姓很快得以安宁。督抚将其功劳上奏朝廷，于是委任他新设的卫辉兵备一职，兼河北三府监军道事。后卒于官。

五、云和县（1452年建县前属丽水县）

（一）金忠

金忠（1432—1479），字尚义，祖上丽水县人，入籍云和，先补云和县学生，后应贡升入国子监。明天顺八年（1464）中进士。成化二年（1466），拜贵州道御史。未及上任，父母连丧。孝满，复任南京监察御

史。金忠巡视之处，执法严明，所向披靡。监察南京内帑诸卫仓及象马诸草场时，吏卒互相转告说，“千万不要触犯金御史”。他上疏敢于言人所不敢言，得罪了权贵，成化九年（1473），被往日所检举弹劾的官员上奏诬告。被捕定案后，发配辽阳戍边，他泰然处之，闭门著述。成化十五年（1479）病逝。著有《瓮天稿》《东瓯童子吟》《广会集方》等。

（二）沈暕

沈暕，生卒年不详，字景明，云和沈村人。沈暕性聪敏，有才识。明孝宗弘治十八年（1505）登进士第。初任宁州（今属甘肃）知州。任满，任兵部车驾员外郎，不久升武选郎中，出任武昌知府，后升山东副使。沈暕为官清廉，刚直不阿，“所至俱有能声”。有一年他奉旨出巡，发现权臣严嵩的党羽李杏为虚报“剿匪”成绩，砍杀无辜百姓以充数邀功，他查明事实后，严惩了李杏。晚年，沈暕辞官归家，皇上加封亚中大夫。退隐后，沈暕不问政事，每日饮酒作诗自娱，自称“东村野仙”。

六、庆元县

（一）鲍毕

鲍毕，生卒年不详，庆元县人。年少时即仰慕古代有学识者，长大后自己也成了有才之士。明永乐十二年（1414）中举人，永乐十三年（1415）中进士。授礼部仪制司主事。鲍毕擅写作，所著诗文，在当时具有影响力。

（二）胡俸

胡俸，生卒年不详，庆元县人。从小就有志向抱负，跟随父亲遨游，增长见识，入广西仪卫司籍。嘉靖八年（1529）进士，官行人，掌传旨、册封、抚谕等事，善于应对，获得朝野称赞。

七、遂昌县

（一）吴绍生、吴志父子

吴绍生、吴志是父子，均是进士。

吴绍生，生卒年不详，字继贤，号默斋，遂昌县城北隅人。明永乐十三年（1415）进士，以习译文考选翰林院庶吉士，转行人司行人，出使琉球。后升礼部仪制司员外郎，历工部屯田司郎中。著有《默斋集》。

吴志，生卒年不详，字味道，号介庵，吴绍生儿子。明成化二年（1466）中进士，授兵部主事，被派守山海关。历任户部、刑部郎中、广东惠州府知府。著有《介庵文集》。

（二）周德琳

周德琳，生卒年不详，字廷献，遂昌人。明成祖永乐十六年（1418）中进士，除刑部主事，历郎中。清光绪《遂昌县志》评价他为官"廉谨平恕，不阿权贵"。明英宗正统年间（1436—1449），周德琳在清理江西的刑事案件时，发现了许多错案，他都依法加以纠正，使许多原来被判死刑的犯人得以保全性命。后来提任为云南布政司参议。当时有一位姓金的宦官有事想请德琳帮忙，邀他见面，并且"以美官诱之"。德琳不为利诱所动，拒绝见他。辞官乞归。

（三）苏民

苏民（？—1538），字天秀，遂昌人。明洪武初，大封亲王，朝廷博选东南大族能人以充侍卫，其曾祖被举荐，从秦愍王，于是户籍从秦（陕西）。弘治十八年（1505）中进士。初任山西榆次知县，县人健讼，苏民处事公正，依法断狱，健讼之风逐渐平息。继而召为兵部职方司主事。苏民性刚直，不论权臣肆虐或皇上失行，都敢于进谏。时值宦官刘瑾恃宠专权，作威作福，朝臣不敢与他分庭抗礼，苏民多次进谏，被降职为四川梓潼驿丞。后神机营总张永找到机会向武宗奏疏，向武宗揭露刘瑾的罪状，武宗命将刘瑾抓捕审问坐实了其谋反等多条罪状，刘瑾被凌迟处死。苏民官复工部主事，调任吏部考功文选郎中。后又升南京太仆卿、太常卿，历

兵部、工部、刑部三部侍郎，官至刑部尚书，后人曾在县城立尚书坊纪念他。

（四）应槚

应槚（1493—1553），字子材，号警庵，遂昌桃溪（今应村）人。应槚"学问纯正，才识练达"（清光绪版《遂昌县志》卷8）。明世宗嘉靖五年（1526）中进士，授刑部主事，精刑律，善决狱，不徇私情。惠安张某贪赃案，张某部下有人夜里携金七百私谒应槚，为张某说情，被他严词拒绝，并依法惩处了张某。以员外郎身份奉命赴吴清理狱囚，他查清案情，公平处理，按律平反冤案，释放囚犯。嘉靖十三年（1534）升济南知府，济南事多难治，他处之裕如，政绩卓著。后又迁常州，常州比济南更难治，上任后，适逢当地造田亩户口册，他于是究极利弊，详定规划。"丁据黄册，粮据实征"。他所修改制订的赋役二法最为精善。离任后，地方上立"去思碑"怀念他。当时的吏部尚书许谠曾经在朝堂上称赞他"为天下第一知府"。再历宝庆、湖广提学副使，仍保持自己的风骨。不久转任苑马寺卿，即便是管理马政，他也极其负责，令养马吏按季详报生死马匹，实地查核，防止隐瞒吞没。任山东参政时，对造反"妖贼"只惩要犯，胁从者数千人都予以释放。又升山东布政使，擢都御史巡抚山东，不久改巡山西兼督三关。当时边备松弛，适北方部族俺答从长城古北口攻入，进犯京郊，京城危急，他立即发兵，会同各路勤王之师，为京城解围。后复任都御史，督理淮上水运，他开凿五里沟，引泗水入淮，使河道畅通，航运便利。嘉靖三十年（1551）擢兵部右侍郎，总督两广军务。他以文武全才治理地方，并建功于岭南。原桂林、东平一带"盗匪"作乱五十余年不靖，他一到即出告示，谕以德意，说明利害关系，大部分诚心归服，对仍负隅顽抗的，他亲督精兵出击，"盗匪"弃巢逃跑。遂封其山籍其田庐畜物，命令官兵屯驻耕作，种植作物以自给。应槚歼悍寇但不滥杀，治军果敢，武功显赫，朝廷赐他金帛并荫一子。嘉靖三十三年（1554）应槚病逝于军中。死后赠兵部尚书，朝廷遣官祭葬。

应槚著有《慎独录》《谳狱稿》《大明律释义》《警庵书疏》《苍梧军门志》等。

（五）翁学渊

翁学渊（1494—1554），字原道，号丹山，遂昌人。明世宗嘉靖十一年（1532）中进士，授南京刑部主事，再升刑部郎中。"明刑饬法"，以敏锐干练著称。后任贵州左参议，因试录问题被贬谪真定府通判，转邵武同知，历福建湖广佥事，卒于官。

翁学渊曾草创《遂昌县志》，后人修志时还学习、模仿他的原则和方法。

（六）周鳌

周鳌（1502—1566），字嵘伯，号明溪。明朝将领。遂昌县十三都周村人（今属三仁乡），后迁居杭州府仁和县。嘉靖三十四年（1555年）中武举，嘉靖三十五年（1556）中武状元。他是处州历史上唯一的武状元。授予锦衣卫副千户，旋升指挥佥事、都指挥佥事、盐城参将诸职，后调往广东，平定山寇全仕伃，因戎马倥偬，积劳成疾，不久病逝。周鳌为将机警，驭下恩威并用，多有战功。朝廷为表彰其功绩，在省城杭州北关门内大街赐建状元坊。

遂昌县十三都周村

（七）郑秉厚

郑秉厚（1535—1587），字子载，号苍濂，遂昌长濂庄（今云峰镇长濂村）人。他小时曾在鞍山书院读书，是明朝著名的循吏直臣。

郑秉厚祖上是汴人（今河南开封），宋廷南渡时，郑家迁至遂昌长濂。郑家是一个积德行善的家族，秉厚从小受到仁让道德的熏陶，孝顺知礼。秉厚好学，聪明早慧，记忆力强，明嘉靖四十年（1561）得乡试第二名。隆庆五年（1571年）中进士，初任江西南丰知县，为官清正，廉洁爱民，撤悍兵，均田赋，百姓得以安居乐业。他还兴学育才，振作士风，南丰"遂多士"，在他任上10余人在科考中登第。由于政绩显著，朝廷嘉奖，不到6年被征调到朝廷任职。郑秉厚到达京城，身居垣谏，直声震世。在吏科给事中任上，他上疏条陈，不避权贵，不受请托，尽职尽责。当时兵部侍郎孟重认时掌东厂、司礼监兼总管宫内外事务的太监冯保为父，阿附当朝首辅张居正，仗着有靠山，为非作歹，肆意杀人，秉厚毅然上疏弹劾，揭露其暴行，提出应将孟重逐出朝廷，另选才贤以充其任。他还提出对冯保、张居正也要"严加天戒，如仍党恶不悛，亦当一体罢斥"。秉厚不畏权贵、秉笔上疏的行为却让他被改授外官，任闽右参议，分守建南。赴任后，他"以爱民造士为务"，得到当地吏民的拥戴。再补贵州兵备副使，不滥杀无辜，恩威并济更重"以礼化之"，功绩卓著。擢江西左参政，提督漕运，他节用通济，区划惟宜，谨察纪纲，赈恤灾害。万历十五年（1587），他鞠躬尽瘁，死于江苏淮安的运粮船上，至死唯呼"进舟"。时年52岁。后归葬遂昌县长濂村北之宝山口。

朝廷为表彰其功绩，特在遂昌县城内东隅大街上竖石牌坊1座，石牌坊约高5米，宽4米，精工雕刻，金碧辉煌，横书"天垣谏议"四字。此石碑后因东街加阔而被拆。万历二十二年（1594）三月，中国古代著名的戏剧作家、任遂昌知县的汤显祖应其子郑孔授之请，专门为郑秉厚撰写了《大中大夫苍濂郑公神道碑》，记载郑秉厚的感人事迹，赞颂其事亲至孝、"坦衷邃识"、勤政爱民的高尚节操。

在他的家乡遂昌县长濂村，至今流传着许多关于郑大人的民间传说，并保留有郑秉厚府第大厅、堂楼、绣楼、郑氏宗祠等文物建筑。

云峰镇长濂村郑秉厚府第

云峰镇长濂村郑氏宗祠

（八）项应祥

项应祥（1554—1614），字汝和（清光绪《遂昌县志》记载字元芝），号东鳌，遂昌县城北隅人。明万历八年（1580）中进士。初任福建建阳知

县，立志做有操守的人，为官清正，力雪冤狱，建阳人颂"抱案吏从冰上立，诉冤人向镜中来"。

后任华亭（今上海市松江区）知县，主勘势恶，定以大辟，声震南都。擢升司谏，"正直不畏强御，凡险妄妖魅之徒多忌惮之"。万历二十年（1592）升户科给事中，继任礼科、工科左右给事中、吏科都给事中、太常寺少卿、通政司右通政。万历三十六年（1608）擢都察院右佥都御史、应天巡抚。晚年因病居家，置养士田300石于学宫。万历三十七年（1609），项应祥在城北文明巷创办项氏义塾。入祀建阳"名宦"，遂昌"乡贤"。著有《醯鸡斋稿》《国策脍》《问夜草》等。万历四十二年（1614）卒于家，墓在邑北三里东门铁洞口。

（九）尹思忠

尹思忠，生卒年不详，字苾卿，遂昌人。其祖辈以扈从入京，世袭锦衣，传至思忠是第四代。思忠仪表堂堂，学问渊博，于明神宗万历十三年（1585）乡试中举人。但因相面先生说根据他的容貌，将来应凭武功而贵。于是他就投笔习武，苦练武功，明神宗万历十四年（1586）考中武进士。谪守雁门，官至山西都司佥书。思忠天性孝友，爱护士兵，常常宴请当地的文人雅士来谈诗说剑，颇有儒将风度。明万历十九年（1591）给事张贞观视察边关，听说思忠贤能，"虚心咨访"，思忠于是献上六条筹边大计，此事得到边人的赞颂。

八、松阳

（一）卢玑

卢玑，生卒年不详，字舜用，松阳县人。家中贫穷，但其有志向，从小用功学习，明英宗天顺八年（1464）中进士。廷试对策近万言，皆切中时弊。时尚书李贤当国，想拉拢他，他不肯阿附。卢玑还上疏，请正宫闱名分，痛陈宦官与僧人勾结惑众，所言事实确凿，切合事理，直言不讳，结果当朝权贵、内廷嫔妃和宦官群起诋毁他，竟被谪戍边疆铜鼓卫。统领西厂的宦官汪直临边，想笼络卢玑，许其入朝，但卢玑不为所动，不肯屈膝。虽仕途不顺，但卢玑不减青云之志，反更加勤奋，钻研理学，辩论古今未定之说，尤其对元刘谧的《三教平心论》有独到见解。作《贞字补遗十目》，其图说深得圣贤之旨。明孝宗还是太子时，已闻其名，即位后，下诏起用卢玑，可惜他已年迈。

（二）詹雨、詹宝兄弟

詹雨、詹宝，松阳县城西屏镇东门桥亭街人。其父亲詹景威，明朝永乐九年（1411）中举人，辗转各地履职，官职虽不高，但所到之处皆造福百姓。詹景威一共有七个儿子，詹雨是老六，詹宝是老七。詹雨、詹宝兄弟两人刻苦攻读，后来双双高中进士。

詹雨（1438—1508），字天泽，号素履。从小英敏好学。明宪宗成化元年（1465）中乡试，成化二年（1466）即登进士第，初拜兵部主事。他严饬风纪，采取措施清理整顿军队中的宿弊，得罪了司礼监掌印太监汪直，被汪诬陷，被外放到江西建昌任知府。在建昌任上，他平赋役，缓刑罚，兴利除害，惠政利民，深受百姓拥戴。但不久则奔母丧。服满出任广东韶州知府，抑权门，捕积盗，兴学宫。弘治五年（1492）擢广东左参政，总督粮储。不久，辞官归家，读书讲学，教导后人，被乡亲传诵。

詹宝（1446—1518），字天球，号静斋，詹雨的弟弟。得益于兄长的教诲，学业有成。成化十六年（1480）中乡试，明孝宗弘治九年（1496）五十岁时考中进士，授新昌县令。詹宝为政廉明，依法办事，生活简朴。在他的治理下，豪族敛手、盗除民安，能声大振。因政绩突出，皇帝要召见他，他却以性耽山水为由，解绶辞官，告老还乡，纵情家乡山水，吟咏诗词。詹宝有《静斋集》遗世。

詹雨、詹宝兄弟俩相继登第，且为官清廉，故得到朝廷的表彰。就在詹宝登第的那一年，经弘治皇帝赐准，松阳县在城东下马街建造了一座牌坊。牌坊雄伟高大，工艺精湛，仿木石结构，全部用青石雕刻砌筑，四柱三间五楼，歇山顶，正楼石匾匾额竖刻"恩荣"二字，明间花板上一面是"兄弟进士"、另一面是"父子贤科"八个大字。此牌坊历经500多年风雨，至今完好，现已成为松阳县的文物遗址和风景点之一。1989年，浙江省人民政府批准公布"詹宝兄弟进士牌坊"为省级文物保护单位。

詹宝兄弟进士牌坊

（三）毛文邦

毛文邦（1505—1556），字希同，号春野，松阳县城人。明嘉靖七年（1528）中举人，嘉靖二十九年（1550）中进士。授刑部主事，三年后任刑部承德郎。大家都想升官，文邦却在即将晋升之际，远离权贵，上疏要求离京赴南，任南京刑部员外司、刑部郎中。任上，依律办案，平反了许多冤案。升大名府尹，未及到任，嘉靖三十五年（1556）卒于南京任所。文邦为官廉洁，生活节俭，自中举入仕30余年，产业如旧，死后几不能殡葬。谥"清德先生"。

九、景宁县（1452年建县前属青田县）

（一）潘琴

潘琴（1424—1514），字舜弦，号竹轩，别号鹤山沅子，景宁县鹤溪人（建县前属青田县）。自幼机警聪敏，博通经学和史籍，其文章典雅，甚至有古代作者的风韵。性格严谨持重，做事认真。明正统十二年（1447），被举荐进入太学，在太学十年。天顺元年（1457）殿试赐进士出

166

身，授南京吏部稽勋司主事，天顺五年（1461）任兵部五库职方员外郎。明宪宗成化七年（1471），任福建省兴化（今莆田市）知府。

在知府任上，潘琴进行了系列改革。大学士、诗人李东阳的《福建兴化府知府致仕进阶亚中大夫鹤溪潘先生墓碑铭》中记载了潘琴"建社学，毁淫祠，禁端阳竞渡、元宵放灯旧俗。每以片言折狱，庭无留案。稽废寺田，以赡公用。巨细出纳，皆有籍记，可覆按。……公实再继，益大为设施，不避权贵，人始哗而终信"。他重视教育，兴建社学，拆除滥建的祠堂。他善于断狱，办事效率高，能从简单的几句话中去推究出案件真相，做出判决，使诉讼积案一扫而空。稽查寺院废弃的田地，收作公用。收入支出登记在册，账目清楚，可复核查验。他不避权势，推进改革，人们起初并不理解，喧哗吵闹，后终于被他的品行和功绩所折服。

潘琴任官29年，博学多才，正身洁己，不徇私情，颇多建树，在吏民中口碑甚好，民国版《景宁县志》中说他"文学齿德卓然，为东南重望。离闽四十年，莆民犹移文问安否"。他离任40年，闽地百姓还惦念着

景宁鹤溪潘家大屋

他，可见其在当地任官甚得民心。后因母丧辞官回家守孝。明宪宗成化十五年（1479），在他56岁时，"乞休，作《招鹤辞》寓意"。居家期间，虽居所离县府不远，却非公事足不至公堂。平日性敦孝，睦友邻，教授子侄和乡村子弟，培养人才；热心公益，创祠宇，修宗谱，辟祭田；手不释卷，著书立说，吟诗作文，著有《竹轩集》《山居录咏》。晚年身体精健如少壮，90岁去世时，许多士大夫致挽词纪念他。嘉靖年间（1522—1566），县人建亚魁坊、进士坊、达尊坊纪念他。现在，景宁鹤溪镇戏台后15号的潘琴故居——潘家大屋，是浙江省级文物保护单位。

（二）李琮

李琮，约明正统初年生，字义方，景宁大均村人（建县前属青田县）。天顺六年（1462）中举人，八年（1464）中进士。成化年间，授南京吏部主事，后任山西平阳知府。其时，恒曲县农民暴动，官府商议主张发兵镇压。李琮对都御史叶琪进谏劝告：百姓是迫于贫苦饥饿，请施安抚之策。他带着数名随从冒雪前往，对暴动者首领晓以利害，终使其感泣听命，平

景宁大均村

定了事件。事平之后，提任为湖广布政司左参议。后奉命以武力镇压施州（今湖北省恩施县）少数民族暴动，并升山西按察使，福建左布政使。卒于官。

李家一门三进士，李琮弟弟李璋，弘治十五年（1502）中进士，官山西副都御使。其子李锌，嘉靖二年（1523）中进士，官按察使。为褒扬这一门三进士，景宁县奉旨在县北建兄弟方伯坊、父子进士坊，大均村建骑街进士坊，李氏宗祠正门并开三门，一大二小，悬"父子方伯""兄弟进士"匾。

十、宣平县

吴仕伟

吴仕伟，生卒年不详，字世美，宣平县吴上圩人。明弘治三年（1490）中进士，宣平建县后的首位进士。官礼部都给事中，去世后归葬马口古山。入祀县乡贤祠。

第五章

清代处州进士

清代在沿袭明代中后期科举程式的基础上，结合自身的统治需要对科举制度进行调整与补充，详订科举条例，严防弊端，使清代科举制度更加完备。康熙、雍正、乾隆朝，科举制度达到鼎盛，其缜密与完善程度远超前代。但清中期之后，随着清朝统治的没落，科举制度也逐渐走向衰败。至光绪朝，尽管朝廷对科举制度进行局部改革，但此时清廷已经危如累卵，停废科举被视为挽救时局的重要举措，在日益高涨的废科举呼声中，光绪三十一年（1905）八月，清政府宣布停废科举考试。至此，在封建社会实行了1300年的科举制度退出了历史舞台。

清代，反清战争不断。处州经济文化虽有一定的发展，但在科举上的成绩并不理想。

第一节　清代科举制度概述

清代科举制度在沿袭明代科举制度的基础上，也根据自身需要进行了一些改革，使其更趋完善，以发挥其"抢才大典"的作用。但随着国内外形势的发展变化，长期局限于以《四书》《五经》为核心考试内容的科举制度，已无法适应社会的发展需要，清代的科举制最终还是经历了由繁盛到衰落，再到被废除的过程。

一、科举制度是"抢才大典"

《清史稿·选举志》记载："有清以科举为抢才大典，虽初制多沿明旧，而慎重科名，严防弊窦，立法之固，得人之盛，远轶前代。"清代在继承明代科举制度的基础上，制定了一整套严密完善的科举制度，作为笼络汉族知识分子、为统治阶级选拔人才的重要工具。

清世祖顺治元年（1644，亦即明崇祯十七年），清朝入关后，接受范文程的建议，在大力争取前明各级官员的同时，下令立即仿照明朝的做法，开科取士。顺治二年（1645）秋，举行乡试，三年（1646）春，在北京举行会试，录取了开朝的首批进士。四年（1647）春，加行会试，多取江南文士。顺治帝重科举，1653年，在上谕中强调科举制度的重要性："贡明经，举孝廉，成进士，何其重也！"雍正皇帝也说："乡、会两闱，乃国家抢才大典，必须防范周密，令肃风清，始足以遴拔真才，摒除弊窦。"清代的《钦定科场条例》，对科举制度的各方面做了详尽的规定，非常细致严密，试图为统治者选拔人才提供相对公平的竞争环境。

顺治朝18年共开8科，录取进士2591人，年均144人。随着清王朝的统治逐渐稳定，三年一次的乡试、会试如期举行，如果遇到皇帝登基、"万寿大庆"之类庆典，还会增加"恩科"。故清代260多年，科举会试

102科，共录取进士26362人，平均每科259人，以262年计，每年平均100人。这些选拔出来的科举人才来源广泛，补充了统治者所需的官员缺额，奠定了清朝的统治基础。

二、清代科举制度内容

清代科举制度完备，实行常科、制科和八旗科并行。清代常科分为文科和武科，二者都实行童试、乡试、会试和殿试四级考试制度，但考试内容、录取方式和及第后的待遇有明显差异。制科是在常科基础上进行的科举改革，是对常科的补充和完善。八旗科是清代专为八旗人员设立的考试。在此主要介绍常科和制科。

（一）常科之文科程式

清代常科之文科沿袭明代的考试制度，童生先参加童试，考取者称为秀才。正式科举考试分为乡试、会试和殿试三级，中式者分别获得举人、贡士和进士称号。

1. 童试

童试也叫作小考、小试，属于入学考试，童生未入学的，哪怕年届七八十岁亦称童生。有副对联就嘲笑老童生"人生七十还称童，可云寿考；到老五经犹未熟，不愧书生"。

童试一般三年两考：每逢丑、辰、未、戌年为岁考，寅、巳、申、亥年为科考。童生要取得生员资格，必须经过县试、府试、院试三级考试。

童生应试，先经县试。县试由各县及隶属于府的州、厅长官（如知县、知州、同知）主考。童生报名时要填写姓名、年龄、籍贯、三代履历，同考者5人互结，再请本县官学的1名廪生作保，以确认童生籍贯无误、家世清白、没有不良行为。

县试分几场进行，由主考县官决定。一般分5场。第一场是正场，考《四书》文2篇、五言六韵试帖诗1首，录取标准较宽松，只要文字通顺即可。第一场通过后，后面几场是否续考，由考生自己决定。第二场初复，第三场再复，第四、五场连复，最后考取第一名的，称县案首，是年院试一定入学。

府试，由各府长官主持。府相当于今天介于省和县之间的行政机构，即地级市的行政机构。府试由知府及直隶州的知州、直隶厅的同知担任主考，一般也分5场，报名手续、考试内容和程序基本与县试相同，府试第一名称为府案首。府案首必入学。

院试，是童试中最关键的，在各府治、州治举行，由朝廷派出的学政主持。府试因故缺考者，可补考一次，合格者可以和府试录取者一起参加院试。院试场规比县试、府试更严格，院试时，以该府知府或同知为提调官，学政亲自点名并在场监考。若考生有不法行为，由学政发交提调治罪。院试正场试《四书》文2篇，五言六韵试帖诗1首。复试考《四书》文1篇、经文1篇，如考生能默写《圣谕广训》200字，经文可免试。复试后，公布录取名单，正式录取者取得府、州、县学正式学生资格，称为生员，也称秀才、茂才、文生、相公等，考取第一名的称为院案首。若县试、府试和院试都是第一名，则被称为"小三元"，也很是荣耀。当时，府学称为上庠（庠意指学校），县学称为下庠。各县、州、府学的学宫又称为泮宫。生员称为附生，又称为庠生，美其名曰茂才，当时社会上统称秀才。秀才在清代可享受见官吏不下跪、犯法不能像平民百姓一样用刑具等待遇。

通过院试成为官学生员只是意味着取得了参加正式科举考试的可能性，最终能否有资格参加正式科举考试，还要看能否通过岁试和科试。若岁试和科试被淘汰，则没有正式科考的资格。

学政到任后的第一年举行岁试，以考察生员的学业及文理水平，并以此为依据给予相应的奖惩。考试内容清初为《四书》文、经文，乾隆二十三年（1758）规定加考五言八韵试帖诗，并默写《圣谕广训》一则。岁试成绩分为六等，称为"六等黜陟法"，不同的成绩等级给予不同的褒贬升黜和奖惩，实行动态管理，为官学生员通过岁试升级提供了制度保障。考试成绩列一、二、三等的可以提高待遇或保持原有待遇，而四、五、六等的则要降级或黜革。清代官学生员分为三类：第一类为廪膳生员，官府给予膳食，享受官府的生活补贴；第二类为增多者，称增广生员；第三类为

额外增取，附于诸生之末，称附生学员。入学以后的新生，清代可以戴银顶冠，穿蓝衫。岁考成绩劣等的考生会受降级处罚：由县学降到乡、社学，称为"发社"，或者由着蓝衫改为穿青衫，称为"青衣"。成绩优等的可提高自己的地位，或保持原有的廪膳。如成绩一等的增广生员和附学生员及青衣、发社都可补廪膳生员，如果廪膳生员没有缺额，附学生员及青衣、发社可先补增广生员。如增广生员也无缺额，青衣、发社可先恢复附学生员身份，等候廪膳生补额。

岁试的第二年进行科试。科试是生员参加乡试前的一次选拔考试。清初，科考科目与岁考科目相同。乾隆二十三年（1758），改为书1篇、策1道、五言八韵试帖诗1首，并默写《圣谕广训》200余字。科考成绩名列一、二等及第三等前数名（大省前10名，中小省前5名）的廪生、增生和附生，获得参加乡试资格。凡是科试没被录取或因故未参加科试的生员、在籍却因不列于学宫而未参加科考的监生、荫生、贡生，经学政主持的录科考试合格后，也可以参加乡试。凡是科试、录科没有录取者或因故未参加者，还可以参加一次录遗考试和大收考试，合格者同样也能参加乡试。科试的录取名额根据乡试的举额来确定，即乡试每取中1名举人，科试按规定比例取若干名生员，至于这个比例是多少，不同时期、不同省份的比例不同。如乾隆九年（1744）规定的录取比例是，浙江等大省，每举人1名，录送科举80名；中省每举人1名，录送科举60名；小省每举人1名，录送科举50名。所以，清代为了更广泛地选拔人才，进入乡试除经过严格的童生试和科试外，还开辟了其他的途径，以尽可能为有才华者参加乡试创造条件。

2. 乡试

乡试又称乡闱、秋闱、秋试、大比。同明代一样，清代真正的科举考试始于乡试，乡试在南北直隶及各省省会举行，每三年一次，逢子、卯、午、酉年的八月举行，叫作正科；遇着皇上登基、万寿、大婚等喜庆年份加一届科场，叫作恩科。康熙五十二年（1713），康熙六十大寿，朝廷二月开恩科，这是首开万寿恩科。按规定，喜庆庆典如逢正科之年，就以正科为恩科，将正科提前或推迟一年举行，或提前到当年的三月举行。

乡试分三场：即农历八月初九、十二和十五各一场。每场考试的前一天即初八、十一、十四，点名、搜检后入闱，后一天即初十、十三和十六交卷出闱，共历九天六晚。乡试正、副主考官由皇帝任命。

清代乡试、会试考试内容相同，并因时而变。顺治二年（1645）颁布的《科场条例》规定，乡试、会试第一场考《四书》3题，《五经》4题；第二场考论1道，诏、诰、表各1道，判5道；第三场考经史时务策5道。康熙中期，大力提倡孝道，下诏废诏、诰，第二场专用《孝经》，后因《孝经》出题范围较窄，又将《性理》《太极图说》《通书》等纳入命题范围。后又改为第二场专用《性理》命题。雍正时，下令将《孝经》与五经并重。乾隆时期，乡试、会试考试内容多次调整后定型：第一场考《四书》文3篇，从《论语》《孟子》《大学》《中庸》中出题，五言八韵诗1首；第二场考五经文各1篇，用《诗经》《书经》《易经》《礼记》《春秋》各出1题；第三场策问5道，从经史、时务、政事中出题。这一出题做法后来沿用到清末。

为了防止舞弊行为，清代在考生交卷后的试卷处理上设置了预防性程序和措施。考生交卷后，受卷所收卷子，违禁的卷子告知提调，并用蓝榜公布在贡院墙外，第一、二场登蓝榜者意味着被取消了下一场考试资格。合乎格式规范的卷子再由弥封所负责将考生姓名、籍贯等个人信息进行弥封糊名，誊录所负责将考生的墨卷誊录为朱卷，然后交对读所进行校对。誊录者对墨卷擅自改动，而读者没有查出或者发现后不举报，均会受到严惩。试卷经过这样的预处理之后，墨卷由外收掌存档，朱卷送入内帘官阅卷。内帘官的阅卷对象无法自己挑选，事先也不知道自己会评阅谁的试卷，采用抽签分卷、临时匹配的方式。

乡试录取者称为"举人"。第一名称为"解元"，第二名称为"亚元"，第三、四、五名为"经魁"，第六名为"亚魁"。其余都称为"文魁"。

清代乡试延续了明代的分省定额录取办法，且比明代规定得更为详细具体。乡试各省的定额，根据该省的文化水准、人口、贡赋等情况来确定，并且随着各省实际情况的变化，乡试名额会有增减。为了照顾文化落后的偏远地区，清代还在各省乡试定额的同时，省内专门划出一定名额，

另编字号，专门录取这些地区的考生。这种定额制，是朝廷为了平衡不同地区科举录取人数的举措，在一定程度上促进了文化落后地区教育和科举的发展。

3. 会试

清代会试由礼部主持，考试的对象是通过乡试的举人。会试在乡试的次年举行，也是三年一试，即逢丑、辰、未、戌年举办。清朝初期，会试时间在农历二月。乾隆十年（1745），改为三月，成为永制。因会试时间在春季，故称春闱；又因是礼部举办，又称礼闱。

清代会试同乡试一样，也有正科和恩科。在乡试正科次年举行的为会试正科，乡试恩科次年举行的为会试恩科。会试分三场：第一场在初九，第二场在十二，第三场在十五。

清代会试试题内容同乡试一样，如前所述。

会试录取名额，清初没有定例。自顺治九年（1652）开始，沿用明制，实行南、北、中三卷分卷定额录取制度。顺治十八年（1661）又规定，会试按人数多寡，随时定额。康熙五十一年（1712），鉴于分卷定额录取的人数有的省多，有的省少，各省录取人数多少不均，不利于选拔有真才实学之士，于是下令不再预定进士额数，而改为由礼部查明各省到京参加会试人数，奏明皇帝，由皇帝根据省的大小、人数多寡酌定录取人数。考试录取时，就分省份根据文章水平择优按照省额数录取。按省分别录取遂成为定制，并一直沿用到清末科举停废。

会试录取者称为贡士，第一名称为会元。

为防止科场舞弊的发生，清代对乡试和会试还实行磨勘、复勘和复试。磨勘是乡试、会试之后对考试的各个环节进行检查，包括命题有无纰漏或过错，阅卷是否正确合规，对读誊录是否有误，考生答卷思想性、文理性、规范性如何等，所以，磨勘除了检查考生答卷，更重要的是检查考务工作，将考官和考务工作人员都纳入监督体制中，以促使其严格遵守科场条例。复勘是为了防止磨勘官舞弊而实行的对磨勘工作的检查。试卷磨勘完毕后，选派本科考官之外的内阁、六部、都察院等官员担任复勘大臣，对磨勘后的试卷再次进行严格检查。

复试是在乡试、会试放榜之后。通过复试，核对复试卷与原卷的考生的文义字迹，防止考官徇私舞弊、考生代考或冒名顶替。康熙五十一年（1712）壬辰科会试放榜后，顺天解元查为仁因传递舞弊事发而脱逃。康熙帝怀疑新进士中有代考，于三月二十日亲自在畅春园进行复试，这是清代会试复试之始。但此后复试并没形成定制，乾隆年间重视复试，但主要还是针对科场舞弊案进行。到嘉庆年间，将会试后的复试正式定为制度，会试放榜后，进行复试。《钦定礼部则例》卷94的《乡会试覆试》中规定："复试卷文义字迹，如与原卷大相径庭，比对如出两手，显系冒名顶替，以及传递、代写等弊，讯明得实，将不能查出之知贡举、监试、提调等官，照例议处。……如原中卷内文义亦复荒谬，将主考、同考一并议处。"复试通过比对文义字迹，如发现存在冒名顶替、考试作弊等行为，查实后，知贡举、监试、提调等官都要追究责任。如果发现中试卷子文义荒谬，主考、同考官一并要追究责任。

经过会试磨勘和复试合格后，贡士即可参加由皇帝亲自主持的殿试。

4. 殿试

与明代一样，清代殿试是由皇帝亲自主持的最高级别的科举考试。殿试时间，清初在四月初，雍正元年定为十月；乾隆二十六年（1761）定为四月二十一日，四月二十五日传胪，从此成为定制。

殿试由皇帝亲自主持，故评阅试卷的大臣不称考官而称读卷官。读卷官由皇帝从大学士和进士出身的内阁学士、尚书、侍郎、左都御史、副都御史中选派。乾隆二十五年（1760）前，读卷官有14人，乾隆二十五年改为8人，其中大学士2人、部院大臣6人。试题先由读卷官拟定，殿试前三五日进呈皇帝审核。乾隆二十六年（1761），为预防泄题，改为读卷官在殿试前一日密拟8条进呈，由皇帝从中钦定4条作为殿试试题，晚上由工匠连夜刊刻印刷。殿试答题不限字数，但不能少于千字，否则视为不合格。

殿试次日即开始评卷。殿试试卷被随机分配给读卷官评阅，评阅等次分为五等，等级分别用圈、尖、点、直、叉（○△、｜×）进行标识，读卷官先评阅自己分得的试卷，根据策文的内容、结合答卷的书法评出等

次，还要轮阅其他读卷官已评之卷，也评出等次。试卷全部阅完后，由首席读卷官总核，并主持进行综合评议，进行排名，排名时，得圈多者排在前。排名前10的试卷进呈皇帝，由皇帝钦定名次，一甲3名，依次为状元、榜眼、探花，赐进士及第；二甲若干名，赐进士出身，二甲第一名称传胪；三甲若干名，赐同进士出身。一、二、三甲统称进士，考取进士称为"甲榜"。

前10名名次确定后，皇帝召见前10名进士，称为小传胪。10名之外的试卷，由读卷官依照阅卷时排好的名次，在榜上书写二三甲的名次，称为金榜。金榜有大小金榜之分，大金榜在传胪日张挂，小金榜收藏于宫中。四月二十五日太和殿举行极为隆重的唱名发榜仪式，正式公布殿试名次，称为传胪。在鼓乐和鞭炮声中皇帝登上御座，接受群臣和新进士的跪叩礼后，大学士手捧黄榜交给礼部官员，礼部官员跪接后，将榜置于丹陛正中的黄案上，行三叩礼。接着，新进士在鸿胪寺官导引下就位，在传胪官唱名时，依次出列前跪，向皇帝行三跪九叩礼。然后，礼部官员手举黄榜至午门前，将榜跪置于龙亭内，行三叩礼，在乐曲声中由銮仪卫校尉将龙亭抬到东长安门外，金榜张挂在长安街上，新进士随榜而出，观榜后被送回住地。

传胪后1日，在礼部举行新进士恩荣宴，由钦命大臣1名主持，考官、执事官、礼部官一同赴宴。

清代，沿袭明制，一甲三名进士传胪大典后即予授职。进士一甲第一名即状元授翰林院修撰，第二、三名即榜眼和探花授翰林院编修。其他进士则还须参加朝考。

朝考始于雍正元年（1723），在殿试传胪后3日即四月二十八日在保和殿举行，它是从新进士中选拔翰林院庶吉士和授予官职的一种考试。根据朝考的成绩，再综合会试复试和殿试成绩决定等第，其中尤以朝考成绩为重。等第名次位列前茅的，选为翰林院庶吉士，一般占所有新科进士的20%左右，等第次之的授予主事、内阁中书、各地知县等。

（二）常科之武科程式

清代武科考试在程序上与文科考试一样，也分为武童试、武乡试、武会试、武殿试，每三年举行一次。

初次参加武科考试的士子，称为武童生，武童试分三场，第一场考马射，第二场考步射，均属于外场。第三场为内场，考策、论，后改为默写《武经》。中式者成为武生，获得"武秀才"资格。

武乡试、会试与文科乡试、会试同年举行，但时间月份比文科晚。武乡试于子、卯、午、酉年的十月举行，武会试于辰、戌、丑、未年的九月举行。武乡试、会试与童试一样分内外三场，第一场考马射，第二场考步射、技勇（开弓、舞刀、掇石），这两场为外场，考的是武艺。第三场为内场，考文化知识，顺治年间考策二问、论一篇，试题从"武经七书"（即《孙子》《吴子》《司马法》《尉缭子》《问对》《三略》《六韬》）中出。后来康熙认为"武经七书"文义驳杂，与王者之道不完全相符，下诏增加《论语》《孟子》等书作为命题范围，考试内容改为论两题、时务策一篇，论第一题用《论语》《孟子》，第二题用《孙子》《吴子》《司马法》出题。乾隆二十四年（1759）又改为论、策各一篇，均从"武经"中出题。嘉庆年间，废除策、论，改为按要求默写"武经七书"中一段。

各省武生、绿营兵丁等均可应武乡试。武乡试录取名额，康熙二十六年（1687）规定为各省文乡试录取名额的一半左右。雍正年间略有减少，但陕、甘两省因人才壮健、弓马娴熟却有增额。根据《清史稿·选举志》，清代武举名额浙江省为60名。武乡试录取者称为武举人，简称武举。

清代的武会试，顺治三年（1646）开科。武会试在雍正元年（1723）之前，武举及下级军官千总、把总都可应试，但年逾60者不能应试。雍正元年停止千总、把总应武会试，只限武举出身者参加会试。武会试不设录取名额限制，中额多至300名，少则100名。康熙年间，内场分南北卷，南卷、北卷各录取50人。康熙五十二年（1713），实行分省录取，录取人数由皇帝根据应考人数而定。清初，武会试中试者，无须经过复试和殿试。乾隆四十年（1775），高宗规定武会试后需复试，复试时武举人须演示马射、步射、技勇，若与会试成绩不符，处罚严厉，罚停殿试一科，考官交吏部议处。道光十三年（1833），宣宗下令，武会试后先由钦派的磨勘大臣进行磨勘，然后才进行复试，磨勘和复试都合格才能参加殿试。

武殿试是清代武科的最高一级考试，于武会试结束后的同年十月举行。会试后已取得武进士资格者，通过殿试（也称廷试）分出等次。内场主要考策文，嘉庆时改为默写"武经"百余字，读卷官设4人。外场皇帝亲阅马、步射及弓、刀、石等项目。钦定甲第后，由读卷官填榜。殿试等次共分三等，称为"三甲"。一甲3名赐武进士及第，3名依次为武状元、武榜眼、武探花，一甲3名世称为"鼎甲"；二甲若干名，赐武进士出身；三甲若干名，赐同武进士出身。一、二、三甲统称武进士。传胪仪式与文举传胪大体相同，不过举榜、送榜由兵部完成，榜张挂在西长安门外。传胪仪式次日，在兵部举行会武宴，赐给武状元盔甲、腰刀等物，赐众武进士银两。

武进士的授职，顺治三年（1646）规定，武状元授正三品的参将，武榜眼授从三品的游击，武探花授正四品的都司。二甲授正五品的守备，三甲授从五品的署守备。康熙年间又有变动，康熙十一年（1672）规定，自一甲一名起，前一半选授营职，是直接带兵的官，后一半授卫职，担任宫廷侍卫。雍正五年（1727）规定，武状元授御前一等侍卫，武榜眼、探花授二等侍卫，从二甲中选10名授三等侍卫，从三甲中选16名授蓝翎侍卫。此后，没有太大的变更。

鸦片战争以后，在频繁的御侮战争中，武举人才不能适应新的战争要求，朝臣提出改革武科旧制，响起"废弓、矢、刀、石，试枪炮"的呼声。然而，光绪二十四年（1898）照例举行武会试——这是中国历史上的最后一次武会试。直到光绪二十七年（1901），武举制度最终被宣布废止。

清朝以铁骑劲弓得天下，所以前期几个皇帝都很重视讲习武艺，武举考试时重视武生的武艺和技勇的外场胜过文化考试的内场，外场成为决定考试名次的关键。到嘉庆年间，考虑到武人多不能文，所考策、论不合格者多，一些外场成绩突出者往往在内场考试中失利，于是干脆废除策、论，改为默写"武经七书"中100字左右。这样迁就的结果是武举考生不重视文化水平的提高，社会上歧视武人之风盛行，武举的社会地位大不如清代前期。于是，不但在观念上，而且在实际待遇上，武科地位也比文科要低。

（三）制科

制科是常科之外的其他人才选拔方式，是对常科考试的补充、完善和调整，是由皇帝亲自下诏选拔学问渊博的文人学士的制度。唐代设立了名目繁多的制科，宋代也实行制科选拔，元代和明代都没有设制科取士制度。清代，为延揽人才，重开制科。制科分为博学鸿词科、孝廉方正科、经济特科等。

1. 博学鸿词科

在清代制科中，以博学鸿词科最为重要。清代的博学鸿词科共实施了2次，一次是康熙十八年（1679），一次是乾隆元年（1736）。

康熙皇帝为了笼络汉族知识分子，争取他们与朝廷的合作，同时为了选拔有真才实学者进入统治阶层，诏开博学鸿词科。康熙十七年（1678）一月，康熙诏令："自古一代之兴，必有博学鸿儒，振起文运、阐发经史、润色词章，以备顾问著作之选。"要求各级官员广为延访，积极举荐，以期求得真才，并确定了荐举与考试相结合的方法来选拔人才。康熙十八年（1679）三月，被荐博学鸿儒143人在体仁阁进行考试，试题为《璇玑玉衡赋》1篇、《省耕诗》五言排律二十韵。这与常科中的八股文及策论考试有很大区别，着重考察的是士子的诗赋文学创作能力。同时，尽量放宽评卷标准，以答卷的文学性而不是政治性为标准来选拔人才。此次制科考试，荐举143人中最后录取了50人，其中一等20人，二等30人，他们分别被授以编修、检讨等，入史馆，纂修《明史》。这次博学鸿词科选拔了不少博学鸿儒和社会名士，一定程度上争取了一批汉族优秀知识分子为统治者所用，对于消解反清情绪，缓和矛盾，巩固清代统治起到了积极作用。由于此次博学鸿词科是在己未年举行，史称己未词科。

乾隆元年（1736）九月，乾隆皇帝亲临保和殿，对荐举的176人进行考试。乾隆元年为丙辰年，此次考试也称丙辰词科。考试分两场：首场考诗赋论各一篇，第二场考经解、史论策各一篇。这次博学鸿词科与康熙年间博学鸿词科相比，从考试内容看，除了考文学能力，还很重视考察士子的政治识见以及为人处世的态度。阅卷也远比康熙己未词科严格，虽然考试人数增加，但录取人数却大大减少，录取一等5人，授予编修，二等10

人，分别授予检讨和庶吉士。次年七月，对后到者26人进行了一次补试，录取一等1人、二等3人。乾隆丙辰词科没有达到笼络和选拔人才的作用。一些在历史上产生重要影响的经史大师、文学大家，如沈德潜、厉鹗、桑调元、顾栋高、袁枚等人均落选。

此后，道光年间、同治年间、光绪年间，清廷几次议开博学鸿词科，因种种原因，最终都未再开此科。

2. 孝廉方正科

孝廉方正科是以德行为主要考核内容的制科科目。顺治十五年（1658），朝廷曾举用孝子，由吏部复核考试，根据考核情况授予官职，但没有形成制度。

康熙六十一年（1722年），雍正继位后，即下诏各省府州县举孝廉方正，以备朝廷使用。雍正元年（1723），再次诏令各省督抚速遵前诏，确访举奏。不久，浙江、直隶、福建、广西各荐举2人，授予知县，55岁以上者任命为知州，孝廉方正科确立。此后，历朝皇帝登极，下诏荐举孝廉方正者授予官职成为惯例。

乾隆元年（1736），有大臣奏议，孝廉方正举荐存在冒滥之弊，有失公当，请求谨慎选举。乾隆皇帝接受了建议，规定府、州、县、卫举孝廉方正，应由地方绅士里党一起公举，州、县官吏进行查访核实。如果所举为生员，须由州、县官会同学政一起考核，申送上级复核后，给予六品章服荣身。如果所举者德行才学兼优，由督抚破格保荐到吏部，经朝廷考核合格者，候皇帝旨意任用。为提高孝廉方正科质量，乾隆五年（1740），又增加考试环节，以提高选官过程中的公平性，也促进了孝廉方正科的制度化。

孝廉方正科的任职，起初只限授知州、知县二职，后来范围扩大了，也有授予州同、州判及学校教职。

3. 经济特科

经济特科中的"经济"，是经邦济世之意。经济特科以选拔实用型人才为最终目标，这是经济特科与常科的一大区别。

晚清时期，时局动荡，改革科举的呼声日益高涨。甲午战争失败，选拔具有济世才能的实用型官员成为迫切需要。光绪二十四年（1898年）正月，光绪令总理各国事务衙门会同礼部斟酌拟定经济科基本制度，明确经济科吸纳的主要是内政、外交、理财、经武、格物、考工六类人才。五月，礼部制定了经济科考试的基本章程，光绪允行，并发出上谕，令三品以上京官及各省督抚、学政尽心举荐人才，三月内汇总以备考试。大臣们纷纷举荐，3个月时间举荐了200多人。然而1898年戊戌变法失败后，光绪帝被幽禁，经济特科按慈禧谕旨被停罢。

光绪二十七年（1901），慈禧太后迫于时局的压力，为笼络人心，标榜"改革"，颁谕旨开经济特科。但由于经济特科具有明显的改革因素，慈禧太后和顽固派官员实际上并不热心。一直到光绪二十九年（1903）闰五月，才终于举行了经济特科。考试分为初试、复试，都是考论、策各一。与常科不同的是，考试内容除涉及义理外，还要讨论体育、德育、智育、经济等实用性问题。从这个角度看，经济特科标志着科举考试由选择道德经义之士转向选拔实用型人才。由于人心惶惶，初试时，各地荐举的370多人中，只有190多人参加了考试。复试后，由于慈禧太后和亲信大臣的干预，阅卷大臣张之洞等初选的部分士人被黜落，被认定与"康梁有连者"全部剔除，最后只取了一等9人、二等18人，被录取者也没有得到重用。京职和外任官员略有升级，举人、贡士出身的只授予知县、州佐。

经济特科本是一项选拔人才的科举改革，然而，在当时的历史背景下命运多舛，仅仅举行了一科。

三、科举制度的废除

科举制度始于隋朝，历经1000余年时间，发展到清朝，已经逐渐走向了没落。晚清时期，时局动荡，政治、经济、文化、思想都在发生急剧变化。封建统治日益腐朽，土地兼并激烈，军备废弛，赋役苛重，百姓流离失所，阶级矛盾、民族矛盾尖锐。在这样的政治经济状况下，又遭遇列强入侵，清朝统治者面临内忧外患的局面，危机重重。道光二十年（1840），爆发了中英鸦片战争，标志着中国近代史的开端。咸丰元年

（1851）爆发太平天国起义，并建立了和清朝封建政权对峙十余年的太平天国农民革命政权。咸丰六年（1856），英法侵略者发动了第二次鸦片战争，咸丰十年（1860）侵略者攻到北京城外，咸丰皇帝仓皇逃往热河（今承德市），侵略者在北京进行了极其野蛮的破坏抢劫，圆明园被焚毁，变成废墟。次年，咸丰帝在热河病死。慈禧太后开始了近半个世纪的垂帘听政。同治皇帝继位时只有6岁，政事由两宫太后管理，同治十二年（1873）同治帝亲政，同治十三年（1874）一月十二日崩于皇宫养心殿，终年19岁。同治帝在位期间，清政府镇压了太平天国起义，剿灭了西、东捻军，推行新政，新政的主要措施是：成立总理衙门、设立同文馆、办新式学校、派人出洋、办厂开矿、修筑铁路等，实行学习西方近代化举措，开始走向开放、进步，史称"同治中兴"。光绪帝继位时年仅4岁，光绪十三年（1887）正月，光绪开始亲政。光绪二十一年（1895），中国在甲午战争中败于日本，被迫与日本签订《马关条约》，中国国际地位一落千丈。康有为联合在北京参加会试的举人，上书都察院要求抗战、迁都、变法，上书中详细陈述了"富国""养民""教民""练兵"等变法图强的主张，史称"公车上书"。在康有为、梁启超、谭嗣同、严复等维新派的极力推动下，想要革旧图新、求变图强的光绪皇帝于1898年6月11日颁布"明定国是"的上谕，"百日维新"开始。从6月到9月，推行的新政主要内容包括：一是改革旧机构，如裁撤詹事府、通政司等闲散衙门，允许官民上书言事。二是废除八股改试策论，取消各地书院，改设新式学校，在北京设立京师大学堂，准许自由创立报馆和学会。三是设立路矿总局、农工商总局和各省的商务局，以推动工商业的发展，提倡商办实业，组织商会。这些新政措施提倡新学，有利于经济的发展，政治上给了人们某些言论、出版、结社的权利，因而具有进步作用。但新政诏令却遭到封建守旧势力的抵制和反对，以慈禧太后为首的顽固守旧势力一直预谋着对政局的控制。许多顽固大臣唯慈禧太后"懿旨"是尊，不把光绪帝放在眼里，甚至明目张胆地阻挠新政，致使光绪帝的变法诏书大多成了废纸。维新派和顽固派之间展开激烈的斗争。9月21日政变突然发生，光绪被囚禁，慈禧太后宣布重新训政，下令捕杀维新派人士。康有为和梁启超流亡国外。维新志士谭嗣同、康广仁、林旭、杨深秀、杨锐、刘光第等六人都于1898年9月28日在北京惨遭杀害，史称"戊戌六君子"。除京师大学堂外，维新新政全部被废止，许多赞成新政的官员被革职。在科举考试上，慈禧太后谕令乡试、会试及岁考、科考等，"悉照旧制，仍以四书文、试帖、经文、策问等项，分别考试"，并取消了经济特科。武场童试及乡、会试，也照旧制，考马步箭弓刀石等项。维新变法中改革科举制度的各项措施尚未真正实施就宣告失败。此后，八股文又起死回生。

1900年八国联军发动对中国的武装侵略战争，中国面临被列强分割的危局。1901年9月，各帝国主义强迫清政府签订丧权辱国的《辛丑条约》，使中国的政治、经济、军事、文化等方面蒙受了巨大损失，无论是政治实力、军事实力，还是财政实力，都下降到了前所未有的地步。嗣后，各种反清革命风起云涌，清王朝岌岌可危。社会上要求兴办新式学堂，改革甚至废除科举考试，以培养有用人才的呼声强烈，西太后为挽救政局，被迫将否定过的戊戌变法中的改革措施付诸实施。在科举方面，规定从光绪二十八年（1902）起乡试、会试头场考中国政治史事论，二场考各国政治艺学策，三场试四书五经。生童岁、科两考也要考这些内容。还规定这些考试不准用八股文程式。这些主张在1902年补行庚子（1900）、辛丑（1901）恩正并科乡试，1903年补行辛丑、壬寅（1902）恩正并科会试时得到实施。至此，八股取士先于科举考试被废除，考试题目增加了不少新学知识，讲求经世致用。在改革文举制度的同时，实行了几百年的武举制度也被宣布废止。清末新政中的科举改革，虽然一定程度上促进了新式学堂的发展，但总体上而言，科举仍然很难适应清末兴学堂、育人才的迫切要求。

光绪二十九年（1903）三月，直隶总督袁世凯、两江总督张之洞联名上奏《请递减科举折》，提出科举制度对建立新式学堂、发展新式教育起了很大的阻碍作用，必须废除科举制度；深知废除科举会给士人带来沉重打击，又提出分科递减法，拟请1904年恩科举行后，将各项考试录取人数按年递减。具体要求学政岁科试分两科减尽，会试分三科减尽。按此方法，十年后可停行科举考试，学堂就成为士子进身之阶的唯一出路，学堂

必然大兴，从而可为国家培养接踵而至不可胜用的人才。对于原来的举贡生员，奏折也为他们设计了多条出路，以减少废止科举的阻力。但奏折的建议并没有被采纳。

同年农历十一月，张之洞、荣庆、张百熙等联合上《奏请试办递减科举注重学堂事》，请递减科举，注重学堂，请求清廷允许自下届丙午科起，每科分减中额三分之一。俟末一科中额减尽以后，即停止乡会试。学政岁科试取进学额，请于乡试两科年限内，分两岁考、两科考四次分减，每一次减学额四分之一，俟末一次学额减尽，即行停止学政岁科试。这样，以后生员都出自学堂。这一方案终获朝廷允准，清廷正式确定了渐废科举的方针。渐废政策在随后举行的科举考试中得到体现，甲辰（1904）恩科会试所录取贡士、殿试所录取进士数量均有所减少，而且进士的出路自癸卯年（1903）会试亦开始发生了显著变化，即一甲授职修撰编修，二、三甲选为庶吉士，以及任命为部属中书者，"皆令入京师大学堂，分门肄业"，完全改变了以往科举必由学校储才以应科目的旧格局，现在科举反而成了为学堂选拔人才的考试。

光绪三十一年（1905）八月初四，直隶总督袁世凯、盛京将军赵尔巽、湖广总督张之洞、两江总督周馥、两广总督岑春煊和湖南巡抚端方等重要封疆大吏会奏，以科举阻碍学堂、妨碍人才为由，力请"立停科举，以广学堂"，认为："科举一日不停，士人皆有侥幸得第之心，以分其砥砺实修之志。民间更相率观望，私立学堂绝少，又断非公家财力所能普及，学堂决无大兴之望。就目前而论，纵使科举立停，学堂遍设，亦必须十数年后，人才始盛。如再迟十年，甫停科举，学堂有迁延之势，人才非急切可求，又必须二十余年后，始得多士之用。强邻环伺，岂能我待。"所以，"欲补救时艰，必自推广学校始。而欲推广学校，必自先停科举始"。

为挽救摇摇欲坠的清政权，清廷接受了封疆大吏的建议，同日发布上谕，宣布自丙午科始，所有乡、会试一律停止，各省岁科考试亦即停止。此上谕标志着在中国历史上沿用了1300年的科举制度宣告终结。丙午科是原定于光绪三十二年（1906）举行的科考。这样，光绪三十年（1904）的甲辰科会试，实际上就成了最后一次的科举考试。

1905年废除科举是中国历史上的重大事件，其直接影响是推动了新式教育的发展。

光绪三十一年（1905），以孙中山为领袖的同盟会提出了"驱除鞑虏，恢复中华，创立民国，平均地权"的十六字政治纲领，该纲领后被解释为以民族、民权、民生为内容的"三民主义"。1911年辛亥革命，清朝267年的统治结束。

第二节 清代的处州进士

一、概况

清初，统治者面对的是一片凋敝。清军入关前后烧杀掠夺，反清斗争也一直不断，贵族血腥镇压各族人民的反抗斗争，致使社会经济遭受严重破坏，造成"民无遗类，地尽抛荒"的局面。从明末的农民战争到清初的反抗清朝统治者的斗争，持续数十年之久。为了巩固统治，清政府不得不调整其统治政策，实行奖励垦荒、兴修水利、减免捐税的政策，对农民的人身束缚也有所减弱，农作物的种植面积扩大了，产量提高了。随着农业生产的恢复和发展，工商业也发展了起来。统治者放宽了对民间手工业的各种限制，在全国各地普遍出现了磨坊、油坊、酒坊、糖坊、纸坊、木作、铜作、漆作等大大小小的手工业作坊，生产出各种生产用具和手工艺品，手工业生产水平超过明代，手工业生产率也比以前提高了，商品产量和品种更加丰富，商品生产的发展促进了全国商业的繁荣，也促进了对外贸易的发展。至十八世纪中叶，清朝的封建经济发展到了一个新的高峰，史称"康乾盛世"。

康熙、雍正、乾隆时期，经济逐渐恢复，社会趋向稳定，民族矛盾和阶级矛盾有所缓和，专制主义中央集权统治加强。清朝的中央行政机构如内阁、六部、都察院、大理寺等都基本沿袭了明朝，但在这些机构里掌握实权的都是满族官员，汉官只是备员而已。清代还别设议政王大臣会议、军机处。议政王大臣会议亦称"国议"，由贵族组成，其权力超越内阁、六部，凡军国大事，均在议政王大臣会议上决定。军机处设置后，议政王大臣会议成为虚衔，乾隆时期废除。军机处是雍正皇帝为了处理西北军务而设立的暂时性军事行政组织，后来权力日重，至乾隆时期成为定制，并成为处理全国军政大事的常设核心机构。军机大臣由皇帝亲信的满洲大臣和汉族大臣共同组成，不过，军机处的裁决权还是完全出自皇帝。清朝裁撤了宦官二十四衙门，以其事隶属内务府，革除了明代司礼监专权之弊。设立理藩院，负责管理新疆、西藏等地区以及一些外交事务。

清初的地方行政组织也沿袭了明代，但是行省一级官吏除布政使、按察院、学政外，还设有总督或巡抚。每省设巡抚1人，为总揽一省军政、民政的最高长官。每一省、二省或三省设总督1人，总督比巡抚事权更重，但以负责军政为主，兼管民政。总督和巡抚满汉分授，但满人占比大，而知府以下官吏则大多由汉人充任。

处州在清朝前期恢复农业生产的政策下，经济也获得了一定的发展。主要表现在：一是耕地增加。如：顺治十四年（1657），周茂源到处州任知府，在其任上，招募流亡外乡的农民回乡种田，并支库银购买耕牛、种子发给他们，拨出荒田让他们开垦种植，共垦田1800多顷，且免征租赋。康熙九年（1670）六月，浙江巡抚承谟到遂昌踏勘荒田，当年开垦荒田720亩，以后每年开垦，耕地面积得以不断增多。二是粮食作物单位面积产量提高，水稻亩产达二三石。三是引进和推广农作物新品种，高产作物番薯于清初引入处州，并在各县推广，其在有些地方占"民食之半"。康熙时出现"三藩之乱"，耿精忠在福建作乱，一些福建百姓为躲避战乱，迁居到松阳，并把烟草也带到松阳，从此，烟草成为松古平原重要的经济作物。乾隆年间，从江西传入了种植苎麻和纺织麻布的技术，很快传播推广到处州所属各县，处州农民自己种植苎麻、自己纺线织布，麻织夏布被处州百姓称为"腰机布"，是制作夏衣、蚊帐等衣物的重要材料。

但处州也经历了动乱和自然灾害，如康熙十三年（1674）六月，耿精忠叛乱攻陷处州，次年三月清总兵收复处州。从康熙朝到雍正、乾隆朝，处州自然灾害频发，如康熙二十年（1681），处州三月到五月多大雨，秋冬却又大旱。康熙二十五年（1686），处州大雨，洪水淹没田地房屋，溺者无数。这也可能是康乾盛世时，处州近百年只有2名进士的重要原因之一。

清朝中后期政治日趋腐败，乾隆末年和嘉庆、道光年间，官吏营私舞弊，贪污贿赂成风，国库日益亏空，军队装备陈旧、营务废弛，国势走向衰落，当时乡村土地兼并严重，地主剥削加重，越来越多的农民破产流

亡，社会危机四伏。1840 年，英国发动了鸦片战争。1841 年，清朝战败，被迫求和。1842年，被迫同英国侵略者签订了中国近代史上第一个丧权辱国的不平等条约——《南京条约》。随后，西方列强趁火打劫，相继强迫清政府签订了一系列不平等条约，迫使清政府开港通商，加上地方官吏和地主兼并土地，传统农村经济受到严重破坏。鸦片战争和《南京条约》是中国遭受帝国主义奴役的起点，中国主权被践踏，中国开始沦为半殖民地半封建社会。帝国主义和封建主义的压迫激起了民众的反抗，全国各地农村骚动和群众起义不断发生。1856 年开始的第二次鸦片战争，列强又迫使清政府先后签订了《天津条约》《北京条约》《瑷珲条约》等不平等条约，列强侵略更加深入，中国丧失大量领土、主权和财富，半殖民地半封建社会程度进一步加深。后来，虽然经历洋务运动、戊戌变法等自强改良变革运动，但终以失败告终。1912 年 1 月 1 日，中华民国成立，孙中山在南京就任临时大总统。同年 2 月 12 日，袁世凯迫使宣统帝溥仪颁布退位诏书，将权力交给袁世凯政府，清朝灭亡，标志着中国 2000 多年来的封建君主制度正式结束。

清代在教育上是崇尚儒学经术，提倡程朱理学，广设学校，严订学规。

（一）官学

清代的中央官学基本沿袭明制。清代国子监，也称国学和太学，学生通称为监生。按其资格不同，具体分为贡生和监生。贡生是各地官学选拔出来进入国子监的学生，称贡生意思是把人才贡献给国家，俗称"明经"，入国子监前已有秀才身份。贡生有岁贡、恩贡、拔贡、优贡、副贡和例贡，前五种贡生可以继续参加科举考试，也可以直接选授官职。监生是国子监自行招收的学生，分为四种：由皇帝恩赐入监的恩监；有品官子弟身份的荫监；由地方官学申报，礼部与国子监会考录取的优监；国家财政困难时，捐款后入学的例监。此外，会试录为副榜的举人也可以入国子监学习。

清代的地方官学也基本沿袭明制。府有府学，县有县学。学生是经过童试而录取的生员，俗称秀才。一般学生入学后可免除自身徭役，家庭贫困的可获得学田租谷的救济。为督促学生学习，府学、县学会定期对学生"考课"，考课与学生的奖惩密切相关，从而起到激励作用。生员有廪膳生、增广生和附学生等三种。关于府、县学额，商衍鎏在《清代科举考试述录》中称，"每县学额，按文风高下、钱粮丁口之多寡以为差"，并且会随着情况的变化做出一些调整。清代，府学的廪膳生、增广生和附学生各40人，县学的廪膳生、增广生和附学生起初定额各20人，后来根据县的大小分成不同的等级，规定不同的学额。处州府学的学额为25人。处州各县中，丽水县学列一等，学额25人。缙云县学列二等，学额20人。青田、松阳、龙泉的县学属于第三等，学额16人。遂昌、庆元、云和、景宁、宣平的县学属于第四等，学额12人。县学在清代也进行了一些整修。龙泉县学在康熙雍正年间先后重建明伦堂、尊经阁、崇圣祠等，乾隆二十六年（1761）又重建大成殿，增建了聚英讲堂。县学奉朝廷颁行的学规进行严格管理，顺治九年（1652）镌刻《钦颁禁例》碑置于明伦堂；康熙四十二年（1703）颁行《训饬士子》，雍正三年（1725）颁发《朋党论》《圣谕广训》等谕旨，令县学教官每月初一、十五向学生宣读，学生每日应背诵。乾隆五年（1740）颁发的谕旨《训饬士子》镌刻石碑上立于学宫，二十四年（1759）十二月奉命又将该文缮写悬挂在明伦堂中，作为生员的行为准则。松阳县学几经修缮，到清代已颇具规模，有大成殿、名宦祠、昌义祠、乡贤祠、明伦堂、尊经阁、崇圣祠、文昌阁及教谕宅、训导宅等建筑。遂昌县学在光绪二十七年（1901）清廷科考废除八股文后，教学内容发生了变化，教授中外时务。缙云县学为科考而设，县学科场设在县城水南。道光二十八年（1848）春，知县汤成烈劝令东、西、南三乡捐建，设大堂、校艺亭、斐堂、书房、射圃、考棚等。左右考棚共54间，有座号880个。庆元县学经费来自学田地租，部分经费用于资助生员应考路费和赈济贫困学生，光绪三十一年（1905）废科举，县学停办。云和县学在清代进行了修缮。乾隆二十七年（1762）景宁县学迁城东春华门外，敬山宫左，原陇之间；嘉庆二十五年（1820）正殿倾塌；道光二十年（1840）修复。二十七年（1847），在景宁县治东隅二十步上桥头重建县学，咸丰元年（1851）竣工。青田县学于光绪三十一年（1905）废除科举制度后停

办。宣平县学在清代也进行了修建，康熙三十八年（1699），知县韩宗纲重建县学，前为泮池，跨以石桥，庙后为明伦堂。府学、县学成绩优异的学生可选拔进入国子监学习，不过名额很少，大多数学子还是要通过科举考试入仕。

（二）书院

清初，为控制舆论，禁止书院讽议朝政，对书院采取压制政策。康熙年间，为重新确立程朱理学的主导地位，康熙对信奉程朱理学的书院进行表彰，并给一些著名书院赐以亲书的匾额。为了笼络和限制汉族士大夫，统治者改变了对书院的压制政策，雍正十一年（1733），朝廷下令各省督抚在省会设立书院，并拨款给予学生津贴。过去，书院一般建在僻静的深山密林中，统治者往往鞭长莫及，现在设在省会，便于直接控制和管理。由于朝廷的示范作用，各府、州、县也纷纷创办书院，促进了各地书院的发展。由于科举是读书人升迁的主要途径，所以虽然有些书院以学术研究、讨论和传播为己任，但更多的书院还是围绕科举考试开展教学的。

丽水：康熙三十三年（1694），知府刘延玑将圭山书院改为丽水县义塾，同时创办府属南明书院。乾隆十七年（1752），知府赋琏将丽水县义塾进行改建，并易名为莲城书院，拨废寺田1070亩为师生的膳食费用和津贴。同治十三年（1874），知县彭润章在栝山西麓，以仓圣庙及栝山义塾扩建为书院，仍取名"圭山"，以存其旧。

龙泉：乾隆二十五年（1760），龙泉知县苏遇龙对已废的仁山书院进行了改建；乾隆二十七年（1762），苏遇龙在蒋秦圩将育婴堂及留槎阁房屋改建，建了留槎书院；乾隆三十二年（1767）县绅刘献、季文藻等在龙泉县城东创建金鳌书院，道光七年（1827）进行重修，光绪二年（1876）学宪胡颁购书634册作为书院藏书，供书院学生借阅。光绪十九年（1893），《金鳌书院条规》规定，每年二月初二举行生童入院考试。一年上朔课、望课，经古课各8次，年开课8个月。如遇岁科、乡试，书院还会资助生童赴试路费。考试成绩优异的，书院发生活费让其住院学习，成绩突出者从优补助；沾染不良嗜好者一律不准住院就读。当时，金鳌书院实际上成了科举应试的准备场所，发挥了类似于县学的作用。

松阳：乾隆十五年（1750），在松阳县城东门朱子祠左侧重建书院，称第二明善书院，咸丰十一年（1861）书院被毁；同治六年（1867），购县城北门上天后宫弄叶姓民房，整修后，重开书院，称为第三明善书院，光绪三十一年（1905）书院被废。

遂昌：康熙中期，尹可亭在大柘泉湖寺创办文阁书院；康熙四十八年（1709），知县缪之弼创办奕山书院；乾隆元年（1736），县署将城东不息楼改建为昌山书院；乾隆十五年（1750），马头村民集资在上马头创办养正书院；道光二年（1822），知县郑鸿文在妙高山创办妙高书院；同治年间（1862—1874），徐景福在石练创办清华书院。

缙云：乾隆三十年（1765）知县令狐亦岱在县城关帝庙旧址创办金莲书院，以鼎湖金莲花之名命名，有院田108亩，书舍4间，中为乐育堂。道光七年（1827），笕川丁耀清独力对书院进行了扩建，次年以知县续立人捐番银200元作为书院山长的束修经费。光绪三十三年（1907）改为金莲学堂。嘉庆二十年（1815），楼步云、陶天位、陈绍舜等23人捐建了右文馆，以各庄所捐田亩成立宾兴会，以租谷作为会文、会课开销外，补助乡、会试和优拔贡入京朝考资费；道光三十年（1850）至咸丰初年续捐田95.9亩，钱600余串，另拨黄龙寺田65亩；咸丰九年（1859）、十一年（1861）两次遭兵火毁坏；同治五年（1866）复捐田助钱，修复馆舍，扩增书舍，恢复课考、宾兴（招待应举士子）；光绪三十二年（1906）改为右文学堂。咸丰元年（1851）吕载希捐助房舍、田亩等创办崇正书院，书院名称取自"黜异端，崇正学"之义；咸丰十一年（1861）遭兵火毁坏；同治二年（1863）重新捐建，光绪三十二年（1906）改为崇正高等小学堂。同治十二年（1873）朱品洪等捐建正本书院，地址在小仙都澄川庄，院名取自"欲诸子为有用之才，必先为有本之学；能为有本之学，始能为有本之言"。书院有会课、宾兴章程。同治七年（1868）在冷水凤凰山脚（今属磐安）建凤楼书院，以正因寺田百余亩为基金，知县谭明经为书院命名并作记，院名取义韩浦"助尔添修五凤楼"名。

庆元：乾隆七年（1742）知县邹儒在丰山门外文庙左边建对峰书院，乾隆五十年（1785）知县王恒移建四都渎田，复称松源书院，后两院俱

废，二址均开垦作田，嘉庆十七年（1812）知县鸣山以明伦堂前道义门旧屋，加造两廊，改为松源书院堂，光绪三十三年（1907）改为县立高初两等小学堂。康熙三年（1664），知县程维伊在庆元县城隍庙旁建育英庄，并捐俸买田，每年朔望弟子员生在此习艺，田租祀文昌完粮有剩余部分，资助赴省试会试路费。同期还有县城程公桥首的储英庄，康熙九年（1670），知县程维伊在庆元县捐水俸置田租200把，除完粮外，剩余部分都资助储英庄文士省试、会试路费。康熙三年（1664），知县程维伊还在庆元县竹口建储贤庄。顺治年间（1644—1661）贡生吴王眷在大济村建日涉书院，康熙六年（1667）著名理学家陆陇其曾在此讲学。清末，举水村建逢源书院，宣统三年（1911）改称逢源镇高等小学。

云和：乾隆四十年（1775）在云和县城东岳宫右创办鳌峰书院；道光七年（1827）知县郑锦声偕几位地方绅士在云和县城朝阳坊集资筹建筜溪义学，至道光二十三年（1843）建成，知县高毓岱将其改名为筜溪书院，并劝谕地方绅士捐助，开课3年后，得到邑内好义者的支持，相继捐钱集资4335缗（千文为缗），购田200亩，每年得租谷570石，有力地支持了书院的生存和发展。光绪三十年（1904）正月，光复会主要创始人魏兰、陶成章利用筜溪书院创办了先志学堂，作为革命党人联络会党、发动武装的革命据点，二月开学，设有国文、历史、地理、数学、化学、日语、图画、体操等课程，次年停办，光绪三十二年（1906）改为官立两等小学堂。

景宁：康熙五十年（1711）在县城北半里建博爱书院；雍正七年（1729），知县汪士璜在景宁石印山旧学右边创办鹤溪讲堂，因面对雅峰，故又称雅峰讲堂；乾隆三十八年（1773），因鹤溪讲堂损毁，景宁知县张九华在讲堂旧址上改建，命名为指南书院，并勒碑说明改建书院缘由，院内"垒石成山"，建"桂香亭"，同治元年（1862）书院坍塌毁坏，同治三年（1864），知县徐炽烈及士人张鸿对其进行了修建。光绪二十三年（1897），知县汪元龙又在指南书院址上改建了雅峰书院，光绪二十八年（1902）改为"官立务本学堂"。

青田：乾隆二十三年（1758），知县张日盥在刘公祠旁（今青田中学）

创建正谊书院，院名取董仲舒的"正其谊，不谋其利"之意，拨捐田3顷58亩作为书院运行和津贴费用。道光五年（1825），知县董承熙移建赵山。道光三年（1823）在十七都叶村叶廷建创立振文书院，捐租80石作为经费。咸丰十年（1860），叶应选募捐田租67石创建，同治元年（1862）毁于战火。次年，贡生干树道募款修复。同治九年知县魏明拨慈善寺租15石作为经费。光绪二十年（1894）创建鹤皋书院（又名兀突书院），院址在泥湾屿，经费由城内贡生詹诚、石溪郭肖礼赞助。

宣平：乾隆四十年（1775），知县赵某在县东学宫右边，创建鳌峰书院。

（三）社学

清代社学，主要面向乡村，顺治九年（1652）规定："每乡置社学一区，择其文义通晓、行谊谨厚者，补充社师，免其差役，量给廪饩养赡"。（《钦定学政全书》卷64）雍正元年（1723）提出，社学中成绩优秀者，经考试可升入府州县学；而府州县学成绩不佳者要被退回到社学中，即"发社"。不久，社学被义学等形式取代。虽有规定，每乡置社学一所，但处州各县对清代社学的记载非常有限，清代《缙云县志》记载仅龙津桥南一所社学，始末不详。道光六年（1826）庆元县复建济川社学。云和县在康熙二十八年（1689）有社学4所，俱在坊郭。同治二年（1863）有2所社学，教读2人，社学收贫寒子弟免费入学，教授修身、国文、珠算三类课程，为以后的谋生和入学打基础。

（四）义学

义学，又称义塾。清代，义学以官办为主。雍正时，企图推动义学的发展来取代书院，虽然未能成功，书院没能被取代，但义学却得到了推广和发展。丽水县在清代有多所义塾：清同治九年（1870）知县刘履泰设履端义学，同治十一年（1872）知县王绍庭改为养正义学；咸丰和同治年间（1851—1874）城内有样山义塾，西溪高乡有育英义馆；光绪年间（1875—1908），北乡何宅有云峰幼艺学塾，碧湖有同仁义塾。

龙泉：清道光初，县令何薇照与董事周耿光等拨金沙寺田租100余石，县绅周允中等捐置田租300余石，在龙泉城内月泓庙左创办培文义

塾，设立正、蒙二馆；咸丰三年（1853）知县陆之栋拨塾租130石存储；同治九年（1870）知县顾国诏重修；光绪三十四年（1908）知县陈海梅改建为官立培文初等小学堂。清光绪十八年（1892）知县毕诒策拨常乐寺山庄林陵租50石，购漪园民房，在安仁镇设置仁山义塾。光绪三十二年（1906）与仁山书院合并，改设为官立安仁仁山初等小学堂（即现安仁镇小学前身）。

松阳：乾隆十九年（1754），在城东朱子庙设蒙童义学；光绪间，创办范刘宾兴义学、大竹溪义学、象溪高超士义学。清末民初，各地创办学堂后，义学转入学堂。

遂昌：康熙五十年（1711），知县缪之弼复建义学4处；雍正二年（1724），教谕陈世修于学左建义塾；光绪二十一年（1895），知县胡寿海在文昌阁设立义学。

云和：嘉庆二十四年（1819），小徐村民捐资设立生成义塾，经费来源于祠堂、寺庙地租和个人捐资。

宣平：雍正十年（1732），知府曹抡彬等在县东南5里捐建义塾。建于明代的午溪义塾和潘氏义塾因后来被毁，在清代其后裔都进行了重修。

（五）私塾

私塾是由私人创办的提供启蒙教育的收费教学机构。明清以后兴盛，在民间广泛设立，清末民国初，丽水县士人王湘舟、谭文卿、王韵阶等皆在城内设私塾进行教学。光绪二十四年（1898）维新变法后，推行新学制，私塾也仍然存在。

松阳：康熙年间（1662—1722），上安有刘氏家塾；同治十年（1871），山下阳村有张氏族塾；光绪年间（1875—1908），赤岸名儒吴春泽在家开馆，声望满全邑。民国初，浙江省教育司通令取缔私塾，增设小学，但在偏僻山村，私塾仍是办学的主要形式。

遂昌：清初，濮韬在琴淤创办深秀书塾；光绪十七年（1891），郑、叶两姓在独山合办笔峰书塾。光绪三十年（1904），王镐在判川创办王氏私塾。

缙云：清代，私塾因教学内容不同，有蒙馆、经馆之分，蒙馆以点读

（识字）为主，学生大多是七八岁的孩童，经馆讲读四书五经，开讲和批改诗文，学生为15岁以上生员和欲考秀才的童生。也有私塾兼设经馆蒙馆，利用年龄大的学生教年龄小的学生。

庆元：清代私塾兴盛，凡通衢小镇和富裕人家，皆有设置。民国期间，新学兴起，但偏远乡村仍有私塾。

云和：嘉庆二十一年（1816），魏精在居室（水碓港大夫第）对面建观我园，在园内设立私塾；同治九年（1870），城内贡生梅有辉在梅家设家塾；城内诸葛鸿（字狄舟），创办狄舟家塾。光绪四年（1878），云和沙溪、后山两村在景德寺创办村塾；光绪二十四年（1898），畲族贡生蓝宝成，在云和杉坑岭村创办畲汉共读村塾。

景宁：清代乡村私塾，多以宗祠、家族拨费用或邻里集资开办，通称"书堂"，入学者7—20岁，主要招收男生，极少招女性，贫家子弟也可入学，多数私塾教授的是《三字经》《百家姓》《千字文》等，少数教授《论语》《中庸》《大学》《孟子》。畲族居住的包凤、东弄、惠明寺、金岱垟、吴山头、大张坑、金丘、四格、季庄、山前、驮戬、黄山头、石门楼等村，设有由汉族教师执教的书堂（私塾）。

青田：乾隆二十三年（1758），知县张日盟在十六都创步云义塾，提取连云寺田租50余石作为经费。另还有南田义塾等多所义塾（时间不详）。

清代，府学县学学生中的廪膳生有廪膳（生活津贴），增广生、附学生成绩好的有机会升为廪膳生，且家庭贫困的也能获得官学的学田租谷救济。官办的社学、义学可以免费入学，有的义学还会为学生提供一定的生活费和学习用品，为贫寒子弟提供了一定的读书机会。

作为官员选拔制度，科举制度成为区分官民之间的界标。由于朝廷重视并强化科举的重要性，民间也认可科举的权威性与正当性，甚至将考试成功与否视作读书成败的标志。所以，无论是处州的府学县学，还是社学义学，甚至私塾，都是"储才以应科举"的环节。

清代，科举制度沿袭明朝旧制。满人贵族和一般旗籍人员享有特权。畲族人民经过多次抗争才获得了科考权利。清代，处州共有进士25人，其中武进士9人、文进士16人。自康熙十年（1671）至乾隆三十三年

（1768），近百年时间里处州只有宣平2人登第。

二、清代处州畲民科考权利的争取与获得

在封建社会，畲族在政治和文化教育上，都受到歧视和排挤。科举制度使得寒门庶族也获得了考试机会，一旦金榜题名，就能改变身份、提高社会地位。但对于畲族而言，却长期没能获得科举考试的平等权利。他们因盘瓠神话传说的历史化而被视为异类，长期被阻挡在科举考试大门外。为了争取自身的权益，畲民进行了不屈不挠的斗争。在浙江，处州府青田县八外都富塝（富垚）培头村（今属温州文成县）的钟正芳是其中的代表人物。

钟正芳（1752—1816），7岁即入汉族私塾读书，聪慧好学，成年后想参加科考却因畲族身份受阻。从此开始为自己更是为畲族同胞争取科考权而抗争。乾隆四十年（1775）上书青田县府，要求县衙呈文处州府，给予畲民科考权，得到其他畲族文人的呼应。青田知县吴楚椿通过文献稽考和走访调查，著《畲民考》呈达处州府衙，指出畲民迁到浙江已逾百年，力本务农，不应被视为异类，呼吁准许畲民与汉人"一体考试"。然而，处州府衙未予答复。钟正芳又联络丽水、松阳、宣平、云和等地的畲族文人，奔赴处州府说理。在处州畲民的支持下，历经27年，先后13次赴省会杭州申诉，多次呈文浙江省府，据理力争，争取畲民的科考权。直至嘉庆八年（1803）六月，浙江巡抚阮元会同学政文宁就"准予畲民考试案"上奏清廷，才终于获得清廷允准，六月二十七日清廷将《浙江青田畲民应试章程》下发浙江巡抚，八月二十五日，浙江布政使下发由礼部合议，嘉庆皇帝谕批的《浙江青田畲民应试章程》。章程中写道："处州十县，皆有畲民，未便因其妇女服饰稍异，概阻其向上之心"，"今浙江之畲民既据该巡抚、学政查明，自顺治间迁居内地纳粮编户，务本立农，自非丐户、疍户、乐户身列污贱，例应禁考者可比。现在生齿自繁其人，能通晓文义者，应请准其与平民一体报名赴考，仍照苗瑶应试之例，取额不必加增，卷面不必分别，但凭文去取，有取进者一体科举补廪出贡"。明确规定

"处属各县畲民有情愿应试者"，具有与当地汉人同等的科考权。处州畲民坚持不懈地抗争，终于换来了科考权利的实现。

不过在实际科考中，畲民仍然会遭受封建大汉族主义者的阻挠，所以后来阻考与反阻考的斗争仍然在继续。据《景宁县志》记载，清光绪八年（1882），景宁县张春乡东弄村蓝培开、蓝廷福和暮洋湖村蓝炳水三人参加处州武科会考，马箭、步箭皆中，却因畲民身份不录取，蓝等返乡率众人赴府衙评理，丽水畲民也进行声援，蓝炳水才得中武生员。但无论如何，钟正芳等人的斗争，促成《浙江青田畲民应试章程》出台，为处州畲民争得了科考权利，正如王道教授所言，"在畲族社会经济文化变迁史上，无疑具有时代里程碑的意义"。

畲民获得科考权后，处州畲民中也有了秀才、贡生。如在获得科考权的当年，时年51岁的钟正芳以优异的成绩，获得贡生资格，入京就读国子监。光绪八年（1882），云和畲民蓝宝成考中贡生，景宁蓝炳水得中武生员。据《武义县宣平地方历史文化丛书·人物卷》记载，曳岭上井村的蓝大典，康熙戊戌科（1718）考中进士。

三、名录

根据《丽水地区教育志》《丽水地区人物志》和各县县志，清代处州文进士著录如下：

科　名	公元纪年	籍　贯	进士名录及主要官职
顺治十二年乙未科	1655	松阳	王汝枀（延建参议）
康熙六年丁未科	1667	缙云	郑载飏（宁国府同知）
康熙九年庚戌科	1670	缙云	郑惟飙（长葛知县）
康熙五十二年癸巳科	1713	宣平	邹允焕（江夏知县）
康熙五十七年戊戌科	1718	宣平	蓝大典
乾隆三十四年己丑科	1769	庆元	姚梁（内阁中书、饶州知府）
道光十三年癸巳科	1833	青田	端木国瑚（内阁中书）

续表

科　名	公元纪年	籍　贯	进士名录及主要官职
道光二十年庚子科	1840	遂昌	吴世涵（云南太和知县）
		青田	姚希崇
道光二十七年丁未科	1847	松阳	叶维藩（黔阳知县）
同治十年辛未科	1871	遂昌	徐景福（常熟知县）
光绪三年丁丑科	1877	缙云	吴成周（华亭、崇明知县）
		青田	夏庄及
光绪十二年丙戌科	1886	松阳	何登熊
光绪二十四年戊戌科	1898	缙云	卢暖（翰林编修）
		松阳	高焕然

清代武进士名录如下：

科　名	公元纪年	籍　贯	武进士名录及主要官职
康熙六年丁未科	1667	丽水	杨光表
同治十三年甲戌科	1874	青田	厉国雄
光绪二年丙子科	1876	缙云	周世昌（侍卫）
		青田	项在时
光绪三年丁丑科	1877	青田	陈庭灿
光绪十五年己丑科	1889	缙云	施化麟（泉州游击）
光绪二十年甲午科	1894	丽水	魏国桥（正定府镇标中营都司）
光绪二十一年乙未科	1895	宣平	陶建勋（侍卫）
年科无考		青田	黄殿魁（京城护卫）

第三节　清代处州进士人物介绍

清代处州共有文进士16名、武进士9人。丽水县没有文进士，有两名武进士：杨光表、魏国桥。龙泉、云和、景宁三县清代没有进士。

一、青田县

端木国瑚

端木国瑚（1773—1837），字子彝、鹤田、井伯，晚年号太鹤山人，青田县城太鹤山麓人。清代学者，与龚自珍、魏源、宗稷辰、吴嵩梁合称为"薇垣五名士"。

他有深厚的家学渊源，祖父和父亲都是入过学的生员，且都对《周易》研究颇有心得。国瑚自小聪颖，7岁入私塾学《易经》，12岁时读《尚书》，4天就能成诵。于是父亲为他选择老师，年纪轻轻就补为学宫子弟。

清嘉庆元年（1796），内阁学士兼礼部侍郎、大学者阮元任浙江学政，视学浙江，次年到处州选拔人才时，见国瑚的《画虎赋》，大加赞赏，评价其"才调轩新，获六朝真意"，邀请国瑚赴杭州敷文书院进修学业。在书院，国瑚勤勉好学，才华进一步显露。所作《定香亭赋》，清思古藻，似齐梁人手笔，阮元赞不绝口，以诗相赠："谁是齐梁作赋才，定香亭上碧莲开。梧州酒监秦淮海，招得青田白鹤来。"由此，国瑚被誉为"青田一鹤"。《定香亭赋》也广为传诵。

嘉庆三年（1798），国瑚中举人。次年赴京会试，名落孙山，游学返乡，先后在青田正谊书院任山长2年，在处州莲城书院执教2年。嘉庆十三年（1808），再次赴京会试不第，朝廷在落第举人中挑选知县，国瑚被授为知县。然而，国瑚潜心学业，呈请改任教职，掌教瓯郡中山书院。

自嘉庆二十年（1815）起，国瑚在湖州府归安县任教谕15年，"清介绝俗"，廉洁执教，不妄收钱财；对贫困有志气的学生，慷慨解囊相助；对"有独行异节者"，则极力予以表扬；与人为善，诲人不倦。因而，深为诸生尊敬。

国瑚博通经史，精研《易经》。道光六年（1826），以治经闻名的龚自珍在京都与国瑚论《易》，"叹为闻所未闻"。

道光十年（1830）宣宗皇帝改卜寿陵，国瑚因通堪舆之术，受宗室大臣举荐被召赴京，选定西陵址后，宣宗龙颜大悦，赐名"龙泉峪"，并任命国瑚为县令。国瑚又奏请改任教官。宣宗特授国瑚为内阁中书，加六品顶戴，御赐袍褂，尊他为"先生"，荣宠备至。

道光十三年（1833），考取进士，仍以知县任用，国瑚再呈请注销，改任内阁中书。国瑚前后三辞县令事遂传为佳话。这一方面是由于他"性清高不耐繁剧"，另一方面是他决心"砥行砺节，峻以自防"，一直保持着书生气，不求富贵。在任内阁中书时，国瑚发动处州各县人士捐赠，在宣武区西砖胡同路西侧（今北京市宣武区骡马市大街）兴建了一座"处州会馆"，作为处州士子赴京赶考时歇息和聚会的场所。

道光十七年（1837），三月，国瑚告老返乡，在青田拜谒祖墓后，迁居瑞安。八月应同榜进士吴世涵之邀，游遂昌，为含晖洞重新设计了景物布局。九月感嗽疾，病故。

国瑚不但在为政上清正廉明，而且在学术上也取得了很大的成就。著有《太鹤山人诗集》13卷、《太鹤山人文集》4卷、《周易指》45卷、《周易葬说》1卷、《杨曾地理元文注》4册，皆行于世。

二、缙云县

（一）郑载飏

郑载飏（1635—1685），字元闇，号瑚山，又号岵思，县城东门人。他聪明敏锐，慷慨豪爽，居家孝友，被人称道。清康熙五年（1666）中举人，第二年（1667）中进士，授内阁中书舍人。康熙二十年（1681）由江西副典试迁宁国府同知。赴任后，载飏依法缜密处置作乱者；过去郡丞压下不处理的案件，远近纷纷起诉，载飏都予以受理审查。后历任姑孰、相川、太平等地方官，倡导教育，禁溺女婴，为政廉明，依法办事，颇有政声。后奉诏纂修通志，尽心尽职，受到称赞。卒于官。有《金华集》《宛陵遗稿》《儒禅一理论》等书稿遗世。

（二）郑惟飙

郑惟飙，生卒年不详，字元发，缙云人。清康熙二年（1663）中举人，康熙九年（1670）中进士，授长葛县令。时逢长葛遭灾，百姓积困，流亡者众多，惟飙到任之后，采取多种措施，施行惠政，才使百姓安定下来。一年多以后，因父丧离任回家守孝。服孝期满，补广东海康令。海康地处沿海，经常遭受台风袭击，往往损失惨重，且"军兴络绎"，管理困难，但唯飙不怕事情繁多。他日理万机，办事果敢，把繁杂的政务处理得井井有条，结果积劳成疾，两年后竟卒于任上。百姓感念他的恩德，将他奉祠于二苏亭，以志不忘。

郑惟飙著有《感应通义》《石梁诗》等。

三、庆元县

姚梁

姚梁（1736—1785），字佃芝，庆元县松源镇姚家村人。少聪颖，过目成诵。

清乾隆二十四年（1759）为优贡生，乾隆三十年（1765）顺天乡试考中举人，乾隆三十四年（1769）又登进士，是清朝庆元县唯一的一名进士。擢内阁中书、礼部主事、刑部员外郎，又任乡试会试同考官、山东学政。升饶州知府、川东兵备道。迁江西、广西按察司，任河间府知府。清光绪《庆元县志》称姚梁为官"清廉耿介，毫不苟取。任饶州时民立生祠祀之"。姚梁清廉为官，一生历任多职，所至俱有政绩。调任时都是两袖清风而走。姚梁有一子名崇恩，后仕甘肃县丞。

四、遂昌县

(一) 吴世涵

吴世涵（1798—1855），字渊若，又字榕疆，遂昌石练人。世涵天资颖异，从小好学，博览群书。就读于敷文书院时就名声大噪，他的诗文作品，人们争相传诵，两浙知名人士慕其才华与之交往。清道光八年（1828）乡试，世涵中举为亚元。道光二十年（1840）中进士，是清代遂昌两名进士之一，被群推为"文坛飞将"（清光绪《遂昌县志》）。初任博陵知县。因母丧回家守孝三年，服满改调滇南，历任通海、太和、会泽知县。世涵为官勤政爱民，持躬俭约，不尚严酷，重视道德教化，所到之处，百姓拥戴，颇得民心。年近六旬，因父丧，乘船急归，因中暑死在航行途中。

吴世涵工诗文，尤擅五古。著有《又其次斋诗文集》《平昌诗草》和《宜园笔记》等。

(二) 徐景福

徐景福（1826—1881），字介亭，又字丹泉，遂昌二十一都人。徐家家贫，景福13岁才开始读书，因才学出众，没几年就到外地求学。清文宗咸丰八年（1858）戊午乡试，徐景福中举人。清穆宗同治十年（1871）高中进士，成为遂昌历史上最后一名进士。授江苏常熟知县，光绪初（1875）调娄县（今上海市松江区），赴任后捐个人俸禄赈济江北饥民，帮助灾民返乡耕种。蝗灾时，他拿出自己的薪俸收购蝗虫以激励民众捕杀蝗虫，减少蝗灾危害。为救旱灾祷雨救灾，百姓感恩戴德。不久改任荆溪（今江苏宜兴）知县，勤政为公，办了很多实事，清保甲，办积谷，修学宫，建书院，设痘局，辑志书，百废俱兴，故其事迹被载入荆邑《名宦传》。光绪二年（1876）、光绪五年（1879），徐景福曾两次主江南乡试同考官。

徐景福文才出色，著述颇丰，著有《校补遂昌山人杂录》《丹泉海岛录》《清华轩诗文集》《深虑论》《论治便须识体论》《治河策》等。

五、松阳县

(一) 王汝棐

王汝棐，生卒年不详，字笃甫，松阳人。清顺治八年（1651）中举人，顺治十二年（1655）又登进士，为清朝处州第一位进士，授行人。不久，管临清仓，汝棐上任后革除陋规，防范贪婪，使"仓储丰裕"。擢福建延津邵道参议，辑兵惠民，严格管理下属，风纪严明，延津遂成为上游保障。康熙九年（1670），王汝棐任福建省主试，清代大儒、文渊阁大学士李光地就出自他的门下，可见他的才学和人品并非等闲之辈。

(二) 叶维藩

叶维藩（？—1861），字价人，号辰生，松阳县城西人。名字取自诗经"价人维藩，大师维垣"。清道光十二年（1832）中举人，道光二十七年（1847）中进士，以知县分发湖南，历权桂阳、黔阳篆宰。黔阳当时遭饥荒，维藩建议发常平仓的粮食拯救灾民，知府说要报告朝廷批准后才可发放。维藩说等朝廷批复百姓早饿死了，要求赶快发放，自己愿意担责，遂开仓发粮，救活饥民无数。父亲去世，维藩归家守孝。时值咸丰八年（1858）初，太平天国农民起义军攻打衢州，维藩出资招募团勇，欲保松阳平安。三月，太平天国农民起义军攻打衢州后，又攻陷松阳，乘胜袭击处州府城。维藩星夜赶赴省城搬救兵，得不到支持。维藩泣曰："处州地僻远，固不足为浙重轻，然无处州则金华危，金华危则衢且不保，百万生灵忍漠视耶？"省城官员被他的忠诚感动，于是拨精兵数千，六月处州克复。咸丰十一年（1861），太平军再次攻衢州，陷金华，处州遂戒严。知府李希郊听说维藩善用兵，请他到府商量战守之策。他提出御寇必先扼险，李赞同，于是和维藩一起率军至松阳堰头，知府亲自督兵出战，被太平军所擒。维藩远远看见，高喊："公自爱，藩必不负公！"亲自带兵冒险前进。太平军援兵赶到，维藩因寡不敌众也被擒。诱他投降，他说"杀则杀耳，无多言"。于是与李知府同时被杀。事情传到朝廷，朝廷加赠道衔，从优给恤，两人准入昭忠祠，春秋报祀，子孙袭荫。

　　叶维藩，为政清廉，同情平民百姓，为拯济饥民，不怕丢官，这些值得肯定和赞扬。他晚年舍命镇压太平天国农民起义军，是他所处的时代和阶级地位的历史局限性决定的。

（三）高焕然

　　高焕然（1861—1934），字昕斋，号鲁才，松阳象溪镇象溪村人。幼年尊师好学，博览群书。清光绪三年（1877），在科举中考中贡生头名，光绪十一年（1885）考中乡试，二十四年（1898）考中进士，是松阳县的最后一位进士，也是整个处州的最后两名进士之一。先后出任广东长宁、灵山知县。因性格耿直，得罪上司，被免官职。高焕然并未因此消沉，反而更加勉励自己，说："官可不做，人不可不为。"此后，他游历广东、广西诸省和南洋诸国，大大开阔了眼界。后协助商务大臣张振熏创办学堂，巩固与越南的边防，开辟东关码头。因功复职后，升任钦州直隶州知州。他总揽营务，督带新军，常亲自到村庄访问民间疾苦，考察地方利弊。宣统三年（1911）夏，担任钦州知府。上任不久，爆发了武昌起义，清政府被推翻，于是他回到家乡象溪居住。返乡后，他极力劝读，民国二年

象溪太守第（高焕然故居）

（1913）与族兄创办象溪初级小学，民国十四年（1925），受当地贤士大夫们的推举，担任《松阳县志》的总编。高焕然实事求是，细心考证，以对历史负责的态度尽心编辑此书，书成后，获得各界人士好评。1934年，在象溪去世。

六、宣平县

陶建勋

陶建勋，生卒年不详，宣平陶村人。陶村位于瓯江支流宣平溪的源头地带，村里崇文尚武，素有习武风气。陶建勋自幼习武，武艺超群。清光绪二十年（1894）中武举人；光绪二十一年（1895）中武进士。他是宣平县最后一名进士。钦点花翎侍卫，派乾清门行走。宣统时曾任陕西参将。辞职返乡后，为陶村首任民事长。年老仍练功不止，古稀之年，鹤发童颜。现在陶村的陶建勋故居内尚存有其遗像及3块练功的"千斤石"。

第六章

处州进士村

　　处州地处浙西南，群山环绕，地形地貌以山地为主。历史上交通不便，生活环境艰苦，而这又造就了处州人吃苦耐劳的精神和坚韧不拔的品格。科举制度为处州人改变命运提供了一条有效的路径，而且这条道路在某种程度上是可以通过自身努力去实现的。所以他们重视教育，将"以耕养家、以读兴家"的耕读理念代代相传，有些家族和村庄出现了人才辈出的繁荣，并形成了进士家族和进士村。

第一节　处州进士村

处州虽地处浙西南山区，但历史上出现了多个进士村。由于掌握资料的局限性，无法全部列出，在此仅列举部分如下：

一、庆元县大济村

大济村山清水秀，位于庆元县东南面的天马山麓，距县城2.5公里，这个自然景观与人文景观相融合的村落，是历史上著名的进士村。不过，关于大济村进士的数量众说纷纭，有23名、24名、26名、28名、32名、36名等多种说法。历史上的记载也各异。如清康熙朝《庆元县志》载有大济进士11人，清光绪朝《庆元县志》记载大济进士16人，1996年版《庆元县志》列入进士名录的大济村进士是23名，《中宅吴氏宗谱》则列出大济进士36名。叶贵良在《大济》一书中提出，大济"26人中过进士的可信度较高一些"。

本书根据前述的进士名录列表统计，从北宋天圣二年（1024）至明永乐十六年（1418）的394年间大济村共有23人考中进士，其中宋代22人、明代1人。23名进士都是吴姓。而庆元全县的进士也只有31名，因此大济村吴氏宗族逐渐成为历史上的名门望族。大济村也因此名扬天下。2000年2月，大济村被浙江省人民政府公布为第二批省级历史文化保护区。村子里有怀德堂、世德堂等明清古名居，有双门桥、金甃街、迎旨门、扁鹊庙（卢福神庙）、古地道等诸多文物与名胜古迹。

宋真宗景德元年（1004），大济吴氏肇基始祖——吴崇煦迁居到天马山南麓时称"椤垟源"的地方，此地因当时盛产椤木而得名，之后吴崇煦将其改名为"大济"，寄寓着希望子孙有经邦济世之才的美好愿望。吴崇煦非常崇尚诗书传家，在他迁居大济之前，已于宋真宗咸平元年（998）

在竹坑庄（松源镇西门村竹坑）不惜重金建造一座"豹隐洞"书堂，聘请名师教授四个儿子（吴縠，吴榖，吴毂，吴壳）应试制艺文章。

吴氏先祖历代尊师重教，崇文尚礼，吴氏子弟也不负厚望，人才辈出，仅是进士，就有：吴縠，宋天圣二年（1024）登进士，任大理寺评事；吴榖，宋景祐元年（1034）登进士，任濠州知州；吴戬，宋景祐元年（1034）进士；吴克，北宋治平四年（1067）进士，任同门下平章事兼判枢密院；吴桓，北宋熙宁三年（1070）进士，任长兴令；吴畀，北宋熙宁六年（1073）登进士，任萧山县尉；吴翊，北宋熙宁六年（1073）进士，任池州通判；吴庸，宋神宗熙宁九年（1076）进士，官中书舍人、龙图阁待制；吴行可，北宋熙宁九年（1076）进士，建阳县教谕；吴适，北宋大观三年（1109）进士；吴枢，字时发，北宋政和二年（1112）登进士，任嘉兴令；吴逵，北宋政和二年（1112）进士，东平知州；吴兢，字寅仲，宋徽宗政和二年（1112）进士，任会昌、无锡县令，处州通判，新州太守，迁朝议、朝散大夫；吴彦申，宋政和二年（1112）与外甥李纲同榜登进士，任南昌县丞；吴淳夫，北宋宣和三年（1121）进士；吴遵路，北宋宣和六年（1124）进士；吴懿德，南宋嘉泰二年（1202）登进士，新会县令；吴淇，南宋嘉定七年（1214）登进士，知南剑州，户部侍郎；吴人可，南宋嘉定十三年（1220）进士；吴巳之，南宋宝庆二年（1226）进士，知临安；吴椅，南宋嘉熙二年（1238）进士，知韶州；吴松龙，南宋宝祐四年（1256）进士，任松溪县尉；吴琰，明永乐十六年（1418）进士。他们中有父子及第、兄弟同榜、叔侄同榜、四人同科等佳话，如吴縠、吴榖是兄弟，都是吴崇煦的儿子。吴榖之子吴畀、吴翊两兄弟同是宋熙宁六年（1073）癸丑科进士。吴枢、吴逵、吴兢、吴彦申四人是宋政和二年（1112）壬辰科进士。吴枢、吴淇是堂叔侄，都是吴榖的裔孙。吴桓、吴彦申是父子，吴人可是吴桓的重孙，都是吴縠的后裔，吴兢、吴巳之是吴榖的后裔。他们金榜题名，走入仕途后，大多清正廉洁，精于吏治。

大济村的双门桥就是为纪念吴縠、吴榖两兄弟同登进士，并激励后人而建。吴縠和吴榖兄弟二人分别于宋天圣二年（1024）和宋景祐元年

（1034）同登进士，为宣扬荣耀、激励后人，族人在临清桥的两端各建造了一座木牌坊，双坊护桥，木牌坊二重檐三开间，雄伟壮观，坚固美观，结构独特，取"双桂连坊"，寓意"一门双进士"，而临清桥则改名为"双门桥"。

如今，大济村依托深厚的文化底蕴、优美的自然环境和良好的生态，正焕发出新的勃勃生机。诗书耕读文化也成为大济村的宝贵精神财富。

大济进士村

二、丽水县曳岭脚村

曳岭脚村，古属丽水县。1452年宣平建县后，曳岭脚村分属宣平县崇义区，1956年宣平县撤销后改崇义区为曳岭区，划分到丽水县（今莲都区）。今属莲都区老竹畲族镇。曳岭脚村地处丽水、武义、松阳三县交界地带，距离丽水市区20余公里。西南毗邻国家4A级景区东西岩。曳岭古道自西向东穿过村庄。《处州府志》记载："曳岭相传有仙曳履过此，故

名。"曳岭脚村因在曳岭山脚而得名。曳岭脚村的出名是因为它的历史上考取过14位进士和12位举人，享有处州千年进士村的美誉，曳岭脚村于2012年被列为第四批省级历史文化名村。

曳岭脚村蔡氏，源于蔡侯叔度。蔡侯为周初三监之一，周武王之弟，封于蔡，以国为姓。唐中和年间，蔡氏先祖从福建迁到浙江龙泉县，五代吴越时，蔡氏先祖蔡抱迁居处州城通惠门附近。蔡抱的长子蔡咸熙、次子蔡咸谑，因东西岩名胜，再迁至群山环抱、溪水长流的曳岭脚村，并在此繁衍生息，成为处州一大望族。明洪武五年（1372），任御史中丞的刘基应邀曾为曳岭脚村《蔡氏宗谱》作序："吾栝（指处州）世族，名阀非一姓，而莫盛于蔡。"可见"独称龙门，世袭簪缨"的曳岭脚村蔡氏在明代具有很强的影响力。

蔡氏迁居曳岭脚后，非常重视教化，耕读之风蔚然，英才辈出。从宋皇祐五年（1053）到咸淳元年（1265），212年间出了14名进士，12名举人，征辟7人。蔡景祐，宋皇祐五年（1053）进士；蔡惟稽，熙宁九年（1076）进士；蔡翊，元符三年（1100）进士；蔡明发，绍兴二十四年（1154）进士；蔡戡，隆兴元年（1163）进士；蔡伯尹，乾道二年（1166）进士，任宁国司录；蔡浩，淳熙十四年（1187）进士；蔡硕，绍熙元年（1190）进士；蔡潮，绍熙四年（1193）进士，崇德知州；蔡士从，嘉定十三年（1220）进士；蔡源，嘉定十三年（1220）进士；嘉定十六年（1223），蔡仲龙登进士及第，位列第二名榜眼。绍定五年（1232）蔡登中进士；咸淳元年（1265）蔡梦龙中进士，任无锡主簿。其中，蔡仲龙、蔡梦龙是兄弟，与蔡浩是叔侄关系，被誉为"一家双桂""一门三人同扣龙门"。

在曳岭脚村的进士群体中，最著名的是蔡仲龙。嘉定十六年（1223），蔡仲龙高中一甲榜眼，这是非常耀眼的名次。蔡仲龙，字子奇，道光版《丽水县志》称其"宅心平恕，不为高论"，并记载了郡守想迁州社，仲龙劝谏："苟无大故，不必变置"，郡守佩服他的识见，采纳了他的建议。后官至大理寺少卿、信州知府，因其为人低调，"不为高论"，使有关蔡仲龙的故事和记载都很少。

　　关于蔡仲龙是否是状元，现将有关文献录于此。《全宋诗》中宋宁宗为蔡仲龙作的御笔题诗《赐升状元蔡仲龙敕》："联魁金玉龙头选，诏下今朝遇己知。上国风光初晓日，御阶恩渥暮春时。内庭考最称文异，胪唱宣名奖意奇。故里仙才若相同，一年攀折两重枝。""内庭考最称文异"，体现了宋宁宗对蔡仲龙的欣赏。蔡仲龙也以《谢恩诗》答谢宋宁宗的荣恩，"圣朝兴运自天开，又直临轩策草莱。廷对自惭无宿构，胪传何意冠群魁。幸瞻北阙承殊宠，忍负南山咏有台。稽首君恩难报称，誓殚忠赤赞规恢"。表明了自己"誓殚忠赤"以报君恩的思想。据民国版《宣平县志》记载，蔡仲龙"嘉定癸未，登蒋重珍榜第二，蒋重珍故，升仲龙为状元"。蒋重珍1183年出生，1236年去世，1223年中状元，时年40岁，是无锡历史上的第一个状元，中状元后，签判建康军。母亲病逝，回乡服丧。但是，《处州府志》和《丽水县志》上并无丽水文状元的记载。另外，北宋殿试前三名均称"状元"；南宋殿试前三名分别称"状元""榜眼""探花"，并为后代所沿用。蔡仲龙科举高中是南宋时期，应该也不属于殿试前三名统

丽水市文昌路上的蔡仲龙塑像

称状元这种情况，所以，蔡仲龙是否是状元还需进一步考证研究。但无论如何，即使是榜眼，也已是无上荣耀。

现在丽水市区文昌路上有蔡仲龙塑像、宋宁宗的赐诗和仲龙的《谢恩诗》。

三、丽水县官桥村

官桥村今属莲都区联城街道，位于丽水市区西北约8公里处。唐宋时期，官桥村属丽水县和乐乡保安里，宋代末年改官桥里。宋代时，村东有座古木桥，由官府修建和管理，所以就把村子称为官桥。官桥是古时曳岭官道的必经之地，是连接婺州与处州的要津。

五代时，祝氏和林氏先后从外地迁居官桥，繁衍生息，发展成为官桥的望族。明朝中叶开始，祝氏逐渐外迁。现在林姓是村中第一大姓。

官桥祝氏始祖祝实于五代初任处州判官，卸任后，将家由信安（今衢州）迁至官桥村，成为官桥村祖。祝实第三个儿子祝缜为括苍祝氏宗祖，祝缜长子迁居丽水县宣慈乡莱山(今柳城镇祝村)，次子祝儒沿居官桥。

林氏迁自福建，五代后唐明宗长兴二年（931），任太府监的林宝，因修筑闽县甘棠港有功，封忠正侯，以先锋出使处州，续因避乱，偕兄林赞、弟林贤徙居丽水官桥。后林赞赴龙泉任职后留居，林宝第十世后裔迁缙云黄龙。林贤则留在官桥，娶妻生子，成为官桥林氏开基之祖。

祝氏与林氏在官桥和睦相处，耕读传家，文风盛行，历史上出过多位进士。至于进士的具体数字，有不同说法。据《丽水市莲都区志》的《历代进士名录》，籍贯明确为官桥的进士有11人，他们分别是：祝矶，熙宁九年（1076）进士，知临江军、朝奉大夫。祝亚，元丰八年（1085）进士，任闽县令、太常卿、中大夫。祝粹，字子充，元祐三年（1088）进士，分水知县、宣教郎。祝敿，绍圣四年（1097）进士，任从仕郎、常州推官。祝庭（祝廷），字邦直，绍圣四年（1097）进士，任中大夫、卫尉少卿。祝颜，字希深，别号"祝孟轲"，大观三年（1109）进士，任宣教郎。林觉，字大任，宣和三年（1121）进士，官户部侍郎，曾主持新铸精美的流通钱币，将"元宝"改称"通宝"，并请宋高宗赵构御书"绍兴通宝"字样。祝陶，宣和六年（1124）进士，唐州司户参军。林复，林觉孙子，乾道二年（1166）进士，知惠州。林豫，也是林觉孙子，乾道五年（1169）进士，衢州教授、修职郎；林牧，字谦光，淳熙二年（1175）进士，任义乌县令、宣教郎。其中，祝氏7人，林氏4人，均为宋代进士。

据官桥村广场宣传栏：在宋元两朝，方志所载及《祝氏宗谱》所载有具体科名的进士共有81名，官桥村可谓江南第一进士村。现将村广场上的"官桥村进士名录"存录于此，供进一步研究参考。

科　名	姓　名	主要官职	备　注
宋景德二年乙巳李迪榜进士	祝坦	金紫光禄大夫、兵部侍郎	录自清光绪《祝氏宗谱》
宋大中祥符八年乙卯蔡齐榜进士	祝程		录自清光绪《祝氏宗谱》
宋天圣二年甲子宋郊榜进士	祝谏		录自清光绪《祝氏宗谱》
宋天圣五年丁卯王尧臣榜进士	祝夔		录自清光绪《祝氏宗谱》
宋景祐元年甲戌张唐卿榜进士	祝正辞，祝许，祝熙载		录自清光绪《祝氏宗谱》
宋庆历六年丙戌贾黯榜进士	祝唐，祝绅，祝应臣，祝虞		录自清光绪《祝氏宗谱》
宋皇祐五年癸巳郑解榜进士	祝安民		录自清光绪《祝氏宗谱》
宋嘉祐四年己亥刘晖榜进士	祝用之		录自清光绪《祝氏宗谱》
宋治平二年乙巳彭汝砺榜进士	祝师圣		录自清光绪《祝氏宗谱》

续表

科　名	姓　名	主要官职	备　注
宋治平四年丁未许安世榜进士	祝安期		录自清光绪《祝氏宗谱》
宋熙宁九年丙辰徐铎榜进士	祝矶	知临江军、朝奉大夫	录自清道光《丽水县志》
宋元丰二年己未时彦榜进士	祝允闻，祝朋		录自清光绪《祝氏宗谱》
宋元丰五年壬戌黄裳榜进士	祝甫		录自清光绪《祝氏宗谱》
宋元丰八年乙丑焦韬榜进士	祝亚	太常卿、中大夫	录自明成化《处州府志》
	祝尚		录自清光绪《祝氏宗谱》
宋元祐三年戊辰李常榜进士	祝粹	分水令、宣教郎	录自明成化《处州府志》
宋绍圣元年甲戌毕渐榜进士	祝奕	修职郎	录自明宋濂《元故孝友祝公荣甫墓表》
	祝允，祝敂，祝微		录自清光绪《祝氏宗谱》
宋绍圣四年丁丑何昌言榜进士	祝廷	中大夫、卫尉少卿	录自明成化《处州府志》
	祝敞	从仕郎、常州推官	录自清道光《丽水县志》
	祝忠彦，祝瞻		录自清光绪《祝氏宗谱》
宋元符三年庚辰李釜榜进士	祝柔中，祝允皙，祝天辅		录自清光绪《祝氏宗谱》
宋崇宁五年丙戌蔡嶷榜进士	祝彦中		录自清光绪《祝氏宗谱》

科　名	姓　名	主要官职	备　注
宋大观三年己丑贾安宅榜进士	祝颜	宣教郎	录自明成化《处州府志》
	祝咨谋		录自清光绪《祝氏宗谱》
宋政和二年壬辰莫俦榜进士	祝卞	永嘉知县、朝散郎	录自清道光《丽水县志》
	祝光庭，祝开，祝周才		录自清光绪《祝氏宗谱》
宋政和五年乙未何卓榜进士	祝仁		录自清光绪《祝氏宗谱》
宋宣和三年辛□□□榜进士	林觉	户部尚书	录自明成化《处州府志》
宋宣和三年辛丑何涣榜进士	祝公明	盂县主簿	录自清光绪《祝氏宗谱》
	祝庇民，祝震		录自清光绪《祝氏宗谱》
宋宣和六年甲辰沈晦榜进士	祝陶	唐州司户参军	录自清道光《丽水县志》
	祝蒙亨，祝闵		录自清光绪《祝氏宗谱》
宋建炎二年戊申李易榜进士	祝师说		录自清光绪《祝氏宗谱》
宋绍兴五年乙卯汪应辰榜进士	祝文达	福建提举	录自清道光《丽水县志》
宋绍兴五年乙卯汪应□榜进士	□庇	洪州教授	录自明万历《栝苍汇纪》
宋绍兴十五年乙□刘□榜进士	□并	松溪知县、通直郎	录自清道光《丽水县志》
宋绍兴十五年乙丑刘章榜进士	祝鼎		录自《宋元科举题名录》、清光绪《祝氏宗谱》

科　名	姓　名	主要官职	备　注
宋绍兴二十一年辛□□□逵榜进士	林昌朝		录自清道光《丽水县志》
宋绍兴二十四年甲戌张孝祥榜进士	祝攘，祝华，祝端表		录自清光绪《祝氏宗谱》
宋绍兴二十七年丁丑王十朋榜进士	祝霆		录自清光绪《祝氏宗谱》
宋绍兴三十年庚辰梁克家榜进士	祝垒		录自清光绪《祝氏宗谱》
宋隆兴元年癸未木待问榜进士	祝兴宗	迪功郎、大宁主簿	录自清道光《丽水县志》
宋乾道二年丙戌萧国梁榜进士	祝惟珍，祝浩，祝禹圭		录自清光绪《祝氏宗谱》
宋乾道五年己□□□榜进士	□豫	衢州教授、修职郎	录自清道光《丽水县志》
宋乾道八年壬辰黄□榜进士	□筠		录自清道光《丽水县志》
宋淳熙五年戊戌姚颖榜进士	祝琳		录自清光绪《祝氏宗谱》
宋淳熙二年乙未詹骙榜进士	林牧	义乌知县	录自清道光《丽水县志》
宋淳熙二年乙未詹骙榜进士	祝材		录自清光绪《祝氏宗谱》
宋淳熙十四年丁未王□榜进士	□寅		录自清道光《丽水县志》

科　名	姓　名	主要官职	备　注
宋庆元二年丙辰周虎榜进士	祝士奇	潭州通判	录自清道光《丽水县志》
宋嘉定十六年癸未蒋重珍榜进士	祝明，祝智之		录自清光绪《祝氏宗谱》
宋宝庆二年丙戌王会□榜进士	林尧章		录自清道光《丽水县志》
宋宝庆二年丙戌王会龙榜进士	祝雄，祝沂		录自清光绪《祝氏宗谱》
宋绍定二年己丑黄朴榜进士	祝宗远		录自清光绪《祝氏宗谱》
宋代进士，特奏名，年□□考	□庆善，□梦森		录自清道光《丽水县志》
元延祐五年戊□霍希贤榜进士	林□老		录自明成化《处州府志》
元至正五年乙酉□□榜进士	林彬祖		录自明成化《处州府志》

　　官桥村有许多古迹。位于村广场的林氏宗祠，始建于明朝，距今已有600年的历史，祠堂内有2块石碑，分别是明永乐年间的林氏祠堂建造碑和明正德年间的林氏祠堂重建碑，柱子上有"唐代兄弟九刺史，宋朝父子十知州"的楹联。林氏宗祠白墙黑瓦，门口有"孝悌忠信"四字。"林家新屋里"古民居位于官桥村20号，是宋代进士林牧故宅遗址，宋代以后多次重修，现存建筑是清光绪十一年（1885）重修，整体格局四进五开间二层楼，是村里保存较完整的古建筑，门楣上砖雕阳刻"青律载阳"四字。村子里还有"长庚映瑞""紫气东来""奕气西来"等古民居、古门楼。村西南侧有西林崖，上有"烈孝崖"摩崖石刻，记载着祝昆孝母义节的故事传说。官桥村有着深厚的文化底蕴，2016年入选中国传统村落名录。

官桥村林氏宗祠

官桥村进士宣传碑刻

四、缙云云塘村

缙云云塘村赵姓，是北宋开国元勋赵普之后。原居于蓟（今北京城西南），赵普三世孙赵概迁到亳（今安徽），为亳州赵姓始祖。赵普五世孙赵期，建炎南渡时，自亳迁居缙云之云塘，成为云塘赵氏始祖。赵期（1066—1137），绍圣元年（1094）中进士，曾任兵部尚书。以功封武功伯。所以云塘赵姓可说是名门望族之后。

云塘村赵姓，重视儒学传承，自南宋绍兴十五年（1145）至咸淳元年（1265）的短短120年时间里，五世共有18人考中进士。

赵琥，南宋绍兴十五年（1145）乙丑科进士，官迪功郎。其子赵渡、赵济同登绍兴二十一年（1151）辛未科进士，赵渡曾任集庆军节度使，因抗金有功，进爵虢国公，赵济赠太子太保。其后裔赵霖，淳熙十四年（1187）丁未科进士；赵元鱼，嘉泰二年壬戌科（1202）进士，任闽州制置史；赵元蛟，嘉定十六年（1223）癸未科进士；赵瑞，淳祐四年（1244）甲辰科进士，任给事中；赵顺孙，淳祐十年（1250）庚戌科进士，曾任吏部尚书、参知政事；赵兰孙，景定三年（1262）壬戌科进士。

赵琥弟弟赵雄飞，绍兴二十一年（1151）辛未科进士，起居舍人。后裔有：赵善濂，淳熙八年（1181）辛丑科进士，曾任兵部员外郎；赵善涟，淳熙十四年（1187）丁未科进士，任大中大夫；赵汝域，嘉定元年（1208）戊辰科进士，任兴化、越州通判；赵汝皓，嘉定十三年（1220）庚辰科，任太常寺丞；赵崇埴，绍定二年（1229）己丑科，任两浙转运使司干官；赵崇洁，端平二年（1235）乙未科，历任太常寺丞、太常卿、福建安抚使，为官廉洁，不受私谒，以除恶奖善著称；赵崇鏴，景定三年（1262）壬戌科进士，知瑞州，为官刚正廉洁，诉讼案件及时裁决，从不拖延，重视教化，常到学宫鼓励生员，考核学业；赵必瞻，咸淳元年（1265）乙丑科进士，官至中书舍人，曾以通问使出使蒙古国，被扣留，令其臣服，必瞻回答"吾首可斩，吾志不可夺"。因不肯屈服被杀，临刑前赋诗"生平许国惭无补，化作东风扫虏尘"。南宋朝廷追封其为忠烈大夫。

五、缙云县河阳村

河阳村位于缙云县新建镇镇西1.5公里，距县城15公里，是一个以宗族血缘为纽带、聚族而居的千年文化古村，村里的古建筑群占地0.4平方公里。该村是全国重点文物保护单位，中国历史文化名村，首批中国传统村落，首批省级历史文化村落保护利用重点村，浙江省省级历史文化保护区和省级非物质文化遗产旅游景区。河阳村宋元两朝曾出过多位进士。

河阳村

公元933年，河阳朱氏始祖，原吴越国掌书记朱清源携弟弟朱清渊，为避五季之乱，羡慕缙云山水之胜，卜居此地，繁衍生息，成为义阳朱氏聚居发源地，因其原籍河南信阳，为使朱氏后裔不忘祖宗之本，故取名"河阳"。

朱氏历代祖先以耕读传家，重农经商，人才辈出，富甲一方。宋元时期曾出了8位进士、24位诗人，形成盛极一时的"义阳诗派"。

　　关于河阳村进士人数，一般认为是8位，在河阳古民居村口的介绍中也是说，"宋元两朝曾出八位进士，二十四位诗人"。但也有其他说法，据《义阳朱氏家谱》记载，自始祖清源公至三十六世，共出进士39人。而在河阳"能人榜"介绍中，则列出了宋元时的11位进士，除了下文介绍的8位外，还有：朱庆弼，字彦器，宋淳熙丁未年（1187）中进士，知天台县；朱庆朝，字彦彬，宋嘉定辛未年（1211）中进士，任朝散大夫、湖广两省观察处副使；朱熙载，字舜咨，号云庄，宋绍兴戊辰年（1148）中进士，初授衢州推官，迁武学博士，转升太常博士。但这三位进士的籍贯归属，查《缙云县志》，朱庆弼和朱庆朝为缙云金竹人，朱熙载为新建官仓人。因此，本书还是采用通常的说法，河阳进士有8位。

朱胜非〔1082-1144〕，字藏一，号桐轩，南宋丞相，谥忠靖省国公　高宗皇帝御赞：慎孝于家，竭忠于国，性洌冰霜，心坚铁石，厉害必踪，言无不悉，史籍增光，永为臣则。

朱夏卿，字禹臣。宋绍兴年间进士，授朝请郎，升龙图阁直学士，知镇江府，累官至礼部侍郎、户部侍郎

朱　绂，字子彦。宋绍圣甲戌进士，授奉议郎，知候官县，兼劝农事，升嘉议大夫，赐紫金鱼袋

朱　绶，字子明。宋绍圣四年〔1097〕进士，拜中书舍人、奉议大夫

朱　晞，字敬义。宋政和二年〔1112〕进士，授亚中大夫

朱　埮，宋绍兴二十一年〔1151〕进士。

朱庆弼，字彦器。晦庵先生门人，宋淳熙丁未进士，知天台县

朱庆彬，字彦彬。晦庵先生门人，宋嘉定辛未年〔1211〕进士，累官至湖广两省观察副使〔先为朝散大夫〕

朱熙载，字舜咨，号云庄。宋绍兴戊辰，初授衢州推官，迁武学博士，转生太常博士。

朱　藻〔1130-1300〕，字元章，号西斋。宋绍兴庚辰进士，知浦城县，约民垦荒田，满三岁，乃征，至期户，税倍增，兴学校，修孔庙，暇则训属吏以诗书、法律，岁旱，祈祷辄雨　考满，升江陵知府，终，燦章闻府制，著有西斋集十卷　〔载万姓统谱，及处州府志，入中国名人录。〕

朱孝忞，字坚仲，宋景定三年〔1262〕进士。

朱有泰，宋咸淳七年〔1271〕进士，官监察御史

朱　填，字定甫，号静斋，元至正癸未进士，未任而卒。

朱　沣，字伯清，明初刑部左侍郎。明成祖文皇帝御赞：嗟嗟此翁，德音孔嘉，天爵之修，人爵是荣，佐明君之股肱，启下民之耳目，噫，非一时之翘楚也欤

朱　楠〔1525-1581〕，字希安，号环峰，明代河南都司正断事　明万历七年〔1579〕夏季，被封为册封使"代王和番"，出使明王朝藩属国东海岛国琉球册封新王。

朱　泉〔1878-1935〕，字渭川。由廪贡生考选出洋留日，同盟会员。历任浙江省立师范校长，浙省议员兼诘议山东省顾问，余姚统捕局长。

朱光显〔1879-1955〕，字德固，号文园。朝考举人，出洋留日，同盟会员。历任浙江蚕校校长，实业厅顾问，省教育评议，缙云简师校长。

李震坚〔1921-1992〕，受业于黄宾虹、潘天寿等艺术大师，为中国画艺术教育的中坚力量，现代中国画人物画奠基人之一。

河阳村口宣传栏能人榜

8位进士分别是：朱绂，字子章，宋绍圣元年（1094）进士，授奏议郎，知侯官县，兼劝农事，升嘉议大夫，赐紫金鱼袋。朱绶，字子明，宋绍圣元年（1094）进士，授中书舍人、奉议大夫。朱晞，字敬义，宋政和二年（1112）进士，授亚中大夫。朱垓，宋绍兴二十一年（1151）进士。朱藻字元章，号西斋，宋绍兴三十年（1160）进士。朱孝忞，字坚仲，宋景定三年（1262）进士。朱有泰，宋咸淳七年（1271）进士，官监察御史。元朝时，朱填，字定甫，号静斋，元至正三年（1343）进士，未任而卒。其中，朱绂、朱绶是两兄弟，又登同科进士第，而朱晞、朱藻、朱孝忞、朱有泰4人则是同出一门，实属难得。

八进士中以朱藻最为出名，政绩斐然。朱藻（1131—1200），在知浦城县时，约民垦荒田，兴学校，修孔庙，平时经常以诗书、法律教导属吏。后升江陵知府，官终于焕章阁待制，著有《西斋集》10卷。

为纪念这8位进士，并勉励子孙后代以他们为学习榜样，元至正年间建了"八士门"，如今成为河阳最著名的建筑。"八士门"位于中街南入口处，石库大门，门额墨书"八士门"三字。两侧砖墙呈八字形，据说当时是一座门楼式建筑，明朝中叶被战火烧毁，明末重建成现在这个样子。"八士门"前有一对很奇怪的石兽：蟾蜍的嘴巴，青蛙的腿，狮子的身体。据传乃明太祖朱元璋所赐，取名"稀罕"，意指河阳一村出了八进士实属稀罕。传说明太祖朱元璋时期，河阳人朱维嘉曾在朝为官，在一次与皇上的谈话中，皇上问道："你祖上有什么名人呢？"朱先生自豪地历数了各位祖先，当他说到河阳村在宋元时期出了8位进士，其中祖孙六代就有四代中了进士，还有2个亲兄弟都是进士的时候，明太祖顿时拍案叫绝，连声"稀罕，稀罕！你们朱氏真乃望族也，朕就送你们一对'稀罕'吧。"可是"稀罕"是什么呢？朱先生问皇上，皇上说："稀就是稀奇，罕就是罕见嘛。"朱先生只能领旨谢恩，回家后，他苦思冥想就是想不出"稀罕"的模样来。书童见先生这么苦恼，就帮他出主意：王宫贵族的门前都放着威武的石狮子，去找一对狮子回去不就得了嘛。可是狮子不稀罕呀！书童灵机一动："去了头不就稀罕了！"朱先生有了灵感，于是打造了这对"稀罕"。这对石兽至今尚在，已有600多年历史。"八士门"为河阳村正大门，历史上河阳人把"八士门"又叫作"八字门"，认为它风水好，经常过此门就能八字好，所以河阳人娶媳妇、嫁女儿、出殡都会过此门，以带来好运气，这个风俗沿袭至今。

河阳的古民居也很有特点，是清一色的灰色建筑群落，给人含蓄、委婉的感觉，特别是答樵路上的马头墙，"黑瓦白墙，飞檐翘角，依山傍水"，远远望去像是一匹匹昂首的马在仰头长啸，气势非凡。还有特色鲜明的一条神似铜钱的门廊，共有四重方圆门廊，上面的文字"耕读家风""循规"和"映月"都体现着河阳人的祖训。"耕读家风"，这四个字体现了河阳祖先的良苦用心。他们用造字的方式教育后代理解耕读的内涵和精神，提倡农耕不忘读书修身，要耕读并重，这种物质精神并重的理念使得河阳朱氏家族成为既是书香仕宦，又是富甲一方的名门望族。"循规"就是告诫子孙做人要循规蹈矩，没有规矩不成方圆。而"映月"则寓意着为人处世要像月亮一样皎洁，做人要清清白白，所以说两边的方门就是规矩，圆门就是月亮。站在中间往左边和右边看，都是外圆内方，似铜钱的

八士门前的"稀罕"

形状；这样，这几重方门和圆门组成的廊道建筑就形成了一串铜钱的景观。"循规映月"是文翰公二子朱柏轩住宅，始建于乾隆年间。

如今的河阳，仍保留了古色古香的传统特色古民居、淳朴的民风民俗、耕读传家的千年古文化，借助丰厚的历史文化底蕴和美丽的乡村面貌，河阳曾登上央视春晚，还成为《麦香》等影视剧的取景地。丰富多彩的文旅活动的举办，使河阳散发出新的魅力。

六、缙云县东岗下村

缙云东岗下村沈氏在唐宋时期有进士8人。其中，唐代有4人：沈师直，唐大中二年（848）进士，任沙县县令；沈斐，唐咸通元年（860）进士，任台州学录；沈诏，乾符二年（875）进士，任刑部主事；沈晃，天复二年（902）进士，任都御史。五代有1人：沈戬后晋开运元年（944）中进士，官任荆州金判。宋代有3人：沈造，北宋政和二年（1112）进士，曾任潮州通判；沈枌，南宋绍兴十五年（1145）进士，任福建按察司金事；沈棐，淳熙十四年（1187）进士，任临安府学录。

据清光绪《缙云县志》记载，沈造，字次仲。为官廉直不阿，颇有美誉。初知漳浦，海寇作乱，攻击漳浦时，听说了沈造的官声，随即退去。在任潮州通判时，当地的韩山神神庙，每年都要以男人女人为祭，沈造焚毁了神像神庙，得一巨蛇烹之，地方得以安宁，百姓感激，为他立祠。赠左朝散大夫。著有《文集》20卷。

七、遂昌大柘镇街头村

遂昌大柘镇街头村因周氏家族在宋代"一门九进士"、明代出了武状元而传为佳话。

街头村周姓一世祖周郁，唐乾宁年间（894—897）进士，为避五代之乱，带着6个儿子及家人从湖北黄冈迁到山清水秀的平昌县柘溪（今遂昌大柘镇）街头村。周家在街头村耕读传家，子孙读书进仕，家族不断壮大。周郁后代仅从北宋治平二年（1065）至南宋淳熙十一年（1184）的119年时间里，先后有9位进士，后世仍然科甲不断，明代武状元周螯就是其后裔。

周郁的6个儿子分别取名谂、总、认、晟、郢、宸。周宸的孙子周沃，宋治平二年（1065）进士；周池，熙宁三年（1070）进士。周认孙周述，熙宁六年（1073）进士，任太常寺丞。周认曾孙周绾，崇宁五年（1106）进士。周绾孙子周赞，宜和三年（1121）进士，任大理寺丞；周繂，绍兴二年（1132）进士；周炤，绍兴八年（1138）进士；周仲昌，绍兴二十四年（1154）进士。周赞之子周若思，淳熙十一年（1184）进士。自宋治平二年（1065）至淳熙十一年（1184），周家先后中进士9名，授官的有30多名。

周氏为官多有政绩。周郁五世孙周绾，历任国子监祭酒、吏部侍郎、敷文阁待制等，勤政爱民，廉洁奉公，尤其是他"五剖符持节"，在外交上颇有建树，深受朝廷信任。周郁六世孙周炤，历官龙游县尉、政和县令、从政郎等。周郁八世孙、周绾孙子周赞，由进士任官大理寺丞。

到了明代，周郁二十四世孙周螯，生于遂昌，后迁居杭州府仁和县。明嘉靖三十四年（1555）乡试中举人，嘉靖三十五年（1556）兵部会试中武状元，授锦衣卫副千户，进指挥佥事，守备赣州。因有功提升为浙江都指挥佥事，对屯田制度提出了很多切中时宜的意见，升江南盐城参将。后调往广东，平定山寇，因戎马倥偬，积劳成疾，不久病逝。周螯为将帅，机敏有智谋，对部下恩威并用，深得士卒之心。曾建状元坊于杭州北关门内大街。

八、龙泉张畈村

张畈村现隶属于龙泉市安仁镇，村庄群山环抱，村内古树林立。张畈行政村的源头村，俗称五进士村，因为这个村落在两宋时，有个周姓家族八代出了5名进士。

周氏家族始祖周凤在唐末五代时期由景宁境内迁到此地定居。其家族

子嗣勤奋好学，从北宋皇祐五年（1053）至南宋淳祐十年（1250）不到200年时间里5人中了进士。

周镛，字正和。北宋皇祐五年（1053）进士，先是礼部观政，后除授太仆寺丞，升扬州知府，进赠忠宪大夫。

周有，字多筠，号为轩。北宋熙宁九年（1076）进士。授兴化府推官，转升抚州同知，封二甲员外郎，赠翰林侍讲。

周潜，字辟中，系周镛之孙。北宋崇宁五年（1106）进士。初授义乌主簿，累官至大理寺左评事。

周英，字邦俊，南宋嘉定十三年（1220）进士。历任刑部员外郎、徽州提刑、江西廉访使，授嘉议大夫致仕。

周荣相，字君茂，号赞轩。南宋淳祐十年（1250）进士，累官浙东安抚使。

可惜的是周氏家族在明清时期家道中落，五进士村除了5块大石条外，如今已没有什么历史遗存了。

不过，五进士的历史名片毕竟给当地留下了一笔宝贵的财富。近年来，张畈村充分利用五进士名片，深入挖掘进士文化精髓，形成了新时代"仁""义""礼""智""信"的"五贤"文化，致力于打造具有特色的进士文化名村，使村庄面貌焕然一新，走出了一条促进乡村振兴的新路子。

张畈村抓住"萧山—龙泉山海协作升级版"发展机遇，共建张畈进士村，着力打造文旅张畈，先后建成金榜题名广场、文化长廊、五贤馆、进士遗址园等项目。五贤馆是张畈村进士文化学习体验的综合性展馆，设有五贤文化区、进士文化区以及进士文化研学区，成为集观光旅游、文化体验、网红打卡为一体的综合旅游点。进士文化村的打造进一步提高了张畈的知名度，也推动了张畈文化产业的发展，而文化产业的发展又辐射带动了文创产品、农家乐、民宿、研学基地、向日葵产业等周边产业的发展，推进了张畈"农文旅"的深度融合发展。"美丽田园＋进士文化＋体验"的特色项目吸引了游客，也为张畈村的经济发展注入了新的活力，为村民带来了收入的增长，进士文化的挖掘利用有力地促进了乡村振兴。

九、龙泉兰巨乡豫章村

龙泉兰巨乡豫章村何氏，是两宋时期非常显赫的家族，何氏家族出了多位进士，还出现了2位政坛上的著名人物，即北宋末年的宰相何执中、南宋中期的参知政事何澹。由于何执中去世后被封清源郡王，"清源何氏"由此得名。

五代时，豫章村何氏始祖何谨从建州浦城毕岭迁至龙泉兰巨豫章，何谨子孙与处州的一些大姓联姻，繁衍壮大，至两宋时成为名门望族，人才辈出，进入鼎盛时期。

何琬，字子温，皇祐五年（1053）中进士，历任秘书丞，太常博士知司农寺丞，江南东路、江南西路转运判官，湖南路、梓州路提刑，龙图阁直学士等官职，在当时政坛享有盛名，与同乡才子叶涛齐名。宋神宗曾书二人姓名于御屏上，赞誉"政事何琬，文章叶涛"，可见其处理政事很得神宗信任。何琬为官不畏权要，不徇私情。何琬拥护王安石变法，但在元丰元年（1078）任江南东路转运判官时，发现新法干将、江宁知府吕嘉问违法，毅然上奏弹劾，使其遭贬。何琬与苏轼结为好友，苏轼担任杭州知州时，主持疏浚治理了西湖，邀请一批好友来西湖游玩。何琬因公事去不了，何父何才翁前去参与。泛舟西湖时，苏轼听何才翁介绍了龙泉蒋秦圩的美妙景色后，很兴奋，表示有朝一日真想到这人间仙洲隐居，并建议把蒋秦圩改名留槎洲，当即泼墨挥毫，题写"留槎阁"三字。何才翁带回后，将其刻匾悬于洲上高阁。

何执中，熙宁六年（1073）中进士，入仕后，左右逢源，仕途亨通，官至宰相，他追随蔡京，迎顺帝意，粉饰太平，打击异己，但为官颇有政绩，且不忘提携地方，据《宋史》卷三百五十一记载，"其在政府（宰相处理政务的场所），尝戒边吏勿生事，重改作，惜人才，宽民力。虽居富贵，未尝忘贫贱时。斥缗钱万置义庄，以赡宗族"，文学书法方面的造诣也很深。死后被封清源郡王。在处州，官至宰相且死后被封王的只有何执中一人。

何志同，字彦时，何执中儿子，元祐六年（1091）中进士。北宋末年知顺昌府，南宋高宗应天即位后，曾知应天府，此后几经起伏，绍兴三年（1133）卒。

何志寀，字彦功，何执中胞弟何执文的儿子，政和二年（1112）进士，官至左朝奉郎、尚书主客员外郎。夫人章氏，是曾任北宋哲宗朝宰相章惇的曾孙女。何志寀有4子，即何伀、何侑、何俌、何偶。

何俌，字德辅，何志寀第三个儿子，绍兴十二年（1142）考中进士，时逢宋金和议成立不久，次年即进上《中兴龟鉴》10卷。历官中书舍人、工部侍郎兼直学士院、集英殿修撰，衢州知府，乾道二年（1166）底，除敷文阁待制致仕。何俌学识过人，著述丰厚，著述纂集有《奏议》《内外制》《大学讲义》《孝经本说》《西汉补遗》等。

何偶，字德扬，号玉雪，何志寀第四个儿子，绍兴二十七年（1157）中进士，孝宗隆兴年间任吏部郎官，性刚直。金兵犯淮南时，宋朝廷主和派欲弃唐、邓、海、泗四州，他慷慨上书孝宗：愿请尚方宝剑割奸臣头颅。后任福建提举。何偶"性喜养生"，对医学也很有研究，著有《何氏方》，里面的药方颇有效验。著有《玉雪堂集》，人称"玉雪先生"。

何澹，字自然，何偶从其兄何侑家过继来的儿子，也是何志寀的孙子。以省元登乾道二年（1166）进士第。因其学识过人，曾任国子司业、教授、秘书郎、著作郎兼东宫小学教授、王府教授等职。光宗朝，何澹开始在政界知名，右谏议大夫，迁任御史中丞，再迁同知枢密院事，继而任参知政事，达到其仕途巅峰。何澹为官作风凌厉，对朝廷财政、赋役、铨选、荐举等多有奏疏，提出建议。但他依附权臣韩侂胄，立"庆元党禁"，受到非议。晚年有韬晦之意，辞官回乡。何澹对家乡也是有贡献的，他奏请朝廷调兵疏浚处州通济堰，将木坝改为石坝，坚固坝体。他还参与修撰《龙泉县志》，开龙泉地方志之先河，并在该书中详细记录了香菇栽培和青瓷烧制的方法。

此外，何氏进士还有：何淇，何侑子，何志寀孙，乾道五年（1169）进士；何洪，何侑子，何志寀孙，庆元五年（1199）进士；何处智，何澹的第三个儿子，嘉定十年（1217）进士等。

十、松阳象溪村

象溪村位于松阳县东部，距县城约20公里，依山傍水，景色优美。"朱熹讲学地，处州进士村"是象溪的宣传标语。

唐神龙年间，国子监太学生高温乘船经过象溪村，被象溪的景色所吸引，动员全家从钱塘迁居至此，繁衍生息，成为象溪高氏始祖。象溪高氏崇学尚德，后代举人秀才数十名。村里宣传介绍的象溪进士有3位：先祖高鑑（742—822），字克明，为高温的父亲，唐神龙进士，翰林院大学士。高浩（884—947），字大成，号广陵，后梁乾化二年（912）进士，任福建泉州府刺史。高焕然（1861—1934），字昕斋，号鲁才，光绪二十四年（1898）进士，创办象溪初级小学，首倡并主纂《松阳县志》。进士列表中松阳还有2位高姓进士：高翯、高宗商，据纪江明先生考证，是象溪人。

象溪村高鑑、高浩、高焕然塑像

纪江明在《象溪南宋三位进士考证》中提出，除了高鑑、高浩、高焕然外，"象溪村在南宋还出过三位进士：高鬶、高宗商、高商老"。高鬶，绍兴甲戌（1154）科进士，累迁提点刑狱公事。高宗商，字应朝，乾道壬辰（1172）科进士，后入籍绍兴，与朱熹、陆九渊、吕祖谦等都有交往，曾任新明州昌国县主簿、徽州录事参军。这2位进士在明成化版《处州府志·卷九·松阳县·进士》和清顺治版《松阳县志·卷五·选举》中有记载，民国十一年（1922）高焕然主编的《松阳县志》进士名录也有收录，他们是松阳进士无疑。纪江明先生在文中以"1996年版《松阳县志·姓氏》记载：高姓，祖籍钱塘（今杭州），唐大历年间（766—779），由高温迁居象溪，后子孙外迁丽水、温州、青田等处"为据，得出"高氏在松阳县境内没有折迁"，因此推断高鬶、高宗商为象溪人。还有1位进士高商老，曾知抚州，《宋登科记考·附录·阙年登进士》记载其为处州人，《宋元学案》卷七七记载其为栝苍人，《江南通志·卷一一四·职官志·名宦》记载其为会稽人，纪江明先生认为其是处州人，后入籍绍兴，是象溪宗亲血脉，但未提供其为松阳人或象溪人的史籍记载。笔者将其著录于此，供研究者参考和进一步探究。

此外，处州还有其他的一些村落和家族也出了多位进士。如丽水的葛源和葛良嗣父子，章驹和2个儿子章良肱、章良能，林定老与其子林彬祖。遂昌石练镇吴氏家族有吴绍生和吴志父子、吴孔性、吴世涵等进士。景宁大均有李琮、其弟李璋、其子李镦，一门三进士。青田的郑汝谐与2位进士曾孙郑滁孙、郑陶孙。祖居地在龙泉市龙渊街道后甸村的管氏有管师常、管师仁等进士。

第二节 处州进士村形成原因

处州进士村的产生，是社会政治、经济、文化教育发展的结果，也是各个家族重视教育和文化传承的结果，当然也离不开士子们的努力。

一、社会政治、经济、文化教育发展的结果

处州进士村的形成，离不开社会的大背景。进士村的形成，大多在宋代。从前文列举的进士村来看，庆元大济吴氏23名进士中有22人是宋代进士、1人是明代进士；缙云云塘赵氏18名进士都是南宋的；丽水曳岭脚蔡氏14人，官桥祝氏和林氏11人也都在宋朝；缙云河阳朱氏8名进士中有7名在宋代、1人在元朝；缙云东冈下沈氏进士是唐代4人，五代1人，宋朝3人；遂昌大柘镇街头村周氏9名进士都在宋朝；龙泉张畈村周氏五进士也都在宋代；龙泉兰巨乡豫章村何氏进士也都在两宋时期。

这与处州进士在时间分布上的特点是一致的。自隋朝开科以来，处州进士的高峰期就出现在宋朝。历代处州共有文进士1138人，宋代最多，有953名；其次是明代，132人；其他朝代人数都较少，元朝20人，清朝16人，唐朝10人，隋朝1人，五代6人。宋代处州进士就占了全部文进士数量的83.74%。

为什么宋代是处州进士出现的高峰期？

政治上，一是宋太祖为加强中央集权统治，吸取五代时武将跋扈的教训，实行"文官政治"。"重文抑武"的国策在两宋期间得以贯彻延续，文人的地位和价值得到很大的提升，文人经邦济世的抱负可以通过科考入仕来实现，激发了文人读书科考从政的积极性。二是完善了科举制度。在制度上更注重考试的公平公正。为防止礼部考核营私舞弊，增加了殿试，实行州试、省试、殿试的三级考试制度。严格科场考试规则，创建锁院、糊

名、誊录等制度，强化了举子与考官的行为规范，对防范科场舞弊行为的发生起到重要作用，保障了科举考试的公开、公平和公正，从而增加了士子对宋朝政权的向心力。三是扩大了录取名额。一改唐代进士等常科及第后还须等候参加吏部铨选考试才能授官的做法，宋代实行殿试登科后即可入仕。四是新科进士荣耀加身。新进士录取后，皇帝亲自接见并赐宴，并有机会成为驸马或权贵女婿的候选人。这种待遇对于个人和家族而言都是莫大的荣耀。状元则更甚，骑马游街，宫中卫士为状元开路，前呼后拥，百官驻足观看，荣耀无比。这些都促进了士子读书应举的积极性，使得参加科举考试以及被录取的人数都大大增加。

经济上，宋代的社会生产力获得了巨大发展。北宋时，采取措施恢复经济，农业技术更新，生产工具改善，种植面积扩大，产量增加。采矿业、制瓷业、丝织业和造纸业也有了较快发展。特别是造纸业和刻版印刷业在技术上有了很大提高，促进了书籍的印刷和流通。商业也获得了繁荣发展。赋税有所减轻。南宋经济重心南移，南方地区得到更进一步开发和发展，南方经济的发展已明显超过北方。经济的发展为人们读书参加科举考试提供了物质条件。尤其南宋定都临安（杭州），处州离政治经济文化中心的距离近了，这使处州可以得到更好的辐射，也使得处州学子赴京赶考更加便利，节省了路费和时间，降低了赴考成本。

文化教育上，宋代统治者很重视文教，"重文抑武"政策的实行、北宋3次兴学运动的开展，都促进了宋代教育的发展和文化的繁荣。处州的教育在宋代也获得了很大发展。唐朝时，处州仅松阳县建有县学。到了宋代，处州各县除了尚未建县的景宁、云和与宣平外，其他地均已建县学。处州的书院始于宋代。而朱熹等一些儒学大家到处州一些书院的讲学，进一步推动了各县书院的发展。宋代处州的乡学、里学、私塾等启蒙教育也有了一定发展。识字、吟诗作对、书法等教学，为以后进一步学习经义、参加科考奠定了基础。

经济的发展，科举制度的完善，学校教育的发展和文化的繁荣，官学、书院、学塾等一系列人才培养体系的建立，为更多的处州学子读书应考中举提供了条件，推动了处州宋代进士的更多涌现。

二、进士村的进士家族有一定的经济基础和文化背景

处州进士村的形成，大多和家族有很大关系。有些村落是以宗族血缘为纽带、聚族而居，以一个姓氏为主，有些村落则是多姓氏混居的，但无论是哪一种，成为进士村往往都是某一个姓氏家族出了多名进士。庆元大济是吴氏；缙云云塘是赵氏；丽水曳岭脚是蔡氏，官桥是祝氏、林氏；缙云河阳是朱氏；缙云东冈下是沈氏；遂昌大柘镇街头村是周氏；龙泉张畈村是周氏；龙泉兰巨乡豫章村是何氏。特别是庆元大济村，吴氏23名进士，而庆元历史上总共出了31名进士，即大济吴氏进士数占庆元全县进士数的74.2%。

这些家族，往往有一定的经济基础和文化背景，他们有的是名门望族之后，有的是官员之后，有的有儒学家族背景，有的有强大的姻亲。缙云云塘村赵姓，是北宋开国元勋赵普之后；河阳朱氏始祖是原吴越国掌书记朱清源；丽水官桥祝氏始祖和林氏始祖都曾任官职；遂昌大柘镇街头村周氏一世祖周郁，自己就是进士；五代时，龙泉兰巨乡豫章村何氏始祖何谨从福建浦城迁至龙泉兰巨豫章，何谨长子何睿是朝廷官员。谨公六世孙何执中的父亲何君平，虽没有举业功名，但与当时的士大夫们颇多交往，以读书自娱，对经学也有研究，并将经学研究心得传授其子，奠定了龙泉何氏家族的治经传统。这些家族有良好的经济基础，子孙从小能接受良好的教育。

姻亲助力也是一个因素。姻亲关系与家族的兴旺有着密切关系。以龙泉兰巨豫章村何氏为例，何志宕的夫人章氏，是北宋哲宗朝宰相章惇的曾孙女，所育4子中有2个儿子何俌、何偊是进士；下面一辈九个孙子中，又有何淇、何洪和何澹3位进士。何澹夫人朱慧观，是徽宗朝尚书右丞朱谔的孙女，所生第三个儿子何处智是嘉定十年（1217）进士，女儿何道静嫁给了曾任中书舍人的进士王信的儿子。这样的家庭背景促进了官场和科名上的互相扶持，也能成为科考成功的助力因素。

同时，家族中出了进士后，在家族传承中，进士必然会将自己的家学

传给下一代，进士也会对家族中的学子予以教诲，在读书和应试方面进行指导帮助，这自然有益于家族学子更快地提高学识水平，更好地掌握科举应试要领，也就可以提高进士录取率。而家族中有进士，特别是有多名进士，家族成员从小就会受到良好学风的熏陶、成功榜样的引导，也更有可能考取功名。所以进士村中除了进士之外，贡生、举人等也不少。

三、进士村各家族重视教育和文化传承的结果

进士村的进士家族，重视教育，耕读传家。耕是从事农业生产，读是接受文化教育。这些家族将农业生产和文化教育相结合，将"以耕养家、以读兴家""勤耕立家、苦读荣身"的耕读理念代代相传，造就了人才辈出的繁荣。大济吴氏肇基始祖——吴崇煦，一方面重视开垦开发，拥有了大片土地，另一方面不惜重金在竹坑庄建造"豹隐洞"书堂，聘请硕学大儒教授4个儿子读书。缙云县河阳村的文化更是形象地说明了这一点，河阳一道圆拱门的门楣之上有4个怪字，这4字是河阳

河阳村耕读家风

祖先自创的会意字，都是上下结构，自右向左的4个字分别是：第一个字是上面是"牛"，下面是"田"，意思是"耕"；第二个字上面是"口"，下面是小篆的"心"，翻开书本，心口合一就是"读"；第三个字上面宝盖头是房顶，下面有一个人，还有一个小孩，意思是"家"；第四个字"云"的上面有一撇，有风的时候云才会动，意思是"风"。连在一起就是河阳祖先自创的"耕读家风"4个字，这是用造字的方式教育子孙后代，要耕读并举。耕乃生存传宗之本，读是明理荣身之路，两者结合才能立身进取，光耀门楣，兴旺家族。

进士家族，重视族规家训家风的培养和继承。科举制度使得士子可以通过相对公平的考试选拔制度进入官员集团，寒门士子可以因此改变命运，豪门贵族子弟也可以因此保持家族的荣光。一个家庭出了进士，自然是荣耀之事，可以为个人和家族增添光彩。但如果要让这份荣耀在家族中一直保持下去，那么这个家族中就要继续有人科举登第，子孙后代代有进士出现，这样才能保证家族名望的延续性。所以他们会重视教育，重视向学家风的培养。而处州进士村的各个家族有父子进士、兄弟进士、叔侄进士，数代有进士。这和这些家族重视教育分不开，也和这些家族的族规家训家风的培养和传承分不开。如河阳朱氏家训："知冠礼，慎婚礼，简丧礼，敬祭礼，敦孝悌，重尊长，务耕读，禁赌博，崇节俭，息论狱，教子弟，谨闺门，戒斗狠，完钱粮，惩奸慝，严盗贼，储常裕，儆私侵，明交易，御外侮"。家训共20条，推崇忠孝节义，教导礼义廉耻，教育后代子孙注重耕读礼义传家，而且族人相互帮助。

除了上述原因，进士村的形成当然也和各位进士自身的努力密不可分。宋代的科举考试实行州试、省试、殿试的三级考试制度，且有严格的考试规则。能否及第取决于应考者的才学。出身豪门贵族的士子，虽然有较好的受教育条件和备考条件，但要在激烈的竞争中，从众多的应考者中脱颖而出，必须具备相当高的才学水平和能力。而平民子弟的受教育条件不如贵族子弟，就更需要勤学苦读了。所以，除了学校的教育、家学的传承，还要有自己的发奋努力，这样才有可能成功。

一个村落有人通过进士登第而入仕，特别是进士绵延数代的家族，进

士本人和其家族的社会地位与影响力都会有很大的提高。对于村落而言，也是一种荣誉，会带动更多的人投身读书科举之路，从而促进读书向学风气的形成。

第七章

处州进士的地位与贡献

在激烈竞争中脱颖而出的进士群体，是社会的精英群体。处州自隋朝开科以来，共有1138名文进士和11名武进士，他们大多能在各自的任职上恪尽职守，在政治、经济、教育、文化等方面做出了积极贡献，并对后世产生了深远的影响。

第一节 处州进士的仕宦功绩

自科举取士制度实施以来，统治者便把科举作为将人才选拔补充到官员队伍中的重要手段。在中国传统社会中，读书人通过应举入仕是一个人改变命运的主要途径，也是他们实现经邦济世的政治理想和抱负的重要途径。所以他们在登第入仕之后，就会施展拳脚，去实现抱负。

处州进士登第后的全部入仕情况及仕途轨迹，由于资料缺乏，无法确知。但从现存资料中，我们可以获得一部分进士的仕途情况，在前面的进士列表中也标出了部分进士的任官情况。仅从已掌握的情况来看，处州进士的仕宦功绩也是突出的。由于人物众多，无法一一涉及，下面以举例方式呈现。

一、治理有方，力保平安

一个地方的平安是地方经济发展的前提，也是百姓安居的基础。处州进士担任官职后，往往能够整顿吏治，打击为非作歹行为；巩固边防，保卫国家；遇到危险，挺身而出，力保一方平安。

龙泉管师仁（1045—1109），在北宋历任多职，官至正二品同知枢密院事。在任上，忠于职守，勤政爱民，力行教化，政绩卓著，《两浙名贤录》称其为"名宦"。管师仁能文能武，有勇有谋，对于边防安全，他有深入思考，并敢于实践。曾任定州安抚使。当时，宋自澶渊之盟以来，百余年无战事，朝廷上下都已放松了警惕，边备松懈。定州一带兵寡民弱，北方辽国时常乘机犯边。师仁到任后，致力于精选兵卒，储备粮草，整饬军纪，鼓舞士气，筑高城墙，疏浚护城河，修缮器械，巩固边防。他还预先进行军事演习，一日集兵十万。他自己则与宾客宴饮，以示闲暇，使敌不疑。当时辽国原本打算为西夏请求割地，见宋军防备严密，不敢再提割

地一事，日后也不敢再贸然侵扰。

北宋徽宗政和二年（1112）进士、庆元大济人吴兢（时属龙泉），在任会昌县令时，金兵已破北宋首都汴梁，天下大乱，匪寇烧杀抢掠，吴兢在其管辖范围内招募乡勇，组织民团，保护了会昌平安。南宋高宗建炎元年（1127），御营前将军杨勃兵败哗变，自浙东长驱入境，沿路袭扰，直逼会昌。在危急关头，吴兢冒险亲自前往叛军营地，杨勃把刀架到他的脖子上，威胁要杀死他，吴兢凛然不屈，并晓以利害情理，终使杨勃放下屠刀，不犯会昌，保住了会昌百姓的安全。然而，由于奸臣诬告他私通贼寇，朝廷不辨忠奸，吴兢反而被免职。杨勃得知消息，认为与吴兢签订的不打会昌的协议已自动作废，于是又发兵攻打会昌，并杀死朝廷2个前锋军尉，会昌官员惊慌失措，会昌城陷入危境之中，百姓生命安全悬于一线。此时，官民纷纷要求吴兢出面御敌，吴兢不忍对百姓危难坐视不管，虽已被免职，仍答应冒死一试，到了敌营，叛军敬佩他的为人，没有加害他，经过3天艰难的谈判，叛军终于答应无条件撤兵。宣谕使刘大中感其忠勇，上奏为其请功，吴兢升为处州府判。

明代丽水进士薛希琏（1399—1458），正统五年（1440），按抚治理河南，享有盛誉。奉命巡视京市蹋坊，发现豪强和奸商欺行霸市，操控市场。希琏大力整治，坚决打击不到1个月，豪强和奸商敛迹，蹋坊得以公平交易。在镇守闽中期间，他在福宁之烽火门、福州之小埕澳、兴化之南丘山、泉州之浯屿、漳州之西门澳等5处创置了5个水寨，成为后来抵御倭寇海上入侵的屏障，对保护闽中的平安发挥了积极作用。

二、清正廉洁，刚正不阿

进士是通过一级级的科举考试选拔出来的人才，他们熟读儒家经典，深受儒家思想的影响。儒家提倡重义轻利，培养浩然之气。处州进士中也涌现了大量的清正廉洁、刚正不阿的官员。他们以义为先，注重气节。以下列举一二。

庆元吴懿德（1172—1234），字夏卿，大济村人。南宋嘉泰二年

（1202）进士，任英州教授，玉山知县，不久改任新会县令。当时新会诉讼成习，濒海之地多盗贼，以前的县令控制不了。懿德上任后，诚心诚意抚慰百姓，解决他们的困难，百姓感激，盗贼逐渐被肃清。当地惯例：新县令到，有给縢钱，受诉牒者有醋息钱。懿德到任后，以身作则，洁身自好，"一切免去"。"仕族之流寓与孤独颠连者，春贷以钱粟。夏多瘴疠，和药以施之。"（《庆元县志·人物志上·清正》）因清廉有声，新会县民曾立祠祀之。后迁广州通判，没来得及赴任就去世了，去世前2天，他写下"平生薄宦，每受冻饿，一介不取，一毫不私"，这也正是他的生平写照。

松阳何琮（约1174—约1246），字宗玉。为官清正，富有才干，以俭养廉，敢于进谏，官至户部侍郎。他以"簿俸俭自足，官廉贫亦安"为座右铭，意为俸禄微薄，节俭裁度自感满足，为官清廉，克己守贫也可安适。这体现了廉洁、节俭的为官为人原则。他为官清廉，曾有边防部队的统帅向他献马被拒，统帅以为他嫌该马匹不够珍贵，因此换了一匹珍贵的马匹再次敬送。何琮谢绝的同时说明了原因：并非看不起之前的马而不接受馈赠，只是因为不愿意破戒而已。事情传开，时人给了何琮一个美誉——"清何"。他关注民生，敢于直言进谏，他在任左正言（从七品，掌规谏讽谕，属谏官）和殿中侍御史（正七品，掌纠弹，为台官）时，所进谏言多次被采纳。宋绍定六年（1233）二月，礼部太常寺欲大规模修奉皇太后山陵，何琮担忧大兴土木修造山陵所需费用由百姓分摊，加重百姓负担，于是奏言："皇太后山陵用度尽出宫中，犹恐州县并缘敷扰百姓。乞饬有司遍行晓谕，严加禁止。"朝廷最终采纳了何琮的谏言。四月，何琮向朝廷提出全面发展监司互察制度被采纳。他还向朝廷提出整饬监司职责，明确监司负有监督州县官吏实施救荒策略之责，提议合监司依据救荒绩效进行赏罚，又被采纳。是年九月初一有日食。何琮利用天文气象，督促宋理宗检点政事。提议州县地方不许征缴已经免征的赋税，不许抑买丝绵绢帛，不许增加漕运上缴的官粮。若有违背的，准许百姓越级上诉，并追究相关人员的责任，甚至以贪污营私罪论处，且罪不可赦。谏言再次被采纳。端平元年（1234）五月，鉴于官吏的贪浊导致民贫国匮，何琮向宋

理宗建议扭转贪浊之风。理宗再次接受其谏言，下诏规定，凡是官吏犯赃罪，"即下所属州郡拘赃"，听候朝廷惩罚，如果赃物已移作他用，则要查抄家产。他坚持操守，不阿附权贵。权相史弥远（1164—1233）独揽朝政，操纵台官谏官，控制言路，排斥异己，台谏有弹劾奏本，要先将副封（即副本）呈送给史弥远过目，是则听之，否则易之。然而，何琼独守古法，斥贪逐佞，对时政或官员的批评议论持公正心，往往与权相史弥远集团的意图相左。为了拉拢何琼，史弥远以起居舍人（从六品）的官职为引诱。然而，何琼不为所动。

松阳毛兰，生卒年不详，字君玉，宋淳祐四年（1244）中进士，任神州司理。为官刚正，不受威逼利诱。当时，要臣赵汝禖的亲信林冕犯罪，被捕入狱。赵汝禖深夜带着黄金去找毛兰，想贿赂他，毛兰不为所动，正色拒绝。赵又去贿赂毛兰上司，通过其上司对毛兰施压，企图以权势威胁压服，毛兰依然坚持原则，以法为据，林冕最终伏法。然而，因为他不依附权贵，累官12载，虽9次政绩考核都是最好等级，却得不到提拔，到去世时也只做到承直郎。

缙云李长（1470—1521），字复之，号云岩。忠孝廉洁，忠直不阿。明正德六年（1511）中进士，授新昌县尹。正德十二年（1517）升户部给事中。时武宗在远方狩猎，李长奏请还驾，连续上疏建国储、敦圣学、活饥民、黜权奸、纠台臣。黔国公沐崐勾结宦官，陷害藩臣沈恩等人，大臣们虽然愤愤不平却不敢言，只有李长敢于仗义执言，却因忤逆圣旨而被捕入狱。他在赋诗中写道："巨室固知难得罪，言官非是可容情。镣拖月下归园土，犹作趋朝佩玉声。"后被贬福宁州州判，卒于任上。李长历官20余年，家中只有薄田，甚至家人都难以饱腹；只有陋室，难遮挡风雨。清廉如此，令人叹服。祀名宦乡贤。

缙云郑文茂（1528—1587），字实夫，号杞山，缙云县城东门人。明嘉靖三十二年（1553）进士。为官几十年，两袖清风，严格执法，不徇私情，深受百姓爱戴，称其为"铁面青天"。明嘉靖三十六年（1557），郑文茂任刑部云南司法主事时，查到一条线索，宛平县令周某私自侵吞帑金（国库所藏钱币）5000，为了逃避法律的惩罚，周某让一个下属替自己顶罪，去承担所有的罪责。郑文茂对该案件进行追查。严嵩之子严世蕃接受了周某的重金贿赂，派人胁迫郑文茂对此案宽大处理，法外施仁。面对威胁，郑文茂毫不退缩，严词拒绝道："臂可断，狱不可更改！"在郑文茂的秉公处理下，周某依法受到了严惩。时人佩服郑文茂的勇毅之心，以"铁面"称之。郑文茂在承天府任知府时，经常为民请命，千方百计改善民生。当地在汉水边，原来的堤坝毁坏已久，汉水经常泛滥，两岸百姓深受其害。为了根治水患，文茂发动当地百姓筑堤防洪。下游江陵是内阁首辅张居正的家乡，张居正3次写信给郑文茂，让他停止修堤。郑文茂不怕得罪上司，坚持修堤，最终为承天的老百姓成功修建了堤坝，护卫着承天百姓的安全。后来承天府遭遇饥荒，郑文茂又果断开仓赈济，让数万老百姓得以保全性命。

三、勤政爱民，为民请命

处州进士中不乏心系百姓、体恤民情、关注民生、勤政爱民的官员，他们到任之后，注重了解民情，将民间疾苦上奏朝廷，为百姓争取惠民政策，改善民生。特别是在遇到天灾人祸、民不聊生时，一方面他们尽力为民减轻负担，甚至不惜冒着丢官的风险，先斩后奏，采取减免赋税措施，并拿出自己的俸禄进行解救。另一方面，他们积极采取措施恢复和促进生产。他们也因此得到了百姓的爱戴。

龙泉季南寿（约1111—1180），字元衡。宋绍兴五年（1135）中进士。绍兴三十年（1160）任道州知州，他上疏裁减用于朝廷祭祀、庆典的费用"大礼钱"，以救治贫病之民，获得批准，减轻了百姓负担。宋孝宗乾道五年（1169）出任四川简州知州，对简州乱法官吏敢于量罪定刑。乾道八年（1172）任四川眉阳知州时，遇到暴雨，江河骤涨，洪水冲毁房屋，冲走百姓，季南寿传告篙工：救活一人，奖励5缗（5000铜钱），奖励从他自己的俸钱中提取。此举救了不少百姓。

丽水卢彦德（1124—1196），字国华。宋绍兴二十四年（1154）进士。历任多职，曾知广德军建平县，两守蜀郡，再历宪曹，召为户部郎官，除

福建转运判。官至朝请大夫。闽书称其"厉志恬退，喜怒不形，所至有绩"。淳熙四年（1177），任建平知县时，当地百姓因"绝户物力钱"赋税不堪重负，纷纷外出逃亡。彦德到任后，大肆清查隐瞒、逃漏的赋税，所得超出原先三倍，于是将其抵充"绝户物力钱"，削除虚户两千多户，外逃百姓复归。

丽水县人陈沂（1152—1231），字咏甫，一字唐卿。淳熙十四年（1187）中进士，初任岳州户曹，迁武冈军教授，升上杭县令，任满后调任泉州舶司干官，改任宣教郎，后任霍立、惠安知县。陈沂为人正直，为官清正勤勉，关心百姓。在惠安任上，适逢粮食歉收，他提倡垦荒，赈济穷苦者，百姓得以生存。惠安县濒海，当地有的官吏常常对南北来往的船只强索豪夺，致使商贾不至，严重影响百姓生活。他整顿吏治，消除此弊。他还慷慨捐俸购置田亩，开筑陂塘，兴修水利，改善灌溉条件，促进生产，并修造两座桥，方便人民往来。士民在道路旁为他立碑，以纪念其功绩。后调任龙阳知县、容州通判，主管建昌仙都，积阶朝奉大夫。所至皆有宦绩。

龙泉连元，生卒年不详，字长卿，县东大舍村人。南宋开禧元年（1205）中进士。为官洁己奉公，勤政爱民。任福建漳州建安知县时，参知政事卫泾举荐他："操守端温，学术该洽。洁己奉公，不事奔竞。"升为州级官员。后升任衢州知府，当时正值衢州灾荒严重，饿殍遍野。连元立即奏请开常平仓，救济灾民，又教百姓上山挖蕨根磨制成粉充饥，开展自救，保住了无数百姓的性命，并采取措施迅速恢复农业生产。朝廷对其进行嘉奖，授紫金鱼袋朝散大夫。他离开衢州时，百姓依依不舍，拦路送别，并建生祠纪念他。

青田刘基（1311—1375），历仕两朝，清正廉洁，心系百姓，惠爱于民。后至元二年（1336）刘基授江西行省瑞州路高安县丞，"视民如儿"，刚正不阿。当时，同属瑞州路的新昌州有一豪强行凶杀人，案发后通过贿赂初审官得以徇私处理，原告不服，喊冤上诉至瑞州路。因原告和被告势力相差悬殊，被告还有蒙古人做靠山，所以官员们都不愿接此案。瑞州路总管抽调刘基去复审此案。刘基没有丝毫推诿，他不畏强权，调查取证，秉公执法，将案子翻了过来，凶手得到了应有的惩处，初审官也被革职。在辅佐朱元璋一统天下后，刘基又为如何治理国家、实现天下长治久安出谋划策，为明王朝奠定了治国基础。在处理与民众的关系上，他主张以民为本，关注民生，而要凝聚民心，必须德、政、财三者兼顾，以德为主，要以仁心行仁政，征收赋税要有度。只有民众富足了，国家才能富强。所以他主张减税、解除盐禁，爱惜民财，以民为本。对于家乡，刘基怀有深厚感情，家乡的民生问题，也是他所关注的。元末刘基主持在丽水县城厦河门至大水门之间用石块砌坝，用铁汁灌缝，以保护城墙，以免洪水冲击百姓房屋与农田。洪武初年，章溢主政处州时，处州税额是宋时的十倍，章溢奏请朝廷减轻处州税赋获准，处州七县按宋税每亩五升，加征五合，农民负担减轻了许多。刘基又向朱元璋奏报青田县特别贫穷，青田得以减赋，每亩只征五升，不另加征五合，为青田农民减轻了负担。为纪念刘基，1525年百姓在石门洞建刘文成公祠，现有的祠堂为民国二十二年（1933）重建，门口有楹联："名贤为社稷而生岂唯景星庆云有光两浙，文字得江山之助即此犁眉覆瓿并足千秋。"

刘文成公祠

丽水吴政（1382—1463），为官刚正，体恤民情，多有政绩。宣德五年（1430）九月，吴政被破格越级提升为礼部右侍郎，巡视湖广，总督税粮，开始了长达9年的巡抚生涯。宣德六年（1431）八月，吴政上奏宣宗：湖广浏阳、广济等县，堰塘堤岸损坏，不能蓄水，遇到久旱无雨，田里庄稼受损。乞敕工部移文诸县，秋后发民修筑，并建议"及天下堰塘损坏淤塞者，俱令以时修结"，宣宗准奏。宣德七年（1432）二月，吴政奏请修筑湖广江陵、枝江二县沿江堤岸，朝廷采纳；五月朝廷下令依照洪武、永乐旧制，发动组织修复四川眉州通济渠被毁坏的16处渠坝，使25000余亩农田得以灌溉。宣德九年（1434）八月，吴政向宣宗急奏，言明湖广多县大旱，田禾焦枯，秋成无望，灾情严重，奏请减免征收秋粮。朝廷立即下旨抚恤灾民，并减免征收秋粮十之四。正统元年（1436），湖广与江西交界地区经常有盗贼出没，他向朝廷奏请在位于交界处的浏阳县设瞿家寨巡检司，以保境安民。正统二年（1437）八月，湖广衡州府所属州县等地蝗灾严重，农民秋粮无收，吴政亲往核实，抚慰百姓，蠲免税粮。正统五年（1440）十月，吴政奉旨与太监刘宁组织民夫疏浚南京江中沙洲，减杀水势，遏制没溺之害。吴政在其任上为百姓做了许多好事，《四库全书·礼部志稿·列传》记载了朝廷给予他的评价："吴政以干济称，巡抚湖广，锄强扶弱，民用以宁。"

缙云吴成周（1830—1894），字瀍西，又字焕洛，号芭溪、董村。世居南乡岭后，晚年迁居五云镇丛桂坊。出身贫寒人家，从小勤奋刻苦好学。清同治十二年（1873）中举人，光绪三年（1877）中进士。曾做过椽曹及文案等幕僚。光绪八年（1882），任江苏崇明知县。在崇明，他同情百姓生活不易，为百姓办了许多实事，他巩固海防以保一方平安，公正执法，平反冤案，为民伸张正义，深受百姓拥护。他在崇明知县任上连续9年，在调任华亭（今属海盐）知县离开崇明时，崇明百姓焚香夹道挥泪相送，并赠"万民伞"和"廉明正直"锦幛。

四、奉命出使，不辱使命

在历史上出使他国的使臣，代表着该国的形象，肩负着一定的使命。两国交好，使臣友好往来，加强两国关系。但若两国交恶，或地位不平等，则使臣可能会受到凌辱，甚至会遇到危险。处州进士官员在担任使臣时，千方百计维护国家形象，特别是遇到威胁时，决不屈服，勇于维护国家的利益，体现了忠义爱国的情怀。

吴安国，生卒年不详，字镇卿，丽水县城人。远祖从江苏迁居德清县。祖父吴庠在处州任官，于是举家定居丽水。宋宣和二年（1120）中进士，授任考功郎官。曾以太常寺少卿身份出使金国，然而金国背弃盟约，借故对其进行威胁，以索粮略地。吴安国毅然正色道："我首可得，我节不可夺，惟知竭诚死王事，王命乌敢辱！"金人慑于其凛然之气，不敢加害，将他扣留作为人质7年。其间，金人多次威逼利诱，他始终心怀故国不变节。建炎年间（1127—1130），金人将他遣还宋朝。后任袁州（今江西宜春市）知州，卒于任上。

绍兴十一年（1141），宋军在反击金的入侵中已取得一定的胜利，但宋高宗与宰相秦桧唯恐有碍对金议和，解除了韩世忠、张俊、岳飞三大将的兵权，制造岳飞冤狱，与金订立绍兴和议：宋向金称臣；划定疆界，东以淮河中游为界，西以大散关为界，以南属宋，以北属金；宋每年向金纳贡银25万两、绢25万匹。南宋以非常屈辱的《绍兴和议》不平等条约，换来的只是宋金间20年相对和平的南北对峙时期。1161年《绍兴和议》被金海陵王完颜亮撕毁，完颜亮南侵伐宋，金在采石之战中败阵。隆兴二年（1164）签订《隆兴和议》，南宋不再向金称臣，彼此以叔侄之国相称，南宋每年给金的"岁贡"改为"岁币"，数额减为银20万两、绢20万匹，《隆兴和议》比《绍兴和议》稍好一点，但仍是屈辱的不平等条约。《隆兴和议》后，宋金之间维持了40年相对和平。南宋有了一定的军事实力后，发动了北伐金朝，想收复被金占领的土地，但失败了，金朝趁机逼迫南宋重新签订和约，这就是嘉定元年（1208）的《嘉定和议》。这次和议，南

宋处于更加屈辱的地位,"岁币"增至银30万两、绢30万匹,《嘉定和议》后,双方大致维持和平六七年。在这种不平等的屈辱关系中,金人十分看不起宋人,而南宋的使臣也经常被金国君臣凌辱和捉弄。处州进士官员在出使时常以他们的智慧和勇气不辱使命,维护国家的尊严。

青田郑汝谐(1126—约1205),在60多岁时奉命出使金国。绍熙三年(1192年)九月,郑汝谐以宗正寺少卿兼右文殿修撰之职,偕子郑如冈北上金国都城燕京(今北京),祝贺新年。当时宋金使臣往来都要经过淮河南岸、江苏境内的盱眙都梁山,都梁山在《绍兴和议》后便成了南宋边境,南宋在盱眙设宝积山"岁币"库,储藏"岁币"等贡品,然后在约定期限渡过淮河,在泗州交于金人。郑汝谐经过此山时,见山上石壁被一些王公大臣和文人墨客题满了与国事毫不相关的无病呻吟之诗词,满怀忧愤地写下了《题盱眙第一山》:"忍耻包羞事北庭,燕山有石无人勒。奚奴得意管逢迎,却向都梁记姓名。"诗作满含爱国情怀,充满了对投降派官员屈辱求和、苟且偏安、不思收复失地的愤慨,以及对那些忘记国恨家仇,还有闲情游山玩水、吟诗题石的行径的悲切痛心。清代潘德舆称此绝句"纯以劲直激昂为主,然忠义之色,使人起敬,未尝非诗之正声矣"。郑汝谐使金期间,始终保持着大宋使臣的气节,面对金国朝臣的不怀好意,他不卑不亢,面折强敌,不辱使命,朝野上下无不为之欢欣。为表彰郑汝谐,太上皇宋孝宗特作《宗正少卿郑汝谐奉使回转官敕》,尊称他为"老师宿儒",并以春秋时期的叔向、子产等人出使他国,不辱使命相比。宋光宗亦亲书"郑汝谐威而能惠"于御屏,对他予以了高度评价,并在本官之外加徽猷阁待制的贴职。

缙云赵必瞻(1230—1276),字子慕,县城云塘人。南宋咸淳元年(1265)中进士,官至中书舍人。朝廷派他以通问使出使蒙古。到了蒙古被扣留,迫其臣服,必瞻回答:"吾首可斩,吾志不可夺。"扣留期间,作《通问蒙古羁留自述》,诗云:"终同刘敬返,暂作子卿留。"最后,因不肯屈服,于德祐二年(1276)被杀,临刑前赋诗"生平许国惭无补,化作东风扫虏尘"。南宋朝廷追封其为忠烈大夫。丞相陈宜中为其作传。

第二节 处州进士的教育贡献

处州进士在登第后，积极发挥自己的才能，讲学传道，培养人才，推动了任职地区和家乡教育事业的发展。他们中有的直接担任过教职，或是国子监学官，或是府学州学县学教谕；有的在任地方官时，除了处理有关政务，还积极倡导教育，兴办学校；有的致仕后，不遗余力地教育家族和家乡子弟；有的诗书传家，教育培养后代，成效显著，人才辈出。

缙云胡份（1040—1104），重视教育。北宋元丰八年（1085）中进士后，授国子司业，初任职务就与教育有关，担任的是中央官学国子监的学官。在任鄱阳知州时，被百姓称为"胡青天"，不仅治政严明，善待百姓，兴利惠民，他还积极倡办教育，亲自为生员讲课。辞官回归故里后，定居上宕村（今胡源乡），在古方山附近建屋百余间，创办了"尚友堂万松书舍"，这是处州最早的书院。书院收藏经籍图书，聘请名儒讲学，为读书人提供了学习研讨的场所。

祖籍松阳的进士叶梦得（1077—1148），推崇家族孝义传家，注重教化子孙后代。在55岁时撰写了《石林家训》，训导子孙，目的是"敦礼义之俗，崇廉耻之风"。《石林家训》原本18条，今存12条。卷首1条为自序，中间12条，前8条各有标题，后4条总题作"又家训后四条"。叶梦得在《石林家训》中结合自身的实践，勉励后人读书力学、尽忠报国、事亲尽孝、修身守善、谨言慎行、乐观自处。家训包含着丰富的伦理思想。在"尽忠实录以遗子孙"中，他以自己为例说明，"吾初第进士，自卑职即能抗言直议，以励劲节"，"自初任逮致仕，兢兢以尽忠自持"。因此，他要求"凡吾宗族昆弟子孙，穷经出仕者，当以尽忠报国而冀名纪于史，彰昭于无穷也"。在"戒诸子侄以保孝行"中，叶梦得强调对亲尽孝与对君尽忠密切相关。他说："夫孝者，天之经也，地之义也，故孝心贵于忠。"又说"故君子行其孝必先以忠"。他教育子孙："故得尽爱敬之心以养其亲，施及于人。""汝等能孝于亲，然后能忠于君。忠孝不失，庶克尽臣子之职矣。"在"修身要略以戒诸子"中，他说："君子贫穷而志广，隆仁也；富贵而体恭，杀势也；安燕而气血不惰，循理也；劳倦而容貌不枯，好交也；怒不过夺，喜不过与，法胜私也。此数者，修身之切要也。"要求子孙铭记于心，如果能做到，虽非至善，也不会失于不善。他希望子孙能努力学习，"盖人之资性，得之天也；学问，得之人也。资性由内出者也，学问由外入者也"。学问是后天学习得来的，要好学不自满，"若夫自满者，则止也"。勉励后人"且须先读书三五卷，正其用心处，然后可及他事"。他还以自己为例，说自己虽年纪大了，看小字困难，但盛夏在帐中，也要读数遍书，读累了才睡，否则睡不安稳，更何况是白天。叶梦得告诫子孙后裔，要将他的话郑重地铭记在心，用以修身养性，做道德高尚的君子。《石林家训》被叶氏宗族视为立身行事的法宝，传承千年，影响了一代又一代叶氏后代子孙，其后裔出了许多人才。叶梦得有6个儿

桐溪叶氏宗祠中的《石林家训》

子，子孙散居四方繁衍，其幼子叶木甃留居桐溪延续香火。在桐溪的叶氏后裔中，最著名的当数著名教育家叶庆崇（1880—1944），他是叶梦得二十五世裔孙，一生致力教育救国。清末考取秀才，光绪二十八年（1902）留学日本早稻田大学，在日本期间，加入"兴中会"任浙江省干事，回国后任教于处州中学堂。民国初年，任处州军政分府民政处长。张勋复辟，他不幸被捕，释放后无意仕途，避居杭州、上海等地。北伐时，蒋介石邀请他参加二次革命，他以"父老待养"婉拒，决心致力于教育。返回丽水后，先后在处州省立十一中学、省立十一师范任教。不久，任十一师范校长，培养了众多处州的青年学子。他也很重视家教，对子女要求严格，良好的家训家风造就了桐溪叶氏家族人才辈出，教授、工程师、博士、硕士无数。他的女儿叶霞翟也是教育家，儿子叶雹是美国尖端系统研究公司首席科学家，并担任国内多所大学名誉教授。《石林家训》中的许多伦理思想和观点，即使是在今天，仍具有积极的意义，值得推广和借鉴。

松阳进士练鲁，元至正五年（1345）考中进士后，无意仕途，专心治学。他回乡后，吟诗作文，并教授学生，释疑解惑，是松阳名儒名师。正所谓名师出高徒，他的学生中就有王景、项民彝等松阳名士。王景（1337—1412），字景彰，号常斋，元末明初松阳人，自幼聪颖，师从练鲁学习，明洪武四年（1371）初赴乡试，中举人，授怀远教谕。当时，怀远县学馆舍已毁于兵燹，他带着生员们披荆斩棘，兴建学宫，实现复学。他把心血倾注在教学上，诲人不倦，所教生员多有成就。永乐初，授礼部侍郎兼翰林学士，参与纂修《永乐大典》，担任总裁。王景的文章高深雄健，深得古人文风精髓，当时被赞为"上继屈宋，下并班马"。有《玉堂稿》《南诏稿》传世。现松阳县城以北约3公里的望松街道王村村，建有王景纪念馆。项民彝，字善恒，明朝以明经授广西监察御史，上疏力谏，僵卧雪中，寻以疾终。

王景纪念馆

青田端木国瑚（1773—1837），一生致力于教育和学术研究，3次辞官从事教育。嘉庆三年（1798），国瑚中举人。后游学返乡，先后在青田正谊书院任山长2年，在处州莲城书院执教2年。嘉庆十三年（1808），再次赴京会试不第，朝廷在落第举人中挑选知县，国瑚被授为知县。然而，国瑚有志于教育和学术，呈请改任教职，掌教瓯郡中山书院。自嘉庆二十年（1815）起，在湖州府归安县任教谕15年。道光十年（1830）宣宗皇帝改卜寿陵，国瑚受召赴京，选定西陵址后，宣宗龙颜大悦，任命国瑚为县令。国瑚又奏请改任教官。宣宗特授国瑚为内阁中书。道光十三年（1833），考取进士，仍以知县任用，国瑚再呈请注销，改任内阁中书。可见，国瑚热爱教育，将大量的时间用于培养人才。他一生任职时间最长的职位就是教职，他甚至在被授知县后还主动要求改任教职。他在教育工作上"清介绝俗"，廉洁执教；他关爱学生，慷慨解囊资助贫困却有志气的学生；他鼓励思考，对"有独行异节者"，予以奖掖表扬；他学养深厚，又诲人不倦。他的教育教学深受学生的喜爱和尊敬，一生培养了许多学生。有感于处州学士尤其是贫寒子弟进京赶考之不易，在京任内阁中书时，国瑚发动处州各县人士捐赠，在宣武区西砖胡同路西侧购地兴建了一座"处州会馆"（今北京市宣武区骡马市大街），会馆北起广安门内大街，南止七井胡同，面积约1500平方米，为四合院组合形式，四合院中还留出一块约600平方米的长方形空地，可供当年进京赶考的武举人练武。这样，进京考试的贫寒子弟倘若落榜后，准备下次再考，又无钱回家，便有了一个落脚点，处州士子平常也有了一个可以聚会的场所。"处州会馆"的建成，可谓是为处州士子做了一件大好事。

松阳最后一个进士高焕然（1861—1934），辛亥革命后，回到家乡象溪居住。返乡后，他致力劝读，兼松阳孔教会会长。民国二年（1913）与族兄创办象溪初级小学，这是象溪村第一所小学，使村里孩子在家门口就享有接受教育的机会。他也很重视家风和子女的教育。他的家训是"官可不做，

象溪村高焕然塑像

人不可不为"。他在生前曾定制一块瓷牌，中镌其半身像，两边手书遗嘱："我死，汝等不必奔丧但各自努力照常。端品力学，加意谨慎，勉成大器，显亲扬名，即为孝道。若荡检偷闲，终身不能出人头地，以致玷辱祖宗，败坏家风，不足为人，不足为子。余无他，汝等勉之。"在他严格的教育和要求下，他的子孙也不负期望，他的长子高自岑和二子高自卑都曾留学日本，三子高自牧是出名的大孝子，四子高自立曾任象溪村小学校长。其五子高自元、孙子高威廉都毕业于中央航空学校，是中国第一代飞行员。高自元、高威廉在抗战中为国捐躯。

第三节　处州进士的文化贡献

处州进士在文化方面也有突出的贡献，他们中有诗人、散文家、经学家、史学家、注释学家、考据学家等，他们吟诗作赋，著书立说，编撰方志，留下了丰硕的著述成果，并开展相关的文化活动，对当时乃至后来的文化发展都产生了积极的影响。他们中不乏名人名士，他们在文学艺术领域和学术研究上都具有重要地位。

遂昌龚原（约1043—1110），才识渊博。神宗元丰中期（约1082年前后），龚原任国子直讲，他积极协助王安石变法，改组太学。"王安石改学校法，引原自助，原亦为尽力。"龚原是王安石"新学派"的重要门人，也是新学重要的学术支撑之一。龚原一生著述丰厚，撰有《周易新讲义》10卷、《文集》70卷、《周礼图》《春秋解》《论语解》《孟子解》各10卷、《颍川唱和集》3卷等。《四库全书总目》著录了他的《周易新讲义》10卷。上述著述中只有《周易新讲义》10卷得以流传至今，其他均已佚。龚原的《易》学成就突出，其《周易新讲义》一书是三舍法实施期间的太学讲义，在北宋中后期颇为盛行。邹浩为其作《序》，谓"自熙宁以来凡学《易》者靡不以原为宗师。因以取上科、跻显位、为从官、为执政、被明天子所眷遇，而功名动一时者踵相蹑而起，至于今不绝也"。可见其《周易新讲义》教育出了一批官员和改革家，在士林中有较大影响。《周易新讲义》也包含了丰富的哲学思想。龚原从《周易》研究的角度对各种自然规律和社会规律——天下之极理进行探索，认为天下之极理者有4种：神、易、道、命，较为系统地阐述了"天下之极理"说。龚原在书中说："《易》之为道，体之则为神，用之则为易，由之则为道，听之则为命。言虽不同，其实一也。"龚原认为"天下之极理"——神、易、道、命皆是表现阴阳矛盾的，其实质都是宇宙万事万物运动的总规律"易道"的体现，只是"易道"含义在不同视角使用不同的称谓而已，本质上指的是同

261

一个东西。龚原的阴阳关系论述又含有辩证法思想，他说"一阴一阳，大化密移，消息盈虚，新故不停"，正是这阴阳矛盾运动产生天地，派生万物。龚原从《周易》的角度对自然规律和社会规律进行探索，对《易》学哲学史发展有积极贡献。邹浩在《序》中曾说："先生专以《易》授，诸公咸推先焉。先生盖王文公门人之高弟也。三圣之所秘，文公既已发之于前，文公之所略，先生又复申之于后。始而详说之，终以反说约。"龚原的《易》学思想继承发展了王安石《易》学思想和他以前的易学研究学说，具有一定的承前启后作用，对后世的易学研究产生了重要影响，被后来众多易学家所引述。龚原作为王安石的嫡传，其《周易新讲义》对于已经亡佚的王安石《易解》的研究具有重要参考作用，对王安石"新学"思想的研究也有着重要作用。

龙泉鲍由，生卒年不详，又名鲍慎由，字钦止，曾师从王安石学文词，又亲身受过苏轼的教导，文才出众，是北宋后期重要的作家、诗学家、文献学家。曾注杜甫诗，著有文集《夷白堂集》50卷。宋代文学家汪藻在《鲍吏部集序》中说："钦止少从王氏学，又尝见眉山苏公，故其文汪洋闳肆，粹然一本于经，而笔力豪放。"汪藻对鲍由的诗文有很高的评价："自黄鲁直、张文潜没，钦止之诗文独行于世，而诗尤高妙清新。每一篇出，士大夫之口相传以熟……钦止于斯文可谓毫发无遗憾矣"，认为他是继黄庭坚、张耒之后独行于世的重要作家。而南宋史学家王称《东都事略》将其列入"文艺传"，称鲍由"其文汪洋闳肆，而诗尤高妙"。《宋史》将其列入"文苑传"，也认可了汪藻的说法。北宋后期，崇杜之风兴起，一些学者对杜甫诗进行注解，现存的杜诗"鲍注"作者就是龙泉的鲍由和缙云的鲍彪。两人的杜诗注都有很高的成就。鲍由的杜诗注也常被后世的注本所引用，可惜的是明代以后，鲍由文集散佚，保留至今的诗文数量不多。鲍由的书法水平也不一般。著名书法家米芾在其《书史》中便称"能行书者，宣德郎鲍慎由"。

缙云鲍彪（1091—？），字文虎，著名的史学家和古籍注释学家。鲍彪治学严谨，所著的《杜诗注》《鲍氏战国策注》具有重要的影响作用。《战国策》为西汉刘向编订的国别体史书，是对我国战国时代的重要史料的汇编。到北宋时，就已有不少缺失衍脱。宋朝许多学者对《战国策》进行了整理，鲍彪就是其中做出了重大贡献的一位学者。他"取班、马二史及诸家书，比辑而为之注。条其篇目，辨其伪谬，缺则补，衍则削，乖次者悉是正之，时出己意论说，四易其稿始成"（王信《鲍氏国策跋》）。鲍彪认为东晋高诱作注的《战国策注》"无所稽据"，于是查考《史记》诸书，重加注释，纠正错误，增补缺漏，重新编排篇目。他的注编排完整、注释详尽、可读性强，富有独创性。他在《鲍氏战国策注》自序中说明了自己整理的内容和方法："由学者不习，或衍或脱，或后先失次，故肖立半字，时次相糅，刘向已病之矣。旧有高诱注，既疏略无所稽据，注又不全，浸微浸灭，殆于不存。彪于是考《史记》诸书为之注，定其章条，正其衍脱而存其旧，慎之也。地理本之《汉志》，无则缺。字训本之《说文》，无则称犹。杂出诸书，亦别名之。人姓名多不传见，欲显其所说，故系之一国，亦时有论说，以翊宣教化。可以正一史之谬，备《七略》之缺，于之论是非、辨得失而考兴亡，亦有补于世。"据霍旭东的研究，《鲍氏战国策注》虽名之曰"注"，实际是对《战国策》的重编。"经过鲍彪的再整理，使原来比较杂乱的历史资料变得有条理性，使原来国别体的杂史中兼有了编年体的新特点。特别是他把校勘、考辨、编年、注释、重编和评论熔为一炉，就使历史文献学研究与战国历史研究结合了起来。大量的新注，丰富了《战国策》的史料内容；考辨史实，编排史序，增强了《战国策》的系统性；参考群书、遍作新注，使原来的艰涩难通之处化为平易。因此，在《战国策》整理史上，鲍彪是一次新的开拓和突破，其贡献是卓著的。"《鲍氏战国策注》一经问世，就大为流行，受到重视，刊本、抄本众多。清代修《四库全书》将《鲍氏战国策注》10卷作为《战国策》的重要注本收入"史部杂史类"，历代的公私书目有著录。《鲍氏战国策注》为后来对《战国策》的整理和研究奠定了良好的基础。鲍彪的《杜诗注》也是宋代重要的杜诗注之一，对当时乃至后世也都具有重要影响。南宋后期的杜诗集注本及后世重要的杜诗注本都引用了不少"鲍彪"注，后代方志中也保存了鲍彪注杜诗之记载。吴怀东、徐昕在《宋代杜诗"鲍注"考论》中评介鲍彪的杜诗注"显示其高度关注时事、人物、地理考证和杜诗年月编

次，注意史、诗互证，史实谙熟，史料丰富，考证精当，这正体现了其史学家的学术思维特点"。他的注本对于研究杜甫诗的价值不容忽视。

丽水梁安世（1131—1195），为南宋知名士大夫、文学家。著述丰厚，著有《远堂集》，已佚。淳熙六年（1179）他出任广南西路转运司判官，遍游桂林山水，留下大量如《弹子岩》《七星岩》等题咏和摩崖石刻，特别是他的《乳床赋》，更是传世名篇，这是世界上最早研究钟乳石形成的珍贵科学文献。淳熙八年（1181）夏至日，梁安世邀约徐梦莘等6位好友，进入岩洞探险，发现了深邃的地下河和挂满洞壁的钟乳石，这些钟乳石千姿百态，令人惊叹。为此，梁安世写下了脍炙人口的《乳床赋》，以极尽华丽、生动的辞藻，描绘了钟乳奇观。他用生动的文辞描摹桂林多钟乳，"厥惟桂林，岩穹穴幽。玲珑嵯峨，磊落雕锼"。赋文用28个"或"字句，把奇姿异态的钟乳石形象活灵活现地呈现在读者面前："或举斯钟，或振斯裘。或莲斯菂，或笋斯抽。或胡而龙，或脊而牛。或象之嗅，或鼋之浮。或麟其角，或马其驹。或跃而鱼，或攀而猴。或綮金星，或罗珍羞。或肺而支，或臂而瘤。或釜之隆，或囊之投。或溜而塍，或叠而丘。或凿圭窦，或层岑楼。或贾犀贝，或农锄耰。或士冠缨，或兵兜鍪。或下上而相绩，或中阙而未周。"特别难得的是他对钟乳石形成原因的独到见解，"石有脉其何来，泉春夏而渗流。积久而凝，附赘垂疣"。也就是说钟乳石是泉水长期渗流，对岩石溶蚀后，慢慢凝结成的千姿百态的乳石。这个结论与现代科学对钟乳石的研究结论是一致的。作者还托物言志，抒发了对人生的深思和感悟，"俔谓瘴乡之不可久居，夫岂知处夷险而其志不变者耶"，表明自己不因外界的环境艰苦而改变自己为朝廷、为国家服务的志愿。这篇赋文文采斐然，想象力丰富，是一篇兼具文学性和科学性的作品。《乳床赋》刻于南宋淳熙八年（1181），原摩崖于桂林市普陀山留春岩洞口。后大部分被毁，现桂海碑林博物馆有一块摹刻。梁安世诗文有声，宋朝文学家周必大称其"义高词古，深得欧、苏二文忠遗意"（《与韶州梁守安世书》）。《全宋词》录梁安世词1首，《全宋诗》录其诗8首。

松阳项安世（？—1208），文韬武略，是南宋名臣、诗人。他的文学创作和学术成果也突出，体现出他对社会的深切关注和深入思考。据《宋史·艺文志》记载，项安世有《周易玩辞》16卷，《项氏家说》10卷附录4卷，《毛诗前说》1卷，《诗解》20卷，《中庸说》1卷，《周礼丘乘图说》1卷，《孝经说》1卷，《丙辰悔稿》47卷。今存《平庵悔稿》20卷、《周易玩辞》16卷、《项氏家说》10卷附录2卷。项安世结交众多天下名士，早年师从著名理学家朱熹、张栻、吕祖谦，后与诗词大家姜夔、陆游、辛弃疾成为诗友，多有唱和。安世以诗自诩，受杨万里、陆游影响大，推崇"诚斋体"。诗中言："平生为斯文，思极心欲破。得句如得官，欢喜不能奈。绕床行百匝，如觉此身大。"（《平庵悔稿》卷一《得句》）现存古今各体诗1500余首，其称得上是诗坛健将。其诗平易流畅，疏朗自然，于安稳处生奇巧。诗的题材和内容丰富，关注社会现实，体现出鲜明的时代色彩。他关心百姓疾苦，如《峡内三绝句其二》中"峡内居人种石田，种成卜瓠待江船。船头老妪悲声甚，只博茶盐不博钱"，刻画了峡内人的困苦生活。"庆元党禁"中一批朝臣和文人被诋毁戕害，项安世在《雪堂》中表达了对党争的痛恨："又到黄州旧雪堂，雪堂文字断人肠。紫烟有路连桐柏，清浪何年看洛阳。北望神州皆晋土，谁为党字岂苍王。先王读论空流血，浩浩乾坤此话长。"诗人去黄州雪堂，回忆起苏轼因党派之争被流放黄州，于雪堂写下"桐柏烟横山半紫"与"闲看秋风洛水波"的诗句，引发诗人深思：南宋国家偏安江南，北方金人虎视眈眈，朝廷党争纷起，内忧外患，国家何时才能复兴？诗人自己也是党争的受害者，他在《送李邕州》中以"君不见江陵有叟白髭须，一榻十年穿两膝"来抒怀。项安世一生辗转南宋各地，所经之处自然环境不同，日常生活与风俗习惯千差万别，诗人用诗作对此进行记录，如《重午记俗八韵》记录了江陵（今荆州）的端午习俗，《守岁》描写了其乐融融、熬夜守岁的场景，《涧上居人》描绘了一种当地人"跨涧作桥兼作屋"的独特居住方式。安世的诗歌忠实地记录了南宋时期社会的政治、经济状况，记录了长江流域的地域文化和民风民俗，记录了不同阶层的生活状态，语言质朴，诗风淡远自然，获评甚高。清人赵魏说："读其集中诗，材力富赡，每每以诗自豪，是亦宋季巨擘，迥出江湖诸派之上者。"（《跋平庵悔稿》）杨万里于《诚斋诗话》中盛称其为隆兴以来以诗名者十位后进之中。钱锺书在《谈艺

录》中论项安世诗歌："（项安世）亦推诚斋空扫前人，独霸当时。自运各体皆有肖诚斋者，七律犹如唐临晋帖，才思远在张功父之上。"（《谈艺录》附说十三补订一）项安世也是南宋著名易学家。他在谪居江陵期间写的《周易玩辞》是其易学代表作，其思想以程颐《易传》为旨归，采摭历代易学著述中象数、义理研究成果，融会贯通，洞察本源，自成一家，成为宋代中后期以理学解《易》的代表之作。他在易学解释上讲求象数、义理、人事兼顾，对《周易》中的重点语词进行考订、分析、阐释，为研习《周易》起到了重要的提示作用，为后世的《易》学家所关注并征引。《四库全书总目》卷3《〈周易玩辞〉提要》中评价："安世之经学深矣，何可轻诋也。"《项氏家说》由项安世读经史之书时的感悟与笔记汇编而成，陈振孙《直斋书录解题》称此书"九经皆有论述"。该书于明朝亡佚，但散见于《永乐大典》各韵之内。清代乾隆年间，四库馆臣从《永乐大典》中将之辑出排印。《项氏家说》为我们全面了解项安世的学术思想，提供了可靠的文献依据，也为我们了解当时的社会风气、学术风气提供了参考。

龙泉叶大庆，约生于南宋淳熙元年（1174），卒年不详。大庆知识渊博，通晓六经诸史以及当朝名家著述，当时以词赋知名。其《考古质疑》一书，以读书札记的形式，对《史记》《汉书》《说苑》《新序》《能改斋漫录》等几十种书籍，逐次就自己发现的问题，援引诸多文献，详加考辨，提出了自己的见解。《考古质疑》是一部以考证史事为特色的学术笔记，被视为宋代考据学的代表性作品，对后世产生了较为深远的影响。《考古质疑》涉及历朝史实、典章制度、文字训诂、诗词文章、名物钱币等，运用校勘、考证等方法，追根溯源、探求真伪、评论得失、区分异同，发前人所未发，从发现的新资料中去推翻或者进一步证明前人的观点。他旁征博引，引据完整，逻辑严密，结论令人信服。他还对个别书籍中的讹误缺失提出质疑，通过细致的考证，找出问题症结之所在。如前人因王羲之《兰亭序》未收入《文选》、王勃《滕王阁序》不见于《唐文粹》，而怀疑这两篇文章是伪作，叶大庆在《考古质疑》中逐条辩驳前人提出的疑难，肯定了这两篇文章的真实性，"虽然，二子之文不入《选》《粹》，而传至于今，脍炙人口，良金美玉，自有定价，所谓瑕不掩瑜，未足韬其美也"。《考古质疑》大量篇幅内容为历朝史实的考辨，通过考证，对一些书籍中的观点进行纠谬、辨伪、考异，有对历史事件发生时间的考证，有对历史人物出现时间的辨析，有阐发自己对史书内容的理解，有对正史书中记述的显著错误的指正。《考古质疑》以内容丰富和考证精细著称，对于后人来说，无论是了解历史、阅读古书、评定名家名作，还是了解宋代考据学的特点，都有很高的参考价值。曾任处州知府的叶武子评价它"考订详密，援引赅博，而议论精确，往往出人意表"，《四库全书》提要也赞其"上自六经诸史，下逮宋世著述诸家，凡疑义所在，悉为抉摘而考证之，援据详明，折衷至当，类多前人未发之秘，文笔亦极赡辩可观"。《考古质疑》在历代多次出版，也可见该书的影响力之大。明代《永乐大典》将其书按韵部收入。清代乾隆年间编纂《四库全书》时，从《永乐大典》中辑出76条，厘为6卷，收录在子部杂家。后又被《海山仙馆丛书》等多部丛书收录。1985年，上海古籍出版社出版点校本，辑录了《考古质疑》82条。《考古质疑》作为一部具有丰富史料价值的学术考订笔记，至今仍具有重要的研究意义和价值。

缙云潜说友（1216—1277），字君高，因曲意依附贾似道使其人品名节备受非议，但其处理政事的能力和才学是突出的，特别是他编撰的《咸淳临安志》，是地方志中的佳作。《四库全书总目提要》评价："其人殊不足道，而其书颇有条理。"南宋时临安出了3部当时人写的临安志书：《乾道临安志》《淳祐临安志》和《咸淳临安志》，潜说友的《咸淳临安志》是三志中篇幅最大、传世最详备的。《咸淳临安志》全志原为100卷，今存96卷。前15卷记录皇城及中央官署之事，16卷以下为府志，分列疆域、山川、诏令、御制、秩官、宫寺、文事、武备、风土、贡赋、人物、祠祀、寺观、园亭、古迹、冢墓、恤民、祥异、纪遗等，对临安及所属各县的历史建置沿革及现状进行了详细记录。后人对此书评价甚高，不乏赞誉之词："征材宏富、辨论精核"（《咸淳临安志·跋》）"颇有条理""区画明晰，体例井然，可为都城纪载之法。他所叙录，缕析条分，可资考据，故明人作西湖志诸书，多采用之。朱彝尊谓宋人地志幸存者，每患其太

简，惟潜氏此志独详"（《四库全书总目提要》卷68）。此书被收入《四库全书》史部地理类，被称为志书中的上乘之作，是研究杭州地方史和宋史的重要资料。潜说友还善书法，工篆籀。《两浙金石志》称其书法"吉光片羽，世所罕见"，"凝神庄重，得李阳冰暮年淳劲之法"。在书坛上也有其地位。

缙云赵顺孙（1215—1277），淳祐十年（1250）进士，出身于儒学世家，8岁能诵说九经。赵顺孙的父亲赵雷师从朱熹亲传弟子滕璘，顺孙幼承家学，是朱熹的三传，这或许就是他以传承和发展朱子之学，把维护其正宗地位作为自己的学术宗旨的重要原因。顺孙历任州学府学教授、秘书省正字、校书郎、监察御史等职，咸淳六年（1270），赵顺孙拜端明殿学士同签书枢密院事，兼权参知政事。咸淳八年（1272），升参知政事、同知枢密院事。后因病以资政殿大学士奉祠。他不仅政绩卓著，在文化方面也有突出贡献，著有《四书纂疏》《近思录精义》《孝宗系年录》《中兴名臣言行录》及《文集》各若干卷。其中最重要的著作是26卷《四书纂疏》，该著作并不直接解释"四书"经文，而用朱熹《四书章句集注》（以下简称《四书集注》）去解释"四书"经文。他广搜博采朱子其他书中之说，并征引了黄榦、辅广、陈淳、陈孔硕、蔡渊、蔡沈、叶味道、胡泳、陈埴、潘柄、黄士毅、蔡模、真德秀13人的著述去解释朱子《四书集注》，编成《四书纂疏》。同时，他间附己见，有时还对《四书集注》所引注释进行评点比较。这就在某种程度上把《四书集注》抬高到了"经"的地位。从不同角度对《四书集注》进行解读，又使朱注更加易于理解和把握。《四书纂疏》被历代视为疏解朱子《四书集注》的早期经典之作，同时，由于它保留了已失传的朱熹以后到南宋理宗宝祐年间（1253—1258）大量朱子学者的作品片段，是宋代理学家关于"四书"论说较为完备的资料汇编，故它具有很高的史料价值和学术研究价值。马一浮先生（1883—1967）在《四书纂疏札记跋》（1925年）中对《四书纂疏》进行了高度评价："学者欲通《四书》……苟得赵氏《纂疏》而详究之，则于朱子之说，亦思过半矣。"并称赞此书："其有功于朱子，譬犹行远之赖车航，入室之由门户。"

龙泉进士杨载（1271—1323），是元代中期著名诗人，在诗学方面造诣高，与虞集、范梈、揭侯斯齐名，并称为"元诗四大家"。著有《杨仲弘集》。杨载的诗歌创作，被虞集称为"百战健儿"，骨力伉健。范梈为杨载的《杨仲弘诗集》作序时评价："今天下同文而治平，盛大之音称者绝少。于斯际也，方有望于仲弘也……盖仲弘天禀旷达，气象宏朗。开口论议，直视千古，每大众广席，占纸命辞，傲睨横放，尽意所止。众方拘拘，已独坦坦。众方纡徐，已独驰骏马之长坂，而无留行……要一代之杰作也。"（《元诗选·仲弘集》）他认为其诗是"一代之杰作"，代表元代的"盛大之音"。叶子奇《静斋文集》称："琉田杨仲弘，诗学之宗。"杨载的诗从内容上看有多种类型，他的题画诗善于通过对画家笔下画面的生发与联想，进行艺术的再创造。而更能体现他的成就的是即事偶题诗和体物抒怀类诗作，这些诗作更能表现他的真实的思想感情。如他早年的一首《偶题》："巨木埋根数百年，蔚然苍翠上参天。不归宫阙充梁栋，也作龙舟济大川。"豪迈的诗句中体现出他渴望有所成就的理想抱负。而晚年《客中即事五首》其一"渐觉星星两鬓皤，推愁不去却奈何！客中忘却春光度，惊见前林嫩竹多。几日悬悬雨不休，客窗孤迥使人愁。杜鹃啼且知何处，坐对云山万木稠"则流露出其对官场生活的失落与倦怠。杨载还著有《诗法家数》，这是杨载总结了前人的诗歌创作和自己的实践经验写成的诗论著作，书中提出了自己的诗法理论，具有重要的理论价值。

龙泉叶溥，生卒年不详，是明代著名的清官学儒。叶溥著有《槎溪集》，并主持编纂了《福州府志》和《龙泉县志》。志书具有存史、资政、教化等功能，通过编存真实而丰富的资料，把真实的社会经济文化等珍贵资料流传给子孙后代。但修志是一项浩大的工程，从策划、搜集资料到编纂、刊印，需要编修者付出艰辛的努力才能完成。明正德《福州府志》修纂，前期是正德初，由余祐主修，林瀚、林泮等人编纂，后因编纂者相继去世而修志中断数年，叶溥上任福州太守后，组织张孟敬等人继续编纂完成，于正德十五年（1520）刊刻成书。正德《福州府志》共40卷，是明代福州的第一部府志，保存了丰富的福州地理、政治、经济、文化教育、科举、人物、文学等多方面史料，对后世福州地区的地方志修纂

产生了深远的影响。明嘉靖元年（1522）升江西左布政，致仕。但叶溥退而不休，他在家乡致力于为龙泉保存珍贵史料的工作，嘉靖四年（1525）他与里人贡生李溥合纂《龙泉县志》20卷，其内容也被后世县志的修纂所征引。

丽水何镗（1507—1585），平生著作甚多，采集《史记》和一些文集的游览之文，编成《古今游名山记》17卷，被录入《续修四库全书》。编校《诚意伯刘文成公文集》并作序，后收入《四部丛刊初编》。此外还撰有《修攘通考》《翠微阁集》《历代舆图》等，最有影响力的著作是《栝苍汇纪》。《栝苍汇纪》是万历七年（1579），处州知府新昌人熊子臣修，何镗总纂的府志，共15卷。何镗在《栝苍汇纪》的自序中说："自成化至今，殆百余年，人文治典盖缺如也。于是关中乔公视学往来浙东西，慨文献无证……乃以余郡十邑事见属，而郡守新昌熊君，偕诸邑令长协规盛美，开馆于夏四月，分汇为纪，邑以荟萃，统之以郡。以是经理凡八月巳事，而以命梓人。明年春三月梓成。……勒成十五卷，总之为三十余万言，题曰《栝苍汇纪》。"《栝苍汇纪》内容分为舆图、沿制、秩统、次舍、官师、选举、封爵、地理、食货、祉祀、保围、治行、往哲、闺操、艺文、大事、杂事等17门，内容丰富、全面，保留了较多的文史资料，被赞为"简而文，核而当，详而有体"。清《处州府志》《丽水志稿》《丽水县志》等在编撰时对前事也多引自《栝苍汇纪》。《栝苍汇纪》为人们研究处州历史文化提供了重要的文献资料。

丽水王一中（1568—1639），生平广泛涉猎经史、稗官野史等，学识渊博，能文善诗，尤其对道德性命之学很有研究，著有《瑞芝堂集》《经书疏解》《东巡疏草》《禄勋疏草》《灯下焚余》《靖匪录》等。王一中热爱家乡，对家乡有深厚的感情。他写下了多首吟咏家乡的名胜古迹的诗作，如《石门吟草》《南明山》《三岩寺》等。万历四十六年（1618）夏秋之季，松阴溪洪水暴发，通济堰堤倒塌，郡守陈见龙带领百姓重修通济堰。王一中感动之余，用笔记录，万历四十七年（1619）撰写了《重修通济堰记》。《处州府志》也是王一中为处州留下的宝贵的历史文化资料。崇祯八年（1635），知府朱葵修，王一中总纂的《处州府志》共有18卷。

　　总之，处州进士的贡献是多元的。他们中的大多数人，无论是身在庙堂之上，还是致仕回乡，都在以各种方式为国家、为社会、为家乡做贡献，积极促进社会政治、经济、教育、文化的发展。

参考书目

1. 清·潘绍诒修，周荣椿等纂，丽水市地方志编纂委员会整理：《处州府志（标点本）》（第一、二、三册），方志出版社，2006年。

2. 丽水地区地方志编纂委员会编：《丽水地区志》，浙江人民出版社，1993年。

3. 《丽水市志》编纂委员会编：《丽水市志》，浙江人民出版社，1994年。

4. 遂昌县志编纂委员会编：《遂昌县志》，浙江人民出版社，1996年。

5. 松阳县志编纂委员会编：《松阳县志》，浙江人民出版社，1996年。

6. 龙泉县志编纂委员会编：《龙泉县志》，汉语大词典出版社，1994年。

7. 《庆元县志》编纂委员会编：《庆元县志》，浙江人民出版社，1996年。

8. 青田县志编纂委员会编：《青田县志》，浙江人民出版社，1990年。

9. 缙云县志编纂委员会编：《缙云县志》，浙江人民出版社，1996年。

10. 云和县地方志编纂委员会编：《云和县志》，浙江人民出版社，1996年。

11. 《景宁畲族自治县志》编纂委员会编：《畲族自治景宁县志》，浙江人民出版社，1995年。

12. 丽水市莲都区志编纂委员会编：《丽水市莲都区志》（上、下册），方志出版社，2018年。

13. 清·张铣、清·金学超纂，赵治中点校：道光《丽水县志》和

《丽水志稿》合刊点校本，方志出版社，2010年。

14. 明·刘宣编辑，明·郭忠校正，赵治中点校：明成化《处州府志》点校本，方志出版社，2020年。

15. 陈子立：《处州历代人物》，中国文化出版社，2019年。

16. 翦伯赞：《中国史纲要》，人民出版社，1997年。

17. 刘海峰，李兵：《中国科举史》，东方出版中心，2006年。

18. 李树：《中国科举史话》，齐鲁书社，2004年。

19. 李尚英：《科举史话》，社会科学文献出版社，2011年。

20. 林白、朱梅苏：《中国科举史话》，江西人民出版社，2008年。

21. 吴根洲：《科举导论》，浙江古籍出版社，2016年。

22. 张彬等：《浙江教育发展史》，杭州出版社，2008年。

23. 刘海峰，李兵：《学优则仕：教育与科举》，长春出版社，2004年。

24. 《丽水地区人物志》编辑部：《丽水地区人物志》，浙江人民出版社，1995年。

25. 丽水地区教育志编纂委员会：《丽水地区教育志》，丽水市教育印刷有限公司，2000年。

26. 元·元脱脱等撰：《宋史》，北京中华书局，1977年。

27. 中共丽水市莲都区委宣传部、丽水市莲都区文学艺术界联合会：《莲都历史人物》，中国文史出版社，2009年。

28. 吕立汉：《处州十大历史名人：刘基》，中国文史出版社，2016年。

29. 王泽玖、吴志华：《处州十大历史名人：何澹》，中国文史出版社，2016年。

30. 叶贵良：《大济》，浙江大学出版社，2009年。

31. 周作仁：《龙泉历史人物》，中国文史出版社，2016年。

32. 舒新城：《中国近代教育史资料》，人民教育出版社，1981年。

33. 丽水市政协文史资料委员会：《古城·古镇·古村》，中国文史出版社，2008年。

34. 袁占钊等：《处州文化史》，浙江古籍出版社，2010年。

35. 李蒙惠：《处州历代诗词选》，浙江古籍出版社，2010年。

36. 多洛肯：《清代浙江进士群体研究》，中国社会科学出版社，2010年。

37. 郑元祐：《郑元祐集》，徐永明校点.浙江大学出版社，2010年。

38. 刘基：《刘基集》，林家骊点校.浙江古籍出版社，1999年。

39. 商衍鎏：《清代科举考试述录》，生活·读书·新知三联书店，1958年。

40. 云和县《畲族志》编纂委员会：《云和县畲族志》，2011年。

41. 吴金宣：《武义县宣平地方历史文化丛书·人物卷》，浙江古籍出版社，2014年。

42. 孙培青：《对科举制度的再认识》，《河北师范大学学报（教育科学版）》2022年第6期。

43. 李兵：《论清代科举制度发展的因革》，《教育与考试》2011年第6期。

44. 邓小南：《何澹与南宋龙泉何氏家族》，《北京大学学报（哲学社会科学版）》2013年第2期。

45. 王宇：《行远之车航、入室之门户：赵顺孙〈四书纂疏〉简论》，《杭州师范大学学报（社会科学版）》2017年第5期。

46. 唐明贵：《赵顺孙〈论语纂疏〉的特色》，《廊坊师范学院学报（社会科学版）》2018年第12期。

47. 顾永新：《龚原、耿南仲〈周易新讲义〉名实考略》，《殷都学刊》2014年第2期。

48. 赵治中：《元代"耆宿"郑元祐考论》，《天中学刊》2015年第6期。

49. 金丽衢结合区文化旅游与服务研究课题组：《济世以德 捐身以劳——明代的循吏直臣郑秉厚》，《丽水学院学报》2006年第3期。

50. 郑春奎、蓝斌：《郑秉厚思想述评》，《丽水学院学报》2006年第4期。

51. 赵瑞华：《南宋诗人项安世事迹考》，《湖北科技学院学报》2014年第3期。

52. 辛更儒：《〈宋史·项安世传〉补正》，《中国典籍与文化》2013年第4期。

53. 松阳县党史和地方志研究室：《何琼：以俭养廉 将勤补拙》，《丽水史志》2022年第4期。

54. 霍旭东：《宋元时期整理〈战国策〉的巨大成就——兼对鲍彪整理〈战国策〉再评价》，《烟台大学学报（哲学社会科学版）》1989年第2期。

55. 吴怀东、徐昕：《宋代杜诗"鲍注"考论》，《陕西师范大学学报（哲学社会科学版）》2014年第1期。

56. 吴怀东、徐昕：《宋代文学家鲍慎由生平、著述考》，《中国文学研究》2013年第3期。

57. 钟振振：《〈全宋词〉梁安世小传辑补》，《中华文史论丛》2010年第3期。

58. 万方：《中国古都纪胜典籍——〈咸淳临安志〉》，《书屋》2018年第6期。

59. 雷项元、李香珠：《端木国瑚诗歌创作探析》，《丽水学院学报》2013年第1期。

60. 徐梦瑶：《宋郑汝谐撰〈论语意原〉版本小考》，《图书馆界》2022年第6期。

61. 吕立汉：《刘基诗歌的表现手法和风格特征》，《丽水学院学报》2007年第6期。

62. 钱志熙：《复变与正变：论刘基的文学性格与造就》，《浙江学刊》，2023年第3期。

63. 马明达：《清代的武举制度》，《西北第二民族学院学报（哲社版）》，1999年第4期。

64. 孟令法：《畲民科举中的"盘瓠"影响》，《贵州民族大学学报（哲学社会科学版）》，2017年第3期。

65. 王逍：《浙南培头村钟姓畲族的文化诉求与历史抗争》，《三峡论坛》2014年第1期。

66. 徐红、郭应彪：《宋代词科中选者考论》，《湖南科技大学学报（社会科学版）》2010年第5期。

67. 王宇：《从庆元党禁到嘉定更化：朱子学解禁始末考述》，《国际社会科学杂志（中文版）》2011年第4期。

68. 纪江明：《象溪南宋三位进士考证》，《新松阳》2023年5月9日第3版。

后　记

丽水历史文化积淀深厚，耕读文化气息浓郁，尊礼重教，民风淳朴，历史上人才辈出，进士就是其中耀眼的群体。处州进士大多对社会的政治、经济、教育、文化等做出了积极的贡献，产生了不容忽视的重要影响。挖掘和研究处州进士文化，对于丰富丽水作为历史文化名城的内涵，促进优秀传统文化的传承和发展，促进地方经济和文化的发展具有积极意义。

然而，完成《处州进士》的撰写任务，不是一件容易的事。在撰写过程中，笔者查阅了大量的资料，开展了调研探访，但写作中还是遇到了不少困难和问题。如由于年代久远，史料不全或难以查考的问题；不同书籍和志书对人名、籍贯、进士人数等方面记载不一致的问题。对此，笔者尽可能广泛地查阅资料，进行查证鉴别。对一些难以查考确证的不同观点或材料，书稿中予以著录说明，以供读者进一步研究参考。由于处州历史沿革多变，所辖县建置和行政区划也有变更，因此不同的志书对这些县的进士籍贯归属不一，经过探讨，采用同时标注建县前后的归属来呈现。此外，有的进士功过善恶并存，按照辩证的原则和历史的方法的要求，评价历史人物要结合当时的历史环境来考察，不能以今天的标准去要求历史人物，所以，在介绍人物生平事迹时力求客观，不因有善而美化恶，也不因有过而否定其功绩。

感谢丽水市社科联领导的支持，特别要感谢丽水市社科联一级调研员、原专职副主席杨贤高的大力支持和帮助，他在资料的搜集和书稿的写作方面都提供了很多帮助，并审读全书，提出了宝贵的意见和建议。感谢松阳县史志办洪关旺主任的大力帮助，感谢所有为本书写作提供资料、为调研提供帮助和方便的朋友。本书在写作中也借鉴和吸收引用了一些专家和学者的研究成果，在此表示由衷的感谢。

由于自身认识和能力的局限，书中定有错漏之处，有些史料尚需进一步挖掘和考证，恳请专家和读者指正。

黄巧玲

2023 年 9 月

丽水·瓯江
文化丛书

第十辑
李一波
主编

余厚洪 编著

处州家风

浙江工商大学 出版社

ZHEJIANG GONGSHANG UNIVERSITY PRESS

·杭州·

图书在版编目(CIP)数据

处州家风 / 余厚洪编著 . —杭州:浙江工商大学
出版社,2024.1
(丽水·瓯江文化丛书 . 第十辑)
ISBN 978-7-5178-5885-0

Ⅰ . ①处… Ⅱ . ①余… Ⅲ . ①家庭道德—丽水 Ⅳ .
①B823.1

中国国家版本馆 CIP 数据核字(2024)第 021503 号

处州家风

CHU ZHOU JIAFENG

余厚洪 编著

责任编辑	唐 红	
责任校对	韩新严	
封面设计	朱嘉怡	
责任印制	包建辉	
出版发行	浙江工商大学出版社	
	(杭州市教工路198号 邮政编码310012)	
	(E-mail:zjgsupress@163.com)	
	(网址:http://www.zjgsupress.com)	
	电话:0571-88904980,88831806(传真)	
排 版	杭州朝曦图文设计有限公司	
印 刷	杭州高腾印务有限公司	
开 本	710mm×1000mm 1/16	
印 张	19.25	
字 数	286千	
版 印 次	2024年1月第1版 2024年1月第1次印刷	
书 号	ISBN 978-7-5178-5885-0	
定 价	288.00元(全6册)	

"丽水·瓯江文化丛书"第十辑
编纂委员会

顾　　问：胡海峰　吴舜泽

主　　编：李一波

副 主 编：李志伟　余群勇　周　平　杨贤高

编委成员：端木迅远　叶笑菲　朱海笑　余厚洪

　　　　　黄巧玲　　卢朝升　金伟明　胡兴旺

　　　　　王德洪　　张正民　杨乃静　林　琳

　　　　　孙　楠　　杨金花　季万芬

策划编审：杨贤高

总　序

中共丽水市委常委　宣传部部长　李一波

"绿水逶迤去，青山相向开。"在风景秀美的浙江丽水，有一条贯穿全境九曲蜿蜒的瓯江。川流不息的江水不仅润泽了丽水的山川土地，更孕育了丰富璀璨的瓯江文化。考古发现的缙云陇东遗址，将丽水的文明史追溯到距今9000多年前的上山文化晚期。在数千年的历史长河中，黄帝文化、畲族文化、剑瓷文化、石雕文化、廊桥文化、华侨文化、摄影文化蓬勃绽放，让丽水成为名副其实的中国地市级首个民间艺术之乡。

同时，丽水有7项世界级遗产、21项国家级非物质文化遗产，文化遗产数量占到了浙江总数的六分之一。作为"瓯江山水诗之路"的重要地区节点，谢灵运、李白、白居易、秦观、陆游、范成大、朱熹等文人雅士在此留下了脍炙人口的佳作名篇。生态与人文的珠联璧合构成了瓯江文化的独特底色，传承赓续丽水生生不息的历史文脉。

兴贤育才，文化绵延。隋开皇九年（589），丽水因象征人才的处士星明耀分野而置，故得名处州，意为"人才之州"。自古以来，丽水就是崇文重教之地，先后有1149人荣登进士，42人在二十五史中入传。以独峰、美化书院为代表的处州书院名噪东南，独峰书院被列为南宋"八大书院"之一，重学兴教之风传承至今。在先贤们的垂范带领下，丽水兴文教以开风气。改革开放尤其是撤地设市以来，历任市委、市政府秉承"强市必先强教，育人必先兴学"理念，持续加大教育投入，加快缩小区域、城乡、校际差距；一代又一代的教育工作者躬耕不辍、潜心育人，推动丽水与全省同步实现教育基本现代化，高考总录取率连续多年超过全省平均水平，

教育事业改革发展逐步实现与全省"并跑",取得了突破性跃升。

　　盛世修史,嘉年撰志。编史修志是对弘扬中华优秀传统文化的实践总结。正是在这个意义上,丽水市委、市政府深入贯彻落实习近平总书记关于文化建设重要论述精神,以高度的文化自觉、坚定的文化自信,推进实施丽水文化研究工程,历时十七载完成"瓯江文化丛书"第一至第十辑的编撰。这次推出的第十辑,以丽水的教育文化为主题,包含《处州孔庙》《处州书院》《处州进士》《处州武术》《处州家风》《处州与四库全书》等六本专著。参与编纂的专家学者不辞劳苦、深入调研、勤奋笔耕,以极端负责的精神完成书稿编写,全面、系统、翔实地呈现了丽水教育文化渊源厚重的历史。相信这辑丛书的问世,能够开拓丽水教育文化的研究角度,给予读者启示和激励,并为加快新时代丽水教育事业高质量均衡发展,提供更加强大和更加持久的文化力量。

前　言

一个家，如同一个"小社会"。"天下之本在家"，中华民族历来重视家庭。家风，是家庭或家族管理最重要的"法则"。

家风，亦称"门风"，通常指由祖辈、父辈等大力倡导并且身体力行，对家庭或家族成员予以引导、规范或约束的风尚和作风。作为家庭或家族的"传统"，家风是长期承续的教儿育女的基本形式，是前人向后人劝诫修身、治家、处世的基本方法，包含了历代生产、生活等经验与教训，以及世世代代的榜样与示范。简而言之，家风，其实是一个姓氏的文化，即以血缘关系为基础的数代人的文化，以其形象性、哲理性、指导性、针对性、感人性展现着独特的魅力。对于一个家庭或家族而言，家风是其生存、发展的强大动力，大而广之，则是整个社会无数人梦想远航的坐标、心灵慰藉的良药、人生进取的指南。

美国文化人类学家怀特（Leslie A.White）曾经说过："全部文化（文明）依赖于符号。正是由于符号能力的产生和运用才使得文化得以产生和存在；正是由于符号的使用，才使得文化有可能永存不朽。"[①]家风，作为一种文化符号，让中华民族传统家庭美德被世世代代人铭记于心灵中，融入人们的血脉中，是支撑中华民族生生不息、薪火相传的重要精神力量，是家庭文明建设的宝贵精神财富。

处州，丽水的古称，是一个有着1400多年文明的风雅之城，文渊悠

[①]（美）怀特：《文化科学——人和文明的研究》，曹锦清等译，浙江人民出版社1988年版，第31页。

久、文脉深广、文气充沛。家风的涵养，绝非一朝一夕之事，而是累寸土之功、积细流之举。在历史长河中，处州先民为世代留存下了众多的优秀家风，有的将其载述于姓氏族谱之中，有的将其书写于宗祠家庙之内，有的将其镌刻于坊表义塾之上，有的将其隐含于门额楹联之内，有的将其呈现于言行举止之间，内涵丰富，形式多样，让人直观感受或真切体悟到家风文化的源远流长以及处州历代人民的品质气度。

通常而言，家风表达了一个家庭的基本价值观，也反映了家庭关系与活动的具体规范。在处州，几乎每一个村落、每一个姓氏，都有其家风，或相近，或独特，无不体现着各自家庭或家族一个个动人的故事。比如，莲都西坑徐氏的"仁心"，遂昌独山叶氏的"善济"，庆元大济吴氏的"谦恭"，龙泉豫章何氏的"清正"，缙云河阳朱氏的"崇学"，松阳象溪高氏的"尚德"，景宁大漈梅氏的"孝义"，云和新岭蓝氏的"开明"等，都有生动的故事，都有独特的意蕴，恰似家族之"性格"，在悠悠岁月里形成了鲜明的标记。自古以来，处州大地流传着精忠报国、耕读修身、行善积德、邻里守望、慈孝齐家、廉政勤政等一大批优秀家风故事，尤以"忠孝传家，诗书继世"的耕读文化深深浸染和熏陶着处州各姓家族，激励着一代又一代人勇毅前行，不断追求更高、更远的人生境界。

综而观之，处州家风，切实浅近，形象生动，感人至深。其中蕴含的人生哲理、处世德行，不仅陶冶了人们的性情，也形成了独特的地方传统。为了全面挖掘处州家风这一珍贵文化遗产，正确地汲取和借鉴祖先遗留的家教财富，使现代人更加明白一代代处州人民是如何被熏陶教育出来的，极有必要从灿烂的处州家风中精选、撷取最为光彩耀眼的典范家风进行描述、诠释。

《处州家风》全书共分八章，第一章为"处州家风的内涵价值"，第八章为"处州家风的现代审视"，中间第二、三、四、五、六、七章按历史发展脉络依次为"先秦至五代时期处州家风""宋朝处州家风""元朝处州家风""明朝处州家风""清朝处州家风""民国时期处州家风"，每个阶段选取具有代表性和教育意义的家风进行分析，同时对处州家风的内涵价值及其现代意义进行阐释，兼及新时代背景下人们应具有的道德风貌和能力素养解析。根据具体内容，每章下设相应小节，全面详述每一家风的内涵，力求条目清晰、脉络分明。

　　本书选编的处州家风，纵贯古今，多系名人家风，内容涉及修身、齐家、治国、平天下、立德、立功、立言、读书作文、婚姻家庭、待人接物等社会人生的诸多方面。为了有助于各文化层次的读者阅读，全书在对具体家庭或家族之家风进行介绍、分析之时，大致按照家风形成者所在地基本概况、家风主要形成者生平事迹、典范家训家风原文摘引、家训家风译文解析、家族重要人物述评、家风传承发展脉络等方面予以呈现，依朝代先后顺序将处州历代具有代表性的家庭或家族之优秀家风进行展现，其间浸润着忠孝、廉洁、坚韧、诚信、正直、善良等诸多品德，涵盖修身律己、忠孝礼敬、子女教育、待人之道、公正廉洁、勤政爱民、家国情怀等家风主题词。在对处州家风内容进行论述时，有意识地从传统家风中提炼出贴近当下社会主义核心价值观等实际的精华内容，论述家风源流，讲述品德故事，使读者对处州家风知其然亦知其所以然，更便于身体力行。为力求图文并茂，史实与文化价值并重，融知识性、可读性于一体，书中适量穿插人物和实景图片，权作相关内容的一个侧面佐证。

　　家风，既是融化于血液之中的规矩，又是沉淀于骨髓之内的基因。家风一旦形成，就以其"润物细无声"之特效，不仅影响着一己之人生，而且影响着一家之性格、一族之血脉，甚至影响着一地之发展、一国之命运。本书挖掘整理出具有历史延续性、传承价值高、富有正能量的处州优秀家风，既从历史角度去探寻文化根源，又从现实视角阐述家风内蕴，希望广大读者以人为镜、见贤思齐，大力弘扬传承优秀家风，扎实培育文明道德风尚，努力建设中华民族现代文明，着力促进精神生活共同富裕。

目　录

第一章

处州家风的内涵价值

处州，一个有着1400余年深厚积淀的历史文化名城。

自古以来，在处州大地上，流传着耕读传家、慈孝齐家、忠勇谦恭、修身养性、崇仁尚义、积善行德、和睦互助、廉政勤政等一大批优秀家风故事，激励着一代又一代子民在不懈追求中走向更高的人生境界，以勇毅前行的精神，书写了处州人家的美好传奇。

第一节　处州家风的发展脉络

任何一个地方，在历史长河中，总会留下其独特的足迹。历代以来，但凡一个家庭或家族，在其发展进程中，总会形成属于自己的家风。不同时期，不同情形，家风各有不同，因为家风并非一成不变，而是与时俱进。

依照许慎《说文解字》解释，"家"为象形、会意字，家字从"宀"，宀如屋形，意即供人居住之屋，屋下养"豕"，乃农牧经济的象征。人类社会经历了氏族、家族、家庭的变迁，家风的产生和发展，可谓源远流长。"家风"一词，较早见于魏晋南北朝时期，唐代以后得到大量使用。

有关"家风"实物，我国古已有之。从家风最为典型的代表物——家训的现存资料看，中国古代家训萌芽于五帝时代，初成于西周，成形于两汉，成熟于隋唐，繁荣于宋元，明清达到鼎盛并由盛渐衰，清末发生了革命性的变化。家训，"以家庭的存在为其前提与基础"[①]。商周以前尚属于"传说时代"，相传先秦时期已有《太公家教》行世，此后家训类述作层出不穷。自西汉初期开始，家训著作随着朝代演变日渐丰富多彩，其时家谱中载述了不少治家教子的名言警句。"家训"一词，最早似见于《后汉书·边让传》，中言"髫龀夙孤，不尽家训"，意谓早年丧父，未能受到父亲的教诲。此处"家训"盖指父母的教导。家训，又有家规、家道、家约、家范、家劝、家仪、家语、家矩、家诫、家诰、家法、户规、族规、族谕、庄规、条规、宗式、宗约、公约、祠规、祠约等不同称谓，它们都是家风的重要载体。据统计，自公元550年的北齐开始，至1949年为止，我国关于家训的专著共计120余部[②]。在处州，历代以来形成了诸多家训，

---

① 徐少锦、陈延斌：《中国家训史》，人民出版社2011年版，第45页。
② 李存山主编：《家风十章》，广西人民出版社2016年版，第65页。

处州家训不仅弘扬了中华民族的传统美德，也为家庭成员制定了道德准绳和行为规范。处州家风就是在处州世代家族的家训传承中形成与发扬光大的。

作为家风传承重要组成部分的祠堂，在处州民间建造，最早可追溯至唐五代时期[1]，其最初的功用在于祭祀先祖，亦作为族中议事之所。

在展现家风的实物中，还有记载家族历史及其成员信息的家谱。殷商时期王室贵族已有意识地记录家族世系，初启家谱之形。周朝，世系"用以昭明德而废幽昏"，对先世"称美而不称恶"的记述原则，亦为后世不少修谱者所取法。乃至汉代，家族私修、专记自身世系的家谱也随之产生。[2]到了魏晋南北朝时期，随着以门阀士族为代表的规则社会再现，礼仪成为门阀士族借以自矜的文化标志，于是家礼的制作也成为普遍之事。"自隋唐而上，官有簿状，家有谱系。官之选举，必由于簿状，家之婚姻，必由于谱系"[3]，私修家谱亦上于官，两相对照，促成国、州、家均有谱的局面。隋唐时期，社会风俗的惯性多以门望为尚。宋时，官修姓望谱在唐季五代战火中散佚，随着世族豪门势力的衰亡，取而代之兴起的是士大夫阶层私修家谱，社会安定、宗族繁衍是此时期家谱编修的时代背景。家谱随宗族产生，为宗族所有。宗族由原始氏族发展而来，虽然二者均依血缘关系形成，但后者是原始时代的基本社群单位，成员往往拥有一个共同的具有神格色彩的祖先。私修家谱包含表、志、图、纪和例等内容，成为后世家谱的主流。明朝，普通家族积极参与到家谱实践中，尤其是长江中下游流域及以南地区，因地理环境独特、人文昌盛、宗族制度完备及经济发达，产生了数量众多的家谱[4]，处州一带的家谱编修亦在此时期迎来高潮。明代处州家谱已相当成熟，少则有谱序、先祖事迹、世系图，多则囊

① 丽水市纪委机关、丽水市委宣传部、丽水市档案局编：《丽水好家风》，线装书局2018年版，第2页。

② 冯尔康：《中国宗族制度与谱牒编纂》，天津古籍出版社2011年版，第254页。

③ 郑樵：《通志二十略》，中华书局1995年版，第1页。

④ 宗韵：《明人谱牒序跋的地域分布及其成因》，《图书与情报》2010年第3期，第147-150页。

括诰敕、谱序、谱例、姓氏源流、列传、诰敕、家训和坟境图等，甚至与宗族有关的田产屋基买卖契约、官府判决书也被录入家谱。因此，家谱的编修与保管，为历代家族、家庭的重要活动之一，在传承家风过程中也发挥着极其重要的作用。在处州，现存各姓家谱甚多，在家谱中，载录了诸多关于对子孙立身处世、持家治业的教诲，为每个家庭成员的修身齐家提供了重要指引。

在处州大地，在漫长的岁月里，先民留存下了众多优秀家风文化。纵观家风发展，大致可分三个时期。

第一个时期，先秦至两汉时期。此时期的家风多以先秦儒家经典为源，又以两汉时期人们依据儒家经典阐发治家做人之理为流。[①]在家风中，通过儒家圣贤对话这种形式所反映出来的家训，成为中国传统家训的经典，作为治家教子的价值标准被一再效法并得到广泛阐扬。此时期的家风，最为明显地体现于时人的家庭对话中，有的直接引用先秦圣贤的语录，有的则在阐释中体现自身看法与见解。在处州，时人自然也将儒家经典奉为格言、准则、信条。

第二个时期，三国两晋南北朝至隋唐时期。家训如同雨后春笋般蓬勃涌现，美不胜收。一则缘于家风文化由低级向高级发展的必然结果，二则与魏晋六朝时代战乱频仍、人民流离失所而生存艰难、朝代频繁兴亡更替的社会现实有密切关系。在此时期，为稳固家族势力、保全性命、免祸致福等，不少士人总结历史经验和切身体会，纷纷操笔投入家训创作之列，写出了不少蕴藏着丰富内涵的家训之作，以警诫子弟后代。此时期的家教，已经积累了极其丰富的正面经验与反面教训，世人对其予以概括、提炼、升华的条件已经具备，传统家训趋于成熟。

处州魏晋至隋唐时期的家风中，一方面以作为文化主轴的儒家文化为指导，另一方面以社会既存的文化价值体系和尺度为内容，例如，宣扬儒家文化所崇尚的理想人格和文化信念，鼓励人们依照时代的价值标准进行自我完善、勤奋好学、立志成才。从中不难看出，自先秦两汉至魏晋隋

---

① 张艳国编著：《家训辑览》，武汉大学出版社2007年版，前言，第2页。

唐，人们从主要遵循儒家经典进行家庭教育，转而以儒家文化价值观念为依据，结合家族对相关儒家文化内涵的理解形成家风主要内容。"一切观念是从印象得来的，并且只是印象的复本和表象"①，正因为如此，魏晋至隋唐时期的家风自然具有更为广阔的文化意蕴和文化现实感。在此时期，处州家风反映了传统文化欣欣发展的景象，反映了中国文化一体多元化发展的样貌。

第三个时期，宋元明清至民国时期。此时期是中国传统社会由盛世向衰世发展的过程。在此时期，虽然继续宣扬作为文化主体精神的儒家文化，但又以每一时代的文化内容作为家风的依据。因此，在此时期的每一时代，家训著作依然层出不穷，较好地反映了一种定型形态和臻于完善的文化形式和内容。明清时期，宗族组织格外注重自我教育和自我养护，宗法权力在乡里得到了国家的默认。通常人们提及的儒家"修身、齐家、治国、平天下"的条目，在实践之中，又为宗族自觉地在"齐家"之后增添"化乡"阶段，从而整个社会构建起一种包括士大夫在内的自律性秩序②。基于此，处州家风所宣扬的文化内容更为精细，涵盖忠孝节义、礼义廉耻、信爱和平、经世应务、为人处世等方面，涉及个人、家庭、国家等层面，体现于自我、人我、物我关系诸环节。也正因如此，在此时期的处州家风中，身、家、乡、国和天下高度统一。概而言之，此时期的家风主要反映的是社会自鼎盛向衰世发展的文化状态，换言之，社会体制已经定型和完善以后，如何修身，如何齐家，如何治国、平天下，已经成为人们关注的重要话题。

国由家组成，家是国的细胞，治国始于治家，家和则万事兴、百业成。在绵延的历史长河中，处州先民在中华文化集体认同的基础上，形成各有千秋、独具特色的家风传承，并在茫茫时空中留下启迪后人、弥足珍贵的精神足印。

---

① 大卫·休谟：《人性论》，关文运译，商务印书馆2016年版，第27页。
② 井上彻：《中国的宗族与国家礼制》，钱杭译，上海书店出版社2008年版，第29页。

第二节　处州家风的精神内涵

家风作为包罗文化密码的"书本"，其精神内涵丰富多彩。

家风，是传统文化在"家"这个载体里的集合与浓缩。家风的核心精神源自中国传统文化的深厚底蕴，家风的形成在于以家庭为纽带来传承良好的行为习惯、人文素养和道德风尚，因此其传承背后依托的是中华民族优秀的文化传统。处州历代家风的核心精神经数千年的传承与淬炼，熔铸成处州儿女的"天然习性"，时至今日仍在影响着人们为人处世的方方面面。

特有的家教风格决定了特有的家风，特有的家风又决定了家族的不同风尚，并且带有地区上的不同特色。[1]处州家风，"以占主导地位的儒家文化作为价值轴、理想轴和参照系"[2]，家风的文化内容，既是对传统文化精神的阐扬，也是一种转换了文化领域的价值宣扬。处州世代重视家风的教育和传承，无论是传统的耕读为本、诗书传家，还是在各种家规、家训中倡导的孝亲、明礼、忠厚、诚信、勤俭等，都是父祖对子孙与家庭其他成员的教育，其间除了包含一般的社会要求之外，还带上了家庭、家族的独特内容，并在世世代代延续、演进的过程中，不断沉淀下来、累积起来，仿佛一条条牢固的纽带，不断地延续着中华民族的优秀家风和传统。

在处州，在历代先人的立言、沉积中，传统家风资料卷帙极其浩繁，蕴含的思想十分丰富。若从细处说，处州家风的精神内涵涵盖了人生的各个方面，体现了孝亲为本、治家谨严、注重名节、励志勉学、勤政谦敬、清廉勿贪、治生自立、审择交游、和待乡邻、救难济贫、养生健身、抵御外侮等。在处州各姓家谱中所保存的家规、家训等，从一开始就以积极、

---

[1] 王俊编著：《中国古代家风》，中国商业出版社2017年版，第5页。
[2] 张艳国编著：《家训辑览》，武汉大学出版社2007年版，前言，第7页。

进取的人生价值和社会价值态度来讨论家庭环境和家庭氛围的建设。在家规、家训中，封建伦理纲常礼教作为其理论基础占有中心地位，三纲五常、孝悌忠信的内容占大半篇幅。家谱中的家规、家训除上述内容外，还有"睦族人""和亲友""恤孤贫""戒赌博""戒奢侈""戒懒惰""戒淫逸"等，对家族成员的言行举止作出规范，这也是值得我们借鉴的有益的成分。处州传统家风涉及领域极其广泛，但其核心离不开修身、治家、立业，本质上属于伦理教育和人格塑造，家风的基本倾向是积极的，极好地体现了优秀的中华民族精神。

一、亲情与仁爱交织

《论语》有言"人者，仁也"，人之所以为人的本质在于其具有"仁爱"之心，而此种本质最为直观地呈现于亲情之中，因此处州传统家风的核心理念最为看重"亲情""仁爱"，尤其是通过现实生活中的亲情来传递仁爱观念，让每一位家庭或家族成员在亲情中体会仁爱，体会人的道德本质，并以此作为自身为人处世的根本。在历代处州人家中，时常呈现出充满温情和善意的"和乐"面貌，或许正源于此。

中国传统家风历来注重孝悌人伦的培养与教化，处州传统家风中的亲情仁爱理念也通过"重孝悌"的人伦得以彰显。诚如《颜氏家训》所言，"于人伦为重者也，不可不笃"。简而言之，亲情关系"不仅是家庭关系的根本，更是社会关系展开的基础"，而亲情关系培育的根本则在于"培育仁爱之心"[1]。

在处州历代家风中，当父母之"慈"，表明疼爱子女；当子女之"孝"，表明孝顺尊长；当兄长之"友"，表明爱护弟弟；当弟弟之"恭"，表明尊敬兄长；当丈夫之"和"，表明对妻子和睦；当妻子之"柔"，表明对丈夫温顺。如此种种，都是亲情与仁爱的自然表达形式。质而言之，亲

---

[1] 李存山主编：《家风十章》，广西人民出版社2016年版，第56页。

情与仁爱"理所当然地就成为传统家风的核心与起点"①。

二、恭敬与礼制互动

在与他人交往的过程中，心存肃敬是保证仪礼得当的前提条件，也是尊重他人、保持人际关系平衡的基础。因为有敬心在，人们对待任何人或事都不会怠慢。恭敬与礼制，是处州历代家风得以现实展开的外在凭借。在家风中，"礼"之重要性，不言而喻。此即孔子所言"不学礼，无以立"之理。无论修身做人，还是交友处世，礼是人人须遵守的行为规范。

由此可以推知，处州历代家风通过对礼制的具体落实，使得其家庭或家族成员的日常行为有了可操作性。更进一步说，处州历代家风对一系列具体的外在行为要求，其实也有着内在的心理要求，其中最明显的表现在恭敬之心上。"敬"离不开"礼"的形式而存在，脱离了"礼"的形式之"敬"，就无以体现"敬"之精神。

尽管"礼仪三百，威仪三千"的规定无比繁杂，然其实质不外乎"恭敬退让"四字。《孝经·广要道章》中言，"礼者，敬而已矣"。在处州历代家风中，以"礼"调节着他人与自身的关系，其家训、族规中就常将恭敬尊人作为一般要求，将恭敬之心作为和他人交往、交流、交融的出发点。

透过处州历代家风，不难看出，处州人历来所强调的孝、友、勤、俭等，诚如明代庞尚鹏《庞氏家训·务本业》所言"孝、友、勤、俭，最为立身第一义，必真知力行，奉此心为严师"，对于修身做人而言，均有其合理的文化内核，因而成为人生修养的基本信念。所有这些理念，对于人们增强自我修养、在处世为人上树立好的德行，都有积极的启发性。

三、宗祖与承继相沿

人类社会是从蒙昧中逐步走向文明的，在这个过程中经验和知识不断

---

① 李存山主编：《家风十章》，广西人民出版社2016年版，第57-58页。

得到积累。①结合历史发展来看，祖先崇拜脱胎于蒙昧时代的图腾崇拜和鬼神信仰。原始社会，氏族部落在回答"我从何处来"的问题时，总是将出处追溯到某些奇异的动植物上，在解释自然现象的时候，又常常指向不可知的鬼神，神秘的自然力量成为氏族成员共同的精神支柱。随着生产力发展和理性思维能力的提升，人们开始有意识地找寻现实的祖先，并将那种崇拜的情感和仪式转移到"人"的身上，借用祖先崇拜确定辈分关系，"增强与维持同一宗族的团结性，期求本宗亲属的繁殖和福祉"②。

在社会发展进程中，处州各家族为了防止自身衰败、没落，逐渐形成"重家风"的传统，制定相应的家庭行为规范来克服家族可能存在的缺陷，并以此训诲子孙后代，成了处州一带世家大族的共同做法。"惟祖训是从，惟祖训是尊"，也成为众多世族大家试图让家运长久的自然遵循。

"宗者，尊也，为先祖主也，宗人之所尊也"，其实，血缘宗法作为古老的氏族遗风，谨遵祖宗之法，已成为一种极为稳定的民族心理。家风作为有效的生产和生活经验，受到尊重而被妥善保存、代代相传、延绵不绝，相应地产生了宗族谱牒、家族历史、祖先像赞等各种纸质档案以及祠堂庙宇、祖宅坟茔、楹联匾额等各种实物档案。就像北宋理学家张载提出在家族内部立家法"以管摄天下人心、收宗族、厚风俗"一样，家礼、家训、家法、族规等应需而生。

在处州人家历代承继过程中，祠堂、私塾、古井、古桥等物质遗产得到了很好的保存，而"天人合一""勉学成才"等传统家训，也给一代一代处州人找到了"向古人学习"的好方法，体现了强有力的包容能力。在处州历代家风中，无论为政，抑或养生，甚至从事家教，均有十分精彩的内容，可供今人批判地借鉴、吸收，将它们转化为时代文化的精华。

基于此，家风，与其对应的家训、族规形成了"互动"，成了其家庭或家族成员所必须遵守的规范或法度。换言之，家风就成了父祖长辈为后

---

① 路易斯·亨利·摩尔根：《古代社会（上）》，杨东莼、马雍、马巨译，商务印书馆1995年版，第3页。

② 麻天祥：《中国宗教史》，武汉大学出版社2012年版，第32页。

代子孙所制定的立身处世、居家治生的原则和教条。它有敬祖宗、睦宗族、教子孙、慎婚嫁、务本业、励勤奋、尚节俭等方面的内容，表现为行于口头、针对性强的具体教诫，或是见诸家书、指向明确的谆谆训诲，亦是载诸家谱、可供讽诵的确切文本。若把处州历代家训、族规视作处州历史上教化家人的"教科书"，那么处州家风则是经由长期教化后的结果。

四、言传与身教并行

处州历代家风之所以得到不断地承续和发展，很大程度上在于其核心精神中蕴含着身教与躬行的品格。处州历代优秀家风不是空洞无物的教条，更不仅仅止于长辈对晚辈的耳提面命，而是通过一代代言传身教、躬行实践，不断呈现于现实生活中。

《论语·子路》中言，"其身正，不令而行；其身不正，虽令不从"。处州家风的塑造和传承，离不开处州先民的以身作则与率先垂范。古人在家风的传承过程中，都非常注重自身的榜样示范，不仅强调对后代知识技能的传授，更重视道德品质和行为习惯的养成。或许正因为这样，在古代处州出现一个特殊现象——家学，即子承父业、世代相传。历史证明，任何一个优秀的人物，无不受过严明家教、良好家风的濡染。

在处州家风中，时常能看到"救难济贫，助人为乐"等字样，许多家风都体现了扶危济困、捐资公益的传统美德。在处州家风中，经常能发现劝导子弟借粮给穷苦乡亲不得收息，经营的药店免费医治穷人的疾病，修桥补路"以利行客"，周济鳏寡孤独、生活无着的乡邻，炎夏时节在大路旁设茶水站"以济渴者"等善行善事。

应当说，处州历代家风中关于"言传"与"身教"的理念本身是一体同构的，这与中国人强调"知行合一"的传统息息相关。其实，知行合一本身既是一种"工夫"，又是一种"境界"，根植于日用常行而又超越日用常行。处州历代优秀家风的传承，很少依赖外在的说教与强制，更多的是鲜活的精神感染，就是在日用常行的耳濡目染之中，得到了积极、有效的传递。

五、齐家与治国同构

如果说"修身是立身之本",治家则是"立身之始"①。中国传统家风以齐家、治国理念为核心,以家庭为本位,以伦理为中心是中华文明的基础。如果说家训、家规是有形的规范,家风则是无形的传统。家风的传承不仅仅关乎家庭成员个体的生存与发展,更是中华文明本身的传承轨迹。

对于齐家来说,修身不仅仅在于人格修养本身,也是和睦家庭的基石。父子、兄弟、夫妇关系为家庭和睦的三大基础,若有一方出现悖乱,势必引起连锁反应。虽然"齐家"强调的是处理家庭关系,而其家风则在修身养性、勤勉学习和经世应务等方面,一方面处理夫妻关系、兄弟关系、长幼关系,达至家庭的团结、和睦、和谐,另一方面包括立志问题、修身问题、养生问题、做官谋政、择友交友、处世为人等"一套完整的说教"②。

在处州家风中,人们总是把"爱国"作为最高的准则,因而成为处州大地人家一种自然而朴素的精神追求,都在自觉地履行对祖国、对社会的义务和责任。在处州大地上,无数先贤为民族、为国家舍生忘死、取义成仁,他们抛头颅、洒热血,名垂青史。

在处州家风中,人们还将"敬业"作为一种富有责任的表现。与孔子教导子弟"执事敬""事思敬""修己以敬"一样,朱熹亦强调"专心致志以事其业"。"爱岗敬业""忠于职守"是中华民族的传统美德,处州家风传承,自然也把敬业精神摆在重要的位置。

"中华传统文化的主体……大多可以归结到这种'耕作居于支配地位'的农业文明范畴内。中华传统文化的一系列基本性格,其根源都深植于这样一种经济生活的事实之中"③。"一分耕耘一分收获"的农耕生活,导致

---

① 王人恩编著:《古代家训精华》,甘肃教育出版社1997年版,第14页。
② 张艳国编著:《家训辑览》,武汉大学出版社2007年版,前言,第1-2页。
③ 冯天瑜:《中华文化史》,上海人民出版社1990年版,第167-168页。

了一种群体趋向性的务实主义民族心理。处州人民的主体——农民在农业劳作中领悟到一条朴实的真理：利无悖至，力不虚掷，说空话无补于事，实心做事必有所获。在民间心态中，无论是对用具追求"经久耐用"，还是对家族祈求绵延久远，都是求"久"意识的表现①。在处州家风中，治家谨严、勤劳节俭，常常成为治家、理家的重要要求。尤其是仕宦人家，更是追求勤政谦敬、安国恤民，也时常表达抵御外侮、维护统一的愿望。

---

① 陈愚：《文化生态与中国传统档案文化》，四川大学硕士学位论文，2005年，第29页。

第三节 处州家风的主要特点

家风，作为一种传统的文化形态，彰显一家一族的道德、涵养、格调、气质，有其突出的文化风格。

在处州，历代记述的家训、家规、家书等，通常经由家庭、家族中有作为、有见识、有影响的长辈倡导并不断完善形成，或印刷于书籍，或雕刻于石木，或撰写于楹联，其文字与话语大多简练易记，在世代口耳相传或文字转述中，得以有效保存和传承。

一、具象与抽象结合

家风，可以是具象的，诸如宗祠家庙、坊表义塾、桅杆雕刻等的具化呈现。例如，祠堂堪称家风的神圣殿堂。一座祠堂，犹如一座民俗博物馆，恰似一部家族变迁史，又是一个聚落、一个家族的精神家园。

家风，可以是抽象的，诸如姓氏谱牒、门额楹联、牌匾题刻中的文字表达。例如，在家谱中，常常记述了姓氏家训、人物故事，是承载家风文化的重要文字工具。而其间的每一条家训、每一个人物背后，不仅有着生动形象、蕴含宏富的故事，也是具有丰厚地域文化的宝藏。家谱之于家风，"由族人身份凭证"转向"家族组织存在的证明"[①]，也是家风的一种记述与印证，体现了家风的历史文化记忆功能。家风之传承，源自"家有谱、族有祠、民有魂"，其间体现了积淀深厚、绵延久远和丰盈充实的家族文化，可谓"族有底蕴虚若谷，家有诗书气自华"。又如，匾额，恰似"门头""门脸"。匾额的运用在清朝已经臻于完善，各地方官员常以忠孝

[①] 祝虹：《现存民间家谱档案属性研究——以徽州家谱为中心》，《档案学通讯》2016年第6期，第33页。

节义的名义来赐匾，以树立当时社会的模范典范来巩固伦理道德[①]。匾额不仅表达了颂扬美德等情感，而且起到了褒奖激励等作用，对家庭、家族和社会具有教化意义。

无论是以何种形式呈现，家风，作为历史文化遗存，以固化或动态的优秀传统文化表达样式，在历史发展中传承不息，时至今日，仍能让人直观而真切地认识、感知、理解、体悟家风文化的深刻内涵，亦能从中读出处州历代居民的思想品质、道德情操。毕竟，"道德情操是人生的一个正常组成部分"[②]。

二、家庭与国家同构

家庭乃社会的窗口和细胞，能够照见社会历史生活，可想而知，家风，是构筑国家和社会记忆的重要来源。在以小农自然经济为基础的中国传统社会中，社会政治组织模式的本质和特点就是"家国同构"。家有长、国有君；家有法，族有规，乡有约，国有典。清代龚自珍在《怀宁王氏族谱·序》中曾有清晰比喻，"家训，如王者之有条教"。

在家国同构的思想观念下，家庭是伦理实施的主要场所，在此之上发展而成的伦理道德思想被加以制度化成为国家的精神支柱。"国"与"家"在历史进程中"相互依存，相互影响"，使伦理道德思想在中国传统文化中"占据极为重要的地位"，而且深刻影响着"中华民族的意识形态和价值取向"[③]。

"家"与"国"紧密关联、不可分割，家是国的缩小，国是家的扩大。在处州，历代大族有意识地将"家风"文化建设摆在重要位置，坚持修身、齐家、治国相统一。在处州历代家风中，"家国天下"的思想和"忠

---

① 于丹、苏显双：《匾额——中国传统文化鲜活的木质档案》，《兰台世界》2013年第22期，第148页。

② 约翰·罗尔斯：《正义论（修订版）》，何怀宏、何包钢、廖申白译，中国社会科学出版社2009年版，第387页。

③ 李存山主编：《家风十章》，广西人民出版社2016年版，第49页。

于信仰"的情怀早已深深地扎根在处州儿女的心底。

三、记述与口传同步

处州虽偏处一隅，然历代见载于地方史籍、名人文集、家乘族谱中的有关家训、族规之记述，数不胜数。其内容涵盖了忠君爱国、励志读书、敬祖孝亲、兄友弟爱、审慎交友、行善积德、勤俭治家、奉公守法、敦宗睦邻等立身处世之道，方方面面蕴含着先人丰富的人生经验和智慧，值得后人借鉴与传承。

例如，有关"清廉"家风，有许多家族都强调"清廉自守，勿贪勿奢""不苟取、不贪婪"①。对于"立志清远、励志勉学"，诚如王夫之所言"读书教子，是传家长久之道"，处州历代家风中大力激励子弟立大志、勤读书、成大器，在口耳相传中，最终"桃李不言，下自成蹊"。又如"审择交游，近善远佞"，从处州历代家风中，不难看出不少家族都注意到了社会环境、友邻品行对子弟成长的重要影响，因而教诲他们交友要慎重。

四、内涵与体例俱佳

家风作为一种文化，是人类历史上各种精神思想、社会规范、价值观念的总和。每一个家风，都是一部独具特色的"老电影"。每一条寻常家训，都在上演着精彩有趣的故事。

在处州历代家风中，大多强调"宽厚谦恭，谨言慎行"。在他们看来，由于官场凶险，稍有不慎便有丧身毁家之祸，故许多人家在家训中一再叮嘱子弟要谦恭谨慎、宽厚待人，不可妄言妄传他人之恶，肆意评论政事得失。

在处州大地，几乎每一个村、每一个姓氏、每一个家族，都有自己独

---

① 徐少锦、陈延斌：《中国家训史》，人民出版社2011年版，第4页。

具特色的家风，这些家风作为历史印记，诉说着家风传承的动人故事。单在遂昌一县，宋有龚原、周绾、张贵谟、尹起莘等，元有王镒、尹廷高、郑元祐等。他们或明经忠贤，积极参加王安石变法；或进谏朝堂，反对屈膝投降的国策；或投匦进书，为民请命而讲求荒政；或驰骋疆场，立下汗马功劳；或隐居不仕，专事史学与写作；或弃官归隐，赋诗度日；或不为名利，帮困济危。尤以著述传世，其流风余韵，影响深远。

尽管处州历代家风始自不同历史时期，不同的家风又会有不同的针对性，但无不凝聚着家风始倡导者"丰富而深刻的人生经验，对社会现实的客观评价，对人生目标孜孜不倦的追求"，并且折射出长辈望子成龙的殷切期待，以及"对家庭幸福生活的渴望，对社会的稳定和发展的关注，以及为国家、民族贡献才能的责任感和使命感"[1]。从处州历代有着优良家风的家族来看，受到良好家风熏陶的人，往往都成了国家有用之士。弘扬传承处州历代优秀家风，可以懂得如何做人，如何处世，如何治家，如何报国，如何学习，如何广闻，如何博识，如何明理。

处州历代家风丰富的内蕴，可使社会成员得以"遵循普遍的社会意识规范自己，约束自己，完善自己"[2]。纵观处州历代宗族谱牒，纵向上能看出家谱数量的增加，对应地展现了处州家风内涵的日渐丰富。

五、理念与实践同行

处州历史家风既是理念，也需践行。在家风中，格外强调"孝"德，遵从"夫孝，天之经也，地之义也，民之行也"[3]。历代家风并未将人的情感、观念和仪式引向偶像崇拜或神秘境界，而是引导消解在"由血缘关系建筑起的人伦日常和现实生活"[4]之中。"孝"在历史生活中的最终落脚点不在"天"，也不在"地"，而在"民"，在"行"。"孝"为立国立身之

---

① 卢正言主编：《中国历代家训观止》，学林出版社2004年版，序言，第2-3页。

② 张艳国编著：《家训辑览》，武汉大学出版社2007年版，前言，第9页。

③ 李隆基注、邢昺疏、金良年整理：《孝经注疏》，上海古籍出版社2009年版，第28页。

④ 李泽厚：《美的历程》，生活·读书·新知三联书店2009年版，第53页。

本，自天子至庶人，无不循道而行，不孝便是背道枉法。在处州历代家风中，大多数家族成员是在情感与理性交织作用下，开始强化祖先一脉的文字记录，来完满内心的情感道德需求。

与此同时，由于乡村人口安土重迁，除少数游宦行商，鲜有流动，导致了传统乡土社会属于一种"熟人社会"。它的现实环境和文化环境都少有变化，祖辈在乡村里所见过的事物和经历的事情随后被一代代地重复，总体上不具有根本的变异性。因而，生活在被家风"定型"之中的人们，其经验习惯往往深入生理层面，仿佛与生俱来。

在处州历代家风中所弘扬的父慈子孝、长幼有序、兄友弟恭，以及家风中所贯彻的诸如立志、勉学、修身、养性、经世、应务等原则要求，都"有可付诸实践的动力"①。如若以教育论，其间既有直接的灌输引导，又有间接的潜移默化。因此，家风作为一种文化传播，就其文化影响力和透射力而言，可谓巨大有力。

六、乡土与耕读共生

在传统乡土社会中，宗族作为社会组织，在稳定社会方面可以发挥积极作用。传统宗谱开篇多载圣训、乡约、族规和家训，其间多言耕读传家之义。在处州一带，人们以农耕为主。农耕社会区别于逐草而居的游牧民族，"根"的意识格外强烈，对土地、祖先的依赖性也特别明显。在处州家风传承中，人们特别有意识地"记住"祖先和土地。毋庸置疑，农耕社会为了适应各种复杂的自然条件，必须对诸如天象、气象、地形地貌、土质、水利等自然现象进行记录和研究，这在客观上增强了对农耕文明重要性的认识。受儒家、法家等派学说的熏染和国家政策的导引，重农乃是传统家庭的主流价值取向。

在传统社会，从事耕种与否，耕种所占据比重，是区分不同人群"文明"程度的重要标准。在处州人家，"耕种务本"被视为一家一族之根本。

---

① 张艳国编著：《家训辑览》，武汉大学出版社2007年版，前言，第10页。

"以农为本、勤事农耕",是处州人家历来的惯习,也正因如此,处州成为"田亩日开"之地。

"从基层上看去,中国社会是乡土性的"①,其中"乡"是村落和家庭,"土"是土地。家风,作为承载中华传统文化的基本单元,具有淳朴的乡土性,在处州一带尤为如此。在处州历代家风中,不少家庭会将与农业相关的生产资料如田地、耕牛等载明谱籍,强调要重视农业生产,更要戒绝懒惰。作为教化工具,不少家族将"务农桑"写入家规。其实,传统乡土社会形成一个相对稳定和封闭的文化场域,对于该场域内的家庭及其成员施加了潜移默化的影响。在传统乡土社会中生存与发展的个体和集体,必然要接受"规范",即"采用社会通行的表达符号、意识观念和行为方式"②。

在处州历代家风中,有不少家训、族规在呈现过程中,所使用的语言大多通俗易懂,民歌风味很浓,读来十分有趣。身教言教,讲为人处世的道理,亲切感人,没有一点说教气息,容易被人接受和理解。尤其是一些未被以文字直接载录的家训,通过口语对话、言谈交心等方式传递,是一种"俗文化",在民间获得了普遍的文化认同。

---

① 费孝通:《乡土中国》,生活·读书·新知三联书店2013年版,第1页。
② 谢鑫:《我国城乡变迁历史视域下的家庭档案记忆建构研究》,武汉大学博士学位论文,2019年,第47页。

第四节　处州家风的基本功能

　　家庭作为社会的基本细胞，作为每一个社会成员的"第一所学校"，生活、成长于其间的每一个社会个体，其有意或无意的言谈举止、待人接物或多或少有着其家庭的影子。这些影响是在个人从小的生活环境和父母、亲人的潜移默化中形成的，正是这种耳濡目染、润物无声的教化，使得家风得以不断延续。其实，当一个家庭的家规、家训形成家庭的公众行为习惯，由此便构成了家风。家风是一个家庭的风气、风格与风尚。一个家庭或家族的家风要正，能让后代子孙源远流长，唯有以德治家。在处州，许多家族葆有优良家风。这些家风，大多属于家庭美德的范畴，堪称其家族成员为人处世的道德标准。

　　从处州历代家风的具体内容看，其基本功能在于调节个人与家族、社会的伦常关系，以保证家族的生存与发展，具体而言，主要体现在以下方面。

一、以孝悌之道为礼俗之本强化家族内部的伦理关系

　　孝悌之道，是处州历代家训、族规中大力提倡的内容，认为孝悌之道是与血缘关系共生的天然的人伦之道，而人伦之道正是宗族凝聚的黏合剂。《孝经》将孝道视为"天之经，地之义"，处州人家在日常生活中也谨遵此家族伦理，在家训族规中大力强调下对上的孝敬，强调弟子对尊长的顺从，对于"大不孝""大不悌"者，常常施以严厉的处罚；对于有着显著孝道行为的族人，则多方奖励表彰，甚至向朝廷申请旌表，在乡里树碑，在族谱立传。孝悌之道，作为调和家族内部关系的行为准则，在和宗睦族、维持家族伦理秩序上发挥着独特的作用。

　　在家风中，长辈的思想、行为、品格，对其后人而言如同一面镜子，

其言行本身就是一种无声的教育，若能"正身率下"，就能为子女树立起榜样，自然起到上行下效、润物无声的教育效果。换言之，处州历代优秀家风，对于其家庭或家族成员甚至其他人而言，不仅是梦想坐标、远航方向，也是心灵良药、进取动力。

在慈孝关系中，处州历代家风中对如何行孝以及如何做一个孝子多有阐发。概而言之，孝有三条标准，一是光宗耀祖，二是供养父母，三是言行不取辱，这对子孙辈而言既是一种道德规范，更是一种人格规范。诚如《孟子·离娄下》所言，"世俗所谓不孝者五，惰其四支（肢），不顾父母之养，一不孝也；博弈好饮酒，不顾父母之养，二不孝也；好货财，私妻子，不顾父母之养，三不孝也；从耳目之欲，以为父母戮，四不孝也；好勇斗狠，以危父母，五不孝也"，在处州历代家风中可以看出，只有尽孝道，才能立身行世、建功立业。

处州历代家风的始倡导者与传承者，为了维护良好的人伦关系，由对家庭亲人的孝悌，上升至对国家、民族的忠义。换言之，以孝悌之道强化人伦关系，是处世为人的最高道德境界的出发点。从古至今，伦理道德思想，是一个人能否为国家民族利益不惜牺牲个人利益甚至生命的思想源泉。

二、以诚信忠厚为修身之本模塑传统社会的理想人格

痴心父母古来多，天下没有不疼爱子女的父母，若单纯给子女提供物质财富，则极有可能使他们泯灭自我奋斗的意识，丧失独立创业的能力。因此，明智的父母总是将道德修养、人格风范留给子孙，为子孙留下好家风，此乃"无价之宝"。

在处州历代家训族规中，有相当部分内容是关于人格修养的。在古代，治国平天下是士人的理想抱负，修身齐家是族中子弟努力向上的第一步。由于习性的养成与人在成长过程接受的教育内容有着密切关系，故强调童蒙的人格教育，有关训子、教子、诫子、示儿的内容在处州历代家训中占有极大的比重。

在家风中，最备受推崇的品格包括诚实、忠厚、孝顺、廉洁等。在处州一带，古人将"立德"置于"三不朽"首位，而立德的内容主要是忠孝。在家能孝，于国则忠。孝要求子女尊敬长辈，尽反哺之情，极劬劳①之恩；忠要求为官尽力，从政清廉。各家族对子孙的早期教育既为家族养育传人，亦为国家培养道德之士。

因为优秀家风的传承，处州历代培养了一批忠君爱国、秉公执法、清正廉洁的治国人才。其实，对父母的"孝"和对君王的"忠"在本质上是一致的，"孝"是"忠"的缩影，"忠"是"孝"的放大，移孝作忠、忠孝一本的观念自然成为历史发展进程中家风传承的核心内容，如若做到"忠孝双全"，也就达成了理想人格的典范。在处州历代家风中，"忠君顺上""道德本位"承上启下，其核心价值观就是孔子强调的"君君臣臣，父父子子"的社会等级秩序。"君子义以为上"，"义"即道德原则，"上"即价值取向，意即道德是最有价值的。道德本位的典型体现就是取义弃利、诚信忠厚，道义的价值高于一切物质利益。

家风的社会功能固然是多方面的，其中有关道德的主要功能在于调节社会利益关系，要求人们在考虑自身利益之时，必须尊重他人和社会利益。教子做人，以德立身，是处州历代家风的共同课题。换言之，"为子孙作打算，最重要的是教以品德和清白家风，而不是丰厚家财"，此即"爱之有道"②。

小而言之，家风重在持家，为家传代继、香火延续之需；大而言之，家风可以治国，属国之兴废、民族盛衰之要。若从细微处讲，家风以品行涵养潜移默化；若从宏观处讲，家风即是文明国粹之传承，是社会进步的晴雨表，是民族精神之脉流。的确，"家国意识，民心向背，风范礼仪，不是小事，关乎一个时代、一个社会的精神走向，甚至于社会进步的程度与高度"③。

---

① 劬劳，指父母抚养儿女的劳累。

② 卢正言主编：《中国历代家训观止》，学林出版社2004年版，序言，第4页。

③ 丽水市纪委机关、丽水市委宣传部、丽水市档案局编：《丽水好家风》，线装书局2018年版，第1页。

三、以劝诫惩罚的礼俗规条约束家族成员的言行举止

家训族规作为一种家族性的礼俗规范，属于基层社会自治的有效方式。家族成员朝夕相处，"德业相劝，过失相规"，家训族规对民众的约束直接而紧密。

一个家族之风气，通过对家族成员的行为规范进行约束得以展现。一方面，通过伦理教化，使人们自觉养成具有爱敬之心、行为得体、举止合乎礼数的好子弟；另一方面，通过惩戒条例，明确要求遵循家法族规与国法律条。在处州历代家训族规中，无不具载奉公守法的条文，其中，特别强调税粮的完纳。民户是国家财税的来源，赋税的征纳历代都是一件棘手的事务。家族作为基层的社会组织，它在催促交纳赋税方面有着独特的优势，事实上，家族为了协调与国家社会的关系，也在积极配合国家行为。在处州历代家训族规中，"交赋税、急完粮"的条文常处在显著的位置，在悉心劝勉之下，人们往往不存拖欠之心。诸如此类的家风，对于遵守国法而言，是一个有效的补充。

在处州历代家风中，对于赌博、偷窃、游手好闲、从事贱业者，也常有严厉禁止。每一个人都置身于错综复杂的社会关系网中，"世事洞明皆学问，人情练达即文章"，交友接物，是一门高深学问。"近朱者赤，近墨者黑"，"入鲍鱼之肆，久而不闻其臭"，"入芝兰之室，久而不闻其香"，对于"交友"的规劝和训诫，尤为强调"交友必须谨慎，分清损友益友"。

正是因为有"禁约"，使得家族成员的行为越发符合儒家的伦理政治规范，符合地方社会、国家治安的需要。正是好家风培养造就"贤子孙"、防止出现"败家子"的良好愿望，有效推动处州历代家长对子弟谆谆教导。而道德上的高扬善良、抑遏邪恶和人格上的褒奖崇高、贬斥卑下，更是成为推动处州历代家风前行的直接动力。

或许由于家法族规与民众关系密切，它在相当程度上具有教化民众、团聚宗族、联系乡里、保障地方、安定社会、服务国家等社会文化功能。在晚清至民国时期，随着社会文化环境的改变，处州家风作了相应的调

整，其间增添了相应的民主内容与文明条款，最为明显的是对教育的奖励与重视。

家风，是一个家庭家族治家经验的总结，蕴含着崇高的思想观念和人文精神，形成了延续至今的优良道德规范，是承载着中华文化、中国精神的一种独特的价值符号和文化产品，是中华优秀传统文化的重要组成部分。回望历史，家风的作用可谓无处不在、无时不有。

在社会发展进程中，有许多文化由于缺乏保护而湮没于历史长河中，但是家风文化在传承中会不断吸收与弘扬中华优秀传统文化的精华，因而能与时俱进。在当下，传承弘扬优秀家风，也是进一步弘扬中华优秀传统文化的必然要求。

当然，在对处州历代家风进行分析之时，需要注重从以下视角去考察其功能。

其一，基于历史意识和文化自觉。翻阅过去的家谱，从字里行间可见，家庭似乎都是在以修史的意志和自觉编修家谱，撰写着自己家族的历史。此行为背后的意义与意识，导源于华夏民族史学传统和史官文化。概而言之，社会物质与精神的变化统归于人的理性加持，最终服务于人伦日常和文教政治。正是此种历史意识，处州历代家族都将家风作为一种"必需品"来持续书写更新。尤其是在祖先传记中，最经常出现的人物形象，或是发奋读书、志取功名的儒者，或是优游林下、甘于贫穷的处士，抑或是急公好义、亲邻睦乡的长者。尤其是在宋元以后，处州各宗谱中多以符合儒家道德理想的可作后世楷模的人物为典范，更是有意识地赋予并凸显道德教化之旨。之所以如此，与整个乡土社会的文化自觉和文化价值取向有关，人们习惯于通过"好人""好事"等信息，来达成家风的鉴戒感化功能。

其二，基于忧患意识和夷夏观念。家族和宗族的"族"本义是类和属，意即众人有所归属方能成为族。然而宗族本身属于一个动态稳定的社会组织，随着人口自然变动、世系规模不断扩大以及共财生活中矛盾的放大化，势必会进行分房或者不得已而迁徙，每隔一段时间就发生变化。家族如果要保持自身的团结和身份的认同，便意味着必须采取一种管理手段和工具来维系族的存在。不言而喻，家风传承自然成为宗族生活必不可少的一部分。实际上，忧患意识自宗族诞生之初就一直存在，好家风的传承就是为了应对宗族世系涣散的潜在风险。清代吴汝纶在《桐城吴先生全书·谕儿书》中言，"人生在世，安得与我同心者相与共处乎？凡遇不易处之境，皆能长学问见识"，人生在世，不可能都是和自己志同道合的人在一起。人之所以有道德、智慧、本领、知识，常常是因为其忧患。到了近代，尤其是日寇侵华、国家艰难之际，家族的忧患已不再停留于家族内部，处州家风也传达出了要将自身命运与国家民族命运紧紧联系在一起的意识。

其三，基于乡土社会与同祖一气。传统社会素来讲究血缘、宗法和孝道。收合宗族固然出乎"万物本乎天，人本乎祖"，然而更为现实和直接的出发点是，传统农业耕作中，为了获得收成、早完课税，家庭的联合与协作成为一种必需。放之古代家庭，通常表现为房支之间"形散神不散"的现象，此种功能性因素直接推动了跨越若干村落的同姓同族结合。在处州一带，各家族在"一气"观念下统摄族人，亲族之间基于血缘关系的情感通常被视作自然而然、天经地义，家族成员在"宗"的统领下有了纵向上的历史归属感，在横向上的血缘联系也有了理论依托。由此可以推知，家族情感维系离不开"同祖""一气"的理想追求，更离不开共同参与、亲身实践传承历史记忆来提高彼此归属感，从而更贴合实际需要地完成尊祖、敬宗和收族，进而在乡土环境中处理"散"与"合"的关系，一代接一代生存发展下去。

"凡是过往，皆为序章"，回望历史，透过传统优秀家风，能够让我们更清楚地知道自己"从哪儿来，往何处去"。对传统优秀家风的了解与把握，能够让我们从中汲取经验与智慧，获得精神的滋养，增强文化自信心和自豪感。

不论时代发生多大变化，历久弥新的处州传统优秀家风，始终不会有世易时移的"陌生感"，因为家风已随社会发展成为中华优秀传统文化的重要组成部分，进而深深根植于处州儿女的精神血脉之中，成为地方与国家发展、社会与民族进步的重要基石。

第二章

先秦至五代时期处州家风

诚如西汉晁错所言，"务民于农桑，薄赋敛，广蓄积，以实仓廪"，历代认为富民当以农桑为本，而社会安定则应节制资本以"均富"。先秦至五代时期，处州有无数家庭紧紧依靠土地，在乡村自给自足，安土重迁，世代定居乃属"常态"，迁移转徙则为"变态"，若非仕宦或是遇到生存危机，家族一般绝不肯主动迁离"父母之乡"。

先秦至五代时期的处州家风，"立爱惟亲，立敬惟长"，以儒家思想为指引，强调家庭内部需要遵循一定的秩序和规则，特别重视家庭内部的和谐。

第一节 先秦至五代时期处州家风概述

《礼记·大学》有云"正心、修身、齐家、治国、平天下",此乃儒家传统思想中最为宏大的主题确立和心胸表达。在先秦至五代时期处州家风中,一直将儒家思想作为尊崇信守的人生教律,在民间寻常百姓人家中更是将其作为默默践行的人生格言。

荀子在《荀子·荣辱》有言,"故先王案为之制礼义以分之,使有贵贱之等,长幼之差,知愚能不能之分,皆使人载其事而各得其宜"。早在先秦时期,为了限制人的自然欲望,为了满足人类社群生活的需要,为了保证社会生活的和平无争,形成了礼义制度。礼仪制度之推行,即从"家"开始。"人需要礼制是因为人性恶(感性本性、欲望本性),但人之所以能建立礼制并服从它,又是因为人有理性"①,在先秦至五代时期的处州家风中,"理性"无所不在。质而言之,家风的形成与沿承,本质上是为了满足社群生活的现实需要,而道德便成了其中极其重要的一部分。与传统伦理所倡导的"以孝为本"及"齐家"思想相适应,西汉以来的许多家训"非常强调睦亲齐家的重要性"②。慈孝关系,是长少关系的根本反映,强调父慈、子孝的道德规范。③对于长辈的道德要求而言,是对小辈的抚养、关心、爱护等慈爱之意;对于小辈的道德要求而言,则是对长辈的敬爱、顺从、侍奉等孝敬之意。唯有双方各自遵从这种道德规范,才能保持慈孝关系的稳定和谐。

家谱,是以记载父系家族世系、人物为中心的历史图籍。是由记载古代帝王诸侯世系、事迹而逐渐演变来的。先秦时期,社会上流传《周官》

---

① 陈来:《儒家文化与民族复兴》,中华书局2020年版,第169页。
② 徐少锦、陈延斌:《中国家训史》,人民出版社2011年版,第2页。
③ 张艳国编著:《家训辑览》,武汉大学出版社2007年版,第21页。

《世本》等谱学通书；秦汉以后，出现了《帝王年谱》《潜夫论·志氏姓》《风俗通·姓氏篇》等谱学著作。魏晋南北朝时，门阀制度盛行，家谱成了世族间婚姻和仕宦的主要依据。隋唐五代后，修谱之风更从官方流行于民间，以至遍及各个家族，出现了家家有谱牒、户户有家乘的现象，并且一修再修、无休无止。秦汉以来，历代君主莫不采取重租税、"困辱"商人的办法来重农抑商，在处州家风中，自然而然形成了以"耕读"为正业的观念，各个家谱在为先祖作传时有意识地选择那些耕读为业者作为仪型垂范。

当然，从商周至南北朝时期，由于政权与族权或多或少地重合，在处州各家族世系的记录和历史记忆的书写中，自有与国家命运相关的表述。郑樵编修《氏族志》时，曾述及"唐以上谱牒一用于选举，一用于婚嫁"[1]，将家谱编修与管理活动置于整个古代社会的发展中考察，不难发现家谱的所有者——家庭与政权之间的"互动"关系。隋唐以后，各宗族有意识地加强对本族历史记忆的书写与留存，在家谱中，不仅记载世系，也记载人物行状，串联起整个家族的演变轨迹。因而，它自然成为了正史的补充，填补了官方史书在平民层面的记忆空白，这恰恰也是宋元之后人们逐渐将家谱与正史比拟的原因。

晋代袁宏尝言"有家风化导然也"，指出家风即教育引导。北周庾信《哀江南赋并序》中言"潘岳之文采，始述家风；陆机之辞赋，先陈世德"，将家风、世德作为重要题材来书写。在处州，几乎所有大家族都以"世守家风"作为第一要务。北齐颜之推《颜氏家训》，最为世人赞许，有"古今家训，以此为祖""篇篇药石，言言龟鉴"之盛誉，在处州一带广为流传。

唐代，处州家风的表达形式有了新发展，最典型的表现即在广泛采用"诗训"，以诗训育子弟虽然起源很早，但直到唐代才被普遍采用，而且对后代产生了深远的影响。唐朝处州家风在诗训上的体现，就其期盼的价值目标而言，大致有四：一是使子弟通过学技习艺，能够谋生立业；二是劝

---

① 郑樵：《通志二十略》，中华书局1995年版，第1页。

导子弟苦读诗文，科举入仕；三是穷达、进退任其自然，保身远祸；四是激励子弟、亲属投笔从戎，为国杀敌，立功受封。与此同时，唐代还出现了"家法"，即由过去的"门法""礼法"发展为采用国家法律补充的、有明确条文规定的成文家法进行教诫。处州人家的"家法"，虽然并非法学意义上用国家强制力量推行的、有明确奖惩条文的行为规范，但其已清晰指向社会与家庭的道德规范，特别注重效法先辈为人处世的准则或礼法，其间也包含父祖严格要求子孙的训诫方法。

唐时诗训与家法，各有其特点与优点：家法要求具体，可操作性强，善恶评价明确，奖惩毫不含混，运用强制手段，收效迅速，然其重效果而不重动机，故在思想情操的陶冶与人格提升方面存在不足。诗训形象生动、委婉动听、气氛温馨，重在以情动人、以物喻理、启发自觉，通过熏陶、感染，逐渐提高孩子的道德情操，然其要求模糊，说理欠佳，故虽高雅，收效较缓。①

在先秦至五代时期的处州家风中，最为注重的是"以人为本"，其间格外注重解决人和神的关系、解决人和法的问题。呈现家风的家训、家法、家规等，代表的是"制度"，因而家风中最关键的是人和法之间的关系，其实也就是人和制度之间的关系。人和法之间要以人为本，人和制度之间也要以人为本，这是古代儒家一个很重要的观念。要知道，人的思想、善的力量不能代替行政的力量，可是制度本身并没有实践能力，所以人和制度两方面要结合起来，结合的模式就是"以人为本"。因此，在先秦至五代时期的处州家风中，不仅仅强调自我发展、重视个人利益，而且更强调在人际关系中、在人文关系中所存在的"人"。

最为重要的是，自先秦至五代时期，处州家风文化的内涵虽以儒家文化为主体，但其他文化内涵"或勃兴一时，或渗透其间，或交互影响而互相吸纳"②，处州家风呈现出一种以儒为主、多元开放的文化态势，亦为后世优秀家风的发展提供了源泉。自唐代以后，"耕读传家"被人们视为

---

① 徐少锦、陈延斌：《中国家训史》，人民出版社2011年版，第378页。
② 张艳国编著：《家训辑览》，武汉大学出版社2007年版，前言，第6页。

"最理想的遗惠后世的家风"①，不但农家如此，读书官僚之家亦如此。耕读并重，进可以科举出仕以求发展，退可以务农为生保家远祸，确实是一种极为稳妥的处世之道，而且"耕读传家"之家风教会子弟如何做人、培养他们注重人格修养与崇本务实的品性。

---

① 王俊编著：《中国古代家风》，中国商业出版社2017年版，第6页。

第二节　龙泉杨氏家风（杨震）

在龙泉市住龙镇碧龙村，有杨氏一族，系东汉名臣杨震后裔一个支系，历承"清白传家"之风。

清嘉庆年间，杨氏族人自福建连城杨家畈迁居浙江龙泉碧龙，并建造宅院。杨家大屋占地2700平方米，共分三进，第一进为门厅，第二进为正厅名"四知堂"，第三进名"缵德堂"，宅院两侧均设隔板住房。①

龙泉市住龙镇碧龙村杨家大屋

杨震（51-124），字伯起，弘农华阴（今陕西省华阴市）人，是东汉中期著名学者，被世人誉为"关西夫子"。

杨震少年好学，明经博览，无不穷究。20岁上，自费设塾授徒，培育人才。杨震教学坚持"有教无类，不分贫富"的原则，秉承"清白正直，

---

① 本节有关龙泉杨氏家风内容参考李倩、邬必锋：《龙泉住龙镇碧龙村杨氏：铭记"四知"风范 传承清白家风》，载丽水市纪委机关、丽水市委宣传部、丽水市档案局编：《丽水好家风》，线装书局2018年版，第169-175页。

身教为先"的方法,不仅给学生传授书本知识,还教学生自立自强的做人道理,并且以身作则。有一回,学生们见杨震既要讲学又要种田,就偷偷来到田里帮忙以减轻其辛苦。杨震发现后,径直拔掉学生所种的禾苗并重新播种,同时教导学生:"勤劳清白的秉性要靠一点一滴的小事养成,切记不贪一粒米才会拒千金。"在杨震看来,如果一个人习惯了接受他人的"小帮助",此后就有可能接受别人的"大帮助",就会养成懒惰和贪欲。

杨震出仕为官后,其"暮夜却金"的故事被广为传颂。杨震赴任东莱郡太守,途经昌邑县,其学生王密正巧在昌邑为官。当天夜里,王密前往馆驿拜见杨震,见室内无他人,便从怀里取出黄金十斤相赠。杨震坚决不接收,并语重心长地对王密说:"我知君,君何不知我?"王密认为"暮夜之中无人知晓"劝杨震接收,杨震正色道:"天知、地知、我知、你知,怎能说无人知晓呢?"王密羞愧而去。因此,杨震又被称为"四知先生"或"四知太守"。

当杨氏族人在碧龙村建筑宅院时,置正厅名曰"四知堂",其木质屏风上悬杨震画像,屏风两侧立柱上贴着楹联"清白传家为上策,四知处事是良图",字里行间彰显着碧龙杨氏对祖先因刚正不阿、自律廉洁而流芳百世的无限尊崇。

龙泉市住龙镇碧龙村杨家大屋中的"四知堂"

杨震家风之核心，旨在要求子孙廉正、清白、除奸、去恶。正是在杨震"四知"精神的深刻影响下，杨氏后代始终坚守清廉奉献之风。

在烽火连天的革命战争年代，在碧龙村杨家大屋的"四知堂"内，诞生了浙西南革命根据地的指挥心脏——中共龙（泉）遂（昌）县委。粟裕、刘英率领红军挺进师在此驻扎，许多杨氏后人纷纷投身革命，有10人为革命献出了宝贵的生命。

据党史资料记述，共产党领导的浙南游击战争在浙西南一带开展得如火如荼。1941年，国民党军队包围了碧龙村。敌人将矛头指向了碧龙村党组织领导者、游击队队长杨达鋈，他们将杨家大屋内的男女老少关起来，并计划烧掉杨家大屋，逼迫杨达鋈现身。杨达鋈得知消息，毅然挺身而出，决定用自己的生命换取杨氏族人的自由。12月，杨达鋈在福建浦城高溪村英勇就义。

1942年，国民党反动派为了打探浙闽边境共产党领导人张麒麟下落，将碧龙村党员杨天保、杨金贵、杨天佑等10人拘捕。面对敌人的枪口，杨天保等10位党员视死如归、毫不畏惧。敌人无可奈何下了"催死令"，指着其中的杨天保、杨金贵，威胁先杀他们两个。当刑令掷地，一切静如死水，只见杨天保从容地掏出3块银圆，让杨天佑代他转交最后一次党费，而后慷慨赴义。

碧龙村"四知堂"的典故，不仅是杨氏的祖训，也是人们学习的楷模。在杨氏族人中，"拒收红包"的事例代不乏人。杨震及其后人在清正廉洁方面的诸种表现，成了当今廉洁教育的好教材。碧龙村杨家大屋已成为龙泉市廉政教育示范基地。

南宋吕本中《童蒙训》有言，"当官之法唯有三事，曰清，曰慎，曰勤，知此三者，则知所以持身矣。知此三者，可以保禄位，可以远耻辱，可以得上之知，可以得下之援"。清、慎、勤，确是值得遵循的为官之道，尤其临财不能自克，以及自以为未必败露的侥幸心理，危害极大。由于为官不清廉容易导致诸多不良结果，而且造成的损害难以补救，不如当初不这样做为好。此说与杨震"四知"之理，有异曲同工之妙。

　　杨震为后人留下的清白、自律的家风，对杨氏子孙立身、处事、持家、治国作了全面的规范和教诲。时至今日，在社会发展洪流中，杨氏清正廉洁、严格自律的好家风，仍然是值得进一步弘扬传承的精神财富。

第三节　松阳叶氏家风（叶俭）

松阳县三都乡酉田村，世代聚居着叶氏一族，系出卯山，派分桐溪①。

松阳县三都乡酉田村

据《酉田叶氏宗谱》记载，叶氏始祖叶俭，于晋建武年间迁居松阳卯山，后世子孙叶崇于明嘉靖四十三年（1564）在酉田创业置产安居。酉田叶氏一世祖叶崇，讳三，字达德，乃桐溪始祖叶经之15世孙。②松阳酉田叶氏，有族规家训八条，依次为"父子之训""兄弟之训""夫妇之训""朋友之训""妯娌之训""安分之训""务本之训""勤俭之训"。

酉田叶氏以悬壶济世而扬名，叶氏数代曾获赠匾额10余块，如今尚存4块。从清同治四年（1865）宣平邑宰旺荣题赠"术继天士"，清光绪

---

① 王永球编著：《松阳祠堂志》，中国文史出版社2019年版，第11页。
② 王永球编著：《松阳祠堂志》，中国文史出版社2019年版，第11页。

丙午年（1906）松阳县知事吕耀钤题赠"著手成春"等美誉中，可遥想叶氏家族世代救死扶伤、妙手回春的尘封往事。①

清光绪年间匾额"著手成春"

据《松阳县志》记载，叶起鸿（1810-?），号秀亭，三都乡酉田村人。15岁，正是许多读书人埋头苦读的年龄，尽管家境贫寒，叶起鸿的父亲还是倾其所有将儿子送入私塾。在先生悉心教导下，叶起鸿熟读四书五经，出口成章，小小年纪就享誉乡邻。照此发展态势，叶起鸿通过科举获取功名似乎是一件顺理成章的事情，然而，一个叫詹忠的医生改变了叶起鸿一生的命运。当时叶起鸿的一个邻居得了恶疾，詹忠到酉田为之医治，药到病除。目睹了詹忠神奇的医术，叶起鸿深受震动，于是立志要做像詹忠一样的名医，拯救天下苍生。詹忠见叶起鸿聪敏过人，便收其为弟子。

诚如明代汤显祖给其儿子的《智志咏》诗云，"有志方有智，有智方有志。惰士鲜明体，昏人无出意。兼兹庶其立，缺之安所诣。珍重少年人，努力天下事"，一个人的"志"与"智"是相辅相成的。但凡怠惰、昏庸之人，很少有识大体、能创新的。只有兼具志与智这两种品质者，才

---

① 本节有关松阳叶氏家风内容参考王秋蕊：《松阳三都乡酉田村叶氏：不为良相济世，当为良医济人》，载丽水市纪委机关、丽水市委宣传部、丽水市档案局编：《丽水好家风》，线装书局2018年版，第75-81页。

能成就事业。叶起鸿立定志向,成为一个"名医",于是就朝着这个目标奋勇向前。诚如清人汪辉祖《双节堂庸训》所言,"做人如行路,然举步一错,便归正不易。必先有定志,始有定力",叶起鸿对于行医,是铁了心的。

面对叶起鸿的执意与坚定,他的父亲也只好应允。自从拜在名医詹忠门下之后,叶起鸿勤奋好学,采药、碾药、诊脉、针灸、开方,样样精到,深得詹忠喜爱,因而詹忠将毕生所学倾囊相授。20岁那年,叶起鸿另起门户,开业行医,医术高明,药到病除,尤其擅长妇科术,于是一个个救死扶伤的故事在乡间流传开来。

叶起鸿奔走于乡间之间,用一双慧眼辨别病根,用一双巧手开方抓药,很快就名声大噪,莲都、宣平(今分属丽水、武义)、云和等县上门求医者络绎不绝。久而久之,人们都尊称他为"酉田先生"。当时流传着一句广为人知的俗语"松阳有名医二个半,秀亭坛头半远和",其中"秀亭"指的就是叶起鸿。

清嘉庆年间至今,在叶起鸿的影响下,叶氏族人读书明志、从医救人,传承了"不为良相济世,当为良医济人"的好家风,书写着一门六代行医的杏林佳话。

在父亲叶起鸿的熏陶下,叶书田深得医学真传,25岁开始行医,悬壶未久,远近皆知。当时松阳县知事吕耀钤的妻子久病未愈,遍请上海、杭州等地名医前来医治也未能治愈,后来请了叶书田前往诊治,果然药到病除。吕耀钤感激不尽,题赠"著手生春"匾额,并赠联"鹤发童颜延年有术,采芝种芍良相同功",足见叶书田医术高明。

叶书田后来将毕生所学传给儿子叶琼瑶、叶琼玖,两子均为松阳名医。特别是叶琼瑶,天性聪颖,17岁就尽得父亲之学,18岁开始行医,不久便医名大噪。除松阳、宣平、云和等县外,在遂昌亦治愈甚众。宣平县宰徐士赢患疑难病得其治好,书赠"秘囊传家"四字。松阳知事张纲,其妻患绝症,也得其治愈,赠"功同良相"四字。

由于叶琼瑶年仅48岁就不幸离世,年近八旬的叶书田不辞辛苦亲自教导幼孙叶秋元。叶秋元不负祖父期望,刻苦用功,17岁就悬壶济世,对

伤寒、温病、内外、妇儿均有研究，尤精伤寒及儿科麻疹。1958年，叶秋元在浙江省中医进修学校学习期间，曾组织同学赴海宁防治麻疹，其医术深受同行欣赏。

叶秋元的儿子叶益丰，年轻时开始从医，曾在松阳古市医院等地工作，多年来教育培训中医药人员千余名，学生遍布松阳、遂昌两县各医疗单位。

从叶起鸿开始，叶书田、叶琼瑶、叶琼玖、叶梦熊、叶秋元、叶益丰等十余位后人均为名医。叶氏六代，10余人从医，悬壶济世家风，已然深入到叶氏家族血液之中，流淌在酉田叶氏后人身上。他们医术高超、医德高尚，深受乡人的信任和爱戴。他们诊病不分昼夜，随叫随到，风雨无阻，彰显仁心仁术，着实为人称道。

第四节　龙泉叶氏家风（叶仁训）

龙泉市小梅镇黄南村，有叶氏一族，"耕读报国"家风亘古流传，成为叶氏家族永不褪色的记忆。

黄南村位于梅溪流域，相传先秦时期就有人类在此流域聚居。叶氏祖先最早来龙泉开基可追溯到唐代。

据《叶氏宗谱》记载，"南阳叶氏，广荫四方，训公始祖，黄南开创"，黄南村始祖叶仁训，为河南南阳郡叶氏始祖诸梁公的第54世孙。叶仁训信奉"读可荣身，耕可致富"，教育子孙重耕重教，成为俗尚，使黄南耕读文化积淀至深。由于仁训公言传身教，龙泉历代叶氏族人诗书不止，劳作耕种之余勤于向村民传授儒家文化，兴办私塾学堂。① 从那时起，一缕书香，漂浮于灵秀的龙泉山水间，历久弥香。村内叶氏宗祠，始建于南宋末年，重建于清光绪庚子年（1900），祠内悬有"耕读报国"四字家训匾额。

近千年来，叶氏子孙人才辈出。其中特别值得一提的是叶适。

叶适（1150-1223），字正则，原籍龙泉，出生于瑞安，晚年定居永嘉城外（今温州）水心村著书讲学，世称"水心先生"，因其创立"事功"学说，与朱熹、陆九渊并称为"宋代三大家"。宋淳熙五年（1178）举进士第二，历仕京外，曾为兵部侍郎、吏部侍郎、太常博士、宝文阁学士等。叶适是永嘉学派的集大成者，是南宋时期著名的唯物主义思想家、政治家、文学家，著作甚丰，主要有《水心文集》《水心别集》《习学记言序目》等。

---

① 本节有关龙泉叶氏家风内容参考李倩、刘渊：《龙泉小梅镇黄南村叶氏：耕读传家久，诗书继世长》，载丽水市纪委机关、丽水市委宣传部、丽水市档案局编：《丽水好家风》，线装书局2018年版，第226-231页。

据记载，叶适出身于三世贫穷的知识分子家庭。其父叶光祖以教书为业，其母杜氏则织粗布以贴补家用。尽管家境清贫，叶适自幼勤读经书。童年时，叶适的邻居林仲章聘请陈傅良为家学教师，于是他也经常借机向陈傅良问学。由于家庭贫穷，叶适16岁时就到乐清县白石北山学塾执教，谋求生活。当时，他一面通过教书谋求衣食之资，一面继续发奋读书、进修学问。叶适18岁时，前往婺州（今浙江省金华市）游学。诚如本尼迪克特·安德森所言"祖国之爱（amore patriae）和永远带有温柔的想象成分的其他情感并无不同"[①]，叶适的一生具有强烈的爱国思想，当南宋江山遭受夷狄女真族侵犯时，他主张抗击、收复故土。同时，他揭露宋代政治、经济、军事等制度的弊端，深入系统地提出系列改革措施。当开禧北伐失败后，国家处于生死存亡的关键时刻，叶适毅然受命，带病出征，组织兵民抗击金兵，为收复失地立下不朽功勋。

若说龙泉叶氏的"耕读"来源于祖辈的历代相传，那么至今源源不断、广泛影响的内力，则离不开致力于传颂"耕读"精神的人们。在叶氏祖上家训的基础上，叶适等叶氏后人对家训作了深化，除了核心内容"耕读报国"之外，还有孝顺父母、和睦乡邻、兴办教育、修桥铺路、多做善事等，告诫叶氏子孙"务农者，须勤耕勤种；经商者，须诚实努力；为政者，须勤政为民"，其与周围的人与环境和谐共存的思想体现无遗。累世相传，形成了"十条家规"，即"尊朝廷""敦孝悌""务正业""守国法""戒非为""教子孙""敬师长""崇节俭""乐善事""和乡邻"。

其实，古代耕读报国、施行善事之人，并非为了谋求好名声，更不是为了做给别人看，而是发自于内心的意愿。叶氏族人不仅有清高脱俗的情趣与崇尚隐逸的精神，更有爱憎分明的爱国主义情怀，这与叶氏"耕读报国"家训的耳濡目染不无关系。

在黄南叶氏族人的心中，宗祠里"耕读报国"四字就是他们家最好的家训，村民们常常会到宗祠里走一走、看一看。在黄南的村民看来，作为农民，耕地能养活自己，若能通过勤劳耕作积累些许财富，就一定要让子孙有书可读，让子孙可以走出山村，为国家发展建功立业。在叶氏族人心里，做人忠诚老实，忠于家训劝诫，做好力所能及的事，就是最大的"本分"。的确，"生死有命，富贵在天"，从事那些理所当为、力所能及的事情，值得自己去尽最大努力。叶氏家风，浅出深入，好懂易记。

"耕"是勤劳，"读"是学习。龙泉叶氏的家风文化，对叶氏后人的影响意义重大。叶氏后人一方面重视勤劳耕作，一方面注重培养读书兴趣，力求做到腹有诗书、勤读善思。时至今日，散布全国的叶氏后人，有许多人成为各自岗位的精英。《龙泉叶氏总谱》一书，不仅记载了龙泉叶氏的流源、迁徙、繁衍、发展，更是一部中华姓氏文化的工具书，其间言及龙泉叶氏始终重视学习教育。

走进黄南村，叶氏族人谈及叶氏过去的故事和传说，总会流露出无限骄傲和自豪。在叶氏族人看来，叶氏耕读传家的传统，在潜移默化中，让叶氏族人展现了一种勤奋努力的精神和积极向上的意识。

对于叶氏族人而言，"耕读报国"，是无言的教育，是无声的课堂，更是一种无形的力量，伴随叶氏族人成长，不仅促进了家庭和睦，也为推动社会进步发挥着不可小觑的作用。

第五节　龙泉管氏家风（管福）

在龙泉城东后甸村，村人大多姓管。管氏一族贤人名士甚多，名声远扬。

龙泉管氏，为齐相管子支系，管公明后裔，祖先原居平昌郡（今山东潍坊），后居池阳（今陕西泾阳）。①

先祖管子，名夷吾，字仲，春秋齐国宰相，我国古代杰出的政治家、军事家、思想家、经济学家和改革家，被梁启超誉为"中国之最大的政治家""学术思想界一巨人"。其《管子》一书的生态医学观成为传统中医的主要思维模式，其"精气论"也是中国"内圣外王"哲学理论的真正源头，管子其人其事对后世影响深远。

龙泉管氏始祖管福（辐），自池阳迁至南京，于唐昭宗年间（889-903）任建康（今南京）刺史，约于唐天祐元年（904）迁居龙泉，初居白云岩，后居白水烊、城内，卒于后唐长兴三年（932），安葬在龙泉石马岗，后代子孙尊称他"石马府君"。

管福（辐）之子管伸，时任吴越威胜军节度使，于宋朝时受封为黄鹤将。管伸生15子1女，人丁兴旺，家境优裕，后子孙分别居住于龙泉黄鹤镇（龙泉县城，古称黄鹤镇）宫头、郑公垟（今佳韵花园）、甸川（今后甸）。后有两支分别迁大窑、道太居住；还有的陆续迁至江西临川、山东高密等地任职或居住。

龙泉管氏一向重视文化教育，宋初就在龙泉白云岩建有学堂，名曰"白云书院"，并延师授教，精心培养子弟成才。管福（辐）第6世孙管师

---

① 本节有关龙泉管氏家风内容参考李倩、邬必锋：《龙泉龙渊街道后甸村管氏：崇学忠廉，古今传承》，载丽水市纪委机关、丽水市委宣传部、丽水市档案局编：《丽水好家风》，线装书局2018年版，第252-258页。

仁、师复、师常、师滂、师渐、师厚等在白云书院就读。截至清代，龙泉管氏共有各类仕学职官177人，其中进士24人。单在清代，有太学生7人，贡生、增广生11人，庠生37人。

管师仁（1045-1109），宋神宗熙宁间进士。多处任职，官至吏部尚书、同知枢密院事，多有善政，政绩卓著，因其勤政爱民，百姓为其立"生祠"。管师仁尽忠辅国，深得宋徽宗信任。时定州（今河北省定州市）兵寡民弱，宋徽宗调管师仁为定州安抚使，管师仁到任精选士卒、加固城墙、修缮器械、储备粮草，金、辽大为惊愕，遂放弃为西夏请求割地之念，更不敢贸然侵扰。宋徽宗手书褒奖"有臣如斯，朕复何忧"，召管师仁为刑部尚书、吏部尚书，后升迁同知枢密院事（副宰相），朝廷在授职文书中有"智周事物，学洞古今，有猷有为，允文允武，甲兵不试，边境安宁，入为天宫，益隆时誉"等褒词。

关于管师仁，还流传一个"师仁让地"的故事。一天，侄儿来信向其诉说在龙泉城内与邻居争墙基之事。管师仁看后复信，只写了一首诗："千里家书只为墙，让他七尺又何妨？远亲不如近邻好，贤良方正天地宽。"其侄阅后羞愧难当，按照管师仁的意思，让出七尺给邻居。后来邻居感念管家恩德，利用七尺地基修建成巷弄，并在巷口建"贤良坊"。至今传为佳话。

管师复，宋教育家陈襄门人，陈襄讲学于仙居，管师复为都讲（主讲）。宋神宗听闻管师复之名，召管师复进京，宋神宗问："卿诗所得如何？"管师复答曰："满坞白云耕不破，一潭明月钓无痕。"宋神宗赞其才，赐官，管师复不受，辞归故里，隐居白云岩。

管师仁之孙管鉴官拜广东提刑，知广东经略安抚使。管鉴是宋代一大词家，其词作收入《唐宋名贤百家》《永乐大典》《全宋词》，其著有《养拙堂词》1卷，有68阕词。

管氏一族，还有管谌，三迁至大理少卿；管锐、管钧等为官清正，深受百姓爱戴。

管氏家风，代代传承，历久不衰。

后甸村《管氏宗谱》有五则遗训，其前言记述："昔朱子作小学一书，

嘉言舆懿行并列，诚以言教，无异身教也。况祖宗遗训，子孙其忍轻掷之乎？故虽只义单词，其所以惓惓然，望我后人者，至深且远。兹特录先人手迹五则，登之于谱，以俟后嗣者，见其词、玩其旨焉。"遗训分别从"稼穑""勤读""忠臣""孝子""节妇"五方面进行了规范，稼穑即重视农业生产，丰衣足食，发家致富；勤读即发奋读书学习，成就功名，光宗耀祖；忠臣即忠于国家，为国效力；孝子即孝敬父母，尊敬长辈；节妇即保持贞节，具贤妻良母之品德。

管氏不仅有祖训，更有良好的家学家教渊源，这对管氏子孙无不起到润物无声、潜移默化的效果和作用。民国时期，管凤谐极其重视家庭教育，不仅教育自家子孙，还把3个外甥接到自家接受启蒙教育。管凤谐家里书声琅琅，村邻羡慕不已。后来，3个外甥相继考上了清华大学，至今仍传为佳话。

管氏家族除了浓郁的崇文重教之学风外，还有清廉之风，管氏族人中从事政务工作者既忠于职守、清正廉明，又勤奋好学、笔耕不辍，在政界有口皆碑，可谓"清廉、好学"的模范。是否清廉自守是考验一个官员德行高洁与否的重要原则，也是衡量一个官员是否顺民心、合民意的重要原则，自古而今，莫不如是。

在新的历史时期，龙泉管氏对家训作了修订，赋予传统家训以新的内涵，其主要内容包括"忠诚守信""讲究孝道""兄弟团结""姒娌和睦""管教子女""崇尚读书""勤耕诚商""严于修身"等8个方面。在后甸村，每年清明节，管氏族人齐聚管氏祠堂礼敬祖宗、不忘祖本，并诵读家训、教化子孙、弘扬文化。

在龙泉史称"云坞古村"的下樟村，宋时，管师复隐居于村后白云崖，广种樟树以驱毒虫。下樟村四周层峦叠嶂、白云缭绕，犹如人间仙境。村中留存明清时期古民居甚多，尽管雀替、飞椽、格窗灵动繁复，却不见大户的奢靡铺张，似乎也有管氏严于修身的风韵。

在新的发展背景下，后甸和下樟从传统走向现代，管氏族人自过去延续下来的耕读家风，依然把这一方土地照亮，让人们始终心怀美好。

第六节 松阳高氏家风（高鑑）

松阳县象溪镇象溪一村，有高氏一族。"崇学尚德、有为乃大"的家风家训，深深地烙在高氏族人心中。

松阳县象溪镇象溪一村牌坊

据《象溪高氏宗谱》之《高氏先祖谱牒源流》记述，"按我鼻祖，初出于齐姜太公之后，圣门弟子高子羔之裔。二十八传至北魏中书令高允府君，乃迁祖侍郎公靖一府君孝基之派。生子冯，唐贞观时拜监察御史，守浙东，建业于钱塘之东峰，夫人魏氏，生三子，俱中高科。长曰鏮，长寿时拜黄门侍郎；次曰钺，经历中进士，转升翰林院正言；三曰鑑，神龙中进士，左春坊右庶子，寻升翰林学士。兄弟俱居清烈，俭素立身"，"宁三府子讳温，读书好学，尚义不仕，游行山水，大历间客于浙江之金华……

温公舟游至松阳,东流四十里,见其群峰后护,清溪前环,四顾盘桓,十分欣慕,遂名曰'象溪',筑室于兹而建业焉。膏腴散溢,田土毗连,财帛山积,时人称曰'高万石'",高温"聚孙氏,生四子:槐、枬、桧、榆,四子各生五子,分二十大房"①。又据《松阳祠堂志》记述,象溪高氏始迁社高温(758-805),行桂三,字原一,国子监太学生,于唐大历年间(766-779)筑室于象溪而建业。②时至今日,象溪一村村民多为高鑑后代,全村共有700余人,85%以上的村民姓高。

象溪高氏家族在发展过程中,形成了以"孝悌忠信礼义廉耻"为核心要义的高氏家训"八要歌":"一要孝,父克慈,子克肖;二要悌,兄要恭,长要事;三要忠,事上敬,待人公;四要信,言要实,心要正;五要礼,说伦常,讲道理;六要义,但论情,不论势;七要廉,用度省,取舍严;八要耻,莫咎人,只怨己。"

中国传统社会所弘扬的理想人格是"修身、齐家、治国平天下"。修身是基础,是对自己进行的人格锤炼;齐家是手段,是学会管理社会的途径和渠道;而治国平天下,即为政才是最终目的。因此,与修身齐家相连贯的为政问题,是古代圣贤教育子女的重要内容。高氏家训"八要歌",不仅载录于象溪《高氏宗谱》,而且在朱熹讲学旧地、村中主街、高氏宗祠门口墙上等显要位置予以呈现。高氏"八要歌",时刻提醒高氏后代不忘祖训、尊崇祖德。高氏子孙将家训牢记于心,时刻提醒自己要始终秉持正直的性格、培养高尚的情操。

象溪一村里的高氏宗祠,为松阳县规模最大的祠堂之一,高大气派。祠堂正门有两长两短4根石柱支撑着门廊,祠堂内有12根用石头打造的柱子,分别为4根方柱、8根圆柱,象征着"天圆地方"。宗祠内有楹联"诗曰思无邪,礼云乐象德",以《诗经》《礼记》为题材,教育警示后人做人要始终保持正派的思想,不可有邪恶之心;持家育人要培养高尚的道德修养。高氏宗祠内还有其他楹联如"裔出虎林祠象显现布馨香绵祖泽,地口

---

① 李伟春编著:《松阳百姓源流序集》,中国文史出版社2019年版,第283页。
② 王永球编著:《松阳祠堂志》,中国文史出版社2019年版,第333页。

龙蟠村豹隐居朝耕读守家风""由唐宋迄今宗祧延昌逾千载，自蒋杭至此先人卜吉已三迁""渤海共分支肇锡天潢原有自，广陵独封郡缅怀祖德慎无间""山对双峰水环半壁，富称万石贵甲一乡""门对离峰攒秀气，祠居坎位发文昌""永言孝思绳其祖武，大启尔宇贻厥孙谋"等。高氏宗祠，既是象溪高氏子孙尊祖敬宗之地，也是高氏传承祖德家训、教育点化后人之所。

松阳县象溪镇象溪一村高氏家训

崇学尚德，是象溪高氏家风传承的精髓。高氏在象溪垦荒立业，耕读并行，世代相延。在"崇学尚德"家风影响下，象溪高氏子孙传承了正派的思想、高尚的道德和温润的性格。自后梁直至明清，象溪出了许多卓尔不群的良才，如后梁乾化二年（912）进士高浩、明初武陵县知县高祖谅、清顺治二年（1645）福建延平府通判高可汲、光绪二十四年（1898）进士高焕然等。单在清朝后期，中秀才者就有高良培、高益飞、高良祺、高良春等17人，"秀才村"的美誉实至名归。据统计，象溪高氏先后出过3位进士、5位举人和85位秀才，可谓人才辈出。①

① 本节有关松阳高氏内容参考蓝俦、徐期辰：《松阳县象溪镇象溪一村高氏：崇学尚德有为乃大》，载丽水市纪委机关、丽水市委宣传部、丽水市档案局编：《丽水好家风》，线装书局2018年版，第265-271页。

在象溪高氏众多人才中，以高焕然最为有名。高焕然17岁时考中贡生头名，光绪乙酉年（1885）拔贡，光绪丁酉年（1897）乡试中举人，后入选拔贡，次年进京会试，联捷进士，是光绪戊戌年（1898）进士第三十六名，曾官至福建钦州知府，官正四品。因为看不惯清朝后期朝廷腐败，高焕然毅然辞官回乡，留下了"官可不做，人不可不为"的家训。回乡后，高焕然积极创办学校、致力于劝学，并主持编纂了《松阳县志》，被评为松阳县十大历史名人之一。

自古以来，许多仁人志士都十分注重自己的名节和操守，但为了升迁富贵而成为猥琐之辈者亦不在少数。诚如明代高攀龙《高子遗书节钞》所言，"吾人立身天地间，只思量做得一个人，是第一义，余事都没要紧……以孝悌为本，以忠信为主，以廉洁为先，以诚实为要。临事让人一步，自有余地；临财放宽一分，自有余味。善须是积，今日积，明日积，积小便大。一念之差，一言之差，一事之差，有因而丧身亡家者，岂不可畏也"，做人是处世第一重要的事，而孝悌、忠信、廉洁、诚实，又是做人之本。面对混杂的政事，高焕然不愿意同流合污，足见其气节之可贵。

高焕然谨遵象溪高家祖训，为人正直、家规甚严，对下一代的教育和管教也十分严格，在他的教育和影响下，高氏一族把"做人"和"有为"放在首位。据家谱记载，高焕然的弟弟高斐然读书时特别勤勉，为官时又十分清廉，"历官数载，两袖清风。每至一邑，仅携一仆，徒步单车，门生除束脩外，凡有私馈概却不受，人皆以廉俭称之"，成为高氏子孙崇学向善的典范。清代朱柏庐《治家格言》中言，"读书志在圣贤，为官心存君国"，读书应该立志成为圣贤，做官应该忠君报国。南宋赵鼎《戒子勤廉》中言，"凡在仕宦，以廉勤为本。人之才性各有短长，固难勉强。唯廉勤二字人人可至。廉勤，祈以处己；和顺，所以接物。与人和则可以安身，可以远害矣"，但凡做官之人，务以廉洁、勤政为根本。高焕然、高斐然等人正好体现了象溪高氏为人处世的观念，有许多可取之处。

在历史发展的洪流中，象溪高氏始终恪守高尚的道德情操，在战火纷飞的年代，不惧艰难，甘愿抛头颅、洒热血，誓死守卫家园。20世纪30年代，高氏有一对叔侄，是中国第一代飞行员，先后为国捐躯。叔叔名叫高自元，1935年夏，以优异的学业成绩和高超的飞行技术毕业于中央航空学校第四期，驾驶飞机技术精湛。他驾驶的飞机能在山顶松树的夹缝中侧身穿过，当时国外进口的飞机，全部由他试机。1936年农历九月初三，在江西省南昌机场上空，高自元在对意大利进口战机进行试飞时，战机气缸突发爆炸，壮烈殉国，年仅24岁。侄子名叫高威廉，1934年，考入中央航空学校学习轰炸机驾驶，七七事变时，向当局请缨杀敌，奉派前线轰击敌方军舰，屡建殊绩。1938年7月19日，高威廉奉命从武汉出发至湖口轰炸日军敌舰，完成任务后飞返武汉上空，遇敌军轰炸，高威廉乘第四机奋起应战，由于后援不继、众寡悬殊，油箱被敌军射中导致机身着火，眼看飞机即将爆炸，高威廉将飞机撞向日军敌机，壮烈牺牲，年仅23岁。唐代令狐德棻《周书·王轨列传》有言，"忠义之节，不可亏违"，对于忠、义的节操，不能违背。一寸山河一寸血，每一个为国牺牲者都永垂不朽。高自元、高威廉叔侄两人也成为象溪高氏尊崇祖德、践行忠义的典范，他们的英勇壮举可歌可泣。

在高氏世代祖先的身体力行、谆谆教诲之下，"思无邪、乐象德"已经成为象溪一村高氏子孙的思想共识和行动自觉。

第七节　缙云沈氏家风（沈仁寿）

缙云壶镇，有沈氏一族，耕读成风。

"桥踏漳溪亲树去，寺呼圣兽过山来"，壶镇沈宅村的美，是出了名的。沈宅村地势平坦，东西两面有龙山、狮山环抱，清澈见底的漳溪贯村而过，溪岸边的柳树大可合抱，青葱茂盛，簇拥着新旧民居。村头有古樟枝繁叶茂，古桥如"半月横天，七星映斗"，古树、古桥相映成趣，景致甚美，为沈宅十景之最。①

沈宅村人以沈姓居多。沈姓出自姬姓，以国为姓，是黄帝的后裔。沈本是上古国名，最早是夏禹子孙的封国。周初，武王死后，年幼的成王即位，周公旦（文王第4子）摄政。三监不服，与武庚（商纣王之子）勾结，联合东方夷族反叛，后被周公旦所灭。季载（文王第10子）因平叛有功，被周公举荐为周天子的司空，后成王将其叔叔季载封于沈国。春秋时，沈国为蔡国所灭，季载之后子逞逃奔楚国，其后子孙遂以原国名命姓，称沈氏。

据史料记述，沈氏先祖公沈仁寿系南朝名相沈约之后裔，原东岗下村之沈氏一族在唐、五代、宋、元期间出过进士10人，且在唐代曾出现"六世蝉联进士"的盛况，是处州一带名闻遐迩的"进士村"。明代又出了一位"从一品镇国大将军"。

沈约（441-513），字休文，自幼孤贫流离、笃志好学、博通群籍、擅长诗文，南朝梁著名文学家、史学家，著有《宋书》《沈隐侯集》辑本二卷，又曾著《四声谱》《齐纪》等。沈约是齐梁时期文坛领袖，学问渊博，精通音律，与周颙等创"四声八病"之说，要求以平、上、去、入四声相

---

① 本节有关缙云沈氏家风内容参考吕丰平：《壶镇沈宅村！蔚然一派原生态的乡居生活美图！》，缙云优生活：https://www.sohu.com/a/233533246_99972120，2018-05-31。

互调节的方法应用于诗文，为当时韵文创作开辟了新境界。其诗注重声律、对仗，时号"永明体"，是从比较自由的古体诗走向格律严整的近体诗的一个重要过渡。

据史料记述，唐会昌年间（841-846），吴兴武康沈仁寿公在永嘉任县尹，任满返里经缙云，见缙云山水瑰丽、环境优美，遂居东岗下建沈氏庄园。至元末明初，因统治者无道，加之战乱频仍、民不聊生，沈氏祖先四处避难，分迁沈宅、荆坑、小古、川石、板堰等地。待世乱稍平后，沈氏重返故里，在龙蟠狮踞的云岩山下居住，取名"沈宅村"。

在清咸丰辛酉年（1861），沈宅村横遭流寇入侵，幸赖沈氏祖宗倾囊外购粮米接济族人，使幸存者度过艰难岁月。而后族人发奋图强、辛勤耕作、重建家园。为了旱涝保收、多产粮食，沈氏族人在漳溪水中筑起数个拦水坝并开堰渠引水灌溉农田，其中建造于清光绪三年（1877）的"漳堰"，全长约2.5千米，灌溉了沈宅、姓汪田畈、观坛庙、里弄坑一带大片良田。至清末，沈宅村已拥有良田800余亩、山地3000余亩、村庄面积80余亩、村民300余户。

沈宅村中的古建筑曾有数百幢，多为清朝所建，因风雨摧残、年久失修而大部分倾废，从现存几个完整的马头墙、几堵断壁残垣上的精美砖雕、彩绘中，还能依稀寻找到几缕昔日的辉煌。

在革命战争年代，沈氏族人沈赛宝曾积极参加党的地下斗争工作。在20世纪80年代末，有关部门携沈氏族人赠送给革命老党员沈赛宝90岁寿诞贺联："抛家室，散资财，半挑担子，秘密革命，功绩显著，党史增辉，六十年讳莫如深，淡泊明志，谁人都敬。披荆棘，餐风露，一手绝活，艰辛创业，设计卓越，产品天成，九十载声誉日隆，百般谦逊，哪个不赞。"高度赞扬了沈赛宝一心向党、淡泊名利的高风亮节。

沈宅村自古就是礼仪之村，世代相传着沈氏家训《诫子书》："孝父母，敬长上，敦友于，正内外，和乡族，率勤俭……"时刻警醒后辈子孙要树立慈孝睦亲、勤劳节俭、遵纪守法、仁义友善、诚信为人的好风尚，如今读来仍旧朗朗上口、铮铮有力。在沈宅村，一直保持着淳朴的民风、靓丽的山水、安定的生活环境。村人自筹资金在狮山上建造了"沈约纪念

亭"，为的就是更好地弘扬沈约"为人淡泊明志，为官造福一方"的美德，以敦化后辈。

清代朱柏庐《劝言·勤俭》中言，"勤与俭，治生之道也"。勤劳与俭朴，是经营家业的要诀。不勤俭，不仅会减少收入，而且会造成浪费，祖先留下来的家风也会由此败落。沈氏族人自古勤奋耕种、刻苦读书，耕读蔚然成风，致使粮丰物阜、名贤辈出。

沈氏家风，不仅属于沈氏族人，也属于世代相续的村庄根脉与地方文化。由于村庄环境好，沈村十分宜居，生活其间的村民长寿者甚众。村中的"百岁桥"，是村民大兴慈孝乡风、自觉为振兴家乡出力的重要见证。

第三章

宋朝处州家风

　　自宋时起，各宗族有意识地加强对本族历史记忆的书写与留存，在家谱中，不仅记载世系，也记载重要人物的活动，串联起整个家族的演变轨迹。因而，它自然成为正史的补充，填补了官方史书在平民层面的记忆空白，这恰恰也是宋元之后人们逐渐将家谱与正史比拟的原因。

　　宋代处州人叶宗鲁撰《处州应星楼记》云："古栝士风彬彬，著闻东浙……大者光明俊伟，轨辙相望；小者亦代不乏才。"处州大地，人杰地灵，有身居庙堂之高官、闲居于野之俊贤，德馨学富，为数众多，名噪一时。

第一节　宋朝处州家风概述

宋代，由于官方修谱的传统禁例被打破，民间编撰家谱风气开始兴盛，处州一带各姓家谱亦日益增多。在此时期，家谱主要包括"世系图""家谱正文""附录"三部分，其中正文部分按世系图中所列各人的先后次序编定，分别介绍各人的字号、父讳、行次、时代、职官、封爵、享年、卒日、谥号、姻配等，介绍文字长者50余字，短者仅数字。

在宋代，朱熹著作《童蒙须知》《小学》《增损吕氏乡约》等流传甚广，对于处州一带而言，相关家训的流传大大促进了各姓家族对儒学价值的大众化、通俗化，而且各姓家族在学习效仿的过程中促进了少年儿童好德性的养成。换言之，朱子的家礼、家训不仅对朱子一家或朱姓人家有意义，而且在改善南宋以来的社会风气、化正人心等方面都起到了积极作用。在处州，人们常将朱子家训的内容与各自家风的践行、培育结合起来，使自家家风成为涵养个人美德和社会价值的源泉与基础。

追念祖宗之世，推崇祖宗之法，是有宋一代极其突出的历史现象。在处州，宋代以来，家族形态有所变化，但依然重视家风的传承。其"祖宗之法"是两宋数百年间历代帝王"谨当遵承，不敢逾越"的重要治理原则。张载《经学理窟·宗法篇》中言，"宗法不立，则人不知统系来处。古人亦鲜有不知来处者，宗子法废，后世尚谱牒，犹有遗风。谱牒又废，人家不知来处，无百年之家，骨肉无统，虽至亲，恩亦薄"，因此，"管摄天下人心，收宗族，厚风俗，使人不忘本，须是明谱系世族与立宗子法"[1]。的确，"宗法立，则人人各知来处"[2]，"大宗法既立不得，亦当立

---

① 张载：《张载集》，中华书局2012年版，第259页。
② 程颐、程颢：《二程集》，中华书局1981年版，第179页。

小宗法，祭自高祖以下"①。在此背景下，处州一带私家家谱的兴盛成为一种自觉，不仅是新兴士大夫阶层发思古之幽情，更是一种深层次的现实考虑与行动，其核心旨在构建一种可以长久维持的"世家"。

在宋代，家谱文本中的家训、族规等内容陆续增加。对于此，可以归因到世系的记述仅仅是划定了一个团体范围，为长远计，还需要确保这一团体荣辱与共、福祸同担的关系。家谱编修者试图以成文的训诫规定对族人开展适应社会主流思想意识、文化场域习惯的教育，使他们完成当时环境下的"成人""成功"，从而实现宗族的稳固与发展。

在宋代，处州人家贵名节、重家声，成为一种自觉遵循。重视名誉与节操、倡导良好家风、维护美好家声，是宋代处州家风的鲜明特点。虽说气节、节操问题在西汉时已受到重视，但宋以后民族矛盾与统治集团内部矛盾日益激化，身名美恶问题也就愈发突出。

由于特殊的历史原因，宋时处州家风中，爱国主义、崇尚气节教育得到了加强，这与历代相比，是最为显著的变化。除此之外，宋朝处州家风内容的变化主要体现在以下五个方面。

一、读书致仕强烈

宋时读书求仕之风达到了巅峰，这与朝廷重文轻武的国策密切相关。有宋一代，朝廷对科举取士极为重视，并将此作为选择官吏的基本途径。从北宋到南宋，尽管科举考试的具体内容和做法不断变化，但科举取士始终是基本国策。正是缘于朝廷对读书致仕的大力倡导，越发激励了处州一带家族历来崇尚望子成龙的思想，故而对家庭教育影响甚大。

明代何伦《何氏家规》中言，"欲知子弟读书之成否，不必观其气质，亦不必观其才华，先要观其敬与不敬，则一生之事，概可见矣"，"敬"与"不敬"，即态度是否端正，是判断读书是否有成就的关键。在处州，宋时家风卓著者大多为开明之士，不仅告诫子弟刻苦攻读以求功名，而且注意

---

① 黎靖德：《朱子语类》，中华书局1986年版，第2308页。

德教为先，与此同时，又并非一味地要求子弟走科举之路，还时常告诫子孙淡泊名利，无论读书致仕抑或从事农耕劳作，最为重要的就是做个"好人"。

二、仕宦家训涌现

在处州，宋时有龚原、包仁、胡纮、王元、连元等名人，他们或明经忠贤，积极参加变法运动；或刚正不阿，坚持秉公执法；或心怀天下，始终勤政为民；或驰骋疆场，立下汗马功劳；或访贫问苦，注重礼贤下士。尤以著述传世，其流风余韵，对宋及宋代以后影响深远。

名臣仕宦家训内容丰富，重点、角度不一。有的家训鸿篇巨制，既有调整封建家庭各种伦理关系的道德规范、行为准则，又有治家、处世的经验体会，还有封建大家庭居家日常礼仪，系统而全面；有的家训则是为官之道、诫子勤政勿贪、保持清廉家风的训示；有的家训主要为本族义庄、义学的设置及族人教化的具体规矩；有的家训重在家政管理；有的家训重在治生；有的家训则以诗词的独特形式对子孙进行训诲。

三、治生制用并举

宋代以前包括北宋，家风内容以道德教化为主，治生、制用方面内容很少。

自南宋以来，专门论述家庭生计的"治生"家训、管理家庭财物以节制用度的"制用"家训开始大量涌现，这是处州家风的一个新变化。例如，叶梦得之松阳后裔在家训中不仅教育子弟要重视自己的生计问题，而且要读书人做"治生"的表率。

在处州，有不少家族或家庭，将过去被人瞧不起的职业作为子弟可以选择的职业，反映了家训在择业观上的进步。治生、制用及择业观的变化，丰富了古代传统家训的内容，为传统家训的发展拓宽了天地。宋以后，论述这些问题的家训逐渐增多。

四、居家指导详尽

与宋代以前相比，宋朝家风在内容上还涉及家庭生活的诸多领域，除了教育子弟、为人处世、治家理财之外，还常给家庭成员以居家生活的系统、全面指导，其切用实用的特征格外鲜明。例如，有的对家庭成员及其亲属之间的关系分类阐述，几乎提出了调解家庭成员、亲属之间关系的所有规范；有的对制订家庭收支计划、实行丰俭适中的合理消费方式、建立秉公理财的家庭生活制度做了切实可用的训示；有的对居家生活问题的安排、指导之详细、具体、周到，着实令人叹为观止。

尽管中国的德教传统强调家长的权威，且自宋代开始封建纲常礼教更要求卑幼片面服从尊长，但在处州家风的发展中，却能看出不少开明的家长，时常强调对家长自身的行为需要给以道德规范的约束，力求做到以身作则、遵守礼法、治家公正，平等地对待家人、管理家政、教育子弟。在这些家风中，有"一种道德感"嵌于其中，使其"成为人类的一种新的约束力量"①。换言之，宋朝处州家风不只是告诫子孙后代，同时也给家长以约束和有效的监督。

五、重视家风传承

良好家风是一种强大的精神力量，对子弟在家庭生活中继承父祖的优良品德和传统起着积极而有效的约束和激励作用。宋朝时期处州的不少家族都十分强调继承家族的良好家风，对仕宦家训来说尤为如此。在宋朝处州家风中，既提倡"义"，也重视"忠"，但更推崇的是"仁恕"之道，在此时期，处州家风中，仁义、忠孝等内容精彩纷呈。

清廉，素来被文人士大夫奉为立身处世的根本。敬业，则是一个人对自己所从事职业的认真负责态度和从业敬畏之心。宋朝处州家风，清廉敬

---

① 大卫·休谟：《人性论》，关文运译，商务印书馆2016年版，第559页。

业特征极其鲜明。尤其是仕宦人家，始终做到清白廉洁，为民默默付出，心甘情愿，不图回报。在处州先民看来，"清廉奉献"的优秀家风，会使社会更加公平和谐，对于当下而言，彼时之清廉家风，对于民族繁荣昌盛，对于人民安居乐业，可谓意义重大。

第二节　遂昌龚氏家风（龚原）

遂昌云峰街道马头村，村中多为龚姓人家。村北建有"养正书院"，曾培养出大批士子人才。

《遂昌县志》记载，"宋嘉祐八年（1063），东乡马头人龚原中进士，官至兵部侍郎"[①]。龚原其人其事，最早见于《宋史》。列传第一百一十二记述，"龚原，字深之，处州遂昌人……进士高第，元丰中为国子直讲"，哲宗即位，龚原"为国子丞、太常博士……加秘阁校理，除王府记室，出为两淮转运判官"，绍圣初年，"召拜国子司业……旋兼侍讲，迁秘书少监、起居舍人，权工部侍郎……以集贤殿修撰知润州"，徽宗初，"入为秘书监，进给事中……黜知南康军，改寿州。俄用三年之制，乃复修撰，知扬州。还朝，历兵、工部二侍郎，除宝文阁待制、知庐州……夺职居和州。起为亳州，命下而卒，年六十七"，颇为详尽。

龚原自幼受到良好的家庭教育。少时曾从师王安石。王安石实行变法，整顿学校，改组太学，龚原均积极参与。任国子司业时，将王安石父子所撰的《字说》《洪范传》《论语·孟子义》等刊印传送，宣传变法维新。综观龚原从政数十年，历任中央、地方官吏，据《宋史·龚原传》记述，龚原自言"臣出使乡部，获得民间事宜"，因其来自农村，了解一些民情，有助于他不畏强权、奉忠尽职，尤其是在言台谏净之时斥贪赃、驳徇私，在太常议制之时排众议、尊人伦。龚原对王安石变法态度始终不渝，并将变法理论推向年轻一代，为"一道德，同风俗"服务。龚原从政近40年，仕途蹭蹬，历经曲折，但始终坚守节操。[②]

---

① 遂昌县志编纂委员会编：《遂昌县志》，浙江人民出版社1996年版，第12页。

② 本节有关遂昌龚氏家风内容参考余厚洪编著：《浙江文史记忆·遂昌卷》，浙江人民出版社2023年版，第86-92页。

龚原潜心经学，特别对《周易》有极深研究，撰有《周易新讲义》10卷以及《续解易义》《周易图》等，现仅存《周易新讲义》10卷，是据太学授《易》讲稿而成的教科书。治经方法上继承王安石新学传统，综合了当时一般易学观点。在序文中，阐述《周易》"变化因革，各以其时"的辩证思想，为变革祖宗之法找理论依据。卷八《系辞下》辨卦之阴阳，有君子小人之道，强调坚持统一道德规范，坚持中央集权，才是真正的君子。注解经文也重视字词训释。不仅如此，龚原研究易理，还学以躬行，在自己的道德修养、处世为人方面，处处体现适应自然变易的精神，不因个人得失进退而欣喜悲戚。

除经学著作外，龚原还有《文集》70卷、《颍川唱和集》3卷，惜已佚。在《处州府志》《遂昌县志》《昌山诗萃》中，尚存《关太守治滩记》《治滩颂》《送项道人还山》《赠王筌》《妙靖院记》《儒学记》《修圣庙记》等数篇。

龚原《治滩颂》是一首四言古诗，歌颂左朝请郎会稽人关景晖为处州太守，于元祐六年（1091）治理境内瓯江三大支流龙泉溪、松阴溪、好溪共计155处险滩以利交通的事迹。全诗形象鲜明、描绘生动、语言简练、一气呵成。

《妙靖院记》是一篇夹叙夹议的散文，写于元祐四年（1089）。文章记叙妙靖院僧奉思30余年艰苦创业的经历，记叙奉思言行、寺院巨变、自身感想，歌颂可贵的创业精神，深感事无难易、有志竟成的道理。

据明成化《处州府志》卷十一载宋时仕宦"龚原"记述，"初，邑人未知学，原笃志明经致身通显，由是翕然化之，是时周程诸先生犹凭濂洛，原以经学为世，表倡凡未，嘉先辈，以经学鸣者，渊源皆出于此。著易解等书，号武陵先生。邑人绘像立祠于学，为时名贤"。官至国子司业、工部侍郎，时称"括苍先生"。龚原是遂昌县有史记载以来"力学于耕桑之下，而自奋于韦布之中"的第一位进士。旧时"学而优则仕"，极大地鼓励了遂昌县民间耕读之风，当时有读书人视龚原为偶像，画其像供于家中，后绘像立祠于学宫，足见后人对龚原的景仰和崇拜。

龚原之后，其子龚澈曾任江宁府通判，其孙龚相曾任华亭知县，其曾

孙龚颐正仕至宗正丞。

据清光绪《处州府志》之人物志中"文苑"记述，龚氏族人"博通群书"。龚颐正的读书考据笔记《芥隐笔记》记载了不少珍贵的史料，人们把它与沈括《梦溪笔谈》、洪迈《容斋随笔》相提并论。朱熹的好朋友、绍兴年间曾任处州龙泉县主簿的韩元吉《龚敦颐芥隐诗》云："万古须弥顶，尝于芥子看。怜君作书窟，唤客筑诗坛。默识眼界净，忘忧心地宽。老来同此味，广厦任高寒。"龚颐正有文名，尤为范成大所赏。周必大称其"博通史学，娴于辞章"。

对于龚颐正的人品，时人张孝祥曾描绘其清雅脱俗之气："山泽癯儒诗中仙，独立肮脏遗拘挛。服以幽兰佩芳荃，临风高咏《离骚》篇。不知画工胡为而得其传耶？"龚颐正作为闭户著书的学者，所著大体也为当时名儒推重，因此"交荐诸朝，天子特命以官"，弘扬龚氏学术门风，以至"近世言儒门者，惟推龚氏"。

在龚原之后，龚氏族人曾有抗金事迹，足见龚氏家风卓越。

如今，遂昌还有大量的龚姓人氏居住，大多与龚原同宗。

第三节　龙泉何氏家风（何执中）

白墙黑瓦，檐廊相接，古朴静谧，龙泉兰巨乡豫章村恰似一幅水墨画。兰巨素有"宰相故里""官宦之乡"等美誉，豫章何氏家族"清廉孝节"的家风山高水长、泽润至今。

豫章村口有何氏宗祠，始建于南宋绍定元年（1228），清光绪年间重修，坐北朝南，非常气派。祠前有石人3尊、石马1尊、石狮2尊，雕刻精细，栩栩如生。祠内墙壁上醒目地张贴着何氏家训和何氏名人事迹。两宋时期，豫章何氏出了25位进士，官员多达145人，仕宦宋朝及膺封赠居栝苍者139人，科名奕叶，朱紫蝉联，俱为显贵。何氏一族有宰相、副相，多数是尚书，是宋代著名的官宦之家。[1]

龙泉市兰巨乡豫章村何氏宗祠

---

[1] 本节有关龙泉何氏家风内容参考李倩、黄俊剑：《龙泉兰巨乡豫章村何氏：崇廉家风涵养清风正气》，载丽水市纪委机关、丽水市委宣传部、丽水市档案局编：《丽水好家风》，线装书局2018年版，第162-168页。

在众多官宦之中，大名鼎鼎的北宋一品宰相何执中（1044-1117），一直被人津津乐道。千年来处州十县中，官至宰相且死后被封王的仅何执中一人。

何执中，宋神宗熙宁间进士，历知海盐县。哲宗绍圣中任王府记室、侍讲。徽宗立，超拜宝文阁待制，迁中书舍人。请禁上书邪等人入京，凡元祐党人任在京职秩者亦请皆罢遣。崇宁中拜尚书右丞，进中书门下侍郎。大观三年（1109）为左仆射兼门下侍郎，与蔡京并相。政和六年（1116），以太傅致仕。慕容彦逢代徽宗起草《赐太傅何执中辞免恩命不允诏》中云，"卿以甘盘旧学，辅相朕躬，勋德兼隆，为时元老，今兹得谢，惟优恩异礼，乃称始终，待遇之厚，廪饩之入，顾何足辞，宜体朕怀，勿复祈免"，称赞何执中政媲甘盘，政绩、德行突出。徽宗在《何执中罢相太傅致仕加恩制》中倍加褒谕："进则经邦，任陟宰司之峻；退而就第，宠升帝傅之崇。保兹名节之全，实乃初终之美。其诞扬于涣号，用褒显于宗工……咸有一德，念克底于成功。兹惟三公，用载光于得谢。拓封赋邑，加食爰畴。拥貂冠赤舄之华，从鸠杖安车之适。眷言硕望，垂训无穷……"极尽溢美之词。何执中官至北宋丞相，为官清廉、舍小家为大家的家风遗训流传至今。

《宋史》中对何执中如此评价："其在政府[①]，尝戒边吏勿事，重改作，惜人才，宽民力"，又"斥缗钱万，置义庄以赡宗族"。北宋旧党宰相、范仲淹次子、人称"布衣宰相"的范纯仁称赞他"平治邦国，缙绅庙廊，敬受一德，维持三纲，泰山功业，锦绣文章。身相两朝，化行天下真，国家之栋梁，果天地之担肩"。著名宰相文天祥题赞："巍巍何公，德迈才雄，文经武纬，历事四宗，惠民济厄，朝野钦崇，匡扶社稷，史表清风，中兴贤宰，谁与为同。"盛赞何执中德才兼备、两袖清风。南宋永嘉徐自明《宋宰辅编年录》记载，"执中性谨畏，尝戒边吏无生事，节浮费，宽民力"。清代毕沅《续资治通鉴》载，何执中在位时力主"节浮费，戒奢侈，宽民力"，足见何执中廉政爱民。

---

① 此处"政府"是指宰相治理政务的处所。

在何氏众多名宦中，还有一位百姓所熟知的好官何澹（1146-1219），历任兵部侍郎、右谏大夫、知枢密院事等职，官至正二品副相。辞官守孝期间，关怀乡土建设，奏请朝廷调兵3000人，历时3年疏浚处州通济堰，改木坝为石坝，发明了世界上最早的拱形坝体。又修筑保定村洪塘，蓄水灌溉粮田2000余亩。著有《小山杂著》《笑林》等文学作品。主持修撰龙泉第一部县志，开龙泉地方志之先河，并在该书中详细记录了香菇栽培和青瓷烧制方法，用185个字记述了原始香菇砍花法，被誉为"世界香菇文化之父"。

据豫章《何氏宗谱》记述，两宋期间何氏宗族多人官至从二品尚书。除何执中、何澹外，在《宋史》或《两浙名贤录》中尚有载述何琬、何志同、何佾、何侑、何俌等名宦。何氏先辈为官均清正廉洁，有一种对现实、对朝政的担忧关切之心。

龙泉豫章何氏真正意义上的发迹源自何执中。"清源何氏"之得名，缘于何执中去世后被追封为"清源郡王"，因此豫章何氏何执中脉系尤为突出。何执中带动龙泉何氏子嗣走出山乡，其子侄孙辈几乎个个利用不同机缘出仕。

"公生明，廉生威"，千百年来，何执中等先人的清廉正气，一直是豫章村人所追求的道德境界。这种高洁的追求，直接影响着何氏族人。"廉"乃豫章何氏立身之本。村中许多地方充满着"廉"元素，如以"廉"为主题的楹联匾额等，在豫章村的何氏祠堂里随处可见，仿佛一种独特形式的村规家训，于不知不觉间给人以教化和熏陶。

在龙泉《何氏宗谱》中，载有何氏家训"敬祖宗，尊师长；孝父母，亲兄弟；和宗亲，睦邻里；恤孤寡，扶弱困；守法纪，教子孙；慎嫁娶，重夫妻；勤劳作，俭持家；尚忠信，知荣辱；廉做官，良为民；善学习，常锻炼"。在完整的何氏家训中，包含了"训孝""训悌""训忠""训信""训礼""训义""训廉""训耻""训敬祖""训敦族""训为善""训守成"等。正是在此内涵丰富、立意高远的家风熏陶下，何氏族人逐渐形成了满富正能量的世界观，并在日常生活和社会活动中将这种成人达己理念付诸实践，留下不少脍炙人口的事迹。

相传何执中在商旅往来最频繁的大窑、金村之间，建有亭子名曰"九思亭"，取孔子《论语·季氏》中"君子有九思：视思明，听思聪，色思温，貌思恭，言思忠，事思敬，疑思问，忿思难，见得思义"之意，供往来奔走的窑工、商旅歇脚，同时鞭策人们"九思而后行"，鼓励人们清正为人，严守"初心"，成为兼具"九思"品格的谦谦君子。

何氏祖先对后人的训诫以及历史事迹，已成为豫章村廉政教育的活素材。为了更好地弘扬何氏先祖的高风亮节，豫章村通过舞蹈、歌曲、漫画、故事、方言等多种艺术形式，在寓教于乐中传播何氏崇廉家风理念。

千百年来，何氏家族传承的家风，以"节义""清廉"思想为核心，将报国的信念与激励后代读书的书香精神深度融合，产生了深远的影响。豫章何氏族人把廉洁精神以祖训族规的方式固化传承了下来并对其进行总结升华，制定了10条祖训族规，使其深植于豫章何氏的心田。

第四节　遂昌叶氏家风（叶峦）

善言善语，是好的家风，更是一个家庭最好的风水。善念善行，是好的家风，更是一个家庭兴旺发达的根本。遂昌独山古寨，在历史的风雨声中砌就独特的风骨。

遂昌独山，有叶氏一族，为宋尚书左丞叶梦得（1077-1148）嫡传后裔。叶梦得于宋绍圣四年（1097）登进士第，历任翰林学士、尚书左丞、江东安抚大使等官职，经世济民，颇有政声。学识渊博，尤工诗词，所著诗文多以"石林"为名，如《石林燕语》《石林词》《石林诗话》等，被人誉为"贯穿五经，驰骋百氏，谈笑千言，落笔万字"。宋绍兴十六年（1146），特拜崇庆军节度使致仕，隐居松阳桐溪赋闲。叶梦得有6个儿子，子孙散居四方繁衍，其幼子叶木燊留居桐溪延续香火。

叶氏家族重视修编族谱，传承家训族规，教化子孙后代。叶氏家族素来推崇孝义传家。叶梦得《石林家训》，是为勉励后人进行修身、勉学、孝亲、尽忠、慎言等教育的简明训导，旨在"敦礼义之俗，崇廉耻之风"，包含着丰富的伦理思想。在"修身向善"方面，叶梦得认为"君子贫穷而志广，隆人也；富贵而体恭，杀势也；安燕而气血不惰，循理也；劳倦而容貌不枯，好交也；怒不过夺、喜不过与，法胜私也。此数者，修身之切要也"，要求子弟做到崇德、谦恭、劳逸结合、喜怒不过。在"尽忠报国"方面，认为出仕者"当以尽忠报国而冀名纪于史，彰昭于无穷也"，要求儿子为官就要为国家尽忠直谏，"勿以出仕为悦，而从谏君为悦，勿以谏君为悦，而以忠谏为悦，庶免素餐怠事之殃"，叶梦得倡导犯颜直谏，难能可贵。在"力学不懈"方面，叶梦得要求儿子们"且须先读书三五卷，正其用心处，然后可及他事，暮夜见烛复燃。若遇无事，终日不离几案"，他不仅希望儿子求取功名，而且希望子弟不要怠学而闲荡。在"慎言勿欺"方面，叶梦得教育儿子牢记《易经》《庄子》等前人的格言，言语当谨

慎，勿轻信人言，勿乱传人言；要"省事"，不要多事。此外，叶梦得还告诫子弟要"兄弟辑睦"，"不记人之过恶"，叮嘱他们要正确对待得失，以求"有终身之乐，无一日之忧"。正是《石林家训》，让叶姓子孙"修身立行，艺业增进"。

《石林家训》系叶梦得55岁时所作。其时北宋灭亡、南宋新建，虽然罢官在家，但他仍然不仅心念抗金大事，而且时刻关心子孙教育。"外则岂敢忘王室之忧，内亦以家室为务"，将平时训导子弟的言论加以汇集修订，整理成篇，让子孙"人人录一编，置之几案，朝夕展味，心慕力行"，"各诵之思之，蹈之守之"。叶梦得的这篇家训，可视作他人生经验的总结。对子侄谆谆告诫，字里行间显露出舐犊之心。

叶梦得又有《石林治生家训要略》，是向子弟家人进行谋生教育的专论，是中国传统家训发展史上第一次专门就"治生"问题对家人进行教化的家训著作。关于治生，叶梦得阐述了四条基本准则：要勤、要俭、要耐众①、要和气。关于治生方法，涉及买田地可"无劳经营而有自然之利，其利虽微而长久"；择有良好家教者婚嫁可为兴家立业提供家庭和睦之根本；做家长的要公心待下，"忍让为先""分予要均"。关于治生问题，叶梦得认为应划清"贫富与善恶""利己与利人""俭约与吝啬"界线，颇多不同于世俗的观点，令人耳目一新。

据《平昌独山叶氏宗谱》记载，南宋孝宗年间（1163-1189），尚书左丞相叶梦得曾孙叶峦自松阳县古市卯山后迁居遂昌独山，繁衍发展，始成村落。历元至明初，叶、朱、周、邵诸族共居之。明天顺（1457-1464）以后，朱、周、邵三姓相继外迁，此后村中以叶姓聚居为主。明嘉靖四十一年（1562），叶氏族人叶以蕃殿试得中第二甲第十九名进士，官至工部营缮司员外郎，叶以蕃父母均得朝廷恩封。嗣后文风卓盛，名士辈出，民间甚至有"独山府"之称。

自独山叶姓先祖叶梦得开启叶姓一族崇学尚文的传统，叶姓以诗书为资，以笔砚为耕，彬彬士风，显贵蝉联。

---

① 耐众，意指不要急功近利。

独山村中有叶氏宗祠,始建于元末明初,清乾隆元年(1736)重建,乾隆二年(1737)建成第三进三开间。清道光时扩建了第一、第二进,并在门前建祠坛。光绪年间将第二进改用石柱。宗祠门前两只石狮属明时祠堂遗物,两侧有一对清光绪十六年(1890)冬立的大青石旗杆墩,足见彼时叶氏辉煌。

叶氏宗祠左侧之葆守祠,建于清晚期。相传独山村有对叶姓夫妇得了重病,临终前将4岁的儿子托付给家中一位贴身丫鬟。小官人视丫鬟为"带姊",稍年长,带姊送他到私塾读书,小官人刻苦攻读,长大后考取了功名,当了大官。他一直视含辛茹苦的带姊为亲生母亲,十分孝敬。带姊去世后,因出身卑微不能入祠,他便在叶氏宗祠旁建小祠堂"葆守祠"。若说父慈子孝、兄友弟恭是中华民族优秀的文化传统,独山叶氏一族正是把这种传统美德作为祠规家训,留下了许多感人的故事,葆守祠即是慈孝的见证。

村东南有一座石牌坊,额枋上题"洊膺天宠"四字,意指叶以蕃病逝后,其父叶弘渊依然享有子贵而受隆庆帝浩封。石牌坊褒扬的叶以蕃父亲叶弘渊,是一位崇学尚文者,自小诵读诗书,知书达礼。他热心公益事业,创办家塾,邀集村中少儿读书;捐置学田,维持家塾教学;开创义店,方便行旅食宿。种种善行,乡里称赞。叶以蕃就是在其父辈引导下读书成才的佼佼者。

独山古寨,宛如一张时间的鉴证图。世易时移,繁华归于平淡,但时间冲不淡的,是溢满独山村的浓浓书香。在这

遂昌独山"洊膺天宠"石牌坊

个远近闻名的书香世村，书香世家叶氏崇文尚学、乐善好义、慈孝传家。

明清两代，独山村叶氏一族获取功名、在外任职者计20余人。据独山《叶氏宗谱》所录村居图可知，明代中晚期，村中有府门、大夫第、大宗祠，大宗祠的大路外东南部有关帝庙，村北部有文昌阁、育婴楼等建筑。泛黄的《叶氏宗谱》中，一道道朝廷敕封的圣旨，也足以说明独山人崇学尚文的成果。①

在独山南寨墙谯楼的枋间，古有一联"德义相先，庶可广一方之化；里仁为美，还教聚万姓之欢"，独山叶氏族人将此对联当作积德行善的座右铭。

明代叶以萃乐善好义，在村里创建育婴楼，以供村里少年读书，同时捐田70余亩，以田租收入作为师生的膳食之费。旧时，独山附近的乌溪江上有龙口、独山、焦滩3处渡口，见渡船陈旧，他便出资添置，并捐租田给渡口，供摆渡人的生活资费。遂昌县城的东梅桥、王村口的独口木桥圮坏，他捐资改建石桥，方便行人往来。叶以萃还抚养叶以蕃的儿子叶烜成长，叶烜年长后秉承父、叔风范，在荒歉之年捐纳粮食1000余石，救济乡民，经常帮助乡间的贫困人家，从不吝惜。

尽忠、保孝、力学是独山叶氏立身行事的三大法宝，叶氏族人历代都尊崇先祖良苦用心的家训教诲。清道光二十五年（1845）黄铉在《石林家训》题识中言，"叶少保《家训》一卷，皆由学问心术，以成己成物……所著《家训》可谓诚于中、形于外……可家置案头，奉为金鉴，非独叶氏子孙所当宝贵也"。

独山村后高耸的山峰分别取名"文笔峰""石梯峰"，蕴含了独山人崇学尚文的精神，告诫村人学习文化才有依靠，顽强拼搏才能攀登高峰。

---

① 本节有关遂昌叶氏家风的内容参考蓝俊、徐期辰、张春苗：《遂昌县焦滩乡独山村叶氏：乐善好义 慈孝传家》，载丽水市纪委机关、丽水市委宣传部、丽水市档案局编：《丽水好家风》，线装书局2018年版，第135-140页。

第五节　缙云蒋氏家风（蒋世珍）

在缙云，有蒋氏一族。缙云蒋氏，源于姬姓，以国名为氏。据《唐书·宰相世系表》载，"蒋氏，姬姓。周公第三子伯龄封于蒋……子孙以国为氏"。

西汉时，缙云蒋氏先世与齐田景等族迁杜陵关中之地。东汉时蒋横从光武帝镇压赤眉起义有功，官封逡遒侯，生9子，渡江南散居各郡县，随地封侯。第9子蒋澄为函亭侯，迁江苏宜兴。晋代，其裔孙蒋枢为吴郡太守，后任括苍（或为临海郡）刺史。卸任后，举家迁居临海。

唐初，蒋枢第11世孙蒋持敬有2子，名为蒋允中、蒋允诚。缙云蒋氏始迁远祖为蒋允城，自台州迁缙云云塘，后人无考。唐乾符初年，蒋允中后裔、蒋枢第19世孙蒋琰登进士，官谏垣，"迁吉州金判，遂致仕家居"，其时已居仙居桥溪。今缙云蒋氏，均为派祖蒋琰后裔。

蒋姓常用楹联"为社稷器，具文武才"勉励子孙后代。前者指三国蒋琬，随刘备入蜀后为诸葛亮所器重，称他为"社稷之器"，任丞相长史。诸葛亮死后，他代为执政，任宰相。后者指三国魏人蒋济，因功封都乡侯。又有楹联"山亭绵世泽，荆渚颂名流"，传说伯龄受封之地古有山亭，"名流"指明代荆州府教授蒋雷卿、宋代湖北仙居文学家蒋煜等。蒋姓名人甚众。

武周万岁登丰元年（696），武则天为加强地方统治，大批量拆县分治。朝廷划出括苍县东乡及永康县南境，设立新县，以境内古缙云山（即仙都山）名之，即缙云县。自唐以降，缙云人才辈出、科第蝉联，共有209人高中进士。而荣登一甲龙榜者，独宋代缙云东乡岱石口蒋世珍一人。①

---

① 本节有关缙云蒋氏家风内容参考吴志华：《宋代榜眼蒋世珍》，丽水史志网：http://lssz.lishui.gov.cn/yd/en/201801/t20180108_2703628.html，2018-01-08。

蒋世珍（生卒年不详），一名训，字君聘，少而嗜学，聪颖异常。宋开庆元年（1259），蒋世珍赴京城临安，殿试第二，荣登己未科榜眼，成为缙云历史上唯一进入一甲殊荣者。明成化《处州府志》载，蒋世珍"官至从仕郎，镇江、建德、温州教授，学者宗之"。

蒋世珍性情纯孝，在镇江府儒学教授任上，其父因病去世，星夜回乡，居丧于家中，"辟踊泣血，不作佛事，一用文公家训，行大小二敛之礼"，服满，转任建德、温州儒学教授。任上学政整严，造就众多生员。每遇贫穷学子无资赴省试，蒋世珍赠其俸银，两州士民传颂其德。之后，获"两省举保，将任以官职"，又逢母亲去世，回乡居家服孝三年，丧事俱按朱子之礼，如侍双亲在世。孝满，两省又保荐他职，遂赴京师，行至邻县永康江麻园，不幸遇疾而卒。《宋元学案补遗》以及成化、崇祯、光绪《处州府志》等文献有传。

蒋世珍虽有榜眼功名，可一生从未担任过朝廷要职。入仕10余年，长期从事教育化人之职，即掌管州学的八品教授，但其人生最大的闪光点在于践行程朱理学，参加"木钟学派"①。蒋世珍在温州儒学教授任上，结识东瓯名流、朱熹得意门生陈埴（生卒年不详），并追随陈埴治学，最终成为木钟学派核心成员。《宋元学案补遗》之"教授蒋先生世珍"载，蒋世珍"尝从陈潜室先生游……学者宗之"，此为蒋世珍在学术史上得以立足的重要经历和地位。木钟学派弟子甚多，四方学者"从游数百人"。

蒋氏一族，素来崇学尚儒。据清《缙云县志》、民国5年（1916）《蒋氏宗谱》及《缙云姓氏志》所载，科举时代，蒋氏有进士5人，为后晋蒋霸，宋代蒋寅、蒋则、蒋世珍，明代蒋希性；制科2人，为宋代蒋时宪，清代蒋明光；辟举7人，为宋代蒋桴、蒋懋学，元代蒋琅、蒋道常、蒋伯森，明代蒋元、蒋昆玉；明经2人，为元代蒋梦旗，明代蒋思庸；岁贡10人，为明代蒋卓、蒋昱、蒋炫、蒋元电、蒋逢吉、蒋逢阳，清代蒋瑞黄、

---

① "木钟学派"，南宋朱门弟子陈埴、叶味道所创的学派。因陈埴取《礼记·学记》"善问者如攻坚木""善待问者如撞钟"之意，作《木钟集》，以问答形式阐发程朱理学思想，故称所创学派为"木钟学派"。

蒋若兰、蒋自丰、蒋祖惠；例贡1人，为清代蒋垓；邑庠生71人。

蒋氏一族步入仕宦者，绳齐祖武，代不乏人。例如，蒋霸，五代后晋人，自浙江永安县（今仙居县）宦居福建长溪县（今霞浦县），官长溪令，因闽王王曦之政局危乱，弃官返祖，途经浙江缙云县徐家畈后岗村（今东方镇岱石村），巧遇其友，又值妻患气疾，爱其山水遂留居于此。又如，蒋希性（1404-?），浙江乡试32名，会试33名。正统元年（1436）丙辰科周旋榜第三甲第45名进士，兵部职方司主事。景泰七年（1456）为广西布政司右参议。建缙云县东方镇胪膛村步蟾坊，又称"进士坊"。此外还有蒋寅任经筵待制，蒋环任太子太保，蒋则任南陵尉升文林郎，蒋诰任枢密副使，蒋卓任泰宁教谕升荆府伴读，蒋星任襄州审理，蒋逢吉任沛县丞升威清知县，不胜枚举。

缙云蒋氏宗祠，现仅东方镇岱石村尚存。据《蒋氏宗谱》载，该宗祠始建于清咸丰初年，因遭太平军焚毁，后于同治年间重建，为古时缙云蒋氏族人朝拜先祖、族内议事的重要场所。

缙云蒋氏，有五支。一为双溪蒋氏，为蒋琰第4子蒋运后裔。二为岱石口蒋氏，为蒋琰第5子蒋逑后裔。三为溪淤蒋氏，为蒋琰第5子蒋逑第4世孙蒋霸后裔。四为岱石蒋氏，为蒋琰第5子蒋逑第4世孙蒋霸后裔。五为横塘岸蒋氏，为蒋琰第5子蒋逑第4世孙蒋霸后裔。其中，岱石村为缙云蒋氏最大聚居村落。

蒋氏一族，素来纯孝。诚如清代王中书《劝孝歌》所言，"孝为百行首，诗书不胜录……万善孝为先，信奉添福禄"，在蒋氏族人眼里，孝道是百行之首，历代族人均非常注重行孝。蒋氏一族，以世间万般种种善德良行，首推孝道孝行，他们始终信奉孝道，不断强化孝行，形成了极好的家风。

第六节　庆元胡氏家风（胡纮）

庆元县松源、左溪等地，山水相伴，翠竹掩映，胡氏一族，繁衍生息。

南宋绍兴丁巳（1137），胡纮（1137-1203）出生于龙泉县松源乡双股岭下（今庆元县松源街道坑西村），是庆元胡氏家族的第10代祖先。宋代文化繁荣、读书盛行，无论士族精英抑或寒门子弟都笃志进取、勤学苦读。出身于农家的胡纮，凭着超群才华，怀着治国抱负，举乡书、入太学、擢进士，从穷乡僻壤走上仕途，一生履历18个官职，先后7次获皇帝恩赏封赐。①

胡纮在光宗、宁宗两朝，因激烈抨击以朱熹、赵汝愚为代表的道学家群体而著称，是反"伪学"的重要人物。在历史上虽因时代局限有争议，胡纮是在胡氏家族勤学苦读的家风熏陶下成长为一代名臣的，尤其是胡纮任通议大夫、华文阁待制期间，清廉奉公、作风务实、勤政为民，做了许多利国利民的好事。胡纮留下了勤学苦读、忧乐天下的精神，传下了"居官清白、一介不取"的家风，影响了一代又一代胡氏族人。

宋宁宗庆元三年（1197），庆元属龙泉县松源乡，由于离县治龙泉过远，百姓办事极其不便，加之贼匪横行，龙泉鞭长莫及、难以治理，于是，胡纮上书朝廷，极力为民请命。是年11月，宁宗皇帝诏准，赐县名"庆元"。胡纮此举有功社稷、福泽后人，为历代庆元人民所深深铭记。

据《宋史·胡纮传》载述，宋庆元六年（1200），光宗驾崩，宁宗即位，政局不稳，若按规定需服孝三年，极有可能影响朝政稳定，胡纮于是

---

① 本节有关庆元胡氏家风内容参考王秋蕊：《庆元胡氏家族：清廉奉公 忧乐天下》，载丽水市纪委机关、丽水市委宣传部、丽水市档案局编：《丽水好家风》，线装书局2018年版，第176-182页。

进言缩短宁宗孝期，便于亲理朝政，以求国泰民安。在封建时代，此思想之开明、作风之务实亦属罕见。其实，此前一年（1199），胡纮因卷入政治斗争被罢吏部侍郎，是年又以60多岁高龄挂帅广东、广西等属地平寇，大获全胜。胡纮为官40年，为国为民鞠躬尽瘁。

胡纮长子先公而卒，次子胡留，官至朝散大夫。胡留为官30年，心怀天下、勤政为民。胡留按法定则，吏奸一无所容；在边境前线训练士卒，或战或守，维护国家安定；兴资办学，深得当地民众拥戴。胡留为官清廉，去世时，囊橐空空，借钱方能理后事。墓志铭上载："官蜀十余载，累官至朝散大夫，计以岁月所积，当不赀，为坚佩先大父侍郎居官清白之训，一介不取，亡之日，囊橐枵然，偏假贷乡贾，方能理归舟。"

庆元胡氏家族繁衍甚旺，散布于松源街道坑西村，左溪镇竹坪村、左溪村，荷地镇苏湖村，岭头乡八炉村、岭头村，隆宫乡莲湖村等地。

族谱，常成为一族人凝聚的磁铁，也成为世代族人心灵的源泉。在岭头八炉等村的胡氏族谱中，载述胡纮劝勤学小引："昔者，大禹惜寸金，孔子韦编三绝，周公日颂百篇，墨翟载书满车，匡衡凿壁分光，商汤之执中虞舜之精一，圣贤尚然，况下学乎！务必乘时奋勤，垂芳名于名代，朝夕勉，接书声于前贤。"胡纮鼓励胡氏族人追慕先贤、勤学苦读、建功立业、流芳百世。庆元胡氏族人极其敬重族谱，将其视作宗族文化有序传承的证据，并将其作为自我身份认同的标识。星散庆元各地的胡氏族人一直不忘传承家风。

竹坪村人均为胡氏后裔。胡氏高度重视对子孙的教育，致力办学。清光绪三十年（1904），竹坪村兴办私塾，后改为县立竹坪高初两等小学堂。清末民初，国家积贫积弱，朝廷走向衰败，竹坪胡氏族人无心仕途，怀着教育救国的理念，胡敦楷、胡友陶、胡睦民等3位胡氏族人先后担任该小学校长，为家乡教育倾尽心血。

生于清咸丰元年（1851）的胡敦楷，23岁时被晋封为奉政大夫，清宣统二年（1910）被推任县立竹坪高初两等小学校长，共担任校长8年，期间从未支取分厘薪资，却自掏276块银圆补贴学校开支。接续胡敦楷校长一职的胡友陶，是远近闻名的才子。此后的胡睦民从湘湖师范请来朱桂

沛、张兆和等9位名师来县立竹坪高初两等小学堂任教，开设了国语、算术、英语、地理等新课程，学校教学质量首屈一指。正因如此，十里八乡，甚至外县人也将孩子送来竹坪上学。

数十年间，胡氏数代致力办学，在竹坪建造了一所全县东部最好的学校，培养出胡睦修、胡睦臣等知名人士。

左溪村的胡氏族人，亦是人才辈出，先后出过胡得禄等翰林院学士，胡正元等正五品至七品的官员，8位国学生等。

在左溪村，胡纮后裔还完好地珍藏着胡纮上朝时所用的象牙朝笏。这只古老的象牙朝笏象征着胡纮为国为民鞠躬尽瘁死而后已的精神，被胡氏族人视若珍宝，代代相传。借助"村宝朝笏"，也传下了胡氏先祖勤学苦读、忧乐天下的家风。

胡氏族人，勤学苦读，崇文重教，美好家风世代相传。

第七节　缙云朱氏家风（朱绂）

在缙云县新建镇河阳村，有朱氏一族，谨守"耕读传家"古训，潜心向学，人才辈出。

河阳村内，有1座清代五孔石拱桥、6座古庙宇、15座古祠堂、19座古民居、24口井。走进河阳，仿佛翻阅一部厚重的史书。

"烟灶八百，人口三千"的河阳村，为吴越国王掌书记朱清源、朱清渊的义阳朱氏发祥地。自从在河阳建家立业伊始，就设有家训20条，即"知冠礼，慎婚礼，简丧礼，敬祭礼，敦孝悌，重尊长，务耕读，禁赌博，崇节俭，息讼狱，教子弟，谨闺门，戒斗狠，完钱粮，惩奸慝，严盗贼，储常爷，傲私侵，明交易，御外侮"，推崇忠孝节义，教导礼义廉耻。

缙云河阳古民居

河阳朱氏恪守"耕读家风",千余年来从未间断。①宋元时期,河阳朱氏相继出了8位进士,分别为北宋绍圣元年甲戌科(1094)朱绂、绍圣四年丁丑科(1097)朱绶、政和二年壬辰科(1112)朱晞,南宋绍兴廿一年辛未科(1151)朱垓、绍兴三十年庚辰科(1160)朱藻、景定三年壬戌科(1262)朱孝忞、咸淳七年辛未科(1271)朱有泰,元至正三年癸未科(1343)朱填。河阳朱氏还有"十户九儒生",成就了家族的鼎盛与辉煌。

耕读传家,是河阳朱氏奋力追求的理想境界。河阳村内的文翰公祠即朱氏祠堂,充分展示了"义阳望族"的显赫。祠堂内悬历代入仕、节孝的老牌匾30余块。正堂3块匾额分别题书"亚中大夫""中书舍人""嘉议大夫",此3人即宋元八进士中的翘楚。祠堂内有一副楹联"惟读惟耕绳其祖武,肯堂肯构贻厥孙谋",勉励朱氏子孙不忘祖辈荣光,勤学苦耕,将家风继承并发扬光大。

缙云河阳文翰公祠内的部分匾额

---

① 本节有关缙云朱氏家风内容参考黄俊剑、李倩:《缙云新建镇河阳朱氏:嗅千年书香传耕读家风》,载丽水市纪委机关、丽水市委宣传部、丽水市档案局编:《丽水好家风》,线装书局2018年版,第240-245页。

"耕"乃生存体系之本，"读"为明理荣身之路。在河阳第31世朱翰臣次子朱柏轩住宅的第二道"月洞门"上，有河阳朱氏祖宗自创的4个独特的会意文字：牛在田上为"耕"，心口合用为"读"，屋中有人为"家"，宇外云动为"风"——"耕读家风"，极好地诠释了河阳人才辈出的原因。

在河阳，古民居门额上常书"耕凿遗风""循规映月""儒林古

缙云河阳"耕读家风"月洞门

第""忠厚传家""佳气氤氲"等，耕读文化已然渗进朱氏日常生活，这或许就是朱氏繁衍千年、长盛不衰的秘诀。河阳朱氏第34世孙朱坤泗于清道光年间所建十八间，大门以"耕凿遗风"为额，其中"凿"字取自西汉时匡衡"凿壁偷光"的勤学苦读典故，勉励子孙不仅要重"读"，而且要以"凿壁偷光"的精神苦读上进。

100多年前，在启蒙与救国的洪流中，朱氏族人耕读家风自然注入了新的内涵。清末民初，河阳朱氏家族有2人远赴东洋留学，先后加入同盟会，成为早期革命者，回国后致力于教育事业。朱泉（1878-1935），1905年11月28日加入同盟会，回国后，曾担任浙江省立第十一中学（丽水中学前身）的校长。朱显邦（1879-1955），是中国蚕桑教育和改良推广事业的先辈，1903年考入蚕学馆，1905年因品学兼优被选派赴日留学，他主张要强国，必先强技术，要把先进国家的技术学回去教导中国老百姓。留

学期间，朱显邦成绩优异，其缫丝技术超群绝伦。1912年，朱显邦任浙江中等蚕桑学校校长，任职仅3年便成绩斐然，声名大振。1915年，朱显邦任浙江省缫丝传习所所长，兼充巴拿马赛会评议员，后被公推为浙江省教育会评议员。抗战期间，回乡的朱显邦曾在仙都中学任教，还当过缙云县立简易师范学校校长，除每月给教师发150斤大米作工资外，还发15斤"敬师豆"，他强调"国民素质的提高，要依靠高素质的教师来完成，高素质的教师要依靠各级师范学校来培养"。

对于河阳朱氏一族，附近乡亲习惯用"爱读书，会读书，出人才"来评价。河阳朱氏人才济济，各行各业都有杰出代表。

在河阳，耕读传家的好风气传承不息，无论老人还是小孩都酷爱读书。河阳朱氏家训也被誉为河阳"三字经"，其根和魂即是耕读家风、循规映月。

河阳古村，书香气浓郁，有很好的读书氛围。在耕读家风的熏陶下，朱氏后人都非常争气，有识有才有能之人数不胜数。

第八节　松阳包氏家风（包仁）

　　松阳县大东坝镇横樟村，处于洞天谷地之中。有包氏一族，在此繁衍生息。

　　在中国老百姓心目中的清官谱上，包拯（999-1062）无疑是排名第一的清官。包拯，字希仁，世称"包公"，北宋庐州合肥（今安徽合肥）人。天圣年间进士，历任监察御史、御史中丞、开封府尹、天章阁待制、龙图阁直学士、枢密副使等。知开封府时，为官廉洁、执法严峻、不畏权贵。

　　正直，是一种重要的人格品质。正直的人，始终不会因为权力、地位而发生动摇，做人光明磊落，从不曲意逢迎。正直的人，为人处世总是待人以诚，敢于路见不平拔刀相助，最为重要的是致力于"告诉自己真相"①。在封建社会，为官者贪赃枉法、以权谋私，比比皆是。包拯在《包拯家训》中言："后世子孙仕宦，有犯赃滥者，不得放归本家；亡殁之后，不得葬于大茔之中。不从吾志，非吾子孙。"②警诫后世子孙凡做官的，若贪赃枉法、以权谋私，活着不得入家门，死后不得入葬祖宗坟地。包拯还"仰珙刊石，竖于堂屋东壁，以诏后世"，让儿子包珙将家训刻石立铭用来告诫后代子孙。如此严厉的惩戒，可从中领略包拯为官做人之高尚。其实，包拯不仅重言教，更重身教。据《宋史》之《包拯传》记述，包拯"虽贵，衣服、器用、饮食如布衣时"。

　　据《松阳百姓源流序集》记述，松阳包氏有二支，一为蟾湖支，二为青田码头支。蟾湖包氏始迁祖包仁，宋绍熙癸丑科进士，包仁之后四世进士，故称"包家四世连登金榜"③。据《松阳县姓氏志》之"包姓"记述，

---

① 陶清澈编著：《名门家训》，哈尔滨出版社2011年版，第140页。
② 杨国宜整理：《包拯集编年校补》，黄山书社1989年版，第256页。
③ 李伟春编著：《松阳百姓源流序集》，中国文史出版社2019年版，第315页。

南宋宝庆年间（1225-1227），包拯第5代孙包仁"晚年致仕"，包仁延续着先祖包拯刚正不阿的个性，在担任大理寺右评事时秉公执法，纠正了不少冤案错案，其因铁面无私得罪了不少权贵。为了躲避政敌攻击和仇家报复，包仁举家自兰溪迁徙至松阳蟾湖，"爱其山水清秀，乐处于斯"，从此隐入江湖，成为松阳包氏始祖。

自包仁始，传至第8世包友行（1300-1361），于元代自蟾湖客游本邑二十四都蓉川（今靖居），入赘蓉川潘氏而卜居。包友行6世孙包友纯，于明成化年间（1465-1487）自蓉川返迁蟾湖祖地。包友纯4世孙包应元，生2子，长子包继鼎自蟾湖迁松阳城西，次子包继昱自蟾湖迁二十都横樟。①包继昱是承前启后的人物，他以横樟为据点，将宗族精神和家风进一步弘扬和放大。

自合肥到兰溪，再到蟾湖，最后至横樟，据统计，包氏历代出仕为官者44人，虽然这些官员职位差距悬殊，任职的地域不同，时间相距遥远，经历也相当驳杂，但他们始终谨遵包拯家训，秉承包拯"清正廉明"的精神，无一贪腐，堪称廉政家风的典范。②

松阳横樟包氏有族规家训八条，包括"父子之训""兄弟之训""夫妇之训""朋友之训""妯娌之训""安分之训""务本之训""勤俭之训"。

和其他许多家族一样，包氏家族非常重视教育，建有书院供宗族子弟读书，聘请名师担任塾师，拨出田地支付塾师工资和奖励读书人，还以各种措施勉励族人笃志攻读。自包仁迁居蟾湖起，包氏一族功名加身者代不乏人，共有进士4人、举人4人、贡生19人、国学生和秀才59人，加上外迁者更是数不胜数。其中特别值得一提的是自1193年包仁考中进士之后，到1259年其曾孙包寿考中进士，66年间，四代进士两代翰林，达到了族人科举最辉煌的巅峰，一直被传为佳话。此后，包氏族人似乎得到了祖先佑护，科举和仕途始终风生水起，常有族人步入仕途。在清代，曾有一年

① 王永球编著：《松阳祠堂志》，中国文史出版社2019年版，第220页。

② 本节有关松阳包氏家风内容参考王秋蕊：《松阳县大东坝镇横樟村包氏：包拯后裔今犹在 清廉家风代代传》，载丽水市纪委机关、丽水市委宣传部、丽水市档案局编：《丽水好家风》，线装书局2018年版，第190—196页。

包氏族人出现过18顶戴（秀才以上）的记录。

在传统道德修养中，"存心养性""格物致知""诚意正心""明善""戒慎""恐惧""慎独"等，都是讲修养问题，而这当中，"慎独"和"内省"又是最基本的内容。在包氏家风中，其实也很好地体现了"慎独"的思想。《中庸》有言，"是故君子戒慎乎其所不睹，恐惧乎其所不闻。莫见乎隐，莫显乎微，故君子慎其独也"，"慎"就是慎重。汉代郑玄（127-200）注解《中庸》时指出，"慎独者"就是"慎其闲居之所为"，即一个人在的时候，行为要特别慎重。这就意味着自律不仅要在大庭广众之下自律，还要在独居、闲居的时候仍然坚持自律。包氏一族，其严厉家风，旨在教育子孙"常存敬畏"，与曾国藩（1811-1872）所写《君子慎独论》中言"慎独则心泰""主敬则身强""求仁则人悦""思诚则神钦"是同样的道理。

包氏宗祠内高悬古匾11块，包括"翰墨流芳""贡梅分香""熙朝外翰""文苑雅望""圣代储英""硕德可风""凤纶荣寿""冰清玉洁""节孝""明德惟馨"等。正中悬挂"孝肃遗芳"匾额，此乃包氏家风之核心，如同巨镜一般照耀着包氏子孙。据介绍，包氏宗祠内年代最为久远的匾额当属南宋著名思想家、文学家陈亮于宋绍熙五年（1194）题赠"翰墨流芳"。包氏宗祠内的古楹联有"自南宋历元朝迨本朝代凡数更祖德绵长延百世，由蟾湖迁净居至此地方复大启祠堂灵秀拱三台""家庙列容颜宗亲骨肉当勿失伦抛旧泽，庆堂留遗像兄弟子孙须常守孝肃家风""承先人继志叙伦不舛行为正气，愿后裔绳文述事毋违孝敬遗风""睦族无他方常念祖宗一脉，传家有大道不外耕读两途""两代翰林芳名播于凤阁，四世进士雅望溯自蟾湖""谋垂燕翼千秋勿违厚道，尊敬祖宗百代宜切孝忠""观昭穆各殊尊卑要礼，念本根不异好恶宜同""尧舜之道孝悌而已矣，宗庙之礼玉帛云乎哉"，彰显了包氏"孝肃"家风。

当科举荣光日渐黯淡之后，包氏族人将眼光转向商贾之途。明清以来，横樟村成为松阳县城通往龙泉、云和的重要道路，村落渐趋繁荣，清末进入了隆盛时期，老街上有旅馆、染坊、南货店、草药店、香烛店等，从店铺数量和种类可见横樟村当年的繁华。不少族人走出横樟，依靠经商

贸易、置地收租终成殷实富商。

在从商过程中，包氏族人一直和官府、乡邻之间保持着良好关系。大户自觉协助官府修筑水利设施和铺路修桥，族人包可观为造福乡民开筑了松龙古道，包国宾修建了蟾湖至独山渡口40余里路，包文明一次性捐出600石粟，诸如此类的事例，在族谱中随处可见。十里八乡遇到清官难断的家务事，或者邻里之间的争斗，只要请出包氏族长调解，便能妥善处理。

诚如梁启超《德育鉴》所言，"随时省察，每一动念，每一发言，每一用事，皆必以良知以自镜之"，但凡一动念、一发言、一用事，都要用良知这面镜子来照一照自己。如今的包氏族人，无论务农抑或经商，都从未忘记自己是包拯的后裔，时刻提醒自己要清白做人、诚信处世。

数百年来，包氏族人严守家规，不折不扣地执行着包拯家训。包拯家训恰似一条牢不可破的铁律，字字句句深入骨血、深植灵魂，如同指南针一样指引着包氏族人的生活，成为包氏子孙的座右铭、为人处世的法宝和准则。

良好的家风，恰似砥砺品行的"磨刀石"，更像是抵御贪腐的"防火墙"。在波澜壮阔的历史进程中，包氏淳厚家风，已成为廉洁修身、廉洁齐家的"传家宝"。

第九节　云和王氏家风（王元）

云和王氏一族，仕则爱国忘身，隐则仁善济民。

北宋仁宗初期，王元任处州刺史，举家自江西南昌迁至云和，在村头村筑宅院名曰"柘墅"，自此开枝散叶，繁衍至今，成为云和最古老的家族之一。村中的王家门楼，相传建于北宋天圣年间，大门额枋北面阳刻"培玉里"，南面阳刻"庆袭琅琊"。

云和王氏现有 5000 多人，主要分布于凤凰山街道贵溪村、白龙山街道村头村、赤石乡张源头村、崇头镇王山头村、石塘镇双港村等地。

王氏家族名臣辈出。北宋王元出使辽国 25 年，为辽宋和谈起到了重要作用；明朝抗越名将王一卿戍边 8 载，守护一方百姓安宁。除了忠臣名将，王氏家族还有不少乐善好施的乡贤。①

云和村头村王家古宅

《云和县志》记述："王元，字常侍，登景德间（宋真宗初年）进士，初授延平令，奉使辽北。归擢处州刺史。范仲淹、欧阳修咸以诗赠行。位官廉能，有惠政。致仕后，占籍西阳乡之桑田，子孙世家焉。"寥寥几句，

---

① 本节有关云和王氏家风内容参考王秋蕊、杨克新：《云和王氏家族：仕则忘身报国，隐则仁善济民》，载丽水市纪委机关、丽水市委宣传部、丽水市档案局编：《丽水好家风》，线装书局 2018 年版，第 68—74 页。

描绘了王元勤政爱国的一生。据史料记载，宋真宗年间，辽军频频进扰北宋边境，王元不顾自身安危，毅然出使辽国，促进两国和谈，在辽25年气节不改，足见其拳拳爱国之心。宋天圣五年（1027），须发早被辽国的风霜染白，71岁高龄的王元即将离开京城汴梁赴任处州刺史，其好友范仲俺、欧阳修等京城名士送了一程又一程，不忍离别。如今，云和凤凰山街道的王家祠堂门楣上依然高悬着宋仁宗钦赐给王元的"圣旨牌"。

到了明朝，国家再遇危难之时，又一位王氏家族子孙站了出来，他就是抗越名将王一卿。据《云和县志》记述，王一卿，明嘉靖四十年（1561）中应天府乡试举人，初授凤阳县令，颇有建树。《凤阳名宦传》载其十大政声，逾三年改任刑部主事。明万历年间，越南屡犯边疆，王一卿以文臣请缨杀敌，万历四年（1576）出任广西按察使兵巡道，驻节苍梧（今梧州市），万历六年（1578）又兼云南按察使兵巡道，分兵驻扎洱海（今楚雄市），戍边8年，边疆人民得以安居乐业。

自从王元携家眷定居云和后，王氏家风便慢慢形成。据《云和县志》记述，王氏家族清官贤臣辈出，除王元、王一卿外，王抱任大理寺评事，为官"勤政莅位，廉洁律己"，尝曰"食君之禄，当秉赤心"，王挺授闽清县尹，"莅官清廉，卓有政声"……

到了明末清初，王氏家族第34世孙王敬熙，为了救国救民，走上了革命道路。他参加光复会，在印尼执教多年，联络华侨，宣传革命，回国后提倡教育救国，借祠堂房地为校舍，创办中街小学，便利贫苦子弟入学，为振兴云和教育事业贡献卓著。

王氏一族乐善好施之名颇盛，不少读书人虽隐而不仕，却始终心怀仁义、慈善济世。

王氏家族第11世孙王严，南宋咸淳年间举贡，曾任福建松溪县丞，入元之后不肯再出仕为官。时值饥荒，不少灾民逃至云和，王严开仓赈济。王严还曾独资建筑"浮云街"（今云和县城老街）470余丈，云和群众至今还称其为"姓王街"。王严乐济人急，善名远播。

又有王氏族人王海澄，生于明洪武乙卯年间，颇有魏晋名士之风。王海澄生平爱读书吟咏，慕古人义行，尽管受朝廷多次征召，却坚持谦辞不出，不愿为官，寄情于山水之间，筑石室于云和凤凰山，号曰"云谷石室"，并自称"云谷居士"。王海澄家中富有，慷慨好施，怜贫恤苦，经常拯患济困。相传，王海澄在云谷石室上筑一台，名曰"望烟台"，每日清晨登台张望，若见户户炊烟上升则心生欣喜，若发现几户无炊烟，就会立即派人送去粮食接济，全县百姓无不歌颂他的义行善举。其实，除了济贫，王海澄还热心地方公益事业，他修桥铺路、建造凉亭以便行旅，兴学校、办义塾，振兴地方文明教化。当时间塾遭受兵火焚毁，王海澄独资全力恢复重建。

又有王氏族人王莱，留有民国期间日记——《鼎臣日记》，共904页10余万字，日记起止时间为1941年1月27日至1946年3月22日，前后长达5年。这些日记是王莱在西安从事抗战工作期间所记，他详细地记录了每天学习、工作和生活中的见闻与感悟，对当时西安的政治、经济、军事、天气等诸多方面均有记述。日记中经常提及祖母、父亲和胞兄对他的教导，还记录了他资助生病同事等善举，从中可以看出王莱是一个忧心国事、乐于助人、严于律己的人。

在云和赤石乡张源头村，王氏族人在此生活。据了解，生活于此的王氏族人，素来热心公益，每逢需要出资修路，总会慷慨解囊。此外，王氏族人还在路边修建了凉亭、茶屋，方便长途跋涉者歇息。抗战时期，不少驻守在云和的官兵生了痢疾，王氏族人就用大锅熬制专治痢疾的中药，救治了不少人。

如今，王氏家族的淳朴家风仍然流淌在子孙后代的血脉里。诚如王夫之《姜斋文集》之《丙寅岁寄弟侄》中言，"有贫弱者，当生怜念，扶助安生"，对那些贫弱的人，应当同情怜悯，帮助他们。乐善好施，是一种积极的行为态度，是一种极其重要的社会美德。

第十节 庆元吴氏家风（吴崇煦）

庆元大济，以"风雅"二字形容最恰当不过。风，是风范；雅，是气质。吴氏一族，自北宋景德元年（1004）起，耕读传家，崇文尚礼，读书风气日盛，令大济古村洗尽铅华后仍能容光焕发。

大济，位于庆元县城东南面天马山麓。因当地盛产椤木，土名"椤垟源"，吴氏肇基始祖吴崇煦建村后改称"大济"，意在希望子孙有经邦济世之才。大济村中有9幢明代民居、20余幢清代民居，而且每幢民居都有属于自己的名字。

据大济村《吴氏宗谱》记述，吴崇煦非常崇尚诗书传家，不惜重金创办"豹隐洞"书堂，特地延请名师教导四子攻读应试文章。宋天圣二年（1024）和宋景祐元年（1034），长子吴榖、次子吴毂分别登甲子科进士、甲戌科进士。吴崇煦尊师重教，所请名师教导有方，加之吴榖、吴毂勤奋好学，科考获得功名也是水到渠成之事了。10年之内，伯仲双双雁塔题名，"一门双进士"名闻遐迩，成为吴氏一族世代相传的佳话。

据统计，自宋仁宗天圣二年（1024）至宋理宗宝祐四年（1256）的230多年间，大济吴氏陆续出现了25位进士，明代再添1位进士，非进士出身涉足仕途者100余人，是名副其实的"进士村"。[①]据了解，庆元全县共出进士31位，而大济占26位，实在令人称奇。

自吴榖、吴毂"一门双进士"之后，吴氏子嗣科第连绵，尚有"兄弟同榜""舅甥同登金榜""四人同科"等科场佳话。在这些进士中，除了文学上著述颇丰的吴榖、吴毂、吴彦申、吴已巳、吴松龙之外，还有阐发经

---

① 本节有关庆元吴氏家风内容参考吴卫萍、李倩：《庆元松源街道大济村吴氏：诗书传家 文章济世》，载丽水市纪委机关、丽水市委宣传部、丽水市档案局编：《丽水好家风》，线装书局2018年版，第203—213页。

义、以捍儒宗自任的吴玠、吴翊兄弟，使金不畏鼎镬、以节概自许的吴枢等人。此外，旷世英豪南宋抗金名臣和首任宰相李纲，乃北宋进士吴桓的外孙；南宋末代宰相文天祥，是大济吴氏后裔吴渊的外甥。

吴氏家风，其最核心三字为"书""礼""德"。办学、科考、崇文、尚礼，凡此种种，令大济吴氏文风浩荡、雅士辈出。在古代，登进士，就等于进入社会的精英阶层，而那么多人登进士，他们的"产地"自然也就吸引了大家的目光，于是，宋代理学家朱熹、明代哲学家王阳明、清代名儒陆陇其等一代儒学大师纷纷至大济讲学、布道。其实，大济之所以有如此辉煌的人文气派，与吴氏家风吸引诸多大贤慕名而来有着密不可分的关系。

据史料记载，朱熹的父亲曾在与庆元一山之隔的福建松溪当县令，年轻时期的朱熹就被大济"诗书传家，文章济世"的家训所吸引，曾到此地讲学一年。2004年，考古学家在大济发现一扇中堂屏风，上有朱熹所撰文字："脱去凡近以游高明，勿为婴儿之态而有大人之志，勿为终身之谋而有天下之虑，勿求人知而求天知，勿求同俗而求同理。"意即远离凡俗之人，结交有识之士；不要做小儿女的姿态，要立大志、成大器；不能单单为了自己的一生而谋划，更要有为天下人谋福祉的志向；不为此生而营营苟苟，要考虑身后的清名；做事不求人们的认可，要心存敬畏，不盲目追求一致，要追求真理。

明朝时，心学大师王阳明先生也曾到大济讲学，在村里留有"居天下之广居，立天下之正位，行天下之大道。得志与民游之，不得志独行其道"的遗墨。

清康熙六年（1667），被清廷誉为"本朝理学儒臣第一"的大儒陆陇其到庆元拜访恩师时，曾慕名到大济，在大济"日涉园"讲学三年。据史料记载，当时"日涉园"主要为文人墨客聚会与吴氏子弟读书之用，是"耕读传家、以经为学"的典型之作。在大济村，至今还保存着陆陇其留下的《书济川中宅祠堂四箴》手书，为里人相传诵，而后播撒庆元乡间。《四箴》为北宋理学大师程颐所撰，是对孔子"非礼勿视，非礼勿听，非礼勿言，非礼勿动"这"四勿说"的进一步阐发，内容包括视、听、言、

动等，有父子箴、兄弟箴、夫妇箴、朋友箴各五言八句40字。对于大济村民而言，《四箴》与他们所秉持的"诗书传家，文章济世"家训是一脉相承的。

一位位大师陆续到来，在大济传道、授业、解惑。因为他们，进一步激发了大济学人心怀天下、诗文传家、兼容并蓄、进退自如的人生价值观。

大济村内，路路有典故，桥桥有传说，处处有故事。"诗书传家、文章济世"的家风家训文化也在村中各个古民居中彰显出来。明代民居聿新堂、世德堂、泽德堂等8幢，清代民居达德堂等10幢，其堂号以"德"命名者甚多，可见大济吴氏族人将"德"放在人生第一高度，一切皆以立德修行作为衡量标准。古民居内的匾牌、楹联、彩绘、墨画、诗文等，处处流露大济人对"书""礼""德"的无限推崇。

大济历代学子以读书为业，这得益于大济的"书田"制度。始建于明万历初期（1573—1578）的"聿新堂"，门口有两块上马石，正厅右旁厅厢房壁中有一小窗，相传是送公文的地方，甚至可将文书直呈皇上（宋代通判有此特权）。其主人吴道揆，为大济第28代孙，生性豪爽，仁慈忠厚，热衷于修桥补路，扶弱济贫，积善成德，口碑载道。吴道揆于万历元年（1573）捐田36亩办学，府台道台为表彰其义举，赠"尚义"匾。吴道揆还首创"书田"来奖励品学兼优的人才，共计200余亩，以保证世代书香继世。

"尚义"匾额

达德堂，建于清同治九年（1870），古宅主人吴文奎，靠母亲张氏一手带大，虽家境贫穷，却宅心仁厚、秉性温良，经常周济邻里乡亲，博得好名声。该民居大厅上悬"名昭彤管"匾额，相传为吴文奎纪念母亲而书。

在大济吴氏族人中，吴存恕（1578-1642）亦值得一提。其父吴述，为明中期大济著名儒士，一生宦游各地，退休还乡，杜门谢客，以诗文自娱，家庭产业全部交给吴存恕经营。吴存恕管理得法，经营有道，深得父母赞赏。父亲去世后，吴存恕母亲陈氏劝他不要轻易放弃父辈奠定的基业，要用诗书之运让家族发达起来。吴存恕遵从母亲教诲，闭户潜修，不避寒暑。后来，吴存恕考入县学，成为一名庠生，他专心攻读儒家经典，不为外界所干扰，数年内学问大进，成为远近闻名的硕学大儒。

大济崇学之风，在大济外出官员的从政之道上亦得到了体现。吴道揆之子吴俸（1555-1626）出任琼州"抚黎"通判期间，为官清正，爱民如子，兴办学堂，铺路凿井，设市贸易，屯田积谷，黎民称颂。当地人立碑纪念吴俸，上刻"人道我公清似水，我道公清水不如"，赞誉吴俸比水还清，充分褒扬了吴俸的格局与气度。

吴庸（约1046-1106），字邦献，登熙宁丙辰进士。吴庸为官，政绩超卓，重视教育。在任崇德县令期间，修孔庙，办镇学，"倡聚学者，择经师教之"，当地读书之风蔚然勃兴，培养了大批经世致用之才。

"道德是在人与人交往的具体行为中实现的，这些行为的共同模式则为礼"，"礼"是"相互尊重的表达，也是人际关系的人性化形式"[①]。《礼记·冠义上》强调"礼义之始，在于正容体，齐颜色，顺辞令"，把"礼"作为行为规范体系，强调容貌、颜色、辞令的规范和修饰是这一规范体系的基础，也是礼仪训练的初始之处。吴氏族人清醒地认识到读书致仕的重要性，从垂髫之童，至鹤发老叟，挥毫鸿笔丽藻，出口清词佳句。

庆元大济吴氏家族以"济世以德"著称，吴氏族人旨在追求更高的人生目标和价值实现，坚守道德品范，以德律己和感人，以实际行动救助世人，至今传承着"经邦济世"的理想。时代在变，吴氏族人蓬勃上进的心始终不变，他们谨记始祖遗训，不以物喜，不以己悲，以豪情与壮志，以责任与担当，书写建功立业的新篇章。

---

① 陈来：《儒家文化与民族复兴》，中华书局2020年版，第80页。

第十一节　龙泉毛氏家风（毛晃）

龙泉城北乡上田村，原名"蓝田"，因古时有田中出蓝宝石之说。有毛氏一族，素来勤耕重读，人才辈出，为龙泉北方望族。

上田村毛氏，系江山石门镇清漾毛氏华峰支派，为宋代礼部尚书、史称"铁砚先生"的毛晃后裔。由江山迁至遂昌车床，又迁至关塘，始祖毛元康，于明末因战乱，从遂昌关塘迁居龙泉上田，逐渐繁衍壮大。

上田村有两座祠堂。一座是下宗祠，村人习称第一毛氏宗祠，坐落于村中心，建于嘉庆年间，供奉着毛氏祖先毛晃。毛晃为宋徽宗宣和三年（1121）进士，官至礼部尚书、户部尚书、同知枢密院事，备受徽宗器重，赞扬他"勋在王室，泽及民生"。史称毛晃"闭户读书，精于字字，为海内所宗。考证详慎，砚为之穿"，著有《禹贡指南》《增注礼部韵略》等书。毛晃不仅学问了得，且十分关注民生，龙泉"蒋溪堰"最早就是由毛晃建造，泽及邑民。还有一座上宗祠，村人习称第二毛氏宗祠，位于迎神坛左侧，始建于清咸丰四年（1854），内悬"孝思"大匾。①

村东头有文昌阁，建于清道光二十年（1840）。在文昌阁西北侧，有"圣旨亭"遗址，据传此处原有一座石牌坊，上书"节孝"二字，表彰国学生毛绍春之妻张氏功德。据《毛氏宗谱》记载，毛绍春英年早逝，三子皆幼，张氏代夫行事，为三子挑选名师授课，择其质敏者习儒、业性灵者习商。数年后，三子皆成国学生，子孙昌盛。道光二十一年（1841），毛氏族人奉旨旌表毛绍春之妻张氏节孝，咸丰六年（1856）遵圣谕、蒙恩赐建成"节孝"牌坊。

---

① 本节有关龙泉毛氏家风内容参考李倩、邬必锋：《龙泉城北乡上田村毛氏：书香门第，尚文重教》，载丽水市纪委机关、丽水市委宣传部、丽水市档案局编：《丽水好家风》，线装书局2018年版，第246-251页。

毛氏一族历来遵奉"敬祖宗，孝父母。和兄弟，别男女。序长幼，训子孙。亲九族，勤职业。敦节俭，守礼法"的祖训，传承"守清白之家风、承诗书之旧泽"的耕读文化，尚文重教。在毛氏宗族中，又有《家戒》十则，规诫族人的条款包括游荡、赌博、争讼、攘窃、符法、酗酒、为胥隶、为僧道、谋风水、占产业。约束族人切勿沾染有损德行甚至败家、丧身的恶习；不许族人从事非正当职业；告诫族人莫做谋人风水、占人田产等损人利己、恃强凌弱的事。

俗谚云："一方水土，养一方人。"因为上田村这块灵秀之地，毛氏家族在崇文重教家风影响下成了"书香门第"。据统计，在清代，毛氏有贡生、廪生、增生、庠生达50余人。上田村中保存了许多历史悠久的匾额、楹联等，整个村庄透露出浓郁的历史人文气息。

毛氏族人能文能画者甚多。相传清嘉庆年间，上田村人毛维祺前往杭州做客，见一群名流在写一块大匾，用大米摆字，字摆成时，因毛维祺穿着蓝长衫，无意中将其字拂去一个。他们抓住毛维祺索赔，毛维祺央求用笔写一个字相赔，对比之下，毛维祺所写之字远胜其他用米摆成的三字。于是，这群名流反求毛维祺书写四字，并有重谢，维祺一挥而就。自此，毛维祺在杭州出了大名。又有清代秀才毛福全，为自己药铺所写的一幅招牌，其风骨堪比书法名家。

民国时期，上田村知名草医、奇人毛壬林有"对症下药，药到病除"之功，几百里外的病人专门请人用轿把毛壬林抬去帮忙诊断。他精通古文，诸子百家、诗词歌赋无所不通，风水地理无所不晓，常被大户人家请为私塾先生。

辛亥革命之后，村里即置学田办学校，聘请优秀师资授课，让村里子女免费上学。抗战期间，时任上东乡乡长的毛宝龙，在上田毛氏下宗祠前面建了一幢三层校舍作教室和老师办公用房，祠堂曾作低年级教室及大礼堂，校名"龙泉县上东乡中心国民学校"，成为城北乡第一所公办学校，教学质量闻名乡里。

中华人民共和国成立后，上田村几乎每年都有考入大中专院校的学子。在毛氏族人中，从事文化教育和医疗卫生事业者甚多，村里人形象地

说："如果把本村从事文化教育的学子请回村里，可办一所像样的院校；仅医大、卫校毕业的医生护士就可办一座医院。"

家、业是一事，欲顺意必诚。家中风气正，为业必不偏。近年来，毛氏族人与时俱进制定了新的《毛氏家训》，一如既往地抓好家风建设，使家训深植于毛氏族人的心中，并成为毛氏族人的自觉行动。

第十二节 莲都梁氏家风（梁旃）

莲都梁村，因清流潺潺的渥溪穿村而过，土地肥沃，古称"渥川"。宋太平兴国年间（976-984），由福建移居处州城的梁旃兄弟见渥川泉甘土厚，遂从城内迁居至此繁衍子孙。清人梁大钦在《戏作渥川山水记》中颂其"渥山耸兮昂昂，渥水流兮汤汤"。①

走进梁村，经过一条鹅卵石铺就的村道，两边是年代久远的古宅白墙黛瓦，飞檐翘角。斑驳的马头墙，诉说着岁月留下的痕迹。

梁村古戏台

村前小溪呈"几"字型布局，梁村中鼎鼎有名的古戏台就立在三面临溪的转角合围之处。古戏台豪华典雅，端庄大气，可同时容纳上千人看

---

① 本节有关莲都梁村内容参考余厚洪：《莲都梁村：千年渥川多贤杰》，《处州晚报》2018年10月23日第7版。

戏。戏台隔溪对岸是一座大山，五个峰尖，四个凹底，沿天际线望去，如同笔架，因而称之为"笔架山"。山之西侧，另一座山也酷似笔架。一村有两座笔架山照应着，因而此地鸿儒代代相传、秀才比比皆是。

梁村梁氏，为汉大将军梁商之后，自古为括苍望族。梁氏家族以诗礼传家，富而崇文，籍祠兴学。历史上，涌现了南宋户部尚书、中兴名臣梁汝嘉，与杨万里至交的广西转运使梁安世等名人。

渥川梁氏，历代勤学传家。据《处州府志》《丽水县志》《宣平县志》及《安定郡梁氏宗谱》记述，梁村梁氏科举入仕规模令人惊叹。其中进士10人、举人3人、贡生35人，通过征辟、人才、武功等渠道进入仕途者达120余人。[①]

"不求代代有富贵，但求儿孙出秀才"，梁氏先人青灯苦读、金榜题名的故事，在《处州府志》《丽水县志》《宣平县志》等志书多有记述。一个偌大的村庄，历史上有书院（书屋）4座，分别为三阳书院、留墨庄书院、学易书院、远山书屋，另有宗族无偿为贫困子弟就学而设立的梁氏义学。

除了崇文入世，梁氏历代都有行善积德、乐善好施的义举。在梁氏家谱以及《处州府志》《宣平县志》等众多文史资料中，载录了梁氏族人积善行德的许多故事。

宋朝梁佼，一生以仁慈处世为志向，乐善好施。每年年底他将积谷分给贫困的乡民，平常到各地采集药材，请医生王明道施舍给前来治病的贫民；他还创立义塾，供族中子弟以及附近乡邻学子无偿就学，并常至课堂亲自讲学。村旁渥溪，乡人依靠碇步通行。每遇大水，碇步淹没即隔断通道。宋大观年间（1107-1110），梁佼出资始建廊桥"渥溪桥"，乡民由此通行无阻。

宋朝梁溍夫妻，仗义施仁。梁溍倡修先祖的梁氏义学，尊师重儒。凡求学者，赏之以午膳；钱财借贷贫而好学者，不收其息。梁溍妻叶氏，有

---

① 本节有关莲都梁氏家风内容参考吴志华、蓝倞：《莲都老竹镇梁村梁氏：崇文尚礼 善传千秋》，载丽水市纪委机关、丽水市委宣传部、丽水市档案局编：《丽水好家风》，线装书局2018年版，第123-128页。

随嫁婢仆 4 名。等到这些婢仆长大成人，梁氏夫妇均无偿准予他们自立门户，并提供丰厚嫁资。每逢荒年，梁氏夫妇常将积谷赈以家境贫乏的乡民。

明代梁垚，生性宽厚，对租田借贷者，从不收取重利。庄内徐祖福，有积蓄而无后代。徐祖福病重时，梁垚兄弟同往探视，祖福感戴梁垚平日照料之恩，将家中积蓄和所有田地赠与梁垚，以为报答。这时官府田亩充粮上涨，梁垚与弟弟拿出祖福遗赠粮谷代为乡亲充粮赋税，让乡人咸受徐祖福之遗德。

清代梁应期，幼习儒业，事理通明，考授从八品迪功郎。遇到旱涝凶年，捐谷 4000 石，与巨溪章蛟腾搭设粥棚煮粥，按人口施给乡民，拯救了无数饥荒中的乡民。他在新岭、墓岭、走马岭等地各建亭榭一座，使行旅过客憩息其间，无寒暑风雨之忧。丽水知县将其善举奏报于朝廷，三院下文并赐"尚义"匾旌表其门。

应期子梁一鸿，热心公益，据清光绪《处州府志》记述，"高浦桥，县南五十里。里人梁一鸿架木为之"。梁一鸿还于新岭创雪峰庵施茶，以济过往行人。

清代耆老梁尚璧，焚券拯佃农，待仆如子女，年 81 被请为府县乡饮大宾。

在梁氏家风中，有着可贵的社会教化责任心。若说不少家训基本上是为训诲自己的家人子弟而作，而梁氏家训则不仅如此，还为了端正民风、官风和社会风气，使世风"醇厚"。

扶贫济国，是义举；乐善好施，是良德。梁氏一族，世代以爱心、真情播撒阳光和希望。

人生路上，人们所得有许多源于他人所施或大自然所赐，因而要常怀感恩之心。只有始终怀着感恩之心，才能真正做一个恭敬之人，才会真正用心，才会讲究诚信。诚如梁氏族人历来所坚持的，每个人都应学会感恩社会、回报社会。对于世人而言，如果从不追求有价值的回报，而是全心投入、深情付出，其实就是在追求美好的人生。

第十三节　龙泉连氏家风（连元）

在龙泉市安仁镇大舍村，聚居着连姓家族。

村中屋舍俨然，"五峰别墅""南山拱秀""瑞气盈门"等高墙大屋，诉说着昔时的尊贵与荣光。山墙上残留着连氏家族读书人中举喜报的痕迹，散发着浓郁的儒家文化气息和诗书气息。

龙泉市安仁镇大舍村

连氏族人尊连骊为始祖。北宋元丰年间，始迁祖连武公自福建迁徙至大舍奠居。连氏家族注重耕读传家，是当地有名的书香门第，仁人志士辈出，为官者众，可谓"钟鸣鼎食之家，诗书簪缨之族"。

连氏家族自迁徙以来，族人克勤克俭、日耕夜读，即使在贫困之中也不坠青云之志。相传，连氏第24世子孙连声献读书时生活清苦，但学富五车。有一年他去赶考，为了省下菜钱，他在鸭蛋上打了一个小洞，将蛋黄、蛋清倒出，再将食盐装在里头，这只特制的鸭蛋便成了他赶考路上的

"菜"。连声献在庭试中得第二名，授宁波象山县教谕。自此，一只"咸蛋"赶考的佳话传遍当地，也成为连氏家族口口相传的故事，激励族人勤学苦读。①

连氏一族有3进士，其中南宋进士连元是连氏世代引以为豪的楷模。1994年《龙泉县志》记载："连元，字长卿，县东大舍村人。南宋开禧元年（1205）进士，累官衢州知府。时衢州大灾。连元召民抗灾自救，教民掘蕨根制山粉代粮。朝廷闻知，予以嘉奖，赐紫金鱼袋。离任后，衢郡立生祠以纪念。"连元任衢州知府期间，访贫问苦，礼贤下士。因勤政爱民，朝廷封其为宁邦侯。从此，勤学苦读以求济世天下，为官一方仁政爱民，便成了连氏家族每一位读书人的志向和抱负，也成为连氏一族源远流长的家风。

据《连氏宗谱》记载，自徙居后，四世祖连赐率义兵平盗贼被补授秉义郎，七世祖连元进士及第封赐宁邦侯，八世祖连宜之、九世祖连炳均承其荫为两浙漕贡进士，十世祖连基率义兵平乱保众，十四世祖连童任山西道监察御史，此外连良显、连敦敏皆为教谕，连述明经博学，连声献拔贡庭试第二名任象山教谕，连启甲拔贡庭试超等授建阳知县，连一鲸、连枝、连士侃皆为贡员，连登贤恩赐贡生，连正钊甲午科举人，廪生、增生、庠生比比皆是。

连氏家族素有勤政爱民之家风。清康熙年间，任福建建阳知县的连启甲，是一位为官清正、爱民如子的官员。连启甲上任后，体察民情，足迹踏遍了建阳一县，发现当地连年歉收的一个主要原因在于山村田螺泛滥成灾，秧苗无法生长。于是连启甲"智审田螺"，在公堂上为"公害"田螺上刑——煮田螺，并且带头吃田螺，百姓群起效仿，从此田螺之害渐渐消除，绿油油的禾苗长起来了，年年获得好收成。

与连元、连启甲出仕为官不同的是，清代连正钊虽中举却不愿为官。

---

① 本节有关龙泉连氏家风内容参考王秋蕊：《龙泉安仁镇大舍村连氏：勤耕苦读，爱众亲仁》，载丽水市纪委机关、丽水市委宣传部、丽水市档案局编：《丽水好家风》，线装书局2018年版，第232-239页。

据《龙泉县教育志》记述，龙泉县聘他为金鳌、仁山两书院山长。他一生教书育人、桃李满园。远近慕名求学者日众，其诲人不倦令人敬佩，平时教人以为人之道，不在升官发财，务求有益于世。

不管是居处庙堂之高，还是处江湖之远，耕读勤学、廉政为民、仁义善良精神都扎根在每一位连氏子孙的心中。正因为此，这个家族即使在鼎盛时期也从未恃强凌弱，乡邻之间、地主和佃户之间始终保持着和谐的关系。

与一般家族以姓氏冠名宗祠不同的是，连氏家族的两座祠堂分别叫"追远祠"和"广居祠"，此中深意不言而喻，蕴含的气度和胸怀可见一斑。"追远祠"语出《论语·学而》"慎终追远，民德归厚矣"，不但寄托连氏子孙对先人的哀思与深情追忆，也教育他们牢记祖先的高风亮节、嘉言懿行。"广居祠"则语出《孟子·滕文公下》"居天下之广居，立天下之正位，行天下之大道"，朱熹《四书集注》注释为"广居，仁也"，意即大丈夫应当住在天下最宽广的住宅"仁"

龙泉市安仁镇大舍村元公祠

追远祠前的桅杆

里。大舍村中两座祠堂共同构建了连氏思想核心，简单而又贴切地教导子孙后代如何做人和为官。

正是在勤学苦读、仁爱济世的家风熏陶下，连氏一族人才辈出。有的为官从政，两袖清风；有的为师从教，铸魂润心；还有从医治患，杏林春暖……一代代慢慢积累而成的良好家风，成为连氏家族最宝贵的家产。

第十四节　景宁严氏家风（严千七）

在景宁畲族自治县大漈乡小佐村，有严氏一族。相传"严"姓本为"庄"姓，西汉时庄王因避帝讳改"严"姓。

小佐村自古以来文风蔚然、才俊辈出。单在清代，就出现一门五贡生，可谓"人才辈出、旗杆为林"，清代诗人严用光、景宁三大书法家之一严品端等均是景宁名贤。严氏家族"勤耕苦读、崇文尚德"的家风源远流长。

宋代末年，严氏家族始祖严千七，自严州府（今浙江建德市一带）长途迁徙至丽水，后经龙泉，再到景宁大漈，几经周折，最后定居于小佐村。据《严氏家谱》记述，"耕可富家，读可荣身"，严千七迁居小佐村后，率子孙披荆斩棘，开山种田。①

开山种田绝非易事，严氏族人因地制宜，开沟挖渠，将谷中溪流引向山坡，再依据山坡走向修筑盘山水渠，使水循坡而流，形成自上而下的灌溉网。在此基础上，严氏族人在水渠经过的山坡上分级开台筑埂，逐级分水灌溉，使山坡变为水田以利种植。

据《严氏家谱》记载，每年春耕开始之际，严氏族人都要到村里的"先农坛"祭拜，由德高望重的老族长亲自带头下田耕地，以示对农耕的重视。芒种时节，还会举行隆重的"开犁"民俗活动。严氏家族在开田务耕中逐渐兴旺发达。

严氏一族不仅重视农耕，而且注重学习。严氏宗祠前竖立的旗杆石，厅内高悬官府旌表，则显示出严氏家族崇文尚学、苦学有成的荣光。

---

① 本节有关景宁严氏家风内容参考王秋蕊：《景宁大漈乡小佐村严氏：耕可富家，读可荣身》，载丽水市纪委机关、丽水市委宣传部、丽水市档案局编：《丽水好家风》，线装书局2018年版，第272-278页。

景宁县大漈乡小佐村严氏宗祠

小佐严氏宗祠始建于清乾隆四十五年（1780），道光元年（1821）重修，整体为两院式建筑，前厅为"序伦堂"，意为尊长爱幼、和睦宗族之地，堂中高挂官府旌表及各地文人墨客赠送的匾额、贺词。其中，清光绪十六年（1890）原浙江翰林院侍读学士提督潘衍桐先生题赠金匾"耆年笃学"，此四字精准概括了严氏崇尚耕读的淳朴家风。

诚如清代王夫之家训所言，"和睦之道，勿以言语之失、礼节之失，心生芥蒂。如有不是，何妨面责，慎勿藏之于心，以积怨恨"，不要因为别人言语、礼节上的一点疏忽而记在心上，有度量才能与人相处和睦。小佐严氏世代和睦宗族，尊崇文教。

严氏宗祠大门两侧现仅存4对旗杆石，分别是纪念严氏家族优贡严克义、恩贡严克任、拔贡严用光、增贡严思正。其中最有名望的当属严用光（1826-1909），字国华，号月舫。据《景宁县志》记载，严用光是清道光己酉（1849）拔贡，以全省第一的成绩入省"候选教谕"，后两次入京会考，虽"文风犀利""力陈要务"，仍未及第，于是愤然辞去京城友人的举

荐，浪迹天涯20余载，寄情于山水，写下大量诗篇。50岁时，他受景宁县衙邀请，回归故里，主持雅峰书院（景宁当时的最高学府），教书育人，当地很多读书人都受过他的资助或引荐。

贡元严用光旗杆石

严用光的两个孙子严品端、严品良，在景宁县志中亦有记述。

严品端参加清光绪十年（1884）处州府试，得处州秀才桂冠，曾任县劝学公所总董提学使30年，支赏七品衔，筹办官立务本学堂。他擅长书法，尤工楷书，是景宁三大书法家之一。景宁、泰顺、庆元等地的亭阁楹联、匾额多出其手。

严品端的幼弟严品良从省立第十一中学毕业后，在景宁一直从事教育工作，曾参与编制全县发展教育规划，先后筹建和完善县、区高级小学4所、乡村小学53所，为发展景宁教育事业作出贡献，后调任省教育厅任督学。

严氏一族家风严谨，先祖留给后世子孙有《家法八则》《禁规十二条》和《谱训八则》，无论是家法中的"教读书""教勤俭"，还是禁规中的"禁欺凌""禁盗窃"，还是谱训中的"培才俊""崇节义"等，都训诫族人尊重长辈、兄弟邻里和睦相处、不准赌博、不准打架斗殴、不准抢掠偷盗、不准无端祸起打官司、不准宰杀耕牛、不准损坏树木等，教育子孙耕读为本、修身立德，为后代留下一笔珍贵的精神财富。

严氏祖先在订立宗谱时，力邀当时名人名家题留墨宝。任睦州太守的文学大家范仲淹赐"严先生祠堂记",中言"遂先生之高哉而使贪夫廉,懦夫立,是大有功于名教也……又从而歌曰:云山苍苍,江水泱泱。先生之风,山高水长",如此妙文,使原本厚实的小佐村严氏家风又增添了浓墨重彩的一笔。

家风是一种无言的教育,家训是一种无声的嘱托。严氏一族敦宗睦族,弘扬祖训,崇文尚德家风代代相传。

第十五节　景宁梅氏家风（梅元贶）

景宁大漈梅氏，向来以"孝"传家，谨遵"孝义为先，兄弟和睦，夫礼妻贤，父慈子孝，忠孝传家，延绵子孙"的家训。

孝是民族团结、兴旺的精神基础，是中华民族凝聚力的核心。[①]司马光在《家范》中对子孙辈的首要要求是孝，若将"不孝"置于广阔社会之中，懒惰、酗酒、赌博、贪财、自私、放纵耳目之欲、好勇斗狠等行为，实属干扰社会、败坏道德之劣行。但有的时候，人们对于"孝"的认识仅仅停留于经济上的赡养，不太注重关心生活上的照料和精神上的慰藉问题。提倡孝道，倡导孝敬父母，是培养人道意识的起点。世间的每一个人首先要从爱自己的双亲做起，然后推己及人，逐步做到爱天下的父母、爱天下的人。

"清风适道总宜时，漈上钟声近远驰。誓诺不曾违列祖，廉勤岂可愧吾师……"在景宁县大漈乡大漈村，流传着一首《清廉大漈诗》，讲述的是该村梅氏一族世代传承"恭亲敬老、崇廉尚文"的家规家训，持续弘扬优良家风文化的故事。

梅姓是大漈村的第一大姓，占全村人口的44.5%。据《梅氏家谱》记载，北宋庆历八年戊子（1048）八月秋，大漈梅氏始祖梅奉因和梅奉安两兄弟迁入大漈。

梅氏一族有耕读传家的传统。[②]在大漈乡廉政电影博物馆（即大漈乡西一村文化礼堂）门前，保存着一个建于明朝年间的"字纸库"，刻有"藏古今学术，聚天地精华"。字纸库是梅氏一族专门用于焚烧书写过的纸

---

① 丁超编著：《古代家训》，吉林文史出版社2009年版，第46页。

② 本节有关景宁梅氏家风内容参考李倩：《景宁畲族自治县大漈乡梅氏：孝存岁月铸门风　德厚传家伴子孙》，载丽水市纪委机关、丽水市委宣传部、丽水市档案局编：《丽水好家风》，线装书局2018年版，第129-134页。

张或者废弃文献书籍的地方，为的就是教化族人尊重知识。

字纸库

诚如明代吕坤家训所言，"传家两字，曰读与耕。兴家两字，曰俭与勤。安家两字，曰让与忍。防家两字，曰盗与奸。亡家两字，曰淫与暴"，积德、勤俭可以兴家旺家，而败德、妄为必定败家亡家。景宁梅氏一族十分重视家风教育，通过家规、祖训等形式，把"耕读传家、廉孝济世"的思想融入对后世子孙的教育中，润泽着一代又一代的梅氏族人。

在梅氏家规中，"崇学务实，贡献社会""戒欺戒恶，不贪不掠"等思想对后代影响尤为深远。梅氏一族史上曾出过9个进士、23个举人，个个为官清廉，无一贪腐。其中，仅梅开一门出现了梅开，其四子梅元屃，孙子梅杞，曾孙梅世建、梅应春、梅景春6个进士，有"一门六进士"的美誉。

梅开，大漈梅氏四祖，迪功郎高州助教，宋嘉定二年（1209）春榜第三甲，赐进士。梅开一生勤劳简朴、崇文尚学，对子孙要求严格，重视祖训家规教育，要求子孙崇学向善、勤政廉政。梅开育有6子，有5子为迪功郎，1子任转运史。

梅杞，又名梅珂，宋嘉定六年（1213）第二甲进士，故科名为嘉定丁丑科，士仕察院中大夫，升学士御史大夫，职位及封赠为侍御史。

梅元屃，大漈梅氏第五世祖，于绍兴二十五年（1155）陈诚之榜中进士，任两浙转运使。据《梅氏宗谱》所录《旌表思院额省牒》载："本都名人梅开，有子元屃，幼年六岁能守故祖仲真墓，其父梅开不忤其意，构庵于旁，昼夜三年不离其侧。"宋高宗深受感动，于宋绍兴十年（1140）十一月初十降旨礼部，旌表梅元屃为"孝童"。

"人生五伦孝为先，自古孝是百行原。"为了旌表梅元屃的守孝之举，宋高宗赵构赏赐银两布帛，并准许梅氏家族建造"时思寺"，取"时时思念祖先"之意，以弘扬梅元屃的孝道精神。特别值得一提的是，为建好时思寺，梅氏一族通过比拼制作技艺的形式最终确定了主事木匠，阳光透明、公平公正的择匠方式至今仍被广为传颂。

时思寺

时思寺旁是梅氏宗祠，始建于明朝万历年间。当年按县府堂的规格建造，沿一条中轴线，一堂比一堂高，一堂比一堂宽，有两重大门，三个天井，三座府堂，比一般宗祠要宽大得多。"孝存岁月铸门风，德厚传家伴子孙"，宗祠里也随处可见梅氏的孝德家训。

古时梅氏就形成了一套自成体系的内部管理和权力运作机制，实行族长管理制和重大事项议事制度。在整个管理机构中，族长居于首位，由全族成员公推产生，不实行世袭制，只有族中德高望重者才能担任。族长负责总管家族一切事务，下设房长，族内重大决策、纠纷处理、族谱修编等事均由族长召集房长等人员共同讨论决定。

近年来，大漈村深入挖掘整理梅氏族规家训中的积极元素，创新推出民意收集、民主公开、民主协商、民主决策、民主监督的"五民"监督法，多点发力共同推动清廉村居建设，成功打造了一条廉旅融合的发展路径。

对于大漈的发展而言，梅氏一族流传下来的关于孝道的家训一直在影响着当地。在人们的日常生活中，始终把"孝"放在心上，并且通过言传身教引导子女成长成才。在当地，不少年轻人在县城或者外地工作，每到周末都会回去看望父母，珍惜和父母在一起的时光。

"于国于民，执事敬慎，尽心尽力，至贞至吉"，对于梅氏族人而言，"孝义为先"不仅是梅氏族人的祖训，更是每一位梅氏族人代代相传的文化基因。

第十六节　莲都蔡氏家风（蔡仲龙）

莲都区老竹镇曳岭脚村，昔时属宣平县。据清光绪《处州府志》卷三载，"曳岭相传有仙曳履过此，故名"。曳岭脚村因在曳岭山麓而得名。该村有蔡、吴、祝等多个姓氏，蔡姓居多。

曳岭脚村蔡氏，源于蔡侯叔度。蔡侯为周初三监之一，周武王之弟，封于蔡，以国为姓。五代吴越时，蔡抱自闽迁居处州城通惠门。蔡抱生2子，长子蔡咸熙、次子蔡咸谑，因慕东西岩名胜，兄弟同迁曳岭脚村，在此繁衍生息，蔡咸熙一房为"上蔡"，蔡咸谑一房为"下蔡"。明洪武五年（1372），御史中丞、处州乡贤刘基曾为曳岭脚《蔡氏宗谱》作序。言及"吾栝（指处州）世族，名阅非一姓，而莫盛于蔡"，可谓"独称龙门，世袭簪缨"。

丽水城内文昌路蔡仲龙塑像

蔡氏迁居曳岭脚后，非常重视教化，求学之风蔚然，英才辈出。自宋皇祐五年（1053）至咸淳元年（1265）共212年间，出了14名进士，其中北宋3人、南宋11人。另外还有举人12人、征辟7人，大多是父子、叔侄、兄弟相继登科，可谓名副其实的"进士村"。其中，宋淳熙十四年（1187），蔡浩登丁未科进士；嘉定十六年（1223），蔡仲龙登进士及第，第二名榜眼，后擢升状元，成为处州唯一的文状元；宋咸淳元年（1265），蔡梦龙登乙丑科进士。蔡仲龙、蔡梦龙是兄弟，与蔡浩是叔侄关系，被誉为"一家双桂""一门三人同扣龙门"。

在14名进士中，最为出名的当属蔡仲龙。为蔡殊之10世孙、蔡咸熙之6世孙。

宋宁宗嘉定十六年（1223）初秋，蔡仲龙奔赴都城临安参加科举考试，进士及第，高中榜眼（殿试第二）。时逢状元蒋重珍因母病故去，回乡丁忧，宋宁宗赵扩下诏，颁发《赐升状元蔡仲龙敕》，擢升榜眼蔡仲龙为状元。宋宁宗御笔题诗"联魁金玉龙头选，诏下今朝遇己知。上国风光初晓日，御阶恩渥暮春时。内庭考最称文异，胪唱宣名奖意奇。故里仙才若相同，一年攀折两重枝"，高度赞扬了蔡仲龙的文才，表达了对他的赏识之情。蔡仲龙兴奋之余，忙叩拜宋宁宗，并赋《谢恩诗》云："圣朝兴运自天开，又直临轩策草莱。廷对自惭无宿构，胪传何意冠群魁。幸瞻北阙承殊宠，忍负南山咏有台。稽首君恩难报称，誓殚忠赤赞规恢。"清光绪《宣平县志》卷十"选举志"记述，"蔡仲龙，嘉定癸未状元"；卷十一"人物志"记述，"蔡仲龙，字子奇，嘉定癸未登科蒋重珍榜第二，蒋重珍故，升仲龙为状元"。蔡仲龙"一年攀折两重枝"，以榜眼升为状元一事，可谓千古奇谈，亦成定论。

蔡仲龙为人做事非常平实，不喜欢高谈阔论。据清道光《丽水县志》记述，郡守打算将州治迁移，蔡仲龙劝说郡守"苟无大故，不必变置"，郡守非常佩服他，认为他有见识。宋理宗端平二年（1235），授秘书丞，迁著作郎、太常博士、屯田郎官等职。

蔡仲龙曾以大理少卿的身份出知信州（今四川省万县东），后升授端明殿学士。宋理宗淳祐三年（1243）六月，由于理宗无子，又在宫中设立内小学，以待皇子诞生或宗子过继。大理少卿蔡仲龙力请理宗收养宗子入内小学，称"须早为权宜之计，以系天下之心"。不久，又上言"本朝用刑平恕，而未享继嗣之庆，竞宦官太多。仁宗嘉祐中，诏内臣权罢进养子，宜取法行之"。

据清光绪《宣平县志》卷十"状元蔡仲龙"记述，蔡仲龙博览群书，诗书礼乐，酝藉其学，详雅其度，楷模宫邸，蔚有贤声，端委佩玉，据经以订。有人评价他："以经明行修立于朝，如玉在山。"可见其人品高尚。

丽水城内建"状元"石牌坊,记载蔡仲龙的显赫功名。据清光绪《处州府志》卷六"坊表"记述,"处州府丽水县:状元,为蔡仲龙"。蔡仲龙死后,葬官桥(今莲都区联城街道官桥村),至今官桥村尚有"状元坟"的地名。

据蔡氏族人介绍,相传蔡仲龙高中状元后,朝廷下旨在曳岭脚修建了状元厅。状元厅有围墙、正厅、天井,还有钟鼓楼。钟鼓楼雕梁画栋,非常精致。后来,状元厅毁于一场大火,唯余一堵残墙见证。

状元厅残墙

蔡氏家族是南宋众多新兴科举家族的一个缩影。蔡氏一族的成员多在地方担任官职,以人民为先,治绩有声,受到民众爱戴,相关记述在地方志或蔡氏族人的墓志中时有出现。蔡氏一族作为正统的文人世家,格外注重孝悌观念,不仅对上竭尽全力赡养,而且在同辈之间相互扶持,对晚辈亦关爱有加。

蔡氏族人,既能为国尽忠、为官爱民,又能兄友弟恭、和宗睦族。其优良家风,贯穿于蔡氏一族的兴旺发达历程中,且在当今得到弘扬传承。

第十七节　龙泉鲍氏家风（鲍彪）

在龙泉黄南，有鲍氏一族，自唐末五代迄于两宋，读书进取，仕宦显达，名人辈出。[①]在宋元战争中，他们坚定地支持南宋朝廷，入元以后拒绝仕进，逐渐归隐民间。

两宋至明代，龙泉黄南鲍氏一族取得进士63人（北宋17人，南宋31人，明代1人，另有宗谱载方志中未见的进士及第者11人、浙漕进士3人），特奏名进士30人，乡贡进士13人。又据乾隆《龙泉县志》记载，有宋一代鲍氏有鲍志大、鲍华、鲍瀚之、鲍昱、鲍士奇5人举荐辟。另据《鲍氏宗谱》记载，鲍氏有监举、乡举13人。明万历三十四年（1606），儒士兰谷野云子为龙泉黄南鲍家作序，盛赞其"犹比晋王谢、唐崔卢"。

龙泉市小梅镇黄南村古溪桥

---

① 本节有关龙泉鲍氏家风内容参考叶金军：《一门百进士 龙泉黄南鲍氏兴盛史》，掌上龙泉，https://www.sohu.com/a/218233947_165076，2018-01-22。

据《鲍氏家谱》记载，其先祖为唐太子少保鲍防，其后裔鲍藻避唐季之乱离，始避会稽。鲍藻生3子：鲍琯（永嘉派始祖）、鲍琳（龙泉派始祖）、鲍璨（钱塘派始祖）。鲍琳生鲍姚、鲍献，鲍姚生文绍、文赞，俱迁今龙泉市小梅镇黄南村，是为黄南始祖。鲍文绍生5子太初、太素、太（大）易、太蒙、太古，文赞生1子太冲。此后分为六房，枝繁叶茂，人丁兴旺。自天圣二年（1024），太（大）易进士及第，太冲（《绍兴十八年同年小录》中为"大中"）为刑部侍郎，后世300年科甲连绵不绝，入仕的文官武将不计其数。

两宋以来，科举考试是各阶层入仕的重要途径。鲍氏一族也十分热衷于科举考试，自鲍太（大）易举进士后，鲍家不仅参加科举考试的人数众多，而且进士及第喜讯连年不断。

在进士及第者当中，有鲍康功、鲍汝询、鲍翔祖孙三代同进士，鲍安平、鲍贻度、鲍贻庆父子三进士，鲍康尧、鲍彪、鲍辉叔侄三进士；也有同榜两进士，如宋治平四年（1067）许安世榜鲍康尧、鲍强，熙宁九年（1076）徐铎榜鲍安昌、鲍贻庆。绍圣四年（1097）何昌言榜则是鲍氏同榜进士及第最多的一年，鲍贻度、鲍祗、鲍耀卿3人进士及第。

在科举考试中，除一举成名者外，鲍氏许多族人也曾屡败屡战，一直考到老，最后获得皇帝恩赐特奏名进士。《宋史·选举志一》记载，"凡士贡于乡而屡绌于礼部，或廷试所不录者，积前后举数，参其年而差等之，遇亲策士则别籍其名以奏，径许附试，故曰特奏名"。尽管特奏名进士出身远不及进士及第者，却是当时士大夫阶层重要组成部分。据历代《龙泉方志》记载，共有鲍氏特奏名进士24人，另据鲍氏宗谱还有6人获特奏名进士，共计30人。

此外，还有乡贡进士。所谓"乡贡进士"，宋时指地方州县依据私学养成的士人，经乡试、府试两级选拔合格被举荐参加礼部贡院所举行的进士科考试，未能擢第者，相当于明清时期的举人。据《鲍氏宗谱》记载，鲍氏一族有乡贡进士13人。乡贡进士作为最基础的士人阶层，是朝廷强化乡村社会道德、礼义教化最基层的执行者，对稳定乡村社会发挥着重要作用。

　　一个家族，科举成就如此突出，不仅可傲视处州府，甚至在全国也为数不多。鲍氏在宋代政治舞台上相当活跃，鲍彪在其谱序中称鲍氏"东南推为仕族不在他姓后者"。

　　科举为读书人提供了上升通道，扩大了家族影响，也带动更多家族成员通过恩萌等其他渠道入仕为官。数百年间，鲍氏一族入仕者达200多人，其中不乏侍郎、谏议大夫等身居高位者。

　　在入仕的鲍氏成员中，曾涌现出众多勤政爱民的好官。如，东阳知县鲍安平为教化乡民重建东阳文庙，明成化《八闽通志》赞建州知州鲍祇"决事如神，吏民畏服，画其像祠祀之"，天启《两浙明贤录》赞鲍由"内外所至有声"。也有不畏权贵因言被罢者。如牟山献《通鲍制置启》称侍郎鲍度"风仪简远，议论崇宏。少微古括（处州之别称）之精英，历居言路，忠谠日陈，忤权要，出为郡守"。鲍家不仅文官为官清正，还有武将尽忠报国。德祐元年（1275），元军渡江南下，临江知军鲍廉率部迎敌于天长（今安徽泗州）、六合（今江苏境内）间，历大小百余战。元兵合围，鲍廉退守临江，城陷殉节。

　　鲍氏家族素来重视教育，家族成员科举及第连绵不绝，还培养出了不少学者型人物，鲍慎由、鲍彪、鲍瀚之就是其中佼佼者。

　　鲍慎由，交游甚广，少从王安石、苏轼学，与黄庭坚交往甚密。诗歌"高妙清新"，反映了北宋后期诗风演变情况。其藏书万卷，精心校雠前代诗歌，深受时人肯定。曾为《楚辞》、韩愈文、李贺诗作注，对钱起诗、杜牧文亦有评论。其书法成就受到著名书法家米芾赞赏，米芾在其《书史》称"能行书者，宣德郎鲍慎由"。他与著名画家兼文学家张舜民、宋宗室画家赵大年交往甚密。鲍慎由著述颇丰，《宋史》"艺文志"记载，其有《鲍慎由文集》50卷。

　　鲍彪，虽妙年即进士及第，但他不为仕途，潜心于班固、司马迁二史及诸家书，潜心收集、注释散佚严重的《战国策》，并对史料进行考辨梳理，重新编排次序和世系，四易其稿，于绍兴十七年（1147）完成。鲍氏《战国策注》一问世即大受欢迎，刊本、抄本流行极广。鲍彪著述颇多，除《战国策注》、与鲍慎由合作的《杜诗注》，还有《书解》等。鲍彪治学

严谨，潜心于文海，同僚虞允文、叶谦亨、陈俊卿、洪迈等大臣为他上章奏称："彪笃学守道，安于静退……博物洽闻，可以备议论；清介端悫，可以表晋绅……其义甚高，望表而出之，以励士夫之节。"

鲍瀚之，南宋后期著名天文学家、数学家。主持制定了《开禧历》，所取的木星周期为历代最佳，所取的木、火、土、金、水五星近日点黄经每年进动值皆为历代最佳。最早提出《周髀算经》作者为"赵婴"之人。在任汀州知州时还刊刻算经，现存鲍瀚之刊刻的《周髀算经》《孙子算经》《五曹算经》《张丘建算经》《九章算经》《数术记遗》《算学源流》7种刊本。

龙泉鲍氏一族潜心研学、精进深耕、为官清廉、勤政爱民的好家风，在新时代仍值得弘扬传承。

第十八节　缙云詹氏家风（詹象先）

在缙云五云街道詹山村，有詹氏一族。詹氏源于姬姓，为周文王之后。

詹姓宗祠通用联"源自上古，望出河间"，彰显詹氏的源流和郡望。又有"廷陈龟鉴，阁直龙图"，其上联典指北宋崇安人詹庠，下联典指北宋缙云人詹度。

相传五代时，詹生为避战火，带着家人来到缙云县邑驿后云塘一带定居，此后詹氏在此繁衍生息，其中一支于南宋末转徙定居于城南上交岭（亦称蒋姑岭）北麓，逐渐形成詹山村。①

缙云詹氏一族，流传"詹骙中状元"之说。据缙云《詹氏宗谱》记载，詹骙，缙云五云詹山人，宋真宗大中祥符元年状元及第。真宗皇帝曾题赐"荣桂"匾，封其为"缙云侯"，并赐诗一首《赐詹骙》："名阀夸詹氏，新居古五云。擢科魁众士，拔萃喜超群。礼肃人畏敬，胪传世共闻。好将多锦绣，五色耀龙文。"

缙云詹氏发家之祖为詹象先。在《宋故缙云处士敕追赠承事郎詹君墓志铭》中，载述了詹生之曾孙詹象先的部分生平事迹："君讳象先，字太冲，其先出于余杭……祖既遭乱，避徙于缙云，遂为缙云人"，"缙云詹君之为人，恂恂有可以观者。治于其家而不戾于法度；事于其亲而不犯于义；教于其子而不失于方；勤于其耕织而不没于利。平居遇宾客，虽其后生小子礼貌不为之衰；救人之急不避险艰；居闲处独不见喜愠"②。

缙云詹氏自詹象先两子登科开始，詹氏六代陆续出了11个登科进士，

---

① 本节有关缙云詹氏家风内容参考黄军杰：《古人修身齐家的典范——说说缙云詹氏家族的家风》，载《丽水研究》2016年第1期，第43-45页。

② 郑嘉励、梁晓华编：《丽水宋元墓志集录》，浙江古籍出版社2013年版，第126页。

40多人跻身仕途①，先后出现了以孝友闻乡里、启缙云詹氏登科先例的詹迥、詹适兄弟；从徽钦两帝北狩、金人授官不就以节死的忠臣詹友；朱文公高弟、人称"玉涧先生"的理学名家詹介；秉节不移、战守忠勤的宋代名将詹度；才识渊博、善属词章的宋代文士詹义。

缙云詹氏立足于乱世，传家世于久远，绝非由于其家族代代有族人登科、世世有族人为官而维持了缙云詹氏的大族地位，缙云詹氏成为望族，如同其他望族维持"君子之泽"而不使之"三世而斩"一样，因其家风好而令家族长盛不衰。缙云詹氏除了依靠科名起家外，其内以"孝友睦亲"，外以"忠义持节"的家风尤为重要。

据《宋故缙云处士敕追赠承事郎詹君墓志铭》记载，詹象先"事继母至孝，其舅朱氏贫无以自给……乃食之于其家，事之不啻如母之存，至于更三十年之久，而遂能得其所终。友人周良佐既卒，且无后，君为出资以嫁其孤女。吏有盗官粟者，君恤其无以偿，于是发起私以救之，吏因得不坐而蒙活者甚众，君固绝口不道其恩。遇岁恶则出所有为之损其直以粜，卒能使闾里之人不濒于死，而市谷之直亦以是不能增益"。詹象先"事继母至孝"，又帮助赡养其舅30年之久，以己之力，敦睦亲族。

詹象先不仅身体力行带头做家族"孝友睦亲"的典范，也要求两个儿子将"孝友睦亲"视为做人处世的第一要义。在明成化《处州府志》中，曾记述了詹象先教育子女的一些情况：詹象先有两个儿子。一个叫詹迥，为兴化军兴化县令。另一个儿子叫詹适，在睦州建德为主簿。两子相继登科，不仅开启詹氏子弟仕宦之路，也开启了缙云人"得官以荣其乡者"的典范，致使"邑人教诲其子弟，莫不以二子为法"②。二子登科之后"归省逾期，拜庭下"，其父竟"久不顾"，并"去袍笏杖之"，足见詹父家教之严，从中亦不难看出詹氏家族注重"孝友睦亲"的家风传统。后来，詹迥、詹适"俱以孝闻"。宋人传记资料记述，詹迥"性至孝，幼庐墓，有

---

① 有关詹氏家族登科者数量，据王达钦《缙云詹骙的传说与考证》一文统计，载《缙云文化研究》，浙江大学出版社2008年版，第191页。

② 郑嘉励、梁晓华编：《丽水宋元墓志集录》，浙江古籍出版社2013年版，第127页。

露降于家"；詹适"相传其祖庐墓有灵芝之瑞。文章政事俱优，尝庐墓，有灵芝之瑞"[1]。詹迥、詹适二兄弟传记资料虽简，却突出了他们"性至孝"的品格，不仅说明兄弟以"孝"闻，而且证明詹氏乃"有德之家"。

除了"孝友睦亲"的家风之外，詹氏家族子弟为官重"忠义持节"。其中又以效力于北宋存亡之际（徽钦两朝）的詹度、詹友为典范。詹度、詹友为詹迥、詹适的孙辈。宋人传记资料记载：詹度"宣和中，为燕山路安抚使，奏郭药师不可任，改帅中山，战守忠勤，钦宗御书奖之曰：'尔秉节不移，婴城固守，能出奇策，屡挫贼锋。昔张许之守睢阳、二颜之守朔郡，不足为卿道。'除资政殿大学士、信国公。后药师叛，果如度言"；詹友"以父适荫知雍州。靖康中，金人犯汴，友从北狩，金授以官，不就，死之"。

詹度因祖父几代为官，得以蒙荫入仕。"宋元符末（1100），以父泽，任两淮漕使"。宋徽宗继位当年（1101），詹度升补郊社令充京城茶场检点兼主管文字，之后官运亨通，于重和元年（1118），以显谟阁学士知河间任高阳关路安抚使。后任马步军都总管、中山安抚使，成为北宋末对辽金守卫的重要将领。[2]詹度为将，"受任于败军之际，奉命于危难之间"，不畏奸逆，屡揭反状，秉节不移，终建婴城固守之功。

詹友，一片赤诚、忠心为国。靖康之难，詹友随徽钦两帝"北狩"，"金授以官，不就，死之"。

詹度、詹友生于乱世，忠义为国，真正演绎了詹氏家族对外"忠义持节"的家风典范。

《周易》有言："积善之家，必有余庆；积不善之家，必有余殃。"缙云詹氏家族由詹生在五代末从钱塘转徙缙云，几代族人秉守并演绎着家族"孝友睦亲，忠义持节"的家风，令家族繁衍旺盛、日益壮大，最终成为了名门望族。

---

① 昌彼得、王德毅等编著：《宋人传记资料索引》，鼎文书局1977年版，第3274页。
② 吴廷燮：《北宋经抚年表》，中华书局2004年版，第150页。

第十九节　庆元吴氏家风（吴昱）

一个有传奇、有精神、有情怀的家族，总是经得起岁月大潮淘洗而长留于人们的记忆之中。

南宋时期，庆元县百山祖乡龙岩村（一说南宋龙泉县龙溪乡龙岩村）有吴氏一族，始祖吴昱（1130-1208），是世界"砍花法"人工栽培香菇技术创始人，因其排行老三，后人敬称"吴三公"。

据明万历《吴氏宗谱》记载，吴氏先祖于唐代由山阴（今浙江绍兴）迁至庆元松源，后子瑛于北宋政和八年（1118）到龙岩村肇基。吴三公于南宋建炎四年（1130）生于庆元龙岩村，后随其父徙居西洋村。相传吴三公少年时代就身高体壮，练就一身好武功，同时跟随做道士的父亲学习道术。传说他在与乡亲们一起挑盐过程中堕入深渊，拜五显神为师，受点化掌握了制菇术。其实，吴三公年轻时与乡亲们常年行走在龙庆古道的茶木圩（古时属龙岩村范围）一带，在烧炭和采集野生菌蕈过程中，发现倒下的阔叶树皮层刀斧砍伤处会出菇，他就搭棚建寮砍树试验，通过一段时间的实践，总结出了砍花制菇的特殊技艺并传授给乡亲。据《庆元县志》记述，明初国师刘伯温把香菇作为贡品献给皇帝朱元璋，并向皇帝奏本，讨封龙（泉）庆（元）景（宁）三县百姓生产香菇的专利。从此，制菇的民众越来越多，吴三公被菇民尊为"菇神"，南宋咸淳元年（1265），菇民在西洋村立庙祀奉吴三公。清乾隆年间，龙庆景三县菇民达15万人，其中9万以上是庆元人。

在百山祖乡黄皮村，村中最主要的建筑即是吴氏宗祠，依祠推知建村年代在明代。祠中正堂有"文魁"门匾，祭台祀有吴三公，上悬"序伦堂"牌匾，显示吴氏族人对先祖的感恩之情，也显示出吴氏族人对文化教育、道德伦理的尊崇和对美好愿望的祈盼。在黄皮村，历史上有两个"大人物"，其一为吴兆桂，迪功郎正八品，其二为吴星海，钦授迪功郎正八品。在黄皮村中，独有的静谧和隐秘，给予了吴氏族人独有的纯粹、超脱。近年来，在原生态风景加持下，吴氏族人正在探索一条农业高质量发展与产业帮扶紧密结合的新路子，打造集旅游观光与特色种植于一体的种植园，打造避暑消闲理想地。

无论在龙岩、黄皮还是其他村落，昔时吴氏族人中有不少人曾以在山中种植香菇为生，其足迹遍布江西、安徽、福建等省份，他们坚守"砍花法"，选择了与传统割舍不断的情缘与责任。如今，吴氏族人所创建的香菇部落专业合作社的省级非遗项目"香菇砍花技艺"生产性保护基地是迄今为止全国唯一建成的专业类型基地。在现代浪潮中坚守传统，充分体现了吴氏族人的智慧和情怀，也充分展现了吴氏族人在与自然和谐共生过程中生成的艰苦朴素、勇往直前的优良家风。

吴三公开创了香菇生产之先河，并在长期而广泛的研究中总结出了场地选择、菇木种类、砍花、遮衣、倡花、惊檑、烘烤等一整套科学的人工栽培、管理和加工方法，成为香菇生产发明者，打开了食用菌的宝库，给山区人民带来了福祉。早在南宋嘉定二年（1209），何澹编修《龙泉县志》时，用185字记叙、总结了香菇的栽培技术。明朝年间制菇术传到了东瀛，因龙泉、庆元、景宁属处州府，日本称香菇为"处蕈"，即认为处州是世界香菇的发源地。1989年，原国际热带菇类学会主席张树庭教授题词"香菇之源"，1994年又为龙岩村吴三公祠题词"香菇之祖"。

龙岩，恰似遗世独立的世外桃源，它的古朴、沉敛和烟火气，直抵空落、起伏的人心。从龙岩走出的吴氏族人，以其对传统的坚守，在历史征程中书写着独特的篇章。

第四章

元朝处州家风

元朝，处州人家尊宗敬祖意识强烈，充分体现了朴素的祖先信仰。

元朝处州人家信奉忠孝节义、友睦亲邻、勤俭持家、积德行善等儒家理念，在个人修养和家庭教化方面，强调表里如一、身体力行，进而形成了崇德尚义为主流的家风。

元朝处州人家还非常注重生活技能、社会责任教育，着重体现在尚武、丰财、尚医等方面，整体上呈现出传承性、多元性、社会性等特点。

第一节　元朝处州家风概述

许是因为战乱频仍，辽、金、元三朝的传世家训寥寥无几。在处州，元朝各姓家风，仅从人物志传中可窥一斑。

元朝处州人家大多以儒学起家，深受儒学影响，因而其家族成员基本上都信奉忠孝节义、友睦亲邻、勤俭持家、积德行善等儒学理念，并在日常生活和教育子女时身体力行，形成了浓厚的"崇儒"家风。

元朝有不少教子诗，和其他诗作一样，通俗易懂，毫不矫饰。其内容大致包括三个方面：首先，勤学不辍，自强不息。处州家风强调学习要持之以恒，否则就会前功尽弃、一事无成。其次，谦虚谨慎，谨言慎行。处州家风十分重视对子女进行品德教育。在不少教子诗中，家长都耳提面命要子女向圣贤学习，加强自身的道德修养，常以儒家五常即仁义礼智信指导自己的行为。第三，家史和家风的教育。无论是出身声名显赫的贵族还是寻常百姓，都始终不忘对子女进行家史的教育，不要辱没优良的家风。

在元朝处州家风中，"仁"依然是核心要素。其实，"仁"的本质正在于，一方面承认社会群众中的人有等次，另一方面又通过"爱人""忠恕"等血缘、族类的情感联系，"把社会群体黏合起来，使之成为一个既有等差又团结相亲的有秩序的社会组织系统"①，对于家族来说也是如此。

除了道德层面的教育之外，元代处州人家非常重视家庭成员的文化修养。"风檐展书读，古道照颜色"，书香门第一定要有书，读书才有出路。在元朝时期的处州，书香无处不在。在处州各姓族人看来，读书，不仅能开阔族人的知识面，还能增强族人的审美能力，对于族人养成正确的世界观、道德观、人生观有着潜移默化的作用，因此，处州一带耕读家风依然盛行。

---

① 刘长林：《中国系统思维文化基因透视》，中国社会科学出版社1990年版，第140页。

在个人修养和家庭教化方面，元朝处州家风大多体现了表里如一、身体力行。在家庭教育中，绝大部分家长注意身教胜于言教，注重对子女优良品德的养成训练。在家长的教育下，许家子弟处世都很谨慎，自幼就养成了恪守道德准则的品行。

在元朝，处州人特别注重"清廉公义"。清廉公义，是指为政者廉洁奉公和不徇私情。《资治通鉴》有言"吏不廉平，则治道衰"，如果为官不能做到清廉公义，国家就会衰败，其间深刻揭示做官与国家命运的关系。公义乃从政之生命线，手握公权力，应持原则不摇，执标准不偏，履程序不变，遵纪律不松。不分亲疏，一视同仁，方可取信于民。

众所周知，儒家文化自古以来重视人的德性品格，重视德性的培养和人格的提升。它历来高度推崇那些有精神追求的、具有高尚道德品格的人士。在元朝处州家风中，常把对真理和道德的追求看得比生死更重要，时时流露出对道德信念的坚守，甚至对道德理想的追求可以不受物质条件的影响，进而在社会上营造了崇德尚义的良好气氛。

《国语》有云，"言仁必及人"。"仁"，作为儒家思想最重要的道德观念，是自我对他人的态度，对他人的关怀、爱护，或对他人施以恩惠。因此，《说文解字》对"仁"释义为"仁，亲也。从人二"，充分说明"仁"的基本字义是"亲爱"，极好地揭示了人与人之间应该注重"关爱"。"仁的原始精神是要求双方皆以对方为重而互相礼敬关爱"，应"以待人接物所应有的礼貌和情感来表达敬意和关爱之情"[1]，元朝时期的处州，以其仁、爱，传递了无限敬意与温情。

概而言之，在元朝处州家风中，正是儒学奠定了中国文化的核心价值与道德规范，在处州家风的传承、发展中发挥了积极作用，而且在增强中华民族的生命力、凝聚力方面也发挥了主要作用。从中不难看出，虽是家风，但对于塑造中华民族精神方面，也在起着不可小觑的作用。

元朝处州家风除了崇儒以外，还体现在尚武、丰财、尚医等方面，从总体上看，具有传承性、多元性、社会性等特点。元朝处州家风的形成与

---

① 陈来：《儒家文化与民族复兴》，中华书局2020年版，第79页。

传承，主要依靠家庭教育，同时也受到社会环境的诸多影响。在元朝，承担家庭教育的主体是父母，其他族中长辈也参与其中。家教的途径主要有长辈日常教导、长辈遗言遗训、社会环境的影响等等。从具体内容看，元朝处州家风主要分为三大方面：一是道德层面的教育，二是生存生活技能层面的教育，三是社会责任教育。元朝处州的家风家教，对于家族的发展延绵和社会风气的塑造，均有重要作用。

第二节　莲都徐氏家风（徐显清）

层峦叠嶂之中的莲都区峰源乡西坑村，村名因开基建业始祖沿溪坑向西寻觅居处而得。清道光二十三年（1843）叶荣《西坑地舆记》盛赞西坑"既有物外之清虚，亦有人间之豫逸……四时佳兴，不与人同"。

西坑人以徐姓为主，徐氏先祖显清公，于元世祖十二年（1275）自碧湖泉庄徙居西坑村，徐氏后裔世代在此劳作休养、生息繁衍。徐姓向称巨族，世有门风。

徐氏宗祠，是徐氏族人心中的圣殿，也是徐氏家风的重要物证。先祖曾劝诫后世子孙"切勿视为游观之所，务宜时严洁净，以荐馨香庶祈祖之克享也"。

始建于清乾隆七年（1742）的徐氏宗祠仅一直五架，清嘉庆六年（1801）举工修造，逐步完善东西廊、戏台、祖宗神坛等。宗祠内梁枋上悬"有勇治方""以厚其本""聚德参天"等匾额，昭示着徐氏族人重仁义、讲仁爱的品质。神坛中间为徐氏先祖徐偃王像，左边为同属东海郡的明代科学家徐光启像，右边为西坑开祖太公徐显清像。①

神坛上还立了一块高约1米的雕龙贴金的"大成至圣先师孔子之位"神牌。据西坑《徐氏宗谱》记述，公元前1000年许，西周时期徐国国君徐偃王，其仁义精神令曾经算计他的楚子力劝楚王曰："偃王有道，好行仁义，不可伐。"由此推知，倡导"仁义"的徐氏将孔子牌位放于宗祠，是因徐文化与孔圣儒学确有渊源。徐氏祭祖之际同时祭拜与传承徐文化，并将祭拜徐文化纳入儒文化的先师孔子，自是不言而喻。

---

① 本节有关莲都徐氏家风内容参考余厚洪、李倩：《莲都峰源乡西坑村徐氏：仁义传家行善事》，载丽水市纪委机关、丽水市委宣传部、丽水市档案局编：《丽水好家风》，线装书局2018年版，第110-116页。

清代以来，徐氏族人中秀才、贡生者甚多。宗祠内悬"文魁""贡元"等多块匾额、宗祠门口和屋舍门井前所竖桅杆及数对桅墩便是明证。

曾位列浙江乡试第8名的徐望璋（1776-1857），清嘉庆二十一年（1816）中举，取得当时处属越60年乡试的最好成绩。他曾主讲莲城书院十余载，每逢春秋年节，就到西坑宗祠给村人学子讲学，出其门下者均有其风范。徐望璋后被授武义县教谕，洁己爱士，武义人对其称颂至今。清同治八年（1869）丽邑廪生李国材的《望璋太翁传》称其"不汲汲于富贵，不戚戚于贫贱，而且廉隅是饬，非义不为，品行至方，非公不至"；西坑徐氏21世孙徐德坤《一代名流——先祖徐望璋公简略史考》赞其"为人正直，品行端方，办事有度，非义不为，乐善好施"，徐望璋"为乡试年补给诸生路费"，"捐资置田81.1493亩"。从这些记述中，足见徐望璋之端方仁义。

徐望璋之后，晚清贤德名士徐琨，曾经公选担任南乡8000户50000多人的千总（行政官员）。徐琨在西坑主持建成了大仓学馆、办学育人，还建义仓行善、惠泽乡野。徐琨在西坑所建义仓设有4格，每年藏谷80余担，义仓的稻谷专门用于救济本地困难户。他还在碧湖、三丰、新溪、利山等地建有义仓。极为传奇的是，清咸丰八年（1858），徐琨被太平军"请掳"，在太平军王府里，他给对方讲"道义"，最终顺利从"长毛"处获释归来。同治元年（1862）兰邑增生诸葛鄂避乱入境，合家乞食，徐琨"授馆给米三年，致敬尽礼，未尝少懈"，可见徐琨亦是心仁行善之士。

西坑徐氏，无论业儒、经商、行医或务农，皆崇仁尚义、品行端方。《徐氏宗谱》中相关记述不胜枚举。例如，《宗为公行略》中，徐宗为"凡修庙宇桥梁皆其所乐"，而且"和亲睦族，矜孤恤寡"；《中儒先生志》中，徐中儒"泽及乡邻，功被遐迩，而且时不受谢"，"一切非礼非义皆所不为"；《赠中钮公序》中，徐中钮"以忠厚为尚，不多言不妄作，无二三虞诈之心，不随流不逐波"；《徐肇基公由西坑入碧湖创业兴家传》载，徐肇基"禀性慎厚，尤重信义"，"鱼盐贩运，慕胶禹之高风，曲药经营，得杜康之秘制"；《自远翁传》载，徐自远"凡亲朋交接周急，重君子之情，邻晨往来分财，同仁人之惠"；《逸卿公行略》载，徐友蕃"乐善不倦，周济

匮乏，惟力是视"。在徐氏族人的记载中，仁义之风比比皆是。

或因徐氏先祖专设"学堂田"，免费供徐氏族人上学读书，且在村中倡导去陋俗、树新风，因此徐氏子孙代代承传，素质都较高。徐氏第22世孙徐灯明《西坑杂记》回忆，1949年前西坑村几无白丁，亦无赌博偷盗现象，男女老少大都通琴棋书画。中华人民共和国成立后，徐氏子孙依然传承着聚德参天、以厚其本的家风。

如今，西坑徐氏子孙分布于欧美、东南亚、北京、上海、杭州、南昌、宁波、温州、湖州、丽水和台湾等地共2200多人。不论身处何地何领域，西坑徐氏子孙都在书写着仁义良善的故事。

莲都西坑徐氏一族，对一家之爱，扩大为博爱、仁慈，难能可贵。

第三节 龙泉王氏家风（王毅）

在龙泉竹垟畲族乡盖竹村，有王氏一族。

在王氏族人中，龙泉知名儒士、忠义之士王毅属于其中的典范。王毅（1304-1355），字刚叔，号木讷斋。曾荐为燕京检讨编修，坚持不愿为官，归故乡设教室办学，其学生有明初开国功臣的胡琛、章溢等。其墓现存盖竹村，墓碑有胡琛、章溢所题文字。著有《木讷斋集》5卷及附录卷。宋濂为其作序，称其"刻志经传所学，必欲之于实用"。

据《王氏家谱》记述，"二十六世岐隐公，以德自守，世乱人晓视若不足与较者，惟创衣食之基若幽人，然闲则自课三子使不失儒家风，厌凡嚣晚年命曰：后当徙盖竹，其一脉之祖为讷斋公，遵遗训隐居盖竹，励志砥行……"王毅是晋时大名鼎鼎的丞相王导之后，老祖宗从山东胶南琅琊，先迁往浙江山阴（今绍兴），后来王姓一支又从山阴迁至龙泉盖竹，代代务农，学而不仕。

王毅自幼酷爱读书，因家贫不能买书，于是常向村人甚至到县城有书人家借阅，诵辄不忘。稍长，父亲让他牧牛，他就带一捆薪禾，挂在牛角上，读到日落不知归。父亲让他去水碓舂米，他在碓旁埋头看书，米舂成粉而浑然不知。王毅叔叔见王毅甚喜读书，在劝慰王毅父亲并获认可之后，挨户宣传，让有孩童户出点资米，在王家祠堂办起村塾，让王毅当老师教授村中孩童。王毅将束修收入悉数用于买书，数年下来，家中积书万余册，夜间读书，每每油干灯尽，仍听到他吟诵不息。

王毅曾于弱冠之年前往处州问学于郑复初。旋读《太极图说》，谒金华许谦于山中，悟理一分殊之旨，久之，循淮泗，溯黄河，睹泰山凫绎之雄，徘徊阙里，怅然有千载之思。

王毅30岁前后，北游至元朝大都（今北京），有幸晋见了黄溍、揭傒斯、欧阳玄、危素等名声显赫的翰林学士、史馆编修，深受器重，争相荐

举王毅为检讨经筵编修、入翰林，然而王毅总是自谦坚辞不受。不久后，王毅离京南归龙泉，将斋室名"木讷斋"，聚徒讲学，阐扬"本心"之学①，以躬行实践为教，"明体达用"教化感德县民"皆知畏慕革心从善"。其时，龙泉胡深、章溢、叶琛、叶子奇、季汶甚至元处州守将石抹宜孙都拜王毅为师。时逢县境发生饥荒，王毅心急如焚，反复上书县尹推行"劝分之法"，让富裕户按人口留粮，余粮一律出借贫困户，县尹准此推行，万余饥民得救后对王毅感激不尽。

据宋濂《王先生小传》记述，"至正中盗起青田，县吏宝忽丁遁，刚叔先生集弟子章溢、季文及乡民大败群寇。朝廷要责罪宝忽丁，宝忽丁集乡恶少杀先生于家，卒年五十二"。龙凤元年（1355），处州路青田县潘惟贤、华仲贤聚众起义，声言攻龙泉县，而因龙泉县达鲁花赤台宝忽丁贪虐无状，龙泉县民于是给潘惟贤带路攻县治，台宝忽丁弃官印而逃。王毅与弟子章溢、季汶召豪杰8000余人击败义军，县治复为元朝所有，元朝以银币为赏，王毅不受，乞求更换达鲁花赤以抚慰残黎。台宝忽丁害怕因弃职而获罪，嫉恨有功的王毅，而元帅府这时要追究台宝忽丁弃职之罪，台宝忽丁遂纠集季溪恶少年抗命，杀害王毅于其家。

王毅生平事迹，见宋濂撰《王先生小传》（《宋文宪集》卷四八）、胡翰撰墓志铭（《木讷斋集》附录）等。

王毅遇难后，门生章溢、胡深、叶子奇等四处为先师收集遗文散稿，得诗文5卷（文4卷，诗词1卷）。宋濂撰《木讷斋文集序》云"先生殁后，其高弟子章君溢等皆学力践能弗畔先生之教，且谓先生之为人固不假文以见然非此又不足以知先生者，因辑成五卷来请为文之序"。10年后（1365），章溢之子章存道、章存诚校订编次成书，名《木讷斋集》，共5卷，附录1卷。卷一为师友间迎送酬赠诗文之序，卷二为祭文及纪游文，卷三为书信，卷四为道德修养评论，卷五为酬赠诗章。文集之后有附卷，

---

① 儒家指人心的天赋性能、良心，孟子《告子》中言"此之谓失其本心"，朱熹《集解》释义"本心，谓羞恶之心"，认为善心是"本心"，是人性固有的，只要按"本心"去做就是道德修养的标准。

内容为吊唁王毅文8篇。《木讷斋集》刊行于世，但罕见流传。

王毅死后，乡民与门生为其建陵墓，造祠堂，拨祭田。元史修撰胡翰为王毅写《王刚叔墓志铭》；江南儒学提举、元史总裁、翰林待制王祎写《龙泉王先生祠堂记》；御史中丞兼太史令诚意伯刘基写《义忠祠祭文》；门生石抹宜孙、章溢、胡深、叶琛、叶子奇、季汶等48人合写《从学祭文》。

在《木讷斋集》附录中，胡翰《王刚叔墓志铭》云，"闽寇犯，刚叔以谋赞万户石抹。青田寇至，亲率弟子致讨复其邑。未几……刚叔再议举兵，寡不敌众而被执，颜色自若"，足见王毅有勇有谋。

王毅配偶叶氏、娄氏，皆无子，过继兄之子王彦珣。

王毅，是名相之后、名臣之师，其平生事迹让盖竹村学文向善之风代代相传。在盖竹王氏祠堂，展示了王毅的生平事迹，王毅被奉为"布衣硕儒"。

王毅重学重耕的理念深入人心，王氏一族不辱门风，文脉不断，学文农耕世代相传。例如，建于民国之初的坤德桥，是由盖竹村黄张凤独资建造，花银洋19000余元。一名乡间女子，出巨资建廊桥，如此义举，委实不凡。又有罗黄氏，积德行善，造福后人，将自己住龙镇水塔村方圆15华里的山林作坤德桥的桥会，作为护桥和桥庙的开支。如今，盖竹村委把集体山林的收入用作村里公益开支，使其善举代代相传。如此种种，秉承了王毅倡导儒学向仁向善的好风尚。

第四节　缙云胡氏家风（胡立）

在缙云县溶江乡大黄村，胡氏一族尚武风气极盛。自古以来，乡民"勇于公战，怯于私斗"，形成了精忠尚武、保家卫国的好家风。[1]

坐落于崇山峻岭之中的大黄村，地形为观音坐莲状，具有堡垒防御式结构。村东西两边有关隘水口等险要拱卫，为易守难攻之地。

大黄村人多为胡氏。据《林原胡氏宗谱》记载，宋朝时，先祖胡端觐授缙云县儒学教谕，任满后偕弟端懿迁居于大黄村。大黄村一带山多田少，先民们在农耕之余，往往上山打猎以补贴家用，民风剽悍骁勇。

习武，自古被视为一种自强不息的民族精神。习武，本有一种不甘平庸、超越自我、永不放弃的理念渗透其中，习武之时，尤为强调个人与国家的关联，武者也认为要以国家和民族利益为重。大黄村胡氏一族，有"习武卫国""习武保家"的口传家训。

大黄村胡氏第8世祖胡立，字子健（1311-1385）。据《林原胡氏宗谱》记载，元朝至正年间，胡立为保一方平安，率领附近各村乡民结寨花岩，誓死抵抗元末草寇剽掠，是时，大黄村老弱妇孺皆勇猛。

明朝洪武年间，胡氏族人因为孔武勇猛，纷纷响应朝廷号召，自愿陆续抽丁到山西潞州从军戍边，以抵抗元朝残余势力。据《林原胡氏宗谱》记载，参军者有第9世胡完，第10世胡就、胡宁、胡琼、胡训，第11世胡晨、胡有，第12世胡伊、胡尹、胡罐。据统计，大黄村胡氏一族的从军人数，为当时整个缙云县之最，而且有不少子孙世代留居潞州，守卫边塞。

---

[1] 本节有关缙云胡氏家风内容参考黄俊剑、陈渭清：《缙云县溶江乡大黄村胡氏：千年武风，精忠报国》，载丽水市纪委机关、丽水市委宣传部、丽水市档案局编：《丽水好家风》，线装书局2018年版，第36-41页。

及至清代，大黄村一门胡姓人家就有五代共9人连续高中武秀才，其中1人武贡，1人增广生；整个家族有17人中武秀才，族人胡贵灵更是同治甲子科的武举人。村中尚有练功用的"千斤墩"10来个，百廿斤刀2把，百八十斤石元宝1个。

清末至民国，抗敌报国之事，在大黄村胡氏族谱中亦有大量记载。直至近现代，大黄村又是缙云南乡红色革命根据地之一。革命初期，村中有多人为革命事业献身。特别是在解放一江山岛、抗美援朝、对越自卫反击战当中，参军抗敌人数达到历史高潮，涌现出了一批精忠报国、视死如归的烈士和英雄。

胡设新，1945年入党，投身解放战争，1949年7月，在赴壶镇清缴国民党残匪过程中，不幸牺牲。

胡永昌，1952年参军，在解放一江山岛的战斗中荣立三等功，1955年在解放大陈岛战斗中英勇杀敌，壮烈牺牲。

胡再廷，高中未毕业就投笔从戎，在解放军某部当侦察兵。解放一江山岛时，他把生死置之度外，乘登陆艇奋勇前进。在战斗中，他的左眼为烟幕弹所伤。

此外，还有父子从军、双双立功的佳话。父亲胡金昌，1953年参加中国人民志愿军，荣立三等功1次，全军通令嘉奖1次。1955年，在解放一江山岛战斗中负伤，荣立三等功1次，后选拔到部队政治干校，毕业后任连副指导员。复员后，赴青海支援大西北建设。他的大儿子胡理涌，1983年入伍从军，在对越自卫反击战中英勇杀敌，荣立三等功。

据宗谱记载，近现代以来，胡氏族人参军人数很多，有副师级1人，团级军官1人，营级3人，谱写了一个个可歌可泣的英雄传说。

尚武与崇德，素来密不可分。习武者不仅尊重师长、虚心学习，而且以武修德、以礼为先，做一个有道德、有责任感的人。在习武者身上，总有一种积极向上、健康向上的精神追求。正因如此，大黄村胡氏一族始终心怀家国，甚至不惜牺牲生命，流露出了强烈的爱国主义情怀。

在大黄村，有很多人会武术。据村中老人回忆，当他们小时候，村中都会在农闲时节组织习武，有不少人在早年都练过几套拳术和棍法。

如今，大黄村尚武遗风经过演化，变成了独具特色的国家级非遗民俗——迎罗汉。迎罗汉习俗起源于明朝，集戏剧、武术、杂技、器乐于一体，在大黄村一带极具盛名。

每年农历七月初七的张山寨庙会，热闹非凡，迎罗汉是其中的重头戏，也是大黄村村民展现好身手的时候。迎罗汉的队伍人数众多，场面宏大。参与者少则六七十人，多则上百人。在阵头旗带领下，全体队员手持各式兵器，进行布阵、团阵、破阵及舞刀花、棍术、拳术、叠罗汉等表演。阵式变化多样，场面气氛热烈，既惊险又精彩。

其实，在迎罗汉里面还包含了很多武术内容，比如各种拳术和刀术。除此之外还包含很多阵法，比如八卦阵、连环阵、梅花阵、龙门阵、结字阵、万字阵、罗成阵等，这是结合明代潞州府一带具有实战作用的军阵相糅合而成，保留了古代遗风。

大黄村胡氏一族习武报国的风尚，世世代代传承不衰。以"迎罗汉"方式呈现的民俗，演绎着胡氏精忠尚武的好家风。

第五节　龙泉胡氏家风（胡深）

据《明史·卷一百三十三·列传第二十一》记载，胡深（1315-1366），字仲渊，处州龙泉人①，元末明初著名将领。颖异有智略，通经史百家之学。

胡深之父胡钲，在元任征东行中书省左右司员外郎。胡深少时曾随父至大都与高丽，师从梁载与洪彬。后至元四年（1338），胡深回龙泉，师从王刚叔。至正初，胡深在县北围源父亲墓左筑简屋守灵，读诸子、百氏、天官、地志、兵谋、医药、术数、卜筮、佛老之书，尤精医学。

元至正十二年（1352），红巾军起，盗贼从江西蔓延闽浙间，由福建浦城、松溪入龙泉，胡深从王刚叔集乡民共为守御计而结寨于湖山。朝廷派万户石抹宜孙来镇处州，王刚叔推荐胡深为石抹的宾僚，年底平定盗寇。至正十四年（1354），胡深随江浙行省参政恩宁普平定温州盗寇。至正十五年（1355），胡深随恩宁普征饶州。至正十六年（1356）末至至正十七年（1357）三月间，胡深到吴郡（昆山）征张士诚，鄞人袁士元有作《赠胡仲渊参谋》诗："高谊谁为国解纷，大参帷幄见胡君。笑谈已试平吴策，仓卒能修喻蜀文。三尺剑锋光比月，一城士气蔼如云。衡门亦有栖迟者，静倚江皋听策勋。"至正十七年（1357）秋，在镇处州一年后，浙东同知副都元帅石抹宜孙升任江浙行省浙东分省枢密院院判，总制处州，任命胡深为枢密院都事，参谋军事。至正十九年（1359），胡深随元军平定处州，大明大将耿再成卒。至正二十年（1360）五月起，胡深从元顺帝征安徽。至正二十一年（1361），胡深还处州招集旧所部将校士卒从元顺帝征江西。至正二十二年（1362）元月，元顺帝以胡深为亲军指挥领兵守吉安。时值处州大乱，朝廷任命胡深为江浙行省左右司郎中总制处州，从吉

---

① 一说为龙泉市塔石街道南弄村人，一说为缙云县胡源乡上坪村人。

安驰归处州。胡深到处州，恩威并施，安定处州。至正二十三年（1363），胡深从张士诚麾下大将、江浙行省平章李伯升平定谢再兴东阳之乱。至正二十三年（1363）秋至至正二十四年（1364）初，胡深至温州协助方明善等平定温州平阳，削去周嗣德的兵权。至正二十五年（1365），张士诚升任江浙行省丞相，授吴王，胡深被张士诚任命为王府参军。至正二十六年（1366），朱元璋部将朱亮祖从饶州（广信）进攻福建建宁等地，处州与建宁相近，胡深按命会同建宁守将阮德柔从击之。胡深在交战中因马蹶被朱亮祖执，押至金陵遇害。闻讣，元顺帝痛悼不已，遣使至其家祭之。命中书议加恤典，追封缙云郡伯，有爵而无阶官职勋者。处州军民在龙泉为胡深建衣冠冢与祠堂。

胡深天资聪颖，智识绝人，其于艺术，弗学则已，学之无弗精诣者。性偶傥，好施予，贤士大夫，有贫乏者倾囊相助。自至正二十二年（1362）守乡郡，凡五载，驭民一以宽厚。用兵十余年，未尝僇一卒，恩惠在人甚多。著有《芸斋集》，遭禁毁，不可传。

胡深，是文武之才、忠义之士，颇具盛名。胡深久任乡郡，志图平闽以报效，仗义爱民，在执政处州期间，据《明史·卷一百三十三·列传第二十一》记述，胡深"兴学造士。缙云田税重，以新没入田租偿其数。盐税什一，请半取之，以通商贾"，为老百姓做了许多好事。

胡深长子胡桢，字伯棠；次子胡枢，字伯机。

胡深的子孙去向，今有三个版本。一传处州缙云县。胡深子孙入明即从龙泉徙居缙云。《缙云上坪胡氏宗谱》记述，"胡桢长子胡羲，字仪运，为缙云上坪始迁祖。胡桢次子胡义，字仪遁，迁缙云县廿九都（今属磐安）月岭、胡庄、石下三村"。此说可信。又传山东五莲县方城、湖南张家界。后二说应属误传，或系张冠李戴，不足为凭。概而言之，处州缙云上坪等地有胡桢的后代繁衍；胡枢后代在缙云上坪等地繁衍；山东莒县方城、湖南张家界或有胡深家人繁衍。

胡深留存于世的诗作很少。在光绪《龙泉县志》卷十二"艺文志"中，载有胡深平定闽寇后所作之诗："四方寇起慢狐号，颈血徒为污宝刀。甘着红巾轻赤族，空余白骨卧黄蒿。霓旗影动山风疾，霜角声寒诲月高。遥喜故人深入幕，碧油幢下看龙韬。"从中可见胡深的忧国忧民之心。

胡氏一族文才武略、忠义传家，可歌可泣。

第六节　莲都叶氏家风（叶琛）

　　莲都碧湖山根村，峰峦相连，山涧汇聚，壤接膏腴，良田千亩。据《峰山南阳叶氏宗谱》记述，高溪（今属碧湖）叶氏一族，于南宋年间在山根定居，躬耕田亩，持身以正，繁衍兴盛①。

　　在叶氏族人中，元末明初"浙东四先生"之一的叶琛（1305-1362）便是其中翘楚。叶琛，字景渊，别名伯颜。其父叶诚，在元为处士。据宋濂撰《叶治中历官记》、元末文人诗文及《南阳郡叶氏宗谱》所记，叶琛博学有才藻，自小天资聪颖。天历元年（1328），叶琛年逾弱冠，游学京都，因才能超群，经举荐入通政院任职。至正三年（1343），授浙江兼代宣抚使。至正四年（1344），任歙县县丞。他为官清廉，有治民之才，明察秋毫，改革赋税，减轻百姓负担。至正九年春（1349），升青田县尹。叶琛认为政务不好整治的主要原因在于不重视教育，不能教化百姓，于是一上任就兴建明伦堂，聘请学问渊博者担任六经讲师，增加学田30余亩，供给学生伙食。每月朔望均穿戴官服，祀拜先圣先师，并申述五伦之教。他明断是非，改革赋税，深得百姓爱戴，经其治理，社会安定秩序井然。其爱民勤政，闻名遐迩。至正十二年（1352），升任处州路判官。至正十七年（1357），升为浙东道宣尉副使兼处州路同知。至正十八年（1358）春，任浙东道宣尉副使、处州路治中。至正二十年（1360），元顺帝勅书江浙行省宣慰司副使叶琛。至正二十二年（1362），朝廷大军克洪都，元顺帝立即任命叶琛为洪都知府。后因元降将祝宗、康泰叛乱，叶琛被俘后宁死不屈，大骂叛贼被杀，葬于丽水高溪黄坛岭。洪武元年（1368），追

---

① 本节有关莲都叶氏家风内容参考丽水市莲都区纪委监委：《山根叶氏：忠正持身　耕读传家》，浙江省纪委监委网站：http://www.zjsjw.gov.cn/zhuantizhuanlan/qinglianwenhua/jiaguijiaxun/202204/t20220412_5912486.shtml，2022-05-13。

封南阳郡侯。

在史籍中，没有留下叶琛的墓志铭。按历代《处州府志》记述，叶琛等人是处州出名的忠义之士。宋濂谓其乃一代循吏。叶琛深负经济之才，所到之处深受百姓的爱戴，翰林待制郑玉、一代名臣余阙等对叶琛的才能与宦迹无不啧啧赞叹。若论元朝的汉人能吏，丽水叶琛自是其中的佼佼者。

按高溪村叶琛后裔珍藏的《南阳郡叶氏宗谱》记载，叶琛"娶本城刘氏（1307-1370）生一子二女。子叶仕绂（1345-1385），字彦麟，行兆一百七……长孙叶文修（1369-1394），字永道，行京九十九，由祖荫官授合门使升观察使"。

按谱记载，叶琛只有1个儿子。而据安徽桐城一带叶氏家谱记载，叶琛另有4个儿子叶道元、叶道华、叶贞、叶贵，"父难奉母避乱徽州婺源"，叶道元隐居峡山，叶道华隐居枞阳，叶贞隐居柳峰山北，叶贵隐居桐城西门。其时已入新朝，其儿子岁数均已不小，估计在元朝都有官职，隐居他乡，以免遭难。叶仕绂应是家中最小的儿子，应无官职，留守在家，继承高溪叶琛一脉香火。

叶琛之弟叶现，明洪武初年被举荐到南京，任通州勾管，不久升府判，有惠政，擢升南雄（今广东南雄）知府。主政期间筑堤储水，灌田万余顷，百姓称所筑堤为"叶公坡"。宋濂赞其"饬己廉介，操心仁恕"。祀于名宦祠。

叶氏族人中，还有2人被载入《丽水县志》。第13世叶钜，字伯广，正统间获旌其门"忠孝"，著有《乐邱集》；第15世叶𤏡，字季鼎，正德间以贡任淮安经历，升丰县知县，好读诗书，才学出众，著有《遵制录》20卷、《椒山文集》。

叶氏族人重视宗族祖训、家教传承，从其历代不间断的建祠修谱中可见一斑。第6世叶居正、叶景中兄弟俩倡造祠堂后，开始紧锣密鼓地纂修宗谱，并定下14条祖训在族人中颁行。

叶氏祖训分"六敬""八戒"两个部分，前部分所言"孝父母、敬兄弟、和夫妇、笃朋友、务勤俭、睦宗族"，是为教育族人要与人为善、和

睦相处；后一部分"戒好酒、戒色淫、戒赌博、戒贪财、戒争讼、戒拖粮、戒溺女、戒宰牛"，是为警诫族人要心存戒惧、内外兼修、涵养品行。经过数代人胼手胝足、筚路蓝缕的努力，在宋元之交，叶氏建立了以祠堂为核心、以宗谱为纽带、以祖训为行为准则的宗族自治秩序。

纵使天地变幻、朝代更迭，莲都山根叶氏一族，始终秉承"读可荣身，耕可致富"的祖训，他们依山拥田、躬守田园、务农为本、辛勤耕耘、尤重家教，千百年来耕读文化积淀至深。历代叶氏族人诗书不止、人才辈出，且以忠正清廉为人称道。在《南阳郡叶氏宗谱》中，有"家训十则""叶氏家法"，又有"训子""训孙""训妇"等内容，还立有"新族规"，其间言及"要继承发扬中华民族百善孝为先，敬老、爱老、养老的传统美德……决不允许虐待老人的不法行为发生""教育子女立志勤奋读书，培养道德修养，敬业守信，使之成为德才兼备的人才""团结友爱和睦相处……树正气，走正道""远离毒品，反对邪教……维护社安定团结""艰苦创业，勤劳致富，做到君子爱财取之有道""关心集体，积极参与社会公益事业，心地善良，有献爱心精神"等。

如今的叶氏已走出山根一隅，其宗族在高溪、缸窑、蒲塘等地繁衍生息，叶氏族人的足迹已牢牢扎根于碧湖平原，其"忠正持身，耕读传家"的家风传承，恰似坚不可摧的风骨，历久弥新。

第七节　缙云范氏家风（范霖）

在缙云，有范氏一族。

在民国二十九年（1940）《学口范氏宗谱》中，述及北宋名臣范仲淹家族（苏州吴县范氏）始祖范隋以及元代处州籍文人范霖。

《学口范氏宗谱》在明清之间多有递修。最早的一篇谱序由学口范氏20世孙范之寿撰写，该序文落款时间为"皇明万历三十五年（1607）"。其间有云："吾缙之范，自唐咸通间，有幽州良乡县主薄，升处州丽水县丞，讳隋者，北归过缙云，因寓学前，仲季二子侍焉。遣长子还北，阻黄巢之乱（878-884），遂居姑苏吴县，而五云、姑苏皆奉府君为始祖，世系谱牒可考也。且学前之居历今八百余年，历传二十四世，散居本地者，十有余处，流寓各方者又皆有据语。"

据光绪《缙云县志》记载，缙云学口范氏始祖唐丽水县丞范隋原本是北方人，"咸通十二年（871）仕丽水县丞，值乱留居缙云"。因年老致仕，又值唐末乱世，无力北归，遂留居缙云。对于范隋在丽水为官一事，处州府志、所属各县方志及苏州等地范氏宗谱皆有记载，应为信史。

据《学口范氏宗谱》记述，缙云学口范氏一直将范隋视为其家族始祖。在缙云当地，还有很多口耳相传的传说与范隋及学口范氏有关。

缙云学口范氏自范隋定居缙云之后，几代不显，其家族当时（唐末至宋代）皆无修谱意识，终因历时久远，且各处文献史籍中难见其元代以前族人的踪影，唐末至元初这数百年间学口范氏失去了代际相传的记录。

然而，因为缙云学口范氏家族族谱中收有元代处州籍文人范霖等人的诗文，且族谱中记载的事迹与当时的信史、地方志书相互印证、高度吻合，因此可以确信，即使范隋与学口范氏留居缙云的说法一时难以被确认，但《学口范氏宗谱》自身有其可信度。

范霖（1258-1321），字君泽，一字天碧，缙云人。至元间，尝被召，

入献《元封图》《历代编年图》，授江西浙江儒学提举，转礼部侍郎，晚家于吴。范霖是宋末元初处州籍文人，《全元文》收有其《重修佑圣殿记》《王氏家乘序》《画鱼卷跋》《归耕子传》等4篇文章。《元诗选·癸集》收有其诗《题洼尊山》，并评价其人"学问赅博"，其文"词藻清雅"。此外，清光绪《处州府志》等方志记述他有《指掌图》《元卦图》《龟鉴编》《历代编年图》《奏议》《天碧稿》《春蚓集》等文稿传世，惜大部分已佚失。

《范氏宗谱》的修撰者在记载所收录范霖《画鱼卷跋》的来源时保留了他们在明代正德四年（1509）收录资料时与景宁太守潘琴书信往来的记录："右《画鱼卷跋》乃景宁致政（同"致仕"之意）太守竹轩潘公所录，以寄卿者也。正德戊辰（1508），乡与公子元谨同应贡，寓邸一日，道及有《画鱼卷》，求少传李西厓题咏，因云其间有元范天碧跋。卿怅然历道，侍郎天碧为乡先生世之祖，所著遗文，稿多残缺，乞缮稿赐卿归录，以示后之子孙，则幸甚，因记所得之由，一以示后世所知实，一以见潘公父子不遗人之遗也。"太守（潘琴）寄跋复云："内附贵乡范司训先生亲收书香不废而肯眷眷辑其先世遗文，不贤而能之乎？可嘉也，可仰也，潦倒之年，尤以不识经为愧。"

除了《画鱼卷跋》外，学口范氏家族的家谱中还有《佑圣观记》《归耕子传》《王氏家乘序》《题洼尊山》4篇诗文与《全元文》《元诗选》所载相同。另外又有《宽恩记》《别业落成》《题王草堂》3篇诗文为《全元文》及《元诗选》未收之佚文。

据《范仲淹全集》中范仲淹亲撰《续家谱序》所述，"吾祖唐相履冰之后，旧有家谱。咸通十一年庚寅，一枝渡江，为处州丽水县丞，讳隋……皇宋太平兴国三年，曾孙坚、垌、墉、埙、埴、昌言六人从钱氏归朝，仕宦四方，终于他邦……至仲淹蒙窃国恩，皇祐中来守钱塘，遂过姑苏，与亲族会。追思祖宗既失前谱未获，复惧后来昭穆不明，乃于族中索所藏诰书、家集考之，自丽水府君而下四代祖考及今子孙，支派尽在。乃创义田，计族人口数而月给之；又理祖第，使复其居，以永依庇"①。据

---

① 范仲淹著，李勇先、王蓉贵点校：《范仲淹全集》，四川大学出版社2007年版，第731-732页

序文所述，范隋曾为丽水县丞，之后几代族人仕宦四方，遗失家谱。一直到范仲淹之时，才开始"追思祖宗"。

据《范仲淹全集》附录五清代苏州吴县范氏族人范兴禾于乾隆七年（1742）所撰《范氏迁吴始祖唐柱国丽水府君墓门碑》一文记述，"唐柱国丽水府君，为我范氏迁吴始祖，墓在天平山左麓……"其中所述始祖（范隋）"墓在天平山左麓"等内容，言之凿凿，一直为范隋后世族人奉为真言。

又有元人王逢所撰范霖挽词，现收录于其文集《梧溪集》之中。从挽辞的叙述来看，其对范霖仕宦经历的评述与《处州府志》等地方志书资料的记载相同。此外，挽辞又提到范霖为"唐相后，括谱远通苏，甫晬服斩衰，母孙训以儒"。王逢所根据括谱也即缙云范氏谱，认可范霖为唐相履冰之后，与范仲淹家族为同族。再则，范霖是缙云人，但他致仕之后并没有马上回到缙云，反而留居苏州十余年，由此可以认为范霖本人已将缙云范氏家族与苏州吴县家族视为同族。这也就间接证明了"范隋及其仲季二子留居缙云，遣长子梦龄北归"的说法有其来历依据。[1]

缙云《学口范氏宗谱》中所收范霖已佚诗文，可补《全元文》之阙。该谱收有不少明清之间其族人墓志（圹志）资料、文章，是研究范氏家族的珍贵史料。

如今，缙云范氏家族的后代们，默默地坚守在各自的岗位上。范氏一族为人民服务、为祖国争光的信念从小就植根于心田，只要国家和人民有需要，他们必定会站到最前线。

---

[1] 黄军杰：《元代范霖诗文辑考——兼评〈学口范氏宗谱〉及其若干问题》，《温州职业技术学院学报》2017第3期，第79-81页。

第八节　龙泉章氏家风（章溢）

在龙泉八都镇章府会村，有章氏一族。

章氏族人中，特别值得一提的有被誉为"浙东四先生"之一的章溢（1314-1369）。章溢，字三益，号匡山居士，别号损斋，元末明初著名政治家、文学家。

章溢自幼嶷然庄重，不习乡井轻儇之态。弱冠之年拜王毅为师，章溢听王毅讲解儒家经义多有感悟，且跟随王毅到处游历。治平二年（1352）以来，素来不为不义而屈服的章溢，屡次为元朝镇压起义军出谋出力，朝廷授章溢散阶将仕郎、龙泉县主簿、福建行省检校官、承事郎、松阳县尹、奉训大夫、处州路总管府判官、武德将军、浙东都元帅府佥事等，章溢均推辞而不受。龙凤五年（1359）冬，韩宋朱元璋部攻克处州，章溢避居匡山。龙凤六年（1360）受孙炎荐举，同刘基、宋濂、叶琛赴应天府（今南京）谒见朱元璋，历任营田司佥事，湖广、浙东按察佥事，官至御史中丞兼太子赞善大夫。因母逝而乞丁忧，悲伤过度，且为母营造墓地而亲自背运土石，病情加深，洪武二年（1369）逝世于家。弘光时追赠太子太保，谥"庄敏"。

章溢有治民之才，对明初的经济恢复和政权巩固起了重要作用。当时龙泉一带粮食收成不佳，大家族有粟而抬高其价格且不发，章溢先用私田换取米粟，贷给同乡，然后劝那些有储积粮食的人，分出粮食施于他人，民受章溢之惠很多。章溢任营田司佥事期间，巡行江东、两淮地区，对于田荒芜及耕垦的人，采取分籍定税的制度，这对百姓十分有利。章溢任湖广按察佥事期间，目睹湖广多废地，于是建议分兵屯田，并且以此控制北方。朱元璋评价其功不在诸将之下，"章溢不负重用，而能身任其劳，使朕无南顾之虑，得以专力攻伐，遂有天下"。

章溢生平清廉，每授职官，始终坚持不受。在章溢看来，他所率领的都是乡里子弟，以"不忍独取功名"为由多次拒绝出仕，隐居匡山，捐自家田地，创建龙渊义塾，培养人才。在光绪《龙泉县志》中，宋濂《龙渊义塾记》记述，"至正十三年九月，章溢新建龙渊义塾，参知政事石抹公闻而嘉之，请濂记之。具官宋濂是岁十月记"；宋濂《看松庵记》中云，"龙泉之人士，闻而疑之曰：'章君负济世长才，当闽寇压境，尝树旗鼓，砺戈矛，帅众而捣退之，盖有意植勋业以自见者。'今乃以'看松'名庵，若隐居者之为"，文中清楚地记述了章溢是在平闽寇（十二年）后退隐匡山，由此可知，至正十二年在平赣、闽寇后章溢退隐匡山。

据宋濂《故诗人徐方舟墓铭》记，"自时厥后，叶（琛）君出守南昌殁于王事，后五年章（溢）君为御史中丞"。按《章溢本纪》《章溢神道碑》，洪武元年章溢还处州，母亲卒，请求丁忧，朱元璋不允，命三子章存厚从京师还，代替父亲丁忧。章溢三上表，乞丁忧，最终获得批准。按《章溢神道碑》记载，朱元璋安排章存厚（允载）娶胡深女为妻，又安排章存厚侍太子左右，朱元璋对章存厚应该是非常熟悉的。

章溢纪念馆

章溢著有《龙渊集》，惜遭禁毁而无存。

此外，章溢代戮救侄子、直言纳谏、为母守孝等事迹，流传史册。章溢孝廉思想也随其创建的龙渊义塾代代相传，影响了一代又一代龙泉人。

章溢"忠君亲上，以报国恩；孝亲敬长，已笃人伦；崇正黜邪，以端学术；持廉立节，以教品行"的思想，其"忠""孝""廉""节"的行为准则，鞭策着龙泉章氏后人勤学勤勉、敬业自律，促使章氏一族兴旺发达、人才辈出，对处州亦有深远的影响。"孝谓善事父母者，廉谓清洁有廉隅者……"在八都镇，广大学子认真学习章溢先生的生平故事，传承孝廉文化。

为进一步传承弘扬章溢孝廉文化，龙泉市充分挖掘本土丰富的历史人文资源，在章溢的出生地章府会村建立了章溢纪念馆，促进形成向善向好的社会风气。该纪念馆从"章溢生平""统兵卫土名闻浙东""正心修身结庐匡山""宏才大节建树伟然""德行诗文世以歌咏"等5方面介绍了章溢清廉的一生，并融合了家风、家规、家训等内容，现已成为基层党员干部和群众清廉文化教育的主阵地。

从章溢身上不难看出，人的重要特征，是他的社会性。人要同人打交道，同整个社会相处。待人接物，要谦和诚实，以礼相交，人与人之间，要戒除慢心、伪心、妒心、疑心，戒除骄狂傲慢的作风，若此，治家则家和，处世则修睦。更重要的是，在人与人相处中，要能容人，团结人，要善于戒己之短，扬人之长，不要对人的是非随便议论，同族人、家里人、朋友故旧、平常一般人交往，要言顺气和，这样才能被人认同、讨人欢喜。在处理事情上，要留有余地，设身处地，灵活机智，思想周密而行动端庄，这样才能把事情办好。

近年来，章溢纪念馆研学活动被列入"春泥计划"，学生定期在纪念馆诵祖训、学传统等，领悟传承章溢孝廉文化的内涵。同时，当地还将章溢文化融入清廉村居建设，同步打造了章溢文化公园等，让孝廉之风吹拂和美乡村。

章氏家风，以孝、廉为核心，是推动社风民风清朗善好的重要源泉，足以引领人们修身律己、廉洁齐家。

第五章

明朝处州家风

明代，随着家族人口规模的进一步扩大，规模宏大、往往汇集若干同姓宗族或支派的会通谱、统宗谱渐次出现，其中不少家谱在追溯先世时采用大宗法形式追溯至受姓之始，连绵不绝以至于当世。与此同时，由于民族危机加深，"大家庭"迅速发生分化，一部分得到强化、扩大，发展更为完备、严整；而有一部分则急剧退缩、败落。在此时期，家庭处于向现代家庭转型的前夜，而家风，正在"衰老"中寻求生机。

第一节　明朝处州家风概述

明朝以来，不少宗族演变出祠堂族长制，在皇权允许下，实行自教养。由于宗族聚居的普遍存在，宗族管理带有鲜明的基层自治性质，从文教而言，即是化民成俗。在此时期，族谱亦成为宗族管理的权力保障与精神象征，族人若是违反家训族规或是不服从管理，将被剥夺入祠、上谱等权利。当然，族谱兼具教化鉴戒功能。对于谱主而言，族谱编修本身往往比族谱文本更重要，其间体现着"宗族的一体和身份的认同"[①]。族谱编修需要全族老幼出资出力，同心协力完成；持续编修族谱使族人得以不断回顾重温历史，谱成之后全族举行热闹庄重的"散谱"典礼。在此过程中，历史记忆借由文本书写和身体实践在代际传承，通过仪式深入族人内心，家庭成员生发出道德感和存在感，大大增强宗族的凝聚力。正所谓"人皆作之，作之不止，乃成君子。作之不变，习与体成，则自然也"[②]，族谱编修恰巧合乎儒家礼制和修身思想，由外而内，习与性成，族群成员以实际行动落实情感道德。

明朝族谱编修继承了宋代欧阳修、苏洵以五服内族人为族谱主要收录对象的原则，并将此原则推广开来，在各地纷纷纂修的族谱中，纵向世系源流追索甚远，但重点记述高祖以下的家族事务。明朝士大夫多以替家谱、族谱作序的形式，推崇谱牒的教化与聚族功能。

明中期以后，处州家谱中出现了大量的经商记录，这得益于明清赋役制度改革以银代物，摊丁入亩后，户籍制度稍有放松；而赋役合并，丁税随田摊派，无田之人可免去役税，很大程度上激发了人们从商的兴趣和积极性，处州家风因而也增加了"诚信为本"等内容。

---

① 钱杭：《中国宗族史研究入门》，复旦大学出版社2009年版，第144-145页。
② 司马光：《资治通鉴》，岳麓书社2009年版，第60页。

自明至清的家训数量，据《中国全书综录》所列书目记载的"家训"一类著作统计，公开印行共117种，明清两代占89部，其中明代28部，清代61部①。在处州家风中，流传至今的家训，亦以明清两代居多。无论是大家贵族，还是平民百姓，族谱的修撰一直盛行不衰，编修族谱时大多附有族规族训、家法家诫之类。

在明朝，有关守法教育的家训常有出现，例如，"依法完粮纳税，严禁乱砍林木"等表述屡见于家训记述。谚云："若要宽，先宽官。"在处州人家看来，钱粮切不可拖赖，各家族都强调要先完钱粮。这不仅有利于增加官府的财政收入和封建剥削统治，而且有利于提高国民的法律意识。在处州一些家规中，还涉及反对商品交易中弄虚作假等违法行为，例如"族人凡有交易，斗秤平准，出入如一，尤戒银钱使用搀低搭假"。为使水土不被破坏，以保护农业生态环境，处州一带有些宗族法规定，族人必须保护山林，秋天防火，春天护苗，砍伐草木讲求季节，违者"重责三十板，验价赔还"。人们之所以责怪或处罚一切粗鄙或暴戾的言行，是因为这些言行违反礼貌和仁厚。

对于明朝处州家风来说，不仅体现在家训数量之多，也体现在家训内容更加丰富，形式更加多样，领域更为扩大。从家风内容看，既有一般的家训规定，也有专门训诫商贾之类的家训传世；从家风形式看，既有长篇宏论，也有箴言、歌诀、训词、铭文、碑刻；从家风的生成者看，既有仕宦人家和学究宿儒，也有不少普通百姓；从表达方式看，既有循循善诱的说理激励，也有家规族法的处罚条文。

在处州，明朝家风涵盖的主要内容有：

一是"孝悌"。"百行孝为先"，孝悌是家族伦理的核心，家训族规首倡孝悌。处州家风特别倡导以孝敬、友爱为根本，以忠信仁义为灵魂，"训孝悌""要孝悌"成为明朝处州家训最核心的内容。

二是"修身"。涉及节俭勤业、尊师重道、正直廉洁、恪守礼教等修身标准。自古功劳卓著、名声显赫者，大都早年备尝辛苦，到了晚年事权

① 参见陈节：《古代家训中的道德教育思想探析》，《福建学刊》1996年第2期，第70页。

在握乃有建树，在处州人家看来，一个人久经磨炼，到后来才更有建树，因而在其家风传承中教育子女要沉潜、历练。古人云："道德传家，十代以上，耕读传家次之，诗书传家又次之，富贵传家，不过三代。"强调道德传家才能长久。正所谓"积善之家，必有余庆；积不善之家，必有余殃"，家风好，才能家道兴盛、和顺美满，带动更多正能量产生。

三是"耕读为本"。在处州家风中，"耕读传家久，诗书济世长"的门联常常见于乡村老屋。许多乡民对娼优隶卒等贱业十分不齿。因而，耕与读相伴而行，耕读家风得到了有效延续。

此外，还有诸如"整肃门户"，严格区分男女界限，不得非礼接谈；"严守尊卑秩序"，讲究伦理；"善择婚姻"，强调门当户对；"慎选继子"，以防家系紊乱，随着统治阶级所提倡的宗法观念的强化，家长对宗子的教育也愈加重视。

相比以前各朝代，明朝处州家风获得了很大的发展，对社会生活产生了更为深远的影响，究其原因，主要有：

首先，统治阶级加强思想文化上专制统治的需要。明朝统治者崇尚儒学，大力提倡程朱理学，加强思想文化上的专制。基于此，相应地要求作为"国"之缩影的"家"的管理者要加强对子弟家人的管束和教化，这在客观上促进了家风发展。众所周知，人的欲望是没有止境的，如果放纵欲念，则欲念就会不断膨胀。人如果贪奢无度，必定会自取败亡。在处州家风中，注重劝诫子侄少欲知足，并将其作为安身立命的基础。

其次，朝廷的大力倡导和身体力行。明朝家训空前繁荣，与封建皇帝的积极倡导和身体力行具有很大的关系。诚如谷应泰《明史纪事本末》卷一四所倡导的"为治之要，教化为先"理念，各地都极为重视社会风俗教化，处州亦是如此。古往今来，崇俭抑奢是中华优秀传统文化的重要内容。节俭，以之治国则国治，以之齐家则家齐。正所谓"俭节则昌，淫佚则亡"，即使物质极大丰富，如若一味奢靡浪费则会有用尽的时候。因此，明朝处州家风中强调"崇尚俭朴"而且身体力行。

再次，官僚士大夫的积极传布。除了封建统治者的倡导之外，饱受儒家思想浸润的官僚士大夫的积极宣传也是明朝家训繁荣的一个重要原因。

在明朝处州家风中，有关社会风俗教化的内容明显增多，与此同时，限制子弟不良行为的戒律也逐渐增多。由于此时期商品经济发展、城市繁荣，人们交往范围扩大，赌博、酗酒、斗殴、狎妓较之以前明显增多。在处州家风中，时有谈及饮酒、赌博等声色犬马的欲望，容易乐极生悲，而读书和山水之乐却没有坏处。与其进行没有好处的游玩交友，参与没有用处的应酬来往，不如珍惜时间，博览群书和欣赏山水。

在处州，民间信用道德文化历史悠久。在明朝，乡土社会尤以民风、习俗、惯例等维系，当时的家训族规中带有浓郁的"法治"意识。换言之，明朝处州家风，与以契约、法规、公共舆论维系的法理社会同步行进。

第二节　青田刘氏家风（刘基）

廉是一种境界，"根深不怕风摇动，树正何愁月影斜"；洁是一种品质，"不要人夸好颜色，只留清气满乾坤"。①廉洁，是社会永恒的价值追求。一个人，尤其是为官者，道德高尚，品行正直，才能一身正气、两袖清风。

刘基（1311-1375），字伯温，青田南田乡（今属温州市文成县）人，元末明初军事家、政治家和文学家。他以神机妙算和运筹帷幄称世，世人赞誉"三分天下诸葛亮，一统江山刘伯温"。

清代张廷玉等撰《明史》中"刘基传"载，明洪武八年（1375），刘基"抵家，疾笃，以《天文书》授子琏曰：'亟上之，毋令后人习也。'又谓次子璟曰：'夫为政，宽猛如循环。当今之务在修德省刑，祈天永命。诸形胜要之地，宜与京师声势联络。我欲为遗表，惟庸在，无益也。惟庸败后，上必思我，有所问，是以密奏之。'"刘基教育其儿子为政之道在于"宽猛相济"，一宽一猛之间互相循环，要重视修身善德，减少刑罚。

在刘基临终前，当两个儿子递上设有石人、石马的坟墓草图时，他生气地撕个粉碎，语重心长地告诫："这'墓'字，上草下土，人不能靠造石墓、立石碑流芳百世，还是用土作床，与草为伴吧！"②刘基临终之前仍不失廉俭风范。

刘基生于官宦世家。刘氏一族，其"尚俭倡廉"之风由来已久。刘延庆，北宋镇海军节度使，与童贯打过方腊，靖康之变时，守卫汴京（今河南开封）。刘光世，刘延庆次子，南宋抗金名将，与岳飞、韩世忠、张俊并称"南宋中兴四将"，官至南宋太师，封杨国公，死后追封鄜王（鄜是刘光世陕西老家的地名），谥号"武僖"。刘尧仁，刘光世之子，为远离官

---

① 陶清澈编著：《名门家训》，哈尔滨出版社2011年版，第163页。
② 《刘氏家训：重文崇智，尚俭倡廉》，《钱江晚报》2022年11月26日第4版。

场喧嚣，自临安适至丽水，一生以田园幽居，耕读为乐。刘集，刘尧仁之子，一直定居青田，属青田刘氏开族之人。刘濠，刘集之子，刘基的曾祖，南宋翰林掌书，南宋灭亡后，辞官归隐，多有急智。刘庭魂，刘基祖父，才高八斗，学富五车，元朝太学上舍。刘爚，刘基父亲，曾任遂昌县教谕。

刘基塑像

刘基家境甚好，家中藏书甚多。刘基自幼记忆力超强，读书过目不忘，倒背如流。14岁时，刘基去元朝江浙行省处州路的行政中心——括城（今丽水）处州府学读书。刘基除了学习《春秋》和程朱理学外，还对诸子百家、天文、兵法等书爱不释手。3年后，刘基又来到青田（今属丽水）石门书院继续学习。刘基受到"重文崇智，尚俭倡廉"家风的熏陶，懂得如何做人、如何处理好邻里关系、当官的时候如何为民服务等，养成了刚正不阿的浩然正气。

刘基中进士以后，经过3年的注官守阙，等待铨选。元至元二年（1336），刘基被派往江西行省瑞州路高安县（今江西高安）任县丞。在任上，刘基夙兴夜寐，十分负责，更兼执法严苛，对不法行为和土豪劣绅绝不手软。对于身边收受贿赂的官员，一经发现绝不轻饶。这种工作风格贯穿刘基的一生。

生逢乱世，众生皆苦。刘基不断地当官、辞官、被辞官，与官场一直联系紧密，但并不代表他没有文人风骨。刘基是个文人，他想做个好官，在世风日下的元末，刘基没有同流合污，他生性高洁，又洞察人心。明朝开国后，朱元璋任命刘基为御史中丞，做天下言官的首领。刘基执法严明，刚正不阿。

刘基继承了先世"重文崇智，尚俭倡廉"的传统，26岁提笔写下《官箴》，其中"无矜我廉，守所当为；无沽我名，以生众疑"等语就是时刻告诫自己始终保持清廉品行、表里如一。此后40年宦海沉浮，刘基所言所行无不以《官箴》中倡导的刚毅廉俭为准绳。

刘基非常注重孩子教育，刘基之后，家风代代相传。刘基长子刘琏自幼聪明好学，10岁能作文写诗，20岁时已熟读四书五经；次子刘璟少时通晓诸经，随军参与帷幄，朱元璋赞其"刘璟真伯温儿矣"；长孙刘廌有很深的诗文造诣。刘氏后代涌现了诸多文人、将军、名流。

抗战期间，浙江省图书馆、杭州联立中学、《东南日报》社等机构迁至南田，刘耀东等刘基后裔主动让出刘伯温家庙、私人宅院，支持文教工作。

刘氏族人在刘基治家思想的基础上拟定了新时代的家训。《刘基家训》，共1287字。在刘伯温故居入口的影壁背后，镌刻着"爱家国、睦邻里、尊祖宗、孝父母、和兄弟、敦族亲、训子孙、正名分、勤职业、慎官守"的祖训族规。

刘基家训核心是"重文崇智，尚俭倡廉"，他重"言传"，重"身教"，对后代影响甚大。中国文化向来"家国同构"，治国之道与治家之道相通。家、家族、国家，从组织结构看皆以宗法体系为统领；从修身齐家治国平天下角度看，则均以"修身"为根本，目的都在于化民、成人、为善。的确，刘氏家训是具有典范性和延承性的，"祖宗以勤俭治家，以孝悌传家，以诗礼教家，为乡所推重"，刘氏族人恪守家风。

隋代房彦谦（唐初名臣房玄龄之父）《教子言》中云"人皆因禄富，我独以官贫。所遗子孙，在于清白耳"，其间言明清白居官的美德，并以事实证明"一言一行，未尝涉私"的优良德行。在刘基家族，留给后代最重要的也在"清廉"两字。"清廉为政"，为政者应清白廉洁。宋代包拯曾言，"清心为治本"，虽居高位，仍谨慎行事，从不自矜其功，唯有如此，才能留得清白名声。

不忘初心，清廉为政，方能"约己而爱人"，心系群众，真正为民办实事，才能取信于民。刘氏一族以优良德行、"清白"传子孙的家风，加之博大精深的才学、智勇刚毅的品性、名垂后世的功业，不仅为族人，亦为世人带来有益的借鉴和深刻的启迪。

第三节　龙泉杨氏家风（杨四耀）

龙泉八都镇有个地方叫"高大门"。相传明朝时，此地是一处驿马要道。大道正中矗立着一座雄伟高大、雕凿精美的石门，石门两侧有侍卫看守，人们习称此地为"高大门"①。

高大门村人多姓杨，杨氏族人秉承"守孝、守礼、守廉"的家风，该村也因此被当地人誉为"廉村"。②

高大门村村口的石门主人为杨四耀，是高大门村杨氏家族的第2代传人，曾任两浙提刑按察使司吏员候补左堂，掌管刑法。他为官清廉、执法不阿，在任期间为百姓做了许多好事。有一年，适逢大旱，禾苗枯死、颗粒无收，他体恤民间疾苦，不仅捐出田粮，还发动大家兴修水利，与百姓共渡难关。

杨四耀告老还乡后，依然清廉自持、两袖清风。他没有购置田产坐享清福，而是专行修桥铺路为民造福之事。他为人平和，与人交往从不论贫富贵贱，因而深受百姓爱戴。朱元璋得知其事迹后，觉得此人品德高尚，钦赐石门旌表其德行，同时降下圣旨"文官到此落轿，武官到此下马"，旨在教化各地官员向四耀学习，亲民爱民，对百姓一视同仁。皇帝还派校卒看守此门，护卫杨四耀安全。

杨四耀对子孙的要求也很严，他不为子孙广置产业，而是立誓为子孙后代留下一个"清白遗子孙"的好名声。在杨四耀的教育下，其子孙清白传家、勤勉好学，十分重视个人的德行和修养，养成了清廉公正的家风，

---

① 蓝吴鹏、杨震山：《龙泉八都杨氏：清廉自持 厚文重德》，《丽水日报》2017年1月18日第6版。

② 本节有关龙泉杨氏家风内容参考李倩、杨震山、黄华森：《龙泉八都镇高大门村杨氏："三守"家风世相传》，载丽水市纪委机关、丽水市委宣传部、丽水市档案局编：《丽水好家风》，线装书局2018年版，第154-160页。

代代"能守家风，为世所贵"。

"世上黄金贵，清廉价更高"，贪婪的欲望容易使人堕落，廉政的品质可以令人钦佩。在杨氏族人眼里，先人清正廉洁，让他们越发懂得做人的道理。杨氏良好的家风让世代子孙从小体会到做人一定要崇德向善。

一个家族之链上，某一个人物出类拔萃、深孚众望，其懿行嘉言便自然而然成为家风之源。"清廉自持，厚文重德""德为先、和为贵""尊老敬贤、严以律己"……在传承中创新的"家风家训"，如同一个个文化符号，丰富和充实着人们的精神世界。

高大门村先贤杨四耀的故事在村中有着极广的传唱度，杨氏后代无一人作奸犯科，这充分说明"家风正则人正，家风实则人实"。

有德行的君子从不怠慢他人。御赐石门，早已成为高大门人心中永远的丰碑。这些年来，深受杨氏家风影响，从高大门走出去的村民心中永怀家乡，为高大门的发展出资金、献计策。尤其是在外经商的高大门村人，致富不忘故土，常常用各种方式反哺家乡。

第四节　莲都卢氏家风（卢镗）

在莲都，曾有卢氏一族，因抗倭有功而名垂青史。

先秦时期，卢姓主要活动地区在山东、湖北、河北一带。魏晋南北朝之际，卢姓大举南迁。唐末，卢姓入闽。宋时，卢姓入粤。元明清之际，卢姓遍及中国大部分地区，浙江亦有卢氏。

明嘉靖年间，日本进入战国时代，不少落魄武士加入海盗与中国商人王直、徐海等勾结一起，在江浙、福建等沿海地区攻掠乡镇城邑，倭患大起，民不聊生，迫使朝廷不得不派出大批精兵良将剿灭倭寇。抗击倭寇者中，有卢氏族人。

卢镗（1505-1577），字子鸣，祖籍汝宁卫（今河南汝南县），出生于祖、父做官地浙江丽水。将门出身，熟知兵法，智勇双全。嘉靖二十二年（1543）由世荫嗣职福建镇海卫，历升至福建都指挥佥事。据《明史》记载，"镗有将略。倭难初兴，诸将悉望风溃败，独镗与汤克宽敢战，名亚俞、戚云"，是一位累建功勋的抗倭名将。在江浙闽沿海奋战50余年，身经数百战，俘斩倭寇万余人。

卢镗战力强劲、足智多谋。

卢镗的第一位知音是嘉靖二十七年（1548年）巡抚浙江、负责抗倭事宜的都御史朱纨。此时闽浙沿海倭寇海盗为患，与当地富豪权势之家内外勾结作乱，攻城略地，抢夺民财。朱纨信任卢镗，委以重任，派其率军讨平鼎山。卢镗也不负众望，率军连续转战三个月，剿双屿倭寇巢穴，征讨南麂、磐石卫诸岛，大获全胜。

明时闽浙沿海一度未设巡抚，倭乱愈演愈烈，逐渐从沿海蔓延至闽、浙、粤等省腹地。嘉靖三十一年（1552）2月，王直引倭连舸百余艘，攻入定海关，被官兵击退，旋盘踞金塘岛沥港。7月，朝廷派佥都御史王忬提督军务，巡视浙江海防及福、兴、漳、泉四府，经其保奏，卢镗被赦，委以福建都指挥之职备战抗倭。卢镗在福建沿海各府县招募乡勇、筑垒修寨、练兵设防，近海得安。

嘉靖三十三年（1554）兵部尚书张经总督浙闽军务，擢升卢镗为参将，分守浙东海滨诸府、县军务。3月，王直派萧显率部入浙，在普陀山附近洋面与明军发生激战后，舍舟登普陀山。明军参将俞大猷统兵追击，萧显部据险固守茶山10余天后，大批倭寇抵达普陀山，上下夹击明军，明军武举火斌、黎俊民等先后战死。明军参将卢镗率部增援，萧显和倭寇从海上逃窜，经卢镗阻击，歼寇200余名。

嘉靖三十四年（1555），倭寇海盗2万多人屯集淞江卫枯林。5月，张经遣卢镗与俞大猷所督永顺援军分进合击，大败倭寇于王江泾，斩寇1900余人，焚溺死者甚众。8月，海盗林碧川出没台州外海，卢镗遣都指挥王沛在大陈山海滩大败林贼。贼兵弃舟登山顽抗，官军尽毁其舟。卢镗督师会剿，生擒林碧川等，余寇尽灭。

嘉靖三十五年（1556）3月，参将卢镗、知县宋继祖率兵围攻榭浦，王直部逃至邵岙（今浙江舟山市普陀区芦花乡）。倭寇海盗攻陷仙居，又进犯台州，8月，卢镗在全塘沥港计擒降擒获据大隅岛海盗头子的弟弟辛五郎又追倭于海上，沉倭船数十只，斩650人。9月，倭寇海盗又建营于榭浦吴家山。12月，张四维派麻阳兵在除夕夜攻占吴家山。兵部右侍郎兼总督江浙事务的胡宗宪荐擢卢镗协守江浙副总兵。在胡宗宪的统领下，俞大猷、戚继光、卢镗等人在抗倭前线如鱼得水、各展才能。倭寇进犯江北，卢镗率兵驰援，于海门将寇击溃，又击毁北洋倭船20余艘，余倭敛舟龟缩三沙（今属上海市）。

嘉靖三十六年（1557），卢镗协助胡宗宪计擒王直。在舟山受降亭上，卢镗感慨万端，写下了"手提长剑斩妖鲸，八面威风四海声。白发尚能酬壮志，丹心应不负平生。群蛮俯伏归王化，万姓欢歌庆有成。祸本已除环海静，此城端拟汉三城"的感怀诗篇。

嘉靖三十八年（1559），倭寇复流劫江北，屡袭官军，卢镗与协守浙江副总兵刘显围敌于刘家庄，一举歼灭。而凤阳巡抚兼督江北军务李遂却弹劾卢镗等纵贼为患。卢镗这时已被提升为都督金事兼江南、浙江总兵

官，嘉靖帝闻奏，令夺职视事。后通政唐顺之都督江浙军务，极力引荐，复职如初。

嘉靖三十九年（1560），屡立战功的卢镗被擢升为都督同知、江浙总兵官。卢镗以都督衔守御镇海，在招宝山（时称候涛山）上修建威远城堡，与县城相犄角。次年城堡竣工，卢镗登临候涛山，在威远城堡上遥望大海，触景生情，挥笔写下《登候涛山》："招宝苍茫控咽喉，巍峨雄堞护重楼。洪涛闪烁金光动，大海澄清瘴雾收。百万貔貅屯远垒，三千戈舰列安流。从今夷寇寒心胆，永固皇图亿万秋。"威远城堡不仅抵御了倭寇的入侵，也在鸦片战争和抗法战争中发挥了重大作用。

嘉靖四十年（1561），倭寇再举进犯浙东，卢镗与参将牛天赐一起率军在宁波、温州一带与倭寇水陆交战10余场，杀敌1400余人。至此，流窜进犯浙江的倭寇基本被荡平。总督胡宗宪以荡平功奏报朝廷给卢镗增加俸禄、赐金帛作为奖赏。

卢镗家计萧然，清贫如贫民，世人叹其清廉。卢镗屡遭冤诬贬谪，四次戴罪、论死，但他抗倭荡寇矢志不减，备战督军如常，功绩显赫，至今仍为百姓所纪念。

卢镗的儿子卢相（生卒年不详），随父在军中数十年，为先锋。卢镗总是将"劳险之事"交付给他，事凡艰险，卢相奋勇争先，"闻命即行，蛟窟鲸波，无少疑惮"。在嘉兴王江泾大捷中，战功第一。卢镗统领鸟尾船在克仙居剿灭倭寇时，卢相一马当先攻下仙居城。卢镗打败徐海，大隅岛倭寇首领第辛五郎逃到烈港海中，卢相奉命追击，生擒第辛五郎，押送京师，以功升任处州卫指挥佥事。卢镗在九山洋擒获倭酋哈眉须、满咖赖、稽歌等，缴获他们的枪支，命卢相研其技术，卢相组建"神机营"，进行教练，掌握了使用技术。升浙江都指挥佥事。在石浦战役中，击沉敌舰，敌众焚溺者无算。授浙江都指挥以终。卢相也是一位抗倭将领。

对于卢镗，今人张瑞杰《抗倭名将卢镗》诗云："百世流传有德馨，卢镗事迹灿如星。抗驱倭匪有将略，征战江南保国宁。忍辱淮阴平寇事，精忠岳穆刻心铭。平生最恋瓯江月，留有丹心照汗青。"诗中流露出了对卢镗的无限钦敬。

悠悠万事，家风为大。纵使时光流逝，然家风影响却历久弥坚。卢氏一族，注重"积善存仁，修心养德"，始终谨记家训，做到"天下为公，民心为大""诚实做人，踏实做事""勤俭持家，忠孝仁义""瞻老扶幼，扶弱济贫""积善行德，慈悲为怀""富贵不淫，贫寒不盗"，在纷繁芜杂之中，始终保持一份清醒与冷静，遇事立得稳、行得正、做得端。

第五节　景宁李氏家风（李琮）

　　景宁有村名曰"大均"，取自《礼记》"大道之行也，天下为公"和孔子"有国家者，不患寡而患不均"之说。村口有千年古樟，相传为李姓始祖自唐末五季之乱期间（907-960）迁徙至此建村所植。

　　自古以来，大均民风淳朴，李氏一族耕读之风盛行，自宋元以来，获取功名者百余人。据大均《李氏宗谱》中"规箴十四则"载，李氏族人素有"正名分""存忠厚""务本业""严祭祀""端品行""戒争讼""戒赌博""争公令""崇节俭""睦宗族""戒奸宄""戒盗窃""戒淫行""励文学"等族规条款。

　　李氏宗祠大门左右两侧墙上彩绘李氏有功名始祖的画像与赞语。据说，明朝天顺六年（1462）大均李琮中举，天顺八年（1464）中进士，授南京吏部主事，官至左布政司。后来其弟李璋于明弘治十五年（1502）中进士，官任山西副御史；李璋之子李鏳于明嘉靖二年（1523）中进士，官至光禄寺少卿，掌管皇帝饮食。为褒扬"一门三进士"，景宁县府奉旨在县北建兄弟方伯坊、父子进士坊，在大均村建骑街进士坊。李氏宗祠正门并开三门，一大二小，悬"父子方伯""兄弟进士"匾。大均李氏一族，除了3名进士，还有举人4名、贡生56名、秀才46名。曾有文人留诗赞叹："俗厚自留耕读训，山深长隐太平民。陇西勋业前徽在，伫看澄溪跃锦鳞。"

　　"一门三进士"以及得功名者上百人，是大均"三杆"[①]之"笔杆"的代名词。

　　在清代，明德书斋是景宁名噪一方的书院，其创始人为李氏族人李鉴

堂。李鉴堂为清嘉庆年间贡生，5岁丧父，全靠母亲含辛茹苦培养成人，并获取功名，历任邑侯。李鉴堂一生忠厚诚恳，精研书画。因性情耿直得罪权贵而放弃仕途，回乡开广厦五门，亲筑园圃，建成明德书斋，以教书育才为己任。书斋鼎盛之时，方圆百里好学之士纷至沓来。

李鉴堂不仅身具大儒气质，而且为人侠义豪爽。他主持修建宗祠、修编族谱，倡建文阁，修葺水月庵、浮伞祠、大士阁，捐造桥亭，平治道路，赈恤孤寡，周济贫乏。时任县令题赠"望重儒林"匾额。

在李鉴堂之后，李氏族人李瑞阳是传承大均耕读文化的又一支"笔杆"，为"景宁七子"之一。清光绪二十七年（1901），李瑞阳与景宁民国志士叶仰高等6人一同留学于日本，留学期间因言行激进，被合称为"景宁七子"。他们在日本宏文师范学院受到孙中山先生的亲切接见，后一起加入同盟会。学成归国后，李瑞阳被县府委以重任，主抓教育。他力主革新，倡导男女平等，改造、恢复了景宁县立女子学校。晚年致力于造福民众事务，曾筹款修建成美桥，修筑坑头岭古道，热情参与调解乡村纷端，成为热心公益的楷模。

及至现代，大均又有仁人志士。

李恒元，地方名士。抗战时期，浙江省府内迁山区，省教育厅和财政厅分驻景宁与大均。受命主政大均乡的李恒元由此与省府厅政要员、名流雅士结缘，并留下许多值得称道的故事。时任浙江省财政厅厅长黄祖培的夫人黎佩华曾是何香凝的秘书、挚友，与宋庆龄、鲁迅等有深厚情谊，李恒元了解到她平易近人、同情贫苦人民，于是向她提及村中恶霸敲诈村民之事，黎佩华立即作出回应，敦促厅警传唤恶霸，严厉责骂后令其赔偿损失、赔礼认错。中华人民共和国成立前夕，李恒元冒死出面保释被俘的共产党干部。

在大均，除了"笔杆"，其"秤杆"也颇闻名。早年大均村中经商者甚众，据统计，曾有18家大规模的商行。在清朝中后期很长时段里，若论景宁首富，则唯推大均人。其中，开明乡绅李岩妹即是大均"秤杆"代言人。

李岩妹，实名李欣，因其三代单传，家中长者为方便养育，特为其取

乳名"岩妹"。有一年，大均一带谷物丰收，佃户们自愿多交了200担粮，年轻的李欣将此消息告诉家人时，家中老人面露愠色，责令其将多收的租谷退还给佃户并罚他长跪反省。经历此事，李欣深刻地悟出了"大均"之义，此后，虽处富室却能为人平和、宽厚仁义、济困扶贫，直至后来全力支持革命。

大均有渡名"浮伞"，相传唐时鸿鹤村贫苦织妇马氏，为赡养婆婆，离家到百里外佣机代织，常持羹回家奉养婆婆，留有"一时浮伞渡神功，万里馈羹招孝德"的美誉，后被封为"护国马氏天仙"。大均李氏一族，也十分注重孝道。或许，因为大均山水灵秀，使身处其间的李氏族人超凡脱俗又立足脚下的土地，雅而不空，俗而不庸。

李氏族人承续温良家风，轻财重德，好学上进。一直以来，李氏族人以言明志，以训促行，在乡村振兴、共同富裕进程中，不断传承好家风、淳化好乡风。

第六节　庆元吴氏家风（吴懋修）

自两宋起，大批官宦、商贾、民众南迁，山重水复的庆元成了一处能够安身立命的"世外桃源"。举水乡月山村发祥于宋代，鼎盛于明清。吴氏族人讲究风水布局，龙吟虎啸之气。

庆元县举水乡月山村全景

在月山村历史上，吴氏族人考取功名为官者多达 200 余人，堪称奇迹。

在众多历史人物中，有一个风云人物，他曾经将月山建设推向一个高潮，后人又因为他的缘故，再次丰富了月山文化，此人名叫吴懋修（1603-1674）。

吴懋修，明末抗清志士，吴氏族人尊称"绅八公"，即民间传称的"八老爷"。吴懋修大半生追随阁部刘中藻，忠于明王朝，抵抗异族入侵，气节可嘉。

吴懋修的父亲吴希点，曾任余杭县教谕，隆武帝避迁内地期间擢升福建连城知县，不久改任广东惠来知府。吴懋修跟随父亲在福建期间，受知于时任给事中刘中藻，由名经开始，经考核被授予吏部司李的职衔。第二次考核改授知县衔，调任兵部司务。

明王朝灭亡后，吴懋修竟然痴心不改、多方奔走、南征北战，致力反清复明，最后终于因无力回天，晚年在老家定居下来，著书立说，为家乡的扬名立万而努力。

吴懋修的著作有《寒溪集》《荣木篇》《昭融集》《括苍吟》《三山吟》《史策略》《坐隐录》《逸民传》《烈女传》《竹斋语录》《大雅堂稿》《古今诗论》《经书大全定本》《楞严经十二解》《大乘法华经解》等。[1]吴懋修始终以用清的年号为耻，在其著作中，凡是需要标明年份之处，均用传统的干支纪年。

吴懋修把精力集中于建设故里，对月山村格局进行了重新规划，带领全族人营造了一处隐于深山的"故国遗村"，其主要功绩，后人一一作了记述：主持营造吴文简祠，兴建云泉寺，筑建元塔，造复旦、尊光亭，修缮多座廊桥。吴懋修规划设计的船形房屋聚落，连同相关建筑，一一铺展于月山村这幅山水长卷上。

吴文简祠之营造，全凭吴懋修的威望。吴懋修请在外为官经商的吴家兄弟们慷慨解囊，历经13年，终于在清康熙五年（1666）完工。祠堂气宇轩昂、气度不凡，既有粗犷，又有精致，雕梁画栋、飞檐翘角，自不必说，堂内刻花柱上的楹联和两侧悬挂的"文经""五魁"及"三代贡元"等匾额，令人称羡不已。祠堂门上的"三让世家""延陵望族"书写着吴氏家族的荣耀与辉煌。

又有建元塔，筑于梅花岭，塔名取"自古文章出状元"之意，激励村人行善勤学。昔时内藏佛学经典甚多。

村中两座亭子，一曰"复旦"，一曰"尊光"，皆含反清复明之意，如此取名，亦可推知吴懋修用心良苦。

月山作为农耕文化的缩影，有许多值得玩味之处。在月山，既有供奉如来、观音的云泉寺，又有供奉马氏夫人、庙祝大王等7位仙主和土神的马氏行宫，还有象征皇权至上的圣旨门，传统儒学的文奎高阁，释、儒合

---

① 本节有关吴懋修任职简况和著作概述，参考庆元县风景旅游局编：《品味庆元》，西泠印社出版社2008年版，第51-53页。

一的荐元塔，以及体现家族文化的吴文简祠，各种信仰并行不悖，错而不杂，体现了农耕文化的包容性。

在吴懋修的影响下，月山村人对文化的崇尚几乎到了痴迷的地步。小小的月山村大兴土木，无处不在的器物精神把月山村打造成了一个"中国南方农耕文化的博物馆"。在远离繁华、深居浙南山区腹地的月山村，积淀了深厚的传统文化。

"月山晚翠"之所以名满天下，主要归功于吴懋修。据说，月山村后山上原来仅有稀疏的毛竹、松树之类，在吴文简祠竣工典礼上，吴懋修就地提出村庄风景（水）规划：让半月形后山长满毛竹，并在半月边围种植松树，继而向后将龙脉延伸至岗顶，并特别强调后山竹林一律不许人畜入内损坏，犯者必罚，如有猪牛上山者则杀猪"散规"（按户分肉，以示惩戒）。于是，后山的苍松翠竹变得繁茂，逐渐形成"月山晚翠"美景。

作为古代士绅阶层的优秀代表，吴懋修在地形闭塞的庆元，为了给家乡营造优美的风水环境，尤其在廊桥建设上扮演着总规划师的重要角色。"丹霞相对崛，幽涧小桥多"，月山村以桥佳胜，被誉为"廊桥之乡"。举溪上的如龙桥、来凤桥、步蟾桥、白云桥、耕谷桥等5座桥梁构思奇巧、各有千秋。

桥，作为空间上的连接，把人从此岸渡至彼岸，还在人心里泛起涟漪。修桥，自古以来就是民间善举和官府政绩的表现，士绅阶层、宗族和个人都把修桥视作济世度人的公德。月山的桥，除了桥梁本义外，还可遮风避雨，又内设美人靠，供人小憩。这些廊桥犹如山民与土地之间订下的一份"契约"，彼此成就着彼此。

吴懋修共有4子，长子之琼，次子之琼，三子之球，四子之场。之琼有勇有谋，精通骑马射箭，满清政府曾想让他做官，但吴懋修力辞不让出仕。

斗转星移，月山葳蕤。在吴氏一族规划风水、倡修廊桥、兴建塔亭的古事里，分明感受了他们传导的儒教信仰。吴氏先人，以"仁义礼智信"的社会价值观教化民众，维护了地方风气。吴氏一族，在踽踽前行中散发着睿智与豁达。

第七节　缙云李氏家风（李棠）

缙云东门李氏，为唐代著名书法家、缙云县令李阳冰之后裔。

东门有仙李巷，相传唐朝李阳冰在担任缙云县令期间，每日行走于该巷。

李阳冰任缙云县令期间，曾做了不少好事。逢天旱，向城隍神祈雨并勒《城隍神碑》记之，并修平水大王庙，祈求大禹四季平调雨水，保护五谷丰登；时常坐矶分水，维护治安；治理好溪，通竹筏，筑堰坝，利灌溉；减轻赋税，并赈灾；重视农耕，种植桑麻和水果，绵延全县；大办教育，修文宣王庙，提倡儒学，尊师重学，并改五云学宫为缙云县学，扩大就读面，吸收农家弟子入学；提倡通商，发展贸易，丰年储五谷，荒岁通有无；为官清廉，带头正风，倡导广大吏官要廉政爱民。

翻阅《李氏宗谱》，发现缙云尚有"李村诗派"，其诗系独山李氏后人所著。"独山"为永嘉李氏族人聚居地名，缙云李氏从永嘉独山迁居仙居南溪，后又从南溪迁居仙居李村。元朝至正年间，仙居李村的李德大因学识渊博，被聘为缙云县美化书院山长（即院长）。李德大任职数年退居，在县城东廓落户，是为缙云李氏始祖。"李村诗派"近50首诗作，其作者多为李德大及其裔孙所写。为缅怀先祖，诗歌创作群体称为"独山后人"，因其血脉源自李村，李家弟子抒情写意之诗歌集子，自然合称"李村诗派"。

"李村诗派"之诗，从内容上归类，可分为祝贺诗、咏怀诗、记游诗、咏物诗、唱和诗、缅怀诗、答谢诗等七大类。纵观"李村诗派"诗作，自有一股铁骨铮铮的忠贞之气，溢于言表，又有一股分文不取的廉洁之风，令人动容。

李氏家训有云："敬祖宗，敦孝悌，睦宗族，端伦常，友昆仲，和夫妇，教子孙，尚勤俭，恤孤寡，戒唆讼，安生理，勿非为，忌毒染，慎嫁娶，勉诵读，重交游，谨丧祭，远酗酒，出异教，省自身。"

自明以降，东门李氏声威赫赫，代出名人，族中有进士9人、举人11人。尤其是李氏三廉官，清风耀九州。

李棠（1400-1460）字宗楷，号蒙斋，明宣德五年（1430）进士。初授刑部主事，因耿直廉明，为尚书魏源器重，议事是非分明。金濂代魏源，以刚严慑下，李棠与其辩论是非，谴诃不为动，金濂亦十分器重。正统元年（1436），任刑部员外郎、奉直大夫，任内检察冤狱，多所平反，任满后，权臣王振以其不附己，不予升迁。有人劝棠结交之，李棠称"官可不做，名节不可污损"。王振死后，李棠升任刑部郎中，再升右侍郎。正统十四年（1449），李棠奉命巡抚广西，奖励文士、劝赏农桑、清简刑律、革弊布新、整顿军务、平息祸患，令行政举，社会安宁。景泰二年（1451），奉兼提督征蛮军务，赐通议大夫。景泰三年（1452），因思明土官知府黄父子被庶兄黄父子谋杀案，未能获帝准严处，抑郁不乐，以病奏请辞归。还京时，途经梅岭，检视行装中有香草一束，笑道："我生平未占官府分文，此草岂非岭南之物！"随即将香草投于河中。

缙云东门侍郎古第

归乡后，极清贫，女儿出嫁时，妆奁仅有竹箱一只、布衣数件。在《李氏族谱》中，载有李棠《送女诗》："汝嫁筐奁事事无，清官门户亦宜乎。竹皮箱箧何曾满，麻苎衣衫莫嫌粗。从此适人为家妇，便须移孝奉公姑。肃雍勤俭宜家法，莫遣旁人笑老夫。"名为送女，其实也是李棠本人廉洁自律的写照。

进士出身的李寅，清廉耿直，任广西左布政使时，一到任即在府衙前勒石自律："泱泱大海，岳岳名山；一介若取，誓不生还。"在任期间，李寅经手的银钱超过13万两，却分文不取。他告老还乡时，"行李橐然"何等清廉！

还有李长，在户科给事中任上，遇有冤狱，朝臣明知其非而不敢言，唯独李长抗疏为之辩，时人称之为"活流民，黜权奸，纠台臣"。后因得罪奸臣，被逮入狱。在牢狱里，他仍赋诗云："巨室固知难得罪，言官非是可容情。镣拖月下归圜土，犹作趋朝佩玉声。"从诗中可以看到一个蔑视权贵、傲然前行的清官形象。

这些清官廉吏，不仅为所在家族塑造了良好家风，更影响了一个时代。

佳话轶事感人至深，历经变迁，沉淀为人们津津乐道的回忆，成为隐匿于曲折巷弄间的好家风，世代传承不息。在"李氏家训"的熏陶下，李氏族人敬老慈幼、邻里和睦。

第八节　景宁陈氏家风（陈绍先）

在千峡湖的深处，一个名叫"金田"的小山村静静地沉睡。这处水下故园，当年曾是景宁陈氏的聚居地。陈氏一族在此书写了一门9代行医的传奇[①]，也在此展现了武艺超群的豪情[①]。金田陈氏族人，以一颗仁心、一双妙手、一腔热血，延续着悬壶之善与武术之刚。

据《陈氏家谱》记述，始迁祖陈绍先于明万历年间（1573-1620）自云和云坛徙迁景宁金田。陈氏先人在金田一带围滩开田、筑坝灌溉、安居乐业。隔坑相望，一座形似"金"字的奇山层峦耸翠，故取村名为"金田"，寓意"金山良田"。

金田村里多高门大宅，此乃陈氏繁荣之见证。在千峡湖蓄水之前，金田村里保留着完整的清代古民居群，其中代表性建筑有"老处""新处""上新处""陈氏宗祠"等。其中"老处"又称"桅杆宅"，由陈氏8世祖陈朝言与儿子陈祖英建于清乾隆三十七年（1772），为二进九直两横轩四合院，建筑面积达2370平方米，共用柱238根，可谓"豪门大宅"。

陈氏建宅之资，主要源于陈氏先祖经商有道。据《陈氏家谱》记述，自乾隆年间开始，陈氏先祖远赴温州经营木材，至嘉庆、道光年间，家族渐渐兴盛。在山多田少、偏僻山野之地，若仅以田产收入致富，终如民谣所云"山头财主不如洋下挑水客（指城里以挑水买卖为业者）"。故金田陈氏深谙无商不富之理，闯出山门，凭借小顺源山广林茂的优势，经由小溪黄金水道走向温州打开商机。数代从商，家积万贯，产业遍布乡里。

经商之家必有余庆，但是日渐殷实的家底也带来了不少麻烦，匪患侵

[①] 本节有关景宁陈氏家风内容参考蓝倞、徐期辰：《景宁渤海镇金田村陈家：一家出了19个武秀才》，载丽水市纪委机关、丽水市委宣传部、丽水市档案局编：《丽水好家风》，线装书局2018年版，第82-88页。

扰频繁，陈家常遭鱼肉掠夺。清乾隆癸未年（1763），陈祖茂奉兄之命前往青邑三炮头岭箬寮村学武卫家。陈祖茂立志三年不返家门，勤学苦练，武功高强，而且在习武期间潜心钻研伤骨医术。业成归村，陈祖茂致力教导子孙，自此，"武有武德，医有医道，以仁为本，绝不伤人图利"成了陈氏家训。

金田武家科举登榜，始于二代传人陈元浦、陈元魁、陈元广。3人中武秀才后，总结科场武试经验，在村中设馆，广泛教习陈氏族人。武馆设备齐全，有石墩、长弩、箭羽及骏马等，并在石垄置训练场，专习骑射，以备科考之用。陈祖茂之后，陈氏一族出了19个武秀才、1个武佾生。

尽管陈家的武术威震乡里，但是，陈家人始终秉承"武有武德"之训，从不恃强凌弱，而是以满腔豪情行侠江湖。

陈承辉（1889-1948），又名陈福兴，幼年随叔父武秀才陈家盛公习武。陈承辉性情豪放，无意科考，而立之年随姻亲黄寮叶仰高参加江浙联军，其尤精棍棒，把棍棒之术糅合于步兵劈刺之中，劈刺格斗无人出其右。陈承辉为攻占南京城突击队之一员，队长在攻击途中不幸受伤，其便率众攻入敌阵，亲手斩获敌酋。南京攻克后，陈承辉升任连长。南北议和后部队精减，但孙中山心念江浙联军之功，以其为攻克天堡城与南京城等有功之士，曾手书匾璋相赠。

陈廷献，幼时厌文好武，其父顺其秉性让其习武。弱冠之年参加江浙联军。在部队登台演习中，施展"五虎出山"，虎虎生威，观者掌声如雷。部队长官见其身手不凡，调其为营兵国术教练。1948年中共丽云区书记刘连兴为迎接全国解放高潮的到来，组织骨干民兵十余人在小顺乡朱山村进行军事训练，聘请陈廷献任军事教练。训练结束后，民兵参加浙南游击总队，1949年后相继成为景宁县大队、渤海区中队之骨干。陈廷献拳势刚猛，武艺超群，佳话不断。

陈氏的骨伤医术，与武术同出一源，始于清乾隆年间，自陈祖茂至今9代，有200余年历史。

据《陈氏家谱》记述，陈祖茂后裔多为武秀才及设馆武师，分布远至严州分水一带山区，近至青邑四都港及小溪两岸，文成八都、九都、玉壶等地和近邻乡间，这些后裔皆通祖传伤骨科之诀。金田村中从事伤骨科有汉豪、汉昌、汉庚、汉灵等数十家。

因行医者大多是武家，且仅凭少林寺异廷僧人《跌打损伤秘本》，以三十六穴损伤按穴治疗，陈家的接骨之术起步阶段是属有岐黄之术、缺岐黄之理的。至清道光年间，第4代传人陈汉豪（1827-1898）深知家承之业不能应对千变万化之病，于是他购买诸多中医经典书籍以探其奥。因其本武秀才，自幼弃儒从武，对岐黄之术难以深入，故让其子陈承芳弃武习文。

陈承芳聪慧敏捷，自幼潜心攻读经史，亦不弃家传济世救人之道，随父接骨治伤。陈承芳立志遵循父之期待专攻岐黄之术，大量披阅中医内难著经，并总结数代家传刀圭之术、接骨外伤经验，把伤骨科与内科结合，运用中医理论辨证施治，对症下药，故其医技猛进、声名鹊起。

陈承芳之子陈宝东，自幼随父从医，一生行医80年，对骨科、外科，如破伤风病，陈旧性脱位、股骨头坏死等疑难病症能妙手回春、起死回生；带教伤科弟子多人；录有《伤骨科医案》《精选良方》供后人参考。

陈氏一族，习武与行医并重，不断吸收变革、推陈出新，悬壶济世，救死扶伤，施行仁义，兼济天下。"专注"与"坚持"，是陈氏家族最显著的特征，正是深入骨子的特质，使其在武术、医术上精益求精。

第九节　龙泉周氏家风（周赞）

　　龙泉市安仁镇湖尖下村，有周氏一族。明洪武四年（1371），周氏家族始迁祖周赞公迁居于此，家族繁衍至今。

　　自迁居湖尖下村以来，周氏一族一直传承着种树、养树、护树的朴素家风，保护生态环境观念根植于家族每一位成员心中。在周氏家族世代子孙的努力下，湖尖下村成为名副其实的生态村，村前村后古树名木繁多，至今保存着龙泉市面积最大的野生香榧林和锥栗树自然林。①

龙泉市安仁镇湖尖下村周氏宗祠

---

① 本节有关龙泉周氏家风内容参考王秋蕊、周观美：《龙泉安仁镇湖尖下村周氏：遵祖训植树护树，六百年代代传承》，载丽水市纪委机关、丽水市委宣传部、丽水市档案局编：《丽水好家风》，线装书局2018年版，第117-122页。

在湖尖下村，合抱粗的古树名木随处可见。村中留存着名为月头岗心、榧树坪、朱凸社、复兴堂等郁郁葱葱的树林，有古树名木42棵，胸径1米以上者19棵，多是南方红豆杉和银杏。这些高大的树木均由周氏先祖亲手种植。

在湖尖下村后山上密布的野生香榧林广达数百亩，其中最大的香榧树胸径1.8米、高15米，树龄已逾500年。又有锥栗林百余亩，为针阔混交林。据村人介绍，锥栗林是周氏先祖种植的防护林，既可防风，又可保持水土，待锥栗成熟时还可充饥或药用，足见周氏先祖的生存智慧与生态意识。

村后山中还有品种繁多的野生猕猴桃，每到秋季便果实累累。当地流传诗歌"乌尖天平山果多，毛桃壳榱密波萝，绳梨木栗荔枝紫，吃饱肚皮装满笋"，形象描述了湖尖下一带漫山遍野长满野果的情景。正是因为周氏族人给予了树木生命，而村后山的一树一木也给了村民以丰厚的回报。

长期以来，周氏族人和他们种下的树木一起开枝散叶、生长繁衍，不但生前种树养树，死后也与树相依相伴。周赞公迁居湖尖下村后，家族便保持着"树葬"的习俗。在村东面有树龄500多年的苦槠树、枫树聚集的风水林，其中就有周氏三房太公坟，3穴坟上分别种上了3棵苦槠树。现尚留存嘉靖三年（1524）古坟1座、苦槠树1棵，倾斜的石碑默默立于树下。树林中坟穴遗迹甚多，可见"树葬"这种绿色环保的丧葬方式曾在周氏家族非常流行。

在湖尖下村，流传着许多保护树木和生态环境的动人故事。湖尖下村的周氏族人始终矢志不渝，牢牢守护着一方树林，在他们朴素的观念中，保护自然就是保护人类自己。

植树造林、保护树木，已成为周氏族人代代传承的家风，也成为周氏族人自觉的行为和习惯，甚至被写入村规民约。在村下水口榧树坪附近的永安桥东侧有一块清咸丰元年（1851）所刻永安桥碑，中言"周族众事面订桥头坪左右不许划坭烧灰，如有犯者，罚银壹两公用"。由于挖泥土可能使树根外露，烧灰可能会损坏树根、引发火灾，为了利于树木生长，因而立下规约，族人一直奉遵至今。

在湖尖下村，每到春天，家家户户不约而同地去山上种树。在早些年，由于苗木品种少，加之村人生活尚不富裕，缺乏余钱购买新苗木，大人就教孩子们如何扦插杉树，并且形成了扦插传统。在大自然中，在亲手扦插的过程里，周氏族人将爱护生态自然的家风言传身教给了下一代。

20世纪70年代末，乡村里曾出现几次破坏山林的风潮，令人可喜的是，周氏族人未雨绸缪，提前封好村后直至山顶的大片山林，做到不损一枝一叶，野生香榧林、锥栗树自然林才得以幸存。

1980年2月，在修建广季公路时，道路经过村中，不可避免地挖掉了几棵古树，当地村民心痛不已。某位公社干部为了方便修路取土，意欲再挖去几棵古树，用树下的土作填方，立即遭到周氏族人的反对，一百多人到现场与干部理论，双方几番交锋，最后在安仁区委的干涉下，终于保住了古树。

1990年，曾有商人想出上万元钱收购山上所有香榧树，周氏族人不为利益所动，齐心协力坚决反对，保住了香榧林。

1992年，经周氏族人合力保护的大柳杉树旁，立了一块"留记碑"，上书"前辈祖先栽古树，保风水景为村坊，代代子孙保爱护，能得长青万万年，若见损坏古林树，村人都有保护权"等字样。

如今的湖尖下村，路修到哪里，树就种到哪里。近年来，村民自发种植的树苗有红豆杉、罗汉松、榉树、红花檵木、红叶石楠等，苗木乔灌草结合，落叶常绿结合，为保持水土发挥了重要作用。

在湖尖下村，周氏族人将"天人合一"作为一种人生理想。在他们的世界里，尤为主张"人天一体"，自觉地将自己的身体、情感甚至整个心灵都与所生活的天地直接地亲密无间地交融在一起。在周氏族人的生产活动、经济生活中，日出而作，日落而息，习惯于恪守天时、精耕细作。对他们而言，植树造林、保护环境，最能满足他们基于天人合一的情感、道德要求，因而在漫长的岁月里自觉坚守并承继。

第十节　景宁任氏家风（任纪）

景宁县梧桐乡高演村，地处洞宫山脉中段，与自然景观构筑成一幅天然画卷，颇具高山桃源之胜。据传高演又名"高远"，因山高路远而得名。又传"演"为沼泽之意，民间常用"高演米老（箩）穴，有进无出"形容高演。亦说高演村物产富庶，农闲季节常在山坡上搭台，请戏班唱戏，故名"高演"。

高演村大多数村民姓任，约占90%。任氏家族以严格的家法推崇耕读精神，坚持"诗礼传家，书香继世"，在当地留下不少佳话。

据《任氏宗谱》记述，高演村村史可追溯至唐宋之间，当时有何、夏二姓在此高坡沼泽边缘开基，垦荒定居。元时高演村初具规模。明永乐十九年（1421），年仅8岁的任纪（高演任姓一世祖）因父亲亡故，随母何氏自沐溪西村（今景宁鹤溪镇叶府前村）迁回高演下村何姓舅舅家放牛为生。相传任纪为娘舅家放牛来到上湖沼泽地，因地气暖，牛不肯回家，适值一风水先生路过，指点此地为福泽兴旺之地，于是任纪向舅家讨取此地，掘开迴龙山排水，开田起屋，果然子孙兴旺发达。

高演村有"风水三桥"，分别名曰"环胜桥""清风桥""迴龙桥"，于清乾隆年间由任氏第7代任敬成依堪舆家所言而建，意以水口三关积蓄风水。

据《任氏宗谱》记载，自从有了"三桥环胜"，村里出现"逢考必及""逢及必仕"的繁荣景象。[1]据记载，高演子弟咸秀而能文，为景宁历史罕

---

[1] 本节有关景宁任氏家风内容参考李倩：《景宁梧桐乡高演村任氏：九生十贡 崇学向善》，载丽水市纪委机关、丽水市委宣传部、丽水市档案局编：《丽水好家风》，线装书局2018年版，第259—264页。部分数据参考张兆蔚、许军：丽水乡村纪行系列作品之《高演村，山中桃源境，九人十贡生》，丽水文明网，http://zjls.wenming.cn/xfwm/201607/t20160704_2667718.html，2016-07-04。

见。硕儒名彦，济济英多，家弦户颂。每逢朔望，父兄召集子弟命题试验，评定甲乙。郡县应试，多得列名榜首，其教育之良，已可概见。其中任氏第11世任公赐进士出身，先后任户部员外郎、山东道察院江南副主考、湖北学政；第12世公制涵公、应熊公均为进士出身；第14世公宗蔚公任浙闽盐道，众敬称盐税官太公；第15世公宝琳公军功六品。自清乾隆至光绪170年间，高演村出了进士8人、贡生29人。自高演任氏开基到修谱的1930年，高演村有科名者174人。

这个以血缘关系为纽带、宗族聚居的传统村落，自古人才辈出、名士众多，离不开村里历代推崇的耕读精神。数百年来，高演村将中国传统的农耕文化与崇学文化有机结合起来，推崇耕读精神，铸就了深厚的文化底蕴。在其族规词训中提倡以"诗礼传家，书香踵接"为要义。设在环胜桥上的书塾，有以严厉著称的塾规，塾规旁悬教鞭，下有题刻《无情诗》："此根无情竹，打你书不熟。若为儿心痛，莫送此来读。"生动诠释着"诗礼传家、书香继世"的任氏家风。求知欲望变成了一种执着和任性，以"崇学向善"为追求，在一代代高演子民的血脉里绵延相传。

高演村曾有"仁山育贵子，十人九贡生"之说。书风鼎盛时期，任家有10人同赴温州府参加科考，1人因病未考，让帮忙挑行李的书僮赴考，许因平时耳濡目染，书僮也考上了贡生。"九生十贡"让高演村名声大振，许多人纷纷前往高演村探寻究竟，甚至还吸引了地方官员和邻近郡县的名士前来探访，留下了许多佳作及文字记忆。

高演村采取各种方式勉励读书人。古时，在非常重要的场合——祠堂酒宴中，分耕读两途，耕者需年满40方可参加，读者仅需考取痒生不拘年龄；在席位安排上，上首三桌，中桌为族长独坐，东桌为村里长者席位，西桌为读书人中考取功名高者坐；分酢肉时，读书一途人人皆有，耕者一途需子孙三代俱有的老者方能享有。同时，任氏家族还规定以"氏族集体所有制"的形式占有山林。500余年间，数量众多的祠山祠田、庙山庙田、会山会田和公众山田，支撑了家族的兴旺，为族中子弟延师读书和一些公祭活动提供了充足的物质保障。

在村中心位置，有一"店廊"，两旁设有美人靠，旧时是族中长者评

景宁县梧桐乡高演村一景

高演村文化礼堂

议和训导子弟的场所，有"店廊评议"一说。如今店廊仍是村民传播信息和茶余饭后休息的场地。店廊旁一座宽敞的四合院，是古时的"马仙行

宫"，现已经修缮被用作村文化礼堂。在文化礼堂门口，一排10个古装塑像，是任姓有名望的列祖，后排还有桅杆旗整齐排列。据村中老人回忆，从前村内有30多对进士、贡生的功名旗杆，旗杆夹石板上的侧面有主人姓名、功名、年代等信息。

在高演，崇学向善的家风传承不衰。一批又一批高演人经发奋图强走出大山，为官者有之，学者有之，商者有之。

高演村，融自然景观与人文景观为一体。人们慕名向往高演，不止痴迷它的富有，贪恋它的豪迈，更是钦佩它的辉煌。时至今日，在这个书香氤氲、历史弥新的古村，随处可见肃穆、庄重、以示荣耀并激励后人读书进仕成才立业的标志性建筑桅杆，行走其间，仿佛仍能听到环胜桥楼里学子的琅琅书声，仿佛仍能看到迥龙桥上考生妙笔著文，仿佛仍能感受到清风桥上中举之士吟诗作词、意气风发。

第十一节　云和蓝氏家风（蓝天进）

云和县凤凰山街道新岭村，是畲汉两族混居村，村中约三分之二人口为畲族蓝氏。

畲族自称"山哈"，意为住在山里的客人。据《蓝氏家谱》记载，明崇祯年间，福建省福安县髻蓝村蓝相益第四子天进公辗转迁徙，见鹿角尖九条山脉连绵起伏延伸至新岭，形成九鳅落湖之象，于是率宗族各房子孙众人迁居于此，建宅卜居，开基立业。

"火笼当棉袄，火篾当灯草，番薯丝吃不饱"，这是中华人民共和国成立前畲民贫穷困苦的生活写照。畲民迁来云和时，平坦之处多为汉人所居，自然条件较好之地亦为汉人所垦，畲民只能栖身荆棘丛生的山岳之地，刀耕火种、垦山筑田，艰难度日。

据《处州府志》，"（畲民）力耕作苦，或佃种田亩，或扛抬山舆，识字者绝少，土人以异类目之，彼亦不能与较"，在封建科举时代，畲民在政治和文化教育上备受歧视和排挤，畲民不准参加科举考试，新岭蓝氏家族亦不例外。

文化教育，是一个家族兴起的希望。然而，在当时不平等的社会环境下，希望极其渺茫。清嘉庆八年（1803），政府恩准畲民可以参加科举，然而畲民由于受教育者极少，在开放考试的情况下也鲜有名列前茅者。直至清光绪八年（1882），新岭村蓝氏家族的蓝宝成中恩科贡生，成为畲民首例中举者。

蓝宝成（1844-1925），字韶九，号培莲，自小勤奋，好儒学喜易经，被誉为"云和三杰"之首。中恩科贡生后，任石门县（今浙江嘉兴桐乡）署儒学正堂，官正八品，专管教育。深知畲民文化落后之痛的蓝宝成意识到，家族兴起必须崇文重教，畲汉平等必须奋起抗争。他毅然辞官返回故里，腾出自家厅堂作为学堂，亲自执教。为鼓励子孙后代求学，蓝宝成将

积蓄置办了10亩田产，其田租作为家族子弟求学费用。自此开启了蓝氏家族"崇文重教、畲汉一家"的好家风。①

蓝宝成思想开明，招收学生不拘畲汉，不仅提高了整个家族的文化水平，而且培养了多个家族子弟的大批人才，如学生蓝庆东考取清末（宣统二年）贡生，饶益三、诸葛鸿东渡日本留学，加入光复会，致力辛亥革命，张之杰出任天台、云和、庆元等地县长。

除了兴办教育，蓝宝成一生致力打破畲汉民族藩篱，追求民族平等团结。蓝宝成勇敢打破"畲汉不通婚"的惯例，开创当地畲汉联姻的先例。光绪二十一年（1895），蓝宝成将女儿蓝章翠嫁给家住县城古官巷的清末贡生廖奏勋，并亲自主持婚礼。当时有些蓝氏老人表示疑虑，蓝宝成则认为"哈佬（汉人）偕山客（畲民）"就像"小麦偕大麦"一样，彼此"都是一家人"。

蓝宝成不但将女儿嫁给了汉族知识分子，还撮合4个儿子先后迎娶了汉族女子。蓝宝成的惊世骇俗举动，在当地引起了强烈的反响。藩篱打破，畲汉渐亲，两族人民携手并进。据统计，蓝宝成后裔近百人，其中畲汉联姻者达20余对。蓝宝成的开明之举，着实影响深远。

在蓝宝成的言传身教下，蓝氏家族从偏安一隅的山野村夫之家逐渐变成了知书达礼之家。

在新岭村，有座蓝宝成所建造的蓝家大院。两进大门，门额上分别题书"钟秀流芳""紫气东来"，正屋房间门楣上悬挂着民国十二年（1923）大总统题褒的"乡里矜式"匾额，透露着当年浓郁的书香气。

在蓝家大院里，一代又一代蓝氏族人继承家风家训，刻苦攻读、勤奋学习，他们深知只有文化才能提高畲族的社会地位。在蓝宝成的6个儿子中，长子文澣、三子文显先后考取了秀才，四子文德、五子文奇、六子文治先后毕业于省十一中学，次子文蔚尤为出色，自小聪明好学、心怀远

---

① 本节有关云和蓝氏家风内容参考王秋蕊：《云和新岭村蓝氏：崇文重教 畲汉一家》，载丽水市纪委机关、丽水市委宣传部、丽水市档案局编：《丽水好家风》，线装书局2018年版，第279-285页。

"乡里矜式" 匾额

志，从浙江政法学校毕业后，经蓝宝成举荐，任福建霞浦"福宁三明会馆"董事律师，积极为受欺压的畲民伸张正义、维护权益，历时13年，誉满闽东、浙南畲区。孙辈祥麟、瑞麟、坤麟、寿麟等毕业于县立高等学堂。

据福建《霞浦县畲族志》等资料记述，"福宁三明会馆"是闽东、浙南畲族民间社会公益团体，建于光绪二十五年（1899）。民国初年，废科举、兴学堂，但畲民上学多受刁难，浙江泰顺、景宁等处，均发生不准畲族学生入学事件。蓝文蔚以律师身份起诉，畲民入学问题得以解决。在此情形下，连江、罗源、闽侯、泰顺、平阳等10县畲民陆续加入三明会馆。

蓝文蔚长期驻馆，义务为畲民服务，对内调解族人纠纷，对外为畲民做主，代写诉状、代打官司，维护本族利益。如福鼎市浮柳村的畲汉两族发生山林产权纠纷，蓝文蔚出面干预，保护了畲民的合法权益。霞浦南乡多起畲汉纠纷，均由他出面协调解决。

新岭村蓝家大院

　　时至今日，"崇文重教"的家风传承不衰。崇文重教，不只是一种文化传统，更是一种积极的价值观，不仅在历史上推进了民族地区的发展进程，对于当下而言，对知识的崇尚和对教育的重视，仍是社会发展的重要推进剂。

第十二节　遂昌郑氏家风（郑秉厚）

在遂昌县云峰街道长濂村，有郑氏一族，自唐末避战乱迁入。关于长濂之地，元代文人郑元祐记述，"东沂小溪入，又三里，渡涧水，越平冈，两山叠夹如城。云峰烟峦，郁然靓秀"。

长濂村人以郑姓居多，兼有周、程诸姓。郑氏家族"济世以德，捐身以劳"的家风传承不息。

据《长濂郑氏宗谱》记载，郑氏出自姬姓，周宣王姬静封同母弟友于郑（今陕西华县东），为郑桓公，子孙因以为姓。唐时郑家为望族，唐末，郑家先祖郑叔辅为台州刺史，家居余杭。唐乾宁二年（895），董昌反叛，在越州称帝，两浙大震，郑叔辅的5个儿子携家南迁避乱，其中郑如山迁至遂昌杭头（今渡船头一带）。郑如山传至第5世郑仲宁，其子郑再贤迁居古市。南宋时，郑再贤的元孙郑宾迁居长濂，成为长濂郑氏始祖。自元以降，子孙蕃息，至明代，郑氏家族尤为兴盛。

长濂郑氏宗祠始建于明成化二十年（1484）。郑氏宗祠现存重刻于明嘉靖三十二年（1553）的高林郑氏祠堂碑记，碑文中言"其族繁衍，其俗敦仁义，爰建祠堂以为奉先之地……今郑氏之祠，先后谋不乏人，固足以见一脉孝思之永，尤足以见一族子姓之贤盛而传、美而彰者也"。

郑氏一族素来积德行善，郑家子孙自小就受到极好的仁义道德熏陶。据家谱记述，始祖心厌纷华、性喜恬淡、积德行善。第7世孙乐善好施，更有隐德。第15世孙与物无忤，被誉为处州的"仁让世家"。[1]

郑氏宗祠南侧，隔溪设有三开间"公正亭"。亭内挂着一杆公平秤，

---

[1] 本节有关遂昌郑氏家风内容参考蓝倞、张春苗：《遂昌云峰镇长濂村郑氏：济世以德捐身以劳》，载丽水市纪委机关、丽水市委宣传部、丽水市档案局编：《丽水好家风》，线装书局2018年版，第183-189页。

下书"人心如秤，称出谁轻谁重；民意似镜，照出孰贪孰廉"。明嘉靖四年（1525）时任丽水县教谕程霆所撰《公平亭记》载，"高林名都，去邑余十数里，里多正人，人财富盛甲于东南，高贾之所乐趋，而有地一方处高林之要，四通八达之所"。亭名"公正"，喻示长濂人处事公道，名传乡里。

长濂村中有郑秉厚府第，号"明德堂"，村人习称"府堂"，亦称"相府"。据清光绪《遂昌县志》卷八"人物"之"宦迹"记载，郑秉厚（1535-1587）[1]，号苍濂，生而早慧特达、廻异庸凡，自幼就懂得尊敬长辈。父亲教书授字，他"一过成诵"，记忆力极强，又善于写文章，被誉为"栝苍一枝"。明嘉靖辛酉年（1561）乡试第二，明隆庆五年（1571）中进士，始任江西南丰知县，到任前，江西南丰的老百姓因穷而造反，县衙专设戎府，拥兵以镇压，悍将桀骜不驯、残害百姓。郑秉厚到任后，严肃法纪、置之以法、杜绝说情、不给通融，并上奏当权、罢去悍将、撤去戎府，使县里百姓得以安居乐业。由于郑秉厚宦绩卓著、贤声远闻，调任吏科给事中，目睹京营侍郎孟重贪残肆恶，毅然奏疏弹劾，其奏疏中并及首辅张居正、内监冯保，"直声震世，闻者辟"，这充分体现了郑秉厚不畏权贵、置个人生死于度外而秉笔上疏的大无畏精神。但郑秉厚因此被改为外官，授闽滇副宪。郑秉厚始终秉持高风亮节，"裁奸叛夷"，"区划惟宜"，又"以爱民造士为务"，为诸郡邑长所钦敬、百姓所爱戴，"推以赤心"，恩威兼济而更重"以礼化之"，不滥杀无辜，终使苗夷"望风率服"。因其边功卓著，擢升江西左参政。明万历十五年（1587），郑秉厚在督运途中因病尽瘁，终于淮次。《括苍丛书》有其《苍濂奏疏文集》，收录其奏议6篇，忠君爱国之心溢于言表。

热爱祖国不仅是首要的、最基本的道德要求，同时也是每个中华儿女对祖国深厚感情的集中体现。爱国主义是我们中华民族几千年来凝结起来、积淀起来的对祖国最纯洁、最高尚、最神圣的感情，是各民族人民共

---

① 郑秉厚生平轶事参考《郑秉厚传》，载钭革非编著：《资政集·处州史略》，银河出版社2009年版，第47-50页。

同的精神支柱，是民族、国家自强不息的强大凝聚力和生命力的根本体现。①昔时郑氏忠君爱国，其心可昭日月。

郑秉厚府第

明万历十六年（1588），进士第文林郎知遂昌县事王有功《明故大中大夫江西布政使司左参政苍濂郑公暨配孺人周氏墓志铭》云，郑秉厚"节用爱民，除疴布惠……上疏论五事：坚立志，近端人，慎纠劾，议赋役，重边臣。娓娓数千言，皆极忠恳……郑大夫之风节，何贤且伟也"，其铭曰"卓哉循吏，入侍承明。不避权贵，邦之直臣。蜚声藩臬，爰督运漕。济世以德，捐身以劳"。明万历二十二年（1594），遂昌县令汤显祖《大中大夫苍濂郑公神道碑》云，"大致以节爱为经，通济为权……首言天下大计……常与公卿大夫议政……盖公去丰久，而丰人思益深"，其铭曰"蕴德十世，于濂而宜……卒魁其乡，以成进士……江人好公，有若缁衣，公

① 丁超编著：《古代家训》，吉林文史出版社2009年版，第68页。

爱江人，死事于淮"。上述碑铭所记郑秉厚事迹，赞颂其事亲至孝、坦衷邃识、勤政爱民的高尚节操。郑秉厚以敢于谠言宏议、直疏上奏名于当时，以"济世以德，捐身以劳"的品德名闻朝野。

在革命战争年代，长濂村是中共宣平县委和遂昌县委的主要活动地之一，郑氏族人积极投身革命。

1927年底，中共宣平县委委员吴谦、中共地下党员吴火进入遂昌东乡秘密活动，物色到长濂村郑来德等一批先进人士，向他们宣传革命道理，郑来德等3人先后入党。郑来德或以游山玩水为名，或身背罗盘以踏地堪舆为名，奔走于各村庄打探消息。他投身革命武装队伍，与其他地下党员一起，为组建遂昌红军游击队尽职尽力。在县委安排下，郑来德组织老百姓一面广泛收集鸟枪、大刀、长矛等武器，一面自制土枪和火药，不惧艰险，夜以继日地奋战。更为难得的是，他甚至变卖家产换取银圆，送给红军联络员，资助吴谦购买枪支。

"济世以德，捐身以劳"，这是郑氏族人最鲜明的家风。郑氏先人将文脉与骨气留给了长濂村的子孙后代，在一代又一代的传承中，沉淀出独具风韵的人文精神。

第十三节　缙云郑氏家风（郑汝璧）

在缙云县东渡镇兰口村，有郑氏一族，昔时习称"东门郑氏"。

缙云郑氏，于南宋绍兴年间迁入，其始迁祖郑桂。①

郑桂，系西湖转运使郑勉之子，字德宗，又称留思公，祖籍山阳（今江苏淮安），绍兴二十四年（1154）进士，知永嘉县事，转知乐清县，再知缙云县。郑桂在缙云当了6年县令，勤政爱民，多有惠政，深受百姓爱戴。郑桂离任时，缙云百姓万般不舍，纷纷赴阙请留。面对百姓挽留，郑桂感动不已。他对儿子郑常说："缙云俗颇淳厚，民固不忍舍我，我忍舍民哉？吾骨无北归，尔可善交耆老而寓居焉。"元至正年间，郑桂去世，百姓为之罢市（指店铺暂停营业）相送。县人思之不已，又建"留思亭"以资纪念。

常言道，"政声人去后，民意闲谈中"。郑桂之子郑常遵从父命，依士庶挽留，"亦以江淮扰攘故也，卜寓东郭"，也就是说，郑常依从父命和百姓挽留，避开纷乱的江淮，定居于缙云县城东门。此后郑桂4世孙郑章入赘周家，郑氏于是迁居松溪，之后周村姓氏亦以郑氏居多。从此，郑氏家族人才辈出。

明万历年间，郑氏家族出了一位总督宣大、山西等处地方军务的兵部右侍郎兼都察院右佥督御史——郑汝璧（1546-1607）。

郑汝璧，字邦章，号昆岩、愚公，明隆庆二年（1568）进士。始授刑部江西司主事，累迁云南司郎中。张居正闻其才，迁任仪制司。在任期间革除陋习、肃清积弊，排斥贿赂幸进之徒，裁抑逢迎索求之人，颇有

---

① 本节有关缙云郑氏家风内容参考黄俊剑：《缙云东门郑氏：勤政爱民多惠政　大济苍生传后人》，载丽水市纪委机关、丽水市委宣传部、丽水市档案局编：《丽水好家风》，线装书局2018年版，第197-202页。

政声。

明万历二十二年（1594），山东出现大饥荒，甚至到了易子相食的悲惨地步。郑汝璧时任山东右布政使，临危受命，积极赈灾。此前赈灾施粥，粥场里常会出现弱肉强食的情况，老弱病残者往往抢不到粥喝。于是，郑汝璧想了一个更周全的办法。他令"每村各煮，就近而食，分行靠背，坐定散粥"。与此同时，又命各州县官员要深入到每个乡村巡行，察看灾情，否则就要问责。不仅如此，他还令山东境内各地互通有无、给钱给米，共赈济灾民达630余万，邻省灾民纷纷闻之入境，被百姓誉为"郑青天"。

郑汝璧认为，"凡救荒，须一副真精神流溢。若意念勤渠，人心同然，自不敢虚应也"。由于当时一些小官吏在赈灾时存在把钱粮吞入私囊的现象，为防止官吏贪污赈灾钱款，郑汝璧要求必须将银粟亲自送至各村并逐家逐户分发。分发完毕后，他还抽查暗访，若发现与账册中的数目不符，就严惩相关官吏。在如此严密的督查下，赈灾钱款全部分发到位，有效缓解了灾情。因郑汝璧赈灾有功，朝廷给予嘉奖，山东人民也感恩戴德，勒石记之。

其实，郑汝璧不仅是文官，也是难得的将才。明万历十九年（1591），郑汝璧首次出塞，任山西按察副使井陉兵备副使。次年，迁赤城参政。赤城，直悬出塞外，其地三面临虏，虏情最剧。郑汝璧临危受命，"不以边地为苦，不以远徙为愤，坦然就官"。到任后，就与诸将驰走郊原，巡视边地。当时，北边鞑靼对明朝虽已称臣，但仍有游牧民族不时犯边。郑汝璧命令将士加强守备，组织骑兵进行突袭，斩其头目，大获全胜，并警告入侵者："汝为逆，安得容汝。且我中国人为盗者，皆杀无赦，况尔丑虏！"入侵者闻风丧胆仓皇而去。当时，吏部都给事中钟羽正在阅边，得知情况后对郑汝璧钦佩不已，在奏疏里陈情："臣遍历诸边，明目张胆敢战守者，惟郑汝璧一人而已。"

明万历二十一年（1593）春，郑汝璧升山东右布政使，又擢右佥都御史。明万历二十四年（1596）12月，日本丰臣秀吉发动第二次侵略朝鲜战争，破朝鲜驻釜山。釜山与山东登州、莱州仅一水之隔，扬帆即至。为了有效防阻日本入侵，郑汝璧募标兵、调浙兵，严阵以待，并上了一道长达万字的《条议防海六事疏》，建议练兵马、议积粟、修城垣、开岛田、置将领、分信地，整顿海防，提防倭寇，充分展露了出色的战略意识。

明万历三十年（1602），郑汝璧再次出塞，以右佥都御史巡抚延绥。一到任，郑汝璧就修城堡、练士卒、治器械，击破三面来犯之敌。明万历三十三年（1605），郑汝璧升任兵部右侍郎兼佥都御史，总督宣大山西军务，整军备，破犯敌，靖边防。明万历三十四年（1606），郑汝璧积劳成疾，请求辞归，殁于山东荆门驿途。

郑汝璧著述颇丰，除了《由庚堂集》外，还有《五经旁训》《功臣封爵考》《皇明帝后纪略》《同姓诸王表》《臣谥类钞》《大明律例解》《延绥镇志》等，只惜大多已散佚。如今，郑氏族人自小常听村中老人讲述关于郑汝璧的事迹，从郑汝璧的《由庚堂集》中，郑氏族人感受到了先人大济苍生的抱负以及对民生的深深忧虑，自然而然被先辈为国为民的言行举止所感动。

明代郑梧山，曾任福建提刑按察司检校，"宦游二十余年，吏民感德而心服，盗贼闻风而远遁，抚按交荐，兵使嘉奖"，政绩卓著。

郑氏子孙继承了郑桂、郑汝璧等先人恪尽职守、勤政爱民的好家风，人才辈出，多有功名，郑氏也成为缙云的一大望族。

第十四节 缙云卢氏家风（卢勋）

在缙云县壶镇白竹旸村，有卢氏，耕读传家，极为兴旺。

白竹之卢，当以卢泰为始祖。卢泰（1090-1157），字世安，号静庵，周世宗幼子炯（卢璇）之第8世孙。卢泰纵游缙云山谷，辄爱虎岩奇秀，且有石龟吐泉之景，竟自永康孝义乡迁至山谷。既而崦出白竹，莹如白玉，远近闻之，遂称“白竹”。

白竹卢氏，有显赫身世，相传其先祖为周世宗柴荣第7子蕲王柴熙诲。据《白竹卢氏宗谱》中载明洪武庚申年（1380）翰林学士松阳王景彰所撰谱序记述，“缙云之卢氏，由其身缘而上之至武烈侯十四世也，其承传次叙，生卒讳葬，秩然不紊……卢氏受姓之由，始于柴氏周世宗之幼子炯，隐外姓为卢氏也”。当地亦传元老重臣卢琰，官居典检尚书，荣禄大夫，于陈桥之变时，暗地遣人抱出蕲王柴熙诲，为掩人耳目，以作己子改名“卢璇”。卢琰与柴世宗的驸马孙维温（浙江永康人）密谋，向宋太祖赵匡胤提出归农致仕要求，与孙维温等挟蕲王连夜驰出京城，初寓临安，后又遁于今磐安县躲山下（今大山下）隐居。柴熙诲长大成人后入赘，与卢琰之女卢景成婚，易柴为卢，排第三支谓女支卢（或柴卢派）。卢璇习文练武，一直遵循其义父“吾在世时，勿为宋仕”的告诫，以免暴露真实身份。直至义父卢琰死后，卢璇为义父义母举哀守孝16年。宋大中祥符年间，宋真宗先见其文，一观其仪，再考其艺，感“相见恨晚”，一意重用。卢璇奉诏擢为殿前防御使，后又进封武列侯。此后，卢泰从磐安躲山下迁居缙云白竹。

卢氏雄踞一方之胜，于户阶之间者，教人种植，治生麻，丝缕、枣、栗、梨、柿、谷、粟、米、麦、桐、梓、松、檡、桃、李，百物具备。卢泰以智度而擅其积，商旅出途，货不弃地。暇则涉猎诸家，淹贯艺术。卢泰之后，有卢绍、卢隆、卢文俊、卢冬、卢寿、卢礽。

白竹昳村之名，离不开官至尚书的卢勋。

卢勋（1493-1573），字希周，又字汝立，号后屏，系卢泰第15世孙，自幼机灵聪慧，做事老到明慧，处世低调智慧。

卢勋身居要职，日理万机，南北辗转，东西操持，参领繁重，倚任维艰。据史料记述，嘉靖帝盛赞卢勋"学蕴深纯，器怀端亮。有通达之才，而守之以正；有精敏之识，而用之以宽"。卢勋主动请辞归乡时，嘉靖帝以顾问恩准其还乡，并赐"天恩存问"匾额。卢勋之后人依承祖训"冰雪其清"、安分守己，长子卢逵任贵阳府知府，二子卢致任福建盐运同知。

卢勋对缙云人来说，不但是有功的，而且功劳不小。嘉靖四十二年（1563），他回到家乡。由于他曾经当过"提督巡抚南赣并节制汀、漳"，总兵戚继光都是他属下，也算是个"知兵"的人，所以壶镇地区的"团练"——也就是民兵组织，都听他的号令。时逢倭寇（日本浪人组织的海盗）入侵浙南，临海被陷，正要翻越苍岭进入缙云县境，卢勋组织民兵在苍岭上面的东平寨隘口死守，未让倭寇跨入缙云一步，免除了苍岭以西数县的生灵涂炭。

白竹卢氏为当时缙邑望族，自宋至明数百年间，卢氏中进士3人，曾任刑部尚书、工部尚书等16人，还有卢逵中顺大夫、卢致中宪大夫等，名卓著者近30人，未进仕受朝廷恩授"义民""乡贤"者不计其数，一族赐建有9处牌坊，其中就有一块"明工部尚书坊，在郡城丽水县为卢勋建"；族众传续"处野勤耕好学，居官冰雪其清"之祖训；明朝万历三十六年（1608），族人军籍卢大宗等具状处州府、缙云县县衙，计开"规约一十六款"，撰集卢氏家法16条，诸如"扶持正直""惩治盗贼""敦崇孝悌""完纳官粮""周济老孤""节制奢华"之类，以飨同里。

昳村是老革命根据地，早在第二次国内革命战争时期，以卢宅三为首的"中国共产党浙南红军第十三军第三团第二大队"经常在当地进行革命活动。

昳村卢氏族人中，卢宅堂等4位热血青年为中国革命的解放事业献出了宝贵的生命。卢宅堂又名卢堂，1930年8月参加中国工农红军，任第13军第3团1营2大队长，率部参加攻打壶镇战争失利，转入地下革命斗争，

1930年10月27日被国民党保卫团抓捕，严刑不屈，10月30日在壶镇就义，时年35岁。

卢氏族人，曾自白竹向外繁衍。卢氏族人秉承优良家风，在各自岗位上建功立业。

第六章

清朝处州家风

　　传统乡土社会一般认为皇权不下县、县下惟宗族。乡土社会建立于宗法血缘关系之上，年长者对年幼者具有"理所当然"的权力威势，从而伦理在社会秩序维护中确然扮演着重要角色。[①]

　　自明入清，一个最深刻的切口在时代的缝隙中被扯开。传统文化在内外部冲撞和融合中被再一次构建，传统家风以文化"代言人"的身份讲述着清代的历史与生活。"耕读世家""忠厚传家""勤俭""忠孝""和气""清廉"等许多令世人欣赏和认同的门第家风，既反映了当时社会的主流价值取向，也进一步构建和支撑了传统价值观的稳定与传承。

[①] 谢鑫：《我国城乡变迁历史视域下的家庭档案记忆建构研究》，武汉大学博士学位论文，2019年，第46-47页。

第一节 清朝处州家风概述

清朝（1636-1912），前后历时近300年。清时人口密度渐增，移民成为山区资源开发的主力。有清一代，处州踏上前所未有的城镇化之路，各种手工业作坊生意兴隆，各类地方产品百花齐放，再次带动了商业发展，大批农民放下锄头开始经商，商帮应运而生。

在清朝，家谱编修几乎成为各族子孙的必尽义务，修成之后的分谱更成为全族老少的神圣仪式。清时家谱通常被编号分派各房，而后秘密保藏、束之高阁。

清朝处州家训，就其表现形式而言，言谈对话式增多，即训诫者对被训示者的言谈。其一为对话记录，其二为书信。[①]在清朝，格言、警句体家训层出不穷。此种体裁的家训，其撰写家训者的主要出发点是为了教训家人、子弟，但都可以作为教人立身处世的大众教科书其间不乏饱含深情的哲言睿语，言简意赅、言近旨远、耐人寻味，与以往不少家训侧重于家庭财产、家庭事务的管理或睦亲齐家之道的训导不同的是，此时期的家训更多侧重于传授立身、处世的经验。

清朝处州家风亦有箴铭、歌诀体家训和诗训，有的嵌于长篇家训中，有的短小精悍独立成篇；既有朗朗上口、可唱可诵的歌谣，也有严肃刻板、带有家法性质的训诫；有的主要供幼儿开蒙习诵，有的则让合家老小学习牢记。

清朝，家戒、家规和族规、族法增多，这是清朝家训发展的一个新特点。此时的家戒、家规和族规、族法，与一般家训有别，因为家训侧重于对家人子弟的训诲和治家教子、为人处世的指导，着重于"训""教"，而家戒、家规和族规、族法则侧重于对家人、子弟言行的规诫，着重于"规

---

① 张艳国编著：《家训辑览》，武汉大学出版社2007年版，前言，第1页。

矩"和"约束"。清朝处州家训有不少内容以"不得"的戒条形式表达。

其实，自宋朝宗族组织普遍建立后，家训实际上也是宗规族训，绝大部分家训都体现了这种家族性的特点，尤其是明清以后，随着封建族权的扩大，在不少家训，特别是民间普通家族的家训中，带着鲜明法律特色的族规、户规、宗约、族约、宗禁、祠禁、家诫、家法等莫不如此。这些特殊的家训，或载于家谱，或立碑镌刻于祠堂，它们既是约束、劝诫、教育本宗族成员的规范，也是惩罚部分违规者的基本依据。尤其是清朝，这种带有强制性法律规范的族规、族法，在处州家训族规中屡见不鲜。

第一，在制订方面，奉行"明刑弼教"的宗旨。清朝时期的族规、族法的制订者，是从本族共同体生死存亡的高度来看待族规、族法的，他们依照儒家所提倡的"明刑弼教"原则，制订族法、族规的目的主要是为了加强对族人、子弟的教化、训导，对违规者加以严惩，并以此警示后人。

第二，在形式方面，带有成文法的特点。清朝家训族规大多采取两种形式，一种以戒律之训的形式，重在训诫、告诫；一种则同国家法律一样的具体条文形式，对违犯者予以明确的惩罚规定。

第三，在实施方面，对族人约束和惩罚的规定更为具体。为了便于操作，有的对惩罚的行为作了详细规定，连杖责的数目都写得清清楚楚，但具体"量罚"标准略有弹性，由族长、宗子等临时商议决定。

第四，在场合方面，施行惩治往往是借祖宗的名义进行。对违犯族规族法的族人给予惩罚，一般是在宗祠中进行。在处州家训中规定，不光族人从事了贩卖妇女、聚众行凶斗殴这类犯法行为要被传到祠堂惩治，就连因兄弟不和分家之事和族人中的游手好闲之徒也要由房长带到宗祠予以惩治。在宗祠中惩罚族人，不仅不被理解为借祖先的权威给族人施加精神压力，反倒被视为祖宗对后世子孙的关爱和恩惠。

第五，在功能方面，清朝族规、族法对保持宗族的兴衰存亡、对维护封建统治和社会秩序的稳定等都产生了重要影响。清朝族规、族法不仅像以前朝代的家训那样，要求体恤同族鳏寡孤独贫穷的成员，而且有不少都对族人之间的债权、债务关系作了与非族人不同的特殊规定，对维护宗族成员团结、保障族人的基本生活起到了重要作用。清朝的族规、族法强化了国家法律，补充了国家法律的不足，像对诉讼、嫖娼、游荡、酗酒、赌博等国家法律较少惩罚或根本不问的行为，族规、家法都予以严禁。几乎所有的族规、家法都要求族人"戒诉讼"，规定族人之间发生矛盾纠纷要在宗族内由房长、族长、宗子等调处解决，不得轻易去官府打官司，否则要受到"藐视族法"的处罚。

综而观之，清朝处州家风始终把道德教育摆在首位。正是通过经久不息、持续不断的教诫、训示和耳提面命，传统道德才得以深入人心、家喻户晓。到了清末，中国传统道德因自身的僵化、片面与不合时宜，逐渐趋于式微。

在处州一带，新的生产方式、新的价值观念，深刻地影响着数千年来颠扑不破的门风家风，曾经被封为家庭金科玉律的"耕读之风""箕裘之风""清贫之风""谦抑之风"等，无一不受到剧烈冲击而被迫进行转换、变革。而在晚清这场"三千年未有之大变局"中，对家风冲击最直接也是最主要的，要数晚清教育变革。

当然，即便是科举被废除之后的很长时间里，大多数家庭对于"读书"的尊崇依然延续。在清代处州家风中，强学历行、报国安民的教育尤多。诚如清代张之洞《续辈诗》所言，"仁厚遵家法，忠良报国恩。通津为世用，明道守如珍"，要仁爱宽厚待人，遵守家法家规；要做到忠厚善良，报效国家；要有开放的胸怀，敢于担当，学以致用，以所学济世；要知晓世事规律，像守护珍宝一样守护道统。

其实，科举制坍塌之后"读书"传统依旧存在，但此时的"读书"，早已和科举制度下"耕读传家"中的"读书"大不相同。就内容而言，已经不再有人学习古板的"八股""策问"，学校里学的已经是日文英文、算术几何、修身国文、体育音乐、法政教育、声光电化等，学习范围得到了极大的拓展。在处州，当"废科举、兴学校"在变革"读"的家风之时，近代工商业的兴起、城市的繁荣、世界市场的一体化也正在改变着"耕"的家风。从清朝处州家风中，"读"已经不能自我圆满，"耕"也已经不再宁静自足，"工"和"商"在近代化进程中以不可逆转之势颠覆着"士农工商"的传统座次，新的家风渐次出现。

概而言之，清朝处州家风既继承了前代家教内容、家教形式的精华，又吸收了当时先进的思想观念，具有鲜明的时代特色。

第二节　缙云吕氏家风（吕蔡氏）

在缙云壶镇、新建等地，有吕氏一族，以"仁、爱、慈、孝"为传家之基，数代传承不息。

清嘉庆、道光间，缙云县壶镇大户吕氏第20世孙吕载扬兄弟奉母吕蔡氏之命在好溪的3个渡口，出资建起了3座大桥，即壶镇的贤母桥、县城的继义桥、东渡的竞爽桥。

贤母桥西桥头，现存有3块碑记，碑文主要记述吕氏一族建造三桥、乐善好施的事迹。

贤母桥上三块石碑

贤母桥下的好溪，旧称"恶溪"，溪曲、滩多、流湍、枯涨无常。好溪上的壶溪古渡，扼苍岭驿道之要津，古时建有或木或石小桥，一旦大雨骤下或久雨不歇，旋山洪肆虐，则冲塌桥梁、阻绝交通，而且时有不幸行旅葬身鱼腹。壶溪吕族第19世务本公吕瑞卓①之妻蔡太孺人，壶镇南顿蔡永昭长女，出身大家闺秀，忠勇乐善，见到行旅不幸更是忧心如捣，久有在好溪壶溪渡建造一座大桥的宏愿，并常将此事心绪说给自家子女听。

蔡太孺人勤俭持家、节衣缩食，备措建桥银两，以早日建起壶溪大桥勉励全家。嘉庆二十年（1815），蔡太孺人病危，恨宏愿未竟，临终前召集载扬、载修、载驯、载希等4个儿子和建始、建盛、建祥、建和等孙子，嘱咐他们"必成是桥，以遂吾志"。

经过一年的准备，吕载扬兄弟一家出钱出力，于清嘉庆二十二年（1817）七月，委派吕建盛为统筹和带领，开工建造壶溪大桥。

吕载扬因善于经商，成为当地的一个富翁。他生性慷慨，乐善好施。清嘉庆十六年（1811）缙云县出现灾情，饥民众多，他曾捐出千金来赈济，受到地方官表彰。

作为捐资者、筹划者、组织施工者的吕建盛，虽然"体素弱，若不胜衣"，但却事必躬亲、身先士卒，干在最困难的第一线，常常第一个"跣足入水，首先奋锸，暮方休。达岸，踝间往往凝冰未释，经冬春如一日"。经过一年零九个月的艰苦施工，到清嘉庆二十四年（1819）三月，大桥全面落成。吕建盛竭尽心力、身体力行、鞠躬尽瘁的艰苦奋斗精神，令人钦佩。

吕氏一门急公好义、乐善好施，建桥之举"名动天子、利赖行人、德施后世"。大桥告竣，"行人相与歌于途，居人相与庆于室"，吕建盛遵奉祖母遗嘱、父辈志愿，竭力去把事情办成功，淡泊名利，行大善而不以善人自居，做大事而不以功臣自居。桥因秉承母亲蔡太孺人遗命而建，"人颂太孺人之仁而美吕君一门之孝，遂名'仁孝之桥'，而榜曰'永济'"。道光七年（1827），兵部左侍郎、钦命提督浙江省学政朱士彦"巡试处

---

① 吕瑞卓，字宏超，号务本，第19世德字行，诰授修职师，又敕授儒林部。

州"，莅临壶溪，得知"吕氏母子若孙三世为善"，慷慨解囊，在好溪流经县域的三大渡口分别建起或即将建起石拱大桥，心中对吕母的仁慈及其子侄的孝义感慨万千，欣然命笔，更壶溪"永济桥"为"贤母桥"，更县城在建的"龙津桥"为"继义桥"，预赐正在议建的东渡大桥为"竞爽桥"，并亲自撰写《三桥合记》。

清道光六年（1826），吕载扬次子吕建盛出资两万多两白银，建造县城龙津渡大桥，因施工困难，工期长达6年，清道光十二年（1832）才竣工，取名"继义桥"。

清道光八年（1828），吕载扬长子吕建始也效其弟行动，捐资二万余两白银建造东渡大桥，数年后竣工，取名"竞爽桥"。

三桥之建，共费白银八万四千两，从开始到全部竣工，前后长达15年之久。吕载扬一家虽说富有，但也不是大富豪，捐出如此建桥巨资，是仁爱，是义举，是慷慨。

据村人介绍，贤母桥的中段立有天灯柱一杆——底座是一石板，中凿一孔，立一杉木，上挂篾丝灯笼一盏，为防雨淋，上方盖一铁皮。天灯是为了方便过路人夜深路黑行路之用，由地方乐善好施人士筹办。每到天黑，就有人去点灯了。小小的天灯在没电灯、少电筒的年代，方便了无数走夜路的人。

明代吕坤《孝睦房训辞》中言："传家两字，曰读与耕；兴家两字，曰俭与勤；安家两字，曰让与忍；防家两字，曰盗与奸；亡家两字，曰淫与暴。休存猜忌之心，休听离间之言，休做生分之事，休专公共之利。吃紧在各求尽分，切要在潜消未形。子孙不患少而患不才，产业不患贫而患喜张，门户不患衰而患无志，交友不患寡而患从邪。不肖子孙，眼底无几句诗书，胸中无一段道理，神昏如醉，休惰如瘫，意纵如狂，行卑如丐，败祖宗成业，辱父母家声。"其中的十个"字"，指出了家道隆昌还是家道衰亡之路，四个"休"，提出了立身持家的基本准则，四个"不患"，着重从才、志、交友方面对子孙的培养教育提出了基本要求。缙云壶镇吕氏族人在家训教化上，始终将子弟的品德教育放在第一位，始终注意从小处、从萌芽状态加强子弟的品德修养。吕氏家族如此慷慨捐资乐助，着实

罕见。

在缙云新建镇西岸村，又有吕氏族人，相传为吕祖谦（1137-1181）嫡传后裔。据史料记述，吕延年生二子，长子叫似之，次子叫守之。吕似之曾任永嘉县尉，先迁到缙云县城定居。六世孙吕伯良在元代从新建迁入西岸村。一直到民国，明招山170多亩山林田地归西岸村的族人掌管，每年清明也与金华、武义的地方官一起前往扫墓。吕延年的次子守之的后裔，有一支在今莲都区保定村。《东平郡保定吕氏宗谱》有规定："凡有子弟，务必延师教训，达可淑世，穷可淑身"，"子孙发奋上达，实为祖宗增光。入泮者，给宫花钱二千文；补廪者，倍之；赴闱乡试者，发盘费钱肆千文；贡举者，给旗匾钱念千文；归京会试者，发盘费钱念肆千文；武一体"。在祖宗的示范和族规的褒奖下，或耕读传家，或入朝为官，或从教授徒，或商游四方，吕氏世代人才辈出。

其实，吕氏族人于数百年间不仅在缙云、莲都均成为望族，其后裔还迁居至江苏、福建、广东、台湾等地，各方人才不可胜数。

第三节　松阳宋氏家风（宋显昆）

松阳县三都乡杨家堂村，有宋氏一族，于清顺治年间迁居于此。

杨家堂村属典型的阶梯式古村落，有"金色布达拉宫"之称。杨家堂之美，来自大自然，也得益于先人不经意间的营造。据《松阳县志》及《杨家堂宋氏宗谱》记载，杨家堂村建于清顺治十二年（1655），宋显昆最早在此定居。因村中有3棵交叉的樟树，村名初叫"樟交堂"，后改为"杨家堂"。

松阳县三都乡杨家堂村

杨家堂村人以宋姓为主，宋姓之来历，从其宗谱《京兆宋氏宗谱》可看出，其宋氏祖先来自西安（京兆，古都西安及其附近地区的古称）。据《松阳百姓源流序集》记述，松阳宋姓有五支，其一为呈回、杨家堂支，于明弘治间（1488-1505）自浦江徙居松阳呈回，清顺治间（1644-1661）

析迁杨家堂。①杨家堂宋氏始祖乃浦江宋濂的第11代裔孙宋显昆。②

宋濂（1310-1381），字景濂，元末明初文学家，曾被明太祖朱元璋誉为"开国文臣之首"，为唐代名相宋璟之后裔（25世孙）。据《呈回宋氏宗谱》载，宋可三（1444-1497）乃宋濂三子宋韬之子，于明弘治年间（1488-1505）徙居松阳三都呈回。明末清初，宋可三之9世孙宋显昆（1610-1681），从呈回村迁居杨家堂村。③

松阳杨家堂宋氏，有家训十则，包括"重孝友""崇忠敬""敦礼义""谨廉耻""正名分""敬师友""培祖茔""尚勤俭""戒骄奢""息词讼"等。

民国《松阳县志》载，"光绪三十三年（1907）一月，宋祠及定照院共捐租二十五担四桶，于杨家堂青云宫建立了杨家堂初级小学校，旧名厦田区立第一"。但据《杨家堂宋氏宗谱》记载，村中早在光绪二十七年（1901）就捐资兴办了"迪德小学"，松阳知县张纲奖给'泽流桑梓'匾额"，至此"诵读之声，彻于山谷"。比县城毓秀小学（1905年创办）还早4年，可说是全县最早创办的小学之一。全村先后培养出了100多名教师，"尊师崇教"之风影响了一代又一代的杨堂人，他们作为教师，更是将这一风气带至全国各地。

历百余年沧桑，秉承宋濂的文人传统，杨家堂村的宋氏族人逐渐显示出其独有的气质。杨家堂宋氏后人"荷锄放犊，树艺五谷。五谷既熟，乃事版筑"。时至晚清时，杨家堂宋氏就已开始亦农亦商了。有贩运木材至温州、杭州等地的，因此"家声渐隆，殷富者迭出"。

据介绍，宋显昆迁居杨家堂村后的70余年间，杨家堂只有数间茅房，族人以卖柴、狩猎为生，生活十分艰苦。到了宋显昆曾孙宋宏堂时，却出现了"奇变"。

---

① 李伟春编著：《松阳百姓源流序集》，中国文史出版社2019年版，第205页。
② 本节有关松阳宋氏家风内容参考吴卫萍：《松阳杨家堂村宋氏：清代设小学，百年出百师》，载丽水市纪委机关、丽水市委宣传部、丽水市档案局编：《丽水好家风》，线装书局2018年版，第214-219页。
③ 王永球编著：《松阳祠堂志》，中国文史出版社2019年版，第231页。

相传宋宏堂5岁丧父，时其兄宋宏资也仅9岁，家境甚是贫苦。但其母蔡氏对兄弟俩要求甚为严格，日间要他们出去干活，入夜则教他们习文，故使兄弟俩能习字断文、知书达理。一日，宋宏堂挑柴去城里卖，于泉址凉亭歇脚，拾得一内约有2000两银子的钱袋。拾得银两后，宋宏堂就在凉亭中等候失主。失主回找时，他就将所有银两如数还与做木材板业的衢州巨商。巨商感激不已，诚问宏堂有何要求，宋宏堂就问是否可跟他当学徒。之后，宋宏堂就跟随那巨商学做木材板业生意。因有母亲蔡氏的谆谆教诲，宋宏堂不仅能写会算，且品德高尚，倍受世人尊重。跟随巨贾学商一段时间后，经得巨商许允，便另立门户，从事木材板业生意。曾数十次贩运木材到杭州，并入股杭州南星桥"松茂板行"，成了股东老板，终成松阳的木板巨商大富。宋宏堂发迹后，生活上仍省吃俭用，而将钱财用于"建厦屋、孝高堂、友兄弟"，逐步修建起杨家堂古居群。

杨家堂村宋氏宗祠门墙

杨家堂古民居每家大院中几乎都有学报、官报，有的甚至于从中堂贴到客间板壁。

杨家堂的墙体文化十分丰富，从一个侧面真实反映了当时人们的一种生活信仰、精神追求。4号民居大门顶的朱子治家格言和2号民居大门顶

上《程子四箴》保存尚好，清晰可见宋氏祖辈重视文化教育。他们的重视并不仅仅停留于思想上，而是落实到具体的行动中。

继蔡氏老太要求两个儿子"日耕夜读"之后，宋宏堂继承了母亲的传统，"念村中子弟幼小失学者，则延师设馆，歌诵之声彻于山谷"。至宋君楣（1836-1901）时，还捐资办迪德小学。也正因对教育的重视，才使这样一个小山村飞出了诸多的"金凤凰"。

宋君楣（学名企痒），清朝贡生，杨家堂宋氏17世孙。据《宋氏家谱》中的《企痒公行略》记述，宋君楣致力振兴地方教育之事，"将祖遗学租提拨赞助办学，并主事学堂有成"。其民居内墙上的"家训"可辨认大部分，全部自右向左竖排用小楷书写，落款"岁次壬子（1852）"。在内柱上还保留"人生未许全无事，世态何须定认真"等3对古楹联，均属治家格言，足见主人治家严谨、志存高远。

在杨家堂3号民居的墙头上，写着"顺理自裕、克难自持、自成圣贤"等家训格言，落款为宋斤。据《宋氏家谱》记载，宋斤即为宋宏钦，杨家堂宋氏14世孙，宋宏钦"正直超於闾里，才识冠乎同群。处贫贱而不愠，视富贵如浮云"。

在杨家堂村，还有一些人家将《宋氏宗谱·家训》《孝经》《孝悌力耕》等家训写于墙上，杨家堂人勤耕重读的思想可见一斑。虽年久日深、粉墙斑驳，有些字迹已模糊不清，这些"墙头家训"却激励着杨家堂村的子孙后代为之努力奋斗。

在杨家堂宋氏族人尊师重教的传统之下，村中"代有贤才，殷富者迭出，能工巧匠者众"。

据有关资料记载，自清道光以来，杨家堂有贡生、庠生、国学生30多人，但鲜有踏上仕途者，大多成为蒙馆的启蒙塾师。光绪三十一年（1905）废科举兴学校之后，杨家堂宋姓陆续考上浙江省第十一师范学校及各等师范讲习所、传习所共计27人。此后从事教育者甚众，他们或祖孙相继、或兄弟并进、或姻眷相连，实令世人刮目、乡里企羡。

在众多教师世家中，特别值得一提的有宋微封一家。宋微封曾两度出任松阳县立初级中学校长。据村人回忆，宋微封对于孩子婴幼儿时期的学习颇有方法，曾自制卡片教子女识字、读古诗词，又以生动有趣的方式教子女数学、自然科学知识。宋微封共有3子1女，都曾从事或终生从事教育工作。其后代从事教师职业者共计30余人。

在杨家堂村，设有杨家堂宋氏家训馆。生活在杨家堂的人，仍旧保持着传统的耕作方式，日出而作，日落而息。或许正是有了宋氏家风的滋养，杨家堂村的老屋为"江南秘境"保留了一份别样的风采和内涵，让人始终觉得生活是有温度的，内心油然而生一种踏实感。

第四节　青田章氏家风（章楷）

在青田东源镇，有章氏一族。在章氏族人中，"传家两字曰耕与读，兴家两字曰俭与勤""休存猜忌之心，休听离间之语，休作生忿之事，休专公共之利"等祖训，至今仍在传承延续。

在章氏家族中，以章楷（1842-1918）为代表，章氏祖孙三代贤达，为后人谱写了爱国爱家之典范。

有着"青田讼师"之称的章楷，一生笃志好学、嫉恶如仇。章楷为清同治九年（1870）举人。清光绪年间，章楷赴京应试，途经桐庐时，适遇青田人在此伐竹误伤人命，要其偿命。章楷将诉状"流竹伤人"改为"竹流伤人"，并上官府衙堂辩护，判以经济赔偿抚恤丧事。因打官司误了考期，不再追求功名。受友荐举，任山东卷师。后回乡，研读经史，精通经史子集，通晓天文地理，为浙东名师宿儒。由于为人正直豪爽，常常替人做状，并且常能胜诉。章楷以法护民，为民辩护，为民守义。与此同时，他在东源村借用林家祠堂办起了私塾，有多名国民党将领如赵志垚、朱光奎、朱光斗都是章楷的门生。章楷以其卓越的学养与品行深刻影响着他的门生与后人。章楷"护法守正"，即指其遵守法纪、保持公正。在为人为官过程中，只有办事公正守法，坚守内心的道德底线，遵循法律条规，方能保持客观的理性，求取正当的发展。

章楷长子章炯（1875-1947）和幼子章燮（1889-1956）从小就喜好阅读。章燮的文章、书法十分出彩，有着"青田才子"的美誉；章炯曾在日本留学，年轻有为。

章楷之孙章乃器（1897-1977），是我国著名的政治活动家、经济学家和收藏家，救国会"七君子"之一，中国近代史上一位特立独行的爱国民主先驱。章乃器博学多才，其爱国情怀和跌宕起伏的人生经历为青田人所津津乐道。①

　　章乃器的童年和少年时期是在东源镇东源村度过的。章乃器4岁开始接受私塾教育，聪明好学，受祖父章楷影响，有着过人的天资和胆识。章乃器是民族资产阶级中先知先觉型的思想家，在北京任职时，他经受了五四运动的洗礼，"科学与民主"成为他终生不渝的信条。"九·一八"事变后，章乃器不断发表抗日救亡文章，后与沈钧儒、邹韬奋等组织全国各界救国联合会，并任领导之职，呼吁国共两党重新合作，被国外学者视为"中国左翼运动的理论家"。在1936年震惊中外的"七君子事件"中，章乃器与沈钧儒等一起被捕。

　　从创办中国第一个征信所到成立"救国会"再到改革财政、筹建新政协，无不展现章乃器的家国情怀。中华人民共和国成立后，章乃器历任中央人民政府政务院政务委员，中央财经委员会委员，中央人民政府粮食部部长，第一届全国人民代表大会代表，中国人民政治协商会议第一、二届全国委员会常务委员，第三届委员，中国民主建国会中央副主任委员，全国工商联副主任委员。

　　满腔的爱国热血，在章乃器的后人中深情流淌。

　　章乃器的长子章翼军，长期扎根边疆从事教育工作，原是内蒙古自治区包头师范专科学校副校长，还曾任包头市教育学会副会长、数学学会会长。1958年后被自治区教育厅和包头市委评为先进工作者。在20世纪80年代中期，章翼军参与创办鹿城大学，任董事会董事、副校长。离休后，章翼军将所有心思放在研究文史资料上，著作《殊途同归——章乃器三兄弟》在《上海滩》刊登后，又为《作家文摘》《新华文摘》摘登。他在《群言》等刊亦有专文发表，并会同有关部门出版《章乃器专辑》2册。

　　章乃器6个子女中最小的儿子章立凡，是近代史学家，主要研究领域为北洋军阀史、中国社团党派史、中国现代化问题及知识分子问题等，曾

---

① 本节有关青田章氏家风内容参考李倩：《青田东源镇章氏：传承爱国精神，弘扬先辈家风》，载丽水市纪委机关、丽水市委宣传部、丽水市档案局编：《丽水好家风》，线装书局2018年版，第42-53页。

长期参与多卷本《中华民国史》的撰稿，合著有《转型期的中国：社会变迁》《七君子传》《中国大资本家传》等，编有《章乃器文集》（上、下卷）、《记忆：往事未付红尘》。自孩提时代起，父亲一直都是章立凡的骄傲和榜样。多年来，他一直在收集整理回忆父亲的生平点滴，借此表达对父亲的思念，也希望更多的人能够了解其父亲。

如今，从东源走出的大学生和各行各业的人才越来越多了。东源镇通过加强文化建设，以润物细无声的方式影响着一代代的思想和行为，尤其是将爱国主义情怀嵌入家风传承之中，可以更好地教育中华儿女不忘根本，以拳拳赤子之心报效祖国。

第五节　莲都谭氏家风（谭献）

莲都酱园弄谭宅，始建于清道光年间，素有处州府"第一豪宅"之称。

清中期，靠商业发家的谭家从江西徙迁丽水。谭家以"仁"为家训，富泽一方，第5代后更是由经商转为教育，一心致力于社会教育事业，倡导办新学、开民智。以商入儒，谭家自此成了书香传世的名门望族。①

谭氏始迁祖原籍江西南丰，南丰毗邻著名的夏布产地宜黄县。据谭氏族人谭大年考证，清朝乾隆年间，第一代谭氏太祖来丽水贩卖夏布，拓开市场后便定居丽水。第二代、第三代仍以经商为业。当时的高井弄长约30米，谭家在巷里开了两家当铺，名曰"上当店"和"下当店"。

谭家经商，以仁为本，族里内外，讲究诚信，童叟无欺，同时，谭家人有取有施，热心公益，乐善好施。据《丽水县志》记载，清道光十四年（1834）府城临江城墙被洪水毁坏，谭家第4代谭学铭捐资修建；道光十五年（1835），谭家第3代谭凤歧出资疏浚淤积的好溪渠；道光十七年（1837），谭凤鸣出资修筑府城通往北乡的大路，从望京门（丽阳门）至花街计10里……

因经营有方，谭家积聚了较多财富，到了第4代，谭家商铺已经发展到鼎盛时期，第4代孙谭学贵开始买地置业，在普通人家还在建造泥墙房的时候，谭家已经在酱园弄建造起大宅院，先后建造了5栋砖屋。

谭宅的建造淋漓尽致地体现"大德为大福"的理念。建造谭宅时，正好遇上荒年，谭家为富则仁，告知灾民，凡愿来做工的不计时日、不赶工

---

① 本节有关莲都谭氏家风内容参考蓝侥、蓝义荣：《丽水城区谭家：世誉不足慕　唯仁为纪纲》，载丽水市纪委机关、丽水市委宣传部、丽水市档案局编：《丽水好家风》，线装书局2018年版，第102-109页。

时，每日均可免费吃饱饭（以工代赈）。一时间，来帮工的村民络绎不绝。由此，谭家还收获了一份意外的惊喜，因为不赶工时，谭宅的工程工艺极其精细。

谭家子孙多勤勉好学、知书达礼，到谭家第4代时，谭家各房子孙已开始由商而儒，有多人考取秀才，更有提为贡生的，许多留学海外，声名远播。谭氏家训"世誉不足慕，不可傲"，使谭家成为了儒商望族。

由商入儒，谭家人以开启民智为己任。自谭家第5代子孙谭献开始，谭家开始了对教育事业的追求。可以说谭氏一门对丽水近代教育的启蒙有着不可磨灭的重要作用。处州中学的第一任、第二任校长便出自谭家，城内最早的女子学堂就创办于谭宅。此外，谭家还筹建了丽水崇正学堂、囿山小学。

出生于道光年间的谭献，自幼好学，是清末岁贡生，能诗擅文。中日甲午战争爆发前后，一些有识之士认为，中国之所以积贫积弱、屡遭列强的欺辱，主要原因是民众没有受到科学技术的教育，民族文化素质低，只有发展新式教育、培养人才、提高国民素质，才能最终走向强国之路。谭献就是认同应走教育强国之路的知识分子。自戊戌变法（1898）开始，他在宅中举办私塾，集本族亲友及间邻之女弟，教授文学、算术，开府城女子就学之风。由于学识渊博、授业有方，名声远播处州，十县均有学生慕名来读，他们就寄宿在谭宅楼上。

处州南明书院创于清康熙三十三年（1694），后改名莲城书院。光绪年间，谭献曾任教于莲城书院。光绪二十八年（1902）莲城书院改为崇正学堂。光绪三十一年（1905），谭献提请拨出圭山书院田租和颜氏宾兴田租，在圭山书院创办崇实初等高等小学堂（囿山小学前身），自任校长。是年，处州知府将崇正学堂改为府立处州中学堂（丽水中学前身），经费从府库支付，聘任谭献为中学堂总理（即校长）。光绪三十三年（1907），中学堂总理改称监督，聘任制改为公推制，处州十县劝学所公推谭献长子谭云黼为处州中学堂监督。

宣统元年（1909），谭献与毛管封、刘廷煊等在谭宅楼上创办了"处州第一女子学堂"，此为处州最早的女校。谭献办新学、兴民智，生平树育桑梓、桃李盈庭，宣统二年（1910）被推举为浙江省咨议局议员。谭献拥护辛亥革命，在他即将谢世的1912年11月25日，仍与其他中学堂教员项华黻、陈子俊等亲率学生队伍到岩泉迎接光复军。

谭献长子谭云黼，贡生，曾留学日本。谭献次子谭云黻，优贡生，曾在处州中学堂任教，后赴北京财政学堂求学，在杭州与秋瑾等留日志士相识，民国初年任国会议员，大总统题匾"儒林模范"褒奖之。谭献第5子谭云陶、第6子谭云陜都曾在处州中学堂任教。

在谭宅天井墙上，书写着夏侯湛的《东方朔画赞》"退不终否，进亦避荣"以及居士蒙秋月的禅语"人之一心，只可检点"。谭氏后人以此为倚，牢记"世誉不足慕、唯仁为纪纲"的家训，代代相传，存续着谭家的书香之魂。

诚如明代庞尚鹏在《庞氏家训》"务本业"中言，"孝、友、勤、俭，最为立身第一义，必真知力行，奉此心为严师。就事质成，反躬体验，考古人前言往行，而审其所以，必思有所持循，无为流俗所蔽"。在谭氏族人看来，立身治家的根本是要有一定的职业，没有谋生的手段就谈不上家庭的兴旺发达。谭氏先祖教育后世子弟经商时以义制利，做到诚信不欺、买卖公平、货真量足，同时教诫子孙辛勤经营、勤俭节约、谦虚逊让、和气生财，确实可圈可点。

自商入儒，并且倾力兴学。在谭氏族人中，以经商致富为基础，要求子弟把商、儒、官作为毕生追求的目标。不仅教子致力经商，奉行儒教，同时又鼓励或督促子弟弃儒从商，而且对诸子经商学儒统筹安排，使家庭朝着亦商、亦儒、亦官方向发展。

作为曾经的"商儒大院"、城区最大的古建筑，谭宅虽已隐没于城市的高楼大厦之中，但它所承载和延续着的儒家商之道、儒之仁、志之远等诸多文化内涵，依然在引领谭氏族人奋勇向前。

第六节　景宁潘氏家风（潘蔡姑）

景宁县澄照乡漈头村，有潘氏一族，"百行孝为先"，家风代代传。

漈头村是一个历史悠久的古村落，至今仍留存着"雷潘两姓行宫""潘家大院"等具有传统特色的古建筑，同时还拥有"大和药号"等中西合璧的现代建筑。相关建筑镂刻并用，雕工精细、栩栩如生，是漈头村史文化的重要见证。

潘家大院

"潘家大院"属晚清建筑，在门楼构造上显示着潘家鼎盛时期的华彩。门楼宽约五六米，上书"名宦世家"4字，敦实浑厚，极具大家风范。大门外有5对桅杆墩，上刻当时取得功名的潘氏族人姓名，向世人昭示着当

时江南文风传承沿袭的独特方式。^①

潘蔡姑贞孝坊

越过村北小石桥，不远即是赫赫有名的贞孝坊。据漈头村潘氏家谱记载，该牌坊建于清嘉庆丙寅年（1806），为旌表潘氏第25世潘蔡姑赡养父母、抚养侄子而终身不嫁的精忠贞孝而建。

贞孝坊为木质结构的亭榭式建筑。牌坊正梁上，红底金字的木匾上书"贞孝"2字，熠熠生辉；下刻一排镏金字"旌表漈头贡生潘继祖女即蔡姑之坊"；前主柱上书楹联"精忠贞孝无双士，古往今来第一人"。

牌坊后侧有蔡姑庙。门额上砖刻"孝德流芳"4字，左右两侧砖刻耕读渔猎的古朴画面。庙门两侧石门框上刻楹联"孝存岁月铸门风，德厚传

---

① 本节有关景宁潘氏家风内容参考李倩、任惜春：《景宁澄照乡漈头村潘氏：家训家风播撒孝善文化》，载丽水市纪委机关、丽水市委宣传部、丽水市档案局编：《丽水好家风》，线装书局2018年版，第141-146页。

家伴子孙"。

潘蔡姑其人其事颇具传奇色彩。清乾隆三十八年（1773），潘蔡姑待字闺中，二哥潘于周病逝，抛下6岁儿子潘朝举；乾隆四十四年（1779），三哥潘保和病逝，留下9岁大儿子潘后昆和7岁二儿子潘文蔚。蔡姑的父母陷入巨大的失子之痛中难以自拔，面对无助的父母、年幼的侄子，蔡姑暗下决心，即使终身不嫁也要为父母养老送终，也要将3个侄子抚养成人。仅靠几亩薄田，她日夜劳作，艰难维持着风雨飘摇的家庭。她常为族人做些洗刷、缝补、裁剪等活去换得劳力来完成耕作重活。虽然生活艰难，但从未见她悲苦哀叹，而是始终坚毅地面对生活重压。

潘蔡姑抚养长大的长侄潘朝举，虽寿短早逝，但曾得中增广生。潘朝举之子潘云及其孙潘镜蓉，都曾取得功名，在"名宦世家"潘家大院前都立有桅杆。潘朝举之女嫁给大漈小佐村严克义，生子严用光为清道光己酉拔贡，曾受景宁县衙邀请，主持雅峰书院，亲督教席。小侄潘文蔚之孙潘镜昭官拜六品，为"潘家大院"之主。潘氏家族堪称官宦望族，潘蔡姑的贞孝鸿德可谓烛照千秋。

雷潘两姓行宫

　　潘氏是漈头村开基家族。据潘姓村民介绍，很多年前，雷姓一男子常年在潘家当雇工。他勤快老实、聪明能干，深得潘家族人信任。潘家为他娶妻建宅，并赠其山林与土地。经数百年的生息繁衍，就成了如今毗邻的后山村。后山村全村雷姓，与漈头村世代友好，和睦相处。

　　漈头村的雷潘行宫，是雷潘两姓族人合建的供古代官道行人歇脚和躲避风雨的处所，行宫内设有戏台，兼作雷潘族人祭拜、娱乐场所。雷潘行宫既是两姓友谊的象征，也是畲汉人民和平共处的历史见证，更是潘蔡姑孝德贤心引领下的潘家风范的佐证。

　　在漈头村还有着一幢百年古宅，门额有梅花鹿嘴撷仙草的浇塑图，此即"大和药号"，为蔡姑后人产业。大和药号的生意曾经非常红火，药号门前停满远道而来的商客和求医的车马，足见潘氏医德高尚、仁心仁术。

　　自古以来，漈头村经济富裕、民风淳朴、崇尚耕读、文风鼎盛，曾为有名的"富裕村"。古时不仅农业发达，商业、手工业也非常兴盛。米行、茶坊、酒坊、染布坊等民间作坊一应俱全，人来人往、热闹非凡。

　　德为立世之本，孝乃做人之根。在好家风的影响下，漈头村孝善成风。

第七节　松阳阙氏家风（阙其兴）

在松阳县大东坝镇石仓村，有阙氏家族，先祖于清康熙年间从福建上杭县迁至松阳石仓，阙氏家族以经商致富，始终秉承"诚实守信"的家风家训，有着极强的"契约精神"。为了管理家族，阙氏"约家严以将兵法，守道忠如拥节时"，严守"孝悌忠信、守礼重义"的族规家风。

松阳石仓古民居

据《阙氏宗谱》记载，清康乾年间，浙西南山区战乱频发，人口锐减。待社会动乱平复后，大量福建移民迁入，共有18支同宗的阙氏移民从福建上杭迁居于石仓，在此垦山、种地、植麻、冶铁、建筑、经商……

在阙氏家族中，盛宗公一支尤为出色。阙盛宗有3子1女，幼子阙其兴从小胸有大志、聪明过人，初时他和兄弟在石仓碉坑搭棚安身，在溪水里淘洗铁砂，艰苦奋斗、勤俭节约，创办了手工炼铁铁炉——阙彤昌号，借此完成了原始积累，家业越来越大。①

阙其兴之子阙天开堪称工商奇才，他接手经营阙彤昌号铁炉时，其他人的铁炉一年只炼20天，而阙彤昌号铁炉可以三个月不熄火。由于冶铁行业利润丰厚，石仓的铁炉不断增多，但铁砂并非随时都有。有着先见之明的阙天开在开铁炉前就最大限度地掌控铁砂资源，不但扩大自己的洗砂业，还收购、长期租赁他人的洗砂坑，即使在枯水期依然可维持自己铁炉的生产。从阙彤昌号铁炉炼出的铁，顺着松阴溪，汇入瓯江，最终抵达温州，经温州的供货商们将铁材运往当时中国工商业最发达的江南区域。到了民国年间，阙家后代靠着炼铁收入，陆续创办电厂和碾米厂等，阙氏成为松阳现代工业的创始人。

阙氏家族以艰苦创业的精神和勤俭持家的作风发家致富，随后购买田地、大兴土木，一幢幢气势壮观的大屋从石仓溪谷间拔地而起，令人叹为观止。

在石仓古村落，至今还保存着40余幢清代古建筑，民居以"德""善""睦"等命名，敦睦堂、福善堂、宝香堂、乐善堂、怀德堂、德为福基堂……一幢幢气势恢宏的华丽大屋见证着阙氏昔日的荣耀。其中乾隆年间兴建的余庆堂，建筑面积3000多平方米，共分三进七开间，各进均为中轴线对称布局，共有18个天井、552根立柱、大小房间129间，曾居住族人200余人。

动辄百人聚居一堂，要俨然有序、和睦相处，必须从严治家。松阳石仓阙氏，有族规八条，包括"重孝悌""睦亲族""完国课""息争讼""治丧葬""肃家政""慎嫁娶""戒为妾"等。阙氏家族彰善瘅恶，以匾额、楹联等各种形式体现着阙氏族人的价值观、道德规范以及责任感。

在福善堂，香火堂两侧挂着木刻楹联"约家严以将兵法，守道忠如拥节时"，劝勉阙家子孙在管理家庭、教育子女时，要像管理军队一样严格

---

① 本节有关松阳阙氏家风内容参考王秋蕊：《松阳大东坝镇石仓阙氏：治家严如治军 经商信守契约》，载丽水市纪委机关、丽水市委宣传部、丽水市档案局编：《丽水好家风》，线装书局2018年版，第147-153页。

要求；为人处世要坚守道德规范，孝悌忠信、守礼重义。在德为福基堂，清道光二十五年（1845）进士出身钦加知州松阳知县汤景和送给阙其兴的孙子阙德福"笃实光辉"的匾额高悬堂中，其意为人要忠诚老实讲诚信，人生和事业就会放出光辉。所谓"德"，《说文解字》释义"外得于人，内得于己"，以善德施于人，以善念存于心。

阙氏族人谨守"约家严以将兵法，守道忠如拥节时"的劝诫，孝悌忠信、守礼重义。在阙氏家族，始终讲究善与义，有福同享、有难同当，互帮互助，团结一心。

自清雍正元年（1723）起，至民国三十八年（1949），阙氏族人在经营铁砂炼铁业、置备田地山产过程中，与他人订立了7000多份契约。阙氏族人以诚信为基，用契约约束、规范经济生活等方方面面。

在石仓安家落户、生产生活中，阙氏一族悟出了一个重要的道理：作为客家人，要想得到本地居民的接纳和认可，必须以契约的形式保证自己的经营合法行为，唯有诚实守信，才能换来生存空间和发展机会。他们将坚实的信誉建立在一张张白纸黑字大红印章的契约上，诚实守信的家风也由此形成。

浓厚的商业氛围让阙氏家族的经商人才辈出，石仓有不少阙氏族人在全国各地经商，他们无论走得多远，总不忘记诚实守信的家规家训。

在石仓，每年大年三十的祭祖仪式十分隆重，阙氏族人祭拜祖先之后，还要一起大声吟诵家规，将勤俭持家、诚信做人的道理牢记心间。

第八节　龙泉范氏家风（范玄宇）

西晋羊祜《诫子书》，教导儿辈以"忠信"作为人生标准，强调"恭为德首，慎为行基"，意即谦恭是修德的起点，谨慎是行事的基础。

在龙泉市住龙镇西井村，峰峦叠嶂、山清水秀，范氏一族忠勇谦恭、和睦共助，范氏家风源远流长。

在范氏宗祠内，范氏家训家规中言，"能才宜崇奖，子弟宜教训。国法宜懔遵，祠宅宜修理。守望宜相助，和睦宜共敦"。

范式宗祠，曾一度作为范家的私塾。彼时，范氏子孙每天清晨来到祠堂朗读范氏家训，由先生授课。尽管现在不再有早年那种每天朗读家规的场景，但是每逢祠堂祭祖，范家的老人们都会向自家小孩说明这些家规背后的故事和意义，家规的传承始终没有间断过。

追根溯源，范家人才辈出，传到唐朝宰相范履冰已是第51代，到现在范氏后人已经第90代了。西井村中西坑自然村常住人口总数的八成均为范氏后人。在范氏宗谱中，每个人的表字、生辰八字、家庭关系都被清晰地记录在册，其中同代人的表字必有一字相同，近7代使用的表字顺序依次为"奕、茂、光、家、敦、孝、友"。[①]

范氏先祖范仲淹，是北宋著名的政治家、思想家、军事家、文学家。

范仲淹为苏州吴县人，其事迹明载于宋史，言其"才高志远，常以天下为己任。既贵尤乐善好施，创置义田以赡族人"。

除了辉煌的功业，对于范氏家族，范仲淹的贡献也不小，从他至唐代范履冰的世系，便是他躬亲编订出来的。宋仁宗皇佑二年（1050），他曾经亲撰一篇家谱序，"故作绩家谱而次序之"。珍惜家族源流的人对于后代

---

① 本节有关龙泉范氏家风内容参考李倩、李志翔：《龙泉住龙镇西井村范氏：忠勇谦恭，和睦共助》，载丽水市纪委机关、丽水市委宣传部、丽水市档案局编：《丽水好家风》，线装书局2018年版，第36—41页。

子孙的教育，必定也格外重视。范仲淹于功业有成之后，不但广设义田、修建祖第，对族人照顾得无微不至，而且，还订出种种教育后代子孙的家训："孝道当竭力，忠勇表丹诚；兄弟互相助，慈悲无过境。勤读圣贤书，尊师如重亲；礼义勿疏狂，逊让敦睦邻。敬长舆怀幼，怜恤孤寡贫；谦恭尚廉洁，绝戒骄傲情。字纸莫乱废，须报五谷恩；作事循天理，博爱惜生灵。处世行八德，修身率祖神；儿孙坚心守，成家种义根。"此"百字铭"即著名的范文正公家训。其大意为：应该竭尽全力善待父母，用忠诚勇敢的行为表示赤诚之心；兄弟之间互相帮助，慈悲没有界限。多读读圣人贤明的书籍，尊敬老师如亲上加亲的关系；礼让仁义不要不受约束，谦逊忍让促成与邻人的和睦相处。尊敬长辈及关怀幼小，怜惜体恤孤寡老幼贫困的人；谦虚恭敬崇尚清廉洁身自好，完全戒除骄傲自满的情绪。写字的纸张不要随意丢弃，一定要感恩于自然的养育；做事情遵循自然的法则，广泛地怜爱一切生命。为人处世遵循孝、悌、忠、信、礼、义、廉、耻，修养自身以祖先为表率；子孙后代坚定不移地守住本心，成家立业后也要把礼义世代相传。

900多年来，范文正的后裔，衍传已经成千上万，分布更是无远弗届，可是，无论在何时、在何地，他们对于那位杰出祖先的教训，都是谨记恪守，不敢稍有逾越。

此外，《范文正公训子弟语》也是置之千古皆准的修身立世至理名言，其间言及"天理莫违""居家莫逸""祖德莫烬""家庭莫偏""兄弟莫欺""钱财莫轻""交友莫滥""饮酒莫狂""耕读莫懒""奢华莫学""妄想莫起""美色莫迷""待人莫刻""做事莫霸""立身莫歪""淫念莫萌""父母莫忤""子弟莫纵""邻里莫绝""本业莫抛""匪人莫近""正人莫远""非分莫做""官司莫打""盘算莫凶""意气莫使""贫穷莫怨""富贵莫羡""字纸莫弃""五谷莫贱"等。

拥有如此无价之祖训，范氏，的确是一个值得自豪的家族。

在家风家训的熏陶下，无数范氏后人为国家抛头颅、洒热血。西井村，从一个安静祥和的小山村，变成一个守卫家园的红色根据地。这里有西井人的先烈，也有很多敌寇的残骸。

西井村地处龙泉西北浙闽边境，与福建省浦城县交界，毗邻遂昌县，是土地革命时期和抗日战争时期革命老区，是当时浙西南革命根据地的中心区域。

1933年，范氏族人为了迎接红军，主动腾出自家祖宅，给红军战士们住宿，作为红军指挥部。后来几乎全村人都参与了革命，其中49位还加入到红军队伍当中。由于当时没有什么通讯设备，人们互相之间以竹子击打次数来传递通信信息。范光进和同辈兄弟范光森负责警戒守卫工作。有一次红军在开会时，敌人入侵西井村，就是他们及时传递了信息，让红军部队提前转移，才保住了当时的指挥部主要成员。

南宋袁采在《袁氏世范·处己》中言，"忠、信、笃、敬，先存其在己者，然后望其在人者。如在己者未尽，而以责人，人亦以此责我矣。今世之人，能自省其忠、信、笃、敬者盖寡，能责人以忠、信、笃、敬者皆然也"，忠诚、守信、厚道和谦敬这些美德，首先要自己做到，然后才能要求别人做到。如果自己没有做到或做得不好，而责备别人没有做好，那么别人也会责备你没做好。在中国人的族谱中，凡有族规的都少不了"孝道"这一条。[①]在西井范氏族人中，他们孝道当先、忠勇丹诚，极好地体现了"忠孝一体"[②]的特质。

近年来，西井村通过发展"红旅融合"，利用本地的红色文化吸引游客，加上自带高山天然氧吧的美丽环境，大大推动了村中蜂蜜、中草药、笋干、茶叶等绿色产业的发展，带动村民增收致富。每有游客进村，范氏族人常会主动免费当导游，带游客参观浙西南特委旧址、范氏宗祠，讲述西井村过去的故事，让游客们体会西井村红色文化和范氏文化底蕴。

在范氏族人的记忆里，家中长辈谆谆教育他们一定要团结友爱、互帮互助，要像家训所写的那样"守望宜相助，和睦宜共敦"。回顾一代又一代西井范氏的生活，都可谓范氏家风家训的真实写照，每一句古训都映射在范氏后人的言行举止当中。在西井范氏族人看来，人与人之间最重要的

---

① 杜靖：《在国家与亲属间游移：一个华北汉人村落宗族的历史叙事与文化实践》，浙江大学出版社2020年版，第114页。

② 肖群忠：《孝与中国文化》，人民出版社2001年版，第58页。

就是相互关爱、和睦团结。

如今，西井范氏子嗣从深山里的小村纷纷走向山外的世界，分布各地，服务于各行各业。在外学习和工作的范氏族人，始终心系西井，关心和支持家乡的建设与发展。

第九节　景宁雷氏家风（雷仁祥）

在景宁东坑镇深垟村黄山头自然村，有雷氏畲医世家，仁心仁术，堪为人表。

黄山头雷氏家族，从清咸丰年间畲医始祖雷仁祥开始，一直到当代浙江省唯一的非物质文化遗产"畲医畲药"代表性传承人雷建光，雷氏家族从医已累计五世，救死扶伤无数，不仅传下了精湛独特的畲族医术，而且传下了仁心济世的家风家训。

雷氏家族始祖雷仁祥的生平颇具传奇色彩，他不但是黄山头村的畲医始祖，还是光绪年间处州府的武秀才，医武双全。[①]

据《景宁畲族自治县志》《景宁畲族自治县卫生志》等志书记述，雷仁祥生于清咸丰年间，性格刚烈，力气巨大，年少时只身跑到福建莆田南少林寺学武。雷仁祥医技宗法少林，传武授医，行医积善，自成"大相师骨伤科"，门徒广众。清光绪三十年（1904），雷仁祥考中处州府武秀才，在朝廷当差。不久后，心怀仁爱的他感到时局昏暗、民生艰难，特别是畲族人民生活在偏远山地，刀耕火种，条件艰苦，求医问药十分艰难，遂辞去公差，开始用一身武艺和医术造福百姓，上门求医者络绎不绝。其医技渐振，名扬泰顺、景宁诸地，各地民众尊称其"大相师"。中年在县城童弄街设武教馆，带徒多批，习武医伤，徒遍县城、东坑诸区乡，景宁县草药医伤大多出自雷仁祥医系。

雷仁祥不仅医术高明，而且武艺高超，其行侠仗义的故事在村中口口相传。相传他曾双手端起一只500多斤的石臼，震慑作恶多端的拳师；他

---

① 本节有关雷氏家风内容参考王秋蕊：《景宁黄山头村雷氏：畲医世家，仁心仁术》，载丽水市纪委机关、丽水市委宣传部、丽水市档案局编：《丽水好家风》，线装书局2018年版，第61-67页。

曾出手教训欺负乡民的地痞流氓；在与另一位拳师的切磋中，对方步步相逼，他也不愿出手伤人，留下了"点到为止"的佳话。他觉得武术可能会伤人，竟放弃将一身武艺传于后人，只将救人的医术传了下来，也传下了仁爱向善的家风。

畲医治病多取中草药，又称"青草医"，雷仁祥出诊时总不忘带上布袋，往返途中顺道采药，俗谓"顺手采来顺手医"。他擅长骨伤科治疗，形成了自己独特的医疗方法和用药习惯。其正骨疗法手法独特，有捏、推、拿、提、按、端、挤、旋、转、展、伸等方法，因势利导、资以整复，复位后外用小夹板固定，草药外敷或兼内服。他医术高明、收费低廉，遇到贫者甚至分文不取。

畲医正骨疗法传承为口传心授、习而验之，医药一体，重于实践。雷仁祥之子雷意林从小读书习字，完成学业后跟着父亲雷仁祥学医，深得父亲真传，后在东坑诊所从事畲族医药工作。此后第3代传人雷正元又接过衣钵，直到第4代传人雷茂真创新了雷氏医术。这几代传人都半医半农，背起药箱，行走乡间，不为发家致富，只为治病救人。

畲医畲药展示馆

232

中华人民共和国成立后，雷茂真成为景宁第一个村集体卫生室的医生，他积极探索雷氏祖传伤膏药与西医结合的治疗，疗效显著、声名远播，不但景宁当地的百姓纷纷上门求医，文成、泰顺、青田等地的骨伤患者也闻名赶来。雷茂真行医50余年，期间在村集体当了30余年的乡村医生，只要农民有需要，他随时背起药箱出发上门医治，不管路途有多远。

雷茂真一生有十多个干儿子，因为他在行医过程中，传承祖辈雷仁祥的遗风，遇到家境贫困的伤者，就只收成本费或者索性免费。经他医治康复的年轻人无以为报，感激之余就拜他为义父。

雷茂真不但将医术倾囊相授给儿子雷建光，而且一直对雷建光谆谆教导，经常提醒他牢记祖训，传承仁爱济世的家风。

雷建光至今已从医30余年，他从小对畲医畲药耳濡目染，在祖辈父辈仁心仁术的潜移默化下，将祖传骨伤科医术发扬光大。从医过程中，在保持传统特色疗法的基础上，将中西医创新结合，摸索出一套别具一格的畲医畲药骨伤医术。多年来，雷建光传承雷氏家族行医传统，医治骨伤，收费低廉，有时会为特困病人减免医疗费。

除了行医，雷建光还致力于振兴畲医畲药事业。为了抢救畲医畲药，雷建光不辞辛苦行走乡间，广泛收集畲族民间单方、验方、秘方和医史、医理等资料，建立了畲药数据库。他组建公司，进行畲医畲药研究与开发。他在家里专门建立了"畲药展示馆"，收集畲药标本、种植畲药共600余种。

如果说人生是一条河流，那么对一种信仰的热爱与激情便是河中奔腾的浪花。从过去到现在，雷氏族人用世世代代的追寻，始终不忘初心，致力于将仁爱济世的好家风代代传下去。

第十节　龙泉刘氏家风（刘承聪）

龙泉安仁金蝉湖村，有刘氏一族，崇尚读书之风，追求高雅之气。

据《金蝉湖村志》记述，金蝉湖村始建于清康熙十年（1671），刘氏承聪太公先祖开创。相传刘氏先祖在金蝉湖北面小山岙放牛，见此地湖光山色、丰草长林，酷似蝉形，因而在此择基定居，美其名曰"金蝉湖"。随后有季氏、周氏等多个姓氏相继迁入。

在金蝉湖村，古匾额、古楹联等比比皆是，最为典型的有保存较好的两副镂雕对联，一副为"两三间屋古今书，三五棵树云淡月"，另一副为"丹凤选高梧，文莺迁兰苑"。特别值得一提的是，在村东面的虎山脚下，有一个用6块青石板砌成的石纸炉，已有300余年历史，正面勒刻一联"圣迹远超天地外，文光影射斗牛间"，炉额勒"敬惜"二字，其意指要"敬惜字纸"。

惜字风俗，早在宋、元时期已经逐渐流行，彼时的人们对文字及写字的纸张十分敬重、爱惜，从不随便丢弃，如需焚化必须送至惜字炉焚化，此种风尚延续至明清时达到极致。在金蝉湖村，从清顺治年间起，刘氏先祖就告诫子孙后辈，不得将写过字的纸用于裱糊、包裹，更不能乱扔践踏，对于废弃的字画、书册等不可无序乱丢，须先放入自家备用的字纸篓，然后集中送至村东"敬惜"炉焚烧，以"趋利避害，集天地之精华，采日月之灵气"。金蝉湖村保存完好的惜字炉，极好地证明刘氏族人在竭力维护着数百年来尊重知识、崇尚文化的优良传统，把耕读传家的遗风深藏在内心深处。

从古楹联、敬惜炉可以推知，金蝉湖村刘氏一族自古就有"崇尚读书之风，追求高雅之气"。据村人回忆，村中有清嘉庆三年（1798）县令送给士利太公"天伦至乐"的横匾。旧时尚有一副镜框对联，上书"监爷一家贤，父子三秀才"，因破损严重已失存。无论是嘉奖的匾额，还是褒颂的联语，不难看出金蝉湖先人德行功名早有成就。

在金蝉湖村中，刘氏族人世代和睦相处、亲如一家，遵信"诗书世泽，勤俭克家，承先裕后"之训。金蝉湖村的祖祖辈辈，历来重视文化教育。据村志记述，金蝉湖村中受到官府表彰的前清文人有刘士利、刘仁福、刘仁祯、刘正楼、刘元汉、刘元蛟、刘正登、刘正蔡等24人。金蝉湖村曾受皇恩钦赐10人，秀才9人，监生、贡生、增生各1人，其中一年处州院试"十八秀才"中，金蝉湖榜上独占6人，文章显耀、名震处州。

金蝉湖村早时曾有两座小学，刘姓与季、周子弟各上自己的族学，尊师重教，对文化教育推崇备至，于民国元年（1912）合二为一，名为"鳌峰国民学校"，并设有学田，其收益供师资之用。民国时期，金蝉湖与下田等同为金田乡，乡校设在金蝉湖。金蝉湖小学为龙泉东乡四座完小（下田、大舍、安仁、金蝉湖）之一。

中华人民共和国成立后，金蝉湖、赤源、阳桥等为胜利乡，乡政府设赤源。1951年春，龙泉县人民政府派来教师，在金蝉湖村办起公立完小，称胜利乡中心小学。除金蝉湖本村学龄儿童入学外，还有云和县游山头、张家地，本县的龙南黄坑圩、黄万岱、源头等村学生来住读。

20世纪70年代，是金蝉湖文化教育鼎盛期，不仅小学教育有起色，而且办起安仁镇首个戴帽初中班，使因十年"文革"而失学在家的青少年及当年小学毕业生有了就近入初中学习的机会，还招引来云和张家地、盘条、盘条口、泮山头，景宁南坑下，本乡黄桶、游山头等三县四乡十几村来校住读的学生。共有学生120多人，4个班，7名教师。

凡从这里走出去的青少年学子，有继续深造的，有参加工作的，均成龙泉、云和、景宁三县各条战线的中坚力量，有校长、教师、法官、乡镇科局干部等，为当地社会做出了巨大贡献。

金蝉湖初中班虽然历时不长，只有3届，但对本村与周边邻村的文化教育起了极大推动作用，激发了群众办学热情，鼓舞了学生的学习积极性，历年中高考均捷报频传。据金蝉湖村人介绍，金蝉湖村人才尤以教师为多，若办一所从幼儿班到高中十五年制的完全学校，可谓绰绰有余。

金蝉湖村人素来以农耕为主，披星戴月，披荆斩棘，世代勤劳，除农

耕之外，在农事忙完后尤其是秋收之后，空闲时节，也从事多种经营，以补家用。

在金蝉湖村，鞭炮生产历史悠久，至今仍保存着300多年前成套制炮工具。清末至民国初，全村从事鞭炮生产的就有30余户，做佛香的有10多户，冬闲时节，大有一番"炮车叽咕响，财源滚滚来"的景象，因此生产鞭炮、佛香成为村里的一大特色产品，闻名遐迩。据了解，鞭炮体积虽小，但工序复杂，从购纸到成品出售需经几十道工序，该传统手工制作鞭炮工艺，在整个丽水地区仅此一村。从中亦能看出金蝉湖刘氏族人的匠心。明代王汝梅曾说过："万事须以一诚字立脚跟，即事不败。未有不诚能成事者。"金蝉湖村鞭炮销往龙泉、云和、景宁、庆元各县城乡，因质量上乘而盛名远扬，这离不开刘氏一族的诚信经营。

其实，从古至今，刘氏族人勤学苦读、发奋图强，这种朴素的人文情怀早以隐性的形态潜存于世代族人的生活理念、方式和细节上。

第十一节 青田端木家风（端木国瑚）

在青田县城，有端木家族。

端木国瑚（1773-1837），字子彝，又字鹤田，号井伯，晚年号太鹤山人，青田县城人。清道光十三年（1833）进士。曾任浙江湖州归安（今吴兴）县学教谕，官拜内阁中书。著有《周易指》《周易葬说》《杨曾地理元文注》《太鹤山人诗集》等。

端木国瑚上祖于明末从江苏溧水迁移浙江青田太鹤山乾乙峰（即新妇坛，俗称孝顺岩）下构筑寓所，即以"易庐"2字命名，寓意深长，表明端木家族决心治学《周易》。祖父云友喜观卦象，对《周易》研究颇有兴致。父朴山，对《周易》之学亦有所得。受此熏陶，国瑚自小深得家传，秉承和肩负"此儿能成吾易"（祖训）之重任，7岁入私塾学《易经》，踏上终身研学《周易》之路。

清嘉庆元年（1796），体仁阁大学士阮元（文达）时任浙江督学，视学处州（今丽水）选才，端木国瑚作《桃花》《青田画虎》二赋，阮大学士大加赞赏，邀赴杭州，就读敷文书院。所作《定香亭赋》，清思古藻，其文风恰似南北朝齐梁人手笔，一时艺林相与传诵，阮元赞不绝口，以诗相赠："谁是齐梁作赋才，定香亭上碧莲开，括苍酒监秦淮海，招待青田白鹤来。"由此，国瑚被誉为"青田一鹤"。

清嘉庆三年（1798），端木国瑚中举人，此后于清嘉庆十三年（1808）至清道光十三年（1833）年间，3次被朝廷授予县令之职，但端木国瑚潜心学业，曾三度呈请改任教职，先后掌教瓯郡中山书院，移居京城七斜街

浙瓯馆，改任内阁中书。端木国瑚之所以"三辞县令"，其意向十分清晰。毋庸置疑，端木先生因"祖训"重任在身——以治学《易经》为己任。据青田县旧志记述：（国瑚）经十年的潜心阅历，终于心明意会，于道光元年（1821），始撰《周易指》。历四年，六十四卦具，又二年，十翼及图像具，迄道光十六年（1836），撰易指毕，一部经呕心沥血完成的巨著呈献于世。全书计38卷，加《易例》1卷、《易图》5卷、《易断辞》1卷，共45卷。①

在嘉庆至道光年间，蜚声文坛的端木国瑚可谓鹤立鸡群。他与龚自珍、魏源、宗稷辰、吴高梁享有"薇垣五名土"之誉，《浙江通志》亦列之为省列乡贤。

端木国瑚，乃有德望之人，其道德和品行为世人推崇。清嘉庆十七年（1812），青田时遭荒年大饥，端木国瑚回乡呼请县尊大人开仓平粜。被解救的灾民称"仁言利溥"。清嘉庆二十一年（1816）起，端木国瑚在湖州归安（今吴兴）任教谕14年，与人为善，诲人不倦，桃李遍地，且能做到乐于助贫，故此深受百姓爱戴。清道光十年（1830），端木国瑚特授内阁中书期间，曾发动处州所属各县人士募捐，在京城宣武区西砖胡同路西侧购地建处州馆，作为处州赴京赶考士子待考歇息和聚会的场所。其名声和人望皆被时人所推崇。

与此同时，端木国瑚系列巨著问世，为祖国文库增添瑰丽的文化遗产。毋庸置疑，端木国瑚不愧是我国道光年间一代著名学者。平生好学深思，博习经史，精通天文地理、阴阳术数，尤精《易经》，亦工诗文。著有《周易指》45卷、《周易葬说》1卷、《杨曾地理元文注》4册、《太鹤山人诗集》13卷、《太鹤山人文集》4卷。除此之外，清光绪《处州府志》录有端木先生《重建留槎阁记》《记飓风》《太鹤山易冢》《忆青田山作》

---

① 本节有关端木国瑚生平事迹参考郑礼敏：《星光灿烂耀中华——代著名家学者端木国瑚生平治学事略》，瓯越传媒：https://mp.weixin.qq.com/s?__biz=MzA3NjkyOTAzM A==&mid=2650027315&idx=2&sn=28c6b623e1f0f0fab301f04075b1f9a3&chksm=875954 5ab02edd4cf7aeaf40baffde888b97130abe40053f08f507c008da85652b529d98c190&scen e=27, 2022-10-02.

诗。遗墨有行书《段成式七言绝句》和行书《姚最（续画品）评萧贲》条幅。端木国瑚用其毕生心血撰写的鸿篇经典，无疑是我国文学艺术之瑰宝，只惜大都已散佚无存。

其实，除了挥毫泼墨、著作甚丰，端木国瑚的相地之术，在清代社会也是极为有名的。清道光十年（1830），朝廷欲建寿陵，道光皇帝得知端木国瑚通晓堪舆之术，命他赴实地择陵地。选定陵址后，道光圣心大悦，赐名"龙泉峪"，并恩赐国瑚六品顶戴，以内阁中书陛用，还在自己的黄马褂上绣五爪金龙赐给国瑚。清道光十七年（1837），当他告老还乡途中，经过扬州，拜访恩师阮元时，阮元还托端木国瑚为其择一吉址做百年之后的长眠之所。

端木国瑚淡泊名利，矢志教育和学术研究。一生倡办教育，提倡"修德获福，作善降祥""勤俭治家，勤劳致富""有才必似浑金璞玉，为学当如流水行云"，其家风甚好。

端木国瑚以"我有金丹不自吃，人饥人渴有人人"勉励自己，一生掌教青田正谊书院2年、处州莲城书院2年、瓯郡中山书院5年，为教官归安学署15年，官中书浙江会馆紫藤精舍（北京市下斜街）7年，任劳任怨、呕心沥血，为教育事业作出卓著贡献，赢得桃李遍野，深受当时学士诸生的尊敬。

在湖州任教时，针对当时"书声歇绝，斯文凋谢"的现象，端木国瑚倡导"富者不教，教犹知保家业；贫者不教，更为非义好勇，疾贫乱之也""饱食暖衣逸居而无教，则近於禽兽……欲人知义，莫如读书"，端木国瑚身体力行，一心于教，一心办教，起到了很好的先导和表率作用。

端木国瑚推崇"义塾"的办学理念，认为"要一乡知读书，莫若立学校"。为了筹集资金，改变教育无人问津的社会现状，亲赴各地宣讲，并极力推行。"义塾"办学理念对后世有其深远意义，进士孙衣言及其子孙诒让都耳濡目染，受影响颇深，纷纷效仿"义塾"之举，投身教育事业，励志于学，开办学校。

端木国瑚一家皆有诗情，其子端木百禄（1824-1860）、其女端木顺（1811-1838）都有佳作传世。

端木国瑚次女端木顺，从小耳濡目染，加之天资聪颖，年轻时就崭露头角，琴棋书画样样精通，是远近闻名的才女。端木顺一生诗作丰富，但多数诗稿没有留存下来。在《古香室遗稿》中，《舟中望江心寺作》诗云："象浦潮新落，沙鸥泊几双？晚烟低压树，落日半沉江。荻港闻遥磬，枫林系钓艖。罗浮扑晴翠，岚影入蓬窗。"其遣词造句，平实之中见空灵，足见诗人才情。

端木百禄为端木国瑚三子，字叔忽，号小鹤。百禄幼时就承其家学，好为诗歌，尤嗜金石文字之学，酷似其父。有《石门山房诗钞》等多部诗作留世。端木百禄擅长书、画、印，画长于山水、竹石，书法受苏轼影响，得其劲健。曾自题书斋曰"窗中列远岫，天际识归舟"。端木百禄与当时文人雅士多有交往。福建书法大家伊秉绶赞其诗"古体刚健婀娜，近体风流旖旎"。"西泠八家"之殿军钱松与其交好，为其刻"石门山人""黎阳公裔""青田端木氏图书记"3印。晚清印坛大家徐三庚在其《丁敬印谱》中有一方"上下钓鱼山人"印，在作者款识一侧，有一则观款云"咸丰十年七夕，青田端木百禄、上虞徐三庚同观于越中"。

端木一族，淡泊名利，修德获福，为学认真，有才有情，其家风甚好。

第七章

民国时期处州家风

民国时期，即使改朝换代、战乱灾害频仍，家谱始终作为尊祖、敬宗、收族的工具，以及家族历史记忆的载体，被无数宗族和家庭不断编修、更新。

"无论历史如何千回百转，还是会有一些永恒的东西贯穿所有的时代，无论是真、是善，还是美"[①]，受文化与传统的影响，革命救国，是中国有识之士在"上穷碧落下黄泉，两处茫茫皆不见"的求索之途上必然选择的一条道路。在处州，无数仁人志士用鲜血与生命书写了家国之书。

[①] 王旭烽：《浙江文史记忆·省卷》，浙江人民出版社2022年版，第420页。

第一节　民国时期处州家风概述

民国时期，由近代向现代转变的时期。

在此时期，处州人家注重道德修养，并加强品质锤炼，常常以静思反省来使自己及家人尽善尽美，常常以俭朴节约来培养自己高尚的品德。在处州人家看来，不把名利看得轻淡就不会有明确的志向，不能平静安详、全神贯注地学习就无法实现远大的目标。

在此时期，由于战争频仍，家长与子女之间不能长期居家平安共处，而是时常过着颠沛流离的生活，于是常常通过书信往来表达对子女的期许。在处州家风中，时常能看到诸如"天下事业无所谓大小，只要在自己责任内，尽自己力量做去，便是第一等人物"等教诲。

民国时期，家长注重全方位爱子女。在家长的教育、引导下，子女陆续成为某一领域的专家。在当时，备受推崇的教育方式是顺其自然，一般不给孩子打击，甚或不愿拂逆其喜爱，除非在极不能容忍、极端不合理的情境之下。

这时期的家长，常常积极地奔走、积极地思考。在他们思考的内容中，最多的莫过于"独立""合群""重学"等。在此时期留存下来的家风中，常常看到长辈对晚辈的教育是"功课要考最优等，品行要列最优等"，注重培养孩子的"志气"。

当然，也有许多的家长反对把孩子培养成"小大人"，他们认为童年是人生的黄金时代，在生活中，这些家长注重和孩子在一起时内心充满欢喜，和孩子们特别亲近。在这样的环境中，自有一种令人佩服的率真、自然与热情。与大人间所谓的"沉默""含蓄""深刻"的美德比起来，孩子更多的是在爱的空气中自由成长。

其实，基于优秀传统文化的传承，在民国时期处州家风中，亦能清晰看出儒家思想文化的影响。有家长在对子女进行教育时，强调"做一仁人

君子，比做一名士尤切要"，希望子女"淡泊明志，宁静致远"，对于家中有做官的人家，长辈常常告诫子孙"当官要清白谦正，多为天下穷人着想，做官就不许发财"，其后人做到言行一致，一生清白谦正，处处为民众着想。

在此时期，处州人家把传统儒学的"仁恕"变成一种普遍主义的价值原理，尤其是对仁爱等平等价值的追求，大大超越了以往任何时期。当然，在此过程中，除了政府的推动作为必要的条件，知识群体的文化自觉是关键。"政府的作用是基础，是创造一个环境，但是知识分子群体有没有对儒学的正确认识，这是一个关键"①。

自古以来，教育对社会进步和发展起到重要作用。无论古今中外，通过教育，提高广大民众的知识水平和生存能力以及综合素质，都是国家和社会极为关注的重要问题。民国时期，处州人家非常重视教育。

爱国，是每一个公民最基本的道德行为准则，也是中华儿女一种自然而朴素的精神追求。每个人，都必须履行自己对祖国、对社会的义务和责任，以热爱祖国为荣、以危害祖国为耻。当日本帝国主义侵略中国，人民陷入水深火热之中，人们就教育世人奋起抗日。在处州，涌现出了许多革命先烈，表达了精忠报国的情怀。在民国时期，处州无数先贤为民族、为国家舍生取义，抛头颅，洒热血，青史垂名。在处州家风中，"清廉爱国"，说的是舍小己为大家的奉献爱国精神，"民族为重"，是指在个人正当利益受到尊重和保护前提下，个人服从国家，并愿意放弃或牺牲一些个人利益，坚持以国家民族利益为重。处州清廉爱国之感人故事流传至今，是地方传统文化的精髓，对当下仍具有借鉴意义。

在每个具体的家族和家庭生活场景中，家训是治家的智慧；在家族和家庭保持延续的长河里，家训又是传承的智慧。毋庸置疑，在民国时期，处州广大人家注重家训家风，通过传承优良家训文化，对培育良好家风，促进国家发展、民族进步、社会和谐，发挥了重要作用。

---

① 陈来：《儒家文化与民族复兴》，中华书局2020年版，第75页。

第二节　龙泉季氏家风（季步高）

龙泉市安仁镇季山头村，环山抱水，古树苍劲，高墙大屋鳞次栉比。

季山头村人以季姓为主。

季氏多以春秋时吴国公族季札为季姓的得姓始祖。两宋时期，江南之季氏名人渐多，江苏、浙江成为季氏族人的主要聚居地。处州龙泉人季陵（1081-1135），政和二年（1112）进士，三迁太学博士，南宋时迁中书舍人，后任右文殿修撰等。明清两朝，由于江浙一带富庶，社会比较稳定，此两地之季氏繁衍日盛。在处州，有青田雁衢季氏、庆元山徐季氏、松阳玉岩季氏等，龙泉则有北河季氏、龙渊季氏、宫头季氏、安仁季氏等，其中安仁季氏字辈为"小日贞自长仁义礼智信老棠兰戊杨管郎东世士承尚长有永正大光明立志向上以孝为先"。

南宋乾道年间（1165-1173），季氏家族始祖小九公由安仁方向一路卜山问水，寻访定居。他抵达天平山脚时，望见群峰崔嵬、风景奇秀，半山腰有一处地势如灯盏挂壁，风尘仆仆的他放下了行囊，在荒野中拓开第一方土地，奠定了季山头季氏家族的基业。从此，季氏家族在此开枝散叶、繁衍生息，形成绵厚的季氏家风。①

村东的季氏宗祠大门右墙上，写着季氏祖训"言必行，行必朴，安分而知足"。左墙上写着季氏家规"尊朝廷、敦孝悌、重诚信、慎交游、崇俭朴……"。祖训、家规，共同构筑了季氏族人的精神谱系。

据《季氏宗谱》记述，小九公开季氏家族之基业，第25世永熙公则开季氏家族读书之风。此前季氏历代以务农为生，此后才开始兼营商业、

---

① 本节有关龙泉季氏家风内容参考王秋蕊：《龙泉安仁镇季山头季氏：书香映丹心 代代国为重》，载丽水市纪委机关、丽水市委宣传部、丽水市档案局编：《丽水好家风》，线装书局2018年版，第2-8页。

办学读书、开馆练武。永熙公为前清秀才，勤于读书，并设馆督促胞弟和5个儿子读书，其中2个为国学生、3个为秀才。村中读书之风日盛。

据季氏族人介绍，季氏家族有一条不成文的家规，"永熙公家族江西有菇行，温州有木材行，属于当地首富，当家理财，用之有节。家族任何人一切费用支出，均要由他本人签字同意，但只要是子孙用于读书教育的，可由管家先支后报"。

着实让人佩服和赞叹的是，这群被四书五经滋养的前清秀才，没有沦为思想酸腐的书生，有的文武双全，有的经商有道，有的医术高明。在偏远的小山村里，思想开明、极富远见，深受进步思想影响，着实不多。辛亥革命前后，这个人口仅数百人的小山村，竟然创办了2所学校（振东小学、复兴小学）、2个武馆（武馆、武术馆）、2家药铺（玉华堂、万春堂）。季氏一族在书香之气之中多了一股当时积贫积弱的中华民族亟需的刚勇血性。

受家风熏陶，季氏子孙立志救国救民。季步高（1906-1928）抛下偌大的家业、安逸的生活，投笔从戎奔向黄埔军校。这位革命先驱将季氏家族引入一条红色的光荣之路，季氏家族先后走出7位黄埔生、1位远征军，还有不少籍籍无名的季氏子孙跟着共产党，出生入死地闹革命。

季步高，原名季大纶，是永熙公的孙子，其父季正泉和同盟会的会员常有交往。1925年6月，季步高考入黄埔军校。同年9月，他加入中国共产党投身革命。

1928年初，季步高临危受命，担任中共广州市委书记。在万分险恶的情况下，他带领同志分散隐蔽地进行革命斗争。7月，季步高不幸被捕，在狱中受尽敌人的严刑拷打，但他宁死不屈。8月，季步高在广州红花岗从容就义。

在季步高故居里，他的遗像面目英俊、气宇轩昂。他工整俊秀的小楷，写着对祖国的拳拳赤子之心："吾愿望海内同胞抱爱国之热忱，怀济世之英才，精练兵卒以御外人侮辱。""我四万万同胞岂忍以祖国故有之地而让人蹂躏乎!?"

除了季步高，季山头村还有其他6位黄埔学员，分别是李逸民、季尉培、季良、季光闾、季临安、季光亮，这些来自上海大学、清华大学、浙江大学等名校的高才生受家族家风的影响，怀着救国救民的满腔热血，纷纷投笔从戎。此外，还有一位壮烈牺牲的远征军名叫季忆强，在《龙泉民国档案辑要》中，记载着同族兄弟季大任写给他的一首送别诗，从中可以窥见这位季氏子孙的风采："爸妈的热泪，洗不软你坚强的心；你英勇底荷起行囊，快步前进！你还带着傲气说：'祈战死！争光荣'。"孙中山曾为季氏家族题赠"通天护国"匾额。

季氏家族苦学成材、报效祖国的家风，在战争年代体现得淋漓尽致，为自由和解放不惜牺牲生命，将青春和热血献给祖国；在和平年代则体现为自觉培养各行各业的栋梁之材，为祖国建设作出卓越贡献。

中华人民共和国成立后，英才辈出的季氏家族在祖国各地各行各业默默奉献，有"两弹一星"的功臣季光社，有倾心写作的文学家季红真，有研究历史的学者季平，还有从事医学、农业、金融、法律等行业的专家，创办实业的企业家。坚守在季山头村的季氏子孙，在平凡的土地上照样耕耘出不俗的业绩，有的担任省、市人大代表，有的当选道德模范，为村庄赢得无数荣誉。

诚如北宋司马光《居家杂仪》所言，"凡为家长，必谨守礼法，以御群子弟及家众"，凡是做家长的，一定要谨守礼法，以便更好地管制子弟和家庭成员。在季氏家族中，祖父辈的言传身教，给子孙辈很好的示范和引领。

血与火的时代已经渐行渐远，季氏一族"以国维重"的家风却绵延不息。

第三节　青田杨氏家风（杨勉）

在青田县方山乡邵山村，有杨氏一族，他们的爱国情怀，深深地影响后人。

杨勉（1912-1992），又名杨敬先、杨孙典。[①]杨勉的父亲杨银泽（1874-?）于清末民国初期赴俄谋生，从事皮革制造业。1926年2月，杨勉跟随父亲前往苏联首都莫斯科谋生。同年9月，杨银泽将杨勉送到莫斯科李大钊华侨俱乐部学习俄文。1928年，杨勉加入了苏联共产主义青年团，自此走上了革命征程。杨勉通晓中文与俄文，多次被中共驻苏联办事处聘为俄文翻译。

1934年，杨勉的母亲思子心切，从中国老家给杨勉去信称自己身体不好，盼着儿子回家看看她。杨勉在家时事母极孝，接信后焦急万分，于年底回到青田邵山村。回国后，经母亲安排，杨勉娶同乡林松仙为妻，此后育有女儿杨彩和。接受过共产主义思潮的杨勉胸怀宏图、志存高远，在家乡没多久，于1935年底辞别母亲和身怀六甲的妻子，只身来到上海，在青田老乡办的申达利钱庄谋得一份差使。

杨勉生性秉直、刚正不阿。在申达利钱庄里，由于其留苏归国的身份，加之同事对他心生挟嫌，被人诬告为苏俄共产党员，杨勉被上海淞沪警备司令部特务逮捕入狱，随后被判5年监禁，关押于苏州军事监狱。此时对于心怀报国之情的杨勉而言，无疑是极大的打击，然而身处人生低谷的杨勉，并没有因为被监禁而丧失斗志。很快地，杨勉就与狱中的地下党组织取得了联系，团结一致带领狱友们共同开展斗争。

---

① 本节有关青田杨氏家风内容参考黄俊剑：《青田红色华侨杨氏家族：爱国家风　代代相传》，载丽水市纪委机关、丽水市委宣传部、丽水市档案局编：《丽水好家风》，线装书局2018年版，第30-35页。

在第二次国共合作期间，重获自由的杨勉，本想回浙江探亲，但最终毅然选择了远赴延安，并将自己原来的名字杨孙典改为杨勉。在延安，杨勉被分配至陕甘宁边区政府交际科，专职从事俄文翻译。1937年，杨勉续娶同为革命挚友的刘亚平，育有儿子杨延生和女儿杨安生。1939年，杨勉被调任中央军委一局编译处任翻译。其时，对苏关系是中共中央与中央军委最重要的对外关系，杨勉的俄语翻译对于促进外交自然起到了重要作用。1941年，杨勉被调任留守兵团司令部，先后任科长、副处长等职。

杨勉非常喜欢摄影，他用他心爱的莱卡相机，记录下了延安的革命岁月。在他拍摄并留存的相片中，既有日军空袭延安城后满目疮痍的情形，也有八路军奔赴抗战前线的激昂场景，又有延安军民抗战誓师大会现场照片，还有毛泽东与家人的温馨合影，以及朱德看望延安保育院孩子时的亲切画面……这一张张珍贵的历史剪影，一直被杨家后人小心翼翼地保存着。

1945年9月，杨勉与大批集中到延安的干部接到命令，即刻以最快速度前往东北。在四平一次大战结束后，杨勉回到家中与妻儿暂聚，而对于四平战役的激烈与残酷，杨勉却没有跟家人说过一句。1945年11月至1946年底，杨勉被任命为安东省（现辽宁省一部）贸易局副局长，1947年至1949年任辽宁省贸易局局长、商检局局长、省政府党组成员，重点负责对苏军事贸易和官方接洽，主要负责我军特别是第四野战军对苏军事物资的采购、检验和接收。在此期间，杨勉还开辟另一条秘密采购通道，即到西方阵营中采购军事物资。

在整个解放战争期间，第四野战军装备精良、士气高昂、军功卓越，他们从东北一直打到海南岛，为共和国的建立立下了赫赫战功，其中就有像杨勉一样在默默无闻工作着的后勤保障人员的功劳。他们通过艰苦、卓越的付出，保证了人民解放军在解放战争中的持久、锐不可当的战斗力。

中华人民共和国成立以后，杨勉在对外贸易部工作，先后出任贸易部交际处处长、对外贸易部进口局副局长、对外贸易部办公厅副主任等要职。由于精通俄语，他成了中国与苏联联系沟通的重要人物，经常连夜住在对外贸易部办公室里，忙起来几乎一周难以回家一次。20世纪50年代，

赫鲁晓夫访问中国，杨勉任毛泽东的翻译。此外，他还曾以中国经贸访问团副团长的身份访问苏联，在莫斯科红场向卫国战争墓献花。这位有着留苏学历、延安革命考验并长期奋战在对苏贸易第一线的杨勉，在我党我军对苏的重要关系上，无疑是重要的参与者、见证者。与此同时，杨勉开始着手寻找分散在各地的亲人，开启了延安寻女、老家寻母、苏联寻父的寻亲之路。

杨勉从一个普通华侨成长为革命家，再到后来担任外交家，他的一生深深地打动着杨氏后人。杨勉也时常教育子孙，每当祖国召唤、家乡需要的时候，一定要义无反顾、勇往直前。对于杨氏后人来说，在聆听杨勉的教诲时，在长辈的回忆中，在翻阅杨勉在苏联求学谋生的照片时，在阅读杨勉与老一辈国家领导人的往来信函时，心中就会洋溢起满腔热情，他们的爱国之情油然而生。满腔的爱国热血，在杨勉的后人中流淌着。

在烽火连天的岁月，因为革命，改变了杨勉的命运，也让整个杨氏家族刻下了深深的红色印记，书写了一个华侨家族的百年红色历史。

在杨氏家训里，包括了"崇孝养""序长幼""别内外""劝耕织""端教训""谨丧祭""正婚姻""恤患难""匡习尚""扶公道"等内容。

时至今日，爱国爱乡、慷慨奉献，依然是杨氏族人的家风和传统。在杨氏族人眼里，青田是永远的家，他们纷纷表示要为家乡、为祖国建设贡献才智和力量。

第四节 云和魏氏家风（魏兰）

在云和，有魏氏一族，曾是书香门第、名门望族。

辛亥革命先驱、光复会创始人魏兰（1866-1928），一生怀着火热的救国救民情怀，荡尽祖业走上革命道路。他两渡日本，南游爪哇，西达长江源头，北上燕山之巅，历尽千难万险，联络和团结分布在浙江各地大大小小的会党，为日后辛亥革命聚集了武装力量。他兴办浙江第一所联络会党和培养革命骨干的学校——先志学堂，开创云和第一家出口产品专业厂——定兴花边厂，一生为振兴中华而鞠躬尽瘁。

魏兰所在的魏氏家族，可谓名门望族。魏兰的曾祖父魏精、祖父魏文瀛和父亲魏钦孟三代从政，皆胸怀家国、心系黎民。[①]

据《魏氏宗谱》记述，魏氏家族始祖扬孙公于明万历年间自桐庐迁至云和，当时的云和人烟稀少、荒地甚多，扬孙公率妻儿以种麻为生，创业艰难，生活困苦。魏氏寒门的振兴，从八世祖魏精开始。据《云和县志》记述，魏精，"拔贡生，早岁通经，尝受业于李显宗，尤精《春秋》之学，后授天台教谕"。寥寥数语，勾勒了魏精的人生。从魏精留下的《他石山房诗稿》，又能窥探其思想和情感。

魏精曾给儿子魏文瀛写诗，诗云："壮志期千里，雄情迈五车，惟谦能受益，若实虑仍虚，进取宜乎上，思齐耻不知。立品方圭璧，庸才笑栎樗，家声凭尔振，莫负永终誉。"劝勉儿子心怀大志、勤学苦读、见贤思齐，立品德、振家声。魏精殷殷教子之情溢于言表，又渗透于字里行间。

清嘉庆年间，云和大旱，百谷无收，百姓吃树皮草根，饿死之人无以

[①] 本节有关云和魏氏家风内容参考鲁晓敏：《云和之光》，《浙江日报》2011年5月6日第21版；秋蕊、汪丽芳：《云和魏兰家族：胸有家国情怀 心系黎民百姓》，载丽水市纪委机关、丽水市委宣传部、丽水市档案局编：《丽水好家风》，线装书局2018年版，第54-60页。

计数，魏精忧心不已。虽然只是一名学官，俸禄微薄，但他还是向百姓施粥，并作救荒词10首，鼓励灾民熬过难关，号召富人以慈善之心救济百姓，另一方面则鼓励灾民坚持下去就能熬过难关。

在魏精的影响下，魏文瀛从小就关心民间疾苦，长大后成为一名勤政爱民的好官员。据《云和县志》记述，魏文瀛"砥行绩学，始为诸生，卓荦有大志"。清道光年间，经科举考试后，魏文瀛先后任金山、华亭、上海等地的知县，"善识大体、所至咸得民"。云和知县黄敬熙所撰《亦政堂祠记》记述，魏文瀛"所至兴利除弊，政通人和，有古儒吏风"。魏文瀛在金山任职期间，辖区有河道淤塞，他拿出俸禄带领百姓一起疏浚，深受名臣、民族英雄林则徐的赏识，林则徐保荐他升知州衔，调署华亭知县。

魏文瀛的儿子魏钦孟，以父亲为榜样，深受家风熏陶，曾任直隶州州同等官职，一生兢兢业业。

魏兰，能成为伟大的革命先驱，离不开魏氏家族优良的家风和先辈的言传身教。

魏兰自幼酷爱读书，很早就接触了进步的革命书籍，经常与人纵谈天下。在魏兰的内心里充满对自由的渴望，对民主的呼唤，对家国黎民深沉的热爱。

1902年，魏兰在上海参加蔡元培组织的中国教育会。1904年，魏兰留学日本归来后，在上海与蔡元培、陶成章等人一起创立了光复会，又筹建了东京分会。魏兰与陶成章一起联络和团结分布在浙江各地大小会党。在一年多的时间里，他们的足迹踏遍浙江山水，每到一地，他们就慷慨激昂地演说，晓知民众反清大义，大力倡导共和。他们深入城镇乡村、田间地头，甚至监狱，反复与各会党接洽撮合。经过魏兰、陶成章等人的奔走联络，白布会、双龙会、龙华会、伏虎会、平阳党等会党排除门户偏见，统一意识形态，在浙江形成了一个广泛的反清战略同盟。魏兰曾作诗记录他们四处奔走的情形："吾非孟夫子，游说非所长，从者数十人，传食于诸乡，坐席还未暖，胡为舍又迁，榻从何处设？灶上也安眠。"

1904年3月，魏兰变卖家产，筹办云和先志学堂，他和陶成章亲自任教，一边筹集革命经费，一边培养革命力量。先志学堂成为浙江第一所联络会党和培养革命骨干的学校。一时间，处州各地志士纷纷云集，隆盛一时。学堂大力传播革命思想，培养了一批革命志士。

晚年的魏兰，逐渐将精力转移到家乡建设上来，致力于发展家乡的教育、农业和工商业，他创办了云和中学，开办了定兴花边厂，在他的大力倡议下，修建了云和白水堤，他从革命志士转为造福地方的贤达。

综观魏兰的一生，他踏上革命道路，一次次远渡重洋，一次次出生入死，其实是用自己的铁肩担当济世大任。

在魏兰的影响下，他的后辈也满怀爱国之情。据史料记载，魏兰堂侄魏毓祥（1868-1924）曾在松阳、青田、温州等地四处奔波，联络会党。魏兰大儿子魏毓汾自小目睹父亲为革命四处奔走呼号，自然跟随父亲一起参加革命。魏兰小儿子魏亦可从中学毕业后，赴军校学习。从南京黄埔七期高级步炮班毕业的魏亦可先是就职于南京弹道研究所，后又随部队撤到重庆，抗日战争时期，魏亦可从重庆第一兵工厂护送一批军工模具到云和小顺铁工厂，留在家乡为国家效力。

魏兰的二儿子魏亦南，共有7位子女，其中4位是教师，教书育人，2位是医生，悬壶济世，还有1位是知名的剧作家。身为剧作家的魏峨，幼承家学，极有艺术天赋，1950年参加中国人民志愿军文工团入朝鲜。1956年开始，魏峨复员分配至浙江省文化局工作，创作了不少优秀剧本，代表作《卧薪尝胆》广受关注，深受喜爱。

在云和魏氏族人家里，珍藏着一只年代久远的皮箱，里面留存着魏兰留下的亲笔书信。尽管信纸早已发黄，但依稀能看出魏兰潇洒不羁的笔迹，字里行间洋溢着志士之风。近年来，魏精的《他石山房诗稿》，魏文瀛的《鸣琴余韵》，魏兰的《浮云集》，魏亦可、魏亦南的诗等，经魏氏族人收集整理，编入《云和魏氏诗集》。魏氏家风，在一行行诗句里流动。

魏氏一族，从革命的历史风云里走来，在建设美好家园的新征程上奋勇前行。

第五节　松阳黄氏家风（黄炎）

　　在松阳望松街道乌丼村，有黄氏一族。三直三进的黄家大院，承载着黄家子孙的经邦济世之梦。从黄家大院走出去的黄氏族人，始终秉承"仁、智、信、直、勇、刚"的美好品质，展示着黄氏一族的优秀家风。

黄家大院

　　据黄氏回忆录文章《集成堂碑记》记述，"仁、智、信、直、勇、刚"，最初是六房子女的房名，"先祖父晚年教诲子孙后代，不可依赖祖业，虚度年华，必须学有所成，掌握知识技能，才能立足社会、兴家立业"，后来成为黄家子孙遵循之遗训。①

---

① 本节有关松阳黄氏家风内容参考吴卫萍：《松阳黄家大院黄氏：六德之中的家风传承》，载丽水市纪委机关、丽水市委宣传部、丽水市档案局编：《丽水好家风》，线装书局2018年版，第9-16页。

　　黄家大院始祖黄中和，清贡生，于道光年间始建单进五开间两轩式楼宅。宅内门窗多处雕刻有武技人物，俗称"武技厅"。第2代曾祖黄绍桂，清贡生，性聪善文，历署严州府训导、淳安县教谕等职。黄绍桂治家严谨、亦耕亦读，于光绪丙午年（1906）在后院续建"梅兰轩"和"竹菊轩"二楼，均为单进三间。

　　第3代先祖父黄炎，字秋光，又名石增，清末贡生。黄炎不喜达官显贵，亦耕亦读亦商，喜为民排忧解难，出资砌桥铺路、济贫扶困。1912年2月，处州军政府都督以黄炎未剪辫子为由，将其打入死牢，并借机敲诈了黄家55000块大洋。遭此一劫，黄家典地借贷大伤元气。出狱后的黄炎憋足了气力，决定一洗当年的耻辱。经过3年的筹备和建设，一座花费恰好等同于当年赎金的黄家大院"集成堂"，在乌丼村拔地而起。工程的巨大和精致可谓"慧"的表达，而受辱之后图强的态度则是"刚"的展现。黄炎将大宅命名为"集成堂"，意为"凡事必须集才智和劳作而后大成之"。

体现"六德"之风、天人合一的黄家大院

三进式大七间四合院分前堂、中堂和后堂，客轩均为四窗书房，中堂前大天井围以十二条方柱。主楼建筑采用大量木雕技术，堪称松古平原之木雕艺术殿堂。楼内172根柱子上牛腿、雀替雕有灵禽异兽、奇花异草和36幅古典故事，构思巧妙、寓意深刻，显示了主人善良的愿望与浓厚的生活情趣。厅内更是雕有108个形态各异的"寿"字，或象形，或会意，写法无一雷同，不愧为集书、画、雕艺术为一体的杰作。大厅正堂上的"泽周仕粟"金匾，是清光绪二十四年（1898）处州知府赵亮熙授予的，时值处州遭遇重灾，黄炎的父亲黄绍桂开仓赈济灾民，一次性捐出1600石大米，帮助饥民度荒年。此善举得到了处州府的褒奖，使得黄家倍加荣耀。

在黄家大院门楣上，黄炎还亲笔手书"晴岚积翠"4字，意即山水如画的松阳必能培养出翠玉般的"宝贝"。

在黄炎看来，人才和知识是社会变革与进步的根本，必须靠读书出人头地，因此，他教诲子孙后代亦极其严格。他要求黄家子孙们从小诵读《弟子规》《千字文》等中华传统经典，还颇有深意地将《论语》中的"六德"仁、智、信、直、勇、刚作为黄氏子孙必须遵循的家训。

"仁"即为人必要仁义，讲道德；"智"即为学必应刻苦、智慧；"信"即做事必应诚信，要心怀坦荡；"直"即为人正直善良，要光明磊落；"勇"即遇事定要无所畏惧；"刚"即遇难必要刚强，至坚至韧，百折不挠。黄炎深知虽能做到"六德"，也须深懂其间真意，方可避除愚、荡、贼、绞、乱、狂的"六蔽"，做到仁而不愚、知而不荡、信而不贼、直而不绞、勇而不乱、刚而不狂，最终成为有道德、有作为的人。

从黄氏一族之家风可见，古代儒家的德行论非常发达，其中忠、信、仁、义、孝、惠、让、敬，都是"个人与他人、社会直接关联的德行"，而且这些社会性德行的价值取向，都强调"承担对他人、对社会的责任"①。

在黄氏家风家训的熏陶引导下，黄炎的儿子、孙子、重孙、曾孙、玄

---

① 陈来：《儒家文化与民族复兴》，中华书局2020年版，第81页。

孙学有所长，且学有所成。他们在各个领域为国家、社会服务和贡献才智。

在黄炎的子孙中，特别值得一提的是民国初期丽水至温州公路建造总工程师、抗战时期中缅国际公路建造总工程师黄庆慈（1890-1942）。

黄庆慈是黄炎的第3个儿子，敦厚刻苦，饱受松古文化熏陶。民国初年就读省立十一中学，而后北上天津深造，1915年毕业于天津北洋大学土木工程系。黄庆慈学有所成后，回到浙江参与家乡的公路建设，先后负责丽青、丽缙、丽云三段公路工程，历任各工务段主任，后又担任浙江省公路工程局丽水各路联合办事处副主任兼总工程师等职。

1935年，因抗日战备需要，黄庆慈奉调到陕西省西安、汉中等地承担川陕（宝鸡至成都）公路及汉渝（汉中至重庆）公路的修建工程。尽管川陕交界处地势险要，但他从不避艰险，经常出入高山峻岭，穿越山涧峡谷，顺利完成了一项项筑路工程，为抗日战争中大后方交通大动脉的畅通作出了历史性的贡献。

在四川广元县与陕西宁强县交界的大巴山中，公路经过的七盘关山隘关口处，有"西秦第一关"石碑，碑文记述了川陕公路修建经过及主任工程师黄庆慈的丰功伟绩。黄庆慈变蜀道为通途的故事，至今仍广为流传。

1941年，太平洋战争爆发，为争取国际援助，当局决定修建中缅和中印国际公路。时任交通部公路总局西北公路管理局总工程师的黄庆慈毅然承担了这一重任。他深入到云南大西南的崇山峻岭，不畏艰难，风餐露宿，边勘察，边施工，与时间赛跑，支援抗日战争。1942年6月，就在公路即将全线完工通车之际，黄庆慈急需回重庆汇报，途中因公殉职，政府授予其"筑路功勋"殊荣。

黄氏一族分布于祖国各地，各自学有所长，理、工、农、医、学、商各界人才辈出。黄氏族人一直谨遵"仁、智、信、直、勇、刚"家训教导，传承着，坚持着。

第六节　龙泉徐氏家风（徐仰山）

白云深处仙境，桃花源里人家。龙泉上垟镇源底村依山傍水，村中至今保存完好的古民居有36幢，多为清朝中后期和民国初年所建，粉墙高耸，鸳瓦黛青，在古朴素雅中尽显浙派山乡建筑特色和早年徐氏家族的殷实富庶。

源底徐氏有两房，一房陶舜公，其祖宗从青田辗转迁居源底；另一房萱公，从松阳迁徙而来，从此扎根繁衍，逐渐成为该村第一大族。徐氏一族一边经商务农勤劳致富，一边督促子孙苦读诗书，在明清和民国时期富甲一方，家族子孙知书明礼、重仁重义。在儒家文化的熏陶下，徐氏家族既是儒商，又是乡绅，形成诗书传家、仁义向善的好家风。

在徐氏家族的民居和匾额上，不时有劝学劝读的对联出现。徐仰山故居大门两侧石板上有先祖所刻对联"欲高门第须为善，要好儿孙即读书"，从中可见徐氏家族的耕读传统。而源底徐氏宗祠，正中悬着"敦本惟源"四个大字，两边柱子上题楹联"继祖宗一脉真传克勤克俭，教子孙两行正路惟读惟耕"，可见"克勤克俭，惟读惟耕"成为徐氏祖训，也成了徐氏族人安身立命之本。源底古宅门额上的文字也大多风雅，如"东海旧家""山辉川媚""山水文章""月山拱秀"等，反映了徐氏祖先的精神诉求和价值取向，流露出对子孙读书进修学识的殷切期盼。

人们常说"商人重利"，然而徐氏家族却在儒家文化的影响下，形成了"重义向善"的家风。毋庸置疑，一个村落能够发展成"大村""名村"，不仅仅是靠留下来的物质财富，还有精神上的信仰。

徐氏家族有一位子孙叫徐仰山，原名徐杰，小名世廉。清光绪三十年（1904）中举人。徐仰山家境殷实，父亲徐云间是贡生，拥有田产，兼营木材生意，见多识广、思想开明，徐仰山深受其父影响。当时正值国家内忧外患、民族生死存亡之际，徐仰山毅然放弃了优越安逸的生活。1906年初，徐仰山怀着满腔的爱国热情，告别父母妻儿远赴日本留学，从此走上了爱国救亡之路。他在日本读书期间，结识了孙中山、宋教仁等革命先辈，追随他们加入了同盟会。因为敬仰孙中山先生的伟大思想和高尚人格，徐仰山将自己的名字"杰"改为"仰山"。他积极参加留学生爱国运动，热心与人商讨起义，致力于兴学救国。1908年春，徐仰山毕业回国，为筹集革命活动经费多次典卖家产，四处向亲戚借款，最后负债累累。他曾三次因参与策划革命武装起义而遭被捕下狱，受尽严刑拷打仍坚贞不屈，1913年在杭州西湖边遭杀害。因为徐仰山积极投身于革命事业，为民族大义壮烈牺牲，国民党元老、高级将领李济深题词赞其"烈士之血、主义之花"。徐仰山被关押在杭州仁和监狱时，当时龙泉乡贤项应铨曾去探监，后有诗曰："我昔探君冤狱里，君眦欲裂发欲指。寸心无非忧国是，泰然鼎镬若甘旨。"徐仰山坚贞不屈、视死如归的形象跃然纸上。壮志未酬身先死，烈士精神照千秋。徐仰山壮烈牺牲，堪称"大义"。

除了徐仰山，徐氏家族不乏仁义之士。据《贵溪徐氏宗谱》记述，"贵溪源底徐族为龙泉数百年乔本世家，有好善乐施之士……见岁荒乡人缺食，怅然而引为己任……"记述的是一生热衷慈善事业"好善乐施之士"徐敬五。

徐敬五为源底村"首富"，拥有1200多亩田产。1938年，他曾给抗日前线捐赠了10000元钱，当时的《东南日报》曾登报表彰。1939年，源底村遭遇天灾岁荒，乡人缺粮饥饿，徐敬五又拿出500石谷，创办私立义仓，以赈济贫民。徐敬五救民助人，此为"善义"。董仲舒在《春秋》中云"义者，心之养也"，人的一生不为别的，只为活得坦荡，活得无愧，仁与义，是传统文化的核心，是我们应该不断追求的价值取向。

"阅尽世间人，惟翁独轶伦。奠居仁是里，卜宅德为邻。不作黄粱梦，甘为白屋民。竭耕供子职，苦读悟天真。事事尊崇德，时时积累仁。穹苍应有报，保佑定重申。"明御史中丞、龙泉乡贤章溢曾为徐氏家族一世祖徐萱公作诗。"竭耕苦读""积仁崇德"是萱公人生的写照，也是徐氏家风

的渊源。①

诚如清代郑燮《板桥集·家书》所言，"要长其忠厚之情，驱其残忍之性……夫读书中举进士做官，此是小事，第一要明理作个好人"，在教育子孙时，强调"读书中举进士做官，此是小事"，而"第一要明理，做个好人"，意即希望子孙做"忠厚恻恻"的人，要有仁爱之心。

自徐萱公起，徐氏家族非常重视子孙教育，崇尚耕读精神，并且代代相传。徐家子孙秉承祖训，大多成为亦耕亦读的名人志士，"预高门第须为善，要好儿孙即读书"，让人充分感受到徐氏家族耕读的传统文化精神。耕读文化是中华文化的优良传承，对人的影响极为深远。

据载，清咸丰年间，太平军从遂昌、松阳过来占领龙泉后，进入西乡一带，数十村庄被毁，徐攀龙在源底山中修筑仙居寨，扶老携幼、引戚呼朋避居，太平军只好观望而不敢靠近，盘踞村庄十余日而退，保护了百姓的生命安全。

民国以来，徐仰山、徐敬五等一批志士绅士，用自身行动践行着家风。1909年，在徐氏家族各房长辈的支持下，徐仰山联合族人徐耀堂、徐翠唐、徐必寿等兴办了龙泉第一所高等小学，亲授新知识，将家风传播得更为深远。

中华人民共和国成立后，从源底村走出了一批从事军政法律、文化教育、医学卫生、科学研究、商贾经营等人才，活跃在各行各业。

"耕读传家躬久行，读书济世雅韵长"，虽然历史上读书耕田的方式早已时过境迁，但优秀传统文化在人们心中的地位仍然不可被撼动。以"忠厚传家远，读书济世长"为核心的耕读文化是中华民族在历史的长河中不曾被时间所磨灭的珍贵文化。时至今日，"耕读"被赋予的含义已不仅仅是当时的一种生活方式，它更是一种文化与文明的体现、一种价值的追求、一种人性的情怀。

---

① 本节有关龙泉徐氏家风内容参考王秋蕊：《龙泉上垟镇源底村徐氏：知书明礼，重仁重义》，载丽水市纪委机关、丽水市委宣传部、丽水市档案局编：《丽水好家风》，线装书局2018年版，第23-29页。

源底村经历了数百年的岁月沧桑，承载着厚重的历史文化积淀，它是我国传统的宗族文化、农耕文化、建筑文化、山水文化、人居文化和风俗文化等得以存在、发展的生态环境。如今的源底村，既保留着当年徐氏先祖初到时的温润，又多了一分现代的凌厉。耕读传家、仁义善举不是渐行渐远的文化记忆，而是一直流传发展着的精神文化，是一种应该继续传承的文化基因。

第七节　莲都金氏家风（金铭新）

　　莲都金氏，派衍彭城，原居江右（今江西省），自南宋嘉熙年间（1237-1240）迁居处州城。

　　始迁祖金善（1335-1386），字仲与，为行军掾史，执掌军法，既公正严明，又仁慈宽容，减免了许多罪行较轻的嫌疑犯的刑罚，救活了无数人，后累官至赣州知州。金善第5代玄孙金祧，字崇吉，明天顺间（1457-1464）岁贡生，官授云南永昌府判，兴利剔蠹，民歌其绩。元明两朝，金氏一族先后出过五代忠烈干臣，且均两袖清风，为关心民瘼的楷模，因而金氏一族世称"三代御史""五代廉官"。

　　"世代廉官"之称，是指金氏家族数代有人入仕为官，且各个办事公正廉洁，不以权谋私，真正做到了忠诚于民、让利于民、取信于民、服务于民。金善"公正执军法""宽仁释轻犯"，金祧"清廉守正拒礼金"等故事，就是最好的明证。

　　自清末民国，近百年来，金家世代从事教育工作，是名副其实的书香门第、教育世家。

　　金鼎彝，字铭新，生于清光绪十三年（1887），天资聪颖，17岁考取秀才。清政府废科举办新学后，金铭新考入浙江高等学堂师范科学习新兴现代课程。在校期间，金铭新曾师从李叔同（弘一法师）。金铭新毕业后，时值孙中山领导的同盟会会员陶成章、魏兰2人在云和县创办"先志学堂"，并以此为据点宣传"三民主义"，发展革命队伍。年轻的金铭新受革命风雷所激荡，毅然加入了同盟会，投身于推翻清朝统治的革命活动。[①]

　　加入同盟会不久，金铭新应陶成章、魏兰之邀前往南洋爪哇（印度尼

---

① 本节有关莲都金氏家风内容参考王秋蕊：《丽水城区金逢孙家族：教育世家书写爱国传奇》，载丽水市纪委机关、丽水市委宣传部、丽水市档案局编：《丽水好家风》，线装书局2018年版，第17-22页。

西亚的岛屿）华侨设立的中华学堂任教。他一边教书育人，一边宣传革命，在华侨中发展革命力量，为革命筹集经费。

1912年，辛亥革命的消息传至南洋泗水，金铭新和魏兰等革命友人迅即回国。金铭新开始担任处州军政分府民事长署财政科员、教育科职员。当清政府被推翻后，金铭新便开始专心从事教育工作，先后担任过旧处属公立女子师范、崇实学校、浙江省立第十一师范、省立第十一中学、旧处属十县联立中学等校的音乐、国文及史地教师，将新思想、新知识传授给莘莘学子。

金铭新为人厚道，一生与人不争，最喜欢教师职业，容易接受新思想。金铭新在从事教育事业的同时，仍然时时心系国家命运，同样从事教育事业的妻子何巧秋也与他志同道合。在一心从教并有爱国奉献精神的家风感染之下，金铭新的儿子金逢孙（1914-2005）于20世纪30年代初在上海读书时积极投身革命活动。

金家属于知识分子家庭，金逢孙从小就受到家庭中诗书画等艺术的熏陶，在绘画上极具天赋。1931年，金逢孙在上海美专读书，当时，鲁迅正在上海领导左翼文艺运动，提倡和扶持新兴版画运动。在鲁迅的感召下，1932年，金逢孙加入了共产主义青年团，从此走上革命的道路。他与同学发起组织"MK木刻研究会"，经常深入贫民区、码头和工厂等地，用铁笔创作了大量反映劳动人民疾苦和觉醒抗争的木刻作品。金逢孙成为我国第一代版画艺术家、中国新兴木刻运动的先驱者。

1934年下半年，"MK"遭到国民党的破坏，大部分作品及工具被查抄。为躲避国民党的追捕，1934年底，金逢孙回到丽水，开始在丽水中学、石帆中学等地教书。

诚如胡先缙在《中国的继嗣群体和它的功能》中所言，"没有官员不努力鼓励宗族成长和壮大的"，"国家奖励那些为宗族增加财产和兴办教育的人"[①]，但是，金家作为教育世家，与一般的教育世家有所不同，他们

---

① Hu Hsien-chin, *The Common Descent Group in China and its Functions*, Viking fund Publications in Anthropology Number 10, New York, 1948, pp. 95-96. 转引自杜靖：《在国家与亲属间游移：一个华北汉人村落宗族的历史叙事与文化实践》，浙江大学出版社2020年版，第6页。

所从事的教育工作，并非单纯限于书塾传道授业，在风云变幻的年代，他们更积极投身爱国救亡运动，将家族命运与中华民族命运紧紧连在一起，延续着教书育人、忠心爱国的优良家风。

抗战爆发后，金逢孙坐不住了，他与野夫等人组建了浙江省战时木刻研究社，还创办了木刻函授班、暑期绘画培训班，聘请各地名师任教，各地爱好美术的爱国青年纷纷报名参加。其学员遍布浙、闽、赣等8省，培养了一大批美术人才，为宣传抗日作出了杰出贡献。

中华人民共和国成立后，金逢孙为我国传统工艺美术的抢救、恢复做了大量的工作。为了更好地发挥相关文物、艺术品的社会价值与作用，金逢孙捐献了其抗战木刻运动文物、图画艺术作品等共计189件，以及在20世纪50-60年代收集的285件民间剪纸作品、33件皮影作品。

家族家风的形成，父亲的影响固然重要，母亲的影响亦不可或缺。在金氏家族，不得不提到两位令人敬佩的女性——何巧秋与郑月圆，她们都是新时代女性的代表，与丈夫志同道合、并肩作战，并将一生奉献给了教育事业，与丈夫共同谱写教书育人、忠心爱国的佳话。

金逢孙的母亲何巧秋，1914年毕业于处属公立女子中学，并以优异的成绩留校任教，后来任处属十县联立女子中学校长，成为丽水第一位女校长。任教期间，何巧秋不顾保守势力的反对，提倡"新文化运动"，为促进妇女思想解放、争取妇女权益四处奔走。她号召女子剪辫、放脚、学文化，倡导婚姻自由。她联合妇女协会，聘请律师义务为受欺凌、虐待的妇女写状书向法院申诉，并曾为好几个童养媳争取到婚姻自由。何巧秋还组织学生上街游行宣传革命，母亲的勇气给金逢孙留下了深刻的印象。

郑月圆则是何巧秋的学生，后来成为一名优秀的教师，她与金逢孙一见钟情，一生伉俪情深。金逢孙常年在外革命、工作，郑月圆就一直在背后默默支持丈夫，承担着家庭的重担。她认真工作，以教学上的突出成绩，被选为丽水县第一届政协委员。

金逢孙和郑月圆一共养育了5子2女，并且将他们培养成才，子女中有公务员、工程师和企业高管等。父母的恩爱、对教育事业的热忱、对祖国的热爱以及立身持正的品格，对子女们影响深远。

如今，金氏族人星散各地，教书育人、爱国奉献，以一种责任和使命为国家和社会作出贡献。

第八节　松阳叶氏家风（叶必礽）

在松阳枫坪，有叶氏一族，以其悬壶济世而远近闻名。

叶氏先祖叶必礽（1858-1938），字松操，又名华庭，字槐荫，号植三，是枫坪村叶氏第7世。叶必礽4岁丧父，靠其祖父承雨公抚养长大。8岁进入私塾读书，是个国学生。16岁辍学，从兄必香务农。19岁患失血症，濒危，幸速服药而脱险，但体弱无法从事重体力劳动。为了生计，20岁开始在枫坪村任教于私塾，后又到临近村庄梨树下、沿坑岭头任教于私塾。因常受疾病折磨，所以就埋下了学习中医药、治病救人的愿望，从此开始针对自身疾病，访医问药，阅读医药书籍。①

叶必礽由于失血症一直未治愈，体弱需常年服药，于是就有了开家药店的想法。一为方便自己，节省开支；二为长久生计，赚点糊口小钱；三是枫坪村当时没有药店，村民治病多以服用草药为主，开家药店也方便村民看病撮药。清光绪九年（1883），经过充分准备，叶必礽与其兄叶必香、高亭姑表周培志3人合开"益生堂丰记中药店"，设在枫坪村中心大路边（今枫坪村76号），属枫坪村有史以来的第一家中药店。

"益生堂丰记中药店"由姑表周培志主持店务，望病开方。周培志来自高亭著名的周远普中医世家，是叶氏家族从事中医药的领路人。叶必礽边在私塾任教边跟从周培志学医。更有幸的是得到中医世家周远普的嫡堂兄周远槐的青睐，周远槐见他聪明好学、谦谦有礼，遂将女儿秀凤许配给他为妻。凭着这亲戚关系，叶必礽抱着谦虚的态度经常向周远普请教。老先生见侄女婿如此好学，便毫无保留地将经验传授于他，叶必礽的中医药水平因此得到了很大提升。由于屡次科举考试不中，叶必礽的职业倾向发

---

① 本节有关松阳叶氏家风内容参考叶战修：《我家百年中医史》，详见微信公众号"在松阳"，2023-04-01。

生了变化，从医的念头愈发强烈，暗暗以范文正公之名言"不为良相，便为良医"鞭策自己。

清光绪十三年（1887），叶必礽30岁，是年大婚。因丰记药店经营不顺，耗本严重，年底停业。征得岳父远槐的同意，叶必礽结束了高亭的私塾任教，于次年即清光绪十四年（1888）将药店盘过，独自经营，改号为"叶益生礽记"，益生者，有益于民生也。"文人学医，如笼抓鸡"，因为文人的根基强、思维好，叶必礽"三十而立"，完成由"儒"向"医"的转变，从此正式叩开了中医药的大门。

时光荏苒，一晃十年而过。1890年，女儿翠萼出生。1895年，在药店的楼下，叶必礽又重开私塾，"儒""医"兼营，生活日渐丰裕。在此10年间，叶必礽参加了5次科举考试，但均未能如愿高中，从此泯灭了"学而优则仕"的想法，专心致志于中医药。

叶必礽深受儒家"仁爱"思想的影响，极其注重为人处世。本着悬壶济世、治病救人的宗旨，对前来看病的病人做到"望、闻、问、切"四要领，对药物的炮制做到一丝不苟，同时立下店规：处方不收诊金，药费可登账赊欠。因而深受病家欢迎，深得同行认可。

1907年，叶必礽续娶山乍口村张方壶女永金为二房。1909年，喜诞一子，时年叶必礽52岁。老来得子，喜不自禁，视子如掌上明珠，取名逢传（1909-2004），并依当地习俗取小名"酷酷"——当地讨饭乞丐叫"讨饭酷儿"，并希望他能将中医药手艺传续下去。1913年，枫坪育秀初等小学成立，叶必礽停办了私塾，专心开中药店。

1916年，叶逢传上育秀初等小学读书。叶逢传除学习校内课本外，每日回家，叶必礽还要亲授私塾课本，幸而叶逢传天资聪颖、过目不忘。翌年，叶逢传又跟学校先生叶如松、杨士㧐课余学四书五经，打下了深厚的古文底子，对后来研读中医药书籍有很大帮助。

1920年，叶逢传初小毕业。是年，随父经营"叶益生礽记"中药店，并在父亲指导下开始涉猎中医书籍，背诵医经，帮忙撮药，"儒医并举"。1922年，叶必礽左眼白内障失明，叶逢传接掌药店，改名"叶益生堂"中药店，兼医生处方配药。1923年，叶必礽右眼也失明，双目失明的叶必礽

只能口诵医诀及经商、医德来教育、帮助叶逢传。

叶逢传遵守父亲对他的教导，立志要将中医药发扬光大，以减少病人痛苦、维护生命健康。他大量研读医药典籍，并在临床实践中加以运用，同时结交有名望的中医师，如当时玉岩的杨士尚、杨士均、郑大陛，西屏"包一钱"的包绍周、"同福堂"的徐昌发等，互相切磋。叶逢传还与当年玉岩区水平最高的中医周光庭结为好友，得到高亭村的堂母舅公、有名的中医师周高哲（周远普第3子）的直接指点，他们常将所购的宝贵书籍借给叶逢传阅读。叶逢传医技猛进，求医之病人日渐增多。

据叶氏后人回忆，叶逢传给人看病，和蔼亲切，通常在唠嗑中就了解了病史与病情。有时，简单的寒暄，就能很快拉近医生与病人的距离，谈笑间完成中医"望闻问切"的问诊过程。

"酷酷"的小名，此后成为叶逢传一生的常用名。叶逢传作为玉岩一带闻名的中医，时人尊称"酷酷先生"，而真正的大名逢传却很少有人称呼、知晓。

叶逢传经常前往温州"震丰药行"、丽水"诸葛生生堂"办药，来回少则10余日，多则20余日。采购的药品乘船航运返回西屏，先寄存于"包一钱"中药店，再雇南岱人挑回枫坪。叶逢传每次去青田卖树办药，临走前夜总会将"加味芎归汤"等中药配几副打零包交给妻子保管，防备有人急需，以保产妇顺利分娩等，考虑甚是周到。其实，从医者品德一定要高尚，凡大医者，必有济世救民之心。

1930年，叶逢传拍过一张合影，其照片背面题诗："虚度韶光廿二秋，更过廿二白了头。男儿应具凌云志，何不从今求自由。"并标注"民国十九与致中同摄于村委会""筠""醉题"等字样。"筠"为叶逢传的另一个名字，照片背面所题诗句虽然平仄多未讲求，言语之中怨愤而不乏自勉，从中可以看出叶逢传年轻时，热血沸腾，志存高远，有一颗翱翔、探索未知世界的雄心。

麻疹是儿童最常见的急性呼吸道传染病之一，其传染性很强，这个病在现代疫苗普及之前，感染率高、并发症高，死亡率也高。1935年，儿子长封才3岁，在西屏不幸染上了麻疹。叶逢传虽是中医师，但逃难途中，举目无亲，更兼手头拮据缺药，无回天之术，长封竟夭折于异地。1943年，二女淑范因患麻疹并发肺炎夭折。这对从医的叶逢传打击巨大，痛定思痛，决心要用毕生精力去征服麻疹病魔，以挽救更多的幼儿性命。叶逢传从此埋头于医海中寻找答案，向有名望的老前辈求教。通过不断的实践摸索，叶逢传基本掌握了麻疹发病的特点，攻克了麻疹治疗的难关。在治疗麻疹的过程中，叶逢传总是耐心地告诉病人家长如何识别麻疹及治疗过程中的注意点。叶逢传来之不易的治疗护理经验，为后来枫坪一带应对突发的大面积的麻疹疫情做好了思想、方法准备。

直至1949年中华人民共和国成立，玉岩一带依然仅有叶氏一家中药店，由叶逢传二子叶长超等从丽水"诸葛生生堂"帮自家药店采购中药材。

1957年，叶逢传三子叶长萃在店中帮忙、学习时，叶逢传找出珍藏多年的《本草纲目》，叫叶长萃把每一种药的别名抄下来记住。叶逢传要求儿子学中药必须知晓中药的诸多别名，叶长萃认真学习、摘抄。

这年，枫坪乡暴发大规模麻疹疫情。病人大规模涌来，叶逢传既要看病开处方还要配药，实在忙不过来。幸好叶长萃平时耳濡目染，对药店的日常业务经营已很熟悉，如按方撮药、切制饮片、炮制药物都已十分熟练。凭着多年积累的诊治麻疹的经验和叶逢传马不停蹄的奔波抢救，那年枫坪乡百余名儿童传染麻疹，仅3例因家长麻痹大意耽误救治时间病逝，其余全部被治愈。故枫坪乡人对患麻疹总是相信中医，枫坪叶益生堂中药店的"酷酷"会治麻疹，霎时传遍玉岩区。

1963年，卫生部门根据毛主席"把医疗卫生工作的重点放到农村去"的指示，开办"赤脚医生培训班"。叶逢传小女叶淑春有幸参加了培训，从此在枫坪村、遂昌葛程黄八村担任乡村赤脚医师30余年。

从叶必礽到叶逢传再到叶淑春，叶家数代为中医药奋斗，为卫生事业贡献力量，而且叶家族人在从事卫生事业时，兢兢业业，认真接待每一位患者，从未收病家一个红包礼金，也从未受邀吃过病人一点饭，做到洁身自好、一尘不染，值得称颂。

济世有良方，大义救群苍。叶氏一族，以其济世救民之心，书写着甘于奉献、乐于助人的清廉家风。

第八章

处州家风的现代审视

　　处州历代家风，恰似历史传承的"文本"，在新的时代必然面临新的理解，需要不断赋予其新的意义。

　　在时代发展进程中，因为家风，过去时态的、已经变得模糊的历史影像被确定为真切的、活生生的历史画面；因为家风，个别的史实、零碎的历史片段，再现为完整的、宏大的历史时空；因为家风，一个地方历史的本质和规律、风骨和神韵，也透过泛泛的历史现象、历史过程明朗而粲然。家风作为一种"传统"，在现代社会，依然是"引导现实的方向、重建价值观的重要资源"①，没有一个民族可以离开家风而谈历史，没有一种历史可以离开家风而论古今。

---

① 陈来：《儒家文化与民族复兴》，中华书局 2020 年版，第 264 页。

第一节 处州家风的意义阐释

家风的历史品格"与生俱来",家风文化的发展"与时俱进"。

对于处州家风之意义阐释,和所有传统文化的弘扬传承一样,需要融合过去与现在的视界,把古人之思想与今人之思想融合在一起。换言之,并非把处州历代家风的意义视作固定的、单一的,而是使今人与"历史文本"之间进行创造性对话,需要把处州历代家风视为"传统文本",对其普遍性内涵进行新的诠释,以适应当代社会文化的需求。

毋庸置疑,随着社会发展与进步,需要赋予优秀传统家风的某些含义以新的内涵,同时,深入发掘优秀传统家风的精神内核,亦可纠正现代化进程中出现的诸多弊病。对于广大家庭而言,家风实质上是一个家庭内在的精神动力,更是生长在其中的每个人立身处世的行为准则。我们在继承传统优秀家风时,一定要以马克思主义的基本立场、观点和方法,按照"批判继承"的原则,采取"弃糟取精"的态度,运用"综合创新"的方法,实现"古为今用"的目标。

一、耕读传家,助力现代建设

处州历来以农耕文化为主,耕读传家的家风由来已久。"耕读传家久,诗书继世长",耕读传家,是处州历代各家族崛起的重要因素。从处州大地历代家族的崛起过程来看,农耕与诗书确实起到了不可替代的重要作用。然而,随着现代化进程的加快,尤其是城镇化进程的推进,许多农民纷纷选择进城务工,意味着耕读传家的"耕"字逐渐"失去了其适用的本来语境"[①]。

[①] 尹璐:《明清山东家训的当代意义》,《春秋》2019年第4期,第51页。

在传统社会中，耕与读，原本相辅相成。以耕济读，旨在使家族成员摒弃功利、淡泊明志、专心务读。进入现代社会，"耕"的场域在很大程度上需从传统的田间地头转至其他生产领域，"以读济耕"越发具有更为广泛的实践意义。在当下，对于从乡村走出来的农户而言，需要通过多种渠道或途径学习并适应各生产领域所需的各种知识和技能，这便意味着"读"可以为之提供知识、技术支撑。质而言之，无论传统抑或现代，"耕读传家"的要义就在"求知"，无论何时何地都需要吃苦耐劳、开拓创新等精神品质。

在处州历代家风中，最具传统文化的基本内涵者莫过于"仁、义、和"3字。有关此三者之思想境界，在处州历代至今都有形、无形地体现着，它们潜隐于精雕细刻的梁枋画屏上，流露于妙笔生花的楹联诗文中，散落于各姓各氏的宗谱记叙间，流传在四方八乡的民间故事里，随处可见诸如"有关家国书常读，无益身心事莫为""传家无别法非耕即读，裕后有良图惟俭与勤"等被处州历代公认的经典道理，无不为人民生活的文明、富庶、幸福而留下了种种沃源，并成为新时期建设的应有之义。

二、敦亲睦族，构建和谐家国

"家"，承载着所有人对生活的最终愿景和归属。在处州历代家风中，"家"不仅是处州历代各姓日常生活之所，而且是处州历代各姓族人修身养性、安身立命之地。从家风中亦不难看出，家风本身"不仅是情感的，也是理性的"[①]。

在社会急剧变迁的今天，不免存在道德缺失的现象，人情冷漠也冲击着现有的社会秩序。有鉴于此，如何将传统家风中着力培养的亲情与仁爱理念熔铸于现代处州的现实生活之中并使其发挥功效，也成了一个重要课题。处州历代优秀家风中借助于亲情与仁爱原则形成的充满温情和善意的社会规范本身，无疑是现代社会发展不可或缺的源头活水。

---

① 李存山主编：《家风十章》，广西人民出版社2016年版，第14页。

　　处州历代家风，是处州乡土社会的产物。乡土社会本是一个"熟人的社会"，传统社会的稳定，基于彼此之间的"了解"。在重视血缘亲情的背景下，一个人从来不是以"一个人"的身份孤零零地生活于这个世界，"家风"，恰似一个"道场"，为其家人、族人、村人以家庭、宗亲、村社为节点构建其人际系统和社会网络。

　　时至今日，社会结构发生了重大变化，"熟人社会"逐渐被"陌生人社会"取代，这在一定程度上大大扩展了过去人们所谓的"生活圈"与"交际圈"，"敦亲睦族"似乎已不能为公民社会中的公众关系提供指导，毕竟乡土社会遵循的是一种"差序格局"。然而，在经由一种从个人到社会再到国家的纵向联系上，只要对"敦亲睦族"这种传达关系在现代团体格局中加以引导，深入挖掘和阐发忠、孝、信、义等中华民族的传统美德，与社会主义核心价值观相结合，亦有助于增强人们的认同感和责任心。

　　其实，敦亲睦族中还蕴含着社会救济思想，在过去，面对"途有饿殍"，先人能"思我同宗"，勉励族人同舟共济。在处州历代家风中，所倡导的价值与德性，都是针对人与他人、人与社群的关系而言的，尤为重视仁爱、礼教、责任、社群价值。在今天，无论彼此是否"熟悉"，互相扶持亦不失为一种团结合作。尤其是在铸牢中华民族共同体意识下，强化多元一体观念，对于推进中国式现代化建设、实现共同富裕的奋斗目标等，均具有重要意义，处州传统家风中的儒家文明经过后世哲学的阐发愈显其普遍的意义。

三、以人育人，培育祖国未来

　　生活本身就是受教育的过程，若要将孩子培养成德才兼备之人，必须坚持全面培养、德育为首的原则，因为"德为人之本，才为人之基"，德才兼备方能撑起一个"人"字①。通常来说，处州历代家风中涵盖个人修

---

① 丁超编著：《古代家训》，吉林文史出版社2009年版，第12页。

身到社会规范的方方面面，比如睦亲、治家、勉学、立业、为官、处世等，可谓事无巨细、面面俱到。综而观之，处州历代家风中有诸多"宝训""妙言""警语"，本是结合了一般性的礼乐规范与具体性的家族实际而写成，当其本身也成为传统文化的组成部分，自然就超脱了具体的宗族而呈现出普适性的价值。

在处州发展进程中，有许多家族将"节俭"视为持家良策。诚如元代脱脱《宋史·王旦传》所言，"盛名清德，当务俭素，保守门风，不得事于泰侈"，在处州，向来追求有美好名声和清高德行的各姓族人，总是自觉地保持节俭素朴的门风。从品行角度看，南宋倪思《经锄堂杂志》指出，"俭者，君子之德"，"俭则足用，俭则寡求，俭则可以成家，俭则可以立身，俭则可以传子孙"，在处州，以"俭"为家风核心者，代不乏人。在历代处州各姓人家中，生活俭朴，又能帮助别人，表现出了"仁慈"；生活俭朴，又自力更生，体现一种"德义"；把俭朴作为治家之道，更是成为一种"礼俗"；而把俭朴作为家训来教育子孙，的确不失为一种"智慧"。

习近平总书记在2015年春节团拜会上的讲话中曾指出，"家庭是社会的基本细胞，是人生的第一所学校。不论时代发生多大变化，不论生活格局发生多大变化，我们都要重视家庭建设，注重家庭、注重家教、注重家风……使千千万万个家庭成为国家发展、民族进步、社会和谐的重要基点"。处州历代家风，是处州各姓家庭对其子孙立身处世、持家治业的教诲。在家风传承过程中，父母长辈作为施教者，尤其应当重视言传身教。纵观历史，无论是名门世家还是寻常人家，都强调父母言传身教的重要性。

一个家庭之家风，对孩子有无深远的影响，主要看其家风之格局——是否倡导勇于承担社会责任。优良的家风还需要有一种约束机制与之互补，此即责任。责任与感情并举的伦理规范，是家庭伦理的基本准则，也是优良家风建设的基本准则。家庭本身是责任的代名词，子女有赡养父母的责任，夫妻有尊重婚姻的责任，父母有教养子女的责任。作为社会的一分子，我们要同社会成员守望相助，有为社会服务的责任。作为国家的一分子，我们有为国家和民族贡献力量的责任。只有承担起属于自己的责任，才能真正做到爱家人、爱社会、爱国家。也就是说，现代人的人生追求需要有开阔的格局。

处州传统家风，反映了家族文化和家族精神的发展历程，蕴含着丰富的文化价值、历史价值、社会价值和教育价值。弘扬传承优秀家风，具有重要意义。

其一，是传承中华优秀传统文化的内在要求。传统家风作为传统文化的组成部分，在滋养心灵、慰藉情感、涵养精神、指引道德等方面，为历代各姓族人提供了主要的精神资源。在有些时候，人们常常把传统文化当作一个"对立面"，特别是把儒家文化、礼教作为一个重要的、批判的对立面，其实，这不尽合理。对于处州历代家风而言，其间的"儒家文化"，在当时是有其合理性的。优秀家风，不仅流传在口述记忆里，也固化于档案媒介上，是中华优秀传统文化的重要组成部分。在文化传承过程中，有许多文化因为缺乏保护而湮没于历史长河中，而家风文化依托档案文献等记载形式，依托世代言传身教的实践模式，在传承中不断吸收与弘扬中华优秀传统文化的精华。在处州优秀家风中，通常融入了许多优秀家风中的名言警句，使家风内容愈加丰富。弘扬传承优秀家风，不仅是传承家风家训的客观需要，也是进一步弘扬中华优秀传统文化的要求。

其二，是社会主义精神文明建设的重要内容。优秀家风的内容，与社会主义核心价值观具有密不可分的内在契合性，其间蕴含着崇高的思想观念和人文精神，形成了延续至今的优良道德规范，是传承和弘扬中华传统美德的重要载体。处州历代优秀家风中，时常谆谆告诫后代要"志高行洁，经世为国"，在官场中以经世为志向，在社会中为国为民发声，其爱国主义精神直击人心。弘扬传承优秀家风，深入挖掘其精神内涵，不仅可以让家风家训更好地成为家庭和谐与社会稳定的道德支撑，对于推进社会主义精神文明建设也具有重要的借鉴意义和指导价值。

其三，是提升乡村旅游文化品质的重要手段。优秀家风资源与乡村旅游具有天然联系性，借助优秀家风家训展示与诠释，不仅能领略传统优秀家风的独特内涵，还能利用乡土文化开发特色旅游。最近这些年来，丽水

有许多乡村在门口、墙上展示各家各户信奉的现代家训，同时也在宗祠、街巷显要位置展示传统家风家训，甚至有的还专门开设了家风家训馆，与旅游景区和旅游路线无缝对接，通过族谱、图片和书法等多种形式，开展优秀家风文化展览活动，为乡村旅游增色添彩。在新时代新征程上，充分挖掘传统优秀家风文化，发挥文化与旅游的聚合效应，可以更好地发挥家风文化带来的经济效应，有效提升乡村旅游的文化性，进一步促进乡村文旅深度融合发展。

好的家风，令人如沐春风，塑人于无形之中，是一个家庭最大的"不动产"。无论何时，无论何地，良好的家风，都是人生进取的重要动力，更是慰藉心灵的灵丹妙药。诚如李泽厚所言，儒家文化"不仅仅是一套经典的解说，它同时是中国人的一套文化心理结构"[1]，家风亦是如此，当一切成为"过去"以后，它就变成一个"活"在人们内心的"传统"。对于处州历代优秀家风，需要注重其现代意义阐释。

---

[1] 陈来：《儒家文化与民族复兴》，中华书局2020年版，第11页。

第二节　处州家风的弘扬传承

以人为镜，见贤思齐。人品，是立世之骨；家风，是品格之根。

一种好的家风就是一个家庭的优秀传统，需由家庭成员的身体力行来世代传承。家风作为传统文化得以长期延续的精华所在，要实现传统文化的创造性转化和创新性发展，历代优秀家风的传承和弘扬必不可少。

尤其是在民间，在老百姓的内心里面，儒学的价值始终存在着。譬如说，重构民族精神、确立道德价值、奠定伦理秩序、形成教育理念、打造共同的价值观、形成中华民族的凝聚力、进一步提升精神文明，都离不开优秀传统文化。怎样把处州历代优良家风中所蕴含的传统文化的精神、理念，恰如其分地引入我们的教育体制，是值得思考的。毕竟，传统优秀家风肯定是待人处世的有效资源，即使不能说是全部，但至少是相当重要的一部分。

对于处州历代传统家风，需要采取马克思主义的文化态度，区别传统家风之良莠，汲取其中在今天仍有生命力或有益的文化内容，并将其同建设中国特色社会主义新文化联系起来，用现代的思想、理性的认识和历史的眼光去对待、去剖析。

一、提高和完善个人修养

家风和家学，是最奢侈的传承。家风，是家庭的能量和磁场，潜移默化，自然形成深入骨髓的习惯。

孝顺父母，历来被视为为人最基本的道德准则。古有"百行孝为先"之说，"孝"作为个人修养的本体内容，在个人修养的完善过程中起到了根基性作用。孝文化作为精神层面的调和剂，有利于观念的塑造、修养的提高。各地兴起的"为父母洗一次脚"等行动，就是孝文化的具体体现。

换言之，在现实生活中，要通过优秀家风传承弘扬，增强儿女对父母的关心、孝敬、赡养的自觉意识。其实，"孝"的内涵丰富、历史悠久，要深刻把握和理解孝文化，使其为解决现代问题提供道德标准和理论支撑。孝的现实意义表现在很多方面，需要在实践的过程中逐步发现和深入探索，社会的道德建设、孝文化发展对国家的政治、经济、文化各个方面的发展均具有积极意义。

显然，致力于提高和完善个人修养，是培育新时代新家风的重要原则和方法。在此过程中，弘扬传承处州优秀家风时，要着力培养孩子的主动性，即鼓励支持孩子积极参与各种各样的有益活动，在体验和尝试中发现自己的潜能和优势，更加自信地去追求和发展。主动性是人发展的芯片和引擎，而主动性需要以自制力来保驾护航。在这个方面，良好的家教至关重要。

二、培养和塑造家庭惯习

在社会发展进程中，每个家庭有意识地沿袭家族传统"家训"，把"家规"立起来，重塑家风文化，必定能保家族兴旺发达、长盛不衰。

一个家庭之中，家学的好坏、优劣，往往关系着孩子的品格与成长。父母的态度，便是孩子的高度，更是一个家族的根基。中国古代家学十分常见，幼承庭训是古人从小就秉承的原则。以古为鉴，传承弘扬传统优秀家风，将其作为一个家庭最核心的精神领域，有利于通过家族文化的熏陶为孩子提供良好的成长环境。

很多时候，对孩子影响最大的不是父母说了什么，而是做了什么。美国心理学家阿尔伯特·班杜拉于1971年提出了社会学习理论，认为行为习得有两种不同的过程：一种是通过直接经验获得行为反应模式的过程；另一种则是通过观察示范者的行为而习得行为的过程。在所有的示范者中，父母是孩子的"重要他人"。在家庭中，父母要给予孩子看得见摸得着的父母之爱。家长需要有真情陪伴，家长尽力克服困难，用心陪伴孩子，孩子会观察到父母的爱心与责任感，这是最好的偶像和榜样。父母答应孩子的事一定做到，孩子耳濡目染，有助于养成言必信、行必果的习惯。因此，父母将爱付诸行动并持之以恒，这是培育新家风最重要的内容和最坚实的基础。

在处州历代家风中，"和为贵""善施与""己所不欲，勿施于人"等理念在各项行为规范中得到了极其充分的体现。时至今日，蕴含其中的传统美德与处事原则，依旧是现代人砥砺前行的动力。正是生活中的细节，决定了一个人的行为方式和道德品格；正是流传数代的治家智慧，指引着一个个家庭不断前行。

"古董有形，传承无质"，家风，虽然并非直观可视，却渗到家族每一个人的骨血中，成为家族成员之间的精神纽带，甚至成为他们的性格乃至命运的一部分。好的家风，如同空气和水一样，源自祖先世代所积累的人生智慧，具有强大而持久的能量。好的家风，是守护家族长久兴旺的"神兽"，是确保为人处世得当的"指南"。

三、锤炼和引领社会风尚

处州历代优秀家风，其价值理性依然可以适应现代社会对道德规范和精神文明的要求，对于改善社会的伦理生活与精神生活而言，仍有其演绎转换的空间。就像"儒学对现代化的作用主要不是工具意义上的助推，而是倡导与现代化市场经济相补充、相制约的伦理价值和世界观"[①]一样，处州历代优秀家风的现代化发展，应旨在为现代化建设提供适当的"人文环境"。围绕社会需求的多样性进行资源整合，通过网络、报纸和新兴媒体等渠道合作宣传，有利于提升人们对家风档案的保护意识。

一是经常举办特色家风档案展览。围绕"弘扬好家风，传承好家训"主题，从处州历代姓氏的家谱中精选梳理出姓氏的起源、家训、历史名人、家风故事等内容，并辅以家谱、碑文等内容进行展示，提高人们对处州历代优秀家风的认同感。

---

① 陈来：《儒家文化与民族复兴》，中华书局2020年版，第65页。

二是横向联动多个部门加强宣传。宣传、文化等部门在家风宣传过程中加强联动，共同搭建有处州地域特色的家风文化展示平台，进一步激活处州家风文化，培养丽水以及更大范围对处州历代家风的保护意识。通过家风家训馆和家风文化长廊等文化场所，充分展现家风家训中"修身、齐家、治国、平天下"思想和清正廉洁、忠孝传家等中华优秀传统文化。

三是抓紧建立沉浸式体验基地。深入挖掘人们的精神文化需求，建立满足用户体验的展示基地，有选择性地重点展示处州历代优秀家风的核心内容，尝试将家风故事和历史名人事迹制作成专题纪录片进行滚动播放，使处州历代优秀家风展示充满活力、更具体验感。

四是大力开发家风特色旅游项目。宣传部门与文化旅游部门合理规划处州家风旅游路线，挖掘丽水区域范围内典型的名人轶事、建筑遗址和家族宗谱等文化资源，开发特色旅游路线，借助品牌效应树立品牌意识。例如，设立廉洁家风经典旅游路线，在线路景点房屋装饰和公共设施装点家规箴言，景点周围家家户户门口挂家风牌匾。

五是着力开发家风特色文创产品。宣传部门与文化旅游部门以及社会组织合作进行处州家风文化创意产品的开发、生产和经营，将有区域特色的家风元素通过各种形式加以融入，设计出一批家风文化创意产品。例如，将家规家训、家风故事等印在手机壳、扇子、笔记本、茶杯等一系列文化创意产品上，充分体现处州传统优秀家风特色，也有助于带来良好的社会效益和经济效益。

处州历代优秀家风之于当今而言，在社会层面上能满足社会秩序、伦理、文化、心灵的需要，在建设社会的精神文明上可发挥作用，甚至在政治层面上可探求以传统文化为基础来构建共同价值观，增强国家的凝聚力，因为历代优秀家风作为传统文化所提供的生活规范、德行价值及文化归属感，有着其他文化要素所不能替代的作用。

2015年以来，丽水以寻找"好家风"建设活动为载体，教育和引导广大群众立家规、传家训、树家风、圆家梦，推动社会主义核心价值观落细落小落实。一方面，注重把握价值导向，突出"立家规、传家训、树家风、圆家梦"主题，晒家庭幸福生活，讲家庭和谐故事，传家风家规家训，秀家庭未来梦想等。坚持以践行社会主义核心价值观为根本标准，打造美丽家庭创建升级版。重点抓好未成年人这个特殊群体和广大乡村这个特殊区域，通过开展形式多样的主题教育实践活动，推动好家训家风建设深入开展。另一方面，注重丰富形式载体，结合美丽城乡创建、六星级文明户评选、乡风评议等活动，市、县、乡镇（街道）、村（社区）四级联动，广泛开展寻找最美家规家训活动，引导群众自觉主动订立家规家训、汇编优秀家规家训、制作传家宝等。利用重要传统节日和纪念日，依托农村文化礼堂、道德讲堂、学校等阵地，展示民间家训，举办家庭文化节、最美家风故事大赛。结合丽水人文大讲堂进基层等活动，邀请公众人物、文化名人、乡贤能人，组建"好家风"宣讲团，深入机关、学校、社区等开展家训家风好故事巡回宣讲。组织文艺骨干创编反映"好家风"先进事迹文艺作品，送到农村文化礼堂、社区文化大舞台。

在丽水各地，还有意识地把家庭贷款信用等级评定、农家乐星级评审、丽水好人评选、好家风家庭评选等活动与家风家训建设相结合，使每一个家庭在履行良好家风家训的时候，既有内在动力，又有外部约束。此外，丽水又开展让家风家训进文化礼堂、进厅堂、进课堂、驻心堂的家风进"四堂"活动，使家训作为一股无形的道德力量，规范着人们的言行举止。

"传承好家训，建设好家风"活动不止于乡村，在丽水各县城还开展了"好家风+党建""党员干部立家训作表率"等诸多活动，让党员干部带头亮身份、比贡献，亮职责、比服务，亮承诺、比作风，亮家训、晒家风，将"好家风"建设作为党员干部先锋指数和文明单位考评的重要指标。随着"亮家训，晒家风"活动在丽水各县（市、区）的普及，由此带来的变化随处可见。

家风正，则民风淳；民风淳，则社风清。处州家风，虽然说不是包治百病的"药方"，也不一定能解决我们现实生活中遇到的一切问题，但在滋养心灵、慰藉情感、提升精神、指引道德等方面，为现代人提供了极好的"精神资源"。结合新时代进行演绎转化，就可以"在心灵稳定、精神

向上、行为向善、社会和谐等方面"发挥"引导作用"①。在处州家风的弘扬传承中，要在实践上把儒、墨、道、法等文化元素综合起来，让各种文化互相补充、互相作用，而不是独尊一家、排斥其他，这样就能整体地发挥处州家风的积极作用。

如今，无论是漫步在县城，还是徜徉在乡村，吹过来的风都渗透着家风的气息，看到的景点都蕴含着家风的内容，丽水好家风建设已蔚然成风。

① 陈来：《儒家文化与民族复兴》，中华书局2020年版，第65页。

第三节　处州家风的未来走向

人生而有家，人们通常是先从家庭中长大，然后接受社会化，进而组建新的家庭。家庭与社会之间，"相互生产、相互映现"[①]。

一种"家风"文化，决定了一个家庭、一种社会是否和睦，是否和谐，是否能健康地发展下去。习近平总书记曾指出，不只是每一个家庭需要有好的"家风"，一个企业、一个行业乃至一个民族若要长久存在和顺利发展，也必须形成一种自己独有的并且服众和谐的"家风"。

家风，虽是一家一族之风，却关乎一个时代、一个社会的精神走向，甚至于社会进步的程度与高度。万物皆有本，大如治国，小如持家；大如文明国粹之传承，小如家风品行之涵养，都是源自有故。家风，既是家传代继、香火延续之义，又是国之兴废、民族盛衰之要。

好家风，既是一个幸福家庭的源泉，更是一种厚重的传统文化精华。营造一个温馨的家，创造和睦的家庭生活，无论是过去还是将来，都是人们追求的亘古不变的目标。家风建设是推动国家发展、民族进步、社会和谐的重要基点。建设好家庭、培育好家风、维护好家教，是每一位公民的必修课。

好家风，既是民族优秀传统文化和道德的具体体现，也是社会主义核心价值观在现实生活中的直观载体。[②]优秀传统家风，是最生动、最有感染力的"教材"。处州传统家风，形成了自己的价值偏好，举其大者有四：责任先于权利；义务先于自由；社群高于个人；和谐高于冲突。

[①] 谢鑫：《我国城乡变迁历史视域下的家庭档案记忆建构研究》，武汉大学博士学位论文，2019年，第40页。

[②] 丽水市纪委机关、丽水市委宣传部、丽水市档案局编：《丽水好家风》，线装书局2018年版，第7页。

一、从传统家风中汲取精神力量

处州传统家风文化非常重视人的德性品格，重视德性的培养和人格的提升。在处州家风中，有儒家一贯强调的"明辨义利""明理节欲"，单从其价值来讲，其间包含了对有远大理想者的褒扬，对追求个人私欲者的贬斥。

在文明建设进程中，依然需要重视礼义廉耻，奉行仁孝、忠义、诚信为核心的传统美德体系。因此，不妨延续过去"道之以德，齐之以礼"，注重用道德、礼俗实现对社会秩序的维护。

从德性论来说，仁、知、信、直、勇、刚等六种德性都是伦理德性，它表示每一个类别的德性对人的意义，它们不是独立的，而是与其他德性相辅相成地发挥其作用的。例如，"仁"，在社会发展洪流中，甚至不仅仅是个人的道德了，而是治国理政的根本法则，这便意味着"仁"变成了社会的价值。

中国文化一贯重视传承。处州家风文化的特色之一，就是具有强烈的文化传承的自觉，在不断传承过程中，发展出新的诠释，以适应新时代和新文化的需要。对于中华民族而言，今天的成就是以中国传统文化为基础的，也是以中华民族在历史上形成的文化能力为基础的。对于处州发展而言，在传统家风中所倡导的仁孝诚信、礼义廉耻、忠恕中和等，形成了一套相当完整的价值体系，这一套体系也是处州各姓族人刚健不息、厚德载物精神的价值基础和根源，亦即处州家风最值得弘扬传承的价值内涵。

二、从传统家风中学习群体优先

"中国传统文化重视处理群己关系，强调群体的利益高于个体的利益"[①]，从古至今，人们都认为群体的利益是公，个人的利益是私，在社

[①] 陈来：《儒家文化与民族复兴》，中华书局2020年版，第104页。

会发展新征程上，关心国家大事、关心天下事，应该成为每一个人发自内心的责任，成为一种不可遏止的忧国忧民情怀。在弘扬传承传统优良家风时，需要强调德性实践中理智考虑、理性慎思的作用。

依古人之说，人性与人道不同，人性是"自然"，人道是"当然"。众所周知，人若不群，而资源无限广大，则与人无争，然而，这是根本不可能的。"人生不能无群"，这是群体之间逻辑体系的基点，是比无分必争的社会定理更为基础性的、对社会理解的一个前提条件。荀子在《荀子·王制》中说："群道当则万物皆得其宜，六畜皆得其长，群生皆得其命。"此处的"群"，并非指成群结队，而是结成具有一定结构的社群。在社群之中，礼义作为社会规范与价值体系，为人的行为提供了实践动力和价值正当性。更重要的是，让"主敬"成为内心、行为的状态，意即"专一谨畏，不放逸，不仅要随时而行，也应当要随处而行，不管做事与不做事，都要主敬"，具体而言，"不做事时主敬体现的是一种精神态度，即内心总是处于一种警觉、警醒、敬畏的状态；做事时主敬则表现为一种做事的态度和伦理，一种专一、敬业的态度"①。

在处州传统家风中，处理群体和个人关系的时候，始终坚持群体本位立场。在未来的时光里，人们经过学习，不脱离人伦日用，自然会越来越清晰地理解自己的性分和职分，在其本职位置上尽其分、尽其伦、尽其职、尽其力、尽其心、尽其性。

三、从传统家风中予以改造创新

改革开放以来的历史证明，对中华文化的自觉传承不仅是我们应担负的文化使命，同时也是现代中国社会精神文明建设的实际需要。

社会的现代化转型，市场经济的蓬勃发展，使得社会的价值迷失十分严重。在此情况下，对于现代人而言，以中华文化价值体系为核心的文化传承，不仅具有民族文化延续的意义，更具有满足当今社会价值重建的意

---

① 陈来：《儒家文化与民族复兴》，中华书局2020年版，第183页。

义。在处州历代优秀家风的传承发展中，需要注重创新，以适合时代的变化和要求。社会秩序和伦理价值的建立不能割断历史，也离不开传统道德文化，毕竟传统文化所提供的生活规范、德行价值以及文化归属感，起着其他文化要素不能替代的作用。换言之，家风文化以人为本的内蕴与特质，在心灵稳定、精神向上、社会和谐方面发挥了重要而积极的作用，但是，在现代社会生活中，传统家风的价值有些可以直接应用，有些则必须加以改造，并需要根据时代的需求，对处州历代家风重新加以整理、概括，使之与新时代背景下的社会主义核心价值观更加契合。

综观处州传统家风，不难看出，道德比法律更重要，社群比个人更重要，精神比物质更重要，责任比权利更重要，秩序比自由更重要，和谐比斗争更重要。归根结底，在现代社会中，"以合为上"，或者"以合为本"，讲究的是合作与合一。传统家风的未来走向，必是以合为高、为尊、为贵。探求以传统文化为基础来构建共同价值观，巩固国家的凝聚力，积极地运用传统家风文化的资源重建和巩固社会秩序的合法性、合理性。换言之，传统家风对现代化的作用主要不是工具意义上的助推，而是坚持倡导与现代化市场经济相补充、相制约的价值观。

沿着时空隧道，探寻、品味处州大地传承了成百上千年的家风，对于现在，对于将来，都是一种极有意义的文化"寻根"。家风，是时代变迁与家族精神传承的核心载体，更是中华优秀传统文化的重要折射。任凭岁月流转，处州家风，依然如这里的青山绿水一样山灵水秀、历久弥新。

家风，将随社会一道从传统走向现代，从过去走向未来。对于未来而言，家风文化，是指在家庭日常生活中形成的，对家族或者家庭的精神文化进行沉淀、物态和固化，经由家族世代传承或经长辈口述、召开家庭会议等形式保存下来的各种记录，具有"广泛社会性、衍化传承性、历史连续性、原始记录性和生动教育性"①等诸多特点。在新时代，保护与开发家风文化资源，有助于展现良好的家族文化和家族精神，对于传承中华优

---

① 陈伟斌、陈龙基：《文化传承视角下乡村家风家训档案资源保护与开发》，《浙江档案》2021年第3期，第19页。

秀传统文化和促进精神文明建设具有积极意义。

对于未来而言,家风的建设,离不开对从过去到现在的各种家训、家规、家书等文本资料的挖掘整理,并进行科学的梳理与甄别,做到去粗取精、去伪存真。在家风弘扬传承过程中,收集难、开发难、保护难等问题屡见不鲜,优秀家风的潜在功能尚未得到充分发挥。

从收集整理层面看,收集问题是家风文化保护与开发面临的首要问题。家风档案传承年代久远,大多散落在民间,很多保存在家族或者家庭的口耳相传中,由于没有完善的收集方式,大多局限于对家风档案的调研和抢救式收集,具有临时性的特点,导致收集的家风档案呈现碎片化或单一化状态。同时,由于家风档案属于家族或家庭私有财产,受利益驱使或所谓的"不足为外人道也",许多家族或家庭的家风在采访或收集中往往无功而返。当然,一些家风的实物档案和非物质记忆遗产抢救不及时或者因保管不善出现损毁等问题,亦是家风文化资源不完善的一个重要原因。

从开发利用层面看,对传统家风的价值挖掘利用仍不充分。近年来,以家风档案资源为特色的乡村旅游项目日益丰富,但整体开发的深度和广度还不够。一则没有很好地甄别需要保护和开发的家风档案资源,开发的家风档案主要集中在楹联、家训、族规等文化价值明显的资源上,而许多口述史料、照片、视频等档案资源未得到开发利用;二则从家风档案资源的编研质量上来看,编研内容略显单薄,缺乏深度挖掘;三则家风档案资源呈现浅层化的开发利用状态,主要以设立家风家训馆、举办档案展览和档案主题活动展示家风档案资源,多部门协同开发机制仍不尽完善。

家风,浸润至每一个人的基因之中,影响着一个人的一生,影响着一个家的走向,甚至关系着一个地方、一个国家或民族的走向。优秀的传统家风,在当今社会以及未来社会都不会失去其传承价值,仍具备指导和实践意义。当然,随着时代发展和社会进步,我们需要赋予传统家风以新的内涵。为了更好地弘扬传承优秀家风,需要提高认识、加强协作,不断提升家风文化的保护与开发水平。守住家风建设之根,负起家风建设之责,当好家风建设之范,这是未来家风建设的应有之义。

参考文献

陈才俊.中国家训精粹[M].北京：海潮出版社，2011.

陈来.儒家文化与民族复兴[M].北京：中华书局，2020.

成晓军.名儒家训[M].武汉：湖北人民出版社，1996.

成云雷.家风微阅读[M].济南：山东人民出版社，2016.

成云雷.家风家训的故事[M].武汉：长江文艺出版社，2019.

戴楠、廖春敏.传世家训[M].北京：西苑出版社，2010.

丁超.古代家训[M].长春：吉林文史出版社，2009.

钭革非.资政集·处州史略[M].北京：银河出版社，2009

杜靖.在国家与亲属间游移：一个华北汉人村落宗族的历史叙事与文化实
　　践[M].杭州：浙江大学出版社，2020.

方羽.中国古代家训三百篇[M].北京：商务印书馆国际有限公司，
　　2019.

费孝通.乡土中国[M].北京：生活·读书·新知三联书店，2013.

冯尔康.中国宗族制度与谱牒编纂[M].天津：天津古籍出版社，2011.

冯天瑜.中华文化史[M].上海：上海人民出版社，1990.

洪关旺.松阳百姓族规家训[M].北京：中国文史出版社，2019.

胡雪城.家庭家教家风概论[M].武汉：湖北人民出版社，2020.

华治武.五行遂昌[M].杭州：浙江大学出版社，2013.

匡济.家书中的家风[M].北京：中国方正出版社，2022.

匡济.中华优秀家风故事[M].北京：中国方正出版社，2022.

丽水市纪委机关、丽水市委宣传部、丽水市档案局.丽水好家风[M].北京：线装书局，2018.

李存山.家风十章[M].桂林：广西人民出版社，2016.

李存山.家风十日谈——中国古人的治家良训与故事[M].桂林：广西人民出版社，2018.

李伟春.松阳百姓源流序集[M].北京：中国文史出版社，2019.

李远.花都名人家风家训[M].长沙：湖南师范大学出版社，2018.

刘长林.中国系统思维文化基因透视[M].北京：中国社会科学出版社，1990.

刘未鸣、詹红旗.大师们的家风（第一辑）[M].北京：中国文史出版社，2019.

卢正言.中国历代家训观止[M].北京：学林出版社，2004.

罗平汉.齐家——中国共产党人的家风[M].桂林：广西人民出版社，2020.

钱杭.中国宗族史研究入门[M].上海：复旦大学出版社，2009.

陶清澈.名门家训[M].哈尔滨：哈尔滨出版社，2011.

田培良.家风[M].北京：人民文学出版社，2014.

万俊人.道德之维[M].广州：广东人民出版社，2000.

王纪一.红色家规[M].北京：中国方正出版社，2021.

王俊.中国古代家风[M].北京：中国商业出版社，2017.

王人恩.古代家训精华[M].兰州：甘肃教育出版社，1997.

王馨.中国家风家训[M].北京：台海出版社，2017.

王永球.松阳祠堂志[M].北京：中国文史出版社，2019.

吴文珑.老一辈革命家家风[M].上海：生活读书新知三联书店，2022.

肖群忠.孝与中国文化[M].北京：人民出版社，2001.

谢宝耿.中国家训精华[M].上海：上海社会科学院出版社，1997.

徐少锦.中国历代家训大全[M].北京：中国广播电视出版社，1993.

徐少锦、陈延斌.中国家训史[M].北京：人民出版社，2011年版.

颜炳罡、周海生、陆信礼、于媛.家风传承——党员干部家风读本[M].济南：山东友谊出版社，2018.

乙力.中国古代圣贤家训[M].兰州：兰州大学出版社，2004.

余厚洪.浙江文史记忆·遂昌卷[M].杭州：浙江人民出版社，2023.

余世存.家世（修订版）[M].北京：北京时代华文书局，2018.

曾仕强.中国式家风[M].北京：北京时代华文书局，2020.

曾仕强.家风：优秀传统文化的传承[M].南昌：江西教育出版社，
　2020.

张建云.中国家风（学生版）[M].济南：山东友谊出版社，2016.

张建云、赵志国.中国家风[M].济南：山东友谊出版社，2015.

张天清.红色家风[M].南昌：百花洲文艺出版社，2018.

张星.我的家风第一课——和祖国在一起[M].天津：新蕾出版社，
　2021.

张艳国.家训辑览[M].武汉：武汉大学出版社，2007.

赵斌斌.我的家风第一课——家范传承[M].天津：新蕾出版社，2021.

郑嘉励、梁晓华.丽水宋元墓志集录[M].杭州：浙江古籍出版社，
　2013.

中共中央文献研究室.习近平关于注重家庭家教家风建设论述摘编[M].
　北京：中央文献出版社，2021.

中央纪委国家监委宣传部.清风传家[M].北京：中国方正出版社，
　2020.

中央纪委国家监委宣传部.严以治家[M].北京：中国方正出版社，
　2020.

左岸.中国家风[M].北京：中国华侨出版社，2017.

（美）本尼迪克特·安德森.想象的共同体：民族主义的起源与散布（增
　订版）[M].吴叡人，译.上海：上海人民出版社，2016.

（英）大卫·休谟.人性论[M].关文运，译.北京：商务印书馆，2016.

（日）井上彻.中国的宗族与国家礼制[M].钱杭译，上海：上海书店出版
　社，2008.

（美）约翰·罗尔斯.正义论（修订版）[M].何怀宏，何包钢，廖申白，
　译.北京：中国社会科学出版社，2009.

后 记

一个地方的文化，哺育着生于斯、长于斯的每一个人。

家风作为家庭对后代处世、持家和治业的教诲，对个人教养和原则有重要约束作用，是传统文化精华和道德的直观载体。对于个人而言，家风，是我们任何一个人与家乡之间切不断的"血脉"。我欣然接受《处州家风》一书的撰写任务，最确切的原因，自然是对处州传统文化的无限喜爱，对处州历代各姓家风的无限钦敬。

从早年学习汉语言文学专业，到后来转向民族文献、乡土记忆研究，我与文字、档案结下了亲密无间的缘分。我常常想，一个人越把一件事情想得澄澈、想得透明了，就越会发觉所经历的一切都在帮助你论证其内在的合理性。这些年来，工作之余在电脑上码字，已经成了我的一种习惯，仿佛自己"诱骗"自己上当似的。有时，行走于乡间开展田野调查，到了夜深人静时分，在灯下翻阅几页书，更是深刻体会到了"身体和灵魂，总有一个在路上"的内蕴。

感谢丽水市社科联原专职副主席杨贤高先生对我的信任，感谢周率等文史专家和王秋蕊等记者的热心帮助，感谢家人的大力支持，感谢在查询资料和实地走访过程中遇见的所有热心人士。本书中关于处州家风的描述，其典型实例部分，大多依托原《处州晚报》记者和地方文化专家合作撰写的采访实录。前些年，自己也曾欣然参与其中，尤其是冒着严寒酷暑深入各乡村走访的经历，至今仍记忆犹新。在此，要特别感谢丽水各县（市、区）纪委、宣传部、档案局和乡村干部的大力支持和帮助，为本书提供了诸多丰富的素材。此前，丽水市已汇编出版《丽水好家风》一书，

这为本书写作提供了极好的参考，令我在短时间内克服了线索征集难、史料寻找难、人员联系难等诸种困难。本书写作的完成，是多方关心、共同支持的结果。

本书所分析、阐释的处州家风，以民国为下限，同时兼及相关家族人物在中华人民共和国成立后的活动，有关处州各姓家风的书写，都力求有精到的赏析、注释，并辅以相关图片，力求图文并茂。在文字表达上，注重深入浅出、通俗易懂、唯美可读，旨在让处州传统家风"活"起来，并让其中的内涵和品格得到有效的弘扬传承。

但凡有情怀、有精神内涵且经得起岁月淘洗的优良家风，绝不会消逝在历史的尘烟中。《处州家风》的完稿，于我而言，其实是完成了对处州历代家风的一次"饱览"，也是对处州优秀家风的一种"体悟"。或者说，为地方文化，我又尽了一份力。但愿，此书印刷出版之后，和我以往所有的著作一样，能够拥有许多喜欢它的读者。

因成书时间仓促，书中不当之处在所难免，祈请指正。

余厚洪

2023 年 10 月 28 日

丽水·文化丛书

第十辑

李一波 主编

王德洪
张正民
杨乃静

编著

处州武术

浙江工商大学 出版社
ZHEJIANG GONGSHANG UNIVERSITY PRESS

·杭州·

图书在版编目(CIP)数据

处州武术 / 王德洪,张正民,杨乃静编著. —杭州：
浙江工商大学出版社,2024.1
（丽水·瓯江文化丛书. 第十辑）
ISBN 978-7-5178-5885-0

Ⅰ. ①处… Ⅱ. ①王… ②张… ③杨… Ⅲ. ①武士—
列传—丽水—古代 Ⅳ. ①K825.47

中国国家版本馆CIP数据核字(2024)第021523号

处州武术
CHU ZHOU WUSHU

王德洪　张正民　杨乃静 编著

责任编辑	金芳萍
责任校对	沈黎鹏
封面设计	朱嘉怡
责任印制	包建辉
出版发行	浙江工商大学出版社
	（杭州市教工路198号　邮政编码310012）
	（E-mail: zjgsupress@163.com）
	（网址: http://www.zjgsupress.com）
	电话 0571-88904980,88831806(传真)
排　版	杭州朝曦图文设计有限公司
印　刷	杭州高腾印务有限公司
开　本	710mm×1000mm　1/16
印　张	14.25
字　数	258千
版 印 次	2024年1月第1版　2024年1月第1次印刷
书　号	ISBN 978-7-5178-5885-0
定　价	288.00元（全6册）

总　序

中共丽水市委常委　宣传部部长　李一波

"绿水逶迤去，青山相向开。"在风景秀美的浙江丽水，有一条贯穿全境九曲蜿蜒的瓯江。川流不息的江水不仅润泽了丽水的山川土地，更孕育了丰富璀璨的瓯江文化。考古发现的缙云陇东遗址，将丽水的文明史追溯到距今9000多年前的上山文化晚期。在数千年的历史长河中，黄帝文化、畲族文化、剑瓷文化、石雕文化、廊桥文化、华侨文化、摄影文化蓬勃绽放，让丽水成为名副其实的中国地市级首个民间艺术之乡。

同时，丽水有7项世界级遗产、21项国家级非物质文化遗产，文化遗产数量占到了浙江总数的六分之一。作为"瓯江山水诗之路"的重要地区节点，谢灵运、李白、白居易、秦观、陆游、范成大、朱熹等文人雅士在此留下了脍炙人口的佳作名篇。生态与人文的珠联璧合构成了瓯江文化的独特底色，传承赓续丽水生生不息的历史文脉。

兴贤育才，文化绵延。隋开皇九年（589），丽水因象征人才的处士星明耀分野而置，故得名处州，意为"人才之州"。自古以来，丽水就是崇文重教之地，先后有1149人荣登进士，42人在二十五史中入传。以独峰、美化书院为代表的处州书院名噪东南，独峰书院被列为南宋"八大书院"之一，重学兴教之风传承至今。在先贤们的垂范带领下，丽水兴文教以开风气。改革开放尤其是撤地设市以来，历任市委、市政府秉承"强市必先强教，育人必先兴学"理念，持续加大教育投入，加快缩小区域、城乡、校际差距；一代又一代的教育工作者躬耕不辍、潜心育人，推动丽水与全省同步实现教育基本现代化，高考总录取率连续多年超过全省平均水平，

教育事业改革发展逐步实现与全省"并跑",取得了突破性跃升。

　　盛世修史,嘉年撰志。编史修志是对弘扬中华优秀传统文化的实践总结。正是在这个意义上,丽水市委、市政府深入贯彻落实习近平总书记关于文化建设重要论述精神,以高度的文化自觉、坚定的文化自信,推进实施丽水文化研究工程,历时十七载完成"瓯江文化丛书"第一至第十辑的编撰。这次推出的第十辑,以丽水的教育文化为主题,包含《处州孔庙》《处州书院》《处州进士》《处州武术》《处州家风》《处州与四库全书》等六本专著。参与编纂的专家学者不辞劳苦、深入调研、勤奋笔耕,以极端负责的精神完成书稿编写,全面、系统、翔实地呈现了丽水教育文化渊源厚重的历史。相信这辑丛书的问世,能够开拓丽水教育文化的研究角度,给予读者启示和激励,并为加快新时代丽水教育事业高质量均衡发展,提供更加强大和更加持久的文化力量。

前　言

　　中国武术有着悠久的发展历史，是中华先民身体文化的结晶，在世界有着重要影响。地理环境对于文化的发展具有关键意义，所以，从地理学视野对武术进行深入研究对于武术文化研究的开展具有重要意义。而对特定区域武术文化的研究对于从微观和中观角度分析武术文化，实现对武术文化的基因解读具有重要意义。

　　武术作为我国优秀的传统文化，是中华民族在几千年的发展中逐渐积淀出来的具有鲜明地域文化特色的传统体育文化项目。综观武术的形成发展及风格特点，不同时期表现出了巨大的差异性，不同地域形成了各具地域特色的武术拳种或武术体系。地域武术概念的提出，为研究中国武术提供了新的领域空间，改变了以往武术研究只注重武术传承、发展、拳谱、拳路、器械的模式。地域武术研究不仅涵盖了以往武术研究的内容，而且还从历史学、文化学、地理学等学科的视角来分析地域内的武术文化。

　　历史的发展是有延续性的，也有一定规律可循。只有清晰把握武术历史发展脉络，认真分析当下武术的价值，才能准确把握武术未来的发展之路。本书从历史学、文化学、地理学等学科视角对处州历史文献中有关武术的文本资料和实证材料进行搜集与整理，分析处州武术文化的存在形式及突出意义，以期厘清处州武术的真实发展路径。

　　处州地处浙江省西南部，以丘陵和山地为主，地理环境恶劣，原始居民养成了好武、尚勇、善斗的民风，故被称作"山谷之民"。而且这一地区处于战略要地，处州地域内的武术活动自古就非常丰富，特别是在抗倭斗争中做出了巨大的贡献。处州武术文化的产生和发展与其地域环境及当

地的民俗民风息息相关。特定的自然环境创造了处州早期的民风和处州武术文化的形态；而随着人文环境的不断变化，在中国大一统的文化思想背景下，以及处州地域文化的影响下，处州武术文化形态也不断发生着变化。在这种自然人文环境的影响下，每一时期处州武术文化形态所表现出的特征也是各有其独特之处的，而且在不断的发展过程中，处州武术文化体系也不断丰富和完善起来。处州的自然环境和人文环境造就了具有其地域特征的拳种。通过对处州地域的自然、人文、社会等因素的分析，以及选取具有代表性武术拳种和与武术相关的民俗活动进行综合分析，探究处州武术文化的成因和地域精神风貌，提炼其独有的处州武术地域特征。

处州的"山民"们千百年来养成了尚武的性格，与冷兵器时期处州边界地区长期的战争有着紧密关联。战争中培养的众多武将作为武术技术传承者与文化传播者，更对处州武术文化发展起到了促进作用。而且众多武将的英勇事迹更积淀为一种"尚武精神"和对习武者的武德要求，使武术从简单技艺真正升华为武术身体文化。近代以来，各地武师们将饱含传统文化之武术技艺传播到处州，使处州武术呈现出文化交融形态。因此，影响武术文化发展的人物也是处州南北交融与民族交融的一个重要部分。

处州武术文化是处州人民在历代发展中从攻防实战角度出发而总结出来的具有本地特色的身心活动，能反映处州人民的意识形态、思维方式和社会行为方式。处州武术文化的地理空间特征，总体表现为民风彪悍、结义好斗、尚武轻生。处州武术在演变过程中不断推陈纳新，逐渐呈现出其主体性、兼容性、多样性、独特性、辐射性和创新性的地域文化特征。其技术空间"拳种、流派交融并存，独具特色"；地理空间"民风彪悍，结义好斗，尚武轻生"。在处州历史的长河中，涌现出一大批武将和武师，他们从不同角度展现出处州丰富多彩的武人形象，促成了处州武术的发生、传承和发展。处州武术文化的传播发展与处州特定的自然条件、文化底蕴及社会因素有着密不可分的关联：频繁的战争和猖獗的盗匪磨砺出当地居民永不屈服的抗争精神，并直接促进武术的传播发展，极大地丰富了处州武术文化。

本研究针对处州武术和兵器的流传、发展脉络，历史上著名的处州武将、武师及其主要事迹，以及处州武术产生、发展的影响因素，进行了充分调查、挖掘与整理，从宏观角度梳理出处州武术文化，在特定的个体层面彰显中国地域武术文化的多元化发展和多彩纷呈的区域性特色，进而展现中国地域武术文化的博大精深。

处州武术受到中原、赣皖和福建武术文化的影响与熏陶，在套路上向古拙、简谱和实用方向发展，在精神上呈现出海纳百川、厚积薄发的豁达，在文化传承上显示出兼容性、辐射性和创新性的特征。

武术交流沟通的人文因素。地域文化是由生活在该地域的人民所创造的，人民是文化的主体；同时，生活在特定地域中的人必然会受到当地文化的熏陶，从而表现出地域人文的特点。在武术传承与发展的历史长河中，作为武术载体的武将与武师发挥了承上启下、推广发扬的作用，他们的性格和英勇事迹展现了处州武术文化的特点。对处州各个时期具有代表性的武人进行解读，概括和凸显处州武人的性格，可以展现处州武术发展脉络和武术文化氛围。

处州特殊的地理环境及历史文化条件，使得山地文明与海洋文明的冲突与战争在处州长期存在，并直接促进了包容、博大的中华文化的形成。冷兵器时代，绵延不断的战争促进了重技击军事武术的发展，虽然战争的频繁也导致习武主体的不稳定性成为客观存在，并直接影响武术文化发展的延续性。和平是民族发展的主流，武术在中华优秀传统文化的哺育下形成了形式多样、种类繁多、技法各异的系统，如各种拳术随着移民浪潮在处州边界地区发展起来，在交融与碰撞中建起独具特色的处州拳术体系。地域武术的传承与发展受地方文化政策的引导和制约，地域武术发展的同时又能促进地方文化的发展、提升地方文化形象，两者具有相互促进、相互补充的关系。地方政府可以根据地方的经济条件、风土人情和地域武术的特点，制定一些针对性强、能够促进地域武术发展的地方文化政策，以实现地方文化与地域武术的共赢。

目　录

第一章

处州武术的起源与演变

　　处州独特的自然地理环境和历史社会环境，与处州地域内武术的产生、发展、流传有着密切的联系。处州有着丰富的武术资源，在漫长的历史中形成了具有地方特色的武术文化。处州恶劣的地理环境孕育出了尚武好斗的民族，锻炼出了处州民众"尚武"的精神气质，形成了"尚武轻生，慷慨耿介"的民风。处州地理位置特殊，历来战事频繁，因而催生了处州的尚勇忠义之风。明朝戚继光在处州募兵、练兵，又使处州的武技更加实用与丰富。一方水土养一方人，也塑造了该地独特的武术文化。武术最初为格斗技艺，主要用于军事，后来不断与民间武艺进行双向交流，并引领民间武艺发展。随着不断与民俗活动相结合，武术逐渐弱化了军事格斗目的，朝着表演娱乐、节庆祭祀等方向发展。处州武术的形成与发展和处州的自然环境、社会环境有着很大的关系。独特的地理环境、社会环境、社会风俗孕育出了处州文化。在历史的发展过程中，处州给我们留下了深厚的文化底蕴和丰富的文化遗迹。处州武术文化是在处州特殊的地理环境中，以处州独特的地域文化为背景，以武术技艺为外在表现形式，能够体现和反映处州群体性思维和行为的文化现象总和。根据事物的普遍联系的哲学原理，处州武术文化与处州文化的其他子系统文化都是相互影响、相互渗透、相互借鉴的。因比，处州武术文化不仅包括处州地域内的武术事象，而且包含了与武术相关的民俗活动，以及与武术相关的物质与精神。本章依据历史遗留古迹，对处州武术的内容及其特征进行界定、考究、征集和归纳，并提炼出处州武术的地域特征和人文精神，从而为研究浙江武术文化乃至中国武术文化提供更为广阔的视野。

第一节 武术的起源与类别

一、武术的起源

中国武术源远流长，最早起始于原始时代。原始社会时期，自然环境恶劣，兽多人少，当时的人们为了生存，经常与各种动物打斗，在此过程中，产生了指抓掌击、拳打脚踢、跳跃翻滚等攻防技术手段，以及使用简单的木制武器和石制武器等一系列防护和格斗技能，这些技能就是武术的萌芽。此外，原始社会末期，部落战争频繁发生，在部落战争中，人们远距离地使用投掷器等武器，近距离地使用棍棒等武器，这极大地促进了武术的发展。

武术起源于初民与禽兽之间的斗争、初民与初民之间的斗争。初民曾在几百万年中过着采集、渔猎生活，步入畜牧、农业生活后也经常渔猎。许多动物是初民的食物，不少动物是初民的敌人，猎取、抗击凶猛的动物都必须进行激烈的搏斗。这便需要初民具有一定的拳脚、器械功夫。如《淮南子·本经训》中的"羿除百害"神话所描述的，羿射杀了凿齿，斩杀了长蛇，擒获了大野猪。同时，初民先后以原始人群、氏族、部落为单位，集体生活。单位与单位间的初民有时为了夺取食物、抢占地盘而争斗，彼此拳脚交加、刀棍互击。这也促使初民不断提高拳脚、器械功夫，所谓"民物相攫而有武矣"。由此，在搏斗、争斗、战斗的刺激下，武术和军事武艺萌生了，二者是融合在一起的。

"武术"一词古已有之，《邵明文选》载南朝宋颜延年的《皇太子释奠会作诗》中有"偃闭武术，阐扬文令"的句子；《辞源》解释"武术"为"犹言军事"。可见，在古代，武术是指军事、战事而言。

从历史的视角出发，中国的传统国粹——古老的武术始终与军事保持

着密切的联系。自春秋时期武术流向民间以来，古代武术从军事阵战中剥离出来，在广袤的民间社会土壤中不断滋生、成长、演变，逐渐形成了自身的个性特质。古代民间武术主要是指广泛流行于民间的、以个体性为特征的武术，它与流行于军队中的军事武艺既相联系，又相区别。在古代武术的整个形成、发展过程中，军事武艺始终发挥着重要的推动作用。

二、民间武术与军事武艺的差异

在中国武术史学中，一般将古代军队中传习的武术，称为军事武艺，而将流传于军旅之外的武术，统称为民间武术。以个体间格斗为特征的武术早于集团化军事产生，其内在动力是保障个人利益和维护个人安全的需要。随着社会分工的不断深化和私有制产生，阶级社会出现。早期的武术为后来集团化军事的形成提供了原始兵器、格斗技术和人员的物质基础。冷兵器时代，武术与军事武艺相互交融与渗透，两者相互促进且并行不悖。随着战争规模的扩大和战争形式的改变，集团化军事与个人化军事武艺产生分野；随着火器在军事上的普遍使用，军事武艺退出了战争的历史舞台。武术的发展依赖于社会需求。在当今社会，武术仍然在公安、特警、治安等公职部门和民间发挥其自身作用。这是武术存在的基础，是武术的本质所在。

军事武艺与民间武术因价值功用不同而分化。军事武艺在古代是作为军事技术而存在，本质是一种实战搏杀术。随着火器时代的到来，军事武艺的技击价值逐渐淡化，在军队中不再作为主要的军事技术，兵操代替了军事武艺的位置。军事武艺随之逐渐退出军事舞台，但它并没有消亡，而是以军事体育项目的形式存在于军队中。展望其未来，军事武艺的健身功能、娱乐观赏功能、文化交流功将得到开发和利用。太极拳等健身功法融入军事武艺，能够为部队官兵的健康服务；对外的武术表演可展现我军的精神面貌。这是军事武艺的发展方向，也是军事武艺自身发展的规律，更是军事武艺的生存之道。

春秋时期，民间武术勃然兴起。《国语·齐语》记载，齐桓公于"正月之朝"对乡大夫说："于子之乡，有拳勇股肱之力秀出众者，有则以告。有而不以告，谓之蔽贤，其罪五。"由此可见，当时民间武术比较盛行，而且军事武艺和民间武术已经有了一定的分化。随着社会的发展，二者的分化越来越明显，尤其是到了宋代，古代武术体系基本形成。民间武术逐渐脱离军事功用，内容更加丰富，出现了套子武艺；形式也更加多样，除了格斗功能，还有娱乐、表演等功能。到了明代，军事武艺与民间武术已经大相径庭。

（一）内容不同

军事武艺和民间武术虽然都是以技击为内容，但是仍有所不同。军事武艺往往是团队作战，兵械以长枪、大刀、弓弩等甚至火器为主，使用劈、砍、击、刺等格杀技术。技术内容以实用为主，拳法被视为"只好看，上阵无用"的花架武艺。明代著名军事家何良臣在《阵记》中说："外如花刀、花枪、套棍、滚叉之类，诚无济于实用，虽为美看，抑何益于技哉？是以为军中之切忌者，在套子武艺。"

民间武术以单人对抗为主，注重个人技能。其目的是打败对手、擒住对手，或者是不被对手击伤。技术内容丰富复杂，如徒手技术中以踢打摔拿为主，而踢又包括弹踢、侧踢、蹬踹、外摆等。器械也是丰富多彩，常用的兵器就有"十八般武器"之称，用法各具特色，较军阵格杀器械短小、轻便。虽然民间武术与军事武艺在内容上有很大不同，但二者也相互影响、促进和借鉴。如《吴越春秋》中有一则关于民间剑术家的史料：越王勾践想练兵图强，相国范蠡给他介绍了一位民间剑术家越女，越王召见她之后，对她的剑术十分佩服，即请她教授军中将士习剑。

（二）形式不同

军事武艺的形式是骑马、射箭，以及那些"真可搏打者"的"真艺"，反对"左右周旋，满遍花草""以图人前之美观而无寓于大敌之技"的花法，追求遇敌制胜、简洁实用。

民间武术和军事武艺在形式上有相辅相成的关系，两者相互影响、相

互渗透。到了明代，军事武艺与民间武术已经判若泾渭，民间武术中花法武艺占了主要地位。戚继光虽然反对军中演练花法武艺，认为"拳法似无预于大战之技"，但也承认"然活动手足，惯勤肢体，此为初学入艺之门也"。他的《纪效新书》中的枪法、棍法、拳法等，或多或少有花法武艺的成分。

（三）价值功能不同

军事武艺是战争的产物，而战争强调的是群体的阵势、协同等，个人技术作用极为次要，通过集体的力量消灭敌人保全自己是军事武艺的唯一功能。而民间武术是以个体行为为主、流传于民间的一种攻防形式。作为一种植根于民间土壤的文化形式，民间武术不断与儒教、道教、佛教、其他民间信仰以及民俗文化等多种文化形态相互渗透、结合，表现了自卫、修身、健身、娱乐、表演等多种社会价值功能。军事武艺与民间武术的价值功能也是相互影响的。如楚庄王说：武有七德——禁暴、戢兵、保大、定功、安民、和众、丰财。这里的"武"并不是指现代意义上的武术，而是指军事。民间武术理论尤其是武德汲取了军事武艺的理论思想，将保家卫国、伸张正义作为习武准则。

民间武术和军事武艺在内容、形式、价值功能等方面都迥然不同，但又相互影响、相互作用、取长补短。从总体来看，民间武术与军事武艺是源同流分的关系。

远古时代的原始格斗技能是民间武术和军事武艺的共同起源，而后，随着战争规模的扩大和战争形式的改变，以及传统文化对民间武术的渗透，民间武术和军事武艺在冷兵器时代开始分野，于冷热兵器并用时代基本完成分流，并伴随冷兵器时代的结束而彻底分开。在各自的发展历程中，价值理性深处的内在统一性使得两者始终相互吸收与交融，保持着千丝万缕的联系。古代民间武术与军事武艺的分野之路，也是中国武术不断发展、由技击走向文化的繁荣之路。

三、历代民间武术发展概况

原始生产、生存活动中的徒手搏击、持械格斗演变成近代的体育运动，这种发展形式在世界各个地域的人类活动中都曾出现过。而从原始格斗术发展成击舞一体、内外兼修的武术，则是中华民族特有的。

军事战争是武术形成与发展的催化剂。商周时期，军事训练的主要形式是"田猎"和"武舞"。田猎的目的是训练士兵使用各种武器及驭马驾车，是集身体、技术、战术训练为一体的综合训练。武舞是按一定程式来训练用于实战的格杀技术，是古代武术由感性认识向理性认识的升华，是由支离破碎向系统化演进的象征，也是武术套路的雏形。

春秋战国时期，诸侯纷争，战事频繁，练兵习武更是得到空前的重视和发展，如齐桓公每年春秋两季都要举行比武较力的"角试"来选拔人才。而随着奴隶制的崩溃，奴隶主、贵族在军队和教育方面垄断武术的局面被打破，"士"阶层及"游侠"的出现标志着武术开始走向民间。当时民间就有不少武艺高超的技击家，如越女、袁公、鲁石工等。《吴越春秋》记载了越女论剑，理法深奥、论述精辟，至今仍不失光彩。

秦、汉、三国处于中国封建社会的上升时期，政治、经济、文化的发展为武术逐步由单纯的军事技能向竞技技能的发展创造了条件，角抵、手搏、击剑等竞技项目都很兴盛。用于攻防格斗的武术与适用于表演的套路并行发展。《汉书·艺文志》兵技巧十三家中，收入了《手博》6篇、《剑道》38篇。还有不少武术项目被吸收到当时兴盛的"百戏"中去，使得武术朝着表演的方向发展。

魏晋南北朝时期，武术逐渐与养生术相结合。由于当时玄学盛行，人们通过炼丹追求长生不老，在一定程度上阻碍了武术的发展。

唐代长安二年（702）开始实行武举制，这种用考试选拔武勇人才的方法对武术的发展起到了促进作用。刀成了唐代阵战的重要武器；剑术逐渐脱离军事实用性而在民间得到发展。诗人李白、杜甫青年时都曾习过剑术。裴旻将军的剑舞独冠一时，与李白的诗歌、张旭的草书并称"唐代三

绝"。可见武术作为一种文化形式，在当时已具有相当的影响力。

宋元时期，以练武为主要活动的民间结社蓬勃兴起，如"英略社""弓箭社""相扑社"等。"社"的存在，为民间武术传授、交流、发展创造了有利条件。宋代城市发达，在一些专门性的群众游艺场所如"瓦舍""勾栏"中出现了大量以习武卖艺为职业的民间艺人。他们的表演不仅有单练还有对练，极大地促进了套子武艺向表演化方向的发展。

明清是武术的大发展时期，武术繁荣的一个重要标志是流派林立，不同风格的拳种和器械得到了空前的发展，武术作为军事技术、健身手段及表演技艺的多种价值为人们所认识和利用。自明代以来，戚继光、程宗猷、茅元仪等代表人物，通过对宋以来武艺在技法、战术和教学训练方面的研究，总结出了较为系统的基本理论。如戚继光的《纪效新书》、何良臣的《阵记》等，都总结出"拳术是学习器械的基础"这种循序渐进的教学训练法则，并且明确提出了武术的健身强体功效。清代，一大批文人加入习拳练武的行列中来，他们自觉地运用中国的古典哲学理论来指导练武实践，使得武术理论不断丰富，并创立了许多新拳种，如太极拳、形意拳、八卦拳等。

近代以来，武术由于具有健身、防身、自卫的功效，所以能适应时代的变化，逐步成为中国近代体育的有机组成部分，并在此基础上，进一步吸收中华优秀传统文化的养料，丰富锻炼形式，升华技法理论，在不失攻防内涵的前提下，沿着体育方向不断发展。

民国时期，民间出现了许多武术组织。1910年在上海成立的"精武体育会"是维持时间最长、影响最大的武术团体。1927年，国民政府在南京成立了中央国术馆，并于1928年和1933年在南京举办过两次国术国考，进行了拳术、长兵、短兵、散手和摔跤等项目的比赛。此外，还组织过一些规模较大的武术表演活动，如：1929年举办杭州国术游艺大会，1936年中国武术队赴柏林奥运会参加表演，等等。民国时期的中国，落后的政治、经济、文化、教育，在一定程度上阻碍了武术的发展，然而在"振兴武术，国术救国"的思想指导下，武术发展仍呈上升趋势。

第二节　武术的特征

一、武术表演

中国武打电影对"中国武术""中国功夫"的广泛传扬，让套路类、表演类的武术在一般人当中产生了先入为主的印象，导致现代人对中国武术的认知是表演化、套路化的。其实，在民间，修习中国传统武术的群体仍然秉持其不献演、不竞技的传统操守，内敛恭肃，使武术在民间广泛传扬。以表演来展示的武术，是舞术，无法展示出武术真正的实战作用与效果；竞技，是瞬间艺术，以竞技方式所展示的武术是形而下的，不能体现武术的杀伤性所带来的震慑力，不能体现武术对修习者精气神综合素质的提升。所以，若以舞术效果和竞技结果去衡量武术的效果，是落入了错误的桎梏，没法使人了解到真正的中国武术。中国武术作为中华文明的一部分流传至今，是捍卫中华民族迄今屹立不倒的重要的力量。

武术表演既究形体规范，又求精神传意。内外合一的整体观，是中国武术表演的一大特色。这种表演经常以集体进行的徒手或器械表演为主要形式，队形变换丰富，用音乐伴奏，队形整齐、动作协调，极具观赏性和震撼力。武术表演是在武术的基础上创造了一整套有思想、有表情、有层次、有结构、有难度的立体练习程式，从而构成艺术体操式的美。武术表演以其高超的难度技巧、独特新颖的编排、妩媚多姿的动作，以及协调一致的音乐配合等因素来展示出武术的姿态美。

中国武术是中国社会重要的集体记忆之一，在各种文学、电影、戏剧中经常出现，对中国人民来说有着深刻而无可取代的人文意义。另外，由于全球化的关系，中国武术表演经常出现在欧美的电影和电视节目之中，被欧美社会看作中国文化的重要代表。

二、武术功法

气功、内功和内劲是用呼吸、吐纳、运气的方法，配合身体动作，以加强防守、攻击动作的效果。中国民间思想受道教影响深远。道教认为大宇宙（世界）和小宇宙（身体）能互相沟通影响，所以有所谓气功或内功的修炼。在这种背景下，中国部分武术流派亦有"养气""练气""运气"之说。一开始，内功并不是中国武术的内容，经过漫长的发展，逐渐和气功结合。

绝大部分普通百姓将气功修炼作为强身健体的一种方法。如果长期坚持并且练习得法，就能使精神健旺，全身高度舒适，并能增强体质。如果将气功作为技击的基本功长期练习，则可以大幅增加肌肉爆发力，并增强体力。一些主要武术流派，都有发出内气的功夫。

外功主要是用来增强身体的筋、骨、肌肉的强度。外功修炼的目的一是增强自身的抗击打能力，二是增强进攻的威力。由于武术技击实战的意义早已基本消失，所以现在只有极少数人在练习外功。公开的武术表演和武警训练的内容包含了武术外功，如用砖头猛击头部，砖头破碎而头部无损伤等。

三、武术与舞术、体育、竞技和格斗的不同

武术与舞术不同。舞术不是武术，就如放烟花不是投炸弹一样。尽管舞术有从武术中提炼出的与其对应的同、通之理，但舞术倾向于美学之术，缺失了武术中的杀伤实力，不可混淆。

武术与体育不同。体育，是育体之术，是以有形的解剖学为判断准绳的肌体锻炼，是磨炼意志之术，但缺乏对敌时的意识训练，所以体育训练不具备实战能力。在真实的战斗中，破坏对手的意识、意念及意向，才能达到攻其不备、以弱制强的效果。中级武术就是以修习这一点为主要目的的。这方面的训练，不是有形的解剖学范畴，是无形的意识训练范畴。

武术与竞技不同。竞技，是以提升参与者技艺为目标的切磋、琢磨行为，所以，同门、同等级的竞技才能达到这个效果；不同门、不同等级的竞技，只会失漏本门技术和制造仇恨，不可取。

武术和格斗不同。格斗，是介乎竞技和真实搏斗的行为，违背了武"不主动动戈"的宗旨，有三方面弊端：主动参与，主动暴露自身技术漏洞；无论胜、败，都输给了名、利；格斗是参与暴力，而不是制止暴力，违背了武的善性，与"通过习武达到修习个人心性完美"的宗旨背道而驰，是属于"争斗"范畴而不属于"止戈"范畴的行为。中国武术，首先是一门制止侵袭的技术；在这个基础上，我们可以获得从身体到头脑再到心性的融会贯通的个人修习，从而获得安全、快乐和满足。

第三节 武术的组织

中国经历了抗日战争和国共内战，在此期间，武术发展停滞不前，产生了断层。从抗日战争全面爆发至改革开放前，40多年里，在中国内地，武术的许多内容都失传了。而在台湾、香港乃至外国的一些武术传人，可以填补现时的一些遗失。

国家体育总局于1994年设立武术运动管理中心（原称中华人民共和国体育运动委员会武术运动管理中心），还下设武术研究院（原称中国武术研究院），是国家体育总局直属事业单位，带有部分行政职能，作为中国武术协会常设办事机构，被赋予武术运动项目的全面管理职能。而全国性的群众武术组织——中国武术协会是中华全国体育总会领导下的单项运动协会之一。一般由它发起组织武术体育竞技。中国武术协会认为，武术应该转向为强身健体的活动和竞技体育比赛。此外，中国武术协会设有国际武术联合会（International Wushu Federation，IWUF）来推广武术，认为应该把武术当作竞技体育的一种，并组织国际"标准套路"比赛。该武术比赛被人批评为是表演"舞术"，毫无实用的技击性，只是花拳绣腿的体操而已。此外，中国是国际武术联合会的114个会员国之一。中国从20世纪80年代开始向国际推出散打运动。但是，这遭到了很多批评，许多持否定态度者根本不承认散打是中国武术，批评它是泰拳的腿法、拳击的拳法、加上一些"四不像"的跤法（因为中国传统武术中的跤法和它完全两样）。

处州武术组织基本上是以民间自发组织为主，最主要的组织是各个地方的武术协会和武术研究会。此外，不同地区的不同武术门派的师承组织，主要以家族形式存在，这也是处州民间武术传承的最基本形式。

第四节　处州武术的流变

一、处州的军事武术

（一）处州的倭患与军民的抗战

关于"倭"，南朝刘宋时的范晔有云："倭在东南大海中，依山岛为居，凡百余国。"（《后汉书》卷八十五《东夷列传》）而"倭人"，西汉的陈寿亦言："倭人在东南大海中，依山岛为国邑。"（《三国志》卷三十《东夷》）正史中的"倭"和"倭人"，都是国人对古代日本人的称呼。上述引文，既介绍日本地理位置和地形特点，也可表明日本的历史并不短。

日本与中国，是一衣带水的近邻。自东汉以来，才有交通往来。在我国中古时期，中国是日本的宗主国，日本则作为附属国，常年派遣使臣前来中国朝拜，皆自称"大夫"，并呈献丰厚的贡品。中国元末明初时期，日本"瓜分豆剖，各君其国"（姚士麟《见只编》卷上），南北诸侯割据，互相攻伐，人民破产流离。在西府及各地封建割据势力的庇护和支持下，日本的政客、武士、流民、海盗、商人乘元末战乱，大批涌向中国沿海，与我国沿海的土豪、奸商相勾结，开始武装走私和野蛮掠夺，遂被国人称为"倭""倭人"或"倭寇"。

16世纪中叶，即明嘉靖中后期，世宗昏庸无能，修仙厌政，致使朝纲不举；严嵩主政当权，奸贪狠毒，"宠赂公行，官邪乱政"，纵容官吏通倭，陷害抗倭将领；海防松弛，卫所空空，军纪败坏，"将不知兵，兵不知战"。于是，倭寇乘虚而入，十分猖獗："以岛为居，以舟为马，习长铤以抄略，其天性也。"（明卜大同《备倭记》）中国东南沿海地区被倭寇不断大举侵掠，陷入战争状态，上百座府、州、县的城池被攻破，数千里土

地被涂炭，数十万军民被杀戮。沿海军民奋起抵抗，斗争延续达20年之久，重大战役有142次。

嘉靖三十二年（1553）四月，倭五百余人攻破临山卫，乘胜西犯。松扬知县罗拱辰督处州兵御却之。贼浮海走，参将俞大猷以舟师邀击，斩首六十九级（《嘉靖实录》卷三百九十七）。这是正史中最早记载的处州倭患与军民抗战的史事。此次倭患中，带领处州军民奋力御倭的是罗拱辰，他是当时的松阳知县。清光绪《处州府志》卷十四载，嘉靖松阳知县有罗拱宸，马平人，当是同一个人。由于军民同仇敌忾，倭寇落败逃窜，遂"浮海走"，又受到俞大猷所率舟师的攻击。处州军民抗倭首战即告捷。

嘉靖三十四年（1555）夏四月，倭寇突入青田县境。未几，蹑故道来，官兵败绩，百户张澄死之。时，倭夷数百，至一都小峙（今温溪）杀烟民阮斯恩，渡至沙埠（在温溪对岸），杀居民李德、陈添、叶良在等；并杀其冲锋乡兵杨叙，沿烧朱子谯、郭浩彦、李魁等房屋。既又复入小峙，杀领兵百户张澄，民兵溺死者二千人。至沙埠，杀队长刘宗，遂破仙居。官兵交锋即败走，或望风奔溃，无当之者。（《括苍汇纪》卷之十四）

清光绪版《处州府志》卷之十二、民国《青田县志》卷十七，都载录了这段史事。青田县靠近温州，倭寇沿瓯江而上，一年数次侵扰青田乡村集镇，疯狂烧杀抢掠。村民和乡兵为保卫家乡和人民生命财产而奋起反抗，多有死伤。卫所百户领兵支援，也壮烈牺牲。民兵溺死者多至二千人，损失十分惨重。

嘉靖三十六年（1557）五月，倭寇逼缙云。都御史阮鹗领兵抗倭。先是，倭寇数千，自台州登岸，破黄岩，劫仙居，渐逼缙云界。警报日急，鹗亲领大兵万余，筑将台，屯于苍岭之南田，以遏其来寇。遂四散，不敢入境。（《括苍汇纪》卷之十四）

《括苍汇纪》是明万历七年（1579）由郡人何镗编纂的。它离倭寇侵逼缙云事件才20多年，所记倭患事略应当真实可靠，但内容较为粗疏简括，远不如永康人程文德于战事后当即写下的《南田阮公将台感应碑》详尽而具体：

> 嘉靖丙辰（1556）夏六月，倭寇自闽流游，侵台（州）仙居，据城屠掠，远近骚然，即獩狁之匪茹也。于是，巡抚御史函峰阮公帅师来援。皇皇然自杭溯婺，兼程而进，过苍岭，次南田……越三日，公至仙居。贼惧遁城外。翌日，公赫怒共武服，手戈矛，跨马追逐。贼遁，断桥。公伐鼓大呼，三军气倍，或杀或走，贼遂荡平，我军曾不伤殪……①

首先，碑文记载的御寇荡倭的时间非"嘉靖三十六年五月"，而是"嘉靖丙辰夏六月"。其次，碑文交代了阮鹗是以巡抚都御史的身份领兵扼守缙云南田的。而阮鹗升任浙江巡抚，据《明史》卷二百二十载，时在嘉靖"三十五年二月"。另据《桐城人物志》，到了"嘉靖三十六年正月"，阮鹗已改任福建巡抚。这些都可以旁证：阮鹗亲率谭纶、卢镗等将领，带兵驰援处州、台州抗倭，只能在"嘉靖丙辰夏六月"。值得补写一笔的是，阮鹗领兵"乘胜趋台州，副总兵卢镗追击于彭溪镇，斩首二百余级"（《明通鉴》卷六十二）。另外，碑文还介绍了阮鹗出兵驰援的背景与行军的路线，以及构筑点将台与祀神求佑的状况，详写了平倭的过程与胜利的结局，略写从征的处州知府高超、通判王典，叮嘱缙云主簿黄阊修缮点将台与构建将军屋（供奉天地神祇和历代抗敌御武名将）。总之，《南田阮公将台感应碑》对此次抗倭的记载是较为翔实的。缙云这次倭患，有惊无险，抗战取得完全的胜利——窜入的数千倭寇"遂无孑遗"，而"我军曾不伤殪"。②

嘉靖三十七年（1558）四月十七日，青田再次遭受倭患，倭寇从永嘉乘百余艘小船，逆瓯江而上，直奔县城旁。他们以东门外的孔庙和民居为巢穴，造楼车，布云梯，日夜进攻龙津、丹山二门。县丞熊缨率领兵民坚守城垣，奋力抗击倭寇，烟民留大琳等14人战死，民兵杜定等射杀倭寇10余人。七天后，县城沦陷，500余间民房被烧毁，3000余名男女老幼被

---

① ［明］程文德：《南田阮公将台感应碑》，《程文德集》，上海古籍出版社2012年版。
② 具体论证参看《苍岭将台与将军屋——抗倭的历史丰碑》，《今日丽水》2016年第2期。

屠杀。直到一天夜里，民壮叶仁赐等率众偷袭敌营，烧毁倭巢，杀死、杀伤倭寇200余人，形势始有转机。倭寇因受重挫而退至船上，将掳去的男女千余人和劫夺的20多船财物一同载走。（清光绪《青田县志》续志）

同年五月，倭寇又卷土重来，再次进犯青田县城。这次因军民防守严密，倭寇连续多日无法破城，遂逆瓯江而上，直扑处州府城。行省分守参议曹金带兵迅速从青田赶回丽水，亲自坐镇南明门，并组织军民严密守护六座城门："每城垛一人，每十垛一长，每三十垛以一生员管束，各垛俱张灯击柝。又每门各用游兵执旗、振金，巡逻不辍。闻贼攻青田城多用鸟铳，悉取民间棉被，张围六门。"倭寇刺探得知府城戒备森严，终不敢贸然进犯。观望四天后，倭寇只得悄然退去。《括苍汇纪》卷之十四载：贼攻青田，分守参议曹金自田趋保府城。下令城中籍其少壮，一编立什伍。亲坐南明门，调遣各门护守……则贼知备严，遂愿敢进犯。嘉靖三十二年（1553），倭寇是路过丽水，侵掠情况没有记录；嘉靖三十七年（1558），倭寇是直奔丽水，正面攻打府城。因郡城军民防备充分，严加把守，倭寇劳师远袭，无果而退。

嘉靖四十年（1561）四月，倭寇一二万人又入侵浙江沿海，其中约有二千人进攻戚继光负责的台州防区。训练有素的戚家军对于来犯的倭寇予以迎头痛击，九战而全歼海盗。嘉靖四十二年（1563）四月，倭寇再犯浙江，戚继光又亲率军民取得台州大捷，杀敌二千二百余人。至此，明朝时期的浙江倭乱基本结束，处州人民也就再没有受倭寇侵扰之苦。

自嘉靖三十二年（1553）至四十年（1561），仅仅九年时间，处州十县就有五个县遭受倭寇多次酷烈的侵掠，倭寇劫掠松阳一次，威逼缙云一次，路过丽水一次，侵犯丽水一次，洗劫青田三次；处州百姓几千人被杀戮，上千人被掳去，房屋几百间被焚烧，财产损失更是无法统计。处州军民在官府和抗倭将领的统率下，奋起反抗，终于将极具侵略性、破坏性和反社会性的倭寇赶出国土，维护了处州的安全和稳定。

二、处州的民间武术

处州一带流传的民间武术大多属于南拳拳系。南拳拳系是一个浸润着亚热带海洋情调与丘陵丛林气息的拳系。它以福建、广东为中心，广泛流传于长江以南地区，故称"南拳"。1996年，在福建福清发现了一处寺址，陆续出土了不少刻有"少林"字样的文物。经学者初步考证，该处即为福建少林寺寺址，其存在年代约为从北宋到清雍正年间。关于福清少林寺与南拳拳系的关系，还有待于进一步研究。但毫无疑问的是，这座南少林寺在南拳拳系的形成和发展过程中曾经发挥了重要作用。同时，还必须充分考虑到福建地方武功的因素。福建民风强悍，特别是闽南一带的人民素以悍勇好斗著称。福建地区的武功，早在明代中期就已崭露头角。

南拳拳系的形成，也曾受到北方武功的影响。从公元4世纪起，中国境内由北而南出现过三次大规模移民。第一次是在两晋之际，当时有一部分北方人辗转迁移到福建，被称为"福老"。第二次是在唐末僖宗时期，由河南固始人王潮、王审知兄弟率兵五千人及大批眷属南迁至泉州、福州。第三次是在两宋之际，南迁军民超过百万人。以上三次移民，都是从河南出发。这些北方移民，统统被称为"客家人"。他们定居在南方的同时，也把他们比较成熟的北方武功带到了福建、广东一带。明代中期，武学大师戚继光率领戚家军参加平倭战争，转战浙、闽、粤三省。戚家军曾在福建征战多年，并曾在福州、泉州等地驻防。戚继光是山东蓬莱人，祖上六代都是军官。戚继光的武功当属北少林一系。在戚家军的武功训练中，所有的拳械套路都由他亲自编写，剔除了那些华而不实的动作。戚家军抗倭的辉煌战绩，也使这种带有明显北方特色的武功对闽粤地区武术的发展产生了相当大的影响。

南拳的基本特点是门户严密、动作紧凑、手法灵巧、重心较低，体现出以小打大、以巧打拙、以多打少、以快打慢的技击特色。总体风格是威猛迅疾、灵巧绵密、刚柔相济，上肢及手型尤富于变化。它不像少林拳那样雄浑朴茂、舒展大方，但其刚烈之气、威猛之势，却浩然自成气象。南

拳拳系的形成时间大概在清初到清代中期，即从 17 世纪末至 18 世纪末。它包括上百个拳种，广泛流传于福建、浙江、广东、湖北、湖南、台湾等省以及香港、澳门，并很早就流传到海外，在东南亚及美洲、大洋洲扎下根来。若论对于传播中国武术的贡献，南拳拳系自当首屈一指。

第二章

武举科考与处州武术名人

　　武举是中国科举制度中的武科，与文举并肩同行，经历了诞生、发展、成熟直至被废止的历程。历史上的"武状元"，其荣耀尊贵与文状元无异。武举制度的推行，不仅极大地推动了武术技艺的进步与发展，更使武人跻身神圣的庙堂，提升了政治地位。武举制度不仅使中国武术成了一张响当当的国家名片，更深深根植于中华文化的沃土之中，成为中国传统文化不可或缺的重要组成部分。

　　一千三百余载的武举历史，宛如一条历经风雨的古老河流，始终伴随着科举制度这棵参天大树，曲折而坚韧地向前流淌。

　　回溯中华历史的长河，我们不难发现，那些武举出身、驰骋沙场的武将们，如同璀璨的星辰，熠熠生辉。他们中有唐代的郭子仪，智勇双全，战功赫赫；有北宋的徐徽言，英勇善战，威震四方；还有明代的戚继光，他那一身戎装，守护了国家的安宁。他们并非只是冷兵器时代的战争机器，而是身怀绝技、心怀天下的英勇之士。他们的每一滴汗水都铸就了中华武术的辉煌；他们的每一次拼搏，都谱写了沙场征战的传奇。他们，是中华儿女的骄傲，是武术精神的传承者。

处州历史上，通过武举成为进士的虽然只有十一人，但他们作为榜样，引领并推动了处州武术的进步和发展，也对处州的社会进步和发展起到了积极的作用。在处州武术发展的历史上，除武进士外，还出现了一批武术名人，他们同样被史志铭记，被百姓颂扬。

第一节 中国武举科考的诞生与演变

武举，作为中国科举考试制度中的武科分支，其历史脉络深远，可追溯至盛唐时期的长安二年（702）。武则天为了广泛选拔英勇善战的军事人才，于是仿照科举制度，独具匠心地设立了"武科举"。这一制度的门槛相对较低，平民百姓也有机会参与，从而展现了其广泛的社会包容性。

武举的考试内容丰富，包括步射、骑射、马枪等实战技能的考核，举重则考验参试者的力量与耐力，而样貌、言语、神采的考察则是对参试者综合素质的全面审视。其中，马枪一项尤为引人注目，它要求参试者展示在马上的精湛武艺，充分体现了武举考试对实战能力的重视。武举的考场宛如现代的运动会会场，热闹非凡。而后面三项的考试则如同当今的入职面试，要求参试者不仅要有过人的武艺，还要有出众的气质和谈吐。

武举之制，肇始于武周时期，历经宋、明等朝的绵延发展，至清朝时正式更名为武科。纵览中国历史长河，武举的举行次数总计五百余次，相较于备受瞩目的文举，武举似乎稍显黯淡，时常受到冷落。然而，历经各朝的兴衰更迭，武举制度时而被废止，时而得以恢复，其波折历程足见其重要性与复杂性。但无可置疑的是，这一制度为统治阶级选拔了无数武艺高强的人才，极大地推动了武艺的普及与精进，为国家的安全与稳定做出了不可磨灭的贡献。

武举的兴盛是在明清两代，清代时更是达到了巅峰。明朝时期，武举制度虽已初步设立，然而其制度架构一直未能稳定下来，缺乏明确的规范与标准。清朝对武举的重视程度远超过明朝，不仅大力提倡，更在制度上进行了深入的完善，使得录取过程更为公正公平。正因如此，民间习武者纷纷踊跃参与武举考试，视之为展示武艺、实现抱负的绝佳舞台。清代武举为国家输送了大批优秀的人才，其中不乏杰出的武术人物，他们或勇猛善战，或武艺超群，为国家的安定与发展做出了巨大贡献。

值得注意的是，清朝虽设有武举制度，却未设立专门的武学教育机构，这无疑为近代中国军事的落后埋下了隐患。缺乏系统的武学教育，使得武术人才的培养与传承受到了一定的限制，从而影响了国家军事力量的整体发展。

一、唐代

唐朝时期，武举的选拔，首重个人武艺之精湛。因此，凡参与武举者，无论其军事策略、指挥才能如何，皆需体魄强健、肌肉如铁、身材魁梧，方能令士兵一见之下，心生敬畏。不过，唐朝武官晋升之路甚广，故武举取士之人数颇为稀少，郭子仪便是其中翘楚，他以赫赫战功，成为一代传奇将领。

唐代的武举考试，内容丰富多样，以举重、骑射、步射、马枪等技术考试为主，同时对考生的外貌体型有严格的要求，需"躯干雄伟、可以为将帅者"。

二、宋代

宋朝时期，崇文风气盛行，为了涤荡五代尚武遗风的影响，朝廷耗费了漫长岁月，导致武举一度被束之高阁，未曾开设。宋朝历经数十载风雨，宋仁宗时期，西夏逐渐崛起，在朝中武将老臣相继凋零、武将匮乏之际，武举终于得以恢复，以解燃眉之急。

宋朝的武举与唐朝相比，有着显著的差异。它不再仅仅注重个人的武艺高强，而是转向了对谋略的考察。宋代明确规定，武举人才不能仅凭武力取胜，必须"副之策略"，深入研讨《孙子兵法》等军事经典。这听起来似乎颇为高深，但本质上，不过是将《孙子兵法》作为必读经典，要求武将们如同儒生般对兵法条文进行死记硬背。

自宋仁宗时代起，武举制度逐渐完善，每届选拔均有七十人赴省试。在选拔初期，军头引见司会在内弓箭库对候选者进行弓马技艺的考核，并在其他地方附加考察他们的文章写作，包括《七书》义五道和兵机策二道。通过层层筛选，榜首者将补任为保义郎，担任巡检之职。宋室南渡之后，弓马考核移至殿前司进行，每届登第者约为二十人。

淳熙二年（1175）三月，朝廷诏令武举第一名者补任秉义郎，并可直接被任命为诸军计议官。七年后，武举殿试的优胜者待遇进一步提升，第一名可担任御前同正将，前三名可任同副将，前五名及以上者则与省试魁首任同准备将，这成为了中举者从军的惯例。值得注意的是，宋朝参加武举的人必须得到将领或文官的推荐，这意味着普通的平民子弟几乎没有机会参与武举，除非皇帝特别举办选拔活动。宋朝的武将晋升途径多样，除了武举，还有荫补、成为职业军人等渠道。武举出身的将领往往缺乏实战经验，多被分配至各地监管库房，任税监、矿监等职位。由此可见，宋朝时想要通过武举崭露头角，其难度之大可见一斑。

对于武举出身的人士，宋朝还制定了"绝伦"的评价标准。淳熙十年（1183），凡是从边县武举中脱颖而出的人士，若能"射两石弓，马射九斗"，便被誉为"绝伦"，这是对他们在武艺与谋略方面卓越表现的极高赞誉。

三、明代

经历宋朝的曲折变革后，武举的发展逐渐偏离了正轨。到了元朝时期，荫袭制度盛行，未实行武举制度。明朝时期，虽然沿袭了宋朝的武举制度，但直到明孝宗弘治六年（1493）之后，这一制度才正式确立并得到稳固。在宋朝的基础上，明朝增加了"试力"和"技勇"两个环节，专门用于对个人武艺和技能的深入审察。

然而，到了明朝末期，朝廷风雨飘摇，危机四伏，随时可能覆灭。为了挽救危局，明朝加大了对武举的重视力度，开始积极选拔武将。对于那些世袭的军官和军人，明朝实行优胜劣汰的原则，通过武举考试来选拔真正有才能的人才。这一时期，武举成为了武人晋升的重要途径。一个人如果拥有世袭爵位并通过武举考试，那么他获得的职位往往比一般人更高。

这一举措在一定程度上保证了明朝官兵队伍的质量，提升了整体的战斗力。

明朝初期实行屯兵（世兵）制，武科取士首重武学。武选的途径主要有四种：世职、武举、行伍、纳吸。随着武学的不断完善，明朝武举考试终于在天顺八年（1464）首次开设。嘉靖元年（1522），明朝制定了《武举条格》，使武举考试成为一项固定的制度，分为乡试、会试、殿试三个层次。乡试中，考生须进行马射、步射及试策论一道的考核；而会试更为严格，要求考生完成马射、步射及策二道、论一道的考试，全面考察其武艺和策略能力。

四、清代

清朝初年，社会内忧外患，统治阶级为巩固皇权，开始重视并完善武举制度。在这一阶段，武举制度得到了大力的发展和完善，武举每三年举行一次，与文举并行。这一制度的实施，为选拔武官提供了明确的途径。考试流程更加规范，分为武童试、乡试、会试、殿试四个等级。武举考试内容文武并重，分外场和内场，外场主要考察考生的马射、步射、技勇等实战技能，内场则主要考察考生的策论等文化素质。此外，清朝还提高了武举人的授官品级，以吸引更多的习武者参加考试，选拔优秀的军事武术人才。这些措施极大地促进了"尚武"风气的形成。清朝时期武举的兴盛主要可以归因于以下几个方面的因素。

首先，清朝的统治者出身于游牧民族，他们自身就具备较高的骑射技能，因此对武举的重视程度远超过前朝。在清朝，武举被视为选拔和培养优秀武将的重要途径，得到了统治者的大力支持和推广。

其次，清朝初期至中叶的社会环境也促进了武举的兴盛。当时的社会尚武之风盛行，习武之人众多，这为武举提供了广泛的人才基础。同时，统治者对武举的重视也激发了更多人参加武举的积极性，使得武举的竞争更加激烈，选拔出的人才也更加优秀。

此外，清朝武举制度的改革和完善也为武举的兴盛提供了制度保障。

清朝在继承前朝制度的基础上，对武举制度进行了一系列的改革和创新，如增加对考生文化素养和军事谋略的考核，使得武举制度更加完善。这些改革不仅提高了武举的选拔标准和质量，也激发了更多人参加武举的热情和动力。

科举制度确立后，中国历史长河中涌现的文武状元至今可考的共计777位，其中武状元大约占据200席。而清朝时期的武状元数量达到109位。然而，相较于文状元，武状元的数量显然要少得多。

到了清朝后期，随着朝廷的衰败和火器时代的到来，武举制度的弊端逐渐显露出来。首先，武举考核内容无法适应火器时代对人才的需求，仍然过于注重传统的武术技能，而忽视了对新式武器和战术的学习和掌握。其次，官职稀少造成武进士发展受限，许多武举人在取得功名后难以得到合适的官职，仕途发展受阻。此外，武举考试中也存在许多不公平的现象，如买官等腐败行为，这使得武举制度的公信力受到了严重的损害。同时，清政府的腐败与内斗、火器的使用及新式武备学堂的开设等都对武举制度的继续实施造成了阻碍。在这种情况下，武举制度逐渐失去了其选拔优秀军事人才的作用。最终，在清末新政时期，武举制度被正式废除。

清朝武举制度的兴衰历程生动展现了中国封建社会由传统向近代过渡时期的矛盾冲突和历史转型。

总体而言，武举制度在中国古代选拔军事人才方面扮演着举足轻重的角色。这一制度历经多个历史阶段，不断进行调整与发展，以灵活应对当时社会、政治和军事环境的变迁。它始于唐代，是古代科举制度中专门设立以选拔武官的重要制度，历代多有沿用。然而，随着时代的演进，清光绪二十七年（1901），武举制度最终走向了废止。尽管如此，它在历史上的存在与影响，依然为后世留下了丰富的遗产和深刻的启示。

第二节　武举科考的方式

科举制首先是从文举开始的，选拔的都是经国治世的文才。武则天是中国唯一的女皇帝，武举制度也是在她执政时期开始的。武举主要选拔将才，其重要性不及文举，武举进士的地位也不及文举进士。历史上的武举开始于武则天长安二年（702），由兵部主持，考试科目有马射、步射、平射、马枪、负重摔跤等。

宋代规定武举不能只考较武力，还要考问军事策略，比如孙吴（孙子、吴起）兵法等。

明代的武职多半由世荫承袭，或从行伍积功升迁，武举选将只是一种补充形式。明代时"先之以谋略，次之以武艺"，如果在答策的笔试中不及格，就不能参加武试。初期的笔试考三题：试策两题，另一题论考四书。后来四书的题目改为默写武经。武试则要求骑射九矢中三，步射九矢中五。

明朝弘治六年（1493），定武科六年一试，先策略，后弓马，策不中者不准试弓马。后又改为三年一试，考试内容主要是马步弓箭和策试。万历末年曾有过一次实行改革的议论，有朝臣主张设"将材武科"，初场试武艺，内容包括马步箭及枪、刀、剑、戟、拳搏、击刺等法；二场试营阵、地雷、火药、战车等项；三场各就其兵法、天文、地理所熟悉者言之。显然，这是一个具有远见卓识的提议，可惜并没有引起朝廷重视，只是说说罢了，否则可能会产生极为深远的历史影响。

明朝中期以后，武举制度越来越成熟，考核流程和考核内容基本定型。

报名条件：只要政治过关，没有犯罪的人，不论出身和地位都可以参加武举考试，这一点比文举宽松了许多，不像文举对考试者的出身有一定要求。

武举选拔第一步：乡试。

乡试每隔三年举办一次，考试时间定在十月。考试内容分为三个部分：一是骑马射箭；二是徒步射箭；三是针对某个军事要务进行阐述和答辩。通过这轮考试的就被称为"武举人"，朝廷会张榜赐宴。

武举选拔第二步：会试。

会试在乡试举行的第二年九月举办。参加会试的主要是各省通过乡试的"武举人"。另外，朝廷在北京开办了一个军事学校，被兵部考核优秀的学生也可以参加会试。

会试的级别很高，由皇帝亲自任命主考官。有趣的是，主考官通常都会由翰林院中的官员担任，就好比让语文老师担任体育考试的考官。

会试的考核内容和乡试基本一致，分为骑马射箭、徒步射箭和军事策论。不过考核要求比前者高许多，骑射和徒射必须相当准确，几乎要做到百发百中，策论观点必须独到有新意，还能解决实际问题。通过这轮考试的考生将参加皇帝亲自主持的殿试。

武举选拔第三步：殿试。

武举殿试的开设时间在历史上比较晚，第一个进行殿试的皇帝是崇祯帝。殿试对考核无过多的要求，重形式不重内容，主要是为了显示皇恩浩荡，提高考生对朝廷的忠诚度。一般，皇帝会就某个话题进行现场提问，同时察看这些考生的容貌仪态，再结合会试的成绩，现场决定状元、榜眼和探花的归属。

清代的武举就大不相同。从制度上看，基本沿袭明末武举制度，考试程序、办法等也没有多少变化，但由于清朝统治者出身游牧民族，善于骑射，因此对武举的重视程度大大超过明代。清代武官虽然仍以行伍出身为"正途"，武举出身的次之，但武举出身者人数不断增多，在清军中占有相当比例。

清朝时期，朝廷相当重视射箭能力。每年十月初，武举人们就要去兵部考策论。然后皇帝在紫光阁检阅武举人们的骑射及步射。一场是试马上箭法，驰马三趟，发箭九支，三箭中靶为合格，达不到三箭者不准参加二场。二场考步射、技勇。步射九发三中为合格。接着，在御剑亭检阅武举

人们考试弓刀石，一共三项：头项拉硬弓，弓分十二力、十力、八力三号，另备有十二力以上的出号弓，应试者自选弓号，限拉三次，每次以拉满为准；第二项舞大刀，刀分一百二十斤、一百斤、八十斤三号，试刀者应先成左右闯刀过顶、前后胸舞花等动作，刀号自选，以一次完成为准；第三项是拿石碢子，即专为考试而备的长方型石块，两边各有可以用手指头抠住的地方，但并不深，也分为三号，头号三百斤，二号二百五十斤，三号二百斤。

最后，兵部把所有中试者的名单送给皇帝检查，由皇帝钦点名次，恩赏功名。

清代武举制度为国家提供了大批人才，产生了不少杰出人物。清代武举依文举程序，考试大致分四级进行：一是童试，在县、府进行，考中者为武秀才；二是乡试，在省城进行，考中者为武举人；三是会试，在京城进行，考中者为武进士；四是殿试，会试后已取得武进士资格者，再通过殿试（也称廷试）分出等次，共分三等，称为“三甲”。一甲是前三名，头名是武状元，第二名是武榜眼，第三名是武探花。前三名世称为“鼎甲”，获“赐武进士及第”资格。二甲十多名，获“赐武进士出身”资格。二甲以下的都属三甲，获“赐同武进士出身”资格。殿试的规格很高，一般由皇帝亲自主考。考试揭晓后，在太和殿唱名，西长安门外挂榜，并赐给武状元盔甲。然后由巡捕营护送武状元归第，炫耀恩荣。第二天，在兵部举行盛大的“会试宴”，又赏给武状元盔甲、腰刀等，赏给众进士银两等。清代科甲等级差别甚大，同样是武进士，一、二、三甲的等级和荣誉却大不相同。自然状元是出尽了风头的，登第后的三天内，可以披红挂彩，上街夸官，真可谓春风得意、风光十足了。殿试以后，通常立即由兵部授予官职。顺治三年（1646）丙戌科是清朝武举第一科，当时规定武状元授正三品的参将，武榜眼授从三品的游击，武探花授正四品的都司。二甲授正五品的守备，三甲授从五品的署守备。康熙年间又有变动，改为一半授营职，是直接带兵的官，另一半授卫职，是皇帝的宫廷侍卫。雍正五年（1727）规定，武状元授御前一等侍卫，武榜眼、武探花授二等侍卫。再从二甲中选头十名，授三等侍卫。其余全在兵部注册，授予守备等营职。雍正以后各朝武进士的授官情况还有一些变化，不过所授品阶基本上以康熙朝定制的为准，没有太大的变更。清朝武举各级考试，通常每三年举行一次，每科录取人数也有定额。常科以外，还时常增设所谓"恩科"；常额以外，也增加一点"恩额"。这类"恩科""恩额"都由皇帝直接掌握，无非笼络人心，吸收更多的武勇人士为统治者效命。

然而，明清两朝遵循加强中央集权君主专制的理念与制度构想，过于重视文化而轻视武学，虽有系统的武举制度，但还远不能与文举制度相提并论。武举出身的军官在社会地位上不仅远远不如文举出身的官员，而且大部分武举中式者都只能担任中下级军官，高级将领全部由文官担任。总的来说，虽然武举制度的意义、价值以及在我国历史上所发挥的作用都远远不如文举制度，但武举制度依然是中国古代科举制度的一个重要组成部分。

第三节　处州武术名人

处州，这片古老的土地孕育了无数武术界的璀璨明星。虽然处州古代历史上仅有十一人通过武举成为武进士，但更多的武举人、武官和民间武术高手在这片土地上默默耕耘，他们崇尚武德，致力于武道的传承与发展，使武术的精髓代代相传。他们不仅教授武艺，更在抗击倭寇、抵御外敌、保家卫国的历史长河中留下了浓墨重彩的一笔。他们的英勇事迹和无私奉献，永远镌刻在中国历史的丰碑上，为后人所铭记与敬仰。

一、官方武术名人

根据《丽水地区教育志》《丽水地区人物志》和各县县志，特著录处州籍武进士，以及与处州有关的官方武术名人，如表2-1、表2-2所示。

（一）处州籍武进士

表2-1　处州籍武进士

姓　名	籍　贯	科　名	纪　年
周　嶅	遂　昌	丙辰科武状元	明嘉靖三十五年（1556）
尹思忠	遂　昌	丙戌科武进士	明万历十四年（1586）
杨光表	丽　水	丁未科武进士	清康熙六年（1667）
厉国雄	青　田	甲戌科武进士	清同治十三年（1874）
周世昌	缙　云	丙子科武进士	清光绪二年（1876）
项在时	青　田	丙子科武进士	清光绪二年（1876）
陈庭灿	青　田	丁丑科武进士	清光绪三年（1877）
施化鳞	缙　云	己丑科武进士	清光绪十五年（1889）
魏国桥	丽　水	甲午科武进士	清光绪二十年（1894）
陶建勋	宣　平	乙未科武进士	清光绪二十一年（1895）
黄殿魁	青　田	无　考	不　详

（二）与处州有关的官方武术名人

表2-2　与处州有关的官方武术名人

姓　名	籍　贯	生卒年	官职/事迹
施坚实	德　清	（唐代）不详	处州刺史
詹　度	缙　云	约1074—1127	抗金名将
胡　深	龙　泉	1314—1365	元末时随朱元璋征战，守处州。事后被追封为缙云郡伯
戚继光	蓬　莱	1528—1588	明朝杰出军事家，民族英雄
卢　镗	丽　水	1505—1577	明朝抗倭名将
郑汝璧	缙　云	1546—1607	明隆庆二年（1568）进士；万历三十三年（1605）任兵部右侍郎兼佥都御史，总督宣大山西军务
陈　冕	缙　云	1505—1565	"戚家军"主将
陶端中	缙　云	1812—1862	清代武举人

二、民间武术名人

兹录处州民间部分武术名人，如表2-3所示。

表2-3　处州民间武术名人（部分）

时　代	姓　名	籍　贯	生卒年	事　迹
宋　朝	张三八	龙　泉	不详—1318	义军首领
	曹天骥	缙　云	1251—1275	抗元英雄
	曹天骏	缙　云	1249—1316	抗元英雄
近现代	全恩德	莲　都	1915—1990	武林高手

三、处州武术名人生平

处州刺史施坚实

施坚实，字仁甫，号敦夫，湖州德清人。因归顺钱镠，擢任处州刺

史。适值卢约占领括苍，施坚实与其子在黄龙山招集义兵，于开平元年（907）击退卢约。随后即隐居黄龙山青塘，为缙云施氏始祖。

施坚实有四子一女。长子施约铨，字守试，因协助父亲攻打卢约有功，擢任押衙团练讨击使兼迎卫镇遏都知兵马使。其孙施赋予，北宋初年又由青塘迁居龙湖（新建镇泽矶村）。

抗金名将詹世安

詹度（约1074—1127），字世安，缙云县城人。以父荫入仕，北宋政和初知真州（今江苏仪征），后升任两浙转运使。宣和三年（1121）六月丁父忧满，起复延康殿学士，知中山府，成为北宋末守御辽金边境的重要将领。宣和五年（1123）二月，调知燕山府。时有辽降将郭药师同知府事，药师自以节钺，欲居度上，度则称御笔所书有序。朝廷怕詹、郭交恶，命度与河间府（今河北河间）蔡靖两易。詹度屡次上疏奏郭药师怀有异心，背着朝廷暗与金人交结。但徽宗听信奸佞童贯，置之不理，反加官太尉，以笼络其心。宣和六年（1124）七月，詹度调任中山府路安抚使。宣和七年（1125）十月，金太宗下诏侵宋。药师亲金反宋迹象日趋明显，詹度又多次密奏朝廷，提醒朝廷早做防范。而徽宗仍不听，疏于备战。直到沿边巡检杨雍截获药师通金信件，方欲派人处置。而药师已率部降金，并充向导，挥军攻宋。是年十二月，詹度三奏金人分道南下，朝廷大惊失色。金军南下，包围中山府，詹度率领军民奋起抗击，杀金军大将蒲察、绳果。金军受挫后，采取越过中山府南侵的战略，接连占领庆源、信德等地。靖康元年（1126）正月，金兵越黄河，徽宗禅位，钦宗即位，起用李纲为尚书右丞、东京留守。京城军民英勇抵抗，加上援军云集，金军见势不利，解围北撤，回师途中，又猛攻中山、河间等地。詹度身先士卒，率军民齐心反击，战守甚力。钦宗御书奖誉詹度曰："秉节不移，婴城固守，能出奇策，屡挫贼锋。昔张、许之守睢阳，二颜之守朔郡，不足为卿道。"三月，授为资政殿大学士。八月，调任荆湖南路（今湖北汉阳）制置使。闰十一月，汴京（今开封）沦陷，金向宋提出要詹度等抗金将领及朝中大臣共20人作为人质。时詹度在荆南，未赴金营，而其家属随徽、钦两帝，陷于金军矣。南宋建立，詹度被奸佞小人陷害致死。噩耗传来，高宗痛惜不已，追封其为"信国公"。詹度墓葬在丹徒县（今江苏镇江市）白兔山（位于镇江城南8千米，又名横山）上。

（麻松亘作，原载于《缙云掌故》西泠印社出版社2017年版，第237—238页。此处略有改动）

元末明初名将胡深

胡深（1314—1365），字仲渊，处州龙泉人，元末明初著名将领。聪颖而有智谋，精通经史百家之学。著有《芸斋集》。

胡深十岁时丧母，即随父居，父胡钰曾为元朝征东行省左右司员外郎，父出使高丽亦随往。元末兵乱，胡深集乡里民众自保，遂显治军之才，处州总制石抹宜孙聘深为参谋军事。在弹压各地农民起义军、平温州叛将韩虎等战役中都有"汗马功劳"，被授为元帅，统龙泉、庆元、松阳、遂昌四县兵。元至正十九年（1359），朱元璋军克处州，胡深仍坚守龙泉。胡大海素慕其名，遣部将缪美转请叶琛劝导胡深："士之欲立功名者，当以此时自附，与其险阻偷生旦夕，不如改图保富贵。"其时龙、庆、遂、松四县百姓久苦战乱，亦恳请胡深附吴（朱元璋）以保民命。胡深以为有理，于是解甲出见胡大海，申明说："所以为此者，欲郡邑之民安耳。"朱元璋召见胡深，授胡左司员外郎，令回龙泉招集旧部，从征江西。江西平，授胡亲军指挥，守吉安。

至正二十二年（1362）二月，处州苗军元帅李佑之、贺仁得叛反，杀行省枢密院判官耿再成等，占领其城。朱元璋遣平章邵荣征讨，命胡深攻城。胡深率部至处州，烧城之东门。士卒蜂拥入城，李佑之自杀，贺仁得逃至缙云为乡民所逮被杀。是年四月，处州平，授胡深浙江行省左右司郎中，总制处州军民事。胡深为政宽简，缙云田税租重，则以新没入田租偿其数；兵占民房，即于空旷地建营房数十区，还房于民；学宫毁坏，则筹款重建。

至正二十三年（1363）四月，诸暨守将谢再兴叛吴，投张士诚，是年九月率众攻东阳。朱元璋命左丞李文忠征讨，以胡深为先锋，与敌遭遇于

义乌,大败谢再兴部。胡深向李文忠建议:诸暨乃浙东藩屏,不守则衢州不能支。请在离诸暨五十里处五指山下筑新城,分兵防守,文忠从其言。不久,张士诚部将李伯升果率兵号称六十万人来攻,城坚不可拔,乃引兵去。吴王闻讯大喜,嘉奖胡深,赐深名马,授以王府参军镇处州。章溢写了《为胡仲渊咏桃花马》一诗,诗云:

> 朱砂染瓣色重台,勾引春风上背来。
> 慎勿解鞍桥下浴,恐随流水入天台。

温州土豪周宗道据平阳县,屡受方国珍侄方明善袭击。宗道至处州降胡深,以求庇护。方明善大怒,于至正二十四年(1364)九月,大举进攻平阳。胡深遣兵赴援,击败方明善,乘胜克瑞安,进军温州。方明善大惧,即与方国珍商议,愿纳岁贡银三万两,等吴攻下杭州即纳土归顺。吴王许诺,命胡深班师。方明善以盐若干进贡,吴王令处州兑换成白银上交国库,因银色不纯,吴王大怒,责守令赔偿。胡深奏言:"此吾过也,守令俸薄,何能偿?"遂卖龙泉私田,以银九百两代偿。

至正二十五年(1565)二月,元福建行省平章陈友定乘虚攻处州。胡深回师救援,友定引兵遁去。胡深乘胜进军浦城,大败陈友定兵,克浦城,四月克松溪,擒守将张子玉。胡深上章奏言:"近克松溪,获张子玉,其余众敌败奔崇安,请发广信、抚州、建昌三路军并攻之,以规取八闽。"吴王大喜曰:"子玉骁将,今为我擒,彼必破胆,乘胜攻之,必无不克。"即发广信(江西上饶)、建昌(江西南城)两军,以朱亮祖为指挥,会合胡深攻陈友定。方国珍闻胡征闽,又兴兵犯境。胡深留李彦文守松溪,亲率军士克乐清,擒方国珍镇抚周清、万户张汉臣、总管朱善等。是年六月,朱亮祖率部至闽,胡深亦率部至,会师攻克崇安、建阳,乘胜攻建宁。陈友定部将阮德柔据城固守,胡深进军城下,朱亮祖督战攻城,胡深以为未得天时地利,不可轻举。亮祖不听,命深进兵。陈友定调兵四万人驻锦江断胡深后,命牙将赖政率精兵攻胡深部。胡深挥师迎敌,鼓噪而进,连破二寨。阮德柔纵兵出城,夹攻胡深,围兵数重,战至日暮,胡深突围，伏兵四起，马蹶被擒。陈友定素重胡深，初无杀害胡深意，恰元使者至闽，令诛胡深，胡深遂遇害，时年五十二。

胡深遇害后两年，子胡桢等刻木为像、具衣冠，葬父于围源之左。朱元璋遣使祭悼，追封为缙云郡伯。宋濂作神道碑铭，称胡深"指挥三军，雄姿奋发，人不可犯。及与缙绅之流论文评诗，则俨然一布衣书生。濂未尝不服其勇而爱其谦。"长子桢，官至宣武将军金处州卫指挥使事；次子枢（又作杞）奉命帅兵南征，平定南方之后，定居湖南大庸县（今张家界永定区）。

民族英雄戚继光

戚继光（1528—1588），字符敬，号南塘，晚号孟诸，山东蓬莱人。将门之后，幼有大志。明嘉靖二十三年（1544），戚继光年仅十七岁，即袭祖职，任登州卫指挥佥事。嘉靖三十二年（1553）升署都指挥佥事，负责山东御倭。嘉靖三十四年（1555）调任浙江都司佥事，戚继光任宁绍台参将，镇守宁波、绍兴、台州。当时，明军由于将帅腐败无能、兵士胆小怯战、武器粗劣落后、军纪松散废弛，战斗力极弱。与倭寇接战，明军虽人多势众，但竟败多胜少，很多情况下甚至不堪一击。目睹这种情况，戚继光数次奏请组建新军，并终于在嘉靖三十八年（1559）招募金华等地农民、矿工三千余新兵，严加训练，史称"浙兵""南兵"或"义乌军"，民间一般称其为"戚家军"。这支精心挑选、严格训练的新军纪律严明，战斗力强。嘉靖四十年（1561），戚家军在台州战役中九战皆捷，俘获倭寇一千余人。此后又在宁波、温州一带大败倭寇，浙东的倭患遂告平息。次年奉命入闽，于横屿大破倭巢，斩首二千六百级，又乘胜连克倭寇六十营，斩首一千有余。援闽又获全胜，戚继光升任都督佥事。嘉靖四十二年（1563）四月，戚家军再度援闽，于平海卫大败倭寇，斩首二千二百余，救回被倭寇劫掠的百姓三千余人，戚继光升任总兵。嘉靖四十四年（1565），戚继光赴粤，助俞大猷剿平了广东的倭寇，此后东南沿海的倭患基本解除。自嘉靖三十二年始，戚继光在东南沿海抗击倭寇共十二年，并著有十八卷本《纪效新书》。

隆庆元年（1567），戚继光被张居正调往北京，镇守蓟州，建立车兵、骑兵、步兵联合兵种，沿长城布防。隆庆二年（1568），戚继光到蓟镇不久，于青山口破东部蒙古董狐狸所率朵颜部与土蛮联军。万历元年（1573），三次击退董狐狸之进犯。万历三年（1575），再次大破朵颜部，并出塞一百五十里，活捉董狐狸之弟长秃，迫使董狐狸、长昂率所部酋长及亲族三百人叩关请降，归还掠夺的人口，并"攒刀设誓"，永不犯边。《明史》上称"继光在镇，二寇不敢犯蓟门"。戚继光晋升为左都督。万历七年（1579）十月，戚继光进援辽东，击退蒙古鞑靼部首领小王子所部伯彦、苏把亥、银灯等五万多人的军队，战功辉煌，被加封为少保，得到明代武官的最高荣誉。戚继光镇守北方期间，著有《练兵实纪》。

万历十年（1582），戚继光受排挤，调职广东，万历十二年（1584）完成重校之十四卷本《纪效新书》。万历十三年（1585）请病归，万历十六年（1588）卒于故里。戚继光在明代就被称为文武兼备的"儒将"，博览群书，著述颇丰，其《纪效新书》《练兵实纪》被列入我国古代十大兵书之中，在我国古代军事思想史上占有重要地位。他还著有诗文集《止止堂集》等。

抗倭名将卢镗

卢镗（1505—1577），字子鸣，丽水县城人，明代著名抗倭将领。卢镗祖籍汝宁卫（今河南罗山县）。五世祖卢宝于元至正二十四年（1364）归附朱元璋，授平阳卫千户（千户所的长官，正五品）。明永乐九年（1411），卢镗的祖父卢英调处州卫，世袭千户，此后卢氏世居丽水城内。弘治十八年（1505），卢镗出生在千户官邸。卢镗少年时爱读兵书，喜习骑射，深谙军事。嘉靖二十二年（1543），三十八岁的卢镗由世荫嗣职福建镇海卫千户，历官福建都指挥佥事、都指挥、参将、江浙副总兵、都督同知、都督佥事等职。卢镗在江浙闽沿海奋勇抗倭三十多年，身经数百战，俘斩倭寇万余人，战功标青史。《明史》卷二百十二中称："（卢）镗有将略。倭难初兴，诸将悉望风溃败，独镗与汤克宽（抗倭将领、江苏邳县人）敢战，名亚俞（大猷）、戚（继光）云。"

卢镗像

　　元至元二年（1336），日本国内部分裂为以天皇醍醐和大封建领主足利尊氏为首的南北朝，相互攻伐不已。而战乱中的溃兵败将亡命海岛，与冒险商人相结合，到中国沿海进行走私和疯狂掠夺。这些武士、浪人和商人被统称为"倭寇"。中国境内的一些海寇、奸商和流氓分子也趁机打劫，与倭寇狼狈为奸，为害百姓。明朝中后期，大明国势衰微，军备废弛，使倭患日重，沿海人民日益受其害。嘉靖十九年（1540）起，盘踞我国东南沿海一带的盗首李光头、许栋、王直、徐海等聚集于双屿港（今属舟山市）勾结倭寇、葡萄牙人和中国沿海走私官员、商人，私相贸易，一时船舶云集，多至港塞，结聚至万人。葡萄牙人侵占双屿港后，筑馆舍、教堂，岛上住户三千人，其中葡萄牙人一千二百人。葡萄牙人常在"货尽将去之时，每每肆行劫掠"。

　　嘉靖二十七年（1548），朝廷闻报闽浙沿海倭寇海盗祸患异常猖獗，遂命都御史、长洲（今吴县）人朱纨巡抚浙江。是年四月，朱纨派遣时任福建镇都指挥佥事的卢镗及副使魏一恭，率刘恩至、张四维、张汉等集战船四百八十艘、水陆兵六千余人，围剿双屿寇巢。刚开始，倭寇与葡萄牙人坚守匪巢不应战，官军未能攻取。过了一日夜，风雨交加，海雾大起，

倭寇连夜召集人马，准备和葡萄牙人一起突围。于是，他们趁夜色倾巢而出，四向夺舟奔航。官军趁机四面夹击，分股包抄。激战之后，卢镗生擒李光头、许六、姚大及窝主顾良玉、祝良贵、刘奇十四等。卢镗率军乘胜追击，又俘获倭寇首领稽天破等，击毁倭船数十艘，击杀倭寇数百人，并命令官军摧平其壁垒，焚毁其营房。盗首王直乘隙率小股倭寇逃之夭夭。卢镗指挥官军用木石堵塞双屿隘口，将葡萄牙人全部驱逐出双屿。卢镗还组织修筑双屿木栅寨，驻兵安炮日夜守卫，盗贼船舶不得复入，使被盗贼侵占二十年之久的双屿，终于得以平复。六月二十日，卢镗与金山卫指挥吴川围击倭船，生俘许栋及其弟杜武。继而征讨南麂、磐石卫诸岛的倭寇。连续转战三个月，大获全胜。然而，倭乱虽然平息，但因此举损害了闽浙地主豪绅坐地分赃的利益，遂招致闽人官僚的仇恨。于是，御史、闽人周亮及给事中叶镗等向吏部弹劾朱纨等人，吏部采谏将朱纨的巡抚改为巡视，以削弱他的职权。朱纨上疏自辩，并陈明国是、正宪体、定纪纲、扼要害、除祸本、重断决六事，语言非常激烈愤慨，又请处死"勾连倭舟"的长屿海盗林参等。御史陈九德、周亮等接着弹劾朱纨"举措乖方，专杀启衅"，又弹劾卢镗、柯乔等"党纨擅杀，宜置于理"。嘉靖皇帝闻言大怒，下令究治朱纨死罪，朱纨含冤自杀，卢镗等被逮捕入狱革职，定成死罪。从此，闽浙沿海不设巡抚，海禁复驰，倭乱再起。

嘉靖三十一年（1552），倭乱已从沿海蔓延至闽、浙、粤等省腹地，朝廷上下抗倭呼声日高。七月，朝廷不得不任命佥都御史王忬提督军务，巡视浙江及福州、兴化、漳州、泉州四府。王忬巡视浙江海防时，谙知卢镗熟知兵法、智勇双全，是个难得的将才。王忬到任后，即向朝廷奏请赦免卢镗，并委以都指挥（地方最高军事长官，正二品）之职。卢镗与尹凤、柯乔等，统率狼土诸兵，严督防御工事，分兵围剿，重创多股倭寇。

嘉靖三十二年（1553），通倭头目汪直勾结诸路倭寇连船数百艘，大举骚扰浙江沿海各府县。卢镗奉命与俞大猷、汤克宽等，分别逐击倭寇于舟山（东岳宫山）、太仓、南汇、吴淞、江阴、嘉定、海盐、海宁、乍浦等处。卢镗布阵智斩倭寇首领萧显。然而，乍浦一战，千户高才私通敌人，引寇入城，卢镗折损都指挥佥事周应祯及崇明知县唐一岑。因兵力悬殊，战败失利，因此遭御史赵炳然弹劾被革职，朝廷责令卢镗在军中戴罪立功。

嘉靖三十三年（1554），兵部尚书张经总督浙闽军务，擢升卢镗为参将（掌理本营军务的武官，正三品），分守浙东海滨诸府县。此时，王直逃到日本萨摩州松浦津，潜号曰京，自称徽王，封徐海、叶宗满等为将领，陈东、谢和等为谋士，建造巨舰，继续派部下和倭寇一起骚扰江、浙沿海。王忬在长涂、沈家门一线设防。三月，王直派萧显率部入浙，在普陀山附近洋面与官军发生激战后，弃舟登上普陀山。参将俞大猷统兵追击，萧显部据险固守茶山十余天后，大批倭寇抵达普陀山，上下夹击明军，官军黎俊民等先后战死。卢镗率部飞驰增援，萧显和倭寇从海上逃窜，卢镗率军包抄阻击，歼灭敌寇二百余名。

嘉靖三十四年（1555）二月，盘踞柘林（今上海奉贤东南）、普陀等地的倭寇不时攻掠乍浦（今平湖市东南）、海宁、德清、杭州等地。四月，官军议定分进合击的作战方略，歼倭于嘉兴与平望一带。卢镗受命率军胁迫倭寇进入王江泾地域，防止他们向杭州方向窜犯；参将汤克宽领水师由乍浦向嘉兴行动，寻敌作战。下旬，卢镗进兵至石塘湾（今桐乡市西），设伏待敌。果然不出所料，倭寇四千余人自柘林出发，避开明军防线，分路袭扰李塔汇、张庄、小昆山等地，旋自茆湖（今上海青浦西南）北上，欲攻苏州。官军接战倭寇于陆泾坝，倭寇不敌，收兵南下，突袭嘉兴，进入卢镗的伏击地域。卢镗督率狼兵（地方武装）、官兵发起攻击，按计划希图将倭寇向嘉兴以北压迫，并尾追不舍。汤克宽按计划向王江泾前进。五月，张经派遣卢镗与俞大猷所督永顺援军分进合击，大败倭寇于王江泾（今属嘉兴市），斩寇一千九百余人，焚溺死者不计其数。八月，海盗林碧川出没台州外海，卢镗遣都指挥王沛在大陈山海滩大败林碧川。贼兵弃舟登山顽抗，官军尽毁其舟。卢镗督师会剿，于石墙墩（今属定海）痛击倭寇，斩首二百余，生擒林碧川等盗首，其余倭寇尽被歼灭。不久，倭寇又纠集队伍掠夺浙东沿海诸县，卢镗在进剿中兵败失利，再次被夺职戴罪。

嘉靖三十五年（1556），兵部右侍郎兼总督江浙事务的胡宗宪荐擢卢镗协守江浙副总兵。三月，卢镗与定海知县宋继祖合力进剿盘踞谢浦（今

属定海）之倭巢。卢镗募集义勇扩充兵力，在海上用火枪、火箭射烧倭船；在陆上利用大青呑、陈夹呑等隐蔽山呑伏兵，以放火为号，海陆同时发起进攻。卢镗又设法招来乡民千余人，在向倭寇进攻时呐喊助威。如此一来，倭寇摸不清有多少官兵，趁夜色从谢浦逃到吴家山。卢镗指挥张四维趁夜色率麻阳兵突袭吴家山倭寇巢穴。倭寇仓皇突围，被斩杀数百人，余者逃往邵呑（今普陀区）。卢镗等率兵会剿邵呑，尽歼之。五月，倭寇复犯慈溪县城，焚毁县治。卢镗与俞大猷追倭于翁山海上，擒斩三百余人。七月上旬，卢镗又与俞大猷在洋山、马迹一带海域设伏，切断倭寇归路。八月，散倭数千人，分四股入海逃遁。卢镗与俞大猷及海道副使许望东、指挥邓城分股包围，先后歼灭。卢镗设伏于烈港，生擒大隅岛主的弟弟、倭寇首领辛五郎等八十三人，追杀倭寇于海上，击沉倭船数十艘，擒斩倭寇六百五十余人，救出被掳男女七百余口，取得烈港平倭大捷。定海县知县何愈在沥港立"平倭港碑"记其事，并将沥港改名"平倭港"。胡宗宪遂缚陈东、辛五郎等倭首首级晋献朝廷。倭寇士气大挫。倭寇又进犯江北，卢镗率兵急驰增援，于海门将倭寇击溃，又击毁北洋倭船二十余艘，余倭敛舟龟缩三沙（今属上海市）。

嘉靖三十六年（1557），卢镗升任都督同知。总督胡宗宪在卢镗等将领的协助下，设计诱擒王直，并在舟山上建造受降亭，举行受降仪式。胡宗宪诗曰："十年海浪喷长鲸，万里潮声杂鼓声。圣主拊髀思猛士，元戎诓意属书生。身经百战心犹壮，田获三狐志幸成。报国好图治安策，舟山今作受降城。"受降亭下，老将卢镗感慨万千，欣然和诗曰："手提长剑斩妖鲸，八面威风四海声。白发尚能酬壮志，丹心应不负平生。群蛮俯伏归王化，万姓欢歌庆有成。祸本已除环海静，此城端拟汉三城。"

嘉靖三十八年（1559）二月，倭寇二千余人入翁山、川沙等地，犯象山、台州、通州、海门、崇明，卢镗与协守浙江副总兵刘显围敌于刘家庄，一举歼灭之。而凤阳巡抚兼督江北军务李遂却弹劾卢镗等纵贼为患。此时，卢镗已被提升为都督金事兼江南、浙江总兵官。嘉靖帝闻奏，责令夺职视事。不久，兵部郎中、江苏武进人唐顺之都督江浙军务，极力引荐，终使卢镗得以官复原职。

是年，卢镗做了一件功在千秋的大事——督造威远城。熟知兵法的卢镗深知候涛山（又呼"招宝山"）雄踞海口，与金鸡山对峙，为甬江之咽喉。根据多年抗倭的经验，他认为从候涛山俯视县城，相隔不过数十步，如果倭贼一旦占领候涛山，且置火炮于山顶，县城将不攻而破。倭贼络绎衔尾入镇海关，官军也无法阻止。所以，守城非据险要处不可，而据险要处非建城不可。于是，决定在候涛山顶筑建城堡。筑城的劳力主要来自官军，卢镗亲自督办。至嘉靖三十九年（1560），经过军民一年零三个月的努力，城堡竣工，名曰"威远城"。城周长二百丈，高二丈二尺，厚一丈。设雉堞（又称堞墙，上有堞口，可射箭和瞭望）一百六十四个，辟东、西二门，内建戍屋四十余楹，屯兵戍守。同时，在候涛山麓西南筑靖海营堡。在隔江的金鸡山铸火器若干座，以战舰布防甬江口，与县城相犄角，形势益固。这座威远城，不仅在抗击倭寇的斗争中起了重大的作用，而且在清朝后期抗击英国和法国侵略者的战争中，也起了一定的作用。一日，卢镗闲暇登候涛山，肃立在威远城楼上，遥望大海，触景生情，赋诗曰："招宝苍茫控咽喉，巍峨雄堞护重楼。洪涛闪烁金光动，大海澄清瘴雾收。百万貔貅屯远垒，三千戈舰列安流。从今夷寇寒心胆，永固皇图亿万秋。"不久，有倭寇向南洋突围，卢镗率军攻击，斩杀倭寇数百。

嘉靖四十年（1561）四月，倭寇近二万人，连舸数百艘，犯台、温，入昌国（今属宁波市）。卢镗与戚继光、参将牛天锡等在翁山马岙沙蛟、长白港等地合力围剿。台州一战，歼杀倭寇魁首。仙居一战，前来侵扰的倭寇被全部歼灭。先后连续九次战斗，累战累捷，共斩杀倭寇四千余人。此后倭寇南移，其势渐衰。浙江沿海倭寇之患渐平。总督胡宗宪以荡平功奏报朝廷给卢镗增加俸禄、赐金帛作为奖赏。

嘉靖四十二年（1563），卢镗与知县何愈、都指挥李兴合议，于候涛山上建文笔塔，以纪念抗倭胜利及缅怀全体将士的不朽功勋。

嘉靖四十四年（1565），胡宗宪被劾，朝廷以严（嵩）党亲信的罪名将其逮捕入狱，而卢镗是因胡宗宪擢用并报功请赏的，又被视为胡宗宪的同党。朝廷以抗倭督师不力、作战失利等八大罪状，将卢镗逮治下狱，后又免其罪，遣归故乡丽水。

卢镗虽累官至朝廷二品大员，但家计萧然，清贫如平民，世人无不叹其清廉。万历五年（1577），卢镗病逝于丽水城，享年七十三。他的墓园在处州府北郊白云山麓。今墓址尚存，墓园于20世纪60年代被开辟成了农家菜园，许多墓园石构件散落在白云山脚双眼塘周围。至今丽水民间还流传着"千秋丘，双眼塘，白云山脚有卢镗"的民谣。

卢镗屡遭冤诬贬谪，四次戴罪、论死，但他抗倭荡寇的雄心矢志不减，备战督军如常，功绩显赫，彪炳青史，闽、浙人民一直都在纪念他。明朝地方政府奉旨在处州城高堂庙弄口建"江南名将"石牌坊，纪念卢镗。石牌坊现已不存。抗日战争时期，丽水人民为纪念卢镗、激发爱国热情，把濠头街经天后宫前到丽水中学门前的一条街命名为"卢镗街"。建成于1997年10月的宁波市镇海口海防历史纪念馆内，陈列着一组雕塑，展现了都督卢镗驻守镇海时接受倭寇投降的情景。

（原载于陈建波《瓯江故事》，浙江古籍出版社2015年版，第122—127页。此处略有改动）

"戚家军"主将陈冕

数百年来，赫赫有名的"戚家军"可称得上家喻户晓、妇孺皆知。殊不知"戚家军"的主力部队招募自处州，"处州军"把总则是缙云的陈冕呢！

陈冕（1505—1565），字德瞻，号西岩，缙云钦村人，好读书，精武艺。明嘉靖三十四年（1555）秋，戚继光从山东调到浙江御倭前线，鉴于卫所军将骄兵惰、纪律松弛、战斗力不强等问题，多次上奏请求招募新军。获准后，即到处州招募将士。处州知府选荐陈冕为把总，协助戚继光训练了一支纪律良好、英勇善战的队伍，时为抗倭劲旅，人称"戚家军"。嘉靖三十七年（1558），陈冕率处州兵从戚继光出御台州。处州兵以矿工为主体，是戚家军的主力，而陈冕则是戚家军的主要将领。他们跟随戚继光南征北战，在各地御倭战场上战绩显著。嘉靖四十年（1561）四月，倭寇登陆，五月进至大田镇，妄图劫掠台州府城。敌闻有备，旋欲改道，窜犯仙居，劫掠处州。陈冕奉命率领处州兵分三道，自引兵二道，前后设伏，严阵待敌于大田至仙居所必经的上峰山。待倭寇进入伏击圈，鸟铳齐发，列一头两翼一尾阵，居高临下，勇猛冲杀。倭寇仓皇应战，当即有数百人缴械投降。余倭被迫退至白水洋朱家大院，被全部围歼。斩、擒倭寇各数百人，缴获甚丰，救回被掳百姓千余人。陈冕因功被授予千总衔兼理辕工。嘉靖四十一年（1562）七月，陈冕率领处州兵随戚继光往福建剿倭。福建宁德县城东北海中的横屿，是有敌数千人、盘踞数年的倭巢，以往明军无可奈何。陈冕受命主攻，身先士卒，率部奋勇激战，占领倭巢，取得了入闽抗倭首次胜利。后又相继攻拔福清境内的数个倭穴。是年十月，班师回浙休整，倭患复盛。陈冕及处州兵再次从戚继光入闽与新任福建总兵俞大猷、先期援闽的广东总兵刘显与一道抗击闽倭。嘉靖四十二年（1563）四月，以陈冕所率处州兵为主力的戚家军从正面主攻平海卫倭巢，倭寇大败。嘉靖四十三年（1564），陈冕再率轻锐兵力，藏火器，夜逼寇穴。一炮轰击，据点起火，倭寇仓皇下海而逃。随即水陆夹击，倭寇溺死三千人，被斩八百人。被俘男女千余人获救。福建寇净，嘉靖还师归省，病急而逝。

戚继光高度赞赏陈冕所率处州兵之英勇善战，在总结东南沿海平倭战争治军经验的《纪效新书》中道："浙江乡兵之称可用者，初为处州，继而绍兴，继而义乌，继而台州；至于他处，则虽韩（信）、白（起）再生，不可用也。"又说："等而别之，得其人而教练焉，毕竟处州为第一，义乌次之，台温又次之，绍兴又次之，他不在此科也。""由是处（州）兵之名著天下，无处不募处（州）兵，而先浙、次直、次福建，皆处（州）兵矣。"

（麻松亘作，原载于《缙云掌故》西泠印社出版社2017年版，第238—239页。此处略有改动）

明代武状元周嶅

周嶅（1502—1566），明朝将领，字嵘伯，号明溪。生于浙江处州府遂昌县，后迁居浙江杭州府仁和县。

嘉靖三十四年（1555），周嶅在乡试中武举人。次年，周嶅得中丙辰

科武举会试第一人。此科武会试主考官是翰林学士董份、侍读瞿景淳。世宗皇帝还特派自己的宠臣、大学士严嵩主持"会武宴"。周耄在此间拔得头筹，朝廷上下都为武科得人而相与庆贺。

得中武状元后，周耄被授予锦衣卫副千户之职。不久，周耄被晋升为指挥佥事，率兵守备赣州，屯聚山林的大小山寇畏惧新科武状元周耄武艺高强，都不敢贸然进犯。寻即，周耄以守备有功，被提升为浙江都指挥佥事（正三品）。在任期间，他经过认真访察与思考，对屯田制度提出了很多中肯的政见，皆切中时宜，得升江南盐城参将。

参将为正三品官，是镇守边地的统兵官。当时的江南地区，内有山盗为患，外有倭寇侵扰。周耄上任后，凭借一身文韬武略，不但使地方治安得到进一步强化，而且有效地打击了倭寇的入侵和掠夺，维护了一方平安。后周耄被调往广东，驻守高州、肇庆等地。当时称霸一方的全仕倓狡猾多变、占山为王，与朝廷作对，是朝廷当时的心腹大患。而周耄到任不久，就率军在平尖嘴等处剿平了全仕倓，为朝廷除了一块心病。于是，督抚上疏荐举周耄，朝廷亦准备对其委以要职。不幸的是，当时的周耄因戎马倥偬，积劳成疾，身染重病后不治而亡。大明又失去一位将帅之才，朝野上下一片惋惜。

周耄天赋异禀，为人机敏，是不可多得的文武全才。他精通朱熹的《周易义》，擅长赋诗作文，还写得一手好字，其真草书法遒劲有法度。周耄天性孝友，与兄弟周峦亲密无间，兄友弟恭。周耄为将帅，机敏有智谋，治兵有方，对部下恩威并施，深得士卒之心，所以能每战有功。周耄去世后，张瀚为其撰写了墓志。

明代武进士尹思忠

尹思忠（生卒年不详），字荋卿。起莘裔孙。其先以扈从入京，世袭锦衣（卫），四传至思忠。丰仪博学，早游胶庠，相者谓公貌当以武贵。乃投笔，万历十三年（1585）顺天府乡试中武举人，万历十四年（1586）兵部会试中武进士，擢守雁门，官至都司佥书（正三品）。谈诗说剑，有儒将风。万历十九年（1591），给事中张贞观阅边，闻思忠贤，虚心咨访。

乃条上六事，皆筹边大计。边人诵之。《处州府志》有传。

（参见《遂昌县志：旧志综合版》第十一卷人物志上，浙江人民出版社2021年版，第361页）

兵部侍郎郑汝璧

明代后期的缙云籍官员郑汝璧，德高品正、博学多才。他任文官能刚正清廉、措置裕如；担武职则披坚执锐、制虏安边。且他一生好学不倦，善于诗文，力于著述，不愧是一位才兼文武之人。

郑汝璧（1546—1607），字邦章，号昆岩，缙云县城人。自幼聪慧好学，八岁即能诗文。明隆庆二年（1568）中进士，时仅廿三虚龄，可谓少年得志。授刑部江西司主事，升云南司郎中。明代的锦衣卫权力很大，常滥用酷刑，制造冤狱。汝璧秉公审核，逢冤假错案，一一平反。忙碌公事同时，结合断案实际著《大明律解附例》。隆庆六年（1572）七月，调礼部会仪制司郎中。职掌仪礼、典章制定和皇亲藩王册封、奖赏。以往常有衙役以权索贿谋私。汝璧上任后，翻遍旧牍，潜心整理出《帝后纪略》《同姓诸王表》《功臣封爵考》《臣谥类钞》等专著。并在此基础上，制定统一的仪制事务程序和制度，交尚书上奏朝廷颁行。自此，宗藩对各自应得或不该得什么礼遇一目了然，不需再去行贿衙役。仪司以及汝璧清廉之名，由是盛扬。万历三年（1575），调吏部验封司郎中。万历五年（1577），按例考核地方官吏，屡黜不肖官员，闻者称快。转任本部负责选拔、推荐官员的文选司郎中，不以权贵眼色行事，不分亲疏贵贱，唯才是举。万历六年（1578）迁掌司祭礼乐的太常寺小卿，提督四夷馆。因奸佞作梗，外调福建布政使右参议。次年七月，又远遣广东按察副使，管辖琼州（海南岛）。郑汝璧一身正气，却遭远谪，心中不平，辞归故里，寄情山水十二年。

万历十九年（1591），朝廷起用郑汝璧为井陉（今属河北）兵备副使。不久调任赤城（今属河北）参政。赤城与蒙古鞑靼相邻，时属边防重镇。汝璧严格整训军队，常与诸将驰骋荒郊，比试武技，探讨战略。时虽鞑靼与明修好，边塞无大战事，但也常有鞑靼入侵劫掠。边将怕负开启边衅重

责，故不顾边民受难，或置若罔闻，或虚应故事。汝璧则以保境安民为务，遇有劫掠，即遣骑兵斩其头目，并严肃警告鞑靼："国人为盗匪，尚斩杀无赦。何况入侵叛逆，怎能容忍？"鞑靼惊服，不敢再来。给事中钟羽正奉命巡视边境后，上疏说："臣遍历诸边，明目张胆敢战守者，惟郑汝璧一人而已。"神宗奖赐，并升为河南布政司左参政，又调榆林（今属陕西）中路按察使。万历廿一年（1593），升山东右布政，寻加右佥都御史，巡抚山东。时山东、河南发生大饥荒，即命府县通有无、赈钱米，又命煮粥济流民。因措施得力，所任得人，先后救活灾民六百三十三万人。邻省河南因救助不力，出现人吃人惨剧。汝璧闻知，又筹集粮款，派员去河南赈济，旋使河南局势转为稳定。两省士人立碑记之。倭寇入侵朝鲜，驻釜山，与山东登莱仅一水之隔，民心震动。郑汝璧即招募兵将，并调来浙兵，严阵以待，民心安定。为减轻百姓负担，又奏准屯兵开登州海北长山诸岛田，以登州营军耕之，岁得谷麦一千七百余石。汝璧还非常重视文化建设，万历廿二年（1594），他和巡按连标除修葺孔子墓、享殿、斋室外，还在大林门之南神道上添建"万古长春"坊和两侧碑亭。东亭石碑刻"大成至圣先师孔子神道"十个大字；西亭立"阙里重修林庙"碑。栽植神道桧柏数百株，最终完成了孔林神道的建设。又在颜庙正门偏东，陋巷街北端建陋巷坊。万历廿三年（1595），重梓元代李恕所著的《五经旁训》。不久，因母亲去世，郑汝璧居家守孝。万历廿七年（1599），孝满，起复为南京太常寺少卿。万历三十年（1602），以右佥都御史巡抚延绥（今陕北延安、绥德、榆林一带）。因重临故地，熟悉形势，将领大都是旧属，指挥得心应手。鞑靼屡次犯边，都挥师大败之。万历三十三年（1605），升为兵部右侍郎，兼佥都御史，总督宣大（宣府、大同）、山西等处军务兼理粮饷。时鞑靼王方死，境内骚动，边境形势趋紧，宣大为拱卫京城最重要的战略重地。汝璧到任不久，就患上疾病，然仍力谋防御，传令各道修城堡、制军械、练士卒，召集将领授予奇谋战略。鞑靼不敢妄动，边境安定。万历三十五年（1607）夏，郑汝璧病情日见沉重，上疏求归，得旨允准，行至山东荆门驿，卒于舟中。郑汝璧不愧是一位鞠躬尽瘁、死而后已的忠勇将军啊！汝璧归葬缙云兰口飞凤山，残墓犹存。

郑汝璧通法理，善诗文，懂兵法，著有《大明律解附例》《仪制》《皇明帝后纪略》《皇明同姓诸王表》《皇明功臣封爵考》《臣谥类钞》《抚东疏略》《延绥镇志》《河套图考》《由庚堂诗文集》等。

清代武进士厉国雄

厉国雄（1844—1893），字士乾，号松云，浙江青田县人，生于清道光二十四年（1844）四月初六酉时。出身书香世家，父亲厉耀椿。厉国雄在家中排行老三，娶宣武都尉林之珏公次女为妻，生二子，长厉峨峰、次厉眉峰。

厉国雄少年时入私塾，他聪明伶俐，看过的书过目不忘，并能完整地诵读下来。他从小就经常涉猎经史典籍，所作诗赋在当时的学堂小有名气，很多前辈也都称赞他文辞好、为人友善。

清同治二年（1863），二十岁的厉国雄在青田举行的县试中，被县令范公录取为全县第一名。清同治三年（1864），青年厉国雄读到了《班定远传》一书，并为书中的事迹所激励。班定远即东汉时期的班超（32—102，字仲升），他是扶风郡平陵县（今陕西咸阳市）人，东汉时期著名军事家、外交家。班超素有大志，不修细节，但内心孝敬恭谨，审察事理，博览群书。因不甘于只为官府抄写文书，毅然投笔从戎，随窦固出击北匈奴。又奉命出使西域，在三十一年的时间里，他收服了西域五十多个国家，为西域的回归做出了巨大贡献，官至西域都护。东汉永元七年（95），汉和帝刘肇为了表彰班超的功勋，下诏封他为定远侯，世称"班定远"。

这一时期的厉国雄受到班超"投笔从戎，万里封侯，曾以千人，击退七万敌军"的英雄气概的感召，慨然喊出："大丈夫当如是尔，吾安能久事笔砚乎？"于是他决定以班超为榜样，弃文习武，并于同年考取了江宁水师学堂，开始了他"治孙吴，练弓马"的军事生涯。

清同治十年（1871）辛未武科，厉国雄考中武举人，并以拣选一等第一名的身份，考取了兵部差官。

清同治十三年（1874）甲戌武科会试，厉国雄得到了主考官太子少保崇文山、兵部尚书桑百齐、御前侍卫彭阳春、翰林院侍讲学士许应骙和都

察院左副都御史童华等人的赏识和认可，考取了贡士并取得参加殿试的资格，最终殿试考中武进士，为第三甲第一百一十一名。被同治皇帝钦点御批卫，钦加四品衔，诰受武功将军。这一时期，国内也呈现出一片繁荣景象，海内昇平，八荒无事，整个大清朝政局稳定。

光绪六年（1880），三十七岁的厉国雄连任江南淮安卫正堂（最高长官）三年。这期间，光绪皇帝派曾国藩次子，外交大臣曾纪泽与俄代理外交大臣吉尔斯在彼得堡签订了《中俄伊犁条约》，中国正式收回了伊犁。

光绪十年（1884），厉国雄调任山东济宁卫正堂。光绪十四年（1888），调任安徽滁州卫正堂。这期间，他从政经验丰富，并且清慎居心调剂，所有了解他的军民没有不顺从、不服气他的。光绪十六年（1890），厉国雄特授安徽宣州卫正堂。又过了三年，刚刚年满五十岁的他因公殉职，于光绪癸巳（1893）十一月初七亥时卒于任上。

（参见厉丽荣、厉建强整理：《大清朝武功将军厉国雄》，https://zhuanlan.zhihu.com/p/493575916）

清代武进士周世昌

周世昌（1846—1893），名卢昌，字通金，考名世昌，又字子勋，号西廷，缙云人。自小习武，有百步穿杨之技。在黑夜，能把点着的香火射灭。双手能举三百斤石礅过头顶。他练武的套路千变万化，百廿斤刀舞得如风车转动，呼呼生风。有时练武手心出汗，弄脏了刀柄，他把百廿斤刀拿到池塘清洗，从这头洗到那头，好像在洗竹杠。旁人以为是空心刀柄，伸手一试，才知是货真价实的百廿斤刀。他练姜太公钓鱼刀法，右手握住百廿斤刀的末端，能上下点头三十多下。此百廿斤刀现存放在缙云县博物馆。有一次，他从汉溪到处州去比试，雇本村周景洪为挑夫。周世昌本人力大，他的挑夫也力大，拖着一双没后跟的布鞋，百廿斤刀当扁担，两头挂了干粮等物品，一路上左肩换右肩不用转身，都是用手将刀柄一举过头完成。过桃花岭，挑夫照样健步如飞，如履平地。挑夫如此，更何况主人！

光绪元年（1875）乙亥恩科乡试，周世昌获第五名亚元。第二年丙子恩科殿试，武状元是福建省张鸿图，周世昌获二甲第七名。因家贫，周世昌每次进京路费都是借的。因无钱打点上下关系，周世昌居京十五年，只做到了御前侍卫。光绪十七年（1891），朝中有位老臣出面向皇帝举荐，他才选任贵州普安营任游击。周世昌在任上，曾多次打击叛乱，保卫地方百姓安居乐业。他身经百战，屡建功勋。光绪十九年（1893）三月十六日，据报有敌人来犯。当时周世昌身患疾病，手下的千总拖拖拉拉不肯出战，一个百总自告奋勇披挂应战，不幸战死沙场，被砍去头颅。他听到百总阵亡，火冒三丈，带病出战，打败了来犯之敌。收兵后，周世昌头昏眼花，想早点治好身体，当夜叫小儿媳煮了一碗参汤喝下。原来他只是中暑，不能进补。到三月十七日酉时，周世昌只感到胸闷难过，竟卒于任上。其家人扶柩返乡时，因清贫如洗，由文官上报朝廷，下了行文，沿途所过州县都要资助所需路费。三月灵柩起运，直到十月才运回故里。周世昌一生清贫，魂归极乐。从贵州贵阳回来的乡人说，那里如今还为他立了塑像，世代纪念他。

周世昌的大刀

游击将军施化麟

坐落在缙云壶镇镇西施村道门的清代建筑——游击将军府，2011年1月被列入浙江省文保单位，定名为"道门进士第"。进士第的主人就是游

击将军施化麟。

施化麟（1862—1902），乳名文彬，考名化麟，字守仁，号蔫虞。同治元年（1862），施化麟出生在缙云县白竹乡伏虎山下的西施村下施坑口自然村，他十六岁中武秀才，二十一岁中武举人，二十八岁中武进士。他与程文炳、廖寿恒、黄绍箕、应振等维新派官员交善。施化麟历任军机处行走、都尉钦差官、游击将军等职。1902年施化麟感染病毒，卒于泉州任所，享年四十岁，谥号"武从公"，授振威将军衔（二等功爵），赐丹书铁券，奉旨行棺还乡，钦赐全葬。

施化麟出身武林世家，幼年时也和平常孩子一样顽皮。他的父亲施润之将军（正三品武义都尉，奉议大夫）很重视对孩子的文化培养，一次去私塾检查孩子学习是否用功，发现化麟正被先生体罚。第二天清晨，润之将军让施化麟穿上草鞋，跟下人上山干农活。经半个月雨打日晒之后，饱尝农活之苦的施化麟从此发奋攻读四书五经。润之先生的严格家教，培育了宅心仁厚的施化麟。

中武举人以后，施化麟就被铨选进入兵部军机房钦加捷报处行走（兵部机密院传令官），属清八旗军太子太保恭亲王奕䜣镶黄旗麾下。虽然是临时委派的低级官吏，但实权不小，负责监视群臣，有直接面奏慈禧太后的机会。后任都尉钦差官、营守府等职。其间，施化麟得到了左宗棠赠予的一副楹联："本忠厚以承家，义粟仁浆，昔日堪称孔北海；傍林泉而筑室，烟情霞想，斯人无愧谢东山。"左宗棠是他非常敬仰的一代名将，也是他的榜样，施化麟如获至宝，小心珍藏左帅的真迹。自此以后，施化麟兢兢业业，锐意进取，直到他考中武进士，追随奕䜣，1894年参加甲午海战以后成了一名维新派人物。

戊戌变法失败后，奕䜣密令施化麟护送康有为、梁启超出国避难。如此重任必须托付给智勇双全、忠心耿耿的得力干将。施化麟感激知遇之恩，拼死搏杀，不辱使命。随后，遭慈禧太后猜忌的施化麟在奕䜣的庇护下，调任福建前协陆路提标右营守备，统领邵武水师。施化麟骁勇彪悍，因军功累官至都司，在福建陆路提督麾下任泉州游击将军。在征剿海盗、阻击洋人入闽等战役中，施化麟均身先士卒，冲杀在前，所向披靡，两次荣立战功。慈禧下旨给施化麟钦加二级三品封典，赏戴花翎，诰封昭勇巴图鲁，敕造游击将军府。这是对施化麟的肯定和嘉奖。

当时府衙内有一块长满野草的荒地，施化麟天明即起，趁着曙光，开荒种菜，自给自足。任职期间，他治军严明，对百姓秋毫无犯。若有兵卒骚扰百姓，他一定严惩不贷，并且亲自上门致歉。百姓家境困难，无力医治，年老体弱，鳏夫寡妇，他都加以救助。泉州兵民感恩戴德，以"万民伞""刚正威严"等十二块匾额相赠。泉州曾经有一条街就叫化麟街。

施化麟不仅作战英勇，功勋卓著，还富有故乡情怀。在家乡期间，他利用闲暇时光，教村民习武练功，他那一身精忠报国的浩然正气，不知影响了多少人。西施村一带，曾经出现高手如林、乡民彪悍勇猛的现象。这为后来这一带成为红色根据地打下了基础。1936年，粟裕的队伍就在这里修整了三个月。施家父子还慷慨解囊，修建了桐山岭和四府岭两道山岭，方便乡民通行，惠及数世。关于施将军的逸事，乡人至今津津乐道，略述如下。

臂力过人。逢农忙时节，施化麟经常参与干农活。他的臂力很大，可以双手擎起几百斤的稻谷行走如飞。一日大雨倾盆，父令化麟、钟麟、玉麟兄弟三人赶紧去田里抢收稻秆。化麟在路上吩咐两个弟弟："你们二人，快把六根麻索接成两根，把稻秆捆为两捆，把三条稻秆杠扎成一条。"兄弟立刻照办，化麟气沉丹田，用双手擎回已经被雨淋湿的稻秆，惊人的臂力令人叹为观止。

刻苦练武。施化麟每日闻鸡起舞，早饭前，以技勇石练武。三块技勇石（现存放于游击将军府大厅）严格按照清朝武举考核的重量标准打造。化麟从小到大依次端起，从地上端起放到胸膛，身体后仰，亮出技勇石底部，谓之"献印"；将技勇石放回原地，再平端到胸前，单手擎起，这叫"霸王举鼎"；左右换手，绕大院走十圈，三块技勇石练完，就要走三十圈；接着，前脚掌踏阶沿石板，后脚掌悬空不落地各端技勇石五十次，面不改色，端放自如。

施润之（施化麟父）的技勇石

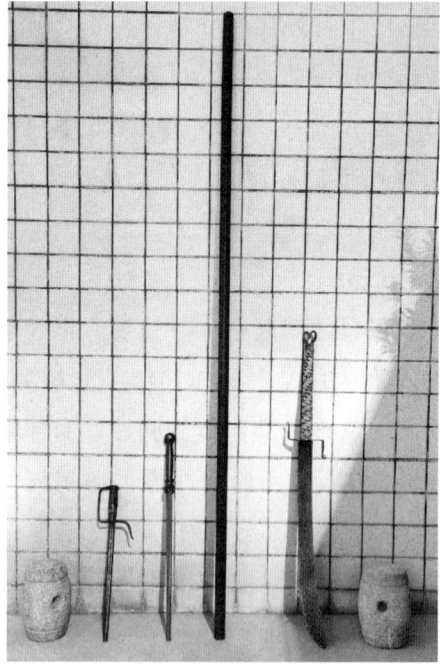

施化麟的组合兵器

赶考风波。光绪十五年（1889），已是兵部军机房捷报处行走的施化麟回家祭祖祈祷，准备赴京城参加武会试。八月整理行装，手提一百六十斤大刀，其随从长东带着弓箭、刀枪、九节鞭、齐眉棍。二人跋山涉水，纵马奔驰月余，到达京都大校场。外场考跑马射球，人站跑道内上马，鞭打马跑，同时对准跑道外小滚球连射三箭，化麟只中两箭。按科考规矩，第一场中三箭者才能进入下一场考试。正当他心灰意冷、忐忑不安之时，有江西武举向施化麟游说，要求化麟代其考内场武功，愿出龙洋五万元。随从东洵得知此事，极力阻止，并婉言相劝："学得文武艺，货与帝王家。有志者事竟成，你自幼习得一身好武艺，又精通书法，可说是文武全才，何况主考官乃是老爷同年，也认得你，何不闯进去一试？"化麟听后，恍然大悟，抢起大刀进入考场，请求比武，并临场舞起大刀，疾如流星。主考官见其力大艺高，欣然叫好，准其比武。化麟十八般武器样样精通，过关斩将，进入殿试，结果中式李梦说榜第八十四名武进士。

文武双全。当时西施宗祠有施化麟榜书和对联手迹，据村中老者说，他的书法与武术融为一体，笔锋犀利，如钢钩铁画，端正刚劲。

附：游击将军府

将军府于1897年开建，1901年12月建成，占地3300多平方米。这是江南仅存的皇家敕建的武官府邸，其建筑工艺极具宫廷风格，又突现中西合璧的军事堡垒的防御功能。施化麟还将左宗棠所赠楹联镌刻在从公堂正厅。

武举人陶端中

陶端中（1812—1862），字成士，考名国镕，号益斋，缙云县七里乡型坑村人。大约在清道光年间考中武举人，生平事迹无载。据村中长辈传说，陶端中当过清军，杀过"长毛"（即太平天国士兵）。根据清代的规制，陶端中被恩准建陶氏宗祠十八间，开八字门、功名门，钦赐"叠"（桅杆）一对，是为国家立下大功的象征。目前，这些遗迹仍保存在村里。

花翎侍卫陶建勋

陶建勋，生卒年不详，宣平陶村人。陶村位于瓯江支流宣平溪的源头地带，村里崇文尚武，素有习武风气。陶建勋自幼习武，武艺超群。清光绪二十年（1894）中武举人，光绪二十一年（1895）中武进士。他是宣平县最后一名进士。钦点花翎侍卫，派乾清门行走。宣统年间曾任陕西参将。辞职返乡后，为陶村首任民事长。年老仍练功不止，古稀之年，鹤发童颜。现在陶村的陶建勋故居内尚存有其遗像及三块练功"千斤石"。

草莽英雄张三八

宋朝，是一个令龙泉人骄傲的朝代，宋天圣至咸淳的二百多年间，龙泉进士就达二百四十余名。而在南宋末年，龙泉却出了一位啸聚山林揭竿而起的义军首领，声震浙西南，他就是张三八。这在人文底蕴深厚的古邑龙泉，无疑是一个另类。

张三八所处的时代，是真正的乱世。南宋政权风雨飘摇，就当时的形势而言，蒙古大军早已势如破竹、所向披靡。元至元十三年（1276）十一月，元将阿剌罕攻克处州，知州李珏投降。残暴的元军大肆杀戮，城内百姓死七百余人。惨绝人寰的暴行激起了处州军民的强烈愤慨，他们同仇敌忾，虽然与元军实力悬殊，明知不可为，但仍誓与元军殊死一搏。次年，青田季文龙首先起义。附近七县纷起响应，义军旗开得胜，攻克处州，占据天庆观，杀死元朝知州，后被元处州路总管府达鲁花赤赵贲亨大军重重围困。季文龙带兵出城迎战，不幸溺水身亡。

季文龙之死，激发了处州人民更强大的斗志。至元十四年（1277），张三八揭竿反元。是年八月，元武节将军吕德率部随召讨官李东渡钱塘江进婺州和处州镇压义军。习惯于在茫茫草原上纵横驰骋的蒙古骑兵，显然不适应山峰险峻、沟壑幽深的山区地形。张三八悉知对方的弱点，采用绁木战术，即将绳索系于道路两侧树木，绊住敌军马腿，使元军人仰马翻。召讨官李东也坠落马下，伤了大腿，元军溃败而逃。一时间，张三八名声远扬，军威大震，队伍也迅速壮大，到了至元十五年（1278），已有两万人之众。张三八于是率军杀了庆元县达鲁花赤也速台儿，且屠其家。这里赘述几句：至元二年（1265），元廷诏令："以蒙古人充各路达鲁花赤，汉人充总管，回回人充同知，永为定制。"蒙古达鲁花赤官早在成吉思汗时即已设置。窝阔台在各地设达鲁花赤，管理行政。元朝建国后，达鲁花赤在地方官中地位最高，但往往不实际管事，成为高居于地方官之上的特殊官员，因而被称为"监临官"。达鲁花赤制的普遍实行，正是元朝严苛的民族等级制度最直接的体现。

元廷改派怀远大将军赵贲亨任处州路总管府达鲁花赤前来讨伐。赵贲亨身经百战，颇有谋略，手下的士卒也是训练有素，他率五百骑士，与东下进攻处州城的张三八部将郑先锋、陈寿山所率三千余人在浮云山（今属云和县）激战，斩首三百余。张三八义军布防于处州西侧，与元军三战皆失利，退败后，沿途在水陆均设下埋伏。元军得胜后有些轻敌，果然中计，遭受重创。赵贲亨在东侧见骑兵不利，马上调整策略，选步兵骁勇善战者为先锋，义军不敢近前。三八屡败屡战，终因寡不敌众，无奈退守龙泉。既而衢州陈千二聚众两万人、遂昌叶丙六亦集三千人声援相助，都被赵贲亨平定。元军慑于义军势力，也改用怀柔之策，派宣慰使谒只里率兵从侧翼进抵龙泉，夹攻三八军。

元气大伤的张三八最后被俘，情知大势已去的他接受了招安，受封为武威将军，任滁州同知。之后，他辗转多地，历任淮安、庐州、信州、治中、薪州同知，转任明威将军、漳州路总管，再升为定远大将军、大中大夫、汀州总管。元延祐五年（1318），张三八病故于官署，葬于漳州清凉山。

抗元英雄曹天骏、曹天骥兄弟

曹天骏（1249—1316）、曹天骥（1251—1275），南宋缙云县二十九都白岩村人（现属磐安县）。南宋末年原习儒业，见时局日非，遂弃文从武。

咸淳末年，元兵大举南侵。父亲曹琼散尽家财招募义勇，保卫乡里。南宋德祐元年（1275），宋广王赵昺由海道至台州，曹氏兄弟率领义兵四万人赴临海白水洋救援，广王得其助，撤退至福建。元将张弘范率军追

至，相持月余，曹氏兄弟粮尽援绝。

危难关头，弟天骥决计死战，告于兄天骏曰："我有子，死无憾，兄无子且有父老在堂，应速归去。"元兵合围，兄弟出战，天骥壮烈殉国。天骏悲愤万分，率余众再战，终不敌，后从间道突围。四年后，宋亡。

天骏归家后，元左丞、浙东宣慰使史弼遣使招其归顺，天骏拒不受命。史弼至处州，曾亲自召见天骏，欲授以官，亦被拒。天骏隐居乡里后，慷慨助贫，发仓救荒，乡人敬服。兄弟俩的英雄事迹遂流传至今。

武林高手全恩德

百年鱼跃第三代掌门人全恩德（1915—1990），莲都人。全恩德是浙江武术史上一位具有传奇色彩的重量级人物。他师承"江南第一腿"、民国十大武术家之一，曾任孙中山贴身保镖、蒋介石少将护卫官的刘百川先生。

1920年，在五四运动的影响下，一些有志之士提出"强身救国"的口号，在全恩德就读的崇德小学，运动设施就有吊环、秋千、小足球、木哑铃、单杠等器材。当时学生们强身救国的热情很高，积极参与体育强身活动，这也为全恩德的武术功底打下了扎实的基础。

1928年，丽水有位阔孔孙先生，他请来一位拳师在太保庙传授拳术和棍法，全恩德抱着强身的目的去学习。后来全恩德到青田祯埠亲戚家，看见区公所里晚上有位罗伯顺老师在教太极拳，他也参加了学习。当时有位浙江省国术专修班学生黄训道回丽水实习，在丽水民众教育馆传授拳术，全恩德又参加了学习。当时浙江国术馆第三期专修班招生，全恩德考入专修班第三期学习，与之一起学习的丽水人还有黄品兰、俞崇诗、叶德云、王守业、许富俊、沈伯青等。1935年夏，缙云县民教馆举行武术比赛，聘请黄训道和全恩德做评判员。

当时浙江省国术馆人才济济、少长咸集，对全恩德影响很大。如太极拳专家田兆麟在家里办了个太极拳研究学社，有很多人跟他学。有八卦掌老师陈秉衡，行意老师奚兴法，擒拿弓箭老师韩庆堂，少林拳老师奚成甫、朱之光、阮奉天等，还有摔跤老师韩庆常、毛臯英，太极操老师汪崇一，扑击老师何长海。周蚤翁老师曾赴日本考察武士道和柔道。中央国术馆馆长张之江也常来国术馆活动。

那时，国立杭州艺术专科学校每次开游艺晚会，都请国术馆老师和同学前去表演。全恩德表演的是双刀、梅花枪和武松脱铐等。杭州童子军露营时，也请全恩德去表演武术。1937年春夏间，浙江省社训总队主办武术培训班，浙江省高中以上毕业班学生三千多人，集中在梅东高桥体育场训练，为时三个月。全恩德是教练之一，教授的对象是大学直属中队、第一大队第一中队和第二大队第四中队。1937年5月，浙江省召开全省武术运动会，全恩德获得双刀和拳术两块银牌。

在"文化大革命"时期，全恩德受到批判，被禁止教授武艺，但每每在他锻炼时，总有人在后面跟着他学，他也给予热心的指导，二十余年他义务教授徒弟上千人。现在很多练习太极拳的丽水人，都是全恩德的徒子徒孙。

全恩德武功高强、武德高尚，在丽水具有一定的影响力，是一位值得尊敬的武术界老前辈。

全恩德

附：抗倭名将与丽水街名

丽水市在1940年用三条街来纪念抗倭名将："继光街"用来纪念明朝抗倭名将戚继光；"大猷街"是为了纪念抗倭名将俞大猷；"卢镗街"用来纪念明朝抗倭将领卢镗。这里对俞大猷及大猷街的来历做一简介。

俞大猷（1503—1579），字志辅，小字逊尧，号虚江，泉州晋江（今

福建泉州市）人，明代抗倭名将、都督、军事家、武术家、诗人。早年学习易经，世袭百户。嘉靖十四年（1535），考中武举，授千户、金门守御。经过兵部尚书毛伯温推荐，出任汀、漳二州守备，击破海贼康老，授都指挥佥事，平定新兴、恩平的叛乱。嘉靖二十八年（1549），经右副都御史朱纨推荐，出任备倭都指挥，平定安南范子义叛乱，安定了海南的形势。嘉靖三十一年（1552），倭寇进犯浙东一带，明世宗朱厚熜下诏调任俞大猷为宁波、台州诸府参将，率领军队与倭寇作战，人称"俞家军"。当时倭寇攻破了宁波昌国卫，俞大猷率兵击退敌人。倭寇又攻陷绍兴临山卫，并转攻至松阳，当地知县罗拱辰奋力抵御倭寇的进攻，俞大猷在海上阻截敌人，取得较大的战果，但竟被朝廷以失事罪名停俸。而后俞大猷又在海上击破倭寇，焚烧倭船五十多条，才恢复了俸禄的发放。俞大猷与戚继光并称为"俞龙戚虎"，他还创立了兵车营，设计创造了用兵车对付骑兵的战术，累迁福建总兵官、南京右府佥书。万历七年（1579），俞大猷告老还乡，病逝于家中，时年七十七岁，获赠左军都督，谥号"武襄"。著有《兵法发微》《剑经》《洗海近事》《续武经总要》等军事、武术作品。后人将俞大猷诗词编成《正气堂集》。俞大猷所著《剑经》一书，虽然名为"剑经"，但实际上讲的是棍法及长兵器的用法。内容包括"剑（棍）""射""阵"三法，俞大猷认为"棍为艺中魁首"，强调随时以"奇正相生"的变化，以静制动，后发而先至，在敌"旧力略过，新力未发"时，施以突击，"打他第二下""刚在他力前，柔乘他力后，彼忙我静待，知拍任君斗"。戚继光曾称赞《剑经》说："千古奇秘尽在于此，近用此法教长枪收明效，极妙！极妙！"

大猷街本是古街，丽水筑城后即有，明清为南横街东段，民国叫应星桥街，1940年为激励民众抗日斗志而改为大猷街。

第三章

龙泉宝剑

在中国五千年文明史中，武术承载了丰富的民族精神和文化内涵。剑作为重要兵器，不仅在战场上发挥关键作用，还成为侠客、文人墨客及王公贵族的身份象征。剑被誉为"百兵之君"，处州龙泉是剑的故乡，铸剑历史悠久，欧冶子铸名剑的故事千古流传。随着时代发展，处州铸剑技艺不断提升，其他武术兵器的制造技艺也飞速发展。

一、龙泉宝剑的发展演变

春秋战国时期，剑已成为主要短兵器，成为社会各阶层必备的装备。春秋时期，吴越两国以铸剑精良闻名于当世，吴越铸剑技术之精湛、工艺之华美，可称举世无匹。尤其是吴越国所铸之剑剑身的表面，具有神秘华丽的花纹。从大量出土铜剑也可以看出当时的铸剑水平。在两千五百年后的今天，出土的铜剑仍然寒光四射、锋锐如新，这种处理技术至今仍然是个谜。《越绝书》卷八载："勾践乃身被赐夷之甲，带步光之剑。"此书卷十一又载："昔者，越王勾践有宝剑五，闻于天下。"相传，欧冶子是春秋末期到战国初期越国人，在龙泉铸造兵器，为越王铸了五把剑。越王得到这五把宝剑之后，在吴越两国的争霸中发挥了重要作用，由此声名大振，崛起于东南。

吴越两国名剑独步天下，是因为有欧冶子、干将、莫邪等著名的铸剑大师。其中，欧冶子被称为中国古代铸剑鼻祖。

欧冶子被龙泉历代制剑者奉为祖师。制剑术以吴越地区最著。古人言："吴粤（越）之剑，迁乎其地弗能为良，地气使然。"龙泉产铜、铁，以制剑名师欧冶子为始祖的龙泉宝剑乃铁剑之魁。秦汉时期，龙泉的铸剑业专为皇室铸造宝剑。魏晋时期，龙泉铸剑业受到人口骤增与文化重心南移的推动，颇具一定规模。到了唐代，凡制名剑，必称"龙泉"，龙泉已成为宝剑的代名词。宋咸平初年，翰林学士兼史馆修撰杨亿在《金沙塔院记》中称："缙云西鄙之邑曰龙泉，实欧冶子淬剑之地。"南宋嘉定三年（1210），何澹撰《龙泉县志》载："近境有剑池湖。世传欧冶子于此铸剑，其一号龙渊，以此乡名。"北宋时任宰相的龙泉人何执中（1044—1118），极力提倡铸剑，龙泉古城的铸剑业盛极一时，剑铺林立，比比皆是。

元至正十七年（1357）十月，宋濂《龙渊义塾碑》称："龙渊即龙泉，避唐讳，更以念今名。相传其地乃欧冶子铸剑处，至今有水号剑溪焉。"明万历《括苍汇纪》记龙泉县"山南为秦溪，剑池湖在其阴，周围数十亩。湖水清冽，时有瑞莲挺出。旁有七星井，为欧冶子铸剑之所，今为官田，

井尚在，夏日饮其水，寒侵齿骨"。今古井犹存一口，旁有欧冶子将军庙及剑阁（阁在"文化大革命"初被毁，现已重建）。历代剑匠因敬仰欧冶子，每年端午节皆往剑池湖（井）挑水淬剑。每铺于当日精制剑两把。

龙泉铸剑业代有名匠，久传不衰。清乾隆十三年（1748），铁匠郑义生于城镇东街开设剑铺，招徒授艺，运用中国传统的熔化生铁灌注熟铁的"灌钢"冶炼法制作刀剑。所炼刀剑不易生锈、剑刃锋利。清道光年间（1830年前后），龙泉廖太和剑铺精于镂刻工艺，继承战国时期装饰风格，名噪一时。清咸丰八年（1858），太平军驻扎龙泉旬日，须补充大量刀剑武器，交由剑匠郑义生第四代孙郑三古剑铺铸造。光绪初，有周国华（乳名六儿）、周国荣（乳名五儿）、周国贵（乳名老九）拜千字号剑铺郑文轩（郑三古之子）为师。满师后，周国华单独开设了万字号剑铺。

2014年，武当山发现清代七星龙泉剑，剑上镶嵌北斗七星图。该剑长1.26米，重约1.75千克，剑身和剑柄都比普通宝剑长，木质大漆剑鞘，油漆鲜艳，依稀可照见人影，有龟裂纹路。虽然时隔二百多年，但剑身依然锋利，錾花刻有青龙、白虎、玄武、朱雀黄道四象，铜饰錾刻道教图案"暗八仙"。清末民初，龙泉的铸剑匠人在宝剑的质量、装饰和文化内涵上下了很大功夫，使龙泉宝剑的独特工艺得到进一步发扬光大，广为武术爱好者和艺术鉴赏家所青睐。

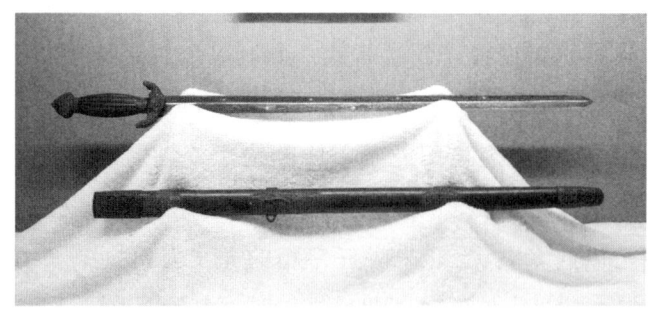

清代七星龙泉剑

清末民国初期，县城沿溪北岸一条街，从天妃宫（今新华电影院）至官仓巷口，剑铺相连，叮当之声，昼夜不绝。民国十九年秋，中央国术馆在南京举行国术比赛，三十把龙泉剑被评为最佳剑，列为奖品，赠给武术表演优胜者。龙泉宝剑独步东南，名声大震，行销全国。这是民国时期制剑业的鼎盛期。抗日战争开始后，手杖剑（时称"司的克"）成为士绅商贾必携的时髦品。抗战胜利后至新中国成立前夕，经济萧条，龙泉宝剑产销大减。

至今，香港的"万剑山庄"还保存着宋元、明清及民国初年的龙泉宝剑。在安徽巢湖及浙江永嘉等地亦发掘到清代的龙泉剑。1927年，蒋伯诚任浙江省政府军事厅厅长、浙江省边防总司令兼杭州城防司令期间，沈广隆剑铺第二代传人沈氏五兄弟赠送给其背面有北斗七星和"龙泉沈广隆造"等铭文的宝剑。

中国百年老字号剑铺沈广隆剑铺创办于清光绪二十年（1894），香港"万剑山庄"收藏的三把清代名剑，便是他们的杰作。1956年，龙泉铸剑艺人精制一柄宝剑献给毛泽东主席，当时沈氏家族第二代传人沈焕文、沈焕武和沈焕周作为骨干，参与了制剑。铸剑技艺在沈氏一脉世代相承，如今，沈新培秉承了祖上剑气，是沈广隆壬字号剑铺第三代掌门人。由浙江省工艺美术大师季樟树参与制作的赠送给毛泽东主席的剑，浙江省工艺美术大师张叶胜制作的"异光花纹工布剑"，浙江省工艺美术大师季长强制作的"八卦越王剑"，以及工艺美术师周正武制作的"百炼花纹龙泉剑"等，均代表着当代龙泉宝剑铸剑技艺的高超水平。

沈新培工作照

沈新培工作照

新中国成立以后，政府十分重视恢复龙泉宝剑这一传统工艺品的生产和发展工作。由于龙泉宝剑名扬四海，国家将其列入国礼。

2006年5月20日，龙泉剑锻制技艺经国务院批准列入第一批国家级非物质文化遗产名录。

二、龙泉宝剑的特点

七山一水二分田的浙江，原来是山的王国，其绝顶为龙泉。夫龙泉者，始建于唐，扼三省之要冲，历千年之积淀，雄山绵延藐吴越，秀水沛然开三江。与宛若窈窕淑女的杭州西湖风格截然不同，龙泉是剑气冲天、窑火炽烈、峰高入云、侠客云游、樵子放歌的地方。而最能代表龙泉如此雄浑深厚、气势磅礴的特质的，当属龙泉宝剑了。

在很早以前，我国的金属冶炼和铸造工艺就已达到相当高的水平。现代出土文物资料也可以证明。1956年，湖北省发掘楚墓时，曾发现欧冶子铸造的两把越王剑，虽在地下埋藏了两千多年，但仍然光彩夺目、锋利无比、毫无锈蚀。龙泉宝剑在长期的发展中，经过历代铸匠精益求精的钻研，在产品的质量上形成了以下四大特色。

第一，坚韧锋利。1978年，在我国工艺美术界两次全国性集会上，龙泉宝剑的制作艺人曾当众演示。一位艺人用一把龙泉宝剑，不费力地将叠在一起的六个铜板劈成两片，而剑刃不卷。

第二，刚柔相济。古代的龙泉宝剑用生铁铸造，现在则用中碳钢铸造，加之淬火工艺恰到好处，使中碳钢具备了弹簧钢的特性。如将一把薄型宝剑卷成一个圆圈，束在腰中，像系裙的腰带。解开后，宝剑挺直如故。

第三，寒光逼人。龙泉境内有一种名叫"亮石"的磨石。在这种石头上磨制出来的宝剑，寒光闪闪。龙泉宝剑全靠手工磨光，从粗磨、细磨到精磨，往往要花数日甚至数月之久，一旦磨出，青光耀眼。

第四，纹饰巧致。剑身上刻有七星标志和飞龙图案。在剑身上刻花，也是龙泉剑的一项绝技。剑工们一不用彩笔，二不照图样，只用一把钢錾在宽不盈寸的剑身上刻錾，刻好后浇上铜水，经铲平加磨，飞龙图案生动自然，永不消失。

龙泉宝剑在古代大都无鞘。现在，用当地特产的花梨木制作剑鞘及剑柄。这种花梨木质地坚韧、纹理秀美、古色古香，再饰以银、铜，更使龙泉宝剑锦上添花。

> 君不见昆吾铁冶飞炎烟，红光紫气俱赫然。良工锻炼凡几年，铸得宝剑名龙泉。龙泉颜色如霜雪，良工咨嗟叹奇绝。琉璃玉匣吐莲光，错镂金环映日月。正逢天下无风尘，幸得周防君子身。精光黯黯青蛇色，文章片片绿龟鳞。非直结交游侠子，亦曾亲近英雄人。何言中路遭弃捐，零落漂沦古狱边。虽复尘埋无所用，犹能夜夜气冲天。

郭震的这首《宝剑篇》生动地描写了龙泉宝剑的艺术特色，据说武则天看后大加称赞，此诗也流传至今。

三、龙泉宝剑的锻造工艺

（一）龙泉冶剑起源

汉代桓谭《桓子新论》曰："得十利剑，不如得一欧冶。"欧冶即欧冶子。这句话意思是说，得到十把好剑不如得到一位善于铸剑的欧冶子。可见欧冶子的高超铸剑技艺在当时已经闻名天下。东汉《越绝书》载："欧冶子、干将凿茨山，泄其溪，取铁英，作为铁剑三枚：一曰'龙渊'，二曰'泰阿'，三曰'工布'。"欧冶子、干将铸剑的"山茨"在何处？古代的一些文献记载说明，欧冶子是在龙泉铸剑的。据《太平寰宇记》，龙泉县南五里，水可用淬剑，昔人就水淬之，剑化龙去，剑名龙泉。北宋翰林学士兼史馆修撰杨亿的《金沙塔院记》道："缙云西鄙之邑曰龙泉，实欧冶子淬剑之地。"

欧冶子被尊为铸剑业的祖师。北宋时，在秦溪山麓的剑池湖畔就建有纪念欧冶子的祖师庙，各剑铺的炼剑炉上都有欧冶子的神位。以往农历每月初一、十五两天，铸剑师们都要备三牲祭祀祖师。

沈州工作照

古代的铸剑师在每铸造一把宝剑之后，都要试锋，也就是挥舞宝剑，试一试剑刃是否锋利、剑身各部位的比例是否合适。剑的重心太靠前，在使用崩、点等技法时，人的手腕容易受伤；重心太靠后，则用力难达剑身前部，不利于发挥剑的特长。有特殊要求的剑要根据练剑者的身材、力量和习惯量身定做。欧冶子的后人——现代的龙泉铸剑师们还沿袭着试锋的习惯。

明代学者郭子章的《郡县释名》载："龙泉古为括苍黄鹤镇，其地有剑池湖，又号龙渊。唐避高祖讳，改龙泉。乾元二年，越州刺史独孤峻奏以括苍龙泉乡置县，就名龙泉，从乡名也。按剑池湖在县南五里，周回三十亩，世传欧冶子于此铸剑，剑成一号龙渊，就湖淬之，化龙而去。"

清代地理总志《大清一统志》记载："剑池湖，在龙泉县南五里，周三十亩，传欧冶子铸剑于此，号为龙渊。唐讳渊改曰龙泉，宋宣和中改曰剑池湖，邑名本此。"

因欧冶子铸龙渊剑，东晋太宁元年（323）置龙渊乡；唐武得三年（620）因避高祖李渊讳，改龙渊为龙泉乡；乾元二年（759）置龙泉县；北宋宣和三年（1121）诏天下县镇凡有"龙"字皆避，因改龙泉县为剑川县；南宋绍兴元年（1131）复名龙泉县。自此以后，龙泉之名相袭未变。龙泉自古出名剑，因为龙泉具备了最佳的铸剑条件。在古人眼里，铸一把好剑，是日月山川精华孕育的结果。成书于春秋末战国初的《考工记》说："天有时，地有气，材有美，工有巧，合此四者，然后可以为良。"龙泉境内群山叠翠，溪流纵横。山溪中蕴藏着含铁量极高的铁砂，是铸剑的好材料，被称为"铁英"；而茂盛的原始森林是铸剑所需的取之不尽、用之不竭的优质燃料；那秦溪山下的北斗七井，水质特异，甘寒清冽，用来淬剑，可使剑坚利。欧冶子在龙泉，因天之精神、地之气脉，得山川之灵秀、天地之精华，悉其技巧，终于铸成了独步天下的龙渊剑。千百年来，欧冶子铸剑之业在龙泉代代相袭。

龙泉宝剑世人皆知。剑的铸造是剑术发展的物质前提，有剑才有使用剑的方法。剑柄短、身长、带尖、两面有刃，扁薄而有韧性，使用灵活，以巧制胜。剑的特有构造决定了剑法、剑术的特点。剑术的发展也对铸剑

技术不断提出新的要求。龙泉的剑术与龙泉的铸剑业更是并行发展，相映成趣。

（二）龙泉剑锻造工艺流程

龙泉宝剑锻制技艺，从原料到成品，要经过捶打、刨锉、磨光、镶嵌、淬火等五大核心工序。从初期的铁剑，演变为钢剑、折叠花纹夹钢剑，经过层层工序，最终锻造成龙泉宝剑。

第一步，捶打：将铁块放在炉中用高温烧制，反复多次的渗碳工艺锻打，形成宝剑的最优雏形。

第二步，刨锉：用钢刀削锉，使剑身厚度适中，剑脊与剑刃之间呈一定坡度，剑脊须居剑身正中，成一条直线。

第三步，磨光：将锉好的剑置于错石上磨光。先进行粗磨，再细磨。

第四步，镶嵌：磨光后，在剑身上用钢针镂刻图案、剑名、店号，嵌上赤铜，经镏铜处理，磨光后呈金色，产生色彩对比，具灵光宝气。

第五步，淬火：运用传统淬火方法，使剑身刚柔相济。这一道属高精工艺，非一般工匠不能得心应手。

捶打

邹建明工作照

邹建明在镶嵌

江龙工作照——磨剑

江龙工作照——铲剑

江龙工作照——锉剑

　　铸造一把利剑，绝非易事。龙泉宝剑的制作工艺复杂，要经过炼、锻、铲、锉、刻花、嵌铜、冷锻、淬火、磨光等28道精密工序。钢坯加热后迅速锻打，反复捶打成长条剑坯，历经千锤百炼，一把刚柔并济的宝剑才塑造成型。宝剑锋从磨砺出，铸剑考验的是铸剑人的耐心和细心。

四、龙泉宝剑的艺术价值

欧冶子所开创的铸剑技艺，具有丰厚的文化社会价值，在中国古代冷兵器史、中国古代冶金史、中国古代思想史和中国文化艺术史上，展现了中华民族杰出的创造力。

龙泉宝剑厂藏龙卧虎，到处都是世代铸剑的老师傅，他们在继承老祖宗传下来的优秀工艺的同时，不断创新技术，赋予了宝剑更丰富的文化内涵和鲜明的时代特色，让龙泉宝剑在市场上大放异彩。游侠弄剑的江湖年代虽已不再，但如今，龙泉宝剑不仅成为越来越多的人习武健身的器具，更是收藏家手中的珍宝雅物。在龙泉，几乎家家户户都挂着宝剑，这是一种传统，更是一种情怀。谈起龙泉宝剑，大多数人都能道出自己的见解，用他们的话来说，论剑这事各有千秋，但总有一点是共通的，那就是古往今来，宝剑作为礼器的意义比利器更为重要。人们更看重的是宝剑所象征的智慧和勇武。在千百年的历史演变中，龙泉已形成了一种独具特色的剑文化。"古之圣品、至尊至贵"的说法，使龙泉宝剑成为馈赠好友的佳品，甚至被当作国礼。

第四章

龙泉剑法

　　龙泉自唐乾元二年（759）置县以来，便成为浙、闽、赣的商贸要地，享有"瓯婺八闽通衢"之美誉。龙泉自古商贸繁荣，更是文化与艺术的宝库，被誉为青瓷之都、宝剑之邦、香菇与灵芝的故乡。龙泉宝剑名扬四海，锋利优雅，备受推崇。龙泉剑法独步武林，动作精妙多变、刚柔并济，成为阳光体育与对外文化交流的重要亮点之一。

　　龙泉因剑誉驰中外。在漫长的历史进程中，经过一代代铸剑大师们的推陈出新、不断积累，龙泉宝剑形成了"坚韧锋利、寒光逼人、刚柔并济、纹饰巧致"四大特色，真正成为天下第一剑。步出龙泉历史发展的时空隧道，回顾前人留下的点点展痕，让人不由驻足赞叹。宝剑文化曾经孕育了龙泉地域文化的鲜明个性，也正在推动着龙泉新的繁荣。新华社于2002年4月23日发布的《名瓷名剑讲述中国历史文化之灿烂》一文中说："'龙泉'这个地方，也许并不十分有名，但若提起'哥窑瓷器'和'七星宝剑'，相信千百年来已经中外皆知……"

　　为传承和弘扬深厚的传统宝剑文化，加快龙泉宝剑产业的集聚发展，让龙泉宝剑重新威震天下，龙泉市委、市政府高度重视龙泉宝剑文化的挖掘和推广，要求龙泉人都能挥舞龙泉剑，龙泉市中小学要率先开展"万名学生舞剑"活动，从而在龙泉市营造人人了解龙泉宝剑文化、人人熟谙龙泉剑法的"宝剑之邦"浓厚氛围。

　　龙泉市教育局积极响应市委、市政府的号召，组织专业人员开展剑术的挖掘整理工作，并多次邀请中国计量学院体育军事部主任季建成教授一行来龙泉与地方人士一起挖掘整理龙泉剑法，对散落在民间的剑法进行整理研究，结合龙泉铸剑师在铸剑实践中的试剑招法和龙泉剑文化色彩，几经论证，创编了"龙泉欧冶剑""龙泉七星剑"两套具有浓郁地方特色、适合广大群众演练的龙泉剑法。

　　这两套龙泉剑法动作简易、刚柔相济、一气呵成，每个动作都配以图案，比较适合学生初学。经过各中小学校对龙泉剑法的认真推广，"万名学生舞剑"活动成了既富有本土特色，又切合学生实际的综合素质教育内容，促进了各中小学校体育运动，培养了学生的意志力和积极向上的人格品质；同时，推动了龙泉市全民健身运动，提高了市民的综合素质和精神文明水平。龙泉市开展的"万名学生舞剑"活动，丰富了阳光体育运动，成为对外文化交流的一道亮丽风景线！

一、龙泉欧冶剑

龙泉欧冶剑是以劈、点、刺、撩等剑法和左手剑指，配合各种步型、步法等的套路。其运动特点是腕力干脆灵动，身法轻快多变，姿势飘洒优美。练习时要求刚柔相济、吞吐自如、身法协调。龙泉欧冶剑在遵循剑术运动规律的基础上，形成了以下特点。

特点之一：剑法动作古朴。

全套龙泉欧冶剑共七式十六个动作，动作直接由右手持剑开始，没有平衡、跳跃、舞花等花法动作，而是在尽量短的套路中包含尽可能多的剑法。动作以劈、点、刺、撩等剑法为主，动作古朴、自然大方、富有韵律感。

特点之二：剑法清晰、身剑协调。

剑的独特构造和功能，决定了剑法的多样性，要使剑法准确无误，首先要明确剑的特点。例如：剑尖锐利，主于刺；剑锋呈斜形，主于点；两刃扁薄，主于劈、撩。龙泉欧冶剑要求剑法清晰、力点准确、动作规范，准确地表现出各种剑法的攻防含义。同时要求造型优美、潇洒飘逸、蓄发相间、虚实分明、身法多变。演练中做到身与剑合、剑与神合，精神、肢体和剑法融成一个协调的整体。

特点之三：剑法带有鲜明的地方特色。

剑法的名称大都取自龙泉本地的地名和铸剑师们的铸剑活动、龙泉的历史故事等。如："秦山探路"是讲欧冶子来到龙泉，看到这里山清水秀，适于铸剑，就在秦山这一带设立冶炉，取矿铸剑。该动作左挥右砍，好像欧冶子逢山开路、披荆斩棘，表示对先人的崇敬和纪念。

"炉火冲天"，举剑上刺，动作挺拔，有气冲云霄之势。该动作用"炉火冲天"象形取意，既贴切又形象。

"瓯冶试剑"，宝剑初练成，一剑在手，连劈带点，一式比一式紧，一招比一招重。在做"并步点剑"动作时，抽剑动作与剑指成反向运动，有用剑指慢慢擦拭剑身的意蕴。这个动作就来源于铸剑师磨剑时习惯性的擦拭剑身的动作。唐代贾岛在《剑客》中写道："十年磨一剑，霜刃未曾试。今日把示君，谁有不平事?""十年磨一剑"，表明此剑凝聚剑客多年心力，非同一般;"霜刃未曾试"，表示剑刃寒光闪烁，锋利无比，却未曾有人试过它的锋芒，虽说"未曾试"，而跃跃欲试之意已流于言外。豪爽之气，溢于行间，而"瓯冶试剑"就要将这种庄重和豪爽表现出来。

"剑气纵横""削铁如泥""镇妖驱魔""将军背剑"几个动作幅度逐渐增大，削、抹、撩、劈，势势相连。每式中包含2到4个动作，可以每式练习，也可整套演练。至"将军背剑"，动作戛然而止，整套动作演练下来，就如杜甫在《观公孙大娘弟子舞剑器行》中所描述的:"爝如羿射九日落，矫如群帝骖龙翔。来如雷霆收震怒，罢如江海凝清光。"

特点之四：简便易学。

龙泉欧冶剑全套有七个招式，由十六个动作组成，易学易记，利于推广普及。

附：龙泉欧冶剑套路

（一）秦山探路：1. 预备式；2. 弓步劈剑；3. 丁步下截；4. 弓步平斩。

（二）炉火冲天：1. 回身带剑；2. 虚步上刺剑。

（三）欧冶试剑：1. 并步劈剑；2. 骑龙步截剑；3. 并步劈剑；4. 并步点剑。

（四）剑气纵横：1. 弓步削剑；2. 虚步撩剑（左、右）；3. 插步反撩。

（五）削铁如泥。

（六）镇妖驱魔：1. 弓步刺剑；2. 并步劈剑。

（七）将军背剑：收式。

二、龙泉七星剑

在北方的夜空，有七星聚成斗形，故名北斗。北斗七星属大熊星座的一部分，位于大熊的背部和尾巴。北斗七星从斗身上端开始，到斗柄的末

尾，我国古代分别把它们称作：天枢、天璇、天玑、天权、玉衡、开阳、摇光。从"天璇"通过"天枢"向外延伸一条直线，就可见到一颗和北斗七星等级差不多亮的星星，这就是北极星。认星歌说："认星先从北斗来，由北往西再展开。"

仰望星空，我们最熟悉的可能就要算北斗星了。因为北斗星的斗柄在四个季节里，会分别指向东、南、西、北四个方向，所以古人也常用它来划分四季。《鹖冠子·环流》说："斗柄东指，天下皆春；斗柄南指，天下皆夏；斗柄西指，天下皆秋；斗柄北指，天下皆冬。"

如果注意到古代用马拉的车，就会发现北斗七星的斗勺相当于驾车的辕，后面的四颗星形成的斗魁就相当于车体。北斗七星的运行就像天帝坐在车上，一刻不停地巡行四方。《史记·天官书》说："斗为帝车，运于中央，临制四乡。分阴阳，建四时，均五行，移节度，定诸记，皆系于斗。"在古人眼里，北斗就是衡量时间和世间事务的准绳。因此，古代先民在剑身上文饰北斗七星的图案，以剑应天象之形，可以认为是出于对北斗七星的崇拜，同时，也表达了对七星剑"因天之精神"而威力无比、所向披靡的向往之情。

据东汉赵晔《吴越春秋》，春秋时，楚国亡臣伍子胥奔吴，途中有渔父助其过江，伍子胥"乃解百金之剑以与渔者，曰：此吾前君之剑，中有七星，价值百金，以此相答"。

唐代诗人王维在《赠裴旻将军》一诗中写道："腰间宝剑七星文，臂上雕弓百战勋。见说云中擒黠虏，始知天上有将军。"刻画了一位英武的将军形象。经过道教的神化与文人墨客的写意化，剑已不再是一种单纯的兵器，而被赋予了正义、正气的道德伦理色彩。

在龙泉，有这样一个传说：铸剑祖师欧冶子在龙泉秦溪下铸剑。此处有七口井，排列形状如北斗七星。井水清冽见底，欧冶子汲水淬剑，使剑刚柔相济、锋利无比。当第一对雌雄剑铸成时，宝剑忽然化为一龙一凤直上天际。元末明初宋濂《杂体》诗曰："英英匣中剑，三尺秋水明。上有七星文，时作龙夜鸣。铸此双雌雄，云是欧冶生。"后人为追忆欧冶子的铸剑功绩，在所铸剑上均镌刻北斗七星和龙凤图案，并称之为龙泉七星剑。

龙泉七星剑是在传统龙泉剑术基础上结合龙泉地方文化特色创编而成的。剑法遒劲饱满、造型优美、潇洒飘逸。整套剑术练起来稳如山岳、行如游龙、动静相间、错落有致，融合了"势剑"和"行剑"的特点。该套路将七种不同的剑法与北斗七星图形融为一体，气势古朴、风格独特，有较高的锻炼和艺术价值，是一套利于强身、塑形、健体的武术健身套路。

附：龙泉七星剑套路

预备式：1. 弓步持剑；2. 高虚步背剑；3. 提膝接剑。

第一段：1. 弓步下刺；2. 上步斩剑；3. 翻身劈剑；4. 提膝架剑；5. 挑剑举腿平衡；6. 退步撩剑；7. 提膝点剑；8. 并步直剑；9. 行步崩剑；10. 行步穿剑；11. 弓步直刺。

第二段：1. 上步带剑；2. 提膝直刺；3. 回身下刺；4. 上步挂剑；5. 虚步点剑；6. 插步斩剑；7. 弓步直刺；8. 并步劈剑；9. 弓步斜削；10. 弓步劈剑；11. 丁步截剑；12. 弓步斜刺剑；13. 行步穿剑；14. 转身云剑；15. 撤步压剑；16. 弓步刺剑；17. 接剑收式。

第五章

碧湖传统武术

碧湖是千年古镇，是处州第二大平原。始建于南朝萧梁天监四年（505）的通济堰灌溉着碧湖六万亩农田，使碧湖成为处州大粮仓。碧湖的传统武术源于元朝时的防御外敌活动，并传承至今。其特色技艺包括罗汉四方棍、七星五步拳等，曾名噪一时，后逐渐转为健身活动。碧湖传统武术虽一度被冷落，但幸运的是，如今它已焕发生机，得到了更为广泛的传承与发展。

碧湖传统武术是先人于元朝时期从福建引入的，因碧湖地区的人们历史上常常受到外来力量的欺侮、侵害，于是先人们要求后代习武防卫，承袭上代传下来的传统武术，以保安全。碧湖的武人们遵循"不怕苦，不怕死，一生锻炼"的祖训，世代练武，尤精罗汉四方棍、七星五步拳、板凳功，据传碧湖棍术继承自杨五郎。清宣统年间至民国时期，碧湖传统武术的名气最响亮。民国后期，碧湖传统武术渐渐变成了民间一种健身强体的体育活动，汤益友、魏兴章等成为当地德高望重的武师。1949年后，碧湖传统武术曾一度受到冷落。1978年后，练武之风又在碧湖一带恢复，年轻一代的武术新人出现了。2005年，莲都区武术协会碧湖分会（碧湖传统武术协会）成立，后多次参加省、市、区级传统武术比赛并获奖，现有成员二十余人，是目前莲都区武术协会中唯一的"硬拳"武术分会，其余分会均为太极分会。碧湖传统武术传人在日常的练习中，探讨技巧，整理出完整的拳、棍、刀、枪、剑的套路。这些古老的套路代代相传，有较高的研究和实践价值。其中，棍称"罗汉四方棍"，棍长1.8米，套路有"丰棚""五虎落垟""八仙过海""乌风造地""子五得粒""雪花盖顶"等；拳称"南拳"，套路有"大小洪拳""三角拳""大中小四门拳""五步拳""连步拳""黑虎拳""军衣拳""梅花拳""散坎拳""盘拳""双拆拳""大中拦拳""大小八仙拳""五祖拳"等。可以说，碧湖传统武术有着中华民族传统文化的深刻内涵，有着内外兼修、强身健体的养生价值，是中华文化的重要瑰宝。

碧湖传统武术协会分为两个流派：一个流派的祖师是清代莆田少林寺高僧，他因少林寺被烧毁，逃至碧湖，将其武术技艺传授给碧湖人，目前碧湖传统武术协会会长孙立新是其第五代传承人；另一流派的祖师是丽水市云和县人李春贤，目前碧湖传统武术协会副会长雷成是其第三代传承人。

碧湖传统武术

第六章

青田拳棍

　　青田县自唐睿宗景云二年（711）置县，距今已有1300多年的历史。青田县这片沃土孕育了独具魅力的武术，包括大路南拳、卢家拳和青田棍三大流派。大路南拳源于元末明初，以简练实用著称，曾助村民抵御外敌；卢家拳集武术与养身术于一体，为卢必胜所创，深受习武之人喜爱；青田棍作为古代棍术流派之一，套路丰富，兼具实战与养生价值。这三大流派的武术各具特色，共同展现了青田武术的独特魅力，是青田人民智慧的结晶，也是中华优秀传统文化的瑰宝。

第一节　大路南拳

大路南拳的发源地在青田县船寮镇大路行政村，该村历史可追溯至南宋，目前有人口2080余人。

大路南拳相传创于元末明初，兴于清末民国，风光于抗日战争时期。元末明初时期，为抵御外来强暴，大路村百姓自发组织练拳，并加入"戚家军"剿灭倭寇，由此形成了大路南拳的雏形；清末民国时期，太公王则臣、王则宾特到黄洋村请来江南拳王陈茂兰到大路指导村民练拳，大路南拳的套路和特色得以初步形成，后经章乃器（现代历史文化名人）同王笑亭（时任诸暨县县长）精心谋划组织"大路南拳队"，进一步确定了拳术的套路；抗日战争时期，大路村百姓更是利用大路南拳击退了进犯的日本侵略军，大路南拳由此名扬乡里。

大路南拳是一套世代传承的民间武术套路，内容简练，好学易懂，可分为"大五步""小五步""十字拳""单抢拳"和"棍棒"等五大类。该套路徒手习练，只要苦学勤练、工夫到位，男女老少皆可习成。大路南拳也是一项民间竞技体育活动，具有趣味性强、技巧性强的特点。拳打得优劣、比赛谁赢谁输，可通过"拆拳""拆棍"见胜负，观赏性极强。大路南拳更是一种御敌、克敌的原始手段，套路中的"防、守、攻、避、闪、击"等动作实用性强。

追溯大路村的历史，大路南拳练习者中出现了一批力大无比的竞技者，如：王松树、王品和、王宝兴、王正泮等砍柴挑担负重都在200斤以上；民国的王锡平能用雨伞柄突破50人的围攻；王灿星能把一个重100千克以上的撑船老大抛出10多米远。练习者中还出现了一批"老寿星"，如王宝坤、王传林等都活到90岁以上。一提起大路南拳，周边村庄百姓无不称道。

王祖群演练大路南拳

　　20世纪70年代初期，除少数人在家里秘密学拳外，上规模的大路南拳训练基本终止；改革开放后，对大路南拳的练习逐渐恢复；近年，在国家加强文化建设的政策召唤下，大路南拳迎来了传承与发展的春天。目前，大路南拳被丽水市列入非物质文化遗产保护名录，重新受到世人重视。

大路南拳根植于民间，草根性与可学性强，不受器材、场地限制，集健身、娱乐功能于一体，具有竞技性和趣味性，广受人民喜爱。为了传承与发展大路南拳，大路村成立了业余训练队，做到组织机构、训练时间、训练地点、制度措施、经费开支等诸方面的落实，在继承传统的前提下，对大路南拳不断进行创新提升。当地学校结合校园文化特色，于2014年成立大路学校红领巾南拳社团。学校每天开展南拳练习，以武代操，同时制定规划、开发课程，鼓励学生参与相关活动，达到使学生强身健体、丰富校园文化生活、为祖国培养德智体全面发展的社会主义接班人的目的。

附：大路南拳拳谱

（一）小五步

预备式：并步站立抱拳礼。

第一段：1. 马步双冲拳；2. 半马步单摆掌；3. 半马步单摆掌；4. 半马步单摆掌；5. 虚步十字掌；6. 左弓步切掌冲拳；7. 右弓步切掌冲拳；8. 左弓步切掌冲拳；9. 震脚右弓步顶肘；10. 右弓步架桥。

第二段：1. 转身左弓步架桥；2. 左弓步切掌冲拳；3. 右弓步切掌冲拳；4. 左弓步切掌冲拳；5. 震脚右弓步顶肘；6. 右弓步架桥；7. 转身左弓步架桥；8. 左弓步切掌冲拳；9. 虚步抱拳礼。

收势：左脚收回成并步站立。

（二）大五步

预备式：并步站立抱拳礼。

第一段：1. 虚步抱拳礼；2. 左弓步格肘冲拳；3. 右弓步格肘冲拳；4. 左弓步格肘冲拳；5. 震脚右弓步顶肘；6. 右弓步架桥。

第二段：1. 转身十字掌；2. 左弓步格肘冲拳；3. 右弓步格肘冲拳；

4. 左弓步格肘冲拳；5. 震脚右弓步顶肘；6. 右弓步架桥；7. 转身十字掌；8. 左弓步格肘冲拳；9. 虚步抱拳礼。

收势：左脚收回成并步站立。

（三）单枪

预备式：并步站立抱拳礼。

第一段：1. 开立双推虎爪；2. 左弓步冲拳；3. 搂手右弓步冲拳；4. 转身左弓步冲拳；5. 右弓步连环冲拳；6. 转身撩虎爪；7. 马步阴阳虎爪；8. 跪步上下切掌；9. 马步双撩虎爪；10. 左弓步冲拳；11. 搂手右弓步冲拳；12. 马步右沉桥顶肘；13. 马步阴阳虎爪；14. 跪步栽拳。

第二段：1. 开立双推虎爪；2. 右震脚左弓步双虎爪；3. 撤步双撩虎爪；4. 撤步双撩虎爪；5. 左弓步双虎爪；6. 马步双撩虎爪；7. 马步右砸拳左撩掌；8. 左切掌；9. 马步横肘；10. 马步双撩虎爪；11. 搂手左弓步冲拳；12. 马步冲拳；13. 虚步抱拳礼。

收势：左脚收回成并步站立。

（四）十字

预备式：并步站立抱拳礼。

第一段：1. 虚步摆掌；2. 搂手左弓步冲拳；3. 搂手左弓步顺手冲拳；4. 搂手左弓步冲拳；5. 上步右弓步顺手冲拳；6. 右弓步连环冲拳。

第二段：1. 转身左弓步顺手冲拳；2. 搂手左弓步冲拳；3. 搂手左弓步顺手冲拳；4. 上步右弓步顺手冲拳；5. 右弓步连环冲拳。

第三段：1. 撤步左弓步撩掌；2. 撤步右弓步撩掌；3. 撤步左弓步撩掌；4. 虚步亮掌；5. 左弓步冲拳；6. 搂手右弓步冲；7. 搂手左弓步冲拳；8. 跃步歇步对拳。

第四段：1. 横档步砸拳；2. 马步对拳；3. 马步胯下双砸拳；4. 马步双撩掌；5. 左弓步抄拳；6. 左弓步冲拳；7. 虚步抱拳礼。

收势：左脚收回成并步站立。

第二节　卢家拳

"卢家拳"为集武术、养身、观赏价值于一体的精妙拳法，乃少林内家拳连步，也称硬拳，创建于1913年。青田县海口镇海口村人卢必胜综合少林、武当等派的武术技艺，融入中医骨伤科等的医学知识，创立了该拳法。

一、基本内容

卢家拳共一套四十五式，含大五步、小五步、手法、步法等，拳路分东、南、西、北四个方位演练，要求做到气沉丹田、含胸拔背、腰胯合一、配合发劲。

附：卢家拳四十五式拳谱

1. 预备式；2. 起式；3. 左狮子开口；4. 右狮子开口；5. 仙灵托茶；6. 尖俏，7. 分手；8. 左捎手；9短拳；10. 右手；11. 长拳；12. 左送交手；13. 连带袖肘；14. 右长拳、短拳；15. 抚水手；16. 进步横风；17. 靠肘；18. 扫堂腿；19. 冲天炮；20. 左捎手；21. 右长拳；22. 正位双推；23. 交手；24. 转身双拳；25. 右长拳；26. 进步横风；27. 左转拉手；28. 金钢剪；29. 右转拉手；30. 流星赶月；31. 金鱼落井；32. 靠肘；33. 右横风；34. 左横风；35. 进步阴掌；36. 双拳；37. 转身双推；38. 连带袖肘；39. 进步狮子开口；40. 右捎手；41. 右长拳短拳；42. 马头交手；43. 分手；44. 尖俏；45. 收势。

卢景奇传授弟子卢家拳招式 "冲天炮"

卢家拳四十五式连环行进，注重"用意不用力、上下相随、内外相合、相连不断、动中求静"等要领，集趣味性、观赏性、技艺性于一体，既可防身，又能增强体质、防治疾病，深受人们的喜爱。

卢景奇传授弟子卢家拳招式 "转身双推"

二、地理环境及分布区域

海口村系青田县海口镇人民政府驻地，村域面积14.95平方千米，户籍人口3700多人。位于瓯江中游、青田县城西北，330国道、金温铁路和金丽温高速公路贯穿全村，并设立铁路货运中转站和高速公路互通，区位、交通、人文、信息等优势十分突出。位于该村的民国时建立的"特约战时经济建设实验区"已被评为青田县文物保护单位和丽水市爱国主义教育基地。海口村也是周边乡镇的货物集散地。

清末民国时期，战争频发，社会动荡，村民需要一定的自我防卫手段。卢必胜意识到武术的重要性，遂博采众长，创立卢家拳，旨在带动村民习武，以强身健体、自我防卫。

卢家拳的创始人及家族世代居住在青田县海口镇，该拳法以青田县海口镇海口村为发展集聚地，逐渐向周边区域传播，如祯埠、腊口、海溪、高市、船寮、鹤城等乡镇都有被辐射到。特别是海口镇、腊口镇和船寮镇，练习卢家拳的民众较多。

三、历史渊源

卢必胜的家族世代从医，擅长骨伤科治疗，一直倡导以武术强身健体、保家卫国的传统理念。在家族氛围影响下，卢必胜自幼学医习武，精通少林和武当拳术，他结合民间传统武术，博采众长，经过长期的摸索和不断完善，在三十一岁时成功创立了一套成熟的卢家拳。后在日常刻苦训练中，达到增长劲力、扛摔打和克敌制胜的目的。

卢必胜一生收徒数百人，一直以弘扬武术精神、丰富业余生活和救死扶伤、健康体魄为宗旨，在当地传教传统连步、棍刀枪棒，并用自己的医术福泽百姓。卢家世代子孙都要学习本拳法。

卢景奇演练卢家拳招式"右捎手"

四、主要传承人、传承群体

卢家拳在一代代家族性传承中不断完善、成熟和发展。

第一代：卢必胜（1882—1967），卢家拳创立人。

第二代：卢先庭（1909—1994），卢必胜之子，师从其父。与父亲一起不断完善卢家拳，进一步细化内家拳的招式。

第三代：卢一人（1930—2020），卢先庭之子，师从其父。与祖父卢必胜、父亲卢先庭一起发展卢家拳，协助地方防卫和武术传授，并以武医结合的方式服务百姓。

第四代：卢景奇（1952—），卢一人之子。卢景奇年幼时就深受家族氛围的影响，八岁得太公卢必胜启蒙教导，后在爷爷卢先庭和父亲卢一人正式严格教导下，熟练掌握了卢家拳。随着全民健身运动的开展，为了进一步完善和弘扬卢家拳，在家族性传承根脉不断的情况下，他推动了卢家拳的全民参与，使之辐射到周边乡镇的百姓。卢景奇每天早上都到海口文化礼堂前的广场上教学，得到当地群众的热烈欢迎。

第五代：卢丽晓（1977—），卢景奇之女，师从其父。让卢家拳在家族内继续得到传承。通过现代新媒体技术对卢家拳进行更广泛的宣传，扩大了卢家拳的影响力，让更多的群众喜欢和加入习武健身。

如今的卢家拳已经成为当地百姓增强体质、健康体魄的锻炼内容，也是当地重大节庆活动中必不可少表演节目。据不完全统计，目前当地学习卢家拳的人数达500多人。

五、主要特征

卢家拳有动静相宜、后发先制的武术特性，亦有动如行云流水、绵绵不断、刚柔相含、含而不露的武术风格，能够借人之力、顺人之势、制人之身、还人之道、见招拆招、见式破式。

本拳法整体简单易学，全民推广性强，以"防、守、攻、避、闪、击"等基本动作为行拳特点。它还有结构严谨、布局合理、动作舒展大方、造型优美等特征。在集体表演时，整齐划一的队伍和行拳动作，具有较强的艺术性和观赏性。

六、重要价值

社会价值。卢家拳丰富了人们对自然环境和人体运行规律的认知，强调了尊师重道以及学拳不可不敬、不可狂、不可满等价值观念，潜移默化地涵养了人们平和、包容、友善的心性。

健身价值。卢家拳传承人提倡全民健身意识，练习卢家拳可以促进人民群众的身心健康，推动人与人之间的和谐共处，增强社会凝聚力和向心力。

艺术价值。通过参与卢家拳的练习，人们能够形成全身运动和谐美、心静体松自然美、连绵不断流畅美、物我两忘意境美、刚柔相济相衬美、内外相合统一美、身心健康气质美等艺术价值。

第三节　青田棍

棍是原始社会中主要生产工具之一，也是最早用于战争的武器之一。战国时，孟子曾对魏惠王说："王如施仁政于民……可使制梃，以挞秦楚之坚甲利兵矣。"其中的"梃"即棍棒。

我国古代棍术流派甚多，明代已有少林棍、紫微棍、张家棍、青田棍、赵太祖腾蛇棍、贺屠钩杆、牛家棒、孙家棒、巴子棍、俞大猷棍法等十几种著名棍法。嘉靖四十年（1561），抗倭名将俞大猷奉命南下，取道河南，遂访少林寺。观少林棍法后，俞认为其"已失古人真传"，众僧"愿受指教"，并让宗擎、普从二人入俞军中学习。后二人返寺，又教百人之多，少林棍法由此驰名海内。

戚继光在其《纪效新书·拳经捷要篇》中道："少林寺之棍，与青田棍法相兼，杨氏枪法与巴子拳棍，皆今之有名者。"明代何良臣在《阵纪》中记载："紫微棍为第一，张家棍为第二，青田棍次之。"可以看出，明代青田棍已经与少林棍、杨家枪等著名武术器械齐名了。青田棍不仅极具浙江地域特色，而且在抗击倭寇战争中发挥过积极的作用。

青田棍主要流传于浙江省，主要动作有投石问路、袖里藏花、铁牛入石、单鞭等，并有"左、右、上、下、打"五法，棍法中兼有枪法。

近百年来，各武术派别创造了很多不同类型的棍术套路，数目难以确切统计。这些棍术套路虽各有特点，但练用起来，都离不开劈、崩、缠、绕、点、拨、拦、封、撩、扫等棍法。其形式有单人练、集体练等。各家棍术要求上也有共同性，如：练棍要手臂圆熟，身棍合一，力透棍尖，风声呼呼。

青田县大路村的大路"棍棒"相传始于元末明初。为抵御外来侵扰，大路村百姓自发组织练拳弄棒，并加入"戚家军"剿灭倭寇。如今的大路"棍棒"保留了原始精华，主要有锄麦柴、子午柴、头路柴、二路柴、三路柴等招式。至于大路"棍棒"是否融有青田棍技法，传统青田棍是否还在民间继续传承，尚有待文献研究和田野调查的进一步推进。

王祖群演练棍术

第七章

缙云功夫与迎罗汉

缙云县于唐朝武周万岁登封元年（696）置县，以境内古缙云山而得名。缙云武术流派众多，其中上宕功夫以棍法闻名，因村民日常劳作中常使用扁担等工具，棍法得以不断传承创新；黄坛拳则源于黄坛村民为抵御盗匪和野兽而习武的传统，麻氏始祖钦绅公即是民间拳师，其家族习武之风沿续至今，已逾四百年；余溪木耙是由古兵器操练法演变而来的民间武术，结合农器具和日用工具，以硬木制作木耙，清代后与迎罗汉相结合，传承至今；缙云迎罗汉以游艺为主体，吸收了民俗、武术等表演元素，是缙云民间传统节庆活动的主要节目之一，在壶镇、盘溪、大洋、大源等地最为盛行。

第一节　上宕功夫

明永乐十九年（1421）编印的《五云胡氏宗谱》记载，缙云胡氏始迁祖胡森公为宋朝时东南正将，以武功名世。第三代先祖胡渊武功深厚，亦为一方名将。胡渊告老还乡后立下规矩，要求胡氏子孙人人习武，保家卫国。其所传胡氏功夫，后人称上宕功夫。上宕村坐落在著名的古方山麓，此地山深林密，环境清幽，风光雄奇，民风古朴。村人谨记祖训，世代把练武当作必修课，认为练武既可强身健体，又可自卫防身。每至农闲，无论男女老幼都不怕苦、不言累，因地制宜，因陋就简，坚持训练，一直传承至今。他们用沙袋练习手指和拳头功力，还专门打造各种石制练武器具。村中现存的用来练习腿力和臂力的古石墩，就有二百六十多斤重。

上宕功夫的种类繁多，南拳北腿、兵器阵法齐全，以棍法最为出名。基本棍法有"一支香""二路""七连步""手连步""白蛇出洞"等十余种，其招式千变万化、鬼神莫测、攻守凌厉、进退自如。究其以棍术见长

上宕功夫

之原因，乃上宕村人日常劳作于山地田头，通常随身携带扁担、棒拄、柴担等农具，劳动间隙，随手即练，在传承中又不断创新发展，使得棍法套路日趋完善、渐臻佳境，成为上宕功夫的看家绝活。

在各类棍法中，尤以上宕先祖独创的"一支香"最具代表性。它的特点是"快、准、狠"。"一支香"必须在夜间摸黑练习。练习前先在中堂后面点燃一支佛香，置于齐膝高的地方。当练到第十八记招式时，要能飞速将香火捅灭，但不得折损细细的香杆，这才算练成，"一支香"的名称即源于此。"一支香"第十八记招式"跑柴放下一捣"，可以一招制敌：击碎敌之膝盖，使之顿失抵抗力而又无生命之虞。

清《胡氏宗谱》记载，同治元年（1862），大队流寇流窜至缙云，占据庐塍一带，缙云各地纷纷成立民间自卫组织。上宕人利用上宕功夫保卫家园，抵抗流寇的杀掠侵扰，先后有七人阵亡在马鞍山上。20世纪40年代，胡源上宕一带成为中共地下党的革命据点。1948年，上宕村人响应党组织的号召，组织二十多名功夫高手，参加了武工队带领的袭击仙居安仁国民党粮仓守备队的战斗，他们以凌厉的棍法和拳脚功夫，大展身手，出奇制胜，无一伤亡而凯旋。上宕胡氏先祖曾经立下祖训：功夫不得外传。然而每至战乱年代，社会动荡，盗匪成群，上下山村常受荼毒，于是外地人纷纷来到上宕拜师求艺以求自卫。因此，轻易不肯外传的上宕功夫，逐步流传到邻村及缙云县的东渡、方溪、仙都、壶镇、东方等地。如今，上宕功夫已渐渐失去用武之地。年轻人常年外出打工，对习武也失去了热情。精通上宕功夫的老人年事渐高，年轻人习武者甚少，上宕功夫濒临失传。

上宕功夫传承人简介：

胡汝升，男，1936年9月出生，缙云县胡源乡上宕村人，第三批浙江省非物质文化遗产项目上宕功夫代表性传承人。十四岁开始随本村胡坤田、胡礼元、胡银坤等长辈学习上宕功夫，二十岁熟练掌握各套路，开始教上宕村青少年练习棍术。此后，多次受邀到邻村（大源镇黄山村、胡源乡田山村、仙都木白村、方溪下辽村、吾山村等）任教，有学徒一千余人。胡国成、胡设明、胡德初、胡海长、胡德春、胡等田等都是其嫡传弟子。他积极宣传上宕功夫，竭力推广上宕功夫的传承，现在缙云胡村小学和缙云白云山武术学校建立培训基地，定期进行辅导，对其他武术爱好者也不吝赐教。这些举措使得上宕功夫后继有人，并不断发扬光大。胡汝升钟爱武术，执着追求。尽管他年事已高，近年来已将大部分工作交给小儿子胡德春负责，但他仍然为上宕功夫的传承发展操心，为众多武术爱好者的成长劳神，做出了他人无可替代的重大贡献！

胡汝升演练"一支香"棍术

附：一支香拳谱

　　1.左脚进上一柴（即棍）；2.右脚进上一挑；3.左脚退下一柴；4.向下一柴；5.右脚进上一挑；6.滚柴；7.插柴；8.左脚进上解步一柴；9.左脚退下一柴；10.右脚进上倒株；11.右脚进上一捣；12.退下一捣；13.进上一捣；14.右脚进上一抽；15.右脚横向一柴；16.左脚进上一柴；17.退后一捣；18.跑柴放下一捣。

上宅功夫

第二节 黄坛拳（械）

一、基本内容

黄坛拳（械）是传承于缙云县前路乡前路村黄坛自然村，集拳、柴、刀、四尺凳、三节棍等诸多门类、套路，而以"黄坛拳"著称的民间传统武术。

黄坛村位于缙云县城东北五十里的东楼山北麓，山民因抵御盗匪祸乱和野兽侵扰，自古就有习武练功、强身健体的传统。相传迁居黄坛麻氏始祖钦绅公（1324—1405）就是武艺高强的民间武术教练。二世祖麻汝山（1345—1402）因才兼文武，于洪武初"抽充远戍军，气刚毅，勇往直前"（黄坛《麻氏族志》）。三世祖麻才（1364—1425）"孝义素闻于乡邑，勇猛常施于边疆，随父远戍，甘任奔劳"（同前）。麻才告老还乡后，组织乡亲传授他们武功，并立"世代习武、强身健体、护家保国"的规矩。黄坛村习武练艺习俗由此延续不断，至今已历四百多年。

黄坛拳（械）的近代传承可以上溯到出生于清康熙三十七年（1698）的麻士月（1698—1766）。咸丰八年（1861）至同治元年（1862），流寇危害乡里，黄坛麻氏习武裔孙积极参加乡勇民团，参与平定匪乱，保护百姓，他们依仗黄坛功夫，英勇杀敌，并有14人牺牲。光绪五年（1879），黄坛麻氏第十六世孙麻玉才（1840—1913）中武举人。

黄坛拳（械）之起脚阴阳隔手

黄坛拳（械）之上下阴阳手

二、地理环境及其分布区域

　　缙云县是浙江省中南部丘陵山区，位于北纬28°24′—28°57′、东经119°57′—120°25′之间。东与仙居县交界，东南与永嘉县接壤，南与青田县、西南与莲都区相邻，西北、北、东北分别与武义、永康、磐安三县毗连。县境东西宽54.6千米，南北长59.9千米，总面积1503.52平方千米。县境属中亚热带季风气候，热量充足，降水充沛，温暖湿润，四季分明。

由于地势起伏升降大，气温差异明显，具有垂直立体气候的特征。地形多样，多重峦叠嶂，素有"八山一水一分田"之称。

黄坛村位于前路乡政府西南3.6千米、海拔433米的东楼山北麓，相传村因远古时轩辕黄帝曾在此设坛祭天而名，又云古时村周山上多黄檀树，遂以"黄檀"名村，后以同音衍变为"黄坛"。住户多麻姓，共184户458人。古树名木有树龄600年以上的红豆杉多株，数量居缙云县之首。

"黄坛拳（械）"主要流传于缙云县前路乡前路村黄坛自然村，辐射流传于梅树岙、马飞岭、西散、下胡、上胡、陈坑、乌弄、后青等自然村及东方镇部分村庄。

黄坛村村貌

三、主要传承人

麻钦绅（1324—1405），字邦华，号道存，黄坛麻氏始迁祖，民间拳师。

麻汝山（1345—1402），字子仁，武艺高强，从军戍边。

麻才（1364—1425），字良德，随父从军戍边，解甲后组织乡亲习武，创立传承机制，使黄坛拳（械）传承不息。

麻玉才（1840—1913），字星坡，考名占熊，字步熬，号渭泉，清光绪五年（1879）武举人。

麻秋然（1890—?），字良非，能端起350斤石墩并用右胯弹出去四五尺远。

麻子生（1912—1990），字益火，可将430斤石墩在祠堂上下厅搬上搬下。

麻林水（1924—1993），字善长，以拳"西门锁"见长。

麻汝招（1934—），以拳"西门金锁"见长，年逾八十，仍练拳不息。

四、主要特征

简便性。黄坛拳（械）教授和习练时器械简易，对场地要求不高，黄坛拳更是可以随时随地教练，简便易行。

实用性。黄坛拳（械）主承麻氏一族祖传武术技艺，又博采众长，守能护身，攻能制敌，勤练能强身健体，很具实用性。

传统性。黄坛拳（械）自迁居黄坛的麻氏始祖钦绅公创制以来，至今已传二十四代。传承时间长，历史文化承载厚，具有很强的传统性。

黄坛拳（械）之凤凰展翅

五、重要价值

社会价值。黄坛拳（械）不仅在历史上的防盗荡寇、保村安民方面起到了非常重要的作用，而且帮助乡亲强身健体、交流融合。延至今日，它仍具有丰富村民业余文化生活、增强村民体质、促进乡村社会稳定等作用。

文化价值。保护和传承黄坛拳（械），对于培育百姓爱国爱乡情感、弘扬民族精神和乡愁文化，都具有非常重大的积极意义。

研究价值。黄坛拳（械）历史悠久、套路丰富、特色鲜明，对于深入了解、分析我国南方民间的武术种类、风格、特征以及它的产生和发展历史，都具有较高的研究价值。

观赏价值。黄坛拳（械）每年都参加壶镇赤岩山、横塘岸大岩背等地的传统民俗案会活动，其功夫演练深受赞赏，具有较好的观赏价值。

六、存续状况

随着社会的安定，山村青壮年常年外出打工，加上社会武术竞技活动稀少，致使社会习武防身观念和热情逐渐淡化，民间武术传承活动日趋减少。以往黄坛拳（械）武术技艺的传授、传承全靠口传心授，随着传授活动的停止和老武师们的过世，黄坛拳（械）濒临失传。

黄坛拳（械）之压棍一笃

第三节 余溪木耙

　　余溪地处浙西南缙云南乡革命老区，山多地少，耕地资源十分有限。为了公平享用资源，人们采用"比武争山"的方式进行公平竞争。余村村多次以耙、棍、棒、叉等常用农具在"比武争山"中获胜，就形成了当地以农具为比武器械的习武风俗。

　　明朝戚继光《纪效新书·拳经捷要篇》中就有关于"钯"的记载："大抵拳、棍、刀、枪、叉、钯、剑、戟、弓矢、钩镰、挨牌之类，莫不先由拳法活动身手。"

　　陈安槐、陈萌生主编的《体育大辞典》载："钯。古代兵器的一种。武术长器械之一。即农具'耙'。相传明代抗倭寇时仿制农具的'谷钯''锐钯'，始用于军队中。清代列为十八般兵器之一。量重，齿多而锐利，使用时可扒、压、牵、推等。"（《体育大辞典》上海辞书出版社2000年版，第805页）

　　余溪木耙是一种由古兵器操练法演变而成，集竞技性和艺术观赏性于一体的民间武术。据传，四百多年前，倭寇肆虐海上，戚继光创制新军，利用耙抵御来犯。此后，抗倭的耙就在缙云余溪流传了下来。

　　余溪木耙由师徒以口传身教方式传承，没有系统的文字和图像记录。古人将征战时使用的常规兵器与农器具组合，形成了独特的用硬木制作的木耙，创编了一套木耙操练法，教授乡民，世代相传。清代以后，余溪木耙与迎罗汉相结合，传承至今。

木耙

余溪木耙兵器独特，仿制农具中的谷耙，始用于军中，使用时形式多样，可扒、压、牵、推、扑、转、遮、拦、挑、扎等。有单打独挑的操练套路，也有两人一组、四五组一齐上阵的操演，还有与其他特色拳、械等一齐操演、前后左右有序的迎罗汉阵法等。

木耙对练

农闲时，人们用木耙习武练功；战事中，人们带着木耙英勇参战；庙会迎罗汉时，木耙用于娱乐表演，深受群众的喜爱。后又相沿成俗，几百年来代代相传。余溪木耙可谓独具地方特色、乡村特点、生活气息的民间传统武术。

在没有战事的岁月中，民间利用庙会形式进行余溪木耙的展示和传承。每年七月半、十月半的迎罗汉活动中，木耙表演必不可少。木耙表演简单易行，既可强身健体，又可娱乐观赏，因此得以延续。

迎罗汉中的木耙表演

附：余溪木耙操练套路

1. 起势；2. 海底捞月；3. 拦腰绞魔；4. 骑马扑钯；5. 姜太公钓鱼；6. 蟒蛇探金；7. 猕猴抱柱；8. 白蛇吐舌；9. 吊马；10. 收势。

第四节　缙云迎罗汉

迎罗汉以游艺为主体，吸收了民俗、武术等表演元素，是缙云民间传统节庆活动的主要节目之一。其历史悠久，流传广泛并保留至今，其中以壶镇、盘溪、大洋、大源等地最为盛行。

"罗汉"是神通广大者的化身，自古得到缙云百姓的高度崇拜。故民众尊称身强力壮、武功高超的人为"罗汉"，称习武的团队为"罗汉班"。每逢节庆，罗汉班聚集，到各村交流表演。清康熙《缙云县志》记载，宋高宗时，防遏外寇，习武自卫，村自为队，民众称之为罗汉班。其后，迎罗汉表演形式融入传统节日、庙会等活动中，世代传承。

迎罗汉

缙云县迎罗汉活动始于南宋。南宋建炎三年（1129）十一月，金军乘宋军江防未固之机，相继攻克庐州（合肥）、建康（南京）、临安（杭州），随后又屠掠附近州县。高宗逃亡于定海、温州、台州等濒陆海区。金孤军深入，恐腹背受敌，遂于建炎四年（1130）二月自临安北撤，旋又回军南侵。由是，高宗一度用韩世忠、岳飞、李纲等名将抗金，并于"秋七月……诏江、浙、福建州县，谕豪右募民兵，据险立栅，防遏外寇"。时有胡森，字云林，苏州人，任武节大夫、东南第一正将。从高宗南渡，迁居缙云。他响应皇诏，组织青壮年教授武术，以村为队，习武自卫。因自佛教于汉末传入缙云后，罗汉崇拜遍及民间，故人们称胡森教练的习武团队为"罗汉班"。此后，罗汉班经常参与重要的民间活动，成了民俗活动中最为耀眼的表演队伍，相沿成俗，世代传承。罗汉班表演俗称"迎罗汉"。

迎罗汉

元至元二十七年（1290）缙云吕重山、杨元六起事，至正十五年（1355）缙云箬川（大洋）杜仲光聚集数千人反元，其主体都是罗汉班习武骨干。

明嘉靖三十四年（1555）秋，戚继光到处州缙云一带招募将士抗倭，缙云人陈冕被推荐为戚家军麾下的处州军把总。陈冕在缙云招收罗汉班中的精英作为处州军主力，跟随戚继光前往台州和福建沿海进剿倭寇，屡战屡胜。

清朝末叶，水口邻村纷纷仿效，组建罗汉班，请名师授艺，使这项极具地域特色的游艺表演得到了很好的传承。

迎罗汉声势浩大，一般以村为单位组队，参加人数少则六七十人，多

则上百人。人员年龄不限，上至八旬老人，下至两三岁儿童，都可以参加。新中国成立后还有妇女加入。

目前，缙云全县有迎罗汉传承人200多人，罗汉班30多个，罗汉班队员2000多人。迎罗汉队伍主要分布于缙云县境内的壶镇、前路、胡源等10多个乡镇的50多个村，活跃于重大节庆和传统庙会中。

缙云县罗汉班大多以村为单位组成，最多时达50多个。各罗汉班创建以来，历代都有技艺高超的代表人物，但仍以群体传承为主。

每年迎罗汉之前一个月或数个月，村里推举一人牵头，主持"结班酒"，编制花名册，组成罗汉班，并聘请武术师傅教授十八般武艺及迎罗汉的有关节目。

迎罗汉的表演人员打扮成"罗汉"形象，头戴英雄帽，上身穿古代兵勇套褂或白色中衫，下身着红色灯笼裤，腰捆大扎包，脚穿白底黑布鞋，各自手执大刀、四门叉、钢叉、马刀、盾牌、双铜、红缨枪、棍、长棒等兵器。

迎罗汉

迎罗汉

迎罗汉

迎罗汉开迎当天清晨，罗汉班全体队员集聚本村，先行祭旗。全场列队整齐、旗幡飘飘、刀枪林立，威严肃穆。待到吉时，上灯献礼（上灯笼、素果等），德高望重的主祭人焚香祷告，祈求岁岁平安、风调雨顺、五谷丰登，然后用嘴将大公鸡的鸡冠咬破，把鸡血涂抹在幡旗和刀枪棍棒上。众"罗汉"开始各自挥舞手中的兵器，摇旗呐喊，并鸣锣放炮。祭旗仪式结束。

迎罗汉队伍以先锋、锣鼓钹开道，以阵头旗（队旗）、神幡、蜈蚣旗为先导。蜈蚣旗上绣的图案有龙凤呈祥、喜鹊啄梅、丹凤朝阳等。青壮年为"罗汉"。两三岁的小孩为"罗汉芯"，装扮成三国、水浒或八仙故事中的人物，骑在大人的肩上，由大人指导表演。全体队员依次列队，以一字长蛇阵先在村庄内外进行踩街，然后进入活动主场地进行轮番表演。表演程式有罗汉阵、耍武、叠罗汉等。

进入表演场地后，"罗汉"先以单刀前后左右做砍劈势，迫使围观群众退让出较开阔的空地，绕场一周后，才开始正式表演。此时，前队固定一边压阵，后队开始摆阵走队。全体队员在阵头旗带领下，通过交叉穿插进行布阵、团阵、破阵，不断变化队列，走出各种队形。阵法有大团圆、半月阵、四方阵、十字阵、九连环、梅花阵、龙门阵、蝴蝶阵、小盘龙、剪刀阵、双龙出海等十六个阵式。各种阵法都有一定的寓意。如：半月阵，正反两个半月合为圆月，寓意团团圆圆，家和万事兴；梅花阵，是八卦阵的一种，按金木水火土五行布阵，意为诱敌深入，以便围歼；蝴蝶阵，也叫迷魂阵，使敌军入阵后，分不清方位与生死门，只能坐以待毙；四方阵，寓意春夏秋冬四季平安；剪刀阵，也叫大交叉，表示四面八方广交朋友；双龙出海，寓意巨龙腾飞，大展宏图，事业有成。走陈时阵形变化莫测，节奏快慢有致，热烈的鼓乐声与众"罗汉"雄壮的呐喊声汇成一片。

迎罗汉

　　罗汉班队员在围成人圈的中央空地表演，依序展演舞刀花、四门叉、滚钢叉、拳、棒、双刀对杀、刀盾攻防及舞棍、拆棍（对打）、拆拳等武术技艺。其中以罗汉拳、滚钢叉最具代表性。缙云罗汉拳代表队在1953年金华军分区首届运动会上获冠军。滚钢叉是耍武中最引人注目的节目，钢叉在古时祭祀中作为驱鬼、辟邪的法器，在民间有着独特的地位。表演时，由幡旗摆阵、鼓乐伴奏，表演者手、脚、腕、肘各部关节灵活配合。主要动作有双手花、转腰、滚背、过腿、调车、飞叉等，起承转合，变化多样。

　　叠罗汉是迎罗汉活动中的压轴节目，由数十人互相配合，叠成各种形状，有观音扫殿、罗汉井、大小荷花、牌坊、花篮、金桥车等。如叠罗汉井时，表演者分成四组，由四个壮汉分四个角度面对面站立当罗汉柱，四根横杆以井形交叉放在四人肩上，再让人爬上横杆一层一层依次往上叠，

组成亭阁造型。第二层的前后左右各由四个小孩扮成戏剧人物坐在横杆上当插翼。叠罗汉视人数多少而定，一般叠3到5层。第二层的人骑在底层的人肩上，每高一层人数相对减少，最上一层是"罗汉芯"。可由两组人员叠成两座"牌坊"，以哨声为令，以"开""合"阵势，同时左右转圈，四面亮相。最后表演的是金桥车，数十人以一定距离站立，每人肩上骑一人，一起后仰弯腰，手搭在后面站立者的肩上，一一相接，搭成人桥，让扮"罗汉芯"的小孩在人桥上来回翻跟斗。金桥车表演完后，整个迎罗汉表演才算完满结束。

如今迎罗汉主要在节庆、重大庙会上表演。表演的前一天，参加迎罗汉的人们都要沐浴更衣，表示对先辈和神佛的尊敬。

整个表演在音乐伴奏下进行，伴奏乐器主要为先锋和锣鼓。先锋一般在罗汉队出发和踩街时一路长鸣。锣鼓队在罗汉队踩街或走阵时一般演奏《满江红》，也会根据不同阵式变换锣鼓经，如演奏"乱锣""大魁锣"等。在拳术和棍术表演时，锣鼓则根据表演者的动作或套路，敲打"盾牌锣""扑灯蛾锣"等。特别是其中的滚钢叉，除乐队伴奏外，还辅以急促的口哨声、钢叉顿地时的"嚓嚓"声和演员的呐喊声。伴奏音乐的渲染与配合，使迎罗汉的场面更加热烈。

阵头旗：即队旗，通常在罗汉队伍的最前面。

神幡：高约6米，每个罗汉队有20多面，气势威武雄壮，是滚钢叉中的主要道具之一。

蜈蚣旗：源自古代战场两军对垒时的战旗，后来成了走罗汉阵时使用的道具。

关公刀：数量一般为8把，其长1.5—2米，用铁制成。

四门叉：铁叉由山形铁头和木柄组成，铁头长0.15—0.2米，柄长约1米。

钢叉：由木柄和叉头两部分组成，铁制叉头带有三刺。木柄与叉头之间有两个圆形铁圈，叉头下有铁环，可以震响。木柄一头用碎彩丝装饰；木柄中间用包腹带缠住，便于滚动。

马刀：又称双刀，刀长约0.5米，用铁片或铝片做成。

盾牌：又称藤牌，圆形，直径0.5—0.6米，用竹篾编织而成，绘有虎头图案。

双锏：长约0.5米，木质，可分可合，上面雕刻细碎菱形，一般供10岁上下的孩子使用。

红缨枪：长约1.5米，铁尖头，红须。

棍：硬木棍。长度根据使用者的身高而定，一般竖立时与人的眉毛等高，故又称"齐眉棍"。

以上兵器根据人数的比例以双数配对。

荷花

罗汉班的产生及迎罗汉的传承发展，与南宋抗金、反抗元朝朝廷压迫、抗击倭寇等历史有关，有着很深的历史文化渊源。迎罗汉活动在独特的地域环境和文化历史环境中形成，是农耕生活和稻作习俗中别具特色的一种"文化空间"表现形式，具有较强的民间传统性。迎罗汉作为传统游艺活动，内容丰富，形式多样，程式世代相传，是一种地地道道的原生态文化现象，是中华民族文化多样性的反映，也是非物质文化遗产本质特征的体现。

迎罗汉活动历史悠久，既是社会发展进程中农耕生活的侧面反映，也是缙云人文历史长河中民族文化多样性的体现。迎罗汉表演集各种艺术表演手法于一体，包含着鲜明的地方特色和深厚的文化内涵，表演场面惊险

刺激、声势浩大。其中，滚钢叉和叠罗汉是迎罗汉的精华，充分展示了民间艺人娴熟高超的技艺。

迎罗汉传承人简介：

朱然坤，男，1932年5月出生于缙云县壶镇镇金竹村，1947年跟随本村朱国舒（已故）学习滚钢叉，后成为村罗汉队中的主力队员之一，被浙江省文化厅公布为第二批浙江省非物质文化遗产代表性传承人。

朱法春，男，1937年6月出生于缙云县壶镇镇金竹村，1952年起跟随本村朱汝相（已故）学习滚钢叉，后成为村罗汉队中的主力队员之一，被浙江省文化厅公布为第二批浙江省非物质文化遗产代表性传承人。

应设卢，男，1938年8月出生，第三批浙江省非物质文化遗产项目叠牌坊（缙云迎罗汉）代表性传承人。他从大伯公、父亲、师傅的言传身教中，学会迎罗汉的全套技艺，常年传教下代学练大刀、钢叉、拳术。每年组织指挥罗汉队参加庙会活动和带队外出表演。现已教会16个旗手、10个钢叉手、8个大刀手及多个拳师。编写了《水口罗汉队传承世系表》《罗汉队创建与发展》《水口罗汉队简史》《罗汉队在庙会献艺》等文章；编制了《水口山村风光》《二月二庙会》《罗汉队演艺》《水口龙灯会》等音像片4套；接受丽水市广播电视总台采访，在《绿谷采风》栏目播出。

胡笃申，男，1952年1月出生，缙云县胡源乡胡村村人，丽水市第三批非物质文化遗产项目迎罗汉代表性传承人。从小随本村胡式行、胡礼乾练习迎罗汉刀棍技艺。1972年开始，每年农历七月初七前一个月，他都组织罗汉队学习排练，并参加张山寨七七会迎案活动。带徒100多人，向他们传授大刀、棍、铜等技艺。2000年，胡笃申组织罗汉队参加缙云县广电局举办的文化踩街活动，获三等奖。

郑再强，男，1959年6月出生，缙云县溶江乡大黄杨山村人，第三批丽水市非物质文化遗产项目迎罗汉代表性传承人。8岁开始随爷爷郑顺福练习打拳和叠罗汉，之后，每年农历七月初七都参加张山寨七七会的迎罗汉表演活动。1990年开始，每年农历六月至七月组织村罗汉队进行技艺培训和排练。带徒弟60多人，其中学叠罗汉的有30多人。2010年1月，组织罗汉队参加在溶江乡举办的首届"仙都（溶江）腊月风情节"。

第八章

遂昌茶园武术与布衣拳

遂昌县置县历史可追溯至东汉建安二十三年（218），历经多次名称与隶属变更，有着深厚的历史文化底蕴。茶园武术和布衣拳作为遂昌独特的文化符号，尤其引人注目。茶园武术历经近三百年传承，包含多种形式。茶园村村民们早晚习武，既锻炼了身体，又展现了坚韧的精神。布衣拳则有五六百年的发展历史，源于治岭头村周氏家族，注重实战与养生，2023年，遂昌布衣拳被列入第六批浙江省非物质文化遗产代表性项目名录。

第一节　茶园武术

　　茶园武术流行于遂昌茶园村，村民称之为"茶园拳棍"。相传于二百七十多年前，茶园村的先人从福建迁居至此，为了防范土匪来袭，专门从福建请来了武师看家护院，那时起，村民便从武师那里学得武术。茶园武术以棍为器械，步稳势烈、发力短猛、防守严谨。茶园武术共有开四门、父子同拳、单鞭救主、红鸡展翅、五虎下山、搓棍对打、七步连枪等七套功夫。

茶园村风光

茶园自然村，隶属遂昌县龙洋乡西滩村，地处国家级自然保护区九龙山南麓，浙闽两省、遂（昌）龙（泉）浦（城）交界处，系浙江境内两大水系钱塘江、瓯江源头，素有"钱瓯之源、浙南林海"之称。村周边石壁高耸，百年以上古树成群，森林覆盖率达98.7%。村庄距县城70余千米，全村有42户151个村民，他们居住在海拔650米的山中平台上。茶园村环境绮丽，常年云雾缭绕，宛如仙境，特色文化积淀丰厚，因茶园传统武术、茶园独特文化而备受瞩目。茶园村的风水之好，从此处的山名可见一斑。它的左边是一堵数百米高的大悬崖，山峰陡峭，林木森森，村民们习惯唤它为"炫壁"，因"炫壁"远看像一面迎风招展的旌旗，山体中间又有一线天，像极了旗杆，故被人称为"旗山"；右边是几座高耸入云的山峰，就像一杆杆矗立的长枪；村前的梯田错落有致，如将军的点将台，正是茶园村人习武的场地。因此茶园人称茶园村的地理格局为"左旗右枪前将台"，颇为传神。村周围还有金童玉女岩、神仙洞、红旗山、女娲石等自然景点，每处岩崖都有一个美丽动人的故事，被茶园人代代相传，引以为豪。节假日，村民们还有碑胡琴、唱山歌、摇龙排等活动，让人心驰神往。茶园村前有鼓山，连绵不断；后是交椅山，雄浑厚重。

茶园练功桩

茶园村的山野丽景并不局限于它的茶园，还在于它的古树群，在于它的武术训练场，在于它连绵不断的山峰。青苔，不但密布在大石上，也层叠在大树上。仅介绍牌上显示的字样"苦槠等68株"，就让我们惊叹于此地的"厚德载物"了。茶园村地处九龙山腹地，村内有古木群两处，古树150余株。除苦槠外，还有麻标等大树，五六百年树龄的树在此地也不足为奇。身处这得天独厚的苦槠林，那份厚重端方的绿，会让人们浑然忘我。这片苦槠林中间有一块七八十平方米的空地，人们每天早晚都在空地上练功。春来，万物复苏，带上家中幼小练练"父子同拳"，或来一套"搓棍对打"，精气神满满；夏夜，凉风习习，比画整套拳数，出一身汗；秋天，霜林染醉，练一组"七步连枪"，划开满地落叶纷飞；冬日，暖阳高照，村中已无太多农事，村民泡一壶手工制的白茶，聚于林中，教习武术，切磋武艺。茶园人在古树下习武，聚天地之气，凝亘古之神。好一处世外桃源。

茶园练功桩

传说在清乾隆初年，从闽西连城县搬迁到茶园居住的罗姓先祖，因常受毛姓财主的欺压，加之当时浙闽边界匪患不断。这位名叫罗家慧的先祖，便翻山越岭到处拜师学艺。历尽艰难险阻后，他请来南少林武僧到村上教习武功，以护卫家族安宁。几百年下来，村民们渐渐养成了农忙务农、农闲练武的习惯，代代相传，至今不衰。现在，练武已成为村民们强

身健体的重要方式，男女老少都会一点拳脚功夫。如今，罗家的老祖宗就安葬在交椅山下，坟墓至今保存完好。正如先祖名字"家慧"所寓意的，他像一位智慧的家长，静默地守望着自己的故土。

茶园武术

茶园武术历经270多年的发展，至今流传有七套功夫：拳术"开四门""单鞭救主"和"父子同拳"；棍术"红鸡展翅""五虎下山"和双人对练棍术"搓棍对打"；枪术"七步连枪"。经历十代传承，拼打实战、强身健体皆宜。茶园人早晚练武、白日务农，他们的作息与别的村落不同，特色鲜明，令人瞩目。茶园村民曾被左右村落乃至衢州、龙泉、浦城等地之人请去打抱不平、争强斗胜。最让人津津乐道的要数晚清时，茶园罗姓习武者将当时横行于浙闽边界的强盗头子海荣制服，并将其押送到处州官府。

茶园村民在武林大会上展演茶园武术

　　手持长棍，腾跃、挪转，时快时慢，棍扫时呼呼有声，落地时刚劲有力，这就是茶园村村民都会的一套棍法。一直以来，茶园武术都是口传身授，没有文字记载。因修炼武术的缘故，茶园村村民多拳脚刚猛、刀枪厉害，且大多高寿，年龄最长者99岁。耄耋老人、期颐长者依然教练武术，上山下地，扛锄挑担，不显老迈之态。龙洋乡还把茶园武术融入全乡的小学体育课，让孩子们从小接受武术的熏陶。

茶园武术

茶园武术

在茶园村还有遂昌茶园武术非遗文化研学基地。基地以"非遗文化、武术体验、特色乡村"为主题，集学习体验、陶冶情操功能于一体，让研学者将身心融入自然，感受世外桃源般的生活。茶园武术还走进了校园社团，茶园武术传承人罗根荣担任社团的校外辅导员，并带领学生参加相关比赛。学生们对茶园武术的热爱不仅体现在课堂上，还体现在课外的练习中。他们让茶园武术得到了很好的传承。

2009年，在第六届浙江国际传统武术比赛中，茶园武术队获集体项目第一名，吸引了众多国内外武术爱好者前往村里切磋交流。同年，茶园武术被列入第三批浙江省非物质文化遗产名录。2010年7月，茶园武术队又派出两名选手参加了第七届浙江国际传统武术比赛，分别获得个人拳术、个人棍术两项第一名。2010年以来，茶园村每年都要举办一次诸如武林大会、武术联谊、武术展演等的大型活动。爱好武术的美国、意大利留学生，以及省内外武术专家、学者、武术协会会员纷纷来村切磋武技。

省级非遗茶园武术牌匾

茶园武术传承人简介：

罗观德（1931—2020），男，第三批浙江省非物质文化遗产项目遂昌茶园武术代表性传承人。罗观德7岁时，跟祖父、父亲学习茶园传统武术；13岁时，已熟练掌握各套拳棍枪术技艺；20岁时，开始带领、教习村中年轻人习武。

罗水根，男，1936年3月20日出生，遂昌县龙洋乡西滩村茶园自然村人，第六批浙江省非物质文化遗产遂昌茶园武术代表性传承人。罗水根13

岁时跟随祖父学武，在祖父和父亲的严格要求和自己的刻苦努力下，到15岁时已熟练掌握了各个拳棍套路。1955年开始，他教育同村年轻男子习武，经常参加各级民间文化活动表演，并指导青少年传承各种拳术、棍术套路。罗水根致力于保护中国传统文化瑰宝，弘扬自强不息的武术精神，为龙洋乡非遗传承和乡村文化旅游发展做出了贡献。

罗启根，男，中共党员，1966年9月4日出生，遂昌县龙洋乡西滩村茶园自然村人，第六批丽水市非物质文化遗产遂昌茶园武术代表性传承人。罗启根13岁时开始跟随父亲习武，15岁时基本熟悉茶园武术各套拳术、棍术和枪术技艺。2008年以后，他开始教习儿子罗利彬等村中青少年。2010年10月开始，他受聘为遂昌县龙洋乡中心小学、遂昌县金岸小学、遂昌育才中学和乐领旗山侠隐庄园武术教练，教学生和员工练武。在2016年、2017年第十一届和第十二届浙江国际传统武术比赛中，龙洋小学茶园武术传承学校学生武术队员在集体项目和个人项目上共获得16枚金牌、4枚银牌、5枚铜牌。

附：茶园武术

（一）拳术：开四门

此为基本套路之一，向东、南、西、北四个方向开打，四门的动作基本相同，有"打的一门开，其他三门也就开"之说。本套路动作精练，以声催力，沉稳架低。动作基本特点：猫腰、藏头、缩项。

1. 抱拳礼：并步直立，右手为拳，左手为掌，合于胸前。

2. 开山门：开左步大于肩宽，两手下落握拳，经腹前交叉上提至胸前，接着向左右抻开，同时成马步并发"嘿"声，两臂与头成"山"字型。

3. 左套手连击：左转，成左弓步，右拳变掌由右向左上臂拍击，左拳由内向外侧格挡，接着冲右拳，再冲左拳。

4. 转身套手连击：右转，向右成右弓步，左拳变掌由左向右上臂拍击，右拳由内向外侧格挡，接着冲左拳，再冲右拳。

5. 撤右步撩掌砍手：右脚后撤，身体左转，成左弓步，随转体左拳变掌护胸，右拳变掌由下向前撩拍，接着左掌向前下方切出，右掌收回。

6. 左套手连击：步子不变，右掌由右向左上臂拍击，左掌变拳由内向外侧格挡，接着冲右拳，再冲左拳。

7. 上步肘击：右脚向前贴地扫击，左手握右手腕，右弓步，右肘击。

8. 侧踹砍脚：重心后移，两手下压回拉，右脚侧踹，落步，全蹲，左手在右肩前护身体右侧，右手向右脚踝外侧下切。

9. 起身套手连击：起身，身体右转，成右弓步，左掌由左向右上臂拍击，右拳由内向外侧格挡，接着冲左拳，再冲右拳，目视前方。

10. 转身套手连击：左转，向后成左弓步，右拳变掌由右向左上臂拍击，左拳由内向外侧格挡，接着冲左拳，再冲右拳，目视前方。

11. 撤右步撩掌砍手：右脚向左方后撤，身体右转，成左弓步，随转体左拳变掌护胸，右拳变掌由下往前撩击，接着左掌向前下方切出，右掌收回。

12. 左套手连击：步子不变，右掌由右向左上臂拍击，左掌变拳由内向外侧格挡，接着冲右拳，再冲左拳。

13. 上步肘击：右脚向前贴地扫击，左手握右手腕，右弓步，右肘击。

14. 侧踹砍脚：重心后移，两手下压回拉，右脚侧踹，落步，全蹲，左手在右肩前护身体右侧，右手向右脚踝外侧下切。

15. 起身套手连击：起身，身体右转成右弓步，左掌由左向右上臂拍击，右拳由内向外侧格挡，接着冲左拳，再冲右拳，目视冲拳方向。

16. 转身套手连击：左转向后成左弓步，右拳变掌由右向左上臂拍击，左拳由内向外侧格挡，接着冲左拳，再冲右拳，目视前方。

17. 撤右步撩掌砍手：右脚向左方后撤，身体右转，成左弓步，随转体左拳变掌护胸，右拳变掌由下向前撩击，接着左掌向前下方切出，右掌收回。

18. 左套手连击：步子不变，右掌由右向左上臂拍击，左掌变拳由内向外侧格挡，接着冲右拳，再冲左拳。

19. 上步肘击：右脚向前贴地扫击，左手握右手腕，右弓步右肘击。

20. 侧踹砍脚：重心后移，两手下压回拉，右脚侧踹，落步，全蹲，左手在右肩前护身体右侧，右手向右脚踝外侧下切。

21. 起身套手连击：起身，身体右转成右弓步，左掌由左向右上臂拍击，右拳由内向外侧格挡，接着冲左拳，再冲右拳，目视前方。

22. 转身套手连击：左转向后成左弓步，右拳变掌由右向左上臂拍击，左拳由内向外侧格挡，接着冲左拳，再冲右拳，目视前方。

23. 撤右步撩掌砍手：右脚向左方后撤，身体右转成左弓步，随转体左拳变掌护胸，右拳变掌由后向下向前撩击，掌心向前上，接着左掌向前下方切出，右掌回收。

24. 左套手连击：步子不变，右掌由右向左上臂拍击，左掌由内向外侧格挡，接着左拳回收护胸，冲右拳，再右拳回收护胸，再冲左拳。

25. 上步肘击：右脚向前贴地扫击，左手握右手腕，右弓步右肘击。

26. 侧踹砍脚：重心后移，两手下压回拉，右脚侧踹，落步，全蹲，左手在右肩前护身体右侧，右手向右脚踝外侧下切。

27. 起身套手连击：起身，身体右转成右弓步，左掌由左向右上臂拍击，右拳由内向外侧格挡，接着冲左拳，再冲右拳，目视前方。

28. 转身套手连击：左转向后成左弓步，右拳变掌由右向左上臂拍击，左拳由内向外侧格挡，接着冲左拳，再冲右拳，目视前方。

29. 撤右步撩掌砍手：右脚后撤，身体左转，成左弓步，随转体左拳变掌护胸，右拳变掌由下向前撩拍，接着左掌向前下方切出，右掌收回。

30. 左套手连击：步子不变，右掌由右向左上臂拍击，左掌变拳由内向外侧格挡，接着冲右拳，再冲左拳。

31. 上步肘击：右脚向前贴地扫击，左手握右手腕，右弓步右肘击。

32. 侧踹砍脚：重心后移，两手下压回拉，右脚侧踹，落步，全蹲，左手在右肩前护身体右侧，右手向右脚踝外侧下切。

33. 起身套手双捶：双手由掌变拳收至胸前，起身成右弓步，同时向前冲拳。

34. 跳转双砸捶：身体由左向后跳转180度，双脚换位，双拳随转身由上往下砸捶，身体面向左侧，目视右方。

35. 转身左弓步右撩掌砍手：由左向后转成左弓步，左手护胸，右拳变掌随转身由后向下往前撩击，掌心朝上，右手回收，左手由胸前向前下方切出，目视撩切方向。

36. 撤左步左撩掌砍手：左脚后撤，右掌护胸左掌后摆，再由后向下往前撩击，成右弓步，左手回收，右手由胸前向前下方切出，目视撩切方向。

37. 上左步右撩掌砍手：左脚上前一步，左掌护胸，右掌随上步转身后摆，再由后向下往前撩击，成左弓步，右手略收，左手由胸前向前下方切出，目视撩切方向。

38. 跃步双剑手：两腿用力向前跳起，落步成左弓步，同时两手由上向后往下划弧至腰部，由腰部向前穿掌，掌心朝上，目视前方。

39. 虚步抱拳：重心后坐，左脚收回半步成左虚步，双掌由由外向内合掌成抱拳式

40. 收势：并步直立。

（二）拳术：单鞭救主

此套路源自"尉迟恭单鞭救秦王"。隋末名将尉迟恭为人忠心耿耿，一身好功夫，凭借手中单鞭，屡次营救秦王李世民，为建立大唐王朝立下汗马功劳，被后世尊称为"黑门神尉迟恭"。该套路化鞭为手，凶狠泼辣，左冲右突，前撞后击，威风八面。

1. 抱拳礼：并步直立，右手为拳，左手为掌，合于胸前。

2. 右摆手：目视前方，右脚向右前方贴地划弧擦出，右拳变掌由里往上外摆格挡，掌心朝身体；左掌由右向下划弧，掌心朝左侧。

3. 左摆手：目视前方，左脚向左前贴地划弧擦出，左掌由里往上外摆格挡，掌心朝身体；右掌由左向下划弧，掌心朝左侧。

4. 右摆手：目视前方，右脚向右前贴地划弧擦出，右掌由里往上外摆格挡，掌心朝身体；左掌由右向下划弧，掌心朝左侧。

5. 左转身撩拳砍手：身体左转成左弓步，左掌收于胸前护胸，右掌变拳由右侧随转体向下往前划弧撩击，拳背朝上，接着右拳变掌回收腰间，

左掌向前下方切出。

6. 左套手连击：步子不变，右拳变掌由右向左上臂拍击，左拳由内向外侧格挡，接着冲右拳，再冲左拳。

7. 拐脚侧踹：右脚由内向上摆击，右拳变掌收胸前护胸，左拳变掌收于左腰侧；接着右脚落下，左脚快速向左侧踹，目视侧踹方向。

8. 深蹲砍脚：左脚落步全蹲，右掌护胸，左掌由上而下向左脚踝外侧切出。

9. 起身套手连击：起身，身体左转成左弓步，右拳变掌由右向左上臂拍击，左拳由内向外侧格挡，接着冲右拳，再冲左拳。

10. 后转撩拳砍手：身体由右向后转成右弓步，右掌回收护胸，左掌变拳由左随转体向下往前划弧撩击，拳背朝上，接着左拳变掌回收腰间，右掌向前下方切出。

11. 右套手连击：步子不变，左拳变掌由左向右上臂拍击，右拳由内向外侧格挡，接着冲左拳，再冲右拳。

12. 拐脚侧踹：左脚由内向上摆击，左拳变掌收胸前护胸，右拳变掌收于右腰侧；接着左脚落下，右脚快速向右侧踹，目视侧踹方向。

13. 深蹲砍脚：右脚落步全蹲，左掌护胸，右掌由上而下向右脚踝外侧切出。

14. 起身套手连击：起身，身体右转成右弓步，左拳变掌由左向右上臂拍击，右拳由内向外侧格挡，接着冲左拳，再冲右拳。

15. 撤右步撩拳砍手：重心左移，右脚撤向右后方，身体左转90度成左弓步，同时左掌收于胸前护胸，右掌变拳由右侧随转体向下往前划弧撩击，拳背朝上，接着，右拳变掌回收腰间，左掌向前下方切出，目视前下方。

16. 左套手连击：步子不变，右拳变掌由右向左上臂拍击，左拳由内向外侧格挡，接着冲右拳，再冲左拳。

17. 拐脚侧踹：右脚由内向上摆击，右拳变掌收胸前护胸，左拳变掌收于左腰侧；接着右脚落下，左脚快速向左侧踹，目视侧踹方向。

18. 深蹲砍脚：左脚落步全蹲，右掌护胸，左掌由上而下向左脚踝外

侧切出。

19. 起身套手连击：起身，身体左转成左弓步，右拳变掌由右向左上臂拍击，左拳由内向外侧格挡，接着冲右拳，再冲左拳。

20. 后转撩拳砍手：身体由右向后转成右弓步，右掌回收护胸，左掌变拳由左随转体向下往前划弧撩击，拳背朝上，接着左拳变掌回收腰间，右掌向前下方切出。

21. 右套手连击：步子不变，左拳变掌由左向右上臂拍击，右拳由内向外侧格挡，接着冲左拳，再冲右拳。

22. 拐脚侧踹：左脚由内向上摆击，左拳变掌收胸前护胸，右拳变掌收于右腰侧；接着左脚落下，右脚快速向右侧踹，目视侧踹方向。

23. 深蹲砍脚：右脚落步全蹲，左掌护胸，右掌由上而下向右脚踝外侧切出。

24. 起身套手连击：起身，身体右转成右弓步，左拳变掌由左向右上臂拍击，右拳由内向外侧格挡，接着冲左拳，再冲右拳。

25. 后转撩拳砍手：身体由左向后转成左弓步，左掌回收护胸，右掌变拳由左随转体向下往前划弧撩击，拳背朝上，接着右拳变掌回收腰间，左掌向前下方切出。

26. 跃步双剑手：两腿用力向前跳起，落步成左弓步，同时两手由上向后往下划弧至腰部，由腰部向前穿掌，掌心朝上，目视前方。

27. 虚步抱拳：重心后坐，左脚收回半步成左虚步，双掌由外向内合掌成抱拳式。

28. 收势：并步直立。

（三）拳术：父子同拳

此套路专为在狭窄的弄堂里防身而创，虽然套路动作只有向前、向后、转身几个动作，但整个套路施展起来后步步紧逼，招招凶狠，攻守兼备。

1. 抱拳礼：并步直立，右手为拳，左手为掌，合于胸前。

2. 左开步左敲拳：右脚向右开步成半马步，两手握拳由外侧向上收至胸前交叉，接着分别向两侧敲击，拳背向外，目视左前方。

3. 后转护胸砍脚：左脚由后向左方后撤，转身180度成马步，同时左拳变掌立于右肩前护胸，右拳变掌，力点在掌外侧，由上往下切掌落于右脚踝外侧。

4. 起身套手连击：起身，身体右转成右弓步，左掌由左向右上臂拍击，右拳由内向外侧格挡，接着冲左拳，再冲右拳，目视冲拳方向。

5. 上左步套手连击：左脚向前一步，成左弓步，右拳变掌由右向左上臂拍击，左拳由内向外侧格挡，接着冲右拳，再冲左拳。

6. 上步肘击：右脚向前贴地扫击，左手握右手腕，右弓步右肘击。

7. 侧踹砍脚：重心后移，两手下压回拉，右脚侧踹，落步，全蹲，左手在右肩前护身体右侧，右手向右脚踝外侧下切。

8. 起身套手连击：起身，身体右转成右弓步，左掌由左向右上臂拍击，右拳由内向外侧格挡，接着冲左拳，再冲右拳，目视冲拳方向。

9. 上左步套手连击：左脚向前一步，成左弓步，右拳变掌由右向左上臂拍击，左拳由内向外侧格挡，接着冲右拳，再冲左拳。

10. 上右步右双砍手：右脚向前上步，同时，两拳变掌由左上方向右下方砍击。

11. 上左步左双砍手：左脚向前上步，同时，两拳变掌由右上方向左下方砍击。

12. 上右步左敲拳：右脚向前上一步，身体向左转身180度，同时两手收至胸前交叉握拳再向两侧敲击，拳背向外，目视右前方。

13. 后转护胸砍脚：左脚由后向左方后撤，转身成马步，同时左拳变掌立于右肩前护胸，右拳变掌，由上往下切落于右脚踝外侧。

14. 起身套手连击：起身，身体右转成右弓步，左拳变掌由左向右上臂拍击，右拳由内向外侧格挡，接着冲左拳，再冲右拳。

15. 上左步套手连击：左脚向前一步，成左弓步，右拳变掌由右向左上臂拍击，左拳由内向外侧格挡，接着冲右拳，再冲左拳。

16. 上步肘击：右脚向前贴地扫击，左手握右手腕，右弓步右肘击。

17. 侧踹砍脚：重心后移，两手下压回拉，右脚侧踹，落步，全蹲，

左手在右肩前护身体右侧，右手向右脚踝外侧下切。

18. 起身套手连击：起身，身体右转成右弓步，左拳变掌由左向右上臂拍击，右拳由内向外侧格挡，接着冲左拳，再冲右拳。

19. 上左步套手连击：左脚向前一步，成左弓步，右拳变掌由右向左上臂拍击，左拳由内向外侧格挡，接着冲右拳，再冲左拳。

20. 上右步右双砍手：右脚向前上步，同时，两拳变掌由左上方向右下方砍击。

21. 上左步左双砍手：左脚向前上步，同时，两拳变掌由右上方向左下方砍击。

22. 上右步左敲拳：右脚向前上一步，身体向左转身180度，同时两手收至胸前交叉握拳再向两侧敲击，拳背向外，目视右前方。

23. 后转护胸砍脚：左脚由后向左方后撤，转身成马步，同时左拳变掌立于右肩前护胸，右拳变掌，由上往下切落于右脚踝外侧。

24. 起身套手连击：起身，身体右转成右弓步，左掌由左向右上臂拍击，右拳由内向外侧格挡，接着冲左拳，再冲右拳，目视冲拳方向。

25. 上左步套手连击：左脚向前一步，成左弓步，右拳变掌由右向左上臂拍击，左拳由内向外侧格挡，接着冲右拳，再冲左拳。

26. 跃步双剑手：两腿用力向前跳起，落步成左弓步，同时两手由上向后往下划弧至腰部，由腰部向前穿掌，掌心朝上，目视前方。

27. 撤右步撩拳砍手：重心左移，右脚撤向右后方，身体左转90度成左弓步，同时左掌收于胸前护胸，右掌变拳由右侧随转体向下往前划弧撩击，拳背朝上，接着，右拳变掌回收腰间，左掌向前下方切出，目视前下方。

28. 虚步抱拳：重心后坐，左脚收回半步成左虚步，双掌由由外向内合掌成抱拳式。

29. 收势：并步直立。

（四）棍术：红鸡展翅

此路棍法是茶园武术中棍术的基本套路之一，来源于象形动作，模仿公鸡相斗时站立、闪躲、蹦跳、嘴啄等动作，以及灵活善战、勇敢搏斗的姿态。

1. 持棍礼：并步直立，右手持棍1/3处，左手立掌合于右手，目视前方。

2. 搅棍：并步直立，左侧身平持棍于胸前，右手握棍身后1/3处，左手握棍把端，目视左前方。两手持棍原地顺时针三搅棍，目视棍梢。

3. 上步戳棍：上右脚，成右弓步，同时两手持棍用力向前平戳，力达棍梢，目视棍梢前方。

4. 回身劈棍：右脚后撤步成左弓步，同时两臂持棍，从身体右侧轮棍，由下方往后轮棍经上方向前劈棍点地，目视前方。

5. 收步拦搁：身体右转，右脚半蹲，左脚脚尖点地成丁步，同时左手握棍把在下，右手握棍后1/3处立棍于左肩前拦搁，目视左前方。

6. 上步劈棍：左脚向左跨出一步，身体左转，接着右脚向前上一步成右弓步，同时双手持棍由右上方向下劈棍，目视右前方。

7. 侧步撩棍：右脚向后横跨一步，同时两手持棍，顺时针由右向下撩棍格挡。

8. 回身劈棍：右脚后撤步成左弓步，同时两臂持棍，从身体右侧轮棍，由下方往后轮棍经上方向前劈棍点地，目视前方。

9. 收步拦搁：身体右转，右脚半蹲，左脚脚尖点地成丁步，同时左手握棍把在下，右手握棍后1/3处立棍于左肩前拦搁，目视左前方。

10. 上步劈棍：左脚向左跨出一步，身体左转，接着右脚向前上一步成右弓步，同时双手持棍由右上方向下劈棍，目视右前方。

11. 侧步截棍：右脚向右横跨一步，同时两手持棍不变，稍提起接着向右侧下方劈棍反截，右上臂与棍平，左手握棍把端收至右腋下，力点在棍身。

12. 劈棍：步子不变，双手持棍由右上方向下劈棍，目视右前方。

13. 上步挑棍：右脚上步身体左转成右半马步，同时两手合力持棍左手顺时针搅动棍把，棍梢由后向下顺时针敲击地面后挑棍，力在棍梢。

14. 后转劈棍：左脚向后撤步，身体向左转，横开成左弓步，双手持棍略向右肩上靠，再由右上向左下劈棍，目视前方。

15. 上步挑棍：右脚上步身体左转成右半马步，同时两手合力持棍左手顺时针搅动棍把，棍梢由后向下顺时针敲击地面后挑棍，力在棍梢。

16. 后转劈棍：左脚向后撤步，身体向左转，横开成左弓步，双手持棍略向右肩上靠，再由右上向左下劈棍，目视前方。

17. 上步挑棍：右脚上步身体左转成右半马步，同时两手合力持棍左手顺时针搅动棍把，棍梢由后向下顺时针敲击地面后挑棍，力在棍梢。

18. 回身劈棍：右脚后撤步成左弓步，同时两臂持棍，从身体右侧轮棍，由下方往后轮棍经上方向前劈棍点地，目视前方。

19. 收步拦搁：身体右转，右脚半蹲，收左脚，脚尖点地成丁步，同时左手握棍把在下，右手握棍后1/3处立棍于左肩前拦搁，目视左前方。

20. 上步劈棍：左脚向左跨出一步，身体左转，接着右脚向前上一步成右弓步，同时双手持棍由右上方向下劈棍，目视右前方。

21. 侧步截棍：右脚向右横跨一步，同时两手持棍不变，稍提起接着向右侧下方劈棍反截，右上臂与棍平，左手握棍把端收至右腋下，力点在棍身。

22. 劈棍：步子不变，双手持棍由右上方向下劈棍，目视右前方。

23. 上步挑棍：右脚上步身体左转成右半马步，同时两手合力持棍左手顺时针搅动棍把，棍梢由后向下顺时针敲击地面后挑棍，力在棍梢，目视右前方。

24. 跳步压棍：两脚向前小跳步成右半马步，接着回落成半马步，同时两手持棍逆时针由下往上向内拦搁，随后棍梢由上往下压棍点地，力在棍梢。

25. 托棍架挡：右脚收回半步，脚尖点地，起身，重心在左腿，成高虚步，右手下滑前移托棍，棍梢朝下，左手持棍把上翻，收至左肩上方，目视右侧前方。

26. 收棍：右转起立，右手持握棍1/3处与左手相合，目视前方。

（五）棍术：五虎下山

"五虎下山"是形容此棍法有猛虎下山时的威风。此套路动作简单，变化不多，比较突出地体现了刚、猛、迅、利的特点，具有南派虎拳的风格。

1. 持棍礼：并步直立，右手持棍把1/3处，左手立掌合于右手。

2. 开步劈棍：左脚横开一步成左弓步，右手握棍1/3处，左手握棍把，双手持棍略向右肩上靠移，再由上向下劈棍，目视前方。

3. 上步挑棍：右脚上步身体左转成右半马步，同时两手合力持棍左手顺时针搅动棍把，棍梢由后向下顺时针敲击地面后挑棍，力在棍梢。

4. 后转劈棍：左脚向后撤步，身体向左转，横开成左弓步，双手持棍略向右肩上靠，再由右上向左下劈棍，目视前方。

5. 上步挑棍：右脚上步身体左转成右半马步，同时两手合力持棍左手顺时针搅动棍把，棍梢由后向下顺时针敲击地面后挑棍，力在棍梢。

6. 后转劈棍：左脚向后撤步，身体向左转，横开成左弓步，双手持棍略向右肩上靠，再由右上向左下劈棍，目视前方。

7. 上步双挑棍：脚上步身体左转成右半马步，同时两手合力持棍左手顺时针搅动棍把，棍梢连续由后向下顺时针敲击地面后挑棍两次，力在棍梢，目视右前方。

8. 倒棍拦搁：双手持棍由右向左倒棍击地，接着左脚收回至右脚内侧脚尖点地成丁步，同时左手握棍把在下，右手握棍后1/3处立棍于左肩前拦搁，目视左前方。

9. 侧步劈棍：左脚向左跨一步，身体左转，接着右脚向前上一步成右弓步，同时双手持棍由右上方向下劈棍。

10. 双挑棍：身体左转成半马步，双手持棍横在身体右侧顺时针转连续击地挑棍两次，面向右方。

11. 倒棍拦搁：双手持棍由右向左倒棍击地，接着左脚收回，脚尖点地成丁步，同时左手握棍把在下，右手握棍后1/3处立棍于左肩前拦搁。

12. 上步劈棍：左脚向左跨一步，身体左转，接着右脚向前上一步成右弓步，同时双手持棍由右上方向下劈棍，目视右前方。

13. 双挑棍：身体左转成半马步，双手持棍横在身体右侧顺时针转连续击地挑棍两次，面向右方。

14. 倒棍拦搁：双手持棍由右向左倒棍击地，接着左脚收回脚尖点地成丁步，同时左手握棍把在下，右手握棍1/3处立棍于左肩前拦搁。

15. 收棍：右转起立，右手持握棍1/3处与左手相合，目视前方。

（六）棍术：搓棍对打

该路棍法的练法同"五虎下山"，简便记忆顺序为"上上下下"，步法为"上上退退"。

1. 起势：并步直立，右手持棍把1/3处立棍于胸前，左手自然下垂，目视前方。

2. 持棍礼：并步直立，右手持棍把1/3处，左手立掌合于右手，目视前方。

3. 互敬持棍礼：转身面对面并步直立，右手持棍把1/3处，左手立掌合于右手，目视对方，互敬持棍礼。

4. 开步预备：两人同时左脚横开一步，右手握棍1/3处，左手握棍把，双手持棍略向右肩上靠移，目视前方。

5. 劈棍：身子略向左转，重心左移成左弓步，同时两人双手持棍由右上方向下劈棍，两棍交与头顶上方。

6. 上步拨棍：两人同时分棍，右脚向前一小步，同时棍梢顺时针从右往下经左下方向右上方拨棍，两棍交于右肩前上方，目视前方。

7. 虚步下顶：两人同时前收左脚，与右脚平，脚尖点地成左虚步，同时略收左手，随收脚重心前移，用棍把前顶，两棍把交于前下方。

8. 退步下挡：退左步，左手移回棍把，右手略收回移，同时随撤步棍梢由右上顺时针向左下方劈棍，两棍交击于身前下方，目视前下方。

9. 撤步劈棍：两人同时右脚往后撤一步，身体左转成左弓步，右手握棍1/3处，左手握棍把，双手持棍，棍梢向右后往上移，再由上向下劈棍。

10. 上步拨棍：两人同时分棍，右脚向前一小步，同时棍梢顺时针从右往下经左下方向右上方拨棍，两棍交于右肩前上方，目视前方。

11. 虚步下顶：两人同时前收左脚，与右脚平，脚尖点地成左虚步，同时略收左手，随收脚重心前移，用棍把前顶，两棍把交于前下方。

12. 退步下挡：退左步，左手移回棍把，右手略收回移，同时随撤步棍梢由右上顺时针向左下方劈棍，两棍交击于身前下方，目视前下方。

13. 撤步劈棍：两人同时右脚往后撤一步，身体左转成左弓步，右手握棍1/3处，左手握棍把，双手持棍，棍梢向右后往上移，再由上向下劈棍。

14. 上步拨棍：两人同时分棍，右脚向前一小步，同时棍梢顺时针从右往下经左下方向右上方拨棍，两棍交于右肩前上方，目视前方。

15. 虚步下顶：两人同时前收左脚，与右脚平，脚尖点地成左虚步，同时略收左手，随收脚重心前移，用棍把前顶，两棍把交于前下方。

16. 退步下挡：退左步，左手移回棍把，右手略收回移，同时随撤步棍梢由右上顺时针向左下方劈棍，两棍交击于身前下方，目视前下方。

17. 撤步劈棍：两人同时右脚往后撤一步，身体左转成左弓步，右手握棍1/3处，左手握棍把，双手持棍，棍梢向右后往上移，再由上向下劈棍。

18. 上步拨棍：两人同时分棍，右脚向前一小步，同时棍梢顺时针从右往下经左下方向右上方拨棍，两棍交于右肩前上方，目视前方。

19. 虚步下顶：两人同时前收左脚，与右脚平，脚尖点地成左虚步，同时略收左手，随收脚重心前移，用棍把前顶，两棍把交于前下方。

20. 退步下挡：退左步，左手移回棍把，右手略收回移，同时随撤步棍梢由右上顺时针向左下方劈棍，两棍交击于身前下方，目视前下方。

21. 撤步停举：两人同时右脚往后撤一步成右开步，右手握棍1/3处，左手握棍把，双手持棍，棍梢往上移，目视前方。

22. 并步收棍：并步直立，右手持棍把1/3处，左手立掌合于右手，目视对方，互敬持棍礼。

23. 收势：转身，并步直立，右手持棍把1/3处，左手立掌合于右手，行持棍礼，目视前方。

（七）枪术：七步连枪

茶园武术套路之一的七步连枪，以棍为枪，上枪头以为枪用，去枪头

以为棍使。据传，该套枪术为唐朝开国名将罗成所创，也就是罗成看家绝招"回马枪"，需要极高的技巧和超乎常人的胆魄，属于险中求胜的招术。

1. 持枪礼：并步直立，右手持枪身1/3处，左手立掌合于右手。

2. 横枪预备：并步直立，左侧身平持枪横于胸前，右手握枪身后1/3处，左手握枪把端，目视左方。

3. 上步刺枪：右脚向右侧上步，左脚跟步，屈膝半蹲，同时两手臂合力外旋，向前刺枪，右手回收滑移至左手前，目视右方。

4. 退步压枪：蹬地起身左脚后撤一步，右脚跟着回撤，同时两臂合劲内旋下压，右手滑移至枪身1/3处，横枪于腹前，目视右方。

5. 上步刺枪：右脚向右侧上步，左脚跟步，屈膝半蹲，同时两手臂合力外旋，向前刺枪，右手回收滑移至左手前，目视右方。

6. 退步压枪：蹬地起身左脚后撤一步，右脚跟着回撤，同时两臂合劲内旋下压，右手滑移至枪身1/3处，横枪于腹前，目视右方。

7. 上步刺枪：右脚向右侧上步，左脚跟步，屈膝半蹲，同时两手臂合力外旋，向前刺枪，右手回收滑移至左手前，目视右方。

8. 退步压枪：蹬地起身左脚后撤一步，右脚跟着回撤，同时两臂合劲内旋下压，右手滑移至枪身1/3处，横枪于腹前，目视右方。

9. 侧步撩枪：右脚向后横跨一步，同时两手持枪，顺时针由右向下往上撩枪格挡。

10. 上步刺枪：右脚向前上步，成半马步，同时两手合劲向前刺枪，成右弓步，目视前方。

11. 后转刺枪：枪拉回腰间，以右脚为轴，左脚向前，身体左转180度成半马步，同时枪身下压回拉至腰间，然后两手合劲向前刺枪，成右弓步，目视前方。

12. 侧步撩枪：右脚向后横跨一步，同时两手持枪，顺时针由右向下撩枪格挡。

13. 上步刺枪：右脚向前上步，成半马步，同时两手合劲向前刺枪，成右弓步，目视前方。

14. 后转刺枪：枪拉回腰间，以右脚为轴，左脚向前，身体左转180

度成半马步，同时枪身下压回拉至腰间，然后两手合劲向前刺枪，成右弓步，目视前方。

15. 侧步撩枪：右脚向后横跨一步，同时两手持枪，顺时针由右向下往上撩枪格挡。

16. 上步刺枪：右脚向前上步，成半马步，同时两手合劲向前刺枪，成右弓步，目视前方。

17. 持枪侧踹：枪拉回腰间，重心后移落在左腿，微屈膝，抬右脚在枪下侧踹。

18. 连步刺枪：右脚向前方落步，左脚盖步，右脚再上步，成半马步，同时两手合劲，向前刺枪，成右弓步，目视前方。

19. 撤步拦枪：右脚后撤一步，再撤左脚，左脚后退的同时拿枪逆时针旋转后点地，目视前方。

20. 撤步轮劈：右脚后侧成左弓步，轮枪从右侧由下往后再向前往下劈枪点地，目视前方。

21. 虚步立枪：收左脚，脚尖点地成丁步，右脚半蹲成虚步，同时左手握枪把在下，右手握枪后1/3处立枪于左肩前拦搁。

22. 上步劈枪：左脚上步，右手持枪移至右肩前，再右脚上步成半马步，从右上往左下劈枪。

23. 侧步撩枪：右脚向后横跨一步，同时两手持枪，顺时针由右向下往上撩枪格挡。

24. 上步刺枪：右脚向前上步，成半马步，同时两手合劲向前刺枪，成右弓步，目视前方。

25. 回枪架挡：重心后移至左腿，微屈，右脚收回半步，脚尖点地，成高虚步，右手下滑前移托枪，枪尖朝下，左手持枪把拉回并上翻收至左肩上方，目视前方。

26. 收枪：右脚收回，并步直立，右手持枪身1/3处，左手立掌合于右手，目视前方。

第二节 布衣拳

布衣拳距今有五六百年的历史，发源于遂昌县濂竹乡治岭头村周氏村庄。北宋时期，周氏家族来此隐居。在明代时期，有位在戚继光军营做教头的周昔八，他在晚年时创造了周家拳。清代康熙年间，周启仁将周家拳更名为布衣拳，倡导拳术以人为本，吸纳众家拳术之长，不树立门派禁锢，这为布衣拳成为具有中国阴阳哲学体系的上层拳术提供了条件。

周氏在遂昌县境内为第一大姓氏，从《遂昌县志（1991—2010）》（浙江古籍出版社2019年版）可知："周羽皇于唐开元二年（714），任职临洮（今甘肃岷县），后遁迹唐夏（今长濂村境）。后代周十五徙居小岱，派分治岭头、大竹。"在治岭头村周氏祠堂中有这么一副祭联："天潢宗后稷洮府始入庐山理学伟哉功垂史册，地理开唐夏岱峰挺秀治岭清高久矣族振括苍。"上联中的"洮府"指的就是县志中的周羽皇，其先入庐山讲学，后遁迹于遂昌唐夏。而宋代李烋《游碧落洞》诗中的"奇哉周羽皇，雄文无古今"，更指明了周羽皇是一位非比寻常的历史人物。下联中的"治岭"指的就是县志中的治岭头。治岭头村周氏家族不愧为周羽皇的后代，在明清时期创立了对族人影响深远的布衣文化，其由具有阴阳哲理的布衣拳术和通古贯今的布衣道学两部分组成。然而在近百年历史的变迁中，布衣文化在治岭头村濒于消亡，并出现了传承的断层。

布衣文化由布衣道学和布衣拳术组成，布衣拳术在布衣道学的指引下变得更加完善。乾隆年间，周泳明等太公编写了一份流传至今的布衣拳拳谱。拳谱由叙、碎言、体部、五类招法、拳具、盘手、散手和吐纳八部分组成，它以朴实无华和独特的描述方式呈现了布衣拳的训练体系。布衣拳的独特性使它在中国的传统武术中占有一席之位。布衣道学作为治岭头村周氏家族的智慧哲学，融合了中国古人的哲理和智慧，主要论述了对客观事物的认知、个人修为，以及个人与群体的价值。深度研究布衣道学者更容易解读古往今来的许多哲学思想，并能建立符合时代需求的人生价值观念。

　　布衣拳是古代村民们用来保家护行的拳术。明代时，治岭头村置办了集体制的祠堂田产，据说因此使得村庄山地范围迅速扩展。为了看家护院，周氏先祖创建了周氏密拳，在清代时期更名为布衣拳。它先后吸收了八极拳、小洪拳、梅花拳、八卦掌等各大拳系的优点，集百家之长，意在"以吾之需纳众人之长"。相传有皇帝称赞"北有少林南有布衣"。为什么叫作布衣拳呢？这是因为布衣拳是民间的拳，是布衣百姓防身健身的拳。

　　布衣拳秉承"以人为本，力为根，劲道为功夫"的理念，最终沉淀出朴质而厚实的拳术。布衣拳特有的"防身、养生、修心和发展"的特性，使得它能够进行宣传推广和传承。目前，布衣拳已被认定为浙江省非物质文化遗产，并成立了遂昌县武术协会布衣拳分会。遂昌布衣拳第十三代传承人周方辉曾说，布衣拳是以人为本的，是融合众家拳术之长的一个拳种，人们可以根据自己的需求来训练自己所要的拳术，这就是布衣拳的核心理念。布衣拳创拳至今五百年间，传承脉络清晰，现保留布衣拳拳谱千余字。历代拳师言传身教，留下五套基本训练拳操、一套综合布衣拳操、一套养生操及盘手散手对练方法。

正面蹬腿

147

布衣拳以布衣道学为指引，以人为本、力为根、劲道为功夫，行拳于跪腿、侧腿和坐腿之间，劲大而活，变化无常，通而不阻，可击敌且延寿。拳理就是修改用力的习惯，让拳术服务于自己。布衣拳代表性动作有进步三拳、歇步盖掌、缠胸顶肘、跃步双拳。

布衣拳

2016年以来，周方辉和金国文收集了大量资料，编纂出版了《布衣拳古文字资料》《布衣拳社会三级指导员培训》等书籍；组织成立遂昌县武术协会布衣拳分会，在2020年实施了首届培训，有十多位布衣拳爱好者获得证书，这使得布衣拳的传播更加规范。先后在多地举办布衣拳培训班100多期，培训学员超3000人次，以遂昌为核心，将布衣拳文化辐射至金华、衢州、上海、山东等地。每年农历九月二十二日，为布衣拳的开拳节。2019年，布衣拳被列入遂昌县非物质文化遗产名录，成为县级非遗。2021年，遂昌布衣拳被列入丽水市第七批非物质文化遗产代表性项目名录。2022年8月24日，浙江省武术协会会长李期华（原浙江省体育局副局长）协同武术协会秘书组一行来到布衣拳发源地遂昌县治岭头村调研布衣拳，由遂昌县原人大主席华治武、现体育局局长蓝培富、非遗中心主任尹萍及濂竹乡书记黄梦忆等领导陪同。在参观治岭头周氏祠堂、观看布衣拳资料片和听取遂昌县各级领导的汇报后，在县领导邀请下，李期华会长给出工作指示：

第一，布衣拳独有的文化内涵不能只定位在遂昌县，甚至不能只局限于浙江省，要从全国角度看发展，融入全国武术。

第二，布衣拳的传承要融入乡镇的振兴发展政策中，比如融入旅游经济发展项目，给广大的人民群众带来更多的实惠和好处。

第三，组织人力继续挖掘布衣拳的历史，如周昔八抗倭、先辈保家卫国等。传承人要继续研究布衣拳的拳理和特点，要正确引导群众强身健体，符合社会发展的需求。

第四，推广武术"六进"，特别是进学校、进机关。随着推广布衣拳，可在发源地举行专项赛事。

第五，为了推动布衣拳的传承，省武协可以考虑把一些赛事、培训放到遂昌县举办，比如将浙江省乃至全国的非遗交流项目放在这里举办。

2023年，遂昌布衣拳入选第六批浙江省非物质文化遗产代表性项目名录。

遂昌布衣拳第十三代传承人周方辉

因历史变迁和拳术不外传的规矩，布衣拳一度濒于失传。目前可知能使布衣拳的周氏先人有周昔八（1531年生）、周庸寿（1538年生）、周一岳（1583年生）、周一丘（1586年生）、周启德、周泳明（1738年生）、周定才（1769年生）、周定祖（1786年生）、周定立（1851年生）、周朝勤

（1872年生）、周国愚（1907年生）等。一些村民能讲述有关他们的故事和一些零散的记忆。目前已知的近现代布衣拳传承人主要有以下这些。

第十代：周定立（1851年出生，已故）；

第十一代：周国愚（1907年出生，已故）；

第十二代：周秀会（1929—2021）；

第十三代：周方辉（1972—）；

第十四代：金国文（1963—）、周方平（1978—）。

2018年遂昌武术协会布衣拳分会成立，传承布衣拳。

侧腿掼拳

进步蹬腿

布衣拳传承人简介：

周方辉，男，1972年10月出生，遂昌县濂竹乡治岭头村人，第六批丽水市非物质文化遗产代表性项目布衣拳代表性传承人。他10岁开始跟随太公学习布衣拳和布衣道学；2008年开始在上海学吴式太极拳；2009年开始跟家族周秀会叔公系统性学习布衣拳，得到布衣拳拳谱，成为第十三代传人；2018年开始担任遂昌县武术协会会长。周方辉致力于布衣拳项目保护传承工作，组建成立遂昌布衣拳研究会，制作出拳类拳操、摆掌类拳操、运肘类拳操、抖身类拳操、抬腿类拳操等视频以及吐纳养生术视频，在抖音、西瓜视频等平台上宣传。编辑《布衣拳社会三级指导员培训》教材，相关布衣拳学术论文在《武当》杂志上发表，并成为名拳约稿人。积极参加国家、省、市、县等各级武术比赛，获得优异成绩。

附：布衣拳拳谱

【叙】

布衣拳为周氏密拳，前朝称周家拳，历经数百年传承，融合众家之长，拳理唯修用力之习性，拳法简而厚实，动之为功夫，反之可养生。拳须师徒相授，且对练，方为真拳。村人习之三年可成，且终生不辍，以付体变。为吾氏看家护行之优，谨防外泄，望族人谨记。

【碎言】

拳术以人为本，力为根，劲道为功夫。以吾之需纳众人之长。

功腰胯，技伐稳，决拼命。

劲由力生，力由劲增，意而统之。

技得劲，劲生技，接容落而发换出。

劲道在于对立、互化、相容，徐徐沉淀而厚实。

腿强而柱，手弱而灵，身躯传承，各司其职，劲道方为活透。

称手足，明敌吾，知进退，强吞吐，可进退。

化力增劲，运劲长力，力劲融，可强吞吐。

寻机于黏劲，攻化于断劲。

前后、左右、上下而得虚实劲道，由此八劲相容，从而并发万端，方可变化无常。

拳肘肩，气更合。

沉之上，浮之下，正侧迎，侧正击。

旁侧伐稳胜于正，挤为小时容为大。

力劲相搓而不离，攻防自然为之快。

劲大而活，通而不阻，可击敌且延寿。

步由身换，身随手动，上下相从，舍我伐人。

交手莫当儿戏，死伤乃一念之间，拳逢强者，狠为先。

拙手劲，勤腰腿，蓄即出，战中门。

搏击得益于对练，拳操可助其强，更可舒活筋骨，而延年益寿。

长一十、霸二三、雄四五、明六七、养八九，悦人生。

【体部】

足有三法：翘、踏、踮；又合二动：摆、扣。

裆有三法：合、顺、圆。

桩有四法：平、跪、坐、侧。

步有六法：进、退、换、闪、趟、旋。

腿有四法：蹬、缠、铲、挂。

身有三法：合、靠、挤。

手有三法：拳、掌、握。

【五类招法】

出拳类有三招：跪腿拳、坐腿拳、侧腿拳，以拳面而击，拳形有掼、立、勾、捶四法。

摆掌类有二招：内摆掌、外摆掌，以前臂与手掌为击，手法以掌握为主。

运肘类有二招：内缠肘、外缠肘，以肘为根合其周臂为击。

抖身类有三招：肩合、背靠、胯挤，以肩、背、胯为击。

抬腿类有六招：正蹬、内蹬、外蹬、分腿、挂腿和拌腿，以足腿为击。

五类招法皆以上下前后为主劲，左右周旋为辅劲，开合蓄发为一体，皆始于腰胯开合之源，且融之，方可聚周身之力而击敌。

【拳具】

沙包：可击打，可推投，可身接，布衣功夫渊源于此。

重棒：两手间互换，引腿胯虚实变化，手足劲道可融合而通透。

木桩：桩臂为单臂，也可为双臂，上下装置，练者可双手扶击一臂，亦可肩合、身靠、胯挤、脚蹬，疑似敌而练之。

吊包：可练拳击、肘击、腿蹬、身撞。

负重：手、足、身躯可负重物练习拳操，而获得强力劲，增吞吐。

【拈手】

拈手可安得近身搏击之技，须苦练两年方成。

基本练法：平圆拈、立圆拈、折叠拈、肘缠拈、摆掌拈、四合拈、肩合拈、胯挤拈、腿缠拈，熟之后，须融尽五类招法，方练得沾撵寻机，攻防于脱劲。

步法有平步、岔步及动步。

拈手须终生不辍，方可得功力深厚，且受益终身。

【散手】

以拈手之习性，接万方招数，拳方得实战之能，亦须苦练半载。

接招须用诱、引、空，使其招法因失稳而废，方可借机而击之，为妙招也。

基本练法：侧身上捶接、侧身下捶接，组合捶接；进身击打，退身击打；锁身用腿。

【棍术】

棍法有三：扫、捅、拈。扫者：棍旋弧扇；捅者：棍走直线；拈者：与对手碰撞而求战机。

三者相融，可演化各种技法，变化万端。且可推演各种兵器之技法。

【吐纳】

吐纳以呼吸之气，引身躯开合，利周身气脉畅通，得劲整，可延寿，吐纳之初须注重意念引领，意念之差异可得身躯之潜能亦有不同。

卧式：侧吐纳，引身胸开合；仰吐纳，引肚腹开合。

坐式：引胸腹开合，且可携手臂随之。

立式：为各类站法，可引周身开合，静动互宰，生生不止。

吐纳阶层有三：静心，气道，冥绪。

附：拳操

（一）少年半步拳操

1. 预备起势；2. 右单掌；3. 左单拳；4. 右横肘；5. 左顶肘；6. 右掼拳；7. 左斜靠；8. 左穿掌；9. 左蹬脚；10. 左单掌；11. 右单拳；12. 左横肘；13. 右顶肘；14. 左掼拳；15. 右斜靠；16. 右穿掌；17. 右蹬脚；18. 回拳收势。

（二）出拳类拳操

1. 抱拳起势；2. 跪步勾拳；3. 坐步立拳；4. 扑步撩拳；5. 侧步掼拳；6. 上步勾立；7. 退步掼拳；8. 回拳收势。

（三）摆掌类拳操

1. 按掌起势；2. 上步摆掌；3. 退步捌掌；4. 左转穿掌；5. 回身搂掌；6. 上步三拳；7. 翻身掼拳；8. 进步蹦拳；9. 退步抹掌；10. 抹掌收势。

（四）运肘类拳操

1. 抱拳起势；2. 右缠左掌；3. 上步立拳；4. 跪步合肘；5. 上步顶肘；6. 歇步后肘；7. 进步掼拳；8. 缠跨缠肘；9. 跃步搂掌；10. 上步挤拳；11. 闪步搂掌；12. 坐步合掌；13. 转身搂掌；14. 勾挂单拳；15. 进步双

掌；16. 退步压肘；17. 上步蹦拳；18. 游身穿掌；19. 抹掌收势。

（五）抖身类拳操

1. 摆掌起势；2. 左胸缠拳；3. 右扑捌靠；4. 进步丹田；5. 左跪立拳；6. 上步双掌；7. 撤步胯挤；8. 退步背靠；9. 上步合肩；10. 转身捌靠；11. 歇步胯挤；12. 缠胸顶肘；13. 盖步丹田；14. 换步掼拳；15. 退步背靠；16. 退步收势。

（六）抬腿类拳操

1. 抱拳起势；2. 撤步掼拳；3. 上步挂铲；4. 起身蹬腿；5. 跃步双拳；6. 转身搂掌；7. 上步挤拳；8. 盖步捌掌；9. 后跃抹掌；10. 撤步撩掌；11. 翻身盖掌；12. 上步掼拳；13. 勾挂单掌；14. 缠胯缠肘；15. 上步顶肘；16. 上步蹬腿；17. 上步穿掌；18. 坐腿分肘；19. 上步摆腿；20. 回身穿靠；21. 游身穿掌；22. 盖步蹦拳；23. 上步捌掌；24. 回身立掌；25. 抹掌收势。

（七）布衣拳拳操（综合）

1. 摆掌起势；2. 左扑靠捌；3. 上步靠挤；4. 上步钻拳；5. 上步蹦拳；6. 坐步合掌；7. 转身搂掌；8. 坐腿分掌；9. 上步挤拳；10. 坐步分拳；11. 随步三拳；12. 歇步伸掌；13. 马步缠肘；14. 勾铲托掌；15. 扑步穿掌；16. 回身撩拳；17. 右侧腿拳；18. 歇步后肘；19. 缠腰后肘；20. 趟步左靠；21. 左跃翻身；22. 上步双掌；23. 趟步右靠；24. 右跃翻身；25. 上步穿掌；26. 左侧腿拳；27. 退步撩掌；28. 左歇盖掌；29. 右歇盖掌；30. 进步搂掌；31. 缠胯缠肘；32. 上步蹬腿；33. 跃步双拳；34. 退步穿掌；35. 右扑靠捌；36. 勾挂托掌；37. 落腿穿掌；38. 转身摆腿；39. 震脚掼拳；40. 勾挂单掌；41. 上步掼拳；42. 摆掌摆腿；43. 上步缠靠；44. 弓步挤捌；45. 游身穿掌；46. 左步捌手；47. 右步捌手；48. 回身立掌；49. 抹掌收势。

附：养生操

预备：身躯平立，两腿分开，与肩同宽，两臂自然下垂，双目平视前方六米开外，心平气和。

1. 梳头揉面：梳头、搓颈、捏耳、揉面。

2. 托腰回旋：双手扶腰，左推旋，右推旋。

3. 叉步伸掌：左叉步、展臂；右叉步、展臂。

4. 曲蹲拔背：扶膝、下蹲、撑地、伸腿、起身、左转身、落掌、回正；扶膝、下蹲、撑地、伸腿、起身、右转身、落掌、回正。

5. 弓步单掌：左弓步、撑掌；右弓步、撑掌。

6. 旋腰插掌：左旋腰插掌、回正、右旋腰插掌、回正。

7. 挂腿后蹬：左挂腿、后蹬；右挂腿、后蹬。

8. 抱颈旋望：抱颈、左望肘、回正、右望肘、回正。

9. 肩绕胯缠：左背手、缠绕；右背手，缠绕。

10. 侧步掼拳：左侧步、掼拳；右侧步、掼拳。

11. 搭肩撩掌：搭肩、左撩掌、搭肩、右撩掌、回正。

12. 游身穿掌：左穿掌、回身穿掌；右穿掌、回身穿掌。

13. 收势：两腿恢复平立与肩同宽，身躯自然，心平气和。

第九章

松阳县樟村拳

松阳县始建于东汉建安四年（199），是处州最早设置的县级机构。樟村拳是浙江省松阳县樟溪乡流传了八百多年的传统拳术，起源于南少林武僧在法昌寺的习武活动。樟村拳注重实战与养生，有"五形""八法"及多种拳法套路，并包含独特的绝技。近年来，松阳县积极推动樟村拳的传承与发展，将其纳入小学课程，并设立传承基地，以保护和发扬这一非物质文化遗产。樟村拳不仅展现了深厚的武术底蕴，也体现了当地的历史文化特色。

　　樟村拳是浙江省松阳县樟溪乡世代流传的一种传统拳术。樟村拳最早起源于南少林。樟溪境内有一座已经有一千五百多年历史的法昌寺。八百多年前，一批身怀绝技的南少林武僧来到法昌寺，从那以后，法昌寺的和尚便开始习武，逐渐形成樟村拳。法昌寺鼎盛时期有内殿、外殿十多座，有武僧上百名。不过当时法昌寺的功夫仅限于和尚之间传授，并没有外传。明朝灭亡后，各地反清复明运动此起彼伏，法昌寺的武僧开始秘密招收当地村民学习少林功夫。后来法昌寺武僧拉起反清复明的旗帜，当地百姓纷纷响应，一度击退清兵。由于法昌寺树的是反清复明的旗帜，惹恼了清政府，被清政府用大炮轰去大部分寺院，大殿被毁，众多和尚被打死，法昌寺元气大伤，再也不能重整旗鼓。余下的僧人纷纷离开法昌寺。法昌寺虽然不再有武僧，但樟村拳却传承了下来，从那以后，樟村拳开始在当地广为流传，成为当地老百姓的"守家拳"。

樟村拳

　　樟村拳至今已有八百多年的历史，旧时村村有武馆，户户有守家拳，至今已传至六代拳师。樟村拳全套共有小五步、六手、大八仙、小四门、四手连环、五虎滩阳、十二腿、阴阳八卦掌、剑棍、灯花铁尺手等三十四路拳法。还有"五形""八法"，即龙形、狮威、虎坐、蛇游、鹤神和内功法、意念法、身步法、擒摔法、发声使用法、拳法、掌法、腿法。樟村拳

还有独门绝招，如铁砂掌、风排掌、穿林掌、气功等。可见，樟村拳绝非花拳绣腿，它是兼具强身和攻防功能的拳术。

近年来，松阳县高度重视樟村拳的传承和弘扬，把樟村拳纳入樟溪小学校本课程并逐步代替广播体操。2011年，松阳县文化广电新闻出版局在樟溪乡小学设立樟村拳教学传承基地，每年补助一定的经费来扶持樟村拳的传承与发展。2014年8月，《瓯江武术文库·樟村拳：七星拳&八仙拳》顺利出版。

樟村拳全盛时期，樟溪乡全乡共有上千人练习这门拳术。但随着历史变迁，习武之风日渐消退，樟村拳曾一度面临失传，而后受到当地政府和教育部门的重视，把樟村拳搬入学校教学中，让家家户户崇尚武学、自强不息的精神继续传承下去，达到全民强身健体之目的。

樟村拳

樟村拳

樟村拳传承人简介：

李阳春，男，1970年10月出生，松阳县樟溪乡馒头山村高岸自然村人，丽水市非遗项目樟村拳代表性传承人。12岁开始跟随廖陈森师傅练樟村拳。2007年开始在松阳县樟溪乡中心小学教学生练习樟村拳，任该校樟村拳教练，学徒千余人。2014年5月通过国际武道联盟总会的段位考试，获得"传统武术黑带八段"，并获得国际武道联盟国家级传统武术教练员资格、国家级传统武术裁判员资格。一直致力于恢复、抢救樟村拳。

廖高发，男，1963年7月出生，松阳县樟溪乡樟村人。1970年9月至1976年6月在樟溪小学读书。之后在家种田，13岁跟随爷爷廖云达、父亲廖树民学习樟村拳。后来在遂昌县渡船头、林化厂、玩具厂及十三都源（原新处乡）各村当过拳师傅。2008年至今担任松阳县樟村拳协会副会长。2011年12月被认定为第三批丽水市非物质文化遗产项目樟村拳代表性传承人。兼任樟溪乡中心小学樟村拳教练、松阳县樟溪乡巡防中队副中队长。

廖松明，男，1965年12月出生，松阳县樟溪乡馒头山村人。1971—1977年在下马坑小学读书。1977—1979年在下马坑初中读书。1979—1981年在樟溪中学读书。1981年开始在家务农。1985年在樟溪乡高岸村、古市镇筱铺村跟随师父廖陈森当樟村拳教练。2014年1月被认定为第一批松阳县非物质文化遗产项目樟村拳代表性传承人。2014—2015年参加丽水市成人高中双证制教育培训，获取高中学历。2023年被认定为第六批丽水市非物质文化遗产代表性项目樟村拳代表性传承人。2008年4月至今任松阳县樟溪小学樟村拳传承基地教练。

徐凤飞，男，1962年7月出生，松阳县樟溪乡肖周村福村人。1969—1974年在樟溪小学读书。1974—1977年在樟溪初中读书。2012年在松阳参加成人教育，高中结业。14岁时跟随师傅廖树民学习樟村拳。2017年11月被认定为第二批松阳县非物质文化遗产项目樟村拳代表性传承人。2023年被认定为第六批丽水市非物质文化遗产项目樟村拳代表性传承人。2008年4月至今担任樟溪小学樟村拳传承基地教练。

李苏琦，男，1966年12月出生，松阳县樟溪乡肖周村人。1974年9

月—1979年6月在肖周小学读书。1979年9月—1981年6月在樟溪乡初中读书。1981年7月起在家务农。1985年在樟溪乡高岸村、古市镇筏铺村跟随廖陈森当教练。2008年4月被聘为樟溪小学樟村拳传承基地教练。2012年于成人技校高中毕业。2017年11月被认定为第二批松阳县非物质文化遗产项目樟村拳代表性传承人；2023年被认定为第六批丽水市非物质文化遗产代表性项目樟村拳代表性传承人。

附：樟村拳拳谱

（一）七星拳

1. 开桩；2. 铁猫洗面；3. 将军铁甲；4. 子午；5. 黄蜂出洞；6. 左追手；7. 右追手；8. 穿心；9. 猛虎藏林；10. 双龙抢珠；11. 左飞花；12. 右飞花；13. 中荡拳；14. 天狮刻印；15. 金鸡啄粒；16. 蟒蛇吐信；17. 回身左捞择；18. 右捞择；19. 进步双截刀；20. 转身吊马；21. 直进子午；22. 铁铜拳；23. 一杀双拳；24. 凤凰摆尾；25. 牵进；26. 帮进；27. 游江；28. 斩刀削竹；29. 直横手；30. 退步；31. 铁猫说面；32. 收桩。

（二）八仙拳

1. 开桩；2. 右步拉弓射箭；3. 左步开拉弓射箭；4. 右串锁；5. 左串锁；6. 左右狮子；7. 右步双锤；8. 吊马双猜；9. 退避三舍；10. 右步双锤；11. 吊马双猜；12. 转身退避三舍；13. 右步双锤；14. 吊马双猜；15. 左步拉弓射箭；16. 右步拉弓射箭；17. 琵琶遮面；18. 笑里藏刀；19. 右步双猜；20. 浪子踢球；21. 跳步长短拳；22. 回身右拉弓射箭；23. 左步拉弓射箭；24. 收桩。

（三）七追连环拳

1. 左脚开步一拨一拳；2. 右脚上去一砍一发；3. 左脚进一步双栏腰；4. 右脚进一步双合印；5. 左脚进一步进右狮子；6. 右脚进一步左狮子；7. 调步双猜；8. 转身右脚上前加老妖翻身；9. 左脚进一步左铁牛角；10.

右脚进一步右铁牛角；11. 左脚上去通天炮；12. 右脚上去铁扁担；13. 左脚上去老虎口；14. 右脚上去双拳吊马双猜；15. 右虚步鹰拳加一砍；16. 右脚上去直手；17. 左脚上去双挡拳；18. 右脚上去双天泡；19. 左脚上去窜锁；20. 右脚上去黑虎掏心；21. 调步双猜；22. 猛虎转身腹地；23. 进一步双插，收回吊马；24. 左脚一蹬，进一步右脚一腿；25. 左脚进一步阴阳刀；26. 右脚进一步横手加直手；27. 上去一小跳长短拳加双猜；28. 转身手桩。

第十章

云和八步洪拳与船帮武术

　　云和于明景泰三年（1452）置县，独特的山水资源孕育了"中国最美梯田"和"中国木制玩具之乡"。云和县的八步洪拳，以"丁八步"和"团箕步"为特色，套路紧凑多变，攻防严密，动作敏捷，刚柔相济，注重意气相随，是传统武术中的瑰宝，具有强大的传统继承性和凝聚力，曾在辛亥革命时期发挥积极作用，现仍广受欢迎。瓯江船帮武术则源于船侠实践，具有防身健体功效。

第一节　八步洪拳

云和八步洪拳自清末著名拳师、辛亥革命志士、处州双龙会首领之一——李春贤始创以来，已有一百多年的历史。李春贤师从奇人凤阳婆和南少林高僧陈德标，在传承他们武艺的过程中巧妙地整合运用，独创了云和八步洪拳。八步洪拳曾一度盛行于云和、松阳、龙泉及附近县市，声名远扬，威震温、处两府，是浙江传统武术套路中稀有的拳种之一。现已被浙江省武术协会确认为浙江省优秀拳种之一。2008年被丽水市人民政府批准列入第二批非遗名录，2016年被浙江省人民政府批准列入第五批非遗名录。

八步洪拳古拳谱

李春贤生平碑

八步洪拳主要步法"丁八步"贯穿于整个拳术套路,还有一种特有步法名曰"团箕步",可在原地完成套路习练。八步洪拳套路结构紧凑,动作质朴敏捷,攻防严密,招式多变,拳风刚柔相济、动静虚实、内外合一,素有"拳娘"之称。主要动作特点是近身短打,动作多变;一招多用,连环交替;擒拿结合,肘膝并施;刮、扫、滑、跟、跳相互穿插,动作激烈,发劲大而猛。拳术要诀为"拳术要名丁八步,练功需防上下门,拿中要穴定时血,九技十全防打身",拳路缜密而重实际,注重意气相随,有48手、108腿,有八步花鼓拳、盘拳、对练三种拳术套路,以及及八步连环棍、八步大刀等各类器械套路,自成体系。

八步洪拳有极强的传统继承性和凝聚力,在辛亥革命时期曾发挥过积极作用。1904年,李春贤会同光复会首领陶成章、魏兰等革命党人从事革命活动,在魏兰创办的云和箬溪书院先志学堂担任体育教员,传授武术,培养造就了一批革命志士。1926年,李春贤在云和开设拳馆,带徒授艺,弟子遍布城乡,有着极强的群众基础。

八步洪拳是我国传统武术中的一朵奇葩,套路中包含着丰富实用的技击技术和方法。通过练习八步洪拳,可以提高攻防能力和平衡协调能力,改善人体生理机能,提高身体素质。八步洪拳注重内外兼修,将人的竞争与对抗以技、勇、智、德等方式表现出来,蕴含社会哲学、中医学、美学、气功等多种传统文化的思想和观念,具有东方武术文化特有的哲理性、科学性和艺术性,集中体现了中华民族传统体育的智慧,是中华民族优秀传统文化的重要载体。

八步洪拳在其发展传承过程中,广泛汲取了中国传统武术的文化精髓,集众家之长,自创一体,大胆创新,形成了独特的艺术特征。

八步洪拳集众家拳法的手法、腿法、拳术之长创造而成,体系完整,风格独特,至今仍保留着原汁原味的传统拳技,主要技法:路线往返于阴阳八卦八步图之间,步法讲究丁形八步,手法八字套手(阴阳连环三套手);统揽阴阳,足踏八卦,运用擒、拿、封、逼、浮、沉、吞、吐八字诀,并施扫、刮、勾、踢、披、拦、截、砍等技法,配合身形,前进、后退、左顾、右盼、中定五行之步,手、腿、肘并用。八步洪拳以静制动、刚柔相济，属实战短打的软功内家拳。

八步洪拳传统套路对练

八步洪拳

169

八步洪拳

　　创始人李春贤一贯推行"习武之人以德为先"的师训，主张"以武强身，以武强族"之信念，积极投身革命，使八步洪拳充满生命力，其先进的武学思想充分体现了中华民族独有的精神实质。八步洪拳是一种技击性很强的拳种，有丰富的技击理论和攻防搏斗技术，其招法大都简捷实用，根据人体结构和物体运动原理，运用武术招式动作，经过巧妙编排而成变幻丰富的套路，通过肢体的运动，锻炼关节、调节脏腑，使练习者全身气血流畅，具有很强的健身功能。

随着社会生活水平逐步提高，人们的文化生活日益丰富并多元化，对八步洪拳的兴趣愈来愈淡漠。由于八步洪拳流传于民间，许多拳师密不授人，使八步洪拳的发展举步维艰，处于濒危状况。

八步洪拳的传承谱系如下：

第一代（19世纪中叶至20世纪初）：李春贤（1849—1930）。

第二代（20世纪初）：叶仰高、夏兆阳、魏毓蕃、吴贤福、王晋宝、林彦昌、吴开长、赵士瑞、叶跃斋、叶秀斋、王岩生、汤章元等。

第三代（20世纪70年代）：兰天宝德、刘国平、徐志一、章敏忠、蒋忠敏、董益尧、张启华、吴成宗等七十余人。

第四代（20世纪80年代）：王小波、周武、张邦达、张文勇、朱国平、吴景平、梅必勇、吴燕红、叶永成、刘方元、刘伟、陈武秀、苏李华、董君、应佩琴、胡爱娜、李丽珍、李建锋、吴佳仁、林卫海、柳金明等。

第五代（21世纪）：刘怡然、章晨婧、张翔越、张志宇、徐舒凝、谢旋、刘旭阳、江飞等。

云和八步洪拳目前的主要传承群体是以刘国平、王小波、蒋忠敏等为代表的一批云和县武术协会骨干力量，其中刘国平、吴景平为县级代表性传承人。

八步洪拳

八步洪拳

八步洪拳传承人简介：

刘国平（1950—2021），"文革"期间跟随温州李老师、朱老师学习南拳和摔跤。1972年正式拜云和民间知名拳师吴贤福师傅为师，学练八步洪拳。在初步掌握八步洪拳基本套路的基础上，不断研练和感悟其中的每个动作、步法、身法、手法的变化及应用，进一步深化学习八步洪拳体系。在平时的研练过程中，经常拜访师傅及周边县（市、区）有名的武术拳师，学习他们的经验和技艺，一起交流探讨传统武术的传承发展。近年来，刘国平还积极参加各类武术比赛和浙江省武术协会举办的各类培训学习，不断提高自身的武术技艺和武术水平。为保护八步洪拳，刘国平组织云和八步洪拳传承人成立了八步洪拳研究会，认真查找掌握八步洪拳文史资料，并通过走访不同流派的老拳师及有关人员，深入研究、整理八步洪拳发展的历史渊源和套路体系。

附：八步洪拳拳谱（刘国平改编）

第一段：1. 上步拳礼；2. 退步整；3. 双龙摆尾猿猴摘桃#；4. 玉女托盘；5. 右上步双龙抢珠；6. 左套手右一腿左右冲学#；7. 右震脚左套手金刀盖顶；8. 右荡拳；9. 右套手左一腿右左冲拳#；10. 右刮步三套手右一退左冲拳；11. 右退步侧身。

第二段：12. 右上步扣肘左套手右一腿收回同时左上步右冲拳#勾手；13. 右上步左插掌；14. 左上步右插掌；15. 左退步连环插掌#；16. 右垫步雀地龙；17. 右退步左吊马；18. 右上步扑肘甩拳；19. 提膝晨脚匝拳；20. 右腿提膝一腿；21. 同时左上步双抓手天师克印#；22. 二虎争雄；23. 左捎手；24 右捎手；25. 右勾手左右冲拳#；26. 坑儿甩袋；27. 右阴腿一拳；28. 童子拜佛。

第三段：29. 左震脚双摧#；30. 右晨脚双摧#；31. 左软步中栏炮拳；32. 回身荡学；33 右挂攀；34. 左右套拳扣手；35. 犀牛望月；36. 蚊龙翻身；37. 金刀劈竹#；38. 凤凰显翼；39. 左浪风；40. 右浪风；41. 转身垫步顶肘；42. 双龙转身。

第四段：43. 乌云盖月；44. 三羊开泰；45. 左上步水牛相触双刀断石#；46. 金鸡蹄腿；47. 扑肘猛虎寻食；48. 左软步中栏左套手；49. 左垫步封手；50. 猛虎藏林；51. 猛虎出林#；52. 卸腿阴阳封手；53. 震脚右套手收势；54. 起立整装；55. 上步拳礼。

注：带#处喊口令

第二节　瓯江船帮武术

　　瓯江是中国东海独流入海河流，浙江第二大江，位于浙江南部，是由山溪汇成的河流，是浙西南的母亲河，全长388千米，早在春秋战国时就已通航。宋元时期，瓯江为龙泉青瓷之路。清光绪年间开始，云和的土产、柴炭、雪梨和林木等土特产品销运温州等地，温州的水产品及外商的洋货运至处州各地，均经瓯江。民国二十五年（1936），瓯江航运极盛，云和沿岸11个乡镇，有木帆船813艘。抗日战争时期，新开辟的浙西南盐道即以瓯江为干线，是人们生活和物流的重要水运交通命脉，每天有近千艘船只往返瓯江龙泉溪抢运粮食和食盐。云和航运以局村为起点，上通龙泉，下达青田、温州，是一条"黄金水道"，从而逐步形成了船帮文化。据考查，瓯江流域早在六百多年前就出现了船帮。先后有云和石浦帮、田温溪帮、丽水大水门帮、大港头码头帮，龙泉、松阳、景宁等县也都有大大小小的船帮。随着社会的发展变更，也就慢慢有了具有浓厚的民族特色和地域特色的船帮武术文化。

　　瓯江船帮武术是在清末著名拳师、双龙会首领之一李春贤大师，以及民间各地有威望的拳师的不断创新、传承和实践中逐渐形成的。民间船帮以船为家，常年生活在船上。为了应对瓯江滩头多、落差大给航运带来的困难，抵御码头恶帮的敲诈欺凌，以及避免江匪水盗的侵害，各帮派船侠常在船头上研讨拳脚功夫，以求防身健体。

　　瓯江船帮武术自成体系，它以南少林武功为主，似南拳又非南拳，特点是神形合一、步稳势烈、躲闪灵活、以身为轴、交替转运、进退自如。老拳师常在陆地、溪滩上言传身教。功法注重马步稳健，掌握全身心平衡与协调；步法有团箕步、三角步、马步转弓步、弓步转马步、不弓不马步、拖步等，要求进退自如。据考证，瓯江船帮武术的拳术套路有云和八步洪拳、小洪拳、锦衣拳、五虎拳、九连灯拳、大景连拳、涂家拳、连步拳、四门拳、三角拳，以及大小五步、六步、七步拳等；器械套路有八步连环棍、南棍、三枝抽棍、四门棍、双铜、八步大刀三十六棍、七星剑、青田棍等。以上武术最初流行于船上，后流传到陆地。上述拳术套路结构严密、技击性强、活动范围小，演练时身如车转、进带攻、攻带闪。

瓯江船帮武术曾培养造就出李春贤、叶仰高等一批革命之士，他们传承和弘扬了以武强族的先进理念。瓯江船帮武术是我国民族传统文化最为宝贵的遗产之一，也为我们研究传统体育运动提供了丰富的历史资料。

瓯江船帮武术既可用于防身自卫，又具有极强的健身功能。科学的拳路体系适合各年龄段人士练习，能训练人的思维反应能力和领悟理解能力，能锻炼人的意志，陶冶人的情操，达到养身健体的效果，还能培养人不断进取、团结拼搏的意识和精神，因此具有重要的科学研究价值。

瓯江船帮武术所蕴含的哲理性、技击性、健身性、观赏性，以及所提倡的"习武修德，以武强族"的先进理念，体现了人们的宇宙观及民族情感，体现了中华民族武术和谐的思想精神，承载着深厚的文化内涵。

继承和发展瓯江船帮武术，有助于研究瓯江流域民俗生活在经济发展曾发挥过的历史作用，对于促进民族团结、弘扬民族文化、振兴民族精神，以及构建和谐社会有着十分重要的现实意义。

第十一章

庆元香菇功夫

　　庆元于南宋庆元三年（1197）置县。相传，南宋初年，庆元龙岩村村民吴昱发明了香菇栽培术"砍花法"和"惊蕈术"，开始人工栽培香菇，让香菇成为人们餐桌上的美味佳肴。吴昱排行老三，被人们尊称为吴三公，他也是世界人工栽培香菇的始祖。八百多年来，一代代菇民生活在深山老林的菇寮里，既要防范野兽袭击，也要抵御强盗的抢劫，因此练就了一套香菇功夫，香菇功夫成为香菇文化的重要组成部分。香菇功夫巧妙运用菇民日常劳作工具如扁担、板凳等，其特点在于动作矫健多变，强调以柔克刚、以静制动，并融入中医理论，既实用，又富文化内涵。

庆元自古人文荟萃。在漫长的岁月中，庆元人民在这片热土上辛勤耕耘，在创造物质文明的同时，也铸就了灿烂的精神文明。香菇功夫就是众多璀璨明珠中耀眼的一颗。庆元菇民自古就有习武之风，历代勇士辈出，留名于世的就有清末处州第一武生张明玙等。在民间，香菇功夫的招式派别也很多，如：七步长拳、短拳、板凳功、光棍担等。练习者几乎涵盖了代代菇民，一代接着一代练。

庆元香菇功夫

香菇的生产分为做、开衣、当旺（一旺、二旺、三旺）等阶段，周期约为五年，一座菇寮的经营大多在十年以内，因此，在菇山做香菇，生活相对比较艰苦。菇寮所在的深山老林常有野兽出没，危及生命的事件也是屡见不鲜。不仅如此，在一些民风比较强悍且又刁钻的地方，当地人常会对菇山明抢暗偷。特别是在乱世，菇山上偷菇贼众多，路中土匪、劫匪、路霸横行，可谓匪患猖獗，菇民常遇公开抢劫之类事件。为了维护自己的收益和对付土匪路霸，菇民们往往会相约某地，结伴回家，或请"兵"护送。在这样的社会环境和历史背景下，代代菇民武师汇聚民间流传的拳谱理论和历代多家先师拳路之精华，也汲取了少林、武当等武术流派的精粹，创造出了香菇功夫。庆元是香菇生长的沃土，而香菇功夫则是庆元大地上的一朵奇葩，是庆元武学文化的骄傲。

光棍担

香菇功夫，又称菇民防身术，是庆元、龙泉、景宁一带特有的原生态传统武术。该传统武术相传是由出生于南宋年间的香菇鼻祖吴三公编创的。自南宋开始，冬季农闲约四个月时间，龙、庆、景一带大部分劳力外出到闽、赣、皖等省的深山老林，搭木寮上山伐木做香菇，明朝太祖高皇帝朱元璋特准制菇为龙、庆、景三县专营技术之后，菇民（对龙、庆、景外出种植香菇的人群的统称）更是遍布全国。种植香菇要进深山老林，菇民时常遇到劫匪歹徒猛兽，吴三公便研究了一套与之搏斗的防身武术，并在菇民中历代流传和发展。三堆村和吴三公所在的龙岩村相邻，又加上自明朝中期以来，两村一直是庆元较为重要的人口聚集区，所以成了菇民文化繁荣的中心地带，直到中华人民共和国成立初期，还有师傅专门开馆传授香菇功夫，因此，三堆村现在还都有不少人熟悉香菇功夫套路和招式。菇民们总是用几个套路的名称，或者用简单的"练功夫"，作为总体的称谓。香菇功夫一词是现代人对菇民所练武术的一种统称，在龙泉一带也被称为"菇民防身术"。

光棍担

香菇功夫自形成之日起，就不像其他武术派别一样关门单传、秘传武术或有森严的门规派矩，而是每一个武功高强的武师都广收徒弟，四处传艺。菇民的武术传授大致有三种方式：一是父子、亲戚同门相传；二是在家期间，以村子为单位，请一些当地较为有名的武师到村子里传授武术技艺；三是外出学艺。正因为有这样开放的传授体制，在近三四百年的传承发展中，经过数十代武师的切磋改进，香菇功夫的支派变得数不胜数，以

庆元香菇功夫

至于没有哪个支派能说自己是正宗。笔者斗胆认为，无正宗就是正宗，每一个小派别都是正宗，全部小派别汇聚起来才是正宗的香菇功夫。香菇功夫是涵盖了菇民们所有武功的统称，包含拳术、器械等，具有较高代表性的有官塘棒、张村拳、三堆板凳功等。

香菇功夫作为中华传统武术的一个小流派，具有与其他武术流派共同的武德要求。在香菇功夫的传承发展历程中，历代武师、大师都把弟子的德性修养作为习武的首要条件和武功修炼过程中的一贯要求。菇民练武术都坚持"无时当有时，有时当无时"的武德精神。也就是说，在没有危险的时候，要常练功夫，否则功夫会荒废了；没有遇到真正危险的时候，要忘记自己有功夫，功夫不能轻易外露。还有另一层意思，菇民都是背井离乡，过着候鸟一样的生活，相当于寄人篱下，不到忍无可忍的地步，都是采取以德服人、以德报怨的态度，真要使用功夫的时候，也是点到为止，不伤人性命，谨慎施招，不可轻易伤害对方身体，更不可剥夺对方性命。这是使用香菇功夫技击的基本原则，也是香菇功夫崇尚武德的突出表现。香菇功夫弟子在发扬自信、智勇、顽强精神的同时，也要秉持孝悌仁慈、扶弱济困、报效国家的情怀，尊师重道、虚心好学、屈己待人的德行，扬善惩恶、公平正义、诚信忠直的秉性，不畏艰苦、勤学苦练、不断进取的精神。

香菇功夫作为一种体育运动形式，强身健体的作用相当明显，历代修习香菇功夫的武者和大师长寿者居多就是一个明证。香菇功夫和其他武术相比，有着独特的肢体运动要求和运动规律，对身体的锻炼效果非常突出。密集多变、矫捷速疾、放长击远的进攻特点，以腰为轴、以胯为核心的运动特点，能极大增强腿部肌肉群的耐力、弹性和力量。香菇功夫套路短小精悍、节奏鲜明、快速有力、勇猛泼辣的特点，使练习者的神经系统、内脏器官和运动器官的协调性得到强化，各项机能得到提高。

香菇功夫自清初传承至今，已发展演变成一个自成体系、支派众多的武术流派，形成了官塘棒、张村拳、龙岩三堆板凳功等十几个代表性小支派。

庆元香菇功夫

笔者在挖掘香菇功夫的过程中发现，这些小支派的命名也都比较牵强。各个支派的拳花基本相似，同属一脉，只是存在着小部分招式相同、拳花不同，或招式不同、拳花相同的差异。课题组为了便于区分、尊重历史，并经各地老拳师同意，使用地名为各支派命名。

香菇功夫的传承相对开放，不存在一脉单传和关门弟子的说法，因此香菇功夫流传甚广，套路众多。据史料推断，香菇功夫距今已有数百年历史，但由于挖掘得较晚，在整理香菇功夫的师承关系时，只能追溯到清朝末年，之前的拳师无从考证。这里只能将清末的拳师作为第一代。

龙岩三堆门派（百山祖）：第一代：吴思遒；第二代：吴文统、吴学田；第三代：吴必炎。

官塘派（包括左溪、江根）：第一代：吴先其；第二代：吴志焕；第三代：吴存铨、陈润荣。

张村派（包括贤良、岭头、五大堡、四山）：第一代：张明玙；第二代：张光照、张光大、张光明；第三代：叶水生、叶余地、吴辉锦；第四代：夏小岳、叶定平、吴慧红。

2008年，菇民防身术（龙泉菇民防身术、庆元香菇功夫）入选丽水市第二批非物质文化遗产名录。2011年，三堆村村民吴文统被列为丽水市第二批非物质文化遗产项目香菇功夫代表性传承人。此后，2012年，菇民防身术被列入第四批浙江省第四批非物质文化遗产名录。庆元香菇博物馆中收藏了三堆村香菇功夫传承人吴文统师傅和吴学田师傅对抗演练的视频、图片资料。

光棍担

香菇功夫的各种套路都可以随机应变、以一生万，香菇功夫自然学无止境。扁担就是菇民特有的"光棍担"，既是生产工具，也是防身武器。庆元城东小学的"香菇功夫"课程已挖掘开发了"七步拳花""菇山拳花""光棍担"等，该课程在2016年被评为丽水市精品课程，不仅能帮助学生健身，也弘扬了庆元的香菇文化。

香菇功夫属于短打类型的拳术，技击性很强。在打法上讲究出手成撮，手无单行，连续出击，招招相连，步伐相对单一。其风格以刚见长，攻势迅猛凌厉。在招式上有攻有守，攻守变化莫测，打中带招，招中带打，朴实无华，注重实战，但是套路结构不甚严谨。

香菇功夫的内容如下：

功法。古人云："练拳不练功，到老一场空。"香菇功夫特别重视基本功的训练，有硬功、轻功、内功等，尤其是硬功，铁掌、铁胳膊、铁肘、铁腿的练习尤为重要。

手法。香菇功夫的手型有掌、勾、拳、爪、指五种，手法有提、拿、顺、送、劈、推等。动作灵活机警，神形具备，进退自如，劲法齐全，讲究爆发力和寸劲。

步法。香菇功夫步法有马步、弓步、虚步、丁步、跳步等；腿法有弹、蹬、扫、踹、摆、踢等。

身法。身法要求坐胯，俗称坐桩。特别强调坐桩要稳，要做到"进退脚不离地"，稳扎稳打，进退自如。有句话叫："进退靠腿脚，力作在中腰，挡风遮雨两臂摇。"

套路。香菇功夫的基本套路主要有七步拳、大四门、小四门、五虎四门拳等。器械有光棍担、长凳等。拳花也是器械的招数。为了防止对练和比武时伤人，香菇功夫分为套路和真拆。套路只是招式的运用，起到强身健体、训练灵敏度和表演的作用，没有攻击性，是香菇功夫的武术基础。而真拆，才是使用招式来达到攻击目的的法门。

庆元香菇功夫

香菇功夫传承人简介：

吴辉锦，第四批浙江省非物质文化遗产项目菇民防身术代表性传承人，出生于1936年。自幼跟随父辈上菇山制菇讨生活，13岁拜舅舅为师，

练习菇民防身术，开始学坐庄、拉底，然后是学拳、腿功夫。吴辉锦掌握的菇民防身术有：板凳功（凳花）、扁担功、硬木扁光棍担功夫、九曲连环拳等。担任过丽水市"香菇功夫传承教学基地"——庆元县城东小学总教练，向学生传授菇民防身术。曾获得浙江省"优秀民间文艺人才"称号、丽水市"十大优秀非遗传承人"提名奖。

附：香菇功夫

（一）光棍担棍法

第一套（四山）

1. 一门一支香；2. 二门一平枪；3. 三门开打阵；4. 四门三步跳；5. 五门五虎拦跟；6. 六门双头棍；7. 七门山羊翘角；8. 八门三际跳；9. 九门黄蜂绕桶；10. 十门黄龙绕柱；11. 十一门关公献旗（左右回马枪）；12. 十二门罗通盘肠（罗通回马枪）。

第二套（贤良、荷地）

1. 一门一支香；2. 二门一平枪；3. 三门一流水；4. 四门开大阵；5. 五门五虎拦跟；6. 六门双头棍；7. 七门拉柴下山；8. 八门鲤鱼剖腹；9. 九门九连环；10. 十门山羊翘角；11. 十一门水牛跑角；12. 十二门真武驼旗。

第三套

1. 一门一支香；2. 二门一平枪；3. 三门一流水；4. 四门开大阵；5. 五门五虎拦跟；6. 六门双头棍；7. 七门长蛇出洞；8. 八门回头棍；9. 九门拉柴下山；10. 十门真武驼旗；11. 十一门李三娘担水；12. 十二门悟空守天门。

第四套

1. 一门一子午；2. 二门一标枪；3. 三门一手栏；4. 四门开大阵；5. 五门五虎拦街；6. 六门蛤蟆引水；7. 七门拖柴下山；8. 八门三步跳；9. 九门引蟒蛇出洞；10. 十门金鸡撮谷；11. 十一门李三娘担水；12. 十二门真武驮旗。

（二）七步拳

第一套（张村、贤良）

1. 观音献掌；2. 左举手、右举手；3. 双龙出洞；4. 双龙带尾；5. 双龙抢珠；6. 李子（广）开弓；7. 秤锤落地；8. 左到砸一拳；9. 右到砸一拳；10. 左拦砸、右拦砸；11. 花篮淘米；12. 扛（挡）右手；13. 开封狮子、闭封狮子；14. 擦两取手；15. 剑身子午；16. 老鹞翻身；17 山羊翘角；18. 水牛跑角；19. 双凤朝阳。

第二套（官塘）

1. 坐桩：不丁不八上山狮子、落（下）山狮子；2. 双龙出洞；3. 左拍决、右拍决；4. 左撬拳、右撬拳；5. 左日月、右日月；6. 左撬架、右撬架；7. 长拳、短拳；8. 欠拳（欠：往下的意思）；9. 牵牛过栏。

第三套（三堆）

1. 童子拜观音；2. 左冲花、右冲花；3. 右翘架一拳、左翘架一拳；4. 长拳、短拳；5. 跳上石壁顶墙一拳；6. 黄龙带尾；7. 秤锤落井；8. 狮子回头；9. 右日月、左日月；10. 双龙抢珠；11. 双拳双插；12. 左偏风、右偏风；13. 扫地风；14. 笊篱捞饭；15. 一统收回。

（三）九曲连环拳（据吴辉锦口述整理）

1. 开窗望月；2. 秤锤落井；3. 四步平拳；4. 牵牛过栏；5. 平步单掌；6. 平步双掌；7. 三娘拉磨；8. 反向双拳；9. 平面甩竹；10. 拳脚相加；11. 上下击拳；12. 杀牛断气；13. 左右翘架；14. 捉犬吃屎；15. 笊篱捞饭；16. 平面开锁；17. 猴子寻食；18. 两牛相顶；19. 狮子开口；20. 水牛脱角；21. 烂蛇吐舌；22. 蛤蟆饮水；23. 鲤鱼漂滩；24. 交连双刀；25. 绞索双拳；26. 五虎下山；27. 左右双掌；28. 一拳落锁；29. 老鹰抓鸡；30. 刀割韭菜；31. 门前双刀；32. 半腰拗笋；33. 猴子抱儿；34. 杀牛断气；35. 蜻蜓点水；36. 平面开架；37. 双龙绕柱；38. 平面双掌；39. 岩下摸蛙；40. 九曲连环。

第十二章

景宁畲乡武术

　　景宁于明景泰三年（1452）置县，是全国唯一的畲族自治县。畲族发源于广东潮州的凤凰山，自称"山哈"，意为居住在山里的客人。畲族人民最开始过着刀耕火种的生活，尔后逐渐繁衍迁徙扩散到福建、江西、安徽、浙江等地。古代的畲族人民以农耕狩猎为生，形成了尚武健身的传统，发展出独具特色的武术，有历史悠久、动作灵活的畲拳和复杂多样的畲族棍术，还有源于景宁九龙乡金田村的金田武功。金田武功由陈祖茂创立，其代表套路练步拳攻防兼备，已有二百三十多年历史。畲乡武术体现了畲族人民的智慧与勇气，丰富了中华文化宝库。

第一节　畲族武术

畲族武术有拳术、棍术、刀术、气功等。因地域和门派的不同，不同的畲族武术种类和派别又显示出各自的特点和风格，在畲族山村历经千百年而不衰。

畲族武术以畲族拳最为著名，棍术次之。畲族拳乃畲族独创，已有三百多年的历史。创编者名叫雷乌龙，人们尊称他为"乌龙公"。畲族拳的主要动作有冲、扭、顶、搁、削、托、拨、踢、扫、跳等。进攻时多用拳肘，防守时常用前臂和掌。讲究以肘护肋、步伐稳健、动作紧凑、进退灵活，具有"下如铁钉、上如车轮、手如辗盘、眼如铜铃"的特点。畲族拳中有点穴绝招，人一旦被点中穴位，便动弹不得。拳术广泛流传于畲族山村，也是畲族人民世代相传的群众性体育运动。畲族拳术有八井拳、蓝技拳、洪拳、连环拳等，都各有特点，习者众多。据传，畲族拳与南少林武术有密切渊源。相传清朝雍正年间，泉州南少林因抗清遭到镇压，少林和尚铁珠、铁鞋、铁柄、铁板等被迫四处逃难，后隐姓埋名，在畲乡教授畲民练拳习武。畲族拳步稳势烈，发力短猛，善用手法，防守门户严谨，具有形威、力猛、马实、手狠的特点，内容包含"三角战""四门""五步子""小六步""大六步""七步""上半尺""下半尺"等十余种套路，其中"三角战"是入门基础套路，练步（又称"练马"）是这个套路中最为重要的一环，也是畲族拳的基础，易学难精。

畲族拳的流派和套路有数十种之多，动作短促有力快捷凶猛，练功的方法很特别。如练铁砂掌之前，先砍一节粗壮的竹筒，内装一条毒蛇，蛇腐烂后，练武者将手插进竹筒，蛇毒使其手奇痒难忍，急须插入米糠、谷子或沙子及铁砂中摩擦，久之则皮肉坚硬。

历史上，游耕狩猎的畲族人深居大山之中，常常五六十里地找不到一户人家。为了防山贼和野兽，畲族人几乎人人会几手防身功夫，最常用的

就要数用门闩做兵器的畲族棍术了。畲族棍术就是为适应生产生活的需要而被创造出来的，并在后来历代武装斗争的实践中不断加以提炼、完善，形成了今天比较系统的、充满民族特色的畲族民间武术运动形式。其实，棍术只是一个笼统的说法。在畲族地区，柱杖、锄头、扁担等生产工具都是习武的器械，都可以纳入棍术的范畴。根据器械的长短和功用不同，柴槌又可分为"丈八棍"和"齐眉棍"两种："丈八棍"也叫"中拦"，长一丈二尺，由单人耍弄，有攻有拦；"齐眉棍"也称"盘柴槌"，长六尺（或四尺八寸），供两人对打。畲族棍术动作复杂多样，有双头槌、三步跳、四步半、七步、九步、猴子翻身、天观地测等。

畲族人民酷爱体育活动，"打尺寸""盘柴槌""节日登山""骑海马"和"竹林竞技"等，都是畲族民间流传的十分有趣、别具一格的体育运动形式。畲族人民练拳习武之风十分盛行，经过千百年来的传承，已形成了独具一格的民间武术。

第二节　畲乡功夫

畲乡功夫源于畲汉两族人民的生产生活，是景宁畲族自治县本土流传的民间武艺，基本上可分作棍术和拳术两大类，畲乡功夫重在强身健体、防身护身，攻防别具一格。畲乡功夫已有九百多年的历史，目前尚有三十多个门派，有七十多个村庄传承本土功夫。

2012年，浙江省景宁畲族自治县地方武术文化研究会以抢救、传承畲乡功夫为己任，挖掘、整理出一批畲乡本土功夫。如英川武功七步拳、五虎拳、七步虎龙拳、七星棍、板凳花等；沙湾武功簸箕拳、板凳拳、盖马四门棒等；郑坑乡桃山武功五步头拳、八步拳、四门棒等；坑下武功小八廓拳、中拦枪棒，小四门棍等；毛垟乡武功四门棒、五虎落洋拳等；金田武功练步拳、五步拳、小八廓拳、五虎出山拳、盘拳、大七步棒、盘棍等。

一、畲乡功夫特征

畲乡功夫具有地方性、健身性、传承性的特点。其技艺特征可从以下三个方面概括。

1.徒手拳

拳法技艺具有内外三角、架势小而紧凑，出拳似屈非屈、似直非直、刚柔相济的特点。短兵相接，攻防兼顾，左右可对决，上下能化险；多练有利于健身，临危时能防身。

七步拳、五虎拳、七步虎龙拳具有雄健有力、刚柔相济、朴实无华、内容丰富、变化无常、前后呼应、招招凌敌等特点。

2.棍棒和板凳

棍、棒在老百姓家中用来堵门，在有功夫人手里变成抗敌之武器。其

特点：直来直往，吞吐自然，身居中央，开步四守，八面迎敌，打压冲击，步法敏捷稳固。

板凳拳是畲乡独特的武功，源于畲乡人好舞板凳龙。板凳拳运用的板凳，是农家餐厅就餐的"长板凳"，攻防时随手可取。用板凳练功有双把式和单把式，可对付长重兵器，可攻防短轻兵器；有拦、压、冲（撞）、挑、架、撩、绞、扫、扣等技法，不受场地限制。多练可腰马矫健、手法敏捷、强身健体。

3.练功器具

石锁、钦石、砂桶、砂桶枪等可用来平时锻炼掌部、臂部、腰部、腿部之功力，久练可使出手稳、准、狠。

畲乡功夫传承人简介：

吴启东，男，1953年4月出生，景宁畲族自治县英川镇黄垟口村人，2023年被评为第六批丽水市非物质文化遗产代表性项目畲乡功夫代表性传承人。1967年1月起随祖父吴行喜、父亲吴仁标习武。1969年10月拜龙泉县茅山寺和尚黄明德为师，习练五虎拳、步拳、七步虎龙拳、铁尺、七星棒、十二门棍等套路。1972年12月参军，1976年1月退伍。1979年8月至1987年5月，在福建省南小林和建阳县、新安县，以及浙江省龙泉县、云和县等地学艺和授徒。1988年6月至2011年，在隆川、鸬鹚等乡卫生院工作。2012年退休至今，担任景宁县地方武术文化研究会副会长、常务副会长。

二、金田武功

金田武功，出自景宁畲族自治县九龙乡金田村，历史悠久，流传甚广。《金田陈氏宗谱》载："先祖陈绍先，于明天顺八年（1464）从云和云坦迁居到此地，系宋银青光禄大夫兵部尚书陈倪嫡系支派，豪公之子。"清乾隆年间，陈氏第九世祖英公、祖茂公遵循爷爷永吉公、父亲朝言公的"勤劳积善"祖训，以农业为主，林业为辅，闲时运木材、木炭、毛竹等产品到青田、温州、上海等地销售。兄弟精诚团结，家道日泰，并常常在周围百里造桥、修路、济贫等，到处多积善事。该村地处云和、丽水、青田、文成和景宁的五县交界之地，强人、劫匪频临，因山高皇帝远，官府不及抵制。当时，两兄弟共积良田三千石，另有园地、山林等。祖英公遂命兄弟祖茂公拜师学武艺，并嘱："一定要练好学精武功。"

据《金田陈氏宗谱》，金田武功始创于清乾隆年间。陈祖茂（1763—1832）十八岁时，"奉兄命，立志三年不返家门"，到处州箬寮学武艺，在投师学艺期间，日夜勤学苦练，专心致志钻研武术，并潜心研究伤科骨科医术。"公少习拳棒，不啻百人敌也，又传点穴之术，而尤精治伤之艺，毕生未伤一人、未害一命。今子孙世业相承，驰名远近，生平遇有鳏寡孤独，以及两造斗殴人命攸关者，公不待其请，必躬往医治，苏桔之，全活斯多，董杏之阴功綦厚。老子曰：大勇若怯，公之谓矣。孔子曰：勇者不必有仁，公其仁矣乎。"1783年，陈祖茂业成归来，致力于教授子弟儿孙，且谆谆教诲后代："武有武德，医有医道，以仁为本，绝不伤人图利。"继而又聘平阳赖老师驻村教练武功、研究武术套路和技艺三年整。全村兴起学武、练武、尚武高潮，人人勤学苦练，天亮起舞，无论三九严寒还是三伏炎热之天，日日坚持，个个功夫了得，身强力壮。

金田武功中的练步拳为清乾隆年间陈祖茂所创，至今有二百三十多年历史，组合严谨，攻防兼备，可应急防暴、强身健体。久练还能有延年益寿之功。练步拳也是表演、比赛、对打（对练、盘拳）、单练的套路。

附一：金田功夫

（一）练步拳拳谱

第一段：1. 起桩拳礼；2. 拴手敲拳；3. 送手吊马；4. 左长掌；5. 脱手偷心拳；6. 左俭身支吾；7. 双拳牛斗角；8. 双斩拳；9. 左栽拳；10. 右翻举；11. 中门双炮拳；12. 徒靠偏腿大背包；13. 左偏腿金剪刀；14. 大门左直肘；15. 小门右直肘；16. 中门冲天炮；17. 调马斩敲削；18. 左盖肘吊马19. 中门右长掌20. 右门双封；21. 转身关门肘。

第二段：22. 平步左拳右劈；23. 中门右顶桩；24. 小门右双封；25.

左长拳右劈；26. 大门右横肘；27. 右偏腿；28. 中门长拳劈拳；30. 右荡阴拳翻拳；31. 左长拳直肘；32. 右长拳直肘；33. 左长拳右劈拳；34. 左搐掌；35. 左割扫；36. 右割扫；37. 右搐掌；38. 落地双刀中砍刀；39. 右双封；40. 左双封拴手；41. 平步狮子；42. 收势拳礼。

（二）五虎拳拳谱

1. 童子拜观音；2. 霸王开弓；3. 金剪刀；4. 削甲；5. 海底捞月；6. 滚回双拳；7. 拳冲花；8. 爪冲花；9. 踏上五虎蹲头；10. 踏上浪子抛球；11. 狮子转头；12. 左黄龙起爪；13. 右黄龙起爪；14. 脱靴滚堂；15. 斩太阳；16. 狮子转头；17. 左观音扫殿；18. 右观音扫殿；19. 五虎出山，踢出枪峰一拳；20. 五虎归窝、踢出枪峰一拳；21. 跳上魁星踢斗；22. 左石牛蹲侧，右石牛蹲侧；23. 踏上石壁顶墙；24. 狮子转头开双拳；25. 滚双拳；26. 左提枪峰；27. 交丝步上头狮子；28. 交丝步回头狮子；29. 左狮子、右狮子；30. 狮子转身；31. 乌鸦盖顶；32. 举礼。

附二：金田陈氏清代取得武功名者简介

陈元浦，讳大魁，字圣玉，号竹斋。清乾隆戊戌年（1778）5 月 21 日年生，武庠生。有传志。

陈元广，讳大元，字玉环。清乾隆庚子年（1780）5 月 5 日生，同治丙寅年（1866）卒，武庠生。清嘉庆癸亥岁（1803）入泮，有传志。

陈元魁，讳大川，字玉泉。清乾隆庚戌年（1790）9 月 15 日生，武庠生。

陈汉忠，讳德昌，字占五。清嘉庆辛酉年（1801）2 月 2 日生，同治庚午年（1870）卒，武庠生。清道光癸巳岁（1833）入泮，有传志。

陈汉昌，讳德超，字克继。清嘉庆甲子年（1804）8 月 29 日生，武庠生，有传志。

陈汉灵，讳德荣，字克尧。清嘉庆癸酉岁（1813）1 月 9 日生，武庠生。

陈汉滔，名德谔，字克脩。清嘉庆戊寅年（1818）2 月 1 日生，武庠生。

陈汉炎，讳德韶，字九成。清嘉庆庚辰年（1820）11月27日生，武庠生。

陈汉高，名德芳，字克信。清道光甲申年（1824）9月4日生，武庠生。

陈家城，名邦贤，字廷桂，乳名善馀。清道光乙酉年（1825）6月22日生。武庠生。

陈汉谟，讳德尧，字克绍。清道光乙酉年（1825）12月20日生，武庠生。

陈家豪，名邦兴，字兆祥，乳名三宾。清道光丁亥年（1827）4月30日生，光绪丙申年（1896）卒，武庠生。咸丰癸丑岁（1853）入泮，有传志。

陈家桢，名邦怀，字廷珍，乳名善韶。清道光戊子年（1828）10月22日生，武庠生。

陈汉诰，讳德芳，字克俊。清道光癸巳年（1833）12月1日生，武庠生。

陈家栋，名邦基，字廷献，乳名善述。清道光壬寅年（1842）7月2日生，武庠生。曾在温州任龙、庆、景会馆会长。

陈承烈，讳毓秀，字钟祥。清道光乙巳年（1845）11月1日生，武庠生。

陈承琪，讳毓之。清道光戊申年（1848）5月24日生，武庠生（迁居严州分水）。

陈家盛，名邦雄，字廷昌，乳名日盛。清咸丰辛亥年（1851）3月14日生，武庠生。

陈承熹，名毓奇，字瑞升。清咸丰甲寅年（1854）7月23日生，武庠生。

陈家表，名邦鑫，字四生，乳名日初。清同治癸亥年（1863）6月18日生，武佾生。

第十三章

菇民防身术

　　浙江省传统体育、游艺与杂技项目与农耕生产有密切关系，如丽水地区的菇民防身术。八百多年前，庆元龙岩村的吴三公发明了砍花法和惊蕈术，实现了人工栽培香菇，被尊称为"菇神"，相传他发明了菇民防身术。浙西南龙泉、庆元、景宁一带的菇民生活在深山老林里，以种植香菇为业。因环境艰苦，为了防止猛兽的攻击和山外盗贼的侵犯，他们练就了自我保护的拳脚功夫，并世代相传。

　　浙江西南部的龙泉、庆元、景宁山区，森林茂密，气候湿润，盛产香菇。这里的山民世代以种植香菇为业。常年在山中生活的菇民为防盗贼与野兽的侵扰，在自卫中练就了一套套独特的防身术。也有传说称，这些防身术为南宋菇神吴三公所创。

　　菇民防身术有"扁担功""三步拳""五虎落垟拳""七步拳""三秋拳"等多种套路，所用器具多为菇民家中随用即取的扁担、棍棒等。如"扁担功"中的扁担，两头无铆钉，遇敌时抽取迅速，光头硬木，也叫"光棍担"。

　　在这些神秘的菇民防身术中，有一套既能防止外人侵犯，又具有艺术性的独特防身术"凳花"。所谓"凳花"，即以凳子为工具，菇民舞动凳子，"凳风"骤起，雄浑有力，凳子旋转时，每个动作都像极了一朵花。"凳花"因其独特的艺术魅力，在菇民间广泛流传。

"凳花"——防右

"凳花"——回头望月

虎掰

铰步防手

五指拳对练

指引一支香

泰山压顶

菇民防身术一直以口传身教的方式传承，没有系统的文字和图像记录，加之当今菇区环境安全，菇民安居乐业，防身术不练自消，濒于失传。在传承基地走访时，我们发现随着时间推移，传承基地的各类设备不断老化，亟需更新；传承教学人员没有相应的资金支持，很多人员生活困苦，为了生计，不得不另择他业，传承活动也受到影响；基地氛围布置不乐观，传承活动对外宣传等方面都急需资金补助。

保护措施。近年来，龙泉市安仁中学（浙江省非遗传承教学基地）和景宁畲族自治县菇民防身术古城传承基地为宏扬菇民防身术、培养传承人做出了很大贡献。2015年，首届季山头村菇民防身术展示活动暨龙泉武术协会成立两周年活动在安仁镇季山头村拉开序幕，吸引了不少观众前来观赏。这场别开生面的展示活动带来了菇民防身术、南拳、太极拳等精彩表演。非遗传承人季韶华展示了菇民防身术之扁担功、菇民罗汉拳等精彩招式，拳礼、起步、抱子舞、进上一枪子舞、收桩……二十多个招式扁担功，季韶华打得不慌不乱、四平八稳，丰富的招数中尽显自然生动，灵活多样，现场观众看得十分入神。此外，凳花项目非遗传承人柳世菊也给观众展示了凳花的精彩绝招，博得阵阵掌声。

菇民防身术古城传承基地

菇民防身术传承人简介：

季大科（1946—2015），第三批浙江省非物质文化遗产凳花代表性传承人。9岁随祖父习武。1978年得祖父真传，后赴安徽芜湖市拜张明星师傅学艺两年。1993年拜上海市形意八卦掌徐连生师傅学艺两年。

周有平，1966年9月出生于龙泉市，安仁镇胜利支坪村人。1986年师承季大科，学习菇民防身术三十余年，掌握了菇民防身术技艺，擅长凳花，现创新一套三战四门凳花套路。2010年被评定为龙泉市非物质文化遗产项目凳花代表性传承人；同年被评为丽水市非物质文化遗产项目菇民防身术代表性传承人；2018年被评定为浙江省非物质文化遗产项目菇民防身术代表性传承人。

季大英，1971年5月出生于龙泉市龙南乡周庄村坑底38号。自幼爱好武术，1988年师从季大科学习菇民防身术三十余年。掌握了菇民防身术和凳花技艺。2018年被评定第四批龙泉市非物质文化遗产代表性项目菇民防身术（凳花）代表性传承人；2022年10月被评为"龙泉市乡村文化能人"。

季韶华，1973年12月出生于龙泉市安仁镇季山头村。1979年起跟随父亲季大科学习菇民防身术四十余年，掌握了菇民防身术技艺，擅长扁担功，现创新一套菇民硬拳套路。2011年被评定为龙泉市非物质文化遗产项目菇民防身术代表性传承人；2023年被评定为丽水市非物质文化遗产菇民防身术代表性传承人。

周世伟，1969年12月出生于龙泉市安仁镇刘坊村。1982年起师承季大科师傅学习菇民防身术三十多年，掌握了菇民防身术的要领和精华，擅长棍术，现创新一套菇民矮拳。2018年被评定为第四批龙泉市非物质文化遗产项目菇民防身术代表性传承人。

林平，1962年出生于景宁县武术之乡英川镇菇民世家，艺承家学。师祖堂伯公林起聪是民国时期十里八乡菇民名拳师，门徒甚众，擅技击，人称"长手"。其父亲林金奶为名拳师林起聪嫡传弟子，颇得要领，曾替师代馆。林平经父亲启蒙习练菇民防身术，嗜武成癖。20世纪末叶，习武之风式微，林平萌发了探究之念头，寻师访友多年，在挖掘抢救菇民防身术的过程中，博采众长，武艺渐进。2008年以来，历任景宁县武术协会副主席、主席兼菇民拳分会长，组织各类武术活动，并积极研究和推广菇民防身术。是丽水市第三批非物质文化遗产项目菇民防身术代表性传承人。

附：龙泉菇民防身术

（一）五虎落垟拳

1. 拳礼；2. 凤凰显翘；3. 金铰剪；4. 将军削甲；5. 双拳；6. 老虎显爪；7. 虎跳外套；8. 虎爪；9. 长拳；10. 短拳；11. 角跳砍手；12. 吊马狮子；13. 虎跳外套；14. 虎爪；15. 长拳；16. 短拳；17. 角跳砍手；18. 牵牛过栏；19. 流水拳；20. 翻天复印；21. 拦扎双拳；22. 转身虎掰；23. 进上相山虎；24. 流水拳；25. 脱手；26. 后阴拳；27. 前阳拳；28. 洗手；29. 提手；30. 滚拳；31. 山羊撬角；32. 退落刘文拔箭；33. 左撬架削甲；34. 右撬架削甲；35. 十字阴阳掌；36. 踏步冲花；37. 虎爪；38. 长拳；39. 短拳；40. 脱手；41. 翻过雷公拳；42. 阴拳；43. 收步；44. 狮子；45. 速步阴阳掌；46. 踏步冲花；47. 虎爪；48. 长拳；49. 短拳；50. 脱手；51. 称锤落潭；52. 阴阳洗手；53. 显眼；54. 大鹏显翘；55. 尖腿；56. 仙人脱靴；57. 一踏砍手；58. 吊马狮子；59. 虎跳外套；60. 虎爪；61. 长拳；62. 短拳；63. 脱手；64. 角跳砍手；65. 太阳拳；66. 乌鸦落井；67. 乌云盖月；68. 黄龙拉尾；69. 收桩。

（二）一支香

1. 棍礼；2. 黄蜂闹桶；3. 坐落一支香；4. 子午一枪；5. 割；6. 背；7. 子午；8. 标枪；9. 横扫；10. 割风；11. 横扫；12. 金鸡独立；13. 棍劈华山；14. 山羊撬角；15. 鲤鱼破腹；16. 一枪；17. 进上铁扫箒；18. 子午一枪；19. 蛟龙回头；20. 子午一枪；21. 栏腰砍笋；22. 金刀劈竹；23. 一枪；24. 蛟龙头；25. 子午一枪；26. 上至南山；27. 下至乾坤一枪；28. 蛟龙回头；29. 子午一枪；30. 进上铁扫箒；31. 子午一枪；32. 背枪；33. 马头一扎；34. 猛虎藏林；35. 一枪；36. 鲁师出腿一踏；37. 下巴结；38.

千斤落地；39. 猛着出林；40. 一枪；41. 横扫；42. 割风；43. 败鹤显太爪；44. 一踏；45. 白猿倒挂一枪；46. 割；47. 背；48. 子午；49. 标枪；50. 吊马收桩。

（三）战四门

1. 行礼；2. 左绕丝一枪；3. 右绕丝一枪；4. 中门横杠；5. 踏步一枪；6. 虚步防枪；7. 进上跳枪；8. 金鸡独立；9. 马步冲枪；10. 踏步横枪；11. 速步冲枪；12. 老鹞翻身；13. 马步一枪；14. 防左；15. 防右；16. 进步牛拦杠；17. 称锤落井；18. 交步一枪；19. 横步一枪；20. 速步冲步；21. 踏步一枪；22. 老鹞翻身；23. 速步一枪；24. 千斤落地；25. 顶天立地；26. 跳步冲枪；27. 踏步一枪；28. 千斤落锁；29. 翻身一枪；30. 封前门；31. 虚步；32. 收桩。

附：七步拳拳谱（林平整理）

1. 拳礼；2. 左珠、右珠、正珠、阴珠；3. 下盘狮子；4. 猛虎出林；5. 猛虎藏林；6. 翻天爪；7. 长蛇吐舌；8. 利刀斩蛇；9. 称锤落潭；10. 回头冲；11. 藏兵冲；12. 转回左撬架一拳；13. 踏上右撬架一拳；14. 左揽扎一送；15. 右揽扎一送；16. 踏上中心扎；17. 狮子回头；18. 左日月；19. 右日月；20. 双插劲；21. 拐劲；22. 退步黄龙；23. 起步黄龙；24. 黄龙拖尾；25. 超上半边月；26. 天门落锁；27. 左开锁；28. 右开锁 29. 一拳一脱锁，狮子回头；30. 左介尺、右介尺；31. 左狮子、右狮子；32. 铜来、铁来；33. 退下削甲，逼上梁山；34. 收兵回营。

附　录

丽水市级以上非物质文化遗产代表性项目名录（武术）汇总表

截至 2023 年，丽水市武术类非物质文化遗产入选国家级非物质文化遗产代表性项目名录的有 1 项；入选浙江省级项目名录的有 7 项；入选丽水市级项目名录的有 14 项。

1.国家级非物质文化遗产代表性项目名录

序号	项目编号	项目名称	类　别	申报地区或单位	入选时间	批次
1	Ⅵ-66	迎罗汉	传统体育、游艺与杂技	缙云县	2011年5	第三批

2.浙江省非物质文化遗产代表性项目名录

序号	项目名称	类　别	申报地区	入选时间	批次
1	遂昌茶园武术	传统体育、游艺与杂技	遂昌县	2009年6月	第三批
2	上宕功夫	传统体育、游艺与杂技	缙云县	2009年6月	第三批
3	凳花	传统体育、游艺与杂技	龙泉市	2009年6月	第三批
4	叠牌坊	传统体育、游艺与杂技	缙云县	2009年6月	第三批
5	菇民防身术	传统体育、游艺与杂技	龙泉市庆元县景宁县	2012年8月	第四批
6	云和八步洪拳	传统体育	莲都区	2016年12月	第五批
7	布衣拳	传统体育、游艺与杂技	遂昌县	2023年1月	第六批

3.丽水市非物质文化遗产代表性项目名录

序号	项目名称	类　别	申报地区	入选时间	批次
1	迎罗汉	杂技与竞技	缙云县	2007年1月	第一批
2	樟村拳	游艺、传统体育与竞技	松阳县	2008年9月	第二批
3	茶园传统武术	游艺、传统体育与竞技	遂昌县	2008年9月	第二批
4	云和八步洪拳	游艺、传统体育与竞技	云和县	2008年9月	第二批
5	缙云上宕功夫	游艺、传统体育与竞技	缙云县	2008年9月	第二批
6	菇民防身术（龙泉菇民防身术、庆元香菇功夫）	游艺、传统体育与竞技	龙泉市庆元县	2008年9月	第二批

序号	项目名称	类 别	申报地区	入选时间	批次
7	大路南拳	传统体育与竞技	青田县	2009年7月	第三批
8	畲乡功夫	传统体育、游艺与杂技	景宁县	2016年6月	第六批
9	凳花	传统体育、游艺与杂技	龙泉市	2016年6月	第六批
10	菇民防身术	传统体育、游艺与杂技	景宁县	2016年6月	第六批
11	碧湖传统武术	传统体育、游艺与杂技	莲都区	2021年11月	第七批
12	缙云黄坛拳	传统体育、游艺与杂技	缙云县	2021年11月	第七批
13	遂昌布衣拳	传统体育、游艺与杂技	遂昌县	2021年11月	第七批
14	青田卢家拳	传统体育、游艺与杂技	青田县	2021年11月	第七批

参考文献

[1]季建成.龙泉剑[M].北京：北京体育大学出版社，2008.

[2]蔡银生，王德洪.缙云迎罗汉[M].杭州：浙江摄影出版社，2016.

[3]叶定平，吴慧红.香菇功夫[M].杭州：西泠印社出版社，2020.

[4]杨维.瓯江武术文库·樟村拳：七星拳＆八仙拳[M].郑州：河南电子音像出版社，2014.

[5]李吉远.明代武术史研究[M].北京：中国社会科学出版社，2018.

[6]缙云县风景旅游管理局.千古缙云[M].杭州：西泠印社出版社，2009.

[7]郭艺.非遗薪传：浙江传统体育研究文集[M].杭州：中国美术学院出版社，2019.

[8]景宁畲族自治县地方武术文化研究会.景宁畲族功夫[Z].丽水：景宁畲族功夫编辑部，2021.

后　记

在丽水市社科联的规划下，本课题组从2023年暑期开始策划处州地域武术文化的研究构架，并着手研究处州武术产生、发展的历史，以及在当今的生存状况。本书并不是从武术本身研究处州武术，而是从处州地域的文化现象来研究处州武术。通过对处州典型武术的发展形态的研究，剖析处州武术对人文社会文化的渗透，进一步体现处州武术的地域文化研究价值，开辟从地域文化深层研究处州武术的一条途径。

文献资料是本书的研究基础，收集文献资料也是撰写中一项最艰巨的工作。在查阅和收集资料的过程中，本课题组得到了丽水市各县（市、区）非物质文化遗产保护中心、图书馆的工作人员的支持，在此表示诚挚谢意。

调查访谈工作是本研究的重要环节。在走访丽水武术相关人士的过程中，本课题组得到了许多专家、学者及民间武术传人的支持和帮助，在此一并感谢。

在深入丽水市各县（市、区）的乡村调研期间，本课题组得到了当地众多武术人士的帮助，没有他们，我们不可能获得进入田野的便捷路径，不可能一睹处州武术的真实面貌，更不可能获得相关文献资料。尤其要提名致谢的是季建成教授、林永忠、叶定平、吴慧红、夏小岳、吴启东、林平、周方辉、李阳春、周有平、叶庆德、周正武、吴申亮、夏小芳、王祖群、李建锋、程少荣、陈喜和、陈旭东，以及相关传承人。

本书成稿过程中，得到丽水市社科联副主席一级调研员、市政协文史专员杨贤高的悉心指导，多次修改易稿，才基本上达到内容贴切、前后一致、构架完整统一。在此表示诚挚的感谢！

王德洪　张正民　杨乃静

2023年12月

第十辑
李一波
主编

卢朝升 编著

处州与四库全书

浙江工商大学 出版社
ZHEJIANG GONGSHANG UNIVERSITY PRESS
·杭州·

图书在版编目(CIP)数据

处州与四库全书 / 卢朝升编著. —杭州:浙江工
商大学出版社,2024.1
(丽水·瓯江文化丛书. 第十辑)
ISBN 978-7-5178-5885-0

Ⅰ. ①处… Ⅱ. ①卢… Ⅲ. ①地方文化—介绍—丽水
②《四库全书》 Ⅳ. ①G127.553②Z121.5

中国国家版本馆 CIP 数据核字(2024)第021776号

处州与四库全书

CHU ZHOU YU SIKU QUANSHU

卢朝升 编著

责任编辑	刘志远　唐　红
责任校对	林莉燕
封面设计	朱嘉怡
责任印制	包建辉
出版发行	浙江工商大学出版社
	(杭州市教工路198号　邮政编码310012)
	(E-mail:zjgsupress@163.com)
	(网址:http://www.zjgsupress.com)
	电话:0571-88904980,88831806(传真)
排　　版	杭州朝曦图文设计有限公司
印　　刷	杭州高腾印务有限公司
开　　本	710mm×1000mm　1/16
印　　张	18.5
字　　数	275千
版 印 次	2024年1月第1版　2024年1月第1次印刷
书　　号	ISBN 978-7-5178-5885-0
定　　价	288.00元(全6册)

"丽水·瓯江文化丛书"第十辑
编纂委员会

总　序

中共丽水市委常委　宣传部部长　李一波

"绿水逶迤去，青山相向开。"在风景秀美的浙江丽水，有一条贯穿全境九曲蜿蜒的瓯江。川流不息的江水不仅润泽了丽水的山川土地，更孕育了丰富璀璨的瓯江文化。考古发现的缙云陇东遗址，将丽水的文明史追溯到距今9000多年前的上山文化晚期。在数千年的历史长河中，黄帝文化、畲族文化、剑瓷文化、石雕文化、廊桥文化、华侨文化、摄影文化蓬勃绽放，让丽水成为名副其实的中国地市级首个民间艺术之乡。

同时，丽水有7项世界级遗产、21项国家级非物质文化遗产，文化遗产数量占到了浙江总数的六分之一。作为"瓯江山水诗之路"的重要地区节点，谢灵运、李白、白居易、秦观、陆游、范成大、朱熹等文人雅士在此留下了脍炙人口的佳作名篇。生态与人文的珠联璧合构成了瓯江文化的独特底色，传承赓续丽水生生不息的历史文脉。

兴贤育才，文化绵延。隋开皇九年（589），丽水因象征人才的处士星明耀分野而置，故得名处州，意为"人才之州"。自古以来，丽水就是崇文重教之地，先后有1149人荣登进士，42人在二十五史中入传。以独峰、美化书院为代表的处州书院名噪东南，独峰书院被列为南宋"八大书院"之一，重学兴教之风传承至今。在先贤们的垂范带领下，丽水兴文教以开风气。改革开放尤其是撤地设市以来，历任市委、市政府秉承"强市必先强教，育人必先兴学"理念，持续加大教育投入，加快缩小区域、城乡、校际差距；一代又一代的教育工作者躬耕不辍、潜心育人，推动丽水与全省同步实现教育基本现代化，高考总录取率连续多年超过全省平均水平，

教育事业改革发展逐步实现与全省"并跑",取得了突破性跃升。

　　盛世修史,嘉年撰志。编史修志是对弘扬中华优秀传统文化的实践总结。正是在这个意义上,丽水市委、市政府深入贯彻落实习近平总书记关于文化建设重要论述精神,以高度的文化自觉、坚定的文化自信,推进实施丽水文化研究工程,历时十七载完成"瓯江文化丛书"第一至第十辑的编撰。这次推出的第十辑,以丽水的教育文化为主题,包含《处州孔庙》《处州书院》《处州进士》《处州武术》《处州家风》《处州与四库全书》等六本专著。参与编纂的专家学者不辞劳苦、深入调研、勤奋笔耕,以极端负责的精神完成书稿编写,全面、系统、翔实地呈现了丽水教育文化渊源厚重的历史。相信这辑丛书的问世,能够开拓丽水教育文化的研究角度,给予读者启示和激励,并为加快新时代丽水教育事业高质量均衡发展,提供更加强大和更加持久的文化力量。

前　言

中华文化源远流长，仅有文字记载的历史就有3000多年，历代帝王和先贤都非常重视典籍的搜集、整理和修订。从孔子修订"六经"，西汉刘向刘歆父子编《七略》，唐初史家编《隋书·经籍志》，到明代解缙等编《永乐大典》，许多优秀著作得以保存，中国的文脉借书籍得以传承。

清政府从乾隆三十七年（1772）开始，用了十余年的时间，集中了大批人力物力，由纪昀担任总编辑，编成一部规模空前的大型丛书——"四库全书"，共收录图书3461种，79309卷；另有存目6793种，93551卷。两者总计涉及书10254种，仅《四库全书总目提要》就达200卷。

四库，即经、史、子、集四部，全书编成后抄成7部，分别藏于北京文渊阁、沈阳文溯阁、圆明园文源阁、承德文津阁、镇江文宗阁、扬州文汇阁和杭州文澜阁。后由于屡遭兵燹，至今保存下来仅有3部半，其中杭州的文澜阁本只剩下半部，藏于浙江图书馆。

2020年5月，位于寿元路234号的丽水市图书馆新馆正式开放，在三楼的地方文献室，有一套由杭州出版社出版的缩印本《文澜阁四库全书》，16开精装，四分之一缩印，一共1559册，约10亿字，顶天立地几乎占居了半个大厅。

文澜阁本《四库全书》被称为"百衲本"，在残存半部的基础上，经光绪至民国多次补抄而成，它共有36917册，比原颁的35990册多出近千册，部分书籍根据原本补抄，弥补了原本中漏抄部分，并修正了被篡改部分，因此具有特别的文献价值。文澜阁本《四库全书》与处州还有一段特别的缘分。抗日战争时期，为了保存这部典籍，从1937年至1946年，

进行了长达九年、历经五省、往返里程达 5000 多公里的迁徙。1938 年 1 月,文澜阁本《四库全书》由建德经金华运到龙泉,暂存于龙泉县城中心学校,再转移到挞石山村金家祠堂秘石,后再运到贵阳。1970 年,因中苏关系紧张,浙江省图书馆再次将文澜阁本《四库全书》从杭州青白山居搬迁到龙泉备战书库,直到 1976 年底运回杭州。

面对如此鸿篇巨制,多数人望而却步,想翻阅也不知从何下手。

对传统文化的研究,我主张立足"当地""当下"。通过对《四库全书总目提要》的研读,我们就可以找出处州籍以及与处州有密切关系的作者,再搜集相关资料,把他们的事迹和作品做一个简要的介绍,一是给本地的读者翻阅《四库全书》提供一个指引,二是借《四库全书》可以找出与处州相关古代先贤的珍宝遗珠。

本书按作者类型分三部分。一是处州籍作者,一共有 40 位,按照当时的县级建制,较多的有青田县 11 位:郑汝谐、郑滁孙、林越、陈言、包瑜、陈中州、刘基、刘琏、刘璟、刘鹰、刘孔昭,其中刘基及其子孙一门共 5 人,是处州名副其实的书香门第。其他各县依次是丽水 6 位,李如簏、姜特立、俞文豹、陈镒、何镗、郑宣;缙云 6 位,杜光庭、叶樾、赵顺孙、潜说友、郑汝璧、郑赓唐;龙泉 6 位,鲍慎由、鲍彪、叶绍翁、叶大庆、叶子奇、真桂芳;松阳 5 位,项安世、张玉娘、刘炎、毛元淳、周权;遂昌 5 位,龚颐正、郑元祐、王镃、尹廷高、王养端;景宁 1 位,潘辰。二是曾在处州及属县担任官职的作者,共 30 人,其中如段成式、李邕、杨亿、秦观、范成大、袁甫、周邦彦、汤显祖等,均为文坛著名人物。三是与处州有特殊渊源的作者,共 12 人,其中有祖籍在处州的叶梦得、叶适、陈绎曾等,籍贯有争议的如王应麟、真德秀、杨载等,后人在处州的如吕祖谦,曾在处州流寓一段时间并留下作品的如陆陇其、贯休、邱云宵等。陆陇其被誉为"清代第一醇儒",曾在庆元日涉园讲学三月有余;唐代名僧贯休,曾在遂昌唐山翠峰院修行十四年;邱云宵的《南行集》主要是在处州游玩时的诗作,因此予以收入本书。每个类型按作者出生先后为序。

考证古代作者的籍贯是较为困难的,一是因行政区域调整引起籍贯争议，如处州从建置开始本地只有松阳、括苍两县，到明代成为处州十县，到如今的一区一市七县，作者在世时的籍贯和现在的行政区域就有很大的差别，本书以作者在世时的出生地属县为主要根据，如刘基、陈言、陈镒等无可争议是青田人；二是作者在自署或他人注明籍贯时，有时以州郡为籍，有时又以县为籍，本书基本采取以县为籍，如鲍彪自署缙云，实乃龙泉人，因唐代曾设缙云郡；三是人口迁徙造成的籍贯混乱，以祖父及父亲的籍贯为据，如项安世为松阳人、龚颐正为遂昌人等。

历代在丽水为官的作者及作品查找起来较难。因为有的在处州为官时间很短，或并非重要职务，在描述履历时容易忽视。另外，文字记载及档案保管均是从粗到细不断完善的过程，唐以前的记载资料非常有限，疏漏在所难免，如唐朝至五代300多年间，处州知府只记载了30人，肯定是遗漏很多。

《四库全书总目提要》对所收书目的提要，遵循"每书先列作者之爵里，以论世知人；次考本书之得失，权众说之异同，以及文字增删，篇秩分合，皆详为订辨，巨细不遗"的规定，而参与编者均为一代鸿儒，又经纪昀亲自审定，具有很高的权威性。然而如此鸿篇巨制，纰漏难以避免，因此尚需仔细考核。例如《三因极一病证方论》一书作者陈言为青田人，提要里却误为莆田人；而子部术数类《催官篇》的作者、宋代风水大师赖文俊，提要介绍为"文俊字大素，处州人"，实为江西虔州（今赣南）人。盖因"莆"与"青"、"虔"与"處"，字形相近，也许是抄写者之讹误所致。

总之，《四库全书》是至今保存完好的唯一一部巨型文献，值得大家不断去研究，并为新时代提供思想资源。

卢朝升

2023 年 6 月

目　录

第一章

处州籍作者及其作品

　　处州地处浙江西南，交通闭塞而民风淳厚，然士风彬彬文人辈出，尤其以两宋为盛。明代景泰三年（1452），处州增设了景宁、云和、宣平三县，从此一直到民国都称"处州十县"。本章收录处州籍作者共40位，并介绍他们的主要著作。

杜光庭与《广成集》

《广成集》收入《四库全书》集部第1114分册第三四一页。作者杜光庭，唐朝处州缙云县人。

根据《四库全书》提要，《广成集》十二卷（浙江汪汝瑮家藏本）：

> 蜀杜光庭撰。光庭有《了证歌》已著录。《宋史·艺文志》载光庭《广成集》一百卷，又《壶中集》三卷。《通志·艺文略》载《光庭集》三十卷。今此本十二卷，仅表及斋醮文二体。《十国春秋》所载《序毛仙翁略》文一篇，又《泸州刘真人碑记》《青城县重修冲妙观碑记》《云升宫广云外尊师碑记》《三学山功德碑文》诸目，皆不载集中。盖残阙之余，已非完本也。考《通鉴》载蜀主以光庭为谏议大夫，而集有《谢除户部侍郎表》，史并不言其为此官。又《通鉴》载王宗绾取宝鸡、岐，保胜节度使李继崇降，复姓名为桑弘志。而集中《贺收复陇州表》称："节度使桑简以手下兵士归降。"是弘志又名简，而史不之及。又有《贺太阳当亏不亏表》，称"今月一日丁未巳时，太阳合亏于轸十一度"。今以史志核之，蜀高祖永平元年正月丁亥朔、后主乾德三年六月乙卯朔、五年十月辛未朔，皆当日食，而独无丁未日。蜀用胡秀林永昌历，或其法与中国不同。是可以备参考。又其在唐末时为王建所作醮词，有称川主相公者，有称司徒者，有称蜀王者，有称太师者。考之于史，建以西川节度同平章事守司徒，封蜀王，一一皆合。而独失载其太师之号。又有称汉州尚书王宗夔、镇江侍中王宗黯者，二人皆王建养子。《十国春秋》具详其官，而独不纪其尝为汉州刺史、镇江军节度使。又有《越国夫人为都统宗侃还愿词》，称"俯迫孤城，遽淹旬月，俄开壁垒，大破凶狂，成扫荡之功，副圣明之奖"云云。而史记王宗侃为北路行军都统伐岐，青泥镇之战，侃兵大败，为蜀主所责，无功而

还。与所言全不相合。光庭骈偶之文，词颇赡丽，而多涉其教中荒诞之说，不能悉轨于正。独五季文字阙略，集中所存，足与正史互证者尚多。故具录之，以为稽考同异之助焉。

杜光庭（850—933），字圣宾，号东瀛子，唐末五代时处州缙云人。祖籍是京兆杜陵，这是杜姓的郡望。因晚唐战乱纷起，遂迁处州缙云，也可能是临时寓居。如今缙云杜氏还有不少，不过均是南宋曾任缙云教谕的杜渐之后。

杜光庭少年时曾饱读儒家经典，热衷于科举，而且自己对于经史子集各科制订出了严密的学习计划并付诸实践。五六年后经史已烂熟于胸。杜光庭对自己修齐治平的抱负写了一首诗：

> 兵气此时来世上，文星今日到人间。
>
> 降因天下思姚宋，出为儒门继孔颜。

他把自己比喻为文曲星到人间，如果不能成为姚崇、宋璟这样的治国名相，也应成为孔子、颜回这样的大儒。

根据元赵道一《历世真仙体道通鉴》所载：

> 光庭尝谓曰：予初学于上库，而国子监书籍皆备。先读天文神仙之书，次览经史子集。一月之内，分布定日而习之，一日诵经书，二日览子史，三日学为，四日记故事，五日游息。凡五事，每月各六日，如此不五七年，经史备熟。

唐懿宗时，十八岁的杜光庭信心满满地参加"九经举"的科举考试，写了上万言的文章，结果却是进士未中。也许他觉得科考这条路过于狭窄，而且运气成分占比很大，文章好不好主要取决于考官的喜好。因此后来到天台山转入道教潜修。

到达天台山后，师事道士应夷节。应夷节为著名道教司马承祯四传弟子。司马承祯法号道隐，自号白云子，曹魏太常司马馗后代，道教上清派茅山宗第十二代宗师。杜光庭在天台山期间静心修道，遍读道家典籍，"考定真伪，条列始末，为天下道流遵行"。在郑畋的推荐下，僖宗皇帝召见了杜光庭，被他的博学折服，赐以紫服象简，充麟德殿文章应制，为道门领袖。时人盛赞杜光庭为"词林万叶，学海千寻，扶宗立教，天下第一"。

光绪《处州府志·人物志》"方外"有传：

> 杜光庭，缙云人。咸通中，与郑云叟赋万言，不中，遂入天台山学道，应制为道门领袖。僖宗从幸于兴元，后隐于青城山，蜀王建封为广成先生。年八十五而逝，时人以为尸解。有《文集》百卷。

《广成集》有一百卷、十七卷之说，现十二卷本为后人重刊，收录多为杜光庭入蜀以后的表奏、青词，但却署："上都太清宫内供奉应制文章大德赐紫杜光庭撰。"他内心一直以唐朝为正统，虽然王建、王衍待他不薄，但总觉非久留之地。王建曾这样评价杜光庭："昔汉有四皓，不如吾一先生足矣。"意思是他一人就抵得上"商山四皓"。永平三年（913），杜光庭被授为金紫光禄大夫、左谏议大夫，封蔡国公，进号"广成先生"。乾德五年（923），后主王衍受道箓于苑中，以杜光庭为传真天师、崇真馆大学士。

但是杜光庭将荣华富贵看得很淡，晚年辞官隐居四川青城山白云溪。在隐居期间他与诗僧贯休成为好友，一道一僧整天一起游玩相戏。有一天，二人骑马在路上玩，贯休的马忽然拉粪，杜光庭连呼："大师大师，数珠落地！"贯休应曰："非数珠，盖大还丹耳。"

杜光庭抛弃了门户之见，不仅与佛家友善互通，还极力调和儒道二家的思想。他认为老子的思想主旨并不是绝仁弃义，他说"非谓绝仁、义、圣、智，在乎抑浇诈聪明，将使君君、臣臣、父父、子子，见素抱朴，泯合于太和，体道复元，自臻于忠孝"，当时道为显学，儒学式微，作为道

士的他有这种气量实属不易。

杜光庭一生勤于笔耕，著作颇多，除了《广成集》《了证歌》，还有《道德真经广圣义》《道门科范大全集》等。

杜光庭还是晚唐五代知名的传奇作家，代表作品有《虬髯客传》，讲述唐开国名将李靖与杨素府上红拂妓女张氏的爱情传奇，穿插他们与海外奇人虬髯客的奇缘。鲁迅在他的《中国小说史略》中对该传有很高的评价。

由于杜光庭的《神仙感遇记》《录异记》等有很多是神仙怪异的内容，属道听途说，经不起考证推敲，因此后世对于没有事实根据而胡编的著作，叫作"杜撰"。

鲍慎由与《高氏三宴诗集》

《高氏三宴诗集》收入《四库全书》集部第1374分册第一一七页，总集类。编者为唐代高正臣，由宋代鲍慎由刊印，鲍慎由为宋代处州龙泉县人。

根据《四库全书》提要，《高氏三宴诗集》三卷、附《香山九老会诗》一卷（江苏巡抚采进本）：

> 唐高正臣编。所载皆同人会宴之诗，以一会为一卷，各冠以序，一为陈子昂，一为周彦晖，一为长孙正隐，三会正臣皆预，故汇而编之。与宴者凡二十一人，考之《新唐书》，有传者三人，则陈子昂、郎余令、解琬也。附见他传者一人，则周思钧也。见于本纪及世系表者一人，则张锡也。仅见于世系表者五人，则正臣及高瑾、王茂时、高绍、高峤也。余皆不详颠末。（案：世系表，正臣曾为襄州刺史，不云卫尉卿，今诗后叙正臣及周思钧事独详。）所云"连姻帝室，寓居洛阳"，皆与诸序语合，似非无据。末又附《香山九老会诗》一卷，卷尾有"夷白堂重雕"字，考宋鲍慎由，字钦止，括苍人，元祐六年进士，著有《夷白堂

集）。此或慎由所刊欤？《香山九老会诗》已附见《白香山诗集》，而《三宴诗》之名新、旧《唐书·志》皆不载。盖当时编次诗歌，装潢卷轴，如《兰亭诗》之墨迹流传，但归赏鉴之家，故不著藏书之录。后好事者传抄成帙，乃列诸典籍之中耳，惟辗转缮录，不免多讹。如以高峤为"司府郎中"，《唐百官志》无此官，应从世系表改为"司门郎"。又张锡于武后久视元年，拜同平章事，本兖州东武城人，诗中误以"锡东"为名；又弓嗣初、高瑾、周彦晖，并曰"咸宁进士"。唐无咸宁年号，惟高宗曾改元"咸亨"；"宁"字亦"亨"字之误，兹并为改正云。

这是一本记录唐代初期文人雅士宴会雅集的诗作，共三次聚会，高正臣均参与其中，原作是裱为卷轴收藏，所以藏书家并不知，因此新、旧《唐书》均未记载收录，后来好事者将它转抄成帙，得以流传。而刊印成书者是宋代处州龙泉人鲍慎由，此书得以流传。

参与雅集宴会者，最著名的诗人当为陈子昂。卷首即陈子昂为《晦日置酒林亭》作的序：

> 有渤海之英宗，是平阳之贵戚，发挥凤台而啸侣，幽赞鸡川而留宴。冠缨济济，多延戚里之宾；鸾凤锵锵，自有文雅之客。凡二十有一人，诗以华字为韵。

陈子昂（661—702），字伯玉，梓州射洪（今属四川）人，诗意激昂，被人们誉为"诗骨"。少年时轻财好施，慷慨任侠，文明元年（684）二十四岁的子昂举进士，以上书论政得到女皇武则天赏识，初授麟台正字，后升右拾遗，所以后人也称他为"陈拾遗"。陈子昂性格耿直，以敢谏著称，曾因反对武后而成为"逆党"受株连下狱，两度从军边塞。圣历元年（698），因父亲年老而解官回乡，不久父亲去世。陈子昂在居丧期间，权臣武三思指使射洪县令罗织罪名，加以迫害，陈子昂最终冤死狱中，卒年仅四十出头。

陈子昂存诗共100多首，其诗风骨峥嵘，寓意深远，苍劲有力。其中最有代表性的为《登幽州台歌》：

> 前不见古人，后不见来者。
> 念天地之悠悠，独怆然而涕下。

《晦日置酒林亭》的第一首为高正臣诗作：

> 正月符佳节，三春玩物华。
> 忘怀寄尊酒，陶性狎山家。
> 柳翠含烟叶，梅芳带雪花。
> 光阴不相借，迟迟落叶斜。

高正臣，广平（今安徽宿州市）人，字廉子，官至少卿，是唐初著名书法家，善正、行、草各种书体，习王右军之法，字画殊有欧（阳询）、虞（世南）遗风。

卷尾有《香山九老会诗》，"香山九老"说的是白居易、胡杲、吉旼、刘贞、郑据、卢贞、张浑及李元爽、僧如满九位老者，于唐会昌五年（845）三月二十四日，在河南洛阳香山聚会宴游，各赋七言六韵诗一章。他们对当时朝廷不满，看不惯世俗，又因志趣相投，结为九老会，因此得名"香山九老"。白居易为了纪念这样的集会，请画师将九老及当时的活动描绘下来，这就是《香山九老图》。

白居易（772—846），字乐天，号香山居士，又号醉吟先生。其时七十四岁，九老中最年长的李元爽一百三十六岁，僧如满九十五岁，另有八十五岁以上的老者五人。

可能是鲍慎由觉得九老之会非常难得，故与约一百五十年前的《高氏三宴诗集》编在一起。

鲍慎由（约1049—1110），又名鲍由，字钦止。宋处州龙泉人，哲宗元祐六年（1091）进士。曾师从王安石和苏轼。为文汪洋闳肆，笔力豪放，其诗尤为高妙。徽宗召对，论事称旨，相见恨晚，除工部员外郎。时曾布、蔡京专权，大兴元祐党禁，鲍慎由被贬为监泗洲转般仓。后历知明州、海州，奉祠，卒年五十六。尝注杜甫诗，有《夷白堂集》。

光绪《处州府志·人物志》"文苑"有传：

> 鲍慎繇（由），字钦止，龙泉人。少侍父光禄官湖外，时何琬在长沙，宴文士，慎繇赋《画舫》诗立就且警，张舜民辈皆惊曰："此郎他日必以文艺显。"后登元祐进士，召对，上曰："见卿何晚耶？"除工部员外郎，历司勋考工，内外所至有声，坐党禁流落。注杜诗，又著《夷白堂集》。神宗常御飞白，书"夷白堂"三大字赐之。

原来"夷白堂"还是皇上所赐。但是鲍慎由淡泊名利，面对黑暗官场能洁身自好。如《夜坐》诗就能表明他的心迹：

> 万卷堆中种眼花，
> 睡魔也厌夜深茶。
> 平生不作长门赋，
> 岂有黄金送酒家。

司马相如因作《长门赋》得到陈皇后的奖赏，赐以黄金，谓之润笔。而鲍慎由不愿作马屁文章，日子自然过得清贫了。

李如篪与《东园丛说》

《东园丛说》收入《四库全书》子部第884分册第八七页，杂家类。作者李如篪，宋处州括苍县（今莲都区）人。

根据《四库全书》提要，《东园丛说》三卷（浙江巡抚采进本）：

旧本题宋李如篪撰。如篪始末未详。据卷首绍兴壬子自序，则括苍人，时为桐乡丞。正德《崇德县志》载，宋李如篪字季牗，崇德人。少游上庠，博学能文，著有《东园丛说》《乐书》行世。晚以特科官桐乡丞。人名、书名、仕履并合，当即其人也。其书诸家不记录，莫考其所自来。下卷杂说中所作初夏诗及其父欢喜口号三首，为自来录宋诗者所未及。又是书自序作于壬子，为绍兴元年。周庭筠刊书跋作于甲寅，为绍兴三年。而记时事一条，记绍兴六年杨幺、李成事；憸佞一条，记绍兴二十四年秦埙登第事；以少败众一条，记绍兴三十一年两淮失守事；且有称高宗庙号者，则书当成于孝宗时，年月殊不相应，且语孟说一门，语、孟合称，不似南宋初语；所辨北辰不动一条，与明陈士元《论语类考》之说同，似乎曾见《集注》，故有此说，亦不似朱子以前语；其天文历数说，谓今之浑天，实盖天之法，亦似欧罗巴书既入中国之语；宋以前，即推步之家未明此理，无论儒生，或近时好事者因如篪书名掯撦旧文，益以所见，伪为此帙欤？今但就其书而论，如春秋行夏时一条，谓以建子为周正月乃左氏之失，不知左氏周人，记他事或失之诬，至于本朝正朔，则妇竖皆知，左氏不容有误。《诗》亡《春秋》作一条，谓孔子所闻所见之世无诗，不知株林夏南诗有姓名，不能移之东迁前也。召公不悦一条，谓周公朝诸侯于明堂，召公尝北面而事之，则误信明堂位之谬说。《左传》其处者为刘氏一条，疑邱明先知，又疑其附会，则未考此句为汉儒增入，孔颖达《正义》已有明文。然如解王用三驱，引《周官·大司马》立表为证，解坤六五爻，驳程传女娲武氏之非，解说卦生蓍，纠扬雄产蓍之误，解系辞太极生两仪为生蓍之法，引《左传》楚有句澨、章澨、雍澨、蓬澨诸地，证三澨非水名，解《关雎》为后妃求淑女，引崔灵恩《三礼义宗》，证缩酒用茅之义，以及考究《易》之八法，及六日七分之说，推算绛县人甲子之类，皆典核不苟，于经义颇为有裨。故虽显有可疑，而其书可采。亦姑并存之，以资参订焉。

根据《东园丛说原序》：

> 仆顷年僻居语儿之东乡，既无进取之望，又不能营治资产，日与樵渔农圃者处，羹藜饭糗，安分循理，亦足以自乐。时时披阅文集，省记旧闻，随手笔之，遂成卷帙。其间经、史、子、集，天文、地理、历数之说，无不有之。目之曰《东园丛说》，好古博雅君子览之者，殆有取焉。绍兴壬子三月，下瀚桐乡丞栝苍李如篪自序。

《东园丛说跋》：

> 东园先生李君，少游上庠，博学多闻，与绍兴诸魁皆友善。平时上下论议，出入经传前言，往行靡不识录。庭筠来吏桐乡，密迩南墙，暇日授读，得偿未见之愿。谨锲俸以刊诸梓，其于学者亦有助云。绍兴甲寅正吉建安周庭筠识。

既然自署栝苍，自是不会错。但是查《处州府志》《栝苍汇纪》以及王正明《处州古代著述考》，均无李如篪传记及作品记载。也可能是祖籍为栝苍，而迁居崇德已久。

网上搜索，得如下资料：

> 李如篪，生卒年不详，字季牖，栝苍（一作崇德）人。约北宋末前后在世。少游上庠，博学能文。晚年，以特科官桐乡丞。据《东园丛说》卷首绍兴元年（1131）自序，则为栝苍人，时为桐乡县丞。又有绍兴三年（1133）建安周庭筠刻此书跋，称为"东园先生"则"东园"当为如篪之号。其书诸家不见著录，莫考其所自来。

《东园丛说》涉猎甚广，多有新识。例如：

《祭》：凡食，必取少许置于器中，以祭先造饮食之神。今人谓之出生者是也。故《礼》云，饮食必祭示有先也。《周礼》膳夫受祭器，又人君之祭器授之膳夫也。《鲁语》云："君祭先饭。"谓侍饮食于君祭先饭，谓侍食于君祭则先饭而次及他也。

这个解释与我的理解不约而同。这里的"先饭"，不是如朱熹的解释为君王尝食，更不是不敢当客礼先吃的意思，而是先吃自己前面的饭，再吃其他的菜品食物。

《乡遂》：古者兵农一体，周家乡遂之制，兵寓其中。近国为乡，为乡者六。郊外为遂，为遂亦六。其乡则五家为比，五比为闾，五闾为族，五族为党，五党为州，五州为乡。遂则五家为邻，五邻为里，四里为酂，五酂为鄙，五鄙为县，五县为遂。其兵制则五人为伍，比与邻之夫也；五伍为两，两二十五人，闾与里之夫也；四两为卒，卒百人，族与酂之夫也；五卒为旅，旅五百人，党与鄙之夫也；五旅为军，军二千五百人，州与县之夫也；五军为师，师一万二千五百人，乡与遂之夫也。盖乡遂各有万二千五百家，各有万二千五百人，六卿率之。乡则出征，遂则居守，鲁人三郊三遂，是大国三卿也。

这里对古代的乡遂和部队建制做了详细解释。从中还可以看出，所谓"四两拨千斤"，不是"四两"的力气可以拨动千斤之物，而是一百人可以拨动千斤之物也。

《钓台记》：闻之前辈云，范文正公作《严子陵钓台记》，其文已就，召人能为改一字者当有厚赠。有一士人乞改一字，记云："云山苍苍，江水泱泱，先生之德，山高水长。"乞改"德"

字作"风"字。公大喜，遂改"风"字，因厚赠之。改"德"字作"风"字，虽只一字，其意深长，文益大增胜矣！

原来范仲淹写的《严子陵钓台记》这个名篇还有这么一个典故。类似的文章在《东园丛说》中还有很多，读起来趣味盎然。

鲍彪与《鲍氏战国策注》

《鲍氏战国策注》收入《四库全书》史部第404分册第四六三页。作者鲍彪，处州龙泉人，南宋绍兴年间以左宣教郎任太常博士。

根据《四库全书》提要，《鲍氏战国策注》十卷（内府藏本）：

> 宋鲍彪撰。（案：黄鹤《杜诗补注》、郭知达《集注九家杜诗》引彪之语，皆称为"鲍文虎说"，则其字为文虎也。）缙云人，官尚书郎。《战国策》一书，编自刘向，注自高诱。至宋而诱注残阙，曾巩始合诸家之本校之，而于注文无所增损。姚宏始稍补《诱注》之阙，而校正者多，训释者少。彪此《注》成于绍兴丁卯，其《序》中一字不及姚本。盖二人同时，宏又因忤秦桧死，其书尚未盛行于世，故彪未见也。彪书虽首载刘向、曾巩二《序》，而其篇次先后，则自以己意改移，非复向、巩之旧。是书窜乱古本，实自彪始。然《向序》称"中书馀卷，错乱相糅莒。（案：莒字未详，姑仍原本录之。）又有国别者八篇，少不足。臣向因国别者，略以时次之，分别不以序者以相补。除重复得三十三篇"。又称"中书本号，或曰《国策》，或曰《国事》，或曰《短长》，或曰《事语》，或曰《长书》，或曰《修书》"云云。则向编此书，本衷合诸国之记，删并重复，排比成帙。所谓三十三篇者，实非其本来次第。彪核其事迹年月而移之，尚与妄改古书者有间。其更定《东西二周》，自以为考据之特笔。元吴师道作《补正》，极议其误。考赵与时《宾退录》曰："《战国策》旧传

高诱注，残阙疏略，殊不足观。姚令威宽《补注》（案：《补注》乃姚宽之兄姚宏所作，此作姚宽，殊误，谨附订于此），亦未周尽。独缙云鲍氏《校注》为优。虽间有小疵，殊不害大体。惟《东西二周》一节，极其舛谬，深误学者。反不若二氏之说。"是则南宋人已先言之矣。《师道注》中所谓补者，即补彪注；所谓正者，亦即正彪注。其精核实胜于彪。然彪注疏通诠解，实亦殚一生之力。故其自记称：四易稿后，始悟《周策》之"严氏阳竖"即《韩策》之"严遂阳竖"。而有校书如尘埃风叶之叹。虽踵事者益密，正不得遽没创始之功矣。

关于鲍彪的籍贯，《四库全书》提要里称他为缙云人，是因为在自序里署"缙云鲍彪"。查成化《处州府志》缙云卷科贡人物，建炎戊申科（1128）只有朱涛一人，而龙泉卷有鲍彪、鲍闳中二人。在仕宦中，缙云卷无载，而龙泉卷有传。

龙泉黄南鲍氏自唐末五代鲍琳从余姚迁居于此，非常重视耕读传家，一时仕宦如鲤、文人辈出，两宋期间已成为龙泉望族。两宋时期，龙泉有进士248人，其中鲍氏45人。时人惊叹鲍氏"犹比晋王谢、唐崔卢"。成化《处州府志》龙泉卷介绍鲍彪：

> 字文虎，忠庄公君福之裔……绍兴十六年，以太学博士累迁员外郎。年未及而请老，同曹郎虞允文、陈俊卿、胡沂、洪迈为白时，相乞固留之，不可，赋诗云："此身甘作老林泉。"优诏褒奖，官其一子，缙绅高之。

明万历何镗《栝苍汇纪》"禋祀纪"中还载明：

> 宋司封鲍彪墓，在三都苦竹源。

吴志华、吴志标《处州金石》上册第35页还有《龙泉集福教寺钟铭》，其中有：

> 皇帝万岁。重臣千秋。龙泉县集福院重铸大钟，知命老人鲍彪随喜作铭：此方真教，体在音闻。不有佛事，何警沉昏。有集福敏，遵如来教。范金出音，示无上道。惟耳声识，非因缘然。非外非内，不属中间。咨尔人天，觉我清净。以闻中入，续佛寿命。宋绍兴乙亥十月三十日甲辰住山嗣祖教释良敏募缘。

清雍正十三年《浙江通志》载：

> 鲍彪，旧《浙江通志》：字文虎，龙泉人。精史学，以《战国策》书失次，为之注定。时有论说以正其谬。又有《书解杜诗注》，为司封员外郎请老。

这么多史料都表明，鲍彪应为龙泉人。之所以自署缙云人，是因为唐天宝年间"栝州"改为"缙云郡"，古人喜欢用郡作为自己的乡籍。这样的例子有很多，如叶梦得离开许昌回处州松阳时，苏轼的公子苏过作诗题目就叫《送叶少蕴归缙云》。一直到元末明初，龙泉人胡深遇害后，朱元璋还追封他为"缙云郡伯"。

鲍彪之所以被误为缙云人，主要依据就是自署"缙云鲍彪"。在缙云志书中最早录入鲍彪的是清曹懋极康熙《缙云县志》（1672）"名硕"中的记载：

> 鲍彪，字文虎，建炎戊申进士，累迁员外郎。年未及而请老，同曹郎虞允文、陈俊卿、胡沂、洪迈为白时，相乞固留之，不可，赋诗云："此身甘作老林泉。"优诏褒奖。所著有《国策序》。

这明显是抄录了成化版《处州府志》的内容。

后来，乾隆、光绪版《缙云县志》"文苑"以及《缙云文征》均收录了鲍彪的简介和作品。

光绪《缙云县志》编辑比较粗糙，例如在进士名录中，建炎二年戊申科增加了"鲍彪，战国策自叙缙云人，府志作龙泉人误，有传"。只凭自署不作考证就轻易推翻府志；在淳熙二年乙未科詹骙榜，加入了"詹骙，旧志大中祥符元年状元，汤志据《宋史·孝宗本纪》选举志、潜说友《咸淳临安志》更正"。他不知道宋朝有两个同名进士，缙云詹骙确实是大中祥符己酉科梁固榜的进士，而淳熙乙未科的状元詹骙是遂安人，后到绍兴任职并定居绍兴，所以许多志书把他当作绍兴人，但他绝对不是缙云人。

编书修志必须尊重史实，详细考证，用证据链来说话。

姜特立与《梅山续稿》

《梅山续稿》收入《四库全书》集部第1204分册第三页。作者姜特立，宋代处州丽水人。

根据《四库全书》提要，《梅山续稿》十七卷（浙江鲍士恭家藏本）：

宋姜特立撰。特立，字邦杰，丽水人。父绶，靖康中殉难。南渡后荫补承信郎。孝宗召为太子春坊，累官浙东马步军副总管、庆远军节度使。事迹具《宋史·佞幸传》。陈振孙《书录解题》载《梅山稿》六卷、续稿十五卷，列之《诗集类》中。则两集皆有诗无文。此本出休宁汪森家，附以杂文及诗余共为十七卷，不知何人所增辑。森《序》称其流传绝少，故缮写以传。则亦罕觏之本。其正稿六卷，藏书家皆不著录。意其散佚已久矣。特立在当时，恃光宗藩邸之旧，颇揽权势，屡为廷臣所纠。其人殊不足道。陈振孙称其本一士人，涂辙一异，俨然挚御之态，盖惜之也。然论其诗格，则意境特为超旷，往往自然流露，不事雕琢。同时韩元吉、陆游皆爱之，亦有由矣。其《上梁文引》自述其生平最悉，有云"百首之清诗夜上，九重之丹诏晨颁"。今考此集所载，皆官春坊以后之作。而所云百首者，集中不载。或在所佚之数欤！

从上述提要可知，姜特立的父亲为姜绶，其在靖康之难中以身殉国，因此《宋史》为之列传。《宋史》卷四百五十三列传第二百一十二：

> 姜绶，处州丽水人。金人再犯京师，内外不相闻。朝迁募忠勇士赍蜡书往南京总管司调兵赴援，绶以忠翊郎应募，乃刳（割）股藏书，縋下南壁，为逻骑所获，厉声叱骂，遂被害。建炎中，州上其事，官其子特立承信郎。

《宋史·列传》第二百二十九"佞幸"：

> 姜特立，字邦杰，丽水人。以父绶恩，补承信郎。淳熙中，累迁福建路兵马副都监。海贼姜大獠寇泉南，特立以一舟先进，擒之。帅臣赵汝愚荐于朝，召见，献所为诗百篇，除阁门舍人，命充太子宫左右春坊兼皇孙平阳王伴读，由是得幸于太子。太子即位，除知阁门事，与谯熙载皆以春坊旧人用事，恃恩无所忌惮，时人谓曾、龙再出。留正为右相，执政尚阙人，特立一日语正曰："帝以承相在位久，欲迁左揆，就二尚书中择一人执政，孰可者？"明日，正论其招权纳贿之状，遂夺职与外祠。帝念之，复除浙东马步军副总管，诏赐钱二千缗为行装。正引唐宪宗召吐突承璀事，乞罢相，不许。正复言："臣与特立势难两立。"帝答曰："成命已班，朕无反汗，卿宜自处。"正待罪国门外，帝不复召，而特立亦不至。宁宗受禅，特立迁和州防御使，再奉祠，俄拜庆远军节度使，卒。

姜特立，生卒不详。生于官宦世家，少有文名，却四次参加礼部考试而未中。因父亲有功，被授为承信郎。承信郎，为北宋徽宗政和年间

（1111—1118）定的低级武官职务。当时把武臣官阶定为五十三阶，其中第五十二阶为承信郎。后因姜特立在福建破海盗有功，得到赵汝愚的推荐受到皇帝召见。特立乘机献上自己的诗作百篇，得到孝宗皇帝的赏识，后来进入太子宫左右春坊，并成为皇孙平阳王的伴读。

赵惇即位后是为光宗皇帝，姜特立因恃与其有特殊关系，有恃无恐，"嬖御之态"就是近侍的样子，所以为众人所忌恨。

姜特立虽人品受人诟病，但诗却写得很好。当时著名诗人陆游、韩元吉对他均有很高评价，并成为相互酬唱的好友。

陆游曾作《旧识姜邦杰于亡友韩无咎许近屡寄诗来且以无咎平日倡和见示读之怅然作此诗附卷末》：

> 故人玉骨已生苔，邂逅逢君亦乐哉。
> 湖寺系舟无梦去，京尘驰骑有诗来。
> 醉中不敢教儿诵，看处常须浴手开。
> 久矣世间无健笔，相期力干万钧回。

姜特立即作《和陆放翁见寄》：

> 遥知三径长荒苔，解组东归亦快哉。
> 津岸纷纷群吏去，船头衮衮好山来。
> 平时佳客应相过，胜日清尊想数开。
> 若许诗篇数还往，直须共挽古风回。

如韩元吉《南涧甲乙稿》卷四，收有《姜特立寄近诗》，评价他的诗为"每见君诗句益奇"：

> 双溪岩曲庐江岸，每见君诗句益奇。
> 渐喜青云今得路，岂妨白雪尚撝词。
> 断蛟入海功何壮，披腹排云世共知。

斫却月肿丹桂手，朝阳应占凤凰枝。

光绪《处州府志》"文苑"中有传：

> 姜特立，字邦杰，丽水人。靖康中，父绶死于难，补承信郎，累迁福建路兵马副都监。海贼姜大獠寇泉南，特立以一舟先进，擒之。帅臣赵汝愚荐于朝，召见，献所为诗百篇，除阁门舍人，命充太子宫左右春坊兼皇孙平阳王伴读，由是得幸于太子。太子即位，除知阁门事，复除浙东马步军副总管、宁远军节度使。有《梅山集》。

自古以来，文人与君王走得太近基本是悲哀的结局。如果是一身正气蔑视权贵，则在当时就会被炒鱿鱼或受到惩罚；如果是善于察言观色投其所好，则不是助纣为虐的帮凶，就是没有风骨的犬儒。

姜特立被列为"佞幸"他当时肯定想不到，可能还为自己能被皇帝看重而沾沾自喜，生怕别人不知道呢。

其实他虽然被标为反面人物，但也不至于人品很差，否则如陆游、韩元吉他们也不会和他交朋友，有那么多的酬唱应和之作。

因此，作为一介书生或有才气的文人，与政治和权臣保持一定距离是必要的，千万不要为了一时风光而留下万世骂名。

陈言与《三因极一病证方论》

《三因极一病证方论》收入《四库全书》子部第757分册第一一三页，医家类。作者陈言，南宋处州青田鹤溪（今景宁）人。

根据《四库全书》提要，《三因极一病证方论》十八卷（大学士英廉家藏本）：

> 宋陈言撰。言，字无择，莆（青）田人。是书分别三因，归

于一治，其说出《金匮要略》。三因者，一曰内因，为七情，发自脏腑，形于肢体；一曰外因，为六淫，起自经络，舍于脏腑；一曰不内外因，为饮食饥饱，叫呼伤气，以及虎狼毒虫，金疮压溺之类。每类有论有方，文词典雅而理致简该，非他家鄙俚冗杂之比。苏轼《传圣散子方》，叶梦得《避暑录话》极论其谬，而不能明其所以然。言亦指其通治伤寒诸证之非，而独谓其方为寒疫所不废，可谓持平。《吴澄集》有《易简归一序》，称近代医方惟陈无择议论最有根柢，而其药多不验；严子礼剽取其论，而附以平日所用经验之药，则兼美矣。是严氏济生方其源出于此书也。《宋志》著录六卷，陈振孙《书录解题》亦同。此本分为十八卷，盖何钜所分。第二卷中太医习业一条，有五经二十一史之语，非南宋人所应见，然证以诸家所引，实为原书。其词气亦非近人所及，疑明代传录此书者不学无术，但闻有廿一史之说，遂妄改古书，不及核其时代也。

关于中医，门外之人根本不得要领，陈言这部书用简单通俗的话来说就是：把所有的病分为内因、外因、非内非外三方面的因，而每一因又分为多个类别，而根据不同的症状进行诊断，再对症给予下药。这在当时确实是非常厉害的。人体之病如此，社会之病又何尝不是如此。只有找准病因才能对症下药，才能药到病除，否则治标不治本，只会越治病越重。当然，难就难在大部分的顽症往往是多因一果。

《三因极一病证方论》成书于宋淳熙元年（1174），简称《三因方》。书名原题《三因极一病源论粹》，全书十八卷，类分一百八十门，共载方剂一千零五十余首。在分论各科病证之前，首叙医学总论，其中病因一项，为理论重点，全面地论述了"三因学说"。

中医的"三因致病学说"源于《内经》，奠基于《金匮要略》，迨至本书而发展确立为病因学说，成为整个中医理论体系的组成部分。《四库全书》医家类还收入了宋代严用和的《济生方》八卷（永乐大典本），吴澄认为严氏剽窃了陈言《三因方》之论。不管是剽窃还是借用，均说明陈言的《三因方》在医学界产生重大影响。一直到现在，《三因方》还是中医学的重要著作。

陈言（1121—1190），青田鹤溪（今景宁）人，字无择，号鹤溪道人。《四库全书》作"莆田人"实乃"青田人"之误。青田鹤溪一带明朝景泰三年（1452）才置县，后几经撤并，于1984年6月经国务院批准建立景宁畲族自治县。

明成化《处州府志》"方术"有传：

> 陈言，字无择。敏悟绝人，长于方脉，治病立效。有不可救者，则预告以期，晷刻无爽。作《三因方论》，研究受病之原、用药之等，世之医者宗之。其徒王硕者，为《易简方论》，亦行于世。

据陈力编著的《处州十大历史名人——陈言》所载，从绍兴辛未（1151）永嘉（现温州）瘟疫起，直至淳熙甲午（1174）《三因方》成书之后很长一段时间，陈言都生活在温州，行医济世，著书立说，广收门徒，因而被时人视为温州人。

陈言是"永嘉医派"的开创者。永嘉医派的重要人物卢祖常是陈言的朋友和学生，他在《简易方纠谬》一书中这样描述陈言："先生轻财重人，笃志师古，穷理尽性，立论著方。其持脉也，在若卢扁饮上池水而洞三因；其施救也，不假华佗剖腹刳肠而彻分四治。"对他的医德和医术都给予了很高的评价，并称之为"吾乡良医"。

温州市博物馆于2006年收藏了一幅《宋进士陈模墓志》拓片，对陈言的身世有了新的佐证。《陈模墓志》有载："有宋进士陈君模，字伯英，处州青田陈氏之裔。父讳言，字无择，娶永嘉吴氏遂为温州之永嘉人。"

原来陈言长期居住温州是因为妻子是温州人，后来就在温州定居了。儿子陈模在温州考中进士。

另据青田《陈氏宗谱》，陈言祖籍为乐清。而乐清陈氏一世祖陈彪又迁自福建长溪（今福建宁德）。乐清陈氏五代孙陈鄂，生活淡泊，钟情山

水，就在青田鹤溪置业别居。陈鄂的次子就是陈言，所以陈言在《三因论》序言中自署"青田鹤溪陈言无择"。陈言的叔父陈融，生长子陈中立，是南宋名医，宋嘉定间在青田县城行医。康熙《青田县志》有载："陈中立，业医，好善乐施，有病求治，不择贵贱咸往。"

陈言与陈中立是堂兄弟，他们成为青田陈氏的始迁祖。"不为良相，便为良医。"青田陈氏一族秉承张仲景"进则救世，退则救民"的理想，耕读传家、悬壶济世，陈氏后裔中饱学之士和妙手良医代不乏人。

如二世陈适孙，字与可，读书明医，淳祐间任两淮节制司金判，升节度使；四世陈端仁为青田医学教谕；五世陈茂祖授处州缙云医学录；六世陈公恕任温州平阳县医学录；七世陈宗理、陈宗泽均为儒医，陈宗泽因政绩显著，由"医学训科"升任青田县尹……明清以降，一直到民国时期，陈氏二十三世陈卜琴任中央国医馆青田支馆长，《陈氏宗谱》记载了800年来源远流长的中医世家。

郑汝谐与《东谷易翼传》

《东谷易翼传》收入《四库全书》经部第12分册第四三五页。作者郑汝谐为处州青田人，为家乡的经济文化建设作出巨大贡献。

根据《四库全书》提要，《东谷易翼传》二卷（两江总督采进本）：

> 郑汝谐，字舜举，号东谷，处州人。陈振孙《书录解题》云仕至吏部侍郎。《浙江通志》则云中教官科迁知信州，召为考功郎，累阶勋猷阁待制。振孙去汝谐世近，疑《通志》失之其言。《易》宗程子之说，所谓"翼传"者，翼程《传》也。然亦时有异同，其最甚者如程子解"艮其背，不获其身；行其庭，不见其人"，以为外物不接，内欲不萌。郭忠恕得其说而守之，遂自号兼山，以是为儒者之至学也。朱子所解虽微异，然亦以是为克己复礼之义。独汝谐以为"艮其背"者，所谓不见可欲使心不乱也，不见而后不乱，见则乱矣，故仅为无咎而已。说者或大其事

以为圣人之事，非也，所见迥乎相左。又如解《困》《井》为性命之卦，其说亦别。然朱子解经，于程子亦多所改定。盖圣贤精义，愈阐愈深。沉潜先儒之说，其有合者疏通之，其未合于心者别抒所见，以发明之于先儒乃为有功，是固不必守一先生之言，徒为门户之见也。是书前有《自序》，后有子如冈曾孙陶孙题语，如冈称尝求得真德秀序，而此本不载，盖已佚之矣。

郑汝谐（1126—1205），字舜举，号"东谷居士"。如今在青田县城城东一村花园降30弄旁，还留有"先圣坛"的石刻，这就是宋朝郑汝谐的故居所在地。清光绪的《处州府志》古迹篇里有载："郑汝谐故居，在县东百步花园冈。最高处为'宓戏台'，西为'中天岩'。下数十步稍西曰'先圣坛'，东为'先师坛'，稍下为'介石泉'。摩崖五处，纵横篆文。"因为大兴土木，这些摩崖现在仅留"先圣坛"一处了，其他已灰飞烟灭，实为可惜。

郑汝谐致仕后，就在自己的府宅开办了"介石书院"。这是青田县可查最早的书院。介石，语出《周易》豫卦："六二，介于石，不终日，贞吉。象曰：'不终日贞吉'，以中正也。"意思是操守坚贞，耿介如石，不待终日，坚持正道以获吉祥。

郑汝谐中进士后，先后担任两浙转运判官，时逢浙东连年旱灾，他带领群众赈灾济贫，颇得政声。随后升任江西转运副使，见袁州知府黄劭丁母忧期间不肯离任，还动用公款大办丧事，就上奏弹劾。他这种秉直为公的脾性得到朝廷的嘉许，再升为大理事少卿，相当于现在的最高院副院长，官至正六品。

"永康学派"的代表人物陈亮，在一次宴请乡贤时，由于在羹里放了胡椒粉，而同坐一人宴会结束后回家就暴病身亡，陈亮就被怀疑是故意谋害，后含冤入狱。官司到了大理寺，郑汝谐发现陈亮是一个人才，而且此案明显证据不足，就向孝宗皇帝据理力争，终于使陈亮逃过一大劫。

淳熙十二年（1185），郑汝谐出任信州（今江西上饶）太守，时著名诗人辛弃疾被贬赋闲在家。两人气味相投，终成莫逆之交。

郑汝谐在信州任上只待了一年多时间，次年底就被皇上召回。辛弃疾写词《满江红·送信守郑舜举郎中赴召》相送：

> 湖海平生，算不负、苍髯如戟。闻道是、君王著意，太平长策。此老自当兵十万，长安正在天西北。便凤凰、飞诏下天来，催归急。
>
> 车马路，儿童泣。风雨暗，旌旗湿。看野梅官柳，东风消息。莫向蔗庵追语笑，只今松竹无颜色。问人间、谁管别离愁，杯中物。

词中既写出了辛弃疾希望郑汝谐能施展自己的远大抱负，也是完成自己的未竟事业。下阕描写了信州父老乡亲送别郑太守离任的感人场面，说明他为官清廉、深得民心。两人惺惺相惜、依依不舍的感情更是跃然纸上。

郑汝谐在京任职期间，曾和儿子如冈一起出使金国，面对强势的金国，不卑不亢，据理力争，圆满地完成了使命。回来后升任"徽猷阁待制"，这是宋朝设立的一个虚职，官阶为从四品。

郑汝谐长期在外地为官，心里却装着家乡的百姓，见青田县城茅屋易遭火灾，就发起了"易茅为瓦"工程。先是在乾道四年（1168）任两浙转运判官时，请求时任处州知府范成大支持，由于范成大很快离任，未能完成工程。直到郑汝谐晚年回乡，在处州知府赵善坚的支持下，才完成了将青田县城的茅草房全部改为瓦房的民生工程。

在忙于政务的同时，郑汝谐不忘读书著述，保持文人的本色。著述除了《东谷易翼传》二卷，《四库全书》经部还收入《论语意原》二卷。他解读的《论语》，在二程、横渠、杨谢诸公注解的基础上，加上了许多自己的见解。《四库全书》提要说："汝谐此书，凡再易稿，亦可谓刻意研求矣。"后来真德秀在作序时评论："其言虽异于先儒，而未尝不合义理之正，有微显阐幽之益，而无厌常求异之过，盖信乎其自得也。前辈问学之不苟如此，可以为法矣。"

"先圣坛"石刻

民国时期刘耀东编的"括苍丛书"收录其《论语意原》，近年丽水市社科联组织人员进行点校并重新出版，有兴趣的朋友可以自己找原文阅读。

林越与《汉隽》

《汉隽》收入《四库全书》总目第1549分册第四六一页。作者林越（也写作林钺），处州青田人。同时收入《四库全书》集部存目的还有他的《少陵诗格》。

根据《四库全书》提要，《汉隽》十卷（江苏巡抚采进本）：

> 宋林越撰。（案：陈振孙《书录解题》载此书，卷数与今相符，而注称"括苍林钺"。）《处州府志》亦载林钺。此本则皆作林越，未详孰是也。其书取《汉书》中古雅之字，分类排纂为五十篇。每篇即以篇首二字为名，亦间附原注。前有绍兴壬午越

《自序》，称大可以详其事，次可以玩其词。然割裂字句，漫无端绪，而曰可详其事，其说殊夸。后有延祐庚申袁桷重刻《跋》，称《汉隽》之作，盖为习宏博便利，斯为定论矣。

根据《四库全书》提要，《少陵诗格》一卷（永乐大典本）：

> 宋林越撰。越有《汉隽》，已著录。是篇发明杜诗篇法，穿凿殊甚。如《秋兴》八首第一首为接项格，谓"江间波浪兼天涌"，为巫峡之萧森；"塞上风云接地阴"，为巫山之萧森；已牵合无理。第二首为交股格，三首曰开合格，四首曰双蹄格，五首曰续后格，六首曰首尾互换格，七首曰首尾相同格，八首曰单蹄格。随意支配，皆莫知其所自来。后又有咏怀古迹、诸将诸诗，亦间及他家。每首皆标立格名，种种杜撰，此真强作解事者也。

《汉隽》的"汉"是指《汉书》，由我国东汉时期的历史学家班固主笔，他的妹妹班昭、弟子马续补写而成。《汉书》是中国第一部纪传体断代史，主要记述了上起汉高祖元年（公元前206），下至新朝王莽地皇四年（23）共229年的史事，为"二十四史"之一，与司马迁的《史记》、范晔编撰的《后汉书》以及陈寿编的《三国志》并称为"前四史"。"隽"取隽永之义。《汉书》多用古字古义，文字艰深难懂，就是班固同时代的人，也须为《汉书》作音义的注解方可读懂。据《隋书·经籍志》记载，自东汉至南北朝期间，为《汉书》作注的大约就有20家。林越能作此书，可见功底相当深厚。

《四库全书》收录了他两部著作，在光绪《处州府志》"艺文志"里却找不到一篇诗文，甚是奇怪。查光绪《处州府志》"选举志"，绍兴辛未科（1151）赵逵榜，有"林钺，通之子，隶籍青田"。后面有"季颖，俱龙泉人"。再往前查，有"宣和甲辰科（1124）沈晦榜，有吴申美、季祐之、林通、吴亘、吴遵路，俱龙泉人。通志作吴遵"。再在绍兴庚辰科（1160）梁克家榜，有"林永弼，钺弟。赵师善，俱青田人"。说明林越的父亲林通是龙泉人，后来旅居青田，两个儿子就填青田籍了。宋朝参加科举的籍贯可以有多种填法，以祖籍、以出生地甚至以妻子籍贯填报都可以。一家父子三人先后登第，这也是相当厉害的了。

与林越同年（古时同科进士称同年，并非同一年出生）的辛未科进士比较著名的有詹仪之，遂安（今淳安）人，出自瀛山书院，"鹅湖之会"时他为信州知州，作为东道主主持了这场名垂青史的学术盛会。而与林通同年的宣和甲辰科进士又有遂安詹棫，就是詹仪之的父亲，父子皆为同年，真是巧合奇缘啊！

光绪《处州府志》书目，青田县有"林越《汉隽》十卷，《四库全书总目》。《少陵诗格》一卷，《四库全书总目》"的记载。

《汉隽》这本书现存还有宋淳熙五年（1178）滁阳郡斋刻本，藏上海图书馆；有淳熙十年（1183）象山县学刻本，藏国家图书馆、辽宁省图书馆；有嘉定四年（1211）滁阳郡斋刻本，藏国家图书馆。之后元明两代多次翻刻。

明朝凌迪知改为《两汉隽言》，《四库全书》存目有录。凌迪知与其儿子凌濛初均是明朝大作家。凌濛初所著《初刻拍案惊奇》《二刻拍案惊奇》与冯梦龙所著的《喻世明言》《警世通言》《醒世恒言》合称"三言二拍"，这个几乎家喻户晓了。

根据《四库全书》提要，《两汉隽言》十六卷（内府藏本）：

> 明凌迪知编。宋林越作《汉隽》，所采止于西汉。迪知因仿越体例，辑后汉故实，与越书合为一编，改题今名。自第一卷至十卷，皆林氏之旧，题曰《前集》。十一卷至十六卷，迪知所续者，题曰《后集》。采摭亦备。然不自为一书，而补葺旧本，创立新名，是则明人之结习矣。

因此，找不到《汉隽》原书，读《两汉隽言》前集就可以了。

在光绪《处州府志·人物志》中"文苑"里有林越小传：

林越，字伯仁，青田人。父通，本龙泉人，流寓青田。登宣和六年进士。生越，登绍兴二十一年进士，监行在诸司审计司。生平学力，深于汉史，撮其文，附以训诂五十篇，名曰《汉隽》。其他遗文甚多。一夕，感梦上帝有仙官之召，无病而卒，葬雪峰山。弟永弼，亦登第。

地名叫"雪峰山"的很多，如缙云境内地处缙云、丽水、武义三县交界的雪峰山，但林越的墓地应该也不会选得太远。后来上网搜索，发现青田四都（今仁庄镇东北部）也有一座雪峰山，而且那里现在就叫林山村。

林山村远眺

据说，林山村有唐朝古墓，有林通及儿孙古墓群。据《林氏宗谱》载，林通中进士后，先任扬州通判，后任温州知州，竟卒于官，他的儿子林越、林永弼遵父遗嘱，将其葬于青田雪峰山。所以，林越死后随父葬雪峰山也是顺理成章的事了。

林永弼中进士后，曾任惠安县知县。致仕归家后在雪峰山安家，耕读传家，遂成为林山村及山口镇一带林氏的初祖。

叶樾与《端溪砚谱》

《端溪砚谱》收入《四库全书》子部第861分册第七〇一页，谱录类。不著撰人姓名，为南宋缙云叶樾所传。

根据《四库全书》提要，《端溪砚谱》一卷（浙江鲍士恭家藏本）：

> 不著撰人名氏。末有淳熙十年东平荣芑跋曰，右缙云叶樾交叔传此谱，稍异于众人之说，不知何人所撰，称徽祖为太上皇，必绍兴初人云云。是当时已不详其出谁手矣。其书前论石之所出与石质石眼，次论价，次论形制，而终以石病。考端砚始见李贺诗，然柳公权论砚首青、绛二州，不言端石，苏易简《文房四谱》亦尚以青州红丝砚为首。后端砚独重于世，而鉴别之法亦渐以精密。此谱所载，于地产之优劣，石品之高下，皆剖晰微至，可以依据。至于当时以子石为贵，而此独辨其妄，荣芑以为稍异于众人之说，盖指此类。然自米芾《砚史》已云遍询石工，未尝有子石。芾为涤洗县尉，尝亲至端州得其详，而其言正与此合。亦足以知其说之确也。

南宋绍兴年间缙云叫叶樾的人，从未听说过。

输入"缙云叶樾"，上百度搜索，除了和这册薄薄的《端溪砚谱》有关外，找不到其他任何踪迹。缙云或许是处州的别称，再以"处州叶樾"查找，也没有收获。

直接搜"叶樾"，终于有了一点线索，"新东方在线·古诗词"网站上有：

> 叶樾，光宗绍熙二年（1191）为溆浦监镇（《溆水志》卷七）。

他有一首诗作为《三里塘掐梅》：

> 扶疏不耐繁华，意足自然清绝。
>
> 壁间幻出横斜，只欠纱窗明月。

这会不会就是同一人？

澉浦古镇位于海盐县南部杭州湾北，古镇的东南有黄道关，是杭州湾重要关隘；西南有谭仙岭，地处盐、宁两县交界处山岙中，是古代通往杭州的陆上要道。"监镇"大概也是很重要的职位吧。

端砚，与甘肃洮砚、安徽歙砚、山西澄泥砚一起被称为"中国四大名砚"，尤以广东省端砚最为著名。出产于唐代初期端州（今广东肇庆市东郊的端溪），故名"端砚"，距今已有一千三百多年的历史。其中又以肇庆市东部的烂柯山和七星岩北面的北岭山一带的砚石为最佳。

《端溪砚谱》是最早介绍端砚的著作。先介绍端砚石的出处：

> 端州治高要县，自唐为高要郡，皇朝政和初，以太上皇潜藩，赐号肇庆府。府东三十三里，有山曰斧柯，在大江之南，盖灵羊峡之对山也。斧柯山峻峙壁立，下际潮水。自江之湄登山，行三四里即为砚岩也。先至者曰下岩，下岩之中有泉出焉，虽大旱未尝涸。下岩之上曰中岩，中岩之上曰上岩。自上岩转山之背曰龙岩，龙岩盖唐取砚之所，后下岩得石胜龙岩，龙岩不复取。……今世所有下岩砚，唐五季国初时物也。今欲得下岩北壁石者，往往于泉水石屑中得之；若南壁石尚或可采，然自崇观以后亦罕得矣。北壁石盖泉生其中，非石生泉中也，则润可知矣。岩之上虽秋冬干旱亦未尝涸，有泉珠散落如飞雨，不绝北壁。石眼正圆，有青绿碧紫白黑晕十数重，中复有瞳子。南壁石即泉水半浸者，稍不及北壁，眼之晕色皆少淡。……

接着讲什么才是好砚：

大抵石性贵润，色贵青紫。干则灰苍色，润则青紫色。眼贵翠绿圆正有瞳子。

端砚的最重要特色是有"石眼"，《声律启蒙》就有"鸲眼一方端石砚，龙涎三炷博山炉"之句。

《端溪砚谱》说：

凡有眼之石在本岩中尤缜密温润，端人谓"石嫩则眼多，老则眼少"。嫩石细润发墨，所以重有眼也。青脉者必有眼，故腰石、脚石多有青脉，而顶石多莹净。端人谓青脉为"眼筋"。夫眼之别者曰鸲鹆，曰鹦哥，曰了哥（秦吉了也），曰雀眼，曰鸡眼，曰猫眼，曰绿豆，各以形似名之，翠绿为上。

再接着讲价格，同是端砚，不同产地的砚石价格相差百倍之多：

砚之价：下岩水底脚石十倍于南壁石。南壁石十倍于中岩北壁石。半边山南诸岩倍于中岩南壁石。半边山北诸岩及龙岩中岩南壁倍上岩诸穴石。上岩诸穴倍小湘石。小湘石倍后历、蚌坑石。后历之佳者亦与上岩诸穴价等。

再讲端砚的形制：

砚之形制：曰平底风字，曰有脚风字，曰垂裙风字，曰古样风字……曰天研（东坡尝得石不加斧凿以为研，后人寻岩石自然平整者效之）……

东坡先生就是不走寻常路，用天然平整的端石原石直接当砚台用，称之为"天研"，享受其天然之美，引得许多人仿效。

31

还有专供皇室用的端砚形制：

> 宣和初，御府降样，造形若风字，如凤池样，但平底耳；有四环，刻海水、鱼龙、三神、山水；池作昆仑状，左日右月，星斗罗列。以供太上皇书府之用。

最后讲端砚的毛病：

> 石之病者，有曰铁线，乃是膘皮隔处，若于在线凿之则应手而断；曰瑕，白文；曰钻，如蛀虫眼；曰惊，斧凿触裂者；曰火黯（一名熨火焦），惟岩石有之，斜斑处如火烧状；曰黄龙，灰黄色，如龙蛇横斜布石上。唯"火黯"端人不以为病，盖岩石必有之，他山石皆无。

结尾是荣芑的跋：

> 右缙云叶樾交叔传此谱，稍异于众人之说，不知何人所撰。称徽祖为太上皇，必绍兴初人云。淳熙十年七月二十四日，东平荣芑书。

叶樾究竟是怎样一个人呢？能否在处州或松阳的叶氏宗谱里找到他的记载？

公众号发出后，缙云叶德君先生发来资料：据民国版《南阳郡叶氏宗谱》载，证实叶樾为叶梦得堂侄。叶樾的父亲为叶蕤，祖父叶劻与叶梦得的父亲叶助为亲兄弟，也就是说叶樾的曾祖父羲叟为叶梦得的祖父。

由此可以推定，叶樾以缙云郡为籍，已数代生活于吴中，因是书香门第，故对端砚情有独钟。

龚颐正与《芥隐笔记》

《芥隐笔记》收入《四库全书》子部第872分册第四八三页，杂家类。作者龚颐正，南宋处州遂昌县人。

根据《四库全书》提要，《芥隐笔记》一卷（通行本）：

> 宋龚颐正撰。颐正，字养正，处州遂昌人。本名敦颐，光宗受禅，改今名。为国史院检讨官。其书名《芥隐笔记》者，考韩元吉《南涧甲乙稿》中有题芥隐一诗，为颐正而作。盖其书室之名，因以名其所著也。颐正考证博洽，具有根柢，而舛谬处亦时有之。如韩愈"马上谁家白面郎"诗误以为杜甫诗，《公羊传》"孔父义形于色"误以为《左传》孔子语，王昌龄"梦中唤作梨花雪"诗误以为王建，信乎考证之难。然统合全编，则精核者居多，要不在沈括《笔谈》、洪迈《随笔》之下，未可以卷帙多少为甲乙也。每条下多有注语，其中"班固宾戏"一条与正文不相应。王安石"草堂怀古"一条明注异同。其王建一条注乃明驳之，似非颐正所自注，然出自谁手则不可考矣。

龚颐正（1140—1201），本名敦颐，字养正，号芥隐。其是龚原的曾孙，祖父龚澈曾任江宁府通判，父亲龚相曾任华亭知县，因此是出身官宦世家。光宗赵惇受禅后，为避讳"惇"字而改今名。另外，还因为与周濂溪先生同名，其时濂溪先生在学界声誉日隆，改名也更为合适。

关于龚原，在《张根与〈吴园易解〉》一文中也有简单介绍，他是遂昌县的第一位进士，官至国子司业、工部侍郎，时称"括苍先生"。其《周易新讲义》收入《四库全书》附录，四库未收入书目提要。

关于龚颐正，光绪《处州府志·人物志》"文苑"中有载：

> 龚颐正，遂昌人。原之孙，博通群书，撰《元祐建中列传谱

述》一百卷。淳熙间，修国史，洪迈请加甄录。授颍州文学，仕至宗正丞。

这里的"原之孙"应该是"原之曾孙"。龚原因得罪蔡京，晚年夺职居和州。因此他的儿孙辈均居住和州（今安徽省马鞍山市和县）。颐正父亲龚相，绍兴年间曾任华亭知县，龚颐正也随父久居吴中，并与范成大等著名文士交游。因此关于龚颐正的籍贯，既有处州遂昌说，也有和州历阳说。但其祖籍在处州遂昌是无疑的，如今遂昌还有大量的龚姓人氏居住，就是与龚原同宗。

龚颐正的《芥隐笔记》记载了不少珍贵的史料，人们把它与沈括的《梦溪笔谈》、洪迈《容斋随笔》相提并论。朱熹的好朋友、绍兴年间曾任处州龙泉县主簿的韩元吉，为此写了一首《龚敦颐芥隐诗》：

> 万古须弥顶，尝于芥子看。
> 怜君作书窟，唤客筑诗坛。
> 默识眼界净，忘忧心地宽。
> 老来同此味，广夏任高寒。

韩元吉著有《南涧甲乙稿》，收入《四库全书》集部，后面将专门做介绍。

《芥隐笔记》是龚颐正的读书考据笔记，可见龚颐正博学多识。例如，首篇：

《八十一万岁》
李太白诗云："拜龙颜，献圣寿；北斗戾，南山摧。天子九九八十一万岁，岁岁长倾万寿杯。"余尝为圣节诗用八十一万岁事，或问有所据否？因举此。且云《道藏·云笈七籤》二帙《混元圣纪》云：混元一始，万劫至千百成，百成亦八十一万年而有太初，太初之时，老君从虚空而下，为太初之师，又自太上生后复八十一万亿，八十一万岁乃生一气（炁）。

又如，龚颐正指出王勃《滕王阁序》里的名句"落霞与孤鹜齐飞，秋水共长天一色"是借用了庾信的诗句。

《滕王阁序》

王勃《滕王阁序》"落霞与孤鹜齐飞，秋水共长天一色"，盖宗庾子山《华林园马射赋序》"落花与芝盖齐飞，杨柳共春旗一色"。

还如，老杜作诗也免不了模仿或借用前人。

《作诗祖述有自》

谢灵运有"云中辨烟树，天际识归舟"。王僧孺有"岸际树难辨，云中鸟易识"。梁元帝有"远村云里出，遥船天际归"。阴铿诗有"天际晚帆孤""天边看远树""大江静犹浪"，老杜所以有"江流静犹涌""云中辨烟树"，铿有"薄云岩际出，初月波中上"。杜诗"薄云岩际宿，孤月浪中翻"。铿有"中川闻棹讴"，杜有"中流闻棹讴"，铿有"花逐下山风"，杜有"云逐度溪风"。祖述有自，青出于蓝也。

还有，为什么古人八十岁称为"八秩"？我一直没弄明白。《芥隐笔记》里也有典故。

《八十为八秩》

《礼》年八十日有秩，故以八十为八秩。又道家流用此语，白乐天屡用之，自注"行开第八秩，可谓尽天年"。时俗谓七十以上为开第八秩，又云"年开第七秩，屈指几多人"。

淳熙十四年（1187），龚颐正以荐入仕。嘉泰元年（1201），赐进士出身，为枢密院编修官兼实录院检讨官，预修孝宗、光宗实录，迁秘书丞。颐正有文名，尤为范成大所赏。周必大称其博通史学，娴于辞章。龚颐正著述颇丰，除《芥隐笔记》外，尚著有《符祐本末》三十卷、《元祐党籍列传谱述》一百卷、《续稽古录》一卷、《元辅表》一卷、《中兴忠义录》三卷、《续释常谈》二十卷等，多为史部之作，可惜《四库全书》均未收录。

福建师范大学福清分校的温志拔写了一篇《龚颐正家世生平及其〈芥隐笔记〉考论》的论文，发表于《长春理工大学学报（社会科学版）》2013年12月第12期（第26卷）。他对龚颐正家世生平以及《芥隐笔记》的版本流传做了详细研究，给我们研究龚颐正提供了重要的线索，有兴趣的朋友可以自己找来看看。

项安世与《周易玩辞》

《周易玩辞》收于《四库全书》经部第8分册第二一五页。作者项安世，字平甫，或作平父，处州松阳人，少年随父定居湖北江陵。南宋庆元年间平甫因"庆元党争"而被罢黜，于是专志研讨《周易》这部千古奇书。

根据《四库全书》提要，《周易玩辞》十六卷（两江总督采进本）：

> 宋项安世撰。安世，字平甫，松阳人。《馆阁续录》载其淳熙二年同进士出身。绍熙五年除校书郎，庆元元年添差通判池州。陈振孙《书录解题》称为"太府卿"，则所终之官也。事迹具《宋史》本传。振孙又称安世当庆元时谪居江陵，杜门不出，诸经皆有论说，而《易》为全书。……又《自述》曰："安世之所学，盖伊川程子之书也。今以其所得于《易传》者，述为此书，而其文无与《易传》合者，合则无用述此书矣。"盖伊川《易传》惟阐义理，安世则兼象数而求之。其意欲于程传之外补

所不及，所谓各明一义者也。马端临、虞集作序，皆盛相推挹。而近时王懋竑《白田杂著》中有是书《跋》，独排斥甚力，至谓端临等未观其书。其殆安世自述中所谓"以《易传》之文观我者"欤？安世又有《项氏家说》，其第一卷亦解《易》。董真卿尝称之，世无传本。今始以《永乐大典》所载裒合成编，别著于录。合观两书，安世之经学深矣，何可轻诋也。

项安世书前自序也不长：

> 《大传》曰："君子居则观其象而玩其辞，动则观其变而玩其占。"读《易》之法尽于此矣。易之道四，其实则二，象与辞是也。变则象之进退也，占则辞之吉凶也。不识其象何以知其变，不通其辞何以决其占？然而圣人因象以措辞，后学因辞而测象，则今之读《易》所当反复绅绎、精思而深味者，莫辞若也，于是作《周易玩辞》。 宋庆元四年岁次戊午秋九月己未江陵项安世述。

根据松阳县志研究室李伟春的研究，项安世于绍兴二十二年（1152）出生于松阳邵山脚一个叫竹客源口东河坑头的地方，十四岁时随其父祖徙居湖北江陵。

据说项安世是个"神童"，七岁就能赋诗。一次乡里人看到小鸡就叫他赋诗一首，他张口就来："脱壳鸡雏小，相将羽翼成。待看全五德，唤起晓天明。"让大家惊叹不已。

宋淳熙二年（1175），二十四岁的安世中了进士。后授绍兴教授，淳熙八年朱熹任浙东提举时，曾与项安世讲义理之学。后经朱熹荐为谏官。光宗时曾任秘书省正字、校书郎。淳熙十六年，项安世三十八岁时，在成都干了三年教授任满后归故乡松阳探亲访友。他写了《竹客源二首》，其中有"白头祖母命相依，此地当年共食薇。二十五年如昨日，伤心同去不同归"。其时他祖母尚健在，想起童年的光景感慨万千。

项安世性格耿直，敢于直言，不怕得罪权臣甚至是皇上。

见光宗皇帝赵惇长期连当了太上皇的老爹都不放在眼里，就上书："陛下仁足以覆天下，而不能施爱于庭闱之间；量足以容群臣，而不能忍于父子之际。以一身寄于六军万姓之上，有父子然后有君臣，愿陛下自入思虑！"简直是教训皇上的口气。

光宗重用丽水同乡姜特立为浙东马步军副总管，并诏命姜特立入宫。他居然和留正、彭龟年等一起上书反对，要求光宗收回成命。

宁宗皇帝刚登基就请朱熹当老师，没多久就辞退了朱熹，项安世又上书为朱熹抱不平，说："夫人主患不知贤尔，明知其贤而明去之，是示天下以不复用贤也。"

针对百姓税赋太重，他向宁宗皇帝上疏建言："简朴成风，民志坚定，民生日厚，国力日壮。"

这样不会见风转舵的人皇上不喜欢，在韩侂胄等奸臣眼中更是必须拔掉的一颗钉子。

因此，在"庆元党禁"中，他就一并被清洗了。庆元二年（1196）十二月，项安世作为"伪党"一员被罢官，回到江陵赋闲家中，一直到嘉泰二年（1202）二月，《周易玩辞》终于成书，庆元党禁也解禁了，项安世复出。回顾这段时间，项安世感慨万千："自从内使兰亭岁，直到东坡赤壁年。"内使兰亭岁，喻指绍熙四年岁在癸丑（1193）；东坡赤壁年，喻指嘉泰二年时值壬戌（1202）。这就是"君子居易以俟命"吧。

在"庆元党禁"中，作为处州同乡庆元县的胡纮是反朱熹的积极分子，因此耿直的项安世羞于与他同乡，从此称自己为江陵人而不称处州人。我说奇怪，一般人都以自己的祖居地作为自己的籍贯，何况他还出生在松阳呢！

元代浦江人柳贯（1270—1342）在《待制集》卷一八《跋江陵项平甫为李文定公作盘居诗》中提及："平甫世居括，自其先人始家江陵，而括之坟墓至今存焉。后以言官胡纮尝出力攻文公，羞与同乡里，只称江陵。"

嘉定元年（1208），五十七岁的项安世去世，他的后代也基本定居在江陵，所以处州松阳关于项安世的事迹也就渐渐被人遗忘了。项安世写了一篇关于油菜花的诗，很有价值，可能是国内第一人。

前些年，松阳汤光新编了一本《项安世诗集》，由浙江古籍出版社出版。七言律诗中有《自过汉水菜花弥望不绝土人以其子为油》：

> 汉南汉北满平田，三月黄花也可怜。
> 惟有书生知此味，可无诗句到渠边。
> 油灯夜读诗千卷，斋白晨供饮十年。
> 今日相看总流落，洛阳樱笋正争先。

作为以籽榨油的油菜，在宋朝才普遍种植，极大地改善了农民的生活，也丰富了华夏民族的饮食结构。项安世还有多首写所见的普通植物，如杨梅、茱萸茶、桑林、红白茶花等都有诗作，正如孔子所说，至少可"多识于鸟兽草木之名"，为我们今天了解那时的生活提供了一手资料。

项安世收入《四库全书》的还有子部《项氏家说》十卷，另有《平安悔稿》十二卷提要收入未收书目提要。

刘炎与《迩言》

《迩言》收入《四库全书》子部第718分册第五一三页。作者刘炎，宋代处州松阳县人。

根据《四库全书》提要，《迩言》十二卷（浙江范懋柱家天一阁藏本）：

> 宋刘炎撰。炎，字子宣，括苍人。是书分十二章，曰成性、存心、立志、践行、天道、人道、君道、臣道，今昔、经范、习俗、志见。其立言醇正笃实，而切于人情、近于事理。无迂阔难行之说，亦无刻核过高之论。如曰井田封建，成之非一日，其坏也亦非朝夕之故，不必泥其制也。能存其意，亦可以为治矣。又曰：或问节义之士如之何而党锢？曰：自取之也。君子百是，必

有一非；小人百非，必有一是。天下士至不少矣。岂必登龙仙舟者皆贤，不在此选者皆不肖耶？更相题表，自立祸的者也，人岂能祸之哉！又曰：或问学圣贤之道者，其流亦有偏乎？曰：近闻之真公，学而至之，乌得偏。学而不至，虽孔、孟门人不能无偏。能溯其源，归于正矣。不然，毫厘之差，其谬逾远。是足为学二程而不至者之戒也。如此之类，皆他儒者心知其然而断不出之于口者。炎独笔之于书，可谓光明磊落，无纤毫门户之私矣。此本为嘉靖己丑光泽王所刊。考《明史·诸王世表》，光泽王宠㶇，以成化二十三年封，嘉靖二十五年薨，己丑为嘉靖八年，当即宠㶇。前有梅南生序，称得抄本于棠陵方思道，梅南生即宠㶇别号也。又有嘉泰甲子炎自序，嘉定壬午真德秀后序，嘉定癸未叶克跋。书中君道篇第一条、第二条，习俗篇第十一条，志见篇第九条，宠㶇俱注有脱误。今无别本可校，亦仍其旧。又经籍篇唐无全史一条中亦有讹脱。宠㶇未注，今补注之。经籍篇第二条下有夹注止菴曰一段，驳尊扬雄、陶潜、苏轼而抑屈原之非。其言有理，亦并附录。考宠㶇序末有私印曰止菴，则此注亦宠㶇所加矣。

刘炎，生卒不详，是在南宋庆元年间的一个不愿出仕的人物，明成化《处州府志》松阳卷"隐逸"中有传：

刘炎，字子宣。庆元（1195—1201）间，因党籍有禁，隐居不仕，著书名《刘子迳言》。其略曰："中天地而立与天地参者，人也。天命以人，不物之矣！天不物之而自待以物始也，人终去禽犊不远矣！然则人之性，实天地之性也。孔子以为贵，孟子以为善，天地予人之正也。荀卿谓之恶，主血气言之也。扬雄谓之混，杂人与物言之也。韩愈品分之，是复以清浊之气、高下之质言之也。荀、扬、韩之言性，皆非天地予人之正也。君子保天命之性之谓仁，成天地之性之谓学。"其言行于世。

在何镗《栝苍汇纪》的"往哲纪"松阳县中有：

> 刘炎，字子宣，松阳人。少侍父遯斋先生，习闻庭训，专事程朱之学。因庆元党籍，隐不仕，从真文公游。著《刘子迩言》十二卷。其略曰："中天地而立与天地参者，人也。天命以人，不物之矣！天不物之而自待以物始也，人终去禽犊不远矣！然则人之性，实天地之性也。孔子以为贵，孟子以为善，天地予人之正也。荀卿谓之恶，主血气言之也。扬雄谓之混，杂人与物言之也。韩愈品分之，是复以清浊之气、高下之质言之也。荀、扬、韩之言性，皆非天地予人之正也。君子保天命之性之谓仁，成天地之性之谓学。"其言行于世。

内容与成化《处州府志》大同小异，但多了重要的信息"松阳人"，父亲为"遯斋先生"，曾"从真文公游"。

在光绪《处州府志》的"选举志"中，也找不到他的名字，看来他真是淡泊名利；"人物志""理学"人物中有传，其内容同《栝苍汇纪》。

在黄宗羲《宋元学案》卷八十一《西山真氏学案》中有"西山门人"——"刘先生炎"：

> 刘炎，字子宣，括苍人。西山序其《迩言》曰："予读刘子《迩言》，屡发而叹。有问者曰：'刘子之言，常言也，子何叹之数乎？'予曰：'子以予为玩其文辞也耶？若惟文辞之玩而已，则刘子固常言也，夫孰知其有功于学者也？'"

真德秀不仅给学生刘炎的《迩言》作序以示支持，而且经常翻阅此书，不时发出感叹。其他学生颇为费解：他只是你的一个学生而已，写的也是一些常识常理而已，先生何必感叹不已呢？真先生说，你们以为我是为他的文字所感叹吗？这些貌似简单的道理要付诸行动是很不容易的，刘

炎他这么说也是这么做的啊！

南宋还有一个刘炎，字潜夫，邵武人，是朱熹的门人，《宋元学案·沧洲诸儒学案》中也有其传，不可混淆。

《四库全书》收录的《迩言》是明朝嘉靖年间的刻本，光泽王朱宠瀼，别号梅南生，为《迩言》作序曰：

> 其言皆穷理尽性、成己成物、乐天知命、居常应变，间涉治平修攘之要，实内圣外王之学，洙泗以来、濂洛关闽间命世醇儒也。当时特见重于真西山先生，终宋迄元，其言未见表着。予间得抄本于湖臬副宪棠陵方思道先生，谓予曰："是书精思至论，最有益于学者，宜梓行以惠后人。"予庄诵尽卷，仰而叹曰："圣贤教人六籍之外，口授心传亦谆谆矣！而俗学承传惟事口耳，而于身心性道，初不相涉，殆亦功利之移人枝叶，辞章之习与性道之学，一膜之外已分物我矣，安望其能进于是耶？是书诚不可行于世也。"

明朝对于各藩王经济上优待而政治上压制，所以他们只能玩玩文化，于是藩王刻书成为一大特色。特别是光泽王朱宠瀼，成为一个藏书家，明世宗嘉靖皇帝朱厚熜赐给他"博文"的堂号。

《迩言》全文约2万字，大家有兴趣可以去市图书馆翻阅原文。

叶大庆与《考古质疑》

《考古质疑》收入《四库全书》子部第873分册第三页，杂家类。作者叶大庆，南宋处州龙泉县人。

根据《四库全书》提要，《考古质疑》六卷（永乐大典本）：

> 宋叶大庆撰。大庆《宋史》无传。是书亦不见于《艺文志》，惟《永乐大典》散见各韵中，又别载入宝庆丙戌叶武子、淳祐甲

辰其子释之序各一篇。据其文考之，知大庆字荣甫，当时以词赋知名，尝官建州州学教授。其里贯则序文不具，莫能详也。其书上自六经诸史，下逮宋世著述诸名家，各为抉摘其疑义，考证详明，类多前人所未发。其有征引古书及疏通互证之处，则各于本文之下用夹注以明之，体例尤为详悉，在南宋说部之中，可无愧淹通之目。昔程大昌作《考古编》，号称精审，大庆生于其后，复以为名，似隐然有接迹之意。今以两书并较，实亦未易低昂。乃大昌书流传艺苑，独此书沉晦不显，几至终湮，殆以名位不昌，故世不见重耶？然蠹蚀凋残逾数百载，卒能遭逢圣代，得荷表章，亦其光气之不可掩也。谨采掇编缀，订正舛讹，厘成六卷。虽其原目不传，无由知其完阙，而已佚仅存，要可谓吉光之片羽矣。

从上述《考古质疑》六卷本的提要中可知，这是叶大庆对历代经典存疑之处的考证和阐发的史学笔记，可以与程大昌的《考古编》相媲美。然而原书已不存，是后人根据搜集到的《永乐大典》残本零篇编辑而成，成为六卷本，也算是吉光片羽。然而，这样重要的人物和著作，不仅《宋史》及其《艺文志》未载，光绪《处州府志》的"人物志"和"艺文志"也是阙如，不能不说是件遗憾的事。

查光绪《处州府志》"选举志"，开禧元年乙丑科（1205）毛自知榜，处州有进士16人，叶大庆榜上有名，同榜的知名人士还有连元，均为龙泉人，志书上误为松阳人。

王正明的《处州古代述著考》倒是收录了叶大庆及其《考古质疑》一条。对叶大庆的介绍为：

叶大庆，字荣甫。开禧元年（1205）中进士，授建州（绍兴年间已改为建宁府）州学教授，深得学子爱戴。晚年因患痼疾，杜门辞教，整理成《考古质疑》。卒后，好友建州郡丞叶武子于宝庆二年（1226）将是书刊行，明代被收入《永乐大典》。新

《县志》有传。

好在民国刘耀东的"括苍丛书"收录了《考古质疑》的全文。其中有叶大庆好友叶武子、儿子叶释之的两篇序言，可以了解叶大庆的一些概况。

叶武子的序文落款为"宝庆丙戌良月，樵阳叶武子文之题"，即1226年农历十月，文之是他的自号。其时，叶武子和叶大庆同为建宁府同事。叶武子对叶大庆的这部著作评价甚高，说它是"议论精确，往往出人意表""夫学问淹贯，然后议论卓越而辞藻霈然"。

叶武子，在《宋元学案·沧州诸儒学案》中有传："叶武子，字成之，邵武人。受学朱子。补太学生。"嘉定七年（1214）中甲科进士，在调任郴州教授期间，将朱熹的白鹿洞教条引为州学准则，并刻《四书章句集注》供学生学习。

巧合的是，两年后的绍定二年（1229），叶武子由建宁府通判擢升为处州知州，成为叶大庆家乡的父母官。了解到经济落后的处州民众除了春秋两税，还有各种巧立名目的浮捐杂税，百姓苦不堪言，就于当年八月写了《奏免浮财物力札》上奏朝廷。"八月上闻，九月报可，君门九重，如响斯答。"后来朝廷居然恩准了，消息传来，"栝之耄髫，沐浴天波，欢声雷动"。第二年，绍定三年（1230）正月，叶武子"恐后来得怂恿如前，故揭之金石，质诸鬼神，刊石于丽阳之祠"。这就是著名的《叶武子奏免浮财物力札付碑》。

我赶紧到丽阳殿寻访叶武子立的碑，结果是丽阳殿已被拆得支离破碎，透过门缝可以看到墙上有《八百年前叶知州在丽阳殿立碑》一文。问丽水金石研究专家吴志华，他说此碑已被毁。也不知毁于何时何人之手了。

光绪《处州府志》"职官志"有载：

> 叶武子，绍定初守栝。时民生凋瘵，两税处尚有浮财物力之征，民不胜困。下车，即疏其弊，恳乞豁除，内可其奏，民赖以

丽阳殿

苏。立碑于丽阳庙。

叶武子到处州上任时，带来了全家老小，居住于小括苍山脚，也就是如今的左渠门一带。他的后代也在丽水城定居，之后在丽水、缙云及温州平阳等地生息繁衍，成为一大族群。

叶释之的序落款淳祐甲辰中秋，为1244年重刊时的序言，其时他的父亲叶大庆已去世多年。

《考古质疑》一书，一共六卷74篇，内容涉及历朝史实、典章制度、文字训诂、诗词文章，尤以考证史实为多。

例如，第一篇对司马迁《史记》里有的一人误为二人，而二人又误为一人的现象进行分析（《史记·陈杞世家》把伯益、柏翳当作二人，而在《田敬仲完世家》中，又把阚止子我当作二人，实为一人；班固《汉书》把虞仲、夷逸当作一人），引发"吁，以迁、固之博洽，其失犹尔，况他人哉"的感叹。学无止境，错误难免啊！

又如，《古今字繁简古字上下左右有不必拘者》，他引用了许多例子来说明古代写字的不规范，左右上下位置颠倒均为常见。

还如，《佛法入中国之始》，举《列子》中第三篇来说明，佛法在周穆

45

王时就已传入中国。

总之，从《考古质疑》一书，可知叶大庆确实是一位博学之士，他严谨的学风，至今还值得我们学习。

俞文豹与《吹剑录外集》

《吹剑录外集》收入《四库全书》子部第885分册第三八三页，杂家类。另有《吹剑录》收入杂家类存目、《清夜录》收入小说家类存目。作者俞文豹，南宋处州括苍县（丽水县）人。

根据《四库全书》提要，《吹剑录外集》一卷（江苏巡抚采进本）：

> 宋俞文豹撰。文豹，字文蔚，括苍人。其始末未详。所作先有《吹剑录》，故此曰《外集》。然卷首有淳祐庚戌序，称续三为四，以验其学之进否，则中间尚有二编，今已佚矣。《吹剑录》持论偏驳，多不中理，今别存其目。此集卷末载二诗，诗前题词有绝笔斯录之语，盖其晚年之所作，故学问既深，言多醇正。其记道学党禁始末甚详。所称韩、范、欧、马、张、吕诸公无道学之名，有道学之实，故人无间言。伊川、晦庵二先生言为世法，行为世师，道非不宏，学非不粹，而动辄得咎，由于以道统自任，以师严自居，别白是非，分毫不贷。与安定角，与东坡角，与东川、象山辨，求必胜而后已，亦未始非平心之论也。

另有，《吹剑录》一卷（两淮盐政采进本）：

> 宋俞文豹撰。文豹有《吹剑录外集》，已著录。此编作于淳祐三年癸卯。前有自序，谓取庄子"吹剑首者，映而已"之语，以名其书，言无韵也。然议论实多纰缪，于古人多所诋诃。如贬武王则拾苏轼之绪论，诋孟子则循李觏之谬词，斥诸葛亮为不明大义，不忠汉室，亦本其兄文龙之妄说。盖文龙以此说取解于同

文馆，故文豹述之也。他若韩愈，程子并遭掊击，又文彦博灯笼锦之事则独信魏泰之伪书，《通鉴纲目》帝蜀之辨则力攻朱子之特笔，其妄诞无识，殊为悖理。所谓小人好议论，不乐成人之美者欤。

另外，在《四库全书》总目杂家类存目八里，还收入一部《古今艺苑谈概》，上下集各六卷，里面引用了许多明代的内容，是后人的伪托之作。

光绪《处州府志·人物志》"文苑"有俞文豹传，但内容均来自《四库提要》及《吹剑录外集》等，并无其他更多内容。

上网搜索，得如下内容：

俞文豹（约公元1240年前后在世），字文蔚，浙江括苍（今丽水）人。曾任湖北蕲春教谕，其余生平事迹亦无考。著作甚多，有《清夜录》一卷，《古今艺苑谈概》上集六卷、下集六卷，《吹剑录》一卷，《吹剑录外集》一卷，均《四库总目》并传于世。作品对南宋政治腐败有所揭露，对丽水的山川人物也有赞颂。

刘耀东"括苍丛书"收录了俞文豹的《吹剑录外集》，从中可以看到俞文豹的飘忽行踪及心路历程。

在自序中，俞文豹说：

始余作此编，盖前言往事，辨证发明，以寓劝戒之意。而好高者以人微而嘲玄，好奇者以文多而阔束，虽余亦自病其繁芜。宋景文曰："每见旧作文，憎之欲焚弃。"欧公曰："著述须老后，积勤宜少时。"二公之言，不我欺也。因续三为四，以验其学之进否。淳祐庚戌中秋日。括苍俞文豹。

《吹剑录外集》为俞文豹的晚年之作，淳祐庚戌年为1250年，根据书

中对"庆元党禁"的叙述分析似为经历者,其时已成年,又如果以70岁寿命计,俞文豹大致出生在淳熙年间,卒于宝祐年间。

《吹剑录外集》不分篇目,是一本信手记录所悟所识的读书笔记。"吹剑",典出《庄子·则阳》:"惠子曰:夫吹筦也,犹有嗃也;吹剑首者,映而已矣。"意思是吹首剑只能发出小声,不如吹丝管那么动听,以此表示自谦之意。但是正如《四库提要》所言,晚年俞文豹"学问既深,言多醇正"。他自己也认识到,早年的文章不成熟,对欧阳修的"著述须老后,积勤宜少时"之语深有同感。特别是学术著作,不比诗歌小说等艺术作品,需要厚积薄发,不能速成。

书中对"庆元党禁"的来龙去脉有较为详细的记载,对处州同乡何澹、张贵谟、胡纮等人在此间的所作所为也如实记录,不虚美、不隐恶,持论公允。而对朱熹自身的局限、偏狭的性格也给予批评。

> 夫道学者,学士大夫所当讲明,岂以时尚为兴废。由体认而践履,由践履而设施,如韩、范、欧、马、张、吕诸公,无道学之名,有道学之实,而人无闲言。今伊川、晦庵二先生,言为世法,行为世师,道非不弘,学非不粹,而动辄得咎,何也?盖人心不同,所见各异,虽圣人不能律天下之人尽弃其学焉,此孔子所以"毋固毋必""无可无不可",甚至欲无言,不得已而应答,则片言数语而止。

这一段评论确实极为中肯。朱熹虽为一代大儒,然性格上的毛病也是明显的。他总是以圣人自居,且要求所有人都按圣人的标准行事,对唐仲友的打击确实是过分了,就为后来"伪学"案埋下了伏笔。他倡导"存天理,灭人欲",压抑了人的天性,以致后来成为历代帝王的驭民理论依据。对于各种与己稍有不同的学说就猛烈攻击,对胡安定、苏轼也不放过,对吕祖谦、陈亮、陆九渊等朋友也毫不留情,这就与孔子提倡的"中庸""忠恕"思想相去甚远。任何理论学说如果追求"绝对正确"奉为"真理"就离谬误不远了。

前几年浙江古籍出版社，出版了《浙江文献集成》共25册，其中就收有《俞文豹集》，由尚佐文、邱旭平点校，全书共收《吹剑录》四编、《清夜录》及《唾玉集》各一种。

叶绍翁与《四朝闻见录》

《四朝闻见录》收入《四库全书》子部第1067分册第一二九页，小说家类。作者叶绍翁，宋代处州龙泉人。

根据《四库全书》提要，《四朝闻见录》五卷（江苏巡抚采进本）：

> 宋叶绍翁撰。绍翁，自署龙泉人。又书中载程公许与论真德秀谥议手柬，字之曰靖逸，而厉鹗《宋诗纪事》称其字嗣宗，建安人，与自述互异。考所载"高宗航海"一条，自称本生祖曰李颖士，建之浦城人，则建安其祖籍欤？其历官始末无考。观所记庚辰京城灾周端朝讽其论事一条，及与真德秀私校殿试卷一条，则似亦尝为朝官，其所居何职则不可详矣。所录分甲、乙、丙、丁、戊五集，凡二百有七条。甲、乙、丙、戊四集，皆杂叙高、孝、光、宁四朝轶事，各有标题，不以时代为先后。惟丁集所记仅宁宗受禅、庆元党禁二事，不及其他。绍翁与真德秀游，故其学一以朱子为宗，然"卖武夷山"一条乃深惜朱在之颓其家声，（案：在，朱子之子，时官户部侍郎）无所隐讳。则非攀援门户者比，故所论颇属持平。南渡以后诸野史足补史传之阙者，惟李心传之《建炎以来朝野杂记》号为精核，次则绍翁是书。陈郁《藏一话腴》尝摘其误，以刘禹锡题寿安甘棠驿诗为赵仲湜游天竺诗一条，周密《齐东野语》尝摘其光宗内禅慈懿于卧内取玺一条，又摘其函韩侂胄首求和误称由章良能建议一条。又摘其南园香山一条，盖小小讹异，记载家均所免，不以是废其书也，惟王士禎《居易录》谓其颇涉烦碎，不及李心传书。今核其体裁，所评良允。故心传书入史部，而此书则列小说家焉。

《四朝闻见录》这部笔记体小说在学界影响很大，为正史提供了大量史料，有的直接被《宋史》所采用，如写胡纮访朱熹之"只鸡樽酒"之典故，《胡纮李沐》有云：

> 纮未谒忠定，尝迂道谒考亭先生于武夷精舍。先生待学子惟脱粟饭，至茹熟，则用姜醯浸三四枚共食。胡之至，考亭先生遇礼不能殊。胡不悦，退而语人曰："此非人情，只鸡樽酒，山中未为乏也。"

《宋史·胡纮传》则云：

> 纮未达时，尝谒朱熹于建安，熹待学子惟脱粟饭，遇纮不能异也。纮不悦，语人曰："此非人情。只鸡尊酒，山中未为乏也。"

叶绍翁最著名的诗是《游园不值》：

> 应怜屐齿印苍苔，小扣柴扉久不开。
> 春色满园关不住，一枝红杏出墙来。

不管是诗作还是《四朝闻见录》，叶绍翁都算得上是南宋文坛的重要人物，然而《宋史》却没有给他立传，于是他的生平行迹就成了一个难解之谜。

光绪《处州府志·人物志》"文苑"中有传：

> 叶绍翁，南宋时龙泉人。著《四朝闻见录》，分甲、乙、丙、丁、戊五集，载高、孝、光、宁四朝时政朝野璩事及庆元党禁始末，甚为详赡，足补史传之缺。其所历官阶，别无序可考。集中

载真文公言论，是与文忠同在朝列而执后进礼者，并载幼时入浦城乡校见芝草二本，文忠公遂登乙科，继中宏博，其妇翁杨圭亦同年登第。文忠官至金腰，杨公亦至佩金。又丙集载其先为光州固始人，徙居建之浦城。今卷首自署龙泉人，盖由浦城迁龙泉耳。

《四朝闻见录》戊集有《浦城乡校芝草之瑞》，可以当作他童年生活于浦城县城的佐证：

> 庆元间，予为儿时，父兄常携入乡校，观大成殿第二第三级有芝二本甚异，状如金赤草，大而重复，色而加紫，旁缘以金。其一生于第三级正中，差大；其一生于第二级之侧，差小。盖缘金微有缺处。阴阳者流以为旧校与僧寺相直，且背溪山之秀，致乡士累举不利于南省，遂迁而与山相面，山形如月，而溪实朝其下。是岁芝遂产于殿墀，而文忠真公遂登乙科，继中宏博，而其妇翁开国杨圭，亦同年第。文忠官至腰金，与妇翁所中科级略同，杨公亦至佩金。此未足道，而二公所植立，与芝亦相似，造物有以启之矣。

如果按照这一条记载，则叶绍翁比真德秀小十岁左右。真德秀为宋宁宗庆元五年（1199）己未科进士，时年二十二岁。所谓"儿时"应该在十四岁前，这样推测叶绍翁大概出生在1188年前后。

关于叶绍翁的身世，在《四朝闻见录》丙集有《高宗六飞航海》一条中引用了王明清《挥麈录》所载，高宗在时任余姚知县李颖士的守护下才得以在定海登舟航海一事。下面有这样一段文字：

> 颖士，字茂限，福州人，登进士第，绍兴中为刑部郎中。绍翁谨按：《挥麈》所载李某事迹皆当，盖绍翁本生祖也。本生祖其先为光州固始人，徙居建之浦城，非福州也。

关于李颖士，光绪《续修浦城县志》有载：

> 李颖士，字茂实，宋政和五年（1115）进士，曾任处州刑
> 曹，转余干（今属江西）县丞，后知余姚县。时值建炎三年
> （1129），金兵渡钱塘江，颖士率乡勇数千，抵抗金兵有功，升越
> 州通判，并如为大理寺丞，任职六年，平反疑狱以数百，开刑部
> 郎中。后因赵鼎党事被贬谪，改任江西帅司参议，未赴，卒。

其祖父被贬早逝，家道中落，因此过继给龙泉叶姓人家为子也是情理
之中，然父母均无交代。叶姓也是龙泉的望族，如黄南叶氏曾是叶适水心
先生的祖居地。网上有一文说，叶梦得曾是李颖士的伯乐，因此李颖士就
把叶绍翁托付给叶梦得的重孙叶阳尔。为此，叶阳尔一家从松阳搬迁到龙
泉。此事不知根据在哪，我无从考证。但是叶绍翁成年后基本生活在杭
州，且与真德秀交往甚密。据《四朝闻见录》乙集"甲戌进士"一条，袁
甫考中状元那一科，真德秀阅卷于殿闱，而把前三人的试卷让叶绍翁看，
可见叶绍翁是在真德秀的手下做事并有一定官职，且深得文忠公信任。

又据陶宗仪《南村辍耕录》记载，叶绍翁在元灭宋后尚在，作《题鄂
王墓》诗怀念岳飞。如此可知，叶绍翁应该活到八十多岁。

王镃与《月洞吟》

《月洞吟》收入《四库全书》集部第1225分册第四七页。作者王镃，
宋代处州遂昌县人。

根据《四库全书》提要，《月洞吟》一卷（浙江鲍士恭家藏本）：

> 宋王镃撰。镃，字介翁，括苍人，尝官县尉。宋亡之后，弃
> 印绶归隐湖山，匾所居为"月洞"，因以名其所著之诗。此本为
> 嘉靖壬子其族孙端茂所刊，诗仅七十余首，前有端茂序。又有嘉

靖辛丑汤显祖序，摘举集中佳句，并称其七言绝句有闲逸之趣。
今观其诗，七言律诗，格力稍弱，不及七言绝句。其七言绝句，
如"春风无力晴丝软，绊住杨花不肯飞""绣帘不隔荼蘼月，香
影无人自入楼""凉风敲落梧桐叶，片片飞来尽是秋"，又多近于
小词，不为高调。惟五言律诗如"蝉声秋岸树，雁影夕阳楼"
"马嘶经战地，雕认打围山""橹声荷叶浦，萤火豆花田""斜阳
晒鱼网，疏竹露人家""晴雪添崖瀑，春云杂晓烟"，皆绰有九僧
之意。盖宋末诗人，有江湖一派，有晚唐一派，镃盖沿晚唐派
者，故往往有佳句，而乏高韵，亦绝无一篇作古体。然较之江湖
末流寒酸纤琐，则固胜之矣。

光绪《处州府志·人物志》"文苑"中有传：

> 王镃，字介翁，遂昌人。由选举授金溪尉。帝昺播迁，即弃
> 官归隐，与尹绿坡、叶柘山诸人结社赋诗，匾所居曰"月洞"。
> 后族孙王养端为之序。

宋亡后，王镃与王应麟等许多文人一样，选择归隐山林，不为元朝政
府提供服务，有"不食周粟"遗风。现在有许多人不理解甚至嘲笑他们迂
腐，殊不知这正是古代文人的风骨。

王镃的族孙王养端，字茂成，嘉靖三十四年（1555）举人。著有《震
堂集》。光绪《处州府志·艺文志》中收有他的《遂昌翠峰院》一诗，其
中有"衣传禅月衲，寺古贯休堂。蜀尼既好道，岂复惧梯航"。写的就是
唐代高僧贯休在翠峰寺禅修之事。嘉靖三十七年（1558），王养端首次将
王镃的著作刻行，此时距王镃去世已近300年之久。

《四库全书》提要说"此本为嘉靖壬子其族孙端茂所刊，诗仅七十余
首，前有端茂序。又有嘉靖辛丑汤显祖序，摘举集中佳句，并称其七言绝
句有闲逸之趣"。与志书记载不符，"端茂"疑为"养端茂成"之误，因王
养端字茂成。而"嘉靖辛丑汤显祖序"更是不靠谱。嘉靖辛丑为1541年，

汤显祖还尚未出生，怎么可能作序？汤显祖生于嘉靖二十九年（1550），万历十一年（1583）中进士，于万历二十一（1593）年到二十六年（1598）年间在遂昌任县令，期间为再版的王镃《月洞吟》作序才是符合情理的。汤显祖在为诗集所作的序中称："宋月洞先生诗殆宛然出晚人之手，宋之季犹唐之季也。"汤显祖敬佩月洞先生的为人及诗品，还为之题词"林下一人"。

王镃是遂昌湖山人，当时称为平昌。王镃退隐后就回归老家湖山。这里风景正如地名，处于乌溪江的上游，湖光山色正宜人。他曾作《山中》一首，以豁达的心态表达对世事轮回的看法：

> 荣枯皆定数，枉作送穷吟。
> 有色非真画，无弦是古琴。
> 青松秦世事，黄菊晋人心。
> 尘外烟萝客，相寻入远林。

王镃对家乡的热爱，也通过诗作流露无遗，如《溪村即事》：

> 村村绿树起青烟，隔岸行人叫渡船。
> 昨夜不知何处雨，水推枯叶出溪边。

对远离钩心斗角的官场、重新得到自由的生活，发自内心给予赞美。什么是自由？自由不是想做什么就能做什么，而是可以拒绝不想说的违心话、不想做的违心事。《山居即事》：

> 选定唐诗手自编，醒时消遣醉时眠。
> 家家云气山藏雨，处处蛙啼水满田。
> 松树倒生临涧影，竹根斜挂过墙鞭。
> 客来无可延清话，旋摘新茶瓦鼎煎。

王镃的遗著《月洞吟》由王养端刊行后，被世人所重视，后来多次重印。据曾在丽水师专任教的王正明先生《处州古代述著考》：

明万历二十九年（1601），王栋重梓于建州。

康熙四十年（1701），豫翱再刻。

乾隆三十七年（1772），《四库全书》抄录王养端刻本《月洞吟》一卷，并以乾隆六年（1741）曹廷栋辑《月洞吟》（《宋百家诗存》）和厉鹗《宋诗纪事》对校。

乾隆间王镃族孙宗虞补刻后册。

嘉庆十八年（1813），王楠合刻前后两册，为《月洞诗集》（国家图书馆藏嘉庆刻本二卷四册，有图）。

光绪二年（1876）王嘉言，光绪十二年（1886）处州太守潘，光绪十三年（1887）王人泰分别重刻《月洞诗集》。

民国九年（1920），南城李氏宜秋馆《宋人集》乙编收李之鼎辑《月洞吟》一卷。

1993年，上海古籍出版社排印本《宋百家诗存》收《月洞吟》一卷。

现遂昌县图书馆还收藏有王人泰光绪十三年的刊本。

月洞家风

2006年，王正明先生以光绪十三年刻本为底本，参校影印文渊阁《四库全书》收录的《月洞吟》等资料，出版了校注本。

如今长濂村的鞍山书院里，有一幢砖本结构的四合院式建筑，名为"月洞家风"，其建筑原本坐落在遂昌县城内，应该是王镃后人所建。2003年，遂昌县老城区改造，就把它整体迁移到鞍山书院修复而成，整个建筑粉墙黛瓦，风格素雅，成为鞍山书院的一部分。

赵顺孙与《四书纂疏》

《四书纂疏》收入《四库全书》经部第191分册第三页至七四三页，厚厚的一大本。作者赵顺孙，处州缙云人。

根据《四库全书》提要，《四书纂疏》二十六卷（内府藏本）：

> 宋赵顺孙撰。顺孙，字格菴，括苍人。考《黄潜集》有顺孙《阡表》，曰："自考亭朱子合四书而为之说，其微词奥旨散见于门人所记录者，莫克互见。公始采集以为《纂疏》。盖公父少傅魏公雷，师事考亭门人滕先生璘，授以《尊所闻集》。公以得于家庭者溯求考亭之原委，《纂疏》所由作也。"则顺孙距朱子三传矣。故是书备引朱子之说，以翼《章句集注》。所旁引者惟黄榦、辅广、陈淳、陈孔硕、蔡渊、蔡沈、叶味道、胡泳、陈植、潘柄、黄士毅、真德秀、蔡模一十三家，亦皆为朱子之学者，不旁涉也。邓文原作胡炳文《四书通序》，颇病顺孙此书之冗滥，炳文亦颇摘其失。然经师所述，体例各殊。注者词尚简明，疏者义存曲证。顺孙书以《疏》为名，而《自序》云"陪颍达、公彦后"，则固疏体矣。繁而不杀，于理亦宜。文原殆未考孔、贾以来之旧式，故少见而多怪欤？

赵顺孙（1215—1277），字和仲，号格庵，缙云云塘人。出生儒学世家，8岁能诵解九经。为北宋开国宰相——以"半部《论语》治天下"而闻名的赵普的第11代孙。北宋末年，赵普玄孙赵期（1066—1137）历任国子祭酒、兵部尚书，曾参与招安宋江。因力主抗金，遭到主和派丞相黄潜善排斥，受降职处分。因不得志，浪迹江湖，建炎元年（1127）侨居缙云县城北郊云塘。赵顺孙父亲赵雷，与理学家真德秀交往很深，后跟随朱熹的高足滕璘读书，因此是朱熹的再传弟子。《宋元学案》第六十九卷《沧州诸儒学案》中有其名："赵雷，字省之，缙云人。滕溪斋弟子。"赵顺孙得父亲家传算是朱熹的三传弟子。宋嘉定十五年（1222）赐童子出身，淳祐九年（1249）乡试举人第一名，为"解元"。淳祐十年（1250），礼部试第一名，为"会元"。殿试二甲二名，差点连中三元，授太平州儒学教授。后升秘书省正字兼景献府教授，继晋校书郎，添差婺州通判，后因母丧解任。

赵顺孙的《四书纂疏》自南宋在乡校刊印以后，很快就普及开来，不断重刊翻印，成为士子科考的必读课本和研究朱熹及他的门人学说的必读书。一直到乾隆皇帝都把《四书纂疏》作为"钦定御览"书。

咸淳元年（1265），赵顺孙任秘书郎兼崇正殿说书，后任监察御史兼说书、右正言左司谏、殿中侍御史、侍御史兼侍读，可谓位高权重，但也是临危受命。

此时，南宋的度宗皇帝赵禥昏庸荒淫，把权力交给奸相贾似道，自己整天在后宫寻欢作乐，同时给贾似道在西湖葛岭建了精美绝伦的住宅，在西湖上天天宴乐，老百姓深受通货膨胀之苦，使偏安江南的南宋政权处于风雨飘摇之中。有民谣曰："朝中无宰相，湖上有平章。"

面对这个行将就木的政权，赵顺孙看在眼里，痛在心里，向皇帝冒死直谏，与权臣做坚决的斗争，希望国家不要灭亡，百姓能免于涂炭。他明知说了也白说，但白说也要说！

面对不断增加的冗员、水涨船高的官衔级别和待遇，赵顺孙忧心忡忡。他说：官爵是国家的大柄，不可为虚名而用，"不过数十年，人人皆尊官大爵"。

面对通货膨胀和捉襟见肘的财政压力，朝廷却依然在大拆大建搞形象工程，赵顺孙劝说度宗，"当崇俭约，免拆民居""度地量址，宁狭毋广；

上栋下宇，宁朴毋华"。

面对贾似道的专权、皇亲国戚的腐败和横行，赵顺孙接连不断揭发他们的恶行，指出其背后的保护伞，逼着皇上撤了皇太后侄子谢堂、谢堇以及贾似道的侄子贾蕃世等人的职务，民众拍手称快。

面对沉疴难愈的国家，他依然关心教育。咸淳四年（1268）在平江（今苏州）任上，建学道书院。国家就算亡了，但文化不能亡。

真州樊万《宋丞相格庵赵先生神道碑》称："公独知省院印，外筹军旅，内总万机，躬亲庶务，无分昼夜，心劳而事冗，人形憔悴。"最痛苦的事莫过于众人皆醉而独醒，眼见大船将要沉没却无法弃船逃生。面对亡国的危机和颠顿的皇帝，他"知其不可而为之"，和文天祥一样试图"挽狂澜于既倒，扶大厦之将倾"。

《感情吟》很好地体现了赵顺孙其时的心迹：

> 豪杰消磨叹五陵，发冲乌帽气填膺。
> 眼前不是无豪杰，身后何须论废兴。
> 当道有蛇魂已断，渡江无马谶难凭。
> 可怜一片中原地，虎啸龙腾几战争。

还有《病笃吟》说出了他内心的无助感：

> 不见人烟空见花，烟笼寒水月笼沙。
> 人生自古谁无死，莫怨东风当自嗟。

面对不断临近的死亡气息，度宗皇帝决定让赵顺孙任右丞相，但为时已晚了。咸淳十年（1274年）七月，35岁的度宗皇帝因酒色过度驾崩了。贾似道扶持四岁的赵㬎做皇帝，是为宋恭帝。不久，元兵攻进临安，贾似道死了，皇帝孤儿寡母投降了。后来有人写诗：

> 当日陈桥驿里时，欺他寡妇与孤儿。

谁知三百余年后，寡妇孤儿亦被欺。

景炎二年（1277），满心忧愤的赵顺孙走完了63年的人生旅途。死后安葬于缙云舒洪大蓬。黄溍作《格庵赵公阡表》。他的儿子迁居永康改姓隐居。现在已没几个人知道这位宋末的大臣了。

在这样一个走向死亡的政府里当官，当然是人生的悲剧。不管是赵顺孙，还是文天祥、陆秀夫，都知道自己已无回天之力。表面上宋朝是亡于元朝的铁骑，但归根结底是亡于人民的抛弃。

潜说友与《咸淳临安志》

《咸淳临安志》收入《四库全书》史部第491—493分册。编者潜说友，宋末元初处州缙云人，时以中奉大夫权户部尚书、任临安知军。

根据《四库全书》提要，《咸淳临安志》九十三卷（浙江巡抚采进本）：

> 元潜说友撰。说友，字君高，处州人。宋淳祐甲辰进士，咸淳庚午以中奉大夫权户部尚书，知临安军府事，封缙云县开国男。时贾似道势方炽，说友曲意附和，故得进。越四年，以误捕似道私秋罢。明年起守平江，元兵至，弃城先遁。及宋亡，在福州降元，受其宣抚使之命。后以官军支米不得，王积翁以言激众，遂为李雄剖腹死。其人殊不足道，而其书则颇有条理。前十五卷为行在所录，记宫禁曹司之事；自十六卷以下，乃为府志。区画明晰，体例井然，可为都城纪载之法。其宋代诏令编于前代之后，则用徐陵《玉台新咏》置梁武于第七卷例也。他所叙录，亦缕析条分，可资考据。故明人作《西湖志》诸书，多采用之。朱彝尊谓宋人地志幸存者，若宋次道之志长安，梁叔子之志三山，范致能之志吴郡，施武子之志会稽，罗端良之志新安，陈寿老之志赤城，每患其太简，惟潜氏此志独详。然其书流传既久，

往往阙佚不全，旧无完帙。彝尊从海盐胡氏、常熟毛氏先后得宋椠本八十卷，又借抄一十三卷，而其碑刻七卷终阙，无可考补。今亦姑仍其旧焉。

提要里对潜说友的人品颇有微词，而对他的这部志书却作了高度的评价。因为其时临安是南宋的行在——皇帝所居的都城，所以本书是研究临安地方史和宋史的重要史料。

潜说友（1216—1288），字君高，号赤壁子，缙云塘头（今舒洪姓王村）人，据说祖籍为美化下潜。名字中的"说"音和义都同"悦"。成化《处州府志》等均载潜说友为宋淳祐辛丑科（1241）进士，而非提要中说的甲辰科（1244）进士，历知南康军、浙东安抚使、两浙转运使。咸淳六年（1270），任中奉大夫、代理户部尚书、兼任临安知军，相当于是首都的市长。潜说友非常有才干，能秉公断案主持公道，能维持市场秩序保持物价平稳，重视疏浚西湖，修茸名胜，整修道路。为百姓做了许多好事。如果不是生在亡国乱世，也许能成为一名治国名臣。

遗憾的是遇上亡国之恨，潜说友被时代所碾压，死于非命还被后人所诟病，成了一个悲剧性的人物。

光绪《缙云县志》"宦绩"中潜说友传，几乎照录了《栝苍汇纪》：

> 潜说友，字君高。淳祐甲辰进士，历官知南康军、浙东安抚使、两浙运使，知临安府，才器宏大，善治繁剧。时建都临安，凡宫壸财用、庙堂意向、民讼之曲直、物价之低昂，皆囿于审度之内，先任是官者多以旷职去，说友处之裕如，以户部侍郎权尚书，至端明殿学士，封缙云郡开国男，出知平江府。

对于后来的事就省略不说了。

后人指责潜说友主要有三点：一是趋附贾似道以进，跋扈专横；二是元军将至，弃城逃遁；三是宋亡降元，受宣抚使之命。这些都有正史记载。在元至元二十五年（1288），潜说友因筹措军粮不力，为元将李雄剖腹所杀。三房妻室及儿女亲戚共计 18 口，全被灭门，惨不忍睹！

面对南宋亡于蒙古人铁蹄之下的国殇，与文天祥、陆秀夫等英雄相比，潜说友是黯然失色了。但是平心而论，要大家都这样宁死不屈，要求是太高了。

我想起了孔子对管仲的评价，管仲的主子公子纠被姜小白杀了之后，他没有殉身，反而成为姜小白也就是齐桓公的宰相，当人们说管仲不仁时，孔子却说管仲是个仁者——因为他辅佐齐桓公制止了各国混战、发展了经济、振兴了文化，让百姓得益。这就是大仁。

历史，正因为其本身具有复杂性，所以评价一个历史人物时，也不能简单化，更不能标签化、污名化。说实话，我为文天祥的守节而赞叹不已，但是想到陆秀夫身后几十万人同时跳海，觉得心有戚戚。如果说作为将军和战士战死疆场是义务，那么作为文官和百姓，要为一个已死去的政权殉葬既无意义，也是不道德的。

潜说友对家乡还做了一件好事，就是修复了独峰书院。淳祐元年（1241）正月，理宗皇帝"上视学，手诏以周、张、二程及熹从祀孔子庙"，也在这一年，潜说友考上了进士，他是朱熹的四传弟子，也许是出于感恩先师之教化，也许是为了呼应皇恩之浩荡，就在鼎湖峰对面的伏虎岩下扩建了礼殿，使之修葺一新，定名为"独峰书院"。30 年后的咸淳七年（1271），时任代理户部尚书、临安知府的潜说友，再次出钱修葺了独峰书院。

关于《咸淳临安志》，新编的《浙江通史》有个客观的评价：

> 它是"临安三志"中现存最全的一部。也是宋人方志中内容最详的一部，在宋代所修的方志之中，能够传至今日者，无论体例之完，史料价值之高，皆以此志为佳，它不仅为研究南宋时期临安的政治、经济、文化和社会风俗提供了大量的资料，而且即使研究宋代的历史亦具有很大的史料价值。

如果先抛开你方唱罢我登场的政治斗争，潜说友对文化领域的贡献是

巨大的。无论如何，我们要记住孔子的话："君子不以言举人，不以人废言。"

郑滁孙与《大易法象通赞》

《大易法象通赞》收入《四库全书》总目第1547分册第一九一页，为《易类存目一》。作者为处州青田郑滁孙，是郑汝谐的曾孙。

《四库全书总目》卷七，《大易法象通赞》七卷（浙江吴玉墀家藏本）：

> 元郑滁孙撰。滁孙，字景欧，处州人。宋景定间进士。尝知温州乐清县，迁宗正丞、礼部郎官。入元，以荐召授集贤直学士。事迹具《元史·儒学传》。此书首为诸图，次以中天述考、述衍等说，终以甲辰、乙巳、丙午三年所作《习坎书院旅语》。其《中天图》后署曰"至元三十年十一月吉日宣召赴阙儒人臣郑滁孙"。盖即其被荐时所进也。其《序》自言"年逾五十，探索《先天图》，忽得中天玄景"云云。案中天之说，始见于干宝《周礼注》，朱元昇衍之为《三易备遗》。然滁孙所谓中天玄景与干宝之说又异。大旨谓中天即天也，由其运用合一居中，故曰中天。由其在生两之后，用九之前，故曰中天。其象藏于互体，而义发见于文王、周公、孔子之辞。其说大抵皆幽渺恍惚，不可究诘。计滁孙登第，自宋景定至元世祖至元中，当已五六十岁，而此书之成在成宗之末，又在进图后十余年，逮至嘉兴、温州升席说经，年已耄耋矣。其始终敷析者，皆一中天之义。又删《周易·系辞传》以迁就己说，而牵合诸经以证之。支离曼衍，终无归宿。自来以奇偶推《易》者病于穿凿，以老庄谈《易》者病于虚无。此书更以穿凿之数附会于虚无之理，两家流弊，兼而有之，可谓敝精神于无用者矣。

据光绪《青田县志》等史籍载，郑滁孙世居青田城东，北宋哲宗赵煦

（1086—1096）间，如岳公裔孙郑昌珉任处州太守，爱青田山水之秀丽，于绍圣四年（1097）秩满迁居青田县邑东郊，就是如今的花园降。据说精心设计，巧妙构筑，遍植名花，人称"花园郑"，为青田郑氏始祖。前面介绍作《东谷易翼传》的郑汝谐就是滁孙的曾祖父。

郑汝谐，成化《处州府志》青田卷"仕宦"有载：

> 郑汝谐，字舜举。复中教官科，累迁知信州，行便民政。孝宗书于御屏曰："郑汝谐威而能惠。"召为考功郎，累阶徽猷阁侍制，赠开国伯，食邑七百户。居乡多惠爱，建桥易瓦，邑人生祠之。自号"东谷居士"。所著有《翼传》《论语意原》及《东谷集》。时辛稼轩赠之词，有"老子胸中百万兵"之句，其为人可知。子如冈，孙惠问，曾孙滁孙、陶孙俱显。

汝谐的儿子如冈，成化《处州府志》青田卷"仕宦"也有载：

> 郑如冈，字山甫，汝谐子，少侍父。使燕过故都，忠愤发为诗歌，自相倡和，名《专对集》。以父荫，历新淦、金华令，守衢、婺二州，江东提刑、福建转运使，一以简静为治。入朝为吏部侍郎。绍定庚寅（1230），剑寇猖獗，声撼永嘉。邑籴告竭，如冈移书庙堂，通浙东港禁，及为转置惠民。仓民感其德，相率绘像张灯以祀之。如冈子惠问，用祖荫中礼部铨，授兴化县簿，再知武义，有活民政，声闻大著。历官至兵部侍郎。

据《元史·列传第七十七·儒学二》载：

> 郑滁孙，字景欧，处州人。宋景定间，登进士第，知温州乐清县，累历宗正丞、礼部郎官。至元三十年，有以滁孙名荐者，世祖召见，授集贤直学士。寻升侍讲学士，又升学士。乞致仕，归田里。

滁孙的弟弟陶孙也中进士，并一同成为《元史·儒学传》人物：

> 郑陶孙，字景潜，郑滁孙之弟。初登进士第。宋亡后，为翰林国史院编修官。不愿参与编修国史至宋德祐末年事。后任江西儒学提举。著有文集若干卷。

与滁孙同代的族人兄弟还有：郑申孙任漳州通判，郑通孙擢礼部车驾，郑镇孙任监察御史，郑和孙任将士郎，郑彭孙任内机。可谓官宦云集、显赫一时。

根据郑滁孙自述，至元三十年已年过五十，出生年应在南宋淳祐元年（1241）前后。中进士时才二十多岁，后授乐清县令。公务之余潜心儒学，重视教育，且对书法也很有研究。

据《乐清县志》，咸淳五年（1269），郑滁孙在任乐清县令时，创建了"宗晦书院"，地点在县治东溪，由汤艺堂的乡塾改建，原也称"艺堂书院"，因乾道间朱熹曾讲学于此，为了纪念朱文公就改名叫"宗晦书院"，取宗朱晦庵之义，内设有朱文公祠，同时祀王忠文公十朋，焦令千之，聘乡先生讲学。

2016年第3期《故宫博物院院刊》登了一篇关健的文章《〈神龙本兰亭〉后"永阳清叟"题跋考》，据他考证，《神龙本兰亭》是目前公认的兰亭墨迹善本，其卷后"永阳清叟"题跋的作者就是宋元之际以古学闻名的儒学之士郑滁孙，其书写时间为元世祖至元三十一年三月三日，书风恣肆而略见颓唐，此跋当为郑滁孙传世书迹孤本。

郑氏一门从郑昌珉定居青田开始，一直到郑滁孙一代，之所以能突破"君子之泽，五世而斩"的一般规律，最重要的就是传承了耕读传家、树德务滋的家风，他们在享受祖辈荫庇的同时，不放弃刻苦读书，走上仕途后千方百计为当地的民众谋福利，同时为家乡的建设殚精竭虑，这样的家族自然能长盛不衰了。

张玉娘与《兰雪集》

《兰雪集》收入《四库全书》总目第1553分册第四七页，别集类存目。作者张玉娘，宋末元初处州松阳县人。

根据《四库全书》总目提要，《兰雪集》一卷（浙江鲍士恭家藏本）：

> 元松阳女子张玉娘撰。玉娘明慧知书，少许字沈佺。既而父母有违言，玉娘不从。适佺属疾，玉娘折简贻佺，以死自誓。佺卒，玉娘遂以忧死。叶子奇《草木子》深以其通问为非。至嘉靖中，邑人王诏得其遗诗于《道藏》中，乃为作传以表其事，而引无盐、孟光为比。要其失礼之咎自不可掩，而其志则可哀已。诗格浅弱，不出闺阁之态。卷首题张献集录，盖玉娘之族孙也。

张玉娘的事迹在《孟称舜与〈孟叔子史发〉》一文中也有提及，她凄美的爱情故事，因清朝顺治年间曾任松阳县训导孟称舜的《贞文记》而广为流传。而张玉娘的诗词早在元代就被当时的文坛所看重。后来张玉娘被誉为与李清照、朱淑真、吴淑姬齐名的宋代"四大女词人"之一，《四库全书》只收入总目提要，而没有全本收录，实为遗憾。

张玉娘的《兰雪集》在元代就有抄本，其诗作传到大都北京，元代最负盛名的学者、诗人虞集读到《山之高》三章：

> 山之高，月出小。月之小，何皎皎！我有所思在远道，一日不见兮，我心悄悄。
> 采苦采苦，于山之南。忡忡忧心，其何以堪。
> 汝心金石坚，我操冰雪洁。拟结百岁盟，忽成一朝别。朝云暮雨心去来，千里相思共明月。

虞集忍不住赞叹说："有三百篇（指《诗经》）之风，虽《卷耳》《草

虫》不能过也！"当读到"我操冰雪洁"之句时，又赞："真贞女也，才女也！"

又读到《暮春夜思》：

> 夜凉春寂寞，淑气浸虚堂。
>
> 花外钟初转，江南梦更长。
>
> 野春鸣涧水，山月照罗裳。
>
> 此景谁相问，飞萤入绣床。

虞集不禁拍案叫好，这哪是一般女子可以写得出来的！（"此岂妇人所及！"）

元代龙泉人叶子奇在《草木子》中对《兰雪集》也有评价。

张玉娘的《王将军墓》更显大气，根本看不出出自女子之手：

> 岭上松如旗，扶疏铁石姿。
>
> 下有烈士魂，上有青菟丝。
>
> 烈士节不改，青松色愈滋。
>
> 欲识烈士心，请看青松枝。

宋代王将军，名远宜，松阳人。宋亡时，与元兵作战于松阳望松岭，死后就葬于此地。

张玉娘被世人称道除了诗作，更因为她对爱情的坚贞不屈。

张玉娘生于宋淳祐十年（1250），卒于景炎二年（1277），她出生在书香门第，祖辈都是做官之人，曾祖父张再兴是淳熙八年（1181）进士。她自幼饱读诗书，聪慧过人，时以汉代班昭相比。张玉娘十五岁，与她表哥沈佺订婚。两个人情投意合，互赠诗物。后因沈佺家道中落，玉娘的父亲有了悔婚之意，同时写信给沈家："欲为佳婿，必待乘龙。"意思是除非考个进士回来，否则婚事就要黄了。

但张玉娘竭力反对，不管沈郎能否得功名，自己的终身已经许配就不再反悔。沈佺随父赴京应试。玉娘不仅以私房钱资助沈佺，还赠诗《古别离》表达自己的别离之情：

> 把酒上河梁，送君灞陵道。
> 去去不复返，古道生秋草。
> 迢递山河长，缥缈音书杳。
> 愁结雨冥冥，情深天浩浩。
> 人云松菊荒，不言桃李好。
> 淡泊罗衣裳，容颜萎枯槁。
> 不见镜中人，愁向镜中老。

这首诗有《古诗十九首》的味道。

据说沈佺不负期望，高中榜眼，这可能有传说的成分，才子佳人才符合民众的审美。查咸淳辛未科（1271）处州进士榜，松阳有叶桂锡、叶霆发两人，并无沈佺之名。

当年腊月，沈佺在回家的途中因病去世。张玉娘闻讯作《哭沈生》，诗中说：

> 中路怜长别，无因复见闻。
> 愿将今日意，化作阳台云。
> 仙郎久未归，一归笑春风。
> 中途成永绝，翠袖染啼红。
> 怅恨生死别，梦魂还再逢。
> 宝镜照秋水，照此一寸衷。
> 素情无所著，怨逐双飞鸿。

此后，张玉娘终日以泪洗面，拒绝再嫁，独守空楼，与丫鬟及鹦鹉度过五年悲痛的日子。最后，一代才女受尽了相思的煎熬，终绝食身亡。不久，与她朝夕相处的侍女霜娥、紫娥和玉娘生前畜养的鹦鹉也为玉娘殉情

而死。张家便把这"闺房三清"（霜娥、紫娥和鹦鹉）陪葬在沈佺、玉娘的墓左右，这便是松阳有名的"鹦鹉冢"。

《处州府志·人物志下》"列女"中有载：

张玉娘，字若琼，松阳人。父授以《孝经》《女训》，过目成诵。张为宦族，积书素富，玉娘窃玩益深，自号一贞居士。许字沈晦子，未婚，而沈生从父宦游，病羸不起，时玉娘年二十四矣。矢志守节，临帷哀恸，恨不同死。忽夜梦沈生驾车相迎，即披衣起坐，谓侍儿曰："吾事定矣。"未逾月，竟不食而殒。父母痛之，与生并葬于附郭枫林。玉娘旧玩能言鹦鹉及侍儿轻红、翠红，俱悲鸣死，并遗以殉葬，名其冢曰"鹦鹉"。有遗稿曰《兰雪》，携至京师，学士虞伯生、欧阳玄读至"山之高，月出小，月之小，何皎皎。我有所思在远道，一日不见兮我心悄悄。"抚几叹曰："可与《国风》《草虫》并称，岂妇人女子所能及耶？"

《兰雪集》共有诗117首、词16阕，作品虽然不多，但很有艺术成就。她的诗体裁多样，有绝、律、四言、六言等，且长于古风。题材和风格也

兰雪井

迥然相异，既有清丽凄婉、感人至深的爱情悲唱，又有气势磅礴、壮怀激烈的爱国咏叹。

真桂芳与《真山民集》

《真山民集》收入《四库全书》集部第1225分册第三页。作者真桂芳，宋处州龙泉县人。

根据《四库全书》提要，《真山民集》一卷（浙江巡抚采进本）：

> 宋真山民撰。山民始末不可考。宋末窜迹隐沦。以所至好题咏，因传于世。或自呼山民，因以称之。或云李生乔尝叹其不愧乃祖文忠西山。考真德秀号曰西山，谥曰文忠，以是疑其姓真，或云本名桂芳，括苍人，宋末尝登进士。要之亡国遗民，鸿冥物外，自成采薇之志，本不求见知于世，世亦无从而知之。姓名里籍，疑皆好事者以意为之，未必遂确。今从旧本题曰《真山民集》，姑仍世之所称而已。其集《宋艺文志》不著录。明焦竑《经籍志》搜宋人诗集颇备，亦未载其名。《江湖小集》始收之，而亦多未备。此本出浙江鲍氏知不足斋，较他本为完善，然皆近体，无古诗。《元诗体要》中录其《陈云岫爱驴》七言古诗一首，此本无之。或诗本两卷，而佚其古体一卷；或宋末江湖诸人皆不留意古体，山民亦染其风气，均未可知。然就其存者论之，黍离麦秀，抱痛至深，而无一语怼及新朝，则非惟其节至高，其安命知天，识量亦不可及。视谢灵运辈既袭康乐之封，而犹称"韩亡子房奋，秦帝鲁连耻"者，相去不啻万万矣。诗格出于晚唐，长短皆复相似。五言如"鬓秃难瞒老，心宽不贮愁""烟碧柳生色，烧青草返魂""风竹有声画，石泉无操琴""棠醉风扶起，柳眠莺唤醒""地皆宜避暑，人自要趋炎""飞花游荡子，古木老成人""新葬冢无数，后来人更多"，七言如"欲谈世事佛无语，不管客愁禽自啼""懒看世情晨睡去，怕伤时事暮吟休""商岭定无屠狗

客，云台宁有钓鱼人""囊空俨可偿诗债，脚倦犹能入醉乡""雕镂花柳春无迹，沐浴山川雨有恩""炭为骤寒偏索价，酒因不饮懒论交"之类，皆不出晚唐纤佻粗犷之习，至于五言之"鸟声山路静，花影寺门深""风蝉声不定，水鸟影同飞""与鸥分渚泊，邀月共船眠""窗月灯昏见，岩泉雨歇闻""水清明白鹭，花落失青苔""曳杖云同出，开帘山自来""寒塘倒山影，空谷答樵歌"，七言之"泉石定非骑马路，功名不上钓鱼船""水禽与我共明月，芦叶同谁吟晚风""隔浦人家渔火外，满江秋思笛声中""小窗半夜青灯雨，幽树一庭黄叶秋""涧暗只闻泉滴沥，山青剩见路分明""几亩桑麻春社后，数家鸡犬夕阳中"，则颇得晚唐佳处矣。一丘一壑，足资延赏，要亦宋末之翘楚也。

光绪《庆元县志》"隐逸"中有其传：

> 真山民，不传名字，亦不知何许人也，但自呼山民，傲居庆之松源乡，或云名桂芳，宋末进士李生乔叹以为不愧乃祖文忠西山，以是知其姓真矣。痛值乱亡深自湮没，世无得而称焉，惟所至好题咏，因流传人间，然皆探幽赏胜之作，未尝有江湖酬应语。张伯子谓"宋末一陶元亮"，非过论也。

龙泉庆元本为一县，真山民到底是龙泉人还是庆元人？还是两地游踪不定？另有《龙泉县志》本传、《宋诗钞》对真山民的介绍，均近似《庆元县志》之传。

根据董师谦在元大德三年（1299）所作《真山民诗集序》，此诗集为其族子伯源提供原稿。董师谦，号南江，福建三山（今福建福州）人。度宗咸淳七年（1271）别院省试赋魁，为平江府教官。他在序中说：

> 伯源，文忠公嫡玄孙。文忠之先本栝人，中徙建，与山民同祖，将勉其锓梓以广其传，且征予序。予雅不工诗，未尝敢轻序

他人诗，今予序岂以忱一真山民哉。后进之士知予之不轻序而序之也，则又可以寻常诗卷例之哉？

意思是真山民是真德秀的同宗，诗写得特别好，自己不轻易为别人的诗作作序，而为真山民的诗集作序，可见山民非一般之人。

集中还收录有潘是仁作《真山民先生诗集小引》：

> 尝称诗不在缙绅而在布衣，盖谓涉略有浅深、臭味有雅俗也。此犹就诗而论也。真子之称山民，不宁惟是丁，宋元之际，不悄仕进，甘心石隐，其节有足多者。况诗又真得布衣之风乎？高襟远韵，具见是帙。自幽寻雅赏之外，绝不作江湖应酬语，故所著不广，是以省许胜人多许者，所谓千羊之皮不如一狐之腋也。……潘是仁识。

潘是仁，字认叔，新安人，明万历间徽州府重要的编辑家、出版家。其编辑的208卷《宋元诗》又名《宋元名家诗集》共四十二种，自万历四十三年（1615）刊行后广为流传。

真山民生于亡国之际，他的诗虽然没有对时政进行激烈的抨击，却透出了作为遗民的淡淡的忧伤。尽管心中有许多惆怅，但在专权面前谁敢不低头？

身处乱世，对时事只能三缄其口，就算有一颗报国丹心，又有什么用呢？如《独坐》：

> 寒斋淡无味，孤坐思悠悠。
> 时事三缄口，年光一转头。
> 有书遮老眼，无药疗闲愁。
> 假使丹心在，衰迟也合休。

山中风景自是宜人，话说对"尘事少关心"，恰恰透露出对尘事的放

不下啊。《山间次季芳韵》：

> 好山多在眼，尘事少关心。
> 风竹有声画，石泉无操琴。
> 许猿分野果，留鹤守云林。
> 不是闲中客，谁来此地吟。

过桐庐的严子陵钓台，对这位大隐者不能不发出感叹。满江愁思谁能解？《泊舟严滩》：

> 天色微茫入暝钟，严陵滩上系孤篷。
> 水禽与我共明月，芦叶同谁吟晚风。
> 隔浦人家渔火外，满江愁思笛声中。
> 云开休望飞鸿影，身即天涯一断鸿。

隐居山中，既无达官显贵来访，也少有朋友知己对酌，只能与书籍相伴，既无知音诗也不须吟。《幽兴》：

> 不赋千钟赋一箪，天公有意养痴顽。
> 书犹能看未曾老，诗亦莫吟方是闲。
> 宽著庭除贪贮月，少栽竹树要观山。
> 空阶两日无行迹，又上苔花几点斑。

看书看着看着，见时光虚度，此生不逢时，难免又生伤感。如果不能为国为民出力，读那么多的书又有什么意义？《观书自叹》：

> 皓首抱遗经，堪怜误一生。
> 空共蠹虫饱，自作忍饥声。

刘耀东编"括苍丛书"第二集收有《真山民诗集》，喜欢的朋友还是去看原著吧。

尹廷高与《玉井樵唱》

《玉井樵唱》收入《四库全书》集部第1237分册第八五三页。作者尹廷高，元代处州遂昌人。

根据《四库全书》提要，《玉井樵唱》三卷（两淮马裕家藏本）：

> 元尹廷高撰。廷高，字仲明，别号六峰，遂昌人。是集首有廷高《自记》，载其父竹坡诗一联。盖即戴复古《石屏集》以其父遗诗冠首之意。竹坡名栋，宋宝祐间尝为绍兴府幕官，见《此君亭诗话》。而廷高行履不概见。惟《遂昌志》称其大德间任处州路儒学教授。顾嗣立《元诗选小传》，又谓其尝掌教永嘉，秩满至京，谢病归，与《志》不同。永嘉志乘亦不载其名。今案《集》中有《永嘉书所见》一首云："此邦幸小稔，窃禄似有缘。"又有《永嘉任满代者未至》诗，又有《告病致仕谢掌尚书》诗，则廷高仕瓯及谢病实非无据，疑《遂昌志》失考也。其诗气格不高，而神思清隽，尚能不染俗氛。《集》中有《题虞集》《邵陶二庵诗》，则集亦重其笔墨矣。

关于尹廷高，赵治中老师在《处州历史人物评传·尹廷高与〈玉井樵唱〉》一文中有较为详细的介绍。

尹廷高（生卒年不详，只知是宋末元初在世），字仲明，号六峰，处州遂昌大柘庄（今属遂昌县大柘镇）人。生平履历不详，《遂昌县志》记载他在大德年间曾任处州路儒学教授，而顾嗣立《元诗选》小传又说他曾掌教永嘉，秩满至京，谢病归，遭乱转徙，宋亡二十年始归故里。根据集中自己的诗作有《永嘉书所见》《永嘉任满代者未至》和《告病致仕谢李尚书》等，可以成为顾嗣立的佐证材料。

光绪《处州府志·人物志》"隐逸"中有传：

> 尹廷高，字仲明，遂昌人。善诗。尝任处州路学教授，寻归
> 隐。有《玉井樵唱》集，学士虞集为序。

尹廷高出生于官宦世家和书香门第。遂昌尹氏始迁祖为尹道，宋乾道年间（1165—1173）曾任遂昌县令，卸任后就在遂昌大柘定居。十一世祖尹起莘，字耕道，别号尧庵，隐居柘溪而不仕，而学问渊博，著有《资治通鉴纲目发明》五十九卷。其父亲尹栋，号竹坡，登宝祐癸丑（1253）奉常第，任武宁县主簿，升绍兴参军；宋末以能诗名，所作千余首，在宋末动乱中散落，无一存者，可知廷高诗学渊源有自。

"玉井"为尹廷高隐居的所在。根据光绪《遂昌县志》在介绍尹廷高时所说：

> 归隐后，居岭东南溪（今遂昌三仁乡小忠村吴坞），凿玉井，
> 建耕云寮，日以诗酒自娱。

三仁小忠虽在丘陵重叠中，却多山间平地，更有成片毛竹。因其土壤深厚，出产的竹笋尤为著名。

《遂昌县志》卷二名胜又有"玉井峰"一条，应该是后人因尹廷高在此隐居而名：

> 玉井峰，在邑西二十里，元尹廷高筑会一堂而隐焉，著有
> 《玉井樵唱》。

而"樵唱"则是自喻为山中砍柴的樵夫的山歌，自娱自乐而已。是啊，在当时那种高压政策下，不唱赞歌而说出民间的疾苦是要冒很大的风险的，正式出版几乎是不可能的。

关于他的父亲，尹廷高所著《玉井樵唱正续稿》自题其卷首云：

先君登癸丑奉常第，宦游湖海，作诗凡千余首。丙子，家毁于寇，遗编散落，无一存者。仅忆《秋日寄僧》一联曰："白苹影蘸无痕水，黄菊香催未了诗。"先业无传，雅道几废，不肖孤之罪也。

尹廷高的诗写得清隽不俗，古体平易。正是"国家不幸诗家幸"。他的诗作主要作于离开官场隐居大柘之后，因此多写羁旅之苦和故国情怀，刻画飘零心境凄切动人，怀念故宋及兴亡之感深沉哀痛。其揭露社会黑暗、鞭挞社会不公的作品也有不少。

如写经战火洗劫后的家乡《庚子营双青别业（四首）》之一：

二十年前此战场，隔溪野磷尚凄凉。
儿童生长他乡久，却把家乡当客乡。

又如《故里兵火后》：

故里尽焦土，天地我何归？
世数至此极，人烟存者稀。

写在家乡的隐居生活，并不是从此两耳不闻窗外事，一心只读圣贤书，过着闲云野鹤般的生活，而是时时关注世事变化与民间疾苦。这只是出于无奈的选择，而不是对生活的逃避。如《耕云寮即事二首》：

闭门贫也乐，世态任炎凉。
梦稳疑宵短，心闲觉昼长。
与鹤分钓石，留鹤伴丹房。
休笑生涯薄，疏离桔柚黄。

又如《再辟耕云隐居》：

> 茶灶壁床清意思，蒲团竹塌静工夫。
> 田园自觉渊明是，泉石甘从柳子愚。
> 莫笑吾居仅容膝，心闲无事即蓬壶。

他将自己比作陶渊明，虽然小小蜗居仅容膝，但是因为心里没有官场上的闹心事，这里就是神仙居住的地方。"蓬壶"即蓬莱，指古代传说中的海中仙山。

他的写景诗清朗而有情致，如写家乡的妙高山《半山亭》：

> 宝所已在近，游子倦跻攀。
> 努力上复上，安乐刹那闲。

虽然身处乱世，却不忘积极努力向上，这个向上不是官场上的进步，而是自身修为的提升。

虞集（1272—1348），字伯生，号道园，世称邵庵先生。元仁宗时，迁集贤殿修撰，除授翰林待制兼国史编修，后又升任翰林侍讲学士。虞集是元中期最负盛名的诗人，与揭傒斯、范梈、杨载齐名，并称"元诗四大家"。亦素负文名，引领有元一代文风，同揭傒斯、柳贯、黄溍并称"元儒四家"。他在给《玉井樵唱》的序言中，对尹廷高给予了高度评价，说他的诗作："感慨而不悲，沉着而不怨，律度娴雅，有作者之遗风，而无宋季数者之弊。"

周权与《此山诗集》

《此山诗集》收入《四库全书》集部第1238分册第六五九页。作者周权，元代处州松阳县人。

根据《四库全书》提要，《此山诗集》十卷（浙江鲍士恭家藏本）：

《此山诗集》十卷，元周权撰。权，字衡之，号此山，处州人。尝游京师，以诗赞翰林学士袁桷。桷深重之，荐为馆职，竟报罢。然诗名日起，唱和日多。是集为陈旅所选定，及袁桷、欧阳玄等各为之序，揭傒斯又为之跋。旅本作者故另择甚精，旅序称其"简淡和平，无郁愤放傲之色"。桷《序》称其"法苏、黄之准绳，达《骚》《选》之旨趣"。玄《序》称其"无险劲之词，而有深长之味；无轻靡之习，而有春容之风"。今观其诗，玄所称尤为知言也。

周权（1275—1343），讳士权，字衡之，号此山，处州路松阳惠洽乡乐安里（今松阳县板桥畲族乡）人，为松阳在元代时期著名的学者和诗人。他通经史、善诗文，并以诗文会友，两次赴元大都。在京城的十年里，结识了不少名士宿儒，受到当时翰林院直学士、国史院检阅官袁桷等人的赏识，却不愿当官，甘愿在家乡松阳过着闲云野鹤般的自由生活。有一首诗叫《读陶渊明传》，表露了他的心迹，开头为：

渊明任疏散，出处皆逍遥。
悠然解县组，不折五斗腰。

光绪《处州府志》"隐逸"有：

周权，字衡之，松阳人。通经史，工诗。至京师，欧阳玄荐与馆职，以母老辞归。有《此山诗集》。

《松阳县志》则多了一句对其儿子的介绍："子仲瑜，承家学，益肆力。辟授稼轩书院山长，改紫阳书院。"

"稼轩书院"初在广信之上饶带湖，于淳熙九年（1182）由辛弃疾创建，原是他用来读书、写作的书斋。庆元年间毁于火灾，遂移居铅山瓢

泉。嘉定十五年（1222）重新修复，匾额曰："广信书院。"大德二年（1298）春，元政府重视朱子理学的书院教育，尊重辛弃疾的为人气概，将"广信书院"改回"稼轩书院"。在程端礼主持稼轩书院时，"使朱学复生，身登其门耳闻其海"。后又改为"紫阳书院"。能到这个书院担任讲席，必须有深厚的学养。

周权虽然为远离政坛的民间诗人，但与当时的社会名流赵孟頫、袁桷、欧阳玄、揭傒斯、虞集、陈旅等均有交往，他们都对周权给予了很高的评价。

《此山诗集》的书名取自赵孟頫的题字。获悉赵孟頫升为翰林侍读学士，周权写《呈赵子昂学士》以贺：

> 蓬莱仙人似松雪，曾向天潢溯银阙。
> 天孙为制紫绮裘，五色云边佩明月。
> 近闻承诏白玉堂，词头夜夜风雨忙。
> 一挥九制夜未艾，金莲分赐宫壶香。
> 淋漓妙墨蛟螭走，世有钟王皆敛手。
> 偶然醉帖落人间，只字珍藏抵琼玖。
> 我家浙水苍山东，闭门偃卧甘诗穷。
> 瓣香未展师道敬，携琴暂出杉萝中。
> 问公何日作霖雨，只把文章事明主。
> 愿恢斯道泽斯民，奕奕光华照千古。

不久赵孟頫作诗以谢，并为周权题"此山"二字。"雪松道人"是赵孟頫的尊号，他给周权写了两首五言绝句。其一：

> 青青云外山，炯炯松下石。
> 顾此山中人，风神照松色。

其二：

　　爽气在襟袖，清风拂丝桐。

　　悠悠适天趣，宴坐心融融。

周权在和诗中则说："松根老屋此山字，娟娟宝墨浮翠寒……开襟感激浩难写，万古不尽山青青。"感激之情溢于言表。

欧阳玄推荐周权担任馆职，以病辞归，并作诗感谢，曰："我惭桑榆炫颓景，短发萧萧雪垂领。文章花样故不同，锥钝处囊难脱颖。枯荄已感阳和恩，归心茅屋苍苔田。明珠万斛不足报，但仰山斗怀高寒。"意思是年龄大了，写不了那些歌功颂德的花样文章，更不可能脱颖而出了，还是回到老家种种那几块荒芜的田园吧。

《四库全书》收录《此山诗集》为十卷本。陈旅在《叙》中称其诗："今考其诗，简淡和平，无郁愤放傲之色，非有德者，能如是乎？《传》曰：'温柔敦厚，诗教也。'先生可谓有温柔敦厚之德矣。"

袁桷在《序》中说："诗有经纬焉，诗之正也；有正变焉，后人传益之说也。伤时之失溢于讽刺者，果皆变乎？乐府基于汉，本于诗，考其言者，皆非愉悦之语，若是，则均谓之变矣。……括苍周君衡之，磊落湖海士也。束书在京师，以是编见贽，意度简远，议论雄深，法苏黄之准绳，达《骚》《选》之旨趣，历览名胜，长歌壮吟，亦皆写其平生胸中之耿郁，至于词笔，尤为健雅，读之忘味，诚有起予者，乃知山川英秀之气，何地无奇才。感叹之余，因书此，以赘其卷首。延祐六年（1319）闰八月庚申，前史官会稽袁桷书。"

欧阳玄在《序》中云："括苍周君此山……予爱其无险劲之词，而有深长之味，无轻靡之习，而有春容之风。"

揭傒斯在《后序》中评价说："适予在公未还，及读三家所为序及其诗，益恨不及见其集与其人！夫诗道之在天下，其正，如日月星辰、山川草木鸟兽；其变，如风云雷雹、龙腾虎踯，岂难知哉？在尽其常、通其变而已，惜不获与衡之共论之。"

民国刘耀东将《此山诗集》收入"括苍丛书"第二集,并说:"吾括元代诗家,无出此山之右,明代旧钞尤为稀世独本,亟为移写印行,以广流传。"

2010年,松阳县文联组织汤光新先生对《此山诗集》进行校编,由浙江古籍出版社正式出版发行。2015年,汤光新编校的《此山集全编》收录古体诗457首、近体诗212首、词34阕,由中国文史出版社出版,使更多人知道周权其人其诗。

郑元祐与《遂昌杂录》

《遂昌杂录》收入《四库全书》子部第1067分册第六四一页,小说家类。《侨吴集》收入《四库全书》集部第1251分册第四一三页。作者郑元祐,元朝处州遂昌县人。

根据《四库全书》提要,《遂昌杂录》一卷(内府藏本):

> 元郑元祐撰。元祐,字明德。至正丁酉除平江路儒学教授,移疾去。后七年复擢浙江儒学提举,卒于官。本遂昌人,其父希远徙钱塘,元祐又流寓平江。其集以侨吴名,而是录仍题曰遂昌,不忘本也。元祐以至正二十四年卒,年七十一。则当生于前至元二十九年,故书中所列人名,上犹及见宋诸遗老,下及见泰哈布哈、倪瓒、杜本,并见杜本之卒。多记宋末轶闻,及元代高士名臣轶事,而遭逢世乱,亦间有忧世之言。其言皆笃厚质实,非《辍耕录》诸书捃拾冗杂者可比。其记葬高、孝二陵遗骨事,作《林景熙》,与《辍耕录》异。盖各据所闻,其称南宋和议由于高宗,不由于秦桧;宋既亡矣,可不必更为高宗讳,亦诛心之论也。

《遂昌杂录》是一本笔记体小说,主要记录宋末元初的轶闻轶事,语言质朴,议论公道,具有较高的史料价值。

根据《四库全书》提要,《侨吴集》十二卷(两淮马裕家藏本):

> 元郑元祐撰。元祐有《遂昌杂录》,已著录。元祐家本遂昌,徙于钱塘。而流寓平江凡四十年,为时最久,故其集名以"侨吴"。实则杭州所作亦在其内,盖从其多者言之也。集本其晚年所定,以授谢徽。今此本后有弘治丙辰张习《跋》,乃称元祐本有《遂昌山人集》,与《侨吴集》多繁芜重出。因通录之,得诗文之精纯者,并为十二卷,仍名《侨吴集》,用梓以传。则此本为习所重订,非元祐手编之本矣。凡文六卷、诗六卷。其中《与张德常书》,有"仆赞郡无补,尝移携李"之语,而苏大年所作墓志、卢熊《苏州府志》皆称元祐以大府荐,两为校官,不言尝为他职,与元祐仕履不合。岂代人所作,失于标注耶?其文颇疏宕有气,诗亦苍古。盖元祐生于至元之末,犹及见咸淳遗老。中间又得见虞集诸人,得其绪论。末年所与游者,亦皆顾阿瑛、倪瓒、张雨之流。互相薰染,其气韵不同,固亦有自来矣。

成化《处州府志》遂昌卷"仕宦"有载:

> 郑元祐,天资颖悟,年十五能赋诗,与平章廉公为忘年交。父卒,徙居姑苏,从学者众,省台宣闻宪府交荐。至正十七年(1357),授平江路儒学教授,升浙江提举。

光绪《处州府志·人物志》"文苑"中所载内容与成化版基本相同,只增加了"字明德,遂昌人"和"所著有《遂昌山人杂录》并《山居文集》。祀于学"的文字。

刘耀东编的"括苍丛书"第二集收录了郑元祐的《遂昌山人杂录》,光绪二年(1876)遂昌徐景福补注后为二卷本。其前面有《遂昌县志本传》:

郑元祐，字明德。元初，父石门高士字希远徒家钱塘。十五能诗赋，是时咸淳诸老犹在，元祐遍游其门，质疑稽隐，充然有得。父殁，侨居平江，从学者众，省台交荐。至正丁酉，除平江路儒学教授，转江浙儒学提举，居九月，疾终，年七十三。元祐儿时伤右臂，比长，能左手作楷书，规矩备至，遂自号尚左生。为文章滂沛豪宕，有古作者风。诗亦清俊苍古。晚年自汇其所作以授谢徽，名《侨吴集》。又有《遂昌山人杂录》《山居文集》若干卷。

根据上述资料，可以梳理出郑元祐生平。

郑元祐，字明德，生于元至元二十九年（1292），卒于至正二十四年（1364）。本为处州遂昌人，父亲郑希远在元初迁居杭州，因此在杭州出生并成长。父亲去世后又迁居苏州，并以教授生徒为业，因人品好、水平高，校外科考培训班办得很不错。平生两次短暂为官：至正十七年（1357），65岁时授平江路儒学教授，但只干了一年就以身体不好为由辞去；至正二十四年（1364），已是72岁高龄的郑元祐再升浙江提举，干了九个月，就病逝在岗位上。晚年编《侨吴集》送给谢徽保存，自署遂昌人以示不忘祖籍之根，而人们也尊他为"遂昌先生"。《侨吴集》先藏于家，到明弘治丙辰（1496）始有刊本，后有多种旧抄本。谢徽，字玄懿，长洲甫里人，对于经史很有研究，明初应召为《元史》纂修者之一。

郑元祐生于元朝统治的黑暗时代，作为"南人"又是"儒生"，被官府视为下等人，因此其内心无疑是压抑的。他年轻时在杭州遍访宋时遗民，深感亡国之痛，纵有满腹抱负，却无法改变社会。后来在苏州又遇上张士诚地方割据，也是名不正言不顺，短暂的为官也是迫不得已。再后来，朱元璋起兵攻打张士诚，又是兵荒马乱。晚年，他作为"吴中硕儒"且书法造诣颇深，于是常与一批文人相聚于昆山富豪顾瑛（又名顾阿瑛、顾仲瑛）的"玉山草堂"，参加者有杨维桢、柯九思、李孝光、倪瓒、陈基等，均为一时名流，颇有竹林遗风。外人看来风流潇洒，其实他们也是借酒消愁。

一介文人，生逢乱世，自然生活异常艰难，因此也对底层百姓的痛苦感同身受。"上有天堂，下有苏杭。"吴中一带本为鱼米之乡富庶之地，但在他的诗文中却是一派凋敝残破景象。如《送刘长洲》：

> 中吴号沃壤，壮县推长洲。
>
> 秋粮四十万，民力疲诛求。
>
> 昔时兼并家，夜宴弹筝篌。
>
> 今乃呻吟声，未语泪先流。
>
> 委肉饿虎蹊，于今三十秋。
>
> 亩田昔百金，争买奋智谋。
>
> 安知征敛急，田祸死不休。
>
> 膏腴不论值，低洼宁望酬。
>
> 卖田复有献，惟恐不见收。
>
> 日觉乡胥肥，吏台起高楼。
>
> 坐令力本农，命轻波上沤。

郑元祐去世后，葬于平江路吴县太平乡横山之原。他的儿子请翰林修编苏大年为父亲写了墓志铭。墓志铭对他的生平作了高度评价，原文收于《侨吴集》附录。

陈镒与《午溪集》

《午溪集》收入《四库全书》集部第1250分册第三〇九页。作者陈镒，元代处州丽水人。

根据《四库全书》提要，《午溪集》十卷（编修汪如藻家藏本）：

> 元陈镒撰。镒，字伯铢，丽水人。尝官松阳教授。后筑室午溪上，榜曰"绿猗"，遂以"午溪"名其集。卷首题"前进士曲阜孔旸编选，前进士青田刘基校正"。有黄潜、张翥、孙炎及旸、

基五人《序》。蓍《序》称其学于外舅周衡之。炎《序》又称其学于蓍。故其诗才地虽觉稍弱，而吐言清脱，不失风调。盖渊源有所自来。前又载基、暘手柬各一通。基柬称其"体制皆佳，而近日应酬之作去其一二则纯矣"。柬则称其"篇篇合律而中吕，字字铿金而锵玉"。今观其集，基言为是。基《序》称《午溪集》一卷。炎《序》称二卷。暘《序》则称四百余篇。今此本十卷与暘所称颇相合。是基所欲去者，暘仍为序之，宜拣择之未能悉归精粹也。

陈镒，光绪《处州府志》"文苑"有传：

> 陈镒，字伯铢，丽水人。典教松阳，善诗章，著《午溪集》。

午溪在什么地方？古时候的午溪，就是现在瓯江支流的宣平溪上游，丽水县宣慈乡境内，发源于武义县顶头岗。《处州府志》"山川"宣平有"午溪，西二里，占鳌头山下"。景泰三年（1452），将丽水、松阳、武义三县交界之地建县宣平，县衙设在鲍村，就是今天的武义县柳城镇。公元1300年前后，陈镒出生在鲍村的午溪之畔。所以，陈镒的籍贯严格地说，在元代属于丽水人，在明景泰三年后属于宣平人，如今属于武义人。他在午溪畔建了一栋楼，名叫"绿猗楼"，取自《诗经·卫风·淇奥》"瞻彼淇奥，绿竹猗猗"之意，多数诗作均为在此间所写，其诗集就称为《午溪集》。早年自编的诗集可能是一卷本，后来再编孙炎作序就成为二卷本，及孔暘作序时已有四百多篇，这是不断增补的结果。

元至正十七年（1357）秋，陈镒除青田县主簿，次年三月即迁松阳县学教授。此事在其诗作中有记。《丁酉秋，浙省除青田主簿，戊戌三月再调松阳，感尽愧有作》：

> 牢落乾坤一腐儒，却怜半世事诗书。
> 广文方入中朝选，主簿重承外省除。

长拟报恩忧力薄，更教佐邑愧才疏。

踵门有客来相贺，旋买芳尊剪野蔬。

他在松阳留居了十余年，交游甚广，其间去钱塘二年有余，与诸友多有酬唱。

某年秋天回到松阳，见景生情，作《再用韵答松阳诸友》（时自钱塘回故云）（其二）：

二年孤馆客忘归，身似栖鸟绕树枝。

世路风尘多丧乱，故山松桂几怀思。

黄花红叶秋将晚，流水闲云意自迟。

万事无凭如梦饱，区区谁解悟真饥。

松阳板桥的周权是他的岳父加恩师，因此每年多次往返松阳。如《次韵周山长见寄》就是写给他的妻舅周仲瑜，时任上饶"稼轩书院"山长的：

久客松州生有涯，青山无价尽堪赊。

苦吟只为酬诗债，薄俸多应付酒家。

十载风尘双短屐，半生江海一浮槎。

如今老去宜谋隐，静阅丹书忆少霞。

至正二十年（1360），又是一个庚子年。烽火四起，处州百姓惨遭兵燹之患。陈镒有《庚子岁旦次韵》：

山城兵火经过后，旧业能留有几人？

万事从来皆定数，一杯且喜及新春。

谩怜儿女称吾寿，深荷天公眷此身。

坐对青山无愧色，红尘幸不污渔巾。

时有同乡石抹宜孙以副都元帅镇本路，与刘基、王毅、章溢等均相友善，一批文人组织乡民保卫一方平安。陈镒与石抹宜孙也多有应和之作，并对他寄予厚望。如《奉和经略使李公景仪古诗一首并呈参政石抹公》：

> 栝苍实小郡，居民守悭寒。
> 食鲜乃钓水，茹藿聊采山。
> 迩来遭丧乱，奔走不暂闲。
> 萧条桑柘村，门巷生榛菅。
> ……
> 天生石抹公，理乱历险艰。
> ……

他晚年大部分时间就是在家乡度过的，其时体弱多病。如《病起夜坐》（之二）：

> 自怜衰老貌，灯影雪千茎。
> 药饵扶吾病，诗书寄此生。

为《午溪集》作序的都是当时的名儒，一共有五位：黄溍、张翥、孙炎、孔旸、刘基。遗憾的是文澜阁本将序言删减了。

黄溍是义乌人，元代"儒林四杰"之一。他在序言中评价陈镒的诗："伯铢之诗，一出于自然，未尝以凌高厉空、惊世骇俗为务，指事托物而意趣深远，固能使人览之而不厌者，由其发乎情而不架虚强作也。"

张翥据说是陈镒的老师，后来官至翰林学士承旨。他在序中评论说："丽水陈伯铢，受学外舅此山周君衡之，有《午溪集》一编。余尝读此山诗，喜其深远简劲，有诗家高处。既又读午溪诗，大篇短章，何其声似周君衡之也。"

外舅就是岳父大人。《尔雅·释亲》："妻之父为外舅，妻之母为外姑。"周衡之即周权，松阳板桥人，著有《此山诗集》，前面已有介绍。翁婿两人的作品均被《四库全书》集部收录，在处州大概只有此一例。至正三年（1343）周权去世时，虚岁才六十九，陈镒作《哭外舅此山先生》：

> 才名奕奕冠当今，投老林泉乐意深。
> 太华黄河曾识面，玉堂金马有知心。
> 寿杯未及希年贺，诗卷空添近日吟。
> 慨想音容尚如此，西风吹泪满衣襟。

孙炎是跟着朱元璋打天下的，朱元璋能将刘伯温招至麾下，孙炎功不可没。据孙炎序，他和陈镒均为张翥（字仲举）的学生，因为是同门师兄师弟，所以欣然命笔。

孔旸是曲阜孔氏后裔，时任温州路同知。他在序言中说："今伯铢所赋，无矜持之态，又皆一出于真，此诚真知诗道者，故能仿佛古人，自成一家，则可以传世矣。夫岂一朝一夕之力所至哉？"

刘基就是刘伯温，其时官职为"从仕郎前江浙等处儒学提举"。他在序言中说："丽水陈君伯铢，有《午溪集》一卷，观其所著诗三百有余篇，则皆典雅有思，致辞发乎情而不愆乎义，可传于世而不必其多者也。"

《午溪集》共 10 卷，460 首诗，有五言律诗、七言律诗、七言绝句等。前些年"田园松阳文化丛书"第三辑收入了汤山点校的《午溪集》校注本。

刘基与《诚意伯文集》

《诚意伯文集》收入《四库全书》集部第 1260 分册第三页。作者刘基，明代处州青田县人。

根据《四库全书》提要，《诚意伯文集》二十卷（浙江巡抚采进本）：

> 明刘基撰。基有《国初礼贤录》，已著录。其诗文杂著凡《郁离子》四卷、《覆瓿集》十卷、《写情集》二卷、《春秋明经》二卷、《犁眉公集》二卷，本各自为书。成化中，巡按浙江御史

戴鳌等始合为一帙，而冠以基孙鹰等所撰《翊运录》。盖以中载诏旨制敕，故列之卷首。然其书究属鹰编，用以编入卷数，使此集标基之名，而开卷乃他人之书，殊乖体例。今移缀是录于末简，以正其讹。余十九卷则悉仍戴本之原次，以存其旧。基遭逢兴运，参预帷幄，秘计深谋，多所裨赞。世遂谬谓为前知，凡谶纬术数之说，一切附会于基，神怪谬妄，无所不至。方技家递相荧惑，百无一真。惟此一集，尚真出基手。其诗沉郁顿挫，自成一家，足与高启相抗。其文阂深肃括，亦宋濂、王祎之亚。杨守陈《序》谓"子房之策不见词章，玄龄之文仅办符檄，未见树开国之勋业，而兼传世之文章，可谓千古人豪"。斯言允矣。大抵其学问智略如耶律楚材、刘秉忠，而文章则非二人所及也。

刘基（1311—1375），字伯温。元末明初处州青田人。他的老家在南田镇武阳村，这是一个坐落于海拔600多米的山间湿地的小村庄，因为终年云雾缭绕，本名"雾洋"，后改名为"武阳"，方言发音是一样的。南田山在青田县城南一百五十里处。南田山的形势，乃是"万山之巅，独开平壤数十里，号南田福地"。《洞天福地记》中记载说："古称七十二福地，南田居其一。"

关于武阳的地名，还有一个传说。说是刘基的五世祖刘集，本居于丽水县竹洲村，因到丽阳殿拜佛回去当晚便做了一个梦：在一片田野里看见一位老人举着羊头挥舞着。不久刘集来到了南田山武阳水口，看见有一群山羊在田野里嬉戏斗闹。问当地人地名，说这里是"武阳"。刘集一听"武阳"不就是"舞羊"吗？认为这里就是上天恩赐风水宝地。于是刘集举家迁到这里繁衍生息，后来便有了刘基。

关于刘基，有太多的传说，基本上是在他去世后不断拔高、神化，以至让人看不清他的真实面貌。

刘基是明朝的开国元勋，辅佐朱元璋夺了天下，这是没什么疑义的。但是说他是立德、立功、立言的"三不朽伟人"，甚至说"三分天下诸葛亮，一统江山刘伯温"，似乎就有点过了。太祖朱元璋也许说过，称刘基为"吾之子房也"，但因此就把他与协助汉高祖刘邦打天下的张良相提并论，是言过其实的。

至正二十年（1360），刘基与宋濂、章溢、叶琛被朱元璋看中请至应天府成为谋臣，世人称为"浙东四先生"。《明史》对他们的评价是：

> 　　基、濂学术醇深，文章古茂，同为一代宗工。而基则运筹帷幄，濂则从容辅导，于开国之初，敷陈王道，忠诚恪慎，卓哉佐命臣也。至溢之宣力封疆，琛之致命遂志，宏才大节，建竖伟然，洵不负弓旌之德意矣。

天下平定以后，在洪武三年（1370），朱元璋对各功臣论功行赏时，对刘伯温的赏赐为：开国翊运守正文臣、资善大夫、上护军，封"诚意伯"，食禄二百四十石。

按当时爵位高低，公、侯、伯、子、男5个爵位，只排在第三档。据《万历会典》：

> 　　洪武三年（1370），大诰武成，论功行赏，公爵者以徐达为首共二十五人，侯爵者有唐胜宗、陆仲亨等共七十九人，伯爵者有刘伯温、汪广洋等十二人……

同为"浙东四先生"的叶琛都被封为"南阳郡侯"，比刘基靠前二十几名。

排在刘基前面的有104人之多，与排在第一位的"魏国公"徐达，食禄五千石相比，差距实在是太远。

但是朱元璋登上皇帝位后，在确定处州税粮时，对青田县又是特别开恩不加税，并说："要让刘伯温家乡世代把此事传为美谈。"这似乎又是对刘基另眼相看。

刘基被谥封为"文成"是明武宗正德八年（1513）的事了，朝廷赠他为太师，谥号文成，此时距他去世已将近140年。

明嘉靖七年（1528），处州知府潘润等奏请朝廷，在括州城内的富山顶上，利用三皇庙的废址建了"开国元勋祠"。如今的"刘祠堂背"地名就因为此。

明世宗嘉靖十年（1531），刘基的同乡、刑部郎中李瑜向明世宗朱厚熜上疏说："（刘）基宜侑享高庙，封世爵如中山王（徐）达。"朝廷再度讨论刘基的功绩，并决议刘伯温应该和徐达等开国功臣一样，配享太庙。在这一年，刘基的九世孙处州卫指挥刘瑜袭封为"诚意伯"爵位。

刘基有《诚意伯文集》20卷传世，收有赋、骚、诗、词1600余首，各种文体文230余篇，主要作品有：《郁离子》《复瓿集》《写情集》《犁眉公集》《春秋明经》《卖柑者言》《活水源记》《百战奇略》《时务十八策》及诗词《春蚕》《五月十九日大雨》《旅兴》《薤露歌》《美人烧香图》《蜀国弦》《梁甫吟》等。

里面并没有民间流传很广的《烧饼歌》，那些顺口溜式的预测诗歌，不大可能出自大文豪刘基之手，应该是后人伪托，不能当真。

青田石门洞刘基祠

叶子奇与《草木子》

《草木子》收入《四库全书》子部第886分册第七一三页，杂家类。作者叶子奇，明处州龙泉县人。

根据《四库全书》提要，《草木子》四卷（两江总督采进本）：

> 明叶子奇撰。子奇有《太玄本旨》，已著录。考子奇所著诸书，有《范通玄理》二卷，《诗》十六卷，《文》二十卷，《本草医书节要》各十卷，《齐东野语》三卷，又《馀录》若干卷，纪元季明初事最详。今惟《太玄本旨》及此书存，此书黄衷序云二十二篇，郑善夫序又云二十八篇。正德丙子，其裔孙溥以南京御史出知福州，重刻之，约为八篇，曰管窥，曰观物，曰原道，曰钩玄，曰克谨，曰杂制，曰谈薮，曰杂俎。每二篇为一卷，即此本也。善夫序又云：旧本今纂为四，《野语》今纂为二，并曰《草木子》。则似此四卷已合《野语》为一书。然四卷二卷当为六卷，不当为八卷。《野语》今无别本，无由质其异同，莫之详也。子奇学有渊源，故其书自天文、地纪、人事、物理，一一分析，颇多微义。其论元代故事，亦颇详核。惟贾鲁劝托克托开河北水田，造至正交钞，求禹河故道，功过各不相掩，子奇乃竟斥之为邪臣，则不若宋濂《元史》之论为平允也。书前有子奇自序，题戊午十一月，乃洪武十一年，即子奇罢巴陵主簿，逮系之岁。此书盖其狱中所作云。

叶子奇（约1327—1390），字世杰，一名琦，号静斋。元末明初处州龙泉人。自幼专业于学，尝师从刚叔先生王毅，明"理一分殊"之论旨。悟圣贤之学以静为主，所以自号"静斋"。其时王毅的"木讷斋"在处州很有名，他门下的学生有刘基、宋濂、章溢、叶琛，这批人被朱元璋搜罗后得以重用，号称"浙东四先生"，为朱元璋打天下立下了汗马功劳，后

来都在明王朝做了大官。叶子奇学术水平不在上述同学之下，却官运不通，只做了湖南巴陵县的主簿。

洪武十一年（1378）的二月十五日，巴陵县照例举行祭祀城隍神活动。祭祀仪式尚未开始，一群小吏聚在城隍庙后厢，偷偷喝"猪脑酒"。我不知道是酒里浸泡了猪脑，还是猪脑用酒煮着吃，更不明白为什么祭祀要用"猪脑酒"，古代中药方里倒是有"猪脑酒"。叶子奇去时也许没看见他们偷喝，也许看见了未加阻止，反正他在现场，事后也未向上级打小报告。结果被几个有"政治敏感性"的同学告发了，而且上纲上线，"猪"音同"朱"——喝"猪脑酒"，不就是喝"朱脑酒"吗？！这就成了重大的政治问题。

叶子奇因此事受牵连，就进了牢房。面对突如其来的打击，叶子奇只能哀叹自己命运不济，这下子是跳进黄河也洗不清了，就是被冤枉死也无处申冤。朱元璋的严刑峻法，让朝廷里的官员都人人自危，何况小民百姓，更何况是已有了犯罪事实的人。然而，作为一个知天命的人，是不会轻易向命运低头的。他想起昔时虞卿穷愁而著书、左丘明失明而著《国语》、司马迁受腐刑而著《史记》，不正是人生的磨难成就了大作，才名垂青史的吗？他忽然就想通了，不管以后能否活着出去，先利用坐牢的时间开始写作吧。于是找到了囚室一角的一堆烂碎的纸笺，用破瓦片磨墨，开始他的写作。把平时自己的阅历、见闻、思考、感悟一一记下，"遇有所得，即书之，日积月累，忽然满卷"。终于等到出狱，回到龙泉老家，从此发誓远离官场，专心读书著述，着手整理这些破纸片，编成了《草木子》一书。

叶子奇在《自序》中说："予适至学，亦以株连而就逮，幽忧于狱，恐一旦身先朝露，与草木同腐，实切悲之。"人生一世，草木一秋。也许是感叹人生也如草木般短暂、脆弱，所以就取名《草木子》。又说"万一后之览者牺尊而青黄以文之，未可知也；弃而为沟中物，亦未可知也。容讵必之乎？故语才识高下，理义之浅深，虽不敢比伦于数子，出于穷愁疾痛而用心则一也。千虑一得，尚期穷理者择焉"。落款"洪武十一年戊午冬十一月二十又七日，静斋叶子奇自序"。洪武十一年春天事发，坐牢几个月，当年冬天成书，说明是回家后急就而成。

从《草木子》内容来看，涉及天文、历史、博物、哲学、医学和音律等各个方面，说明叶子奇博学多识，且多有自己独特的见解。要知在牢中写作全凭记忆，没有各种书籍可供参考啊。

《草木子》书成之后，历代多次重刊行世。

明弘治十八年（1505），叶子奇的裔孙叶溥考中了进士，明正德十一年（1516），叶溥任福州知府时，为叶子奇出版了《草木子》。

一百年后，明万历三十四（1606）年，又有人重刻出版《草木子》。有松江学者林有麟（字仁甫）作序，《明史·艺文志》已记入叶子奇及其著作。

乾隆二十五年（1760），陕西人进士出身的苏遇龙任龙泉知县。苏知县十分重视发掘地方文化，主持编修了《龙泉县志》，搜集地方文献。在乾隆二十七年（1762）再次重印了《草木子》，并亲自作序。

同治十三年（1874），处州知府潘绍诒主持收集出版处州各县历代名著，叶子奇的《草木子》亦列其中。

民国二十六年（1937），青田刘耀东编"括苍丛书"第一集，收录郑汝谐《论语意原》等8部著作，将叶子奇《草木子》四卷列为第二篇。2014年，丽水市社科联出版了《括苍丛书》点校本。

今天我们还能读到《草木子》，不仅是叶子奇的幸运，终于没有成为"沟中物"；更是我们的幸运，能与六百多年前的学人对话。

刘琏与《自怡集》

《自怡集》收入《四库全书》集部第1269分册第二二九页，别集类。作者刘琏，明代处州青田人，刘基长子。

根据《四库全书》提要，《自怡集》一卷（浙江巡抚采进本）：

> 明刘琏撰。琏，字孟藻，青田人，诚意伯基长子。洪武十
> 年，为考功监丞兼试监察御史，出为江西布政司右参政，卒年三

十二。是集为其子廌所编，末附洪武十三年国史院编修官吴从善所作哀辞，备述基从太祖起兵，琏在南山日，制驭诸草寇，请设谈洋巡检，以靖逃盗之源，及沮沈立本媚附权臣事，惟以材略气节称之，不及其文章。卷首载秦府纪善黄伯生《序》，称尝见其遇事刚果，坐折奸佞，不挠不阿，宜其少年锐气盛满于中。今读其诗，顾乃温柔冲淡，怛然有爱君忧国之至情，而自视歉然，如有不足，以为庶几于闻道。今观此集，惟七言律诗颇涉流利圆美，不出元末之格，然仅四首，盖非所喜作。至于五言古体，居集中之大半，皆词旨高雅；而运思深挚，殆于驾两宋而上之以继犁眉公诸集，可谓不愧其父。而明人罕称道之者，殆转以勋阀掩钦。

刘琏（1348—1379），字孟藻，处州青田人，为刘基的长子。元惠宗至正八年（1348）出生于杭州，其时他的父亲刘基任江浙儒学副提举。洪武八年（1375）正月下旬，刘基感染了风寒，不料服了胡惟庸所配的药后，病情加重，不久就暴病身亡。也许是朱元璋对刘基有内疚之心，洪武十年（1377），才二十岁的刘琏被提拔为考功监丞，历试监察御史。次年四月，出为江西等处承宣布政使司右参政，绩阶至中奉大夫，太祖曾想培养他成为国家的栋梁之才。但是胡惟庸把刘基的后人也视为眼中钉，怕有朝一日掌握了大权后，刘基的后人要为刘基翻案，自己受到清算。于是指使手下人迫害刘琏，刚烈的刘琏宁为玉碎不为瓦全，投井而亡。卒于洪武十二年（1379）六月，年仅三十二岁。对此，朱元璋在同年九月写了一篇祭刘琏的祭文，也许是以此掩人耳目，按常理，没有太祖的授意，胡惟庸不敢将刘琏迫害致死。

《明史·列传第十六卷》在刘基传中写到刘琏：

> 琏，字孟藻，有文行。洪武十年授考功监丞，试监察御史，出为江西参政。太祖常欲大用之，为惟庸党所胁，堕井死。琏子畾（léi）（应该是廌，也许有两个名字），字士端，洪武二十四年

三月嗣伯，食禄五百石。初，基爵止及身，至是帝追念基功，又悯基父子皆为惟庸所厄，命增其禄，予世袭。明年坐事贬秩归里。洪武末，坐事戍甘肃，寻赦还。建文帝及成祖皆欲用之，以奉亲守墓力辞。永乐间卒，子鹰停袭。景泰三年命录基后，授法曾孙禄世袭《五经》博士。弘治十三年以给事中吴士伟言，乃命禄孙瑜为处州卫指挥使。

"太祖常欲大用之，为惟庸党所胁，堕井死。"短短一句话，掩盖了多少罪恶的勾当。

刘琏的《自怡集》只有一卷，仅录九十四首诗文，既有题画的，也有摹写山水的，他虽有文才，但他写作纯属业余爱好，他的主业是从政，想为国家出力。《自怡集》是他去世后由儿子刘鹰所辑，在父亲刘琏去世的次年就已经刊刻。

黄伯生作于"洪武十三年二月望日"，也就是刘琏去世的次年的《原序》，对刘琏给予了高度的评价：

> 余尝见其奏封详明，遇事刚果，坐折奸佞，不挠不阿，宜其少年锐气盛满于中，今读其诗，顾乃温柔冲淡坦然，有爱君忧国之至情，而自视歉然如有不足，噫若孟藻非所谓有德，而庶几乎闻道者耶？

在不多的诗文中，有多首写家乡的山水，如写处州的白云山，有《登白云山》：

> 白云山上树层层，万里秋空入眼明。
> 我著芒鞋看画壁，山僧相见不知名。

又如写著名的括苍古道《冯公岭》：

鸡鸣出北郭，戒徒饬装仗。

早发神颇疲，亭午心始畅。

行行陟危巅，路出林木上。

兹岭号冯公，何年得名状。

想当开凿初，斯人通塞障。

根从西北来，气是东南壮。

万里生长风，烟云中浩荡。

登高望我乡，心情增怆怅。

役役征途间，默默几得丧。

何当息尘鞅，终年遂疏放。

既写了古道的险峻，更表达了离开家乡的惆怅之情。

还有《隘头山》，就是冯公岭上到桃花岭，再到括苍古道的最高处，俗话说"隘头半天高，桃花云里过"，就是描述此处的惊险与高峻，如今那里还有一个叫隘头的自然村，古时行人至此必歇脚再行。刘琏的《隘头山》：

策杖跻绝壁，徒步穿远林。

木叶泫清露，晓气光沉沉。

白云拥涧谷，浩若沧溟深。

数峰出青翠，秀色倩人心。

间关林中鸟，和音奏鸣琴。

芬菲道旁花，芳香袭幽襟。

适意岂不乐，但恐岁月侵。

越此即他乡，矫首空长吟。

过了此地，即到他乡，何时才能归来？也许这就是他最后一次过桃花岭了。

《自怡集》附录收有吴从善的《故参政刘君孟藻哀辞》，曰：

　　孟藻性和易，见机明决，虽待人无忤而内怀刚正，动率循律，于非义际毅然有不可夺之节。……人之生患于无才，有才患不见用，既用患不能显。而得君以行其志，今孟藻才已用于时，尊且显矣！忠知于君而泽加于人矣！家为贤子，国有良臣，保有名爵正而毙焉，生荣死哀尚何道哉。

刘璟与《易斋集》

　　《易斋集》收入《四库全书》集部第1272分册第三四三页，别集类。作者刘璟，明代处州青田人，刘基次子。

　　根据《四库全书》提要，《易斋集》二卷（浙江巡抚采进本）：

　　明刘璟撰。璟，字仲璟，青田人，诚意伯基之次子。洪武二十三年，太祖命袭父爵，以让其兄子廌，乃特设合门使授之，寻为谷王府左长史。燕王称兵，随谷王归京师，令参李景隆军事。兵败，上书不见省，遂归里。燕王即位，召之，称疾不至。逮入京，下狱，自经死。乾隆四十一年，赐谥忠节。事迹附见《明史·刘基传》。其遗文久佚不传。明末，杨文骢令青田，从诸生蒋芳华家得抄本，始以授梓。考黄虞稷《千顷堂书目》载《璟集》十卷，疑此尚非完帙。又别有《无隐稿》一卷，今佚不见。其与此本同异，亦莫可考也。璟少通诸经，慷慨喜谈兵，太祖尝以为真伯温子。而诗文伤于粗率，颇逊其父。天台卢廷纲称其诗云："酒酣落笔词愈工，命意不与常人同。清如冰瓯玉碗贮繁露，和如大廷清庙鸣丝桐。疾如黄河怒风卷涛浪，丽如锦江秋水涵芙蓉。"虽誉之未免过实，然其气势苍劲，兀傲不群，犹有《覆瓿集》之一体。且其值革除之际，捐生完节，不坠家声，尤宜以其人而重之矣。

刘璟（1350—1402），字仲璟，又字孟光，处州青田人。刘璟是刘基次子，刘琏之弟。洪武二十三年（1390），他本可以世袭父亲"诚意伯"的爵位，却主动让给已去世的哥哥刘琏的儿子刘廌。于是太祖又特设了一个"合门使"的官位授予他。

刘璟从小好学，精通诸经，喜谈兵书，讲究韬略。洪武十四年（1381），温州处州一带有叶丁香、吴达三起事造反，朝廷命延安侯唐胜宗率兵征讨。刘璟担任了参谋一职，运筹帷幄，初露锋芒。唐胜宗打了胜仗班师还朝，向皇上汇报了刘璟的才华和胆略，太祖朱元璋称赞说："璟，真伯温之子也。"于是每年都诏召入朝拜见，还赐给他一块"除奸敌佞"的铁简，凭这个铁简，可以"百官不法，持此纠正"，相当于尚方宝剑。

洪武三十一年（1398），朱元璋病逝于应天，朱允炆即位，是为建文帝。建文元年（1399），燕王朱棣和朝廷之间开始了一场长达三年的血腥皇位争夺战，后来这场战争被掩饰而说成是"靖难"之役。南京告急，刘璟还京参加了皇帝保卫战，他献上了十六条计策却未被采纳，参与李景隆军事北伐，李又不听刘璟的计策，于是战争失败。建文二年（1400），刘璟带病赴京，奉上了一部叫《闻见录》的万言书，陈述用兵救国的办法，可惜年轻的皇帝也未采纳，于是没有用武之地的英雄刘璟弃官归隐老家南田。

1402年，明成祖朱棣登基，他素闻刘璟的才情，便下诏刘璟入京进见，刘璟居然抗命称病，拒绝不去。为此朱棣又气又恼，既然敬酒不吃吃罚酒，就下旨捉拿刘璟到京。据说刘璟被捕入京，时值端午节前一天。村里人知道刘璟的脾气和性格，这次进京肯定凶多吉少，于是家家提前做粽子，煮鸡蛋，为刘璟饯行。五月初五端午这一天，刘璟和众乡亲在华盖山与天耳山的坳口挥泪告别。

进京见到朱棣后，刘璟以"人臣事主，死而不贰"为由，坚决不接受朱棣封给的官职，而且对朱棣不称呼"万岁"，依旧照过去的称呼叫"殿下"，还说："殿下百世之后，还逃不得一个'篡'字。"如此当面顶撞皇上，简直是自找死路，立即被投入大牢。当晚，刘璟知道自己难免一死，便在狱中自缢身亡，时年52岁。

明朝的忠臣有几个不怕死的,最著名的如方孝孺。

方孝孺是宋濂的得意门生,明太祖朱元璋死后,建文帝即遵照太祖遗训,召方孝孺入宫并委以重任,先后让他出任翰林侍讲及翰林学士。在建文帝与朱棣的战争中,讨伐燕王的诏书檄文都出自方孝孺之手。 燕王进京后,文武百官大多见风转舵,投降燕王。燕王朱棣命令方孝孺草拟即位诏书,方孝孺始终不屈,最终被凌迟处死,时年四十六岁,同时被灭十族,除了九族亲戚,还加上学生。

虽然是朱姓家中内斗,成王败寇照样适用。一直到明崇祯年间,大明气数已尽,眼看江山需要忠臣来保卫,于是想到了大明建国初期的刘璟,再追封他为"大理寺少卿",谥"刚节"。清朝乾隆年间,再赐谥号为"忠节"。方孝孺在南明弘光帝时才被追谥"文正"。他们用自己的生命,诠释了什么叫作文人的"气节"。

《易斋集》诗文二卷中,收有诗148首,骚赋、琴操等14首,文48篇。崇祯十五年(1642),时任永嘉县令的杨文骢,字龙友,贵州人,曾经当过青田县令,他博学好古,善画山水,为"画中九友"之一。他收集了刘璟的著作编为《易斋集》,并作序评论说:"其诗歌小赋,情旨缠绵,言辞亢爽,恻恒而和平。序记之文,议论光伟,笔势雄健,斐然成章矣。"

刘璟有一首描写家乡胜景的诗《石门洞》云:

> 洞天山水最清奇,架壑连岩结构危。
> 石径云深荒蔓草,野林霜晓熟棠梨。
> 入山却下听猿泪,看瀑长吟谢客诗。
> 夜宿群峰最高处,俯看星宿列珠玑。

刘璟还有一篇《恬淡轩记》,写的是县城东南十五里的少微山,上有宫殿楼阁,有紫虚观等建筑,是一篇描写明初时期少微山胜景的重要资料。

南田武阳村

刘廌与《翊运录》

《翊运录》收入《四库全书》总目第1549分册第三五九页。作者刘廌，处州青田人，为刘基之孙。

根据《四库全书》提要，《翊运录》二卷（江苏周厚堉家藏本）：

> 明刘廌编。廌，诚意伯基之孙也。是书成于永乐中。集其祖父所得御书、诏诰及行状、事实，以为此录。取诰文中"开国翊运"之语为名。同郡王景为之序。成化中，巡按浙江御史戴用以版久漶漫，因增辑重梓，杨守陈为之序。嘉靖初，从处州府知府潘润之请，以基九世孙瑜袭爵。瑜因复增入袭封诰敕，及部议、题本、谢恩表之类，自为《后序》。二卷之首。杂入基表颂五篇，颇为不伦。以序文考之，即瑜所增入。盖徒欲侈陈祖德，为阀阅之光，而未知著述体例者也。

从提要可知，《翊运录》是刘基的嫡孙刘廌搜集有关资料，为祖父刘基存史而编。刘基九世孙刘瑜又增加了一些内容，并加了《后序》。翊运，意为护卫国运，常用于为国捐躯的忠臣义士。如宋朝周密在《癸辛杂识·张世杰忠死》里有言："臣死罪，无以报国，不能翊运辅主，惟天鉴之。"因刘基曾被授予"开国翊运守正文臣"称号，所以这个词用在刘基身上是最为恰当的了。刘廌还请了当时颇有名望的翰林学士、松阳人王景作序。

王景（1336—1408），字景彰，号常斋，松阳人。明洪武四年（1371）中乡试，授怀远县教谕。不久就应诏入朝，作《京城钟鼓楼记》，太祖朱元璋看后颇为赏识，升开州（今重庆市开州区）知府。明成祖朱棣永乐初（1403）授礼部侍郎兼翰林侍讲，继升翰林学士，"一时诏敕皆出其手"。参与纂修《永乐大典》和《太祖高皇帝实录》。致仕后，移居池州铜陵县。

刘廌（约1367—1413），字士端，号约斋，又号闲闲子，为处州青田（今为温州文成南田）人。他是明代开国元勋刘伯温的长孙，参政公刘琏的长子。

刘廌的祖父刘基，元统元年（1333）一举考中进士，后授高安县丞，迁江西行省椽、江浙儒学副提举。至正二十年（1360），被朱元璋请至应天（今南京），委任他为谋臣。洪武三年（1370），太祖授刘基为弘文馆学士，十一月，大封功臣，又授刘基为开国翊运守正文臣、资善大夫、上护军，封诚意伯，食禄二百四十石。第二年，赐刘基还归家乡。刘基隐居家乡南田武阳，虽然"只饮酒弈棋，口不言功"，但还是让朱元璋不放心，后因左丞相胡惟庸诬陷而被夺禄。入京谢罪后，不久受了风寒，吃了御医开的药病情反而加重，在病入膏肓时才准许回乡。洪武八年（1375）四月在家逝世。在逝世一百多年后，明武宗正德八年（1513），朝廷赠他为太师，谥号"文成"。

刘廌的父亲刘琏（1348—1379）字孟藻，洪武十年（1377）授考功监丞，试监察御史，出为江西参政。太祖曾想重用他，但为胡惟庸党所威胁，跳井自杀身亡，时年32岁。王景在《翊运录·序》里有对刘琏的评价："以廉能见褒于制诰。可谓耀于前而光于后矣。"

洪武二十三年（1390），刘廌袭因叔父刘璟相让而封诚意伯，增禄二百六十石，共食禄五百石，同时被封为特进光禄大夫，职官正一品，妻子常氏封夫人。但是才过一年，就因"坐事贬秩归里"，具体什么问题不清楚。"欲加之罪，何患无辞"，要找你问题还不容易？洪武三十年（1397），被遣戍到甘肃，三月后才赦还。

刘廌的叔父刘璟（1350—1402），也是一个"少年通经，才学过人"的文武全才。1402年，明成祖朱棣登基后，诏刘璟入京却被拒绝。最后派人把他押到北京，但见到朱棣后，对朱棣不呼"万岁"，还称为"殿下"，并说："殿下百世后，逃不得一个'篡'字。"当即被投入牢狱。当晚，刘璟便在狱中用发辫自缢，时年52岁。

刘廌想起祖父、父亲、叔父的下场，深知官场的险恶，从此无心仕途。朝廷有几次想重新起用他，但他以奉亲守墓为由竭力推辞，在家乡耕种读书，以纵情山水为乐。并将祖父资料进行整理编辑成《翊运录》，书中录有：御书8篇、诏诰祭文12篇、颂表5篇、杂录6篇，计1万字。另外还写了《盘谷集》10卷传世。据说浙江图书馆古籍部藏有《翊运录》一卷，系清顺治三年（1646）宛委山堂刻本。

南田武阳，确实是个归隐的好地方。2020年春，笔者自驾经景宁、文成西坑镇，先到梧溪村，再到南田镇，去武阳村，对南田的偏僻有了切身的感受。南田武阳，距青田县城一百五十多里地，原名叫"雾洋"，海拔600多米，因终年云雾缭绕而得名，中间是一块山间湿地，可种水稻和荷花，是个修身养性的好地方。《洞天福地记》中记载说："古称七十二福地，南田居其一。"

文成县，1946年才从瑞安、青田、泰顺三县边区析置而成，以刘基的谥号"文成"为县名。现在的文成县南田镇，围绕伯温故里做了许多旅游开发的文章，那里还有刘基祠、刘基故居以及一所新修的书院。附近还有一个景点叫"百丈漈"。当然，游客很少。

现在的刘基祠也称"诚意伯祠"，建于刘基去世的半个世纪后。天顺元年（1457），刘基六世孙奏请立"诚意伯祠"，第二年英宗同意敕建。于是由时任浙江布政司右布政白圭、处州知府万安、青田县丞郭仲礼逐级落实，天顺三年（1459）十二月初在南田正式建成，如今庙内还有天顺五年（1461）礼部侍郎姚夔撰的碑文，详细记述了刘基生平。他的两个儿子刘琏和刘璟配享，分立左右。

刘祠堂背

包瑜与《韵府续编》

《韵府续编》收入《四库全书》总目第1551分册第四〇〇页，类书类存目。作者包瑜，明处州青田县人。

根据《四库全书》总目提要，《韵府续编》四十卷（内府藏本）：

> 旧本题元青田包瑜撰。考《栝苍汇纪》，包瑜，字希贤，青田人。景泰庚午举人。官教谕。著有《周易衍义》。黄虞稷《千顷堂书目》载包瑜《周易衍义》，注曰成化中浮梁知县，则瑜实明人。观书中所列部分，已用《洪武正韵》，是其明证。盖鬻书

者以其版似麻沙，故割去原序，伪为元刻耳。其书补阴氏《韵府群玉》之遗，丛脞庞杂，殊无可采。惟间附考证案语，与《韵府群玉》体例小有不同。

要了解《韵府续编》必须先了解《韵府群玉》。

《韵府群玉》是现存最早的韵书，由元代江西奉新人阴幼遇（字时夫）在他的父亲阴应梦（1224—1314）的指导下编撰，其弟阴幼达（字中夫）作注。全书共二十卷，分韵为一百零六部，收单字8820个，词语3万余条。元初翰林学士滕玉霄说此书："经史子传搜猎靡遗，是又能以有穷之韵而寄无穷之事，亦奇矣！"清朝康熙年间张廷玉等人奉旨修撰音韵巨著《佩文韵府》时，将《韵府群玉》全部录入。《韵府群玉》也被收入《四库全书》子部第971和972分册。

靠个人力量编这么一部大型工具书，疏漏在所难免。因此，阴幼遇说："遗则续之，误则正之，以便初学，幸甚！"

包瑜也许正是根据时夫的这个愿望，才动手为此书作续编。

光绪《处州府志》"文苑"有传：

> 包瑜，字希贤，青田人，由举人任教谕，致仕归。淮王币聘修书，进讲便殿，赐坐。进所著《通鉴事类》一百二十一卷、《左传事类》四十卷。王阅之，甚喜，遂梓行。仍命工肖瑜像，亲为赞曰："见道之真，履道之正，咳唾古今，窥窬贤圣。传猎经搜，回瓢点咏，衣冠肃如，后学企敬。"居七年，告老归。

光绪《处州府志·选举志》"举人"有载：

> 景泰庚午科（1450），包瑜，青田人。

又据光绪《青田县志》有传：

包瑜，字希贤，笃学力行，言动皆以圣贤法，中景泰庚午举人，官教谕，升浮梁知县，致政归。淮王闻其贤，币聘修书，进讲便殿，辄称先生，仍命工肖瑜像，亲为赞曰："见道之真，履道之正，咳唾古今，窠窦贤圣。传猎经搜，回瓢点咏，衣冠肃如，后学企敬。"所著《通鉴事类》一百二十卷、《左传事类》四十卷，王皆为梓行，撰述甚多，祀乡贤。

其时淮王为朱祁铨（1435—1502），是淮靖王朱瞻墺的长子，正统八年（1443）三月初九日封世子，正统十二年（1447）正月十五日，继承父亲的王位成为第二代淮王，去世后谥号"康王"。淮王府驻地，宣德十年（1435），淮靖王从广东韶州迁江西饶州（今鄱阳县博物馆附近），2011年有关部门对遗址进行了挖掘，可见当时的气势规模。

另据《浙江通志》卷一百三十五"浙士登科考"有载：景泰元年（1450）庚午科浙江乡试，中式举人共一百五十二名，其中第一百一十四名为"包瑜，青田廪生《书》"。

中了举人后的包瑜到底在哪里任教谕呢？

据康熙《建宁县志》有"明，以下教谕"有：

包瑜，青田人，景泰二年（1451）任。

又据万历《南昌府志》明代景泰间"教谕"有：

包瑜，青田人，贡士。

又据康熙《青州府志》载：

包瑜，字希贤，青田人，任邵武、进贤、浮梁、临淄四县教谕，号稽古，著有《通鉴目事类》《韵府续编》。

以上所述说明包瑜在多个地方担任过教谕，在浮梁是否如《青田县志》所载当过知县等，还需进一步考证。

据徐象梅《两浙名贤录》有《教谕包希贤瑜》：

  包瑜，字希贤，青田人，穷经博古，笃学力行，一言一动无不以圣贤为法。由举人任教谕，非其好也。淮王闻其贤，修书币聘，进讲便殿，辄称先生。所著《通鉴事类》一百二十卷、《左传事类》四十卷，王阅之喜甚，遂梓行，仍命工肖瑜像，亲为之赞曰："见道之真，履道之正，咳唾古今，寤寐贤圣。传猎经搜，回飘点咏，衣冠肃如，后学企敬。"居七年，告归投老，撰述甚多，以寿卒。

包瑜具体生卒年不可考，但其长寿是无疑的。他告老还乡后，还应平阳县知县王约延聘，于弘治五年（1492）与平阳孔彦雍一起主编了弘治《平阳县志》。

另据乾隆《宣平县志》载，包瑜的女儿还是一位烈妇，他的女婿就是如今莲都区曳岭脚村、曾为蓝田县丞的蔡俨。

据成化《处州府志》卷第十七"宣平县""贞节"章记载：

  蔡俨妻包氏：幼有淑质，至适俨，勤于内助。正统己巳（1449），乡寇作耗，包氏从舅姑避难东岩。岩破，包氏被执，绐（dài，欺哄）贼曰："我有金银藏岩穴中。"贼以为然，同至其所，自投岩死。成化二年（1466）有司以闻，旌其门。

老竹镇的东西岩，山势奇险，也是附近村民躲避兵燹匪患的好地方，历代都有故事。其时，老竹陈鉴湖、陶德义配合叶宗留组织矿工造反，据守宣慈作乱，后被官兵镇压。为了加强管理，于是景泰三年（1452）设立了宣平、景宁和云和三县。

景泰四年（1453），包瑜为曳岭脚新落成的蔡氏宗祠写了一篇《重建括苍蔡氏祠堂记》，自署"乡进士、任江西南昌府丰城县儒学教谕、青田包瑜"。其石碑尚存曳岭脚蔡氏宗祠内。

包瑜如果二十岁生女儿，女儿死时算二十岁，包瑜在景泰元年（1450）中举人时也已是四十多岁了，而弘治五年（1492）受邀参与《平阳县志》时至少是八十多岁了，而去世可能是鲐背之年了。

潘辰与《明会典》

《明会典》收入《四库全书》史部第628—629分册。从其提要来看，处州景宁县潘辰是主要编纂者之一。

根据《四库全书》提要，《明会典》一百八十卷（江苏巡抚采进本）：

> 明弘治十年奉敕撰。十五年书成，正德四年重校刊行。故卷端有孝宗、武宗两序。其总裁官为大学士李东阳、焦芳、杨廷和，副总裁官为吏部尚书梁储，纂修官为翰林院学士毛纪、侍讲学士傅珪，侍读毛澄、朱希周，编修潘辰，并列衔卷首。然皆武宗时重校诸臣。其原修之大学士徐溥等，竟不列名，未详当日何意也。其体例以六部为纲，吏、礼、兵、工四部诸司，各有事例者，则以司分。户、刑二部诸司但分省而治。共一事例者，则以科分。故一百八十卷中，宗人府自为一卷弁首外，余第二卷至一百六十三卷，皆六部之掌故；一百六十四卷至一百七十八卷，为诸文职；末二卷为诸武职，特附见其职守沿革而已。南京诸曹，则分附北京诸曹末，不别立条目。惟体例与北京异者，乃别出焉。其官制前后不同者，如太常司改为太常寺之类，则书其旧名，而注曰后改为某官。其别开公署者，如鸿胪寺本为仪礼司之类，则书其新名，而注曰本为某官。其户口贡赋之盈缩、制度科条之改易，亦相连并载，以见变通创建之由。大抵以洪武二十六年诸司职掌为主，而参以《祖训》《大诰》《大明令》《大明集礼》《洪武礼制》《礼仪定式》《稽古定制》《孝慈录》《教民榜文》《大

明律》《军法定律》《宪纲》十二书。于一代典章，最为赅备。凡
史志之所未详，此皆具有始末，足以备后来之考证。其后嘉靖八
年复命阁臣续修《会典》五十三卷，万历四年又续修《会典》二
百二十八卷。今皆未见其本，莫知存佚。殆以嘉靖时祀典太滥，
万历时秕政孔多，不足为训，故世不甚传欤？

《明会典》也称《大明会典》，始纂于弘治十年（1497）三月，共180
卷。经正德时参校后刊行。嘉靖时经两次增补，万历时又加修订，撰成重
修本228卷。《明会典》以六部官制为纲，以事则为目，分述明代开国至
万历十三年200余年间各行政机构的建置沿革及所掌职事，是明代为规范
当时典章制度、一部以行政法规为主的法典，记载十分完备，凡《明史》
所未载者，多有交代，为研究明代史的重要文献。虽然是集体智慧的结
晶，却深受主笔者的学识影响。

潘辰在《明史》卷152中有传：

> 潘辰，字时用，景宁人。少孤，随从父家京师，以文学名。
> 弘治六年诏天下举才德之士隐于山林者。府尹唐恂举辰，吏部以
> 辰生长京师，寝之。恂复奏，给事中王纶、夏昂亦交章荐，乃授
> 翰林待诏。久之，掌典籍事。预修《会典》成，进五经博士。

根据赵治中先生《处州历史人物评传》书中《"动遵绳墨"的潘辰》
一文介绍，潘辰生于明英宗正统十一年（1446）正月初七，卒于明武宗正
德十四年（1519）十二月十九，享年七十四岁。

潘氏是景宁最有威望的世家。景宁潘氏于五代十国时从杭州迁入鹤
溪，当时还属于青田县，景泰三年（1452），景宁才和云和、宣平一同设
县，从此有了"处州十县"之说。

鹤溪的第一位进士叫潘特竦，字廷立，北宋大观三年（1109）中进
士。宣和年间授国子学正，虽与秦桧为同僚，但为人质实端重，存心仁
厚，秦桧对他也敬让三分。后来，生活于两宋转折时期的潘翼，自幼博览

群书，是王十朋的老师；南宋登嘉定辛未科（1211）进士的潘复在鹤溪创办贯道书院；明朝天顺丁丑科（1457）进士潘琴，56岁丁母忧后主动要求退休，从此在家乡教授族人子弟和乡亲学子，等等。潘姓几占了景宁全县进士的半数，鹤溪潘氏成为官宦世家。

潘辰出生七个月就失去父亲，三岁又失去母亲，只好跟着外祖母生活。后随在京城当官的伯父潘琴到京师求学，天资聪颖又懂得发奋努力，年轻的潘辰已崭露头角。但是参加科考却一直不顺利，前四次都因为身体问题未能完成考试，第五次考试时已经三十五岁，居然被邻桌的考友观卷而扯断试卷，潘辰想必这就是命吧，也就懒得申诉解释，弃考回家。从此不再参加科举考试。

但是他从不放弃学习，命运也总是会给那些有准备的人带来转机。弘治六年（1493），皇帝下诏各地官员举荐民间的隐士高人。经时任处州府尹唐恂两次举荐，给事中王纶、夏昂也上奏推荐，潘辰被朝廷选中。于是授翰林院待诏，负责掌管典籍。之后参与修撰《明会典》，进五经博士。正德年间，因刘瑾利用《明会典》里的小毛病做文章，被降为典籍。六十四岁时再升为翰林院编修，再后来又超擢太常寺少卿。作为非进士出身的布衣处士能达到这样高的位置，说明了他实力非凡。前后值内阁27年，诰敕多出其手。

潘辰处事勤俭谨慎，身在官场却洁身自好。作为史官，每着一字都影响着对一个人的评价。曾有人以重金酬谢他，潘辰坚拒不受。朝野重其学行，尊称为"南屏先生"。

潘辰七十三岁破格升为太常寺少卿，官至正五品。七十四岁才告老还乡，次年就卒于乡里。明隆庆年间（1567—1572），邑人在县城为他立了"清卿"坊和"玉堂金马"坊以纪念。

如今景宁县城还有一座破败的潘家大院，而牌坊早在几十年前被人为推倒了。

郑宣与《古栝遗芳》

《古栝遗芳》收入《四库全书》总目第1553分册第五三七页。作者郑宣，明代处州丽水县人。

根据《四库全书》提要，《古栝遗芳》四卷（浙江巡抚采进本）：

> 旧本题南山郑宣撰。不著时代，亦无序跋。考书中所录，止于明天顺中，则明人也。其书裒辑处州之文凡三十三家，分序文、奏疏、策论、辨说四门。采摭甚略，似乎钞撮志乘为之。未博考于诸集，其考证亦多弇陋。如著《汉隽》者本林钺，见《书录解题》，而以《青田志》不载钺有著述疑之。至以鲍彪《战国策序》误疑为刘向之文，则更异矣。

光绪《处州府志·艺文志》书目，明代丽水县有：

> 郑宣《纲目愚管》二十卷（范邦甸进呈书录），《宋元纲目》（采集书目），《郡志补遗》（《栝苍汇纪》），《古栝遗芳》（《栝苍汇纪》）。

再查看王正明老师的《处州古代述著考》，对郑宣的事迹也是寥寥数语而已，对他的述著只说"诸书存佚不详"。

根据四库提要，《古栝遗芳》"其书裒辑处州之文凡三十三家，分序文、奏疏、策论、辨说四门。采摭甚略，似乎钞撮志乘为之。未博考于诸集，其考证亦多弇陋"。说明这是郑宣编撰的一本地方文集，收录的序文、奏疏、策论、辨说四门共三十三家。具体有哪些作者和文章则是难以考证了，只知收录了林越的《汉隽》和鲍彪的《战国策注》，这两本著作前面《鲍彪与〈鲍氏战国策注〉》《林越与〈汉隽〉》两文已经专门作了介绍。

根据《古栝遗芳》自题"南山郑宣撰"，郑宣当为丽水南山村人。碧湖镇的大溪南岸，有上南山和下南山两个村，下南山现在有古民居得到保护和开发，但郑宣的故居肯定是没有的了。

光绪《处州府志·人物志》"经济"有传：

> 郑宣，字士达，丽水人。博学娴辞，刚明通炼。由弘治癸丑进士，以行入选御史，绰有风裁。抗礼逆瑾，谪兴化推官，多善政，莆人祀之。寻升江西佥事，以御寇功，进阶参议，乞归。著有《宋元纲目》《郡志补遗》《古栝遗芳》等集。

查《处州府志·选举志》，明弘治癸丑（1493）科毛澄榜，处州有两人登榜，一为郑宣，丽水人；二为李瑾，广东佥事，处州卫籍。查明代进士名录，郑宣为第三甲第74名同进士出身。

与郑宣同榜的名人有提倡"文必秦汉，诗必盛唐"，复古派前七子的领袖人物李梦阳。李梦阳有一首《自从行》写得特别好：

> 自从天倾西北头，
> 天下之水皆东流。
> 苦言世事无颠倒，
> 窃钩者诛窃国侯。
> 君不见奸雄恶少椎肥牛，
> 董生著书番见收。
> 鸿鹄不如黄雀啅，盗跖之徒笑孔丘。
> 我今何言君且休。

"窃钩者诛窃国侯"语出《庄子·胠箧》：

> 彼窃钩者诛，窃国者为诸侯；诸侯之门，而仁义存焉。

后来司马迁在《史记·游侠列传序》中又引用：

故伯夷丑周，饿死首阳山，而文武不以其故贬王；跖跷暴戾，其徒诵义无穷。由此观之，"窃钩者诛，窃国者侯，侯之门仁义存"非虚言也。

后来就以"窃钩者诛，窃国者侯"讽刺旧社会所谓的公平，只是小盗被杀、大盗得国的反常现象。李梦阳此诗也反映了他对当时政治生态的强烈不满。

这种感觉，郑宣也应深有体会。其时刘瑾专权，贪腐横行，正直的文人屡遭打击，政坛一片黑暗，百姓敢怒不敢言。郑宣因为怕刘瑾索贿而挪用了公款，结果事发行贿未成，就被降二级贬到兴化府（今福建莆田）当一个推官。

《明武宗实录》卷六十五记载了郑宣受处分的事：

> 先是，巡按湖广御史郑宣、清军御史王钦事竣将复命，惧刘瑾索厚贿，布政使陈良器为宣移借官库银二千余两，江夏县以钦原发赃罚银八百余两解送钦。会查盘御史冯颙至，事觉，仍以其银输库，颙因奏劾。时宣已调兴化推官矣。诏仍降二级，钦以未曾交受，仅停俸六月，良器三月，赃罚银解京。

网上有资料说，郑宣曾任龙泉知县，并作《遗爱亭记》，其中有对披云桥的记载："龙泉在栝为邑之大，披云桥在邑为桥之大，蒋溪堰则水利之大者。自令尹姚公一筑于靖康初，至开禧则张贡士继之，厥后与披云之修建，咸未之闻。"然而查光绪《处州府志》，明代龙泉县令中却无郑宣之名。

郑宣与王阳明同处于一个时代，王阳明父亲贵为状元，又是皇帝的近臣，他都因言获罪，被打得皮开肉绽，再发配到贵州龙场，经历了九死一生，才真正"悟道"。一般的士人、没有家庭背景的官员只能闭嘴了。郑宣尽管因为政绩突出，升到四品的"参议"，但他看透了朝廷的勾心斗角，觉得实在没什么意思，如果不与刘瑾同流合污当时就会受到清算，如果与刘瑾同流合污日后还是会受到清算，所以就"乞归"。还是回到老家种自己的一亩三分地，过着远离权力中心的田园生活比较好。

当然，作为一个读书人，不可能只是"采菊东篱下，悠然见南山"。这只是一个生活态度，他老家虽然也称"南山"，但他不可能饱食终日，无所事事。于是，他就著书立说，为家乡的文化事业做点小小的贡献吧。

光绪《处州府志·古迹志》"冢墓"中记载，参议郑宣墓在望城岭。不知如今是否有遗迹可寻。

陈中州与《居学余情》

《居学余情》收入《四库全书》总目第1551分册第五七四页，小说家类存目。作者陈中州，明朝处州青田县人。

根据《四库全书》总目，《居学余情》三卷（浙江巡抚采进本）：

> 明陈中州撰。中州，字洛夫，青田人。弘治中由贡生官庐江县教谕。初号太鹤山人，久而落拓不得志，占得尤悔之象，复自号冘惕子。佯狂恣肆，荡然于礼法之外，尝琢石为冠，刻太极两仪五行八卦之象。是编首载其图，并系以诗。有"圈子不须龙马背，老夫头上顶羲皇"之句，其妄诞可想。其余诸篇，亦皆踵毛颖、革华之窠臼，无非以游戏为文。虽曰文集，实则小说，故今存其目于小说家焉。

根据上述提要，陈中州因落拓不得志，成为一个佯狂恣肆之人。《居学余情》三卷本已失传。好在刘耀东的"括苍丛书"收录了陈中州的十卷本《太鹤集》，让读者能够对陈中州的生平文章能有较多的了解。

根据光绪《青田县志》陈中州传：

> 陈中州，字洛夫，诏之曾孙。敦朴好古，务为高奇。自弱冠

应试，屡列高等，所作文论，远近诵法。嘉靖戊子岁贡，壬辰授庐江教谕，二年丁内艰，服阕补玉山教谕，在任七年，以兴起人文为己任。作《学政八议》。重乡饮、废淫祠诸务要，上之提学，请班二十一史及兴社学。往与永嘉张少师孚敬游好，及上铨选，张令作《清馥殿赋》，将荐授馆职，不屑就，作诗谕意曰："上马伏波犹未老，下车冯妇也堪羞。"人称其节气。归结一室，依古木下，自号依树老人，又称太鹤山人。尝自题其小像曰："白子，生何暮，百请无一遇。动与世违，静如泥塑，人以为痴，天然之素。谢多歧之迷，取一窍之悟。大明平世之民，羲皇上人之步。"人以为实录云。祀乡贤。著有《易意》《白鹤春秋》《五经晬盘》《正蒙存疑》《青田三传》《居学余情》《太鹤山人集》等书。子汝讷，字于言，嘉靖末年岁贡，历淮阳、丰城教谕，终柳州教授。

明徐象梅《两浙名贤录》也收有其事迹，与县志内容相近，只是更简单一些。

陈中州约生于1491年，也是书香之家，曾祖父陈诏是会元，官至右佥都御史。陈中州自幼聪敏好学，加上家学渊源，少有文名。在学校的考试成绩优秀，文章常被当作范文。但是后来的科举考试却不顺，嘉靖七年（1528）三十八岁的他才考上贡生，前后十次参加进士考试均不第。也许是文章太有个性，不被考官看中。壬辰年（1532）四十二岁授庐江教谕，两年后因父母的丧事而返乡。守丧三年后再出任江西玉山县教谕，在任七年。

《太鹤集》卷十有《太鹤山人传》，是陈中州对自己的自画像。他在文中说：

> 太鹤山人，废置落魄，不齿于人，何姓何名何里不可知，独不死，其死何地、埋何山，皆不可知。流寓三十六洞天太鹤山，人呼为太鹤山人……十六始读书，稍辨之无，弱冠应制入科场，十入十黜……好作诗，一生无得意句；好作文，一字不录于主

司。举世笑之，彼方嚣嚣自以为得。多病好睡，聚石为床……床前置石桌，桌上琴一张、书一卷、香一炷，他无长物……一瓢未贫，万金如睡。耻言餍酒肉之饱，甘于断烟火之卧。貌甚尪羸，心能负荷。谁见得蟪蛄之短、蜉蝣之小，谁见得神仙之久、皇帝之驭。

这篇自传应该是他的晚年之作，狂狷放荡的性格跃然纸上。其时他已到了"随心所欲"的地步。他在自传中还记录了因屡考不中而求得乾卦之上上爻"亢龙有悔"，所以改名为亢惕子，意思是"惕惕处亢可矣"。他曾"凌猎天下名山大川"，他到过会稽、抵达三江、游过金陵、北上齐鲁，到燕京拜大明天子。宰辅张聪欲推荐他在皇帝身边谋份差事，他以"冯妇下车"的典故拒绝。在玉山当了七年教谕后，晚年在青田结庐而居，生活相当艰苦，但他视富贵如浮云，只愿当个自由自在的活神仙。

他在玉山任上，应该是尽心尽职的，尤其是将古代的清高之士引为知己。

元朝玉山县时有一个叫王奕的人，号"玉斗山人"，生于南宋，入元后曾出任玉山县儒学教谕。他与谢枋得等南宋遗民交往密切，诗文中不乏以遗民自居。元至元二十六年（1289）农历八月三日，王奕带着一批儒生，不远千里，来到曲阜祭奠孔子以及颜回、孟子、曾子、子思，然后又到了泰山和汶水，以找回中华文化的根脉。他曾经写过一本书叫《东行斐稿》，王奕的《玉斗山人集》收于《四库全书》集部。

陈中州到玉山任教谕后，深被斗山的壮举所感动，帮助《东行斐稿》刊行后，带着斗山的弟子门人到坟上祭祀，并写了《斗山斐稿板成告墓文》和《告改题斗山乡贤祀木主》。他在文中称赞王奕："读先生之文，论先生之世，因先生之言，底先生之心，无所赖于一时，不无所待于万世。"

根据《居学余情》序，丁巳之岁（1557）……过混元峰下，那一年陈中州六十七岁。

晚年的陈中州还为家乡修了一部四卷本《青田县志》，嘉靖甲寅年（1554）刊行。

陈中州不知卒于何年。他去世后，知县李楷曾作诗《挽陈太鹤先生》：

> 到老童心不改初，超然尘外结吾庐。
> 平生不作惊人事，终夜忘眠校古书。

李楷，光绪《处州府志》有载，与《明史·李中传》末一字不差：

> 楷，字邦正。由举人授汤溪知县。母艰服阕，补青田。时倭蹂东南，楷积谷资守御。青田故无城。倭至，楷御于沙埠，倭不得渡，乃以间筑城。倭又至，登陴守，日杀贼数人，倭遁去。改知昌乐，亦以治行闻。

李楷在嘉靖中后期知青田，他修筑了青田县的城墙，成功击退了倭寇的进犯，所以《明史》给他记了一笔。

王养端与《震堂集》

《震堂集》收入《四库全书》总目第1553分册第一七八页，别集类存目。作者王养端，明代处州遂昌县人。

根据《四库全书》提要，《震堂集》六卷（江苏巡抚采进本）：

> 明王养端撰。养端，字茂成，遂昌人，嘉靖乙卯举人。是集为其乡人何铠所删定，而遂昌知县池明刻之。其时王李并驰，海内响应，故养端所作，亦沿二家之波。大都一字一句必似古人，而意趣则罕所自得。冠以拟古乐府一卷，望其标目，古色斑然，核其文章，乃多无取。如《李延年歌》《汉武帝李夫人歌》，皆偶尔神来，遂成绝调，即作者亦不能再为，而皆衍为长篇，味如嚼蜡；《焦仲卿妻诗》《木兰诗》，正以委曲琐屑入妙，而缩为数句，又似断鹤；至于乐府诸篇，古词仅在，如日摹其音节，则无诏伶

116

人，事谢丝管、刘勰言之矣。非夔非旷，谁能于千百年后得其律吕？如日阐其意义，则标名既每难详，词句尤多讹阙。吴兢所解，已多在影响之间，今安得知其本旨？《钓竿》《朱鹭》之类，尚可缘题成文，至《东光》《翁离》诸篇，题既不明，词又不解。一概描摹不已，实不知何所见而云然矣。

王养端（1512—1567），字汝推，一字茂成，号兆山，遂昌湖山人。嘉靖三十四年（1555）中举人。述著除《震堂集》六卷外，还有《遂昌三赋》一卷、《山居论》《六拟》等。

光绪《处州府志·人物志》"文苑"中有传：

> 王养端，字汝推，遂昌人。倜傥负意气，抵掌谈古今，滔滔如悬河。工古文，诗逼近唐人。举顺天亚魁，大学士袁炜每推毂下之。与濮州李先芳、扬州宗臣诸名公相结甚欢。著有《震堂集》《山居论》。

袁炜（1507—1565），字懋中，号元峰，浙江慈溪人。嘉靖十七年（1538）考中探花，官至光禄大夫、柱国、少傅兼太子太傅、户部尚书、建极殿大学士，卒赠少师，谥号文荣，著有《袁文荣公集》。嘉靖三十年（1551），以疾赐告归，丁继母张夫人忧。嘉靖三十四年（1555）起复。八月，主持顺天乡试。十月，命代拜文华殿先圣先师。因此，可以说是发现王养端的伯乐，王养端能得到他的青睐应该很不简单，不知为何后来却未给王养端什么官职。袁炜才思敏捷，特别善于写讨好皇上的马屁文章，明世宗常于夜半传出片纸，命阁臣们撰写青词。每当此时，袁炜举笔立就，而且最为工巧，最称上意。因此与李春芳、严讷、郭朴等人被讽刺为"青词宰相"。可能是王养端看到官场腐败，不屑与之为伍。

《四库全书》提要中提到《震堂集》"是集为其乡人何镗所删定，而遂昌知县池明刻之"。

何镗（1518—1585），字振卿，号宾岩，处州卫（今丽水城区）人，

明嘉靖二十六年（1547）进士。初授进贤知县。为人刚直，不畏权贵，颇有政声。后任开封府丞、潮阳知县、江西提学佥事等职。其编纂了《栝苍汇纪》十五卷。

"池明"应为"池明洲"之误，就是池浴德。池浴德（约1538—1616），字仕爵，号明洲，同安县嘉禾里人。明嘉靖四十四年（1565）进士，首任浙江遂昌知县，一到任即设案祭告天地，发誓不负黎民百姓，并立即着手处理前任留下的积案300多起。百姓来打官司，不必交任何诉讼费，只需带半升米作为途中伙食，即可结案安业。民众亲切地称池浴德为"池半升"。万历八年（1580），池浴德因在裁汰冗员的问题上与张居正意见不合，备受排挤，不久即称病告归。家徒四壁，两袖清风。后屡征不就，布衣蔬食，闲时娱情鹭岛山水，有《空臆录》《怀绰集》《居室篇》等著作传世。《处州府志·职官志》中有传：

> 池浴德，同安人，嘉靖丙寅进士。知县事，志操循卓，多异政。如清丈量、设防守、置木阜、泽枯骨等事，未可殚述。因翁丹山稿本，创辑县志。擢铨部，士民不忍舍，送至龙游，建曳舟亭以寄思慕。尸祝西明山，祀名宦。

由两位正直之士为王养端出版诗集，应该也是对王养端人品的高度认可。提要中说"其时王李并驰，海内响应"，指的就是明末文坛深受王世贞和李攀龙影响，王养端也不能例外。

王养端所传诗文不多。《处州府志》"诗文"收录了王养端的《遂昌翠峰院》一首：

> 吾观出天维，高凌拊云冈。
> 盘空际飞鸟，旷荡极扶桑。
> 乘间一眺览，凭虚寄昂藏。
> 恋彼仙人迹，渺然叹荒唐。
> 衣传禅月衲，寺古贯休堂。

蜀尼既好道，岂复惧梯航。

不谓万峰寂，乃能见悬光。

梵语落秋壑，天空无鹤翔。

经坛生象树，天花散幽香。

物变景尤昔，时和遇自良。

慕此听法者，有怀从龚黄。

修修立万仞，吁吁见四疆。

望岱不在鲁，记岘还思羊。

古人重感遇，不以风物伤。

所资豁尘况，毋为世彷徨。

归路出松桧，林深留夕阳。

山翠不可把，苍苍照衣裳。

怅然际斯遇，解带命霞觞。

佩以琼瑶管，写之云锦章。

愿言驾灵鹫，扶摇行诸方。

遂昌翠峰院在唐山，相传唐代名僧贯休曾在此修行，到明代都是山林深幽、香火兴旺之所。

据王正明老师《处州古代著述考》，《震堂集》由池浴德捐俸刊刻于明隆庆时，缙云樊献科作序。他在序言中评价王养端之诗："余初意茂成好六朝语，今乃知茂成固酷意秦汉也。"

何镗则曰："《震堂集》古体脱胎汉魏，歌行已得高岑三昧，近律诸篇才富而格整，亦出入李、杜，欲升其堂者。"

何镗与《栝苍汇纪》

《栝苍汇纪》收入《四库全书》总目第1549分册第六四二页。作者何镗，明处州卫人。收入《四库全书》总目的还有《修攘通考》四卷（存目）、《古今游名山记》十七卷（存目），另有《名山记》四十八卷《图》

119

一卷（存目），在何镗前书基础上增辑而成。

根据《四库全书》提要，《栝苍汇纪》十五卷（两淮盐政采进本）：

> 明何镗撰。镗，字振卿，号宾岩，处州卫人。嘉靖丁未进士，官至江西提学佥事。镗以处州旧志，十邑各为一编，体例不当。又自成化以后，记载阙如，因汇为是编。考隋代始置处州，治栝苍县，本以栝苍山得名，今为处州。全府之志，不应以一县冠一郡，又不应以一山该一境。名实相乖，于义未允。然宋无吴郡，而范成大为《吴郡志》，则讹误相沿，亦不自镗辈始矣。

根据《四库全书》提要，《修攘通考》四卷（浙江巡抚采进本）：

> 明何镗编。镗有《栝苍汇纪》，已著录。此编以伪苏轼《地理指掌图》与桂萼《明舆地图》、许论《九边图》三书合而刊之。别立此名，更无一字之论著。恐镗之陋未必至是，或坊贾所托欤？

根据《四库全书》提要，《古今游名山记》十七卷（安徽巡抚采进本）：

> 明何镗撰。镗有《栝苍汇纪》，已著录。是书采史志文集所载游览之文，以类编辑。首为《总录》三篇，曰《胜记》，曰《名言》，曰《类考》。次记两京各省山川及古今游人序记。

何镗（1518—1585），字振卿，号宾岩，处州卫（今丽水城区）人，据传就住在梅山，当时那一带均为士大夫居之，称"花园"。何镗七世祖本姓董，祖籍在河北，因替姓何的出守栝州，就改姓何，在处州虽算不上显赫，却也是生活有保障的小康人家。何镗明嘉靖二十六年（1547）中进士。初授进贤知县。为人刚直，不畏权贵，颇有政声。后任开封府丞、潮阳知县、江西提学佥事等职。崇尚理学，勉励读书。临川汤显祖受其赏识，荐补为生员，可以说是最早发现汤显祖这个人才的伯乐。任云南参政间，以亲老乞归养获准。在乡获升任广东按察使、河南布政使，未赴任，在家闲居数十年终老。

何镗一生著作甚多，《修攘通考》有可能是刻印者伪托，《古今游名山记》采史记文集游览之文编成。另外还编有《中州人物志》《翠微阁集》等。他最大的贡献是在万历七年（1579），总纂《栝苍汇纪》，被赞为"简而文，核而当，详而有体"。

《栝苍汇纪》十五卷，处州知府熊子臣主持，何镗编纂。熊子臣，新昌人（今江西宜丰县），嘉靖四十四年（1565）进士，万历间任处州知府。光绪《处州府志·职官志》"万历"中有载：

> 熊子臣，新昌人。赋性清介，居官无异儒素。纪纲肃整，狱诉详明。修学宫，辑郡乘，建谯楼，除戎器，创津梁，百废具举。入觐，不能治装，有"清风两袖"之谣。升云南宪副，问以赎锾，丝毫无染，民颂清德。

这么有作为的一个清官，却没有更多的记载，连诗文也找不到一篇，有点遗憾。值得指出的是他的籍贯在序文中自署"新昌应川"，并非浙江绍兴市的新昌县，而是远在江西的宜丰县。江西宜丰县的历史沿革："宋太宗太平兴国六年（981），'以高安见管14572户，今分太平等7乡，计4796户于此置新昌县'。新昌是'以旧元而新倡'故名。宋代新昌县先后属江南路、江南西路、鄂州路的筠州、高安郡、瑞州。"在网上找到一篇《熊氏探源》的文章，说："新昌熊氏，新昌即现在的江西宜丰……明有云南按察司副使、广东按察司副使熊子臣。"

古代地名不规范，郡县同名的现象比较普遍，如果不仔细考察容易张冠李戴。例如，龙泉县除了处州的属县；江西泰和县从南唐年间分设龙泉县，到1914年才改名遂川县；明朝万历年间贵州也建了一个龙泉县，到1913年才改为凤泉县，现为凤冈县。

何镗编的《栝苍汇纪》纂成于万历七年，为汇纪处州全府之书。比明成化的《处州府志》有了较大的进步，改变了一个县为一篇的做法。其编例为：舆图、沿制、秩统、次舍、官师、选举、封爵、地理、食货、禋祀、保圉、治行、往哲、闺操、艺文、大事和杂事十七门。分十五卷，共30万字。

处州于隋开皇九年（589）始建，领栝苍、松阳、永嘉、临海四县，栝苍县为处州治。开皇九年，杨坚灭了南方的陈国再次统一全国，同时对行政区域做了重大调整，改原州、郡、县三级行政为州、县两级行政，大郡升格为州，小郡降格为县。因此当时处州虽然只管着四个县，其域地却相当于如今丽水、台州、温州三个地级市的范围，而州治就设在栝苍县的古城岛上。过了三年就改为栝州，后又改为永嘉。唐大历末复为处州，一直到明朝景泰三年（1452）增设云和、景宁、宣平三年，成为"处州十县"，管辖的范围与现在的丽水市大致相当。

以"栝苍"指处州范围由来已久，并不是原"丽水"一邑之别称，南宋乾道年间（1165—1173）曾贲撰《栝苍志》，嘉泰初陈百朋撰《栝苍续志》。处州府又称"栝苍"不是何镗的首创。另外，宋以前一般写"栝苍"，盖因山上多栝树而名"栝苍山"，地因山名。后来"栝""括"两字混用，《四库全书》里提要已改为"括苍"，不知是疏忽还是有意为之。《辞源》规范用字为"括"，现在均以"括苍"为准了。但是在引用古籍时，我认为还得尊重原貌，不必加以改变。

据说《栝苍汇纪》的明万历刊本，上海图书馆还有收藏。

郑汝璧与《明帝后纪略》

《明帝后纪略》收入《四库全书》总目第1549分册第一五二页。作者郑汝璧，处州缙云人，明万历年间官至兵部右侍郎。收入《四库全书》史部存目的还有他的《明功臣封爵考》《明臣谥类钞》。

根据《四库全书》提要，《明帝后纪略》一卷（内府藏本）：

明郑汝璧撰。汝璧，缙云人，隆庆戊辰进士，官至兵部侍郎，兼佥都御史，总督宣大。是编专纪明代帝后即位、册立年月，及生辰、寿数、谥号、山陵之类，而不载其事迹，故云《纪略》。上自德祖、懿祖、熙祖、仁祖四代，下迄穆宗而止。首冠以《帝系图》，末以藩封附焉。诸王惟录其有国者，余则一见其名于《帝系》而已。

《明功臣封爵考》八卷（浙江范懋柱家天一阁藏本）：

明郑汝璧撰。汝璧有《明帝后纪略》，已著录。是编成于万历丙子，乃其为吏部验封郎中时所辑。纪明代诸臣封爵，凡分类二十……其以恩泽、恩幸、方术及追赠封者，并附录之。分世封、除封为二类，而采莠文宗图及郑晓《吾学编·本传》附入，间以所见闻补其阙略。起于洪武，迄于隆庆。据其自序，盖以验封司旧有功臣底簿，病其弗全，因续为补缀成此帙云。

《明臣谥类抄》一卷（内府藏本）：

明郑汝璧撰。汝璧有《明帝后纪略》，已著录。是书专载明代臣僚之得谥者，始自刘基，终于李珍，凡六百六十一人。各以谥法区分门类，而不叙年代。末附苏禄、朝鲜、浡泥、日本诸国王凡得谥者，咸编入焉。其不载亲藩者，则以《帝后纪略》已附《藩封》一门故也。汝璧此书，与《功臣封爵考》，乃其官礼部仪制司及吏部验封司时所作。皆有案牍可考，故纪载较他家为确云。

从上述提要可以看出，这三部书都是他在任礼部仪制司和验封司时根据所接触到的第一手资料整理编写的，有很高的史料价值。

郑汝璧（1546—1607），字邦章，号昆岩、愚公，缙云县城东门人。

明隆庆二年（1568）22岁时考中进士。始授刑部江西司主事，后调云南司郎中，次年调任吏部验封司郎中。

郑汝璧个性很强，说话直爽、办事果敢，不屑于官场的逢迎，是官场的另类。在参与考核地方官员时，罢黜了一批不称职的官吏。后又转任吏部文选司郎中，他曾说："天下的人才不能供天下用，问题在主管者有私心和主观偏见。"这些话正是击中官场积弊，所以深受当时的首辅张居正的器重，但也得罪了许多官场的同事，被大家忌恨。

有几次他连张居正的话也敢顶撞，叫他办的事也没有坚决照办。尤其是张居正的长子敬修参加春闱考试，张居正派郑汝璧任主考官，其用意不言而喻。结果等到考试一结束，郑汝璧就请病假，张敬修居然榜上无名，这不是明摆着要张居正难看吗？郑汝璧也明白，对人说："我有意躲避，不为他办事，我知道今后不会继续受到重用了。"果然，接下去仕途就没那么顺了。

万历六年（1578）三月，时年32岁已经多岗位历练的郑汝璧升太常寺少卿。任命书下来后，朝廷中顿时攻击之声四起。没几天，就被外调出京，先是降福建布政使右参议，不久又调任广东按察使司副使，管辖琼州。这等于是流放了，郑汝璧咽不下这口气，于是上疏辞官回缙云老家。

郑汝璧在缙云老家居住了12年，如今在仙都还留有多处遗迹。他和李键等一起在仙都的铁城——芙蓉峡建了"紫芝山房"，一群在野的文人在此处读书写作、吟咏唱和，后人称为"铁城书院"。

在问渔亭景点公路的内侧，有"枕流漱石"四个大字，落款为"锡山龚勉万历己丑春偕同年郑昆岩来游题此"，1589年春，同为隆庆二年进士的无锡人龚勉来拜访郑汝璧，留下此摩崖石刻。龚勉先后任嘉兴知府、浙江布政使。"枕流漱石"典出《世说新语》，原意为"枕石漱流"，以天然的石头当枕头，以流水漱口。因孙子荆口误成"枕流漱石"，就解释为枕着流水可以洗耳，以石漱口可以磨牙！所以各地名胜时常可见这四个字，以此表示超凡的隐居生活。

小赤壁的龙耕路尽头，有一处叫"昆岩洞天"，上面有郑汝璧所开凿的丹室。

清道光《缙云文征》收录郑汝璧诗作145首、文章19篇。如其中有《夏日斋居》（之三），写出了他那时的心境：

> 已知成小草，那复问前薪。
> 不浅灌园兴，犹余运甓身。
> 晒书便捧腹，束带怯随人。
> 莫向长安望，翻云事事新。

万历十年（1582）六月，时年58岁的张居正病逝，不久神宗下令抄家，长子张敬修不堪拷问自缢而亡，次子张嗣修被发配边疆，三子张懋修自杀未死，被削籍为民。张懋修投奔郑汝璧家，改名换姓在缙云隐居长达20年，其间搜集整理父亲散佚的文章，刊刻了《张居正全集》四十六卷。《缙云文征》里郑汝璧、李键和李绥祺的诗作里透露了这个秘密。王达钦老师对此也专门做了钩沉。

万历十九年（1591），朝廷下诏起用郑汝璧，郑汝璧先后任井陉兵备副使，不久又调任赤城参政。万历二十七年（1599）丁母忧孝满起复，任

飞凤山郑汝璧墓

南京太常寺少卿。万历三十三年（1605）升为兵部右侍郎，总督宣大（宣化、大同）山西等地军务。万历三十五年（1607）夏，随着病情加重，请求辞归，批准后在回家的途中，卒于山东荆门驿的舟中，享年62岁。在缙云城南兰口飞凤山，他的墓地如今还在。

毛元淳与《寻乐编》

《寻乐编》收入《四库全书》总目第1551分册第一九〇页，杂家类存目二。作者毛元淳，明末清初处州松阳县人。

根据《四库全书总目提要》，《寻乐编》一卷（浙江巡抚采进本）：

> 明毛元淳撰。元淳，字还朴，一字婴中，松阳人。崇祯癸酉岁贡生。是编乃其所撰语录。序称慕周茂叔寻孔、颜乐处，遇会心辄便记录，故以"寻乐"名编。然意旨颇为浅近，自称："素性读陈眉公书则跃然喜，读李卓吾书则咈然不悦。非有意爱憎，乃气味自有同异。"盖所见与继儒相近，故著作亦复似之云。

文中所述周茂叔，即"北宋五子"之一、理学思想的开山鼻祖、人称"濂溪先生"的周敦颐，他的《爱莲说》《太极图说》等为士人所熟知。毛元淳推崇孔孟之道，素慕濂溪先生道德文章，追随王阳明的致良知学说，不慕富贵而安贫乐道，读书偶有所得则记之纸簿。例如他在读到《论语》"子曰：'饭疏食饮水，曲肱而枕之，乐亦在其中矣。不义而富且贵，于我如浮云。'"以及"子曰：'贤哉回也！一箪食，一瓢饮，在陋巷，人不堪其忧，回也不改其乐。贤哉回也！'"两章时，就写下感言："可见安贫乐道真正圣贤心事，士生今世倘能轻富贵而重道德，有素位自得其趣者，是也孔颜之徒也。"这也许就是他编《寻乐编》的初心。

光绪《松阳县志》有传：

> 毛元淳，字还朴，得庭训，幼读书，即有志圣贤学，手濂

溪、阳明诸集，讲求不倦。棘闱屡蹶，亦无闷容。辑《寻乐编》
为钱塘翁"一嵊盟社"深赏，训新城，寻补会稽谕。刘念台一见
器之，命主稽山讲席，著《日新录》，秩满归，囊箧萧然，唯赠
行诗章盈帙而已。邑以德望推乡宾，寿七十三。

毛元淳学问很深，但在科举路上却连连失利，他在《寻乐编自序》里
说："余七战败北，仅获宾典，益信在人者，未必幸得，在我者反求即
是。"崇祯癸酉年（1633），已过天命之年的毛元淳考取了贡生，是年秋天
即编印本书，落款为"率性居士毛元淳书于紫薇堂"。作为贡生，他曾担
任新城县（今富阳新登镇）训导，会稽县（今绍兴）的教谕。其时刘宗周
念台先生在绍兴蕺山书院创办"证人社"，推行自己的"慎独"之学。一
见毛元淳，就对他的学识人品非常器重，请他担任稽山书院的主讲。我怀
疑"稽山书院"为"蕺山书院"之误。

稽山书院位于绍兴城内府山西南，为北宋范仲淹所创办，曾请新昌的
石待旦担任山长。嘉靖三年（1524）知府南大吉及山阴县令吴瀛拓书院，
增建"明德堂""尊经阁"。王阳明于此阐述"致良知"之学，并撰《稽山
书院尊经阁记》。一时名声大振，士子云集。

蕺山书院位于绍兴城内蕺山之上，传说因山上种满蕺草（又叫"鱼腥
草"）而名，原来是王羲之的后花园，叫"王家山"。刘宗周在蕺山书院
（当时称"蕺里书院"）讲学，人称"蕺山先生"，开创的"蕺山学派"被
誉为浙学的源头。众弟子中，除余姚黄宗羲、黄宗炎、黄宗会三兄弟外，
甬上万泰家族，还有桐乡张履祥，海宁陈确等，日后均成一方名士。如今
蕺山书院尚存。

不管是稽山还是蕺山，能被刘宗周看中延请为讲席是很高的荣誉。

毛元淳任职期满回归故乡松阳，只带了几本书稿。因此他的孔颜之乐
不仅是挂在嘴上、写在文里，更是落实在行动中。而那时选"乡贤"，主
要不是看你能为家乡出多少钱办多大事，而是注重人品，因此贫寒如毛元
淳仍被推为座上宾，成为人们学习的榜样。

汤光新的《松阳历代书目》对毛元淳及其《寻乐编》有较为详细的介

绍。篇首有翁鸿业作序：

> 圣贤之学，心性之学也。心性之传，肪于执中，嗣后一脉相
> 续，昔人谓之火传，盖薪有尽而火无尽也。至周、程夫子继斯传
> 于不坠，延及紫阳，奋起而羽翼之，逮我朝会稽阳明先生，始揭
> 良知宗旨，尽扫支离之见，阐明心性根宗。夫上下数千百年间，
> 同此心、同此性，亦同此乐也。……

翁鸿业（？—1639），字一桓，号永固，为钱塘（今杭州）人。天启
四年（1624）乡试为解元。次年进士及第。他与毛元淳是世交。崇祯十年
（1637），出任山东督学、右参政。不久，清兵入关，直逼济南。其时明军
将士无心恋战，纷纷缴械投降。在危急关头，翁鸿业自告奋勇，率家丁和
部分将士坚持作战，死守十昼夜。后因寡不敌众，城被破后，鸿业在巷战
中受伤。但他不愿被俘，自投烈火以身殉国。本为国家栋梁，不幸遇上亡
国乱世，一介书生，只能成为牺牲品。

《寻乐编》还收有秀水吴胤昌的一篇题词，曰：

> 读万卷之士，放开眼孔，今古难以欺瞒；离五欲之夫，硬着
> 脊梁，阴阳不能陶铸。……是编也，倘亦无入不得中，铙有日乾
> 夕惕之遗意与，不宁惟是，濂洛诸儒一线之系已也。

《寻乐编》还收录毛元淳诗若干首，除了写给学子的《正学歌》，还有
写给自己的自勉诗十首，分别是《自谨》《自戒》《自规》《自勉》《自责》
《自期》《自奋》《自嘱》《自任》《自乐》，其严以律己、慎独修身的形象跃
然纸上，深得刘宗周"证人"真谛。

例如《自戒》：

> 乾坤生物心为根，切莫乖方别认门。
> 错用聪明皆拙智，伪行礼义总虚文。

思前恐惧羞祖宗，虑后提防累子孙。

若要得全无悔吝，始终牢把此心存。

讲的是做人要正心诚意，不要耍小聪明，也不要做伪君子，不能愧对祖宗，更不能连累子孙，时时刻刻莫忘阳明先生的"致良知"。

又如《自奋》：

俯仰乾坤感慨多，壮心不忍自蹉跎。

斋前运览思经略，塞外班师恨讲和。

天未欲成须勉进，时难再得莫闲过。

焚香铸就龙泉剑，誓与人间斩睡魔。

还如《自嘱》中有"肩担宇宙纲常重，脚踏风云富贵轻"之句。

他的诗通俗易懂，没有故作高深的句子，然不甘流于平庸、发奋学习以报家国的拳拳之心溢于言表。

刘孔昭与《星占》

《星占》收入《四库全书》子部术数类存目，总目第1550分册第四二七页。作者刘孔昭，明代处州青田人，为刘基十三世孙。

根据《四库全书》提要，《星占》三卷（浙江巡抚采进本）：

明刘孔昭撰。（案：《明史·功臣世表》，孔昭，刘基十三世孙，天启三年袭封诚意伯。）是书因基所撰《在齐余政》为之注释。其一卷论恒星，绘三垣、二十八宿星座形式于前，附《步天歌》于后，于诸星悉加占语，类皆剿袭旧文，稍为损益。二卷论日月五星，飞流彗孛，天形怪异，以及分野宿次，言月蚀不及日食。三卷论阴晴风雨占候，亦皆杂采《观象玩占》《天元玉历》诸书，无所发明考证。惟所载《测天赋》较《观象玩占》所载之

本，颇有条理。而孔昭之注，则仍不免于支蔓。疑其本别有所受，为熟于干支宫卦者所订也。末列雨师、雷煞、金虎、火铃、太乙、天罡访察使者诸名，全采道家之说。又附日月、星象，云气诸图，亦占书之陈迹，均无足采。

可见这是一部刘基作的观天文星象之书，而刘孔昭只是作了注释。据说是刘基考了进士后，到高安做官时，有一位通天文术数之学的人，名叫邓祥甫，他看见刘基是个奇才，就把自己的绝学传授给刘基。刘基就是这样学会了星象预测之术。明代的星占学有较大发展，其中既有天文知识的科学成分，也难免有用星象占卜人间事的迷信色彩。可惜的是《星占》这本书只是存目提要，网上也找不到原书。

刘孔昭是刘基的第十三世孙，已处于明朝末期，他是受封的第六代诚意伯。

据《明史》记载：洪武三年（1370）十一月，"大封功臣。进李善长韩国公……封中书右丞汪广洋忠勤伯，御史中丞刘基诚意伯"。这一年刘基60岁，其时朱元璋对刘基的功劳甚为推崇，将他比作张良和诸葛亮。不过好景不长，5年后刘基就病逝了。

刘基去世十五年后，洪武二十四年（1391）三月，朱元璋念及刘基功劳，就准备给刘基的儿子刘璟袭封，刘璟辞谢，于是就把刘琏的儿子刘廌袭封为第二代诚意伯。但是刘璟不归顺朱棣，随着刘廌的去世，袭封也停止了。

据《明史·功臣世表一》，刘基嫡派四世孙刘法、五世孙刘柜、六世孙刘昙均未得袭爵。其七世孙刘禄在景泰三年（1452）授世袭五经博士。其八世孙刘宪仍未得袭封。

明武宗正德八年（1513），朝廷赠刘基为太师，谥号"文成"。到嘉靖十一年（1532），刘基的同乡、刑部郎中李瑜向明世宗朱厚熜上疏说，"（刘）基宜侑享高庙，封世爵如中山王（徐）达"，朝廷再度讨论刘基的功绩，并决议刘伯温应该和徐达等开国功臣一样，配享太庙。在这一年六月，"诏封故诚意伯刘基九世孙瑜为诚意伯，予诰券，世袭，岁给禄米七百石，本色三百石，折色四百石"。于是刘瑜成为第三代诚意伯，他以后诚意伯才得以继续世袭。刘基十世孙刘洪未袭封而亡。其第十一世孙刘世延为第四代诚意伯。其第十二世孙刘荩臣为第五代诚意伯。至第十三世孙刘孔昭为第六代诚意伯，也是末代诚意伯，伴随明朝灭亡而终结。

刘孔昭是个有争议的人物。

天启三年（1623）七月，"命诚意伯男刘孔昭承袭祖爵"。刘孔昭袭爵后，在天启六年（1626）正月正旦节，受命祭景皇帝陵寝。同年三月，"命右军都督府带俸诚意伯刘孔昭金书本府事"。应该说是受到朝廷的重用。在崇祯年间，刘孔昭曾向朝廷提出过一些增加财政收入的建议。例如，崇祯四年（1631）十月，"亲军前卫掌卫事少保诚意伯刘孔昭以国家多难，边方用兵，财用不足，请举采矿、盐法、钱法、屯田诸议，以充国用"。崇祯皇帝认为："治兵自宜足饷，但开采不可轻言，若债事宜问，国法宜明，自属正论。"

后人对刘孔昭的负面评价之一是，参与对东林党人的打击。崇祯九年（1636）七月，倪元璐由于受刘孔昭的攻击而被撤职。此事在《东林始末》与《明史纪事本末》中均有记载。《崇祯朝野纪》认为温体仁才是唆使刘孔昭攻击倪元璐的主谋，但刘孔昭在排挤东林派官员倪元璐事件中发挥过重要作用是无疑的。

另外有人认为刘孔昭拥兵自重，在诸王内讧中翻云覆雨，打击异己加剧了党争。"与马士英、阮大铖比"就是说他与这几个奸佞结党营私。特别是崇祯十七年（1644）三月，李自成攻下北京、崇祯帝自尽后，在新的南明政权中，刘孔昭作为勋贵和提督操江成为重臣。与马士英等勾结其他武臣拥戴福王朱常洵即位，打击张慎言，与史可法等成为对立面。政治斗争，是非难断，他们都认为是出于公心为朝廷卖命。

在明朝灭亡的最后岁月，刘孔昭保持了晚节，而这才是大节。

清军势如破竹继续南下，明隆武政权节节败退以至覆亡。刘孔昭投奔鲁监国政权和郑成功势力汇合，继续开展抗清斗争。鲁监国七年（1652）秋，刘孔昭参与了最大规模反击清军的行动。随后一举收复舟山。但是明朝气数已尽，终究复国无望。

鲁监国十一年（1656），刘孔昭的儿子刘永锡战死沙场。据《明史》所言："秋八月，北师大集攻舟山……将军刘永锡跃水死。将军杨晋爵截横水洋，力竭，亦到死。太常卿陈九征被执，不屈死。余不知所终。于是舟山再失。"而刘孔昭在这一战后"航海不知所踪"。

《明史》记载，刘孔昭的结局只有寥寥数语："崇祯时，出督南京操江，福王之立，与马士英、阮大铖比，后航海不知所终。"

据乾隆十一年（1746）刻本《诚意伯文集》高居宁序："康熙丁亥（1707），有瓯郡江心寺僧名月川者，公之嫡裔也。因明末孔昭公南遁入海，流落江心，入空门，殆亦有所讬而逃焉者。"

不管是隐居乡野，还是出家为僧，刘孔昭从此淡出人们的视线。据说在温州和瑞安交界的金山村，留有诚意伯刘孔昭的墓地，那里还有他的一部分后裔。

郑赓唐与《读易搜》

《读易搜》十二卷（存目）收入《四库全书》总目第1547分册第二四三页，易类存目三。另有《古质疑》一卷（存目）收入史部。作者郑赓唐，处州缙云县人。

据《四库全书》提要，《读易搜》十二卷（浙江吴玉墀家藏本）：

> 国朝郑赓唐撰。赓唐，缙云人。前明天启丁卯举人，官至福建按察使佥事。是书《序》称丁亥，盖成于顺治四年。《经》文全用注疏本，每卦之末附《论》一篇，多经生之常义。至《系辞》旧虽分章，然自汉、晋以来未有标目。赓唐直加以"天尊章""设位章"诸名，则是自造篇题，殊乖古式。又《说卦》章次亦加删并而不言所以改定之故，更不免变乱之讥。盖犹明季诸人轻改古经之馀习也。

另有，《古质疑》一卷（安徽巡抚采进本）：

明郑赓唐撰。赓唐有《读易搜》，已著录。是编评论史事凡三十八条，自宓犠至周平王止。窥其微意，似欲为《春秋》前编也。中如论女娲补天，乃张湛《列子注》之绪言。论黄帝铸鼎，乃宋人伪《子华子》之旧说。以至姜嫄履武，玄鸟生商，亦多先儒所已论，无庸剿袭陈言。至太甲条称《竹书》为伪，高宗、幽王二条，又引《竹书》为证。数页之中，自相矛盾。王季一条，前后文义不相属。其殆传写讹脱欤。

郑赓唐，明末清初浙江缙云人，字而名，号宝水。天启七年（1627）举人。南明隆武帝时官吏部员外郎。入清隐居不仕。除了上述两部著作，另有《春秋引断》《簵上吟》等。

光绪《处州府志·人物志》"理学"中有传：

郑赓唐，号宝水，缙云人。少聪颖，善属文。弱冠，举天启丁卯乡试，问学屏南，深有契于姚江之学。屡围礼闱，益讲求经世之务。父母年高，晨昏起侍如孺子，养葬竭尽孝道。著《两汉语林》《春秋引断》《易搜》诸书。祀乡贤。

而光绪《缙云县志》"儒林"中的传就详细得多了。在赓唐出生时祖父因"宝唐书院"给他取名孕唐、字而名，希望他能通过学习考取功名。弱冠中举后却在科举上屡遭挫败。明亡后一度参与反清复明斗争，后因大势已去，就隐居山中。后又因担心父母年事已高，就回家日夜侍奉父母，同时读书写作。《缙云县志》评价他的著作：

《引断》多采诸说之长者，而间申己意，皆为通人所称。治经外复取古事可疑者，辨析成书，曰《古质疑》。《汉语林》其辨周公示尝杀管叔，论尤宏伟，有关伦教。他诗文十余卷，而最奇崛者为《簵上吟》一卷，洞金石而泣鬼神。语二子曰："此吾志

所在，存此一卷足矣!"晚岁有欲经遗逸荐者，公笑曰："吾岂以
终南为捷径者哉!"力拒之。公二子长惟飍、次载飏，皆举进士
高第，有文章名。

清汤成烈主编的《缙云文征》，收录郑赓唐诗130首、文19篇。其中
有《簪上吟》二十六首。主要写的就是复明无望后隐居山中的苦闷心情。
例如其中一首：

> 残局方输一着先，飘零仗剑亦徒然。
> 河山思结云为马，日月愁催雪满颠。
> 野客谈供青玉案，村醪暖作紫茸毡。
> 闲来纵目游观处，懒读南华内外篇。

19篇文章中有一篇《谏止处州分藩疏》。郑赓唐听说南明政权想在处
州设藩，他立即上疏说："处州万山蠹突，云坞高低即剧，骖经临由缙入
栝，荆坑隘口，茭青榆岭等处，车不得方轨，骑不得比行……"意思是交
通不便、土地贫瘠、百姓缺粮，不具备设藩镇的条件。他还举了当年秦观
被贬处州监税有"来就弥陀共一龛"之句，这么寂寞清苦的地方皇家贵族
怎么受得了呢？虽然处州名有十邑，实际上不抵一钜都。又说景宁庆元都
是因为土匪强盗猖狂才设县的，等等。皇上一听就打消了在处州设藩镇的
计划。实际上，郑赓唐知道明朝大势已去，如果在处州设藩，对于反清复
明计划没有好处，带来的只是对处州百姓的兵燹和沉重负担。

郑赓唐为家乡做的另外一件事，就是康熙十年（1671），由县令曹懋
极主持，纂修了《缙云县志》十卷。如果按"弱冠"之年中举，则郑赓唐
出生于1607年，即明朝万历三十五年，其时已是64岁了。

关于郑赓唐两个儿子郑惟飙、郑载飏的事迹，志书均有记载。

查光绪《处州府志·选举志》，可得：郑载飏中康熙丁未科（1667）
缪彤榜进士。曾担任宣城县同知，期间修缮了县城的"遗爱祠"和"关帝
庙"，颇有政声。光绪《处州府志·艺文志》中录有郑载飏的《建青田县

儒学明伦堂记》和《重修松阳县儒学记》。松阳的碑记刻于康熙二十年（1681），上署"中书舍人、辛酉科奉命江西乡试、缙云郑载飏撰文"，其石碑还存在松阳县博物馆。然而青田的碑记已不见踪影，不知当时有没有勒石。

郑惟飙中康熙庚戌科（1670）蔡启樽榜进士，官长葛知县。光绪《处州府志·艺文志》中录有郑惟飙的《缙云重修儒学记》，记载了康熙辛酉年（1681）霍维腾任缙云知县时，捐俸修学宫及朱子祠的事迹。最后赞叹说："吾乃今而益服公之能知先务也，能昌明文教也，能嘉绩多于前人而可大可久也。异时多士后先为麟凤以瑞国家，必曰非公之崇儒重道不及此，则鄙言左验矣。遂书之以勒于石。"然查吴志华、吴志标《处州金石》，却不见有载，也许是遗失了。

郑赓唐一家父子三人均登科中举，而且都非常重视教育，在处州传为美谈。

第二章

处州官宦及其作品

垂古今之名者，其文与其人相得益彰。古之外州虽地处万山丛中，然贤达俊杰或主动求隐、或被动外放，名人大儒纷至沓来，实为处州之幸事。本章收录曾在处州任职的历代官宦及其主要作品，从唐代到清初共30人。分别为李邕《李北海集》、段成式《酉阳杂俎》、杨亿《册府元龟》、王开祖《儒志编》、秦观《淮海集》、周邦彦《片玉词》、张根《吴园易解》、谢伋《四六谈麈》、吴芾《湖山集》、韩元吉《南涧甲乙稿》、喻良能《香山集》、范成大《石湖诗集》、袁枢《通鉴纪事本末》、吕祖俭《丽泽论说集录》、黄𪾢《山谷内集》、袁甫《蒙斋中庸讲义》、陈耆卿《嘉定赤城志》、章樵《古文苑》、洪焱祖《杏亭摘稿》、胡助《纯白斋类稿》、皇甫汸《皇甫司勋集》、汤显祖《玉茗堂集》、顾宪成《小心斋札记》、郝敬《周易正解》、郑录《春秋心印》、孟称舜《孟叔子史发》、樊良枢《樊致虚诗集》、周茂源《鹤静堂集》、孙之騄《松源经说》、令狐亦岱《诸儒检身录》。

李邕与《李北海集》

《李北海集》收入四库全书集部第1095分册第一六一页。作者李邕，唐朝江夏人，曾两度到梧州任职。

根据《四库全书》提要，《李北海集》六卷《附录》一卷（浙江鲍士恭家藏本）：

> 唐李邕撰。邕事迹具《唐书》本传。邕文集本七十卷，宋志亦不著录。此本为明无锡曹铨所刊，前有荃序，称绍和征君刻《唐人集》，初得《北海集》，而余论之，不言为何人所编，大抵皆采摭《文苑英华》诸书裒而成帙，非原本矣。史称邕长于碑颂，前后所制凡数百首，今惟赋五首、诗四首、表十四首、疏状各一首、碑文八首、铭记各一首、神道碑五首、墓记铭一首，盖已十不存一。《旧唐书》称其韩公行状洪州放生池碑批韦巨源谥议为当时文士所重。李白《东海有勇妇》一篇称，北海李使君飞章奏天庭。杜甫《八哀诗》称，朗咏六公篇，忧来豁蒙蔽。赵明诚《金石录》亦称，唐六公咏文词高古，今皆不见此集中，殊可惜也。刘克庄《后村诗话》讥其为叶法善祖作碑贻千载之笑，然唐时名儒硕士，为缁黄秉笔不以为嫌，不似两宋诸儒视二教如敌国。此当尚论其世，固不容执后而议前，且克庄与真德秀游，德秀《西山集》中，琳宫梵刹之文不可枚举，克壮曾无一词而独刻责于邕，是尤门户之见不足服邕之心矣。卷末《附录》，载新旧唐书邕本传及赠送诸作，而别载《文苑英华》所录邕贺赦表六篇，题曰《纠谬》。谓考其事在代宗、德宗、宪宗时，邕不及见，其论次颇为精审。然考彭叔夏《文苑英华辨证》曰，贺赦表六首，类表以为李吉甫作，而文苑以为李邕，（案：邕天宝初卒，而六表乃在代宗、宪宗时，况《文苑》于三百五十九卷重出一表，题曰李吉甫，又第二表末云谨遣衔前虞王国清奉表陈贺以

闻，正与吉甫郴州谢上表末语同，则非邕作也云云。）是宋人已经考正，编是集者用其说而讳所自来，亦可谓攘人之善矣。

《四库全书》集部总集类还收入李善的《文选注》六十卷，李善为李邕的父亲。据《新唐书·李邕传》称：其父善始注《文选》（《昭明文选》），释事而忘义，书成以问邕。邕意欲有所更，善因令补益之，邕乃附事见义。故两书并行。今本事义兼释，似为邕所改定。

李邕（675—747），字泰和，鄂州江夏（今武汉市江夏区）人，唐朝著名书法家，其父亲李善也是一代文豪，因此从小受到家学熏染。李邕博学多才，少年成名，以校书郎起家，多岗位锻炼后曾任栝州刺史、北海太守，人称"李北海""李栝州"。李白《送王屋山人魏万还王屋》诗云："却思恶溪去，宁惧恶溪恶。咆哮七十滩，水石相喷薄。路创李北海，岩开谢康乐。"说的就是李邕在栝州治理好溪（原名恶溪）和开凿桃花岭的事迹。

李邕的刚直敢言是出了名的。武则天当政时，李邕官拜左拾遗。一次御史中丞宋璟弹劾武则天的心腹张宗昌，武后置之不理，李邕就在阶下大声进谏："璟所陈社稷大计，陛下当听。"出来后有人对李邕说，你这样一个小吏敢忤逆皇上，相当危险。李邕回答，不这样做，我也没什么名气。这种性格，使他在仕途上屡次遭贬。

李邕两次到栝州，都是被贬谪的，当时栝州地偏人稀，经济落后，生活艰苦。

开元三年（715），四十一岁的李邕已擢为户部郎中，因得罪权臣姚崇，被贬为松阳县令。次年三月，他在途中写了《唐故叶有道先生神道碑》和《赠歙州刺史叶慧明碑》，还未到任，就改任栝州司马。在处州大概干了一年，再次改任渝州（重庆）刺史。

时隔二十年，开元二十三年（735），已经六十一岁的李邕再次来到栝州任职，职务是栝州刺史。也就是说二十年辗转各地，官位并没有升迁。

李邕是一代文坛大咖，文章写得好，字又写得好，据说还能自己刻碑勒石，一个人可以干别人两人甚至三人的活，而且干得还特别好，一时间请他写各种碑文的名流显贵就如过江之鲫。他基本也是来者不拒，当然润笔是不菲的，因此赚取了不少外快。

据唐胡璩《谭宾录》载：

> 邕早擅才名，尤长碑记。前后所制，凡数百首；受纳馈送，亦至巨万。自古鬻文获财，未有如邕者。

这样的人自然容易招嫉恨，加上李邕性格耿直、不拘小节，找他麻烦、告他黑状的人自然很多。因此，他在官场是不适合的。

李邕先后两次来栝州任州官，留下的墨宝却不多，著名的有《叶有道碑》《叶慧明碑》《缙云三帖》以及三岩寺的"雨崖"等。《叶有道碑》和《叶慧明碑》是应当时著名道士叶法善之请，为他祖父叶有道、父亲叶慧明所写的。据说作《叶有道碑》开始李邕还不愿意，反复要求后答应撰文并不作书，后来叶法善通过道术，让李邕在梦中来到松阳卯山挥毫书写，写到"丁"字时，闻鸡鸣而止，下面只留数点，所以这块碑又叫"追魂月碑"或"丁丁碑"，这就有传说的成分了。据传原碑于开元五年（717）立于松阳县卯山。后来不知何年何月消失，现在留下的只有拓本，也难辨真伪。有刻本署为"栝州刺史文并书，开元五年岁在丁巳三月七日"。《叶慧明碑》为李邕撰文，韩择木作书。韩择木是韩愈的叔父，官至工部尚书，他的隶书也是当时一绝。

李邕的晚年生活并不如意，最后居然死于奸佞李林甫之手。据朱关田《李邕年谱》：

> 时李林甫擅权，妒忌贤能，排斥异己，凡稍具骨气者，无不受其暗算。邕性豪侈，不拘细行，因此为人所乘，罗织罪行，于天宝六载被李林甫派人杖杀于北海郡，时年七十三岁。

但是，历史是公正的。李邕因为他的文章和书法得以流传千古，而李林甫也因为他的恶行而遗臭万年。

段成式与《酉阳杂俎》

《酉阳杂俎》收入《四库全书》子部第1076分册第三〇五页，小说家类。作者段成式，山东临淄人，唐朝大中年间曾任处州刺史。

根据《四库全书》提要，《酉阳杂俎》二十卷、《续集》十卷（内府藏本）：

> 唐段成式撰。成式，字柯古，临淄人。宰相文昌之子。官至太常卿。事迹具《唐书·本传》。是书首有自序云，凡三十篇，为二十卷。今自忠志至肉攫部，凡二十九篇，尚阙其一。考语资篇后有云，客征鼠虱事，余戏摭作《破虱录》。今无所谓《破虱录》者，盖脱其一篇，独存其篇首引语，缀前篇之末耳。至其续集六篇十卷，合前集为三十卷，诸史志及诸家书目并同。而胡应麟《笔丛》云，《酉阳杂俎》世有二本，皆二十卷，无所谓续者。近于《太平广记》中抄出续记，不及十卷，而前集漏轶者甚多。悉抄入续记中为十卷，俟好事者刻之。又似乎其书已佚，应麟复为抄合者然。不知应麟何以得其篇目，岂以意为之耶？其书多诡怪不经之谈，荒渺无稽之物。而遗文秘籍，亦往往错出其中。故论者虽病其浮夸，而不能不相征引。自唐以来，推为小说之翘楚，莫或废也。其曰《酉阳杂俎》者，盖取梁元帝赋访酉阳之逸典语。二酉，藏书之义也。其子目有曰《诺皋记》者，吴曾《能改斋漫录》以为诺皋太阴神名，语本《抱朴子》，未知确否。至其贝编、玉格、天咫、壶史诸名，则在可解不可解之间，盖莫得而深考矣。

段成式是正宗官二代，父亲段文昌（773—835），字墨卿，一说为西河（今山西汾阳）人，一说为临淄（今山东淄博）人，世居荆州，从灵池县尉干起，一路过关斩将，在唐宪宗、唐穆宗、唐文宗三朝为相。他是褒国公段志玄玄孙，与武则天是亲戚。太和九年（835），唐文宗派宦官到西川赏赐春衣。段文昌可能是兴奋过度，刚刚受宣完毕便突然去世，时年63岁，追赠太尉。

唐德宗贞元十九年（803），段成式出生，其时他父亲还是一个校书郎。三年后成为灵池县的县尉，相当于县里的公安局长。

段成式童年时跟随父亲段文昌辗转各地，让他了解各地风土人情、逸闻趣事，增长了见识、开阔了视野，这就是一般农家弟子所无法比拟的了。少长后，有机会接触到包括官府秘籍在内的大量图书，加上他刻苦努力、记忆超群，为后来的写作打下了良好的基础。"读万卷书，行万里路"他有这个条件。

成年后，段成式受父亲的荫袭为官，先为秘书省校书郎。大中年间由吉州刺史调任处州刺史，咸通年间再调任江州刺史，不久免职闲居襄阳。《酉阳杂俎》应为闲居襄阳时作品。酉阳，酉山之阳，湖南沅陵有大酉山、小酉山，相传山下有石穴，中藏书千卷。梁元帝为湘东王时，赋有"访酉阳之逸典"语。后人以二酉、酉阳为藏书的意思。

段成式出为处州刺史，新旧唐书均未载。明成化《处州府志》"名宦"有传：

> 段成式，字柯古，临淄人，大中八年（854），自吉州刺史知郡。东南有溪多水怪，时名为"恶溪"。成式到郡，所行多善政，水怪潜去，不复为患，易名曰"好溪"。

段成式在处州任上写了一篇《好道庙记》，收于《全唐文》，这是唯一留存段成式与处州相关的文章，其中记载了"好道"与"好溪"的来历，以及复建好道庙的经过：

> 大凡非境之望，及吏无著绩，冒配于社，皆曰淫祠。……缙云郡之东南十五里，抵古祠曰好道。询于旧云：置自后周，莫详年月。好溪本曰恶溪……州内旷定，畏涂坦夷，安流涟漪。遂名

溪曰好溪，路曰好道。里人因以署庙焉。计其岁月，逾六甲子
矣……予大中九年到郡，越月方谒。至十年夏旱，悬祭沈
祀……予学儒外，游心释老，每远神讦鬼，初无所信。常希命不
付于管辂，性不劳于郭璞。至于夷坚异说，阴阳怪书，一览辄
弃……以好道州人所向，不得不为百姓降志枉尺，非矫举以媚神
也。因肆笔直书，用酬神之不予欺。大中岁在景子季秋中丁
日建。

"大中岁在景子"就是大中十年（856）岁在丙子，景有祥瑞的意思。
应该是大中八年任命段成式为处州刺史，大中九年才到处州上任，大中十
年作此文。从文中所述，乡人早已将"恶溪"改为"好溪"，同时将缙云
通处州的道也叫"好道"，并在道旁立庙以求神灵保佑。

段成式不信邪，开头就说没有崇高的威望和政绩而立祠祭祀就是淫
祠。后面又说不太相信鬼神，各种阴阳怪书看一下就扔掉。写这篇文章也
是出于对百姓愿望的尊重。

段成式通过治理好溪工程，实现了对"水怪"的降服。因此后人把变
"恶溪"为"好溪"归功于段成式，《舆地广记》曰：

缙云县……有好溪，本名恶溪，多水怪。唐大中中，刺史段
成式有善政，怪族自去，因改曰好溪。

段成式在当时文坛上就颇为著名，与李商隐、温庭筠号称"三才"。
《全唐诗》收录其诗作50首，《全唐文》收录其文章11篇，他最大成就在
所著代表作《酉阳杂俎》之中，这部笔记小说上承六朝，下启宋、明以及
清初志怪小说，对后世产生了重大的影响。其内容包罗万象，其素材有的
是道听途说，有的是亲眼所见，既可以当作消闲读物，也可以作为管窥其
时风土人情的画卷，犹如一部百科全书，具有很高的史料参考价值。被清
代大学者纪晓岚推为"小说之翘楚"。

好溪

杨亿与《册府元龟》

《册府元龟》收入《四库全书》子部第922—939分册，为类书类。为宋代王钦若和杨亿等奉敕编撰。杨亿为福建浦城人，曾任处州知府。

根据《四库全书》提要，《册府元龟》一千卷（内府藏本）：

> 宋王钦若、杨亿等奉敕撰。真宗景德二年，诏编修历代君臣事迹，以钦若提总，同修者十五人。至祥符六年书成，赐名制序。周必大《文苑英华》跋王明清《挥麈录》并称太宗太平兴国中修者，误也。其书分三十一部，部有总序。又子目一千一百四

145

门，门有小序。皆撰自李维等六人，而窜定于杨亿。又命孙奭为之音释，其间义例，多出真宗亲定。惟取六经子史，不录小说。于悖逆非礼之事，亦多所刊削，裁断极为精审。考洪迈《容斋随笔》，谓其时编修官上言，凡臣僚自述，及子孙追叙家世，如《邺侯传》之类，并不采取。遗弃既多，故亦不能赅备。袁氏《枫窗小牍》亦谓开卷皆常目所见，无罕觏异闻，不为艺林所重。夫典籍至繁，势不能遍为掇拾，去诬存实未中概以挂漏相绳。况纂辑诸臣皆一时淹贯之士，虽卷帙繁富，难免牴牾，而考订明晰，亦多可资览古之助。张耒《明道杂志》称杨亿修《册府元龟》，数卷成，辄奏之。每进本到，真宗即降付陈彭年。彭年博洽，不可欺毫发，故谬误处皆签贴。有小差误必见，至有数十签。亿心颇自愧，乃盛荐彭年文字，请与同修。其言不可尽信，然亦足见当时校核讨论，务臻详慎，故能甄综贯串，使数千年事无不条理秩然也。据《玉海》所载，此书凡目录十卷，音义十卷。今有目录而无音义，盖传写者久佚之矣。

所谓"类书"就是相当于如今"辞典"一类用于查找资料的大型工具书。《册府元龟》一千卷巨帙，是《四库全书》中收入仅次于《佩文韵府》的第二部大书。根据"皆撰自李维等六人，而窜定于杨亿"，说明杨亿就是执笔的主编。《四库全书》史部职官类存目还收入了杨亿的《历代铨政要录》一卷，集部别集类收入了杨亿的《武夷新集》二十卷。

杨亿（974—1020），字大年，福建省浦城人，是北宋的著名文人，《宋史》有传。7岁能文，10岁能诗，年少时便有"愿秉清忠节，终身立圣朝"之志，并得到太宗的赏识。淳化三年（992），才18岁的杨亿进献《二京赋》，皇上命试翰林，赐进士第，迁光禄寺丞。后历任著作佐郎、知制诰，可谓春风得意，少年得志。

但是杨亿不走寻常路，好好的皇帝身边红人不愿当，主动要求外放回到家乡附近可以照顾双亲。皇上舍不得，但是杨亿一再坚持。于是就来到家乡附近的处州当知府。

成化《处州府志》"名宦"有载：

> 杨亿，字大年，建州人。咸平元年（998），自左正言直集贤
> 院除。及辞，上御便殿召对，赐金百两。在任，岁稔刑清，专尚
> 宽大。民德之，相率致斋，以报其政。

杨亿到处州任知府的时间有多种说法，最直接的证据是他在自己的
《武夷新集》序中说：

> 予咸平戊戌岁九月，受诏知栝苍郡。逮十有二月戊子朏，始
> 达治所。凡再更年篇复朝于京师，未半载入西台掌诰命迄。景德
> 三祀龙集丙午仲冬之七日，被召入翰林防庚戌诏书许百执事，以
> 旬休出沐，颇燕居多暇，因取十年来诗，笔条次为二十编，目之
> 曰《武夷新集》……时丁未岁十月晦日，翰林学士朝散大夫行左
> 司谏知制诰、同修国史判史馆事、柱国虢略县开国子、食邑六百
> 户赐紫金鱼袋杨亿序。

《武夷新集》是杨亿在景德丙午年（1006）在翰林院工作之余所编的
诗集，其中收录在处州任职时的诗作有四十多首。

咸平戊戌年即咸平元年（998），是宋真宗启用的第一个年号。这一
年，二十四岁的杨亿被越级提拔为左正言，奉旨在集贤院修撰《太宗实
录》。待书修成，杨亿要求到家乡附近任职，以照顾自己的双亲，皇帝虽
然爱才，但对杨亿的孝行不能不予以支持，于是九月任命杨亿为处州知
州。朏（fěi），指新月开始发光。《汉书·律历志下》引古文《月采篇》
曰"三日曰朏"。说明杨亿到十二月初三才抵达处州治所。同为《册府元
龟》修撰的钱若水送诗一首：

> 汗简成惇史，分符别近班。
> 仍闻栝苍郡，酷似武夷山。

卷箔烟霞丽，登楼水石闲。

三年弃官去，惟我独何颜。

著名诗人、翰林学士王禹偁也赋诗相赠，头四句为：

珠冠珥朝簪，才堪值翰林。

群胥同点马，聊奉母欢心。

笔削留惇史，囊装贮赐金。

帆张浙河阔，山对栝苍深。

杨亿是一代文豪，为西昆体诗派的创始人。在处州任上兴文教，宽刑罚，轻税赋，所以深得百姓爱戴。根据他自己在《叶生归缙云》中"送子东还重销黯，我曾三载守仙都"一句，杨亿在处州知府任上干了三年。杨亿曾在州治的后厅之东建了"凝霜阁"，在州治之西建了"西亭"，如今当然早已不存了。

杨亿与周启明的交往传为美谈。《宋史》杨亿传中载："郡人周启明笃学有文，深加礼待。"

周启明，生卒不详，字昭回，其先金陵人，后徙处州。杨亿到处州后，周启明以自己的文章呈示杨亿，杨亿大为赞赏，从此有了较高的知名度。据说周启明四举进士皆第一。景德中，举贤良方正科，报罢。于是归教弟子百余人，不复有仕进意。成化《处州府志》龙泉县科贡中有"大中祥符己酉（1009）科，周启明"的记载。

杨亿是一个正直的文人，虽然受真宗皇帝的喜爱，却能坚持原则，不曲意奉迎。特别是真宗病重之时，要杨亿草制策立刘氏为皇后的圣旨，杨亿居然敢违背旨意而不为。不久，年仅四十七岁的杨亿英年早逝，据说是"忧病而死"。

王开祖与《儒志编》

《儒志编》收入《四库全书》子部第710分册第六九五页。作者王开祖，永嘉（今温州）人，北宋至和年间曾任处州丽水县主簿。

根据《四库全书》提要，《儒志编》一卷（浙江巡抚采进本）：

> 宋王开祖撰。开祖，字景山，永嘉人。皇祐五年进士。试秘书省校书郎，佐处州丽水县。既而退居郡城东山，设塾授徒，年仅三十二而卒。其著作亦多湮没。是编乃其讲学之语，旧无刊本。据其原序，乃明王循守永嘉时，始为搜访遗佚，编辑成帙。因当时有"儒志先生"之称，故题曰《儒志编》。然考《宋史·艺文志·儒家类》中有王开祖《儒志》一卷，则非循之所辑。或原本残阙，循为厘订而刻之欤？其书久湮复出，真伪虽不可考。然当时濂、洛之说犹未大盛，讲学者各尊所闻。孙复号为名儒，而尊扬雄为模范。司马光三朝耆宿，亦疑孟子而重扬雄。开祖独不涉岐趋，相与讲明孔孟之道。虽其说辗转流传，未必无所附益，而风微人往，越数百年，官是土者犹为掇拾其残帙，要必有所受之，固异乎王通《中说》出于子孙之夸饰者矣。循，字进之，休宁人。弘治丙辰进士。官至顺天府通判。所著有《仁峰集》，今未见传本，不知存佚。惟此书尚行于世云。

王开祖，虽为邻郡永嘉人，且曾在丽水县当过主簿，然而在处州的知名度并不高，日常几乎无人提起，但是他在学界的地位却是"永嘉理学之开山祖"。

王开祖（约1035—1068），字景山，世称"儒志先生"，永嘉县城（今温州市鹿城区）人。先世原为福建人，为避南唐兵乱，迁至温州瑞安。父亲王鲁，娶知温州军刘起之女，故迁居永嘉城内。

王开祖天生聪颖，从小喜欢读书，少年时期就初露头角。某日，开祖

正在书房读书，两个街坊邻居推门进来，请王开祖为他们写一副对联。第二天他们的小店就要开张，门口需要贴上新的对联，且一个门内是两个小店，一为裁缝店，一为小酒店，最好两家店都要兼顾。盛情之下，无法推却。次日凌晨，当两位店主打开店门，只见门上已贴着崭新的对联："杨柳衬衣绿，桃花映酒红"。对仗工整，内容贴切，文辞高雅，引得附近群众前来围观，两个小店生意从此人气爆棚，王开祖也被大家刮目相看。

及长，王开祖投到石牧之门下。其时石牧之为天台县令，他兴建学校，并亲自讲学。石牧之，字圣咨，新昌人，时人评价他："姿韵沉雅，志操高远，幼无他好，唯读书是嗜。"庆历二年（1042）登进士第，与曾担任过北宋宰相的苏颂、王安石同榜。同一榜登第的新昌人还有石衍之、石象之、石亚之，根据姓名来推测他们是兄弟或堂兄弟。新昌的石氏确实厉害，在他们前后考中进士的还有宝元元年（1038）戊寅科石温之，皇祐元年（1049）己丑科榜眼石麟之，而他们的父辈石待旦就是新昌鼓山书院的山长，后被范仲淹聘为会稽稽山书院的山长。

宋元丰年间（1078—1085），石牧之以尚书都官郎中知温州，是最早开发五马行街的人。他重视教育，在温州任职期间涌现了永嘉学派早期的代表人物蒋元中、周行己等"元丰九先生"。死后，苏颂作《朝议大夫致仕石君墓碣铭》，其中讲道：

> 石君，讳牧之……移台州天台令……增广天台县学，择乡先生居师授之，任以延俊，造县事间，则亲为讲说，远近向慕，负笈而至者，若王景山、余京方、伍原辈，同时出黉下，后皆为闻人。

北宋仁宗皇祐五年（1053），王开祖弱冠之年顺利考中进士，次年试秘书省校书郎，出任处州丽水县主簿。查光绪《处州府志》北宋丽水县主簿并无王开祖的记载，整个宋朝只记载了二位主簿名字，那时档案工作不被重视，遗漏在所难免。

后来王开祖曾参加制科考试，所谓"科制"相当于"特招"，开考的时间、内容及参考人员均无规定，全凭皇上的喜好。但是那一年制科应试者18人，结果一个也未录取，纯粹走个过场、搞个形式。王开祖一气之下焚尽旧作，辞官回乡，在城内东山（亦称"华盖山"）之麓创办书院，世称"东山书院"，是温州的第一所书院。由于王开祖学博行高，远近学子蜂拥而来，一时人头攒动，从学者达数百人。

随着王开祖的知名度不断提高，后来他又被举荐召试贤良方正，遗憾的是未赴任就去世了，时年只有32岁。门人学生把他的讲义记录整理出来，于是有了《儒志编》这部书，后来学者称王开祖为"儒志先生"。

绍圣二年（1095），台州章安人杨蟠任温州知州，为纪念邑地"永嘉之学"始倡者王开祖，在温州城建规划"三十六坊"中，特立"儒志坊"以表其居。明清时，因巷口建有温州府儒学而改名为"府学巷"。

清代著名学者全祖望在《宋元学案·士刘诸儒学案》中有《进士王儒志先生开祖》小传，对王开祖有这样的评价：

> 是时，伊洛未出，安定（胡瑗）、泰山（孙复）、徂徕（石介）、古灵（陈襄）诸公甫起，而先生之言实遥与相应。永嘉后来问学之盛，盖始基之。惜其得年仅三十有二，未见其止，为何惜也。

创刊于1920年1月的《新学报》发刊词则说：

> 永嘉自古无学术可言，到北宋时，王景山出而提出理学，为永嘉有学术之始。继王景山之后，又有郑伯熊、薛季宣、陈傅良、叶适等进一步发挥先哲学术之精华。蔚成一家之谈，世称之为"永嘉学派"。

东山书院于明嘉靖年间毁于台风，后又重建。清雍正间移建于城东南积谷山麓，内有谢灵运和王开祖像。

秦观与《淮海集》

《淮海集》收入《四库全书》集部第1145分册第五六九页。作者秦观，宋代高邮人，绍圣年间曾任处州监酒税。

根据《四库全书》提要，《淮海集》四十卷、《后集》六卷、《长短句》三卷（副都御史黄登贤家藏本）：

> 宋秦观撰。观事迹具《宋史·文苑传》。观与两弟觌、觏皆知名，而观集独传。本传称文丽而思深。《苕溪渔隐丛话》载苏轼荐观于王安石，安石答书，述叶致远之言，以为清新婉丽，有似鲍、谢。敖陶孙《诗评》则谓其诗如时女步春，终伤婉弱。元好问《论诗绝句》因有"女郎诗"之讥。今观其集，少年所作，神锋太俊或有之。概以为靡曼之音，则诋之太甚。吕本中《童蒙训》曰："少游'雨砌堕危芳，风棂纳飞絮'之类，李公择以为谢家兄弟不能过也。过岭以后诗，高古严重，自成一家，与旧作不同。"斯公论矣。观《雷州诗》八首，后人误编之《东坡集》中，不能辨别。则安得概目以小石调乎？其古文在当时亦最有名。故陈善《扪虱新话》曰"吕居仁尝言少游从东坡游，而其文字乃自学西汉。以余观之，少游文格似正，所进策论，颇若刻露，不甚含蓄。若比东坡，不觉望洋而叹。然亦自成一家"云云。亦定评也。王直方《诗话》称观作《赠参寥》诗末句曰："平康在何处，十里带垂杨。"为孙觉所呵。后编《淮海集》，遂改云"经旬滞酒伴，犹未献长杨"。则此集为观所自定。《文献通考·别集类》载《淮海集》三十卷，又《歌词类》载《淮海集》一卷。《宋史》则作四十卷。今本卷数与《宋史》相同，而多《后集》六卷，《长短句》分为三卷。盖嘉靖中高邮张綖以黄瓒本及监本重为编次云。

秦观（1049—1100），字少游，一字太虚，号"淮海居士"，别号"邗沟居士"，高邮军武宁乡左厢里（今江苏省高邮市三垛镇少游村）人。秦观是北宋婉约派词人，与黄庭坚、晁补之、张耒合称"苏门四学士"。

秦观出生于江苏高邮一户中产家里，虽算不上大富大贵，但也基本是丰衣足食。秦观少年时即负有文名，是远近闻名的才子，可是科考却两次铩羽而归，三十七岁第三次参加会考时才金榜题名。接着在蔡州当教授，一个州教授，虽然官职不高、权力不大，但作为文化人在地方上还是颇受人尊敬的，时常被请为座上宾。

后来到宫廷当了个七品的小秘书，外人看来很荣光，实际上是个抄书匠。

绍圣元年（1094），宋哲宗赵煦亲政，急忙启用新党人物章惇、曾布等人开始搞改革。春三月，以司马光为代表的"旧党"及以苏轼为代表的"蜀党"均被外放。秦观先是出为杭州通判，后道贬处州监酒税。

处州是秦观人生的转折点。

翻山越岭来到处州已是秋天，肃杀的风景增添了落寞和荒凉。那些势利的官员对秦观冷眼以对，一家人的吃住都要他自己想办法。他就在寺庙里暂时安身。后在同年、曾任国子监司业的胡份（bīn）帮助下，一家人终于安顿在槺山下隐士毛氏故居的文英阁，避免了"使迁客有暴露之忧"。

《说郛·真率纪事》里载有秦少游写给胡子文的帖："远方必无闲空地宅，如成都僦债。然栝苍士大夫渊薮，其父兄必多贤闻。仆无居，宜有轺居，以见赁债者，幸前期闻之。不然，使迁客有暴露之忧，亦郡豪杰之深耻也。"

处州百姓一直有立冬酿酒的习惯，用辣蓼草制绿曲，做成黄绿色的糯米酒。因为身为监酒税，相当于是国营酒厂的厂长，秦观根据家乡的传统和自己的经验，改进制曲和酿造的技艺，把红曲酿酒技艺传到了处州，于是处州就有了红色的"十月缸"。

酒务局的地点在姜山，山上还有一所"悬藜阁"。秦观在办公室的墙上写下了《题务中壁》：

> 醉头春酒响潺潺，垆下黄翁寝正安。
>
> 梦入平阳旧池馆，隔花蠓口吐清寒。

　　宋朝实行榷酒制度，制曲造酒均由官方专营，百姓只能到官方指定的酒厂购曲酤酒，因此为朝廷敛取大量税收。

　　秦观在处州写下了十余首诗词，其中最著名的就是《好事近·梦中作》：

> 春路雨添花，花动一山春色。行到小溪深处，有黄鹂千百。
>
> 飞云当面化龙蛇，天矫转空碧。醉卧古藤阴下，了不知南北。

　　秦观一家均是佛教徒。在县南一里，有一座建于唐光化二年（899）的法海寺，因身体欠安，秦观到了法海寺，一住就是十多天，抄了七万来字的佛经，作《题法海平阇黎》：

> 寒食山行百鸟喧，春风花雨暗川原。
>
> 经旬移病依香火，写得弥陀七万言。

　　不料这首诗成为"使者"攻击秦观的罪证。《宋史·秦观传》有记：

> 贬监处州酒税，使者承风望指，候伺过失，既而无所得，则以谒告写佛书为罪，削秩徙郴州。

　　后来，秦观被贬到更远的岭南，移横州编管，不久又被移到雷州编管。与东坡先生隔海相望，到了九死一生的地步。

　　元符三年（1100）的正月，才二十四岁的哲宗赵煦驾崩，赵佶上位，是为徽宗。向太后垂帘听政。元祐党人平反。秦观被移到英州（今英德），没多久又移到衡州（今衡阳），复为宣德郎。

秦观与东坡先生在雷州一聚后，分头北上。

八月十二日，来到藤州（今广西藤县），东道主盛情款待，酒后游光华亭，在古藤荫下，秦观吟在处州写的《好事近》，众人击掌叫绝。

秦观感到有些口渴，主人命人取水送上。看着端来的清水，秦观微微一笑，就永远地"醉卧古藤阴下"了，时年五十二岁。

《宋史》本传："徽宗立，复宣德郎，放还至藤州，出游光华亭，为客道梦中长短句。索水欲饮，水至，笑视之而卒。"

这才是诗谶啊！在处州写了一首词，就已隐藏了秦观命运的结局。

青田栖霞寺边的莺花亭

周邦彦与《片玉词》

《片玉词》收入《四库全书》集部第1537册第三六五页。作者周邦彦，钱塘人，宣和二年任处州知府。

根据《四库全书总目》提要，《片玉词》二卷、《补遗》一卷（浙江巡抚采进本）：

　　　宋周邦彦撰。邦彦字美成，钱塘人。元丰中献《汴都赋》，

召为太乐正。徽宗朝仕至徽猷阁待制，出知顺昌府。徙处州卒。自号清真居士。《宋史·文苑传》称"邦彦疏隽少检，不为州里推重。好音乐，能自度曲，制乐府长短句，词韵清蔚"。《艺文志》载《清真居士集》十一卷。盖其诗文全集久已散佚，其附载诗馀与否，不可复考。陈振孙《书录解题》载其词有《清真集》二卷，后集一卷。此篇名曰《片玉》，据毛晋跋，称为宋时刊本所题，原作二卷。其补遗一卷则晋采各选本成之。疑旧本二卷即所谓《清真集》，晋所掇拾乃其后集所载也。卷首有强焕序，与《书录解题》所传合。其词多用唐人诗句隐括入调，浑然天成。长篇尤富艳精工，善于铺叙。陈郁藏《一话腴》谓其以乐府独步，贵人、学士、市侩、妓女皆知其词为可爱。非溢美也。又邦彦本通音律，下字用韵，皆有法度。故方千里和词，一一案谱填腔，不敢稍失尺寸。今以两集互校，如《隔浦莲近》"拍金丸惊落飞鸟"句，毛本注云："案谱，此处宜三字二句。"然千里词作"夷犹终日鱼鸟"，则周词本是"金丸惊落飞鸟"，非三字二句。又《荔枝香近》"两两相依燕新乳"句，止七字。千里词作"深涧斗泻飞泉洒甘乳"句，凡九字。观柳永、吴文英二集，此调亦俱作九字句，不得谓千里为误。则此句尚脱二字。又《玲珑四犯》"细念想梦魂飞乱"句七字。毛本因旧谱误脱"细"字，遂注曰："案谱，宜是六言。"不知千里词正作"顾鬓影翠云零乱"七字，则此句"细"字非衍文。又《西平乐》"争知向此征途，区区伫立尘沙"二句，共十二字。千里和云，"流年迅景霜风败苇惊沙"止十字，则此句实误衍二字。至于《兰陵王》尾句"似梦里泪暗滴"，六仄字成句。观史达祖此调，此句作"欲下处似认得"，亦止用六仄字，可以互证。毛本乃于梦字下增一"魂"字，作七字句，尤为舛误。今并厘正之。据《书录解题》，有曹杓，字季中，号一壶居士者，曾注《清真词》二卷。今其书不传。

光绪《处州府志·职官志》中，宋宣和年间，有"周邦彦，字美成，钱塘人"。北宋著名词人周邦彦曾经当过处州的知府，这实在是山乡的荣幸。

《宋史·文苑传》有载："邦彦好音乐，能自度曲，制乐府长短句，词韵清蔚，传于世。"

周邦彦（1056—1121，也有一说 1058—1123）出生于音乐世家，父亲博学多才，是真正的书香门第，他的名字"邦彦"就是父亲根据《诗经·羔裘》中的"彼其之子，邦之彦兮"而取的，希望他长大后能成为国家的栋梁之材。

周邦彦天资聪颖，又得家传，少年即小有名气，但是却不太守规矩，不走寻常路。《宋史》中说，周邦彦在少年的时候，"疏隽少俭，不为州里推重，而博涉百家之书"，意思就是说他是一个自由浪荡不守规矩的子弟，乡里人并不看好他，他喜欢看各种闲书。周邦彦在研读了诸子百家之后，对为政为官为主导思想的儒家学说，不是太感兴趣，而是喜欢上了老庄，向往逍遥自由。加上宋代对文人宽容的环境，周邦彦经常出入青楼柳巷也是寻常之事。

元丰六年（1083）七月，身为太学生的周邦彦，向神宗献上长达七千字的《汴都赋》，神宗览后大感惊奇。赋中多古文奇字，翰林学士李清臣多不识得，只好读其偏旁。献赋之举广为传播之后，周邦彦一举成名。次年三月，他直升为太学正。这是一个隶属于国子监，专门负责监督管理学生纪律的九品小官。

本以为从此可以平步青云，不料接下去却是仕途不顺，"居五岁不迁"，也就是说五年没得到提拔，一个文艺青年大概不适合官场政坛，也可能是对官场没什么追求，宁愿耕耘在文学天地中。

元祐二年（1087）春，周邦彦被排挤出京城，任庐州（今安徽合肥）教授。次年秋，又调到荆州，依然是教授。元祐八年（1093），周邦彦被任命为溧水知县，在溧水任内为政"敬简"，"不妨舒啸"，也就是说基本实施无为而治，而将更多的精力用在艺术创作上。

绍圣四年（1097），宋哲宗亲政后放逐旧党，于是召回了周邦彦，任命他为国子主簿。次年哲宗在崇政殿召见了周邦彦，命他再诵《汴都赋》，随后授其为秘书省正字。

元符三年（1100），哲宗崩，宋徽宗即位。之后，周邦彦先后任校书郎、考功员外郎、卫尉少卿、宗正少卿等职。大观元年（1107），徽宗设大晟府，命周邦彦等讨论"古音审是"。因为新旧党争，周邦彦的职务也经常变动，或在宫内陪皇上作词歌赋，或外派到地方任职。他先后到过河中府（今山西永济）、隆德府（今山西长治）、明州府（今宁波）等地任地方官。民间传说是因为周邦彦也喜欢京城名妓李师师，所以被徽宗赶出宫。

政和七年（1117），周邦彦进官徽猷阁待制，接替蔡攸提举大晟府。后来，由于不愿与宰相蔡京合作，周邦彦又被逐出朝廷，于重和元年（1118）出知真定府（今河北正定），次年，又改知顺昌府（今安徽阜阳）。对于职务频繁的变化，周邦彦已习以为常，唯一不变的是对填词唱曲的热爱。

宣和二年（1120），周邦彦被调知处州，这明显是被贬的意味。不久后又被罢职，授提举南京（今河南商丘）鸿庆宫。实际在处州任上的时间很短，因此也没什么政绩可记。宣和三年，周邦彦赴鸿庆宫就任，不久后即病逝于南京鸿庆宫斋厅，享年六十六岁。获赠宣奉大夫。后归葬临安府南荡山（今杭州西南郊周浦一带）。

周邦彦一生可以说是为词而生。他的词很注重协律，善于从音律和谐中求词句的浑雅，所以被认为是婉约派的集大成者和格律派的创始人。又因风格极具杜甫的"沉郁顿挫"之致，所以王国维称他为"词中老杜"。周邦彦的词作，内容不外乎男女恋情、别愁离恨、人生哀怨等传统题材，所反映的社会生活面不够广阔。

从代表作《兰陵王·柳》可以看出周邦彦的词风：

柳阴直，烟里丝丝弄碧。隋堤上，曾见几番，拂水飘绵送行色。登临望故国，谁识，京华倦客？长亭路，年来岁去，应折柔条过千尺。

闲寻旧踪迹。又酒趁哀弦，灯照离席。梨花榆火催寒食。愁一箭风快，半篙波暖，回头迢递便数驿，望人在天北。

凄恻，恨堆积。渐别浦萦回，津堠岑寂。斜阳冉冉春无极。

念月榭携手，露桥闻笛。沉思前事，似梦里，泪暗滴。

有一首叫《双调·花心动》的词，写得更是香艳无比。词的开头就是："帘卷青楼，东风满，杨花乱飘晴昼。兰袂褪香，罗帐寨红，绣枕旋移相就。"大白天上青楼狎妓还写得这么清新脱俗，也许只有宋代文人才能如此潇洒。

婉约派词人基本上属于多愁善感，因此往往抑郁困顿，寿命不长，柳永和邦彦一样活了66岁，秦观更是只活了51岁。

2022年，北京联合出版公司出版了由诗词评论家陈可抒注解的《片玉词》，给年轻的读者提供了极大的方便。

张根与《吴园易解》

《吴园易解》收入《四库全书》经部第3分册第六五九页。作者张根，德兴人，宋元祐（1086）时任遂昌县令。

据《四库全书》提要，《吴园易解》九卷（湖北巡抚采进本）：

宋张根撰。根，字知常，德兴人。年二十一登进士第。大观中官至淮南转运使，以朝散大夫终于家。事迹具《宋史》本传。是书末有其孙垓《跋》，称为先祖太师者，其子焘孝宗时为参知政事追赠官也。根所撰述甚多，垓《跋》称有宋朝编年数百卷，五经诸子皆为之传注。晁公武《读书志》载有《春秋指南》十卷，今皆未见。惟此《易解》仅存，明祁承家有其本。此为徐氏传是楼所钞，自《说卦传》"乾健也"节以下，蠹蚀残阙。末有康熙壬申李良年《跋》，亦称此本不易得。然《通志堂经解》之中遗而不刻，岂得本于刻成后耶？书中次第，悉用王弼之本。诠义理而不及象数，不袭河洛之谈。注文简略，亦无支蔓之弊。末有《序语》五篇，《杂说》一篇，皆论系辞，于经义颇有发明。

又《泰卦论》一篇，于人事天道倚伏消长之机尤三致意焉。盖作
于徽宗全盛时也。亦可云识微之士矣。

根据光绪《处州府志·职官志》，遂昌县知县有：

> 元祐，张根，字知常，饶州德兴人。清河旧志云：甫冠，第
> 进士。元祐四年，调临江司理参军，来知邑事。下车，初积案数
> 十，不阅旬而决，曲直情伪无不曲中。由是滑吏革心，狱讼衰
> 息。既，又筑二堤，创三桥，立四门。兴利除害，治绩显著。及
> 去，邑人立石颂德，建祠于学。晚参大政，入名宦。子焘诞，于
> 令舍登进士第，为时闻人。见《通志》。

说明张根在遂昌县，为百姓做了许多好事，深得民众爱戴。不知邑人
立的石碑以及他手上建造的"二堤三桥四门"在遂昌县城还有没有遗存？

张根（1062—1121），字知常，号吴园，饶州德兴人。元丰五年
（1082）进士，历临江司理参军、遂昌令，迁通判杭州，提举江西常平司，
又为淮南转运使。官至龙图阁直学士。死后谥"忠定"。《宋史·列传第一
百一十五》有张根传：

> 张根，字知常，饶州德兴人。少入太学，甫冠，第进士。调
> 临江司理参军、遂昌令。当改京秩，以四亲在堂，冀以父母之恩
> 封大父母，而乣妻封及母，遂致仕，得通直郎，如其志。时年三
> 十一。乡人之贤者彭汝砺序其事，自以为不及。

张根屡次谏言均切中时弊，仗义执言而不计个人利害，这种性格在官
场肯定不受欢迎，尤其是皇帝身边的奸佞弄臣肯定很不爽，因此仕途屡遭
挫折也就在情理之中。所以，年纪轻轻就以尽孝为名提前退休回家，远离
官场是非之地，一心读书做学问。

两宋期间，从元祐党人开始，党争几乎伴随着整个宋朝，因此治国理

政的思路经常"翻烧饼"，一朝天子一朝臣，百姓无所适从。针对这个情况，在大观年间，张根又上疏皇上：

> 陛下幸涤烦苛，破朋党，而士大夫以议论不一，观望苟且，莫肯自尽。陛下毁石刻，除党籍，与天下更始，而有司以大臣仇怨，废锢自如。为治之害，莫大于此，愿思所以励敕之。

宋徽宗赵佶当上皇帝之后，整天吃喝玩乐，不理朝政，重用蔡京、童贯、高俅等奸佞之臣把持政务，大肆搜刮民财，在杭州建立了一个专供皇室享用的物品造作局，还下令设立苏杭应奉局，专门为自己搜集江南的奇异花木，怪石珍玩，并用大批船只运往开封，称作"花石纲"。百姓怨声载道，以致后来引发方腊起义。张根又上疏皇帝进谏，结果得罪了利益集团。

> 因力陈其弊，益忤权幸，乃摘根所书奏牍注切草略，为傲慢不恭，责监信州酒。既又言根非诋常平之法，以摇绍述之政，再贬濠州团练副使，安置郴州。寻以讨淮贼功，得自便。以朝散大夫终于家，年六十。（《宋史·列传第一百一十五·张根传》）

宋徽宗当皇帝完全是一个身不由己的错误选择，如果他不当皇帝，一心玩自己的琴棋书画，在历史上可能会留下一个著名的艺术家。但是，他当了皇帝，就是德不配位，很快就祸及其身。靖康二年（1127）四月，徽宗和他的儿子钦宗被金人俘虏，发生了举国震惊的"靖康之耻"，从此宋朝偏安于南方，只留下半壁江山。

张根还是一个大孝子。父亲生病要戒食盐，张根也跟着食淡。母亲很喜欢吃河豚和螃蟹，母亲去世后，张根从此不再吃河豚和螃蟹。

光绪《处州府志·艺文志》中，录有张根的《进士题名记》：

> 栝苍在浙之东，而遂昌为支邑。民众土狭，率皆力农，初无

读书者。天圣以来，刘、孟、吴、叶数家十余人，间与计，辄报罢，以故益不劝。嘉祐中，今奉常博士武陵龚先生，羁旅赢粮，游学京师，声誉藉藉。太学取甲科，衣锦南还，拜亲堂上，煌耀里闾，乡人父老始知诗书之贵、教子之荣、力学之效，莫不奋然勉其子弟，而以不能为耻。于是诏下，应者百数，美材间出，选魁乡评，而翘然登科者，接武不绝。文物之盛，彬彬郁郁，与他郡争衡矣。本其风化，实自武陵龚先生始也。今记先生及诸登第者名氏岁月，刻诸石以为《题名记》。来者咐之于左，俾观览者有所考云。

文中称武陵龚先生即龚原（约1043—1110），字深之，号武陵，时称"括苍先生"，遂昌马头庄（今云峰镇）人。少时到京都曾拜王安石为师。宋嘉祐八年（1063）中进士。元丰年间（1078—1085）任国子直讲，后迁太常博士。绍圣（1094—1098）初，召拜国子司业，旋兼侍讲，迁秘书少监、起居舍人，擢工部侍郎。龚原是遂昌县的第一个进士，且官至四品大员，是遂昌的骄傲，并开启了一代文风，因此张根作此题名记予以褒奖也是顺理成章的事了。

谢伋与《四六谈麈》

《四六谈麈》收入《四库全书》集部第1530分册第二三页，诗文评类。作者谢伋，宋代上蔡人，绍兴年间曾任处州知府。

根据《四库全书》提要，《四六谈麈》一卷（浙江汪启淑家藏本）：

（案：此书为左圭《百川学海》所刊旧本。卷首但题灵石山药寮字，不著撰人。《书录解题》载为谢伋撰，考书中时自称伋，则其说是也。）伋字景思，上蔡人。官至太常少卿。参政克家之子，良佐之从孙。所称逍遥公，即良佐也。其论四六，多以命意遣词分工拙，视王铚《四六话》所见较深。其谓四六施于制诰、表奏、文檄，本以便宣读，多以四字六字为句。宣和间多用全文长句为对，习尚之久，至今未能全变。前辈无此格。又谓四六之工在于翦裁，若全句对全句，何以见工。尤切中南宋之弊。其中所摘名句，虽与他书互见者多，然实自具别裁，不同剽袭。如王铚《四六话》载廖明略贺安厚卿、张丞相诸启，凡数联，仅皆不取，而别取其为厚卿《举挂功德疏》一篇，知非随人作计者矣。费衮《梁溪漫志》曰："谢景思《四六谈麈》甚新奇，然载陈去非草义阳朱丞相制有语忌，令贴改事。"又载，"谢显道初不入党籍，朱震乞依党籍例命官事皆误。朱制乃有旨令綦处厚贴麻，非令其自贴改。谢显道崇宁元年实曾入党籍，景思记当时所见，偶尔差舛。恐误作史者采取，故为是正之"云云。是疏漏之处，亦所不免。然不以一二微瑕掩也。

谢伋（1099—1165），字景思，河南上蔡人。南宋政治家、文学家、药学家。官至太常少卿。

谢伋出生于名门世家。祖父谢良弼，他有个弟弟叫谢良佐，是北宋著名理学家，师从程颢、程颐，与游酢、吕大临、杨时号称"程门四先生"。谢良佐创立了上蔡学派，是心学的奠基人、湖湘学派的鼻祖，在程朱理学的发展史上起到桥梁作用，人们常称他为"谢上蔡"或"上蔡先生"。朱熹在批注《四书》时，常引用他的观点，称"谢氏曰"。

谢伋的父亲谢克家（1063—1134），字任伯，绍圣四年（1097）中进士，累官至吏部尚书、谏议大夫。他忠君爱国，危言危行，是著名的主战派，与蔡京、童贯以及后来的秦桧势不两立。

建炎二年（1128），谢克家拥戴有功，高宗擢升他为朝奉大夫、龙图阁侍制兼浙江台州知府，其子谢伋官升祠曹郎兼太常少卿。于是，谢克家携家迁至黄岩灵石山麓之灵石寺。兄弟克俭、克明迁临海各地。是为台州谢氏之始迁祖。

绍兴八年（1138），秦桧复相，诛锄异己，谢氏父子辞官隐居灵石寺。谢伋在三童岙开辟药园，自号"药寮居士"。

绍兴二十五年（1155），秦桧死，朝廷召回谢伋，任职处州，卒于黄岩三童寺寓舍。

陆游在淳熙、绍熙间所作的笔记体小说《老学庵笔记》卷八记载了这样一则逸事：

> 绍兴末，谢景思守栝苍，司马季思佐之，皆名伋。刘季高以书与谢景思曰："公作守，司马九作倅，想郡事皆如律令也。"闻者绝倒。

意思是说，绍兴末年，谢伋（字景思）时在括苍任处州知府，其时辅佐他的处州通判为司马伋（字季思），二人都名伋。刘岑（字季高）写信给谢伋，调侃他说："您做郡守，司马伋为郡州长官副职，想必您郡州的事务均处理得'（急急）如律令'吧。"听到这件事的人，都不由大笑拍案叫绝。

如律令，即急急如律令，原为汉代公文常用结尾语。东汉的张道陵在创始道教时，因为他曾经当过巴郡江州行政长官的经历，所以他在书写道教驱使鬼神、治病禳灾经文的最后部分时，除了效仿以前官方文书用语，还在符咒末尾加上"急急如律令"，意思是号令鬼神快快承办某件事情。这里省略"急急"，其实隐喻"伋伋"二字。两个名"伋"的人在一郡州任正副长官，就会闹出许多趣事来。

《四六谈麈》一书为专门谈骈体文的理论专著。骈体文，也称"六朝文"，起源于汉代，盛行于南北朝。是以字句两两相对而成篇章的文体，全篇以双句（俪句、偶句）为主，多用典故，讲究对仗的工整和声律的铿锵。华丽的辞藻堆砌，大量引用典故，最适合于作赋。因其常用四字句、六字句，故也称"四六文"。一直到宋代还是主要的应用文体。著名的如司马相如的《子虚赋》和《上林赋》、庾信的《哀江南赋》、王勃的《滕王阁序》等。麈是一种俗名叫驼鹿的鹿属动物。古人用麈尾做成拂尘，用以驱赶蚊蝇。魏晋六朝时期士人尚清谈，在聊天时必手执拂尘。后相沿成习，成为名流清谈的雅具。谈麈，也称"麈谈"，意为闲居清谈，用以作书名则是谢伋的谦虚之辞。

谢伋在卷首作于绍兴十一年（1141）五月十三日的《序》中说：

> 三代、两汉以前，训诰誓命诏策书疏，无骈丽粘缀，温润尔雅。先唐以还，四六始盛，大约取便于宣读。本朝自欧阳文忠、王舒国叙事之外，作为文章制作浑成，一洗西昆碟裂烦碎之体。厥后学之者益以众多，况朝廷以此取士，名为"博学宏词"，而内外两制用之，四六之艺诚日大矣。下至往来笺记启状，皆有定式。故谓之应用四方，一律可不习而知。予自少时听长老持论多矣，忧患以后悉皆遗忘。山居历年，饱食终日，因后生之问，可记者辄录之，以资赞学之一事，如古今五七字话。题为《四六谈麈》云，他时有得当附益诸。

继韩愈发动古文运动后，欧阳修也反对骈体文，这种格式化的文章初看很美，泛滥之后则让人生厌。但在当时，公文科举私信均离不开这种文体。谢伋撰此书意为后生学者提供方便。

吴芾与《湖山集》

《湖山集》收入《四库全书》集部第1169分册第五六一页。作者吴芾，宋代仙居人，绍兴年间曾任处州知府。他的儿子吴津淳熙年间曾任丽水知县。

根据《四库全书》提要，《湖山集》十卷（永乐大典本）：

> 宋吴芾撰。芾，字明可，自号湖山居士，台州仙居人。绍兴二年进士。官至礼部侍郎，历知数郡。以龙图阁直学士致仕。事迹具《宋史》本传。芾为秘书正字时，以不附秦桧劾罢。后金师临江，芾建言有进无退，请高宗驻跸建康，以系中原之望。其领郡亦多惠政。盖非徒以文艺擅长者。然其诗才甚富，往往澜翻泉

涌，出奇无穷。虽间或失之流易，要异乎粗率颓唐。如《挽元帅宗泽》诸篇，尤排奡纵横，自成一格。据集中自述，芾生甲申岁，当崇宁三年。建炎初尚未及三十，而笔力已挺健如此。其后退闲者十有余年，年几八十，乃渐趋平淡。和陶诸诗，当作于其时，亦殊见闲适清旷之致。集中有《寄朱元晦》一诗曰："夫子于此道，妙处固已臻。尚欲传后学，使闻所不闻。顾我景慕久，愿见亦良勤。"是其末年亦颇欲附讬于讲学。然其诗吐属高雅，究非有韵语录之比也。周必大集有芾《湖山集序》，称集二十五卷、长短句三卷、别集一卷、奏议八卷。而《宋史·艺文志》则称《湖山集》四十三卷，又别集一卷、《和陶诗》三卷、附录三卷、《当涂小集》八卷。本传又称表奏五卷、诗文三十卷。所载卷目，殊牴牾不合。原本亡佚，无从核定。今据《永乐大典》散见各韵者，采辑编订，厘为十卷。以《和陶诗》并入，而仍取必大原序冠之。史称芾为文豪健俊整，是其杂著亦必可观。惜《永乐大典》中已经阙佚，仅得表一首、序一首。附之末卷，以略存其概云。

吴芾（1104—1183），字明可，号"湖山居士"，浙江台州府人（今台州市仙居县田市镇吴桥村）人。绍兴二年（1132）进士，官秘书正字，因揭露秦桧卖国专权被罢官。后任处州、婺州、越州通判。绍兴二十五年（1155）秦桧死后，吴芾升为处州知府。隆兴元年（1163），升礼部侍郎。乾道五年（1169），以龙图阁直学士告老还乡，修小西湖于后里吴，终日从事著述。卒年八十。

吴芾为官留下了四句掷地有声的名言："视官物当如己物，视公事当如私事。与其得罪于百姓，宁得罪于上官。"这样的人，自然难以容于官场。

淳熙九年（1182）中秋节刚过，天气久旱无雨，秋老虎散发着余威，朱熹弹劾唐仲友还没有结果，就从台州经缙云、过丽水松阳、回福建五夫里老家。经过仙居时就去拜访了吴芾。此时吴芾在老家闲居十多年，已是七十九高龄。这也是和朱熹最后一次会面了，次年吴芾去世，朱熹为其作神道碑文。

据《朱熹年谱长编》载："巡历至仙居县，访湖山居士吴芾。"

关于仙居这次会晤，朱熹也有诗记录："忆昔观风寄，登堂识老成。忘年见交态，把酒话诗情。"吴芾与朱熹神交已久，且其子吴津、吴洪分别在绍兴和浙东为官，是朱熹查办唐仲友案的得力助手，因此关系更进一层。朱熹回到五夫里后，吴芾又寄诗赠朱熹曰："我爱朱夫子，处世无戚欣。渊明不可见，幸哉有斯人。"朱熹则答诗曰："浩歌归去来，神交邈何因？一朝脱官去，妙境聊同臻。"朱熹向往着吴芾远离官场像陶公一样的生活。

《宋史·吴芾传》：

> 吴芾，字明可，台州仙居人。举进士第，迁秘书正字。与秦桧旧故，至是桧已专政，芾退然如未尝识。公坐旅进，揖而退，桧疑之，风言者论罢。通判处、婺、越三郡。知处州。处旧苦丁绢重，芾损之，以新丁补其额。

光绪《处州府志·职官志》有载：

> 吴芾，字明可，仙居人。绍兴时，知处州军事。因俗为治，视官如家。处旧苦丁捐重，芾损之，以新丁补其额，民获安全。

在鼎湖峰边的仙水洞里，有乾道四年（1168）摩崖石刻一幅，直写十行，每行六字，全幅上两字被后摩崖石刻所削，余字均可辨认。有"乾道四年（某月）十九日，吴（芾）（×）竿解括苍……"字样，可以认定为吴芾所留。是年三月，吴芾进徽猷阁直学士、知隆兴府、充江南西路安抚使。很有可能是在去江西上任，途经缙云仙都，在仙水洞留下题记。这里有个"×竿"应该是钱竿。钱竿（1102—1174），仁和（今杭州）人，赐进士，乾道年间任处州知府，到仙都陪同吴芾也在情理之中。

吴芾的诗高雅却不失生活情趣，他是一个看透世事的达观之人。

有一首《送津儿之官丽水》，内有"世路虽多艰，官途须历试。是用俾吾儿，往当民社寄。眷言古栝州，山水有佳致。我尚记昔年，尝为郡守贰"之句，既有勉励儿子之意，又流露出对栝苍山水的眷恋。又有"无乃逼桑榆，七十仍有二。知复几何时，得见汝娱侍"之句，说明此诗作于七十二岁之时，应为淳熙二年（1175），查《处州府志·职官志》之丽水知县，淳熙间有"吴津"，就是吴芾的儿子。

另有一首《酒为偷儿所窃》非常有趣：

> 我性苦拙疏，与世不相偶。
> 平生不如意，往往十八九。
> 何以遣此怀，赖有樽中酒。
> ……
> 偷儿何好事，一夕负之走。
> 可惜数十壶，化为一乌有。
> ……
> 从今誓改图，停此传杯手。
> 炷香捧茶瓯，闭门清自守。
> 坐对古圣贤，永作忘年友。

对于一个爱酒之人来说，自酿的美酒被盗确实比金钱失窃更令人沮丧，酒是有生命的尤物，这里面倾注了多少感情啊！但是，既失之则安之，他却转而反省起自己，也许会因为贪杯而误事，以此契机，干脆一戒了之，从此改喝酒为喝茶，这是何等境界！

韩元吉与《南涧甲乙稿》

《南涧甲乙稿》收入《四库全书》集部第1199分册第三页。作者宋代韩元吉，绍兴年间曾任处州龙泉县主簿。

根据《四库全书》提要，《南涧甲乙稿》二十二卷（永乐大典本）：

宋韩元吉撰。元吉有《桐阴旧话》，已著录。（案：陈振孙《书录解题》称为门下侍郎韩维玄孙。《江西通志》则以为韩维之子。考《宋史》维本传，称卒于元符元年。而集中《南剑道中》诗注，称其生于戊戌，至甲子年二十七。戊戌为徽宗重和元年，上距元符元年戊寅凡二十年，安得为维之子？集中又有高祖宫师文编序，称绍圣中公谪均州。又称建中靖国以来，追复原官。与维事迹，一一相符。知《江西通志》为误，当以陈氏为是矣。陈氏又称其初与从兄元龙皆试词科不利，后官至吏部尚书，而不详其事迹。）今据其《赴信幕》诗，知初为幕僚。据其《送连必达序》，知尝为南剑州主簿。据其《凌风亭题名》，知尝知建安县。据其谢表状札，知在外尝为江东转运判官，两知婺州，又知建宁府。在内尝权中书舍人，守大理寺少卿，为龙图阁学士，为待制，为吏部侍郎。中间一使金国，两提举太平兴国宫。及为吏部尚书，又晋封颍川郡公。而归老于南涧，因自号南涧翁，并以名集。南涧者，一在建安城南，为郑氏别业，见本集诗序；一在广信溪南，见《书录解题》。详其《南涧新居成建醮青词》，似乎非建安之南涧，当以广信为是也。元吉本文献世家，据其跋尹焞手迹，自称门人，则距程子仅再传。又与朱子最善，尝举以自代，其状今载集中。故其学问渊源，颇为醇正。其他以诗文倡和者，如叶梦得、张浚、曾几、曾丰、陈岩肖、龚颐正、章甫、陈亮、陆游、赵蕃诸人，皆当代胜流。故文章矩矱，亦具有师承。其婿吕祖谦，为世名儒。其子名㴲字仲止者，亦清苦自持，以诗名于宋季，盖有由矣。《朱子语类》云："无咎诗做著者俱和平，有中原之旧，无南方啁哳之音。"诚定评也。集本七十卷，又自编其词为《焦尾集》一卷。《文献通考》并著录。岁久散佚。今从《永乐大典》所载，总裒为诗七卷、词一卷、文十四卷。统观全集，诗体文格，均有欧、苏之遗，不在南宋诸人下。而湮没不

传，殆不可解。然沉晦数百年，忽出于世，炳然发翰墨之光。岂非精神光采，终有不可磨灭者。故灵物总诃，得以复显于今欤！

韩元吉的《桐阴旧话》一卷，收入《四库全书》史部传记类存目。提要中说："宰相维之玄孙，以任子仕，历龙图阁学士、吏部尚书。尝居广信溪南，自号南涧居士。"

北宋有两家韩氏均为望族。一为相州韩氏，即韩琦一支，韩琦为宋仁宗天圣五年（1027年）进士，至仁宗末年拜相。绍兴戴山书院有一匾"相韩旧塾"，说明这一支的后人南渡后居于绍兴。一为颍川韩氏，即韩亿一支。韩亿登咸平五年（1002年）进士，以太子少傅致仕。他们门第前多植桐木，故世称"桐木韩氏"。韩元吉就是韩亿的五世孙。元代吴澄撰《桐木韩氏族谱序》里赞称："宋东都百六十余年间，氏族之大莫盛于韩、吕二家。而韩氏一族尤莫盛于桐木韩家。"宋室南渡后元吉一家则迁至福建邵武。

韩元吉（1118—1187），字无咎，少有文名，然两次应试不第，后因先祖的关系，遂以门荫顶吏部之选。叶绍翁《四朝见闻录》卷二评价："韩元吉，虽袭门荫而学问远过于进士。"说韩元吉虽然没考上进士，但水平学问远在一般进士之上。

绍兴十九年（1149），韩元吉赴处州龙泉县任主簿。这是韩元吉走上仕途的第一站。在龙泉工作了二年，大约在绍兴二十一年（1151）的秋冬之际，他离开龙泉，返回临安等候再次分配工作。光绪《处州府志·职官志》龙泉县"主簿"里有"韩元吉"名字。

韩元吉与朱熹、陆游、辛弃疾、郑汝谐、姜特立等均是好友，多有诗文来往。

乾道九年（1173），韩元吉除吏部尚书。淳熙元年（1174），二月因遭劾以待制出知婺州。淳熙五年（1178），韩元吉主动要求外任，再次以龙图阁学士身份知婺州。淳熙七年（1180），韩元吉致仕，开始了在上饶"南涧"的读书写作居家生活。

韩元吉与朱熹的关系很密切，但经常因观点不同而争论。乾道六年

（1170）九月，朱熹因为母亲丧事经济困难曾写信向元吉借钱，同时对韩元吉的《尹和靖论语后跋》提出批评，元吉说自己手头拮据没有借给他。淳熙元年韩元吉赴婺州上任不久就去武夷与朱熹会晤，结果却是"不合而归"。淳熙九年（1182）秋，朱熹从台州弹劾唐仲友，经处州回五夫里，途经上饶时就住在韩元吉家里，辛弃疾专门来陪同，一起游了南岩。

韩元吉先后将两个女儿许配给吕祖谦，长女结婚后五年即去世，三女再嫁吕祖谦，不料两年后又去世。十年后吕祖谦又去世。韩元吉悲痛欲绝，老泪纵横，这个打击实在太大了。

光绪《处州府志·艺文志》中收有韩元吉的《禋德祠碑铭》，记载了丽水县蔡梦奎让儿子蔡子升和亲家梁宗善儿子梁惠一起修文习武，后来蔡子升和梁惠带领乡民在东西岩抵抗方腊攻打丽水的事迹。他们的子孙有多人登进士第，"世以为荣"，乡人倡议立祠于东岩。淳熙十年（1183），请韩元吉作碑铭。

韩元吉说："元吉尝官于丽水，多识其贤士大夫，知其事为不诬也。"于是欣然命笔，写下了这篇碑铭。最后铭曰：

> 禄不报功，天道罔怼。
> 有孙四贤，贵富其联。
> 繄德其积，岂惟战多。
> 勒铭山巅，其永不磨。

这篇文章也收于《南涧甲乙稿》卷十九，原题为《处州东岩梁氏祠堂碑铭》，让山乡的事迹广为流传。

喻良能与《香山集》

《香山集》收入《四库全书》集部第1184分册第五八三页。作者喻良能，宋代义乌人，淳熙年间曾任处州知府。

根据《四库全书》提要，《香山集》十二卷（永乐大典本）：

　　宋喻良能撰。良能，字叔奇，义乌人。登绍兴二十七年进士。补广德尉，迁国子监主簿。复以国子监博士召，兼工部郎中。除太常寺丞，兼旧职，出知处州。寻以朝请大夫致仕。《宋史》不为立传。惟《金华先民传》载其仕履颇详。其兄良倚、弟良弼，亦俱以古文词有声于时，集中所称伯寿兄、季直弟者是也。良能所著《忠义传》二十卷、《诸经讲议》五卷、《家帚编》十五卷，俱久佚不存。其集《义乌志》作三十四卷。焦竑《国史经籍志》作十七卷。世亦无传。独《永乐大典》中所录古今体诗尚多，核其格律，大都抒写如志，不屑屑为缔章绘句之词。杨万里《朝天集》有《送喻叔奇知处州》诗云："括苍山水名天下，工部风烟入笔端。"颇相推许。而良能集内，亦多与万里酬唱之作。故其诗格，约略相近，特不及万里之博大耳。又陈亮《龙川集·题喻季直文编》一篇云："喻叔奇于人煦煦有恩意，能使人别去三日，念之辄不释。其为文，精深简雅，读之愈久而意若新。"是良能之文，亦有可自成一家者。惜其诗仅存，而文已湮没不传矣。今从《永乐大典》采掇裒次，而以《南宋名贤小集》所载参校补入。厘为十六卷，庶犹得考见其大略。其集称香山者，案集中《次韵李大著春日杂诗》中有"清梦到香山"句。自注曰："余所居山名。"盖以地名其集云。

　　喻良能的《香山集》是后人根据《永乐大典》的存留诗文整理而成的，原书早已不存。

　　宣和二年（1120），喻良能出生在义乌高畈村，父亲为朝奉议郎，也是书香门第。喻良能兄弟五人，他排行第二。其时父亲"方游乡校"，家业经营全由母亲一人承担。

　　有一天，老师带了一位朋友到良能家里做客，家中没有好菜招待，母亲就剪下自己的头发拿去卖掉，买回一条鲜鱼来款待。老师知道后深受感动，说："我不把你的儿子培养成才，决不罢休！"在老师的精心辅导下，良能兄弟进步很快，一起考进太学。绍兴二十七年（1157）良能和哥哥良倚同榜中进士。良倚被派往上虞县任主簿，良能任广德县尉。

绍兴三十年（1160），喻良能调任鄱阳县丞，在任三年，他除恶扬善，使多起重大刑狱案件严明于法纪，名声大振。隆兴元年（1163），调任福州教授，后进国子监任主簿转博士。乾道三年（1167），升越州通判。乾道七年（1171），喻良能向孝宗皇帝进呈《忠义传》，受到孝宗赞赏，将他提升为兵部郎中，兼太常丞。

乾道九年（1173），喻良能出任容州知州，到任数月，大行教化，风俗丕变。朝廷以其政绩显著，进阶金紫光禄大夫。

淳熙二年（1175），容州任满，授朝请大夫，改知处州。不久挂职奉祠。查光绪《处州府志》，在《职官志》中并无记载。在《艺文志》中，收录了喻良能的《旧州治记》。文中写道：

> 浙东山水甲天下，栝苍复甲浙东。州宅厅奇秀，又栝苍之杰特伟观。由清香桥入贤星门，上九盘岭，委蛇曲折，凡四百许步，至谯门，双松天矫，状哪龙蛇，对峙门之左右。

其时处州州治在小栝苍山，文中写到凝霜阁、烟雨楼、泂溪阁、少微阁、夕霏轩、照水堂、拟滁亭等建筑。在拟滁亭望瓯江南岸南明山、江中琵琶圩等风景，舟楫出没于烟波之中，欸乃之声不绝于耳，"如烟雨画屏，愈看愈奇""虽巧于摹写如柳仪曹、刘宾客辈，犹不能得其仿佛，况讷于词而拙于笔如余者乎？姑存梗概，以示后之人云。绍兴庚戌五月既望记"。

这是一篇难得的游记，介绍了当时州治的位置和相关建筑布局，为我们留下了宝贵的第一手资料。世事沧桑，如今当年的建筑早已不存，却可以想象当初的绝美风景。"柳仪曹"即柳宗元，"刘宾客"即刘禹锡，他们是唐代大文豪。喻良能说就是让他们来写，也无法写出处州州治的美景，何况不善于作文的自己呢？其实他这篇作文完全可得高分。

绍兴庚戌应为绍熙庚戌（1190）年之误，绍兴年间从辛亥至壬午，并没有庚戌年。

淳熙九年（1182）五月，喻良能母亲去世，他与弟良弼从广东扶母柩千里迢迢返回义乌。他一生孝事母亲，长年带在身边奉养。服满后，回京任国子博士、工部郎官。

绍熙元年（1190），七十周岁的喻良能上书告老还乡，朝廷批准他的要求。光宗皇帝亲斟御酒为他送行，并给喻良能画功臣像。皇帝题辞："戎之道，严优并隆，有文有武，噫斯人也，实有掀天护国之功。"并赐赞："其心甚良，其貌甚庄。持心清简，节持凝霜。助夫兴国，于世有光。"

喻良能羡慕陶渊明的淡泊生活，退休后在香山筑室安居，建"亦好园"，写了多首咏陶渊明的诗，编为《和陶》一卷。如《题陶渊明醉石》一诗中有"平生忆渊明，偶此访遗迹。柴桑仅未泯，栗里犹可识"之句。《愧陶》中又说："渊明在彭泽，到任八十日。虽营三径资，未获公田秫。珍重千金腰，不为督邮折。拂衣赋归来，何异自投劾。我生本樗散，山林久蟠蛰。虽非渊明俦，颇亦慕幽迹。"又如《菊径》一诗中写道："小径三秋好，西风百木黄。但令频泛酒，日日是重阳。"五柳先生的生活也是许多文人心向往之的，只是能真正放下官位的总是极为少数的。

喻良能淳熙年间曾任处州知府，所以对州治之绝美风景不能忘怀、历历在目，退休后的喻良能故地重游，感慨万千，因此作此游记《旧州治记》以示后人。

范成大与《石湖诗集》

《石湖诗集》收入《四库全书》集部第1193分册第四二九页。作者范成大，宋代乾道年间曾任处州知府。

根据《四库全书》提要，《石湖诗集》三十四卷（江苏巡抚采进本）：

　　宋范成大撰。成大有《吴郡志》，已著录。（案：陈振孙《书录解题》成大有集一百三十六卷。《宋史·艺文志》亦载《石湖大全集》一百三十六卷，与陈氏著录同。而又有《石湖别集》二十九卷，又有《石湖居士文集》亡其卷数。）此本为长洲顾嗣立等所订，乃于全集之中独摘其诗别行，而附以赋一卷。前有杨万里、陆游二序。然万里所序者乃其全集，不专序诗。游所序者乃其《西征小集》，亦非序全诗。以名人之笔，嗣立等姑取以弁首耳。据万里序，集乃成大所自编。考十一卷末有自注云："以下十五首，三十年前所作。续得残稿，附此卷末。"其余诸诗，亦皆注以下某处作。是亦手订之明证矣。诗不分体，亦不分立名目，惟编年为次。然《送洪迈使金诗》凡四首，其两首在第八卷，列于《迈使还入境以诗迓之》之前。其两首乃在第十卷，列于《何溥挽词》之后。迈未尝再使金，则送别之诗，不应前后两见。又《南徐道中》诗下注曰："以下赴金陵漕试作。"则是当在第二卷之首，不应孤赘第一卷之末。或后人亦有所窜乱割并欤？成大在南宋中叶，与尤袤、杨万里、陆游齐名。袤集久佚，今所传者仅尤侗所辑之一卷，篇什寥寥，未足定其优劣。今以杨、陆二集相较，其才调之健不及万里，而亦无万里之粗豪。气象之阔不及游，而亦无游之窠臼。初年吟咏，实沿溯中唐以下。观第三卷《夜宴曲》下注曰："以下二首效李贺。"《乐神曲》下注曰："以下四首效王建。"已明明言之。其他如《西江有单鹊行》《河豚叹》，则杂长庆之体。《嘲里人新婚诗》《春晚》三首、《隆师四图》诸作，则全为晚唐、五代之音。其门径皆可覆案。自官新安掾以后，骨力乃以渐而遒。盖追溯苏、黄遗法，而约以婉峭。自为一家，伯仲于杨、陆之间，固亦宜也。

南宋著文学家、爱国诗人范成大（1126—1193），字至能，早年自号"此山居士"，晚号"石湖居士"。平江府吴县（今江苏省苏州市）人。宋高宗绍兴二十四年（1154），范成大登进士第，累官礼部员外郎兼崇政殿说书。乾道三年（1167），出知处州。

提到范成大，大家就会想到他退休回到石湖时的诗作《夏日田园杂兴十二绝》中的一首：

昼出耘田夜绩麻，村庄儿女各当家。

童孙未解供耕织，也傍桑阴学种瓜。

晚年的范成大，经历了官场的沉浮，早已看透世态炎凉，知道凭一己之力无法拯救没落的大宋江山，不如在田园耕种中自得其乐。

据《宋史·范成大传》：

范成大，字至能，吴郡人。绍兴二十四年，擢进士第。隆兴元年，累迁著作佐郎，除吏部郎官，言者论其超躐，罢。起知处州。处民以争役嚣讼，成大为创义役，随家贫富输金买田，助当役者，甲乙轮第至二十年，民便之。其后入奏，言及此，诏颁其法于诸路。处多山田，梁天监中作通济堰溉田二十万亩，堰岁久坏，成大访故迹叠石筑防，置堤闸四十九所，立水则，上中下溉灌有序民食其利。

据《处州府志·职官志》"知府"，有：

范成大，苏州人。拜参知政事。乾道中，知本州。开通济堰，造平政桥，置田五十亩为修桥费，命属邑设法立义仓，民便之。

根据周必大《神道碑》及范成大《石湖诗集》史料记载，范成大在乾道三年（1167）十二月，起知处州。实际上一直到次年八月才到处州上任。乾道五年（1169）五月，以礼部员外郎兼实录院检讨官。

在处州不足一年时间，却为当地民众干了三件大事：一是修葺了通济堰，二是建造了平政桥，三是建立了义役。

位于松阴溪即将与龙泉溪汇合处的通济堰，建于南朝天监四年（505），是世界上最早的拱形拦水大坝，至今还发挥着灌溉功能，已经列入国家级文物保护单位。关于修通济堰，现在堰头村的文昌阁里还留有一块乾道五年（1169）四月时任处州军事判官张澈立的石碑。字迹已经漶漫不清，好在志书上有其内容的记载。上面有范成大制定的二十条《堰规》以及他撰写的跋语。经历八百年风雨，石碑尚能保存已是十分不易。

平政桥，就是丽水老城小水门外的一座由木船连成的浮桥。原名为"济川浮桥"，架设于南明门外。范成大知处州看桥已破败，就组织人员修缮，并改名"平政桥"，且核拨废寺庙的田租作为维修基金，还在桥头立了桥规。现有水南尚存建于民国三十七年的"知津亭"，就是原"平政桥"的遗址。元代松阳财主吴亨出资在括苍门外建造防洪水障后，最后浮桥移到括苍门外，这座浮桥一直到1983年小水门大桥建成前都在发挥作用。现在尚存清乾隆年间立的"重修平政桥记"石碑及上岸石阶。

范成大在处州建立的"义役"是一项改革创新之举，《宋史》有记载。就是根据各家贫富不同，募集资金购买了三千多亩的义田，用于对被征役对象的补助，解决了因劳役不均而引发的争讼。他先在松阳县搞试点，然后要求各县推广。后来朝廷采纳了他的建议，在全国推广。

此外，范成大在处州还建了莲城堂、莺花亭、知津亭等建筑。他确实是一位有为的官员，因此深受处州百姓的爱戴。

北宋绍圣年间，秦观遭贬处州监酒税，作了《千秋岁·水边沙外》一词，因有"花影乱，莺声碎"一句，范成大听从时为浙东提举的徐子礼建议，建了莺花亭，并赋了六首诗作寄赠给徐子礼。其中有：

> 古藤阴下醉中休，谁与低眉唱此愁。
>
> 团扇他年书好句，平生知己识儋州。

对于趣味相投的文人，时空是不存在的。

袁枢与《通鉴纪事本末》

《通鉴纪事本末》收入《四库全书》史部第344—347分册。作者袁

枢，建安人，南宋淳熙间曾任处州知府。

根据《四库全书》提要，《通鉴纪事本末》四十二卷（通行本）：

> 宋袁枢撰。枢，字机仲，建安人。孝宗初，试礼部词赋第一。历官至工部侍郎。以右文殿修撰知江陵府，寻提举太平兴国宫。事迹具《宋史》本传。（案：唐刘知几作《史通》，叙述史例，首列六家，总归二体。）自汉以来，不过纪传、编年两法，乘除互用。然纪传之法，或一事而复见数篇，宾主莫辨；编年之法，或一事而隔越数卷，首尾难稽。枢乃自出新意，因司马光《资治通鉴》区别门目，以类排纂。每事各详起讫，自为标题。每篇各编年月，自为首尾。始于三家之分晋，终于周世宗之征淮南。包括数千年事迹，经纬明晰，节目详具。前后始末，一览了然。遂使纪传、编年贯通为一，实前古之所未有也。王应麟《玉海》，称淳熙三年十一月，参政龚茂良言，枢所编《纪事》有益见闻。诏严州摹印十部，仍先以缮本上之。《宋史》枢本传又称，孝宗读而嘉叹，以赐东宫及分赐江上诸帅，曰"治道尽在是矣"。朱子亦称其书部居门目，始终离合之间，皆曲有微意，于以错综温公之书，乃《国语》之流。盖枢所缀集，虽不出《通鉴》原文，而去取剪裁，义例极为精密。非《通鉴》总类诸书割裂撦掋者可比。其后如陈邦瞻、谷应泰等，递有沿仿。而包括条贯，不漏不冗，则皆出是书下焉。

大家都知道司马光的《资治通鉴》，但《通鉴纪事本末》一般人不了解，然而在史学界却享有盛誉，可谓我国古代一大奇书。从上面提要大家也已知道，原来的编年体按年月记事，一个周期较长的重大历史事件只好分散记在好多年份之下，这样断断续续读起来非常不便。袁枢以事件为中心进行改编，将《通鉴》中分散记述的战国至五代的历史大事，归纳成239个事目，另附录66事，从战国"三家分晋"到五代"周世宗征淮南"。虽然内容全抄录自《资治通鉴》，却开创了一种新的文体。因此他的《通鉴纪事本末》一问世，立刻就受到了学界的高度评价，成为流行书籍。孝宗皇帝给予高度评价并分发给身边的官员，并说治国理政的道理都在里面了。杨万里见到《通鉴纪事本末》后说："读袁子此书，如生乎其时，亲见乎其事，使人喜，使人悲，使人鼓舞。未既，而继之以叹且泣也。"并欣然为此书作序。

包括近代的章学诚、梁启超也对此书予以高度评价。说这种文体综合纪事编年二体之长，弥补了二体之短，为前古所未有，使我国的史书编纂学提高到了新的水平。之后，大量参照这种体裁以"事"为纲的本末体史书源源面世，如章冲的《春秋左氏传事类始末》，杨仲良的《皇宋通鉴长编纪事本末》；到了明清之际，纪事本末体大为流行，如冯琦、陈邦瞻的《宋史纪事本末》，张鉴的《西夏纪事本末》，李有棠的《辽史纪事本末》与《金史纪事本末》，陈邦瞻的《元史纪事本末》，以及谷应泰的《明史纪事本末》，等等。

袁枢（1131—1206），字机仲，建州建安（今福建建瓯）人。从小就表现出不凡的才智，曾在故乡南桥上题诗："玉龙倒悬过寒潭，人在云霄天地间。借问是谁题柱去，茂陵词客到长安。"说出了自己的远大理想。孝宗时参加礼部试获得词赋第一名的好成绩。隆兴元年（1163）考中进士后，先调温州判官，后为礼部试官。乾道七年（1171）出任严州教授，应该是接吕祖谦之后，在此期间撰成《通鉴纪事本末》四十二卷。淳熙九年（1182）迁军器少监，出提举江东常平茶盐。淳熙十三年，改知处州。淳熙十四年，升任吏部员外郎，调任大理少卿。后任国史院编修官，分修国史传，又历任工部侍郎兼国子祭酒等职。

袁枢学识渊博，平时与朱熹、吕祖谦、杨万里等均有往来。他们都是正直之士。他编《通鉴纪事本末》并不是为了做学问，而是为当朝政事提供参考，希望皇上能以史为鉴。在任国史院编修期间负责《宋史》的列传，北宋丞相章惇的后代找到袁枢，说都是同乡，希望能笔下留情，把章惇的生平事迹写得好一点，因为要流传千古。不料袁枢根本不买他的账，说章惇当丞相时"负国欺君"，我作为史官，只能照实直书，宁愿辜负乡人，也不辜负天下后世公议！当年章惇实行言论控制，在打击苏轼、苏

辙、黄庭坚、秦观等"元祐党人"时是不遗余力的。

《宋史·袁枢传》有载：

> 迁军器少监，除提举江东常平茶盐，改知处州，赴阙奏事。枢之使淮入对也，尝言："朋党相附则大臣之权重，言路壅塞则人主之势孤。"时宰不悦。至是又言："威权在下则主势弱，故大臣逐台谏以蔽人主之聪明；威权在上则主势强，故大臣结台谏以遏天下之公议。朋党之旧尚在，台谏之官未正纪纲，言路将复荆榛矣。"

袁枢曾当面对皇上说："人主有偏党之心，则臣下有朋党之患。"希望皇上能消除朋党之争，清除奸佞，广开言路。虽然也是被皇上当作耳边风，但袁枢敢于直言的性格实为可贵。

查明成化及清光绪《处州府志》，均未见有"袁枢"记录，因袁枢在处州任职只有一年时间，容易被遗忘。那时资料记载不全，从乾道到淳熙足足有24年，却只记载了范成大、楼璩、李处全、李翔4位知府，应该是有多名被遗漏了。

庆元年间，随着"庆元党禁"的不断加码，打击面的不断扩大，66岁的袁枢，因受到朱熹伪学株连也被罢官。从此在家闲居10年，一心读书著作，著有《易传解义》《童子问》及《辨异》等。到开禧元年（1205）去世，享年75岁。

《宋史·袁枢传》论曰：谢谔、颜师鲁、袁枢临民则识治辨奸，立朝则启沃忠谏，克尽乃职，为世师表。

吕祖俭与《丽泽论说集录》

《丽泽论说集录》收入《四库全书》子部第718分册第二六七页。作者为吕祖谦的门人学生，编者为吕乔年，而主要搜录者则为吕乔年的父亲、吕祖谦的胞弟吕祖俭。吕祖俭，淳熙年间曾任缙云县主簿。吕氏后人又迁居缙云，在《吕祖谦与〈古周易〉》一文中也有介绍。

根据《四库全书》提要，《丽泽论说集录》十卷（浙江孙仰曾家藏本）：

宋吕祖谦门人杂录其师之说也。前有祖谦从子乔年题记，称先君尝所裒辑，不可以不传，故今仍据旧录，颇附益次比之。乔年为祖谦弟祖俭之子，则搜录者为祖俭，乔年又补缀次第之矣。凡《易说》二卷，《诗说拾遗》一卷（案：《诗说》独曰拾遗，以祖谦著有《家塾读诗记》也。）《周礼说》一卷，《礼记说》一卷，《论语说》一卷，《孟子说》一卷，《史说》一卷，《杂说》二卷，皆冠以门人集录字，明非祖谦所手著也。祖谦初与朱子相得，后以争论《毛诗》不合，遂深相排斥。黎靖德所编《语类》，以论祖谦兄弟者别为一卷（第一百二十二卷），其中论祖谦者凡三十一条，惟病中读《论语》一条，稍称其善。答项平甫书与曹立之书一条，称编其集者误收他文。其余三十条，于其著作诋系辞精义者二，诋读诗记者二，诋大事记者五，诋少仪外传者一，诋宋文鉴者五，诋东莱文集者三，其余十一条则皆诋其学问。如云："东莱博学多识则有之矣，守约恐未也。"又云："伯恭之弊，尽在于巧。"又云："伯恭说义理太多伤巧，未免杜撰。"又云："伯恭教人看文字也粗。"又云："东莱聪明，看文理却不仔细，缘他先读史多，所以看粗著眼。"又云："伯恭于史分外仔细，于经却不甚理会。"又云："伯恭要无不包罗，只是扑过，都不精。"可谓抵隙攻瑕，不遗余力。托克托等修《宋史》，因置祖谦儒林传中，使不得列于道学。吕乔年记，亦称讲说所及，而门人记录之者。祖谦无恙时，尝以其多舛，戒无传习。殆亦阴解朱子之说，欲归其失于门人也。然当其投契之时，则引之同定《近思录》，使预闻道统之传；当其牴牾以后，则字字讥弹，身无完肤，毋亦负气相攻，有激而然欤。《语类》载李方子所记云"伯恭更不教人读《论语》"，而此书第六卷为门人集录《论语说》六十八条，

又何以称焉。道学之讥儒林也，曰不闻道。儒林之讥道学也，曰不稽古。断断相持，至今未已。夫儒者穷研经义，始可断理之是非，亦必博览史书，始可明事之得失。古云博学反约，不云未博而先约。朱氏之学精矣，吕氏之学亦何可尽废耶？

如果对朱熹和吕祖谦的学说及其生平有一定了解，读这段文字就非常有趣了。如果没时间去翻《四库全书》，读读其提要也会大有收获。这里花了较多的笔墨写了朱熹对吕祖谦的诋毁攻击之言，很有意思。

朱熹、吕祖谦、张栻被称为"东南三贤"，其学术各有特色，稍后陆九渊的心学异军突起。清代学者全祖望在校补《宋元学案》时，对他们三家进行了精辟的概括："宋乾、淳以后，学派分而为三：朱学也，吕学也，陆学也。朱学以格物致知，陆学以明心，吕学则兼取其长，而复以中原文献之统润色之。门庭径路虽别，要其归宿于圣人则一也。"其实，当时还有一个以张栻为代表的"湖湘学派"。

平心而论，吕祖谦、张栻、陆九渊的学术水平均不在朱熹之下，而且在"经世致用"方面，都远超朱熹的"道学"，对解决当时的社会问题都更有针对性。之所以后来朱熹一家独大，与孔子思想的命运相似，孔子的儒家思想因为在西汉有了董仲舒的推崇而被刘彻所采纳，朱熹的道学因为在南宋经真德秀的推荐而被理宗赵昀所采纳，从而成为官方的主流意识形态，变成了显学。

朱熹的学说可以说是集宋理学之大成，学术上自有其应有的地位，但任何学说只要定为一尊之后，就等于宣告了它的死亡。因为，任何学术都只有在兼收并蓄的争鸣中才能不断发展。因此，正如提要里最后所说："朱氏之学精矣，吕氏之学亦何可尽废耶？"

朱熹为学认真刻苦，为人则是偏狭刻薄，缺乏宽容之心，更不会换位思考。所以他的老师刘子翚曾告诫他，你做学问是可以的，但不适合当官。尤其是在学术争论上，钻牛争尖，与自己观点不合的，就给予严厉攻击，决不手下留情。他曾与吕祖谦吕祖俭兄弟、陆九龄陆九渊兄弟、陈亮等都有过论争。就如前面提要中讲到的这些观点，其实是有失偏颇的。特别是吕祖谦注重经史并重、知行并重、学用并重，反对死读书，对不同门派主张兼收并蓄，反对执其一端的治学态度是非常务实而有效的。

吕祖俭（1146—1200），字子约，号大愚，金华人。从小受业于父亲吕大器和兄长吕祖谦。淳熙初（1174），以父荫补迪功郎，官缙云县主簿。淳熙八年（1181）吕祖谦去世后，接过了丽泽书院的山长之位。作有《大愚集》。《宋史》有传：

> 吕祖俭，字子约，金华人，祖谦之弟也。受业祖谦如诸生。监明州仓，将上，会祖谦卒。部法半年不上者为违年，祖俭必欲终期丧，朝廷从之，诏违年者以一年为限自祖俭始。……宁宗即位，除太府丞。时韩侂胄浸用事，正言李沐论右相赵汝愚罢之。祖俭奏："汝愚亦不得无过，然未至如言者所云。"韩侂胄怒曰："吕寺丞乃预我事邪？"……祖俭之谪也，朱熹与书曰："熹以官则高于子约，以上之顾遇恩礼则深于子约，然坐视群小之为，令子约触群小而蹈祸机，其愧叹深矣。"

很少称赞人的朱熹，对吕祖俭有这么高的评价真是难得，意思是我官比祖俭大，受皇恩比祖俭深，但是不顾个人得失敢与小人斗争则自叹不如。

黄𤏱与《山谷内集》

《山谷内集》收入《四库全书》集部第1143分册第三页。作者黄𤏱，系黄庭坚之从侄孙，南宋开禧年间曾任处州通判。

根据《四库全书》提要，《山谷内集》三十卷、《外集》十四卷、《别集》二十卷、《词》一卷、《简尺》二卷、《年谱》三卷（安徽巡抚采进本）：

> 宋黄庭坚撰。《年谱》二卷，庭坚孙𤏱撰。庭坚事迹具《宋史·文苑传》。𤏱，字子耕，从学于朱子。朱子于元祐诸人，诋

二苏而不诋庭坚，啻之故也。叶梦得《避暑录话》载黄元明之言曰，"鲁直旧有诗千余篇，中岁焚三之二。存者无几，故名《焦尾集》。其后稍自喜，以为可传，故复名《敝帚集》。晚岁复刊定，止三百八篇，而不克成。今传于世者尚几千篇"云云。然庭坚所自定者皆已不存。其存者，一曰《内集》，庭坚之甥洪炎所编，即庭坚手定之《内篇》，所谓退听堂本者也。一曰《外集》，李彤所编，所谓邱濬藏本者也。一曰《别集》，即所编，所谓内阁抄出宋蜀人所献本者也。《内集》编于建炎二年。《别集》编于淳熙九年。《年谱》则编于庆元五年。盖《外集》继《内集》而编，《别集》继内、外两集而编，《年谱》继《别集》而编。独李彤之编《外集》未著年月。然考《外集》第十四卷《送邓慎思归长沙》诗，"慎"字空格，注云："今上御名。"是《外集》亦编于孝宗时也。三集皆合诗文同编。后人注释，则惟取其诗。任渊所注之《内集》，即洪炎所编之《内集》。史容所注之《外集》，则与李彤所编次第已多有不同。而李彤编《外集》之大意，犹稍见于史注第一卷《溪上吟》题下。惟史季温所注之《别集》，则与啻所编《别集》大有撑拄。此则原本与注本不可相无者矣。又《外集》第十一卷以下四卷，诗凡四百有奇，皆庭坚晚年删去，而李彤附载入者。此则任、史三注本皆未之有。庭坚之诗，得此而后全。又其中有与《年谱》相应者，啻编《年谱》时皆一一分注某年某事之次。而今但据三集检其目，则《年谱》有而本集无。故此四卷尤不可废也。啻之《年谱》，专为考证诗文集而作。故刻全集必当兼刻《年谱》。而近日刻本，或删节《年谱》；或删并卷次；或移易分类，以就各体；或专刻一集，而不及其全。此本刻于明嘉靖中，前有蜀人徐岱序，尚为不失宋本之遗。非外间他刻所及焉。

光绪《处州府志·职官志》处州府"通判"有载：

宋开禧，黄辂，分宁人。常从朱子游，举太学进士，监文思
院。不乐仕进，求出通判本州，酌免逋负。著《复斋集》行世。

黄辂，生于1150年，曾是朱熹的学生，孝宗淳熙间进士，调江西瑞昌主簿，历知卢阳县等职。"文思院"这个机构唐代就有，关于宋代文思院的职能，《文献通考》"文思院"条说："掌造金银犀玉工巧之物，金彩绘素装钿之饰，以供舆辇、册宝、法物及凡器服之用。"可见黄辂的职责是监督制造供宫廷及在京诸司之用的器物，相当于现在的"机关事务管理局"。对于这个有一定实权的职务黄辂没什么兴趣，于是主动要求外派到处州当一个通判。

南宋开禧年间（1205—1207），黄辂出任处州通判。他到任后，就"酌免逋负"，就是对历年拖欠的税费酌情予以减免。其时处州是一个经济比较落后、民生艰苦的地方。黄辂给处州百姓做了一件大好事。宁宗嘉定二年（1209），知台州。嘉定五年（1212），改知袁州，结果卒于道上，年六十三。

黄庭坚（1045—1105），字鲁直，号"山谷道人""山谷老人"，世称"黄山谷""豫章先生"等。江西分宁人（今江西省九江市修水县）人。祖籍浙江省金华市浦江。父亲为北宋诗人黄庶。治平四年（1067），黄庭坚进士及第，历任叶县县尉、北京国子监教授、泰和县知县等，后至起居舍人、吏部员外郎、太平州知州等职。黄庭坚以书法名世，"苏、黄、米、蔡"被称为"北宋四大家"。他在诗、词、散文等方面也有很高的成就。黄庭坚为江西诗派开山之祖，其诗作有鲜明的风格，被苏轼称为"山谷体"。他是苏轼的得意门生，与张耒、晁补之、秦观合称为"苏门四学士"。在文学界，黄庭坚生前与苏轼齐名，时称"苏黄"。他还是一个大孝子，《二十四孝》中有"涤亲溺器"的故事，他就是原型。黄庭坚曾知舒州，元丰三年（1080）改知吉州太和，途经舒州，在天柱山南麓的山谷寺（因僧璨驻锡，又称"三祖寺"）留居旬日，视潜山为第二故乡，而以"山谷老人""山谷道人"为号。2019年底我曾到此地游玩，如今山谷内还留有黄庭坚的摩崖石刻。

　　自黄庭坚五世祖黄赡为南唐进士，知分宁县并定居分宁双井开始，至黄庭坚考中进士，此前黄氏一族已出了22位进士，确实是书香门第。黄庭坚的曾祖父黄中理，创办了芝台书院、樱桃书院，是当时驰名豫章的一位大教育家。生前为黄氏立下了《双井黄氏家规》，其后裔称为"黄金家规"，其中第八条对读书作了规定："读书乃诚身之本，而显扬宗祖之要务也。"黄庭坚的父亲黄庶登庆历二年（1042）杨寘榜进士，与王安石同年。因此黄庭坚成为一代文坛巨擘绝非偶然。

　　黄氏历代诗书传家、文风茂盛。黄庭坚中进士后，双井黄氏又有25位宋朝进士，这样仅在有宋一朝，双井黄氏就有48位进士。到如今修水双井村仍被誉称为"华夏进士第一村"。

　　黄庭坚的儿子黄相，出生于1084年，其时黄庭坚已四十岁。黄相后来考中举人，任樱桃书院、芝台书院的院长，赠中奉大夫。

　　2010年，北京保利国际拍卖公司举办的6月春季拍卖会上，黄庭坚临摹唐代宰相魏徵所写的《砥柱铭》，以人民币4.37亿元成交，成为中国书法拍卖史上最贵的作品。

黄庭坚在潜山脚留下的摩崖石刻

袁甫与《蒙斋中庸讲义》

《蒙斋中庸讲义》收入《四库全书》经部第189分册第六一五页。收入《四库全书》集部的还有《蒙斋集》十八卷。作者均为袁甫，鄞县人，为南宋嘉定甲戌科状元，嘉定年间曾任青田县令。

根据《四库全书》提要，《蒙斋中庸讲义》四卷（永乐大典本）：

> 宋袁甫撰。甫，字广微，鄞县人。宝文阁直学士燮之子。嘉定七年进士，官至吏部侍郎，兼国子祭酒，权兵部尚书。谥正肃。事迹具《宋史》本传。史称所著有《孟子解》，今未见传本，殆已亡佚。此书散见《永乐大典》中，而史志顾未之及。惟朱彝尊《经义考》有甫所撰《中庸详说》二卷，注云"已佚"，或即是书之别名欤？其书备列《经》文，逐节训解。盖平日录以授门弟子者。中间委曲推阐，往往言之不足，而重言以申之。其学出于杨简，简之学则出于陆九渊，故立说多与九渊相合。如讲"语大语小"一节云："包罗天地，该括事物，天下不能载者，惟君子能载之，而天下又何以载？幽通鬼神，微入毫发，天下不能破者，惟君子能破之，而天下又何以破？"此即《象山语录》所云"天下莫能载者，道大无外，若能载，则有分限矣。天下莫能破者，一事一物，纤悉微末，未尝与道相离"之说也。其讲"自诚明"一节云："诚不可传，可传者明。明即性也，不在诚外也。"此即《象山语录》所云"诚则明，明则诚，此非有次第，其理自如此"之说也。其他宗旨，大都不出于此。虽主持过当，或不免惝恍无归，要其心得之处，未尝不自成一家。谨依《经》排辑，厘为四卷，以存金溪之学派。至其甚谬于理者，则于书中别加案语，考正其误，以杜狂禅恣肆之渐焉。

袁甫是个大才子，谈起他与处州的渊源，首先要说到他的天祖（高祖

的父亲）袁毂，北宋熙宁间（1068—1077）曾任龙泉知县。光绪《处州府志·职官志》中龙泉县有：

> 袁毂，字容直，鄞县人。嘉祐进士。熙宁初出知县事。清介廉洁。尝有诗云：沧浪不须濯，缨上本无尘。后升知邵武军。累阶朝奉大夫。所著有《韵类》百卷。

袁毂与苏轼有很深的缘分，他们于嘉祐六年（1061）中同科进士，元祐五年（1090）袁毂任杭州通判，苏轼时为杭州知府，两人相处甚欢，酬唱颇多。袁毂后来又到处州任知府。万历《处州府志》录有袁毂《南明山仁寿寺》一首：

> 东南自古佳山水，一到仙都地颇灵。
> 俗眼何须强分别，南明此处是屏南。

袁甫的祖父袁文，字质甫，号逸叟。自幼聪警，极喜读书，勇于为善。不汲汲于科名，平居博览经史，考订古籍，著有《瓮牖闲评》八卷收入《四库全书》子部。

袁甫的父亲袁燮（1144—1224），字和叔，学者称"絜斋先生"。南宋乾道初入太学，师事陆九龄、陆九渊兄弟。淳熙八年（1181）进士，官秩十年七迁，终为显谟阁学士、通奉大夫。与杨简、舒璘、沈焕并称"浙东四先生"，黄宗羲《宋元学案》中有"絜斋学案"。《四库全书》经部中收有他的《絜斋家塾书钞》十二卷、《絜斋毛诗经筵讲义》四卷，集部中收有他的《絜斋集》二十四卷。

袁甫，出身于真正的世家和书香门第。大哥袁乔，为宣义郎、知绍兴府新昌县，曾编辑《絜斋家塾书钞》十卷。二哥袁肃，号晋斋，师事舒璘，庆元五年（1199）进士，官至少卿，尝知江州。由于受家庭的影响，袁甫从小接受父亲的教育熏陶，稍长后又从学于著名学者、陆九渊的高足杨简，因此考上状元绝非偶然。宋嘉定七年（1214）考中状元后，授秘书省正字。先后到青田、湖州、徽州、衢州、江州、婺州等地任职，所到之处均尽心尽责，身体力行，重视教育，为民请命。

绍定三年（1230）兼任江东提点刑狱，觉得陆九渊曾经讲学的象山（原名"应天山"）交通不便，且原书院已经荒废，就奏请朝廷同意，在贵溪三峰山一个叫"徐岩"的地方迁建了象山书院，并设祠祭陆九渊、陆九韶、陆九龄三先生。袁甫还给书院撰了一副对联："尽其心，知其性，见先生存养之在天；在则人，亡则天，岂后学讲明之无地。"同时聘任自己的同门师兄、杨简的学生钱时为书院的首任山长。次年，得到皇帝诏赐"象山书院"匾额。在重建象山书院的同时，还修葺了庐山白鹿洞书院。后升起居郎兼中书舍人，兼国子祭酒，官终兵部侍郎，兼吏部尚书。去世后赠通奉大夫，谥号"正肃"。

2020年初，我专门去贵溪中学看象山书院的遗址，只有后面悬崖上留下"象山书院"四个大字，且不能靠近只能爬到宿舍楼楼顶远观。2020年11月3日，我应邀参加了贵溪市召开的"心养贵溪"心学之源学术研讨会，同时参加了象山书院复建工程开工典礼。希望书院复建后，能发挥它的教育功能和心学传承的枢纽作用，成为弘扬优秀传统文化的一个基地。

南宋期间，龙泉鲍氏南乡黄南建了一所"金斗书堂"，地方志书没有记载，袁甫写了一篇《金斗书堂记》：

> 吾友张伯常，龙泉人。书来为乡人鲍君求金斗书堂匾，且曰书堂之建成，将聚乡族之弟子而教之。每叹世降道微，谁复以讲学为急务。鲍君独能捐己财，诲后学，此意良可嘉尚。

这个鲍君很可能是与袁甫同榜进士鲍坡。两宋时，龙泉黄南的鲍氏是宦官士人辈出的望族。与袁甫家族一样，一个家族若要保持长期的兴旺，除了读书修身之外没有别的捷径可走。

贵溪象山书院石刻

陈耆卿与《嘉定赤城志》

《嘉定赤城志》收入《四库全书》史部第488分册第五三五页。作者陈耆卿，台州临海人，南宋嘉定年间任青田县主簿。收入《四库全书》集部的还有他的《筼窗集》十卷。

根据《四库全书》提要，《嘉定赤城志》四十卷（两淮马裕家藏本）：

> 宋陈耆卿撰。耆卿，字寿老，号筼窗，台州临海人。登嘉定七年进士，官至国子司业，其事迹不见《宋史》，惟谢铎《赤城新志》稍著其仕履，而亦不详。今以所著《筼窗集》考之，则嘉定十一年尝为青田县主簿，嘉定十三年为庆元府学教授。又赵希弁《读书附志》称耆卿《集》中沂邸笺表为多。案《宋史》，孝宗孙吴兴郡王柄，追封沂王，其嗣子希瞿，宁宗尝立为皇子，即济王竑。耆卿必尝其府记室，而希弁略其文也。此为所撰《台州

总志》以所属临海、黄岩、天台、仙居、宁海五县，条分件系，分十五门。其曰赤城者，《文选》孙绰《天台山赋》称："赤城霞起以建标。"李善注引支遁《天台山铭序》曰："往天台尝由赤城山为道径。"又引孔灵符《会稽记》曰："赤城山名色皆赤，状似云霞。"又引《天台山图》曰："赤城山，天台之南门也。梁始置赤城郡，盖因山为名。"耆卿此志，即用梁郡名耳。耆卿受学于叶适，文章法度，具有师承，故叙述咸中体裁。明谢铎尝续其书，去之远甚。旧与耆卿书合编，今析出别存其目。陈振孙《书录解题》，载此志之前有图十三，此本乃无一图，殆传写者艰于绘画，久而佚之矣。

《嘉定赤城志》纂定于嘉定十六年（1223），是最早的台州总志，去取精当，简而有体，文笔凝练，被称为名志之一。关于编纂者陈耆卿，《筼窗集》提要中讲得比较多一些：

考吴子良《荆溪林下偶谈》云："叶适汲引后进，以文字之传，未有所属。晚得耆卿，即倾倒付属之。时士论犹未厌，适举《东坡太息》一篇为证，谓他日终当论定。其后才十数年，世上文字，日益衰落，而耆卿卓然为学者所宗。"又云："耆卿四六，理趣深而光焰长。以文人之笔藻，立儒者之典型。合欧、苏、王为一家，适深叹赏之。"核以适所作耆卿集序，称许甚至，知子良所言为不诬。

说明陈耆卿曾为叶适入室弟子，并深得叶适器重，他的文章一时为儒林所推崇。

陈耆卿（1180—1236），字寿老，号筼窗，台州临海人。嘉定七年甲戌科（1214）登进士，与袁甫同榜。嘉定十一（1218）年，任青田县主簿，并求学于居住温州的叶适水心先生，为叶适晚年得意门生。由于陈耆卿才华出众、工作出色，更写一手好文，在青田主簿任上只干了两年多时

间，嘉定十三年（1220），就升为庆元府（今宁波）府学教授。宝庆二年（1226）入京应馆试，授秘书省正字，转校书郎，端平元年（1234），兼国史馆编修，除将作少监，终国子司业。因为他性格耿介、为官刚直，敢于犯颜直谏，因而受到史弥远等奸臣的排挤。陈耆卿是一位学者型官员，一生述著不停，除了前面提及《四库全书》收入的两部，另有《论语纪蒙》十八卷、《孟子纪蒙》十四卷等传世。

诗人方回在《桐江集》卷三《读筼窗荆溪集跋》一文中写道："水心生于绍兴二十年庚午，筼窗生于淳熙七年庚子，少水心三十年……端平三年卒，年五十七。"他这个记载是准确的。

光绪《处州府志·职官志》青田主簿嘉定年间有：

陈耆卿，字寿老，号筼窗，临海人。嘉定七年进士。十年，经迪功郎主县簿。在邑三年，数奏事请治奸民诬诉之罪。论水利为州县急务，请早严推排之法。每岁攒造簿书，抑大姓而惠细民。论称提铜钱当严漏之宪，优掩覆之典。论和籴之害：市之价增，官之价减，一害也；市无斛面，官有斛面，二害也；市无他费，官多诛求，三害也；市先得钱，官先概粟，有侦司之苦，有短陌之弊，四害也。名虽为和，实则强之而已。其言皆切中时弊。耆卿以文章名。知州应元衮修平正桥，县尉朱起祖树题名碑，皆属耆卿为记。丽水令黄沐之贤而卒官，其子传请耆卿铭其墓。邑人王梦松求道甚切，献经史训二篇，且言："不用力而纷扰则失其统，欲日夜用力则一毫无所加益。"耆卿答以"助长之弊胜于忘，太过用力之弊甚于不用力。其要莫若主敬，敬立则守固矣"。梦松受其言，卒为名儒。时水心叶适倡道永嘉，以斯文为己任。耆卿上书请益躬造其庐。水心一见叹异，作诗送之有云："丁今文人不多出，元祐惟四建安七。性与天道亦得闻，伊洛寻源未为失。"其推许之者至矣！十三年，升从事郎、庆元府教授。

府志为一主簿作如此一大段传记，实为难得，是因为有这么一位德才皆备的主簿实属难得。

光绪《处州府志·艺文志》录有陈耆卿撰的《青田县尉题名记》《处州平政桥记》《送应太丞赴阙序》《黄君墓志铭》。

应元衮，贵溪人。淳熙十四年（1187）进士。他先后任过蕲州通判、大理寺丞，庆元年间末任处州知府。在他的倡议和主持下，修建了处州平政桥。嘉定十一年二月陈耆卿作记。在《送应太丞赴阙序》中，借处州官员对自己的恩师应元衮以高度的评价："先生有恢恢之才而宅以谦，有棱棱之威而陶以和，有了了之智而载以默。"同时谈到先生对自己的影响："耆卿，下邑勾稽吏尔，朴拙根性，先生覆翼之、吹送之，煦我以道德，鞭我以文辞，恩独厚念，虽束缚千兔，未白此悃，矧一幅剡藤哉！"落款："嘉定戊寅八月望，门人天台陈耆卿序。"

剡藤，是一种用出产于剡溪的藤造的名纸。意思是自己的一纸序文无法表达对恩师的感激之情。

章樵与《古文苑》

《古文苑》收入《四库全书》卷一八六集部三十九总集类，第1374册第六七八页，章樵为之注释。章樵，临安昌化人，宋绍定间曾任处州知府。

根据《四库全书总目》提要，《古文苑》二十一卷（两淮马裕家藏本）：

> 《古文苑》二十一卷，不著编辑者名氏。《书录解题》称：世传孙洙巨源，于佛寺经龛中，得之唐人所藏，所录诗赋杂文，自东周迄于南齐，凡二百六十余首，皆"史传""文选"所不载。然所录汉、魏诗文，多从《艺文类聚》《初学记》删节之本，《石鼓文》亦与近本相同。其真伪盖莫得而明也。南宋淳熙间，韩元吉次为九卷。至绍定间，章樵为之注释；明成化壬寅，福建巡按

御史张世用得本刊之。樵《序》称，有首尾残阙者，姑从旧编，复取史册所遗，以补其数，厘为二十卷。又有杂赋十四首，颂三首，以其文多不全，别为一卷，附于书末，共为二十一卷，则已非经觅之旧本矣。中间王融二诗，题为谢朓，盖因附见朓集而误。又《文木赋》出《西京杂记》，乃吴均所为，见段成式《酉阳杂俎》，亦不能辨别，则编录未为精核。至《柏梁》一诗，顾炎武《日知录》据所注姓名，驳其依托，钱曾《读书敏求记》，则谓旧本但称官位，自樵增注，妄以其人实之。因启后人之疑。又如宋玉《钓赋》，"蜎渊"误作"元洲"；《曹夫人书》，"官绵"误作"官锦"，皆传写之讹，而注复详为之解。王应麟《困学纪闻》亦辨之，则注释亦不能无失。然唐以前散佚之文，间赖是书以传，故前人多著于录，亦过而存之之意欤。据此书所题。樵字升道，临安人，以朝奉郎知吴县事。成化《杭州府志》则作昌化人，知处州事。《宋诗纪事》亦作昌化人，其号曰峒麓，嘉定元年进士，历官知涟海军，授朝散郎知处州。盖昌化即临安属县，此书举其郡名，处州乃所终官，此书则其知吴县时所注也。

章樵（生卒年不详），字升道，号峒麓，南宋临安昌化（今浙江临安西）人。宁宗嘉定元年（1208）进士。历海州、高邮、山阳教官，上书时宰，力陈李全必叛。知吴县，通判常州。理宗端平元年（1234），监登闻鼓院。以疾乞归，绍定三年（1230）至四年授知处州。学宗伊洛，编有《古文苑》。

查光绪《处州府志·职官志》，宋绍定年间知府并无章樵，只有叶武子和高似孙二人，应该是遗漏了。

根据章樵的《古文苑》自序，他说所编为"唐人所编，史传所不载，《文选》所不录之文也，歌诗赋颂书状敕启铭记杂文为体，二十有一为篇，二百六十有四，附入者七。始于周宣石鼓文，终于齐永明之倡和，上下一千三百年间，世道之升降，风俗之淳漓，政治之得失，人才之高下，于此而概见之，可谓萃众作之英华，擅文人之巨伟也"。

此序作于绍定壬辰（1232）七月。正是他离开处州之后，可以推测，《古文苑》很可能是在处州任上公务之余的作品。

第一篇为周宣王《石鼓文》，第一句为："吾车既工，吾马既同。"

《石鼓文》是我国现存最早的刻石文字。唐初贞观年间，一位牧羊老人在宝鸡石鼓山中发现。在十块鼓形石上，每块各刻四言诗一首，歌咏国君游猎情况，因而也称"猎碣"。所刻书体，为秦始皇统一文字前的大篆，历来对其书法艺术评价颇高。韩愈根据首句与《诗经·小雅·车攻》第一句"我车既工，我马既同"相同，认为这是记载周宣王狩猎情况的诗作，曾作《石鼓歌》，其中有"周纲凌迟四海沸，宣王愤起挥天戈"的诗句。

至北宋时期，欧阳修也认为石鼓文为周宣王时期史籀所作。郑樵在为《石鼓文》作释音且为之序，摘"丞""殹"二字，以为见于秦斤秦权，而指以为秦鼓。近代罗振玉《石鼓文考释》和马叙伦《石鼓文疏记》将石鼓文的历史缩短到了战国，认为是秦文公时期出现的。今人刘星、刘牧父子认为，石鼓文为秦始皇时期作品。

在卷三中，收了一篇董仲舒的《士不遇赋》。开头一段为：

> 呜呼嗟乎，遐哉邈矣。时来曷迟，去之速矣。
> 屈意从人，非吾徒矣。正身俟时，将就木矣。
> 悠悠偕时，岂能觉矣？心之忧欤，不期禄矣。
> 遑遑匪宁，只增辱矣。努力触藩，徒摧角矣。
> 不出户庭，庶无过矣。

文章流露出身为士子却生不逢时，时光流逝却不能发挥自己的作用的不甘。他写出了士的两难处境：一方面不愿"屈意从人"，要保持自己的操守和独立人格；另一方面，想君子居易以俟命，可是岁月不待人，"将就木矣！"想静以待时，可能将永无出头之日，假如刻意追求职位，又有探求禄位之嫌，还可能事与愿违，自取羞辱。这篇赋写出了西汉时代知识分子真实的生存状态和矛盾痛苦，在如今看来仍具有一定的时空穿透力，是助纣为虐，还是独善其身？这是一个令人纠结的问题。最后他也认

为既然改变不了社会，又学不了如屈原以身殉国，就只能"复不如正心而归一善"，也只能是"穷则独善其身"罢了。

《古文苑》卷二十一，收录了一篇贾谊的《簴赋》的残篇，只有36个字，却是气势十足：

> 妙雕文以刻镂兮，象巨兽之屈奇兮。戴高角之峨峨，负大钟而顾飞。美哉烂兮，亦天地之大式。

簴（jù），古代挂钟磬的架子上的立柱。横架为笋，直架为簴。故又称"笋簴"。唐代元稹在《和李校书新题乐府·华原磬》中有云："何时得向笋簴悬，为君一吼君心醒。"

总之，章樵注释的《古文苑》中，有许多平时少见的奇文佳作，对古文有兴趣的可以去查看原文。

洪焱祖与《杏亭摘稿》

《杏亭摘稿》收入《四库全书》集部第1247分册第六五九页。作者洪焱祖，元代歙县人，曾任处州遂昌县主簿。

根据《四库全书》提要，《杏亭摘稿》一卷（浙江鲍士恭家藏本）：

> 元洪焱祖撰。焱祖，字潜夫，歙县人。是集前有《危素序》，称为徽州路休宁县尹致仕。而叙其仕履乃曰，年二十六为平江路儒学录，浮梁州长芗书院山长，绍兴路儒学正，调衢州路儒学教授，擢处州路遂昌县主簿。天历元年年六十二致仕。乃不云其为县尹。考宋濂《序》，称其自儒官起家，四转而为遂昌主簿，遂以休宁县尹致其仕。盖是时犹沿宋例，致仕者率进一官使归，实未尝任是职也。焱祖尝作《罗愿尔雅翼音释》，至今附原书以行。又有《续新安志》十卷，亦继原《新安志》而作。盖亦博洽之士。是集为其子浦江尉在所编。其所居有银杏树，大百围。焱祖

尝以"杏亭"自号，因以名集。其诗以古近体分列。然五言律下注曰"长律附"，不从高棅称排律。七言律下注曰"拗律附"，亦宋人之旧名。盖犹当日原本，未遭明人窜乱者也。其诗虽纯沿宋调，而尚有石湖、剑南风格，抗衡于虞、杨、范、揭诸家则不足，以视宋季江湖末派则蝉蜕于泥滓之中矣。

洪焱祖（1267—1329）元徽州歙县人，字潜夫，因家乡有一株巨大的银杏树，而以"杏亭"为号，并作为自己诗集的书名。焱祖走上仕途后，基本是在基层从事教育的小官，由平江路儒学录调任长芗书院山长。在元朝，书院的山长是由官方任命的。后迁绍兴路儒学正，调衢州路儒学教授，擢处州路遂昌县主簿，最后以休宁县尹致仕。遂昌县主簿可能是他官场的最后一站，而休宁县尹是个虚职，最高也就是七品，相当于现在退休前给你一个高一级别的待遇。要知道，在当时，作为徽州人却先后到江西景德镇，浙江绍兴、衢州及处州遂昌任职，旅途是相当辛苦的。一辈子基本在异地奔波，因此途中的所见所闻也就成了他诗作的主要题材。

长芗，景德镇旧地名，位于浮梁县兴西乡，今为景德镇市昌江区所辖。长芗书院始建于南宋庆元三年（1197），为景德镇监镇季齐愈援白鹿洞书院制度创建，旧址位于昌江区吕蒙乡官庄村以东。南宋王象之《舆地纪胜》载，长芗书院有夫子庙、屋四十间，田二百亩。元元贞二年（1296）山长凌子秀、直学朱继曾请于江东宣慰使嵇厚于旧址新建。嵇厚有《长芗书院记》。长芗书院在宋元之际，由于一批名师硕儒的加盟和造访，其学术风气浓厚，欧阳玄"院在长芗业已专"的诗句盛赞长芗书院。

根据书院记载，洪焱祖于1288年前后任长芗书院山长。他曾作《长芗岁暮二首》（之二）：

> 落日窗未掩，忘言几独凭。
> 乡心生远峤，节意入孤灯。
> 吾道虎为鼠，何时鸱化鹏。
> 岁年浑不吝，叠叠向人增。

又有《浮梁秋晓书事三首》（其一）：

竟日风兼雨，荒山坐复眠。

收心葬书窟，飞梦入诗天。

宁戚歌牛下，昌黎拜马前。

卿当用卿法，我懒觉犹贤。

当时，元朝废除了科举制度，因此书院门庭冷落，作为读书人也看不到希望。

在绍兴为官期间，恰逢浙东大旱，吃糠吃树皮甚至人相食，路有饿殍，人烟稀少。洪焱祖作《越饥谣》（六首）。

其二：

野无青草树无肤，人腹为棺葬万夫。

落日卧龙山下路，腥烟数里鬼相呼。

其六：

西望繁华旧凤城，隔衣带水自升平。

越乡三月未春意，渐死渐空无哭声。

洪焱祖从绍兴调任衢州，是经仙居、缙云这条路走的。这就必须经过仙居与缙云交界的苍岭。这条朱熹曾走过几次的险峻山路，让行人心里发怵，不仅陡峭难行，更有强人出没。

他在《苍岭》中写道：

浙东斯岭何巍然，雪雨在下人行天。

千年石上怪松偃，六月岩前寒溜悬。

> 危途羊肠不可并，秀色雁荡遥相连。
>
> 终朝寂寂商旅断，忽遇樵叟疑其仙。

夜里在岭头的南田歇脚，在《宿苍岭绝顶》中有"亘古无日色，白昼有鬼号。谷氓惊过客，奔窜捷猿猱。商贾虞剽劫，出没森弓刀。岭半乃有店，三州犬牙交"的诗句。

过了苍岭，又来到冯公岭，也就是现在的括苍古道，又是险峻无比。他的《冯公岭》一诗中记下了当时的感受：

> 路绕朱阑一丈宽，须臾平地上云端。
>
> 承平事事加开辟，蜀道如今未必难。

经过刘山驿，这里距丽水城和缙云县城刚好都是二十五公里，必须住宿。明朝宣德七年（1432），卸任的温州知府何文渊在此拒收礼金，后来就改为现在的"却金馆"。洪焱祖又作一诗《刘山驿》：

> 山当驿舍恰中分，地隔人烟断见闻。
>
> 使客来眠清到骨，夜窗灯点半天云。

洪焱祖后来被提拔到遂昌县担任主簿。这个被汤显祖喻为"仙县"的地方，当时还是相当落后的，岭难通商贾，溪不通客船。《遂昌纪事》比较详细地记录了当时的状况：

> 万嶂周遭立，双溪会合流。
>
> 虽晴云可掬，但雨涨堪忧。
>
> 岭不通商担，湍偏拒客舟。
>
> 穹林长似暮，乱石自生秋。
>
> 僻壤连衢婺，遗风染粤瓯。
>
> 百家成聚落，何地许遨游。

晓市花猪肉，宵爨菜子油。

清醇夸好酒，白粲胜他州。

到了六十二岁，终于可以退休了。《解官西归》流露了无官一身轻的喜悦之情：

今日身轻棹更轻，柯桥棋局且推枰。

公心岂免招私谤，古道犹须徇俗情。

万事不如归最好，诸人方以出为荣。

江风只说商船险，渔艇逍遥过一生。

但是，他没有能够享受逍遥的生活，退休后不久就离开了人世。等到他的著作出版，宋濂为他作序时，已是至正十五年（1355），距其离世又已二十六年矣。

胡助与《纯白斋类稿》

《纯白斋类稿》收入《四库全书》集部第1249分册第五五三页。作者胡助，元代东阳人，延祐年间曾任处州缙云美化书院山长。

根据《四库全书》提要，《纯白斋类稿》二十卷、附录二卷（浙江巡抚采进本）：

元胡助撰。助字履信，一字古愚，婺州东阳人。始举茂才。为建康路儒学学录。历美化书院山长、温州路儒学教授。用荐再为翰林国史院编修官。秩满授承信郎、太常博士，致仕归。时至正五年也。是集乃助所自编，本三十卷。历年既久，残阙失次。明正德中，其六世孙淮掇拾散佚，重编此本。仅存赋一卷、诗十六卷、杂文三卷。又《附录》当时投赠诗文二卷。仍以《纯白斋类稿》为名，而卷帙已减三之一，非其旧本。虞集常跋其《上京纪行集》，称其龙门以后诗尤佳，今已散入集中。邓文原、吴澄尝跋其《銮坡小录》及《升学祭器文》，此本不载。则当在亡佚十卷中也。助诗文皆平易近人，无深湛奇警之思，而亦无支离破碎之病，要不失为中声。吴澄称其诗"如春兰茁芽，夏竹含箨，露滋雨洗之馀，濯濯幽媚，娟娟静好"，则形容过当，反不肖其品格矣。

胡助（1278—1355），东阳人，其文集《纯白斋类稿》原为自编三十卷本，到明朝后已是残缺不全，由他的六世孙胡淮重新整理编为二十卷，附录两卷，书名则仍沿用原名。始举茂才，为建康路儒学学录，历美化书院山长、温州路儒学教授，两度为翰林国史院编修官，三为河南山东燕南乡试考官，秩满授承事郎太常博士致仕。

淳熙九年（1182）农历八月二十二日，朱熹因弹劾唐仲友未果，翻过高高的苍岭，回到福建五夫里。他来到缙云县雁门山边金竹村，住在当地的大户人家朱格家里，晚上开坛讲学，后来就有了"美化书院"。

据光绪三年《处州府志》"美化书院"条目记载：

> 在县东六十里，今乡以美化名，朱晦翁尝讲道其地，嘉熙年间（1237—1240）县令陈大猷以俸易其地，欲创书院未就，代去后，尉陈实嗣成之，元至元间毁。山长黄应元重建大成殿于旧址，山长周仁荣重建两庑、殿门，今废。

美化书院在元朝曾是浙江三大书院之一。到元初，美化书院规模不断扩大，已有田产五十五亩。美化书院进入鼎盛时期。根据胡助相关诗文著作日期推测，他应该是在延祐年间（1314—1320）任美化书院山长。《处州府志》的元代"山长"中并没有胡助的记载，可能他担任山长时间不长，因此漏录也属正常。

胡助在缙云期间作了不少诗文，有作于延祐六年（1319）四月十六日的《小赤壁赋并序》。这篇赋以华丽的语言赞美了仙都小赤壁的风光，可

惜县志及《缙云文征》均未收录。文中写道：

> 小赤壁者，盖美化溪山之胜处也。其上则苍崖巨石，其下寒泓澄碧。云出雨空，变化莫测，烟霞宵冥，风貌无极。……胡子乃扣舷而和之曰：刘郎兮登仙，溪壑峭兮神清寒；英雄兮安在，邀高风兮山水间；同赤壁兮谁小大，化白鹤兮迟来还。……漱芳润而养浩，将待贾而扬庭，期接武于先达，庶无愧于山灵。

他还学东坡先生夜游小赤壁，作《游小赤壁》：

> 钓矶仿佛叠西边，遥想英雄一概然。
> 崖谷空镌小赤壁，文章谁续老坡仙。
> 落星久化山头石，孤月长悬水底天。
> 此夕舟游殊胜纯，惜无佳句与人传。

美化书院就在仙都风景区附近，九曲练溪，一步一景。在教学之余，胡助徜徉于山水村舍之间。有《望仙都》（二首）：
其一：

> 清溪白石树扶疏，山骨苍苍润不枯。
> 无数花流春水出，行人指点近仙都。

其二：

> 岭上倏然一拄节，千岩万壑缙云东。
> 洞天可望不可到，石笋峨峨春雨中。

附近有一个村庄叫"西丘"，是越国公卢琰后裔聚居的地方。他有一首《西丘夕照》，曰：

禾黍鸡豚不厌贫，耕桑世业古风存。

夕阳挂树秋光老，樵担参差下白云。

不管是在缙云为官，还是后来到温州任儒学教授，括苍古道的冯公岭都是他多次往返的必经之路。每过此地，感叹行路之难，集中收录了多首有关冯公岭的诗作。《过冯公岭》：

嵯峨冯公岭，一上数十里。

时秋宿雨余，林壑风日美。

屈曲屡登危，平夷少休止。

山田如蚁蛭，纵横翠微里。

层冈半天上，绝涧深井底。

驿道通瓯粤，邮亭云表峙。

断崖悬丹实，老树结青樨。

安知无隐沦，白首招不起。

过客恋清胜，居人厌遐诡。

逐逐名利心，憧憧来未已。

又了解到冯公岭的来历，再作《过冯公岭》：

披云桥上冯公岭，借问何由岭姓冯？

人道冯公有遗爱，故将危岭号冯公。

再次经过此岭，意犹未尽，又作《又题冯公岭》：

肩舆咿呀画图间，峭壁攒峰碧玉环。

上到岭头一回首，不知身历万重山。

还有《栝苍道中》：

层峦雾气午才收，苍壁飞云古木秋。

冯岭危盘九天上，刘山胜纯万峰头。

结茅成屋依岩穴，叠石为田绕涧流。

未必居人识幽趣，长令行旅似清游。

一次送友人王安道到处州府任知事，经过冯公岭又诗兴大发。《送王安道处州知事》：

马行冯岭郁嵯峨，草舍民淳奈乐何。

孔庙韩碑天下少，黄祠李篆洞中多。

郡斋画静依苍栝，幕府风清泛碧荷。

地近雁山堪吏隐，谢公屐齿在烟萝。

他还为龙泉留槎阁写了一首《寄题留槎阁》：

美化书院遗址附近的雁门山

龙泉爽气干斗牛，处士幽居意自闲。

高阁卧云超物表，古槎流水寄人间。

尚疑星石千年在，曾泛天河万里还。

不用城都重访卜，此生真遁好溪山。

胡助对处州的山水是真爱，写了这么多诗文，处州以及缙云县的地方文献却几乎没有收录。翻《四库全书》这是一个新的收获。

皇甫汸与《皇甫司勋集》

《皇甫司勋集》收入《四库全书》集部第1312分册第五一九页，别集类。作者皇甫汸，明代长洲（今苏州）人，嘉靖年间曾任处州同知。

根据《四库全书》提要，《皇甫司勋集》六十卷（内府藏本）：

明皇甫汸撰。汸有《百泉子绪论》，已著录。其诗文有《政学》《还山》《奉使》《寓黄》《家居》《南都》《禅栖》《潭州》《栝州》《南中》《山居》《副京》《来兔》《司勋》《北征》《南署》《赴京》《浩歌亭》《安雅斋》诸集。晚年手自删削，定为赋一卷、诗三十二卷、杂文二十七卷，冠以《集原》一篇。其诸集之名仍分注各卷之末。朱彝尊《静志居诗话》称，汸集六十卷，即此本也。《集原》自述其诗，始为关、洛之音，一变为楚音，又一变为江左之音，又一变为燕、赵之音，又一变为蜀音，缕举其师友渊源甚详。今统观所作，古体源出三谢，近体源出中唐。虽乏深湛之思，而雅饬雍容，风标自异，在明中叶不失为第二流人。冯时可《雨航杂录》云："皇甫百泉与王弇州名相垺，时人谓百泉如齐、鲁，变可至道。弇州如秦、楚，强遂称王。"王士祯《香祖笔记》以时可所评为确论云。

皇甫汸，字子循，号百泉，生卒不详，明中期吴中（长洲）人。学界对其生卒年存有争论，一般认为他生于1492年（也有认为是1504年），卒于1582年，如果这样算那他活了91岁（或79岁），而《明史》记载"八十而卒"，属于高寿。皇甫汸七岁能诗，于嘉靖八年（1529）中进士，之后辗转于各地做官。先担任国子监博士，又升为工部虞衡司郎中，因为监运陵石迟缓，被贬为黄州推官，再升为南京吏部稽勋司郎中。大计中有人中伤其兄皇甫涍，皇甫汸与之争辩，被谪家居。御史王言按巡吴地，态度专横，民间就流传起对王言不利的谣言，他怀疑出自皇甫汸之手，于是打算杀掉他。皇甫汸只得逃亡免难。后来被起用为开州同知，再量移处州同知，再升为云南按察司佥事，大计后被罢官。大计是明洪武十一年（1378）年开始实行的对外官的考核制度。《明史·选举志》："至三岁，抚、按通核其属事状，造册具报，丽以八法。而处分察例有四，与京官同。明初行之，相沿不废，谓之大计。"

量移处州任同知应在嘉靖年间。由于性格耿直、心高气傲，经常得罪权贵，不仅升迁困难，还经常遭贬。因此皇甫汸后来索性辞官返乡，以诗酒宴游为乐。其作品有《皇甫司勋集》《皇甫司勋庆历稿》《解颐诗话》《百泉子绪论》存世。

皇甫汸的祖父皇甫信笃好诗文，父亲皇甫录以科考为官。兄弟四人，长兄皇甫冲中举人，仲兄皇甫涍、弟皇甫濂皆中进士。人称"皇甫四杰"。时吴人有云："前有四皇，后有三张。""科第文词之盛，萃于一门。""三张"为他的同乡张凤翼、张燕翼、张献翼。

皇甫汸工书法，与王守、王宠兄弟过从尤密，其书法受王宠影响尤深。

王世贞在《皇甫百泉三州集序》中说："吾郡以诗名天下，至嘉靖间最；嘉靖中诸名能诗者，独皇甫氏最；皇甫氏昆季四人，独子循先生最。"

《明史》第二百八十七卷，皇甫四兄弟均有传，其中有皇甫汸：

> 汸，字子循，七岁能诗。官工部主事，名动公卿，沾沾自喜，用是贬秩为黄州推官。屡迁南京稽勋郎中，再贬开州同知，

量移处州府同知。擢云南佥事，以计典论黜。汸和易，近声色，
好狎游。于兄弟中最老寿，年八十乃卒。

明朝嘉靖二十六年（1547），缙云县出了一位叫樊献科的进士，他字
斗山，后在朝廷担任监察御史。但是他不畏权势，硬是将严嵩的门生、当
地恶霸王坤虎送上了断头台，人称"铁面御史"。得罪了严嵩自然在朝廷
里混不下去了，不久樊献科就主动辞官回到缙云，隐居倪翁洞，现在倪翁
洞口的石头上还有"斗山洞天"的石刻。

皇甫司勋也是一位正直的人士，因遭贬来到处州，深为樊献科的气节
所折服，于是专门到仙都拜访这位后辈。《皇甫司勋集》卷七有《游仙都
同樊侍御》：

寡诤谢画牍，怀仙抗晨旌。
怪石俨壁立，危峰类削成。
阳火伏未息，阴湖鉴以清。
下有干宵木，上有承露茎。
汉武建柏寝，秦皇慕蓬瀛。
惜哉无灵气，安得遂冲升。
轩后独不朽，鼎实垂鸿名。
柱史良地主，邀我钧天行。
黄金九奏发，白玉双童迎。
聊从避骢路，一展攀髯情。

官至侍御可谓位高权重，樊献科却主动辞职隐居乡里，这在当时就成
了一位有传奇色彩的人物，远近来拜访他的人很多，仙都的摩崖石刻多处
与他有关。

如与倪翁洞一路之隔、建在好溪边的"问渔亭"就是因他而建。

有一次，有一位叫"濑仙"的高士来拜访他，在仙都走了一大圈还是
找不到樊献科的隐居处，遇到一位在溪上打鱼的渔夫，就向他询问樊献科

的住处。

老渔夫说，"樊献科"没听说过，附近的倪翁洞里倒是住着一位"斗山先生"。濑仙一听斗山先生就是樊献科啊，于是在渔夫的引领下，两人终于见面了。

见面后，斗山先生拿出了酒，渔夫拿出了刚打的鱼。三人一边喝酒，一边聊天，特别的投机。渔夫起身告辞的时候，濑仙拿出了五十两银子要赠送给他，渔夫坚辞不受。濑仙深深敬佩这渔夫，就拿这五十两银子交给樊献科，在溪边这块石头上建了这座"问渔亭"，用来纪念他"访友迷路、借问渔夫、老友相会、辞谢赠金"这件事。

现在独峰书院的门口，尚存濑仙访斗山的诗碑。

皇甫汸去世后，岭南人、曾任浙江税务的陈履作诗凭吊，对皇甫司勋给予了高度评价。《挽皇甫司勋》：

濑仙访斗山的诗碑

司勋家业擅江东，六代文章老益工。

正拟登坛盟上国，讵知骑尾双长风。

云鸿消息虚无里，海鹤精神想像中。

目断吴门堪涕泪，怜才伤往古今同。

汤显祖与《玉茗堂集》

《玉茗堂集》收入《四库全书》总目第1553分册第二三〇页。作者汤显祖，明代临川人，曾任处州遂昌知县。收入《四库全书》存目的还有他的《五侯鲭字海》和《别本茶经》。

根据《四库全书》提要，《玉茗堂集》二十九卷（两江总督采进本）：

> 明汤显祖撰。显祖有《五侯鲭字海》已著录。显祖于王世贞为后进，世贞与李攀龙持上追秦、汉之说，奔走天下，归有光独诋为庸妄。显祖亦毅然不附，至涂乙其四部稿，使世贞见之。然有光才不逮世贞，而学问深密过之；显祖则才与学皆不逮，而议论识见，则较世贞为笃实。故排王、李者，亦称焉。是集凡诗十三卷，文十卷，尺牍六卷。前有南丰朱廷诲《序》，称其：解阴符五贼禽制之法，序《春秋》辑略，发仁孝动天下之旨，记小辨明复小乾大之一致，非无根据之学者，然终非有光匹也。

《四库全书》经部小学类存目，收录《五侯鲭字海》二十卷（安徽巡抚采进本）：

> 不著撰人名氏，题曰"汤海若订正"。考汤显祖，号曰若士，亦曰海若，临川人。万历辛丑进士。官至礼部主事，终于遂昌县知县。《明史》有传。则当为显祖所作矣。前有陈继儒《序》云："取《海篇》原本，遵依《洪武正韵》，参合成书。"然其注释极

为简略，体例亦颇芜杂。每字皆用直音，尤多讹谬。至卷首以《四书五经难字》别为一篇，则舛陋弥甚。显祖犹当日胜流，何至于此？盖明末坊贾所依讬也。

"五侯鲭"是一道名菜，为西汉娄护所创。据《西京杂记》卷二载："五侯不相能。宾客不得来往。娄护丰辩传食五侯间。各得其欢心。竞致奇膳。护乃合以为鲭。世称五侯鲭。以为奇味焉。"《五侯鲭字海》是明代的一部字典，收入各种汉字包括异体字53712个，然而提要说此书"尤多讹谬"，应该是书商为了增加销路而盗用汤显祖之名。

《四库全书》子部谱录类存目，收入《别本茶经》三卷（浙江鲍士恭家藏本）：

> 旧本题曰"玉茗堂主人阅"。玉茗堂主人，汤显祖之别号也。显祖有《五侯鲭字海》已著录。是编取陆羽之书合为一卷，后附《水辨》《外集》各一卷，然编次无法，疏舛颇多。如皇甫冉送陆鸿渐山人采茶诗，误为皇甫曾。欧阳修大明水、浮槎山水二记，列东坡《志林》之后。崔舌下材一条出沈括《梦溪笔谈》，题下失注书名，连于唐人张又《新煎茶水记》之后，遂似又新之作。皮日休《茶中杂咏》序删诗存序，以冠篇首，改名《茶经序》。《陆羽传》删去《唐书》旧赞，别加童史氏承叙赞语。冗杂颠倒，毫无体例，显祖似不至此，殆庸劣坊贾托名钦。

汤显祖是戏剧作家，既非文字学家，也非茶文化专家，这里汤显祖再次被书商盗名了。

汤显祖（1550—1616），江西临川人，字义仍，号海若、若士、"清远道人"，为明代著名戏曲家、文学家。如今被尊为"东方的莎士比亚"。

汤显祖出身书香门第，其祖上四代均有文名，原居临川文昌里（今临川文昌桥东太平街汤家山），后移居沙井巷，建"玉茗堂"（内有清远楼等），故又自号"清远道人"。

　　汤显祖5岁时进家塾读书，12岁能诗，13岁从徐良傅学古文词，14岁便补了县诸生，21岁中了举人。按理再过三五年就中进士也是情理之中。万历五年（1577）、万历八年（1580）两次会试，当朝首辅张居正要安排他的几个儿子考中进士，想找几个有真才实学的人当陪衬。听说汤显祖和沈懋学等人的才名，就派了自己的叔父去笼络他们，声言只要肯同首辅合作，就许汤显祖等中在头几名。后来沈懋学等出卖了自己，果然中了高科，但汤显祖却洁身自好，一无所动，因此名落孙山。

　　张居正死后，到万历十一年（1583），34岁的汤显祖才中了癸未科三甲第二百二十一名进士，从此开始了并不顺畅的仕途。在南京先后任太常寺博士、詹事府主簿和礼部祠祭司主事。

　　汤显祖是一个特立独行而不愿随波逐流的人。其时，李梦阳、李攀龙、王世贞在文坛如日中天，汤显祖却把他们的诗文拿来解剖，画出他们诗文中模拟、剽窃汉史唐诗的字句，涂涂抹抹，一一作俎上之论。汤显祖曾是罗汝芳的学生，自小跟他学道，读"非圣之书"。后来又对激进的思想家李贽深为仰慕，读其《焚书》后说："如明德先生者（汝芳），时在吾心眼中矣，见以可上人（紫柏）之雄，听以李百泉（贽）之杰，寻其吐属，如获美剑。"

　　明万历十九年（1591），汤显祖目睹当时官僚腐败愤而上《论辅臣科臣疏》，对权臣及万历登基二十年的政治都作了抨击。疏文一出，神宗大怒，一道圣旨就把汤显祖放逐到大陆南端雷州半岛的徐闻县为典史。

　　一年后遇赦，内调任浙江遂昌知县。在五年任中，政绩斐然，深受遂昌百姓爱戴。他也喜欢遂昌，把这里称为"仙县"，而自己是"仙令"。却因压制豪强、触怒权贵而招致上司的非议和地方势力的反对，终于在万历二十六年（1598），四十九岁的汤显祖愤而弃官，不辞而别回归故里。

　　家居期间，不再与达官显贵酬酢，潜心于戏剧及诗词创作。

　　汤显祖有多方面的成就，而以戏曲创作为最。其戏剧作品《还魂记》《紫钗记》《南柯记》和《邯郸记》合称"临川四梦"，其中《还魂记》（《牡丹亭》）是他的代表作。这些剧作不但为中国人民所喜爱，而且已传播到英、日、德、俄等很多国家，被视为世界戏剧艺术的珍品。

在腐朽的时代，失去一位正直官员，得到一位著名作家，也算是"国家不幸诗家幸"吧。

顾宪成与《小心斋札记》

《小心斋札记》（存目）收入《四库全书》总目第1550分册第一二一页，同时收入的还有他的《顾端文公遗书》。作者顾宪成，东林党领袖，万历十五年曾任处州推官。

根据《四库全书》提要，《小心斋札记》十六卷（江苏巡抚采进本）：

> 明顾宪成撰。宪成，字叔时，无锡人。万历庚辰进士。官至吏部文选司郎中。削籍归。起南京光禄寺少卿，移疾不赴，终于家。崇祯初，赠吏部右侍郎，谥端文。事迹具《明史》本传。宪成里居，与弟允成修宋杨时东林书院，偕同志高攀龙、钱一本、薛敷教、史孟麟、于孔兼辈讲学其中。朝士慕其风者，多遥相应和。声气既广，标榜日增。于是依草附木之徒，争相趋赴，均自目为清流。门户角争，递相胜败，党祸因之而大起。恩怨纠结，辗转报复，明遂以亡。虽宪成等主持清议，本无贻祸天下之心，而既已聚徒，则党类众而流品混；既已讲学，则议论多而是非生。其始不过一念之好名，其究也流弊所极，遂祸延宗社。春秋责备贤者，宪成等不能辞其咎也。特以领袖数人，大抵风节矫矫，不愧名臣，故于是书过而存之，以示瑕瑜不掩之意云尔。是书于万历戊申同安蔡献臣始为刻版。其后刻于昆山。然两本皆始于万历甲午，终于乙巳，止十二卷。此本乃其子与淳所刻，益以丙午至辛亥所记，增多四卷。卷数与《明史·艺文志》合，当为足本矣。

又，《顾端文公遗书》三十七卷、附《年谱》一卷（副都御史黄登贤家藏本）：

明顾宪成撰。是编为其曾孙贞观所汇刻。首即《小心斋札记》十八卷，次《证性编》六卷，次《东林会约》一卷，次《东林商语》二卷，次《虞山商语》三卷，次《经正堂商语》一卷，次《志矩堂商语》一卷，次《仁文商语》一卷，次《南岳商语》一卷，次《当下绎》一卷，次《还经录》一卷，次《自反录》一卷。末附《年谱》四卷，则其孙枢所编，而贞观订补者。外别有《以俟录》《泾皋藏稿》《大学重订》《大学质言》《大学通考》五书，在初刻十种内者，与未刻之桑梓录皆不列于是编。以卷帙颇繁，尚待续刻故也。

顾宪成（1550—1612），字叔时，号泾阳，江苏无锡人。万历八年（1580）中进士后历任京官，授户部主事。

明万历十五年（1587年），因为上疏申辩，词语中有触怒当权者的地方，被圣旨责备，贬谪为桂阳州判官，稍后调到处州任推官。

明朝的推官相当于是各州府的副职，除顺天府、应天府的推官为从六品外，其他府的推官均为正七品，主要掌理刑名、赞计典，相当于现在的中级人民法院院长吧，就是负责直接听讼审案的官员。由吏部在进士或举人贡生中铨选。

光绪《处州府志·职官志》的"推官"，万历年间有：

顾宪臣，臣一作成，无锡人。以铨部郎谪郡理。不自简贵，奉职循章，上下蔼然。青衿以文质者，面为品定，曲加诱掖。未期，以艰去。

意思是顾宪成被贬谪到处州，不自命清高，照章办事，和蔼可亲，特别是对文质彬彬的学子多加提携褒奖。可惜不满周年就因丧亲而回家守孝去了。

万历二十一年（1593），顾宪成任吏部文选司郎中，掌管官吏班秩迁

升、改调等事务，应该是实权派了。次年，朝廷会同推荐选任内阁大学士，顾宪成秉公办事，提名的基本是有棱角的耿直之士，这些不懂得察言观色、投其所好的人神宗皇帝自然是不喜欢的，神宗一生气，后果很严重。顾宪成被削去官籍，革职回家。

顾宪成可能早已料到这种结局，回到家乡无锡，就和弟弟顾允成一起维修了"东林书院"，并请高攀龙等讲学其中，同时宣扬自己的政治主张。

东林书院创办于北宋，"程门立雪"的杨时曾讲学于此，因此是一所历史悠久并享有盛誉的书院。

万历三十二年（1604），顾宪成会同顾允成、高攀龙、安希范、刘元珍、钱一本、薛敷教、叶茂才等人，被时人称为"东林八君子"，发起了东林大会，制定了《东林会约》，规定每年举行大会一二次，每月小会一次。这批人在东林书院讲学之余，妄议朝政，名气渐大后引起了朝廷的重视。

朝廷想用高官厚禄收买人心。万历三十六年（1608），朝廷封顾宪成为南京光禄寺少卿，但是顾宪成没有接受任命，继续留在家乡从事讲学议政。他取名"小心斋"却敢于讽议朝政，不怕引火烧身。这是一批忧国忧民、敢于指出"皇帝的新衣"的知识分子，对社会的矛盾和国家的危机已经看得很清楚。例如，顾宪成说危机四伏的政治形势已如同"抱柴于烈火之上"；高攀龙也尖锐地指出，"此时民不聊生，大乱即将来临"。"风声雨声读书声声声入耳，家事国事天下事事事关心"只这一副名联，顾宪成就足以不朽了。

万历四十年（1612），顾宪成于家中去世，享年63岁。其著作除前述《小心斋札记》和《顾端文遗书》之外，还有《泾皋藏稿》二十二卷收于《四库全书》集部别集类。天启初年，明熹宗赠顾宪成太常卿。

顾宪成死后，朝廷围绕太子和皇帝的继承权的争斗进入白热化，由于东林党人开放言路指责朝政，触动专权的大太监魏忠贤，天启五年（1625），明熹宗下诏，烧毁全国书院。次年，东林书院被拆毁。东林党人遭受沉重打击，杨涟、左光斗等许多著名的东林党人都遭到魏忠贤及其党羽的杀害。顾宪成也被削去封号。

天启七年（1627），崇祯帝即位，魏忠贤畏罪自杀，阉党集团被剿灭。崇祯二年（1629），崇祯皇帝朱由检为东林党人恢复名誉，并下诏修复东林书院，顾宪成平反，赠吏部右侍郎，谥号"端文"。

但是，经万历、天启年间的折腾，大明气数已尽，崇祯已回天无力了。

郝敬与《周易正解》

《周易正解》二十卷、《易领》四卷收入《四库全书》总目第1547分册第二一七页，经部《易类存书二》。作者郝敬，明朝万历年间曾任处州缙云知县。

据《四库全书》总目，《周易正解》二十卷（浙江吴玉墀家藏本）：

> 明郝敬撰。敬，字仲舆，京山人。万历己丑进士。历官缙云、永嘉二县知县，擢礼科给事中，迁户科，寻谪宜兴县丞，终于江阴县知县。《明史·文苑传》附见《李维桢传》末。所著有《九经解》，此即其一，用王弼注本。凡《上、下经》十七卷，其说较详。《系辞》以下仅三卷，则少略焉。大旨以义理为主，而亦兼及于象。其言理，多以《十翼》之说印正卦爻。其言象，亦颇简易。然好恃其聪明，臆为创论。如释《蛊卦》为武王之事，而以先甲、后甲为取象甲子昧爽。其他亦多实以文、武之事。盖本"作《易》者其有忧患"一语而演之，遂横生穿凿。其所著经解，大抵均坐此弊也。

据《四库全书》总目，《易领》（浙江郑大节家藏本）：

> 明郝敬撰。是书专释卦序之义，《自序》谓冠以《序卦传》，如衣之挈领，故以"领"名。卷前标"《山草堂集》第二内编"。盖敬所著《九经解》皆编入文集，此其集中之第二种耳。

郝敬（1557—1639），字仲舆，号楚望，祖居今湖北省京山市雁门口镇台岭郝家大塆，后迁京山城关附近的鄢郝，世称"郝京山先生"。是晚明时期著名的经学家和思想家。万历十七年（1589）中进士，尔后任缙云县令。

《明史》在列传李维桢后有郝敬传：

> 邑人郝敬，字仲舆。父承健，举于乡，官肃宁知县。敬幼称神童，性跅弛，尝杀人系狱。维桢，其父执也，援出之，馆于家。始折节读书，举万历十七年进士。历知缙云、永嘉二县，并有能声。征授礼科给事中，乞假归养。久之，补户科，数有所论奏。

> 山东税监陈增贪横，为益都知县吴宗尧所奏，帝不罪。敬上言："开采不罢，则陛下明旨不过为愚弄臣民之虚文。乞先停止，然后以宗尧所奏下抚按勘核，正增不法之罪。"不听。顷之，山东巡抚尹应元亦极论增罪，帝怒，切责应元，斥宗尧为民。敬再上言："陛下处陈增一事，甚失众心。"帝怒，夺俸一年。帝遣中官高宷榷税京口，暨禄榷税仪真，敬复力谏。宗尧之劾增也，增怒甚，诬讦其赃私，词连青州一府官僚，旁引商民吴时奉等，请皆籍没，帝辄可之。敬复力诋增，乞速寝其奏，亦不纳。坐事，谪知江阴县。贪污不检，物论皆不予，遂投劾归，杜门著书。崇祯十二年卒。

仙都芙蓉峡的"铁城"两个大字就是他的手笔。根据落款"万历庚寅岁八月廿二日仙都吏郝敬为李小仙山人书"，万历庚寅为1590年，可见缙云是他仕途的第一站。"李小仙山人"即李键，辞官后与郑汝璧等结庐在芙蓉峡紫芝坞，称为"紫坞山房"，乡人称之为"铁城书院"。刚入仕途，不写一大堆头衔，而自称"仙都吏"，不结交土豪高官，却与一批隐于乡野的文士一起，一开始就显示了郝敬儒家文人的风骨。

《明儒学案》卷五十五《给事中郝楚望先生敬》中对郝敬评价甚高，称其著述：

> 《五经》之外，《仪礼》《周礼》《论》《孟》，各注为解，疏通证明，一洗训诂之气。明代穷经之士，先生实为巨擘。

郝敬自幼聪明过人，五岁读"小学"，五岁半学《孟子》，在乡里有"神童"之称。他生性耿直，豪放不羁，青年时在同乡前辈、在陕西任职的李维祯府上就馆授徒，发奋读书。万历十七年（1589）中进士后，历知缙云、永嘉二县。光绪《处州府志·职官志》，"万历"中有"郝敬字仲舆"一条，其中有"旧志：万历间任缙云，学裕才优，声施籍甚。莅县，敷政明敏，吏畏民怀"之评价。

后来征授礼科给事中，改户科。因弹劾太监陈增、辅臣赵志皋，弄得"内外皆怨"，就说他"浮躁"而降为宜兴县丞，再量移江阴知县。他不吸取教训，不学溜须拍马、察言观色的手段，所以不受上司喜欢，考核就"不合格"，再次降职，他就辞职回家，从此杜门著书，不通宾客。直到崇祯十二年（1639）去世，享年82岁。

《四库全书》中收入他的著作有13部之多，另有：经部，《尚书辨解》十卷（存目）、《毛诗原解》三十六卷（存目）、《周礼完解》十二卷（存目）、《仪礼节解》十二卷（存目）、《周礼通解》二十二卷（存目）、《春秋直解》十五卷（存目）、《谈经》九卷（存目）、《孟子说解》十四卷；史部，《史记琐琐》二卷（存目）、《时习新知》六卷（存目）；集部《小山草》十卷（存目）等。其中，《春秋直解》也十分著名，可惜《四库全书》只收入存目类。

郝敬认为：

> 学以性善为宗，以养气为入门，以不动心为实地，以时中为妙用。

又说：

> 一点灵知，时时刻刻，事事物物，寂照不昧，便是有事。的的真切，行时知行，坐时知坐，呼吸语默细微，无不了了自知，自然性常见而气听命，此谓性善，此谓止于至善。

还如：

> 但得闲时，则正襟默坐，体取未发气象，事至物来，从容顺应，尘劳旁午，心气愈加和平，不必监事另觅真宰，但能平心定虑，从容顺应，即此顺应者即是主宰。多一层计较，多一番劳扰。

可见这是一位慎独持敬、知行合一的"君子儒"，做到了"达则兼济天下，穷则独善其身"，身处逆境却能健康长寿也就是情理之中的事了。

郑鈗与《春秋心印》

《春秋心印》收录于《四库全书》总目第1548分册第一六九页，春秋类存目之一。作者郑鈗，上海人，明万历年间曾任青田县训导。

据《四库全书总目》提要，《春秋心印》十四卷（两江总督采进本）：

> 明郑鈗撰。鈗，上海人。万历中由贡生官青田县训导。是编取林尧叟《春秋句解》中所为提要而推广其门目，依类摘取《经》《传》《疏》列其下，杂引诸儒之说而附以己意。前列《春秋总论》十二篇，语多凡陋，率以私意窥测圣人。其体例尤为复沓。如《庄元年》"王使荣叔来锡桓公命"，列于锡命类。《定十四年》"天王使石尚来归脤"，列周归脤类。而五始类中皆载之。《桓十一年》"柔会宋公、陈侯、蔡叔盟于折"，既列盟类，又入

会类；《僖九年》"九月戊辰，盟于葵丘"，亦列盟类，又入殊盟类。舛互殆不胜举。其《凡例》末一条云："书成之时，梦齐桓公、晋文公各持一单，单开七事，相揖赠予，若谢而辞之意。觉而思之，各开单七事者，二七十四也。卷完十四，其义已尽，以示不必再录。又隆庆初辑《通史聚精》八十卷，亦梦文公朱先生慰余曰：余《纲目》甚觉烦冗。"是又吴与弼《日录》之故智矣。

郑铢，生卒不详，查光绪《处州府志·职官志》之青田县"训导"，明朝万历年间有：

> 郑铢，号红兰，上海人。淹贯古今，每月课文。捐俸供给，品题不爽，士风丕变。所著有《春秋心印》《诗经讲义》《礼记约言》，皆足羽翼经传。升会稽教谕。

对于不是特别有名望的人物，史书记载总是寥寥。作为一个县的训导能在府志上留下一两行字已经很不容易了，说明已经有明显的政绩或很高的德行，多少知县、知府，在方志上也都是只留下一个名字，并无其他文字介绍。

网上搜索，也只是《四库全书》对郑铢《春秋心印》的提要，其他生平事迹均阙如。

另外，搜索到郑铢曾刊刻过一本叫《明目良方》的医书，对郑铢所处的年代可以有个大致了解。

网上有拍卖《新刊明目良方二卷附卷首》，竹纸线装二册附函，署年：明万历间乔山堂刻本。其中有说明：

《明目方》为刊行最早的中医眼科专著，成书于弘治十三年（1500），此拍品是万历间上海人郑铢刻本，刻于建阳乔山堂，前有饶铎"明目方说"，内收治眼药方、七十二症眼图版画、眼科用药便览等，较其他版本最为接近祖本，对后世眼科医术影响极大。

《明目方》介绍说：更为特殊的是，此书目录前刻整页碑记，其中郑

氏称"搜阅古书，得之乱籍"中，验之"老者四五辈"，"无不立效"，"是方出，天下无盲人矣。"这样一段话可以理解为现在的广告标语，也是明代刻书商业意识的体现，虽有一定程度的夸张，但是书或确有功效，或爱方家试论之。

乔山堂，是建阳明代最大的刻书作坊。其主人刘龙田（1560—1625），建阳书林人，明万历至天启年间，以乔山堂、乔山书舍等名号刻书40多种，他刻印发行过《三国演义》《西厢记》《本草集要》《医书》《麻衣相法》等大量书籍。

从上述资料可以断定，郑录在青田县担任训导，应该是在万历年间，具体年份则不可考了。

前年，我去过福建建阳的莒口镇，一个交通并不方便、经济更不发达的地方，因为朱熹曾在那里建了一所"寒泉精舍"为母亲守墓，再与蔡元定等开始办学，居然先后建成了6所书院，如朱熹的云谷书院，蔡元定的西山精舍，刘爚的云庄书院，黄榦的潭溪书院，叶味道的溪山书院，蔡沉的庐峰书院等。而且，莒口一带还成为"建本"的刻印中心，从造纸、制墨，到写书、刻印、卖书，形成了完整的文化产业链。

因此，文化是一个神奇的事情，有时一个人或几个人就能改变一个地方的文风。

孟称舜与《孟叔子史发》

《孟叔子史发》（存目）收入《四库全书》总目第1549分册第九二九页。作者孟称舜，清顺治年间曾任松阳县训导。

根据《四库全书》提要，《孟叔子史发》（无卷数，浙江巡抚采进本）：

> 明孟称舜撰。称舜，字子塞，会稽人。崇祯间诸生。是书凡为史论四十篇，其文皆曲折明畅，有苏洵、苏轼遗意，非明人以时文之笔论史者。惟其以屡举不第，发愤著书，不免失之偏驳。如《项羽论》，谓其败兵由乎天亡，非战之罪。《商鞅论》，谓秦

用商鞅之法，六世以至于帝；始皇不用商鞅之法，二世以至于亡。《乐毅论》，谓其非仁非智，虽毅不走赵，骑劫不代将，亦终必败。皆失之过激。《李陵论》，谓陵必报汉，汉待之寡恩，则害义尤甚。崇祯末降贼诸臣，无不以陵借口者，岂非此类僻论有以倡之乎？至于王通、韩愈、王安石、张浚诸论，则能破门户之见；晁错、赵苞、魏徵、史浩诸论，亦能持事理之平。盖瑕瑜互见之书也。前有崇祯辛未自序，述不得志而立言之意，称李卫公罢相归，着论数十首，名曰《穷愁志》。苏文忠公谪居儋耳，亦着论数十首。今所传平王、范增诸篇是也云云。（案：李德裕《穷愁志》作于崖州，无罢相归之事。）苏轼诸论，虽集中不着年月，亦无作于海外之明文。所引皆为舛误，知其聪明用事，考证多疏矣。

从上述提要可以看到此书之大概。《孟叔子史发》共40篇史论，所述观点鲜明，文笔生动，与明季颓废的学风迥异；而且书中所论多发自内心，有其真情实感，有自己的观点，不人云亦云，当然对历史人物的臧否也是见仁见智的事情，各位读者自己可以评断。

孟称舜（约1599—1684），字子塞，又作子若或子适，号小蓬莱卧云子、花屿仙史，会稽（今浙江绍兴）人。是明末清初之际的戏曲"临川派"继汤显祖之后最重要的作家，作史评不是他的专业。可是奇怪的是，《四库全书》收录的是这部史论专著，而对戏曲作品却未收录。

孟称舜自幼表现出与众不同的文学天赋，年轻时在当地已经是小有名气的文人了。崇祯年间顺利考上当地的秀才，但以后科举考试却是屡试不第，可能他太偏科了，是个艺术型人才。

到三十而立的时候尚无功名，孟称舜和哥哥孟称尧加入张溥等人组织的"复社"。后来又加入了当时研究文学的"枫社"，成为临川汤显祖"临川派"的重要成员。

清顺治年间（1644—1661），孟称舜到松阳县任训导，光绪《处州府志》载：

　　孟称舜，字子塞，会稽人。品方正孤介，不与俗伍，以励风俗、兴教化为己任。朔望升堂讲道，阐明濂闽心学，课士严整，毋敢或哗。学富才敏，昕夕诵读，不绝寒暑，著述自娱。适学宫颓废，谋如家事，汲汲不休，庙庑俎豆有未备者，皆缮补之。建尊经阁，克期落成。

　　孟称舜在松阳期间，并非一心只写自己的剧本，而是为松阳的文教事业办了大量实事。

　　他到松阳不久，就听说了松阳版的"梁祝"——传说南宋才女张玉娘和才子沈佺的动人爱情故事。

　　张玉娘（1250—1277），字若琼，自号一贞居士，生长于官宦世家。不但聪慧异常，而且非常漂亮。写得一手好诗词，时人把她比作汉朝的班昭。沈佺，是北宋状元沈晦的七世孙，与张玉娘是表兄妹。张、沈两家交谊甚厚，来往密切，双方父母为他俩订下了婚约。他们青梅竹马、情投意合。咸淳七年（1271），沈佺到京城考试中了榜眼，却不幸病逝。噩耗传来，张玉娘悲痛万分，写下了《哭沈生》：

　　　　中路怜长别，无因复见闻。
　　　　愿将今日意，化作阳台云。
　　　　仙郎久未归，一归笑春风。
　　　　中途成永绝，翠袖染啼红。
　　　　怅恨生死别，梦魂还再逢。
　　　　宝镜照秋水，照此一寸衷。
　　　　素情无所著，怨逐双飞鸿。

　　张玉娘著有《兰雪集》两卷，共有诗117首、词16阕。后人把她与李清照、朱淑真、吴淑姬并称为"宋代四大女词人"。

　　例如她写的《山之高》：

山之高，月出小。月之小，何皎皎！我有所思在远道。一日
不见兮，我心悄悄。

张玉娘哀婉不止，相思成病，不食而殒。张玉娘死后与沈佺合葬于西
郊枫林之地。不久后她的两位侍女和鹦鹉也为她殉情。

凄美的爱情故事总是能打动人的，孟称舜推崇张玉娘的人品和才华，
同情张玉娘和沈佺所遭受的悲惨命运，经过几年的努力，于顺治十三年
（1656）写成戏剧《张玉娘闺房三清鹦鹉墓贞文记》，后来又更名为《贞文
记》。作品一问世就引起轰动，后世人们把它和《西厢记》《追魂记》《娇
红记》一起，全称为"四美"剧本。

孟称舜还作诗一首，《鹦鹉墓》：

青云夜载美人去，鹦鹉朝来堕翠楼。
鹦鹉一去春寂寂，荒城千载云悠悠。
香魂欲问梨花月，幽思空余芳杜洲。
兰雪有辞君莫唱，夕阳烟树不胜愁。

因为孟称舜的《贞文记》，张玉娘成了家喻户晓的人物。如今，松阳
县城还留有"兰雪井"和"鹦鹉冢"等遗迹。

樊良枢与《樊致虚诗集》

《樊致虚诗集》收入《四库全书》总目第1553分册第二三一页。作者
樊良枢，明代进贤人，万历年间任处州丽水知县。

根据《四库全书》提要，《樊致虚诗集》四卷（两淮盐政采进本）：

明樊良枢撰。良枢，字尚植，一号致虚，进贤人。万历甲辰
进士，官至浙江提学副使。是编凡《匡山社集》一卷，《二山草》

三卷，皆以所居地名之。匡山取居近匡庐之义，二山则官淮南时
取淮南大小山之义也。《二山草》中又附以其叔俊、弟尚燝、良
楗、子重鹏等次和之作，大抵多规摹七子声调。

樊良枢，生卒不详，万历甲辰（1604）进士，这一榜的状元就是曾在
遂昌鞍山书院游学一年多的杨守勤。万历三十五年（1607），樊良枢任丽
水知县。光绪《处州府志》职官志有传：

> 樊良枢，江西进贤人。廉明耿介，博雅慈祥。由进士高第
> 任。革羡余，省刑罚。俭约自持，无异寒暑。兴学右文，谈经课
> 艺，亹亹忘倦。修通济堰，躬行稽督，功十倍于前人，当与两司
> 马并祀不朽。爱民如子，造士尽心，每科得隽较多，皆其作人之
> 验。调繁仁和。两地交思，立祠祀之。

与所作诗文相比，樊良枢对丽水最大的贡献在于主持重修了通济堰，
并请汤显祖作了碑记。

樊良枢一到丽水，就下乡走访民众。到碧湖时，看到通济堰由于堰渠
闸木腐朽，渠道多处淤积不通，堰渠旁的二司马祠也是破败到几乎倒塌。
见此情景，他立刻向府衙申报情况，并提出重修堰渠的建议，由官府资
助、百姓集资，官民协力修堰。

时任处州知府郑怀魁，觉得兹事体大，立即又将他的申请报送温处水
利道和兵巡道，结果得到了上级的批准。

接着，樊良枢着手修复通济堰灌溉水系的准备工作。他责令丽水县主
簿叶良凤专门负责，一方面，调拨寺庙租金二百缗，修复二司马祠和龙王
庙；另一方面，按灌溉田亩摊派钱粮和工时。处州知府郑怀魁、温处参政
车大任带头各捐俸一百缗。万历三十六年（1608）三月，工程开始。因筹
谋得当，管理到位，仅用了半年时间，通济堰灌溉水系就焕然一新。

为了加强对通济堰的管理，樊良枢在范成大的堰规的基础上，进行了
补充完善，制定了《丽水县通济堰新规八则》。然后又派人远赴江西临川，

请曾任遂昌知县的大文豪汤显祖作文为记。

汤显祖和樊良枢都是江西老表，他在遂昌任上时多次路经通济堰，知道此堰对丽水百姓的重要意义，对樊良枢的要求，这位已退出官场近十年、几乎不为官员写歌功颂德文章的大咖，却不再推辞，而是欣然命笔，写下《丽水县修筑通济堰记》。这篇文章内容具体、感情真挚，高度赞扬了樊良枢等人修筑通济堰的伟绩，成为通济堰珍贵的历史文献。

如今的通济堰，已经被国务院批准列入第五批全国重点文物保护单位名单。

樊良枢是一位心怀天下、情系苍生的官员，他曾在《滕王阁怀古》中明其心志：

> 层楼睥睨汉家墉，百二关河带砺封。
> 鹿放西山回万乘，剑留南斗避双龙。
> 沉烟极浦通朝磬，滪水空潭激夜春。
> 最是秋江渔篷稳，数声遥和翠微钟。

由于他政绩明显，不久就调任仁和（今杭州）知县。后又升任为云南提学副使，再改任浙江提学副使等。

杭州万松书院不远处的凤凰山有一个圣果寺，至今还留有樊良枢撰写的一副对联："帘卷江色近，几隐石幢低。"

据《进贤县志》载："樊良枢，字致虚。万历甲辰（1604）进士，累官广东右布政。著有《易疑》一卷，《易象》二卷，《易赞》二卷。"如今樊良枢的三部易学著作早已失传了。

在此，还要介绍一下同时任处州知府的郑怀魁。光绪《处州府志》职官志也有他的传记：

> 郑怀魁，龙溪人。由进士出守郡。博综闳深，明爽恺悌。淹贯经史百家，驱策古文选体。矢口成文，古雅藻丽。朔望于尊经阁延见诸生，课艺谈经，得所未闻。庠桂署棘，再呈芝紫之祥。

是科丽庠，得隽者三：王一中、胡迁宾、金大仁。胡以书魁乡榜，王以礼魁会试，皆魁作人之验。洁操长才，百废俱举。公余，与僚佐选胜登山，赋诗赠答。擢金衢兵宪，士民思慕，建三芝祠祀之。

《处州府志·艺文志》收有郑怀魁的《双芝亭记》，与上述事迹相互印证。

郑怀魁记载了万历丙午（1606）年夏天，处州府北面的枣山，有一棵古老枣树，先长出十个灵芝，被学生们采摘后，秋天又长出六个大灵芝，直径有几尺。仲秋孔庙庭院里的桂花树也长出许多灵芝，大的三四尺，小的上百个。大家都认为这是一种祥瑞之兆。

这一年（1606），王一中参加浙江乡试，考中第三十一名举人，次年（1607）进京参加会试，以民籍、治礼记，考中丁未科黄士俊榜三甲第七十七名进士。王一中（1568—1639），字元枢，号石门。他的曾祖父王巽从青田迁居到处州府城收徒讲学。当时他在白云山的白云寺左边建了一个"借闲堂"，在那里苦读诗书。中进士后，先任福建古田县令，后历任河南新蔡、杞县知县，皆以廉著，因此升为广西道监察御史，成为一名谏官。

通济堰

与其说是天降祥瑞，不如说是郑怀魁、樊良枢重视教育并亲自讲学辅导，再加上王一中自身努力的结果。

周茂源与《鹤静堂集》

《鹤静堂集》收入《四库全书》总目别集类存目第 1553 分册第二八七页。作者周茂源，清代华亭人，曾任处州知府。

根据《四库全书》提要，《鹤静堂集》十九卷（浙江巡抚采进本）：

> 国朝周茂源撰。茂源，字宿来，号釜山，华亭人。顺治己丑进士，官至处州府知府。是集前十四卷为诗，后五卷为文，所作葩藻丽缛，沿齐、梁之馀艳。其《同郡五君咏》中所称夏允彝、陈子龙、李雯三人，皆其几社旧友，而才力尚不逮子龙等也。

光绪《处州府志·职官志》有传：

> 周茂源，华亭进士。顺治间，知府事。有治才，调刘兵民，招抚山寇，捐造营房，安插部伍，及修学浚河。凡有关郡邑地方大事，必力请兴举，以是流亡渐集。每按行属县，谆切劝谕，积逋咸楚。遇军需繁剧，咄嗟成办，毫不扰民。尤尊贤礼士，讲学论文，亹亹不倦。

字数不多，评价却很高。在职期间无论是社会治安、经济生产，还是整治官吏、重视教育都做了许多实事，而且基本做到"不扰民"，这就很不容易了。与那些打着为百姓办事的旗号，行损害百姓的利益之实，还借此中饱私囊的贪官污吏是云泥之别。

据网上查到的资料，周茂源是顺治十四年（1657）出任处州知府。"在任，有山路险仄，募兵开凿二百余里，招集流亡，给牛种垦田一千八百余顷。十八年（1661），江南奏销案起，被罢官。归里家居，著述以

终。"遗憾的是，这么一位有为的好官，在处州志书上留下的记载却不多。

周茂源（1613—1672），字宿来，号釜山，华亭（华亭县为松江府治所，主体在今上海市松江区）人。顺治六年己丑（1649）刘子壮榜二甲23名进士。位于松江老城区岳阳街道景德路40号有一个素园琴馆，前身为钱以同老宅，而钱以同老宅的前任主人就是周茂源，因此那里也是周茂源的故宅。

周茂源及钱以同与素园是什么关系呢？在林晓明编纂的《松江文物志》中有文提及："钱以同，字小蓝，华亭人……以同少孤，母张抚之成年。清代道光十八年（1838年）进士，官兵部主事，擢郎中，迁江西道御史，转掌山东道。在官20年，勤职守，矢清廉。事其母，以孝称。"根据地方文献记载，素园原为明代四川龙安知府、画家林有麟所建。清初，宅与园归顺治年间进士、松江几社著名人物周茂源所有。道光年间再成为钱以同宅。

松江几社为明末崇祯初年成立的文学社团，周茂源在年轻时就加入几社，并与陈子龙、夏允彝、施闰章等成为好友。

顺治十四年（1657）夏，刚到处州不久的周茂源，就来到处州最偏远的庆元县考察调研，没有鞍前马后大批随行和地方官员陪同，而是"予卸五马双幡，单骑来庆"。在庆元经友人张康明推荐而游大济村"日涉园"。周知府惊叹园中布局之精妙、建筑之雅致，秉烛写了一篇《日涉园记》。透过此文我们能窥见当时的盛景：

> 一郡一邑之名胜，园林领之；名园之胜，池台花木泉石领之。所以，郡邑名园，足供文人骚士之游者，所在都有。辛丑夏杪，予卸五马双幡，单骑来庆。万山之中，伏热正毒。……是园也：经窅（yǎo）水边，门无喧市。唯是溪光树色相引而入。中开"森玉堂"，堂丽而华。面方池，枕长河。架插牙签，壁挂丝桐。读书室蠹如蜂房。……是日归署中，只剩梦思，夜起呼笔，为作是记……云间周茂源宿来氏撰。

根据周茂源的描述，我们可以知道，"日涉园"的主体建筑为"森玉堂"。这应该是接待客人的主要场所，堂皇华丽。边上设雅室数间，"架插牙签，壁挂丝桐"，是主人的书画室，也是陪客人读书作画的场所。堂前临一方池，池水从小河引入。澄清一碧，可鉴须眉，锦鳞出没于其中，任人凭栏观赏。池中竖建一"蜃影阁"巍然浮立于水面，池之南面植有老槐、金钱松及柏木等。槐下"评泉处"的四周空地上广植桑、苎、茶等。向西数步则是蔷薇满架，清香袭人。"蜃影阁"西岸有"四季桂"二株，"四时发花，八月尤盛，香送里许"。桂树下置一青石几，与这石几短墙一隔之处有"懒是堂"，"懒是堂"之东则是"问天楼"，而与"问天楼"对峙的又有"听兰轩"隐没在曲折的幽径里。与"听兰轩"所近者是一"与稽轩"，"与稽轩"前列砌怪石，"如老僧趺坐，如渴牛奔饮，如卧虎伏而受射者"，千奇百怪。在"与稽轩"之南的"呼月楼"则是这"日涉园"的最高建筑。它"高可连汉，四望苍苍"。楼下更有名花异草，正是"地之精妙在花木"。

周茂源的庆元之行，让我们现在可以通过文字还原其时"日涉园"的盛况。他也因此与庆元的吴王眷（号天玉）、吴运光等结下深情厚谊。三年后当他要离开处州前，再次来到庆元和他们道别。他们依依难舍，吴天玉送至竹口，并在酒馆中饯别，周茂源写下《奉别吴天玉》：

> 松源陌上三年别，竹口桥西万里行。
>
> 自愧游筇真汗漫，何当馆毂再逢迎。
>
> 长堤积雨看新柳，小阁微风听早莺。
>
> 惆怅一樽还别袂，滩声不尽故人情。

周茂源的儿子周纶，字鹰垂，康熙初以贡生官国子监学正，受业王士祯之门，被称为"才士不偶者"。《四库全书》收有他的《石楼臆编》五卷，主要记载自汉唐到清代六曹政事，为子部类书类存目；《不碍云山楼稿》，主要是他的诗文集，为集部别集类存目。

孙之騄与《松源经说》

《松源经说》存目收录《四库全书》总目第1548分册第二六七页。另有《别本尚书大传》存目收于《四库全书》总目第1547分册第三六四页。作者孙之騄，仁和（今杭州）人，清雍正年间任处州庆元县教谕。

据《四库全书》提要，《松源经说》四卷（浙江吴玉墀家藏本）：

> 清朝孙之騄撰。之騄所辑《尚书大传》，已著录。是编皆说经之文。或提举一义，各立篇题。大抵荟粹成说，而不能自研经义，其体例颇近于策略。又以所作《择山学记》《新荷赋》《栝苍山》赋杂列于第一卷中，尤非说经之体。

据《四库全书》提要，《别本尚书大传》三卷补遗一卷（浙江总督采进本）：

> 国朝孙之騄编。之騄号晴川，仁和人。雍正间官庆元县教谕。伏生《尚书大传》，久无刻本，外间传写残帙，讹缺颠倒，殆不可读。元和惠栋号为博洽，修《明堂大道录》时，亦未见其原本。仅从他书辗转援引，故之騄搜采补缀，仍勒为三卷。其不注出典者，残缺之原文。其注某书引者，之騄所增入也。残章断句，颇赖以存。近时宋本复出，扬州已有雕版，此本原可不存。然之騄于旧帙未出之前，钩稽参考，阅岁月而成是编。其好古之勤，亦不可没，故仍附存其目焉。

查光绪《处州府志·职官志》，庆元县雍正年间有：

> 孙之騄，仁和贡生。性耿介，极博群书。年逾六旬，日与诸生讲学不辍。著有《松源经说》《夏小正集解》《松源集》等卷

行世。

搜"国学大师"网站，也有"孙之騄"条：

> 清浙江仁和人，字子骏。贡生。雍正间官庆元县教谕。博学
> 好古，尤专于经学。时《尚书大传》宋本未出，之騄搜采补缀成
> 三卷，又《补遗》一卷。又有《考定竹书纪年》《松源经说》《二
> 申野录》《晴川蟹录》《松源集》等。

《松源经说》是孙之騄在庆元任教谕时的著作，从孔夫子旧书网上复印件的目录可以看到本书之大概。内容有：变卦说，程传本义异同说，二典分合说，古今文考，小序朱注异同说，幽雅幽颂说，三传异同说，春王正月解，周礼王制异同说，禘祫考，拟重刻十三经注疏序，拟重修樨山学记，新荷赋，栝苍山赋。共14篇，内容比较杂，应该是为学生讲学的讲义整理成文。

孙之騄学识广博，功力深厚，但科举考试却很不顺利，以贡生到庆元任教谕时已是年过花甲。他为人做事忠于职守、诲人不倦，学而不厌、笔耕不停。《四库全书》中收入他的著作有10部之多，除了上述两部外，还有《考定竹书》十三卷、《二申野录》八卷、《南漳子》二卷、《晴川蟹录》四卷、《后录》四卷、《枝语》二卷、《樊绍述集注》二卷、《玉川子诗集注》五卷、《松源集》。从书名可以看出，他的涉猎极广。

孙之騄的《松源集》，共五篇内容：《松源记行》，写上任时取道富春江到庆元上任的所见所闻；《龙泉舟中杂记》，写岁试时赴处州的记录；《经说》，告诉学生五经的源流；《敦行录》，与诸生立条约及经传杂训；《杂文》，各种酬酢应付之作。刻于雍正己酉年（1729）。可惜原书已佚。

光绪《庆元县志》收了孙之騄《镜山赋并序》一文："暮春之月，百草萋萋，顾望有怀，不能自遣，乃步出东门……赋曰：视形责影，能见形容；视人行事，能知吉凶。镜之为用，万象昭融；拂拭斯明，尘垢乃蒙。"文笔确实相当了得。

又如《二申野录》，是一部关于明朝灾异的专著，也涉及朝政得失。时间上从洪武元年戊申（1368）开始，至崇祯十七年甲申（1644）结束，故以"二申"为名。以干支为纪，编年纪事。取材于《明史》天文、五行二志。

还如《晴川蟹录》，被称为最完备的古代蟹文化百科全书。《蟹录》的学术价值不仅有许多原创的内容，更重要的是对有关蟹文化的文献收录相当完备。所以，有人说《蟹录》是成为继《蟹谱》《蟹略》之后古代蟹文化文献的第三个高峰。

最有趣的如《枝语》，是一部专门写花鸟虫鱼的书，九十高龄的大儒毛奇龄给他作序。

孙之騄还是一个性格耿直敢于挑战权威的人。他与毛奇龄是忘年交，毛比孙长四十多岁，是整整相差一代人，而且毛奇龄当时是学界领袖，孙却敢与他争辩，绝不谦让。结果是"时谔谔抗论，奇龄为之心折"。也许是孙之騄确实言之有理，也许是毛先生故作谦让，反正他们之间的交情非同一般。

毛奇龄在给《枝语》作的序中写道："钱塘孙子晴川，以艺文为鸡坛领袖，超轶侪辈，越三十年，近始大出其所学以示世，先录草木篇，合群花众卉、异果珍木而汇为一集，无起讫、无领襟，不设次第、不分别门户，大有殊之于世之为类书者，且不预立名目，初不知其书为何名也。草草寄予……有神农之经、伯歧之志、刘歆之谱……嗟呼！观止矣！"而且居然落款为"康熙壬辰（1712）首夏西河弟毛奇龄敬题于书留草堂时年九十"。

毛老先生太风趣了吧，夸奖还是嘲讽？"鸡坛"，典出《说郛》，《说郛》卷六十引晋周处《风土记》："越俗性率朴，初与人交，有礼：封土坛，祭以犬鸡，祝曰：'卿虽乘车我戴笠，后日相逢下车揖。我步行，君乘马，他日相逢卿当下。'"后以此为交友拜盟之意。"时年九十"对年轻四十岁的后辈称"弟"，还"敬题"。哈哈哈，读至此，大家都会笑出声来吧。

令狐亦岱与《诸儒检身录》

《诸儒检身录》收入《四库全书》总目第1551分册第三一九页，杂家类存目。作者令狐亦岱，山西猗氏（今临猗）县人，乾隆年间曾任处州缙云知县。

根据《四库全书》总目提要，《诸儒检身录》一卷（鸿胪寺少卿曹学闵家藏本）：

> 国朝令狐亦岱撰。亦岱，字太峰，猗氏人。由左翼宗学教习官缙云县知县。是编即其官缙云时所刻。杂采诸儒格言，分为八门，曰读书，曰讲学，曰治心，曰持躬，曰处事，曰接物，曰理家，曰居官，共一百六十二条，各以己意发明之。词旨浅近，盖为初学设也。

据上述简介可知，《诸儒检身录》为令狐亦岱在任缙云知县期间编印发给学生的课本，所以"词旨浅近，盖为初学设也"。此书乾隆三十一年（1766）成书印行，宣统元年（1909）在作者的家乡重刊，线装石印，长24厘米，宽14.3厘米，正文共62页，每页12行。孔夫子旧书网上有售，要价4000元，我舍不得买，但是如果县图书馆能买下收藏则是相当有意义的。根据目录可知八篇：读书16则、讲学16则、治心23则、持躬18则、处事12则、接物22则、理家33则、居官22则，共计162则。

查光绪《缙云县志》"职官"中有：

> 令狐亦岱，猗氏举人，（乾隆）二十九年任，修县志。

光绪《处州府志·职官志》中有传：

> 令狐亦岱，字子端，号太峰，山西蒲州府猗氏县人。雍正乙

233

酉选贡，乾隆庚辰顺天举人。由教习授缙云知县。性慷爽，衣冠朴素。下车，延绅士询利病，慨科目久衰，建金莲书院以课士。刊《近思录》《检身录》分给之。邑故好讼，编劝民、戒民二歌，揭通衢以喻之。未几，士知自爱，民重犯法。又加意振饬废坠，如万寿宫、关帝庙、卫生堂及谯楼、官廨，次第兴举。感暑疾，卒于任。合城痛哭，为之罢市。祀其主于关帝庙之东偏。

由此可见，令狐亦岱是一位勤政爱民且很有作为的好官。根据府志和县志的记载，令狐亦岱乾隆二十九年（1764）到任，而他的继任者洪玥在乾隆三十三年（1768）到任，可以推出令狐亦岱在缙云主政了4年左右。其间创办了金莲书院，修缮了万寿宫、关帝庙等建筑文物，尤其是在改善民风良俗方面不遗余力、身体力行，可惜因中暑而殉职。噩耗传开，全城百姓为之痛哭，并罢市以示哀悼。之后又在关帝庙设主祭祀。一个官员能如此受民众爱戴确实是罕见。

据光绪《缙云县志》，"金莲书院"令狐亦岱建于乾隆三十年（1765），在县治西的关帝庙旧址建书舍4间，中间叫"乐育堂"。道光七年（1827），知县谢兴宗倡议在院后西仓废址扩建，缙邑明经丁耀清独力改建正屋7楹，中为讲堂，两横厢屋4楹，后厢屋2楹，回厢5间，大门1间。道光八年（1828），知县续立人捐番银200元，用其利息作为书院山长的束脩经费。道光二十八年（1848），应书院山长赵云樵之请，知县汤成烈作《重建金莲书院记》，并与前项置田亩字号坐落刻碑勒石。可惜石碑已无踪迹。

令狐亦岱在缙云还做了一件大事，就是主持修编乾隆版的《缙云县志》，他在《序》中说：

> 邑之有志，所以备一邑之文献。甲申夏，余视缙纂览邑旧志漫漶不可识，每思广为采辑勒成一编，而邑中废坠待举恒多，顾莫之遂。丙戌春，绅士以修志请，不揣固陋，为定体例，委邑人士稽访而嘱沈君虚谷辑其成，阅八月告竣。遵奉廷议新例，上诸

抚宪学宪往返裁定，丁亥秋授之梓。夫邑志之修，自前令霍公后，距今八十余年矣！户口之登耗，人才之兴废，地土之改辟，规制之沿革，以及流官事迹、同里节孝之属，当必有历历可纪者。迄今考之，已什不得一二，若复数年则湮没无几矣。夫事贵创厥始，尤贵善厥终。同一志耳，前之人修之，后之人修之，又后之人复修之，虽垂诸万年可也。若以为是，非吾任不必为，后之人复委为不必为，又后之人亦复委为不必为，虽渐以磨灭可也。然则余之为此，不敢云为朝廷膺外史之职，而以体大宪核实之意用，俟后之莅斯土者，或不无小补云。书凡为卷八，志为十二，工既成是为序。

乾隆甲申夏即为乾隆二十九年（1764）夏天，应该是令狐亦岱到任后不久，翻看康熙二十三年（1684）霍维腾重修的四卷本《缙云县志》。看到字迹已经漶漫不清，再加上时间已经过去80年，就想到新修一部县志。

两年后的丙戌年春，素材已经搜集得差不多，令狐亦岱亲自敲定体例，并请沈鹿鸣（虚谷）任总编辑，八个月后书稿既成。同时根据当时规定送抚宪学宪审定。因此在扉页上印着"抚部院熊、学部院李两大人鉴定"。丁亥年即乾隆三十二年（1767）年秋天付印刊行。令狐亦岱生卒不详，网上也找不到更多的资料，他中暑而卒，很可能是在酷夏，如果是那样，他没能看到自己修的《缙云县志》的成书，就离开了人世。

正如令狐亦岱在序言中所说，方志为一县之文献集成，一代一代的人接着修编就能传之万世；反之，如果一代一代的官员都不重视这项工作，许多历史资料也就磨灭于时间的长河中。他说自己只是做到应该做的分内事，或许对后来者"不无小补"。

秦汉以降，郡县制正式确立以来，主政地方的"父母官"如过江之鲫，不可胜数。然而为数不多能被后人所称颂的，往往是那些为地方文化事业做出贡献的人。

第三章

与处州相关的作者及其作品

　　处州山水清淑、岩壑灵奇，历代文人骚客或慕名来访，或偶过驻留，或因其他，留下了无数诗文和故事。这一章收录与处州有较密切关系的作者及作品，共12人。有唐代高僧贯休《禅月集》、叶梦得《春秋传》、吕祖谦《古周易》、楼钥《攻媿集》、叶适《习学记言》、真德秀《四书集编》、王应麟《周易郑康成注》、杨载《仲弘诗集》、陈绎曾《文说》、陈性定《仙都志》、邱云霄《南行集》、陆陇其《松阳讲义》。

　　上述这些人与处州有特殊的渊源。另外，路过处州的官员和文人还有很多，如谢灵运、白居易、方干、沈括、朱熹、阮元，等等，他们的作品就不作收录了。

贯休与《禅月集》

《禅月集》收入《四库全书》集部第1114分册第一九三页。作者贯休，兰溪人，曾在遂昌唐山翠峰寺修行。

根据《四库全书》提要，《禅月集》二十五卷、《补遗》一卷（内府藏本）：

> 唐释贯休撰。贯休，字德隐，姓姜氏，兰溪人。旧本题曰梁人。案贯休初以乾宁三年依荆帅成汭。后历游高季兴、钱镠间。晚乃入蜀依王建。至乾德癸未卒，年八十一。终身实未入梁，旧本误也。陶岳《五代史补》称贯休《西岳集》四十卷，吴融序之。然集末载其门人昙域后序，编次歌诗文赞为三十卷，则岳亦误记矣。此本为宋嘉熙四年兰溪兜率寺僧可灿所刊，毛晋得而重刊之。仅诗二十五卷，岂佚其文赞五卷耶？《补遗》一卷，亦晋所辑。然所收佚句如"朱门当大道，风雨立多时"一联，乃《赠乞食僧》诗。今在第十七卷之首，但"道"作"路"，"雨"作"雪"耳。晋不辨而重收之，殊为失检。《文献通考》别载《宝月集》一卷，亦云贯休作，今已不传。然昙域不云有此集，疑马端临或误。毛晋又云《西岳集》或作《南岳集》。考贯休生平未登太华，疑南岳之名为近之。西字或传写误也。又书籍刊版始于唐末，然皆传布古书，未有自刻专集者。昙域后序作于王衍乾德五年，称检寻稿草及暗记忆者约一千首，雕刻成部。则自刻专集自是集始，是亦可资考证也。

兰溪人贯休，唐末五代时一代高僧，诗书画俱佳，人称"三绝"。查百度百科：

> 贯休（832—912），俗姓姜，字德隐，婺州兰溪（今浙江省

兰溪市）人。唐末五代时期前蜀画僧、诗僧。贯休七岁出家和安寺，日读经书千字，过目不忘。唐天复间入蜀，被前蜀主王建封为"禅月大师"，赐以紫衣。贯休能诗，诗名高节，宇内咸知。尝有句云，"一瓶一钵垂垂老，万水千山得得来"，时称"得得和尚"。有《禅月集》存世。亦擅绘画，尤其所画罗汉，更是状貌古野，绝俗超群，笔法坚劲，人物粗眉大眼，丰颊高鼻，形象夸张，所谓"梵相"。在中国绘画史上，有着很高的声誉。存世《十六罗汉图》，为其代表作。

贯休不但有文名，且有不畏权势的傲骨。传说他在杭州时曾给吴越王钱镠写诗《献钱尚父》：

> 贵逼人来不自由，龙骧凤翥势难收。
> 满堂花醉三千客，一剑霜寒十四州。
> 鼓角揭天嘉气冷，风涛动地海山秋。
> 东南永作金天柱，谁羡当时万户侯。

钱镠读后大喜，但要他把诗中的"十四州"改为"四十州"。贯休断然回答："州既难添，诗亦难改。"显示了一位文士僧人不卑不亢的风骨。

其时钱镠还有开疆拓土的梦想，但最终证明贯休是对的，吴越国始终没有超过十四州：润、苏、常、杭、湖、越、衢、婺、温、台、明、处、睦、升。润州就是现在的镇江，睦州即后来严州也今建德梅城，升州后为江宁府即今之南京，实际管辖也就两浙范围。

据传贯休在遂昌县的唐山翠峰院前后居住了十四年，但因年代久远，资料不全，具体经过已难以考证。但他在翠峰院待过一段时间是无疑的。为此董树荣先生和赵治中老师都专门写过考证文章。

明成化《处州府志》卷十一载：

> 唐山，在县北十八里，山北二峰如卓笔相向，时有罗汉见

名，曰罗汉峰，乃五代时僧贯休修行之所。

清光绪《遂昌县志》载：

> 唐山，在邑北十五里，五代时僧贯休望气登山，即其地创翠峰院以居。院北有涧广五亩，虎跑出泉，澄沏甘洌，岁旱竭，号虎跑丘。东有山，盘陀而下，景物幽胜，休居十四年，旋入蜀不返。

明代邑人王养端有诗《唐山翠峰院》：

> 恋彼仙人迹，渺然叹荒唐。
> 衣传禅月衲，寺古贯休堂。
> 蜀尼既好道，岂复惧梯航。
> 不谓万峰寂，乃能见悬光。

曾任遂昌县令的汤显祖也有《唐山记序》：

> 唐季禅月大师贯休，居平昌唐山十四年，梦异人授以写梵相十八尊者像，一像未就，异人教以临水为之，意师乃此后身也。

明末清初，遂昌人包万有的《唐山记》也写到贯休：

> 唐山，……于栝苍山为小祖山。晚唐时，僧贯休结庵于此，居十四年。后游吴越王所，又应西蜀王召而去，颇为王衍待遇，赐紫衣，号"禅月大师"。唐山与罗汉之品本此。

这么多人言之凿凿，说贯休在唐山修行十四年，自然不会是空穴来风。最直接的证据是贯休自己的诗文。

唐宣宗大中十一年（857），段成式在处州刺史任上干了三年，治理了恶溪并改名为好溪，写下了《好道庙记》。其时贯休26岁，到处州府拜访了段成式后就写了《上缙云段使君》：

> 清畏人知人尽知，缙云三载得宣尼。
>
> 活民刀尺虽无象，出世文章岂有师。

唐天宝元年（742）至乾元元年（758），括州改称缙云郡。其时缙云即为处州之地，后来常以缙云代称处州。

所以，推测大概是贯休年轻时候（大约25—38岁）居于唐山，其时名气还不是很大，在翠峰院修行也是顺理成章。

当然，所谓十四年居住唐山并不是常年在唐山，作为一名僧人，尤其是喜欢诗书的僧人，行脚是必须的，他要到处拜访名师，要到各地考察风土人情增长见识。

段成式《酉阳杂俎·玉格》："此桃去此十余里，道路危险，贫道偶行脚见之，觉异，因掇数枚。"可见其时行脚甚为普遍。

因此，唐山只是贯休的一个修行道场之一，他经常离开云游四海，偶尔又回到唐山修禅，大概这是常态，所以直接写唐山的诗文几乎没有。但是在贯休32岁时在钟陵写《山居诗》二十四首时，有几首可以看成是描写唐山的风景。其中三首录于清光绪《遂昌县志》，其一：

> 谁是言休即便休，高吟静坐碧峰头。
>
> 三间茅屋无人到，十里松林独自游。
>
> 明月清风宗炳社，夕阳秋色庾公楼。
>
> 修心未到无心地，万种千般逐水流。

也许这正是他早年在唐山修行的真实写照。

遂昌唐山翠峰院

叶梦得与《春秋传》

《春秋传》《春秋考》和《春秋谳》三部著作分别收于《四库全书》经部第142分册第六三一页、143分册第三页和二四七页。作者叶梦得，祖籍处州松阳，且晚年在松阳和丽水住过一段时间。

根据《四库全书》提要，《春秋传》二十卷（浙江朱彝尊家曝书亭藏本）：

> 叶梦得撰。梦得，字少蕴，号石林，吴县人。绍圣四年进士，南渡后官至崇信军节度使，事迹具《宋史·文苑传》。其书以孙复《春秋尊王发微》主于废传以从经，苏轼《春秋集解》主于从左氏而废公羊、谷梁，皆不免有弊。故其书考三传以求经。不得于事则考于义，不得于义则考于事，更相发明，颇为精核。开禧中，其孙筠刊于南剑州。真得秀跋之，称其辟邪说，黜异端，有补世教不浅。《宋史·艺文志》又载，梦得别有《春秋考》三十卷，《谳》三十卷，《指要总例》二卷，《石林春秋》八卷。

今《谳》《考》二书散见《永乐大典》中，尚可得其大概，余皆散佚，惟此传犹为完书。《南窗纪事》载，梦得为《春秋》书，其别有四：解释音义曰传，证正事实曰考，掊击三传曰谳，编列凡例曰例。尝语徐惇济曰，吾之为此名，前古所未见也。惇济曰，吴程秉著书三万余言，曰《周易摘》《尚书驳》《论语弼》，得无近乎是云云。案此传不专释音义，其说已非。至于以一字名书，古人多有。即以《春秋》而论，传为通名，不必言矣。如《汉志》所载铎氏张氏皆有《春秋微》《公羊传疏》，有闵因《春秋叙》，《后汉书》有郑众《春秋删》，《隋志》有何休《春秋议》，崔灵恩《春秋序》，孙炎先有《春秋例》。梦得博洽，安得不见。乃以为古无此名，必非事实。且宋志载梦得《春秋指要总例》，亦不名曰《春秋例》，殆小说附会之词，不足据也。

接着还收录了《春秋考》十六卷（永乐大典本）和《春秋谳》二十二卷（永乐大典本）。谳，审判定案的意思。在文澜阁本里，《春秋谳》又分为《春秋三传谳》《春秋左传谳》《春秋公羊谳》和《春秋榖梁传谳》。

叶梦得（1077—1148），字少蕴，他的籍贯历代有争议，通常认为是吴县（今属江苏苏州）人，居乌程（今浙江湖州），祖籍处州松阳。天祖叶逵娶乌程羊氏，初居乌程，后又迁吴县，为吴中叶氏始祖。据《吴中叶氏族谱》，逵—元辅—纲—羲叟—助—梦得，世系是清晰的。晚年隐居湖州弁山玲珑山石林，故号"石林居士"。叶梦得与父亲叶助的墓地均在弁山。

但是据曾任松阳县文化局局长的退休干部叶平研究，叶梦得晚年是在松阳度过的。在民国《桐川南阳叶氏宗谱》中，记载了叶梦得的大房周氏、二房徐氏、三房杨氏。杨氏生有五子栋、桯、模、楫、橹。后又娶松阳桐川的夫人金氏，生子檾（qióng）。檾又有五子：笃、箕、篌、泰、悦。这五子中，唯有三子篌一脉人丁兴旺，至今已相传35代。叶平曾写了一篇《宋尚书左丞叶梦得籍贯考》一文发表。

叶梦得一直认为自己是松阳人。当他离开许昌时，苏轼的公子苏过作了一首长诗《送叶少蕴归缙云》，因唐朝天宝元年（742）至乾元元年（758）栝州曾改称缙云郡，所以缙云就成了处州的代称，所以"归缙云"也就是回处州老家。建炎三年（1129）冬，叶梦得回处州老家避难，在处州及松阳的两年里，他主修了《叶氏宗谱》，考证了松阳卯峰叶氏的世系，并作了《叶氏宗谱序》，落款时间是"宋建炎四年仲夏吉书于南明山精舍"。万历《处州府志》收有叶梦得《护法寺云林阁》《题灵峰寺》《送灵峰渊师》等诗作，说明叶梦得确实在处州生活过一段时间。

叶梦得是两宋之交的一位文坛巨擘，登绍圣四年（1097）进士第，历任翰林学士、户部尚书、江东安抚大使等官职。他才华横溢，涉猎甚广，著作颇丰。收入《四库全书》的除了《春秋》的三部著作外，另外还有：子部，《石林燕语》十卷、《避暑录话》二卷、《岩下放言》三卷；集部，《石林居士建康集》八卷、《北山律式》二卷附《王炎诗》一卷《晁冲之诗》一卷、《石林诗话》一卷。

人们对叶梦得的研究，较多的是集中在他文学方面的成就。其实他对《春秋》的研究花了很多工夫。不管是从著作的数量来看，还是从质量上看，都算得上是《春秋》学研究领域的重要人物。

文以载道，史以明鉴。两宋时期内忧外患的社会危机，促使文人从历史中寻找解决的方案，所以《春秋》学一时成为热门，史家的史学著作中大量注入"尊王"为核心的《春秋》精神，赋予史学以强烈的政治功利主义色彩。同时期如吕本中的《春秋集解》，胡安国的《春秋传》，刘敞的《春秋传》，陈傅良的《春秋后传》，吕祖谦的《春秋左氏传说》和《春秋左氏传续说》，魏了翁的《春秋左传要义》等都流行一时。

宋代"春秋学"家以《易》和《春秋》为儒经中的二部大经，经、史趋于合流，如孙复所说："尽孔子之心者大《易》，尽孔子之用者《春秋》，是二大经，圣人之极笔也，经世之大法也。"其认为只要研究透、运用好《易经》和《春秋经》，治理国家就易如反掌。

叶梦得对《春秋》的研究能突破前人窠臼，有自己独到的见解。例如评论孙复的《春秋尊王发微》时，说他不深究礼学，使其观点多有抵牾，甚至有甚害于经义之论，虽概以礼论当时之过，却不能尽礼之制，尤为肤

浅等；评论刘敞的《春秋权衡》及《春秋意林》诸书时，认为刘氏所论渊源允正，大义微言，灼然圣人之意者颇多等等。

根据叶梦得自序：

> 叶子曰，《春秋》为鲁而作乎？为周而作乎？为当时诸侯而作乎？为天下后世而作乎？……自其《谳》推之，知吾所正为不妄，而后可以观吾《考》，自其《考》推之，知吾所择为不诬，而后可以观吾《传》。

因此，叶梦得关于《春秋》的三部著作是一个整体，他的观点在《谳》《考》《传》三书中相互佐证、互为补充，要研究他的"春秋学"则是缺一不可。

吕祖谦与《古周易》

《古周易》一卷收《四库全书》经部第10分册第三页。作者吕祖谦虽然不是处州人，但他的后人有几支在处州，而且武义明招山的吕氏家族墓地，从南宋一直到民国期间，都是由缙云新建镇西岸村的吕氏与当地政府一起祭祀的。

根据《四库全书》提要，《古周易》一卷（两江总督采进本）：

> 宋吕祖谦编，古《易》上下经及十翼本，十二篇。自费直、郑玄以至王弼递有移缀，孔颖达因弼本作《正义》，行于唐代，古《易》遂不复存。……祖谦此书与仁杰书最晚出，而较仁杰为有据，凡分上经、下经、彖上传、彖下传、象上传、象下传、系辞上传、系辞下传、文言传、说卦传、序卦传、杂卦传为十二篇，《宋志》作一卷，《书录解题》作十二卷，盖以一篇为一卷，其实一也。朱子尝为之《跋》，后作《本义》，即用此本，其书与吕大防书相同，而不言本之大防，尤袤与吴仁杰书尝论之，然祖

谦非窃据人书者，税与权校正《周易古经序》，谓偶未见大防本，殆得其实矣。《书录解题》又载《音训》二卷，乃祖谦门人王莘叟所笔受，又称朱子尝刻是书于临漳、会稽，益以程氏是正文字及晁氏说。此本皆无之，殆传写者遗之欤？

吕祖谦（1137—1181），字伯恭，学者称"东莱先生"，出生于一个名门世家，从九世祖吕梦奇到五世祖吕公著，出了四个宰相；从高祖吕希哲到父亲吕大器等，全是朝廷命官。吕家还是学术世家，吕希哲是程颐的第一个弟子。在《宋元学案》中，家族"七世十七人登学案"。孝宗隆兴元年（1163），吕祖谦二十六岁时中进士，接着又中博学宏词科，后来在金华创办了丽泽书院，朱熹把自己的长子朱塾送到吕氏门下受教。朱塾还娶了松阳潘景宪的女儿为妻。在吕祖谦的张罗下组织了名扬千古的"鹅湖之会"。吕祖谦短暂的一生著作不辍，《吕祖谦全集》16册900多万字。

吕祖谦对《周易》的研究是下了功夫的，除了《古周易》外，还有《门人集录易说》（上下）、《周易音训》等，《四库全书》易类存目中收录了《周易系辞精义》（二卷）和《东莱说易》（二卷）。

《易》为群经之首，不通《易》算不上儒者。孔夫子说自己五十而学《易》可以无大过，是指五十岁后专心研究并阐发了《周易》，一般性的学习理解，早已烂熟于胸了。吕祖谦对《易经》有自己的心得，他说："读《易》，当观其生生不穷处。"

南宋时，吕祖谦与朱熹、张栻并称"东南三贤"。为学力主"明理躬行"，治经史以致用，反对空谈阴阳性命之说，开"浙东学派"先声。他当年和朱熹一起编撰的《近思录》，选编了当时最显赫的濂学（周敦颐）、洛学（程颐、程颢）、关学（张载）、闽学（朱熹）四大学术巨子的语录，用朱熹自己的评价说："四子，六经之阶梯；《近思录》，四子之阶梯。"那是科考必备的工具书。

吕祖谦的嫡传后裔在缙云县新建镇西岸村。祖谦有一子延年，延年生二子，长子叫似之，次子叫守之。吕似之曾任永嘉县尉，先迁到缙云县城定居。六世孙吕伯良在元代从新建迁入西岸。一直到民国，明招山那一块

170多亩山林田地都属于西岸村的族人掌管，每年清明也与金华、武义的地方官一起前往扫墓。

2019年的春节期间，我专门去明招山谒吕东莱墓。几费周折，才找到有"宋吕东莱先生之墓"墓碑的大坟，据说是朱熹先生手笔，墓地很新，下面还有一行小字："一九九二年十二月重修。"据郑嘉励的《考古四记》，他对明招山的吕氏家族墓葬群曾作过全面的调查，对近百座坟墓进行了辨认标记，他认为1992年吕祖谦墓重修时认错了地点，新坟墓位置离原实际坟墓相距百米之遥，还专门写了一篇《吕祖谦的肖像》。

吕延年的次子守之的后裔，有一支在今莲都区保定村。《宝溪吕氏宗谱》载：吕祖谦六世孙吕明伦，元成宗元贞元年（1295）由举人授松阳县尉，后退居松阳吕潭。之后卜居通济里之宝溪，即今莲都区碧湖镇保定村。明伦生四子：忠一德教，居保定岗上市，后裔迁龙泉、福建等地；忠二德信，居保定；忠三德音，分派采溪及白河，又有迁居碧湖、青田；忠四德言，居宝溪下市，曾任缙云县美化书院山长。

吕氏家族打破了"富不过三代"的魔咒。"耕读传家"是历代吕氏的家风。在祖宗的示范和族规的褒奖下，或耕读传家，或入朝为官，或从教授徒，或商游四方，处州吕氏代有人才出。

吕祖谦一生著作不辍，堪称高产。收入《四库全书》的著作除了上述易学外，还有：经部，《书说》三十五卷、《吕氏家塾读诗记》三十二卷、《春秋左氏传说》十二卷、《春秋左氏传续说》十二卷；史部，《大事记》十二卷、《通释》三卷、《解题》十二卷、《十七史详节》二百七十三卷（存目）、《东汉精华》十四卷（存目）、《议史摘要》四卷（存目）；子部，《近思录》十四卷（与朱熹合撰）、《少仪外传》二卷、《丽泽论说集录》十卷、《卧游录》一卷（存目）、《历代制度详说》十二卷、《诗律武库前后集》三十卷；集部，《东莱集》四十卷、《宋文鉴》一百五十卷、《古文关键》二卷、《观澜集注》三十卷（未收入书目提要）。

"金华学派"是浙东学派的重要组成部分，因吕祖谦的贡献，人们也把"金华学派"成为"吕学"。2008年浙江古籍出版社出版了共16册、900万字的《吕祖谦全集》，为我们留下了一笔宝贵的精神财富。

武义明招山吕祖谦墓

楼钥与《攻媿集》

《攻媿集》收入《四库全书》集部第1185分册第二九五页。作者宋代楼钥，其父楼璩为处州知府，其子楼洧定居缙云。

根据《四库全书》提要，《攻媿集》一百一十二卷（两淮盐政采进本）：

> 宋楼钥撰。钥有《范文正年谱》，已著录。其集载于诸家书目者，或作百卷，或作八十五卷。而世所传钞本有仅存四十二卷者。盖流传既久，多所佚脱。此本原作一百二十卷，与《宋史·艺文志》及陈振孙《书录解题》所载相同，犹为旧帙。惟中阙第七十七卷，据原目为《宣王内修政事》《光武大度同高祖》二赋，

《玉卮为寿》《宅道炳星纬》二诗,《用人》《安民》《治兵》三策。又阙第七十八卷,据原目为御试进士、举人召试、馆职阁职省试、别试、解试、上舍州学诸试所拟策问十五篇。又阙第七十九卷,据原目为宴会、庆贺、致语十五篇,上梁文四篇,劝农文二篇。其第七十三卷据原目阙《跋王伯奋所藏文苑英华》《跋清閟居士临修禊序》二篇。第七十四卷据原目阙《跋刘元城、江谏议、任谏议、邹道乡、陈了斋五人帖》一篇。而第五十六卷中《扬州平山堂记》亦阙其后半。诸家所藏刻本、钞本并同。今俱无从校补。至第四十八卷、第八十卷、第八十一卷、第八十二卷有青词、朱表、斋文、疏文之类,凡一百六十七篇,均非文章之正轨。谨禀承圣训,概从删削,重编为一百一十二卷。用聚珍版摹印,以广其传。钥居官持正有守,而学问赅博,文章淹雅,尤多为世所传述。本传称其:"代言坦明,得制诰体。"叶绍翁《四朝闻见录》载:"钥草光宗内禅制词,有'虽丧纪自行于宫中,而礼文难示于天下'二语,为海内所称。"此言其工于内外制也。本传又称钥试南宫,以犯讳请旨冠末等,投赞诸公,胡铨称为翰林才。今集中《谢省闱主文启》一首,即是时所作。此言其工于启札也。王应麟《困学纪闻》取其"门前莫约频来客,坐上同观未见书"二句,载入《评诗类》中。此言其工于声偶也。而袁桷《延祐四明志》称其"于中原师友传授,悉穷渊奥,经训小学,精据可传信"。尤能尽钥之实。盖宋自南渡而后,士大夫多求胜于空言,而不甚究心于实学。钥独综贯今古,折衷考较。凡所论辨,悉能洞澈源流。可谓有本之文,不同浮议。王士祯《居易录》称其"行尽松杉三十里,看来楼阁几由旬""一百五日麦秋冷,二十四番花信风""水真绿净不可唾,鱼若空行无所依"诸句。而病是集多丛冗。谓表状内外制之类,删去半部亦可。然贪多务博,即《诚斋》《剑南》《平园》诸集亦然。盖一时之风气,不必以是为钥病也。至于题跋诸篇,尤多元元本本,证据分明,不止于《居易录》所称《三笑图赞》《吴彩鸾玉篇钞》《唐昭宗赐憘实敕书》三篇。毛晋辑《津逮秘书》，摘录宋人题跋，共为一集，而独不及钥。其偶未见此本欤！

楼钥（1137—1213）字大防，旧字启伯，号攻媿（通"愧"），明州鄞县人（今宁波鄞州区），出生于官宦世家、书香门第。父亲楼璩，赠兖国公，乾道年间曾任处州知府。祖楼异，宋神宗元丰八年（1085）进士，与秦观是同年，徽猷阁学士，朝议大夫，赠太师，追封楚国公。曾祖楼常，宋英宗治平二年（1065）乙科进士，知兴化军，元符三年（1100）七月以朝奉大夫知台州，朝议大夫，赠太师。高大父楼郁，北宋仁宗皇祐五年（1053年）进士，原籍奉化，迁居庆元府鄞县。因居城南，故号城南。居月湖边，学者称"西湖先生"，又与杨适、杜醇、王致、王说合称"四明庆历五先生"。

楼钥登隆兴元年（1163）进士，初任教官调温州州学教授，迁太府寺丞、宗正丞。光宗嗣位，除考功郎兼礼部。改国子司业，擢起居郎兼中书舍人。后出知婺州，移宁国府。

又因为父亲在处州任职，楼钥经常专程到处州或路过处州缙云，对处州山水特别喜欢，因此留下了多篇吟诵处州山水人文的诗文。例如《忘归亭》：

    一峰凛凛插烟霏，谁筑新亭旧石矶。
    标榜未应专一壑，此山何处不忘归。

忘归亭在鼎湖峰西边的忘归洞下好溪边，淳熙九年八月朱熹在仙都闲住数日，曾写下："解鞍盘礴忘归去，碧涧修筇似故山。"

又如写《过苍岭》：

    黄云满坞沙稻田，白雪漫山荞菜花。
    路入缙云频借问，碧香酒好是谁家？

苍岭是仙居通缙云的必经之路，也是连接台州与处州婺州的重要通道。山高路险，有连续五里的陡坡，挑盐的脚伕成群结队，楼钥却有好心情，希望寻个酒家可以喝上一碗解解乏。

路过括苍古道，有《冯公岭》：

> 百级山田带雨耕，驱牛扶耒半空行。
>
> 不如身倚市门者，饱食丰衣过一生。

冯公岭，也叫桃花岭，从缙云荆坑，到隘头，过桃花洞，下余岭到处州。俗话说"隘头半天高，桃花云里过"，形容行路之难。他的诗作，既赞颂自然风光，更体贴民众疾苦。

楼钥生有四子：泽、濠、洧、治。嘉定初，三子楼洧陪父亲再游缙云，被缙云的奇山异水所吸引，还结了一段良缘。楼洧认识了凝碧姚尧俞，并娶其次女为妻，从此定居缙云。据《杞国楼氏宗谱》：

> 楼洧（1190—1259），字郑川，嘉定初，侍父玩游五云、仙都诸胜，因以受室，配凝碧宣奉大夫尧俞姚公之次女，始居凝碧之坑西。

据赵治中老师《楼钥一家与缙云山水》介绍，如今缙云新建镇一带有楼氏三千余人，均为楼洧的后代。

叶适与《习学记言》

《习学记言》收入《四库全书》子部第869分册第三页，杂家类。作者叶适，永嘉（今温州）人，祖籍处州龙泉县。

根据《四库全书》提要，《习学记言》五十卷（浙江巡抚采进本）：

> 宋叶适撰。适，字正则，自号水心居士，永嘉人。淳熙五年

进士，官至宝文阁学士。谥忠定。其书乃辑录经史百氏各为论述，条列成编。凡经十四卷，诸子七卷，史二十五卷，文鉴四卷。所论喜为新奇，不屑掇拾陈语，故陈振孙《书录解题》谓其文刻峭精工，而义理未得为纯明正大。刘克庄为赵虚斋作《注庄子序》，亦称其讲学析理，多异先儒。今观其书，如谓太极生两仪等语为文浅义陋，谓《檀弓》肤率于义理，而謇缩于文词，谓孟子、子产不知为政，仲尼不为已甚，语皆未当，此类诚不免于骇俗。然如论读诗者专溺旧文，不得诗意，尽去本序，其失愈多。言《国语》非左氏所作，以及考子思生卒年月，斥汉人言洪范五行灾异之非，皆能确有所见，足与其雄辨之才相副。至于论《唐史》诸条，往往为宋事而发，于治乱通变之原，言之最悉，其识尤未易及。特当宋之末世，方恪守洛、闽之言，而适独不免于同异，故振孙等不满之耳。

本书皇皇五十卷巨帙，是叶适为学过程中对经史诸子百家内容的摘抄并加上自己的见解，也是一家之言，相当于读书笔记，对于入儒学之门者很有参考价值。

叶适著作丰硕，收入《四库全书》的还有集部别集类《水心集》二十九卷，提要评价为"适文章雄赡，才气奔逸，在南渡卓然为一大宗"。另有《贤良进卷》四卷提要，收于《四库未收书目提要》，署"宋宝文阁学士龙泉叶适撰"，内容为叶适向孝宗皇帝推荐人才的奏札。他推荐的人才有刘清之、陆九渊、章颖、吕祖谦、杨简、项安世等，均为一时贤良俊杰。

根据龙泉黄南《叶氏宗谱》的世系考，沈诸梁叶公之后，二十二世叶望徙居松阳卯山，为江南叶氏发源地。

五十四世叶仁训，北宋天圣年间因观地理天象自松阳迁寓龙泉县黄南，为龙泉黄南叶氏肇基之始祖。

五十五世到五十八世为叶光宅、叶九迁、叶承宗、叶锦。

五十九世叶公济，因游太学无成，自龙泉黄南携妻鲍氏与独子振端居

温州瑞安。

六十世叶振端娶戴氏，生独子光祖。六十一世叶光祖，字显之，娶瑞安女杜氏为妻，生四子，逮、适、过、还。叶适为沈诸梁叶公六十二世裔孙。

叶适（1150—1223），字正则，号水心。宋高宗绍兴二十年（1150）五月初九出生在瑞安县城南门望江桥一带。叶适的童年家境贫寒，母亲杜氏嫁到叶家的那一年，正逢水灾，家中器物被大水冲尽，居无定所，先后迁过二十一处，根据叶适为母亲作的《母杜氏墓志铭》，他"穷居如是二十余年"，他的母亲勤劳贤惠，善于教子，对叶适的成长产生很大影响。

绍兴三十年（1160），10岁的叶适师从只比他大13岁的陈傅良，据他自己的回忆，此后受恩师教诲长达四十年之久。

陈傅良（1137—1203），字君举，号止斋，青年时期执教于瑞安的家塾，乾道八年（1172）中进士，官至宝谟阁待制、中书舍人兼集英殿修撰，与永康陈亮被世人称为"二陈"，是永嘉学派的中坚人物。

乾道五年（1169），叶适至金华拜访薛季宣、郑伯熊等。乾道九年（1173）赴临安就学于太学。淳熙二年（1175），赴武义明招山访吕祖谦，并与陈亮相聚。

南宋淳熙五年（1178）春，叶适高中"榜眼"。在廷对中，对孝宗和宰执提出了批评。他提出不可因循守旧，要革去弊政，收复失地。同年，授文林郎、平江府（今苏州）观察推官。

淳熙十四年（1187），叶适上殿轮对，进《上殿札子》，论说国事之中有"四难""五不可"。"四难"是：国是、议论、人才与法度。"五不可"是：兵以多而至于弱，财以多而至于乏，不信官而信吏，不任人而任法，不用贤能而用资格。确实是谔谔之言，可惜孝宗将此当作耳边风。

淳熙十五年（1188），林栗攻击朱熹，叶适上《辨兵部郎官朱元晦状》，为朱熹伸张。次年二月，孝宗禅位，太子赵惇即位，是为光宗。叶适先为太常博士，后任秘书郎，仍兼实录院检讨官。作《上光宗皇帝札子》，言国家有"六不善"：今日之国势未善，今日之士未善，今日之民未善，今日之兵未善，今日之财未善，今日之法度未善。面对叶适的逆耳忠言，皇上无动于衷。叶适就自求外调，由秘书郎出知湖北蕲州（今蕲春）。

庆元三年（1197），叶适为御史胡纮所劾，降两官后罢职，主管冲佑观，差知衢州。叶适推辞不就，由镇江归永嘉。十二月，朝廷立《伪学逆党籍》，名单上共有59人，叶适也在其中。

嘉泰二年（1202），党禁有所缓和，叶适改知福建泉州。

开禧二年（1206），叶适守制期满，召至临安，对韩侂胄的北伐提出异议。次年十月，礼部侍郎史弥远及杨皇后谋杀韩侂胄，取其首级，以向金人求和。之前谄事韩侂胄的许及之及御史中丞雷孝友恶人先告状，弹劾叶适，说他"附韩侂胄用兵"，叶适因此被夺职奉祠，回到永嘉，从此定居水心，杜门谢客，悉心讲学十六年。南宋时期，温州文风大盛、文人辈出，其进士人数列浙江各州之首，陈傅良、叶适等功不可没。

嘉定十六年（1223）农历正月二十日，叶适于永嘉辞世，终年七十四岁，获赠光禄大夫，谥号"文定"。

真德秀与《四书集编》

《四书集编》收入《四库全书》经部第190分册第三页。作者真德秀，福建浦城人，祖籍处州龙泉，曾在龙泉昴山一带设教授徒。

根据《四库全书》提要，《四书集编》二十六卷（两江总督采进本）：

> 宋真德秀撰。德秀，字希元，浦城人。庆元五年进士，中词科。绍定中拜参知政事，进资政殿直学士，提举万寿观。卒谥文忠。事迹具《宋史·儒林传》。此书惟《大学》一卷、《中庸》一卷为德秀所手定。《大学章句序》后有题记一行，称"宝庆三年八月丁卯，后学真德秀编于学易斋"者，其成书年月也。其子志道《序》，亦惟称《大学》《中庸》，而云《论语、孟子集注》虽已点校，《集编》则未成。咸淳九年（案：原本作"咸宁九年"。宋无此年号，今改正。）刘才之《序》始称"西山所编《中庸》《大学》，惟《论》《孟》二书阙焉。扣之庭闻，则云已经点校，

但未编辑。是《论》《孟》固未尝无成书。一旦论诸堂上，学正刘朴溪承谓《读书记》中所载《论》《孟》处，与今所刊《中庸》《大学》凡例同。其他如《文集》《衍义》等书，亦有可采撷者。因勉其汇集成书，凡五阅月而帙就，又五阅月而刊成"云云，是《论语》十卷、《孟子》十四卷，皆刘承以德秀遗书补辑成之者也。朱子以《大学》《中庸》《论语》《孟子》合为《四书》，其《章句》多出新意，其《集注》虽参取旧文，而亦多与先儒异。其所以去取之意，散见《或问》《语类》《文集》中，不能一一载也。而《或问》《语类》《文集》又多一时未定之说与门人记录失真之处，故先后异同，重复颠舛，读者往往病焉。是编博采朱子之说以相发明，复间附己见以折衷讹异。志道《序》述德秀之言，自称有铨择刊润之功，殆非虚语。赵顺孙《四书纂疏》备列德秀所著诸书，而不载其目。盖至宋末始刊，其出最晚，顺孙未之见也。自是以后，踵而作者汗牛充栋，然其学皆不及德秀，故其书亦终不及焉。

真德秀（1178—1235），本姓慎，因避孝宗讳改姓真。始字实夫，后更字景元，又更为希元，学者称他为"西山先生"。出生于福建浦城县仙阳镇，祖籍在龙泉县锦溪乡木岱岭口村。据乾隆《龙泉县志》载，他父母的坟墓均在木岱岭口村，那里曾有真德秀旧宅。真德秀早年受教于朱熹弟子詹体仁，宋宁宗庆元五年（1199）进士及第，开禧元年（1205）复中博学宏词科，入朝为太学正，历任太学博士、秘书郎、江东转运副使等职。宝庆元年（1225），史弥远矫诏废太子立理宗，其为济王鸣冤，遭弹劾落职，归家著书。绍定五年（1232），因理宗崇奉理学而重获起用，接连知泉州、福州。端平元年（1234），入朝为户部尚书，改翰林学士、知制诰。端平二年（1235），升任参知政事，进资政殿学士。不久病逝。获赠银青光禄大夫，谥号"文忠"。嘉熙三年（1239），宋理宗下诏令真德秀配飨朱子祠。明英宗正统二年（1437）六月，朝廷下诏真德秀从祀孔子庙。

真德秀非常推崇朱熹的学说及其修己功夫，为树立朱熹理学正统地位发挥了重要作用，创立了"西山真氏学派"，所修《大学衍义》，成为元明清三代必读之书。收入《四库全书》的还有：经部，《三礼考》一卷；子部，《大学衍义》四十三卷、《读书记》六十一卷、《心经》一卷、《政经》一卷；集部，《西山文集》五十五卷、《文章正宗》二十卷及《续集》二十卷。

真德秀不想与史弥远同流合污，多次要求辞职回乡。宝庆二年（1226）二月初六，史弥远的党羽监察御史梁成大列举真德秀有五大恶，理宗却说："孔子处事待人从不做太过分的事。"于是真德秀得以保全，安然退归故里，在浦城和龙泉交界的匡山、昂山和锦溪岭根一带隐居著书讲学。

听说真夫子回乡讲学，附近龙泉、浦城一带学子蜂拥而至。真德秀不分门庭贵贱，倾心相授诲人不倦。在听课的学生中如龙泉籍张实甫中了端平乙未科（1235）进士，章公权、鲍雷中了淳祐辛丑科（1241）进士，张焯、张景元中了淳祐甲辰科（1244）进士。回乡这几年真德秀培养了一大批人才。

位于龙泉市锦溪镇岭根村村口的白马殿，据说就是为纪念真德秀而建，侧门上还挂着"宋儒真德秀办学旧址"牌子。

2020年11月初，我从贵溪回丽水，专门去浦城仙阳镇访真德秀的故居。外墙已粉刷全新，可惜大门紧闭找不到开锁的人，透过窗户，可见里面也进行了一些修缮，只是房屋空旷着，没有什么内容陈列。

然后又去了匡山，一个处于半山腰的小山村，已变成旅游民宿村，全部的房屋及道路都是新建的，整个山村找不到一点古迹，游人也是稀少得可怜。只有两棵古老的香榧树，一棵1010岁，一棵710岁，大的这棵应该见过真德秀的，小的这棵呢说不定是章溢所栽的。生活在这样的高山上除了森林没有什么资源，只见家家户户都在做一种当地的特产小吃"酸枣糕"，我尝了一下酸甜可口，买了两包就匆匆下山了。

元至正年间，龙泉人章溢又曾在匡山讲学，刘伯温、宋濂、叶琛曾专程去匡山访友论学，所以被当地人称为"匡山四贤"。

匡山离龙泉的宝更村很近，龙泉与浦城山水相依，曾经的龙浦古道在

离花桥约5公里的前洋前还有一段遗留，成为两县民众交流的见证。

王应麟与《周易郑康成注》

《周易郑康成注》收入《四库全书》经部第1分册，宋王应麟编。王应麟，宋末庆元府鄞县（今宁波鄞州区）人，宋亡后据说晚年隐居于处州庆元县。

根据《四库全书》提要，《周易郑康成注》一卷：

> 宋王应麟编。应麟，字伯厚，庆元人。自署浚仪，盖其祖籍也。淳祐元年进士，宝祐四年复中博学鸿词科。官至礼部尚书兼给事中。事迹具《宋史·儒林传》。案《隋志》载郑玄《周易注》九卷，又称郑玄、王弼二注，梁陈列于国学，齐代惟传郑义，至隋王注盛行，郑学浸微。然《新唐书》著录十卷，是唐时其书犹在，故李鼎祚《集解》多引之。宋《崇文总目》惟载一卷，所存者仅《文言》《序卦》《说卦》《杂卦》四篇，余皆散佚。至《中兴书目》始不著录（案《中兴书目》今不传，此据冯椅《易学》所引），则亡于南北宋之间。故晁说之、朱震尚能见其遗文，而淳熙以后诸儒即罕所称引也。应麟始旁摭诸书，裒为此帙，经文异字，亦皆并存。其无经文可缀者，则总录于末简。又以玄注多言互体，并取《左传》《礼记》《周礼》《正义》中论互体者八条，以类附焉。考玄初从第五，玄先受京氏《易》，又从马融受费氏《易》，故其学出入于两家。然要其大旨，费义居多，实为传《易》之正脉。齐陆澄《与王俭书》曰："王弼注《易》，玄学之所宗。今若崇儒，郑注不可废。"其论最笃。唐初诏修《正义》，仍黜郑崇正，非达识也。应麟能于散佚之余，搜罗放失，以存汉《易》之一线，可谓笃志遗经，研心古义者矣。近时惠栋别有考订之本，体例较密。然经营创始，实自应麟，其捃拾之劳亦不可泯。今并著于录，所以两存其功也。

郑康成即郑玄（127—200），为北海郡高密县（今山东省高密市）人。康成先生治学以古文经学为主，兼采今文经学，为汉代经学的集大成者。

王应麟作为一代大儒，据传是家喻户晓的《三字经》的作者，他收入《四库全书》的著作还有：经部，《诗考》一卷、《诗地理考》六卷、《论语孟子考异》二卷；史部，《通鉴地理通释》十四卷、《汉志考》四卷、《汉艺文志考证》十卷、《通鉴答问》五卷；子部，《六经天文编》二卷、《困学纪闻》二十卷、《玉海》二百卷附《辞学指南》四卷、《小学绀珠》十卷、《姓氏急就篇》二卷；集部，《四明文献集》五卷。确实是一位博学的大家。

宋绍熙五年（1194），宋光宗赵惇被迫退位，立赵扩为皇帝，是为宋宁宗。第二年，改元庆元，因为明州是宁宗未登基时的潜邸，就以年号为名，升明州为庆元府，府治设在鄞县，即现今宁波市区三江口一带。到元至元十四年（1277）改庆元路总管府。到明朝初期仍称明州。朱元璋说我大明是一国，岂是区区一州，于是在明洪武十四年（1381）改称宁波府，取"海定则波宁"之义。

同一时期，宁宗庆元三年（1197）在胡纮等人的努力下，析龙泉县松源乡及延庆乡之半设置了庆元县。

因此，在宋元期间，浙江既有庆元府，又有庆元县，且都在浙东。这样，如介绍王应麟是庆元人就容易混淆，到底是庆元府人，还是庆元县人？

从王应麟的出生、成长及仕途轨迹来看，他作为庆元府鄞县人是明确的。自署"浚仪"，是古县名，北宋已改名为祥符县，即今河南省开封市祥符区，这是王应麟的祖籍。王应麟中淳祐元年（1241）辛丑科进士，同科进士处州有12人，比较知名的有缙云潜说友、龙泉章公权等。

2019年5月21日，在参加绍兴第二届心学论坛之后，我专程去鄞州区寻找王应麟的墓地。从网上搜索可得"王应麟墓道"，位于五乡镇宝同村同谷山之南麓，附近有个铁佛寺。从市区过去开车一个多小时到了铁佛寺。再往前是一个巨大的公墓，面对密密麻麻数百上千座坟墓，到底哪一

座是王应麟的呢？费了很大周折，才在树林草丛中找到了一块鄞州区文物保护单位"王应麟墓道"的石碑，边上有石马石将军，但都已残缺不全，被半人多高的杂草所掩盖。这个"王应麟墓道"是有争议的，王应麟作为宋朝文人遗老，其去世时无论从政治地位上还是经济实力上，似乎都不具备修建如此豪华显赫墓地的条件。

有人说王应麟晚年隐居处州庆元县，许多人对此并不同意，认为是两个庆元地名的混淆，或者说是庆元县攀附名人为自己贴金。前些年读了郑嘉励的《考古四记》，他就持这种观点。

但是且慢下结论，如果有县志、家谱的记载和牌坊等实物佐证，你敢说这完全是杜撰的吗？

庆元县竹口镇就曾经有这样的牌坊，而且是在明洪武年间由时任处州庆元县令董大本为纪念这位先贤而建的。那时距王应麟去世不到百年，他的孙子辈都还在，作为一个县令敢这样公开造假？后来在竹口和竹口王氏后裔迁居地的龙泉上源还建了王应麟的祠，原来老的阜梁桥上还悬有"宋王伯厚先生故里"的匾额等，而且康熙十一年版、光绪三年版的《庆元县志》都有王应麟的记载。难道这些人都不知道王应麟出生、成长于庆元府？

2012年，一次偶然的机会，庆元县发现了竹口镇一王姓家的《王氏族谱》，族谱中既有明确无误的世系，还记载了王应麟从鄞县鄮山迁居竹口的事实，有《像赞》载明"晚隐竹溪"。

另外，在作为同乡的竹口名人宋陈嘉猷，南宋绍兴间入神童科，世称"神童"。在他后裔的族谱中，也有季之良《竹溪怀古》中"王理学、陈神童，翘然杰出宋代中"的诗句。

王应麟生于1223年，卒于1296年，宋亡后，隐于野而不出。《宋史·王应麟传》载："诏中使谭纯德以翰林学士召，识者以为夺其要路，宠以清秩，非所以待贤者。应麟亦力辞，后二十年卒。"编于元朝的《宋史》对王应麟晚年用了略笔阙如，就为后人的考证留下了空间。

作为前朝遗老，晚年隐居到浙西南深山的庆元县竹口镇这种可能性还是有的。从地理环境上看，处州庆元县处于钱塘江、瓯江、闽江的源头，难攻而易守。南宋政权末期从福州转移到广东，浙南闽北一带是战略后方。也许王应麟开始是支持文天祥他们想重整河山的，崖山海战后，见大宋气数已尽，自己也无力回天，就留在庆元竹口以耕读著书度过自己的余生。

有元一朝，因王应麟并未与元朝政府合作，晚年生活也就无意有意被忽略遗忘了。写此文并非与宁波争名人故里，只是存此一说，为王应麟的晚年及后代迁徙提供一个线索罢了。

宁波鄞州区宝同村疑似王应麟墓道

杨载与《仲弘诗集》

《仲弘诗集》收入《四库全书》集部第1243分册第三页。作者杨载，元代处州龙泉县人。

根据《四库全书》提要，为《杨仲宏集》（而正文及总目录为《仲弘诗集》）八卷（内府藏本）：

元杨载撰。载，字仲宏，浦城人。后徙杭州，初以布衣荐授翰林国史院编修，官调海船万户府照磨，会仁宗复行科举之制，遂登延祐二年进士，授饶州路同知浮梁州事，终于宁国路总管府推官。事迹具《元史·儒学传》。焦竑《国史经籍志》载杨载仲宏集四卷，此本八卷不知何人所分。元代诗人世推虞杨范揭，史称其文章一以气为主，而于诗尤有法度。自其诗出，一洗宋季之陋云云，盖宋代诗派凡数变，西昆伤于雕琢，一变而为元祐之朴雅；元祐伤于平易，一变而为江西之生新；南渡以后，江西宗派盛极而衰，江湖诸人欲变之而力不胜。于是仄径旁行、相率而为、琐屑寒陋，宋诗于是扫地矣。载生于诗道弊坏之后，穷极而变，乃复其始，风规雅赡，雍雍有元祐之遗音。史之所称固非溢美，故清思不及范梈，秀韵不及揭傒斯，权奇飞动尤不及虞集，而四家并称，终无忤色，盖以此也。都穆《南濠诗话》曰：杨孟载诗律精？其追和李义山《无题五首》，词意兼到，真义山之勍敌。瞿宗吉《归田诗话》曰：杨仲宏以宗阳宫玩月诗得名，然他作如"风雨五更鸡乱叫，江湖千里雁相呼""挟书万里朝明主，仗剑三年别故乡""窗间夜雨销银烛，城上春雪压彩旗""空桑说法黄龙听，贝叶缮经白马驮"。沉雄典实，先叔祖每称之。长篇如《古墙行》《梅梁歌》亦皆为时所称。夫人瞿氏，余祖姑也，尝以仲宏亲笔草稿数纸授予，字画端谨而前后点窜几尽，盖不苟作如是，则载于是事亦以苦吟得之者矣。陶宗仪《辍耕录》曰，虞伯生先生杨仲宏先生同在京日，杨先生每言伯生不能作诗，虞先生载酒请问作诗之法，杨先生酒既酣尽为倾倒，虞先生遂超悟其理云云，竟谓载诗在虞集上则非其实也。

根据上述提要，把杨载籍贯定为福建浦城人。而据《处州府志》和《龙泉县志》，杨载均为龙泉人。

光绪《处州府志》"文苑"有传：

> 杨载，字仲宏，龙泉人。精于诗学，时与虞伯生、揭傒斯、范得机等齐名，而杨尤称独步。晚徙居浦城。

说明杨载本为龙泉人，只是晚年才迁居到浦城。浦城与龙泉山水相连、风俗相通，相互迁居或结为姻亲的很是普遍，因此在籍贯上屡有含混不清。

王正明老师《处州古代述著考》也收录了杨载的《杨载集》《诗法家数》一卷和《杜律心法》一卷。

杨载（1271—1323），字仲弘，龙泉县琉田村人，即如今龙泉市小梅镇大窑村人。琉田是宋代盛产青瓷的地方，因为山上龙窑林立，后改名为"大窑"。杨载后徙浦城，再定居于杭州。据传杨载先祖杨建本为浦城人，父亲杨潜，为南宋诸生。杨载生于元世祖至元八年（1271），幼年丧父，但因家学渊源，加上少年刻苦，得到贵人的相助。经户部贾国英多次推荐，杨载以布衣入为翰林国史院修编，参与编《武宗实录》。徙居杭州后，更是博览群书，其诗作日益精进，并受到赵孟頫的推崇。仁宗延祐二年（1315），被废止了多年的科举考试终于恢复，杨载一举考中进士，接着官授饶州路同知浮梁州事，后迁儒林郎，再官至宁国路总管府推官。英宗至治三年（1323），杨载去世，时年只有五十三岁。著有《杨仲弘诗》八卷。

据《元史·杨载传》云：

> 初，吴兴赵孟頫在翰林，得载所为文，极推重之。由是载之文名，隐然动京师，凡所撰述，人多传诵之。其文章一以气为主。博而敏，直而不肆，自成一家言。

杨载诗作的特点是含蓄，老练而不陈腐，颇有新的意境。例如有一首歌颂文天祥的高尚品德和节操，表达了对他由衷的景仰心情，在当时元人高压统治下是颇不容易的。《题文丞相书梅堂》：

> 大厦就倾覆，难以一木支。

惟公抱忠义，挺然出天资。

死既得所处，自顾乃不疑。

恻怆大江南，名与日月垂。

我行见遗墨，再拜堕涕洟。

名堂有深意，亦唯岁寒枝。

可知平昔心，慷慨非一时。

峨峨著栋宇，昭昭示民知。

勿使风雨败，永慰千古思。

为《仲弘诗集》作序的是范梈，字亨父，一字德机，人称"文白先生"，江西清江（今樟树）人，与杨载、虞集、揭傒斯并称为"元诗四大家"，先被荐为翰林院修编，后升为海北海南道廉访司照磨，所到之处，兴办学校，教育民众。后被选为翰林应奉。

杨载的山水诗也有自己的特色，他以较为自由的古体形式对山水诗的意境加以发挥，使诗中的山水展现了更为鲜活的风貌。诗人通过其对山水的刻画，抒写了自己的思想情感，把对自然的热爱与对庸俗人生的厌倦渗透在其山水吟咏之中。如《望海》：

海门东望浩漫漫，风飔无时纵恶湍。

黑雾涨天阴气盛，沧波衔日晓光寒。

岂无方士求灵药，亦有幽人把钓竿。

摇荡星槎如可驭，别离尘土有何难！

杨载还写了一首《次韵虞彦高游阳明洞》，曰：

忆昔神禹奠九州，兹山会计功始休。

诸侯玉帛渺何许，但见万水从东流。

衣冠永闭阳明洞，夜闻鬼哭岩之幽。

珠宫贝阙号龙瑞，天造地设非人谋。

位于绍兴会稽山脉宛委山的阳明洞天，作为道教的十大洞天之一，其实早在唐宋时期就已闻名。是王守仁将"阳明洞天"的"阳明"作为自己的别号，而不是因王阳明而将此处命名为"阳明洞天"。

杨载的诗话著作《诗法家数》是一部有相当的理论价值的诗论著作，收入《四库全书》集部诗文评类存目。此书国家图书馆有民国十六年（1927）上海医学书局石印本。他的《杜律心法》，收录在上海图书馆、复旦大学图书馆等藏《诗学指南》卷七。说明杨载对诗歌理论作了深入的研究，且一直影响到后人。

陈绎曾与《文说》

《文说》收入《四库全书》集部第1532分册第三一七页，诗文评类。作者元代陈绎曾，祖籍处州龙泉县人。

根据《四库全书》提要，《文说》一卷（永乐大典本）：

> 元陈绎曾撰。绎曾字伯敷。《元史》附见《儒学传》，作处州人。而《吴兴续志》亦载其名，盖家本括苍，而侨居苕水者也。至顺中，官至国子监助教。尝从学于戴表元，而与陈旅友善。师友渊源，具有所自，故所学颇见根柢。是书乃因延祐复行科举，为程试之式而作。书中分列八条，论行文之法。时《五经》皆以宋儒传注为主，悬为功令，莫敢异趋。故是书大旨皆折衷于朱子。《吴兴续志》称绎曾尝著《文筌》《谱论》《科举天阶》，使学者知所向方，人争传录。焦竑《经籍志》又载绎曾《古今文矜式》二卷。今考绎曾所著《文筌》八卷，附《诗小谱》二卷，元时麻沙坊刻，附列于《策学统宗》之首，今尚有传本，其文与此编迥殊。惟《科举天阶》与《古今文矜式》今未之见。疑此编即二书之一，但名目错互，莫能证定。今姑仍《永乐大典》旧题，以《文说》著录，用阙所疑。卷首所称陈文靖公，盖即元翰林学

士东平陈俨，亦以文名。至其自称先尚书者，则已失其世系，无可考矣。

元朝开始废除了科举制度，到延祐年间恢复科举，陈绎曾的《文说》就成了科考指导用书，所以很畅销。

光绪《处州府志》"文苑"有元代陈绎曾一条：

> 陈绎曾，丽水人。为人口吃，而精敏异常。诸经注疏，多能记诵。文词汪洋浩博，其气蔚如。论者谓与莆田陈旅相伯仲。官至国子助教。

这一条内容主要来自《元史·陈旅传》。但为何籍贯作"丽水人"让人不解。

陈旅（1288—1343）字众仲，莆田人。笃志于学，以荐为闽海儒学官。中丞马祖常奇之，与游京师。又为虞集所知，延至馆中。虞集见了他的作品有"我老将休，付子斯文"之语。赵世延引为国子助教。考满再任，出为浙江儒学副提举，又召入为应奉翰林文字。至正元年（1341）迁国子监丞。卒于官。陈旅"为文典雅峻洁，不徇世好"。著有《安雅堂集》十三卷，收入《四库全书》集部别集类。

陈绎曾，字伯敷，一作伯孚，是元代著名书法家、书法理论家和诗人、文学批评家。元史《儒学传》作处州人，应该是他的祖籍。有口吃之疾却能官至国子助教，说明他的水平不是一般的高。他与陈旅是同事，并且是惺惺相惜的好朋友，两人均不是进士出身，却因文名而被举荐为官。

元至正三年（1343），陈绎曾任国史院编修，参与《辽史》修撰。他学识博洽，记忆力超群，对各经典的注疏多能背诵；而且写得一手好字，真、草、篆、隶俱通习之，各得其法。尤善飞白，如"尘缕游丝，秋蝉春蝶"。明代陶宗仪在《书史会要》中评价："陈绎曾善于书法，真草篆隶俱通习之，各得其法。"陈绎曾著作甚丰，有《书法本象》《翰林要诀》《文筌谱论》《古今文式》《科举文阶》等。

据《社会科学辑刊》2007年，黄丽、杨抱朴《陈绎曾生卒年、籍贯及仕宦考辨》一文，钩稽相关史料，陈绎曾生于1287年，卒于1351年之后。祖籍处州，其出生籍贯为吴兴。陈绎曾被举荐步入仕途后，先后做过将士左郎、翰林编修和国子助教等。

陈绎曾的曾祖父叫陈存，字体仁，人称"龙泉公"。据何镗《栝苍汇纪》：

> 陈存，字体仁。太学上舍，淳祐七年第三人，文间政事皆有
> 闻誉。仕至兵部尚书、端明殿大学士，知庆元府沿海制置使。

查光绪《处州府志·选举志》淳祐丁未科（1247）有"陈存，龙泉人"记载。"第三人"就是"探花"，那是相当好的成绩。应该是陈存考中进士，在外做官后就侨居湖州。

陈绎曾的父亲叫陈康祖，字无逸。曾任攸州教谕，至大二年（1309）历官澧州路教授。据戴表元《陈无逸诗序》云："余二十四五时，识龙泉公于杭，自是展转离合八八九年，得间无不以文字相闻，然未尝说诗。龙泉公居湖，晚年归湖。久之识公之诸孙无逸，始间得龙泉诗读之。"这里的陈无逸即陈康祖，陈存之孙，陈绎曾之父。可见陈绎曾出身于书香门第、官宦世家，从小就有良好的家庭教育环境。

据陈绎曾在《法书本象》自序中说：

> 绎曾童年羸疾，先人虑其夭折，禁绝群书，惟许游心书翰，
> 以此研究积年，颇能记忆。尝为学者述《法书要诀》，又述《禁
> 经提要》，散在人间，不著家稿。吴郡时彦举案书《笔诀》，年过
> 知非，又加十载，目昏心耄，非复昔时，勉备忽忘。随笔所及，
> 杂体写之，曰《法书本象》。

陈绎曾童年体弱多病，父母只准他练书法，不让他沉缅于经史典籍。但是他不仅在书法上很有造诣，在"四书五经"的研习上也取得了很高的

成就，确实是一个努力的学霸。"年过知非，又加十载"，"知非"为五十岁，典出《淮南子·原道训》："故蘧伯玉过五十，而知四十九年非。"说明陈绎曾在作《法书本象》时，已年过六十。

《四库全书》总目提要，还收入了陈绎曾的《文筌》八卷附《诗小谱》二卷列为诗文评类存目。他在序末自称"汶阳左客"，大概是因为贬谪而流寓于齐鲁间。有文学与书法为友，官场的得失又算得了什么呢？

陈性定与《仙都志》

《仙都志》（存目）收入《四库全书》总目第1549分册第六六一页。元朝道士陈性定著。

根据《四库全书》提要，《仙都志》二卷（两淮马裕家藏本）：

> 元道士陈性定撰。仙都山古名缙云山，唐天宝中敕改今名。此志分六门，曰《山川》，曰《祠宇》，曰《神仙》，曰《高士》，曰《草木》，曰《碑碣题咏》。前序题至正戊子，不著姓名，以序及志中《祠宇门》考之，盖元延佑中给道士赵嗣祺五品印，提点是山玉虚宫。羽流荣之，因撰是志也。

《仙都志序》：

> 疆理之书，肇于《禹贡》而具于《职方》，然水有经，郡邑有乘，此《仙都志》所由作也。仙都，东吴胜，事在道家书，为祈仙洞天，爰自发迹轩辕，由唐建，宋锡名，荐祉符瑞，屡臻圣朝。延祐间，贞士赵虚一载奉玺书来领厘事，山川草木昭被宠光，独峰炼溪若增而高、浚而深也。住山陈君此一载笔于编，沿革瑰奇，巨细毕录，其有功兹山者欤。吾闻蓬莱在望而风辄弘去，桃源既入而路忽迷，则名山大川岂人人之所能周览哉。此编目击道存可以卧游矣。至正戊子五月既望。

这个序没有署名，写了缘由，落款了时间。元延祐元年为1314年，元朝已经稳定了政局，准备恢复科举考试。至正戊子为1348年。

陈性定生卒年不详，网上也找不到更多的资料，但他编写的这部《仙都志》就足以让他名传千古。在上卷的卷首还注明是独峰书院山长番阳吴明义校正。

《仙都志》一共只有两卷，一万三千多字。既记载了仙都的历史，又记录了仙都的自然景观和人文古迹，还有文人墨客的诗文。

仙都自然景观虽然变化不大，但地名却是变化多端，如果没有志书记载，也容易混乱。更重要的是记载了仙都的历史和文物古迹，让我们可以了解当时的盛况。

在"山川"篇，开篇就写了仙都得以命名的辉煌历史：

> 仙都山，古名缙云山。按道书洞天三十六所，其仙都第二十九，名"玄都祈仙洞天"。周回三百里，黄帝驾火龙上升处，山巅有石屋，世传为洞天之门。《史记》载：缙云本黄帝夏宫之名。张守节云：栝州缙云县，其所封也。《太平寰宇记》：唐置缙云县。又以栝州为缙云郡，盖以其地有缙云山故也。今县在山之西二十三里。《图经》云：唐天宝七年六月八日有彩云起于李溪源，覆远缙云山独峰之顶，云中仙乐响亮，鸾鹤飞舞，俄闻山呼万岁者，九诸山皆应。自申至亥乃息。刺史苗奉倩上其事于朝，敕改今名。

光绪《处州府志·职官志》里，唐朝的"苗奉倩"，只有一个名字，生平事迹不着一字。天宝七年即公元748年，其时栝州已改为缙云郡，太守苗奉倩上奏缙云山"奇观"，因而得到皇帝敕封"仙都"，如此政绩，本应该大书特书一番啊。

"五彩祥云"乃至"佛光"，我们山区很常见，至于"仙乐"和"山呼万岁"，组织一下群众演出也不难。难就难在苗太守马上上升到"太平盛世"政治高度，并立马往长安向最高领导报告，不管从新闻角度还是从政

治角度，都是具有很高的"敏锐性"的。网上也没查到，苗太守之后是否升官了没有。但不管如何，我们缙云人民应该感谢他，取了这么好一个名字，且提高了知名度。如今已经成为5A级景区了。

正是"上有所好，下必甚焉"。司马光在《资治通鉴》里说："天宝年间，唐玄宗自恃永平，以天下无复可忧，遂深居禁中，专以声色自娱，悉委政事于林甫，林甫媚事左右，迎合上意，以固其宠。"此时自负的唐玄宗已经飘飘然，只能听好话，对于歌功颂德的事那是正中下怀。因此听到苗太守的报告，肯定是宁信其有，呵呵一笑，然后大笔一挥，敕封！

唐朝对道教特别重视，所以各地道士很吃香，比如我们松阳的叶法善、缙云的杜光庭，都是生逢其时。

先是唐太宗李世民在争夺江山的时候，得到了道士和僧人的支持。如《旧唐书·王远知传》载："太宗登极将加重位，固请还山。至贞观九年，敕润州于茅山置太受观，并度道二十七人。"其次是道教尊老子为"太上老君"，而老子李聃姓李，唐皇室也姓李，是"神仙苗裔"，由他们来管理老百姓是最符合天道的。

《仙都志》最有价值部分是对当时"玉虚宫"的描述：

　　玉虚宫，在仙都山中，即"玄都祈仙洞天"黄帝飞升之地。自唐天宝戊子以独峰彩云仙乐之瑞，刺史苗奉倩奏闻敕封仙都山，周回三百里禁樵采捕禁猎。建黄帝祠宇，岁度道士七人以奉香火。宋治平乙巳改赐今名。宣和庚子毁于寇。道士游大成乃即旧基，再谋营造。时宫东坐西向，阴阳者流，谓虎瞰而角法宜改。为景定庚申，郡守安刘取朝旨，命道士陈观定迁宫地向，不期年而告成。元延祐庚申，道士赵嗣棋钦受宣命，佩服颁降处州路仙都山玉虚宫提点所五品印章，主领宫事。再奉玺书护持，改复甲乙及蒙集贤院暨天师正一教主大真人、特进上卿玄教大宗师，各给榜据，俾永遵守。一由是宫门增重旧观。本宫殿宇开列于左。……

接下来详细介绍了玉虚宫的祠、堂、轩、亭等建筑，还有李阳冰、赵孟頫、虞集、潜说友等名人书篆的匾额，可惜现在是一块都没有了。还有关于"独峰书院"的记载，让我们知道了原址的大概位置。

这就是文字的力量，无论怎样坚固精美的建筑都将消亡，而志书却可以永存。如果没有《仙都志》，当今重建的"黄帝祠宇"将不知如何构图布局了。

《仙都志序》（局部）

邱云霄与《南行集》

《南行集》又名《止山集》收入《四库全书》集部第1314分册第二〇一页，别集类。作者邱云霄，明代福建崇安（今武夷山市）人，《东游集》又题《栝苍集》为游处州时的诗集。

根据《四库全书》提要，《南行集》四卷、《东游集》二卷、《北观集》四卷、《山中集》十卷（浙江汪启淑家藏本）：

《南行集》四卷、《东游集》二卷、《北观集》四卷、《山中集》十卷，明丘云霄撰。云霄，字凌汉，号止山，崇安人，官柳城县知县。《南行集》四卷，盖自崇安至省会之作，分《建安》《延津》《晋安》三稿。《东游集》二卷，盖游处州之作，故二卷皆题曰《栝苍稿》。《北观集》四卷，乃其入京时所作，自南游北，故有《楚稿》《越稿》《吴稿》《宋稿》《鲁稿》《齐稿》《燕稿》之分。以上三集，皆有诗而无文。独《山中集》诗四卷外，又有文六卷，皆居武夷止止山时所作也。四集之中，惟《南行集》编次最早。首有《丰熙序》云："邱子年方富，而引志在远，吾见其进，未见其止，当数十年后，乃可论定。"其作序之岁，盖嘉靖十一年甲午也。《东游集》无序，不知何时所编。《北观》《山中》二集《序》皆题曰嘉靖丁未，则最后矣。案朱彝尊《明诗综》载云霄所著名《止止斋集》。又引《徐梦阳评》，称其诗雅澹劲古，景真情得。今读之信然。要之，不肯蹈袭前人，异乎七子之派者也。又据云霄门人《李献忠跋》，称云霄所著尚有《西居集》。《西居》者，殆其官柳城时所作。今诸集俱在，惟阙是集，或藏者偶佚欤。

邱云霄，生卒年不详，根据《北观集》中《宋稿》有一首作于嘉靖乙巳（1545）冬的诗作，以及《北观集》后序作于嘉靖丁未年（1547），推测邱云霄应该在1500—1570之间在世。

邱云霄，字凌汉，号止山，福建崇安人。官广西柳州柳城县知县。著有《南行集》四卷，《东游集》二卷，《北观集》四卷，《山中集》十卷，均收入《四库全书》别集类。

《东游集》卷一为《栝苍稿》凡二十首，卷二为《栝苍稿》凡二十一首。作为一位旅行者，给处州留下四十多首诗歌实属难得。

邱云霄因何来处州情况不明，但其诗作里因不与世俗同流合污而产生的孤独感暴露无遗，因此他到处州很可能是仕途不顺后来散散心或隐居一段时间。第一首为《斋居书事》：

> 宦况怜今夕，孤怀傲世尘。
> 溪山足吏隐，苜蓿长园春。
> 昼静云移榻，阶闲雀近人。
> 古来毯也冷，聊尔任吾真。

邱云霄是一位高产作家，几乎所到之处均有诗作。

根据他的诗作，他在括苍期间主要在松阳县和处州府活动。写松阳境内的诗作就有《石佛岭》《宿堰首》《裕溪》等。

集中有《游南岩同王景宁胡松阳》一首。南岩在南山村附近，《处州府志》载："南岩，县西南十里，高七八百丈，幽胜甲一邑。"如今已开发成"双童积雪"景区。途经独山，又名"百仞云峰"。内有"百仞双凫落，诸天列宿明"之句，原注：百仞，山名。胡松阳即嘉靖间任松阳县令的胡云，无锡人，县志有传，评价他："秉性方刚，不畏强御。勤政励行，优礼文士。"而王景宁应该是王子聪，号岩泉，福建闽县人，县志评价他："公勤自矢，节用爱人。"他在嘉靖二十六年（1547）到二十九年（1550）任景宁知县。据此可以推测，邱云霄是北行南回后，经钱塘江沿衢江到龙游而到处州，时间就在1547—1549年之间。

他在松阳还拜访了一位毛姓的隐士，并作《毛隐仙画像歌》。这位毛隐仙就是南山毛文邦，其时隐居在松阳白云山的草庵内，发愤攻读。县志载："白云山，县南十里，顶有石桥，人不可涉，俗云仙人桥。"毛文邦考中嘉靖庚戌科（1550）进士，成为明代松阳最后一个进士。邱云霄表面上写的是毛隐士，其实恰恰是自己内心的写照：

> 君不见，长松山中有真隐，霞结幽栖云径暝。我欲寻之不可
> 见，丹青忽得仙人影。
> 紫髯玄眉鬓绿毛，颜如丹渥骨格高。神姿自与俗人异，青兰
> 佩照芙蓉袍。

牙签玉轴付儿孙，丹诀青囊理怀抱。兴来孤往仍独还，布袜青鞋遍酉卯。（酉山、卯山均为松阳名山）

间采蓬莱芝，更拾瑶池草。石床明月梦羲皇，笑指尘区容易老。

我亦住白云，托身武夷岛。偶来尘市伤枯槁，愿与仙人探鸿宝。

仙人在何处，胡麻酒熟春风醉。感像发长歌，我向山中去。

到了处州城后肯定要去南明山，于是又有了《南明山》：

山寺寻秋度玉溪，石梁斜日下松枝。
摩挲残碣抚遗迹，剥落前朝字半疑。
池静浴波山月小，洞闲归晚野云迟。
逢人久懒通名姓，来去林僧总不知。

一日晚上，一时兴起出城，于是作《晚出栝苍城》：

北风吹夕阳，驱车出城郭。
百草委明霜，野烧寒烟薄。
彷徨事上官，古道多荆柞。
低头褰衣裳，举头见飞鹊。
明星濯天河，风击松子落。
白云结青山，悠然怀故国。

某日，天气晴好，又游了城西的三岩寺，作《游三岩》：

野晴欣出郭，幽探入萝烟。
诸洞虚分白，三岩势欲悬。
晴云长结雨，寒石暗通泉。

爱此深冬草，青青池水边。

在离开处州前，写了《紫荆台别袁萧二寮长》辞别：

今年花发去年丛，新主怜非旧主翁。
此日看花与君别，明年花下又谁同？

回崇安是经龙泉庆元方向走的，经过小梅曹岭，作《道中》：

曹岭原通荆岭原，小梅村过大梅村。
落花带雨莺初歇，芳草愁人日欲昏。

《栝苍稿》最后一首是《见梅》：

忆昔游子初辞家，柳未舒荣桃未华。
一去天涯不知岁，江边又见寒梅花。
梅花半开复半落，行人东去海之角。
空山落日云正愁，世路悠悠行未休。

根据这首诗作，可以推测邱云霄在处州待了近一年，从初春柳未发，到腊月梅花开。回去以后又会去什么地方呢？只有"世路悠悠行未休"。

明嘉靖中后期，皇帝昏庸懒政，奸臣玩弄权柄，大批心怀天下的士人找不到出路，看不到光明，只能在苦闷中打发光阴。时代一个小回波，对人生而言很可能就是荒废半辈子。

陆陇其与《松阳讲义》

《松阳讲义》收入《四库全书》经部第203分册第三页。作者陆陇其，浙江平湖人，康熙六年（1667）的夏天，曾到庆元"日涉书院"讲学三个

多月，在大济村传为美谈。

根据《四库全书》提要，《松阳讲义》十二卷（浙江巡抚采进本）：

> 国朝陆陇其撰。是书乃其官灵寿知县时与诸生讲论而作，故所说止一百十八章。于《四书》不能遍及，盖随时举示，非节节而为之解也。陇其之学，期于潜修自得，不甚以争辨为事。惟于姚江一派，则异同如分白黑，不肯假借一词。时黄宗羲之学盛于南，孙奇逢之学盛于北，李颙之学盛于西，陇其皆不以为然。故此编于学术醇疵，再三致意。其间融贯旧说，亦多深切著明，剖析精密。盖朱子一生之精力尽于《四书》，陇其一生之精力尽于《章句集注》。故此编虽得诸簿书之余，而抒所心得以启导后生，剀切详明，有古循吏之遗意。较聚生徒、刻语录、以博讲学之名者，其识趣固殊焉。

《松阳讲义》，与处州的松阳县并没什么关系。"松阳"是河北灵寿县的一条并不起眼的河流。在灵寿县中部的丘陵区，一条发源于慈峪镇柳家庄村的小河，称"松河"；另一条发源于塔上镇万里村的小河，称"阳河"。两河合流后称"松阳河"，到胡庄村西汇入滹沱河。松阳河全长只有20多公里，现在变为季节河，平时都没什么水。倒是县城还有一个"松阳河公园"。

灵寿在东汉时位于雁门郡与中山国之间，会不会是曾担任雁门太守的叶望公的祖居地呢？会不会是叶望公南迁，他的五世孙叶俭把"松阳"这个地名带过来以示不忘根？在古代，地名随人迁徙是常态。我怀疑所谓"长松山"和"松阴溪"等地名均是因"松阳"而命名的。又如浙江常山县，东汉建安二十三年（218）建县，比松阳稍迟一点，始称"定阳"，会不会是取真定（今正定）和松阳河各一字而成？唐朝咸亨五年（674）置常山县，我怀疑也是为纪念灵寿县所在的常山郡而命名的。所谓因山而名，基本是后人附会，一般也是山因地名。

《松阳讲义》是陆陇其在灵寿任知县时与诸生讲《四书》的讲义。共

12卷：《大学》1卷，《中庸》2卷，《论语》7卷，《孟子》2卷，共118章。陇其被称为一代"醇儒"，他极重门户之见，专崇朱熹一说，力辟王阳明学说，对同时期的黄宗羲、孙奇逢、李颙等亦不以为然。他说："今当悉遵朱子，其他种种与朱子背谬者，不可殚述，应悉改正。吾辈今日学问，只是遵朱子之意。朱子之意，即圣人之意。"并痛陈"自明中叶以来，学术坏而风俗乖"，他在自序中说："今之为世道计者，必自羞乞播、贱垄断、辟佛老、黜阳儒阴释之学始。而是编之中，亦三致意焉。"

陆陇其（1630—1692），字稼书，浙江平湖人，学者称其为"当湖先生"，是清初的一位颇具传奇色彩的人物。陇其原名龙其，这个名太大了，龙一般为帝王所用，因避讳就改名为"陇其"。康熙五年（1666）秋，三十七岁的陆陇其参加乡试，庆元知县程维伊恰为考官，对陆陇其的才华大为赞赏，发榜时陆陇其中了第九名举人，所以程维伊对陆陇其有知遇之恩。次年春天到京城参加会试，志在必夺的陆陇其却榜上无名。为了排遣心中之郁闷，就应庆元知县程维伊之邀到浙南闽北一带游学。

陆陇其"逾仙霞岭，历浦城，至清河"，辗转来到了庆元，拜访了程维伊后就憩宿于"日涉园"。其时，大济村吴运光在"日涉园"中设帐讲学。两人一见如故，深为对方的学识而折服，诗文唱和，成了学友，陆陇其自然少不了登坛讲学，"日涉书院"顿时蓬荜生辉。直到九月份，陆陇其才依依不舍离开庆元北归。

康熙九年（1670），陆陇其第二次参加科考，这次顺利中了进士，历官江南嘉定、直隶灵寿知县，四川道监察御史等，其守贫力行比朱熹有过之而无不及，被称为清代"醇儒第一"。离任时只带几卷图书及妻子的一架织机，被誉为"天下第一清官"。

陆陇其做人做事都太过认真，对自己的观点总是据理力争，不理解他的人都认为他是一个不懂权变的书呆子。

康熙三十年（1691），陆陇其告老还家，次年就去世了。

康熙三十三年（1694），江南学政缺员，康熙帝打算用陆陇其，左右侍臣奏报陆陇其已去世，于是用了邵嗣尧。邵嗣尧过去与陆陇其都是由于为官清廉而由外官调到京城的。

雍正二年（1724），雍正帝亲临学宫，讨论增加随从祭祀的儒者，陆陇其位列其中。乾隆元年（1736），追谥为"清献"。

陆陇其在长期的为官生涯中不忘收徒授课、著书立说，著作甚丰。收于《四库全书》的还有：经部，《古文尚书考》一卷、《读礼志疑》二卷、《四书讲义困勉录》三十七卷、《三鱼堂四书大全》四十卷、《续困勉录》六卷；史部，《战国策去毒》二卷（存目）；子部，《读朱随笔》四卷、《三鱼堂剩言》十二卷、《松阳钞存》二卷、《学术辨》一卷、《问学录》四卷；集部，《三鱼堂文集》十二卷、《外集》六卷、《附录》一卷。

陆陇其的书斋号为什么叫"三鱼堂"？我以为是"三余"的谐音，典出"学足三余：夜者日之余，冬者简岁之余，雨者晴之余"。为官多年，家中没什么像样的家具，也没什么财产，却有藏书500余种，其中有不少旧本和抄本等珍贵版本。他是一个嗜书如命的人。

公众号发出后，钱伟强老师提供了"三鱼堂"的来历。《平湖县志》载："（陇其曾祖）溥，以资授上海县丞，调丰城督运，夜过采石矶，舟漏，溥跪祷曰：舟中一钱非法，愿葬身鱼腹。祷毕漏止，天明视之，有三鱼裹水草塞漏。因以'三鱼'名其堂。"

原来还有这样一段故事，看来不能想当然啊！

后 记

　　本书各篇文稿撰成后，先后发表于丽水市图书馆以及我自己"枰边闲人"的公众号上，既得到吕立汉、尚佐文、钱伟强、杨贤高等方家和朋友的鼓励，也征得许多有用的线索和修改意见，在此一并致谢！

　　由于本人才疏学浅，错漏之处在所难免，还望读者和方家指正。

卢朝升

2023年10月